VIII Edizione

Testbusters TOLC-MED

Preparazione ai test di ammissione

Medicina TOLC-MED
Odontoiatria TOLC-MED
Veterinaria TOLC-VET

Manuale di Teoria

Manuale di Teoria -Test di Ammissione Area Medica

Ottava Edizione

Via Marco Ulpio Traiano, 17, 20149 Milano MI, Italia
www.testbusters.it

Scrivere un libro è un'operazione complessa, ci scusiamo per tutti i refusi che doveste incontrare.

Per fare una segnalazione, inquadra il QR code e lasciaci un messaggio.
Grazie per la collaborazione

RICONOSCIMENTI

Logica

A cura di:
Alfredo Belli, Andrea Rabbione, Arianna Bossi, Beatrice Invernici, Camilla Mari, Chiara Fabiani, Davide Casartelli, Eduardo Marra, Eleonora Sala, Elisa Crivellaro, Erica Venturelli, Federica Occhipinti, Francesca Gigli, Francesca Zamarian, Gabriele Schiaffini, Giacomo Montuori, Giovanni Panzolli, Giulia De Fortunato, Giulia Mangili, Laura Mizio, Lorenzo Saroglia, Martina Panicola, Michela Massimo, Silvia Elli, Teresa Capovilla.

Biologia

A cura di:
Alessandro Andreello, Alessandra De Ponti, Andrea D'Errico, Arianna Concina, Bianca Boca, Cecilia Andreoni, Chiara Bocchi, Chiara Coppola, Edoardo Acquati, Elena De Pellegrini, Elisabetta De Felice, Elisabetta Manzoni, Federica Taverriti, Federico Roma, Francesca Galassi, Gianluca Citino, Giulia Volontè, Guido Ausenda, Ilaria Zais, Ilaria Bacigalupo, Leonardo Calabrese, Letizia Pizzi, Lorisa Deda, Luigi Narvaez, Margherita Colombo, Marta Ciboldi, Matilde Pavan, Michele Cantoni, Nicola Lusignani, Riccardo Colombo, Riccardo Mengarelli, Riccardo Sangaletti, Sara Licaj, Sofia Baroni, Stefania Ambrogio, Valentina Poloni, Valentina Rizzardi, Vidal Yahya.

Chimica

A cura di:
Alessandro Cavatassi, Arianna Voci, Benedetta Di Majo, Chiara Carollo, Chiara Curreli, Cesare Lacaita, Eleonora Marvasi, Federico Garoli, Federico Nolli, Francesco Ballardini, Gabriele Farruggia, Gianluca Citino, Ginevra Annoni, Giulia Corio, Giulia Matiassich, Lorenzo Macone, Lorenzo Tripicchio, Marta Mandelli, Maryam Hashish, Nadim Oliva, Nicolò Veronese, Reem El Arabi, Simone Rota, Stefano Liguori, Stefano Vivenzio, Valentina Casati.

Matematica e Fisica

A cura di:
Alessandro Invernici, Andrea Parpinel, Cecilia Eboli, Chiara Bocchi, Chiara Rabbione, Davide Marazza, Edoardo De guio, Elena Camon, Emma Lentini, Francesco Fedele, Gianluca Citino, Gianluca Togni, Irene Di Giovannantonio, Ivan Ferrari, Jacopo Antonino, Luca Sabellini, Ludovica Gallieni, Marco Ferrè, Margherita Pieruzzi, Marina Macchi, Matilde Paravan, Nicolò Persia, Pierluigi Amati.

Direzione Editoriale:
Rania Ibrahim, Gaetano Russo, Sabrina Romeo.

Direzione Didattica:
Federico Nolli, Gabriele Schiaffini, Francesca Zamarian, Stefano Liguori, Alfredo Belli.

Responsabile del progetto grafico:
Samantha Pietrovito.

Impaginazione e illustrazioni:
Federica Cappellini, Gaia Calabrò, Nicoleta Madalina Puiu.

Revisione e correzione del testo:
Clelia Costa

Si ringraziano tutti coloro hanno preso parte alla realizzazione dell'attuale e delle passate edizioni.

Indice

Simulazioni online incluse

Con l'acquisto di questo manuale, avrai accesso a due **simulazioni inedite** che ti permetteranno di metterti alla prova in modo completo e realistico.
Le troverai a tua disposizione solo sul nostro **simulatore online**; per accedervi inquadra i QR code qui di seguito con la fotocamera del tuo dispositivo:

Prima simulazione *Seconda simulazione*

Dovrai soltanto effettuare il login con il tuo account Testbusters (se ancora non sei registrato, sarai guidato nella registrazione) e verrai indirizzato alla simulazione.
Entrambe le simulazioni si trovano nella sezione "Simulazioni Omaggio"

Introduzione alla 8ª edizione

Costruire una casa non è certo un lavoro semplice, ma ancor meno semplice è buttarla giù per ricostruirne una nuova. Tuttavia, una volta portato a termine il grande lavoro, si può avere il tempo da poter dedicare ai più fini dettagli, quelli che alla fine rendono una qualunque abitazione una "casa".
Sono passati più di dieci anni da quando per la prima volta abbiamo deciso di essere "Studenti per gli Studenti" e in tutto questo tempo siamo cresciuti, abbiamo ampliato la nostra crew e alcuni di noi si sono persino laureati, non senza aver perso qualche capello. Diversi anni fa abbiamo prodotto il nostro primo manuale di teoria, con lo scopo di creare un supporto sintetico ed essenziale che fosse il più possibile funzionale alla preparazione dei test d'ingresso e che integrasse adeguatamente i concetti spiegati durante i nostri corsi. Nel 2019 però, carichi dell'esperienza acquisita in questi anni grazie al contatto con migliaia di studenti in tutto lo Stivale, abbiamo deciso di creare un nuovo **Manuale di teoria completo in ogni suo argomento** che rappresentasse un punto di riferimento centrale per tutti gli aspiranti medici, odontoiatri e veterinari. Abbiamo dunque dato vita a una rivoluzionaria quarta edizione che, grazie ai contenuti multimediali online scannerizzabili e grazie alle immagini in realtà aumentata Bepart, si è trasformata in un vero e proprio "**Smartbook**".

Per visualizzare il contenuto multimediale, scannerizza questo QR-Code

Quando vedrai questo simbolo inquadra l'immagine utilizzando l'applicazione Bepart

In questa **ottava edizione** abbiamo dunque svolto un labor limae che ci ha permesso di correggere gli errori di stampa precedentemente presenti e di perfezionare al meglio i contenuti del nostro testo. I maggiori cambiamenti introdotti dalla settima edizione in poi riguardano l'adattamento del testo al **decreto TOLC Medicina, Odontoiatria e Veterinaria 2023**: abbiamo integrato dei capitoli con nuovi argomenti, creato interi contenuti riguardanti novità nel programma ministeriale, approfondito temi che in passato venivano poco richiesti. Le ultime novità riguardano le implementazioni grafiche, vi sono stati forniti box, tabelle e illustrazioni più complete possibili nel pieno stile Testbusters e in funzione della vostra migliore comprensione. Per concludere, l'ottava edizione rappresenta un'arma inestimabile che vi permetterà di combattere contro tutti i cambiamenti e le novità proposte nel prossimo anno.

Con la speranza che il nostro manuale di teoria possa essere utile al vostro scopo, siamo fiduciosi che possa fornirvi la preparazione di cui avrete bisogno.

Siamo coscienti che, come ogni edizione, ci siano margini di miglioramento. Anche i grattacieli più alti vengono costruiti un piano alla volta. Vi lasciamo allo studio del manuale con l'augurio che possa essere un utile compagno fino al giorno delle prove di ammissione.

Buona lettura,
Team Testbusters

Guida all'uso del manuale

Tra le tue mani è presente solo uno strumento. Il beneficio che otterrai dal suo utilizzo dipenderà solo ed esclusivamente da cosa ne farai (potresti utilizzarlo come combustibile per un bel falò, ma sarebbe un gran peccato). Per tua fortuna però, noi autori vogliamo fornirti una pratica guida che ti permetta di utilizzare il nostro testo nel modo più fruttuoso possibile e di integrarlo al meglio con tutte le nostre risorse.

Il nostro libro è suddiviso in 5 materie, ognuna delle quali corrisponde a una delle materie del test. In ordine potrai trovare:

- logica;
- biologia;
- chimica;
- matematica;
- fisica.

Da quale materia comincio?
La risposta a queste domande dipende esclusivamente dalla tua preparazione di base: se stai cominciando da zero (o quasi), l'ideale è partire da una delle due materie cardine del test d'ingresso, cioè una tra **biologia** e **chimica**; la prima è più nozionistica e per tale motivo più accessibile anche a chi non ha mai studiato materie scientifiche. La seconda, invece, ha sia una componente nozionistica che una componente matematica; quest'ultima, pur preoccupando spesso gli studenti alle prime armi, non deve creare terrore. Durante la stesura di questo testo, infatti, abbiamo fatto in modo di non dare per scontato nessun concetto, facendo di questa frase il nostro dogma: "nessuna parola deve essere scritta senza essere stata spiegata nelle pagine precedenti".
Infine, durante lo studio di una di queste due materie, si può affiancare lo studio di una fra **logica** e **matematica** o **fisica**, materie dove la pratica e l'esercizio rivestono un ruolo di centrale importanza e dove lo studio teorico occupa una parte marginale del tempo.

Qual è la strategia migliore che posso seguire durante lo studio?
Per una preparazione ottimale al test d'ingresso non è sufficiente solo un ottimo studio teorico, ma è essenziale traslare le conoscenze acquisite verso gli esercizi a risposta multipla, il tuo principale avversario.
Per tale motivo, una volta terminato lo studio di un capitolo (*es. Capitolo 1 di biologia - La chimica dei viventi*) ti consigliamo di svolgere tutti gli esercizi per argomento presenti sul nostro **eserciziario commentato**, in modo da poter affrontare tutti i possibili casi che potresti ritrovare davanti a te il giorno del test d'ingresso.

Se nonostante lo studio non riuscissi a capire al 100% un determinato argomento, come potrei fare?
Per fortuna, il tempo e l'esperienza ci hanno permesso di venire incontro sempre di più alle esigenze dei nostri studenti.
Oltre ai nostri rinomati **corsi Testbusters** abbiamo un completo arsenale di risorse digitali che ti potrà dare il supporto di cui hai bisogno.

Tra queste, le **videolezioni** si integrano perfettamente con questo manuale, approfondendo e spiegando i capitoli e gli argomenti la cui difficoltà è più che accertata, inquadra il QR code che trovi nei vari capitoli per accedere a queste risorse aggiuntive.
Infine, sparse per le pagine di questo manuale, potrai trovare le nostre immagini in realtà aumentata, grazie alle quali potrai vedere animate le illustrazioni del nostro libro di testo e sentire delle spiegazioni *ad hoc* che ti permetteranno di rendere più fluido e dinamico il tuo apprendimento. Come vederle? È sufficiente scaricare l'app **bepart** e inquadrare le immagini in cui è presente il logo qui di seguito.

bepart

Quando vedrai questo simbolo inquadra l'immagine utilizzando l'applicazione Bepart

All'interno di questo manuale potrai trovare anche degli esercizi, i quali vengono differenziati in "*esercizi svolti*" ed "*esercizi proposti*": i primi si pongono come obiettivo quello di spiegarti la risoluzione degli esercizi fondamentali per la comprensione completa di un determinato argomento (non sottovalutarli, rappresentano parte integrante della teoria e permettono di spiegare argomenti prettamente pratici); i secondi invece puntano a mettere alla prova quanto sei riuscito/a a imparare al termine di un determinato argomento, fornendoti anche delle utili **correzioni commentate** che troverai **alla fine di ogni capitolo**.
Ovviamente questo è solo il nostro punto di vista, che ti permetterà di avere una bussola in questo immenso mare di confusione. Spetta a te trovare il giusto percorso più adatto alle tue esigenze.

Informazioni generali sul test d'ingresso

Le modalità e i contenuti della prova di ammissione a Medicina, Odontoiatria e Veterinaria, sono definiti da un decreto emanato annualmente dal MUR (Ministero dell'Università e della Ricerca). Da diversi anni le prove di Medicina e Odontoiatria sono state unificate, al contrario di Veterinaria per la quale è necessario sostenere una prova separata.

A partire dal 2023 la prova di ammissione si svolgerà mediante l'utilizzo di postazioni informatiche predisposte dagli atenei universitari.
Sia la prova di Medicina e Odontoiatria che quella di Veterinaria saranno composte da 50 domande con 5 possibilità di risposta, da svolgere in **90 minuti**. Le domande saranno così ripartite:

Medicina e Odontoiatria	Veterinaria
- 7 di comprensione del testo, conoscenze acquisite negli studi	- 7 di comprensione del testo, conoscenze acquisite negli studi
- 15 biologia	- 12 biologia
- 15 di chimica e fisica	- 18 di chimica e fisica
- 13 di matematica e ragionamento	- 13 di matematica e ragionamento

Il punteggio assegnato a ciascun candidato sarà il risultato del punteggio ottenuto ponderato sulla difficoltà delle domande, detto "punteggio equalizzato". Tale punteggio si ottiene dalla somma di due parametri:

1. **punteggio non equalizzato**
   Punteggio conseguito con le risposte fornite ai quesiti, secondo i seguenti criteri:
   - + 1,00 punti per ogni risposta esatta;
   - - 0,25 punti per ogni risposta errata;
   - 0 punti per ogni risposta omessa;
2. **coefficiente di equalizzazione della prova**
   Numero che misura la difficoltà della prova. Tale coefficiente è calcolato secondo un'apposita equazione (vedi D.M. 1107 allegato 2).

Sia per Medicina e Odontoiatria che per Veterinaria verrà stilata una graduatoria nazionale. Il punteggio minimo per entrare in graduatoria è stato fissato a **10 punti**, questo punteggio è tuttavia molto più basso rispetto ai punteggi necessari per accedere alle diverse sedi d'Italia. Infatti, il punteggio dell'ultimo prenotato in prima assegnazione nell'anno 2022 è stato di 33,4 per medicina a Messina MedBioTec e 32,3 per odontoiatria a Messina.

La posizione in graduatoria ti verrà assegnata in base al punteggio ottenuto, in caso di parità si terrà conto dei punteggi totalizzati nelle singole sezioni.

Per quanto riguarda Medicina e Odontoiatria, in ordine decrescente si dà la priorità a: biologia, chimica e fisica, matematica e ragionamento, comprensione testo e conoscenze acquisite negli studi. Per la graduatoria di veterinaria prevale, in ordine decrescente, il punteggio ottenuto nei quesiti relativi a chimica e fisica, matematica e ragionamento, biologia, comprensione testo e conoscenze acquisite negli studi. In caso di parità anche nella materia prevale il candidato anagraficamente più giovane.

Informazioni su sedi e graduatorie

Dal 2013 la graduatoria del test di Medicina e Odontoiatria, così come quella di Veterinaria, ha assunto carattere nazionale. Con questo si intende che ogni candidato, al di là di dove sostenga la prova, può concorrere per una qualsiasi sede in tutta Italia.

Le sedi in tutta Italia sono 51 per Medicina e 33 per Odontoiatria. 13 invece sono le sedi di Veterinaria. Di anno in anno, il Ministero tendenzialmente modifica il numero di posti a disposizione e le eventuali nuove sedi, di conseguenza per avere maggiori informazioni riguardo all'effettivo numero di posti previsti per il 2023 sarà necessario attendere la pubblicazione del nuovo bando.

L'iscrizione al test deve essere perfezionata tramite la piattaforma **www.cisiaonline.it** e le prove verranno svolte nelle diverse sedi universitarie in due periodi di erogazione, secondo le tempistiche e le modalità che verranno comunicate dalla Direzione Generale del Ministero.

Con la nuova modalità, ogni candidato potrà svolgere ogni test fino a un massimo di **due volte l'anno**, a seconda di quello che sarà l'anno di immatricolazione presso l'università. Nello specifico:

- al fine dell'immatricolazione all'anno accademico 2023/2024 verrà utilizzato il miglior dei risultati ottenuti nell'anno solare 2023;
- al fine dell'immatricolazione all'anno accademico 2024/2025 verrà utilizzato il miglior dei risultati ottenuti negli anni solari 2023 e 2024.

I termini verranno meglio definiti da provvedimenti ufficiali non ancora emanati al momento della pubblicazione del nostro manuale.

La graduatoria
Rispetto agli anni passati, in cui la graduatoria nazionale veniva pubblicata a circa un mese dalla prova, nell'area riservata di Universitaly, per il 2023 la definizione delle modalità di pubblicazione della graduatoria **non sono ancora state rese note**.

In assenza di informazioni ufficiali riportiamo quanto è stato valido negli anni passati.

La graduatoria verrà stilata tenendo conto del punteggio totalizzato da ciascun candidato eleggibile per l'anno corrente (dunque in possesso di diploma di maturità). Partendo dal candidato con il punteggio più alto, il sistema collocherà ogni candidato nella sede più in alto tra le preferenze espresse. Ogni sede ha un numero di posti limitati, di conseguenza i candidati più in alto in graduatoria otterranno un posto tra le loro scelte più alte nel loro ordine delle preferenze. Scendendo nella graduatoria sarà più facile incorrere nella saturazione di alcune sedi. Di conseguenza il sistema esaminerà le successive sedi in ordine di preferenza. Per i candidati che hanno partecipato alle sessioni TOLC ma devono ancora affrontare l'ultimo anno di scuola superiore, sarà possibile partecipare alle graduatoria dell'anno successivo - una volta ottenuto il diploma.

La graduatoria usa una terminologia specifica per indicare la situazione di ogni candidato:

Assegnato
Un candidato assegnato non può migliorare la propria situazione, ovvero ha ottenuto **un posto nella sede, ancora aperta, più alta possibile fra le sue preferenze** (inizialmente, prima che le sedi comincino a chiudere, l'assegnato è colui che ha raggiunto la propria prima scelta).
Questi candidati hanno **4 giorni lavorativi per immatricolarsi** all'università in cui sono assegnati, in caso contrario verrà perso definitivamente il proprio posto e la propria posizione in graduatoria.

Prenotato
Un candidato prenotato ha ottenuto **un posto in una sede del suo elenco, ma non negli atenei che in quel momento risultano essere più in alto tra le sue preferenze e che non hanno già esaurito i posti**. In questo caso, si ha la possibilità di attendere gli scorrimenti al fine di ottenere un posto in una sede che sia più alta tra le proprie preferenze. Ricordiamo infatti che si ha solo la possibilità di accedere alle sedi più in alto tra le proprie preferenze, mai il contrario.
Questi candidati hanno **4 giorni lavorativi per immatricolarsi all'università in cui sono prenotati oppure possono decidere di aspettare gli scorrimenti** successivi.
Se decidono di aspettare devono "**confermare l'interesse**" a rimanere in graduatoria **entro 4 giorni lavorativi**; la conferma dell'interesse avviene tramite un apposito tasto su Universitaly.

Lo status di prenotato in una determinata sede non viene mai perso, a patto di continuare a confermare l'interesse a rimanere in graduatoria. L'unica possibilità di perdere lo status di prenotato nella sede in questione è quella di salire in graduatoria risultando prenotati (o assegnati) in una sede più alta tra le proprie preferenze espresse.

Attesa
Un candidato in attesa **non ha ottenuto il posto in nessuna delle sedi fra le sue preferenze** (che ricordiamo essere le uniche per cui può concorrere), ma si trova in una posizione in graduatoria più alta dell'ultimo prenotato nazionale.
Non può far altro che **confermare l'interesse** a rimanere in graduatoria (entro 4 giorni lavorativi tramite il pulsante citato prima) o **rinunciare** e abbandonarla definitivamente.

Fine posti
È una situazione simile all'attesa, ma il candidato ha una posizione in graduatoria inferiore a quella dell'ultimo prenotato in Italia.
Anche in questo caso si può solo confermare l'interesse e aspettare o uscire dalla graduatoria.

Gli scorrimenti
Anche in questo caso, in assenza di informazioni ufficiali, riportiamo quanto è stato valido negli anni passati.
Gli scorrimenti avvengono con cadenza settimanale a partire dalla settimana successiva alla prima assegnazione.
Dopo la prima assegnazione ogni candidato si trova davanti a una scelta:

- immatricolarsi nella sede in cui è assegnato o prenotato;
- aspettare ulteriori scorrimenti, nella speranza di risultato prenotato (o assegnato) in una sede più in alto tra le proprie preferenze, o proprio prenotato nel caso in cui fosse nello stato di attesa/fine posti;
- rinunciare e uscire dalla graduatoria.

Nel momento in cui ci si immatricola, non sarà più necessario confermare l'interesse a rimanere in graduatoria, a quel punto Universitaly rimarrà solo un brutto ricordo.

I candidati che rinunciano, se assegnati o prenotati in qualche sede, liberano i posti da loro precedentemente occupati.
Questi posti vengono **rimessi a disposizione** e distribuiti secondo gli stessi meccanismi sopra descritti.

Note pratiche.

1) La graduatoria si basa sulla **posizione**, non sul punteggio. I punteggi minimi per entrare in ogni sede cambiano ogni anno in base al numero di candidati, alla difficoltà del test e al numero di posti disponibili in ogni sede. Di conseguenza, risulta sbagliato prendere per verità assoluta i punteggi minimi di accesso ai singoli Atenei.
2) La graduatoria cerca di mettere ogni candidato nella sede che ha indicato più in alto fra le sue preferenze. Le sedi quindi **vanno messe in ordine di preferenza**. Questo perché la graduatoria consente solo di **salire** fra le proprie preferenze. Una volta che si risulta prenotati in una sede tutte le altre sedi in posizione inferiore nell'ordine di preferenza del candidato sono bruciate e non sarà più possibile raggiungerle.
3) La graduatoria **protegge la posizione più alta**. Prendiamo per esempio due persone in posizione 1000 e 1001, che hanno Bologna rispettivamente come terza e prima scelta. Se il candidato in posizione 1000 non trova posto nella sua prima e seconda scelta, avrà diritto a entrare a Bologna prima del candidato 1001. Questo spiega anche il motivo per cui inserire una sede più in alto nel proprio elenco di preferenze non ci dà maggiori probabilità di accesso (tutto dipende dalla propria posizione).
4) Per queste ragioni è **ALTAMENTE SCONSIGLIATO ordinare le preferenze mettendo in alto sedi con un punteggio più basso**. Un falso mito molto diffuso dice che mettere in alto fra le proprie preferenze sedi con un punteggio minimo di accesso storicamente più basso aiuta a entrare a Medicina, **FALSO**. L'unico risultato è che, se si dovesse entrare in quella sede (punteggio permettendo), si perderebbe la possibilità di un posto in tutte le altre sotto.

PROGRAMMA MINISTERIALE

COMPETENZE DI LETTURA

La capacità di comprendere testi scritti in lingua italiana di diversa natura e con scopi comunicativi diversi costituisce una competenza trasversale, dato che tutti i tipi di domande saranno formulati in lingua italiana, anche ricorrendo al linguaggio simbolico. Saranno oggetto di specifica verifica anche le capacità seguenti:

- comprendere in contesti reali il lessico astratto, non comune o specialistico;
- individuare i fenomeni di coesione e coerenza testuale;
- estrarre e inferire dal testo le specificità informative.
- la capacità a orientarsi nello spazio e nel tempo rappresentato, ovvero a collocare nello spazio e nel tempo fenomeni storico-culturali di rilievo;

Tali capacità verranno verificate a partire da brevi testi di saggistica scientifica o di narrativa classica e contemporanea, oppure da brevi testi di attualità pubblicati in quotidiani e in riviste generaliste o specializzate. Sempre a partire da brevi testi di varia tipologia e tematica, saranno oggetto di verifica le competenze acquisite negli studi pregressi e le conoscenze di cultura generale o di argomenti oggetto del dibattito pubblico contemporaneo. In particolare, i quesiti mireranno ad accertare:

- la capacità a orientarsi nello spazio e nel tempo rappresentato, ovvero a collocare nello spazio e nel tempo fenomeni storico-culturali di rilievo;
- la conoscenza delle principali istituzioni nazionali e internazionali;
- la comprensione di fenomeni attinenti agli ambiti giuridico, economico e di cittadinanza.

BIOLOGIA

La Chimica dei viventi

- L'acqua e le sue caratteristiche, sostanze idrofile e idrofobe.
- Composizione chimica, struttura e funzione delle principali molecole biologiche.
- Carboidrati: monosaccaridi o zuccheri semplici (glucosio, fruttosio, ribosio e desossiribosio); disaccaridi (saccarosio, lattosio), polisaccaridi (glicogeno, amido, cellulosa).
- Lipidi (acidi grassi, trigliceridi, fosfolipidi, colesterolo).
- Proteine (amminoacidi, catene polipeptidiche, struttura primaria, secondaria terziaria e quaternaria).
- Acidi nucleici (nucleotidi, DNA, RNA).

Organizzazione della cellula.

- Cellule procariotiche e cellule eucariotiche.
- Organizzazione della cellula eucariotica.
- Caratteristiche generali e funzioni fondamentali di: membrana plasmatica, nucleo, ribosomi, sistema delle endomembrane (reticolo endoplasmatico, apparato di Golgi, lisosomi), mitocondri, citoscheletro.
- Differenze tra cellula eucariotica animale e vegetale: parete cellulare, cloroplasti e altri plastidi, vacuoli.
- Cenni sull'evoluzione della cellula eucariotica: teoria endosimbiontica.

Fondamenti di genetica.

- Genetica mendeliana.
- Struttura dei cromosomi in procarioti ed eucarioti; definizione di genoma.
- Codificazione dell'informazione genetica nelle molecole di DNA e di RNA.
- Geni e codice genetico.
- Replicazione, trascrizione, traduzione e generalità sulla regolazione dell'espressione genica.
- Genetica umana: trasmissione dei caratteri mono- e polifattoriali; malattie ereditarie autosomiche e legate al cromosoma X. Ereditarietà e ambiente.

Mitosi e meiosi. Gametogenesi, fecondazione e prime fasi dello sviluppo.

- Divisione cellulare nei procarioti e negli eucarioti.
- Mitosi e meiosi; citodieresi; ciclo cellulare.
- Gametogenesi e fecondazione.
- Prime fasi dello sviluppo dell'uovo fecondato (segmentazione e gastrulazione).

Anatomia e fisiologia degli animali e dell'uomo.

- Gerarchia dell'organizzazione pluricellulare: tessuti, organi, sistemi e apparati.
- Struttura e funzioni dei quattro tessuti principali (epiteliale, connettivo, muscolare e nervoso).
- Struttura e funzione dei principali sistemi e apparati dell'uomo: tegumentario, muscolare, scheletrico, digerente, respiratorio, circolatorio, escretore, riproduttivo, nervoso. Omeostasi.

Bioenergetica.

- Flussi di energia e significato biologico di fotosintesi, respirazione, glicolisi, fermentazione.
- La valuta energetica delle cellule: l'ATP.
- Catabolismo e anabolismo.
- Metabolismo autotrofo ed eterotrofo.
- Catalisi enzimatica.
- Contenuto energetico dei principali alimenti.

Elementi di biotecnologie.

- Biotecnologie tradizionali.
- Biotecnologie innovative (tecnologia del DNA ricombinante).
- Applicazioni delle biotecnologie in campo medico.
- Biotecnologie per l'agricoltura e l'ambiente.

Elementi di biodiversità ed evoluzione.

- Caratteristiche che consentono di distinguere Bacteria, Archaea ed Eukarya.
- Cenni sulle caratteristiche dei virus.
- Meccanismi dell'evoluzione: mutazioni, variabilità genetica, selezione naturale, adattamento; speciazione ed estinzione.

Elementi di ecologia.

- Interazioni tra organismi e tra organismi e ambiente, ai diversi livelli della gerarchia biologica (individui, popolazioni, comunità ed ecosistemi).
- Catene trofiche (autotrofi/produttori primari ed eterotrofi/produttori secondari - consumatori).
- Interazioni biotiche: differenze tra competizione, predazione, parassitismo, mutualismo e commensalismo.

CHIMICA

Proprietà macroscopiche della materia.

- Modello particellare della materia su scala macroscopica e stati della materia.
- Proprietà macroscopiche dei gas, liquidi e solidi e trasformazioni fisiche (teoria cinetica, punti fissi, transizioni di fase).
- Miscele omogenee ed eterogenee e tecniche di separazione delle miscele.
- Leggi fondamentali della chimica (Lavoisier, Proust, Dalton, Gay-Lussac) e numero di Avogadro.
- Leggi dei gas ideali (Boyle, Charles, Gay-Lussac).

Proprietà microscopiche della materia e composizione delle sostanze.

- Modello particellare della materia su scala microscopica: il modello atomico di Dalton.
- Elementi, sostanze semplici, sostanze composte.
- Molecole, ioni, formule chimiche.
- Massa atomica e massa atomica relativa (Ar), massa molecolare relativa (Mr).
- La tavola periodica degli elementi di Mendeleev: periodi e gruppi.
- Modelli atomici e numeri quantici.
- Configurazione elettronica degli atomi e proprietà periodiche.

Il legame chimico e le forze intermolecolari.

- Il legame ionico, covalente e metallico.
- L'elettronegatività.
- I legami chimici: il modello di Lewis.
- Il modello VSEPR e le geometrie molecolari.
- Numero di ossidazione.
- Forze intermolecolari e legame idrogeno.

Stechiometria delle reazioni chimiche.

- Bilanciamento degli schemi di reazione.
- Definizione del concetto di mole e della costante di Avogadro.
- Conversione della quantità di massa in moli.
- Relazione tra il numero di moli (quantità chimica) e massa negli schemi di reazione.

Reazioni chimiche.

- Reazioni esotermiche ed endotermiche.
- L'equilibrio chimico.
- Velocità di reazione e fattori che influenzano la velocità di reazione.

Composti.

- Proprietà e nomenclatura dei composti.
- Nomenclatura di sostanze e composti (IUPAC e tradizionale).
- Proprietà dei principali composti inorganici.
- Proprietà dei metalli.

Proprietà delle soluzioni.

- Conducibilità, proprietà colligative, solubilità.
- Unità di misura della concentrazione (mol dm-3, g dm-3, composizione percentuale) e relativi calcoli.

Le reazioni acido-base e redox.

- Definizione di acidi e basi.
- Acidi e basi comuni.
- Forza di acidi e basi e definizione di pH.
- Reazioni acido base e indicatori di pH.
- Definizione di idrolisi e soluzione tampone.
- Ossidazioni e riduzioni.
- Identificazione dell'ossidante e del riducente in una semplice trasformazione chimica redox o in uno schema di reazione.
- Bilanciamento di semplici schemi di reazione redox.

Chimica organica.

- Origini e caratteristiche degli idrocarburi.
- Alcani, alcheni, alchini, cicloalcani.
- Benzene e composti aromatici.
- Ibridazione del carbonio.
- Composti organici: struttura e nomenclatura.
- Isomeria, relazione tra struttura e proprietà.
- Alcoli, aldeidi, chetoni e acidi carbossilici.
- Ammine e aminoacidi.

Chimica applicata.

- Le trasformazioni chimiche nella vita quotidiana.
- Corretta lettura delle etichette dei prodotti commerciali (bevande, prodotti alimentari, farmaci, prodotti chimici).
- Principali tematiche ambientali (piogge acide, effetto serra, smog...).
- Norme di sicurezza.

FISICA

Grandezze fisiche e loro misura.

- Grandezze fisiche fondamentali e derivate.
- Sistema Internazionale di unità di misura. Multipli, sottomultipli e notazione scientifica.
- Grandezze scalari e grandezze vettoriali.
- Vettori e operazioni sui vettori: somma, prodotto scalare, prodotto vettoriale.

Cinematica.

- Descrizione del moto.
- Velocità e accelerazione medie e istantanee.
- Moto rettilineo uniforme e uniformemente accelerato.
- Moto nel piano.
- Moto circolare uniforme: velocità angolare e accelerazione centripeta.
- Moto armonico: frequenza e periodo.

Dinamica.

- Concetto di forza come interazione tra corpi.
- Forze come vettori applicati.
- Il principio d'inerzia.
- La massa e il 2° principio della dinamica.
- Esempi di forze: la forza peso, la forza elastica, l'attrito statico e dinamico.
- Azione e reazione: il 3° principio della dinamica.
- Impulso e quantità di moto.
- Principio di conservazione della quantità di moto.
- Momento di una forza e momento angolare.
- Lavoro ed energia cinetica.
- Forze conservative ed energia potenziale.
- Principio di conservazione dell'energia meccanica.
- Potenza.
- Unità pratiche di misura dell'energia e della potenza.

Meccanica dei fluidi.

- Densità e comprimibilità dei fluidi.
- Gas e liquidi.
- Idrostatica: pressione e principi di Pascal, Stevino e Archimede.
- Unità di misura della pressione di uso comune.
- Dinamica dei liquidi: flusso, portata ed equazione di continuità.
- Fluidi ideali ed equazione di Bernoulli.
- Forze viscose nei fluidi reali.

Termodinamica.

- Equilibrio, concetto di temperatura, termometri.
- Concetto di calore e calorimetria.
- Modalità di propagazione del calore.
- Capacità termica e calore specifico.
- Cambiamenti di stato e calori latenti.
- Leggi dei gas perfetti.
- Primo e secondo principio della termodinamica.

Elettrostatica, circuiti elettrici ed elementi di elettromagnetismo.

- Forze tra cariche elettriche e legge di Coulomb.
- Campo e potenziale elettrico.
- Campi elettrici nei materiali e costante dielettrica.
- Capacità e condensatori.
- Capacità equivalente di condensatori in serie e parallelo.
- Generatori di forza elettromotrice.
- Differenza di potenziale, corrente, resistenza e legge di Ohm.
- Resistenza equivalente di resistori in serie e parallelo.
- Effetto Joule e potenza dissipata.
- Campo magnetico e magneti permanenti.
- Campo magnetico generato da una corrente elettrica.
- Forza agente su una carica e su correnti elettriche in un campo magnetico.

Ottica.

- Ottica geometrica: riflessione e rifrazione.
- Legge delle lenti.
- Formazione dell'immagine.
- Fenomeni di interferenza e diffrazione.
- Microscopi: ingrandimento e potere risolutivo di un obiettivo.
- Spettro della radiazione elettromagnetica: dalle onde radio ai raggi X.

MATEMATICA E RAGIONAMENTO

Numeri.

- Operazioni di addizione e moltiplicazione tra numeri interi, frazioni, numeri decimali.
- Ordinamento.
- Proprietà delle operazioni e dell'ordinamento.
- Sottrazione e divisione.
- Concetto di numero razionale.
- Rappresentazioni dei numeri in diverse forme (notazione posizionale decimale, frazionaria, percentuale, scientifica,...) e su una linea.
- Numeri reali.
- Divisione con resto tra numeri interi.
- Divisori e multipli di un numero intero; divisore comune più grande (M.C.D.) e multiplo comune più piccolo (m.c.m.) di due o più numeri interi positivi.
- Elevamento a potenza intera di un numero e proprietà delle potenze.
- Radice intera positiva di un numero positivo.
- Potenza con esponente razionale di un numero positivo.
- Stime e approssimazioni.
- Calcolo e trasformazione di espressioni.

Algebra.

- Espressioni letterali: manipolazione e valutazione.
- Concetto di soluzione e di "insieme delle soluzioni" di un'equazione, di una disequazione, di un sistema di equazioni e/o disequazioni.
- Equazioni e disequazioni di primo e secondo grado.
- Sistemi di equazioni e disequazioni.

Geometria.

- Principali figure nel piano e nello spazio (segmenti, rette, piani, angoli, triangoli, quadrilateri, circonferenze, parallelepipedi, prismi, piramidi, cilindri, coni, sfere): proprietà che le caratterizzano e loro rappresentazioni grafiche.
- Teorema di Pitagora.
- Proprietà dei triangoli simili.
- Linguaggio elementare delle trasformazioni geometriche (simmetrie, rotazioni, traslazioni, similitudini).
- Misura di un angolo in gradi sessagesimali e in radianti.
- Seno, coseno e tangente di un angolo, ottenuti come rapporti fra i lati di un triangolo rettangolo.
- Perimetro e area delle principali figure piane.
- Volume dei solidi elementari.
- Calcolo di area e volume per somma e differenza di figure.
- Coordinate cartesiane nel piano e descrizione di sottoinsiemi del piano utilizzando le coordinate.
- Punto medio di un segmento.
- Pendenza di un segmento ed equazione della retta.
- Equazioni di rette parallele e di rette perpendicolari a una retta data.
- Intersezione tra rette e rappresentazione delle soluzioni di un sistema di equazioni di primo grado.
- Distanza tra due punti ed equazione di una circonferenza di centro e raggio assegnati.

Funzioni e grafici.

- Linguaggio e notazioni per le funzioni.
- Grafico di una funzione.
- Composizione di funzioni.
- Esistenza e unicità delle soluzioni di equazioni del tipo $f(x) = a$, funzioni invertibili e funzione inversa.
- Proprietà caratteristiche, grafico e comportamento delle seguenti famiglie di funzioni di una variabile reale: funzioni potenza e funzioni radice; funzioni polinomiali di primo e secondo grado; funzioni del tipo $x \rightarrow 1/(ax + b)$ con a e b costanti assegnate; funzione valore assoluto; funzioni esponenziali e funzioni logaritmo in diverse basi; funzioni goniometriche.
- Equazioni e disequazioni espresse mediante funzioni, ad esempio del tipo $f(x) = g(x)$, $f(x) > a$.

Combinatoria e probabilità.

- Rappresentazione e conteggio di insiemi finiti.
- Eventi disgiunti.
- Eventi indipendenti.

- Probabilità dell'evento unione di eventi disgiunti.
- Probabilità dell'evento intersezione di eventi indipendenti.
- Descrizione degli eventi in semplici situazioni paradigmatiche (lancio di una moneta, lancio di un dado, estrazione da un'urna,...).
- Diagrammi ad albero.
- Probabilità condizionata.

Medie e variabilità.

- Variabili qualitative e quantitative (discrete e continue).
- Frequenza assoluta e relativa.
- Rappresentazioni di distribuzioni (tabelle, grafici a barre, diagrammi a torta, istogrammi,...).
- Media, mediana e moda.

Comprendere e rappresentare.

- Comprendere testi che usano, anche contestualmente, linguaggi e rappresentazioni di diversi tipi.
- A seconda delle situazioni e degli obiettivi, utilizzare diverse rappresentazioni di uno stesso oggetto.
- Comprendere e utilizzare notazioni elementari del linguaggio degli insiemi e termini quali: elemento, appartiene, sottoinsieme, unione, intersezione.
- Argomentare.
- In una certa situazione e date certe premesse, stabilire se un'affermazione è vera o falsa.
- Negare un'affermazione data.
- Comprendere e saper utilizzare termini e locuzioni quali: e, o, non, per ogni, tutti, nessuno, alcuni, almeno uno, se... allora, condizione necessaria, condizione sufficiente, condizione necessaria e sufficiente.

Modellizzare, risolvere problemi.

- Formulare in termini matematici una situazione o un problema.
- Risolvere un problema, adottando strategie, combinando diverse conoscenze e abilità, facendo deduzioni logiche e calcoli.

“

Logica,
uno strumento utile
che ci viene venduto
quasi sempre
senza il modo
di servirsene

LOGICA

Introduzione

Introduzione

La logica è una disciplina spesso difficile da approcciare: è raro trovare delle linee guida univoche ed esercizi ben fatti. Questo perché, non trattando di argomenti teorici, non esistono delle leggi universali oppure delle formule a cui appoggiarsi per iniziare a prendere dimestichezza in questo campo.

Quindi, come prepararsi ad affrontarla? Dove studiare? Ci abbiamo riflettuto molto e questa parte del libro è la sintesi delle nostre conoscenze a riguardo, fanne buon uso.

Abbiamo organizzato la sezione di logica in modo da evidenziare i concetti chiave, così da rendere più chiara e utile una materia che, a volte, può risultare ostica: il primo capitolo è dedicato alle **competenze di lettura**, novità emersa nel decreto di **luglio 2022**; la seguente parte comprende la logica utilizzata per la risoluzione di quesiti relativi alle singole tipologie di testi presenti negli ultimi dieci anni di test, integrando delle novità necessarie che vi aiuteranno ad affrontare le possibili sorprese. A fronte del cambiamento dell'organizzazione del test di Medicina e Odontoiatria di **settembre 2022**, in cui la logica diventa una parte della sezione "**Matematica e Ragionamento**", abbiamo selezionato le tipologie che ci aspettiamo possano comparire nei prossimi test creando un capitolo nuovo e completo chiamato **ragionamento logico**.

Per ogni argomento la spiegazione teorica sarà affiancata da tabelle che mostrano le tipologie dei quiz più comuni, associati ad alcuni dei procedimenti e dei metodi di risoluzione possibili.

Affrontando questa sezione di logica vorremmo che tu avessi ben chiaro un concetto: non esistono delle regole fisse, non esiste un unico percorso che possa portarti alla soluzione. Lo scopo di questo lavoro è infatti fornire uno strumento da utilizzare durante la tua preparazione che possa aiutarti a elaborare un tuo metodo. I nostri manuali ti sottopongono a un esercizio specifico, ma allenare la mente su esercizi di logica, qualsiasi essi siano, ti aiuterà ad affrontare qualsiasi novità del prossimo test, sia negli esercizi di logica che in quelli di matematica, chimica e fisica.

Non farti spaventare dalla complessità dei quesiti o dalla lunghezza dei testi: tutti, credici, possono imparare a risolvere i quiz di logica e tu non sei certo da meno!

COMPETENZE DI LETTURA

Comprensione testi

1

Introduzione

Novità del decreto di luglio 2022, confermata nel decreto di settembre 2022, questa sezione consiste adesso in sette esercizi di comprensione del testo, su brevi "testi di saggistica scientifica o di narrativa classica e contemporanea, oppure da brevi testi di attualità pubblicati in quotidiani e in riviste generaliste o specialistiche". Tra questi saranno presenti anche degli esercizi di cultura generale, ma la maggior parte saranno di comprensione. Nelle prossime pagine sono raccolti tutti i consigli su come affrontare questa tipologia, integrati con l'esperienza acquisita nella preparazione per i test di tipo TOLC, su cui lavoriamo ormai da anni.

I nostri esercizi sono il più possibile specifici, ma tutto l'allenamento che farai sulla comprensione, sia esso su testi facili o difficili, lunghi o brevi, ti preparerà a questa prima sezione del test. Le sette domande di competenza di lettura rappresentano il 14% del test, e imparare ad affrontare questi quesiti velocemente e con successo potrà farti ottenere un significativo vantaggio, sia in termini di tempo che di punteggio.

Confidiamo sinceramente che il contenuto di questo capitolo ti renderà più facile il percorso.

1.1 COMPRENSIONE TESTI

LOGICA

Negli esercizi di comprensione del testo viene richiesto al candidato di leggere un brano e di rispondere a delle domande che permettono di verificare se è stato compreso il significato di quanto letto.
I testi proposti tendono a essere più divulgativi che tecnici; l'obiettivo degli esercizi di comprensione non è, infatti, testare le conoscenze già acquisite dell'esaminato, ma la sua capacità **logico-deduttiva**.
Per affrontare con successo questa tipologia di esercizi è necessaria una lettura attenta, svolta con l'intento di cogliere il senso complessivo del testo e di individuare con precisione i concetti esposti.

Solitamente, la prima fonte di preoccupazione che emerge è la **lunghezza dei brani**. Imbattersi in un testo lungo, infatti, può far sorgere numerosi timori: di non avere tempo sufficiente per terminare la prova, di sprecare minuti preziosi per la lettura, eccetera. Bisogna però considerare che i quesiti di comprensione del testo hanno un peso significativo sul totale della prova, e risolverli correttamente può avere un impatto tutt'altro che marginale sull'esito finale.
Inoltre, mentre per risolvere altre tipologie di quesiti le conoscenze pregresse svolgono un ruolo fondamentale, per la comprensione del testo non sono rilevanti: tutto ciò che serve per rispondere ai quesiti è scritto sotto i nostri occhi. È un po' come svolgere un compito in classe con il libro aperto sotto il banco!

Per raggiungere una buona dimestichezza con questa tipologia di quesiti è utile seguire pochi facili suggerimenti:

- **leggere per prima cosa la richiesta**. Prima di buttarsi sulla lettura, è utile dare uno sguardo preventivo ai quesiti. Questa semplice operazione permette di farsi già un'idea di cosa cercare nel testo e di individuare delle **parole chiave** su cui soffermare l'attenzione durante la lettura. Questo ti permetterà, in brani molto lunghi e complicati, di non dover rileggere obbligatoriamente tutto il brano, ma magari di leggere solo le frasi contenenti la parola della richiesta, così da risparmiare una grande quantità di tempo;
- **usare espedienti visivi per evidenziare i concetti chiave**. Sottolineare o cerchiare i concetti e le parole chiave può essere un buon modo per risparmiare tempo prezioso. Infatti, l'uso di espedienti visivi permette di ritrovare rapidamente i passaggi più importanti, evitando di perdere tempo per cercarli. Attenzione, tuttavia, a non abusare di questi strumenti: se vengono usati per evidenziare elementi non legati ai quesiti, o in numero spropositato, la loro utilità viene meno. Una pagina piena in ogni angolo di sottolineature e cerchiature non aiuta certo l'ordine mentale! Quando invece si effettua il test in modalità **computer-based** non sarà possibile evidenziare direttamente sul testo scritto, ma sarà necessario trovare altre modalità per risalire alle parole chiave: come appuntarsi parole su un foglio di brutta (se ti è concesso di usarlo), oppure di fissare attentamente le parole nel testo della domanda in modo da "stamparle" nella tua mente;
- **attenersi a quello che dice il testo, sempre**. Se nel brano c'è scritto che il cielo è giallo, nonostante si sappia che è blu, bisognerà rispondere alle domande considerandolo giallo. Lo scopo dei quesiti non è, infatti, testare le conoscenze già possedute sugli argomenti trattati dal testo, ma unicamente la comprensione di ciò che c'è scritto. Inoltre, il contenuto dei brani potrebbe riguardare teorie, idee o concetti ormai sconfessati dallo stato attuale delle conoscenze (si pensi ad esempio a una spiegazione della teoria geocentrica); fai anche attenzione al concetto

di **deduzione dal brano**, che spesso viene ritenuta (erroneamente) dal candidato come una deduzione logica, ovvero che richiede un salto logico, che gli permette di andare oltre quello che viene esplicitamente scritto nel brano. Invece la deduzione dal brano (es. "Cosa puoi dedurre dal brano proposto?") significa ricercare la risposta che più concorda con quanto letto, spesso parafrasando contenuti del brano stesso;

- **ciò che non c'è scritto non esiste**. Può capitare che tra le risposte multiple ai quesiti ve ne siano alcune corrette e facilmente riconoscibili come tali, ma il cui contenuto non viene citato nel brano. Questi quesiti possono quindi trarre in inganno, ma basta ricordare che tutto ciò che non è contenuto nel testo è come se non esistesse al fine della risoluzione degli esercizi;
- **leggere con la stessa concentrazione dello studio**. Mantenere alta la concentrazione è fondamentale, perché senza concentrazione la comprensione può risultare un ostacolo insormontabile. Il meglio sarebbe leggere con la stessa concentrazione che si ha nei momenti di studio più intensi. I quesiti stessi, inoltre, spesso riguardano i concetti teorici contenuti nel brano, assomigliando a domande che potremmo affrontare durante un'interrogazione, una verifica o un esame su quell'argomento;
- **non leggere frettolosamente**. È meglio procedere con la calma necessaria a leggere tutto il brano, parola per parola, piuttosto che dare una prima lettura veloce e disordinata per dover poi tornare sui propri passi;
- **mai lasciarsi intimorire da termini tecnici e sconosciuti**. La presenza nel brano di termini tecnici che non comprendiamo può confonderci, ma bisogna ricordare che essi non sono fondamentali per rispondere ai quesiti. Infatti, le risposte sono tutte ricavabili da ciò che sappiamo riconoscere, in particolare dalle espressioni che connettono logicamente i concetti: "quindi…", "di conseguenza", "perché…", "ma…", "al contrario…", "se… allora…". Se un passaggio risulta difficile da capire, bisogna quindi concentrarsi sulle relazioni tra i concetti affidandosi ai termini semplici e familiari. Vediamo un esempio per capire meglio questa tecnica, che chiamiamo **tecnica dei connettivi logici**.

Tecnica dei connettivi logici - Esempio

"Il criterio di demarcazione inerente alla logica induttiva - cioè il dogma positivistico del significato - è equivalente alla richiesta che tutte le asserzioni della scienza empirica (ovvero tutte le asserzioni "significanti") debbano essere passibili di una decisione conclusiva riguardo alla loro verità e falsità; diremo che devono essere decidibili in modo conclusivo. Ciò significa che la loro forma deve essere tale che sia il verificarle sia il falsificarle debbano essere logicamente possibili".

Ci troviamo di fronte a uno scritto filosofico di Karl Popper (1902-1994). In questo caso, potremmo non avere alcuna idea di cosa voglia dire "criterio di demarcazione", "logica induttiva", "dogma positivistico", "asserzioni della scienza empirica", ma non per questo non saremo in grado di rispondere correttamente ai quesiti.
Ad esempio, un quesito potrebbe chiedere cosa voglia dire "significato" secondo il dogma positivistico. A questo punto, per rispondere, bisogna porre attenzione ai connettivi evidenziati nel brano:

- "**cioè**" ci fa capire che il dogma positivistico del significato e il criterio di demarcazione inerente alla logica induttiva sono equivalenti, ovvero vogliono dire la stessa cosa;
- "**ovvero**" ci fa capire che le asserzioni della scienza empirica coincidono con le asserzioni "significanti";
- "**ciò significa che**" è la nostra chiave di lettura! Connettivi di questo tipo, molto spesso, introducono proprio la risposta (riguardo al significato di quanto letto) che stiamo cercando;

- "**sia... sia**" ci fa comprendere una caratteristica fondamentale del dogma, ovvero che esso si riferisce non solo alla verificabilità ma anche alla falsificabilità delle asserzioni empiriche.

Così, semplicemente focalizzandoci su forme lessicali familiari e comprensibili, possiamo estrarre con successo le relazioni di significato tra concetti complessi e sconosciuti, e rispondere correttamente al quesito. Il "significato" secondo il dogma positivistico è quindi spiegato nel testo in diversi modi equivalenti: quelli sopra riportati nell'elenco puntato, che abbiamo riconosciuto grazie ai connettivi logici.

Le tematiche dei testi, così come le domande di comprensione, possono essere delle più varie. Generalmente si tratta di testi **scientifici**, **divulgativi**, **storici**, **sociologici** e **letterari**. I brani possono essere tratti dalle fonti più svariate: saggi, pubblicazioni, articoli, manuali, testi letterari e molto altro.

Di seguito vengono riportate le caratteristiche fondamentali dei diversi tipi di testo secondo la **classificazione funzionale**, basata su come è organizzato e strutturato il brano. Secondo questo schema di classificazione, i testi si distinguono in: argomentativo, descrittivo, narrativo, espositivo (o informativo), prescrittivo (o regolativo).
Per ogni tipologia di testo, saranno elencati alcuni facili, pratici e utili consigli per affrontarne la lettura e la comprensione.

TESTO ARGOMENTATIVO

I testi argomentativi hanno la finalità di **sostenere l'opinione dell'autore**. Sono volti alla dimostrazione di una tesi con l'ausilio di argomentazioni logiche convincenti, coerenti e strutturate.
I testi argomentativi possono prendere diverse forme, tra cui emergono articoli d'opinione e saggi delle più svariate discipline (scientifiche, filosofiche e letterarie).
Saper riconoscere che il testo che si sta leggendo è di tipo argomentativo aiuta a focalizzare l'attenzione su alcuni elementi molto utili e importanti per la corretta risoluzione dei quesiti. Ma da cosa si riconosce un testo argomentativo? In primis, dalla sua struttura, generalmente composta da:

1. *introduzione ed enunciazione della tesi principale*. Questi testi iniziano generalmente con una chiara e netta esplicitazione della tesi sostenuta dall'autore, contornata da un'introduzione generale sull'argomento di riferimento;
2. *sviluppo argomentativo*. Il corpo del testo è costituito dallo sviluppo della tesi dell'autore, ovvero dalle argomentazioni a favore della sua opinione. Alcune volte non c'è modo migliore di dimostrare la propria tesi che confutare la tesi opposta ("antitesi"); perciò, spesso l'autore riporta anche le argomentazioni a favore dell'opinione opposta alla sua. In questo caso è molto importante non confondere la tesi dell'autore con quella opposta, anch'essa riportata e spiegata nel brano;
3. *conclusione "a effetto"*. Solitamente la conclusione svolge il ruolo di "arringa finale", costituendo un ultimo e convincente appello a sostegno della tesi. Non è raro che la conclusione riporti una sintesi lineare di tutti i concetti formulati nel brano.

Ecco alcuni consigli utili per affrontare con successo la comprensione di un testo argomentativo:

- **identificare la tesi dell'autore**. Si tratta di una tesi poco condivisibile? Non importa. Le argomentazioni riportate sembrano deboli? Non fa alcuna differenza. Le domande riguardano soltanto quello che l'autore scrive, non bisogna affidarsi al proprio pensiero o alle proprie conoscenze sull'argomento!
  Alcuni quesiti potrebbero incentrarsi proprio sul riconoscere e comprendere l'opinione centrale del testo; a questo fine, il paragrafo introduttivo potrebbe rivelarsi particolarmente utile;

- **distinguere la tesi dalle argomentazioni**. Ciò vuol dire, in parole semplici, distinguere le opinioni dai fatti. Attenzione: non c'è bisogno che le frasi siano introdotte da "Io credo", "Penso che", "Secondo me", "La mia opinione è che", perché esse siano un'opinione. La tesi è il punto di vista sostenuto dall'autore nel testo, mentre le argomentazioni sono i fatti e i dati usati per avvalorarla;
- **identificare l'antitesi e le argomentazioni a suo sostegno (se presente)**. Se l'autore riporta anche l'opinione contraria alla sua, è fondamentale riconoscerla e distinguerla chiaramente dalla tesi. Alcuni quesiti potrebbero testare proprio la capacità dell'esaminato di distinguere la tesi dall'antitesi. In questo caso, lo sviluppo centrale gioca una grande utilità.

TESTO DESCRITTIVO

I testi descrittivi hanno, come il loro nome già suggerisce, la funzione principale di **descrivere**.
La descrizione fa, sotto forma di testo, ciò che visivamente potrebbe risultare uno zoom fotografico.
Una descrizione, infatti, identifica uno o più oggetti e si sofferma su di essi elencandone gradualmente le caratteristiche, i dettagli, il contesto spaziale in cui si trovano (facendo, appunto, come un'operazione di "zoom" su di essi).
L'autore di un testo descrittivo trasforma in parole una porzione di mondo, che può essere sia reale sia immaginaria, facendo sì che l'immagine descritta possa ricrearsi nella mente del lettore al momento della lettura.
Un testo descrittivo può riguardare ambientazioni (naturali o costruite dall'uomo), oggetti o persone. Si può trovare nei più svariati generi letterari, tra cui romanzi, racconti, articoli di giornale, saggi divulgativi, reportage.

Per affrontare la comprensione di un testo descrittivo, è utile soffermarsi sui seguenti aspetti:

- **identificare gli oggetti descritti**. Vale a dire, identificare il protagonista (o i protagonisti) del brano, gli oggetti su cui l'autore effettua l'operazione di zoom;
- **identificare le caratteristiche associate agli oggetti**. Alcuni quesiti potrebbero infatti testare la capacità dell'esaminato di associare le caratteristiche all'oggetto a cui esse si riferiscono.

TESTO NARRATIVO

Attraverso un testo di tipo narrativo, l'autore racconta una storia, ovvero una **successione di avvenimenti** in un preciso ordine temporale. A differenza del testo descrittivo, in cui la dimensione più importante è lo spazio, nel testo narrativo la dimensione prevalente è il tempo. Gli eventi vengono esposti permettendo al lettore di distinguere un "prima", un "durante" e un "dopo".
Se un testo descrittivo si può paragonare a una fotografia, il testo narrativo si può paragonare a un film.
Il testo narrativo può essere trovato in scritti letterari (romanzi e racconti), ma anche in scritti informativi come la cronaca giornalistica, e persino in blog online.

Per affrontare con successo i quesiti relativi a un brano narrativo, può essere utile tenere a mente i seguenti aspetti:

- **la sequenza narrativa può coincidere o meno con la sequenza degli eventi**. In alcuni casi, gli eventi vengono narrati nell'ordine in cui si verificano: ciò che avviene prima nella storia viene raccontato prima dall'autore. Ma in alcuni casi, invece, la narrazione segue un ordine diverso, facendo uso di flashback e anticipazioni.

Con i **flashback**, l'autore interrompe la narrazione per raccontare qualcosa avvenuto precedentemente. Con le **anticipazioni**, al contrario, la narrazione si interrompe per anticipare qualcosa che avviene successivamente;

- **la durata della storia può coincidere o meno con la durata della narrazione**. Se le due durate coincidono, il testo è una **scena**: è il caso dei dialoghi, dei testi teatrali, degli screenplay, in cui il tempo della lettura ricalca perfettamente il tempo degli eventi. Se invece la narrazione risulta più breve rispetto agli eventi narrati, il testo è un **riassunto**. Al contrario, se gli eventi vengono diluiti, dilungati dalla narrazione, la quale risulta quindi più estesa rispetto ai primi, il testo prende il nome di **estensione**.

Le storie possono essere molto intricate, fino al punto di confondere il lettore. Ma ci sono degli stratagemmi molto utili da mettere in atto per rispondere ai quesiti sulle successioni temporali:

- **attenzione agli indicatori temporali**. Si tratta di parole, tipicamente connettivi e avverbi, che indicano le relazioni temporali tra le diverse frasi. Alcuni identificano ciò che avviene "dopo", come ad esempio: "Successivamente...", "In seguito...", "Poi...". Alcuni identificano ciò che avviene "prima", come: "Prima...", "Prima di...", "In precedenza...". Infine, alcuni indicano la contemporaneità, ovvero ciò che avviene "durante", come: "Nel frattempo...", "Mentre...", "Intanto...". Il consiglio pratico è: se la storia sembra difficile da sbrogliare, cerchiare gli indicatori temporali e ragionare su di essi può essere un ottimo modo per ricostruire ordinatamente la successione degli eventi;
- **attenzione ai tempi verbali**. Anche i tempi verbali possono aiutare molto nel comprendere la narrazione. C'è sempre un tempo verbale che identifica il "prima", il "durante", e il "dopo" della storia, e identificare i mutamenti di tempo nel testo fornisce informazioni fondamentali.

Ecco un semplice esempio:

"Luca era un ragazzo molto studioso, amante soprattutto delle materie letterarie. Alle scuole elementari era stato eletto campione cittadino di rime, e da allora il suo amore per la poesia non era mai svanito. Ai tempi ancora non lo sapeva, ma all'università sarebbe diventato un vero punto di riferimento, nella facoltà di Lettere".

Il momento in cui si svolge la narrazione è indicato con il tempo imperfetto ("era"). Di conseguenza, per raccontare eventi avvenuti precedentemente si usa un tempo anteriore all'imperfetto, in questo caso il trapassato prossimo ("era stato"). Per eventi futuri, non ancora accaduti nel momento della storia, si usa quindi il condizionale passato ("sarebbe diventato").

TESTO ESPOSITIVO O INFORMATIVO

I testi espositivi (anche detti testi informativi) hanno la funzione di **trasmettere al lettore conoscenze, informazioni, nozioni**. Quando ci riferiamo ai testi espositivi ci troviamo nel regno dei manuali didattici e degli articoli scientifici. Ogni libro scolastico e universitario, ad esempio, non è che una collezione di testi espositivi, ognuno riguardo a un preciso ambito del sapere. Perciò non stupisce che questi testi siano molto presenti nei test d'ammissione all'università, e i test TOLC non fanno eccezione.
I testi informativi sono caratterizzati da uno stile chiaro e oggettivo e dall'uso di una terminologia precisa e accurata. Inoltre, per rendere più scorrevole la comprensione dei concetti, non è raro che siano arricchiti da esempi, comparazioni e schemi di classificazione.
I testi espositivi possono essere di due tipologie: **divulgativi** o **specializzati**.

I primi sono rivolti al pubblico generico, mentre i secondi sono rivolti a un preciso pubblico specialistico, già esperto della materia di fondo trattata nel brano. Naturalmente, gli scritti espositivi proposti nelle prove di comprensione sono tutti di tipo divulgativo, e sono quindi caratterizzati da un lessico non eccessivamente tecnico e da una struttura espositiva chiara, per agevolare il più possibile la comprensione del contenuto.

Tipicamente i brani espositivi proposti nelle prove sono focalizzati su un oggetto ben preciso, sia esso un fenomeno, un evento, una teoria, un concetto, un modello. I relativi quesiti potrebbero testare direttamente i concetti contenuti nel brano, prendendo la forma di una vera e propria mini-verifica su di essi.
Questo stile di quesiti, basato su concetti e nozioni, potrebbe a primo acchito generare preoccupazioni: "Non conosco metà dei termini tecnici usati nel brano, come faccio a capire il suo significato?", "Non ho capito questo concetto, come posso rispondere al quesito che lo riguarda?". Se questi pensieri dovessero sopraggiungere durante il test o qualsiasi simulazione, bisogna ricordare che tutto ciò che serve per rispondere è contenuto nel brano. È come svolgere una verifica con il libro aperto, non c'è bisogno di aver studiato o capito tutto, perché si trova tutto sotto i nostri occhi!
Ma a questo punto, ecco dei consigli pratici per affrontare con successo la comprensione di un testo espositivo:

- **identificare l'argomento trattato**. Generalmente il titolo stesso del brano, se presente, ci aiuta a trovare il suo argomento principale. Altrimenti, è sempre chiaramente identificabile dal testo, in quanto tutte le informazioni contenute vi sono direttamente o indirettamente riferite;
- **distinguere tra "definizioni" e "spiegazioni"**. I testi espositivi seguono spesso uno schema che procede per definizioni e spiegazioni; ovvero, prima i concetti vengono enunciati e definiti, e successivamente vengono spiegati attraverso esempi, semplificazioni e informazioni aggiuntive. Distinguere questi due passaggi può essere sorprendentemente utile per risolvere i quesiti, che possono infatti concentrarsi su ciò che un oggetto è (definizione) o su ciò che lo rende tale e perché (spiegazione);
- **non lasciarsi intimorire da tecnicismi e formalismi**. I testi espositivi, nonostante siano proposti in forma divulgativa, sono quelli in cui è più facile trovare alcuni termini specialistici di non facile comprensione. Nonostante questo, bisogna sempre ricordare che la comprensione del testo non valuta le conoscenze pregresse, ma solo ciò che si può comprendere dal brano. In presenza di tecnicismi e frasi apparentemente complesse, il **metodo dei connettivi logici** prima spiegato corre subito in aiuto.

TESTO PRESCRITTIVO (O REGOLATIVO)

Testi legali, manuali d'istruzioni, carte dei diritti, codici di comportamento, guide, memorandum: sono tutti esempi di testi prescrittivi. Come si può comprendere intuitivamente, si tratta di scritti che hanno la finalità di **indirizzare il comportamento del lettore**. Si tratta quindi di regole, istruzioni, prescrizioni, obblighi e divieti.
Alcuni testi prescrittivi, soprattutto quelli che rientrano nella categoria dei testi legislativi, potrebbero essere scritti in un linguaggio macchinoso e cervellotico (mai sentito parlare di "legalese"?), ma possono essere facilmente districati e compresi grazie alle tecniche che abbiamo visto nei paragrafi precedenti.

In particolare, ecco alcuni utili consigli per affrontare al meglio un esercizio di comprensione di un testo prescrittivo:

- **usare il metodo dei connettivi logici**. Fare affidamento su forme sintattiche conosciute e familiari è sempre la chiave per identificare le relazioni tra concetti, anche se questi ultimi sono scritti in "legalese";
- **distinguere le definizioni dalle prescrizioni**. Il comportamento che viene normato potrebbe anche essere definito dallo stesso testo. In questo caso, è utile distinguere chiaramente la definizione del comportamento dalle prescrizioni che lo riguardano, in quanto alcuni quesiti potrebbero focalizzarsi su questa distinzione. Si riporta di seguito un esempio, tratto da un codice di comportamento destinato agli studenti di un ateneo.

"L'inganno <u>è</u> un comportamento finalizzato a conseguire per sé o procurare ad altri un indebito vantaggio nel corso di una prova di accertamento dell'apprendimento in qualsiasi forma sia compiuta [...]".

Questo primo paragrafo contiene la definizione di ciò che viene considerato, nel contesto normativo analizzato, un comportamento ingannevole ("L'inganno è...").

"[...] Gli studenti <u>non devono</u> tentare di appropriarsi, riprodurre, mettere in circolazione o accedere in qualunque modo ai testi delle verifiche prima del momento in cui il personale autorizzato lo consenta.
Gli studenti <u>devono</u> rispettare le consegne specificate dal personale autorizzato dovunque si svolga la prova e devono astenersi dall'uso di materiali o di altri aiuti di cui è stato proibito l'utilizzo.
Gli studenti <u>non possono</u> sostituire o essere sostituiti da altri durante le prove. Le prove <u>devono</u> essere svolte e sostenute personalmente".

I passaggi successivi, invece, dettagliano i comportamenti ingannevoli proibiti agli studenti e quei comportamenti corretti che, al contrario, devono obbligatoriamente essere seguiti. Si tratta quindi di prescrizioni di comportamento, sia nella forma di divieti (introdotti da "non devono...", "non possono...") sia nella forma di obblighi (introdotti da "devono...").

ESERCIZIO **SVOLTO**

"Se non si vuole che rinasca un nazionalismo perverso e aggressivo, tuonava Grass avvolto dal fumo del sigaro che pendeva fra i suoi baffoni spioventi, occorre dare una risposta aperta e progressiva a questa esigenza reale di un sentimento della patria comune. Egli ha proposto di istituire una fondazione culturale comune per entrambe le Germanie che, rinunciando a ogni impossibile - e a suo avviso pericolosa - unificazione politica, conservi o ridesti l'unità spirituale al di sopra delle separazioni statali".

1. Grass sostiene che:

A. La rinascita del partito Nazionalsocialista sia un modo per rispondere al sentimento nazionalista tedesco
B. Le due Germanie hanno culture molto diverse, ma che potrebbero essere unificate
C. È necessaria un'unificazione culturale e politica delle due Germanie per ridestare unità spirituale in Germania
D. Per rispondere al sentimento nazionalista tedesco è utile creare un'unità culturale comune alle due Germanie
E. I tedeschi hanno un naturale sentimento patriottico che è stato la causa dell'ascesa del partito Nazista

Questo quesito vuole essere un esempio di cosa si intende per **domanda di comprensione**. Per rispondere correttamente è utile ragionare su ogni opzione:

- opzione A → errata poiché non viene detto da nessuna parte che ci sia necessità di rinascita del partito Nazionalsocialista, anzi è proprio ciò che si vuole evitare;
- opzione B → errata poiché, nonostante Grass sostenga che si debba dare un'unità culturale alla Germania, non viene esplicitato che le culture delle due Germanie sono molto diverse;
- opzione C → errata perché, secondo Grass, non serve un'unificazione politica, a cui si deve rinunciare, ma solamente culturale;
- opzione E → errata poiché non trova riscontro nel brano.

Risposta corretta D; secondo Grass, infatti, bisogna rinunciare a cercare un'unità politica e cercare di creare un'unità culturale tra le due Germanie.

RAGIONAMENTO LOGICO

Sezione di logica verbale

Insiemi e sillogismi
Condizione necessaria e sufficiente
Affermazione necessariamente V/F
Frasi con negazioni
Completamento testi

Sezione di logica matematica

Calcolo rapido
Equazioni e sistemi
Equazioni con simboli
Percentuali e frazioni
Proporzioni
Velocità e tempo
m.c.m. e M.C.D.
Gruppi e insiemi
Sequenze alfanumeriche
Risoluzione con schemi
Grafici e tabelle
Tabelle simili
Metodo empirico
Logica geometrica
Logica procedurale

2

Introduzione

I quesiti di logica spaziano in un campo molto ampio, negli anni abbiamo identificato una grande quantità di tipologie e ricercato il metodo più efficiente per affrontarle: quest'anno il nuovo decreto ci ha fatto ri-analizzare il contenuto di questo manuale, e quindi sono state inserite tutte le tipologie di cui il programma didattico ministeriale sembra parlare. Per rendere più semplice il vostro studio abbiamo diviso la sezione di ragionamento logico in due ulteriori sottocapitoli: **logica matematica** e **logica verbale**.

Segue un breve parallelismo tra le tipologie che abbiamo mantenuto, e gli argomenti estratti dall'allegato 1 del decreto di settembre 2022, citati tra virgolette.

Logica verbale
Insiemi e sillogismi rientrano nell'argomento citato nel bando come "comprendere e rappresentare"; **condizione necessaria e sufficiente**, insieme ad **affermazione necessariamente vera o falsa** e **frasi con negazioni** rientrano a loro volta in "argomentare". Per concludere, **completamento testi** può essere vista come un aggiunta al precedente primo capitolo.

Logica matematica
Le sezioni comprese tra **calcolo rapido** e **risoluzione con schemi**, insieme a **logica geometrica e logica procedurale** sono fondamentali, vista l'integrazione con matematica: il decreto parla di "modellizzare e risolvere problemi", "stime e approssimazioni", "calcolo e trasformazione di espressioni", "formulare in termini matematici una situazione o un problema".

Grafici e tabelle è il capitolo che tratta di "rappresentazioni di distribuzioni (tabelle, grafici a barre, diagrammi a torta, istogrammi...)". La sezione **tabelle simili** non è menzionata nel bando, ma abbiamo visto questa tipologia in altri TOLC e non escludiamo la possibilità che possa presentarsi.
Metodo empirico, infine, diventerà il vostro migliore amico: può essere usato per risolvere velocemente esercizi difficili o altrimenti irrisolvibili.

Ricordati che quest'anno gli esercizi di logica ricadono nella sezione "Matematica e Ragionamento", ci potrà essere molta sovrapposizione tra le due discipline, per questo è importante che queste nozioni prettamente logiche siano integrate con i corrispondenti argomenti di matematica. *Nell'introduzione al capitolo di matematica e di fisica* troverete rimandi alle tipologie cross-over.

Tutti questi argomenti, insieme alla nostra organizzazione della materia, servono affinché tu possa affrontare il test senza che nulla ti sorprenda. Ogni pagina ti guiderà e supporterà la crescita della logica dentro di te: è una rampicante che fiorirà intorno a tutte le altre materie del test e ai vari ambiti della tua vita accademica, ma ha bisogno di crescere sulla tua pazienza, volontà e fiducia nel metodo.

2.1 INSIEMI E SILLOGISMI

Come impostare gli insiemi

Prima di affrontare nello specifico gli esercizi sugli insiemi e sui sillogismi, bisogna saper impostare gli insiemi: è un'abilità importante da padroneggiare in vista del test di medicina. Gli insiemi, infatti, risultano essere il metodo più semplice e veloce per la risoluzione di molti quesiti (come ad esempio i sillogismi, ma non solo!), in quanto ti permettono di riassumere graficamente e in modo immediato le informazioni presenti nel testo.
In questo modo, visualizzando a colpo d'occhio e nella sua interezza la situazione descritta nel brano, rispondere correttamente risulterà molto più semplice.

Vediamo come è possibile costruire correttamente un sistema di insiemi a partire da alcune affermazioni.
"*Tutte le amiche di Anna hanno i capelli lunghi*".
Prima cosa da fare:

- individuare i due insiemi;
- individuare la relazione tra essi.

Aggiungiamo a "*Tutte le amiche di Anna hanno i capelli lunghi*" l'informazione "*Alcune persone con i capelli lunghi portano sempre le trecce*".
La seconda affermazione dovrà essere disegnata tenendo conto del fatto che il nuovo insieme che ci viene proposto, cioè "chi porta le trecce", può rapportarsi al precedente in diversi modi:

Opzione 1

Potrebbe intersecare sia coloro che hanno i capelli lunghi sia le amiche di Anna, ALCUNE o TUTTE

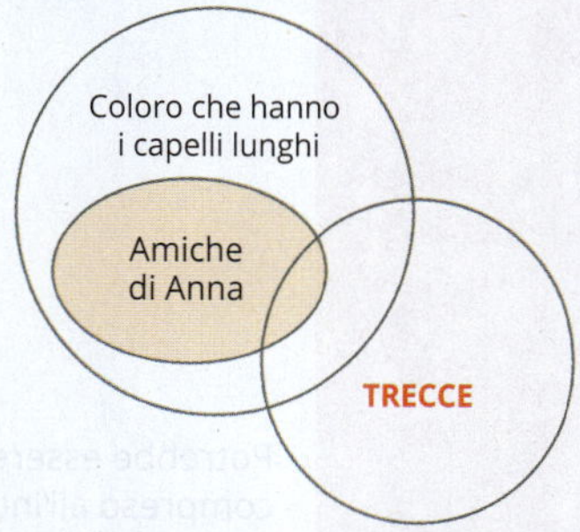

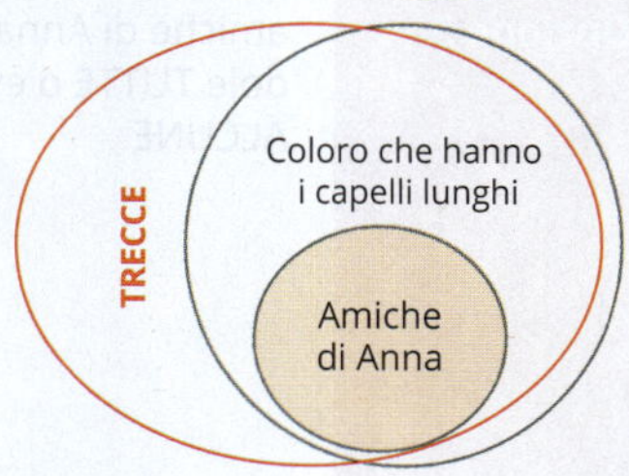

Opzione 2

Potrebbe intersecare solo coloro che hanno i capelli lunghi senza le amiche di Anna

Opzione 3

Potrebbe essere totalmente compreso all'interno di coloro che hanno i capelli lunghi comprendendo UNA PARTE o TUTTE le amiche di Anna

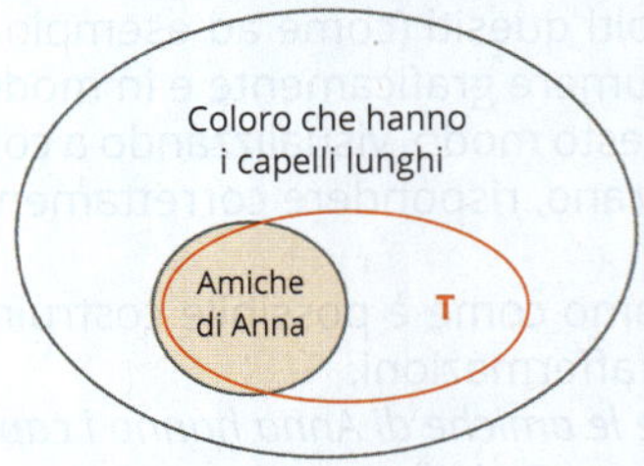

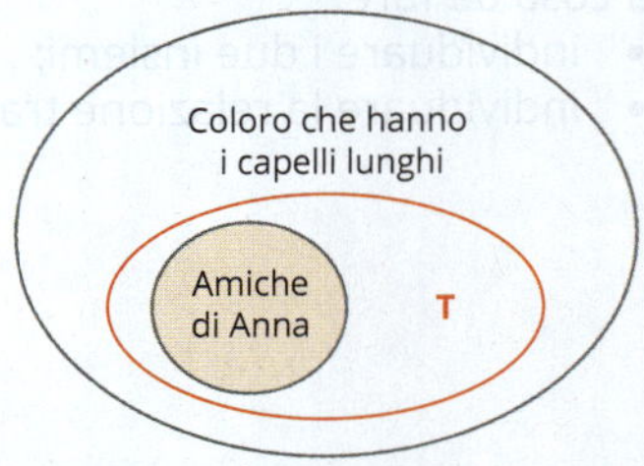

Opzione 4

Potrebbe essere compreso all'interno di coloro che hanno i capelli lunghi senza comprendere le amiche di Anna

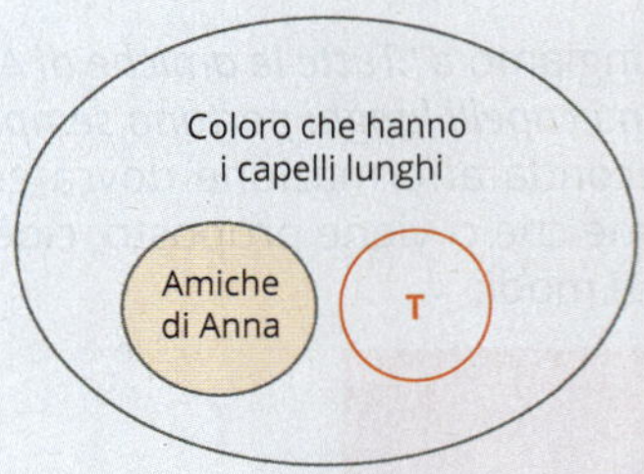

Opzione 5

Potrebbe essere totalmente compreso all'interno delle amiche di Anna, comprendendole TUTTE o escludendone ALCUNE

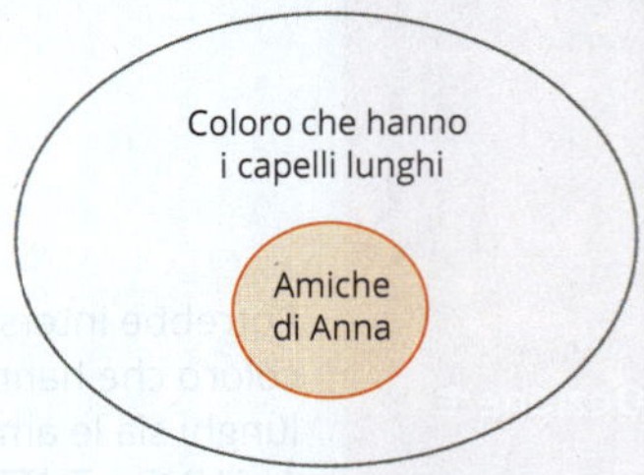

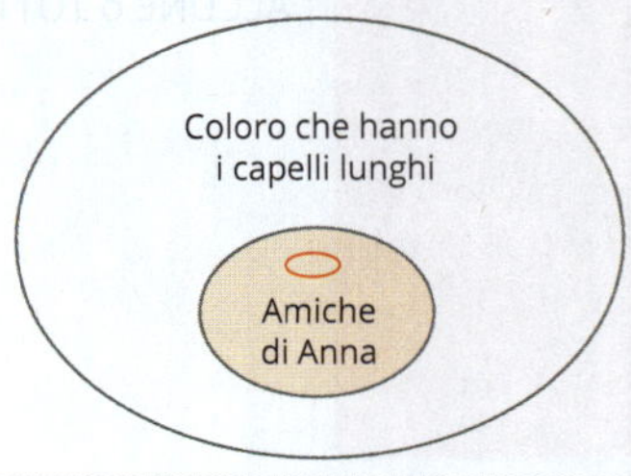

RICORDA:

- dire "tutte le amiche di Anna hanno i capelli lunghi" NON equivale a dire "tutte coloro che hanno i capelli lunghi sono amiche di Anna";
- quando rappresenti gli insiemi fallo SEMPRE nel modo più comprensivo possibile: non escludere l'esistenza di una intersezione a meno che non te lo dica il testo, ANCHE quando le due condizioni sono apparentemente incompatibili nella vita reale (se il quesito dice che gli asini volano, gli asini volano);
- le dimensioni degli insiemi non contano: essi sono un semplice strumento di semplificazione grafica e servono per ragionare su una situazione, non per rappresentarla quantitativamente. Servono per rendere evidenti i RAPPORTI tra gli insiemi;
- quando vai a considerare le opzioni, devi prestare attenzione a come queste vengono poste, cioè se vengono date per certe o se vengono date come possibili o non possibili.

Insiemi

I quesiti risolvibili con gli insiemi si differenziano dai sillogismi (vedi dopo) per il fatto che non sono costruiti seguendo la stessa ferrea struttura (due premesse e una conclusione), ma presentano una pluralità di affermazioni, dalle quali bisogna ricavare l'opzione che risulta essere in accordo con le premesse.
In questi casi, utilizzare gli insiemi per risolvere il quesito risulta il metodo più semplice per far ordine tra tutte le affermazioni che vengono fornite.
Facciamo un esempio pratico:

<table>
<tr><td>Esempio</td><td>Tutti coloro che escono il sabato sera si godono la vita. I secchioni non si godono la vita. Tutti i secchioni studiano durante il weekend. Date tali premesse, ne consegue che:
A. Alcuni secchioni possono uscire il sabato sera
B. Può esserci una persona che esce il sabato sera e che non si gode la vita
C. Può esserci una persona che pur studiando il weekend esca il sabato sera
D. Chi studia durante il weekend è un secchione
E. Coloro che si godono la vita non studiano durante il weekend</td></tr>
<tr><td>1° passaggio</td><td>"Tutti coloro che escono il sabato sera si godono la vita"
</td></tr>
</table>

2° passaggio

"I secchioni non si godono la vita"

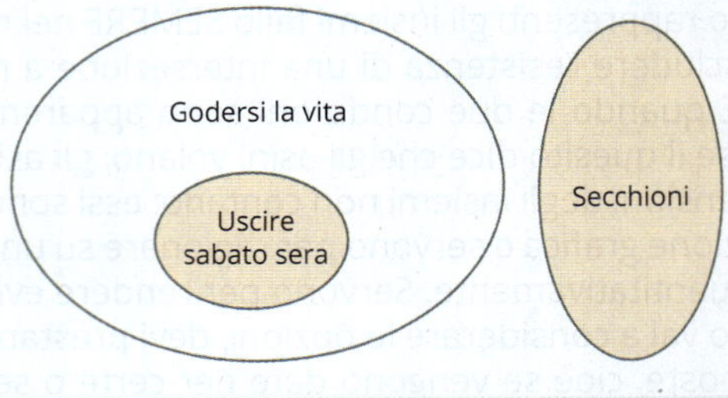

3° passaggio

"Tutti i secchioni studiano durante il weekend" 4 possibilità:

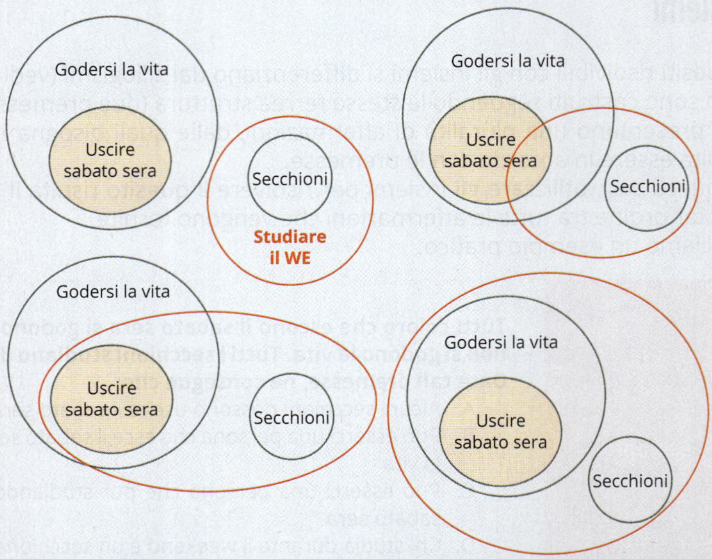

Ci sono almeno 4 modi per rappresentare l'insieme rosso, ma solo il secondo tiene conto di tutte le possibilità! È infatti possibile uscire il sabato sera e studiare durante il weekend, quindi il primo schema è sbagliato, mentre ci saranno sicuramente studenti che escono il sabato sera ma che non studiano nel weekend, quindi sono sbagliati sia il terzo e quarto schema.

Risposta corretta

"Può esserci una persona che pur studiando il weekend esce il sabato sera"

→ Opzione C

ESERCIZIO **PROPOSTO**

2.1.1 Alcuni bambini della classe di Alberto collezionano le carte dei Pokémon. Alcuni bambini collezionano le carte dei calciatori e alcuni collezionano le carte degli Incredibili. Chi colleziona le carte dei Pokémon non colleziona quelle dei calciatori, e chi colleziona i calciatori non colleziona altre carte, ma ci sono dei bambini che collezionano due tipi di carte. Quale delle seguenti affermazioni è sicuramente vera?

A. Alcuni bambini collezionano sia le carte dei calciatori che quelle degli Incredibili
B. Qualcuno colleziona tre tipi di carte
C. Chi colleziona le carte dei Pokémon non colleziona altre carte
D. Tutti i bambini della classe collezionano un tipo di carte
E. Qualcuno dei bambini che colleziona le carte dei Pokémon colleziona anche quelle degli Incredibili

Sillogismi

I sillogismi sono delle argomentazioni logiche dalla struttura ben precisa.
Sono costituiti da tre affermazioni:

- premessa **maggiore**;
- premessa **minore**;
- **conclusione** (ricavata dalle due precedenti).

Le due premesse devono avere una proprietà in comune e, come ovviamente ne consegue, nella conclusione devono figurare le altre due proprietà presenti nelle premesse.

Es: "Tutti i cani sono belli";
"Tutti i belli, piacciono". → Tutti i cani piacciono

Nell'esempio, "belli" è la proprietà che le due premesse hanno in comune, "cani" e "piacciono" sono le altre due proprietà delle premesse che figurano poi nella conclusione.

Sia le premesse che la conclusione sono tutte e tre proposizioni appartenenti a delle specifiche e rigide categorie:

- **universale affermativa** → tutti gli A sono B, ossia ogni A è B

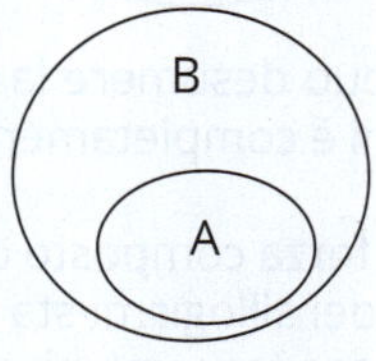

- **universale negativa** → tutti gli A non sono B, ossia nessun A è B

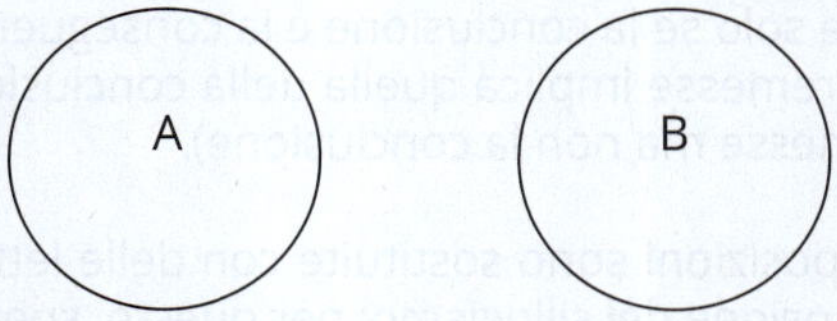

- **particolare affermativa** → qualche A è B, ossia esiste un A che è B

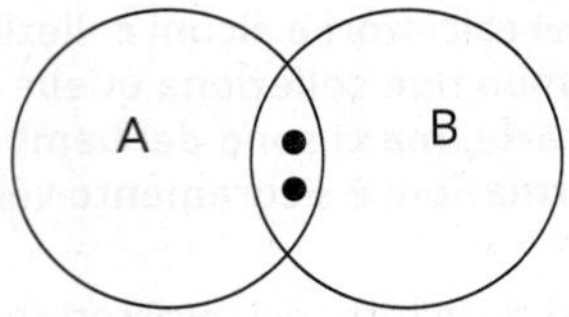

- **particolare negativa** → qualche A non è B, ossia esiste un A che non è B

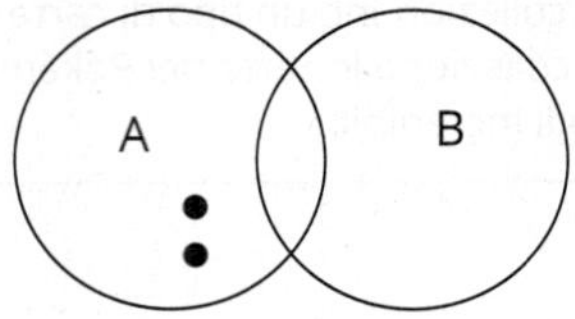

Nel caso delle preposizioni **particolare affermativa** e **particolare negativa**, in figura sono presenti alcuni elementi che appartengono agli insiemi con certezza. In generale, infatti, può anche verificarsi il caso in cui l'insieme degli A o l'insieme dei B (o entrambi) siano vuoti (può non esserci alcun individuo che verifica la proprietà A o la proprietà B). La conoscenza di queste categorie non è comunque necessaria per la risoluzione degli esercizi.

Come si può comprendere, il sillogismo dei cani sopracitato, è un esempio di sillogismo composto da tre proposizioni universali affermative, che con gli insiemi potrebbe essere quindi così schematizzato:

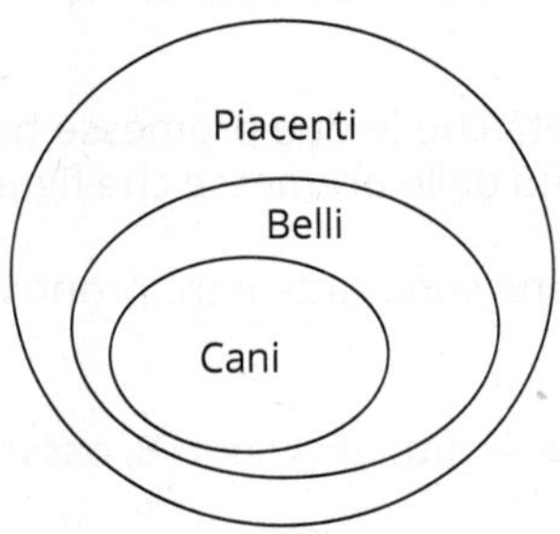

Da questi insiemi, per l'appunto, si può desumere la corretta conclusione del sillogismo: tutti i cani piacciono (insieme dei cani è completamente compreso in quello dei piacenti).

Ovviamente un sillogismo non è per forza composto da tre proposizioni della stessa categoria, anzi, la bellezza e la difficoltà dei sillogismi sta proprio in questo: le diverse tipologie di proposizioni si mischiano tra loro (es.: un'universale affermativa con un'universale negativa) e al candidato viene chiesto di riuscire a determinare la giusta conclusione del sillogismo stesso.
Un sillogismo è corretto se e solo se la conclusione è la conseguenza logica delle premesse, ossia se la verità delle premesse implica quella della conclusione (non può verificarsi un caso che rispetta le premesse ma non la conclusione).

Spesso negli esercizi le proposizioni sono sostituite con delle lettere, il che può rendere meno immediata la comprensione del sillogismo; per questo, specialmente in questi casi, una rappresentazione grafica può essere molto d'aiuto.

Vediamo meglio con degli esempi:

Esempio 1	"Nessun X è Y. Tutti gli Z sono X. Nessun Z è Y". • Nessun X è Y → universale negativa / premessa maggiore; • tutti gli Z sono X → universale affermativa / premessa minore; • nessun Z è Y → conclusione.
Rappresentazione grafica	Per risolvere un sillogismo, bisogna sempre partire dallo schematizzare ciascuna premessa singolarmente. 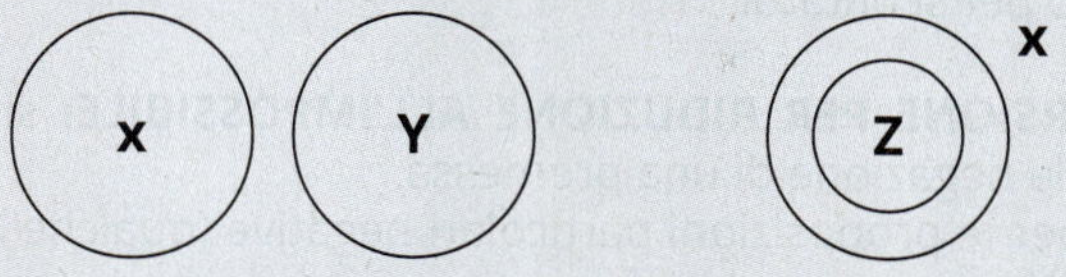 Nessun X è Y Tutti gli Z sono X 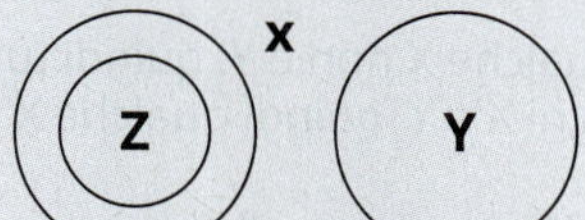 Nessun Z è Y Questo sillogismo è corretto!
Esempio 2	"Tutti gli X sono Y. Qualche Z è X. Qualche Z è Y". • Tutti gli X sono Y → universale affermativa / premessa maggiore; • qualche Z è X → particolare affermativa / premessa minore; • qualche Z è Y → conclusione.
Rappresentazione grafica	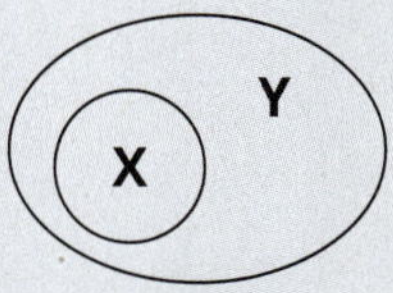 Tutti gli X sono Y 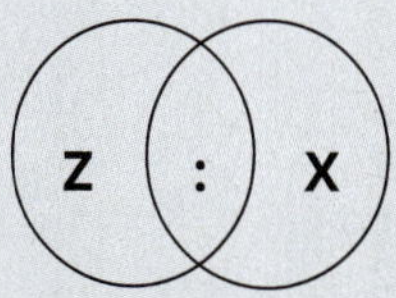 Qualche Z è X 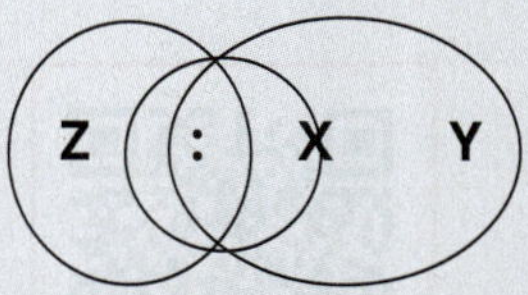 Qualche Z è Y Anche questo sillogismo è corretto!
Esempio 3	"Tutti gli X sono Y. Qualche Z è Y. Qualche Z è un X". **ATTENZIONE! QUESTA CONCLUSIONE È ERRATA.** 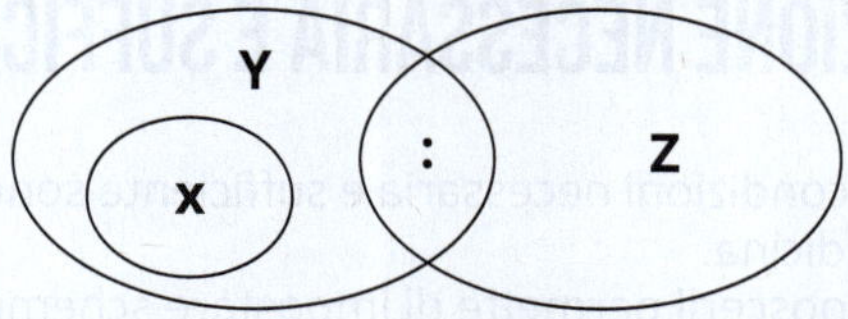 Dall'ipotesi che l'insieme X sia contenuto in Y e che Z intersechi Y, non segue per forza che Z intersechi X.

Infine, ricordiamo che ci sono delle **regole impiegate per trasformare le proposizioni**:

1. **CONVERSIONE SEMPLICE**: è corretta se e solo se viene applicata alle:
   - proposizioni universali negative = nessun X è Y → nessun Y è X;
   - proposizioni particolari affermative = qualche X è Y → qualche Y è X.

2. **CONVERSIONE ACCIDENTALE**: è corretta se si applica alle:
   - proposizioni universali affermative = ogni X è Y → qualche Y è X.
     Attenzione: questa regola vale solo se l'insieme delle X non è vuoto, non possiamo darlo per scontato!

3. **CONVERSIONE PER RIDUZIONE ALL'IMPOSSIBILE**: si nega una conclusione e si ottiene la negazione di una premessa.
   Si usa per le proposizioni particolari negative (qualche X non è Y), ottenendo la loro proposizione universale affermativa contraddittoria (ogni X è Y).
   In altre parole:
   - nego che qualche X non è Y, quindi tutte le X sono Y;
   - nego che ogni X è Y, quindi qualche X non è Y (esiste una X che non è Y).

4. **TRASPOSIZIONE**: consiste nello scambio dell'ordine delle premesse.

ESERCIZIO **PROPOSTO**

2.1.2 Quale/i dei seguenti sillogismi è/sono vero/i?
S1) Nessun X è Y, ogni Z è X, allora ogni Z è Y.
S2) Nessun X è Y, ogni Z è X, allora ogni Z non è Y.
S3) Ogni X è Y, qualche Z non è Y, allora qualche Z non è X.

A. Tutti
B. S1 e S2
C. S2 e S3
D. Nessuno
E. Solo S2

Per approfondire questo argomento inquadra il QR code e guarda la videolezione:

2.2 CONDIZIONE NECESSARIA E SUFFICIENTE

Gli esercizi con condizioni necessaria e sufficiente sono tipologie di quesiti molto frequenti nel test di Medicina.
Imparare a riconoscerli permette di impostare schemi mentali molto semplici, a cui riportarsi nei momenti di difficoltà.

Si possono riconoscere due tipologie di esercizi contenenti le due condizioni:

- esercizi puri: le condizioni necessaria e sufficiente vengono poste in modo classico e schematico e la richiesta del quesito è trovare, tra le opzioni, quella compatibile o incompatibile con la condizione stessa. Verranno trattati in questo capitolo;
- esercizi in cui le condizioni N&S sono utilizzabili in modo secondario: possiamo infatti utilizzare le regole delle condizioni in più tipologie, trattate successivamente in questo manuale (es. inferenza logica, gruppi ed insiemi, concatenazione logica, affermazione necessariamente vera/falsa ecc.).

2.2.1 Introduzione

Nei quesiti contenenti condizioni N&S sono presentate delle frasi, delle affermazioni, che costituiscono la premessa del ragionamento logico imposto, sulla base della quale il quesito chiede di riconoscere una conclusione o una affermazione compatibile/non compatibile con essa.
La nostra premessa non è altro che una frase in cui si possono (e devono) distinguere due componenti: una condizione e una conseguenza.

- La condizione è la fase del ragionamento che precede la conseguenza. È quella parte del ragionamento che pone dei vincoli a ciò che accadrà successivamente (conseguenza). Presta attenzione al fatto che la condizione NON per forza dovrà trovarsi all'inizio della frase, potrebbe essere anche posta alla fine, purché logicamente sia a monte del ragionamento. Per convenzione, chiameremo la condizione sempre con la lettera A.
- La conseguenza è invece la fase del ragionamento che segue alla condizione. È quindi quell'evento che accade quando la condizione, necessaria o sufficiente che sia, è già stata definita. Per convenzione chiameremo la nostra conseguenza con la lettera B.

I primi step della risoluzione dovranno quindi essere:

1. capire che ci troviamo davanti a un esercizio con condizione N&S;
2. riconoscere quale parte della frase corrisponde alla condizione (A) e quale alla conseguenza (B).

2.2.2 Condizione sufficiente

La condizione sufficiente è la tipologia di ragionamento che può essere schematizzato come:

$$\textbf{se } A \rightarrow B$$

Prima di procedere, è importante soffermarsi sul concetto di condizione sufficiente per comprendere le fasi successive.
Una condizione è sufficiente per il verificarsi di un evento se BASTA affinché questo evento si verifichi. Quindi se A è sufficiente, da sola, per avere B, allora potremo affermare con assoluta certezza che se accade A (se A) → allora accadrà certamente B (→ B).

Per riconoscere una condizione sufficiente è importante ricordare che viene tipicamente introdotta da parole come:

- se;
- ogni volta che;
- quando;
- è sufficiente.

Metodo di risoluzione
Impostiamo quindi uno schema risolutivo, considerando tutte le possibilità. Ricordiamoci che abbiamo 2 componenti a cui pensare, la condizione e la conseguenza, che potranno verificarsi o non verificarsi. A seconda che si verifichino o meno, possiamo impostare lo schema analizzando le quattro possibili combinazioni:

- A si verifica: se la condizione A si verifica è sufficiente a far avvenire B, basta da sola (per definizione). Questo vuol dire che B avverrà con certezza.
  Scriveremo quindi:
  $$\text{se } A \rightarrow B$$
- A non si verifica: se la condizione A non si verifica, cosa accadrà a B? Sebbene si possa pensare che B non si verifichi, in realtà dobbiamo prestare ancora una volta attenzione al significato di sufficienza: A è solo *sufficiente* per far accadere B, ma non viene mai affermato che serva per forza, ovvero NON è necessaria per il verificarsi di B. È infatti possibile che sia presente anche una seconda condizione C che faccia avverare B.
  In questo caso quindi non possiamo affermare con certezza nulla di B:
  $$\text{se NON } A \rightarrow ?\ (B \text{ o NON } B)$$
- B si è verificato: se la conseguenza B si verifica, A si è verificata? Anche in questo caso, A non è obbligatoriamente necessario a far avvenire B (ricordando della possibilità della seconda condizione C). Questo vuol dire che B può verificarsi anche senza A.
  Scriveremo quindi:
  $$\text{se } B \rightarrow ?\ (A \text{ o NON } A)$$
- B non si è verificato: in questo caso dobbiamo ragionare per assurdo. Sappiamo infatti che A è sufficiente a far avvenire B, ossia che basta avere A perché B si verifichi. Questo vuol dire che se B non si verifica, per forza a monte non si deve essere verificato A (altrimenti se A → sicuramente B). Scriveremo quindi:
  $$\text{se NON } B \rightarrow \text{NON } A$$

Sebbene possa sembrare complesso, imparando e capendo questo semplice schema si potranno risolvere tutte le tipologie di quesiti con condizione sufficiente. Ricapitolando:

- se A → B;
- se NON A → ? (B o NON B);
- se B → ? (A o NON A);
- se NON B → NON A.

A questo punto occorrerà semplicemente riportarsi alla richiesta del quesito e verificare quale delle opzioni di risposta sia verificata.

ATTENZIONE PER IL TEST

Se il quesito dovesse chiedere:

- quale delle seguenti opzioni è certamente vera? Potremmo solo affermare:
  - A → B
  - NON B → NON A
- quale delle seguenti opzioni è possibile/può essere vera? Potremmo affermare:
  - A → B
  - NON A → sia B che NON B
  - B → sia A che NON A
  - NON B → NON A
- quale delle seguenti opzioni è errata? Tutto ciò che contraddice il nostro schema.

Esempio di condizione sufficiente
Per rendere il tutto ancora più semplice, torniamo ad un esempio di vita reale per comprendere definitivamente il significato della condizione sufficiente.

Se prenderò 6 in condotta sarò bocciato.
Andiamo per fasi:

1. riconoscere che ci troviamo in una tipologia di esercizio con condizioni necessarie e sufficienti;
2. riconoscere la condizione sufficiente, che infatti viene introdotta dal "se";
3. riconoscere chi è la condizione e chi la conseguenza. In questo caso:
   - A = se prenderò 6 in condotta;
   - B = sarò bocciato;
4. impostare il nostro schema risolutivo:
   - se A → B = se prenderò 6 in condotta → sicuramente, nel 100% dei casi, verrò bocciato;
   - se NON A → ? = se non prenderò 6 in condotta → ? non posso affermare nulla con certezza, potrei essere promosso (NON B) o potrei essere bocciato (B) per aver preso diverse insufficienze in pagella;
   - se B → ? = se sono stato bocciato → ? non posso affermare nulla con certezza, potrei essere stato bocciato per il 6 in condotta (A) o per le insufficienze in altre materie (NON A);
   - se NON B → NON A. Se sono stato promosso sicuramente non ho preso 6 in condotta, altrimenti sarei stato bocciato;
5. verificare la richiesta del quesito tra le risposte.

2.2.3 Condizione necessaria

La condizione necessaria è la tipologia di ragionamento che può essere schematizzato come:

solo se A → B

Prima di procedere è importante soffermarsi sul concetto di condizione necessaria, in modo da comprendere le fasi successive.
Una condizione è necessaria al verificarsi di un evento se SERVE PER FORZA per farlo verificare. Quindi se A è necessaria per avere B, allora potremo affermare con assoluta certezza che se accade B (se B) → allora a monte è certamente accaduto anche A (→ A).

Per riconoscere una condizione necessaria è importante ricordare che viene tipicamente introdotta da parole come:

- solo se;
- è necessario;
- si deve;
- è obbligatorio.

Metodo di risoluzione
Impostiamo quindi uno schema risolutivo, pensando a tutte le possibili opzioni.
Così come abbiamo fatto per la condizione sufficiente scriveremo il seguente schema prendendo in esame le quattro possibili opzioni:

- A si verifica: se la condizione A si verifica, non è possibile affermare con sicurezza che B si avveri.
  Nessuno ha infatti affermato la sufficienza di A, non è detto che A basti da sola a far avvenire B (per definizione). Questo vuol dire che B potrà avvenire o meno.
  Scriveremo quindi: se A → ? (B o NON B)

- A non si verifica: se la condizione A non si verifica cosa accadrà a B? Sappiamo che A serve per forza a B, quindi se non si verifica A, B certamente non potrà avvenire. Scriveremo quindi: se NON A → NON B

- B si è verificato: se la conseguenza B si verifica, cosa era successo ad A? Per definizione sappiamo che se B si verifica, a monte obbligatoriamente deve essersi verificato A (che serviva per forza). Scriveremo quindi:
  se B → A

- B non si è verificato: è importante ricordare che nella condizione necessaria A non per forza basta a far avvenire B; quindi, al verificarsi di A, B può avvenire o meno. Perciò se B non si è verificato, A potrebbe essere avvenuto lo stesso, oppure no. Scriveremo quindi: se NON B → ? (A o NON A)

Sebbene possa sembrare complesso, imparando e capendo questo semplice schema si potranno risolvere tutte le tipologie di quesiti con condizione sufficiente. Ricapitolando:
- se A → ? (B o NON B);
- se NON A → NON B;
- se B → A;
- se NON B → ? (A o NON A).

A questo punto occorrerà semplicemente riportarsi alla richiesta del quesito e verificare quale delle opzioni di risposta sia verificata.

ATTENZIONE PER IL TEST

Se il quesito dovesse chiedere:
- quale delle seguenti opzioni è certamente vera? Potremmo solo affermare:
  - NON A → NON B;
  - B → A;
- quale delle seguenti opzioni è possibile/può essere vera? Potremmo affermare:
  - A → sia B che NON B;
  - NON A → NON B;
  - B → A;
  - NON B → sia A che NON A;
- quale delle seguenti opzioni è errata? Tutto ciò che contraddice il nostro schema.

Esempio di condizione necessaria
Per rendere il tutto ancora più semplice, riportiamo ancora una volta ad un esempio di vita reale per comprendere definitivamente il significato della condizione necessaria.

Solo se ho la farina faccio una torta.
Andiamo per fasi:
1. riconoscere che ci troviamo in una tipologia di esercizio con condizioni necessarie e sufficienti;
2. riconoscere la condizione necessaria, che infatti viene introdotta dal "solo se";
3. riconoscere chi è la condizione e chi la conseguenza. In questo caso:
   - A = solo se ho la farina;
   - B = faccio una torta;

4. impostare il nostro schema risolutivo:
   - A → ? = solo se ho la farina → non posso affermare nulla con certezza, potrei infatti sia fare la torta che non farla (potrei non avere le uova);
   - NON A → NON B = se non ho la farina → sicuramente non faccio la torta, sappiamo infatti che la farina era necessaria alla mia torta;
   - B → A = ho fatto la torta → sicuramente avevo la farina, altrimenti senza farina non avrei potuto farla;
   - NON B → ? = NON ho fatto la torta → non posso affermare nulla con certezza assoluta, potrei non aver fatto la torta per mancanza di farina, di uova, di latte ecc.
5. verificare la richiesta del quesito tra le risposte.

2.2.4 Condizione necessaria e sufficiente

La condizione necessaria e sufficiente è la tipologia di ragionamento più semplice, che può essere schematizzata come:

se e solo se A → B

Prima di procedere, soffermiamoci sul fatto che questa tipologia di quesito racchiude al suo interno sia una condizione sufficiente che una condizione necessaria. Valgono quindi contemporaneamente tutti i ragionamenti fatti in precedenza.

Per riconoscere la condizione necessaria e sufficiente è importante ricordare che viene tipicamente introdotta da "se e solo se". È quindi molto semplice da riconoscere.

Metodo di risoluzione
Impostiamo quindi il solito schema risolutivo, pensando a tutte le possibili opzioni.
Scriveremo perciò il seguente schema prendendo in esame le 4 diverse opzioni:

- A si verifica: se la condizione A si verifica è sufficiente a far avvenire B, basta da sola (per definizione). Questo vuol dire che B avverrà con certezza.
  Scriveremo quindi: se A → B
- A non si verifica: A è anche necessaria a far avvenire B, di conseguenza scriveremo: se NON A → NON B
- se B si è verificato: se la conseguenza B si verifica, cosa era successo ad A? Essendo A necessaria a B vale la regola della condizione necessaria.
  Scriveremo quindi: se B → A
- se B non si è verificato: sappiamo che A è sufficiente a far avvenire B, così come avviene nella condizione sufficiente quindi scriveremo:
  se NON B → NON A

Sebbene possa sembrare complesso, imparando e capendo questo semplice schema si potranno risolvere tutte le tipologie di quesiti con condizione sufficiente. Ricapitolando:

- se A → B;
- se NON A → NON B;
- se B → A;
- se NON B → NON A.

Nella tabella sottostante sono riassunti i concetti fondamentali e i consigli pratici per risolvere questo tipo di quesiti:

Condizione	Sufficiente	Necessaria	Sufficiente e necessaria
Schema logico	Se **A** → **B**; si può leggere anche come: "basta **A** per avere **B**"	Solo se **A** → **B**; si può leggere anche come: "si deve avere **A** per avere **B**"	Se e solo se **A** → **B**; questo implica che: **A** è sufficiente ad avere **B** **A** è necessaria per avere **B**
Esempio	Se inizierò a fare jogging (**A**), dimagrirò (**B**) "BASTA fare jogging per dimagrire"	Solo se studio (**A**), passerò il test (**B**) "Si DEVE studiare per passare il test"	Se e solo passo il test (**A**), posso iscrivermi a medicina (**B**) "Si DEVE passare il test e BASTA questo, per potersi iscrivere a medicina"
Schema grafico	**A (fare jogging)** → **B (dimagrire)** C (fare la dieta) → **B (dimagrire)** D (nuotare) → **B (dimagrire)**	**A (studiare)** → **B (passare il test)** C (usare portafortuna) —✗→ **B (passare il test)** D (andare in vacanza) —✗→ **B (passare il test)**	**A (passare il test)** ⇄ **B (potersi iscrivere a medicina)**
Spiegazione	Come si vede dallo schema, si può dimagrire non solamente facendo jogging, ma anche in altri modi (**C**, **D**). Attenzione! • Se si verifica **A** certamente si avrà **B** • Quando si verifica **B**, non è detto che sia avvenuto **A** • Se non si verifica **A**, **B** potrebbe comunque verificarsi (grazie a **C** o **D**) • Se non c'è stato **B**, certamente **A** non si è verificato	Come si vede dallo schema, l'unico modo per passare il test (**B**) è studiare (**A**). Attenzione! • Se si verifica **A**, non è detto che ci sarà **B** (come invece è per la condizione sufficiente), si può infatti studiare senza poi passare il test • Se si verifica **B** certamente c'è stata **A** • Se non si verifica **B**, **A** potrebbe comunque essersi verificata e non avere portato a **B**	Questa situazione rappresenta l'unione delle due condizioni precedenti. Attenzione! • Se si verifica **A** avremo certamente **B**, ma il verificarsi di **A** è anche obbligatorio al fine di avere **B** • Se non abbiamo **A** → non avremo **B** • Se non abbiamo **B** → non abbiamo avuto **A**
Ne segue che...	Se NON **B** → NON **A**	Se NON **A** → NON **B**	Se NON **A** → NON **B** e Se NON **B** → NON **A**

Per approfondire questo argomento inquadra il QR code e guarda la videolezione:

2.2.5 Concatenazione logica

Parliamo di tipologie di esercizi di recente introduzione (test di Medicina 2020) in cui vengono fornite una serie di condizioni concatenate tra loro, secondo questo schema:

se A → B, se B → C ecc.

Ci viene poi richiesto di trovare l'opzione corretta sulla base di queste premesse.
Questa tipologia di quesito non è che uno degli esempi di esercizi risolvibili applicando le regole delle condizioni necessaria e sufficiente.

Facciamo un esempio per comprendere al meglio di cosa si parla:
Gabriele, Tommaso e Gaetano sono 3 docenti Testbusters. Due di loro sono docenti di Logica, uno è un docente di Chimica. Ponendo che:

1. *se Gabriele è un docente di Logica, allora Tommaso è un docente di Logica;*
2. *se Gaetano è un docente di Logica allora Gabriele è un docente di Logica;*
3. *uno tra Gaetano e Gabriele insegna Chimica.*

Possiamo dedurre con certezza che:

A. *Tommaso e Gabriele insegnano Logica;*
B. *Gaetano e Tommaso insegnano Logica;*
C. *i dati non sono sufficienti alla risoluzione del quesito;*
D. *Gaetano e Gabriele insegnano Logica;*
E. *solo Gabriele insegna Logica.*

Per risolvere questo quesito dobbiamo applicare le regole della condizione sufficiente (se A → B) e ragionare per assurdo.

Ipotesi	Conseguenza	Conclusione
Se Gaetano insegna Logica	Gabriele insegna Logica per la condizione 2	Evento impossibile, dato che uno tra Gaetano e Gabriele insegna Chimica
Se Tommaso insegna Logica	Non possiamo affermare nulla con certezza (Se B → ?)	
Se Gabriele insegna Logica	Tommaso insegna Logica per la condizione 1	Questo evento è perfettamente compatibile: si viene a creare la condizione in cui Gabriele e Tommaso insegnano Logica, il terzo, Gaetano, insegna Chimica, rispettando la condizione 3

Procedendo quindi in modo empirico a testare le diverse possibilità possiamo affermare che la risposta al quesito è la A.

ESERCIZIO **PROPOSTO**

2.2 Maria andrà in Erasmus in Portogallo solo se riuscirà a completare in tempo tutti i moduli, mentre suo fratello Enrico continuerà l'università se i genitori gli pagheranno la retta. Quale delle seguenti opzioni è compatibile con le precedenti affermazioni?

A. I genitori pagheranno la retta a Enrico ma non continuerà l'università
B. Dal momento che i genitori non hanno pagato la retta, Maria potrà partire anche senza tutti i moduli consegnati per tempo
C. Maria ha consegnato per tempo tutti i moduli eccetto uno, ma potrà comunque partire per il Portogallo
D. I genitori non hanno pagato la retta a Enrico ma continuerà l'università
E. Dal momento che Maria non andrà in Portogallo, Enrico potrà continuare l'università

2.3 AFFERMAZIONE NECESSARIAMENTE V/F

Per quanto riguarda questa categoria, i quesiti presentano solitamente un testo o una breve affermazione da cui trarre delle conclusioni.
Per risolvere il quesito è quindi necessario procedere per esclusione, verificando se ciascuna delle opzioni sia in contraddizione o meno con quanto espresso nel testo.
Abbiamo tre possibili tipologie di domande:

- individuare l'affermazione certamente/necessariamente vera;
- individuare l'affermazione certamente/necessariamente falsa;
- individuare l'affermazione necessaria affinché il testo sia falso.

Ti accorgerai che i concetti dietro a queste domande sono spesso trasversali a tutte le tipologie precedentemente citate, quindi per risolverle non dovrai far altro che applicare il metodo già appreso.

Tipologia	Necessariamente vera = compatibile	Necessariamente falsa = incompatibile	Necessaria affinché sia falsa
Esempio	"Quando c'è bel tempo Giacomo va sempre al parco"	"Non tutti i professori non sanno usare PowerPoint"	"Nonna Margherita afferma che a tutti i bambini piacciono le merendine"
Metodo	Vedi capitolo "**Condizione necessaria e sufficiente**" → che ci sia bel tempo è condizione sufficiente affinché Giacomo vada al parco	Vedi capitolo "**Negazioni**" → equivale a dire che "non è vero che nessun professore sa usare PowerPoint". Ci sarà sicuramente almeno un professore in grado di usarlo!	Per provare la falsità dell'affermazione che a TUTTI piace X, la minima condizione necessaria è che ce ne sia ALMENO UNO a cui non piaccia X
Risposta corretta	Oggi c'è bel tempo e Giacomo andrà al parco	Nessun professore sa usare PowerPoint	Deve esistere almeno un bambino a cui non piacciano le merendine

ESERCIZIO **PROPOSTO**

2.3 Andi decide di organizzare una serata a casa sua e invita i suoi amici: Marco dice che verrà solo se si gioca a Risiko o a Monopoli; Erica, che invece odia Risiko, promette di venire se si eviterà assolutamente di aprire la scatola del Risiko. Alla serata verrà anche Martina, a patto che si giochi a Pictionary, oppure che almeno sia presente anche Erica. All'ultimo si aggiunge anche Valentina, ma solo se può portare a casa di Andi anche il suo cane Benson, che altrimenti rimarrebbe tutta la sera da solo; infine Irene, che è una nota balzona ma ama molto i cani, nel caso ci fosse Benson dice che potrebbe fare un'eccezione e unirsi al gruppo. Quale tra le seguenti affermazioni è certamente falsa?

A. Andi decide che è inammissibile non giocare a Risiko: alla serata sarà presente solo Marco
B. Se Irene è presente c'è sicuramente anche Valentina, ma se c'è Valentina non è detto che ci sia anche Irene
C. Andi ha paura dei cani: Irene balzerà anche questa volta
D. Andi ha perso la scatola del Risiko: tutte le ragazze saranno presenti
E. Marco e Martina non potranno mai essere contemporaneamente presenti

2.4 FRASI CON NEGAZIONI

In questa tipologia di esercizi viene solitamente presentata una frase colma di negazioni e viene richiesto di individuare tra le opzioni quella compatibile o non compatibile con il testo. Metodo risolutivo consigliato:

- scomporre la frase in "segmenti" e analizzarli singolarmente;
- tentare di elidere le negazioni ricordando che doppia negazione = affermazione;
- attenzione ai verbi che hanno al loro interno il concetto di negazione (es. mentire, dubitare).

Proviamo a schematizzare i concetti chiave partendo da un esempio concreto.

Quesito

"Il giudice nega di non credere che l'imputato stesse mentendo circa il fatto che non fosse presente sul luogo del delitto".
In base alle precedenti affermazioni, quale è certamente vera?

A. Il giudice crede al fatto che l'imputato non fosse sul luogo del delitto
B. L'imputato, per il giudice, sta mentendo
C. Il giudice crede alla versione del suo cliente
D. L'imputato afferma che era presente sul luogo del delitto
E. Non si può sapere con certezza

Metodo risolutivo

Analizziamo la frase scomponendola in singoli segmenti:

- "**nega** di **non** credere" = "crede";
- "***mente*** circa il fatto che **non fosse** presente" = "era presente".

Quindi...
"il giudice crede che l'imputato fosse presente"
Dunque, secondo il giudice l'imputato sta mentendo (risposta corretta B)

Attenzione per il test!

- **Doppia negazione** → due negazioni si annullano
- Non sempre nella lingua italiana il "non" risulta essere una negazione vera e propria, ma dipende dalla costruzione della frase
  Esempio:
  - non c'è nessuno che mangia la pizza = nessuno mangia la pizza
  - nessuno non mangia la pizza = tutti mangiano la pizza

ESERCIZIO **PROPOSTO**

2.4 "Pierino non ha mai negato di non aver mentito riguardo al fatto di non aver rubato le fette di torta dal frigo". Quest'affermazione equivale a dire che:

A. Pierino ha rubato le fette di torta dal frigo
B. Pierino non ha mentito dicendo di non aver rubato le fette di torta dal frigo
C. Pierino ha mentito quando diceva di non aver rubato le fette di torta dal frigo
D. Pierino ha mentito negando di aver rubato le fette di torta dal frigo
E. Pierino non ha mentito dicendo di aver rubato le fette di torta dal frigo

2.5 COMPLETAMENTO TESTI

Questa tipologia di quesiti richiede di inserire due/tre parole mancanti all'interno di un breve testo. Per rispondere correttamente è dunque necessario scegliere quell'opzione le cui parole non rendano incongruente il contenuto del testo e che risultino inserite al suo interno in modo corretto dal punto di vista sintattico e semantico.

Quesito

Quali parole vanno sostituite per dare un senso compiuto e logico alla seguente frase? "Fino al 1650 il caffè era ancora una __(1)___ sconosciuta in Europa, cinquant'anni dopo si è __(2)___ tra le classi aristocratiche. Il suo uso rende svegli e stimola l'intelletto. È la borghesia, sono i suoi intellettuali e scrittori a __(3)__ il successo nella popolazione. Nei romanzi diventa la bevanda preferita di detective e poliziotti."

A. (1) bibita; (2) stabilito; (3) descriverne
B. (1) moda; (2) bevuto; (3) portarne
C. (1) bevanda; (2) negato; (3) sancirne
D. (1) bevanda; (2) imposto; (3) decretarne
E. (1) pianta; (2) introdotto; (3) negarne

Metodo risolutivo

Dopo aver letto il testo, si può procedere per esclusione provando a inserire in ciascuno spazio i termini proposti dalle varie opzioni:

- termine (1): non ci permette di escludere nessuna delle opzioni, anche se "bevanda" è la parola che meglio si presta come definizione del caffè
- termine (2): possiamo scartare l'opzione B ("bevuto") e C ("negato") perché nel testo si sta parlando di come il caffè si sia affermato all'interno della società europea nel tempo
- termine (3): ci permette di identificare l'opzione D come corretta perché il successo si "decreta", non si descrive (opzione A errata), né in questo caso si nega (opzione E errata)

Risposta corretta D.

Attenzione per il test!	<ul><li>Prima leggere l'intero testo e POI provare a sostituire le parole mancanti (per avere chiaro in mente il contesto)</li><li>Nella sostituzione non è necessario partire dalla prima parola (a volte risulta più facile partire dall'ultima)</li></ul>

ESERCIZIO **PROPOSTO**

2.5 Quali parole vanno sostituite per dare un senso compiuto e logico alla seguente frase? "Passava quasi tutte le ___(1)___ alla finestra a spazzolarsi una mano a quei duri gremiti suoi capelli da negro, con gli occhi alle stelle, placide e chiare le une come polle di luce, guizzanti e pungenti le altre; e metteva le più vive in rapporti ideali di figure geometriche, di triangoli e di quadrati, e, socchiudendo le __(2)__ dietro le lenti, pigliava tra i peli delle ciglia la luce d'una di quelle stelle, e tra l'occhio e la stella stabiliva il legame d'un sottilissimo filo luminoso, e vi avviava l'anima a passeggiare come un ragnetto __(3)__." (La patente - L. Pirandello)

A. (1) mattine; (2) palpebre; (3) smarrito
B. (1) notti; (2) mani; (3) smarrito
C. (1) giornate; (2) palpebre; (3) gioioso
D. (1) notti (2) palpebre (3) smarrito
E. (1) notti (2) dita (3) disperso

2.6 CALCOLO RAPIDO

In un'ottica da test, nel quale non è consentito l'utilizzo della calcolatrice, è di fondamentale importanza non incorrere in errori di calcolo e non perdere tempo ed energie tra i numeri.
Per questo motivo, prima di affrontare le varie tipologie di logica matematica, tratteremo in questo capitolo i concetti base del calcolo rapido e vedremo semplici "trucchi" per velocizzarsi nel calcolo mentale.

2.6.1 Criteri di divisibilità dei numeri

I criteri di divisibilità consistono in una serie di regole e calcoli da poter fare a mente, con l'obiettivo di verificare la divisibilità di un dato numero per un fattore, senza effettuare una divisione esplicita.
Un numero è divisibile per:

- **2, se l'ultima cifra decimale del numero è pari.**
  Es. 648 è pari → è divisibile per 2.
  Es. 431 non è pari → quindi NON è divisibile per 2.

- **3, se la somma delle cifre del numero è multiplo di 3.**
  Es. 312 → 3 + 1 + 2 = 6 che è un multiplo di 3 → 312 è divisibile per 3.
  Es. 679 → 6 + 7 + 9 = 22 che NON è un multiplo di 3 → 679 NON è divisibile per 3.

- **4, se le ultime due cifre (decine) sono 00 o sono un multiplo di 4.**
  Es. 712: 12 è un multiplo di 4 → 712 è divisibile per 4.
  Es. 826: 26 NON è un multiplo di 4 → 826 NON è divisibile per 4.

- **5, se il numero termina con 5 o 0.**
  Es. 14270: termina con 0 → è divisibile per 5.
  Es. 6514: termina con 4 → NON è divisibile per 5.

- **7, se la differenza tra il numero privato dell'ultima cifra e il doppio dell'ultima cifra è un multiplo di 7.**
  Es. 196: 19 - (2 x 6) = 7 che è un multiplo di 7 → è divisibile per 7.
  Es. 237: 23 - (2 x 7) = 9 che NON è multiplo di 7 → NON è divisibile per 7.

- **9, se la somma delle sue cifre è divisibile per 9.**
  Es. 279: 2 + 7 + 9 = 18 che è un multiplo di 9 → è divisibile per 9.

- **11, se la differenza tra le cifre di posto pari e quelle di posto dispari è uguale a 0, 11 o un suo multiplo.**
  Es. 253: (2 + 3) - (5) = 0 → è divisibile per 11.
  Es. 737: (7 + 7) - (3) = 11 → è divisibile per 11.
  Es. 807: (8 + 7) - (0) = 15 → NON è divisibile per 11.

ESERCIZIO **PROPOSTO**

2.6.1 Indicare quale dei seguenti numeri è divisibile, contemporaneamente, per 3 e per 5:

A. 69
B. 35
C. 76
D. 45
E. 80

2.6.2 Calcolo mentale

Per svolgere rapidamente i calcoli senza l'uso della calcolatrice, possono essere utili delle semplici regole che permettono di ottimizzare il tempo.

Per poterle comprendere al meglio è fondamentale però avere prima chiari alcuni concetti:

CONOSCERE BENE IL NOSTRO SISTEMA DI NUMERAZIONE POSIZIONALE IN BASE 10

Nella scrittura di un numero decimale si distinguono due parti: la parte intera, che è quella prima della virgola e la parte decimale che è quella dopo la virgola.
Ciascuna cifra ha un valore che dipende dalla posizione che essa occupa nel numero stesso. Tale valore si chiama valore posizionale della cifra.

Procedendo da destra verso sinistra, il valore posizionale delle cifre aumenta di 10 volte per ogni posto (o ordine).
Il nostro sistema posizionale è detto in base 10 perché ci vogliono 10 unità di un posto (o ordine) per formare 1 unità del posto superiore.

Esempi: 10 unità = 1 decina
10 decine = 1 centinaio
10 centinaia = 1 migliaio

Grazie a questo sistema, possiamo scrivere ogni numero come una somma di centinaia, decine, unità, decimi, e così via. Questa scrittura si chiama forma polinomiale del numero. Il termine deriva da polinomio che significa "molti nomi".

Esempi: $35 = 30 + 5 = (3 \cdot 10) + (5 \cdot 1)$
$872 = 800 + 70 + 2 = (8 \cdot 100) + (7 \cdot 10) + (2 \cdot 1)$
$2054 = 2000 + 50 + 4 = (2 \cdot 1000) + (5 \cdot 10) + (4 \cdot 1)$

La forma polinomiale di un numero sembra complicata, ma in realtà può semplificare notevolmente i calcoli.

CONOSCERE PERFETTAMENTE LE TABELLINE DELLA MOLTIPLICAZIONE DA 1 A 9

Non basta. Bisogna anche sapere perfettamente:

- le tabelline dell'addizione da 1 + 1 a 9 + 9;
- le potenze di 2 dallo 0 al 10;
- le potenze di 3 dallo 0 al 5;
- i quadrati dei numeri da 1 a 20;
- i cubi dei numeri da 1 a 10;
- i numeri primi da 2 a 53.

Potenze di 2:

2^0	2^1	2^2	2^3	2^4	2^5	2^6	2^7	2^8	2^9	2^{10}
1	2	4	8	16	32	64	128	256	512	1024

Potenze di 3:

3^0	3^1	3^2	3^3	3^4	3^5
1	3	9	27	81	243

Quadrati e cubi:

Numero	Quadrato	Cubo
1	1	1
2	4	8
3	9	27
4	16	64
5	25	125
6	36	216
7	49	343
8	64	512
9	81	729
10	100	1000

Numero	Quadrato
11	121
12	144
13	169
14	196
15	225
16	256
17	289
18	324
19	361
20	400

Numeri primi da 2 a 53:

2	3	5	7	11	13	17	19	23	29	31	37	41	43	47	53

CONOSCERE BENE ALCUNE PROPRIETÀ DELLE OPERAZIONI

Le tecniche del calcolo mentale rapido usano alcune proprietà delle operazioni.
Le principali sono: commutativa, associativa (e dissociativa), distributiva.

- **Proprietà commutativa di addizione e moltiplicazione:**
  Cambiando l'ordine degli addendi (o dei fattori) il risultato non cambia.
  3 + 2 = 2 + 3
  3 · 2 = 2 · 3

- **Proprietà associativa di addizione e moltiplicazione:**
  In un'addizione (o moltiplicazione) di 3 o più termini, se al posto di alcuni termini si sostituisce la loro somma (o prodotto) il risultato non cambia.
  2 + 3 + 4 = (2 + 3) + 4 = 2 + (3 + 4) = 5 + 4 = 2 + 7
  2 · 3 · 4 = (2 · 3) · 4 = 2 · (3 · 4) = 6 · 4 = 2 · 12

La proprietà associativa si può applicare anche "alla rovescia" e in questo caso si chiama dissociativa.

- **Proprietà dissociativa di addizione e moltiplicazione:**
  In un calcolo, al posto di un numero se ne possono sostituire due o più che combinati assieme diano come risultato il numero sostituito.
  15 + 21 = 10 + 5 + 20 + 1
  3 · 14 = 3 · (10 + 4)

- **Proprietà distributiva della moltiplicazione rispetto all'addizione:**
  Per moltiplicare un numero per l'addizione di due numeri si può moltiplicare il numero stesso per ciascuno degli addendi e addizionare i due prodotti ottenuti.
  2 · (3 + 4) = (2 · 3) + (2 · 4)

Pillola n. 1	Pillola n. 2	Pillola n. 3
Addizionare e sottrarre numeri piccoli *Tecnica: per addizionare o sottrarre usa pacchetti di 10, 100, ... e usa le dita per contare.* 42 + 25 = 42 + 10 + 10 + 5 = 67 94 - 22 = 94 - 10 - 10 - 2 = 72	**Moltiplicare o dividere un numero per 10, 100, 1000, ...** *Tecnica: aggiungi zeri, togli zeri o sposta la virgola.* 35 · 10 = 350 297 : 100 = 2,97 7200 : 1000 = 7,2	**Moltiplicare o dividere un numero per 2 (il doppio, la metà)** *Tecnica: scomponi il numero in unità, decine, centinaia, ... e fai il doppio o la metà di ciascun ordine.* 37 · 2 = 30 · 2 + 7 · 2 = 74 46 : 2 = 40 : 2 + 6 : 2 = 23

Pillola n. 4	Pillola n. 5	Pillola n. 6
Moltiplicare un numero per 1,5 *Tecnica: aggiungi al numero la sua metà.* 18 · 1,5 = 18 + 9 = 27 5 · 1,5 = 5 + 2,5 = 7,5	**Moltiplicare un numero per 4** *Tecnica: fai il doppio del doppio del numero.* 53 · 4 = 53 · 2 · 2 = 212 25 · 4 = 25 · 2 · 2 = 100	**Dividere un numero per 4** *Tecnica: fai la metà della metà del numero.* 50 : 4 = 25 : 2 = 12,5 124 : 4 = 62 : 2 = 31

Pillola n. 7	Pillola n. 8	Pillola n. 9
Moltiplicare un numero per 5 *Tecnica: fai la metà del numero e moltiplica il risultato per 10.* 18 · 5 = 9 · 10 = 90 86 · 5 = 43 · 10 = 430	**Dividere un numero per 5** *Tecnica: fai il doppio del numero e dividi il risultato per 10.* 125 : 5 = 250 : 10 = 25 80 : 5 = 160 : 10 = 16	**Moltiplicare un numero per 20, per 30, per 40, ...** *Tecnica: moltiplica il numero per la cifra delle decine e aggiungi uno zero al risultato.* 23 · 20 = 23 · 2 · 10 = 460

Pillola n. 10	Pillola n. 11	Pillola n. 12
Moltiplicare un numero per 9, per 19, per 29, ... *Tecnica per 9: moltiplica il numero per 10 e sottrai dal risultato il numero stesso.* *Tecnica per 19: moltiplica il numero per 20 e sottrai dal risultato il numero stesso.* $7 \cdot 19 = 7 \cdot 20 - 7 = 140 - 7 = 133$ $25 \cdot 9 = 250 - 25 = 225$	**Moltiplicare un numero per 11, per 21, per 31, ...** *Tecnica per 11: moltiplica il numero per 10 e aggiungi al risultato il numero stesso.* *Tecnica per 21: moltiplica il numero per 20 e aggiungi al risultato il numero stesso.* $24 \cdot 11 = 240 + 24 = 264$ $8 \cdot 21 = 160 + 8 = 168$	**Usare la scomposizione in fattori 2, 5, 10, 100, ...** *Tecnica: per moltiplicare due numeri puoi scomporli in fattori opportuni e applicare le proprietà commutativa e associativa.* $15 \cdot 16 = 5 \cdot 3 \cdot 2 \cdot 8$ (scomposizione) $5 \cdot 2 \cdot 3 \cdot 8$ (p. commutativa) = $10 \cdot 24$ (p. associativa) = 240

Pillola n. 13	Pillola n. 14	Pillola n. 15
Moltiplicare un numero per usare il valore posizionale delle cifre *Tecnica: per addizionare due numeri puoi addizionare separatamente le unità, le decine, le centinaia e poi fare il totale generale.* $34 + 52 = 30 + 50 + 4 + 2 = 80 + 6 = 86$	**Usare la proprietà distributiva dell'addizione in una moltiplicazione** *Tecnica: scomponi il numero più grande in unità, decine, centinaia e moltiplicale separatamente per l'altro numero.* $7 \cdot 23 = 7 \cdot (20 + 3) = 140 + 21 = 161$	**Fare stime con gli arrotondamenti** *Tecnica: arrotonda i numeri a 1 oppure 2 cifre significative e poi utilizza le normali regole di calcolo.* $315 \cdot 784$ = circa $300 \cdot 800$ = 240.000 (il risultato esatto è 246.960, l'errore è del 3% circa)

ESERCIZIO **PROPOSTO**

2.6.2 Quale delle seguenti uguaglianze risulta corretta?

A. $19^2 = 7 \cdot 49 + 10$
B. $14 \cdot 18 = 23 \cdot 11$
C. $25 \cdot 9 = 15^2$
D. $228 \cdot 2 = 12^2 \cdot 2^8$
E. $156 \cdot 1{,}5 = 940 : 4$

2.6.3 Formule inverse

Un'equazione è una uguaglianza matematica tra due espressioni contenenti una o più variabili, dette incognite.
Per risolvere le equazioni, in molti quesiti è spesso necessario ricavare la formula inversa, per poter isolare l'incognita da trovare.
Dobbiamo cioè ricavare un'*equazione equivalente* che ci permetta di trovare la soluzione.

Il **primo principio di equivalenza** afferma che, data un'equazione di qualsiasi tipo, se aggiungiamo o sottraiamo a entrambi i membri (sia a destra che a sinistra dell'uguale), una stessa quantità, otteniamo una nuova equazione equivalente a quella data.

Il **secondo principio di equivalenza** dice che, se si moltiplicano o dividono entrambi i membri di un'equazione per una stessa quantità diversa da zero, si ottiene un'equazione equivalente a quella data.

N.B. È fondamentale quindi ricordarsi che: se sommo, sottraggo, moltiplico o divido qualcosa a sinistra (o destra) dell'uguale devo farlo anche dall'altra parte.Questi due criteri possono essere utilizzati per ricavare le formule inverse, come riportato nell'esempio:

$\frac{x}{y} = \frac{z}{w} \rightarrow$ per ricavare la x dobbiamo moltiplicare entrambi i membri per y, ottenendo:

$\frac{x}{y} \cdot y = \frac{z}{w} \cdot y \rightarrow$ possiamo semplificare la y alla sinistra dell'uguale e troviamo: $x = \frac{z \cdot y}{w}$

Dall'esempio si può notare che la y è passata dal denominatore del 1° membro (a sinistra dell'uguale) al numeratore del 2° membro (a destra dell'uguale), abbiamo infatti applicato la **regola della croce** che afferma che ciò che sta al numeratore da un lato finisce al denominatore dall'altro lato (e viceversa).

Per applicare questa regola bisogna seguire dei passaggi ben precisi:

1. si deve isolare la lettera da ricavare e non importa se si isola a destra o a sinistra dell'uguale, tanto si sa che se A = B allora B = A;
2. per isolare una lettera può essere necessario spostare altre lettere (o numeri) da un membro all'altro;
3. gli spostamenti da un membro all'altro devono avvenire solo in **diagonale**, ecco perché è chiamato metodo della croce.

Attenzione: si possono spostare in diagonale solo i membri legati da operazioni di moltiplicazione oppure divisione, un esempio di spostamento ERRATO corrisponde a:

$$\frac{x+q}{y} = \frac{z}{w} \rightarrow \frac{x}{y} = \frac{z}{w+q}$$

Questo spostamento è sbagliato poiché (x + q) va considerato come un unico membro, non separabile con la regola della croce. Per ricavare la x in questo esempio bisogna per prima cosa isolare quindi l'intero membro (x + q):

$$\frac{x+q}{y} = \frac{z}{w} \rightarrow x + q = \frac{z \cdot y}{w}$$

Successivamente bisogna applicare il primo principio di equivalenza e sottrarre a entrambi i membri q:

$$(x + q) - q = \frac{z \cdot y}{w} - q \rightarrow x = \frac{z \cdot y}{w} - q$$

Se la lettera da ricavare si trova al **numeratore**, quindi, occorre spostare sempre in diagonale nell'altro membro tutte le lettere che si trovano con essa legate da una relazione di moltiplicazione o divisione.
Nell'esempio rappresentato dobbiamo ricavare la x, che si trova al numeratore:

$$\frac{x \cdot q}{y} = \frac{z \cdot u}{w} \rightarrow \frac{x}{1} = \frac{z \cdot u \cdot y}{w \cdot q} \rightarrow \mathbf{x = \frac{z \cdot u \cdot y}{w \cdot q}}$$

Se invece si trova al **denominatore**, per prima cosa bisogna spostare la lettera o il numero da ricavare nell'altro membro, sempre in diagonale, in modo tale che risulti al numeratore, e solo successivamente si sposteranno tutte le altre lettere che si trovano con essa nel membro in cui era originariamente.

Nell'esempio rappresentato dobbiamo ricavare la x, che si trova al denominatore:

$$\frac{y}{x \cdot q} = \frac{z \cdot u}{w} \rightarrow \frac{y}{q} = \frac{z \cdot u \cdot x}{w} \rightarrow \frac{y \cdot w}{q} = \frac{z \cdot u \cdot x}{1} \rightarrow \mathbf{\frac{y \cdot w}{q \cdot z \cdot u} = x}$$

ATTENZIONE PER IL TEST

Sapersi destreggiare nelle formule inverse è necessario, oltre che per risolvere le equazioni, anche per ricavare le formule nei problemi di geometria. Partendo infatti da una formula iniziale, si possono trovare tutte le altre equazioni che permettono di ricavare ogni grandezza presente nella formula di partenza.

Ad esempio, considerando la formula dell'area del trapezio: $A = \frac{(b + B) \cdot h}{2}$, (dove b è la base minore, B è la base maggiore e h è l'altezza) si possono ricavare anche le due basi e l'altezza come:

- base minore: $b = \frac{2A}{h} - B$
- base maggiore: $B = \frac{2A}{h} - b$
- altezza: $h = \frac{2A}{(b + B)}$

Le formule di geometria necessarie per il test sono trattate nel dettaglio nei capitoli dedicati di matematica e fisica.

ESERCIZIO **PROPOSTO**

2.6.3 Quale delle seguenti equazioni è equivalente a: P · V = n · R · T?

A. $\frac{V}{T} \cdot n = R \cdot P$

B. $\frac{n \cdot R}{P} = \frac{T}{V}$

C. $\frac{P}{V} = \frac{n \cdot R}{T}$

D. $\frac{T}{V} = \frac{P}{n \cdot R}$

E. $\frac{P}{n} = \frac{V}{R \cdot T}$

2.6.4 Medie

Sebbene possano sembrare un argomento di afferenza della matematica, molti esercizi di logica richiedono l'utilizzo delle medie, aritmetiche o ponderate. È quindi fondamentale saperle riconoscere e capire come utilizzarle.

Medie aritmetiche

La media aritmetica di n numeri si definisce come la somma dei numeri diviso il numero dei termini in esame.

$$\sum_{n=A}^{x} n/n(x)$$

Considerando quindi i valori A, B, C, ... X, la loro media sarà:

$$\frac{(A + B + C + \ldots X)}{n\ (x)}$$

Sembra più complesso di quanto non sia realmente. È fondamentale quindi comprendere come utilizzare la formula a nostro vantaggio.

1. Se il quesito dovesse chiedere di calcolare una media tra x valori, semplicemente dovremo applicare la formula in modo diretto, sommando i valori e dividendoli per il numero dei valori.
2. Se il quesito dovesse chiedere di ricavare uno dei valori a partire dalla media, dovremo utilizzare la formula inversa. Questo accade molto frequentemente in logica.

ESERCIZIO **SVOLTO**

All'università, dopo aver completato 3 esami la mia media aritmetica è di 27,4. Se con ulteriori 2 esami volessi avere una media globale del 27,9, quanto dovrebbe essere la media tra questi due?

A. 29
B. 28,6
C. 27
D. 27,45
E. 28,2

Sappiamo che la media tra i primi 3 esami vale 27,4.
Non conoscendo i singoli voti chiameremo gli esami come lettere, dalla A alla E.
Sappiamo quindi che

1° $\frac{A + B + C}{3} = 27{,}4$

2° $\frac{A + B + C + D + E}{5} = 27{,}9$

Dalla prima equazione ricaviamo che
$A + B + C = 27{,}4 \cdot 3 = 82{,}2$
Lo sostituiamo quindi nella seconda equazione, quindi

$\frac{82{,}2 + D + E}{5} = 27{,}9$

Svolgiamo i calcoli e isoliamo (D + E)
$82{,}2 + D + E = 27{,}9 \cdot 5$
$82{,}2 + D + E = 139{,}5$
$D + E = 139{,}5 - 82{,}2$
$D + E = 57{,}3$

A questo punto, ci viene richiesta la media tra D ed E, che sarà uguale a $\frac{D + E}{2}$. Quindi sarà $\frac{57{,}3}{2} = 28{,}65$.

Risposta corretta B.

Medie ponderate

La media ponderata è una seconda forma di media, che si basa sul fatto che alcuni elementi debbano pesare di più di altri nel conteggio della media stessa. Si andrà quindi a ponderare i diversi elementi in modo proporzionale rispetto a un valore.
Conoscendo quindi:

- i valori: A, B, C, ... X;
- il loro peso: Za; Zb; Zc; ... Zx;

la media ponderata tra questi numeri sarà uguale alla somma dei prodotti tra ogni valore e il suo peso, diviso la somma dei pesi.

$$\frac{(A \cdot Za) + (B \cdot Zb) + C \cdot Zc) + ... (X \cdot Zx)}{Za + Zb + Zc + ... Zx)}$$

È la tipica media che viene utilizzata con i voti universitari, dove ogni voto pesa in modo diverso sulla media totale rispetto ai suoi crediti.

ESERCIZIO SVOLTO

Al primo anno di Medicina ho svolto i seguenti esami:
- Fisica medica, da 4 CFU, con voto di 30;
- Biologia e genetica, da 9 CFU, con voto di 27;
- Istologia ed embriologia, da 8 CFU, con voto di 28;
- Chimica, da 5 CFU, con voto di 29.

Quanto vale la mia media ponderata attualmente?

A. 27
B. 29,3
C. 28,1
D. 27,8
E. 29

Andiamo a svolgere la media ponderata per i CFU. Sappiamo infatti che il peso dei singoli esami è determinato dal loro valore in crediti.
La media sarà quindi:

$$\frac{30 \cdot 4 + 27 \cdot 9 + 28 \cdot 8 + 29 \cdot 5}{4 + 9 + 8 + 5}$$

Svolgiamo i calcoli:

$$\frac{120 + 243 + 224 + 145}{26}$$

$$\frac{732}{26} = 28{,}1.$$

Risposta corretta C.

Si può vedere come la media si avvicini infatti ai due valori con peso maggiore, cioè il 27 di Biologia (da 9 CFU) e il 28 di Istologia (da 8 CFU).

2.6.5 Radici

È fondamentale per il test conoscere a memoria i quadrati dei numeri da 1 a 20. Questo però vi permette anche di stimare rapidamente il valore di tutte le radici quadrate dei numeri da 1 (1^2) a 400 (20^2). Può essere utile sia in esercizi di matematica, per escludere velocemente molte opzioni, sia in esercizi di geometria o percorsi, in cui è richiesto di approssimare la lunghezza dell'ipotenusa di un triangolo rettangolo.
Il procedimento è il seguente:
- si parte da un numero di cui va calcolata la radice quadrata, per esempio 184;
- cerchiamo il primo numero maggiore di 184 che sia anche un quadrato perfetto, ovvero 196, il quadrato di 14;
- cerchiamo ora il primo numero minore di 184 che sia un quadrato perfetto, ovvero 169, il quadrato di 13;
- è chiaro quindi che la radice di 184 è compresa tra la radice di 196 e la radice di 169, o in simboli: $\sqrt{196} < \sqrt{184} < \sqrt{169}$ e che quindi $14 < \sqrt{184} < 13$;
- sappiamo quindi che $\sqrt{184}$ sarà compresa tra 13 e 14, ed essendo 184 abbastanza vicino al numero a metà tra 169 e 196, ovvero 183, $\sqrt{184}$ sarà molto vicino a 13.5. Infatti, $\sqrt{184} = 13.565$.

2.6.6 Somma dei primi N numeri

Conoscere la formula per calcolare la somma dei primi N numeri può tornare molto utile in alcuni esercizi sia di logica che di matematica.
La formula in questione prende il nome di formula di Gauss e recita:

$$Sn = \frac{n \cdot (n + 1)}{2}$$

I casi in cui questa formula può tornare utile sono moltissimi, soprattutto per rendere più rapidi i calcoli e per ridurre i passaggi necessari per giungere alla soluzione del quesito.
Es. *Calcola la somma dei primi 56 numeri*

Svolgimento:
basta applicare la formula di Gauss:

$$\frac{56 \cdot (56 + 1)}{2} = 1596$$

Es. *Calcola la somma dei numeri tra 43 e 103.*

Svolgimento:
in questo caso dobbiamo fare un ragionamento, ovvero che la somma dei numeri tra 43 e 103 sarà uguale alla sottrazione tra la somma dei numeri fino a 103 e la somma dei numeri fino a 43.

$$S_{103\text{-}43} = S_{103} - S_{43}$$

Quindi

$$S_{103\text{-}43} = \frac{103 \cdot 104}{2} - \frac{43 \cdot 44}{2}$$

$$S_{103\text{-}43} = 5356 - 946 = 4410$$

Es. *Calcola la media dei primi 103 numeri.*

Svolgimento:
in questo caso ci viene richiesto un passaggio extra, ovvero di trovare la media.
Sapendo che la media è uguale alla somma dei valori / il numero dei valori, possiamo trovarla più agevolmente sapendo come trovare la somma dei primi 103 numeri.

$$M_{103} = \frac{S_{103}}{103}$$

$$= \frac{(103 \cdot 104)/2}{103} = \frac{5356}{103} = 52$$

2.7 EQUAZIONI E SISTEMI

Un'equazione è un'uguaglianza tra due elementi e risolverla significa trovare il valore dell'incognita per il quale l'equazione è verificata.
Più equazioni da verificare contemporaneamente costituiscono un sistema.
Esistono diversi metodi di risoluzione di un sistema: per sostituzione, per confronto, per addizione e sottrazione.
Tutti questi metodi sono trattati ampiamente nel capitolo 2.2 della sezione di matematica.

La difficoltà dei quesiti appartenenti a questa tipologia consiste più nel definire correttamente le equazioni, senza tralasciare dati significativi e metterli nella giusta relazione, piuttosto che in un'effettiva difficoltà di risoluzione del sistema stesso, come può avvenire nei quesiti di matematica.

N.B.: ricorda che affinché un sistema sia risolvibile, il numero di incognite deve essere uguale al numero di equazioni componenti il sistema. Attenzione però che se il numero di incognite fosse maggiore del numero di equazioni, non vuol dire per forza che il sistema non sia risolvibile, ma l'incognita "in eccesso" potrebbe semplificarsi e quindi essere facilmente eliminata.

Le diverse tipologie, elencate di seguito, sono riportate nelle tabelle delle pagine successive con degli esempi per essere più chiare:

- bilancia a due piatti;
- relazioni di età tra due individui: viene chiesta l'età di una persona, avendo fornite le relazioni di età che intercorrono tra quella persona e un'altra (ad esempio la differenza di età o la relazione di età che avranno tra qualche anno);
- relazioni tra offerte in negozi diversi: vengono messi in relazione gli sconti in due negozi diversi sullo stesso oggetto;
- relazioni di quantità: vengono date delle relazioni tra diverse quantità dello stesso oggetto che possiedono diverse persone (ad esempio la quantità che possiede una persona A deve essere il triplo di quella della persona B e metà di quella della persona C, eccetera); viene chiesta la quantità dell'oggetto posseduta da una persona o più persone.

Bilancia a due piatti				
Tipologia	**Dati noti**	**Equazioni**	**Esempio**	**Risoluzione**
Su un piatto della bilancia è posta una quantità A di X; sull'altro una quantità B di Y. Quanto vale B perché la bilancia sia in equilibrio?	A; X; Y; Richiesta: B	$X \cdot A = B \cdot Y$ $B = \frac{X \cdot A}{Y}$	Su un piatto della bilancia vengono messi 3 pesi da 30 g. Quanti pesi da 15 g bisogna mettere sull'altro piatto perché la bilancia sia in equilibrio?	$30\,g \cdot 3 = 15\,g \cdot B = 6$ $B = \frac{3 \cdot 30\,g}{15\,g}$
Una bilancia è in equilibrio se su un piatto è posta una quantità A di X e sull'altro una quantità B di Y. Che quantità n di X devo aggiungere ad A perché il peso complessivo posto sul primo piatto sia m volte quello posto sul secondo?	A; B; m; Richiesta: n	$\begin{cases} X \cdot A = B \cdot Y \\ (n + A) \cdot X = m \cdot (B \cdot Y) \end{cases}$	Su un piatto di una bilancia in equilibrio è posto un ananas e sull'altro sono poste 3 mele. Quante mele devo aggiungere perché il peso totale delle mele sia il triplo di quello dell'ananas	$\begin{cases} X \cdot 3 = Y \cdot 1 \\ (n + 3) \cdot X = 3Y \end{cases}$ Metodo della sostituzione: $\begin{cases} X \cdot 3 = Y \cdot 1 \\ (n + 3) \cdot X = 3 (X \cdot 3) \end{cases}$ $n = 6$

Sui piatti di una bilancia sono poste una quantità X e Y di due prodotti. Se si aggiunge una quantità n a X, la bilancia è in equilibrio; se si toglie una quantità m da Y, il peso posto sul primo piatto diventa k volte quello posto sul secondo. Quanto valgono X e Y?	m; n; Richiesta: X e Y	$\begin{cases} X + n = Y \\ X = k \cdot (Y - m) \end{cases}$	Sui piatti di una bilancia sono stati messi del riso e della pasta. Se si aggiunge mezzo kg di pasta la bilancia è in equilibrio; se si toglie 1,5 kg di riso il peso della pasta diventa tre volte quello del riso; quanto pesano rispettivamente pasta e riso?	$\begin{cases} X + 0{,}5 = Y \\ X = 3 \cdot (Y - 1{,}5) \end{cases}$ Metodo del confronto: $Y - 0{,}5 = 3\,(Y - 1{,}5)$ $Y = 2$ $X = 1{,}5$

Età				
Tipologia	**Dati noti**	**Equazioni**	**Esempio**	**Risoluzione**
X e Y sono le età di due persone che hanno A anni di differenza. Tra n anni il rapporto tra X e Y sarà di B anni. Quanto valgono X e Y?	A; B; n; Richiesta: X e Y	$\begin{cases} X - Y = A \\ \frac{n + X}{n + Y} = B \end{cases}$	Due sorelle hanno 16 anni di differenza. Tra 7 anni la maggiore avrà 3 volte l'età della minore. Quanti anni hanno le due sorelle?	$\begin{cases} X - Y = 16 \\ \frac{7 + X}{7 + Y} \end{cases}$ Metodo della sostituzione: $X = 17$ $Y = 1$
X e Y sono le età di due persone che hanno A anni di differenza. n anni fa il rapporto tra X e Y era di B anni. Quanto valgono X e Y?	A; B; n; Richiesta: X e Y	$\begin{cases} X - Y = A \\ \frac{X - n}{Y - n} = B \end{cases}$	Due sorelle hanno 8 anni di differenza. 7 anni fa la maggiore aveva 3 volte l'età della minore. Quanti anni hanno le due sorelle?	$\begin{cases} X - Y = 8 \\ \frac{X - 7}{Y - 7} = B \end{cases}$ Metodo della sostituzione: $X = 19$ $Y = 11$
X e Y sono le età di due persone; il rapporto delle loro età vale A. Tra n anni il rapporto tra X e Y sarà di B anni. Quanto valgono X e Y?	A; B; n; Richiesta: X e Y	$\begin{cases} \frac{X}{Y} = A \\ \frac{X + n}{Y + n} = B \end{cases}$	Due sorelle hanno una il doppio degli anni dell'altra. Tra 10 anni, la maggiore avrà un'età pari a 3/2 dell'età della seconda. Quanti anni hanno le due sorelle?	$\begin{cases} X = 2 \cdot Y \\ X + 10 = \frac{3}{2} \cdot (Y + 10) \end{cases}$ Metodo della sostituzione: $X = 20$ $Y = 10$

X e Y sono le età di due persone; il rapporto delle loro età vale A. n anni fa il rapporto tra X e Y era di B anni. Quanto valgono X e Y?	A; B; n; Richiesta: X e Y	$\begin{cases} \frac{X}{Y} = A \\ \frac{X - n}{Y - n} = B \end{cases}$	Due sorelle hanno una il quadruplo degli anni dell'altra. Due anni fa, la maggiore aveva un'età pari a sette volte l'età della seconda. Quanti anni hanno le due sorelle?	$\begin{cases} X = 4 \cdot Y \\ X - 2 = 7 \cdot (Y - 2) = 3 \end{cases}$ Metodo della sostituzione: $X = 16$ $Y = 4$

Confronto offerte				
Tipologia	**Dati noti**	**Equazioni**	**Esempio**	**Risoluzione**
L'offerta A prevede che, se si acquista un prodotto da x €, si ricevono M pezzi gratuitamente. L'offerta B prevede che il prodotto da x € sia scontato dell'y%. Quanti pezzi bisogna comprare usufruendo dell'offerta B per risparmiare?	M; x; y; Richiesta: n	Bisogna calcolare il numero di pezzi per cui le due offerte sono uguali. Successivamente si confronta il risultato ottenuto con n. $x \cdot (n - m) = y\% \cdot x \cdot n$	Dal ferramenta A, se si acquista una vite da 2 € si ricevono 6 viti (dello stesso tipo) in omaggio. Dal ferramenta B le viti da 2 € sono scontate al 20%. Quante viti devo comprare al supermercato B per risparmiare?	$2\,€ \cdot (n - 6) = \frac{80}{100} \cdot 2\,€ \cdot n$ $n = 30$ Comprando 30 viti le due offerte sono uguali. Per risparmiare bisognerà acquistare almeno 31 viti.
Un prodotto ha lo stesso prezzo base (n) nel negozio A e nel negozio B. In A il prodotto è scontato dell'y% con uno sconto ulteriore di k €. Nel negozio B è presente solo lo sconto dell'x%. Se si decide di acquistare il prodotto in B, si risparmiano R €. Qual è il prezzo n non scontato del prodotto?	Y; x; k; R; Richiesta: n	Prezzo scontato A: $n - \frac{y}{100} \cdot n - k$ Prezzo scontato B: $n - \frac{x}{100} \cdot n$ Prezzo scontato A - risparmio R = prezzo scontato B: $n - \frac{y}{100} \cdot n - k - R = n - \frac{x}{100} \cdot n$	Un telefono ha lo stesso prezzo nel negozio A e nel negozio B. Nel primo, è scontato del 15%, ma viene applicato un ulteriore sconto di 180 €. Nel negozio B è presente solo lo sconto del 25%. Se si compra il telefono nel negozio B si risparmiano 30 €. Qual è il prezzo base del telefono?	$\frac{85}{100} \cdot n - 180 - 30 = \frac{75}{100} \cdot n$ $n = 2100$

Altro				
Tipologia	**Dati noti**	**Equazioni**	**Esempio**	**Risoluzione**
Si devono dividere x prodotti in n gruppi secondo determinate proporzioni	x; n; Richiesta: elementi in ciascun gruppo	Si assegna un'incognita a ciascun gruppo e si costruisce un sistema di n equazioni in n incognite **N.B.**: spesso una delle equazioni è data dalla somma dei prodotti = x	Ho 63 caramelle da dividere tra 3 bambini. Al primo (a) ne spettano il triplo del secondo (b); al secondo (b) il doppio di quelle del primo (a) meno quelle del terzo (c). Trovare il valore delle tre incognite. $\begin{cases} a = 3b \\ b = 2a - c \\ a + b + c = 63 \end{cases}$	$\begin{cases} a = 3b \\ b = 2a - c \\ a + b + c = 63 \end{cases}$ Metodo della sostituzione: $\begin{cases} a = 21 \\ b = 7 \\ c = 35 \end{cases}$

ESERCIZIO **PROPOSTO**

2.7 Per costruire una casa, l'impresa Pugliotti impiega 2 anni, l'impresa Avinci ci mette il 25% in meno rispetto all'impresa Pugliotti. Mentre l'impresa Castini, che è piuttosto lenta, ci mette il doppio del tempo rispetto all'impresa Avinci.
Quanto tempo ci mette l'impresa Castini a costruire quattro case?

A. 180 mesi
B. 36 mesi
C. 108 mesi
D. 72 mesi
E. 144 mesi

2.8 EQUAZIONI CON SIMBOLI

Si tratta di equazioni, o sistemi di equazioni, che al posto delle incognite tradizionali (x e y) presentano simboli di varia natura.
Così come nelle equazioni tradizionali, per risolvere questi esercizi è necessario ricercare il valore corrispondente a un simbolo e i metodi di risoluzione sono gli stessi delle equazioni e dei sistemi con le incognite tradizionali.
Bisogna tenere a mente che un sistema, per essere risolvibile, deve avere un numero di equazioni pari a quello delle incognite. Ad esempio: tre equazioni in tre incognite.

ATTENZIONE PER IL TEST

Può capitare che in alcuni quesiti ci siano sistemi di equazioni con più incognite rispetto al numero delle equazioni stesse. In questi casi possono verificarsi due possibilità:

- il sistema non è risolvibile: o non è possibile calcolare l'incognita richiesta dal testo o si può ricavare solo in relazione a un'altra incognita;
- alcune delle incognite si semplificano (o dalle equazioni di partenza o facendo delle sostituzioni), riconducendo il sistema a un minor numero di incognite calcolabili.

ESERCIZIO **SVOLTO**

1. Quanto vale il simbolo ¥ se:

& = 5¥
& + ¥ = %
% = 48

Soluzione:
nella seconda equazione si sostituisce il valore di "%", ossia "48" e al posto di "&", utilizzando la prima equazione, si inseriscono "5¥".
Si ottiene quindi la relazione:
5¥ + ¥ = 48, da cui 6¥ = 48, quindi ¥ = 8.

ESERCIZIO **SVOLTO**

2. Qual è il valore di ⌘/2 se:

⌘ = τ x 4
τ = £ + 2
£ = 13

Soluzione:
nella seconda equazione sostituisco a "£" il valore 13 ottenendo τ = 15.
Sostituendo il valore trovato nella prima equazione trovo che ⌘ = 60.
Quindi: ⌘/2 = 30.

ESERCIZIO **SVOLTO**

3. Quanto vale il simbolo $ se:

@ + # = $
$ + $ = §
@ + # + § = 18
3# = §

Soluzione:
nella terza relazione, al posto della somma "@ + #", sostituiamo il simbolo "$" (grazie alla prima equazione); sempre nella terza relazione, sostituiamo al posto di "§" la somma "$ + $", grazie alla seconda equazione.
Di conseguenza otteniamo la seguente equazione:

$ + $ + $ = 18, quindi $ = 6.

ESERCIZIO **PROPOSTO**

2.8 Sapendo che:

$\frac{1}{2}$ & = $\frac{5}{6}$ £
£ = 21
7@ = 3 &

Quanto vale @?
A. 14
B. 35
C. 15
D. 18
E. 12

2.9 PERCENTUALI E FRAZIONI

Percentuali e **frazioni** sono due argomenti che tratteremo nello stesso capitolo, in quanto strettamente collegati e con metodi di risoluzione simili.
La percentuale indica la **grandezza di una parte rispetto al totale**, che corrisponde a 100 unità.
La percentuale viene espressa da un numero x seguito dal simbolo % ed equivale ad una frazione avente come numeratore lo stesso numero x e come denominatore 100.
Per risolvere i quesiti è importante saper convertire una percentuale in frazione e viceversa:

- da percentuale a frazione: $9\% = \frac{9}{100}$;
- da frazione a percentuale: $\frac{4}{10} = \frac{4}{10} \times 100 = 40\%$.

Le percentuali e le frazioni possono essere rappresentate anche in forma decimale, ad esempio: $9\% = \frac{9}{100} = 0{,}09$.

Rappresentazione

Percentuale	Frazione	Decimale
30%	$\frac{30}{100} = \frac{3}{10}$	0,30

Tipologia	Dati noti	Risoluzione	Esempio	Risoluzione dell'esempio
Una quantità A aumenta / diminuisce del X%. Quale quantità finale B ottengo?	A; X; Richiesta: B	$B = A \pm \frac{x}{100} A$	Il mio stipendio di $100 aumenta / diminuisce del 40%. Qual è il mio stipendio in seguito all'aumento?	$100 + \frac{40}{100} 100 = 140$ $100 - \frac{40}{100} 100 = 60$
In seguito a un aumento / diminuzione del X% ho una quantità finale B. Qual era il valore della quantità iniziale A?	B; X; Richiesta: A	$A = \frac{B}{1 \pm \frac{x}{100}}$	Il mio stipendio attuale è di $100, dopo un aumento / diminuzione del 40%. Qual era il mio stipendio iniziale?	$\frac{100}{1 + \frac{40}{100}} = 71{,}4$ $\frac{100}{1 - \frac{40}{100}} = 166{,}7$
Una quantità iniziale A aumenta fino a raggiungere un valore finale B. Qual è l'aumento percentuale?	A; B; Richiesta: X	$x = \left(\frac{B}{A} - 1\right) 100$	Il mio stipendio iniziale di $100 aumenta fino a raggiungere il valore di $165. Qual è l'aumento percentuale?	$\left(\frac{165}{100} - 1\right) 100 = 65\%$
Una quantità iniziale A diminuisce fino a raggiungere un valore finale B. Qual è la diminuzione percentuale?	A; B; Richiesta: X	$x = \left(1 - \frac{B}{A}\right) 100$	Il mio stipendio iniziale di $100 diminuisce fino a raggiungere il valore di $65. Qual è la diminuzione percentuale?	$\left(1 - \frac{65}{100}\right) 100 = 35\%$
Ho una quantità A, ogni mese ho X% in più. Quale quantità B ho dopo n mesi?	A; X; n; Richiesta: B	$A' = A + \frac{x}{100} A$ $A'' = A' + \frac{x}{100} A'$ $B = A'' + \frac{x}{100} A''$	A gennaio guadagno $100, per i 3 mesi successivi guadagno il 20% in più ogni mese. Quanto guadagno ad aprile?	$100 + \frac{2}{10} 100 = 120$ $120 + \frac{2}{10} 120 = 144$ $144 + \frac{2}{10} 144 = 172{,}8$
Una quantità A aumenta di X% ogni mese. Dopo n mesi, a quanto corrisponde la quantità finale B rispetto alla quantità iniziale A?	X; t; Richiesta: Y%	$B = A\left(\frac{100 + x}{100}\right)^t$	Il mio stipendio aumenta del 20% ogni mese. Dopo 3 mesi, a quanto corrisponde il mio stipendio se all'inizio valeva A?	$A\left(\frac{120}{100}\right)^{3a} = \frac{173}{100} A =$ 173% A
Una quantità A diminuisce di X%, poi aumenta di Y%. A quanto corrisponde il valore finale rispetto a quello iniziale, in rappresentazione decimale?	X; Y; Richiesta: Z	$Z = A\left(\frac{100 - x}{100}\right)\left(\frac{100 + y}{100}\right)$	Il mio stipendio aumenta del 30%, poi diminuisce del 50%. A quanto corrisponde il mio stipendio rispetto a quello iniziale, in rappresentazione decimale?	$A\left(\frac{130}{100}\right)\left(\frac{50}{100}\right) =$ 0,65 A

ESERCIZIO **PROPOSTO**

2.9 Il negozio di libri di Medicina della libreria Cortina vende il libro di Anatomia a 100 euro, poi quello di Biochimica a 65, ma scontato del 20% in caso di acquisto anche del libro di Anatomia; infine, vende quello di Fisiologia a 80 con sconto del 30% se acquistato insieme a quello di Anatomia, del 40% se acquistato insieme a quello di Biochimica e del 50% se acquistato sia con Anatomia che con Biochimica. Lorenzo decide di prendere quelli di Anatomia e Fisiologia, mentre Giulia quelli di Fisiologia e Biochimica. Quanto spenderanno rispettivamente Lorenzo e Giulia?

A. 156 e 113
B. 113 e 156
C. 113 e 121
D. 152 e 156
E. 113 e 105

2.10 PROPORZIONI E PROBLEMI SUL LAVORO

Una **proporzione semplice** è una relazione che coinvolge quattro grandezze in una relazione del tipo:

$$\mathbf{A : B = C : D}$$

In questa relazione si evidenzia un'uguaglianza di rapporti, infatti:

$$\frac{A}{B} = \frac{C}{D}$$

Nella precedente proporzione si identificano come **medi** proporzionali le grandezze B e C, come estremi proporzionali le grandezze A e D.

Per risolvere le proporzioni si possono utilizzare diversi metodi, tra cui la proprietà fondamentale delle proporzioni per cui il prodotto degli estremi è uguale al prodotto dei medi:

$$A \cdot D = B \cdot C$$

Inoltre, può essere applicata la proprietà dell'inversione, per cui ciascun medio può essere invertito con l'estremo corrispondente:

$$B : A = D : C$$

E la proprietà della permutazione, sia dei medi che degli estremi:

$$D : B = C : A$$
$$A : C = B : D$$

Proporzioni semplici

Tipologia	Proporzione da impostare	Dati noti	RIsoluzione	Esempio	Risoluzione dell'esempio
Per produrre X è necessaria una quantità A; che quantità B è necessaria per produrre Y?	A : X = B : Y	A; X; Y; Richiesta: B	$B = \frac{A \cdot Y}{X}$	Per leggere un libro ci vogliono tre giorni; quanto tempo serve per leggere quattro libri?	3 : 1 = B : 4 $B = \frac{3 \cdot 4}{1} = 12$
Per produrre X è necessaria una quantità A; quanto Y produrrà una quantità B?	A : X = B : Y	A; X; B; Richiesta: Y	$Y = \frac{X \cdot B}{A}$	Per leggere un libro ci vogliono tre giorni; quanti libri si possono leggere in nove giorni?	3 : 1 = 9 : Y $Y = \frac{1 \cdot 9}{3} = 3$

Oltre alle proporzioni semplici dobbiamo anche introdurre il concetto di proporzione composta.
La proporzione composta è una proporzione in cui uno o più termini, anziché essere dei semplici numeri, sono delle operazioni matematiche (in genere prodotti o frazioni).

$$A : \frac{X}{Y} = B : \frac{Z}{K}$$

Questa tipologia di proporzione ci permette di risolvere una delle due tipologie di problemi sul lavoro, ovvero quella in cui la velocità del lavoro dei soggetti è la stessa.

2.10.1 Problemi sul lavoro con velocità uguali

In questa tipologia di esercizi ci viene chiesto di trovare uno dei dati mancanti di una proporzione composta.
Rappresentano una tipologia di quesito molto frequente nel test, diventa quindi imperativo imparare sia a risolverlo che a risolverlo in modo molto rapido ed efficace.
L'esercizio tipo ha la seguente struttura:

1. *"X lavoratori svolgono il lavoro A in un tempo T, quanto impiegherebbero a svolgere il lavoro B se lavorassero in Y?"*

Oppure

2. *"X lavoratori svolgono il lavoro A in un tempo T_1, quanti lavoratori servirebbero per svolgere il lavoro B in un tempo T_2?"*

Oppure

3. *"X lavoratori svolgono il lavoro A in un tempo T_1, quanto lavoro svolgerebbero se lavorassero in Y per un tempo T_2?"*

L'esercizio quindi ci chiede di trovare un'incognita, a partire da alcuni dati.
N.B. Se non viene esplicitamente affermato che lavorino a velocità differenti, e non si evince in alcun modo dal testo, possiamo supporre che la velocità dei lavoratori sia la stessa.

Impostiamo quindi una semplice proporzione composta:

$$\text{n° lavoratori} : \frac{\text{lavoro svolto 1}}{\text{tempo impiegato 1}}$$

$$= \text{n° lavoratori} : \frac{\text{lavoro svolto 2}}{\text{tempo impiegato 2}}$$

Impostando questo tipo di proporzione, e ricordando la regola fondamentale delle proporzioni (prodotto dei medi = prodotto degli estremi), riusciremo agevolmente a ricavare l'incognita richiesta.

Ad esempio, nel caso numero 1:

1. *"X lavoratori svolgono il lavoro A in un tempo T, quanto impiegherebbero a svolgere il lavoro B se lavorassero in Y?"*

Avremmo impostato la seguente proporzione:

$X : \frac{A}{T} = Y : \frac{B}{T_2}$

Ricavando quindi il tempo impiegato 2.

Proporzioni composte

Tipologia	Proporzione da impostare	Dati noti	RIsoluzione	Esempio	Risoluzione dell'esempio
Per produrre X è necessaria una quantità di lavoratori A per un tempo T1; qual è la quantità di lavoratori B necessaria per produrre Y in un tempo T2?	$A : \frac{X}{T1} = B : \frac{Y}{T2}$	A; X; Y; T1; T2; Richiesta: B	$B = \frac{A \cdot \frac{Y}{T2} \cdot T1}{X}$	Tre persone leggono due libri in un giorno; quanti lettori ci vogliono per leggere dodici libri in due giorni?	$3 : \frac{2}{1} = B : \frac{12}{2}$ $B = \frac{3 \cdot \frac{12}{2} \cdot 1}{2} = 9$
Per produrre X è necessaria una quantità di lavoratori A per un tempo T1; in quanto tempo T2 una quantità di lavoratori B produrrà Y?	$A : \frac{X}{T1} = B : \frac{Y}{T2}$	A; X; Y; T1;B; Richiesta: T2	$T2 = \frac{Y \cdot A}{B \cdot \frac{X}{T1}}$	Tre persone leggono due libri in un giorno; in quanto tempo nove lettori leggono sei libri?	$3 : \frac{2}{1} = 9 : \frac{6}{T2}$ $T2 = \frac{6 \cdot 3}{9 \cdot \frac{2}{1}} = 1$
Per produrre X è necessaria una quantità di lavoratori A per un tempo T1; qual è la quantità di lavoratori B necessaria per produrre Y in un tempo T2?	$A : \frac{X}{T1} = B : \frac{Y}{T2}$	A; X; Y; T1; T2; Richiesta: B	$B = \frac{A \cdot \frac{Y}{T2} \cdot T1}{X}$	Tre persone leggono due libri in un giorno; quanti lettori ci vogliono per leggere dodici libri in due giorni?	$3 : \frac{2}{1} = B : \frac{12}{2}$ $B = \frac{3 \cdot \frac{12}{2} \cdot 1}{2} = 9$

Per produrre X è necessaria una quantità di lavoratori A per un tempo T1; in quanto tempo T2 una quantità di lavoratori B produrrà Y?	$A : \frac{X}{T1} = B : \frac{Y}{T2}$	A; X; Y; T1;B; Richiesta: T2	$T2 = \frac{Y \cdot A}{B \cdot \frac{X}{T1}}$	Tre persone leggono due libri in un giorno; in quanto tempo nove lettori leggono sei libri?	$3 : \frac{2}{1} = 9 : \frac{6}{T2}$ $T2 = \frac{6 \cdot 3}{9 \cdot \frac{2}{1}} = 1$
Per produrre X è necessaria una quantità di lavoratori A per un tempo T1; quanto Y produrrà una quantità B di lavoratori in un tempo T2?	$A : \frac{X}{T1} = B : \frac{Y}{T2}$	A; X; T1; T2; B; Richiesta: Y	$Y = \frac{B \cdot \frac{X}{T1} \cdot T2}{A}$	Tre persone leggono due libri in un giorno; quanti libri sono letti da diciotto lettori in sei giorni?	$3 : \frac{2}{1} = 18 : \frac{Y}{6}$ $Y = \frac{18 \cdot \frac{2}{1} \cdot 6}{3} = 72$

ESERCIZIO **PROPOSTO**

2.10 Tre falegnami costruiscono 8 scrivanie lavorando senza interruzione per 12h. Considerando che tutti i falegnami lavorano alla stessa velocità, quanti falegnami sarebbero necessari per produrre 20 scrivanie nella metà del tempo?

A. 17
B. 15
C. 11
D. 9
E. 20

2.10.2 Problemi sul lavoro con velocità diverse

In questo caso ci viene esplicitato (o si evince logicamente dal testo), che i lavoratori lavorano a velocità diverse.

In questo caso l'esercizio tipo proporrà un testo di questo tipo:
"Il lavoratore X impiega N minuti a svolgere il lavoro A, il lavoratore Y impiega invece M minuti a svolgere il lavoro B. Se lavorassero insieme quanto tempo impiegherebbero a svolgere il lavoro C?"

In questo caso NON possiamo applicare la proporzione composta, in quanto si evince dal brano che i due lavoratori lavorano a due velocità diverse.
L'unico svolgimento possibile in questo caso sarà:

1. esplicitare la velocità dei singoli lavoratori, intesa come $\frac{\text{lavoro svolto}}{\text{tempo impiegato}}$;
2. definire la velocità totale del sistema, che sarà:
   a. la somma tra le due singole velocità, se i lavoratori operano assieme;
   b. la sottrazione tra le due velocità, se i lavoratori si ostacolano a vicenda;
3. una volta ricavata la velocità globale, sapremo quanto tempo impiegano a svolgere il lavoro trovato al numeratore, da cui ricaveremo ciò che il quesito richiede grazie a proporzioni semplici.

Sembra molto più complesso di quanto non sia, prova a seguire l'esercizio svolto che trovi di seguito.

ESERCIZIO **SVOLTO**

Il rubinetto A riempie una vasca in 5 ore. Il rubinetto B invece ne riempie 2 in 7 ore. Lo scarico C svuota la stessa vasca in 10 ore.
Se aprissimo tutti i rubinetti e lo scarico, in quante ore si riempirebbe la vasca?

A. 7,4 ore
B. 2,6 ore
C. 4,1 ore
D. La vasca si svuoterà perché lo scarico vincerà sui rubinetti
E. Nessuna delle precedenti

Svolgimento:
i 3 lavoratori, A, B e C non lavorano alla stessa velocità, quindi non possiamo applicare la proporzione composta.

1. Esplicitiamo quindi le singole velocità:
   $V(A) = \frac{1 \text{ vasca}}{5 \text{ ore}} = \frac{1}{5}$
   $V(B) = \frac{2 \text{ vasche}}{7 \text{ ore}} = \frac{2}{7}$
   $V(C) = \frac{1 \text{ vasca}}{10 \text{ ore}} = \frac{1}{10}$
2. Calcoliamo la velocità totale del sistema:
   Vtot = V(A) + V(B) - V(C), infatti i rubinetti A e B operano assieme, mentre lo scarico C si oppone al loro lavoro.
3. Calcoliamo Vtot:
   $Vtot = \frac{1}{5} + \frac{2}{7} - \frac{1}{10}$
   $Vtot = \frac{14 + 20 - 7}{70}$
   $Vtot = \frac{27}{70}$

A cosa corrisponde questa Vtot? Al lavoro svolto da tutte e 3 le componenti del sistema insieme.
Quindi A, B e C insieme lavorano a una velocità di $\frac{27}{70}$, ovvero riempiono 27 vasche in 70 ore.
Il quesito richiede il tempo di riempimento di una singola vasca.
Possiamo quindi impostare una semplice proporzione:
n° vasche : tempo impiegato = n° vasche : tempo impiegato
27 : 70 = 1 : x
$x = \frac{70}{27} = 2{,}6$ ore.
Risposta corretta B.

2.11 VELOCITÀ E TEMPO

Gli esercizi su velocità e tempo sono un argomento fondamentale della logica matematica. Saperti muovere agevolmente in questa tipologia ti permetterà di accumulare punti preziosi in logica e fisica, non puoi assolutamente permetterti di trascurarli.
Abbiamo fondamentalmente due differenti tipi di quesiti:

- quesiti in cui i soggetti si rincorrono = velocità con stesso verso;
- quesiti in cui i soggetti si vanno incontro/si allontanano vicendevolmente = velocità con verso opposto.

La velocità di un singolo soggetto si calcola come: *velocità* = $\frac{\text{Spazio percorso}}{\text{tempi impiegato}}$.

Dati due oggetti/soggetti, A e B, è fondamentale quindi avere ben chiaro come utilizzare le rispettive leggi orarie:

- $Va = \frac{Sa}{t}$
- $Vb = \frac{Sb}{t}$

A queste due formule dovremo però aggiungerne una terza, fondamentale per la risoluzione della maggior parte dei quesiti. Introduciamo quindi il concetto di **velocità relativa**: la velocità relativa (Vr) è una falsa velocità, che non appartiene né ad A né a B, ma che possiamo considerare come la velocità di A relativamente a B o viceversa.

- Quando A e B hanno velocità con lo **stesso verso** (si rincorrono): supponendo che A insegua B, a percorrere lo spazio Stot che li separa (quindi a raggiungere B), impiegherà un tempo relativamente maggiore rispetto a quello che impiegherebbe se dovesse solo percorrere uno spazio Stot.
  Ne consegue che in questo caso, la velocità relativa di A rispetto a B sarà ridotta rispetto alla velocità assoluta di A.
  Immagina infatti che per ogni spazio che A recupera a B, B contemporaneamente si è allontanato, quindi avrà ripreso parte del vantaggio perso.

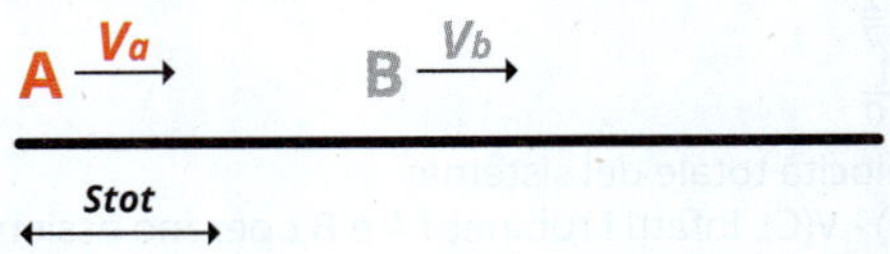

- Quando A e B hanno velocità con **verso opposto** (si allontanano/si vanno incontro): lo spazio Stot che li separa dovrà essere percorso da entrambi contemporaneamente, quindi in questo caso è come se si dividessero un lavoro da svolgere. Quindi percorreranno Stot in un tempo inferiore rispetto al tempo che impiegherebbero a farlo da soli.
  Deduciamo quindi che la velocità relativa di A rispetto a B in questo caso sarà aumentata. Scriveremo quindi che quando A e B hanno velocità con verso opposto:
  $Vr = Va + Vb$

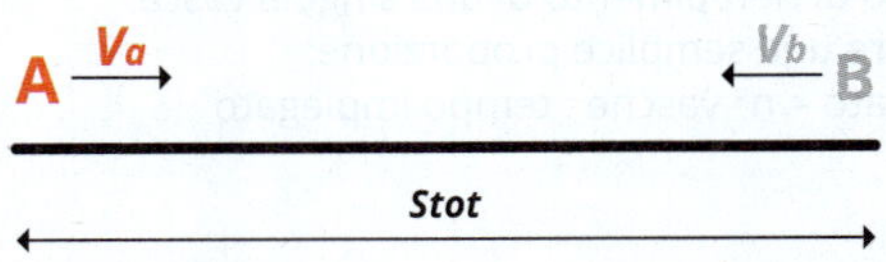

Mentre invece, quando A e B hanno velocità con lo stesso verso scriveremo:

- $Vr = Va - Vb$

Una volta ottenuta Vr quindi, per cosa dovrà essere usata?
Impostiamo una falsa legge oraria, basata sulla Vr, che sarà:

$$Vr = \frac{Stot}{t}$$

Dove Stot è:

- lo spazio che separa A e B al tempo 0, quando A deve rincorrere B;
- lo spazio che separa A e B al tempo 0, quando A e B si vanno incontro;
- lo spazio che separa A e B al tempo finale, quando A e B si allontanano.

Abbiamo quindi a disposizione 3 formule:

1. $Vr = \frac{Stot}{t}$
2. $Va = \frac{Sa}{t}$
3. $Vb = \frac{Sb}{t}$

Integrandole potremo svolgere tutte le varianti di questa tipologia di quesito.

In genere l'esercizio richiederà di:

A. ricavare il tempo dopo cui A e B si incontreranno dall'equazione 1. Spesso potresti aver già risolto il quesito a questo punto;
B. ricavare lo spazio percorso da A o B nel momento in cui si incontreranno. In questo caso ti sarà necessario eseguire un secondo passaggio: dopo aver isolato il tempo dall'equazione 1, dovrai sostituirlo nell'equazione 2 o 3 corrispondente per trovare lo spazio Sa o Sb.

ATTENZIONE: è molto importante controllare sempre le **unità di misura** e applicare le opportune conversioni:

1. per trasformare i chilometri in metri (o viceversa), si moltiplica (o si divide) per 1000;
2. per convertire le ore in minuti (o viceversa), si moltiplica (o si divide) per 60. I decimali di ora si possono trasformare in minuti grazie alla proporzione: 0, ... *ore : X minuti = 1 ora : 60 minuti*;
3. per trasformare i km/h in m/s (o viceversa), si divide (o si moltiplica) per 3,6.

Per completezza, riportiamo le leggi orarie del moto rettilineo uniforme e uniformemente accelerato:

- moto rettilineo uniforme:

$$x = x_0 + vt$$

- moto uniformemente accelerato:

$$x = x_0 + vt + \frac{1}{2}at^2$$

Tipologia	Dati noti	Risoluzione	Esempio	Risoluzione dell'esempio
Il soggetto A corre a una velocità v_1 mentre il soggetto B lo rincorre a una velocità v_2. Sappiamo inoltre che A inizia a correre con un vantaggio di n minuti o spazio su B. Quanto tempo impiegherà B a raggiungere A?	v_1 ; v_2 ; S_{tot} ;	$V_r = v_1 - v_2$ $t = \frac{S_{tot}}{V_r}$	Michele, convinto di essere più veloce di Paolo, lo sfida in una gara di velocità. Per rendere ancora più difficile la sfida, Michele decide di lasciare 80 m di vantaggio a Paolo. Si sa che Michele corre a 10 m/s, mentre Paolo corre a una velocità di 6 m/s. Quanto tempo impiegherà Michele a raggiungere Paolo?	$v_r = 10 - 6 = 4$ m/s $t = \frac{80\ m}{4\ m/s} = 20$ s
A e B hanno rispettivamente velocità v_1 e v_2. Si trovano a una distanza x . Dopo quanto tempo si incontreranno?	v_1; v_2; S_{tot} ;	$V_r = v_1 + v_2$ $t = \frac{S_{tot}}{V_r}$	Anna e Clara si trovano a 200 km di distanza. Anna viaggia a una velocità di 130 km/h mentre Clara a 170 km/h. Quanto tempo impiegheranno per incontrarsi?	$v_r = 130 + 170 =$ 300 km/h $t = \frac{200\ km}{300\ km/h} =$ 0,66 h 0,66 h · 60 = 40 min

A e B vivono ad una distanza x. Decidono di incontrarsi lungo il percorso, sapendo che A è più veloce di B di n volte. Dopo quanti km da casa di A si incontreranno?	v1; v2; S_{tot};	$S_{tot1} - S_{tot2} = S_{tottot}$ **N.B.**: dato che velocità e spazio sono direttamente proporzionali, possiamo scrivere lo spazio percorso con la stessa relazione della velocità	Davide e Andrea si trovano a 300 km di distanza. Si sa che Davide va al triplo della velocità di Andrea. Dopo quanti km da casa di Andrea i due si incontreranno?	$3S_{tot} + S_{tot} = 300$ $4S_{tot} = 300$ $S_{tot} = 75$ km (percorsi da Andrea) I due amici si incontreranno a 75 km da casa di Andrea

ESERCIZIO **PROPOSTO**

2.11 Luca e Matteo vedono in lontananza la donna dei loro sogni, Caterina, ferma tutta sola in un bar a 100 m di distanza da loro. Luca vede la ragazza 3 secondi prima di Matteo, tutto intento a giocare con il telefono, e inizia a correre a 6 m/s; poi anche Matteo parte con una velocità di 8 m/s.
Quanti metri distanziano Matteo da Caterina quando il ragazzo supera Luca?

A. 28 m
B. 42 m
C. 36 m
D. 13 m
E. Arriva prima Luca da Caterina

2.12 m.c.m. E M.C.D.

2.12.1 Minimo comune multiplo (m.c.m.)

Il minimo comune multiplo (m.c.m.) tra due o più numeri è il più piccolo multiplo comune ai numeri considerati. Per calcolarlo, si ricorre alla scomposizione in fattori primi di tutti i numeri considerati e alla **moltiplicazione tra tutti i fattori, comuni e non comuni, presi una sola volta e con il massimo esponente**.
Viene utilizzato, ad esempio, in quesiti in cui oggetti o persone che svolgono azioni cicliche in tempi differenti devono tornare simultaneamente al punto di partenza: il valore dell'm.c.m. tra i tempi coincide con il tempo esatto in cui i protagonisti del quesito si incontreranno per la prima volta.

Tipologia	Metodo di risoluzione	Esempio	Risoluzione dell'esempio
Tre oggetti effettuano un'azione rispettivamente ad intervalli di X min, Y min e Z min. Se effettuano l'azione insieme nel momento 0, quanto tempo dovrà passare affinché tutti e tre gli oggetti compiano nuovamente la loro azione nello stesso momento?	Scomporre in fattori primi i diversi intervalli di tempo. Calcolare m.c.m. andando a selezionare "gli elementi comuni e non, con il massimo grado"	Tre allarmi suonano rispettivamente a intervalli di 10, 18, 40 minuti. Se suonano insieme alle 4,00 del mattino, dopo quante ore suoneranno di nuovo insieme?	$10 = 5 \cdot 2$ $18 = 3^2 \cdot 2$ $40 = 5 \cdot 2^3$ m.c.m. = $5 \cdot 3^2 \cdot 2^3$ = 360 minuti = 6 ore t = 4:00 + 6h = 10:00

ESERCIZIO **PROPOSTO**

2.12.1 Ci sono 4 allarmi che suonano rispettivamente ogni 72 ore, 120 ore, 96 ore e 144 ore. Il 29 giugno alle 12 suonano tutti e 4 contemporaneamente, quando suoneranno di nuovo insieme?

A. Il 29 luglio alle 12
B. Il 28 agosto alle 12
C. Il 29 agosto alle 12
D. Il 30 luglio alle 12
E. Il 27 agosto alle 12

Per esercitarti ulteriormente sul calcolo del m.c.m. e verificare la correttezza del risultato, scannerizza il seguente QR-Code!

2.12.2 Massimo comune divisore (M.C.D.)

Il massimo comune divisore (M.C.D.) tra due o più numeri è il più grande tra i divisori comuni dei numeri considerati. Per calcolarlo, si ricorre alla scomposizione in fattori primi di tutti i numeri considerati e alla **moltiplicazione dei fattori comuni a tutte le scomposizioni, con il minimo esponente**.

Viene utilizzato, ad esempio, per calcolare il massimo numero di gruppi di identica composizione in cui suddividere degli oggetti diversi, in modo che in ogni gruppo ci sia il minor numero di oggetti possibile.

Tipologia	Metodo di risoluzione	Esempio	Risoluzione dell'esempio
Un soggetto possiede X oggetti "A", Y oggetti "B" e Z oggetti "C". In che modo il soggetto può formare gruppi uguali con questi oggetti a disposizione?	Scomporre in fattori primi il numero degli oggetti. Calcolare M.C.D. andando a selezionare SOLO gli elementi comuni con minimo grado	Una signora vuole realizzare un pacco regalo alle sue colleghe. Ha a disposizione 20 barattoli di marmellata, 12 salami di cioccolato e 28 bottiglie di prosecco. In che modo può formare pacchi regalo uguali utilizzando tutte le cibarie?	$20 = 5 \cdot 2^2$ $12 = 2^2 \cdot 3$ $28 = 7 \cdot 2^2$ M.C.D. $= 2^2 = 4$ Bisogna quindi dividere tutti gli alimenti per 4 → ogni pacco conterrà 5 marmellate $(\frac{20}{4})$, 3 salami di cioccolato $(\frac{12}{4})$ e 7 bottiglie di prosecco $(\frac{28}{4})$

ESERCIZIO **PROPOSTO**

2.12.2 Chiara ha 70 libri di Anatomia, 45 di Fisiologia e 25 di Chimica e decide di disporli su più ripiani, in modo che ogni ripiano abbia lo stesso numero di libri di ogni tipologia e che il numero di ripiani occupato sia il maggiore possibile.
Quanti libri di Fisiologia ci saranno su ogni ripiano?

A. 9
B. 5
C. 14
D. 3
E. 23

Prova da solo a esercitarti sul calcolo del Massimo Comun Divisore senza rischiare di sbagliare scannerizzando il seguente QR-Code con il tuo cellulare:

2.13 GRUPPI E INSIEMI

Così come in logica verbale, anche in logica matematica sono presenti dei quesiti che possono essere risolti utilizzando gli insiemi.
Dopo aver letto per intero il quesito, dovrai schematizzare i dati disegnando diversi insiemi, se possibile utilizzando, almeno le prime volte, colori diversi.

Le due principali operazioni che possono essere svolte tramite gli insiemi sono:

- **intersezione** (A∩B): l'intersezione di due insiemi è l'insieme degli elementi che appartengono a tutti gli insiemi contemporaneamente, ovvero gli elementi in comune;
- **unione** (A∪B): l'unione di due insiemi è l'insieme di tutti gli elementi degli insiemi considerati, sia comuni sia non comuni.

Gli errori più comuni in questa tipologia di quesiti consistono nel non leggere bene la domanda e quindi inserire gli elementi in insiemi errati.
In particolare, bisogna inoltre essere molto attenti nello stabilire se un elemento appartiene **solo** ad un insieme o **anche** a quell'insieme.

N.B. Quando è scritto, ad esempio, "10 persone studiano spagnolo", viene inteso come "10 persone studiano **anche** spagnolo" e non come "10 persone studiano **solo** spagnolo".

Distinguiamo due tipologie di quesiti:

- esercizi con 2 insiemi;
- esercizi con 3 o più insiemi.

2.13.1 Esercizi con 2 insiemi

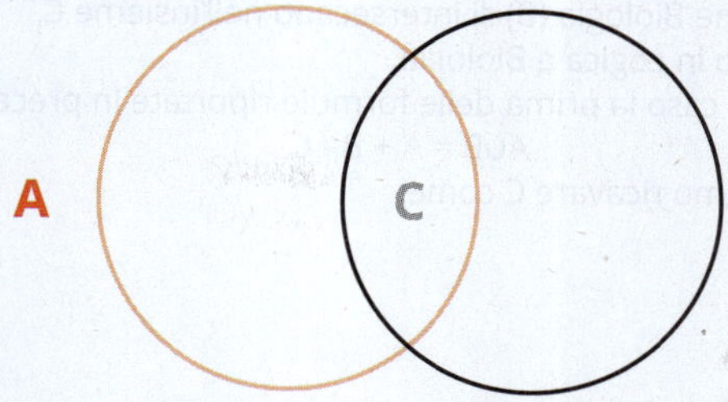

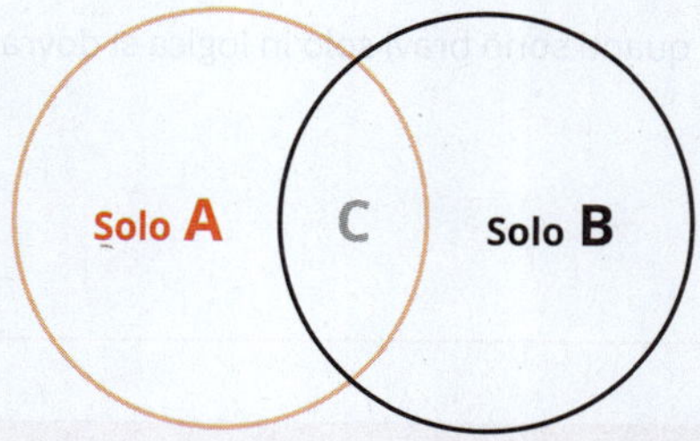

In questo caso il quesito divide il totale degli elementi in due distinti insiemi, A e B. Gli elementi dell'insieme A e dell'insieme B, fino a prova contraria (esplicita o dedotta logicamente dal fatto che i 2 insiemi sono assolutamente separati), potrebbero intersecarsi, nell'intersezione AB, che chiameremo C.

L'unione tra i due insiemi AB è quindi il totale, e può essere identificato da 2 formule:

$$A \cup B = A + B - C$$

In questo caso, alla somma di A e B sottrarremo l'intersezione tra i due C, perché considerando il totale dell'insieme A stiamo considerando anche C, così come per B. Se ci si fermasse semplicemente alla somma A e B considereremmo due volte l'insieme C, quindi dovrà essere sottratto una volta.

$$AB = \text{solo } A + \text{solo } B + C$$

In questo caso al contrario, stiamo considerando l'insieme "solo A" e l'insieme "solo B", che sono i due insiemi di forma semilunare rosso e nero. Stavolta non stiamo considerando mai l'insieme C, che andrà quindi sommato.

$$A = \text{solo } A + C$$
$$B = \text{solo } B + C$$

ESERCIZIO SVOLTO

Nell'aula del corso Testbusters sono presenti 95 studenti questa mattina. Di questi, 62 sono eccezionalmente bravi in Logica, mentre 45 sono molto bravi in Biologia.
Quanti studenti sono bravi sia in Logica che in Biologia?
Quanti solo in Logica?

A. 12; 50
B. 17; 43
C. 11; 49
D. 11; 48
E. Dati non sufficienti per rispondere

Svolgimento:
l'insieme Logica (A) e l'insieme Biologia (B) si intersecano nell'insieme C, corrispondente a chi è bravo in Logica e Biologia.
Utilizziamo quindi in questo caso la prima delle formule riportate in precedenza:

$$A \cup B = A + B - C$$

Quindi, invertendola, possiamo ricavare C come:
C = A + B - AB

C = 62 + 45 - 95
C = 12

A questo punto per ricavare quanti sono bravi solo in logica si dovrà utilizzare la formula:
A = solo A + C
Che invertita sarà:
solo A = A - C
solo A = 62 - 12 = 50
Risposta corretta A.

Tipologia	Disegno	Dati	RIchiesta	Risoluzione
Disgiunti	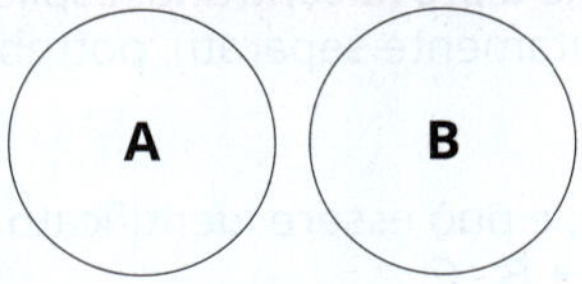	Sono noti due insiemi A e B disgiunti	Trovare una possibile intersezione	
Intersezione tra due insiemi	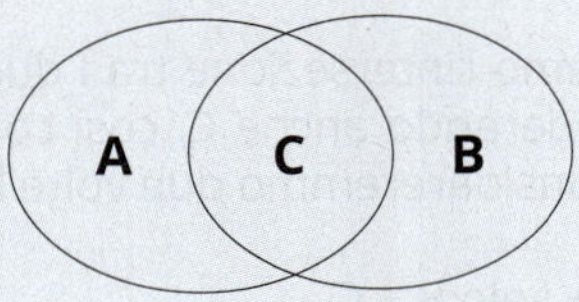	Sono noti: A e B che si intersecano; il totale A∪B	Trovare C **(A∩B)**	(A + B) - A∪B = C
Intersezione tra due insiemi	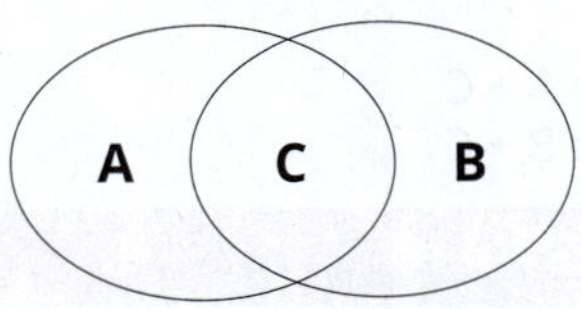	Sono noti: A e B che si intersecano; l'intersezione C = A∩B	Trovare il totale **A∪B**	(A + B) - C = A∪B
		Sono noti: A; il totale A∪B; l'intersezione C = A∩B	Trovare il numero di componenti di **B**	A∪B - (A - C) = B

2.13.2 Esercizi con 3 o più insiemi

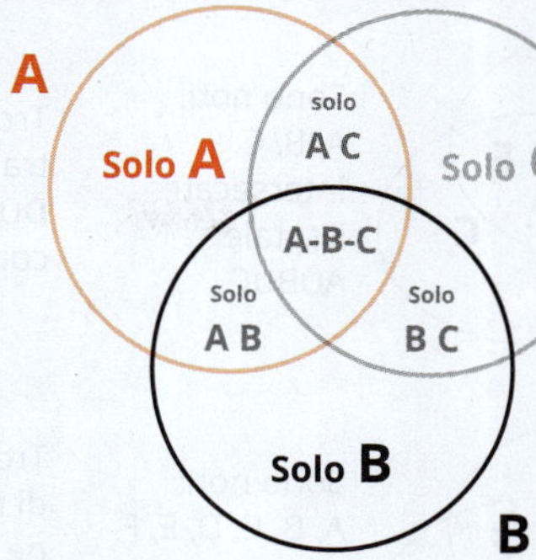

In questo caso, per la risoluzione del quesito non si dovranno utilizzare delle formule, ma solo il metodo grafico.
Si dovranno disegnare gli insiemi, intersecarli in tutte le possibili combinazioni (rispettando le condizioni riportate nel testo, se esplicitate), e procedere con l'inserimento dei dati forniti dal quesito.

In particolare per gli esercizi a 3 insiemi dovresti provare a creare uno schema di questo tipo e a riempire i vari spazi con i dati riportati dal problema, trovando poi l'incognita tramite semplici somme o differenze, che potrai intuire graficamente.
Ti invito a fare caso ad alcune particolarità:

$$A \neq \text{solo } A$$

infatti l'insieme globale A è dato dalla somma tra: A = solo A + solo AC + solo AB + ABC.
Stessa cosa vale ovviamente per gli insiemi B e C.

L'insieme

$$A \cap B \neq \text{solo } AB$$

Questo punto può risultare più complesso da riconoscere nel corso dello svolgimento, prestaci particolare attenzione poiché il Ministero tende a sfruttarlo per indurti in errore.
L'intersezione tra A e B è infatti pari a:

$$A \cap B = \text{solo } AB + ABC$$

come puoi chiaramente vedere dal disegno.

Puoi sfruttare a tuo piacere le somme e le differenze per ricavare incognite all'interno degli insiemi.

Riassumendo, la parola chiave è "solo", quando abbiamo un insieme chiamato "solo A", "solo AB", allora potremo inserire il numero all'interno dell'insieme corrispondente.
Quando invece il solo non è presente, non potremo inserire il valore all'interno perché corrisponderà al valore globale dell'insieme (es. insieme A, insieme AB).

Tipologia	Disegno	Dati	RIchiesta	Risoluzione
Intersezione tra tre insiemi	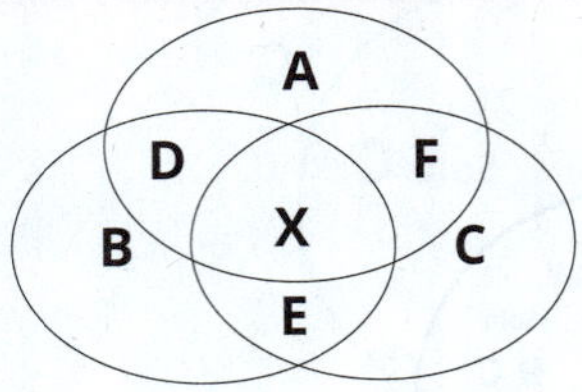	Sono noti: A, B, C intersecati; il totale A∪B∪C	Trovare l'unione tra intersezioni **D∪E∪F**, che contiene X	A + B + C- (A∪B∪C) = D∪E∪F
Intersezione tra tre insiemi	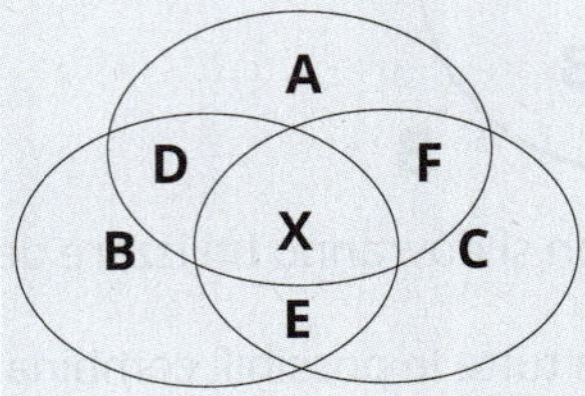	Sono noti: A, B, C, D, E, F e X; il totale A∪B∪C	Trovare la parte di intersezione di **A∩B** = D che non contenga elementi di C	D – X

ESERCIZIO **SVOLTO**

Tra 100 bambini, 70 giocano a calcio, 50 a basket e 45 a pallavolo. Tra questi, 20 giocano sia a pallavolo che a calcio, 20 sia a basket che a pallavolo, 30 sia a basket che a calcio. 7 praticano tutti e tre gli sport. Quanti giocano sia a calcio che a basket, ma non a pallavolo?

Svolgimento:
disegniamo gli insiemi che rappresentano le informazioni del testo, sapendo che A è l'insieme dei calciatori, B è l'insieme dei giocatori di basket e C l'insieme dei pallavolisti; D, E e F sono le rispettive intersezioni a due a due, mentre X è l'intersezione dei tre, come in figura:

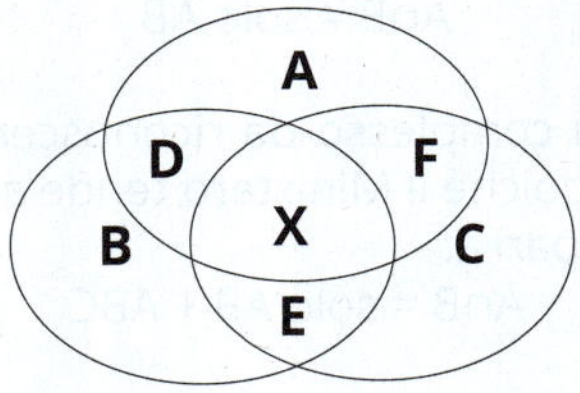

Sapendo che sono 30 i bambini che giocano sicuramente sia a calcio che a basket, ovvero D (intersezione tra A e B), e 7 i bambini che praticano tutti e 3 gli sport, ovvero X (interserzione di A, B e C), per trovare i bambini che giocano solo a basket e calcio dovremo sottrarre a D l'intersezione X: 30 - 7 = 23 [D – X].

Soluzione: i bambini che giocano solo a calcio e basket ma non a pallavolo sono 23.

2.13.3 Casi particolari

Esistono infine alcune tipologie che richiedono l'utilizzo degli insiemi, ma non sono riconducibili alle due tipologie precedenti.
Sta quindi a te riconoscere le particolarità di ogni esercizio e cercare di standardizzarlo solo quando possibile.

Tipologia	Disegno	Dati	RIchiesta	Risoluzione
Insieme incluso	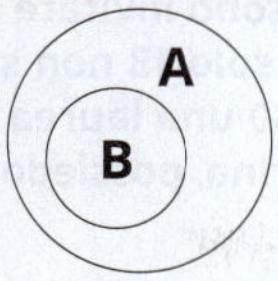	È noto A, il quale comprende B	Trovare gli elementi che appartengono ad A, ma non a B	A – B

Insiemi composti: è possibile trovare esercizi con più insiemi base (riportati sopra) combinati fra di loro. Ne riportiamo alcuni possibili esempi.
Attenzione: spesso uno tra gli insieme ha la funzione di **distrattore**.

Due insiemi con intersezione + un insieme disgiunto	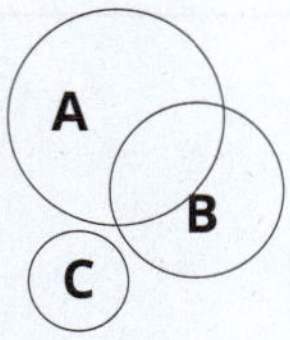	Sono noti: A, B e C; la somma dei componenti totali di A∪B∪C	Trovare l'intersezione **A∩B**	(A∪B∪C) – C = A∪B A + B - A∪B = A∩B
Due insiemi con intersezione + un insieme disgiunto	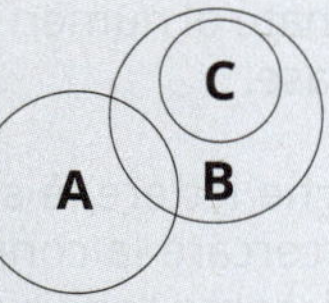	Sono noti: A, B e C; la somma dei componenti totali di A∪B∪C	Trovare l'intersezione **A∩B**	A + B – (A∪B∪C) = A∩B

ESERCIZIO **SVOLTO**

Tra 10 amici, 5 sono calciatori, 7 sono laureati in Fisica e 3 hanno un master in Fisica nucleare (tra i 10 amici tutti hanno almeno una di queste tre caratteristiche).
Quanti sono i calciatori laureati in Fisica?

Svolgimento:
per prima cosa, disegniamo gli insiemi che rappresentano le informazioni fornite dal testo, sapendo che A è l'insieme dei calciatori, B è l'insieme dei laureati e C l'insieme di chi ha il master:

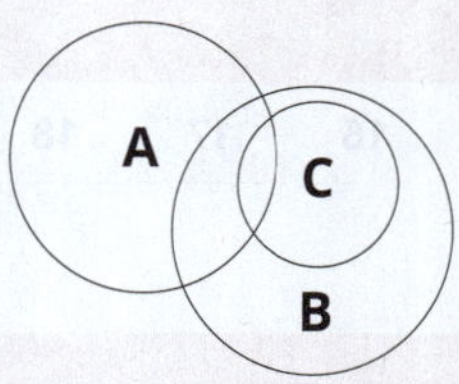

Tra i 7 laureati in Fisica, 3 hanno un master (C incluso in B).
Quindi per trovare l'intersezione tra A e B non consideriamo C:
5 + 7 - 10 = 2 [A + B – (A∪B∪C) = A∩B]
Due tra questi 10 amici sono calciatori laureati in Fisica.

Soluzione: i calciatori laureati in Fisica sono 2.

ESERCIZIO **PROPOSTO**

2.13 Alla festa di compleanno dei 17 anni di Marina sono invitate 100 persone, molte delle quali possiedono almeno una laurea. In particolare, solo 13 non si sono mai iscritti in università, 70 hanno conseguito una laurea triennale, 30 una laurea magistrale a ciclo unico. Quante persone oltre a Luca, il migliore amico di Marina, possiedono sicuramente solo una laurea triennale?

A. 13
B. 70
C. 17
D. 56
E. 57

2.14 SEQUENZE

2.14.1 Sequenze alfanumeriche

Le sequenze alfanumeriche sono successioni ordinate di numeri e/o di lettere, che seguono un criterio logico-matematico che ne sta alla base.

Nel caso in cui la sequenza presenti sia numeri che lettere, è spesso necessario analizzare singolarmente le due. In entrambe bisogna cercare la connessione tra ogni coppia di termini, partendo dalle operazioni più semplici, come l'addizione e la sottrazione, e in seguito verificare se essa viene ripetuta.

Per favorire la visualizzazione delle lettere, che nella maggior parte dei casi sono legate da relazioni numeriche, ci si può aiutare utilizzando uno schema di questo genere:

A	B	C	D	E	F	G	H	I	L
1	2	3	4	5	6	7	8	9	10

M	N	O	P	Q	R	S	T	U	V	Z
11	12	13	14	15	16	17	18	19	20	21

ATTENZIONE PER IL TEST

Fare attenzione nel caso in cui l'esercizio specifichi "alfabeto anglosassone" o nel caso in cui nella sequenza siano già presenti lettere di questo alfabeto: in tal caso tenere conto anche delle lettere straniere!

Tipologia	Esempio	Risoluzione
Lettere (alfabeto italiano)	E; O; Z; H; R; ?	Ogni lettera si colloca 8 posizioni dopo, in ordine alfabetico, rispetto alla precedente. La lettera R è in posizione 16, quindi 16 + 8 = 24. Dato che le lettere dell'alfabeto sono solo 21, significa che, dopo la 21esima lettera, si dovrà ricominciare dall'inizio: 24 – 21 = 3. La lettera in terza posizione completa quindi la serie: 3 = C
Numeri	9; 13; 22; 35; 57; ?	Ogni numero, ad eccezione dei primi due, è uguale alla somma dei due numeri che lo precedono. 35 + 57 = 92
Miste: numeri e lettere indipendenti	2; N; 6; I; 10; C; ?; ?	In questo esercizio è necessario considerare separatamente le lettere e i numeri. La sequenza numerica consiste nell'aggiunta di 4 unità da un numero al successivo. Per trovare il carattere successivo nella sequenza alfabetica, bisogna invece sottrarre un multiplo di 3 ogni volta crescente: -3, -6, -9. 10 + 4 = 14 C – 9 = Q → 14; Q
Miste: numeri e lettere dipendenti	8; H; 5; E; 10; L; 7; G; 14; P; ?; ?	I numeri, in questo caso, indicano la posizione delle lettere successive nell'alfabeto italiano. Poiché quindi le lettere dipendono esclusivamente dal numero a cui sono accostate, osserviamo meglio solo i numeri: la loro sequenza si ricava applicando in modo alternato due operazioni diverse: sottrarre 3 (8 - 3 = 5) e moltiplicare per 2 (5 · 2 = 10). Una volta ottenuto il numero, si procede abbinando la relativa lettera. 14 – 3 = 11 → 11M

ESERCIZIO **PROPOSTO**

2.14.1 Completa la seguente sequenza alfanumerica: "A; 7; B; 13; D; 19; G ..."

A. 13; M
B. 25; M
C. M; 13
D. M; 25
E. 22; O

2.14.2 Serie logiche

Esiste una seconda categoria di sequenze, nella quale non è necessario calcolare la relazione tra numeri o lettere dell'alfabeto tramite operazioni matematiche di vario tipo.

Queste tipologie di quesiti infatti, richiedono di trovare una sequenza di parole, tra quelle proposte nelle opzioni, che intrattenga una relazione logica o di appartenenza semantica con le diverse serie fornite dal testo (solitamente il testo ne presenta 3).

Quello che viene richiesto dall'esercizio quindi è di trovare:

- la relazione logica che lega i termini appartenenti alla stessa serie;
- la relazione che lega tra loro le diverse serie proposte.

ESERCIZIO **PROPOSTO**

2.14.2 Quale tra le serie ABCDE è coerente con tutte le serie 1, 2, 3?
1. Atomo, molecola, cellula, tessuto;
2. Specie, genere, famiglia, ordine;
3. Pianeta, sistema, galassia, universo;

A. 1, 2, 3, 4
B. Naturali, interi, razionali, reali
C. Domenica, sabato, venerdì, giovedì
D. Università, liceo, medie, elementari
E. Carlo, Federico, Marco, Antonio

2.15 RISOLUZIONE CON SCHEMI

Per molti quesiti di logica matematica spesso è utile **riassumere** i dati ricavati dal testo **in uno schema**, così da arrivare alla risposta corretta in maniera sicura e veloce.

Gli schemi possono essere di diversa natura, sia a seconda del quesito sia a seconda del metodo personale che ognuno preferisce utilizzare.

Tra le principali tipologie di quesiti in cui è necessario disegnare uno schema sono presenti le tabelle dei "**puzzle di Einstein**" e i **percorsi**.

ATTENZIONE PER IL TEST

Quando si disegna uno schema ci si deve ricordare di:

- disegnare sempre partendo da un punto di riferimento nel foglio (al test i fogli non avranno né righe né quadretti!). Può risultare utile un sistema di riferimento con due assi cartesiani in cui inserire lo schema;
- cercare di rispettare le proporzioni: disegnare linee di lunghezza uguale solo se effettivamente esprimono elementi di dimensioni uguali;
- abituarsi a segnare con trattini (o segni vari) elementi che si equivalgono;
- se l'esercizio riguarda un triangolo qualsiasi, non disegnare triangoli particolari (es. triangolo rettangolo, triangolo equilatero), ma uno il più generico possibile.

2.15.1 Puzzle di Einstein

ESERCIZIO **SVOLTO**

Alla prima gara di automobili di Testbusters, Gianluca, Paolo, Federico e Maria vincono i primi quattro premi. Le macchine da loro guidate sono una Lamborghini, una Ferrari, una Porsche e una Aston Martin, non necessariamente in questo ordine. I colori delle macchine sono rosso, blu, verde e giallo, non necessariamente in questo ordine.
Sappiamo che:

- la macchina di Gianluca ha vinto o il 1° o il 2° premio;
- la Lamborghini è arrivata 3ª;
- la macchina rossa è arrivata 2ª;
- la Ferrari è blu;
- l'Aston Martin di Paolo è arrivata 2ª;
- Federico possiede la macchina verde;
- Federico è arrivato dopo Maria;

Chi possiede la Porsche?

Svolgimento:
i dati forniti dal testo possono essere riassunti nella seguente tabella:

Pilota	Macchina	Colore	Posizione
Gianluca			1°- 2°
Paolo	Aston Martin	Rossa	2°
Federico		Verde	
Maria			

Osservando la tabella, si può affermare la posizione in classifica di Gianluca (1° posto), siccome non è possibile che ci siano due secondi posti.

Essendo vacanti solo il 3° e 4° posto e sapendo che Maria è arrivata prima di Federico, si possono assegnare le rispettive posizioni in classifica a questi due piloti. A questo punto si possono inserire anche i dati della seconda informazione fornitaci dal testo.

Pilota	Macchina	Colore	Posizione
Gianluca			**1°**
Paolo	Aston Martin	Rossa	2°
Federico		Verde	**4°**
Maria	**Lamborghini**		**3°**

(Sono mostrate in **grassetto** le modifiche rispetto alla precedente tabella). Si sa dal testo che la Ferrari è blu. L'unica persona che può possedere questa macchina è dunque Gianluca, poiché Federico possiede la macchina verde, Maria la Lamborghini e Paolo la Aston Martin rossa.

Si rivela così il pilota della Porsche, ovvero Federico, l'unico rimasto senza una macchina assegnata.

Pilota	Macchina	Colore	Posizione
Gianluca	**Ferrari**	**Blu**	1°
Paolo	Aston Martin	Rossa	2°
Federico	**Porsche**	Verde	4°
Maria	Lamborghini	**Gialla**	3°

(Sono mostrate in **grassetto** le modifiche rispetto alla precedente tabella).
Soluzione: Federico.

ESERCIZIO **PROPOSTO**

2.15.1 Chiara, Claudia, Roberta, Federica e Silvia ogni settimana partecipano alle riunioni del club del libro. Ogni mese leggono un libro diverso e all'inizio di maggio, insieme agli altri membri del club, decidono di fare una classifica dei libri letti negli ultimi 5 mesi (maggio escluso). I libri sono: Orgoglio e pregiudizio, Jane Eyre, Ragione e sentimento, Cime tempestose e Cuore di tenebra.
Si sa che:

- **ognuna delle 5 amiche ha preferito un libro diverso;**
- **il libro preferito da Chiara è "Jane Eyre" ed è stato letto a dicembre;**
- **il libro preferito da Claudia è arrivato 2° in classifica ed è stato letto prima di quello di Silvia;**
- **"Orgoglio e pregiudizio" non è arrivato ultimo in classifica e non è stato letto a febbraio;**
- **il libro preferito da Federica è arrivato 3° ed è stato letto ad aprile;**
- **il libro preferito da Silvia è arrivato 5° in classifica;**
- **il libro preferito da Roberta è stato letto a gennaio e ha avuto una migliore posizione in classifica rispetto al libro preferito da Chiara;**
- **"Cuore di tenebra" è stato l'ultimo libro letto dal gruppo.**

Quale libro è arrivato primo in classifica?

A. Ragione e sentimento
B. Jane Eyre
C. Orgoglio e pregiudizio
D. Cuore di tenebra
E. Cime tempestose

2.15.2 Percorsi

Per risolvere questi quesiti, bisogna disegnare il percorso eseguito dal soggetto del testo, in modo poi da poter rispondere alla richiesta, che solitamente spazia tra:

- trovare la posizione di un luogo rispetto a un altro, in termini di punti cardinali;
- trovare la distanza tra due punti.

Nella maggior parte dei casi è necessario avere bene a mente i punti cardinali. A volte però, al posto di utilizzare questo sistema di riferimento, vengono indicate le direzioni del percorso dal punto di vista del soggetto del testo (ad esempio "svolta a sinistra", "gira

a destra"): in tal caso, può essere utile immedesimarsi in modo da poterlo riportare su carta, riferendosi ai punti cardinali.
Oltre a dover disegnare i segmenti in direzione corretta, bisogna anche approssimare le misure in modo proporzionato, così da avere una rappresentazione accurata e quindi giungere alla conclusione esatta.
Riportiamo due esercizi esemplificativi, con risoluzione.

ESERCIZIO **SVOLTO**

Vera abita 8 km a ovest rispetto ad Aldo. Ogni mattina, per andare in ufficio, Vera si sposta 3 km a nord e 10 km a est, mentre Aldo si sposta 6 km a nord e 2 km a ovest.
Dove si trova l'ufficio di Aldo rispetto a quello di Vera?

Svolgimento:

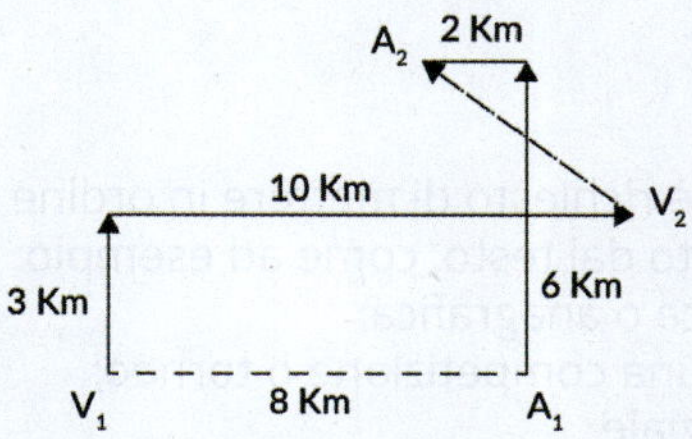

Direzione nord-ovest

dopo aver disegnato con accuratezza i percorsi che i due ragazzi devono compiere, per arrivare alla soluzione dell'esercizio è sufficiente conoscere i punti cardinali. L'ufficio di Aldo si trova a nord-ovest rispetto all'ufficio di Vera.

Soluzione: nord-ovest.

Vera abita 8 km a ovest rispetto ad Aldo. Ogni mattina, per andare in ufficio, Vera si sposta 3 km a nord e 10 km a est, mentre Aldo si sposta 6 km a nord e 2 km a ovest. Quanto sono distanti i due uffici?

Svolgimento:

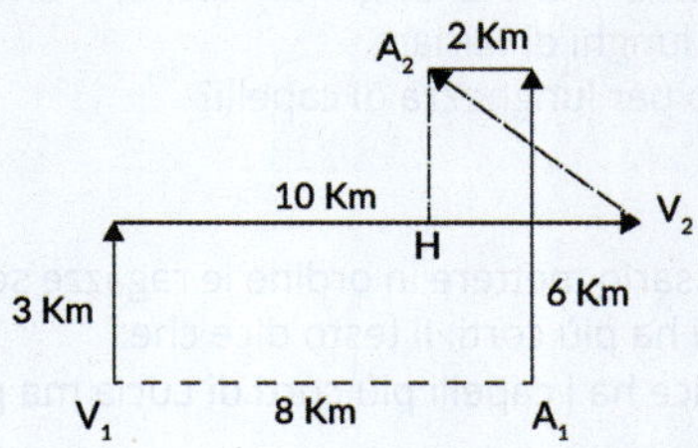

Il triangolo avente come vertici H, V_2 e A_2 è un triangolo rettangolo, quindi attraverso il teorema di Pitagora si può ottenere la distanza tra i due uffici rappresentata dall'ipotenusa A_2V_2.
$A_2H = 3$ km
$V_2H = 4$ km
$A_2V_2 = \sqrt{3^2 + 4^2} = 5$ km

Soluzione: 5 km.

ESERCIZIO **PROPOSTO**

2.15.2 Diego parte da casa sua per andare in pasticceria a prendere un gustoso cannolo: si sposta 30 m a est, poi arriva a un incrocio, gira a sinistra e cammina per 25 m, infine svolta a destra e raggiunge la pasticceria dopo 50 m. A questo punto vuole portare il cannolo a scuola alla sua amata maestra. Dalla pasticceria torna a casa e poi cammina per 100 m verso nord. A che distanza è, in linea d'aria, la scuola dalla pasticceria?

A. Circa 110 m
B. Circa 84 m
C. Circa 128 m
D. 100 m
E. 98 m

2.15.3 Serie ordinate

In questa tipologia di quesiti, è richiesto di mettere in ordine dei soggetti/oggetti secondo un ragionamento logico fornito dal testo, come ad esempio:

- una caratteristica fisica o anagrafica;
- il posizionamento in una competizione o torneo;
- una disposizione spaziale.

Generalmente, sono fornite informazioni parziali riguardo all'ordine dei componenti e per la risoluzione dell'esercizio viene richiesto di integrare le informazioni in modo da trovare l'ordine completo.

Per evitare di tralasciare dettagli, in questi quesiti conviene sempre schematizzare prima tutte le informazioni, per poi ragionare sull'ordine completo.

ESERCIZIO **SVOLTO**

Alice ha i capelli più corti di Lucia, ma più lunghi di Valeria, Francesca li ha più corti di Miriam, mentre Valeria ha i capelli più lunghi di Miriam.
Chi occupa il posto intermedio per lunghezza di capelli?

Svolgimento:
per risolvere il quesito è necessario mettere in ordine le ragazze secondo la lunghezza dei capelli: da chi li ha più lunghi a chi li ha più corti. Il testo dice che:

- prima informazione: Alice ha i capelli più corti di Lucia ma più lunghi di Valeria → Lucia > Alice > Valeria;
- seconda informazione: Francesca ha i capelli più corti di Miriam → Miriam > Francesca;
- terza informazione: Valeria ha i capelli più lunghi di Miriam → Valeria > Miriam.

Grazie a quest'ultima informazione, è possibile collegare la prime due informazioni.
In particolare, l'ordine finale delle
ragazze sarà: Lucia > Alice > Valeria > Miriam > Francesca.
Il posto intermedio è dunque occupato da Valeria.

Soluzione: Valeria.

ESERCIZIO **PROPOSTO**

2.15.3 A Testbusterlandia ci sono quattro montagne, ma solo una di queste è la più alta del paese. Gli abitanti ti forniscono queste informazioni:

- **il monte Logica è più basso del monte Biologia;**
- **il monte Matematica è più basso del monte Chimica;**
- **il monte Chimica è più alto del monte Biologia.**

Assumendo che tutte le affermazioni siano corrette, quale delle seguenti è certamente vera?

A. Il monte Logica è più basso del monte Matematica
B. Il monte Logica è più alto del monte Chimica
C. Il monte Chimica è più alto del monte Logica
D. Il monte Matematica è più alto del monte Biologia
E. Il monte Biologia è più alto del monte Matematica

2.15.4 Rappresentazioni grafiche

Infine, possiamo considerare come appartenenti a questa tipologia di esercizi, tutti quei quesiti che non presentano un metodo di risoluzione definito, ma per cui è molto utile o addirittura necessario impostare uno schema.

ESERCIZIO **SVOLTO**

I becchini del cimitero di Vattelapesca non possono accedere alla Stanza a forma di Esagono collocata nei pressi della tomba di Montale. Tuttavia, pur senza entrare, dalla porta di ingresso della Stanza Esagonale i parenti possono comunque vedere alcune parti della stanza, nonostante la visuale sia parzialmente ostruita da un'effige (E) raffigurante un grifone dorato al centro. Per accedere alla Stanza ci sono due entrate, quella principale e quella della torretta. Ci sono 2 specchi e 2 spade. Entrando da una porta, guardando verso uno specchio, ci si vede raffigurati.
Sapendo che le due porte sono vicine qual è la sequenza che rappresenta correttamente l'ordine delle pareti della Stanza Esagonale?

Svolgimento:
sappiamo per certo che le due porte (P) sono vicine una all'altra: possiamo quindi posizionarle subito su due lati adiacenti dell'esagono.

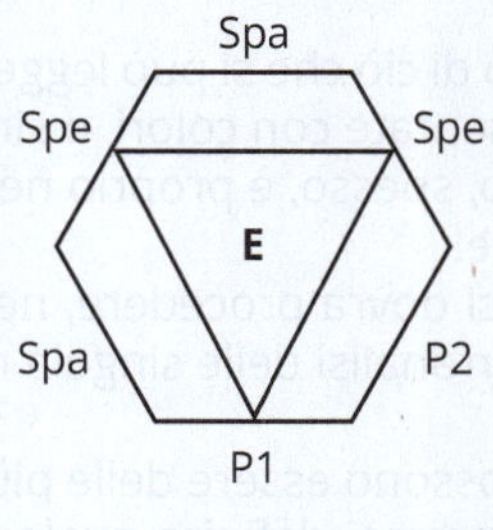

Successivamente, siamo a conoscenza che da una porta, guardando verso uno specchio, ci vediamo raffigurati. Essendoci l'effige al centro della stanza, non possiamo vedere il riflesso in maniera diretta, quindi lo specchio non sarà di sicuro nella parete opposta alla porta; è necessario infatti un gioco di specchi che ci permette di osservare il riflesso del nostro riflesso.
L'unica soluzione consiste nell'avere i due specchi (Spe) e una porta (P1) su lati non adiacenti. Le due spade (Spa) si troveranno infine sui due lati rimasti liberi.

Soluzione: P1 – P2 – Specchio – Spada – Specchio - Spada.

ESERCIZIO **PROPOSTO**

2.15.4 Sei amici (Anna, Rita, Giulia, Paolo, Marco, Leonardo) si trovano per passare insieme la domenica al parco e decidono di noleggiare una bici a 6 posti: ci sono due posti per ogni fila. Guardando la bici da davanti, Anna decide di sedersi nell'ultima fila a destra; Rita decide di occupare uno dei tre posti sulla sinistra del veicolo; Giulia, che ha appena litigato con Anna, decide di sedersi nel posto più lontano possibile da lei; Marco decide di sedersi nel posto dietro Rita. Partendo da queste informazioni cosa si può dedurre certamente?

A. Rita è seduta nell'ultima fila a sinistra
B. Leonardo è seduto nella seconda fila a destra
C. Rita è seduta nella seconda fila a sinistra
D. Paolo è seduto nella seconda fila a destra
E. Giulia è seduta nella prima fila a destra

2.15.5 Interpretazione delle mappe

L'interpretazione delle mappe è una tipologia di esercizio che richiede capacità interpretative e di analisi. Il quesito fornisce una cartina geografica, ovvero una rappresentazione sintetica e semplificata dello spazio, che dovrà essere osservata e compresa.

Le mappe, così come le domande di comprensione, possono essere delle più varie. Per quanto riguarda le **tipologie di mappe** si potrebbero incontrare:

- carte geografiche fisiche, che rappresentano solo gli elementi naturali della superficie terrestre (mari, fiumi, monti, pianure, etc.);
- carte geografiche politiche, che rappresentano gli aspetti umani dei territori, come i confini politici e amministrativi, città, vie di comunicazione;
- carte tematiche. Sono una tipologia molto ampia che racchiude tutte le mappe in cui, oltre alla rappresentazione di un territorio, si forniscono informazioni aggiuntive di varia natura, ad esempio economica (tipologia di valuta, fonti energetiche, materie prime, industrie, etc.), climatica, zoologica, storica, etc.

Individuare correttamente la tipologia di mappa consente di capire con più facilità quali informazioni si potranno ricavare. Spesso gli esercizi utilizzano carte tematiche su cui il candidato deve estrarre delle informazioni. Per farlo, generalmente, sarà utile individuare e consultare la **legenda**.
La **legenda** è l'elenco schematico di ciò che si può leggere sulla mappa: le informazioni da ricavare possono essere rappresentate con colori, o simboli, che sono spiegati all'interno della legenda. Per questo motivo, spesso, è proprio nella legenda che troviamo la chiave per la comprensione delle mappe!
Una volta analizzata la legenda si dovrà procedere, nella maggior parte dei casi, con un **metodo empirico**, ovvero con un'analisi delle singole risposte.

Le domande di comprensione possono essere delle più varie, può essere richiesto di:

- individuare il fine della mappa, definire quale tipo di informazioni si possono ricavare;
- ricavare informazioni specifiche da una mappa (per esempio, in una carta tematica economica ricavare le materie prime di uno specifico stato);
- confrontare delle mappe per coglierne le differenze.

Di seguito è riportato un esercizio svolto.

ESERCIZIO SVOLTO

Dal confronto delle due mappe possiamo affermare che:

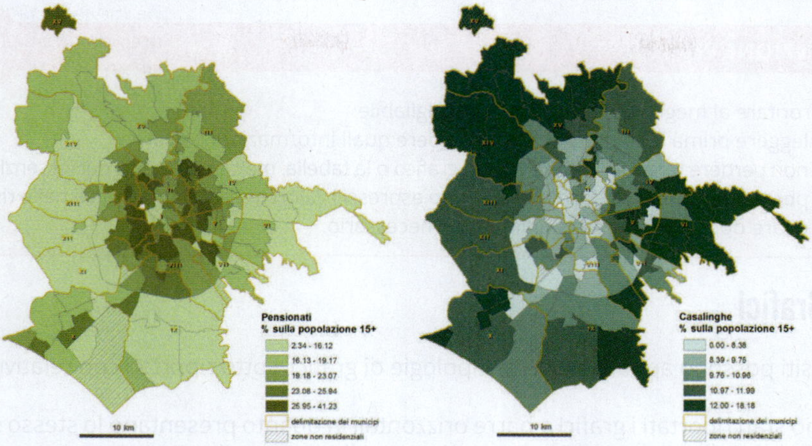

A. In centro ci sono tanti pensionati quanti casalinghi
B. Il centro è la zona più popolosa
C. La popolazione più giovane è maggiormente concentrata nelle periferie
D. I pensionati sono maggiormente concentrati in centro e le casalinghe in periferia
E. In periferia il numero assoluto di casalinghe è uguale a quello dei pensionati

Per rispondere iniziamo procedendo con ordine:

1. leggiamo la richiesta. L'esercizio chiede di **confrontare** le due cartine geografiche, dovremo quindi individuare le differenze;
2. Individuiamo la **tipologia di mappa**. Si tratta di una mappa tematica in cui, oltre alla rappresentazione del territorio vengono forniti dati aggiuntivi. In questo caso viene fornita la % di pensionati e casalinghe nella popolazione >15 anni;
3. Leggere la **legenda**. La % di pensionati e casalinghe è fornita con un indicatore cromatico, tanto più il colore è scuro tanto maggiore è il valore percentuale;
4. **Osservare con attenzione** la mappa. Nella mappa che fornisce il dato percentuale dei pensionati si nota una maggiore prevalenza del colore scuro al centro, all'opposto rispetto a quanto si osserva per il dato delle casalinghe (colore più scuro alla periferia). Poiché, come letto nella legenda, a gradazione più scura di colore corrisponde un valore più alto in percentuale, possiamo affermare che: i pensionati sono maggiormente concentrati in centro e le casalinghe in periferia (risposta D).
5. Si procede quindi tramite un metodo **empirico** all'analisi delle 5 risposte, da cui si riscontrerà che la risposta corretta è la D, mentre le altre risultano errate. Infatti, le opzioni A e E forniscono un dato opposto rispetto a quello appena ricavato.

   Le opzioni B e C fanno riferimento a dati che non possono essere ricavati dalle mappe proposte dal testo.

Risposta corretta D.

2.16 GRAFICI E TABELLE

I grafici e le tabelle costituiscono una tipologia che, con il giusto grado di attenzione, può portare a guadagnare punti facili.

ATTENZIONE PER IL TEST

Per affrontare al meglio questi quesiti è consigliabile:

- leggere prima la domanda, così da sapere quali informazioni cercare;
- non perdere tempo a leggere tutto il grafico o la tabella, ma cercare solo i dati essenziali;
- porre attenzione alla forma in cui sono espressi i valori nel grafico/tabella e nelle risposte e fare opportune conversioni quando necessario.

2.16.1 Grafici

Nei quesiti possono apparire diverse tipologie di grafici, sotto riportati con relativo esempio.
Non sono stati riportati i grafici a barre orizzontali in quanto presentano lo stesso schema dei grafici a colonne, tranne che per ascisse e ordinate invertite.

Tipografia	Risoluzione	Esempio	Risoluzione dell'esempio
Grafico a colonne	Il grafico rappresenta il numero di studenti di Medicina, Lettere, Filosofia e Chimica che praticano uno sport. In che facoltà coloro che praticano calcio sono meno rispetto a quelli che praticano tennis?	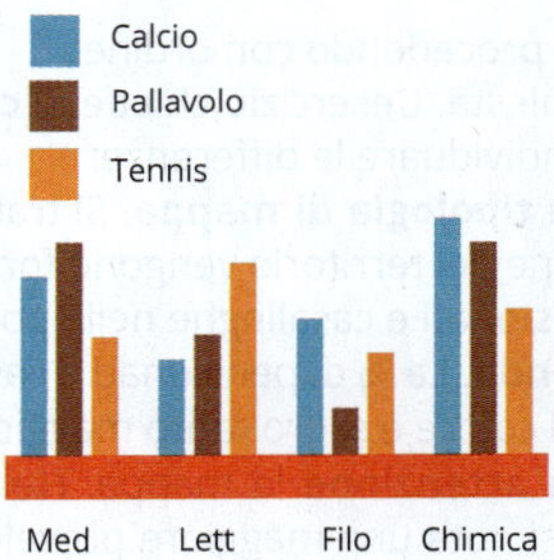	Un grafico a colonne permette un rapido confronto tra i valori: possiamo vedere che la facoltà in cui coloro che praticano calcio sono meno rispetto a quelli che praticano tennis è **Lettere**
Grafico a torta	Nel grafico sono riportati il numero di turisti che ad agosto affollano le spiagge di alcune regioni d'Italia. Quale coppia di regioni ospita il numero minore di turisti?	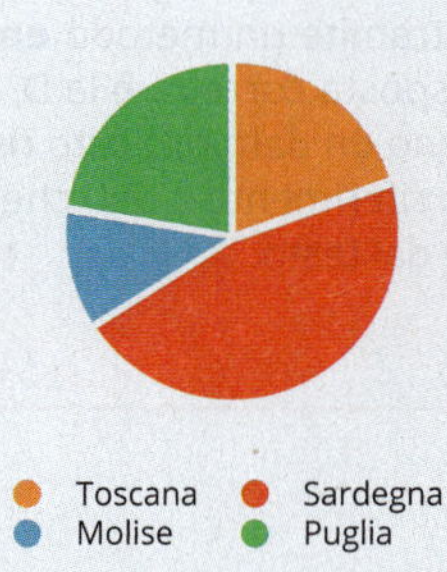	Il grafico a torta evidenzia le proporzioni di una parte rispetto al totale. Possiamo vedere che la coppia di regioni con la "fetta", sommata, minore è formata da **Molise** e **Toscana**

Grafico a linee	Il grafico riporta l'andamento nel tempo del numero di tifosi che hanno visto il derby della propria città allo stadio. In quale città il numero di biglietti venduti è variato meno?	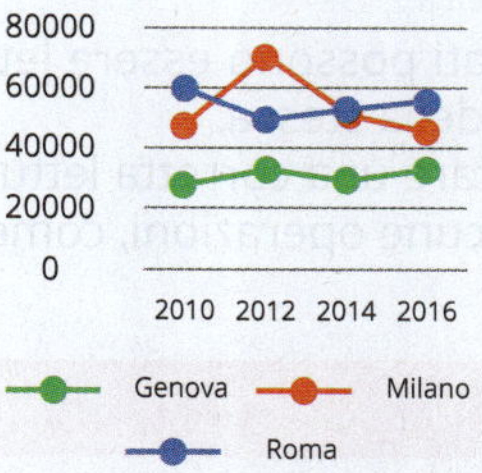	Con i grafici a linee possiamo vedere l'andamento nel tempo dei dati. Il numero di tifosi che è variato meno negli anni, quindi **la linea più "retta"** tra le tre, è quella di **Genova**
Grafico ad aree	Il grafico descrive il rapporto tra maschi e femmine che nell'orchestra di Sanremo suonano il violino, il flauto e il pianoforte. Quale strumento è suonato dallo stesso numero di maschi e femmine?	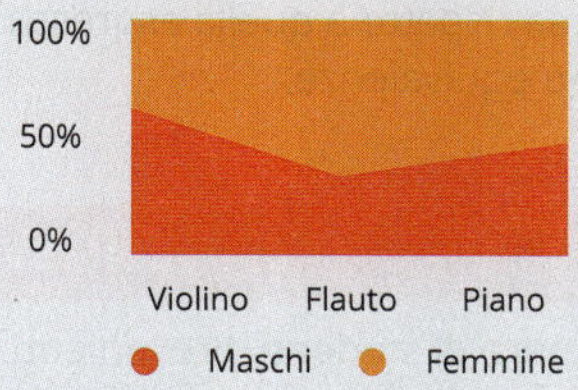	Un grafico ad aree mette in evidenza le proporzioni rispetto al totale di più settori. Per essere suonato dallo stesso numero di maschi e femmine il rapporto dev'essere circa del 50%, situazione che si verifica nel caso del **piano**

ESERCIZIO **PROPOSTO**

2.16.1 Il grafico rappresenta la temperatura massima e minima registrate ogni mese del 2019.

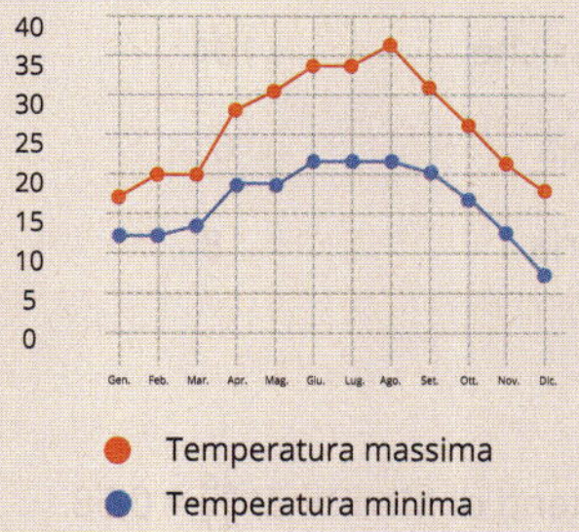

Cosa si può dedurre con certezza dal grafico?

A. Il Paese in cui sono state registrate le temperature si trova in Europa
B. La temperatura massima in alcuni mesi è inferiore a quella minima
C. Nel mese di luglio è stata registrata la temperatura massima più elevata
D. Nel mese di gennaio la temperatura massima registrata è stata inferiore a quella minima di aprile
E. La temperatura minima di dicembre è sotto 0° C

2.16.2 Tabelle

Nelle tabelle i dati riportati possono essere letti verticalmente e/o orizzontalmente a seconda dell'impostazione della stessa.
In alcuni quesiti può bastare una corretta lettura della tabella, in altri è necessario elaborare i dati ottenuti con alcune operazioni, come frazioni, percentuali o proporzioni.

ATTENZIONE PER IL TEST

Per affrontare un quesito in cui è rappresentata una tabella ricordarsi di:

- leggere prima la domanda;
- non perdere tempo a leggere tutta la tabella, ma cercare solo le informazioni richieste;
- attenzione e velocità nella ricerca delle informazioni;
- porre attenzione alla forma con cui sono espressi i valori nella tabella, a volte la forma può essere diversa rispetto a quella espressa nella richiesta;
- fare conversioni o equivalenze.

ESERCIZIO **SVOLTO**

La tabella mostra il numero di studenti, provenienti dal Liceo classico e dal Liceo scientifico, con le loro scelte universitarie. In quale altra facoltà il rapporto tra il numero di studenti del Liceo classico e il numero di studenti del Liceo scientifico è il più vicino a quello di Medicina?

Facoltà	Liceo Classico	Liceo Scientifico
Medicina	24	41
Giurisprudenza	26	32
Scienze biologiche	3	12
Lettere classiche	104	61
Economia	6	10
Ingegneria	18	67

Svolgimento:
calcoliamo il rapporto degli studenti di Medicina: $\frac{24}{41}$ = 0,58.
Osservando la tabella possiamo escludere Lettere classiche senza fare calcoli in quanto il numero di studenti del classico è maggiore di quelli dello scientifico.
In seguito calcoliamo tutti gli altri rapporti: il rapporto di Medicina si avvicina maggiormente a quello di Economia, che è pari a 0,6.

Soluzione: facoltà di Economia.

Daniele e Federico desiderano acquistare alcuni articoli per il loro ufficio in un negozio in cui vengono effettuati saldi. Le tariffe sono le seguenti:

Prezzo iniziale degli articoli (prima degli sconti)	Sconto %
Fino a 50 €	25
Fino a 100 €	33,33
100 € o di più	50

Il costo dei beni che hanno scelto arriva a 96 €. Quanto avrebbero pagato in meno, all'effettivo, rispetto alla spesa sostenuta, se avessero scelto merci extra per il valore di 6 €?

Svolgimento:
avendo acquistato beni per un valore di 96 €, Daniele e Federico hanno avuto uno sconto del 33,33% che corrisponde a $\frac{1}{3}$ della spesa. Hanno pagato quindi $\frac{96\text{ €}}{3} \cdot 2 = 64$ €. Se avessero speso 6 € in più, raggiungendo un totale di 102 €, avrebbero ottenuto uno sconto del 50%, pagando quindi solamente 51 €. Avrebbero pagato in meno 64 € - 51 € = 13 €.

Soluzione: 13 euro.

La seguente tabella riporta i prezzi di diversi tavoli. Il signor Bianchi vuole acquistare un tavolo lungo almeno 8 metri per il cenone di capodanno e vuole tenerlo chiuso nella sua veranda, che però è lunga solo 4,2 metri.

Lunghezza da chiuso (m)	Lunghezza da aperto (m)	Uso da interno (euro)	Uso da esterno (euro)
Con 3 coppie di gambe			
2,6	6	82	100
3	7,5	104	120
3,5	9	133	150
4	10	/	169
Con 2 coppie di gambe			
3	5,3	52	64
3,5	6,2	67	82
4	7,2	78	95
4,5	8,3	98	115
5	9	/	140
5,5	10	/	155

Qual è il costo più basso che può sostenere il signor Bianchi per acquistare un tavolo che soddisfi tutte le condizioni?

Svolgimento:
il tavolo da chiuso deve essere lungo meno di 4,2 metri e da aperto deve essere lungo più di 8 metri. Escludendo i tavoli che non rispettano questi requisiti, ne rimangono solo 2: il terzo, che da chiuso è lungo 3,5 m e da aperto 9 m, e il quarto, che da chiuso è lungo 4 m e da aperto è lungo 10 m. Siccome non è specificato se il signor Bianchi preferisca un tavolo da uso interno o esterno, consideriamo il tavolo con prezzo più basso (il terzo) e di esso consideriamo, ancora una volta, il prezzo più basso, che corrisponde a 133 €.

Soluzione: 133 euro.

ESERCIZIO **PROPOSTO**

2.16.2 La seguente tabella riporta il numero di crimini commessi in alcuni quartieri di Milano durante tutto il corso di tre anni consecutivi, ovvero 2016, 2017 e 2018.

	2016	2017	2018
Quarto Oggiaro	23	21	28
Isola	17	15	12
Lambrate	19	18	16
Vialba	20	17	22
San Siro	18	17	17
Rogoredo	22	23	25

In quale quartiere c'è stato un decremento complessivo del crimine rispetto al 2016 pari al 16% circa?

A. Quarto Oggiaro
B. Isola
C. Lambrate
D. Vialba
E. Rogoredo

2.17 TABELLE SIMILI

Gli esercizi con tabelle simili sono costituiti da un gruppo di tabelle compilate con dei numeri secondo un criterio di riempimento condiviso.

Per completare l'esercizio, viene richiesto di individuare il procedimento matematico che consente di completare correttamente le tabelle col dato mancante.

I metodi di svolgimento possono essere svariati anche all'interno della stessa tabella, ma solo uno consentirà di riempire correttamente **tutte le tabelle**.

Per individuare il criterio di riempimento, è importante ricordarsi di:

- leggere le tabelle in verticale, orizzontale o diagonale;
- applicare inizialmente le operazioni matematiche più semplici: addizioni, sottrazioni, moltiplicazioni, divisioni;
- provare con proporzioni e potenze in caso di insuccesso con le operazioni più semplici.

Tipologia	**Inserire il numero mancante**
Metodo di risoluzione	**Individuare il criterio di riempimento**
Tipografia	**Risoluzione dell'esempio**

1	**2**		**3**	**6**		**5**	**4**
4	**1**		**36**	**9**		**16**	**?**

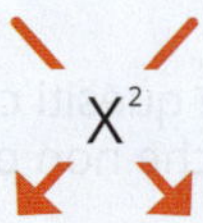

Leggendo le tabelle in diagonale (da sinistra a destra dall'alto al basso e successivamente da destra a sinistra dall'alto al basso), si nota che le caselle poste lungo le diagonali rappresentano lo stesso numero elevato prima alla prima e poi alla seconda.

$1^1 = 1$; $1^2 = 1$
$2^1 = 2$; $2^2 = 4$
$3^1 = 3$; $3^2 = 9$
$6^1 = 6$; $6^2 = 36$

Dunque, per completare correttamente la terza tabella servirà:

$5^1 = 5$; $5^2 =$ **25**

2	**4**		**5**	**10**		**3**	**6**
6	**12**		**25**	**50**		**9**	**?**

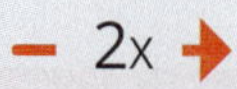

Leggendo le tabelle in orizzontale, notiamo che per ciascuna riga il numero a destra è il doppio di quello a sinistra.

$2 \cdot 2 = 4$
$6 \cdot 2 = 12$
$5 \cdot 2 = 10$
...

Nella terza tabella inseriremo $9 \cdot 2 =$ **18**

I numeri di ciascuna tabella possono essere letti come una proporzione A : B = C : D, seguendo l'ordine mostrato in figura:

A	**B**
C	**D**

2	**5**		**2**	**3**		**3**	**4**
4	**10**		**4**	**6**		**9**	**?**

Nella prima tabella abbiamo 2 : 5 = 4 : 10,
nella seconda 2 : 3 = 4 : 6,
nella terza avremo 3 : 4 = 9 : **12**

ATTENZIONE!

Sia la prima che la seconda tabella potrebbero essere svolte leggendo i numeri in verticale (seguendo le colonne) e moltiplicando per due i numeri, dall'alto verso il basso ($2 \cdot 2 = 4$; $5 \cdot 2 = 10$; $3 \cdot 2 = 6$).
Questo non è vero per la terza tabella, in cui la prima colonna mostra i numeri 3 e 9.

ESERCIZIO **PROPOSTO**

2.17 Costanza deve inserire il numero mancante nell'ultima tabella in modo che tutte le tabelle rispettino lo stesso criterio di riempimento.

2	1
3	1

4	2
6	2

7	3
10	?

Quale numero deve inserire Costanza?

A. 3
B. 5
C. 4
D. 2
E. 6

2.18 METODO EMPIRICO

Il metodo empirico è un ottimo metodo da utilizzare per risolvere quesiti che richiedono calcoli troppo complicati senza l'utilizzo della calcolatrice oppure che non presentano regole matematiche di risoluzione.

2.18.1 Sostituzione con valori agevoli

Si scelgono dei valori da sostituire nel problema che siano semplici e plausibili. Successivamente, si confrontano i risultati con le soluzioni. Si escludono le opzioni che discostano eccessivamente dal valore ottenuto e, se necessario, si possono utilizzare altri valori comodi per scartare le opzioni errate rimanenti.

ESERCIZIO **SVOLTO**

$14 \cdot 2{,}5 = ?$

Svolgimento:
utilizzo un valore approssimativo che risulti più comodo: $14 \cdot 3 = 42$, a questo punto si può iniziare ad escludere le risposte che comprendono valori più alti di questo. Successivamente, per escludere ulteriori opzioni, si calcola che $14 \cdot 0{,}5 = 7$, quindi $42 - 7 = 35$.

Soluzione: 35.

Pino lavora in un call center e viene pagato 6 €/ora più 0,20 € per chiamata.
Quanto guadagna Pino se nella prima ora chiama 23 persone e nella seconda 24?

Svolgimento:
il totale delle persone chiamate da Pino è: $23 + 24 = 47 \approx 50$. Quindi nel giro di due ore Pino guadagna, oltre a $6 \cdot 2 = 12$ € fissi, circa $50 \cdot 0{,}20 = 10$ €, quindi $12 + 10 = 22$ €. Per essere ancora più precisi, per calcolare il totale basterà sottrarre a tale quota l'eccesso, $(50 - 47) \cdot 0{,}20 = 0{,}60$ €. Il totale quindi è $12 + 10 - 0{,}60 = 21{,}40$ €.

Soluzione: 21,40 euro.

log10 (1997485215) = ?

Svolgimento:
il valore che deve essere reso comodo in questo caso è 1997485215, va cioè convertito in potenza di 10, all'incirca $1{,}99 \cdot 10^9$. A questo punto conoscendo le proprietà dei logaritmi sarà facile calcolare il risultato: log10 ($1{,}99 \cdot 10^9$) = log10 (1,99) + log10109 = log10 (1,99) + 9.
Sapendo che log10(1,99) è un numero minore di 1, allora il risultato sarà un numero compreso tra 9 e 10.

Soluzione: compreso tra 9 e 10.

2.18.2 Sostituzione con i valori delle risposte

Spesso, quando i calcoli sono troppo complicati o non ci sono regole matematiche definite, può essere molto utile prendere i valori delle opzioni e sostituirli nel quesito in modo tale da individuare la risposta corretta.

ESERCIZIO **SVOLTO**

Lorenzo non sa come risolvere l'ultimo esercizio della sua verifica di matematica, che chiede di trovare quale numero n, moltiplicato per 2 e diviso per 40, dà come risultato un numero pari e inferiore di 12.
Di che numero si tratta?

A. 300
B. 260
C. 240
D. 180
E. 160

Svolgimento:
per risolvere questo quesito, si possono prendere i valori delle opzioni e sostituirli a n nella formula $\frac{2n}{40}$. Si ottengono così i seguenti numeri:

A. $\frac{2 \cdot 300}{40} = 15$
B. $\frac{2 \cdot 260}{40} = 13$
C. $\frac{2 \cdot 240}{40} = 12$
D. $\frac{2 \cdot 180}{40} = 9$
E. $\frac{2 \cdot 160}{40} = 8$

Gli unici risultati inferiori a 12 sono 9 e 8, ma siccome ci serve un numero pari, il risultato potrà essere solo quest'ultimo.

Soluzione: 8.

Quale dei seguenti numeri, moltiplicato per il suo successivo, dà come risultato un numero la cui somma delle cifre è pari alla metà del numero stesso?

A. 23
B. 14
C. 18
D. 35
E. 12

Svolgimento:
anche per questo quesito, il metodo più veloce è il metodo empirico, quindi partendo dalle opzioni fornite dal testo si prova a trovare la risposta giusta. Ogni numero deve essere moltiplicato per il suo successivo, per poi vedere se la somma delle cifre del risultato è pari alla metà del numero fornito.

A. $23 \cdot 24 = 552 \rightarrow 5 + 5 + 2 = 12$
B. $14 \cdot 15 = 210 \rightarrow 2 + 1 + 0 = 3$
C. $18 \cdot 19 = 342 \rightarrow 3 + 4 + 2 = 9$
D. $35 \cdot 36 = 1260 \rightarrow 1 + 2 + 6 = 9$
E. $12 \cdot 13 = 156 \rightarrow 1 + 5 + 6 = 12$

Si può notare che l'unico numero che rispetta la condizione è 18, poiché la somma delle cifre dà 9, cioè la sua metà.

Soluzione: 18.

Il Bianconiglio, non sapendo a che gioco giocare, tutte le stelle si mise a contare; divise il cielo in 2019 quadratini e in ognuno di questi ci contò 3459 astri.
Quanti sono in totale gli astri presenti?

A. 6983721
B. 1935837
C. 6849246
D. 5492759
E. 5382958

Svolgimento:
dopo aver impostato la moltiplicazione $2019 \cdot 3459$, si calcolano unicamente le unità ($9 \cdot 9 = 81$) e si osserva che solamente una risposta contiene "1" tra le unità.
A questo punto non si procede nel calcolo in quanto non può che essere l'opzione A quella corretta.

Soluzione: 6983721.

ESERCIZIO **PROPOSTO**

2.18 Gli studenti dell'università Testbusters nel maggio 2042 sono 15625.
Sapendo che ogni anno il numero aumenta esponenzialmente in modo che se il 1° anno gli studenti sono 3 allora il 4° anno sono 3^4 e il 7° anno sono 3^7, quanti studenti c'erano nel maggio del 2037? Durante questo periodo di tempo non si sono verificate né nuove iscrizioni né tantomeno lauree.

A. 3
B. 4
C. 5
D. 6
E. 2

2.19 LOGICA GEOMETRICA

La sezione di logica è storicamente la più variabile nei test d'ingresso; infatti, negli ultimi anni sono state proposte diverse nuove tipologie di esercizi per le quali risultava utile (se non indispensabile) integrare alcune conoscenze di pertinenza di matematica e fisica per giungere alla soluzione.
In questo capitolo, quindi, sono sintetizzati quei concetti che serviranno non solo per la risoluzione dei quesiti di matematica e fisica, ma anche per queste nuove tipologie di logica, ormai presenti nel test di Medicina e Veterinaria da due anni.
Per ogni sezione di questo capitolo sono indicate le sezioni della parte di matematica e fisica che trattano gli stessi argomenti, così da poterli ritrovare facilmente per approfondire.

2.19.1 Triangoli e circonferenze

Nel test di Medicina del 2021 è uscito un quesito riguardante triangoli e circonferenze, nel quale era necessario capire come rappresentare queste figure rispettando i rapporti indicati nel testo del quesito. Per questo motivo, è utile tenere a mente alcune regole fondamentali di queste due figure geometriche.

La circonferenza
Per quanto riguarda la circonferenza, bisogna ricordare che:

- una retta tangente a una circonferenza ha solamente un punto in comune con essa e risulta essere perpendicolare al raggio passante per quel punto;
- considerando una retta tangente ad una circonferenza, la distanza dal centro della circonferenza al punto di intersezione con la retta è pari alla lunghezza del raggio perpendicolare alla retta tangente.

Per ulteriori approfondimenti rimandiamo ai sottocapitoli 4.4 "Retta" e 4.5 "Circonferenza" di matematica (nella sezione *Geometria analitica*).

Il triangolo
Per quanto riguarda invece il triangolo, è fondamentale ricordare che:

- in ogni triangolo, la somma delle lunghezze di due lati è maggiore della lunghezza del terzo lato;
- la somma degli angoli interni di qualsiasi triangolo è 180°.

In particolare ci si sofferma sul **triangolo rettangolo**, molto spesso oggetto di quesiti del test in quanto presenta caratteristiche e formule specifiche che sono da ricordare, anche per questa nuova tipologia di logica.
Un triangolo rettangolo è caratterizzato dall'avere un angolo di 90°, compreso tra due lati definiti cateti; il lato opposto all'angolo di 90° è chiamato ipotenusa.

Le proprietà fondamentali sono:

- essendo la somma degli angoli interni di 180°, necessariamente la somma dei due angoli non retti deve dare 90°, ossia i due angoli non retti sono complementari tra loro;

- un triangolo rettangolo può sempre essere inscritto in una circonferenza (e anche semi-circonferenza) il cui diametro coincide con l'ipotenusa del triangolo stesso;
- **teorema di Pitagora**: in un triangolo rettangolo il quadrato costruito sull'ipotenusa è equivalente alla somma delle aree dei quadrati costruiti sui cateti. In formula (riferendosi al triangolo sottostante):

$$c^2 = a^2 + b^2$$

- **i due teoremi di Euclide**:
  - 1° teorema di Euclide: il quadrato di un cateto è equivalente al prodotto tra l'ipotenusa e la proiezione di tale cateto sull'ipotenusa. In formula (riferendosi al triangolo sottostante):

    $$b^2 = c \cdot p_2$$

    Oppure: un cateto è medio proporzionale tra l'ipotenusa e la proiezione di tale cateto sull'ipotenusa.
    In formula (riferendosi al triangolo sottostante):

    $$c : b = b : p_2$$

  - **2° teorema di Euclide**: il quadrato dell'altezza relativa all'ipotenusa è equivalente al prodotto tra le proiezioni dei due cateti sull'ipotenusa. In formula (riferendosi al triangolo sottostante):

    $$h^2 = p_1 \cdot p_2$$

    Oppure: l'altezza relativa all'ipotenusa è medio proporzionale tra le proiezioni dei due cateti.
    In formula (riferendosi al triangolo sottostante):

    $$p_1 : h = h : p^2$$

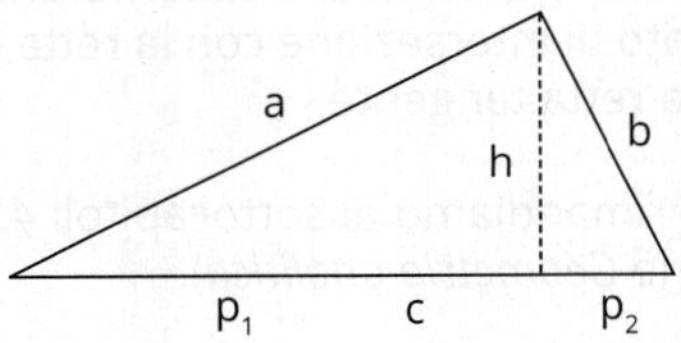

Nell'immagine:
- a e b sono i cateti, rispettivamente maggiore e minore;
- c è l'ipotenusa;
- h è l'altezza del triangolo rispetto all'ipotenusa;
- p_1 è la proiezione del cateto maggiore a sull'ipotenusa;
- p_2 è la proiezione del cateto minore b sull'ipotenusa.

Inoltre, sempre parlando di triangoli rettangoli, è bene ricordare le principali **terne pitagoriche**, ossia le terne di numeri naturali (a, b, c) tali che:

$$a^2 + b^2 = c^2$$

e che identificano le lunghezze, rispettivamente, dei due cateti (a e b) e dell'ipotenusa (c). Conoscerle permette di risolvere agevolmente alcuni quesiti risparmiando numerosi calcoli, anche complicati. Le principali terne pitagoriche da ricordare sono:
- (3, 4, 5) e le sue derivate, ossia le terne ottenute moltiplicando ogni termine della terna di partenza (definita terna primitiva) per lo stesso fattore: (6, 8, 10); (9, 12, 15); (12, 16, 20)
- (5, 12, 13)
- (7, 24, 25)
- (8, 15, 17)
- (9, 40, 41)
- (11, 60, 61)

Per ulteriori approfondimenti rimandiamo al sottocapitolo 5.5 di matematica “Il triangolo” (nella sezione *Geometria euclidea*).

ESERCIZIO **SVOLTO**

Enea pone tre cerchi su un piano in modo che ognuno di essi sia tangente gli altri due e i loro centri siano i vertici di un triangolo rettangolo. Sapendo che le misure dei raggi dei cerchi sono espresse da numeri interi, quale delle seguenti terne può rappresentare le misure dei raggi dei cerchi?

A. 3, 4, 5
B. 5, 12, 13
C. 7, 24, 25
D. 8, 15, 17
E. 2, 3, 10

Esercizio tratto dal test di Medicina e Odontoiatria 2021

Iniziamo a rappresentare graficamente le figure richieste disegnando per primo un triangolo rettangolo e successivamente le 3 circonferenze tangenti tra loro centrate sui suoi vertici, come nel disegno sottostante.

L’esercizio chiede una possibile terna che identifichi le misure dei raggi dei cerchi e l’unico modo per farlo e trovare la relazione tra i raggi e i lati del triangolo. Si parte da due assunti della geometria:

- una retta tangente a una circonferenza è perpendicolare al raggio passante per il punto di tangenza (figura 1);
- la retta passante per i centri di due circonferenze tangenti passa anche necessariamente per il punto di tangenza tra le due circonferenze (figura 2).

Da questi assunti si può dedurre quindi che:

- i due raggi perpendicolari alla retta tangente giacciono sulla stessa retta (figura 3), perché:
  - passanti per lo stesso punto (di tangenza);
  - entrambi perpendicolari alla retta tangente;
- sulla stessa retta giace anche un lato del triangolo, perché passa per i centri delle due circonferenze, due punti appartenenti alla retta;

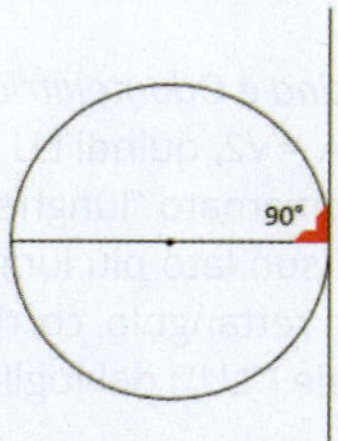

Figura 1

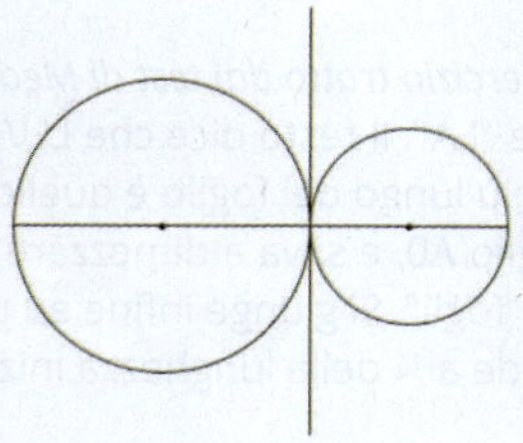

Figura 2

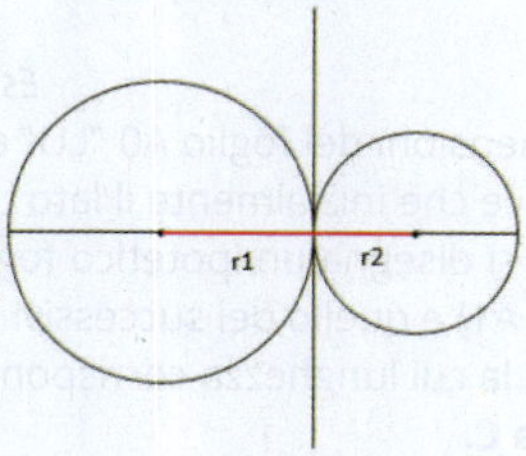

Figura 3

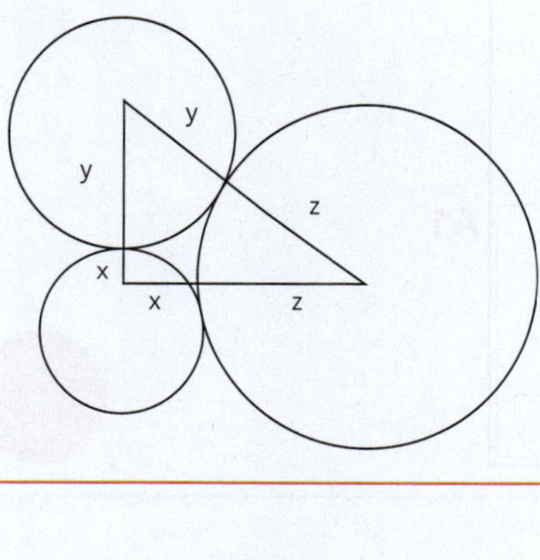

In conclusione, dal disegno emerge che ciascun lato del triangolo è dato sempre dalla somma dei raggi dei due cerchi che il lato coinvolge. Quindi, tra le opzioni, si deve cercare quella in cui compaiono dei numeri che, sommati a due a due, diano una terna pitagorica (ovvero 3 numeri che soddisfano il teorema di Pitagora), procedendo quindi con il metodo empirico. Nella risposta E: 2 + 3 = 5, 2 + 10 = 12, 3 + 10 = 13, ovvero la terna pitagorica 5, 12, 13.

Risposta corretta E.

2.19.2 Il quadrilatero

Un quadrilatero è una figura con quattro lati e quattro angoli.
Per la risoluzione di alcuni quesiti presenti anche nella sezione di logica, è di fondamentale importanza la conoscenza di quattro tipologie di quadrilateri:

- quadrato: quadrilatero regolare avente quattro lati tutti uguali tra loro e quattro angoli retti;
- rettangolo: quadrilatero avente i lati uguali a due a due e quattro angoli retti. I due lati sono definiti base b e altezza h;
- parallelogramma: quadrilatero avente i lati paralleli a due a due;
- trapezio: quadrilatero avente due lati paralleli di lunghezza diversa, chiamati base minore e base maggiore.

Per ognuna di queste figure è consigliato ricordarsi la formula dell'area. Per queste formule rimandiamo al sottocapitolo 5.6 di matematica "Il quadrilatero" (nella sezione *Geometria euclidea*).

ESERCIZIO **SVOLTO**

Il formato carta indica la dimensione (lunghezza e larghezza) di un foglio di carta. Lo standard internazionale del formato carta, l'ISO 216, prevede un rapporto pari fra lunghezza e larghezza del foglio. Il formato iniziale è denominato A0, i successivi formati (A1, A2, A3, ...) si ottengono sempre dividendo a metà il formato precedente lungo il lato più lungo. Riferendosi alla lunghezza iniziale LU e alla larghezza iniziale LA del formato A0 a quale delle seguenti frazioni corrisponde la lunghezza del formato A4?

A. $\frac{LA}{4}$
B. $\frac{LA}{2}$
C. $\frac{LU}{4}$
D. $\frac{LU}{8}$
E. $\frac{LA}{8}$

Esercizio tratto dal test di Medicina e Odontoiatria 2020

Chiamiamo le dimensioni del foglio A0 "LU" e "LA". Il testo dice che LU/LA = √2, quindi LU = √2 x LA. Da qui si deduce che inizialmente il lato più lungo del foglio è quello chiamato "lunghezza". Successivamente, si disegna un ipotetico foglio A0, e si va a dimezzare il suo lato più lungo (ottenendo due fogli A1) e quello dei successivi "fogli". Si giunge infine ad un rettangolo, corrispondente al foglio A4, la cui lunghezza corrisponde a ¼ della lunghezza iniziale ("LU") del foglio A0.
Risposta corretta C.

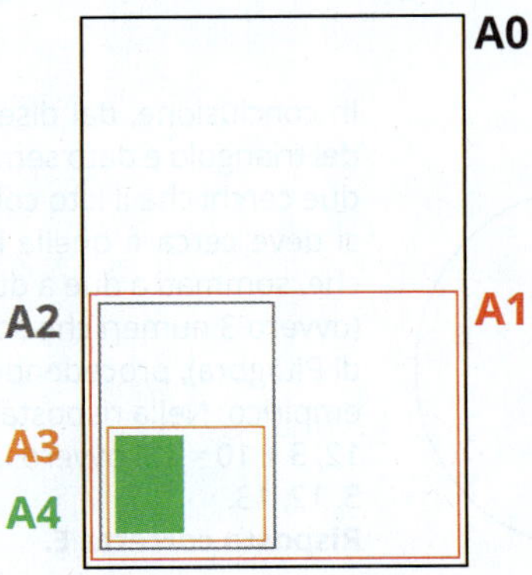

2.19.3 I solidi

A differenza di quanto affrontato fino ad ora, ossia figure piane, i solidi sono figure tridimensionali la cui misura principale, ai fini del test, è rappresentata dal volume. Quindi è utile ricordare le formule per calcolare il volume dei solidi corrispondenti alle principali forme geometriche:

- quadrato: il solido corrispondente è il cubo, la cui formula del volume è:
  $$Vcubo = lato^3$$
- cerchio: il solido corrispondente è la sfera, la cui formula del volume è:
  $$Vsfera = \frac{4}{3}\pi \cdot (lato)^3$$
- rettangolo: il solido corrispondente è il parallelepipedo, la cui formula del volume è:
  $$Vparallelepipedo = Area_{base} \cdot h$$

Per ulteriori approfondimenti rimandiamo al sottocapitolo 5.8 di matematica "Solidi" (nella sezione *Geometria euclidea*).

ESERCIZIO **SVOLTO**

Nicolò possiede delle biglie di diverso diametro ma tutte dello stesso materiale. Nicolò ripone in tre scatole uguali a forma di cubo le biglie, in modo che:

- tutte le scatole siano riempite di biglie dello stesso diametro;
- le scatole siano completamente piene;
- in ogni scatola ogni strato di biglie sia composto dallo stesso numero di biglie (differente da scatola a scatola);
- in ogni strato le biglie tocchino i lati della scatola.

Se Nicolò riempie la scatola S1 con 125 biglie, la scatola S2 con 27 biglie e la scatola S3 con 64 biglie, quale delle tre scatole avrà peso maggiore?

A. Nessuna, tutte le scatole hanno lo stesso peso
B. S_1
C. S_2
D. S_3
E. Non è possibile stabilirlo in quanto non noto il peso specifico del materiale delle biglie

Esercizio tratto dal test di Medicina e Odontoiatria 2020

Per risolvere il quesito è necessario conoscere la formula del volume della sfera, ossia $\frac{4}{3}\pi r^3$. Inoltre, il testo ci dice che:

- tutte le tre scatole a forma di cubo sono uguali;
- le scatole sono completamente piene di biglie che tra loro hanno lo stesso diametro;
- ogni strato di biglie è composto dallo stesso numero di biglie, il numero totale di biglie in ogni scatola è noto.

Sapendo questo, possiamo ricavare il numero di biglie che occupa ogni lunghezza delle 3 scatole. In particolare:

- S_1: 125 biglie → $125 = 5^3$ → il lato della scatola S1 ha 5 biglie messe in fila;
- S_2: 27 biglie → $27 = 3^3$ → il lato della scatola S2 ha 3 biglie messe in fila;
- S_3: 64 biglie → $64 = 4^3$ → il lato della scatola S3 ha 4 biglie messe in fila.

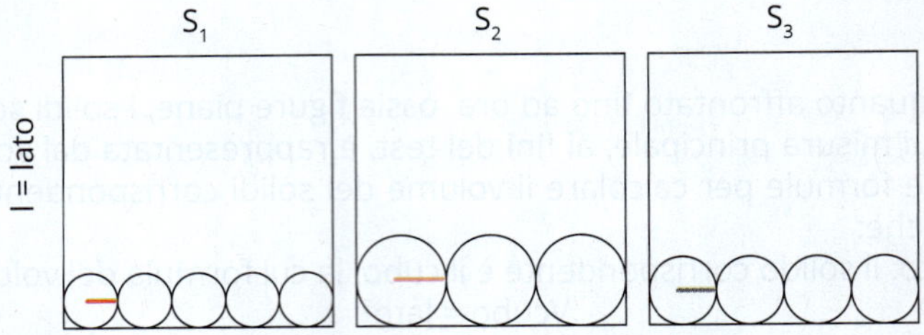

Possiamo quindi calcolare la lunghezza del lato in funzione dei 3 raggi (r_1, r_2 e r_3), come mostrato nell'immagine:

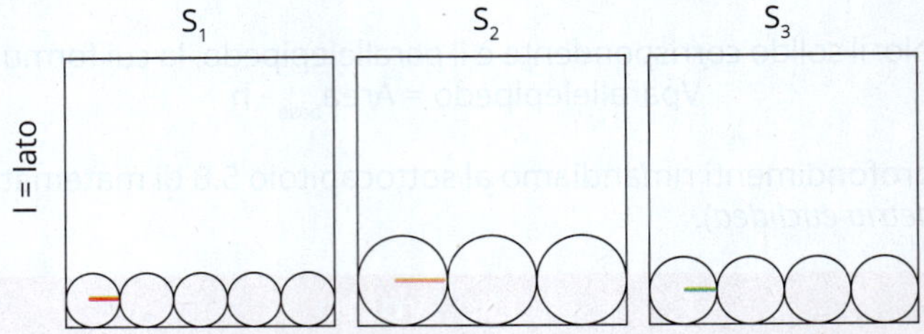

$l = 5 \cdot (2r_1) = 10\, r_1$ $\quad l = 3 \cdot (2r_2) = 6\, r_2$ $\quad l = 4 \cdot (2r_3) = 6\, r_3$

Calcoliamo quindi la lunghezza di ciascuno dei 3 raggi in funzione del lato (l):

- $r_1 = \frac{1}{10}$ lato
- $r_2 = \frac{1}{6}$ lato
- $r_3 = \frac{1}{8}$ lato

Sappiamo che il volume totale occupato dalle biglie (e non dall'aria tra loro) in ognuna delle 3 scatole corrisponde a:

n° tot di biglie x volume di ciascuna biglia → n° tot di biglie x ($\frac{4}{3}\pi r^3$).

A questo punto possiamo calcolare il volume occupato dalle biglie nelle 3 scatole, in funzione del lato:

- Volume occupato di $S_1 = 125 \cdot \frac{4}{3}\pi \cdot r_1^3$
- Volume occupato di $S_2 = 27 \cdot \frac{4}{3}\pi \cdot r_2^3$
- Volume occupato di $S_3 = 64 \cdot \frac{4}{3}\pi \cdot r_3^3$

Sostituiamo al posto di r1, r2 e r3 il valore in funzione del lato:

- Vol di $S_1 = 125 \cdot \frac{4}{3}\pi \cdot (\frac{1}{10}\text{ lato})^3 = 125 \cdot \frac{4}{3}\pi \cdot \frac{1}{1000} \cdot (\text{lato})^3$
- Vol di $S_2 = 27 \cdot \frac{4}{3}\pi \cdot (\frac{1}{6}\text{ lato})^3 = 27 \cdot \frac{4}{3}\pi \cdot \frac{1}{216} \cdot (\text{lato})^3$
- Vol di $S_3 = 64 \cdot \frac{4}{3}\pi \cdot (\frac{1}{8}\text{ lato})^3 = 64 \cdot \frac{4}{3}\pi \cdot \frac{1}{512} \cdot (\text{lato})^3$

Otteniamo quindi:

- Vol di $S_1 = \frac{125}{1000} \cdot \frac{4}{3}\pi \cdot (\text{lato})^3 = \frac{1}{8} \cdot \frac{4}{3}\pi \cdot (\text{lato})^3$
- Vol di $S_2 = \frac{27}{216} \cdot \frac{4}{3}\pi \cdot (\text{lato})^3 = \frac{1}{8} \cdot \frac{4}{3}\pi \cdot (\text{lato})^3$
- Vol di $S_3 = \frac{64}{512} \cdot \frac{4}{3}\pi \cdot (\text{lato})^3 = \frac{1}{8} \cdot \frac{4}{3}\pi \cdot (\text{lato})^3$

Come si può vedere, le tre scatole hanno infine lo stesso volume occupato, motivo per cui avranno lo stesso peso. Il quesito così risolto risulta corretto, ma complesso.

Limitandosi invece meramente al ragionamento logico, si potevano paragonare le tre scatole, ciascuna ad una singola unità (1), ciascuna scatola a sua volta suddivisa in cubi più piccoli (decimali), la cui somma complessiva portava comunque all'unità (da testo: tutte e tre scatole completamente piene e tutte uguali fra loro).
Esempio:

- 1 scatola formata da 10 cubi, ciascuno con volume pari a 0.10 → 10 · 0.10 = 1
- 1 scatola formata da 4 cubi, ciascuno con volume pari a 0.25 → 4 · 0.25 = 1
- 1 scatola formata da 2 cubi, ciascuno con volume pari a 0.50 → 2 · 0.50 = 1

Si sapeva inoltre che le biglie toccano il lato del cubo in ogni strato e che quindi gli spazi d'aria lasciati tra la sfere possono essere trascurati, in virtù delle modalità di riempimento delle scatole sovrapponibili tra loro. Si poteva quindi dedurre, senza però certezza matematica, che il peso finale dei tre cubi sarebbe per forza stato uguale.
Risposta corretta A.

2.19.4 Calcolo combinatorio

In passato, si sono presentati alcuni esercizi risolvibili anche con il calcolo combinatorio. L'applicazione di queste formule riduce significativamente il tempo di risoluzione e il rischio di errore.
Tuttavia, tutti questi esercizi si potevano risolvere anche con il metodo empirico; consigliamo quindi di approfondire questo argomento solamente una volta completato il programma delle altre materie.
In sintesi, le modalità di raggruppamento e ordinamento di elementi sono tre:

- permutazioni (semplici o con ripetizione): si hanno n elementi e si vuole capire in quanti modi diversi si possono ordinare;
- disposizioni (semplici o con ripetizione): si hanno n elementi da disporre in k spazi (dove n > k) e si vuole capire in quanti modi è possibile;
- combinazioni: modalità di disporre un numero n di elementi in cui l'ordine non conta.

Per tutte le formule specifiche e la spiegazione dettagliata di queste modalità rimandiamo al capitolo 7 di matematica "Probabilità e calcolo combinatorio".

2.20 LOGICA PROCEDURALE

In questo capitolo affrontiamo una serie di tipologie di quesiti che richiedono l'interpretazione di immagini e figure. In generale questi esercizi sono spesso usati in test di ingresso o test del quoziente intellettivo, e sono normalmente una tipologia abbastanza difficile, che richiede avanzate competenze di immaginazione spaziale.

Basandosi sui test passati si possono individuare 7 tipologie, ognuna delle quali richiede un approccio leggermente diverso. Molte di esse sono tipologie molto simili ad altre che avete già visto o vedrete in questo manuale, ma che sfruttano l'analogia o la differenza tra immagini invece che quella tra numeri/parole.

Per ogni tipologia vedremo un esempio ed elencheremo qualche consiglio per la risoluzione; tuttavia, sono esercizi che variano con molta facilità nel test, quindi il nostro consiglio è di non soffermarsi troppo sulla teoria ma di esercitarsi a riconoscere in fretta similitudini, differenze e approcci risolutivi.

2.20.1 Proporzioni tra immagini

In questa tipologia viene proposta una classica proporzione ma, invece delle parole, i termini sono delle immagini; tra le opzioni dovrete scegliere quella che la completa in maniera corretta. Per farlo è necessario capire il criterio con cui le figure sono ruotate, ribaltate o colorate. Valgono tutte le regole normali delle proporzioni, per cui è possibile trovare il criterio sia analizzando i due termini da un lato dell'uguale, sia confrontando medi o estremi.

ESERCIZIO SVOLTO

Individuare la corretta figura da inserire per completare la sequenza:

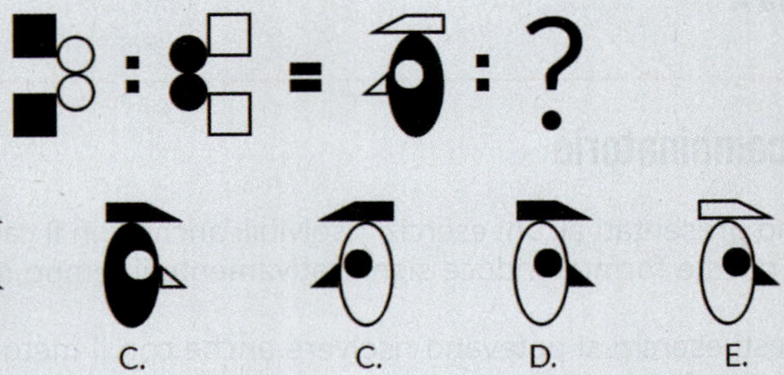

Svolgimento:
in questo esercizio la prima immagine viene ribaltata e i colori vengono invertiti.
Se pensiamo di fare la stessa cosa con l'altra immagine ci serve un volto con il naso che punti verso destra, l'ovale bianco e tutto il resto scuro.
Risposta corretta D.

Ci sono anche esercizi assimilabili a delle proporzioni tra immagini, in cui però la rappresentazione grafica sfrutta i piatti di bilance. In esercizi di questo tipo vi verrà richiesto di confrontare il contenuto di ogni piatto e di fare delle considerazioni su di esso.

2.20.2 Completa la serie

Esattamente come le sequenze alfanumeriche, in questa tipologia vi viene chiesto di capire il criterio secondo il quale le figure sono disposte nella serie; di conseguenza si deve capire quale delle opzioni continua, o completa, la serie.
I criteri utilizzati nelle diverse serie sono molteplici:

- può esserci una figura piccola che, procedendo nella serie, si sposta all'interno di una più grande;
- possono cambiare dei numeri all'interno di una stessa figura che viene ripetuta;
- può esserci un'alternanza di colori nelle figure proposte dal quesito.

ESERCIZIO **SVOLTO**

Completare la serie:

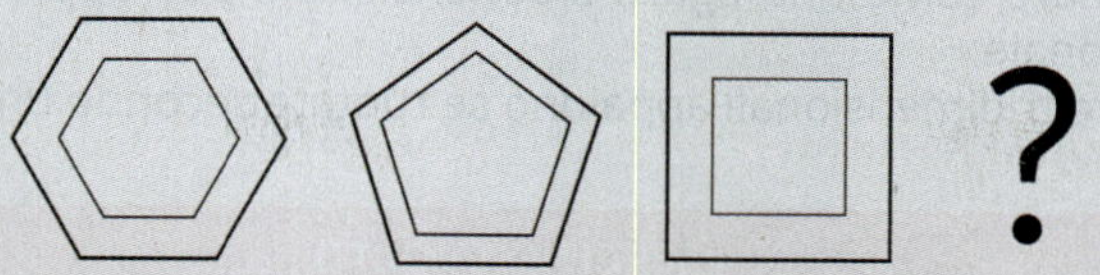

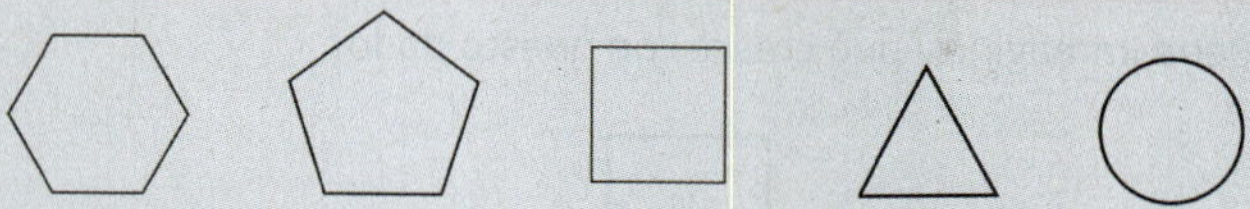

A. B. C. D. E.

Svolgimento:
in questo caso il criterio è il numero dei lati presenti: nella prima sono 12 lati (6 del pentagono interno e 6 di quello esterno), nella seconda 10, nella terza 8. Ci serve quindi un'opzione con 6 lati, perché ad ogni figura il numero diminuisce di due.
Risposta corretta A.

2.20.3 Intruso

Qui l'obiettivo è capire quale degli elementi è diverso dagli altri. Purtroppo, riguardo alle immagini, ci sono tantissimi modi per accomunare 4 opzioni e fare risaltare come intrusa la quinta, quindi sarà solo la pratica a venirvi in aiuto.

ESERCIZIO **SVOLTO**

Individuare la figura da scartare tra le cinque proposte:

A. B. C. D. E.

Svolgimento:
tra le figure proposte è possibile individuare due coppie: A e B, C e D, i cui elementi rappresentano il positivo e il negativo di una stessa immagine.
La figura E quindi non ha nulla a che fare con le altre ed è quindi l'intruso.
Risposta corretta E.

2.20.4 Figure tridimensionali

In questa tipologia può essere richiesto:

- di immaginare come una figura bidimensionale può apparire se piegata e resa tridimensionale;
- come figure tridimensionali appaiono se ruotate secondo uno dei diversi assi.

ESERCIZIO **SVOLTO**

Quale delle seguenti immagini si può creare con questo dado?

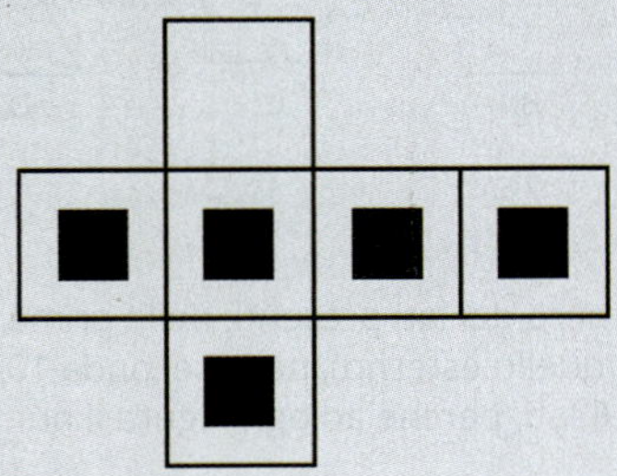

A.

B.

C.

D.

A e C.
E.

Svolgimento:
costruendo il dado avremo una faccia bianca e tutte le altre contenenti il quadrato nero. Le opzioni mostrano 3 facce del dado, queste potranno essere tutte e 3 nere o due nere e una bianca in base a come giriamo il dado costruito.
Quindi sia le opzioni A e C sono compatibili con l'immagine.
Risposta corretta E.

2.20.5 Figure criptate

In questi esercizi, che corrispondono alla tipologia di crittografia, bisogna capire il criterio di riempimento di uno schema e applicarlo a un secondo schema di cui non sono presenti tutti gli elementi. La difficoltà sta nel capire quale particolare dello schema vi permette di rispondere alla domanda.

ESERCIZIO SVOLTO

Alfonsino ha finalmente trovato il coraggio di chiedere a Ribosella di uscire a cena, lei non è molto interessata perché il ragazzo ha 22 anni e sta ancora frequentando la prima elementare, ma è molto tentata perché è proprio un bel ragazzo. Decide quindi di mandargli un codice e poi di applicare lo schema a un secondo messaggio criptato e chiedergli di inserire un numero per testare la sua intelligenza. Cosa dovrà inserire Alfonsino al posto di "?" per avere una possibilità con la bella Ribosella?

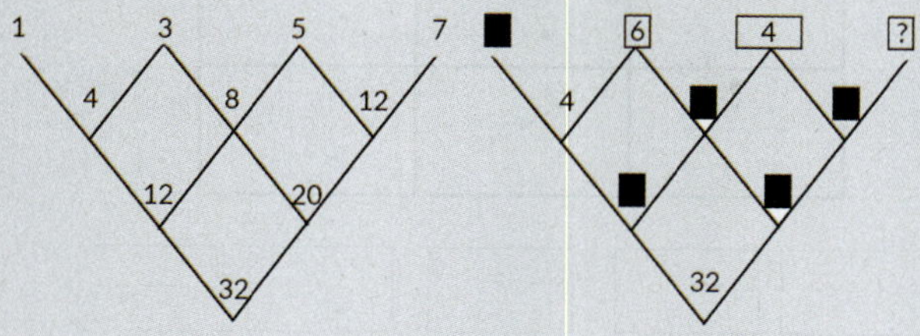

A. 4
B. 8
C. 30
D. 16
E. 14

Svolgimento:
il numero ad ogni vertice inferiore è sempre la somma dei due numeri ai vertici superiori corrispondenti. Possiamo quindi inserire 10 al vertice inferiore del "triangolo" al centro dove sono già presenti il 6 e il 4 e di conseguenza inseriamo 14 al vertice inferiore del triangolo con 10 e 4. Adesso per completare la tripletta più in basso nella figura dovremo fare 32 - 14 = 18. Possiamo completare il triangolo con 18 e 10 mettendo 8 nel vertice in alto a destra. Infine risulta chiaro che al posto del punto di domanda deve essere sostituito il 4 poiché 8 - 4 = 4.
Risposta corretta A.

2.20.6 Tessera mancante

In questa tipologia bisogna basarsi sul movimento delle figure nelle varie tessere per dedurre con quale figura la serie va completata. Anche in questo caso le immagini e i modi con cui è possibile evocare un movimento o un cambiamento sono innumerevoli, tuttavia le cose a cui sarebbe più il caso prestare attenzione sono:

- rotazione delle figure;
- somma delle figure;
- spostamento di figure/lettere che, seguendo uno specifico criterio, si muovono all'interno di una figura più grande.

ESERCIZIO **SVOLTO**

Individuare la tessera mancante:

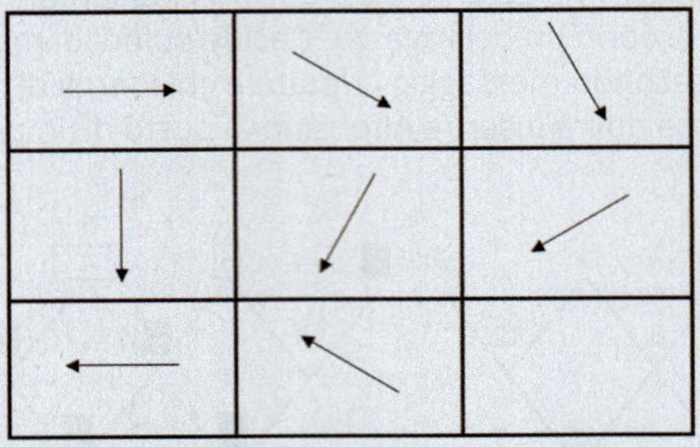

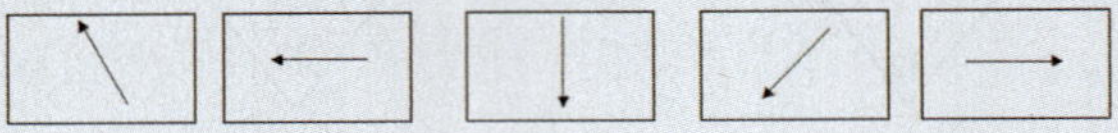

A. B. C. D. E.

Svolgimento:
sulle prime due righe della tabella le frecce si muovono in senso orario compiendo un movimento di 30° alla volta. Di conseguenza per completare lo schema ci servirà una freccia con un'inclinazione di 60° in senso orario rispetto al piano orizzontale.
Risposta corretta A.

2.20.7 Quante figure ci sono?

In questa tipologia vi verranno proposte delle figure geometriche composte, che contengono in modi diversi un gran numero di figure semplici (es. quadrati, triangoli, ecc). L'unica accortezza che è necessario avere, come per tutti gli esercizi di logica, è non distrarsi e non accontentarsi della risposta che salta all'occhio, assicurandosi di aver osservato bene la figura.

ESERCIZIO **SVOLTO**

Quanti triangoli vedi nella figura?

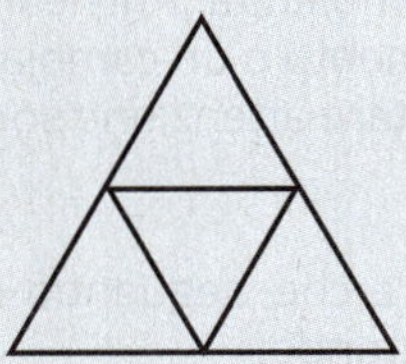

A. 2
B. 3
C. 4
D. 5
E. 8

Svolgimento:
nella figura sono presenti i 4 triangoli equilateri piccoli che la compongono e il grande triangolo equilatero che contiene gli altri.
Risposta corretta D.

CORREZIONI COMMENTATE AGLI ESERCIZI PROPOSTI

2.1.1 Passaggio 1: alla riga 4 è specificato che chi colleziona i calciatori non colleziona altre carte; il sottoinsieme (insieme dei bambini che collezionano i calciatori) non ha perciò intersezioni con gli altri 2 sottoinsiemi.

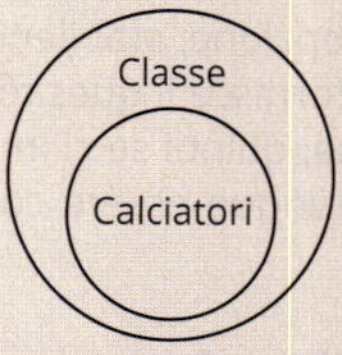

Passaggio 2: poiché ci sono alcuni bambini che collezionano due tipi di carte, si deduce che i due sottoinsiemi Pokémon e Incredibili devono avere un'intersezione. La risposta corretta è la E. Si potrebbe anche procedere escludendo le altre risposte; la risposta A è sbagliata perché viene chiaramente detto che il sottoinsieme dei calciatori è disgiunto dagli altri due. La risposta B è sbagliata per lo stesso motivo. La risposta C non è corretta perché dal testo non si deduce che se un bambino colleziona i calciatori allora non colleziona i Pokémon. Si deduce invece che proprio questi due sottoinsiemi hanno un'intersezione. Infine, la risposta D è sbagliata perché nel testo non viene detto nulla di simile.

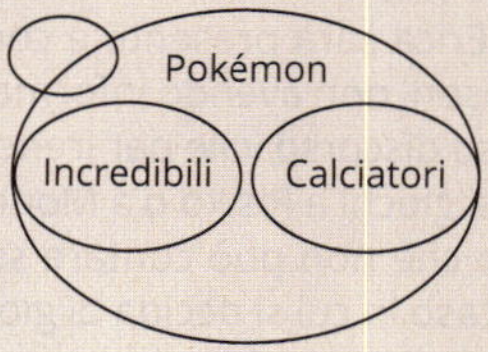

Risposta corretta E.

2.1.2 Per ciascun sillogismo, disegniamo gli insiemi corrispondenti:
S1:

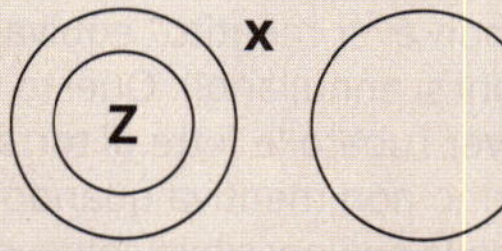

Come si può evincere dalla rappresentazione, il sillogismo è ERRATO in quanto nessun Z sarà Y. Il che ci porta anche alla correttezza di S2.
S3:

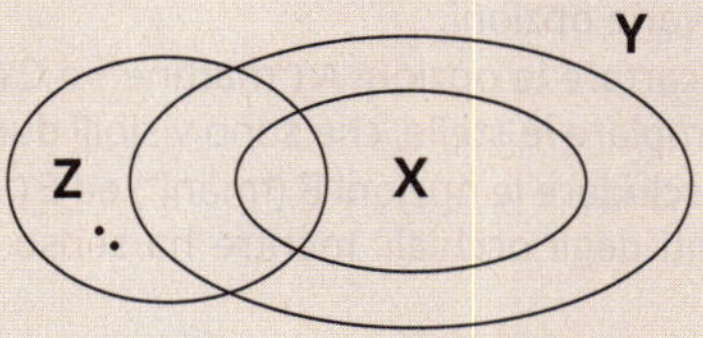

Se qualche Z non è Y e se X è interamente compreso in Y, allora per forza sarà vero che qualche Z non è X.
Risposta corretta C.

2.2 Teniamo a mente che SE = cond. sufficiente e SOLO SE = cond. necessaria, per cui è opportuno evidenziare la differenza tra le due affermazioni. Essendo il pagamento della retta condizione sufficiente (Se A → per forza B) l'opzione A è errata, in quanto non compatibile. L'opzione B è errata poiché non rispetta la condizione necessaria a partire (SOLO SE A → B) e poiché, come la E, crea un rapporto di causa-effetto tra le due affermazioni che non viene espresso.

Anche l'opzione C contraddice la definizione di condizione necessaria. L'opzione D è invece compatibile con il testo: nonostante il mancato pagamento della retta, Enrico potrà trovare altre maniere per continuare a studiare (SE B → NON PER FORZA A).
Risposta corretta D.

2.3 Analizziamo passo passo ciascuna opzione, stabilendo se quanto affermato al suo interno è compatibile o meno con i dati che ci fornisce il quesito. ATTENZIONE: la richiesta è di trovare l'affermazione che SICURAMENTE è falsa, quindi se ci imbattiamo in opzioni che non riteniamo certamente vere ma che possono comunque essere compatibili in base ai dati che abbiamo, queste devono essere tenute per vere.

Se Andi decide che si deve giocare a Risiko, Erica non sarà sicuramente presente alla serata, mentre Marco potrà venire; non sapendo se Andi accetterà di ospitare Benson in casa, non possiamo né escludere né dare per certe le presenze di Valentina e di Irene: è quindi possibile (anche se non certo, ma comunque accettabile) che a far compagnia ad Andi ci sia solo Marco (opzione A errata). Condizione necessaria ma non sufficiente affinché Irene sia presente è che ci sia Benson (e quindi anche la sua padrona Valentina): perciò, se Irene è presente dev'esserci per forza anche Valentina, ma la presenza di Valentina non basta per affermare con sicurezza che ci sia anche Irene (risposta B errata). Dato che è necessario che ci sia Benson perché Irene sia presente, se questo manca Irene sicuramente non verrà (opzione C errata). Nel caso in cui non si giochi a Risiko, sicuramente Erica sarà presente e con lei anche Martina; non possiamo escludere a priori la presenza di Benson, non avendo informazioni al riguardo: è quindi possibile che venga anche Valentina e lo stesso discorso vale per Irene (opzione D errata). Condizione necessaria affinché ci sia Marco è che si giochi a Risiko o a Monopoli: nel primo caso Erica non sarà presente e nemmeno Martina, dato che non può contare sulla presenza dell'amica e non può nemmeno giocare a Pictionary; nel caso in cui si decida di giocare a Monopoli, invece, nulla vieta ad Erica di essere presente e che quindi anche Martina possa venire. Marco e Martina possono perciò essere presenti entrambi.
Risposta corretta E.

2.4 Dire "Pierino non ha mai negato di non aver mentito" equivale a dire "Pierino ha negato di aver mentito" (RICORDA: doppie negazioni si annullano!). Questo vuol dire che Pierino ha sostenuto la sua innocenza, dicendo di non aver rubato le fette di torta. L'unica opzione che sostiene questo è la seconda, che ci dice che Pierino non mentiva quando diceva di non aver rubato dal frigorifero, tutte le altre invece ci indicano la sua possibile colpevolezza.
Risposta corretta B.

2.5 Dopo aver letto il testo, si può procedere per esclusione provando a inserire in ciascuno spazio i termini proposti dalle varie opzioni:

- termine (1): possiamo scartare le opzioni A ("mattine") e C ("giornate") perché il soggetto si trova assorto a contemplare le stelle, che sono visibili durante la notte;
- termine (2): possiamo escludere le opzioni B ("mani") ed E ("dita") perché non hanno nulla a che vedere con le lenti degli occhiali, mentre ha senso l'espressione "socchiudere le palpebre";
- termine (3): non risulta utile né ai fini dell'individuazione dell'opzione corretta perché già con i primi due termini si riescono a scartare quattro delle cinque opzioni, né per confermare la risposta perché i termini proposti potrebbero essere tutti plausibili.

Risposta corretta D.

2.6.1 Per risolvere il quesito troviamo prima tutti i numeri divisibili per 3 e successivamente verifichiamo che siano divisibili per 5. Un numero è divisibile per 3 se la somma delle cifre del numero è multiplo di 3. Possiamo subito escludere la risposta B, infatti 3 + 5 = 8, che non è multiplo di 3, la risposta C (7 + 6 = 13) e la risposta E (8 + 0 = 8). Un numero è divisibile per 5 se termina per 5 o 0, la risposta A è quindi errata.
Risposta corretta D.

2.6.2 Un'uguaglianza è definita corretta se da entrambe le parti dell'uguale si ottiene lo stesso valore. Risolviamo quindi le operazioni per ogni opzione:

- opzione A: $19^2 = 361$, mentre $7 \cdot 49 = 7 \cdot 50 - 7 = 350 - 7 = 343$; $343 + 10 = 353$. L'uguaglianza non è corretta;
- opzione B: $14 \cdot 18 = (7 \cdot 2) \cdot (2 \cdot 9) = 2 \cdot 2 \cdot 63 = 126 \cdot 2 = 252$; invece $23 \cdot 11 = 23 \cdot 10 + 23 = 230 + 23 = 253$.
  L'uguaglianza non è corretta;
- opzione D: $228 \cdot 2 = 12^2 \cdot 2^8$; $228 \cdot 2 = 200 \cdot 2 + 28 \cdot 2 = 400 + 56 = 456$; $12^2 \cdot 2^8 = 144 + 256 = 400$. L'uguaglianza non è corretta;
- opzione E: $156 \cdot 1{,}5 = 156 + 156 : 2 = 156 + 78 = 234$; $940 : 4 = 470 : 2 = 235$. L'uguaglianza non è corretta;
- opzione C: $25 \cdot 9 = 15^2$; $25 \cdot 9 = 25 \cdot 10 - 25 = 250 - 25 = 225$; $15^2 = 225$. L'uguaglianza è corretta.

Risposta corretta C.

2.6.3 Per capire quale sia la formula inversa corretta bisogna tenere a mente la "regola della croce", che afferma che tutto ciò che sta al numeratore da un lato finisce al denominatore dall'altro, e viceversa. Quindi, l'unica equazione che rispetta la regola per ogni suo termine è quella dell'opzione D (si può fare la controprova riportando al numeratore tutti i termini, in modo da tornare all'equazione originale).
Risposta corretta D.

2.7 Pugliotti ci mette 24 mesi a costruire una casa, Avinci impiega i $\frac{3}{4}$ (= 75%) di Pugliotti a costruire una casa che equivalgono a $24 \cdot \frac{3}{4} = 18$ mesi. Sapendo che Castini ci mette il doppio del tempo di Avinci vuol dire che per costruire una casa ci mette 36 mesi. Per costruire quattro case ci metteranno $36 \cdot 4 = 144$ mesi.
Risposta corretta E.

2.8 Per prima cosa sostituiamo il valore di £ nella prima equazione ottenendo:
$\frac{1}{2}\& = \frac{5}{6} \cdot 21 \rightarrow \& = \frac{5}{6} \cdot 21 \cdot 2 \rightarrow \& = \frac{5}{3} \cdot 21 \rightarrow \& = 5 \cdot 7 = 35$
Dopo aver ottenuto il valore di & possiamo sostituirlo nella terza equazione per ottenere il valore di @: $7@ = 3 \cdot 35 \rightarrow @ = \frac{3 \cdot 35}{7} \rightarrow @ = 3 \cdot 5 = 15$.
Risposta corretta C.

2.9 Risolviamo l'esercizio calcolando i prezzi che ci servono:
Lorenzo spenderà sicuramente 100 euro per Anatomia in quanto non è presente nessuno sconto per quel libro in relazione agli altri due, poi spenderà anche gli 80 di Fisiologia ma con lo sconto del 30% relativo ad Anatomia ($80 - 80 \cdot 0{,}3 = 80 - 24 = 56$ euro): spenderà quindi $100 + 56 = 156$ euro. Giulia, dal canto suo, spenderà i 65 interi di Biochimica (in quanto non comprando Anatomia non gode di nessuno sconto su Biochimica), più gli 80 di Fisiologia ma con lo sconto del 40% relativo all'acquisto di Biochimica ($80 - 80 \cdot 0{,}4 = 80 - 32 = 48$ euro), con un totale di 113 euro.
Risposta corretta A.

2.10 Impostiamo la proporzione n°lavoratori : scrivanie prodotte in tempo impiegato, che nel nostro caso diventa: $\frac{3 \text{ falegnami} : 8 \text{ scrivanie}}{12 \text{ h}} = \frac{x \text{ falegnami} : 20 \text{ scrivanie}}{6 \text{ h}}$.

Da cui possiamo ricavare $x = \frac{3 \cdot 20}{6} : \frac{8}{12}$. Risolvendo l'equazione si ottiene $x = 15$, quindi serviranno esattamente 15 falegnami.
Risposta corretta B.

2.11 Se Luca parte 3 secondi prima di Matteo a 6 m/s, vuol dire che prima che Matteo parta avrà già percorso 6 m/s · 3 s = 18 m. Dobbiamo ora capire in quanto tempo Matteo riuscirà a recuperare questi 18 m: considerando come velocità solo la velocità relativa di Matteo rispetto a Luca (8 – 6 = 2 m/s), il tempo che impiegherà per raggiungerlo sarà: $t = \frac{s}{v} = \frac{18\ m}{2\ m/s} = 9\ s$. In realtà però Matteo si sta muovendo a 8 m/s, quindi in quei 9 s di corsa avrà percorso 9 s · 8 m/s = 72 m. Quando supera Luca quindi si trova a 100 - 72 = 28 m da Caterina.
Risposta corretta A.

2.12.1 Per semplificare i calcoli trasformo subito i dati: 72 ore sono 3 giorni ($\frac{72}{24}$), 120 ore sono 5 giorni ($\frac{120}{24}$), 96 ore sono 4 giorni ($\frac{96}{24}$) e 144 ore sono 6 giorni ($\frac{144}{24}$). Dopodiché scompongo i vari termini in fattori primi: 3 = 3, 5 = 5, 4 = 2^2 e 6 = 3 · 2. L'm.c.m. è quindi uguale a $3 \cdot 5 \cdot 2^2 = 60^2$. Questo vuol dire che i 4 allarmi suoneranno di nuovo insieme dopo 60 giorni, ovvero il 28 agosto alle 12.
Risposta corretta B.

2.12.2 Per trovare il minor numero di ripiani dobbiamo calcolare l'M.C.D. Andiamo quindi a scomporre in fattori primi i vari numeri: $70 = 5 \cdot 2 \cdot 7$, $45 = 5 \cdot 3^2$ e $25 = 5^2$. L'M.C.D. è quindi uguale a 5 (minor numero di ripiani). A questo punto possiamo calcolare quanti libri saranno presenti su ogni ripiano: $\frac{70}{5} = 14$ di Anatomia, $\frac{45}{5} = 9$ di Fisiologia e $\frac{25}{5} = 5$ di Chimica.
Risposta corretta A.

2.13 Per questo esercizio è utile costruire una serie di insiemi con le informazioni che dà il testo:

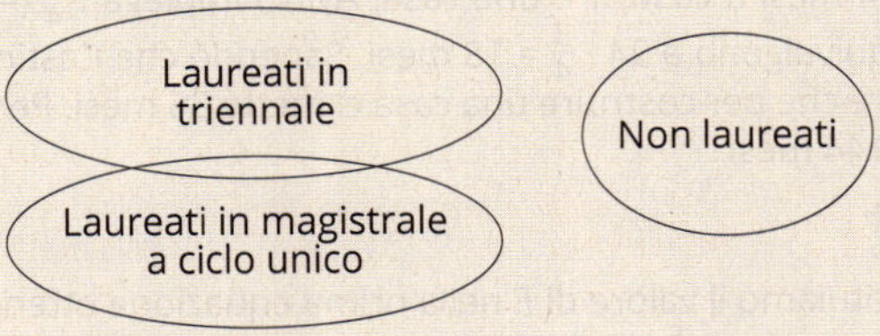

Dal totale degli invitati alla festa si elimina subito il numero di quelli non laureati, quindi 100 - 13 = 87: si trova così il numero dei laureati. Tra i laureati ci sono 2 sottocategorie, i laureati triennali e i laureati in una magistrale a ciclo unico: sommando i due gruppi si nota subito che non è possibile considerare i due insiemi separati, perché 70 + 30 = 100 è superiore al numero dei laureati. Saranno quindi presenti delle persone che avranno sia una laurea magistrale a ciclo unico che una triennale.
Per trovare l'intersezione tra due insiemi noti, possiamo utilizzare la formula (A + B) - A∪B = C, per cui: (70 + 30) - 87 = 13
Le persone laureate solo in triennale sono quindi 70 - 13 = 57, ma dato che il testo chiede il numero di persone oltre a Luca, queste saranno 57 - 1 = 56.
Risposta corretta D.

2.14.1 Analizzando separatamente la sequenza alfabetica e poi la numerica si nota la relazione indipendente che le definisce:

- sequenza alfabetica: A (+1); B (+2); D (+3); G (+4); M;
- sequenza numerica: 7 (+6); 13 (+6); 19 (+6); 25;

È importante che ci sia sempre un'alternanza numero-lettera, come nel testo, per cui si troverà prima il numero e poi la lettera.
Risposta corretta B.

2.14.2 Il criterio delle serie date è di complessità crescente. Tra le opzioni, la A e la C sono serie ordinate che non rispettano il criterio, la E non è una serie ordinata e la D è una serie ordinata cronologicamente.
Risposta corretta B.

2.15.1 Per prima cosa occorre costruire una tabella dove inserire tutte le informazioni che sono fornite direttamente dal testo.

Nome ragazza	Libro preferito	Posizione in classifica	Mese
Chiara	Jane Eyre		dicembre
Claudia		2°	
Roberta			gennaio
Federica	Cuore di tenebra	3°	aprile
Silvia		5°	

A questo punto completiamo la tabella con le informazioni che possiamo dedurre.

1. Rimangono ancora la 1ª e la 4ª posizione, ma sappiamo che il libro preferito da Roberta è arrivato prima di quello preferito da Chiara, quindi possiamo assegnare a questi due libri le rispettive posizioni in classifica (Roberta 1°, Chiara 4°).
2. Il libro preferito di Claudia è stato letto prima di quello di Silvia quindi saranno stati letti rispettivamente a febbraio e marzo (Claudia → febbraio, Silvia → marzo).
3. Sappiamo che "Orgoglio e pregiudizio" non è arrivato ultimo, quindi non è il libro preferito da Silvia, e che non è stato letto a febbraio, quindi non è nemmeno il libro preferito da Claudia.

Nome ragazza	Libro preferito	Posizione in classifica	Mese
Chiara	Jane Eyre	**4°**	dicembre
Claudia	**No Orgoglio e pregiudizio**	2°	**febbraio**
Roberta		1°	gennaio
Federica	Cuore di tenebra	3°	aprile
Silvia	**No Orgoglio e pregiudizio**	5°	**marzo**

(Sono mostrate in grassetto le modifiche rispetto alla precedente tabella).

Possiamo quindi dedurre che "Orgoglio e pregiudizio" è il libro preferito da Roberta, nonché il libro arrivato 1° in classifica.

Risposta corretta C.

2.15.2 Bisogna risolvere l'esercizio schematizzando il percorso di Diego:

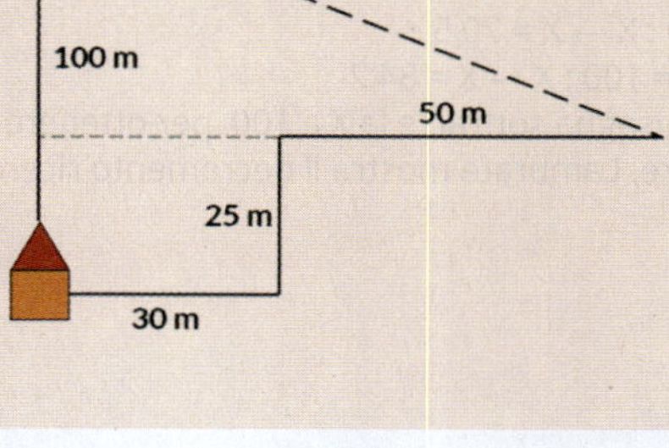

Dal disegno si può capire che la distanza in linea d'aria corrisponde all'ipotenusa di un triangolo rettangolo il cui cateto orizzontale misura 30 + 50 = 80 m e il cui cateto verticale misura 100 – 25 = 75 m. Per calcolare la distanza finale si utilizza il teorema di Pitagora: ipotenusa = $\sqrt{(75^2 + 80^2)}$.
Risposta corretta A.

2.15.3 È richiesta l'affermazione certamente vera, per cui va fatto un ragionamento di tipo deduttivo. Dalle tre affermazioni risulta che: L < B, M < C, C > B e quindi L < C, di M non si conosce la sua relazione di altezza rispetto a B e L. Il monte più alto risulta quindi il monte Chimica seguito da Biologia e Logica.
Risposta corretta C.

2.15.4 Il quesito si può risolvere disegnando uno schema dei posti sulla bicicletta. Si posiziona subito Anna nel posto a destra dell'ultima fila. Successivamente, sapendo che Giulia occuperà il posto più lontano da Anna, la si posiziona in prima fila a sinistra (è il posto più lontano in quanto si trova sulla diagonale rispetto al posto di Anna, risposta E errata). Inoltre, il testo dice che Marco si siederà nel posto dietro Rita, che deve occupare un posto nella fila di sinistra. Quindi, per fare in modo che Marco si possa sedere dietro di lei, la ragazza dovrà sicuramente occupare il posto a sinistra nella seconda fila (risposta A errata). Paolo e Leonardo si siederanno nei due posti rimanenti ma non vengono fornite informazioni su chi occuperà la prima e chi la seconda fila (risposte B e D errate).
Schema dei posti:

M	**A**
R	
G	

Risposta corretta C.

2.16.1 Non è possibile dedurre con certezza che il Paese in cui sono state registrate le temperature sia in Europa (risposta A errata); per definizione la temperatura massima è superiore a quella minima (risposta B errata); la temperatura massima più elevata è stata registrata nel mese di agosto e non in quello di luglio (risposta C errata); la temperatura minima registrata in dicembre è positiva (circa 9° C) (risposta E errata). Nel mese di gennaio la temperatura massima registrata (circa 17° C) è stata inferiore a quella minima registrata ad aprile (circa 18° C).
Risposta corretta D.

2.16.2 Bisogna trovare il quartiere in cui si ha un decremento complessivo del crimine, il che mi indica che bisogna solo osservare la relazione tra i crimini del 2016 quelli del 2018, senza considerare quelli del 2017, poiché ininfluenti al fine della risposta. Tra le opzioni proposte, le uniche due che presentano una diminuzione di criminalità sono Isola e Lambrate (San Siro non compare nelle risposte). Per trovare il valore del decremento, si può impostare la proporzione "numero crimini 2016 : numero crimini 2018 = 100 : X", nella quale la X indica la percentuale di crimini del 2018 rispetto al 2016.

- Isola: 17 : 12 = 100 : X → X = 70,5
- Lambrate: 19 : 16 = 100 : X → X = 84,2

Per trovare il decremento bisogna sottrarre la X a 100, per ottenere così la riduzione del crimine in percentuale. In particolare, Lambrate mostra il decremento ricercato: 100 – 84,2 = 15,8.
Risposta corretta C.

2.17 Rappresentando i numeri delle diverse tabelle come le lettere rappresentate in figura, si può notare che A + B = C e A – B = D

A	B
C	D

Nella terza tabella bisogna quindi inserire 7 + 3 = 10 e 7 – 3 = 4.
Risposta corretta C.

2.18 Quando ci si trova davanti a un esercizio con calcoli troppo complicati conviene procedere con il metodo empirico, ovvero partendo dalle soluzioni per individuare l'opzione corretta.
In questo caso bisogna calcolare qual è il valore del numero elevato alla sesta con il quale otteniamo il numero di studenti presenti nel 2042 (15625). Conviene partire dal valore "mediano" per poi spostarsi su valori minori o maggiori in base al risultato.
$4 \cdot 4 \cdot 4 \cdot 4 \cdot 4 \cdot 4 = 4096$.
Dato che gli studenti sono molti di più non calcolo neanche i valori di 2 e 3 elevati alla sesta ma passo direttamente al numero successivo a 4 presente tra le risposte, ovvero 5.
$5 \cdot 5 \cdot 5 \cdot 5 \cdot 5 \cdot 5 = 15625$.
Si ottiene così il numero di studenti presenti nel 2037 all'università di Testbusters, ovvero 5.
Risposta corretta C.

“

Il momento più importante
della tua vita
non è quello della nascita,
del matrimonio
o della morte,
ma quello della gastrulazione.

Lewis Wolpert

BIOLOGIA

Introduzione

Introduzione

Tra le materie del test, biologia ha sempre rivestito un ruolo di fondamentale rilevanza e interesse, ma è grazie ai test degli ultimi anni, con l'introduzione della nuova proporzione di domande tra le materie, che si è proclamata regina dei test di Medicina, Odontoiatria e Veterinaria.

L'importanza di questa sezione è determinata non solo dalla preparazione strutturata e focalizzata richiesta dai quesiti relativi, né soltanto dal fatto che essa è la base del percorso di studi che hai deciso di intraprendere, ma prima di tutto perché i punti che queste domande ti permettono di ottenere non sono assolutamente da trascurare.

Chiarita l'importanza della materia (ce n'era davvero bisogno?), andiamo al dunque: come preparare biologia per il test?

Se uno dei tanti motti TB recita "la pratica batte la teoria", si può tranquillamente affermare che biologia è la materia in cui questo calza peggio. Ciò non significa che dovrai imparare tutti gli argomenti del programma ministeriale a memoria come se dovessi sostenere un'interrogazione davanti a Charles Darwin in persona, ma sicuramente l'acquisizione di una buona conoscenza di base della materia è fondamentale per sbranare anche i quesiti più semplici.

Inoltre, guardando anche alla vastità della materia, lo studio teorico richiede più tempo rispetto alle altre sezioni del test. Le dimensioni dei vari argomenti di biologia sono variabili, ma ciascuna parte è importante a modo suo. Ciò vale a maggior ragione considerando che le proporzioni delle domande sono cambiate molto in questi anni, senza suggerirci un trend definito. Vista l'imprevedibilità che caratterizza i diversi test, è saggio conoscere in modo approfondito tutte le sezioni. Come dicevamo, nessuno ti richiede di fagocitare tutta la teoria in un'estate sola, un modo efficace di studiare è procedere per strati: è utile, con una prima lettura, individuare le informazioni fondamentali che costituiranno lo scheletro della tua conoscenza e poi potrai procedere rifinendo i dettagli esercitandoti passo passo.

In ogni caso, consigliamo sempre uno studio accompagnato dalla relativa parte di "pratica": dopo aver letto e assimilato le prime nozioni, è bene spostarsi immediatamente sul relativo capitolo dell'eserciziario e fissare i concetti tramite la pratica sui quesiti. Con questo metodo, a mano a mano, le tue "conoscenze" inizieranno a farsi "competenze", indispensabili per affrontare il test con la massima sicurezza e serenità (si può dire?) possibile.

Per adattarci alla nuova tipologia di test TOLC (in vigore da settembre 2022), essendo stato ampliato il programma di biologia, anche il nostro manuale di teoria si è arricchito di alcuni capitoli di pertinenza più puramente biologica e meno "medica".

LA CHIMICA DEI VIVENTI

1

Introduzione

BIOLOGIA

Pur essendo una materia affascinante e molto apprezzata dagli studenti, la biologia può nascondere delle piccole insidie; affrontando questa materia è necessario infatti attuare un metodo di studio che sia il più possibile basato sulla propedeuticità, analizzando passo dopo passo ogni argomento e comprendendo gradualmente le diverse modalità di organizzazione delle strutture viventi.

Per essere coerenti con quanto appena detto, abbiamo deciso di stendere questo capitolo introduttivo, nel quale verranno trattate le basi chimiche e biomolecolari delle strutture viventi, senza le quali l'apprendimento dei capitoli successivi sarebbe certamente deficitario.

Verranno dunque analizzate le strutture e le funzioni dei carboidrati, dei lipidi, delle proteine e degli acidi nucleici, biomolecole costituite da unità di base definite monomeri, le quali si uniscono tra loro andando a formare delle strutture più complesse che prendono il nome di polimeri; per poter capire adeguatamente questo concetto, si può paragonare un polimero a una collana di perle, dove la singola perla rappresenta il suo monomero costituente.

Buon inizio in questa "verde" avventura alla scoperta delle basi della vita!

1.1 L'ACQUA E LE SUE CARATTERISTICHE, SOSTANZE IDROFILE E IDROFOBE

Ogni composto possiede delle precise e particolari proprietà fisiche, che lo contraddistinguono da tutti gli altri. Una **proprietà fisica** può essere osservata o misurata senza modificare la composizione o l'identità di una sostanza e costituisce infatti la diretta manifestazione di una trasformazione fisica. La temperatura di fusione/ebollizione di un composto, il suo odore caratteristico o lo stato di aggregazione in cui si presenta a temperatura ambiente sono esempi di proprietà fisiche.

In questo capitolo verranno presentate le proprietà fisiche principali di alcuni dei composti maggiormente presenti in natura.

L'ACQUA

L'acqua (**H_2O**) è un composto indispensabile per tutte le forme di vita e ricopre circa il 70% della superficie terrestre, in cui è presente prevalentemente allo stato liquido.
I legami a idrogeno esistenti tra le molecole conferiscono all'acqua proprietà fisiche molto specifiche:

- **tensione superficiale** → la tensione superficiale di un liquido è l'energia richiesta per aumentare l'area superficiale di una unità, ovvero la tendenza dei liquidi a minimizzare la loro superficie al fine di creare una sorta di "pellicola" che si oppone alla loro penetrazione. La tensione superficiale cresce all'aumentare delle forze molecolari. Nel caso dell'acqua, la tensione superficiale è pari a 72,8 mJ/m^2 e consente a diversi insetti di sfruttare questa proprietà per muoversi appunto "sul pelo dell'acqua";
- **capillarità** → l'azione capillare deriva dalla combinazione tra la *forza di coesione* (forza di attrazione tra le molecole in un liquido) e la *forza di adesione* (forza di attrazione tra le molecole e la superficie di un tubo). Nel caso dell'acqua, le forze di adesione sono maggiori rispetto a quelle di coesione; ciò permette al liquido di risalire un tubo fino a quando l'azione capillare non sarà bilanciata dalla forza di gravità. Più il tubo è stretto, più in alto l'acqua riuscirà a risalire;
- **densità** → la densità dell'acqua aumenta al diminuire della temperatura fino a **4° C** circa, in cui è pari a **1000 kg/m^3** (genericamente espressa come **1 g/cm^3**); avvicinandosi al punto di solidificazione, la densità diminuisce. Infatti, al contrario di quanto accade normalmente negli altri composti, l'acqua si espande durante la solidificazione: le molecole sono più distanti rispetto alla loro disposizione allo stato liquido e, a parità di massa, il volume dell'acqua allo stato solido è maggiore. Conseguentemente, il ghiaccio è meno denso dell'acqua liquida e quindi galleggia su di essa.

A temperatura ambiente, l'acqua si presenta allo stato liquido. Come osservato nel paragrafo 0.3 "*Le trasformazioni fisiche della materia*" ; la **temperatura di fusione** dell'acqua è pari a **0° C** e quella di **ebollizione** è di 100° C.

ATTENZIONE PER IL TEST

Sostanze idrofile: caratterizzate da una spiccata **affinità per l'acqua**. A livello molecolare, il gruppo funzionale di molecole idrofile presenta un dipolo elettrico in grado di stabilire legami a idrogeno con i dipoli dell'acqua; il legame chimico che si instaura è di natura elettrostatica. Esempi di sostanze idrofile sono: il glucosio, i sali minerali, gli alcoli, l'urea.
Sostanze idrofobe: caratterizzate dalla presenza di un gruppo funzionale in grado di essere **respinto dall'acqua**. Le specie idrofobe, o lipofile, sono elettricamente neutre o apolari. Esempi di sostanze idrofobe: lipidi, oli, alcani, benzene.

1.2 CARBOIDRATI

I **carboidrati** sono una delle quattro classi principali di biomolecole e rappresentano la maggiore componente della sostanza organica presente sul pianeta. Essi sono **polidrossialdeidi** o **polidrossichetoni**, cioè catene carboniose a cui sono legati più di un gruppo -*OH* (poliidrossi) e un gruppo aldeidico o chetonico. Sono costituiti esclusivamente da carbonio, idrogeno e ossigeno, il cui rapporto è indicato dalla formula generale dei carboidrati: $C_n(H_2O)_n$, la quale indica un rapporto 1:1 fra gli atomi di *C* e le molecole di H_2O.

I carboidrati si classificano in:
- **zuccheri**: suddivisi in monosaccaridi (aldosi e chetosi), disaccaridi, oligosaccaridi;
- **polisaccaridi** o glicani: suddivisi in omopolisaccaridi ed eteropolisaccaridi.

Questa classe di molecole svolge un elevato numero di funzioni:
- **funzione energetica** → alcuni carboidrati come il glucosio vengono utilizzati come *fonte energetica immediata*, mentre altri come il glicogeno o l'amido vengono usati come *fonte energetica di riserva*;
- **funzione strutturale** → alcuni carboidrati sono i principali costituenti di strutture cellulari fondamentali per alcuni esseri viventi, come la *chitina*, che costituisce l'*esoscheletro degli artropodi*, o la *cellulosa*, che costituisce la *parete cellulare* delle cellule vegetali;
- **conservazione dell'informazione genetica** → zuccheri come il *ribosio* e il *desossiribosio* permettono la formazione dei nucleotidi, unità monomeriche fondamentali del materiale genetico.

1.2.1 Monosaccaridi e disaccaridi

Da un punto di vista strutturale, i carboidrati più semplici sono formati da unità monomeri che che prendono il nome di **monosaccaridi** (formati da una sola molecola di zucchero), i quali possono unirsi in coppie formando i **disaccaridi** (due molecole di zucchero) che a loro volta possono unirsi in catene più lunghe formando gli **oligosaccaridi** e i **polisaccaridi**.

I monosaccaridi più semplici sono la *gliceraldeide* e il *diidrossiacetone*. La gliceraldeide, in particolare, presenta un centro *chirale* e presenta due enantiomeri: la D-gliceraldeide (-*OH* a destra) e la L-gliceraldeide (-*OH* a sinistra).

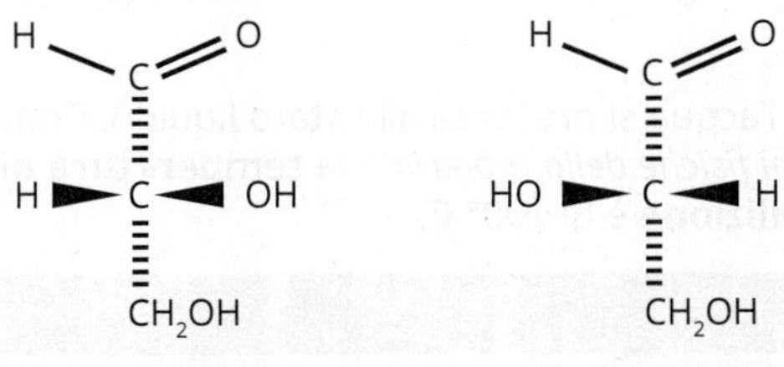

Figura 1: isomeri ottici della gliceraldeide.

I monosaccaridi vengono classificati, in base al numero di atomi di carbonio che li costituiscono, in triosi (3 carboni), tetrosi (4 carboni), pentosi (5 carboni) ed esosi (6 carboni): tra i pentosi di importanza biologica bisogna ricordare il **ribosio** ($C_5H_{10}O_5$) e il **desossiribosio** ($C_5H_{10}O_4$, contenente un atomo di ossigeno in meno), i quali rispettivamente formano lo scheletro dei nucleotidi nelle molecole di RNA e DNA; tra gli esosi, invece, rivestono un ruolo di centrale importanza il **glucosio**, principale fonte energetica dell'organismo umano, il fruttosio, zucchero contenuto principalmente nella frutta o nel miele, e il **galattosio**, contenuto nel latte.

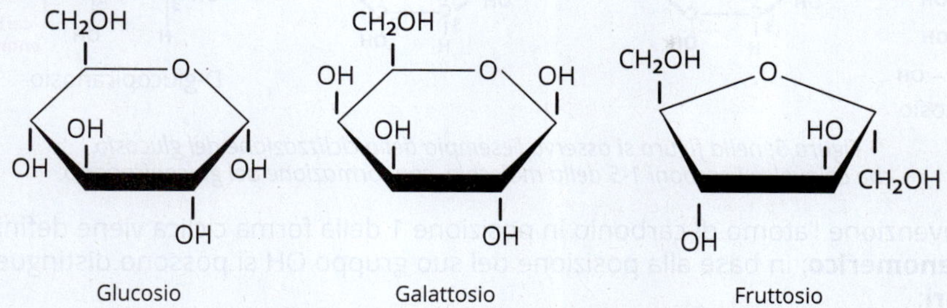

Figura 2: gli esosi di importanza biologica.

È importante la posizione del doppio legame con l'ossigeno, che determina se uno zucchero è un **aldoso** (idrossialdeide) o un **chetoso** (idrossichetone).

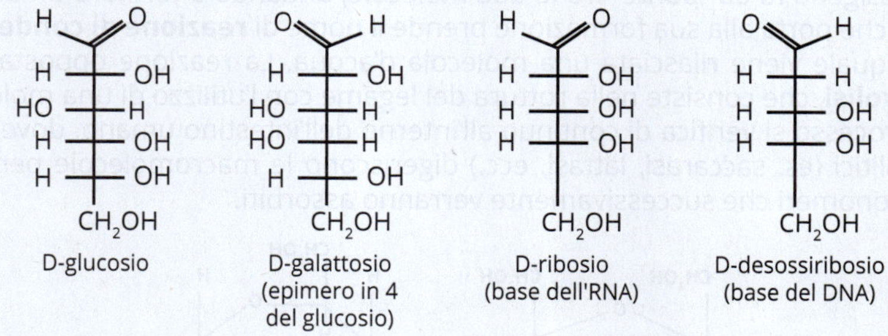

Figura 3: zuccheri aldosi di importanza biologica.

Il più importante chetoso è invece il fruttosio.

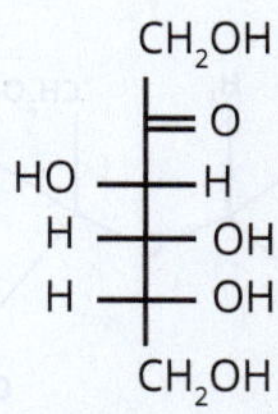

Figura 4: fruttosio.

ATTENZIONE PER IL TEST

È utile memorizzare le strutture dei carboidrati citati sopra, poiché sono quelli che appaiono con più frequenza all'interno dei quesiti ministeriali.

I monosaccaridi nella realtà non sono lineari e se vengono posti in soluzione acquosa sono riscontrabili forme cicliche che derivano dall'interazione del gruppo carbonilico con uno dei gruppi alcolici presenti nella molecola.

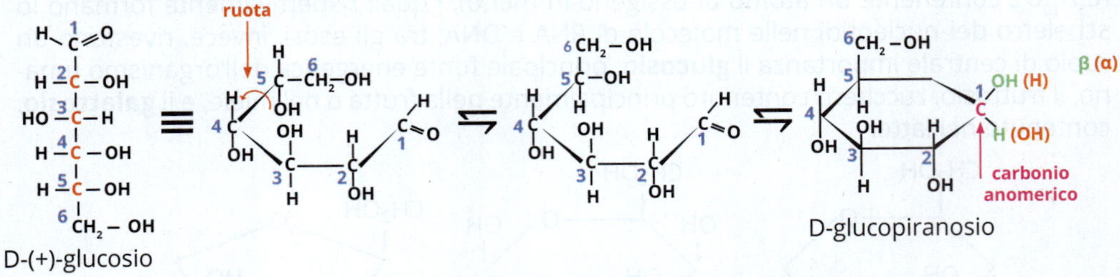

Figura 5: nella figura si osserva l'esempio della ciclizzazione del glucosio, che coinvolge i carboni 1-5 della molecola, con formazione del glucopiranosio.

Per convenzione l'atomo di carbonio in posizione 1 della forma ciclica viene definito **carbonio anomerico**; in base alla posizione del suo gruppo OH si possono distinguere due **anomeri**:

- α **zuccheri**: *OH* in basso rispetto al piano della molecola, meno stabile;
- β **zuccheri**: *OH* in alto rispetto al piano della molecola, più stabile.

Due monosaccaridi possono unirsi mediante un *legame glicosidico*, un legame in cui un atomo di ossigeno fa da "ponte" fra le due molecole, andando a formare un disaccaride; la reazione che porta alla sua formazione prende il nome di **reazione di condensazione**, durante la quale viene rilasciata una molecola d'acqua. La reazione opposta prende il nome di **idrolisi**, che consiste nella rottura del legame con l'utilizzo di una molecola d'acqua; tale processo si verifica di continuo all'interno dell'intestino umano, dove numerosi enzimi idrolitici (es. saccarasi, lattasi, ecc.) digeriscono le macromolecole per liberare i rispettivi monomeri che successivamente verranno assorbiti.

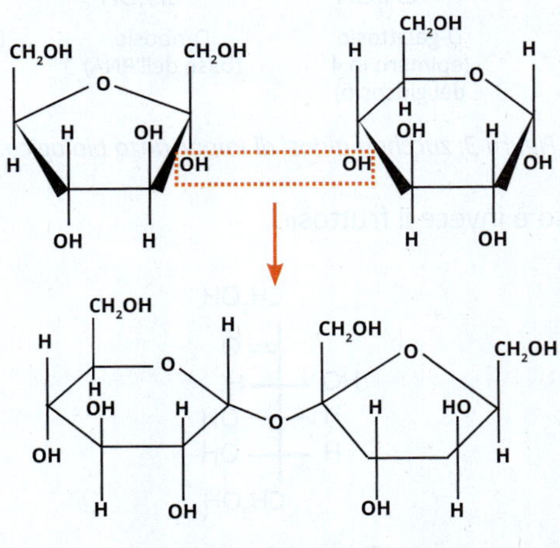

Figura 6: reazione di condensazione fra α-glucosio e β-fruttosio con formazione di saccarosio.

Tra i disaccaridi più importanti si ricordano il **saccarosio**, noto anche come zucchero da cucina e formato da α-glucosio e β-fruttosio, il **maltosio**, formato da due molecole di α-glucosio, e il **lattosio**, formato da β-glucosio e β-galattosio.

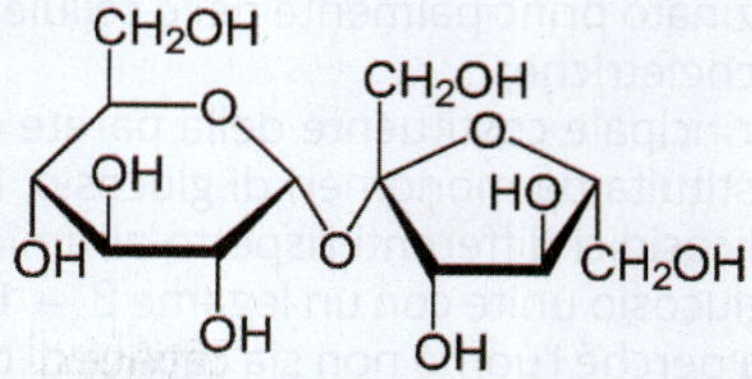

Figura 7: raffigurazione della struttura molecolare del saccarosio. Si può notare come nel legame glicosidico l'ossigeno faccia da ponte fra il glucosio e il fruttosio.

BIOLOGIA

ESERCIZIO **PROPOSTO**

1.2.1 Considerando i carboidrati:

A. Il desossiribosio è un esoso
B. Il ribosio è una pirimidina
C. Il fruttosio è un aldoesoso
D. Il galattosio è un epimero del glucosio
E. Il maltosio è dato da glucosio + fruttosio

1.2.2 Oligosaccaridi e polisaccaridi

Dalla polimerizzazione di più monosaccaridi è possibile ottenere carboidrati di lunghezza maggiore che vengono definiti oligosaccaridi e polisaccaridi.

Gli **oligosaccaridi** sono composti formati dall'unione di un numero di monosaccaridi che varia da *3* a *10*. Comprendono pochissimi composti naturali accanto a prodotti derivanti dall'idrolisi controllata di polisaccaridi come l'amido e la cellulosa. Tra gli oligosaccaridi si segnalano le **destrine**, costituite da 6 o più molecole di glucosio ottenute per idrolisi dell'amido.

I **polisaccaridi** sono formati dall'unione di dieci o più molecole di monosaccaridi e si distinguono in:

- **omopolisaccaridi**, formati da una stessa unità monomerica;
- **eteropolisaccaridi**, formati da unità monomeriche diverse.

Gli omopolisaccaridi elencati di seguito sono tutti costituiti unicamente da *glucosio*, ma presentano proprietà chimiche diverse a causa dei diversi legami con cui si legano i monosaccaridi:

- **amido** → è il principale polisaccaride di riserva del mondo *vegetale* ed è anch'esso costituito esclusivamente da glucosio. È costituito dall'*amilosio* (struttura a catene lineari di glucosio) e dall'*amilopectina* (struttura a catene ramificate di glucosio). Nelle catene lineari, il legame fra le molecole di glucosio è di tipo α → **1-4 glicosidico** (cioè si forma tra il C anomerico α del primo monosaccaride e il C in posizione 4 del secondo), mentre nelle porzioni ramificate è α → **1-6 glicosidico**. Si accumula in grandi quantità nei cereali e nei tuberi (es. patate);
- **glicogeno** → è il principale polisaccaride di riserva energetica del mondo animale ed è costituito esclusivamente da monomeri di glucosio. È simile all'amilopectina, presenta infatti sia legami α → **1-4** che α → **1-6 glicosidici**, ma si distingue per una maggiore quantità di ramificazioni.

Nell'uomo viene immagazzinato principalmente nelle cellule epatiche (*epatico = nel fegato*) e nelle cellule muscolari scheletriche;

- **cellulosa** → è il principale costituente della parete cellulare delle cellule vegetali ed è anch'essa costituita da monomeri di glucosio, i quali però si uniscono tra di loro con legami glicosidici differenti rispetto all'amido e al glicogeno. È costituita da molecole di β-glucosio unite con un legame β → **1-4 glicosidico**. La presenza di tale legame spiega perché l'uomo non sia capace di digerire la cellulosa contenuta nei vegetali: all'interno dell'apparato digerente, vengono infatti rilasciate le **amilasi** (salivare e pancreatica) capaci di scindere **solo** i legami α → **1-4** presenti negli amidi che vengono quotidianamente ingeriti (pasta, riso, patate, ecc.); per poter scindere la cellulosa in monomeri di glucosio è necessaria la presenza dell'enzima **cellulasi**, capace di scindere i legami β → **1-4**, il quale però è presente solo nei batteri che compongono la flora intestinale dei *ruminanti* (bovini, pecore, capre, ecc.).

Gli eteropolisaccaridi sono presenti in natura come componenti dei **glicoconiugati**, i quali si dividono in tre categorie di grande importanza biologica: proteoglicani, glicolipidi e glicoproteine.

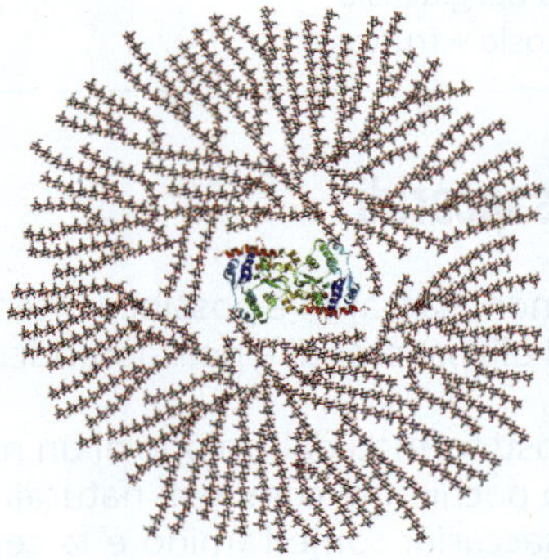

Figura 8: rappresentazione del glicogeno. Si possono osservare le numerose ramificazioni delle catene polisaccaridiche di glucosio.

ESERCIZIO **PROPOSTO**

1.2.2a Quale fra le seguenti affermazioni NON è corretta riguardo al glicogeno?

A. È una molecola ramificata
B. È presente nelle cellule del fegato
C. Può essere idrolizzato
D. È composto da amilosio e amilopectina
E. Contiene legami glicosidici

ESERCIZIO **PROPOSTO**

1.2.2b Quale delle seguenti affermazioni sui polisaccaridi è corretta?

A. Gli eteropolisaccaridi sono composti da monomeri identici
B. Il glicogeno ha all'interno solo legami α → 1-6 glicosidici
C. I bovini ricavano energia dal glucosio presente nella cellulosa
D. La cellulosa è costituita da monomeri di β-D-fruttosio
E. L'amido ha funzione strutturale nei vegetali

1.3 LIPIDI

I **lipidi** sono molecole che si contraddistinguono per la loro caratteristica **apolarità**, cioè per la loro capacità di sciogliersi in solventi apolari ma non in solventi **polari** come l'acqua (*il simile scioglie il simile*); essi svolgono importanti e specifiche funzioni a livello biologico:

- **funzione energetica** → rappresentano un'importante fonte di riserva energetica sia nei vegetali (basti pensare agli oli) che negli animali (sotto forma di grassi). L'energia normalmente liberata dai lipidi è notevolmente superiore rispetto a quella liberata da una medesima quantità di carboidrati (9 kcal per grammo di lipidi rispetto a 4 kcal per grammo di carboidrati);
- **funzione strutturale** → rappresentano i principali costituenti delle membrane biologiche (*fosfolipidi e colesterolo*);
- **funzione di comunicazione intercellulare** → alcune molecole di natura lipidica assumono un'importanza cruciale nei processi di comunicazione cellulare (es. *ormoni steroidei*).

I lipidi possono essere suddivisi in quattro principali sottoclassi: *oli e grassi*, *fosfolipidi*, *steroidi* e *cere*.

Gli **oli** e i **grassi** sono costituiti essenzialmente da molecole che prendono il nome di **trigliceridi**, formati da una molecola di *glicerolo* (un alcol trivalente) alla quale sono legate tre molecole di **acidi grassi saturi** (che presentano solo legami singoli lungo la catena alifatica) o **insaturi** (che presentano anche *doppi* legami oltre ai legami singoli) tramite **legami esterei**. È importante sottolineare che un trigliceride può contenere sia acidi grassi saturi che insaturi. Il grado di saturazione degli acidi grassi di un trigliceride ne stabilisce il suo stato di aggregazione a temperatura ambiente. Negli oli (come l'olio di oliva, l'olio di semi, ecc.) sono presenti principalmente acidi grassi insaturi, mentre nei grassi (burro, strutto, olio di palma, ecc.) sono presenti principalmente acidi grassi saturi. Essi svolgono la funzione di riserva energetica, poiché gli animali sono capaci di immagazzinare solo quantità limitate di energia sotto forma di polisaccaridi; per tale motivo la maggior parte dell'energia è immagazzinata sotto forma di trigliceridi all'interno degli adipociti (cellule del tessuto adiposo).

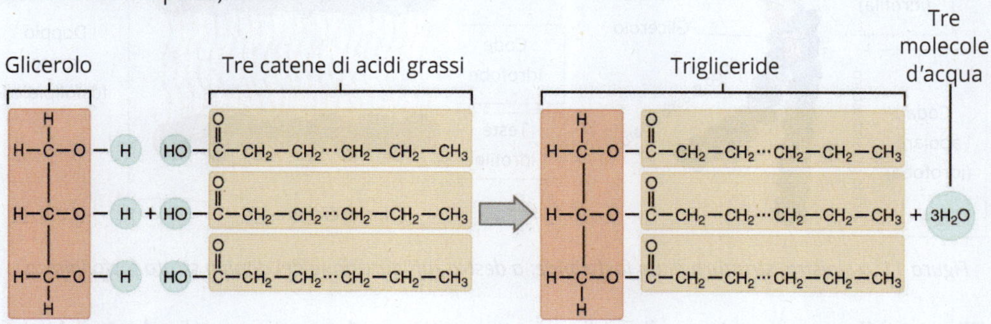

Figura 9: formazione di un trigliceride. Anche in questo caso per la formazione dei legami si attua una reazione di condensazione, dalla quale si liberano 3 molecole d'acqua (una per ogni acido grasso legato).

	Oli	Grassi
Catena alifatica	Insatura o polinsatura	Saturi
Punto di fusione	Basso	Alto
Stato a T ambiente	Liquido	Solido

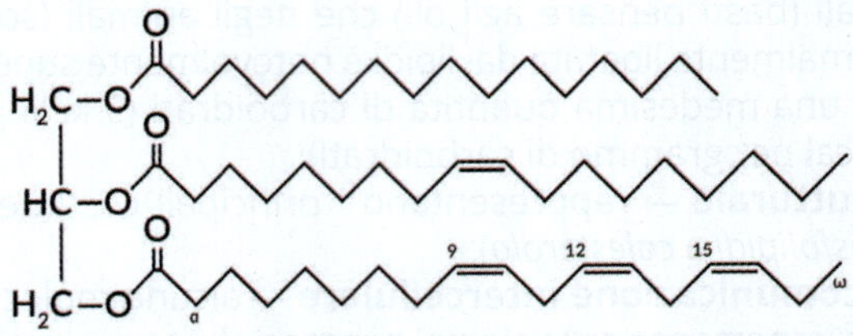

Figura 10: rappresentazione di un olio. Si noti la contemporanea presenza di acidi grassi saturi, monoinsaturi e poliinsaturi.

I **fosfolipidi** presentano anch'essi una molecola di glicerolo nella loro struttura, ma questa è legata a due molecole di acidi grassi e a un **gruppo fosfato** PO_4^{3-}, il quale conferisce una buona polarità (solubilità in acqua) alla molecola: il fosfolipide, infatti, può essere strutturalmente suddiviso in una **testa polare** (idrofila), costituita dal glicerolo e dal gruppo fosfato, e in una **coda apolare** (idrofoba), costituita dalle due catene di acidi grassi; le molecole di questo tipo vengono definite **anfipatiche**. Questa particolare struttura consente ai fosfolipidi di organizzarsi, all'interno di soluzioni acquose, in strutture semplici come le *micelle* (aggregati globulari di fosfolipidi) o complesse come il **doppio strato fosfolipidico**, nel quale le teste idrofile sono a diretto contatto con i mezzi acquosi presenti ai due versanti del doppio strato e le code idrofobe sono a contatto tra loro all'interno del doppio strato (*figura 11*); tale struttura rappresenta la base fondamentale di tutte le *membrane cellulari*.

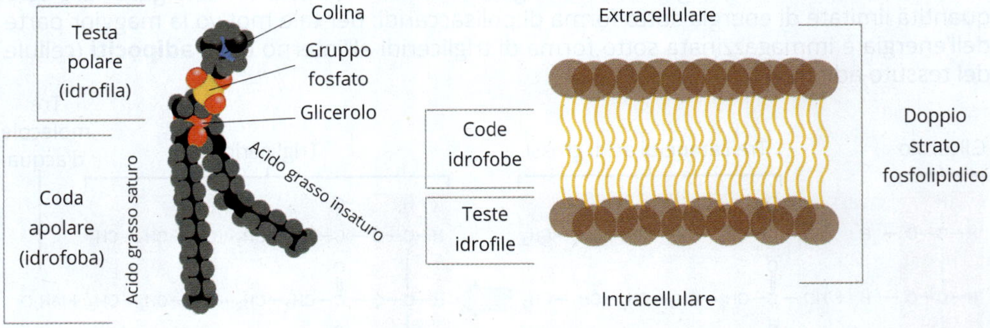

Figura 11: a sinistra, struttura di un fosfolipide; a destra raffigurazione del doppio strato fosfolipidico.

Gli **steroidi** sono una classe di lipidi rappresentati prevalentemente dal **colesterolo**, un importantissimo costituente delle membrane cellulari degli animali e precursore di molecole importanti come gli ormoni sessuali. Spesso il colesterolo viene associato alle malattie cardiovascolari, poiché livelli eccessivamente elevati di questo lipide costituiscono un alto rischio per questo tipo di patologie.

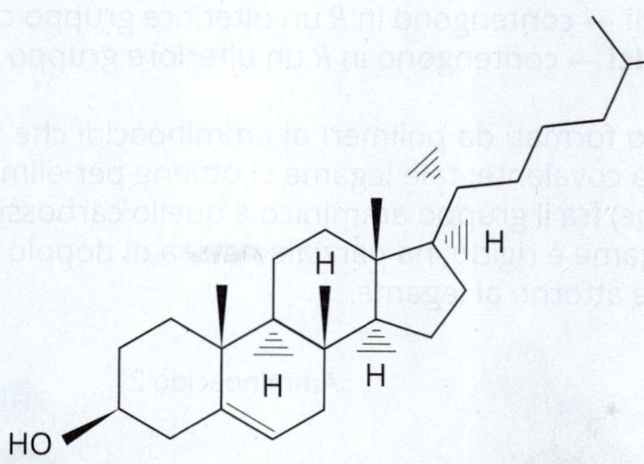

Figura 12: rappresentazione del colesterolo, molecola prevalentemente apolare, eccezion fatta per un gruppo OH (gruppo alcolico) legato al carbonio 3.

ESERCIZIO **PROPOSTO**

1.3 Quale fra questi elementi non è sempre presente in un fosfolipide?

A. Carbonio
B. Idrogeno
C. Fosforo
D. Azoto
E. Ossigeno

1.4 AMMINOACIDI E PROTEINE

Gli amminoacidi sono biomolecole composte da un *C* a cui si lega un gruppo amminico (NH_2), un gruppo carbossilico (*COOH*), un *H* e una catena laterale R che rappresenta l'elemento differenziale tra tutti e venti gli amminoacidi.
Tutti gli amminoacidi naturali più comuni, esclusa la *glicina*, contengono almeno un **centro stereogenico** e si trovano in natura in forma otticamente attiva appartenente alla *serie sterica L*.

La loro formula generale viene ben rappresentata dalla seguente struttura di Fisher:
- gruppo amminico a sinistra;
- gruppo carbossilico in alto;
- H a destra;
- R in basso.

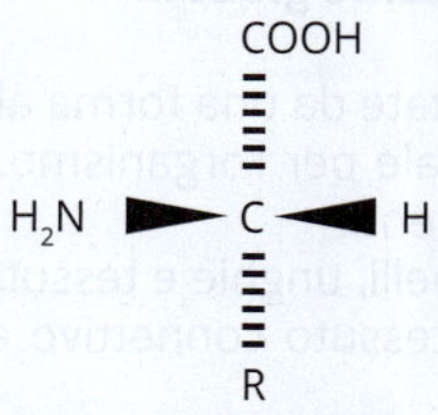

Figura 13: struttura generica di un amminoacido.

Gli amminoacidi naturali si dividono in base alla natura della catena *R* in:
- **amminoacidi neutri** → contengono nella molecola un solo gruppo amminico e un gruppo carbossilico. Sono suddivisibili in polari e non polari, a seconda della polarità della catena laterale;

- **amminoacidi acidi** → contengono in *R* un ulteriore gruppo carbossilico;
- **amminoacidi basici** → contengono in *R* un ulteriore gruppo amminico.

I peptidi e le proteine sono formati da polimeri di amminoacidi che formano fra loro un legame peptidico di natura covalente; tale legame si ottiene per eliminazione di una molecola di H_2O (*condensazione*) fra il gruppo amminico e quello carbossilico di due amminoacidi differenti. Questo legame è rigido, ha parziale natura di doppio legame e impedisce la rotazione delle molecole attorno al legame.

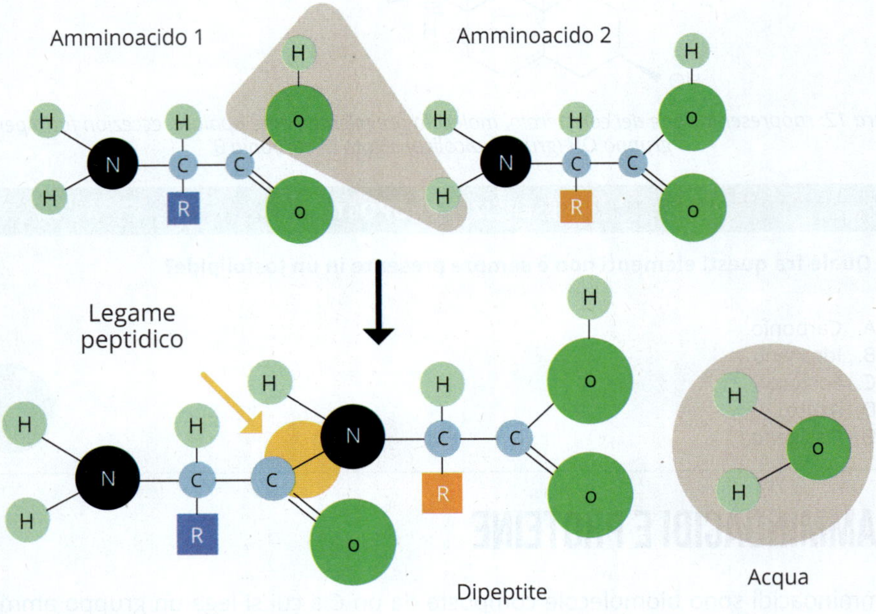

Figura 14: formazione del legame peptidico. Si notino il gruppo amminico (NH_2) a sinistra degli amminoacidi e il gruppo carbossilico (COOH) a destra.

In base alla lunghezza della catena peptidica si distinguono **oligopeptidi** (da 2 a 20 aa), **peptidi** (da 20 a 100 aa) e **proteine** (da 100 a migliaia di aa). Le proteine hanno importanza biologica strutturale (es. *collagene*) e rivestono un ruolo di centralissima importanza in quasi tutti i processi biologici, svolgendo funzioni essenziali come quella di catalizzatori biologici (*enzimi*), di trasporto (*proteine canale*), meccanica (*proteine muscolari*), di messaggeri chimici (*ormoni peptidici*) e anche di difesa immunitaria (*anticorpi*). Una prima classificazione distingue le proteine in due classi in base alla loro forma e alle loro caratteristiche di solubilità: **proteine fibrose** e **proteine globulari**.

Le **proteine fibrose** sono caratterizzate da una forma allungata a fibra e hanno funzione di protezione e di sostegno strutturale per l'organismo. Le proteine fibrose rilevanti dal punto di vista biologico sono le seguenti:
- *cheratine* (protezione dei capelli, unghie e tessuti cornei);
- *collagene* (componente del tessuto connettivo e proteina più abbondante negli organismi animali);
- *elastina* (componente del tessuto connettivo).

Le **proteine globulari** sono invece compatte, di forma sferica o ripiegata, solubili in acqua e nella fase lipidica delle membrane biologiche. Svolgono le funzioni di enzimi, anticorpi, trasportatori di ossigeno e di sostanze nutritive.

Le proteine umane sono costituite a partire da **venti** amminoacidi che, legandosi in ordine diverso, formano numerosissime combinazioni e, di conseguenza, numerosissime proteine; di questi venti, **nove** vengono definiti **essenziali**, poiché, non essendo l'organismo umano capace di sintetizzarli, devono essere assunti tramite la dieta.

Ogni proteina presenta diversi livelli di organizzazione:

- **struttura primaria** → rappresenta la forma di aggregazione più semplice nella quale è possibile ritrovare una catena polipeptidica; in questo caso gli amminoacidi si dispongono *linearmente*, uniti esclusivamente dalla forza di legame esercitata dai legami peptidici;
- **struttura secondaria** → i gruppi R degli amminoacidi possono interagire tra di loro formando dei legami a idrogeno fra diverse porzioni della catena polipeptidica; ciò porta alla formazione di strutture ad **α-elica** o ripiegate a **β-foglietto**. Questa struttura, dunque, è mantenuta da legami peptidici e da legami a idrogeno;
- **struttura terziaria** → le catene di amminoacidi che si trovano a lunga distanza tra di loro interagiscono ulteriormente tramite legami *dipolo-dipolo* e legami a idrogeno, causando il passaggio della struttura secondaria alla struttura terziaria; alcune proteine presentano inoltre amminoacidi contenenti atomi di zolfo (come la *cisteina*) che formano dei legami noti come **ponti disolfuro**. Questa struttura, dunque, è mantenuta da legami peptidici, legami a idrogeno, forze di van der Waals, ponti disolfuro e *legami ionici*;
- **struttura quaternaria** → due o più proteine possono legarsi tra loro dando luogo a una struttura quaternaria. Un esempio molto importante di struttura quaternaria è rappresentato dall'emoglobina, una proteina che si trova all'interno dei globuli rossi e il cui compito è quello di trasportare l'ossigeno dal sangue alle cellule di tutto l'organismo. L'emoglobina è formata da due subunità proteiche α e due subunità β unite tra loro in una struttura quaternaria; al centro di ogni subunità è presente una struttura chiamata gruppo eme, al centro del quale è presente uno ione Fe^{2+} che può legare l'ossigeno. Dunque ogni molecola di emoglobina può legare un massimo di quattro molecole di ossigeno.

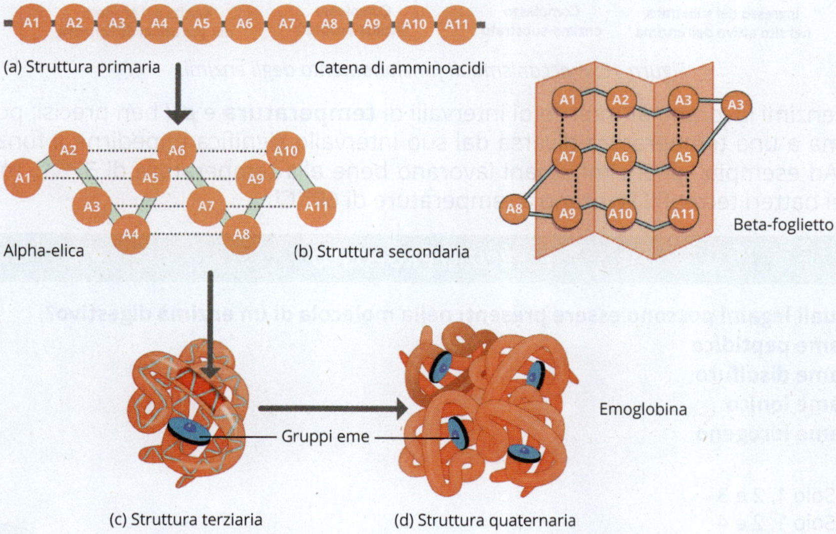

Figura 15: strutture delle proteine. Si noti in basso a destra la struttura quaternaria dell'emoglobina formata da quattro subunità, al centro delle quali sono presenti i gruppi eme (uno per subunità).

La *denaturazione proteica* è il processo di alterazione delle strutture proteiche che si può verificare sottoponendo la proteina a processi dannosi quali: riscaldamento, variazione di *pH*, aggiunta di soluti in soluzione (es. l'albume, quando viene cotto, cambia colore a causa della denaturazione delle sue proteine).

RICORDA: nella denaturazione proteica vengono distrutti tutti i livelli di struttura ad eccezione della struttura primaria.

Gli **enzimi** rivestono un ruolo molto particolare nell'organismo; essi sono dei veri e propri catalizzatori biologici, cioè molecole capaci di aumentare la velocità di una reazione chimica senza alterarne gli equilibri (come vedrete in chimica nel capitolo 7.5 e successivamente in biologia nel capitolo 6.2, quello che fanno è abbassare l'energia di attivazione) e senza le quali il funzionamento dell'intero organismo umano sarebbe compromesso (es. enzima *lattasi* scinde per idrolisi il lattosio in glucosio e galattosio). La molecola su cui agisce l'enzima prende il nome di **substrato** (nel precedente esempio il lattosio), il quale si lega in una specifica zona dell'enzima che prende il nome di **sito attivo**. Per poter svolgere la loro funzione, gli enzimi possono aver bisogno di altre molecole non proteiche denominate **cofattori enzimatici**, che se rappresentati da grosse molecole organiche prendono il nome di **coenzimi** (es. alcune vitamine).

In molti casi, oltre a possedere il sito attivo, gli enzimi possiedono anche un **sito allosterico** (diverso dal sito attivo), nel quale si possono legare delle molecole organiche che vanno ad aumentarne o a diminuirne l'attività catalitica.

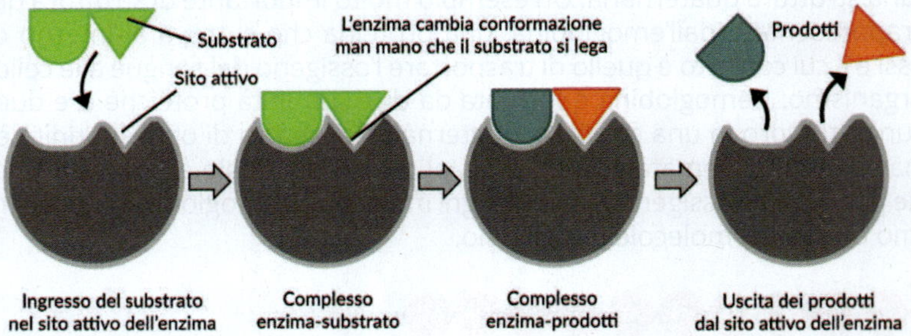

Figura 16: meccanismo di funzionamento degli enzimi.

N.B. Gli enzimi lavorano all'interno di intervalli di **temperatura** e ***pH*** ben precisi; portare un enzima a una temperatura diversa dal suo intervallo significa impedirne il funzionamento. Ad esempio, gli enzimi umani lavorano bene alla temperatura di 37° C, mentre quelli dei batteri termofili lavorano a temperature di 60° C!

ESERCIZIO **PROPOSTO**

1.4a Quali legami possono essere presenti nella molecola di un enzima digestivo?
1. Legame peptidico
2. Legame disolfuro
3. Legame ionico
4. Legame idrogeno

A. Solo 1, 2 e 3
B. Solo 1, 2 e 4
C. Solo 2, 3 e 4
D. Solo 1, 3 e 4
E. Tutti

ESERCIZIO **PROPOSTO**

1.4b Quale delle seguenti affermazioni è falsa?

A. L'emoglobina è una proteina a struttura quaternaria costituita da due subunità α e due subunità β, al centro di ognuna delle quali è presente uno ione Fe^{2+} contenuto nel gruppo eme
B. Gli amminoacidi essenziali sono definiti come tali poiché devono essere assimilati obbligatoriamente tramite la dieta
C. Il sito attivo di un enzima può coincidere con il sito allosterico
D. Una molecola di emoglobina può legare un massimo di quattro molecole di ossigeno
E. La struttura a α-elica è una struttura secondaria

1.5 ACIDI NUCLEICI

Gli **acidi nucleici** rappresentano la classe di biomolecole implicata nel processo di *trasmissione dell'informazione genetica* (**DNA**) e nella sua rielaborazione sotto forma di proteine (**RNA**). Esse sono macromolecole polimeriche lineari, le cui unità ripetute prendono il nome di **nucleotidi**. Un nucleotide è costituito da:

- uno **zucchero a 5 atomi di carbonio** che può essere il ribosio (RNA) o il desossiribosio (DNA);
- una **base azotata**, la quale può essere una **purina** o una **pirimidina**. Le purine sono formate da una struttura a due anelli e sono rappresentate dall'**adenina** e dalla **guanina**, entrambe presenti sia nel DNA che nell'RNA. Le pirimidine sono formate da un singolo anello e sono rappresentate dalla **timina**, presente solo nel DNA, dall'**uracile**, presente solo nel RNA e dalla **citosina**, presente sia nel DNA che nell'RNA;
- un **gruppo fosfato**.

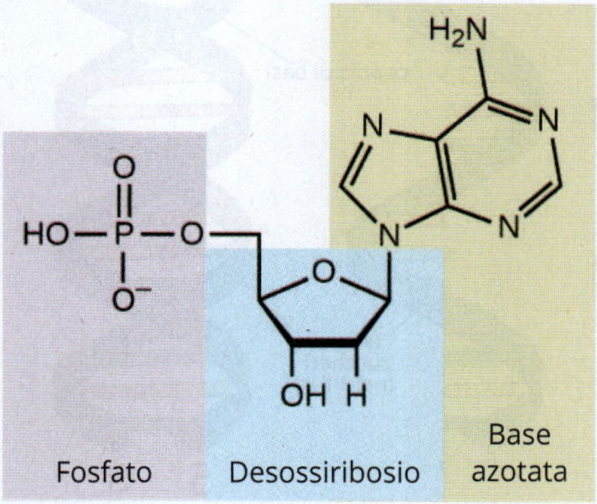

Figura 17: raffigurazione della struttura di un nucleotide.

N.B. Un nucleotide privo del suo gruppo fosfato viene definito **nucleoside**.

Due o più nucleotidi possono unirsi tra loro mediante un **legame fosfodiesterico**, il quale si forma tra il fosfato di un nucleotide e lo zucchero del nucleotide seguente, andando a costituire una molecola di RNA, generalmente a singolo filamento, o di DNA, generalmente a doppio filamento.

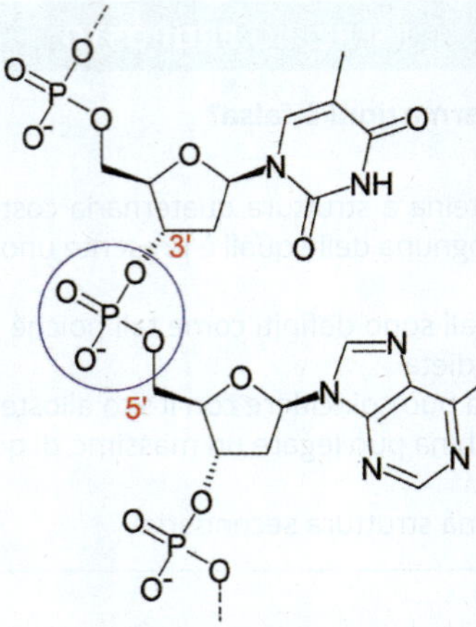

Figura 18: legame fosfodiesterico.

Da un punto di vista strutturale il DNA è composto da **due filamenti antiparalleli** (cioè il filamento 3'* di un filamento corrisponde al 5' dell'altro), avvolti a formare una **doppia elica** e uniti da **legami idrogeno** che si formano fra *adenina* e *timina* (**2 legami idrogeno**) e tra *guanina* e *citosina* (**3 legami a idrogeno**). La molecola di RNA, invece, è generalmente costituita da un **singolo filamento**.

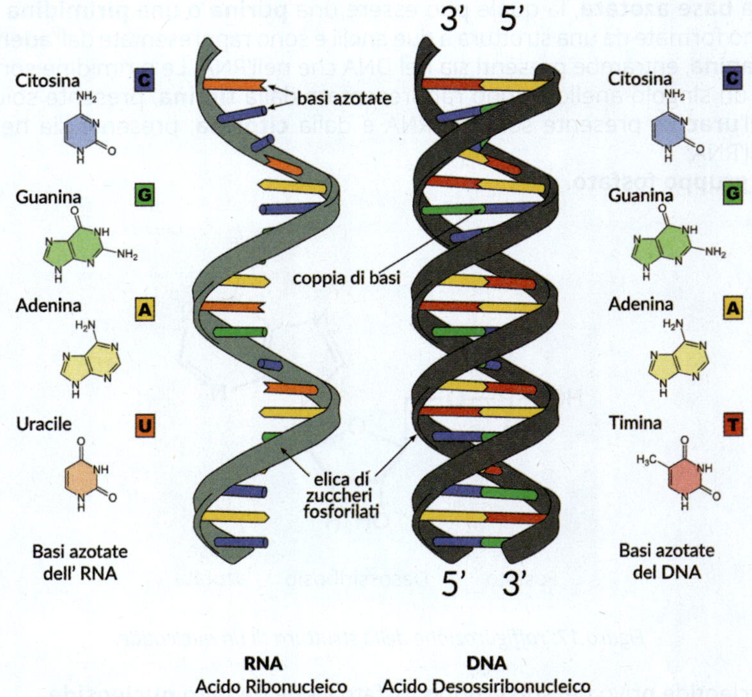

Figura 19: DNA ed RNA. Si noti come nell'RNA sia presente l'uracile al posto della timina.

*Nota. Con i termini 3' e 5' ci si riferisce agli atomi di carbonio liberi (non legati a fosfato) del desossiribosio appartenente ai nucleotidi che si trovano alle estremità dei filamenti.

ESERCIZIO **PROPOSTO**

1.5 Un frammento di DNA a doppia elica contiene 12 molecole di timina e 15 molecole di guanina. Quanti singoli legami idrogeno tra basi azotate sono complessivamente presenti all'interno di questo frammento di DNA?

A. 69
B. 27
C. 54
D. 66
E. 81

BIOLOGIA

CORREZIONI COMMENTATE AGLI ESERCIZI PROPOSTI

1.2.1 Andando ad analizzare le singole opzioni, il desossiribosio è uno zucchero pentoso (risposta A errata), così come il ribosio, che quindi non è una base pirimidinica, ma uno zucchero (risposta B errata). Il fruttosio è un chetoesoso, poiché ha un gruppo carbonilico legato al carbonio 2 (risposta C errata) e il maltosio è un disaccaride dato da due molecole di glucosio legate da un legame glicosidico (risposta E errata). Il galattosio è in effetti un epimero in 4 del glucosio, quindi a livello di questo carbonio si ha un cambiamento nella conformazione dei legami.
Risposta corretta D.

1.2.2a Il glicogeno è un polimero costituito da tante molecole di glucosio che si legano tra di loro formando legami glicosidici sia in modo lineare che ramificato (risposte A ed E errate). Si tratta di una molecola di grandi dimensioni che funge da deposito di glucosio a livello del fegato e dei muscoli scheletrici (risposta B errata); nel momento del bisogno alcuni segnali portano all'idrolisi del glicogeno (glicogenolisi) e alla liberazione dei monomeri di glucosio nel sangue, i quali verranno utilizzati a scopo energetico dalle cellule dell'organismo (risposta C errata). Al contrario amilosio e amilopectina sono polimeri di glucosio che compongono l'amido, un polisaccaride che ha funzione di riserva energetica nei vegetali.
Risposta corretta D.

1.2.2b I polisaccaridi sono molecole biologiche formate dall'unione di dieci o più molecole di monosaccaride. Gli eteropolisaccaridi sono composti da monomeri differenti (risposta A errata); il glicogeno è un omopolisaccaride di glucosio che ha all'interno sia legami $\alpha \rightarrow$1-4 che $\alpha \rightarrow$ 1-6 glicosidici (risposta B errata); la cellulosa è composta da monomeri di β-D-glucosio, non di β-D-fruttosio (risposta D errata); l'amido è un polisaccaride di riserva energetica nei vegetali, e non strutturale come la cellulosa (risposta E errata). La risposta corretta è dunque la C, poiché i bovini, essendo dei ruminanti, presentano all'interno del loro tubo digerente dei batteri contenenti l'enzima cellulasi, capace di scindere in glucosio la cellulosa contenuta nelle pareti cellulari delle cellule vegetali.
Risposta corretta C.

1.3 Un fosfolipide è un lipide complesso costituito da una molecola di glicerolo alla quale si legano due acidi grassi e un gruppo fosfato; a sua volta il gruppo fosfato si può legare ad un'altra molecola che varia da lipide a lipide, ma non sempre. Di conseguenza, gli elementi che sono sempre presenti in un fosfolipide sono carbonio, idrogeno, ossigeno e fosforo.
Risposta corretta D.

1.4a Gli enzimi, per definizione, sono dei catalizzatori dei processi biologici, ma in pratica sono costituiti da proteine globulari e presentano quindi le caratteristiche e i legami delle proteine in generale.

In particolare, nella molecola di un enzima digestivo sono presenti sia legami peptidici fra i singoli amminoacidi, sia legami a idrogeno nella struttura secondaria; tra i vari legami della struttura terziaria ci sono anche legami ionici e ponti disolfuro.
Risposta corretta E.

1.4b Le proteine sono dei polimeri costituiti da amminoacidi; in particolare, all'interno di questa categoria è possibile identificare 9 amminoacidi essenziali, chiamati così perché non possono essere sintetizzati dal nostro organismo e di conseguenza devono essere introdotti con la dieta (risposta B errata). Gli amminoacidi che compongono una proteina rappresentano la sua struttura primaria. Tali amminoacidi si organizzano per dare origine a una struttura secondaria, che si compone di regioni α-elica e β-foglietto (risposta E errata). L'emoglobina è una proteina dalla struttura quaternaria, in quanto è composta da quattro subunità, due subunità α e due β. Ogni subunità contiene un gruppo eme con all'interno uno ione $Fe2+$ che si occupa di legare una molecola di ossigeno; quindi l'intera proteina può legare al massimo quattro molecole di ossigeno (risposta D errata). Il sito allosterico di un enzima viene definito come un sito regolatore diverso rispetto al sito attivo e ha funzione regolatoria, poiché, quando ad esso si lega una molecola, l'enzima cambia conformazione attivando o inibendo la sua funzione.
Risposta corretta C.

1.5 Per risolvere questo esercizio la prima cosa da fare è assicurarsi che si faccia riferimento a **un doppio filamento di DNA e NON a un singolo filamento di DNA oppure a RNA**. Successivamente poi bisogna ricordarsi che l'adenina si lega alla timina e quindi le loro quantità sono uguali (A = T) e lo stesso vale tra citosina e guanina (C = G). Tra queste basi si instaurano un numero preciso di legami a idrogeno: **2 tra A e T, 3 fra C e G.**
Ora, per ottenere il numero di legami a idrogeno totale, bisogna sommare il numero di legami tra A e T ($2 \cdot 12$) e il numero di legami tra G e C ($3 \cdot 15$). $2 \cdot 12 + 3 \cdot 15 = 69$.
Risposta corretta A.

ORGANIZZAZIONE DELLA CELLULA

2

Introduzione

La citologia è la branca della biologia che si occupa dello studio morfologico, funzionale e organizzativo delle cellule. Questa materia ha sempre trovato posto nei test a numero programmato, anche perché su di essa si basa la gran parte dei capitoli che la seguiranno in questa sezione. Fai tuo questo argomento e avrai una solida base per affrontare con le nozioni e con il ragionamento qualsiasi tipo di quiz.

2.1 DIFFERENZE TRA PROCARIOTI ED EUCARIOTI

2.1.1 Classificazione degli esseri viventi

La tassonomia raggruppa tutti gli esseri viventi in tre grandi domini:

- il dominio Bacteria comprende il regno degli **eubatteri** (o "batteri veri");
- il dominio Archaea comprende il regno degli **archeobatteri**;
- il dominio Eukarya comprende i quattro regni degli **eucarioti** (protisti, funghi, piante e animali).

Gli eubatteri e gli archeobatteri sono **procarioti**, esseri **unicellulari**, mentre gli **eucarioti** possono essere organismi **uni-** o **pluricellulari**, più complessi dei primi (ad esempio animali e vegetali).
Inoltre, in base ai meccanismi con cui generano energia necessaria alla loro sopravvivenza, gli organismi possono essere classificati in:

- **eterotrofi** → non sono in grado di rendere organiche le molecole inorganiche necessarie alla sintesi delle loro componenti strutturali o al loro sostentamento energetico, per cui hanno bisogno di *assumere le sostanze organiche da altri organismi*;
- **autotrofi** → sono in grado di organificare le sostanze inorganiche (come ad esempio CO_2) necessarie alla loro struttura o sussistenza. Possono essere *chemioautotrofi*, capaci di trarre energia dai composti chimici contenuti nelle sostanze nutritive, o *fotoautotrofi*, in grado di ricavare energia dalla luce.

2.1.2 Procarioti

I procarioti sono organismi strutturalmente più semplici degli eucarioti.

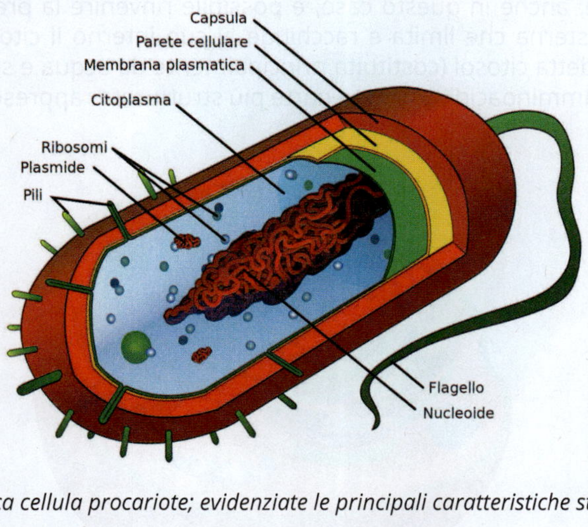

Figura 1: tipica cellula procariote; evidenziate le principali caratteristiche strutturali.

Dal punto di vista strutturale, le cellule procariote sono rivestite da una membrana cellulare, esternamente alla quale si trova la parete cellulare, una struttura costituita da **peptidoglicano** che protegge la cellula dagli stress osmotici dell'ambiente extracellulare. All'interno della cellula sono contenute le seguenti strutture:

	Definizione
Nucleoide	Regione cellulare nella quale è localizzato il materiale genico della cellula procariote, rappresentato da DNA a doppia elica che, associato ad alcune proteine (non istoniche), costituisce un singolo cromosoma di forma circolare. Non è delimitato da una membrana
Ribosomi	Complessi molecolari formati da RNA ribosomiale e proteine che svolgono un ruolo centrale nella sintesi delle proteine
Plasmidi	Piccoli **filamenti circolari di DNA** presenti nel citoplasma dei batteri (vedi capitolo 7)

2.1.3 Eucarioti

Il dominio degli eucarioti viene a sua volta suddiviso in quattro regni diversi:

- **protisti** → sono gli eucarioti più antichi e rappresentano una classe eterogenea di organismi unicellulari, sia autotrofi che eterotrofi;
- **funghi** → possono essere sia organismi unicellulari che pluricellulari. Alcuni sono patogeni per l'uomo, altri possono essere mangiati o addirittura essere utilizzati per ricavarne antibiotici (*penicilline*);
- **piante** → sono eucarioti multicellulari autotrofi, capaci di attuare la fotosintesi clorofilliana, processo attraverso cui sfruttano i raggi solari per sintetizzare le proprie molecole organiche;
- **animali** → sono eucarioti multicellulari eterotrofi, dunque devono nutrirsi di altri organismi per ottenere le molecole organiche necessarie alle loro funzioni.

La struttura della cellula eucariote è certamente più complessa rispetto alla più primitiva cellula procariote; anche in questo caso, è possibile rinvenire la presenza di una membrana cellulare esterna che limita e racchiude al suo interno il citoplasma, formato da una parte fluida detta citosol (costituita principalmente da acqua e soluti utili alla cellula, come glucosio e amminoacidi) e da una parte più strutturata rappresentata dagli organuli cellulari.

Figura 2: raffigurazione generica di una cellula eucariote.
Si notino gli organuli cellulari che insieme al citosol costituiscono il citoplasma.

2.2 MEMBRANA PLASMATICA

La membrana plasmatica è un sottile involucro che riveste, protegge e limita l'ambiente intracellulare da quello extracellulare. Essa assolve una serie di funzioni di estrema importanza per la vita della cellula:

- **funzione strutturale e morfologica** → conferisce la forma alla cellula e separa l'ambiente intracellulare da quello extracellulare. In questo senso, svolge anche una funzione *protettiva*, dando sostegno alla cellula e proteggendola dagli insulti extracellulari;
- **funzione di compartimentalizzazione** → le membrane che rivestono i vari organelli intracellulari hanno la stessa conformazione della membrana plasmatica e, in questo caso, hanno il compito di separare il citosol dal contenuto dell'organello. Il mantenimento della separazione tra i compartimenti cellulari è una delle caratteristiche senza le quali la cellula eucariote non può sopravvivere;
- **funzione regolatrice** → regola gli scambi di ioni, metaboliti e scarti tra ambiente interno e ambiente esterno;
- **funzione di riconoscimento** → presenta **recettori** per ormoni così come **antigeni** (molecole che costituiscono la "carta di identità" della cellula), che svolgono un ruolo fondamentale nel riconoscimento cellulare.

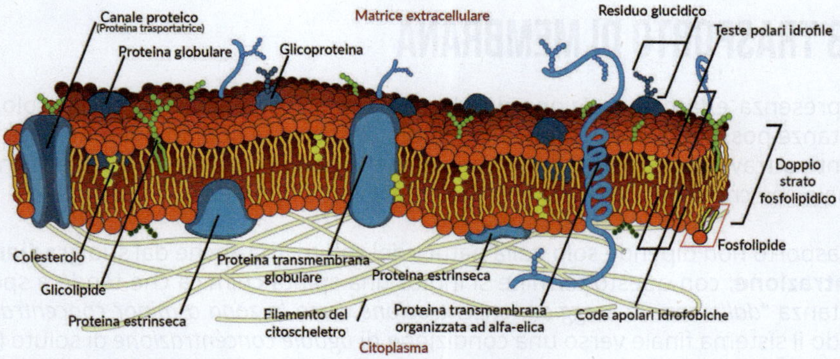

Figura 3: struttura tipica della membrana plasmatica e delle sue componenti.
Si notino le proteine plasmatiche che tramite i loro domini apolari interagiscono con le code idrofobe, mentre con i loro domini polari interagiscono con l'ambiente acquoso interno ed esterno alla cellula.

Da un punto di vista strutturale, la membrana è costituita principalmente da lipidi, proteine e carboidrati, i quali si dispongono secondo il modello a **mosaico fluido**. Si immagini una sorta di mosaico in cui le tesserine sono però libere di cambiare posizione: allo stesso modo si comportano i costituenti della membrana, i quali sono suddivisi in:

- **fosfolipidi** → costituiscono la componente principale della membrana cellulare. Si dispongono formando un *doppio strato fosfolipidico* (vedi capitolo 1), nel quale le *teste polari* sono rivolte verso l'ambiente intracellulare ed extracellulare (ricco di acqua), mentre le *code apolari* sono rivolte verso l'interno della membrana. Tale disposizione fa sì che **solo le sostanze apolari** (es. ossigeno e anidride carbonica) possano passare direttamente attraverso la membrana senza l'ausilio di proteine canale;
- **proteine** → all'interno del doppio strato fosfolipidico si posizionano le proteine di membrana, le quali possono localizzarsi solo su un lato della membrana (**proteine periferiche di membrana o estrinseche**) oppure possono attraversarla com-

pletamente a tutto spessore (**proteine transmembrana o intrinseche**). Le proteine transmembrana rivestono un ruolo di centralissima importanza nei *processi di trasporto*, poiché queste possono formare canali che mettono in comunicazione l'ambiente extracellulare con quello intracellulare, permettendo il passaggio di diverse sostanze di natura polare;

- **colesterolo** → la sua presenza all'interno della membrana cellulare è di fondamentale importanza per la modulazione del suo grado di **fluidità**. In particolare, il colesterolo, a basse temperature aumenta la *fluidità* della membrana, mentre a elevate temperature ne aumenta la *rigidità*. È importante ricordare che la fluidità aumenta anche all'aumentare della quota di acidi grassi insaturi presenti nella membrana, questo perché la presenza dei doppi legami rende più complesso l'impacchettamento delle catene;
- **carboidrati** → generalmente, si trovano sul versante extracellulare della membrana coniugati a proteine (**glicoproteine**) e a lipidi (**glicolipidi**), dove svolgono importanti funzioni di *adesione* intercellulare e di *riconoscimento* (per esempio, gli antigeni dei globuli rossi che determinano i gruppi sanguigni sono glicoproteine di membrana).

N.B. La membrana cellulare viene definita "**asimmetrica**", poiché la composizione proteica e lipidica del monostrato interno è differente rispetto a quella del monostrato esterno (es. alcuni recettori ormonali si trovano esclusivamente nel versante extracellulare).

2.3 TRASPORTO DI MEMBRANA

La presenza e la composizione del doppio strato fosfolipidico fa sì che solo specifiche sostanze possano attraversarlo. In generale, le sostanze apolari possono passare direttamente attraverso la membrana, mentre quelle polari necessitano di specifiche proteine canale che creino un passaggio preferenziale verso l'ambiente intracellulare.

Il trasporto non dipende solo dalla natura del soluto, ma anche dal suo **gradiente di concentrazione**; con questo termine si indica una spinta chimica che tende a spostare una sostanza "*dalla zona a maggior concentrazione verso la zona a minor concentrazione*" portando il sistema finale verso una condizione di *uguale concentrazione* di soluto (**gradiente chimico**) e *uguale carica* elettrica (**gradiente elettrico**) ai due versanti della membrana.

I processi di trasporto che vanno a *favore di gradiente* vengono definiti processi di **trasporto passivo**, mentre quelli che vanno *contro gradiente* vengono definiti processi di **trasporto attivo**.

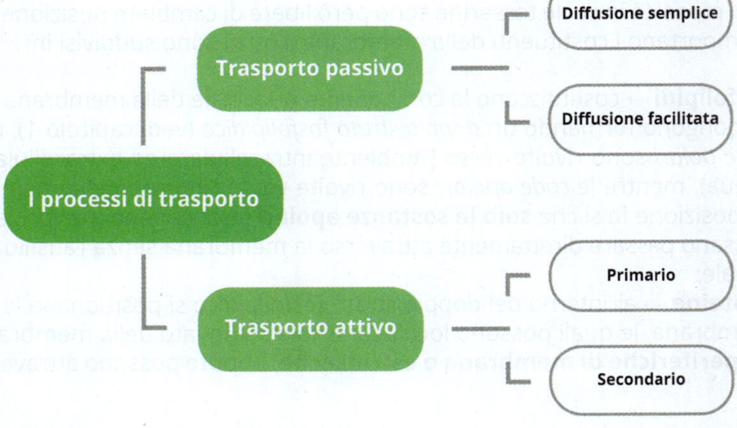

2.3.1 Trasporto passivo

Il trasporto passivo indica il passaggio transmembrana dei soluti a favore di gradiente; per tale motivo, questo processo non utilizza alcun tipo di energia esterna, in quanto è sufficiente la forza esercitata dal gradiente di concentrazione.
I processi di trasporto passivo si dividono in:

- **diffusione semplice** → processo che permette il passaggio dei soluti direttamente attraverso il doppio strato fosfolipidico e che coinvolge, pertanto, molecole apolari (o idrofobiche o liposolubili) come gli ormoni steroidei e alcuni gas (O_2 e CO_2), così come molecole polari di piccole dimensioni;
- **diffusione facilitata** → processo che si verifica sempre secondo gradiente, ma che permette il passaggio dei soluti *polari* o di *grandi dimensioni* (es. glucosio) con l'ausilio di *proteine canale* spesso definite con il nome di **carrier**. Un classico esempio di diffusione facilitata è rappresentato dal trasporto di glucosio dal sangue all'interno del neurone; normalmente, la concentrazione di glucosio all'interno delle cellule è relativamente bassa, poiché questo viene costantemente demolito per ricavare energia.

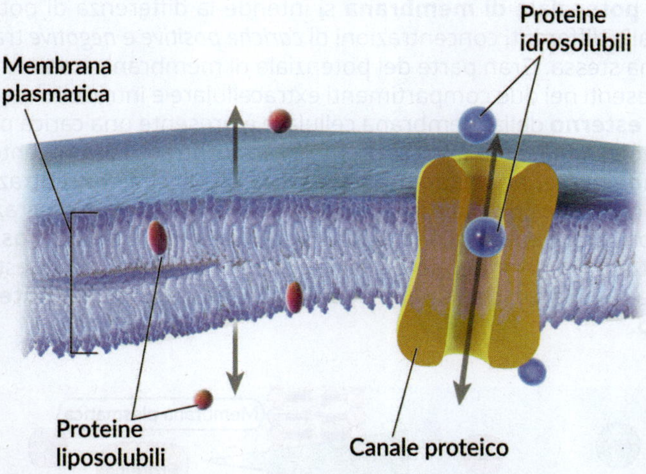

Figura 4: illustrazione delle due tipologie di trasporto passivo attraverso la membrana plasmatica.

Oltre ai classici esempi di diffusione semplice e facilitata, è importante considerare la modalità di trasporto che coinvolge gli **ioni** che passano da un lato all'altro della membrana durante processi biologici importanti come la *trasmissione dell'impulso nervoso*: gli ioni, infatti, essendo polari, non possono passare per diffusione semplice, dunque necessitano di specifiche proteine canale, dette **canali ionici**, che ne permettono il trasporto tramite un processo definito **diffusione regolata**.

L'apertura dei canali ionici può dipendere dal voltaggio e dalla presenza del ligando:

- **canali ionici voltaggio-dipendenti** → proteine canale che si aprono nel momento in cui il *potenziale della membrana* raggiunge un determinato valore. Per esempio, alcuni canali del sodio voltaggio-dipendenti, presenti sulla membrana dei neuroni, si aprono solo quando il potenziale di membrana raggiunge il valore di **-55mV**;
- **canali ionici ligando-dipendenti** → proteine canale recettoriali che si aprono solo quando a esse si lega uno specifico ligando (es. neurotrasmettitore).

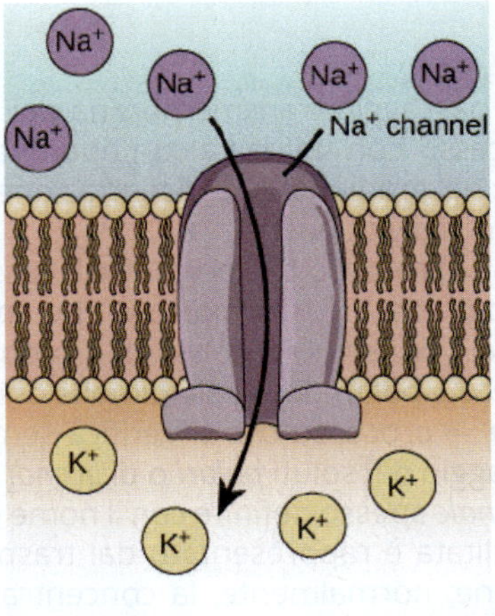

Figura 5: raffigurazione di un canale del sodio. Si noti come lo ione sodio, più concentrato all'esterno della membrana, si muove verso l'interno della cellula, dove è meno concentrato.

Con il termine **potenziale di membrana** si intende la differenza di potenziale elettrico determinata dalle differenti concentrazioni di *cariche positive* e *negative* tra un lato e l'altro della membrana stessa. Gran parte del potenziale di membrana è determinata dalla carica degli ioni presenti nei due compartimenti extracellulare e intracellulare. In condizioni di riposo, sul lato **esterno** della membrana cellulare è presente una carica prevalentemente **positiva** perché gli ***ioni sodio*** (*Na^+*) sono molto concentrati nell'ambiente extracellulare; sul lato **interno**, invece, nonostante sia presente un'elevata concentrazione di ***ioni potassio*** (*K^+*) con carica positiva, la carica è prevalentemente **negativa** grazie alla cospicua presenza, in corrispondenza della membrana, di **proteine** e **anioni fosfato** (*PO_4^{3-}*). Allo stato non eccitato, il valore del potenziale di membrana dato da questa condizione di equilibrio fra le cariche ioniche è pari a **-70mV** e viene denominato **potenziale di membrana a riposo**.

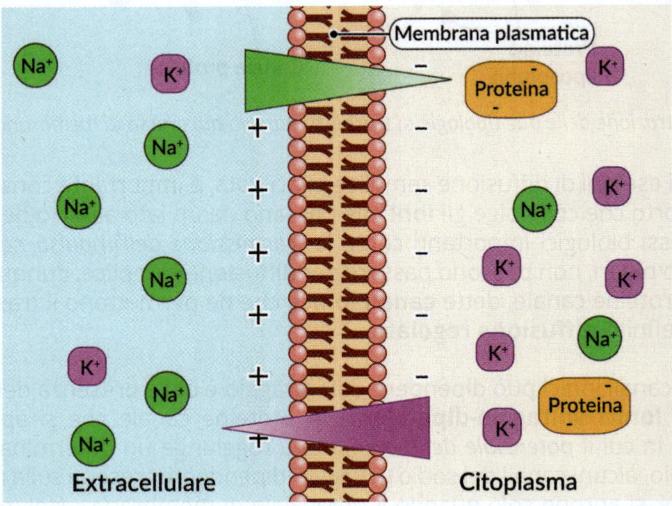

Figura 6: origine del potenziale di riposo, stato in cui i gradienti chimico ed elettrico a cavallo della membrana si trovano in equilibrio. Esternamente prevalgono ioni positivi, internamente ioni negativi (proteine e relativi gruppi fosfato).

2.3.2 Trasporto attivo

Il trasporto attivo è un processo che determina il movimento dei soluti attraverso la membrana **contro gradiente** di concentrazione e perciò richiede sempre impiego di energia, la quale può derivare dall'idrolisi di una molecola di ATP (**trasporto attivo primario**) oppure dall'accoppiamento con il trasporto di una sostanza che invece si muove secondo gradiente (**trasporto attivo secondario**).

Nel *trasporto attivo primario*, la proteina canale presenta una struttura ad attività enzimatica che prende il nome di **ATPasi**, la quale idrolizza una molecola di ATP per ottenere l'energia necessaria al trasporto della sostanza contro gradiente. Un classico esempio di trasporto attivo primario è quello della **pompa sodio-potassio**, una proteina transmembrana deputata al trasporto contro gradiente degli ioni sodio (Na^+) e potassio (K^+) al fine di mantenere il potenziale di membrana a riposo al valore di **-70mV**.

In condizioni di **riposo**, il sodio è più concentrato all'esterno della cellula, mentre il potassio è più concentrato all'interno; quando però la cellula va incontro ad **eccitazione**, si modifica il potenziale di membrana e si aprono i canali voltaggio-dipendenti di questi due ioni, provocando l'*ingresso del sodio e la fuoriuscita del potassio*. Per ristabilire gli equilibri iniziali (e quindi il potenziale di membrana a riposo), è necessario l'intervento della pompa *sodio potassio*, la quale consuma ATP per pompare contro gradiente di concentrazione Na^+ all'esterno della cellula e K^+ all'interno.

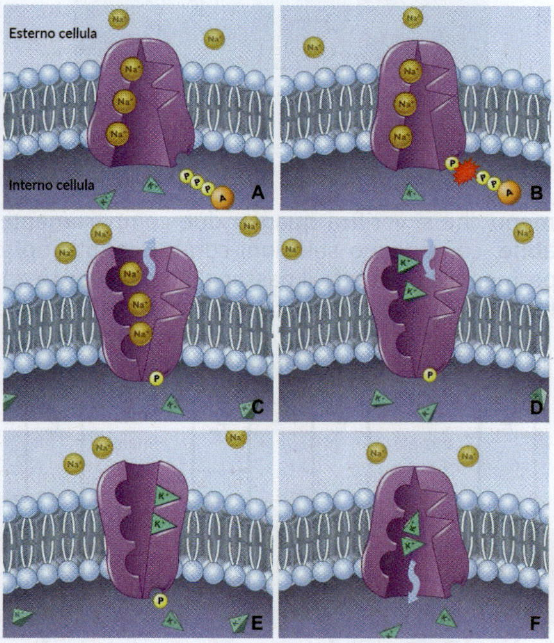

Figura 7: A) 3 Na^+ si posizionano nei siti di legame della pompa. B) Una molecola di ATP si idrolizza legandosi alla proteina. C) La pompa cambia conformazione rilasciando gli ioni Na^+ all'esterno della cellula. D) 2 K^+ si legano alla pompa. E) La pompa inizia a riassumere la conformazione originale. F) Gli ioni K^+ vengono riversati nel citoplasma.

MNEMOFRASE TESTBUSTERS

Come ricordarsi quanti ioni entrano/escono?

Na^+ = 3 caratteri (**N**, **a** e **+**) → **3** ioni

K^+ = 2 caratteri (**K** e **+**) → **2** ioni

→ oppure **NOKIA**, N (Na^+) O (out) K (K^+) I (in) A (ATP)

Nel *trasporto attivo secondario*, un soluto viene trasportato contro gradiente di concentrazione tramite accoppiamento con il trasporto di una sostanza che invece si muove secondo gradiente. Ne esistono sostanzialmente due tipi:

- **simporto** → i due soluti si muovono nella stessa direzione;
- **antiporto** → i due soluti si muovono in direzioni opposte.

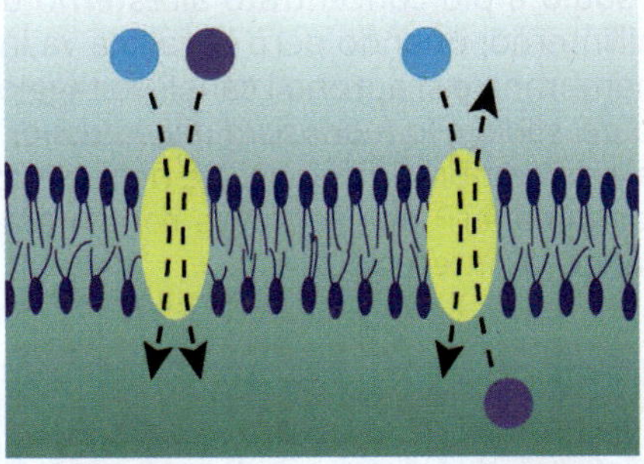

Figura 8: raffigurazione del simporto (sinistra) e dell'antiporto (destra).

2.3.3 Osmosi

L'osmosi è un fenomeno che si verifica quando due compartimenti, separati da **membrana semipermeabile**, contengono soluzioni con concentrazioni di soluto differenti. La membrana semipermeabile permette il passaggio del **solvente** da un compartimento all'altro, ma **non del soluto**. Questo comporta che il solvente (acqua) diffonda *dalla camera a concentrazione* ***minore*** *di soluto verso quella a concentrazione* ***maggiore***, in modo da raggiungere un equilibrio tra i due compartimenti.

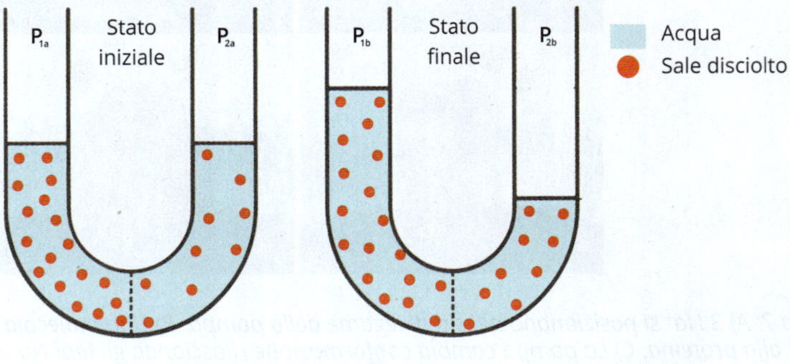

Figura 9: allo stato iniziale il soluto (in questo caso un sale) è più concentrato nella colonna di sinistra che in quella di destra. Per osmosi si osserverà un passaggio di acqua dalla colonna di destra a quella di sinistra attraverso la membrana semipermeabile in modo da avere la stessa concentrazione di soluto nelle due colonne.

Anche la membrana cellulare è una membrana semipermeabile e per tale motivo anch'essa è soggetta al passaggio osmotico di acqua attraverso la membrana, il quale avviene tramite alcune proteine canale che prendono il nome di **acquaporine**; la cellula potrà dunque trovarsi immersa in tre **ambienti** diversi:

- **isotonico** → se la concentrazione extracellulare dei soluti è **uguale** a quella dell'ambiente intracellulare;
- **ipotonico** → se la concentrazione extracellulare dei soluti è **minore** di quella dell'ambiente intracellulare;
- **ipertonico** → se la concentrazione extracellulare dei soluti è **maggiore** di quella dell'ambiente intracellulare.

Se un *globulo rosso* (così come qualunque altra cellula) viene posto in un ambiente *ipotonico*, l'acqua tende ad andare dalla regione a minor concentrazione di soluto (l'ambiente extracellulare) verso la regione a maggior concentrazione (l'interno della cellula), causando un rigonfiamento del globulo rosso che porta al suo scoppio (fenomeno che prende il nome di **emolisi**). Le cellule vegetali sono dotate di una parete cellulare esterna formata da cellulosa, che impedisce che la cellula scoppi e che determina il fenomeno del **turgore cellulare**.

Se invece lo stesso globulo rosso viene posto in un ambiente *ipertonico*, il flusso di acqua in uscita risulta maggiore di quello in entrata, causando un raggrinzimento della cellula. Nella cellula vegetale invece si presenta la **plasmolisi**, fenomeno in cui la perdita di acqua fa collassare il citoplasma e la membrana separandoli dalla parete cellulare, alla quale rimangono collegati per mezzo di **ponti citoplasmatici**.

Se poste in ambiente isotonico, le cellule si trovano in una situazione di equilibrio, nella quale il flusso d'acqua in entrata è uguale a quello in uscita.

Per tale motivo, quando si vuole idratare un paziente disidratato per via endovenosa, è necessario utilizzare una soluzione isotonica con cloruro di sodio a una concentrazione specifica (0,9% *m/v*), affinché si evitino i fenomeni di emolisi o raggrinzimento.

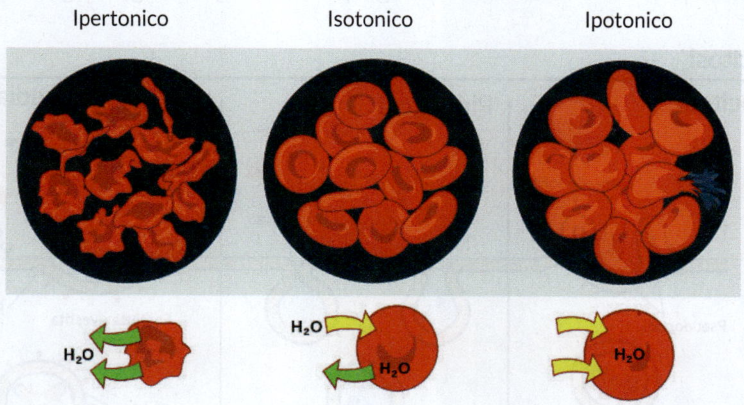

Figura 10: globulo rosso in ambiente ipertonico (raggrinzimento), isotonico e ipotonico (emolisi).

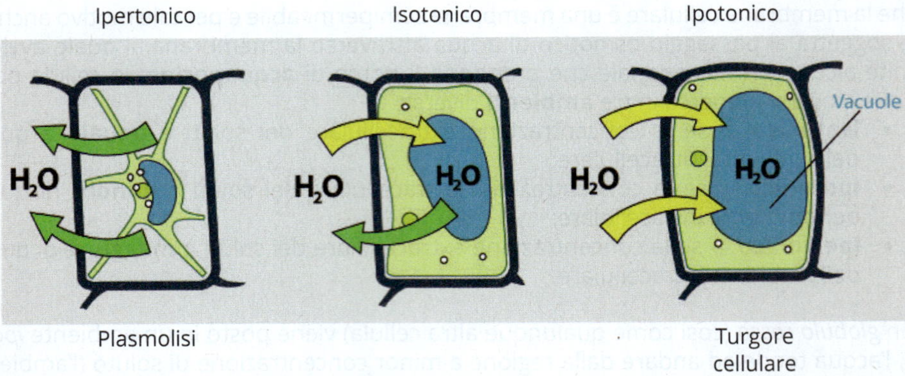

Figura 11: cellula vegetale in ambiente ipertonico (plasmolisi), isotonico e ipotonico (turgore).

2.3.4 Trasporto di massa

Il trasporto di massa è un processo che permette il trasporto di grosse particelle e microrganismi per mezzo di vescicole. Esso è rappresentato dall'**endocitosi** (che si differenzia in **pinocitosi** quando si tratta di ingestione di liquidi e **fagocitosi** per i solidi) e dall'**esocitosi**.

Nell'*endocitosi*, una sostanza viene internalizzata tramite un'invaginazione della membrana, la quale, in seguito a una serie di ripiegamenti, si fonde alle sue estremità formando una vescicola che prende il nome di **endosoma**. Questo processo può avvenire in modo semplice o grazie alla clatrina, molecola che riveste la superficie delle vescicole e le indirizza nel traffico tra la membrana e gli organuli cellulari.
Nell'*esocitosi*, invece, una sostanza viene impacchettata all'interno della cellula in una vescicola che per essere esocitata fonderà la sua membrana con quella cellulare permettendo il rilascio della sostanza all'esterno.

RICORDA: è un processo che richiede energia perché vengono ingerite grosse molecole.

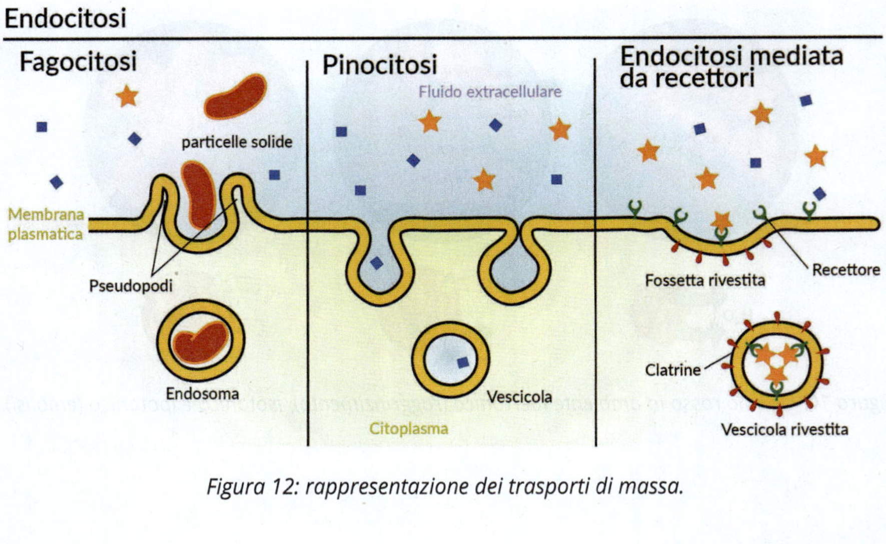

Figura 12: rappresentazione dei trasporti di massa.

Tabella riassuntiva:

Diffusione semplice	Molecole apolari quali ormoni steroidei, O_2 e CO_2; molecole polari di piccole dimensioni
Diffusione facilitata	Molecole polari di grandi dimensioni: zuccheri semplici come glucosio, fruttosio...
Diffusione regolata	Ioni
Endocitosi/Esocitosi	Grosse molecole

ESERCIZIO **PROPOSTO**

2.3 Quale tra questi elementi può entrare nella cellula attraversando liberamente la membrana plasmatica senza bisogno di trasportatori?

A. Ca^{2+}
B. Na^{+}
C. K^{+}
D. O_2
E. Glucosio

2.4 GIUNZIONI CELLULARI

Negli organismi pluricellulari, le cellule si uniscono e comunicano tra loro a formare tessuti ciascuno con caratteristiche proprie e differenti. Questo avviene grazie alle **giunzioni cellulari**, strutture proteiche presenti sulla membrana che permettono di sigillare spazi, di conferire resistenza meccanica al tessuto, di scambiare materiale tra uno spazio e l'altro.
A seconda della loro funzione, possiamo classificare le giunzioni cellulari in tre tipologie differenti:

- **Giunzioni occludenti** (*tight junction*)
- **Giunzioni ancoranti** (*adherens junctions*)
- **Giunzioni comunicanti** (*gap junction*)

2.4.1 Giunzioni occludenti

Le giunzioni occludenti hanno la funzione fondamentale di separare due spazi, come una sorta di cancello che crea una barriera tra il polo apicale e quello basale della stessa cellula, **impedendo così il passaggio di sostanze**. Possiamo quindi immaginare queste giunzioni come una sorta di cintura che, circondando la cellula per tutto il suo perimetro, separa il lume di un organo dall'interstizio sottostante.

Queste strutture sono costituite da complessi proteici formati soprattutto da **claudina** e **occludina**, due proteine che si associano a formare degli *spot* sulla membrana stessa. L'insieme di questi spot forma attorno alla cellula una sorta di cintura detta **zonula**.

Data la loro funzione isolante, le troviamo soprattutto negli **epiteli di rivestimento**, sopratutto a livello del derma o dell'intestino.

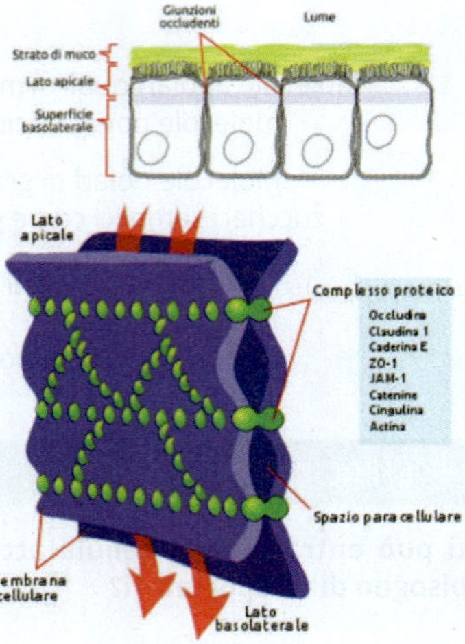

Figura 13: in verde sono evidenziate le giunzioni occludenti, che delimitano la zona apicale da quella basolaterale della cellula ed evitano il passaggio di fluidi e sostanze dal lume alla membrana basale.

2.4.2 Giunzioni ancoranti

Le giunzioni ancoranti sono pressoché presenti in tutti i tessuti del nostro corpo poiché, permettendo l'adesione cellula-cellula e/o cellula-matrice, conferiscono **resistenza e coesione al tessuto**.

In base alla loro funzione e composizione distinguiamo:

- **Giunzioni aderenti** (*adherens junctions*) = sono formate da una componente intracellulare rappresentata dai filamenti di **actina**, che si unisce a delle proteine strutturali di membrana (es. **caderine**) creando un contatto tra una cellula e l'altra.

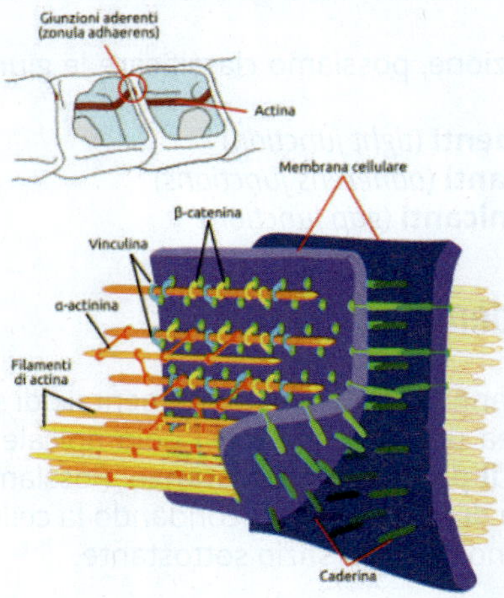

Figura 14: le giunzioni aderenti sono costituite da complessi di proteine che si articolano in una porzione intracellulare (in giallo e arancione) e in una extracellulare (in verde).

- **Desmosomi** (*maculae adherens*) = sono le giunzioni più robuste, conferendo un'elevata **resistenza meccanica** al tessuto. Si tratta di strutture proteiche disposte a spot sulla cellula e in rapporto con i filamenti intermedi nella porzione intracellulare. In particolare, sono formati da una **placca di adesione** che mette in contatto i filamenti intermedi con proteine transmembrana come la caderina. Le caderine di due cellule adiacenti, poi, si uniscono tra loro permettendone così l'adesione.

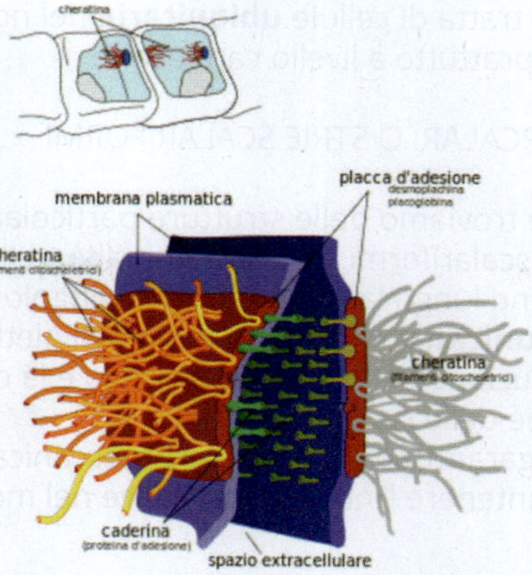

Figura 15: rappresentazione schematica di un desmosoma.

- **Emidesmosomi** = sono strutture molto simili ai desmosomi rispetto ai quali, però, mediano il **legame cellula-matrice**. Sono quindi formati dalla placca di adesione di una singola cellula (da qui il nome) in cui però la caderina è sostituita da un'altra proteina chiamata **integrina**.

Tutte e tre le tipologie di giunzioni aderenti sono presenti nel nostro organismo in maniera ubiquitaria, con una particolare concentrazione a livello delle cellule **muscolari** e dell'**epidermide**.

2.4.3 Giunzioni comunicanti

Come suggerisce il nome, questo tipo di giunzione permette lo **scambio di materiale** tra una cellula e l'altra, permettendo il libero passaggio di ioni, piccole molecole, ormoni. In particolare, il passaggio di ioni potrebbe portare ad un cambiamento del potenziale di membrana: ecco perché in alcuni tessuti costituiscono le **sinapsi elettriche**.

Per quanto riguarda la loro struttura, possiamo paragonarle a un canale formato da due **connessoni**, due unità identiche presenti in ciascuna cellula. Ciascun connessone è a sua volta formato da 6 monomeri proteici dette **connessine**.

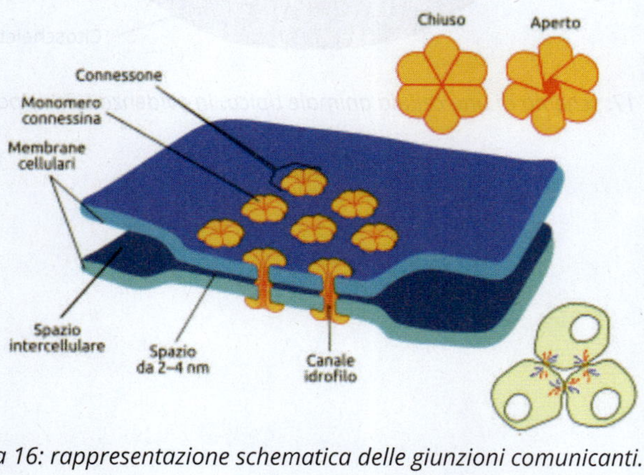

Figura 16: rappresentazione schematica delle giunzioni comunicanti.

Anche in questo caso si tratta di cellule **ubiquitarie** nel nostro organismo, ma hanno un ruolo di primo piano soprattutto a livello cardiaco.

RICORDA: DISCHI INTERCALARI O STRIE SCALARIFORMI

Nelle **cellule cardiache** troviamo delle strutture particolari chiamate dischi intercalari o, per la loro forma, strie scalariformi. Si tratta in realtà dell'unione di due tipi di giunzioni differenti, che si alternano lungo la membrana del singolo cardiomiocita:

- **Giunzioni comunicanti** = formano le sinapsi elettriche le quali permettono una più veloce conduzione dello stimolo elettrico e la contrazione simultanea di tutte le cellule, nonché delle fasce muscolari
- **Desmosomi** = garantiscono resistenza meccanica al tessuto muscolare, fondamentale per mantenere l'integrità del cuore nel momento in cui si contrae

2.5 ORGANIZZAZIONE DEL CITOPLASMA

Il citoplasma delle cellule eucariote è costituito dal citosol e dagli **organuli citoplasmatici**, strutture circondate da una membrana e specializzate nello svolgimento di specifiche funzioni cellulari. Immersi nel citosol si trovano i ribosomi, complessi molecolari implicati nella sintesi delle proteine, e le fibre del citoscheletro, che danno sostegno alla cellula mantenendone la struttura e agevolando il trasporto interno di materiale.

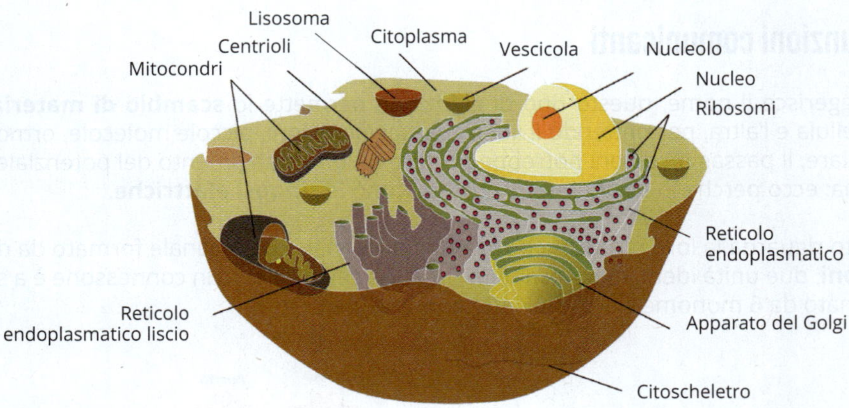

Figura 17: schema di una cellula animale tipica. In evidenza i principali organelli.

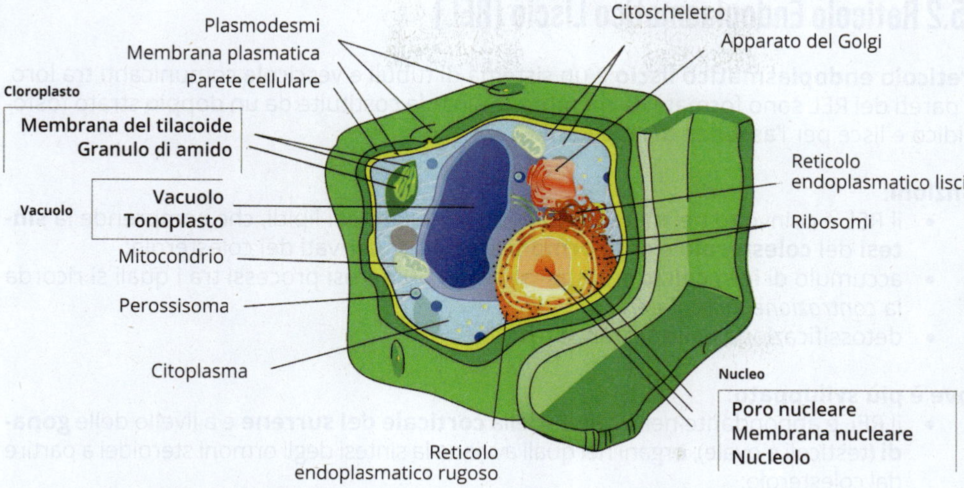

Figura 18: schema di una cellula vegetale tipica. In evidenza i principali organelli.

2.5.1 Citoscheletro

Il **citoscheletro** è una fitta rete costituita da proteine filamentose che si trova nel citoplasma e nel nucleo. Esso svolge diverse funzioni ed è in rapporto sia con la membrana cellulare che con gli organuli.

Il citoscheletro è costituito da tre componenti proteiche fondamentali:

- **microtubuli** → sono i componenti citoscheletrici di maggiori dimensioni e presentano la forma di un cilindro cavo formato dall'assemblaggio di **13 protofilamenti**, ognuno dei quali è costituito da eterodimeri di tubulina α e tubulina β. L'apposizione di **9 triplette di microtubuli** forma il **centriolo**, struttura che riveste un ruolo di centrale importanza nei processi di *divisione cellulare* (mitosi e meiosi);
- **filamenti intermedi** → presentano uno spessore intermedio rispetto agli altri filamenti citoscheletrici e sono variabili nei diversi tipi cellulari. Rivestono una funzione strutturale e sono in grado di resistere a forti tensioni meccaniche;
- **microfilamenti** → sono i filamenti citoscheletrici più sottili e sono costituiti da filamenti di **actina**. Sono implicati in numerose funzioni come la contrazione muscolare e la formazione delle invaginazioni nell'endocitosi.

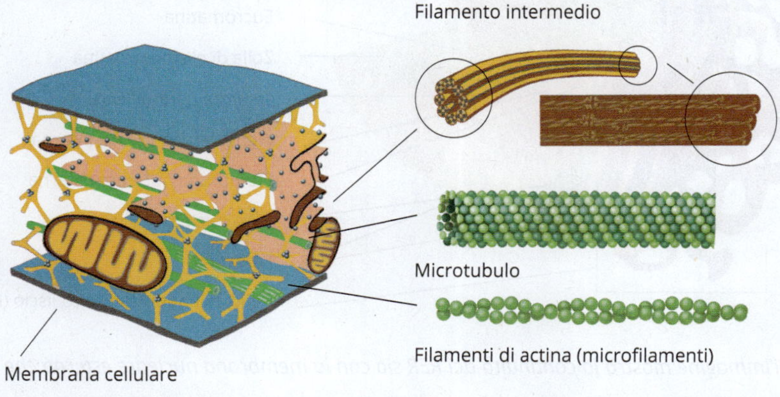

Figura 19: raffigurazione del citoscheletro e dei suoi rapporti con gli organuli citoplasmatici.

2.5.2 Reticolo Endoplasmatico Liscio (REL)

Il **reticolo endoplasmatico liscio** è un sistema di tubuli e vescicole comunicanti tra loro. Le pareti del REL sono formate da membrane singole costituite da un doppio strato fosfolipidico e lisce per l'**assenza di ribosomi**.

Funzioni:

- il REL è coinvolto nel metabolismo intracellulare dei lipidi, che comprende la **sintesi** del **colesterolo** e degli **ormoni steroidei**, derivati del colesterolo;
- accumulo di **ioni calcio**, indispensabile in numerosi processi tra i quali si ricorda la *contrazione muscolare;*
- detossificazione delle sostanze tossiche.

Dove è più sviluppato:

- il REL è abbondante nelle cellule della **corticale del surrene** e a livello delle **gonadi** (testicoli e ovaie), organi nei quali avviene la sintesi degli ormoni steroidei a partire dal colesterolo;
- nelle cellule del **fegato**, dove è coinvolto nella sintesi del colesterolo e nella **detossificazione** delle sostanze tossiche (es. alcol etilico, farmaci);
- nelle cellule muscolari sotto forma di **reticolo sarcoplasmatico**, deposito di ioni calcio.

2.5.3 Reticolo Endoplasmatico Rugoso (RER)

Il **reticolo endoplasmatico rugoso** è un sistema di cavità tubulari intercomunicanti (**cisterne**) delimitate da una *singola membrana* che separa lo spazio interno (*lume*) dal citoplasma, mantenendo la differente composizione chimica nei due ambienti.
Spesso, le membrane del RER sono in continuità con il versante esterno dell'involucro nucleare e proseguono nel REL; queste strutture, insieme all'apparato del Golgi e ai lisosomi, costituiscono il cosiddetto **sistema delle endomembrane**.
Il reticolo viene chiamato rugoso o granulare perché sul versante esterno delle sue cisterne sono presenti numerosi ribosomi.

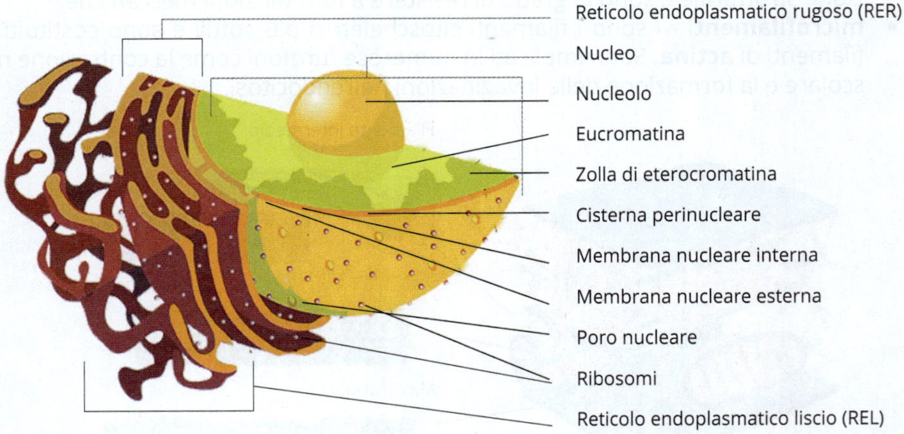

Figura 20: l'immagine mostra la continuità del RER sia con la membrana nucleare esterna che con il REL.

Funzione:
il RER è deputato alla **produzione** e al **ripiegamento delle proteine** destinate all'*ambiente esterno* (es. ormoni proteici o proteine di membrana) o ai *lisosomi* (es. enzimi idrolitici), la cui sintesi normalmente comincia a livello dei *ribosomi liberi* nel citosol.

I ribosomi nel citosol avviano la sintesi della catena polipeptidica producendo dapprima una piccola sequenza di amminoacidi chiamata **sequenza segnale**, la quale viene riconosciuta da specifici trasportatori che portano il complesso *ribosoma-proteina* verso il RER, dove viene completata la sintesi.
Successivamente, le proteine possono essere modificate chimicamente con la *N-glicosilazione*, ossia l'aggiunta di catene di **oligosaccaridi** o **polisaccaridi** a livello degli atomi di azoto presenti nelle catene laterali dei residui di asparigina. A seguire, le proteine vengono processate in altri organuli delimitati da membrana (**apparato di Golgi**) e successivamente secrete all'esterno della cellula o incorporate in particolari vescicole destinate a formare i **lisosomi**. Le proteine che invece sono destinate all'*ambiente intracellulare* (es. enzimi glicolitici), cominciano e completano la loro sintesi nei ribosomi liberi nel citosol.

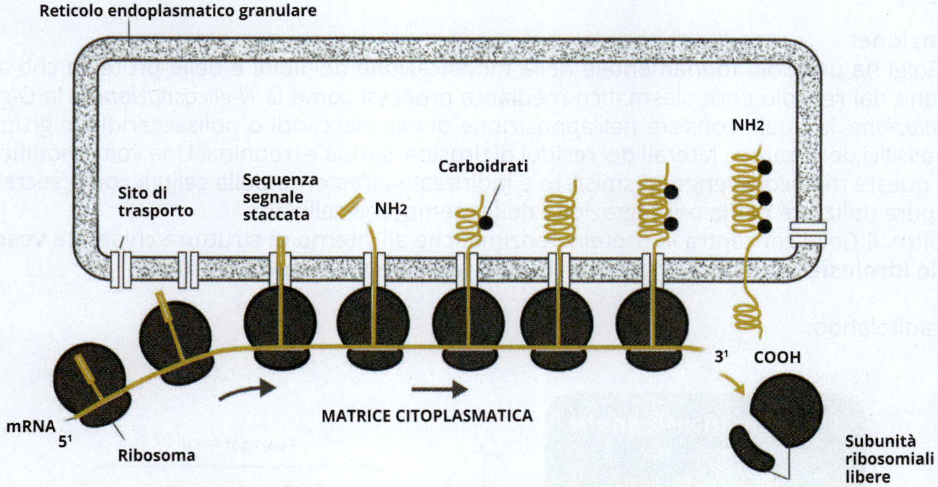

Figura 21: schematizzazione della sintesi proteica e dell'inclusione della proteina nel RER. Si noti l'aggiunta di carboidrati alla catena polipeptidica, processo che prende il nome di N-glicosilazione poiché lo zucchero viene legato a un atomo di azoto della catena laterale di un residuo di asparagina.

RICORDA: generalmente, la dimensione del RER correla con la mole di proteine sintetizzate nella cellula; quindi, il RER di una cellula in cui si ha un'imponente sintesi proteica (es. epatocita o cellula ghiandolare) è molto più esteso di quello di una cellula in cui vengono sintetizzati principalmente lipidi.

2.5.4 Apparato di Golgi

L'apparato di Golgi è formato da **cisterne** appiattite nel mezzo e rigonfie alle estremità, formate da una singola membrana e sovrapposte a pila. Esso possiede due facce:
- **faccia cis** → rivolta verso il nucleo. Riceve le vescicole che provengono dal reticolo endoplasmatico;
- **faccia trans** → rivolta verso la membrana cellulare. Da questa gemmano le vescicole contenenti il prodotto finale.

Le cisterne comprese tra la faccia cis e quella trans sono chiamate **compartimento intermedio**.

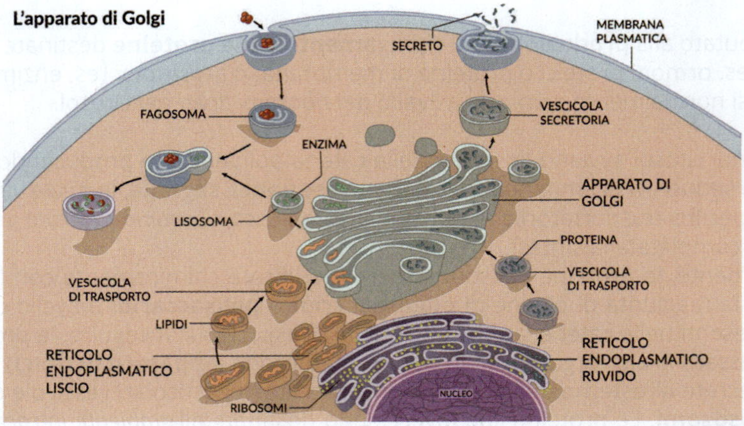

Figura 22: nell'immagine si nota non solo la struttura del Golgi, ma anche la sua funzione nel trasporto e nello smistamento vescicolare.

Funzione:
il Golgi ha un ruolo fondamentale nella modificazione dei lipidi e delle proteine che arrivano dal reticolo endoplasmatico mediante processi come la *N-glicosilazione* e la *O-glicosilazione*, la quale consiste nell'apposizione di oligosaccaridi o polisaccaridi sui gruppi idrossilici delle catene laterali dei residui di tirosina, serina e treonina. Una volta modificate, queste molecole vengono smistate e indirizzate all'esterno della cellula come secreto oppure utilizzate per la reintegrazione della membrana cellulare.
Inoltre, il Golgi concentra le proteine enzimatiche all'interno di strutture chiamate **vescicole idrolasiche**, le quali andranno successivamente a formare i lisosomi.

Ricapitolando:

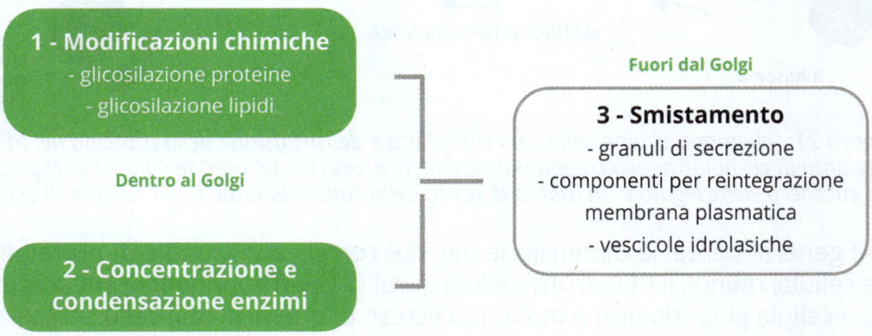

2.5.5 Lisosoma

Il **lisosoma** è un organulo di forma rotondeggiante, presente **solo nelle cellule animali** e rivestito da una singola membrana resistente ai processi digestivi che avvengono al suo interno; esso, infatti, contiene delle proteine enzimatiche chiamate **idrolasi acide**, le quali riescono a degradare anche grossi complessi molecolari in presenza di un ***pH* acido** (~5,0) presente all'interno dell'organulo. Esso si forma dalla fusione di diverse vescicole che forniscono le componenti molecolari necessarie per la funzionalità dell'organello.

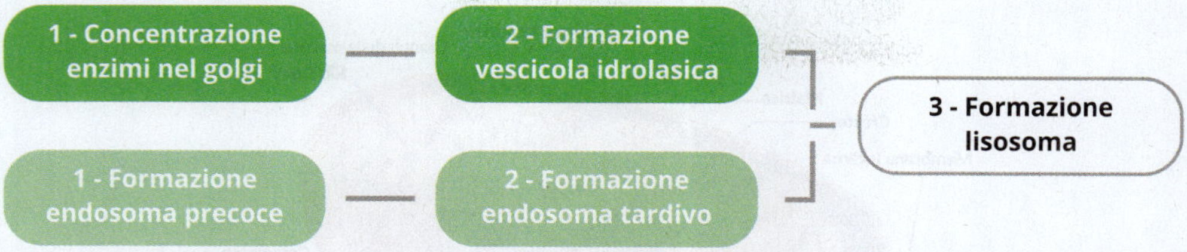

*Nello schema è rappresentata la formazione del lisosoma. In verde è evidenziata la componente enzimatica del lisosoma, sintetizzata nel Golgi e rilasciata nel citoplasma sotto forma di vescicola idrolasica. Contemporanea alla formazione della vescicola idrolasica è quella dell'**endosoma precoce**, originatosi per invaginazione della membrana plasmatica; questo viene poi chiamato **tardivo** quando nel suo lume il pH diventa acido per mezzo delle **pompe protoniche** presenti sulla sua membrana. Il lisosoma si forma dalla fusione delle due vescicole.*

Funzione:
l'attività principale del lisosoma è quella **fagocitica**, la quale si può distinguere in due tipologie:

- **autofagia** → nel caso in cui il materiale sia intracellulare (es. mitocondri della cellula stessa);
- **eterofagia** → quando il materiale fagocitato proviene dall'esterno (es. batteri).

RICORDA: il materiale non digerito può essere riversato all'esterno della cellula tramite esocitosi oppure incamerato nell'ambiente intracellulare.

L'attività enzimatica del lisosoma può essere esercitata anche al di fuori della cellula. Classici esempi sono rappresentati da:

- **osteoclasto**, che partecipa al rimaneggiamento del tessuto osseo;
- **spermatozoo**, che, grazie agli enzimi lisosomiali, è in grado di attuare la fecondazione del gamete femminile (ovocita), tramite reazione acrosomiale.

2.5.6 Perossisoma

Il perossisoma è un organello originato dal reticolo endoplasmatico, di forma tondeggiante e delimitato da una singola membrana. Esso non va confuso con il lisosoma, poiché non contiene idrolasi acide, bensì **perossidasi** e **catalasi**.
I perossisomi sono particolarmente numerosi a livello degli **epatociti** e delle cellule del **rene**, entrambe attivamente impegnate nell'ossidazione dei composti **tossici per il nostro organismo**, come l'**alcol etilico** e alcuni farmaci.

Funzione:

- **ossidazione** di substrati organici (es. lipidi a lunga catena) per mezzo delle perossidasi, con conseguente formazione di **perossido di idrogeno**, H_2O_2;
- **degradazione** di H_2O_2, altamente tossico per la cellula, tramite le catalasi.

2.5.7 Mitocondrio

I mitocondri sono la "centrale energetica" della cellula. Il loro ruolo principale è quello di sintetizzare molecole di **ATP** (adenosina trifosfato, molecole ad alta energia) attraverso il processo della **respirazione cellulare**. Sono presenti in tutte le cellule eucariote ma non nelle procariote (ciò non toglie che anche alcuni procarioti siano in grado di svolgere la respirazione cellulare).

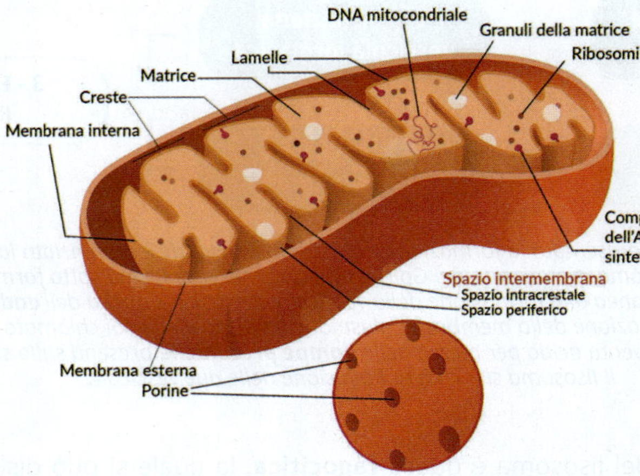

Figura 23: struttura di un mitocondrio.

Da un punto di vista strutturale si possono evidenziare le seguenti caratteristiche:

- è un organulo di forma ovoidale rivestito da una **doppia membrana**; ognuna delle due membrane è formata da un doppio strato fosfolipidico. La **membrana esterna** è particolarmente *permeabile* grazie alla presenza delle *porine*, proteine transmembrana che costituiscono dei canali di comunicazione con il citosol; la **membrana interna**, invece, è pressoché *impermeabile* e si ripiega a formare delle pliche chiamate **creste mitocondriali**, invaginazioni che aumentano la superficie della stessa per ospitare un maggior numero di proteine;
- lo spazio tra la membrana interna e la membrana esterna è chiamato **spazio intermembrana** o **camera esterna** mentre la cavità centrale del mitocondrio, delimitata dalla membrana interna, è chiamata **camera interna**; essa ospita la matrice mitocondriale, la quale contiene numerosi *enzimi* (implicati nel ciclo di *Krebs*), *ribosomi* (simili a quelli batterici) e diverse copie di **DNA mitocondriale** (simile al DNA batterico). I mitocondri, infatti, sono organuli semiautonomi, poiché sono capaci di *dividersi* e di *sintetizzare proteine proprie*, rimanendo tuttavia sempre dipendenti dalle proteine codificate dal DNA nucleare.

RICORDA: il DNA mitocondriale viene trasmesso solo per via materna; dunque il tuo DNA mitocondriale, caro studente, è proprio uguale a quello della tua mamma.

Funzioni:

- **respirazione cellulare** → è implicato nella formazione di ATP a partire dal glucosio;
- **metabolismo dei lipidi** → è implicato nella sintesi, assieme al REL, degli **ormoni steroidei**, ma anche nell'**ossidazione dei lipidi** a scopo energetico (*β-ossidazione*);
- **accumulo di cationi nella matrice** → particolarmente importante è la capacità di intrappolare lo ione Ca^{2+} e di rilasciarlo allo scopo di portare all'attivazione numerosi processi cellulari (es. contrazione muscolare, rilascio di neurotrasmettitori). Condivide questa funzione con il REL;
- **apoptosi** → alterazioni alle membrane mitocondriali possono portare alla liberazione nel citoplasma di ioni in eccesso (tra cui soprattutto il calcio), del **citocromo C** e di altri fattori che, se presenti nel citoplasma in quantità eccessiva, innescano l'*apoptosi* (morte cellulare programmata).

Teoria endosimbiontica: ipotizza che i mitocondri (e anche i cloroplasti) fossero in origine dei procarioti che, dopo essere stati inglobati da una cellula più grande, hanno sviluppato con essa un rapporto di **simbiosi**. Questo spiegherebbe la doppia membrana, il genoma proprio e la relativa "autonomia enzimatica" di questi organuli.

2.5.8 Cloroplasto

I cloroplasti sono gli organuli responsabili della **fotosintesi clorofilliana**. Sono presenti in tutte le cellule eucariote in grado di svolgere la fotosintesi. Essi fanno parte di una categoria di organuli che prende il nome di **plastidi**, i quali genericamente svolgono una funzione di deposito:

- **amiloplasti** → deposito di *amido*, con funzione di riserva energetica (abbondanti nei tuberi come le patate);
- **cromoplasti** → deposito di *pigmenti colorati* (es. colore dei petali dei fiori);
- **cloroplasti** → deposito di **clorofilla**, un pignento di vitale importanza per la fotosintesi e responsabile del colore *verde* delle piante. Nella sua molecola è presente una struttura simile al *gruppo eme* dell'emoglobina, al centro della quale è possibile trovare uno ione Mg^{2+}.

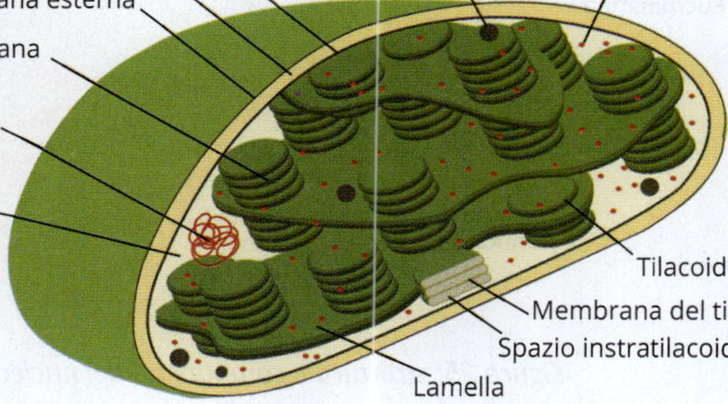

Figura 24: struttura del cloroplasto.

Da un punto di vista strutturale, si possono evidenziare le seguenti caratteristiche:

- è delimitato da una doppia membrana, una esterna e una interna, separate da uno spazio intermembrana (è paragonabile al mitocondrio sotto numerosi aspetti);
- nella cavità centrale del cloroplasto, delimitata dalla membrana interna, è presente lo **stroma** o matrice, materiale amorfo in cui si possono individuare *enzimi*, **DNA** e **ribosomi** (proprio come nel mitocondrio). Dunque, anche i cloroplasti attuano la sintesi proteica;
- immersi nello stroma si trovano i **tilacoidi**, vescicole appiattite e di forma circolare impilate come delle monete a formare colonne chiamate **grani**;
- la clorofilla è localizzata proprio sulle membrane dei tilacoidi ed è proprio qui che si verifica la prima fase della fotosintesi (**luce dipendente**). La fase **luce indipendente** (oscura) avviene invece nello stroma del cloroplasto.

Funzione:

- la funzione principale di questi organelli è quella di svolgere la fotosintesi clorofilliana, la quale ha come fine principale la produzione di **glucosio** a partire da **CO_2**, **H_2O** ed **energia solare**. Il ruolo della clorofilla è proprio quello di catturare l'energia solare e trasformarla in una forma di energia utilizzabile dalla cellula, ossia l'energia chimica presente nel glucosio.

2.5.9 Nucleo

Il nucleo è un organello generalmente grande, tanto da poter essere osservato anche al **microscopio ottico**. La sua presenza è il principale elemento di distinzione tra le cellule eucariote, che lo possiedono, e le cellule procariote, che NON lo possiedono.
Generalmente, ogni cellula eucariote possiede un nucleo; tuttavia esistono anche cellule *polinucleate*, ovvero che presentano più di un nucleo (come la fibra muscolare scheletrica o gli epatociti), e cellule *anucleate*, che invece ne vengono private nel corso della maturazione (come i **globuli rossi**).

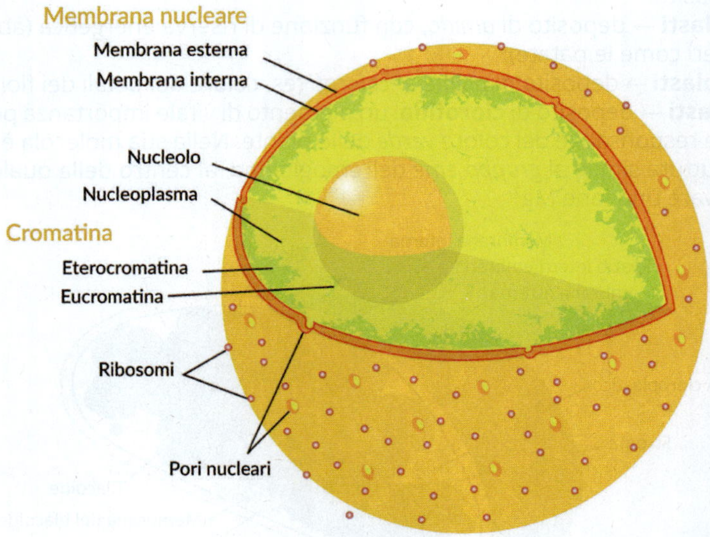

Figura 25: struttura e componenti del nucleo.

Dal punto di vista strutturale, il nucleo presenta delle particolari caratteristiche:

- esternamente, è delimitato dall'involucro nucleare, una doppia membrana in continuità con le cisterne del **reticolo endoplasmatico rugoso** (infatti sulla sua superficie esterna si possono trovare i **ribosomi**). Ognuna delle due membrane è composta da un doppio strato fosfolipidico con proteine associate;
- le due membrane generalmente sono separate, ma si fondono nei **pori nucleari**, delle strutture delimitate da specifiche proteine grazie alle quali il **nucleoplasma** comunica con il citoplasma;
- nel nucleoplasma si trova la **cromatina**, un "gomitolo" di materiale genetico costituito da DNA, RNA e proteine nucleari; in base alla sua organizzazione, la cromatina viene suddivisa in **eucromatina**, che rappresenta la forma *attiva* e *decondensata* (cioè meno compatta), ed **eterocromatina**, che rappresenta la forma *inattiva* e *condensata* (cioè più compatta). Normalmente, nel nucleo dei soggetti di sesso femminile, uno dei due cromosomi X viene "eterocromatinizzato" e quindi inattivato, andando a costituire un addensamento di cromatina che prende il nome di **corpo di Barr**;
- al centro del nucleo, la cromatina si addensa a formare il **nucleolo**, il quale rappresenta la sede di sintesi del RNA ribosomiale (**rRNA**) e di assemblamento delle subunità dei ribosomi. Esso è spesso abbastanza grande da essere visibile al microscopio ottico.

Funzione:
il nucleo rappresenta la sede in cui è contenuto tutto il materiale genetico della cellula. Al suo interno avvengono processi come la duplicazione del DNA (**replicazione**), la codifica del DNA in RNA messaggero (**trascrizione**) e la sintesi dei ribosomi. Tutte le informazioni che caratterizzano una cellula o addirittura un intero organismo vivente sono meravigliosamente conservate all'interno di questo "piccolo", ma così importante, organulo.

ESERCIZIO **PROPOSTO**

2.5 L'immagine al microscopio elettronico mostra all'interno di una cellula del fegato umano decine di organelli di forma simile e di dimensioni comprese tra 0,25 μm e 0,75 μm. Questi organelli hanno una membrana singola e liscia. Quali tra gli organelli elencati di seguito potrebbero essere?

A. Mitocondri
B. Centrioli
C. Lisosomi
D. Nucleoli
E. Ribosomi

2.6 STRUTTURE ADDIZIONALI

2.6.1 Parete cellulare

La parete cellulare è una struttura semirigida formata da **cellulosa** che si trova all'esterno della membrana plasmatica della **cellula vegetale**.
Nello spessore della parete sono presenti i **plasmodesmi**, piccoli canali che permettono alle cellule vicine lo scambio di alcune sostanze come acqua, ioni, proteine e altre macromolecole.

Funzione:

- **sostegno** alla cellula;
- **regolazione** della pressione osmotica;
- **barriera fisica** e **chimica** contro gli agenti patogeni.

RICORDA: la parete cellulare è presente anche nei batteri e nei funghi; in entrambi i casi non è composta da cellulosa, bensì, rispettivamente, da **peptidoglicano** e **chitina**.

2.6.2 Plastidi

I plastidi sono organelli cellulari tipici della cellula vegetale. A seconda del loro colore, si distinguono in: **cloroplasti** (verdi), **leucoplasti** (incolori) e **cromoplasti** (gialli-arancio).

I cloroplasti sono deputati alla **fotosintesi** e sono presenti in tutti gli organismi in grado di svolgerla. I leucoplasti hanno funzione di **riserva** di lipidi (lipidoplasti), proteine (proteinoplasti) o amilosio (amiloplasti). I cromoplasti sono infine plastidi in grado di sintetizzare e accumulare **pigmenti** come i carotenoidi.

2.6.3 Ciglia e flagelli

Le **ciglia** e i **flagelli** sono estroflessioni cellulari rivestite dalla membrana plasmatica, in grado di conferire *motilità* alla cellula. Entrambi possiedono un particolare citoscheletro chiamato assonema e connesso in profondità a un corpo basale:

- **assonema** → formato da *9 coppie di microtubuli* disposte in modo circolare + *1 coppia centrale* di microtubuli;
- **corpo basale** → *9 triplette di microtubuli* disposte in modo circolare.

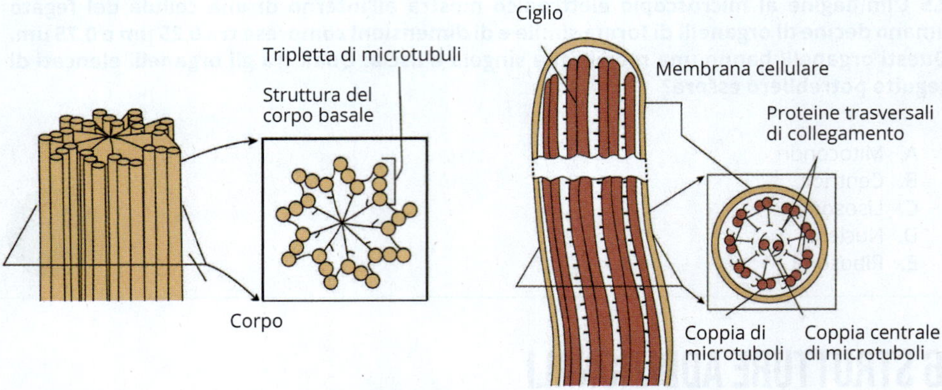

Figura 26: struttura dell'assonema e del corpo basale.

	Struttura	Funzione	Quantità	Lunghezza	Movimento
Ciglia	Assonema + corpo basale	Movimento della matrice extracellulare	Numerose	2-10 μm	Battito coordinato
Flagello	Assonema + corpo basale	Movimento della cellula stessa	1 (o pochi)	10-200 μm	Oscillatorio, elicoidale

2.6.4 Acrosoma e zona pellucida

Acrosoma	Struttura rivestita da membrana propria che riveste gran parte della testa dello spermatozoo. È prodotto dal Golgi. Contiene numerosi enzimi litici, tra cui l'**acrosina**.
Zona pellucida	Sottile involucro che riveste l'ovocita. Composta da glicoproteine secrete dall'ovocita stesso atte, tra le altre funzioni, a legare lo spermatozoo durante la fecondazione.

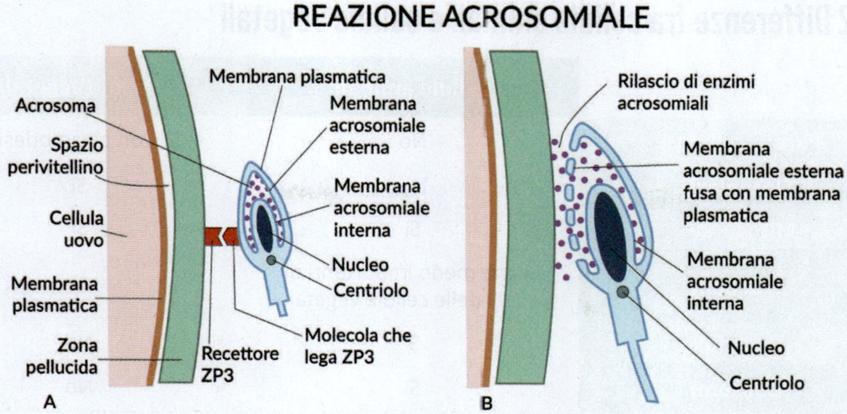

Figura 27: durante la reazione acrosomiale, gli enzimi litici contenuti nell'acrosoma vengono liberati e lo spermatozoo riesce così a superare la zona pellucida e la membrana plasmatica dell'ovocito.

2.7 SCHEMI RIASSUNTIVI

2.7.1 Differenze fra cellule procariote ed eucariote

	Procarioti	Eucarioti
Classificazione	Unicellulari	Unicellulari/Pluricellulari
Dimensioni	1-5 μm	5-20 μm
Riproduzione	Asessuata	Sessuata/Asessuata
Materiale genetico	Libero nel citoplasma; singola molecola di DNA circolare a doppio filamento (un solo cromosoma)	Contenuto nel nucleo; più molecole di DNA lineare a doppio filamento (più di un cromosoma)
DNA extracromosomiale	Contenuto nei plasmidi	Contenuto nei mitocondri e nei cloroplasti delle cellule vegetali
Organuli citoplasmatici	No (i ribosomi non sono veri e propri organuli, bensì dei macchinari)	Ogni organulo riveste una specifica funzione (compartimentazione)
Parete cellulare	Sì	Sì (nelle cellule vegetali e nei funghi)
Citoscheletro	No	Sì
Ciglia e flagelli	Sì	Sì

2.7.2 Differenze fra cellule animali e cellule vegetali

	Cellule animali	Cellule vegetali
Parete cellulare	No	Sì, con plasmodesmi
Cloroplasti	No	Sì
Mitocondri	Sì	Sì
Vacuoli	Sì, ma meno importanti di quelli delle cellule vegetali	Sì
Centrioli	Sì	No
Lisosomi	Sì	No

ESERCIZIO **PROPOSTO**

2.7 Quale delle seguenti osservazioni può essere utilizzata per distinguere procarioti da eucarioti?

A. Presenza di pori nucleari
B. Presenza di una parete cellulare
C. Presenza di ribosomi
D. Presenza di trascrittasi inversa
E. Presenza di una membrana cellulare

CORREZIONI COMMENTATE AGLI ESERCIZI PROPOSTI

2.3 Le prime tre opzioni riportano ioni carichi elettricamente (polari), che per attraversare la membrana hanno bisogno di canali ionici (risposte A, B e C errate). Il glucosio entra nella cellula per diffusione facilitata, dunque attraverso l'ausilio di proteine canale (risposta E errata). Infine l'ossigeno, essendo apolare, attraversa la membrana per diffusione semplice.
Risposta corretta D.

2.5 Per risolvere questo quesito si può procedere per esclusione. Infatti, gli organelli in questione non possono essere i mitocondri perché essi presentano due membrane, una interna e una esterna (risposta A errata). Non si tratta nemmeno dei centrioli in quanto essi non sono rivestiti da una membrana e perché sono soltanto due in una cellula in interfase, per poi duplicarsi durante la fase S e diventare quattro (risposta B errata). Allo stesso modo, si può escludere il nucleolo perché si tratta di una singola struttura contenuta nel nucleo non rivestita da membrana (risposta D errata). Per ultimo, i ribosomi sono delle strutture non rivestite da membrana di dimensioni nell'ordine dei nanometri (risposta E errata).
Risposta corretta C.

2.7 I ribosomi sono delle strutture implicate nella sintesi proteica presenti nel citoplasma sia delle cellule eucariote che delle cellule procariote (risposta C errata). Allo stesso modo, anche la membrana cellulare è presente in entrambi i tipi cellulari, infatti è una caratteristica di tutte le cellule (risposta E errata). Per quanto riguarda la parete cellulare, essa è presente a livello dei procarioti e in alcuni tipi di eucarioti, in particolare nelle cellule vegetali e nei funghi (risposta B errata). La trascrittasi inversa è un enzima tipico di alcuni tipi di virus che si occupa della sintesi di un filamento di DNA a partire da RNA (risposta D errata). Al contrario, i pori nucleari sono presenti solo negli eucarioti, in quanto i procarioti sono sprovvisti di organelli e involucro nucleare.
Risposta corretta A.

FONDAMENTI DI GENETICA

3

Introduzione

Questo capitolo racchiude le basi della biologia molecolare, che studia il *dogma centrale della biologia*, e i fondamenti di genetica mendeliana ed ereditarietà.

Con l'espressione *dogma centrale della biologia molecolare* si intende un principio formulato a metà del XX secolo che afferma che il flusso dell'informazione genetica è monodirezionale: dal DNA all'RNA, dall'RNA ai polipeptidi. Il processo di sintesi delle proteine a partire dall'informazione genetica conservata nel DNA avviene dunque in due fasi distinte, ma strettamente legate e prevede l'utilizzo di un intermediario nucleotidico, la catena di RNA.

La prima fase, che consiste nella trasmissione dell'informazione genetica dal *backup* in DNA alla copia intermedia in RNA, viene definita ***trascrizione***, in quanto sia DNA che RNA sono organizzati nel linguaggio dei nucleotidi. La seconda fase, dall'RNA al polipeptide, viene definita ***traduzione***, poiché l'informazione genetica passa da un linguaggio nucleotidico a un'organizzazione amminoacidica.

A questo punto, è lecito chiedersi come mai per arrivare da un'informazione genetica in DNA a un prodotto funzionale proteico sia necessario un intermediario in RNA. Naturalmente, non possiamo parlare in termini scientifici di *questioni finalistiche*, ma sicuramente questo intermediario è utile per alcuni importanti motivi:

1. protezione dell'informazione genetica;
2. amplificazione del messaggio genetico;
3. regolazione dell'espressione genica.

Dedichiamoci ora alla *genetica mendeliana* e *all'ereditarietà*, che risultano da sempre essere la vera costante nei vari test d'ingresso. Per questo motivo, le leggi di Mendel e le loro applicazioni sono (e devono essere) un bottino accessibile a tutti.

Mai capitolo fu più appropriato di questo per ripetere che le basi sono necessarie, ma gli esercizi sono fondamentali: saper ripetere le leggi di Mendel al contrario, saltellando su un piede solo, forse arricchirà il vostro curriculum vitae, ma di certo non vi garantirà l'accesso alla facoltà di Medicina, Odontoiatria e Veterinaria.

Detto questo, ecco a te la chiave della biologia molecolare!

3.1 STRUTTURA DEGLI ACIDI NUCLEICI

Come già visto più in dettaglio nel capitolo 1, vi sono alcune rilevanti differenze tra DNA e RNA:

- ogni molecola di DNA è composta da **due filamenti antiparalleli** avvolti a formare una doppia elica con andamento **destrorso** e uniti da **legami idrogeno** che si formano fra le basi azotate (3 tra G e C, 2 tra A e T), mentre ogni molecola di RNA è invece costituita da un **singolo filamento**;
- un'altra differenza tra i due acidi nucleici risiede nel tipo di basi azotate presenti: nell'RNA è infatti presente l'**uracile**, che corrisponde alla **timina** del DNA; le restanti tre basi, comuni a entrambi gli acidi nucleici, sono **adenina**, **citosina** e **guanina**;
- infine, lo zucchero pentoso costituente i nucleotidi del RNA è un ribosio, mentre il pentoso del DNA è un desossiribosio, ossia un ribosio privato di un gruppo idrossile sul carbonio 2.

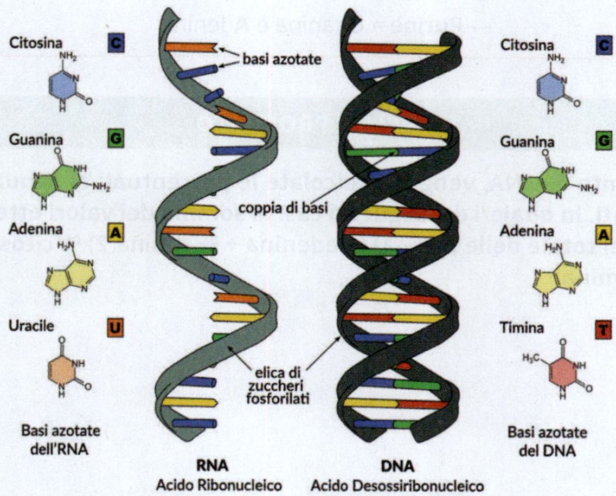

Figura 1: schema strutturale degli acidi nucleici.

3.2 DNA

Il DNA è una macromolecola fondamentale per la vita, depositaria di due funzioni fondamentali:

- capacità di replicarsi fedelmente → permette il trasferimento del patrimonio genetico attraverso il processo di **replicazione**, il quale porterà alla formazione di due molecole identiche di DNA da trasferire alle due cellule figlie durante la divisione cellulare;
- capacità di codifica dell'informazione → funge da depositario dell'informazione genetica e permette, attraverso la lettura delle sue sequenze, di convertire l'informazione codificata dal DNA al RNA attraverso il processo di **trascrizione**.

3.2.1 Regole di Chargaff

Dalla specificità dei legami a idrogeno tra le basi dei due filamenti derivano particolari rapporti tra le quattro basi azotate del DNA (adenina, guanina, timina e citosina), che vengono descritti dalle due **regole di Chargaff**:

1. esiste un rapporto 1:1 tra basi puriniche (A+G) e pirimidiniche (T+C) in una singola molecola di DNA → **A+G = T+C**, che di conseguenza implica che in una molecola di DNA la percentuale di adenina è uguale alla percentuale di timina, così come la percentuale di guanina è uguale a quella di citosina → A=T e G=C;
2. la seconda regola di Chargaff, di più recente scoperta, enuncia che anche sul singolo filamento di una molecola di DNA a doppio filamento il numero di A è simile al numero di T e il numero di C è simile al numero di G.

N.B. Ai fini del test è necessario sapere la prima (e più nota) legge di Chargaff, in quanto la seconda viene poco utilizzata.

MNEMOFRASE TESTBUSTERS

Per ricordare quali basi siano purine:

PurGA

→ **Pur**ine = **G**uanina e **A**denina

ESERCIZIO **PROPOSTO**

3.2.1 In un frammento di DNA, vengono calcolate le percentuali di ognuna delle quattro basi azotate presenti. In quale/i dei seguenti casi la somma dei valori ottenuti rappresenta sempre il 50% del totale delle basi? 1) % adenina + % timina 2) % citosina + % guanina 3) % guanina + % timina

A. Solo 3
B. Solo 1
C. Solo 2
D. 1 e 2
E. Tutti

N.B. Le regole di Chargaff **sono valide** esclusivamente per il **DNA a doppio filamento**, sia *procariotico* che *eucariotico*, mentre **non sono valide** per *RNA*, *DNA a singolo filamento*, *DNA mitocondriale* e *DNA dei cloroplasti*.

3.2.2 Eucromatina ed eterocromatina

La **cromatina** contenuta nel nucleo cellulare è costituita da DNA complessato con proteine basiche, definite **istoni**. Essa si può presentare in due forme:

- **eucromatina** → è la forma *meno condensata* e rappresenta lo stato **attivo** del DNA cromosomico, il quale in questo stato può essere *trascritto*. L'eucromatina si trova soprattutto nel nucleo di cellule svolgenti un ruolo attivo nella sintesi di proteine, come neuroni, ovociti o *cellule staminali*;
- **eterocromatina** → è la forma più *condensata* e rappresenta lo stato inattivo del DNA cromosomico. Essa si divide in eterocromatina **costitutiva**, mantenuta costantemente in forma condensata, e in eterocromatina **facoltativa**, la quale varia il suo stato di espressione in base allo stato di differenziamento della cellula (es. nella forma staminale i geni sono quasi tutti attivi, ma con il differenziamento un numero variabile di geni verrà inattivato andando a formare eterocromatina facoltativa).

Il DNA all'interno del nucleo non si trova in forma filamentosa, ma tende a organizzarsi con diversi ordini di avvolgimento, i quali hanno origine dal semplice **nucleosoma**, unità base della cromatina costituita da un complesso di **8 istoni** avvolti da un tratto del filamento di DNA, fino ad arrivare al ***cromosoma***; quest'ultimo rappresenta la forma più condensata della cromatina ed è visibile al microscopio ottico solo durante i processi di *divisione cellulare*.

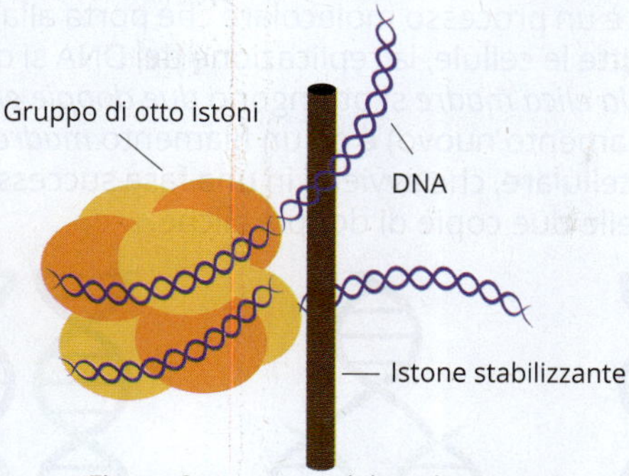

Figura 2: struttura del nucleosoma.

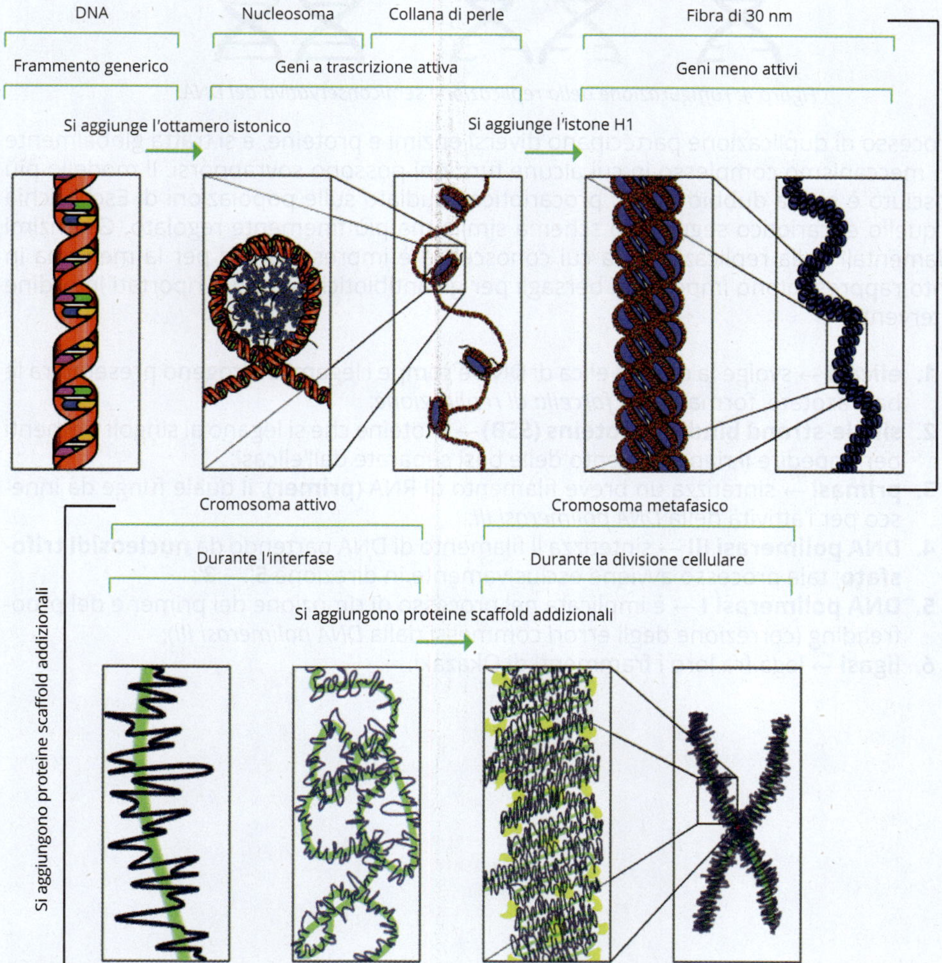

*Figura 3: ordini di avvolgimento del DNA. Si noti il cromosoma a "**X**", detto cromosoma metafasico poiché si trova in questo stato durante la metafase della divisione cellulare.*

3.3 REPLICAZIONE DEL DNA

3.3.1 Chimica biologica

La **replicazione del DNA** è un processo molecolare che porta alla formazione di *due molecole di DNA identiche*. In tutte le cellule, la replicazione del DNA si definisce **semiconservativa**, poiché da una *doppia elica madre* si ottengono *due doppie eliche figlie* formate da un filamento di *neosintesi* (filamento nuovo) e da un filamento *madre* (filamento conservato). Nel corso della divisione cellulare, che avviene in una fase successiva, a ciascuna delle due cellule figlie andrà una delle due copie di doppie eliche.

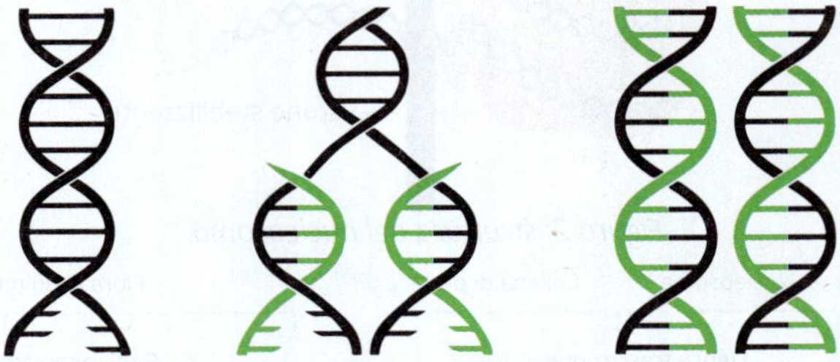

Figura 4: raffigurazione della replicazione semiconservativa del DNA.

Al processo di duplicazione partecipano diversi enzimi e proteine, e si tratta globalmente di un meccanismo complesso in cui alcune funzioni possono sovrapporsi. Il modello più conosciuto è senza dubbio quello procariotico, studiato sulle popolazioni di Escherichia coli; quello eucariotico segue uno schema simile ma più finemente regolato. Gli enzimi fondamentali della replicazione, la cui conoscenza è imprescindibile per la medicina in quanto rappresentano importanti bersagli per gli antibiotici, sono qui riportati in ordine di intervento:

1. **elicasi** → svolge la doppia elica di DNA e rompe i legami a idrogeno presenti tra le basi azotate, formando la *forcella di replicazione*;
2. **single-strand binding proteins (SSB)** → proteine che si legano ai singoli filamenti per impedire il riappaiamento delle basi separate dall'elicasi;
3. **primasi** → sintetizza un breve filamento di RNA (**primer**), il quale funge da innesco per l'attività della *DNA polimerasi III*;
4. **DNA polimerasi III** → sintetizza il filamento di DNA partendo da **nucleosidi trifosfato**; tale processo avviene esclusivamente in direzione **5' → 3'**;
5. **DNA polimerasi I** → è implicata nel processo di rimozione dei primer e del proofreading (correzione degli errori commessi dalla *DNA polimerasi III*);
6. **ligasi** → lega fra loro i frammenti di Okazaki.

3.3.2 Processo biologico

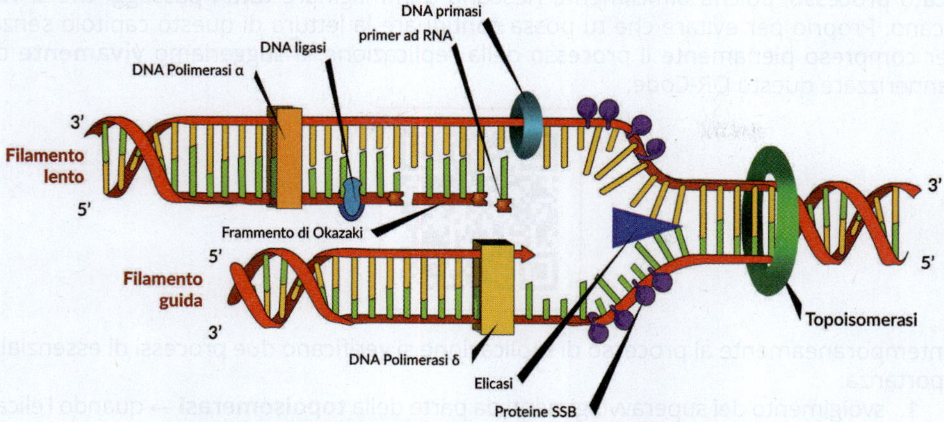

Figura 5: il processo di replicazione illustrato schematicamente.

1. L'*elicasi* **svolge** e **apre** i due filamenti rompendo i legami a idrogeno tra le basi azotate.
2. Le *SSB* stabilizzano la molecola nella conformazione *aperta*, facendo in modo che le basi non riformino nuovamente i legami a idrogeno rotti dall'elicasi.
3. L'enzima *primasi* sintetizza un **RNA primer** su entrambi i filamenti.
4. La *DNA polimerasi III*, partendo dal primer, aggiunge le basi **esclusivamente in direzione 5' → 3'** su entrambi i filamenti. Essendo i due filamenti di DNA **antiparalleli** (vedi capitolo 1), la sintesi del nuovo filamento potrà procedere in senso **5' → 3'** e in modo **continuo** solo su uno dei due filamenti originari (quello **3' → 5'**), il quale prenderà il nome di **filamento leading**. Sull'altro filamento (quello **5' → 3'**), chiamato filamento **lagging**, dal momento che la DNA polimerasi III non può sintetizzare in senso **3' → 5'**, la replicazione procederà in modo **discontinuo**. La primasi, infatti, sintetizza numerosi primer che permettono alla DNA polimerasi III di sintetizzare in modo discontinuo e in senso **5' → 3'** delle corte catene di nucleotidi che prendono il nome di **frammenti di Okazaki**.
5. Successivamente, la *DNA polimerasi I* si attiva, **rimuovendo** gli RNA primer grazie alla sua attività esonucleasica e **sostituendoli** con DNA.
6. La *ligasi* **lega** fra loro i frammenti di Okazaki.

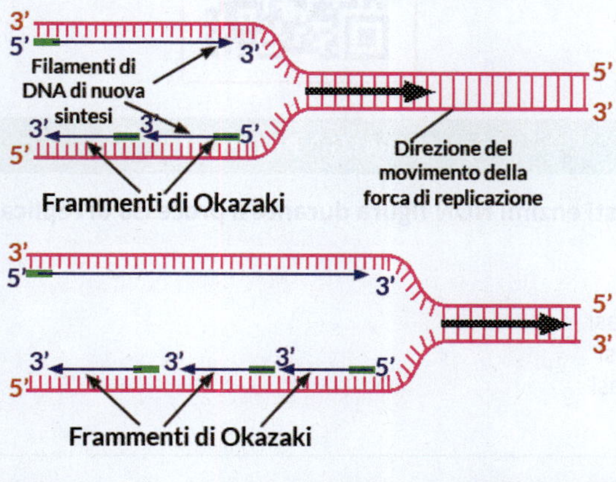

*Figura 6: schematizzazione del processo di replicazione. Si noti come il filamento leading viene sintetizzato in modo continuo in senso **5' → 3'**, mentre il filamento lagging viene sintetizzato in modo discontinuo con la formazione dei frammenti di Okazaki.*

Spesso gli studenti manifestano numerose difficoltà nell'apprendimento di questo complicato processo, poiché difficilmente riescono a immaginare tutti i passaggi che si verificano. Proprio per evitare che tu possa continuare la lettura di questo capitolo senza aver compreso pienamente il processo della replicazione, ti suggeriamo **vivamente** di scannerizzare questo QR-Code:

Contemporaneamente al processo di replicazione si verificano due processi di essenziale importanza:

1. svolgimento dei superavvolgimenti da parte della **topoisomerasi** → quando l'elicasi rompe i legami a idrogeno presenti fra le basi azotate, provoca l'allontanamento dei due filamenti della doppia elica, processo che causa a sua volta la formazione di superavvolgimenti distalmente rispetto alla forcella di replicazione. Per evitare che i **superavvolgimenti** causino l'arresto del processo, la topoisomerasi *taglia*, *rigira* e *salda* il DNA in modo da svolgere il superavvolgimento;
2. attività di **proofreading** da parte della *DNA polimerasi I* → nonostante il processo di sintesi della *DNA polimerasi III* sia particolarmente efficiente, esso può compiere degli errori di appaiamento; per evitare che tali errori portino a mutazioni, la *DNA polimerasi I* attua il processo di proofreading, che consiste nel **riconoscimento**, nell'**eliminazione** e nella **sostituzione** delle basi che sono state appaiate in modo *scorretto*. Tale processo avviene in direzione **3' → 5'**.

Noi di Testbusters teniamo molto alla salute dei nostri studenti. Quindi, per evitare attacchi di disperazione di fronte all'apparentemente "complicata" attività delle topoisomerasi, ti consigliamo di scannerizzare questo QR-Code:

ESERCIZIO **PROPOSTO**

3.3.2 Quale tra questi enzimi NON figura durante il processo di replicazione?

A. Elicasi
B. DNA polimerasi
C. Topoisomerasi
D. RNA polimerasi
E. Ligasi

3.4 TRASCRIZIONE DEL DNA

3.4.1 Chimica biologica

La **trascrizione** è il processo biologico attraverso il quale l'informazione genetica contenuta nel DNA viene trasferita in una molecola di **RNA messaggero (mRNA)**. Possono essere trascritti tre diversi tipi di RNA:

- **mRNA (RNA messaggero)** → è la molecola che permette di trasportare l'informazione genica dal nucleo al citoplasma, dove poi avverrà la sintesi delle proteine;
- **rRNA (RNA ribosomiale)** → viene trascritto a livello dei *nucleoli* e si assembla ad altre proteine andando a costitutire le subunità ribosomiali;
- **tRNA (RNA transfer)** → riconosce e permette la traduzione dell'mRNA a livello dei ribosomi.

3.4.2 Processo biologico

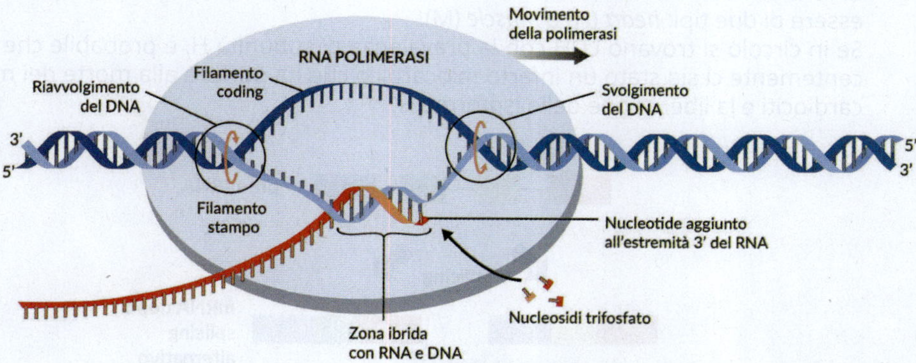

Figura 7: trascrizione del DNA.

Il processo di trascrizione del DNA si compone di tre fasi:

1. fase di **inizio** → il processo comincia quando delle particolari proteine, definite **fattori di trascrizione**, riconoscono e legano il **sito promotore**, cioè il sito di inizio della sequenza di DNA che codifica per la proteina. Tale legame fornisce un sito di aggancio per l'enzima chiave di tutto il processo, la **RNA polimerasi**, la quale, una volta riconosciuto il sito promotore, comincia a sintetizzare una catena di nucleotidi;
2. fase di **allungamento** → la RNA polimerasi sintetizza un trascritto di RNA complementare al filamento di DNA, inserendo *ribonucleotidi* in direzione **5' → 3'** e sostituendo la timina con l'**uracile**;
3. fase di **terminazione** → specifiche sequenze di DNA segnalano la fine della regione da trascrivere. Si arresta la reazione di polimerizzazione e avviene il distacco dell'enzima e dell'RNA neosintetizzato, il quale prende il nome di **trascritto primario**.

Esistono regioni di DNA che permettono la **regolazione della trascrizione**:

- **enhancers** → regioni che favoriscono la trascrizione di un gene (*espressione genica*), attraverso l'interazione con i fattori di trascrizione. Possono agire su più geni a distanza e orientamento variabile;
- **silencers** → regioni silenziatrici che possono inibire l'attività trascrizionale.

3.4.3 Maturazione del trascritto primario

Le *modificazioni post-trascrizionali* dell'RNA consistono in quattro processi che si verificano esclusivamente all'interno del nucleo degli **eucarioti**:

- **capping** → aggiunta di una **guanosina** modificata all'estremità **5'** con un **legame 5' – 5'** (anziché 5' – 3') a formare il cosiddetto **CAP**, necessario per il riconoscimento tra mRNA e ribosoma e per l'inizio della **traduzione**;
- **poliadenilazione** → aggiunta di una lunga sequenza di **adenosine (coda di poli-A)** all'estremità **3'** del trascritto, con funzione di **protezione** dell'mRNA dall'azione delle esonucleasi;
- **splicing** → rimozione delle **regioni introniche** (*regioni non codificanti*) e **unione degli esoni** (*regioni codificanti*) a formare l'*mRNA maturo*. Tale processo si verifica nel contesto di specifiche strutture nucleari denominate *spliceosomi*;
- **splicing alternativo** → rimozione di alcune regioni esoniche in modo da creare proteine diverse a partire dalla stessa sequenza di DNA. Tali proteine presenteranno una struttura molto simile e vengono indicate con il nome di *isoforme proteiche*. Per esempio, la lattato-deidrogenasi (LDH), coinvolta nel meccanismo di fermentazione lattica, è un enzima formato da quattro subunità che possono essere di due tipi: *heart* (H) e *muscle* (M).
  Se in circolo si trovano LDH con la prevalenza di subunità H, è probabile che recentemente ci sia stato un infarto miocardico che ha portato alla morte dei miocardiociti e la liberazione delle isoforme H.

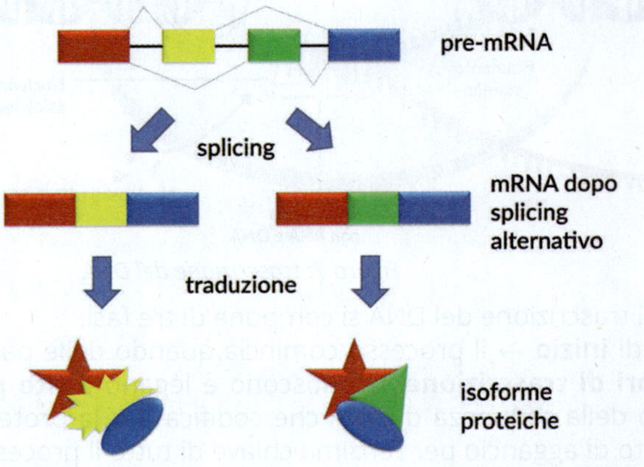

Figura 8: splicing alternativo tramite selezione di due diverse regioni esoniche.

N.B. Nei procarioti il *trascritto primario* è composto esclusivamente da *esoni* e per tale motivo non va incontro ad alcun processo di maturazione, corrispondendo direttamente alla molecola matura di *mRNA*.

ESERCIZIO **PROPOSTO**

3.4.3 Quale delle seguenti proprietà NON può essere usata per distinguere la molecola di DNA da quella di mRNA maturo?

A. Presenza di una doppia elica
B. Tipo di zucchero presente
C. Presenza di legami fosfodiesterici
D. Presenza di introni
E. Presenza di uracile

3.5 TRADUZIONE DELL'RNA

3.5.1 Codice genetico

Il codice genetico è l'insieme delle regole attraverso cui viene tradotta l'informazione codificata all'interno dei geni. La sequenza nucleotidica presente nell'mRNA può essere infatti suddivisa in una serie di **triplette** di basi azotate definite **codoni**, ciascuna delle quali codifica per uno specifico amminoacido. Dal momento che vi sono 4 basi diverse e ciascuna base si può ripetere nella medesima tripletta, le regole del calcolo combinatorio ci insegnano che si possono avere ben 4^3, cioè 64, triplette diverse. Di queste, **61** sono **codificanti** per un amminoacido, mentre **3** sono **non codificanti** e prendono il nome di **codoni di stop (UAA, UAG e UGA)**; questi ultimi rappresentano i segnali indispensabili per la terminazione della sintesi della proteina.
Il codice genetico presenta due caratteristiche fondamentali:

- è **degenerato** (o ridondante) → ciascuna tripletta di nucleotidi codifica per un singolo amminoacido, ma essendo le triplette ben 64 e soltanto 20 gli amminoacidi, si intuisce facilmente che ***più triplette differenti codificano per lo stesso amminoacido***; ricorda però che ***ogni tripletta codifica al più un amminoacido***;
- è **universale** → è valido in tutte le forme di vita conosciute, ad eccezione di alcuni particolari casi come quello del *DNA mitocondriale*.

DECODER per decodificare le triplette (codoni)

prima lettera \ seconda lettera	U	C	A	G	terza lettera
U	UUU, UUC fenilalanina UUA, UUG leucina	UCU, UCC, UCA, UCG serina	UAU, UAC tirosina UAA, UAG fine STOP	UGU, UGC cisteina UGA fine STOP UGG triptofano	U C A G
C	CUU, CUC, CUA, CUG leucina	CCU, CCC, CCA, CCG prolina	CAU, CAC istitina CAA, CAG glutamina	CGU, CGC, CGA, CGG arginina	U C A G
A	AUU, AUC, AUA isoleucina AUG metionina START*	ACU, ACC, ACA, ACG treonina	AAU, AAC asparagina AAA, AAG lisina	AGU, AGC serina AGA, AGG arginina	U C A G
G	GUU, GUC, GUA, GUG valina	GCU, GCC, GCA, GCG alanina	GAU, GAC acido aspartico GAA, GAG acido glutamico	GGU, GGC, GGA, GGG glicina	U C A G

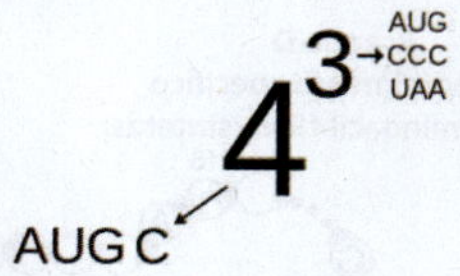

1 - alanina	11 - leucina
2 - arginina	12 - lisina
3 - asparagina	13 - metionina
4 - ac. aspartico	14 - fenilalanina
5 - ac. glutamico	15 - prolina
6 - cisteina	16 - serina
7 - glicina	17 - treonina
8 - glutamina	18 - tirosina
9 - istidina	19 - triptofano
10 - isoleucina	20 - valina

Amminoacidi non polari (idrofobi)
Amminoacidi polari (idrofili)
Amminoacidi ionici (molto idrofili)

Figura 9: classica tabella di decodifica del codice genetico. Da ricordare la tripletta di start AUG che codifica per l'amminoacido metionina e le triplette di stop UAA, UAG, UGA.

3.5.2 Chimica biologica

La **traduzione** è il processo attraverso il quale il messaggio codificato nella molecola di mRNA viene convertito in proteina. Tale processo si verifica principalmente a livello del citoplasma delle cellule eucariote, ma può anche verificarsi all'interno dei *mitocondri* e dei *cloroplasti*. Nei *procarioti*, invece, non essendo presente un nucleo, i processi di trascrizione e traduzione si verificano **contemporaneamente** a livello citoplasmatico.

La sequenza degli **amminoacidi** della catena polipeptidica sintetizzata è strettamente correlata alla sequenza delle basi presenti nell'mRNA corrispondente.
Sono di seguito elencati i componenti dell'**apparato traduzionale**:

- **mRNA**;
- **ribosomi** → complessi enzimatici ribonucleoproteici costituiti da *due subunità*, una **maggiore (60S)** e una **minore (40S)**, che si uniscono solamente quando si legano all'mRNA.
  Più ribosomi si possono legare uno dietro l'altro su uno stesso filamento di mRNA, formando un **poliribosoma**;
- **tRNA** → RNA che trasporta uno specifico **amminoacido** legato all'estremità 3' della molecola. Nella regione inferiore si può riconoscere una tripletta di nucleotidi che prende il nome di **anticodone**, il quale si legherà allo specifico codone complementare presente sull'mRNA;
- **amminoacil-tRNA sintetasi** → enzima che catalizza il caricamento di un amminoacido sul relativo tRNA, formando il complesso *amminoacil-tRNA*;
- **fattori di inizio**, **di allungamento e di terminazione** della sintesi proteica.

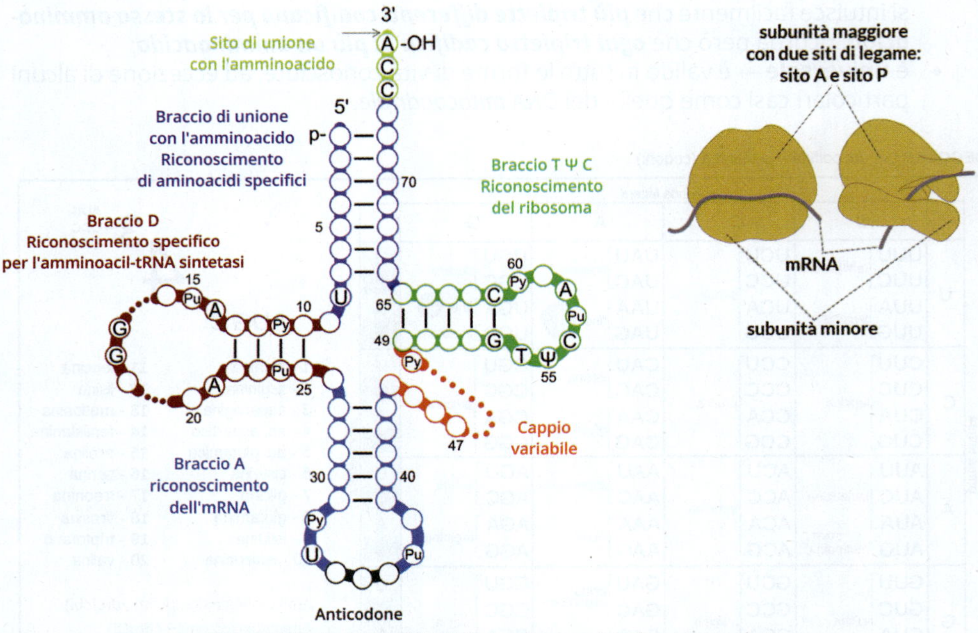

Figura 10: struttura del tRNA a sinistra e del ribosoma a destra.
Si notino anche il sito A e il sito P localizzati sulla subunità maggiore del ribosoma.
N.B. Le due subunità ribosomiali si trovano unite solo durante il processo di traduzione.

3.5.3 Processo biologico

La traduzione dell'RNA è divisibile in tre fasi:

1. **inizio** → la *subunità minore* del ribosoma si lega alla sequenza di riconoscimento sull'mRNA (di cui fa parte il *CAP* al *5'*). Successivamente, un particolare tRNA che trasporta una **metionina** modificata, tramite il suo **anticodone (UAC)** riconosce e lega il **codone di inizio (AUG)** presente sull'mRNA; in tal modo si viene a formare il **complesso di inizio**. Successivamente, la subunità maggiore si unisce al complesso di inizio facendo in modo che il tRNA carico della metionina vada a occupare il **sito P** della subunità maggiore del ribosoma;

2. **allungamento** → in presenza di uno specifico fattore di allungamento, un nuovo tRNA, carico dell'amminoacido corrispondente al secondo codone dell'mRNA, va a posizionarsi nel sito A della subunità maggiore; all'interno del **sito A** è presente un'attività enzimatica che prende il nome di **peptidil-transferasi**, la quale catalizza il distacco della metionina dal tRNA presente nel sito P e la successiva formazione di un *legame peptidico* tra la metionina e il secondo amminoacido. Alla fine di tale reazione, lo scorrimento reciproco del complesso mRNA-ribosoma fa sì che il *tRNA* nel *sito P* scivoli nel *sito E* (sito di uscita del ribosoma) e che il *tRNA* nel *sito A*, carico del dipeptide neoformato, si sposti nel *sito P*, liberando il *sito A*. Tale processo si ripete finché il sito A non viene occupato da un **codone di stop**;
3. **terminazione** → un **fattore di rilascio** si lega al complesso quando nel sito A entra uno dei tre **codoni di stop**. Il prodotto polipeptidico viene rilasciato e i componenti del complesso si disassemblano.

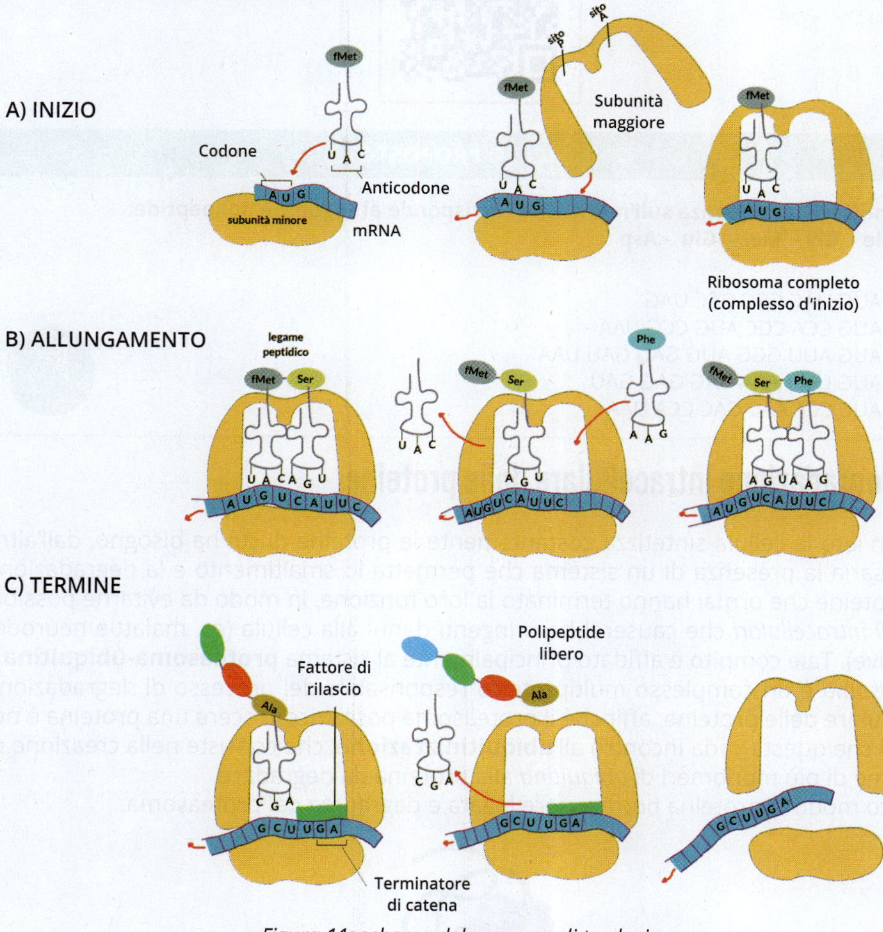

Figura 11: schema del processo di traduzione.

3.5.4 Modifiche post-traduzionali

Dopo la loro sintesi, le proteine possono andare incontro a modificazioni chimiche che ne modulano le proprietà:

- **proteolisi** → rottura del polipeptide che permette la formazione di frammenti attivi (es. ormone *preinsulina* che viene scisso in *insulina attiva e peptide C*);

- **glicosilazione** → aggiunta di zuccheri importanti per il riconoscimento della proteina, con la formazione di una *glicoproteina*;
- **fosforilazione** → aggiunta dei gruppi fosfato che modella la forma e le proprietà elettriche della proteina attivandola o inattivandola (dipende dalla proteina).

Arrivati a questo punto è necessario che lo studente sia in grado di descrivere in modo preciso il processo che dal gene nel DNA porta alla formazione di una proteina. A tal proposito, se vuoi migliorare la qualità del tuo apprendimento osservando i processi in modo animato, ti consigliamo di scannerizzare il seguente QR-Code:

ESERCIZIO **PROPOSTO**

3.5.4 Indicare la sequenza sull'mRNA che corrisponde al seguente polipeptide:
Met - Ile - Gly - Met - Glu - Asp

A. AUG UAC CGC GAC UAG
B. AUG CCA CGC AUG CCG UAA
C. AUG AUU GGG AUG GAG GAU UAA
D. AUG UUU AAA UAG GAG GAU
E. AUC CCA AAC GAC CCA UAA

3.5.5 Degradazione intracellulare delle proteine

Se da un lato la cellula sintetizza costantemente le proteine di cui ha bisogno, dall'altro è necessaria la presenza di un sistema che permetta lo smaltimento e la degradazione delle proteine che ormai hanno terminato la loro funzione, in modo da evitarne possibili *accumuli intracellulari* che causerebbero ingenti danni alla cellula (es. malattie neurodegenerative). Tale compito è affidato principalmente al sistema **proteasoma-ubiquitina**.
Il *proteasoma* è un complesso multiproteico responsabile del processo di degradazione intracellulare delle proteine; affinché il proteasoma possa riconoscere una proteina è necessario che questa vada incontro all'**ubiquitinizzazione**, che consiste nella creazione di un legame di più monomeri di *ubiquitina* alla proteina da degradare.
In questo modo la proteina potrà essere legata e degradata dal proteasoma.

Figura 12: raffigurazione schematica di un proteasoma.

3.6 TRASCRIZIONE E TRADUZIONE NEI PROCARIOTI

I processi di trascrizione e di traduzione nei procarioti sono quasi del tutto sovrapponibili a quelli degli eucarioti, con la differenza che nei batteri questi due processi si verificano **simultaneamente** a livello del citoplasma; quelli che cambiano notevolmente però, sono i meccanismi che regolano l'*espressione dei geni* (e quindi la trascrizione).

La regolazione trascrizionale nei procarioti è affidata a delle unità funzionali che prendono il nome di **operoni**, segmenti di DNA costituiti dalle seguenti regioni:

- **promotore** → regione che permette il legame con la RNA polimerasi;
- **operatore** → regione localizzata tra il promotore e i geni strutturali e che lega il repressore, una proteina codificata da un gene detto **regolatore**;
- **geni strutturali** → geni che codificano per le proteine del batterio.

Un classico esempio riguarda il funzionamento dell'**operone lac** di *Escherichia coli*, un batterio che vive in simbiosi con l'uomo all'interno dell'intestino e che è capace di metabolizzare il lattosio mediante l'enzima *β-galattosidasi*. L'espressione di questo enzima è regolata proprio dall'operone lac, il quale risponde alla presenza e all'assenza del lattosio in due modi differenti:

- **assenza di lattosio** → il *repressore* si trova in *forma attiva* ed è capace di legarsi all'*operatore*; tale legame rende impossibile l'avvio della trascrizione dei *geni strutturali* da parte della RNA polimerasi. In questo modo, non vengono sintetizzate le proteine codificate dai geni strutturali, tra le quali si trova la *β-galattosidasi*;
- **presenza di lattosio** → il lattosio si lega al *repressore* inattivandolo, fungendo così da **induttore** della trascrizione; in questo modo, infatti, la RNA polimerasi può legarsi liberamente al promotore, trascrivere i geni strutturali e determinando la sintesi degli enzimi adibiti al metabolismo del lattosio.

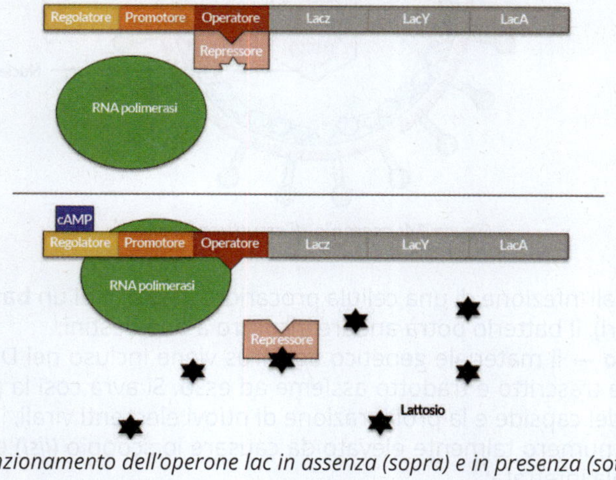

Figura 13: funzionamento dell'operone lac in assenza (sopra) e in presenza (sotto) di lattosio.

3.7 VIRUS

I virus sono *assemblaggi organizzati* di proteine, acidi nucleici e altre macromolecole (proteine, lipidi, carboidrati) che hanno la peculiare caratteristica di **non essere capaci di riprodursi autonomamente**; essi infatti sfruttano l'apparato biosintetico della cellula infettata (*cellula ospite*) per riprodurre il proprio materiale genetico e le proprie strutture proteiche e per tale motivo i virus vengono definiti come **parassiti endocellulari obbligati**.

3.7.1 Principali caratteristiche

Le principali caratteristiche dei virus sono elencate nella seguente tabella:

Dimensioni	10 - 300 nm
Materiale genetico	Singola molecola di **DNA o RNA** di diversa lunghezza, a **singolo o doppio filamento**
Rivestimento	**Capside proteico**; possono presentare anche un involucro fosfolipidico che deriva dalla membrana della cellula infettata e che prende il nome di **envelope**
Riproduzione	Sfruttano l'apparato di replicazione della **cellula ospite**
Sintesi macromolecole	Sfruttano l'apparato trascrizionale e traduzionale della **cellula ospite**
Classificazione	Possono infettare unicamente procarioti, eucarioti o entrambi. Possono essere classificati anche in base al tipo di materiale genetico o alla struttura

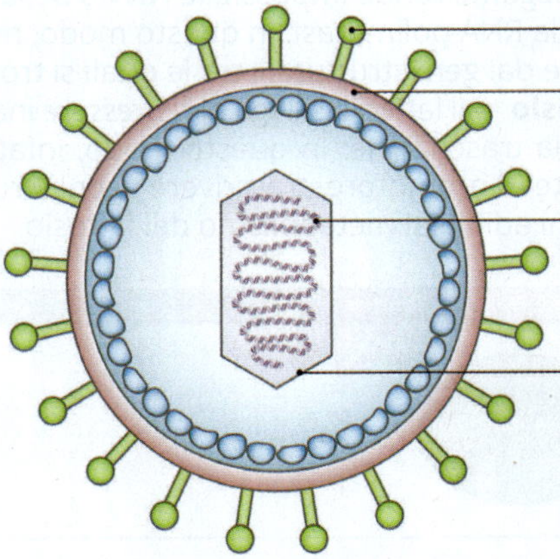

Figura 14: esempio di struttura virale.

Successivamente all'infezione di una cellula procariote da parte di un **batteriofago** (virus che infetta i batteri), il batterio potrà andare incontro a due destini:

- **ciclo litico** → il materiale genetico del virus viene incluso nel DNA batterico per poi essere trascritto e tradotto assieme ad esso. Si avrà così la produzione delle proteine del capside e la proliferazione di nuovi elementi virali, i quali raggiungeranno un numero talmente elevato da causare lo scoppio (*lisi*) e quindi la morte della cellula infettata;
- **ciclo lisogeno** → il materiale genetico del virus viene incluso nel DNA batterico ma non viene né trascritto né tradotto. Questo meccanismo permette di replicare il materiale genetico virale assieme a quello della cellula infetta per poi trascriverlo e tradurlo secondariamente in risposta a determinati stimoli attivanti.

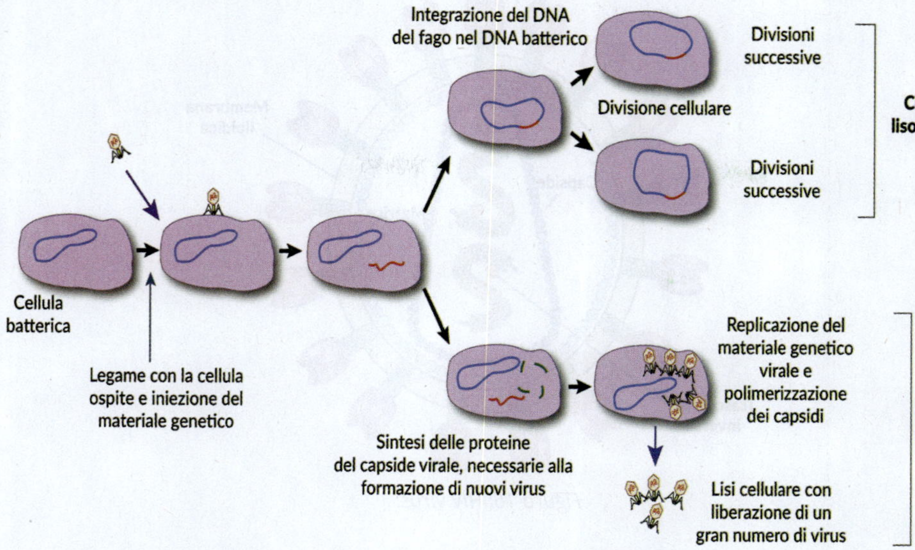

Figura 15: ciclo litico e ciclo lisogeno.

ESERCIZIO **PROPOSTO**

3.7.1 Il virus dell'epatite B (HBV) è un virus a DNA in grado di provocare un'infiammazione epatica di tipo cronico. Infatti, nella maggior parte dei casi non causa un evento acuto con uccisione massiva degli epatociti, ma al contrario l'infezione può risultare asintomatica per molto tempo nonostante il processo infiammatorio che, protratto nel tempo, può portare a gravi conseguenze come la cirrosi. Quali delle seguenti caratteristiche del virus è responsabile di questo fenomeno?

A. Il virus dell'epatite B è in grado di replicare anche al di fuori delle cellule umane
B. Il genoma del virus può integrarsi nel DNA umano effettuando quello che prende il nome di ciclo lisogeno
C. Il virus, una volta entrato nella cellula, generalmente inizia subito il ciclo litico
D. Il virus responsabile dell'epatite B è un fago
E. Nessuna delle precedenti

3.7.2 Retrovirus

I **retrovirus** rappresentano un tipo particolare di virioni caratterizzati dalla presenza di un enzima chiamato ***trascrittasi inversa***. Il genoma di questi virus si presenta sotto forma di *RNA*, il quale, grazie alla trascrittasi inversa, viene trascritto in una molecola di *DNA* complementare (cDNA). Successivamente, il DNA virale così prodotto si integra nel genoma della cellula ospite e viene sottoposto ai processi di trascrizione e traduzione. In questo modo verranno prodotte, oltre alle proteine funzionali alla cellula ospite, anche quelle necessarie alla sopravvivenza e alla replicazione del virus.
Uno dei retrovirus più famosi è il *Human Immunodeficiency Virus (HIV)*, il quale, una volta infettati i linfociti T CD4+, provoca l'insorgenza della *sindrome da immunodeficienza acquisita* (AIDS).

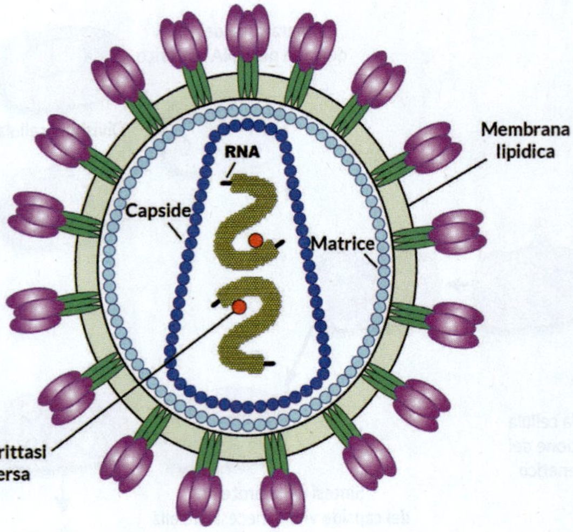

Figura 16: HIV virus.

3.8 QUADRATO DI PUNNETT

Il quadrato di Punnett è una tabella che permette di prevedere il genotipo della prole conoscendo quello dei genitori. Saper elaborare un quadrato di Punnett rappresenta un'abilità essenziale per lo svolgimento di tutti gli esercizi di genetica.

Nella spiegazione che segue verrà preso in esempio il caso più semplice, cioè quello in cui si considera un solo carattere che presenta due alleli "A" e "a". I passaggi da svolgere sono i seguenti:

1. **identificare il genotipo dei genitori** → è possibile che il genotipo venga direttamente fornito dal testo oppure che sia necessario ricavarlo dai dati del problema. Per semplicità, in quest'esempio si considererà un incrocio tra una madre con genotipo eterozigote (**Aa**) e un padre omozigote recessivo (**aa**);
2. **identificare i gameti dei due genitori** → considerando un solo gene, ogni gamete potrà avere al suo interno *solo uno dei due alleli* di quel gene. Quindi in questo caso la madre può dar origine a **due** diversi tipi di gameti, uno in cui la cellula uovo presenta l'allele "A" e uno in cui presenta l'allele "a". Al contrario il padre, essendo omozigote, potrà generare solo un tipo di gamete con all'interno l'allele "a";
3. **disegnare la tabella a doppia entrata** → mai giocato a tris? Ecco, è praticamente la stessa tabella. Successivamente bisogna inserire i gameti prodotti dalla madre e dal padre su due lati adiacenti del quadrato di Punnett, proprio come nella figura seguente;

Alleli madre / Alleli padre

	A	a
a		
a		

4. **eseguire gli incroci**;

Alleli madre / Alleli padre

	A	a
a	Aa	aa
a	Aa	aa

5. **interpretare i risultati** → in questo caso la prole avrà una probabilità del **50%** di presentare *genotipo eterozigote* "**Aa**", e di conseguenza un fenotipo dominante "**A**", e del restante **50%** di presentare invece un genotipo *omozigote recessivo* "**aa**", e quindi un fenotipo recessivo "**a**".

3.9 GENETICA MENDELIANA

3.9.1 Legge della dominanza o prima legge di Mendel

Mendel cominciò i suoi esperimenti effettuando degli **incroci monoibridi** tra piante che differivano per un singolo carattere. Egli provò infatti a incrociare due **linee pure** (cioè omozigoti) di piante di cui una aveva il *seme giallo* e l'altra il *seme verde*. Quando si trattano le leggi di Mendel, vengono utilizzate, per formalità, le lettere "**G**" per l'allele giallo, dominante, e "**v**" per quello verde, recessivo. Si noti che, nonostante le lettere che identificano i gameti siano differenti, si tratta comunque del medesimo carattere.

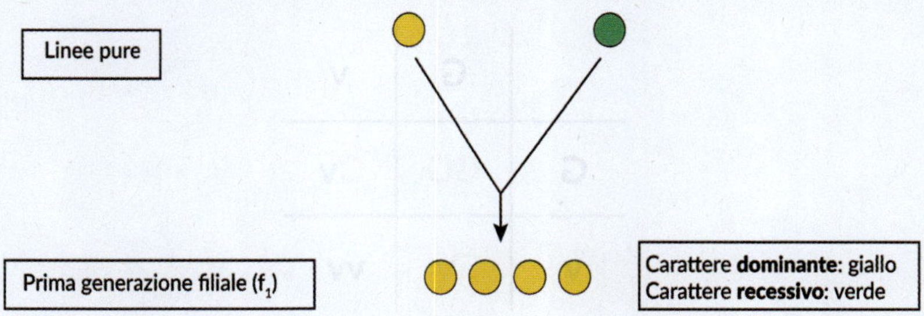

Figura 17: incrocio fra due linee pure.

Da tale incrocio constatò che nella prima generazione filiale (**f_1**) tutti i figli presentavano il colore del seme giallo e ciò gli permise di elaborare la prima legge di Mendel, secondo cui *"**gli ibridi di prima generazione sono tutti fenotipicamente e genotipicamente uguali**"*.

Per poter comprendere adeguatamente il perché di tale fenomeno, è sufficiente usare il quadrato di Punnett, tramite il quale si potrà osservare che dall'incrocio fra due omozigoti "**GG**" e "**vv**" nasceranno esclusivamente figli eterozigoti "**Gv**" con un fenotipo dominante "**G**".

3.9.2 Legge della segregazione dei caratteri o seconda legge di Mendel

Incrociando due piante della generazione f_1 precedentemente ottenuta, Mendel ottenne una seconda generazione filiale (**f_2**) così composta:

- **3/4** piante di seme **giallo**;
- **1/4** piante di seme **verde**.

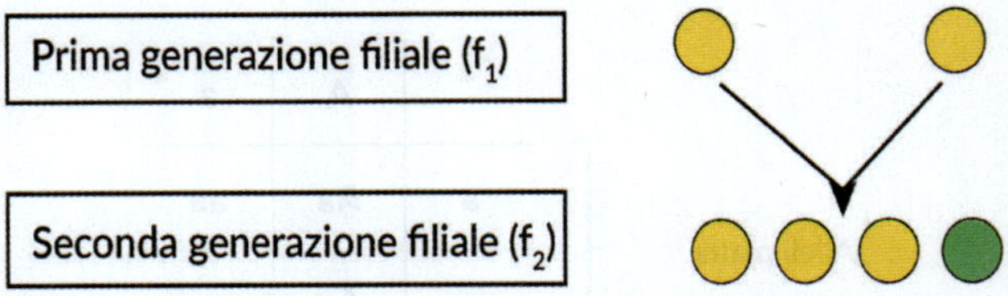

Figura 18: incrocio fra individui della f_1.

Da tale incrocio constatò che il carattere **verde**, che sembrava scomparso in f_1, ricompare in f_2. Mendel non solo fece una valutazione **qualitativa** delle caratteristiche della seconda generazione, ma anche **quantitativa**, osservando che la proporzione fra i diversi fenotipi era di **3:1**. Queste osservazioni gli permisero di ipotizzare che ogni carattere è controllato da *coppie di unità* (che oggi sappiamo essere gli *alleli*) che si separano durante la formazione dei gameti, i quali dunque contengono una sola unità distribuita in modo casuale. Da tale ipotesi elaborò la seconda legge di Mendel, secondo cui *"**le due unità responsabili di un determinato carattere si separano (segregano) in modo casuale durante la formazione dei gameti, ognuno dei quali può contenere solo una singola unità**"*.

Anche in questo caso, per poter comprendere adeguatamente il motivo di tale fenomeno, è sufficiente costruire il quadrato di Punnett, tramite il quale si potrà osservare che dall'incrocio fra due eterozigoti "**Gv**" della f_1 nasceranno nel 75% dei casi (3/4) figli con un fenotipo dominante "**G**" e nel 25% dei casi figli con un fenotipo recessivo "**v**". Per i genotipi la questione è lievemente diversa, poiché il 25% avrà un genotipo omozigote dominante "GG", un altro 25% avrà genotipo omozigote recessivo "**vv**" e il restante 50% avrà genotipo eterozigote "**Gv**".

	G	**v**
G	GG	Gv
v	Gv	vv

ESERCIZIO **PROPOSTO**

3.9.2 Nella progenie ottenuta dall'incrocio di due organismi eterozigoti per un singolo gene è atteso un rapporto fenotipico di 3:1. Ciò è dovuto al fatto che i due alleli:

A. Segregano durante la meiosi
B. Presentano codominanza
C. Non presentano assortimento indipendente
D. Presentano dominanza incompleta
E. Sono associati

3.9.3 Legge dell'assortimento indipendente o terza legge di Mendel

Nei successivi esperimenti Mendel provò a effettuare degli **incroci diibridi**, cioè tra due **linee pure** che differivano per due caratteri (*colore del seme e superficie del seme*). In questo caso provò a incrociare due piante, di cui una aveva il *seme giallo e liscio* (**GGLL**) e l'altra il *seme verde e rugoso* (**vvrr**), ottenendo nella prima generazione filiale (f_1) esclusivamente piante con *semi gialli e lisci*.
La pianta dai semi gialli e lisci, infatti, è capace di produrre esclusivamente gameti *"GL"*, mentre la pianta dai semi verdi e rugosi è capace di produrre solo gameti *"vr"*; dunque, dall'incrocio di queste due specie si potranno ottenere solo individui eterozigoti per entrambi i caratteri (**GvLr**), ma con un fenotipo dominante ***"GL"***.

	GL	**GL**
vr	**GvLr**	**GvLr**
vr	**GvLr**	**GvLr**

Successivamente incrociò due piante della f_1 (GvLr) ottenendo una f_2 contenente anche delle combinazioni di caratteri mai viste prima (*verde liscio e giallo rugoso*), le quali vennero definite **fenotipi ricombinanti**.
Gli alleli *"***G***"* e *"***v***"*, infatti, si distribuiscono in modo **indipendente** rispetto agli alleli *"***L***"* e *"***r***"* e ciò fa sì che le due piante della f_1 siano in grado di produrre **quattro tipi** diversi di gameti (***GL***, ***Gr***, ***vL***, ***vr***), dalla cui combinazione si ottiene una f_2 costituita da 4 *fenotipi differenti* in rapporto **9:3:3:1**.
Questi risultati portarono Mendel a formulare la terza legge di Mendel, secondo la quale *"**durante la formazione dei gameti, geni diversi si distribuiscono l'uno indipendentemente dall'altro**"*.

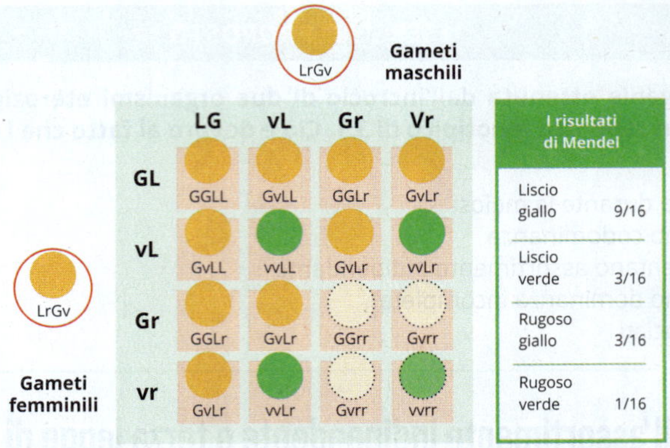

Figura 19: incrocio di due individui della f_1. Si notino i due fenotipi ricombinanti verde liscio e giallo rugoso.

Ma perché si verifica questo "assortimento indipendente"? Perché i geni del colore del seme si distribuiscono in modo indipendente rispetto a quelli della superficie del seme?

Ai tempi di Mendel (XIV secolo) queste domande non ottennero alcuna risposta, ma oggi si hanno molte più informazioni a riguardo.
Gli alleli del gene che codifica per il *colore del seme* si trovano su una **coppia di cromosomi omologhi diversa** rispetto agli alleli del gene che codifica per la *superficie del seme* e per tale motivo, durante la separazione dei cromosomi omologhi (*anafase della meiosi I*), questi si distribuiscono nei gameti *l'uno indipendentemente dall'altro*; inoltre, poiché l'ordine con cui sono disposti gli omologhi sul piano equatoriale durante la metafase I è sempre **casuale**, da una divisione meiotica si potranno ottenere diverse combinazioni genotipiche fra i vari alleli (*GL*, *Gr*, *vL*, *vr*).

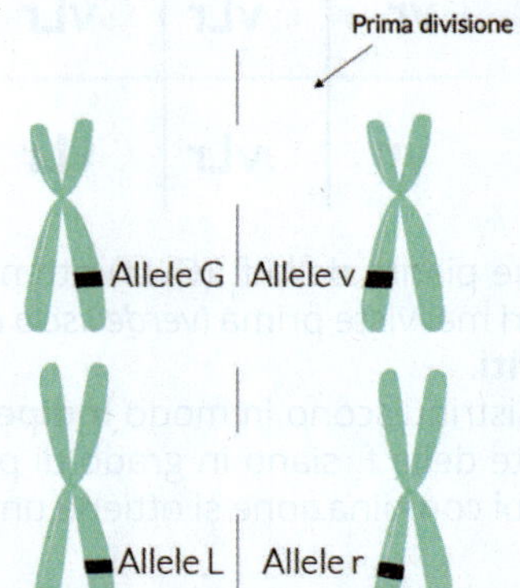

Figura 20: i geni che si trovano sui cromosomi differenti durante l'anafase I della meiosi assortiscono in modo indipendente.

ESERCIZIO **SVOLTO**

Due individui eterozigoti per due caratteri danno alla luce un bambino di nome Vidal. Se la madre ha un genotipo **AaBb** e il padre un genotipo **AABb**, qual è la probabilità che il piccolo Vidal sia AaBB?

Svolgimento:
per risolvere l'esercizio è necessario applicare la ***terza legge di Mendel*** dal punto di vista pratico. Come prima cosa è necessario trovare tutti i possibili gameti che i genitori possono formare e per farlo è sufficiente trovare *tutte le combinazioni binarie* possibili fra i vari alleli.

Mamma = AaBb → **AB**, **Ab**, **aB**, **ab**
Papà = AABb → **AB**, **Ab**, **AB**, **Ab**

Successivamente bisogna impostare il quadrato di Punnett a quadrupla entrata, dapprima ponendo ai due lati del grafico i genotipi dei genitori e successivamente eseguendo i vari incroci.

		AaBb			
		AB	**Ab**	**aB**	**ab**
	AB	**AABB**	**AABb**	**AaBB**	**AaBb**
	Ab	**AABb**	**AAbb**	**AaBb**	**Aabb**
AaBb	**AB**	**AABB**	**AAb**	**AaBB**	**AaBb**
	Ab	**AABb**	**AAbb**	**AaBb**	**Aabb**

Infine, per calcolare la probabilità che Vidal sia AaBB è sufficiente dividere i casi favorevoli (in questo caso il **n° di AaBB** ottenuti nei precedenti incroci) per tutti i casi possibili (in questo caso **16 casi possibili**).

$$P_{AaBB} = \frac{\textit{casi favorevoli}}{\textit{casi possibili}} = \frac{\text{n° AaBB}}{16} = \frac{2}{16} = \frac{1}{8}$$

Soluzione: 1/8.

ESERCIZIO **PROPOSTO**

3.9.3 In un incrocio tra due individui, entrambi eterozigoti per due geni (diibridi), qual è la probabilità che la loro progenie abbia un fenotipo dominante per un solo carattere?

A. 1/2
B. 3/4
C. 3/8
D. 1/8
E. 3/16

3.10 ECCEZIONI ALLE LEGGI DI MENDEL

3.10.1 Geni linked

Come appreso nella *terza legge di Mendel*, gli alleli di due geni differenti segregano indipendentemente l'uno dall'altro durante la meiosi I. Tale fenomeno, però, si verifica solo quando due geni sono situati su una coppia di cromosomi omologhi differenti. Quando, invece, i due geni sono **localizzati sullo stesso cromosoma**, non possono separarsi in maniera indipendente l'uno dall'altro e per tale motivo segregano insieme. Tali geni prendono il nome di **geni linked** (o **geni associati**).

Si prendano in esempio due geni linked (cioè sullo stesso cromosoma) in una condizione di eterozigosi "Aa" e "Bb".

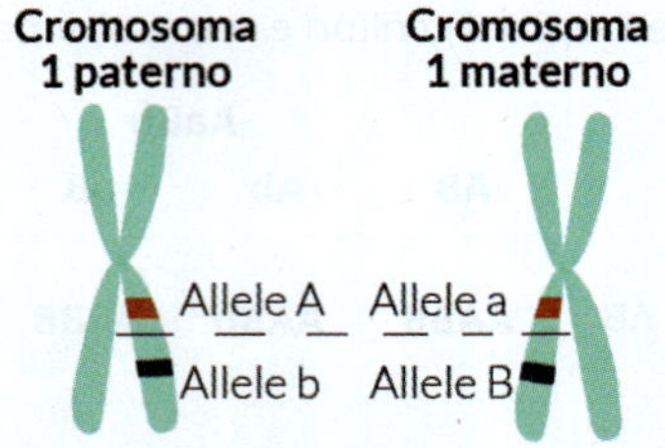

Figura 21: rappresentazione di geni linked prima del crossing over.

In questo caso, essendo i geni localizzati sullo stesso cromosoma, non potranno separarsi (segregare) in modo indipendente l'uno dall'altro, ma procederanno insieme verso lo stesso gamete. Per tale motivo non si andranno più a formare 4 diversi tipi di gameti, ma solo **2**:

- gamete **Ab**;
- gamete **aB**.

Questo evento, però, si verifica solo se non si considera il **crossing-over**. Infatti può accadere che lo scambio di geni del crossing-over possa coinvolgere proprio i geni linked e in tale circostanza si andranno a formare dei gameti diversi rispetto ai precedenti:

- gamete **AB**;
- gamete **ab**.

Tuttavia, la probabilità che ciò accada è relativamente bassa: in generale, ***"tanto più sono distanti due geni all'interno di un cromosoma, tanto più è probabile che essi vadano incontro a crossing-over"***. Se al contrario due geni sono vicinissimi, è molto difficile che il taglio del crossing-over avvenga proprio nel piccolo divario che esiste tra i due geni.

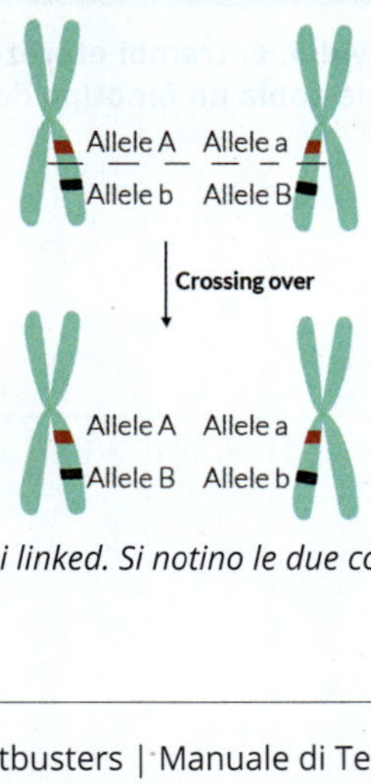

Figura 22: crossing-over tra geni linked. Si notino le due combinazioni di alleli AB e ab.

3.10.2 Codominanza, allelia multipla e gruppi sanguigni

Nelle leggi di Mendel si fa sempre riferimento a caratteri codificati da una singola coppia di alleli, dei quali uno è dominante e l'altro è recessivo; tuttavia vi sono due condizioni che rappresentano un'importante eccezione a questa regola:

- **allelia multipla** → quando un carattere è codificato da più di due alleli;
- **codominanza** → quando due alleli si manifestano contemporaneamente in un eterozigote.

I **gruppi sanguigni** sono un plateale esempio di allelia multipla e codominanza.
Il carattere "gruppo sanguigno" corrisponde al tipo di *glicoproteina antigenica* presente sulla superficie dei globuli rossi ed è codificato da *tre alleli diversi* (***allelia multipla***) definiti **A**, **B** e **0**, con *A* e *B dominanti* e *0 recessivo*. Dalla combinazione di questi alleli si possono ottenere diversi fenotipi (gruppi sanguigni):

- **genotipi AA** o **A0** → fenotipo **A**. I soggetti di gruppo A presentano gli *antigeni A* sulla superficie dei globuli rossi e contemporaneamente possiedono **anticorpi anti-B** nel circolo ematico, i quali, in caso di contatto con l'antigene B (es. *trasfusione errata*), attivano una risposta immunitaria che porta all'**emoagglutinazione** (formazione di agglomerati di globuli rossi) e alla morte del povero soggetto;
- **genotipi BB** o **B0** → fenotipo **B**. Gli individui di gruppo B presentano gli *antigeni B* sulla superficie dei globuli rossi e contemporaneamente possiedono **anticorpi anti-A** nel circolo ematico;
- **genotipo AB** → fenotipo **AB**. In questo caso, essendo sia l'allele A che B dominanti, si manifestano entrambi (***codominanza***); di conseguenza i globuli rossi presentano sulla superficie della loro membrana sia l'*antigene A* che l'*antigene B*. Inoltre, i soggetti di gruppo AB non possederanno **né anticorpi anti-A né anticorpi anti-B**.
- genotipo **00** → fenotipo **0**. I soggetti di gruppo 0 **non presentano antigeni** (né A né B) sulla superficie dei globuli rossi e contemporaneamente possiedono **sia anticorpi anti-A sia anticorpi anti-B** nel sangue.

La conoscenza dei gruppi sanguigni è di centrale importanza in campo medico; basti pensare che se un paziente sta morendo per un'importante perdita ematica (*emorragia*) ed è necessario eseguire un'immediata trasfusione di sangue, bisogna conoscere quali gruppi sanguigni possono essere trasfusi e quali no (se non si vuole uccidere il malcapitato paziente).

- Soggetti di gruppo **A** → possono **ricevere** sia da donatori di **gruppo A** che di **gruppo 0** (non possono ricevere da donatori di gruppo B perché possiedono anticorpi anti-B che causerebbero l'emoagglutinazione) e possono **donare** a soggetti sia di **gruppo A** che di **gruppo AB**;
- soggetti di gruppo **B** → possono **ricevere** sia da donatori di **gruppo B** che di **gruppo 0** (non possono ricevere da donatori di gruppo A perché possiedono anticorpi anti-A che causerebbero l'emoagglutinazione) e possono **donare** a soggetti sia di **gruppo B** che di **gruppo AB**;
- soggetti di gruppo **AB** → possono **ricevere** da donatori di **qualunque gruppo**, poiché non presentano *né anticorpi anti-A né anticorpi anti-B*, quindi il pericolo dell'emoagglutinazione non esiste. Essi però, possono **donare** solo a soggetti di gruppo **AB**;
- soggetti di gruppo **0** → possono **ricevere** solo da donatori di **gruppo 0**, poiché possiedono *sia anticorpi anti-A sia anticorpi anti-B*. Essi però, possono **donare** a soggetti di **qualunque gruppo.**

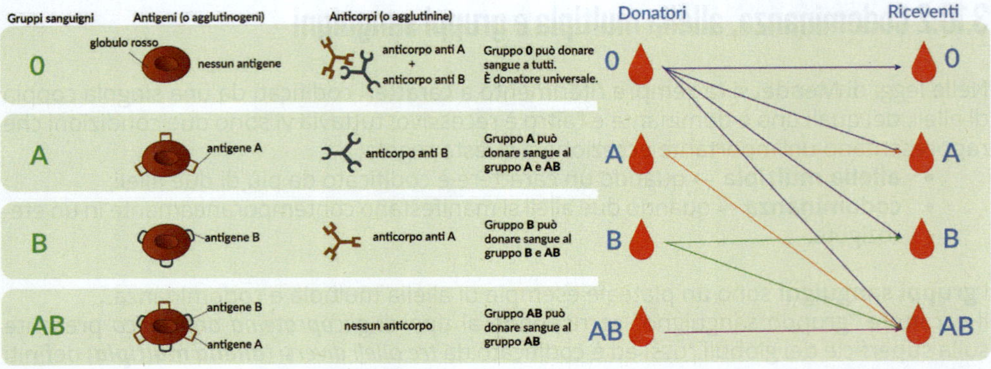

Figura 23: tabella riassuntiva sui gruppi sanguigni.

Un altro determinante del gruppo sanguigno è il fattore **Rh** (**Rhesus**), un ulteriore antigene eritrocitario la cui trasmissione **segue le leggi di Mendel**. Un soggetto può essere **Rh^+** (e quindi presenta il fattore Rh sulla membrana dei globuli rossi) oppure **Rh^-** (assenza di fattore Rh). Tale carattere è codificato da un allele dominante indicato con la lettera **D** che corrisponde a Rh^+ e da un allele recessivo **d** che corrisponde a Rh^-. Dunque:

- genotipo DD o Dd → fenotipo Rh^+;
- genotipo dd → fenotipo Rh^-.

ESERCIZIO **PROPOSTO**

3.10.2 Il figlio di due genitori con gruppo sanguigno rispettivamente A e B, quale gruppo sanguigno può avere tra i seguenti?
1) A 2) B 3) 0

A. 1 o 2 o 3
B. 1 o 2
C. 1 o 3
D. 2 o 3
E. Solo 3

3.10.3 Dominanza incompleta

Normalmente, quando un soggetto presenta genotipo eterozigote per un determinato carattere (es. *Aa*) il suo fenotipo è dominante (*A*). Tuttavia, vi sono alcune specie che presentano un comportamento anomalo: un esempio classico è quello della pianta *"bella di notte"*, i cui fiori manifestano colori differenti in base al loro genotipo.
Il gene che codifica per il colore del fiore presenta due alleli: uno dominante (**R**) che codifica per il *colore rosso* e uno recessivo che codifica per il *colore bianco* (**r**). Incrociando un omozigote dominante (**RR**) di colore rosso con uno recessivo (**rr**) di colore bianco, si formerà una f_1 costituita solo da eterozigoti (**Rr**), il cui fenotipo però presenterà *caratteristiche intermedie fra il dominante e il recessivo* (*colore rosa*).
Dunque si parla di **dominanza incompleta** quando un individuo con genotipo eterozigote manifesta un **fenotipo intermedio** fra dominante e recessivo.

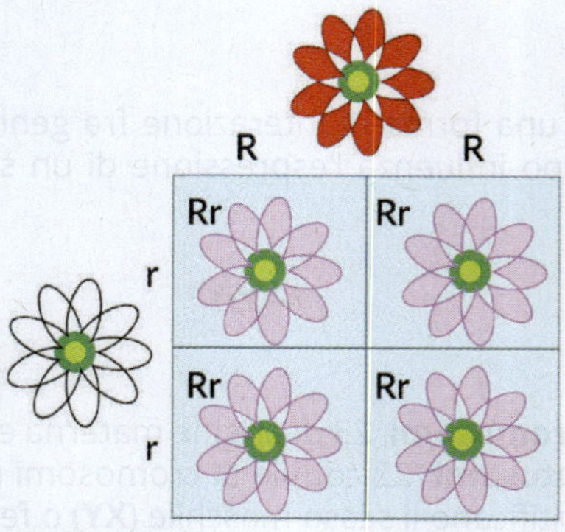

Figura 24: dominanza incompleta. Si noti il fenotipo intermedio degli individui eterozigoti.

3.10.4 Pleiotropia ed eredità poligenica

Si parla di **pleiotropia** quando un *gene controlla l'espressione di più caratteri*.
Per poter comprendere meglio tale definizione, verranno affrontati due esempi di pleiotropia:

- **anemia falciforme** → malattia genetica causata da una *mutazione puntiforme* a carico di una tripletta del gene che codifica per le *catene β dell'emoglobina*, nella quale l'amminoacido **glutammato** (o acido glutammico) viene sostituito con l'amminoacido **valina**. Tale sostituzione causa la formazione di un'emoglobina che, precipitando, fa assumere agli eritrociti una caratteristica forma *a falce*. Proprio a causa di questa forma dei globuli rossi, i pazienti affetti da questa patologia soffrono di *anemia*, *ingrossamento della milza*, *debolezza fisica* e *danni cerebrali*;
- **fenilchetonuria** (**PKU**) → in questo caso la mutazione si verifica a livello del gene che codifica per la *fenilalanina idrossilasi*, un enzima che permette la conversione dell'amminoacido **fenilalanina** nell'amminoacido **tirosina**. Il malfunzionamento di questo enzima porta a un accumulo di fenilalanina e a un deficit di tirosina, il quale a sua volta comporta una serie di manifestazioni fenotipiche differenti come *depigmentazione cutanea*, *ritardo mentale*, *microcefalia* e *tremori*.

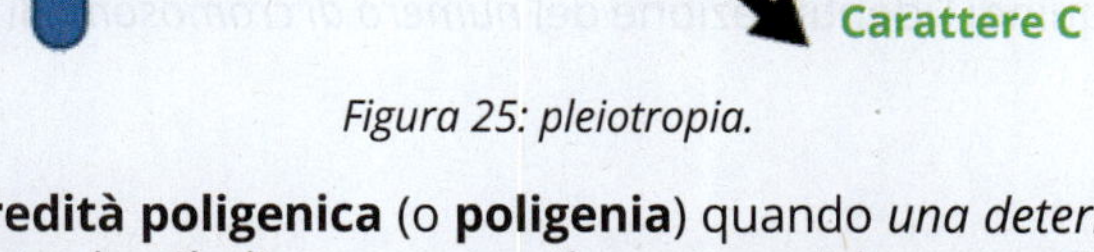

Figura 25: pleiotropia.

Si parla invece di **eredità poligenica** (o **poligenia**) quando *una determinata caratteristica fenotipica è controllata da più di un gene* (es. il carattere "altezza" nell'uomo è controllato da circa una decina di geni).

3.10.5 Epistasi

Con il termine epistasi si indica una forma di interazione fra geni: un gene si definisce **epistatico** quando il suo genotipo influenza l'espressione di un secondo gene definito **ipostatico**.

3.11 CROMOSOMI

Il DNA umano è suddiviso in **46 cromosomi**, 23 di origine materna e 23 di origine paterna: questi sono suddivisibili in **44 autosomi** (22 coppie di cromosomi non sessuali) e in **due cromosomi sessuali**, i quali identificano il sesso maschile (**XY**) o femminile (**XX**) dell'individuo. Il cromosoma che determina il sesso è portato dallo spermatozoo, che può avere al suo interno o il cromosoma **X** o il cromosoma **Y**. Al contrario le cellule uovo possono contenere solo il cromosoma sessuale **X**.

Da quanto è stato appena detto, si può dunque comprendere che la probabilità di avere un figlio maschio o femmina è **sempre pari al 50%** (o 1/2), che sia il primo o diciannovesimo figlio e senza alcuna influenza da parte dei cicli lunari o di attività aliene.

Diversamente dalla cellula eucariote, quella procariote possiede un solo cromosoma circolare che non risiede all'interno di un nucleo, ma di una regione di citoplasma che prende il nome di **nucleoide**.
Il DNA procariotico è superavvolto, ma senza l'ausilio di istoni. Al loro posto si trovano proteine chiamate **NAPs** (Nucleoid Associated Proteins), le quali risultano coinvolte anche in fenomeni di replicazione e trascrizione.

Per quanto riguarda la replicazione, nella cellula procariote, a differenza di quella eucariote, questa ha inizio da un singolo sito e prosegue poi per tutta la lunghezza del cromosoma. Tipicamente si prende ad esempio il sito di origine della replicazione di Escherichia coli, che prende il nome di **oriC**.

Oltre al cromosoma principale, si trovano anche tratti di DNA aggiuntivi, organizzati in piccoli anelli dispersi nel citoplasma. Queste strutture prendono il nome di **plasmidi** e contengono spesso geni correlati con la capacità di scambiare DNA con altri procarioti oppure con le resistenza agli antibiotici.

3.11.1 Cariotipo

Con il termine **cariotipo** si intende la descrizione del patrimonio genetico dal punto di vista morfologico e quindi l'identificazione del *numero di cromosomi* di un individuo e della loro *forma*.

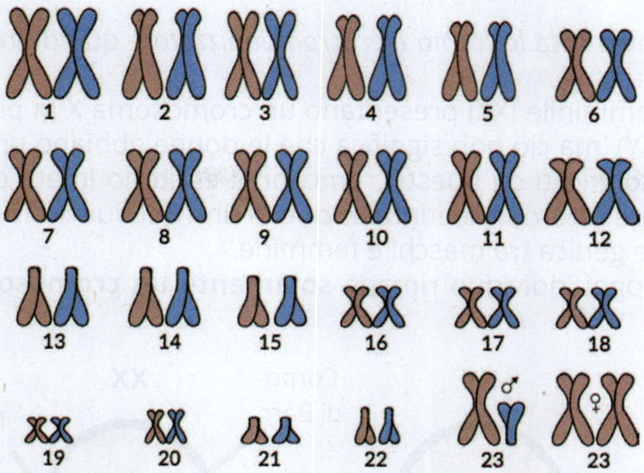

*Figura 26: cariotipo umano in metafase che presenta **22 coppie autosomiche e 1 coppia di cromosomi sessuali** (in questo caso vengono mostrate sia la coppia maschile che la femminile).*

Quando si fa riferimento al cariotipo di un individuo si utilizza una dicitura specifica:

- si identifica il numero di cromosomi totali;
- si scrive il tipo di cromosomi sessuali.

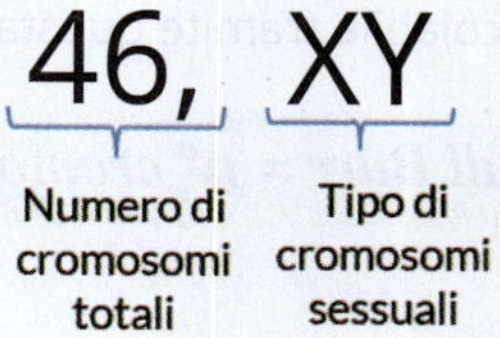

Il cariotipo sopra specificato rappresenta una condizione di normalità in un soggetto di sesso maschile. Tuttavia, il cariotipo può variare in determinate condizioni patologiche, come si nota dai seguenti esempi:

- soggetto di sesso femminile affetto da **trisomia 21** → questa patologia (nota anche con il nome di **sindrome di Down**) è caratterizzata dalla presenza di *3 cromosomi 21* e per tale motivo il suo cariotipo è **47, XX;**
- soggetto affetto da **monosomia X** → questa patologia (nota anche con il nome di **sindrome di Turner**) è caratterizzata dalla mancanza di un cromosoma X e per tale motivo il suo cariotipo è **45, X0.**

ESERCIZIO **PROPOSTO**

3.11.1 Si consideri un singolo locus genico in eterozigosi di una cellula diploide. Quale delle seguenti affermazioni NON è corretta?

A. Il gene, in una fase della mitosi, è presente quattro volte
B. La cellula, in interfase, contiene due copie del gene
C. Si possono manifestare entrambi gli alleli
D. Il gene, in una fase della meiosi, è presente otto volte
E. Si può manifestare solo uno degli alleli

3.11.2 Corpo di Barr

Il corpo di Barr rappresenta *la forma eterocromatinizzata* e quindi *trascrizionalmente inattiva* di un cromosoma X.
I soggetti di sesso femminile (XX) presentano un cromosoma X in più rispetto ai soggetti di sesso maschile (XY), ma ciò non significa che le donne abbiano un'attività trascrizionale doppia dei geni codificati da questi cromosomi: esistono infatti dei meccanismi compensatori che, tramite l'eterocromatinizzazione di uno dei due cromosomi X, permettono un'equa espressione genica tra maschi e femmine.
In questo modo in ogni individuo rimane **solamente un cromosoma X trascrizionalmente attivo**.

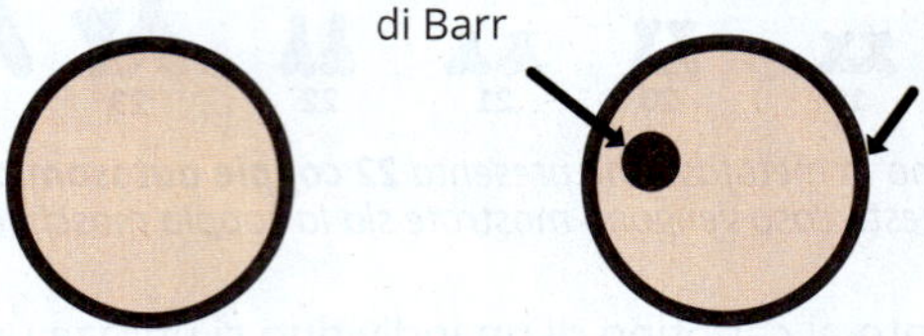

Figura 27: raffigurazione del corpo di Barr.

In tutti gli individui il numero di corpi di Barr dipende dal numero di cromosomi X presenti nel nucleo e il loro numero è calcolabile tramite questa semplice formula:

n° corpi di Barr = n° cromosomi X - 1

Esempi:
- nel maschio sano non ci sono corpi di Barr;
- in un individuo affetto da **trisomia X** di cariotipo **47, XXX** sono presenti *due corpi di Barr*;
- in un individuo **45, X0** (*sindrome di Turner*) *non sono presenti corpi di Barr*;
- in un individuo **47, XXY** (*sindrome di Klinefelter*) è presente *un corpo di Barr*.

3.12 MALATTIE GENETICHE

Fino ad ora è stata affrontata la trasmissione ereditaria dei caratteri, ma le stesse leggi che regolano tale trasmissione valgono anche per le **malattie ereditarie**.
Una malattia trasmessa "**mendelianamente**" (che quindi non presenta nel processo le eccezioni alle leggi di Mendel sopraccitate) può essere trasmessa in 3 modi:
- **legato a un autosoma** → in modo dominante (A) o recessivo (a);
- **legato a un cromosoma sessuale** → può essere legata al cromosoma X o al cromosoma Y, in modo dominante o recessivo;
- **legato al DNA mitocondriale** → in questo caso viene trasmesso solo per via materna; i mitocondri dello zigote infatti provengono solamente dalla cellula uovo poiché, al momento della fecondazione, tutte le strutture dello spermatozoo diverse dal nucleo (compresi i mitocondri) vengono rilasciate all'esterno della cellula uovo.

Dunque le modalità con cui un carattere può essere ereditato sono le seguenti:
- **autosomica dominante**;
- **autosomica recessiva**;

- **sessuale X-linked dominante**;
- **sessuale X-linked recessiva**;
- **sessuale Y-linked** → ne possono essere affetti solo i maschi e se il padre è malato anche i figli saranno malati;
- **mitocondriale** → si trasmette esclusivamente per via materna.

3.12.1 Malattia autosomica dominante

Una malattia autosomica dominante è una patologia ereditaria legata a un autosoma e che si trasmette in modo dominante (A). Presenta specifiche caratteristiche nella sua trasmissione:

- si manifesta sia in un **omozigote dominante** (**AA**) che in un **eterozigote** (**Aa**);
- colpisce **maschi e femmine indistintamente** in ugual proporzione;
- colpisce generalmente **ogni generazione filiale**;
- il **soggetto affetto** deve avere **almeno un genitore affetto** e i soggetti sani (*omozigoti recessivi* **aa**) non possono trasmettere la malattia.

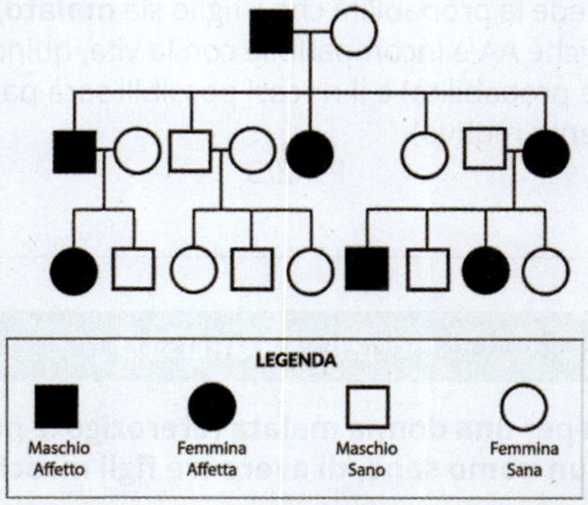

Figura 28: albero genealogico di una malattia autosomica dominante. Si noti come la malattia è sempre presente in ogni generazione filiale.

Alcuni esempi di malattie autosomiche dominanti sono: l'**acondroplasia** (patologia responsabile di una forma di nanismo) e la **corea di Huntington** (patologia caratterizzata da degenerazione neuronale).

ESERCIZIO **SVOLTO**

La corea di Huntington è una malattia autosomica dominante incompatibile con la vita in omozigosi. Giorgio e Marilù, entrambi malati, si rivolgono a uno studente Testbusters scambiandolo per un genetista medico per scoprire quale sia la probabilità che il loro nascituro sia malato.

Svolgimento:
tutti i successivi esercizi di genetica possono essere risolti seguendo una serie specifica di passaggi:

1- in primis identificare la **modalità di trasmissione**, che in questo caso è *autosomica dominante*;

2- successivamente occorre identificare la **richiesta**, ovvero "*la probabilità che il nascituro sia malato*". Per poter trovare questa informazione è sufficiente costruire un quadrato di Punnett tra i due genitori, dei quali bisogna conoscere i *genotipi*;

3- identificare i **genotipi dei genitori** utilizzando le informazioni fornite dal testo. In questo caso i genitori sono entrambi malati, quindi potrebbero essere omozigoti dominanti (AA) o eterozigoti (Aa); tuttavia il testo indica che la malattia è *"incompatibile con la vita* *in omozigosi"* e da ciò si può facilmente comprendere che i genitori sono certamente eterozigoti **Aa** (le persone mai nate non cercano di far figli);

4- impostare il **quadrato di Punnett e calcolare la probabilità** richiesta dall'esercizio.

	A	a
A	AA	aA
a	Aa	aa

Per poter trovare la probabilità che il nascituro sia malato è necessario eseguire il seguente rapporto generale:

$$\text{Probabilità} = \frac{n° \textit{ casi favorevoli}}{n° \textit{ casi possibili}}$$

In questo caso l'esercizio chiede la probabilità che il figlio sia **malato**, dunque il n° casi favorevoli corrisponderà a **2** (non 3 poiché AA è incompatibile con la vita, quindi non va considerato nel calcolo delle probabilità) e il n° casi possibili sarà pari a 3 (non 4 per lo stesso precedente motivo).

$$P = 2/3$$

Soluzione: 2/3 o 66%.

ESERCIZIO **PROPOSTO**

3.12.1 Qual è la probabilità per una donna malata (eterozigote per una malattia autosomica dominante), che sposa un uomo sano, di avere tre figli maschi e malati?

A. 1/32
B. 1/64
C. 3/4
D. 1/4
E. 1/8

3.12.2 Malattia autosomica recessiva

Una malattia autosomica recessiva è una patologia ereditaria legata a un autosoma e che si trasmette in modo recessivo (a). Presenta specifiche caratteristiche nella sua trasmissione:

- **si manifesta solo negli omozigoti recessivi** (**aa**);
- colpisce maschi e femmine indistintamente;
- generalmente **salta** alcune **generazioni** filiali. Un individuo malato può infatti essere figlio di individui sani;
- gli individui eterozigoti vengono definiti **portatori sani** della malattia, poiché sono capaci di trasmetterla ma non la manifestano fenotipicamente.

Alcuni esempi di malattie autosomiche recessive:

- **fenilchetonuria** (*vedi capitolo 3.10.4*);
- **anemia falciforme** (*vedi capitolo 3.10.4*);

- **albinismo** → malattia caratterizzata dalla mancanza totale o parziale di melanina, pigmento cutaneo che determina la colorazione della cute;
- **fibrosi cistica** → malattia caratterizzata dalla secrezione di muco molto denso e viscoso che causa l'ostruzione dei dotti principali dell'organismo e soprattutto delle vie respiratorie.

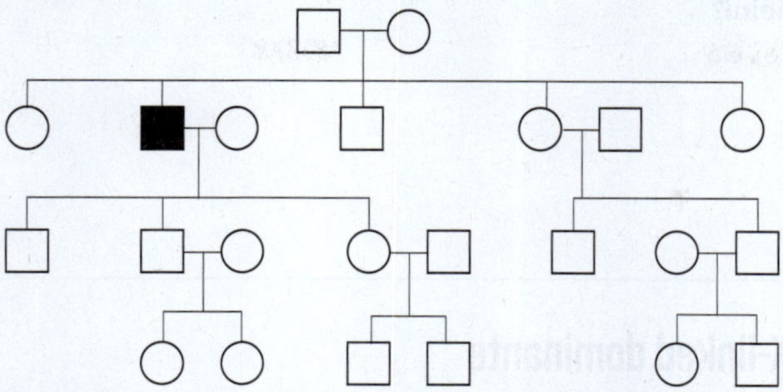

Figura 29: albero genealogico di una malattia autosomica recessiva. Si noti il salto di generazione filiale.

ESERCIZIO **SVOLTO**

La fibrosi cistica è una malattia autosomica recessiva. Dopo uno screening genetico, Luigi e Martina scoprono di essere entrambi portatori sani della malattia.
Qual è la probabilità che l'eventuale nascituro sia maschio e fenotipicamente sano?

Svolgimento:

1- **modalità di trasmissione** → *autosomica recessiva*;
2- **richiesta** → *"la probabilità che il nascituro sia maschio e fenotipicamente sano"*. Per poter trovare questa informazione è sufficiente fare un quadrato di Punnett tra i due genitori;
3- **genotipi dei genitori** → in questo caso i genitori sono entrambi *portatori sani*, quindi sono certamente eterozigoti (Aa);
4- **quadrato di Punnett e calcolo della probabilità** richiesta dall'esercizio.

	A	a
A	**AA**	**aA**
a	**Aa**	**aa**

Il testo richiede la probabilità che il figlio sia fenotipicamente sano. In questo caso il n° casi favorevoli è pari a **3**, poiché sia gli eterozigoti **Aa** sia l'omozigote recessivo **aa** sono sani dal punto di vista fenotipico; i casi possibili sono invece **4**, dunque

$$P_{sano} = 3/4$$

Tuttavia, la richiesta dell'esercizio è di trovare la probabilità che il nascituro sia ***"maschio e fenotipicamente sano"***, dunque è necessario moltiplicare P_{sano} per la probabilità che il figlio sia maschio, cioè 1/2.

$$P_{sano\ e\ maschio} = 3/4 \cdot 1/2 = 3/8$$

N.B. Se il testo avesse richiesto la probabilità che il nascituro fosse *"maschio **o** fenotipicamente sano"* sarebbe stato necessario **sommare** le due probabilità e non moltiplicarle.
Soluzione: 3/8.

ESERCIZIO **PROPOSTO**

3.12.2 La madre di una bambina affetta da albinismo oculocutaneo di tipo I aspetta una coppia di gemelli dizigoti. Sapendo che il padre e la madre non sono albini e che il gene TYR associato alla patologia si trova sul cromosoma 11, qual è la probabilità che entrambi i gemelli siano albini?

A. 9/16
B. 1/4
C. 1/16
D. 1/8
E. 1/2

3.12.3 Malattia X-linked dominante

Una malattia X-linked dominante è una patologia ereditaria legata al cromosoma sessuale X e che si trasmette in modo dominante (X). Presenta specifiche caratteristiche nella sua trasmissione:

- tutte le femmine sane sono **omozigoti recessive** (xx);
- le femmine malate possono essere **omozigoti dominanti** (XX) o **eterozigoti** (Xx);
- tutti i maschi sani hanno il loro unico X sano;
- sono affetti entrambi i sessi, ma **più frequentemente le femmine**;
- padri affetti possono avere **solo** figlie femmine affette (poiché le figlie ricevono dal padre il cromosoma X malato) ma non figli maschi affetti (poiché i figli maschi ricevono dal padre il cromosoma Y e non X). Da ciò si può dunque dedurre che **tutti maschi malati hanno la madre malata.**

Un esempio di malattia X-linked dominante è la **sindrome dell'X fragile**.

3.12.4 Malattia X-linked recessiva

Una malattia X-linked recessiva è una patologia ereditaria legata al cromosoma sessuale X e che si trasmette in modo recessivo (x). Presenta specifiche caratteristiche nella sua trasmissione:

- colpisce di più i **maschi**, poiché, essendo **emizigoti** (ossia possedendo solo una copia di un gene, in questo caso tutti i geni sul cromosoma X), se ricevono l'X malato dalla madre sono malati;
- le femmine, possedendo due cromosomi X, possono avere lo stato di portatrici sane (Xx) e sono malate solo in *omozigosi recessiva* (xx);
- i maschi affetti hanno **di norma genitori sani**.

Alcuni esempi di malattia X-linked recessiva:

- **emofilia** → malattia caratterizzata da gravi emorragie causate dalla mancanza di una proteina (*fattore VIII*) essenziale per la coagulazione del sangue;
- **daltonismo** → malattia caratterizzata dall'incapacità parziale o totale di distinguere i colori.

Sei curioso di scoprire se sei daltonico? Se la risposta è "sì" scannerizza subito questo QR-Code:

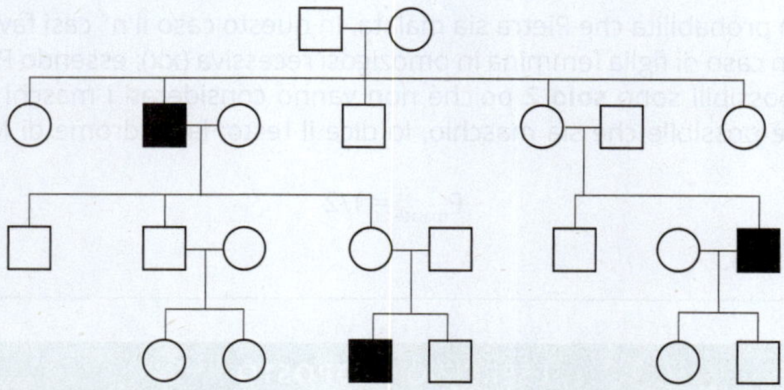

Figura 30: albero genealogico di una malattia X-linked recessiva. Si noti che la malattia tende a colpire maggiormente i soggetti di sesso maschile.

ESERCIZIO SVOLTO

Il daltonismo è una malattia recessiva legata al cromosoma X. Martina, una donna malata di daltonismo, sposa Gianluca, un uomo parecchio confuso che non sa se è daltonico o meno. Loro figlio, Giacomo, sposa una donna portatrice sana con cui ha una figlia di nome Pietra. Che probabilità ha Pietra di essere malata?

Svolgimento:

1- **modalità di trasmissione** → X-linked recessiva;
2- **richiesta** → "*la probabilità che Pietra sia malata*". Per poter trovare questa informazione è sufficiente costruire il quadrato di Punnett dei due genitori (Giacomo e mamma di Pietra);
3- **genotipi dei genitori** → in questo caso il testo indica che la **madre di Pietra** è portatrice sana (**Xx**), ma non fornisce direttamente il genotipo di Giacomo, il quale però può essere ricavato a partire dal genotipo dei suoi genitori. Martina è affetta da daltonismo (**xx**) mentre non si conosce il genotipo del confuso Gianluca; tuttavia quest'ultima informazione è superflua per conoscere il genotipo di Giacomo. Infatti, Giacomo avrà sicuramente ereditato dal padre il comosoma Y e della madre un cromosoma x affetto dalla malattia (essendo Martina daltonica). Per questo motivo sarà certamente affetto da daltonismo (**xY**);

Martina (colonne) / **Gianluca** (righe)

	X	X	
?	x?	x?	
Y	xY	xY	— **Giacomo**

4- **quadrato di Punnett e calcolo della probabilità** richiesta dall'esercizio.

Giacomo	x	X
x	xx	xX
Y	~~xY~~	~~xY~~

Il testo richiede la probabilità che Pietra sia malata. In questo caso il n° casi favorevoli è pari a **1** poiché vi è solo un caso di figlia femmina in omozigosi recessiva (**xx**); essendo Pietra certamente femmina, i casi possibili sono **solo 2** poiché non vanno considerati i maschi nel calcolo delle probabilità (non è possibile che sia maschio, lo dice il testo; la sindrome di Morris non conta come scusa).

$$P_{malata} = 1/2$$

Soluzione: 1/2 o 50%.

ESERCIZIO **PROPOSTO**

3.12.4 Un uomo con il daltonismo sposa una donna non portatrice di daltonismo. La figlia di questa coppia sposa un uomo sano. Da quest'ultima coppia nasce una figlia, la quale a sua volta sposa un uomo normale.
Qual è la probabilità che quest'ultima coppia abbia un figlio maschio e daltonico?

A. 1/2
B. 1/4
C. 1/8
D. 1/16
E. 9/4

3.13 MUTAZIONI

Con il termine mutazione si indica un cambiamento del materiale genetico che può interessare sia le cellule somatiche che quelle germinali (*mutazioni ereditarie*).
Le mutazioni non hanno sempre significato patologico, infatti sono il fondamento per la variabilità genetica tra gli individui (l'esistenza di alleli diversi in un gene è riconducibile proprio a eventi di mutazione).

All'interno del genoma è possibile identificare diversi tipi di mutazione:
- mutazioni **puntiformi** o **geniche**;
- mutazioni **genomiche**;
- mutazioni **cromosomiche**.

3.13.1 Mutazioni puntiformi

Si definiscono mutazioni puntiformi tutte le alterazioni del DNA caratterizzate dall'aggiunta, perdita o sostituzione di uno o più nucleotidi.

Le mutazioni puntiformi date dalla sostituzione di una base azotata con un'altra sono suddivise in:

- **mutazione silente** → la sostituzione di un nucleotide in una tripletta di un gene porta alla formazione di una nuova tripletta che codifica per lo **stesso amminoacido**. Tale fenomeno è dovuto alla **ridondanza** del codice genetico (*un amminoacido può essere codificato da più triplette*);
- **mutazione missenso** → la sostituzione di un nucleotide in una tripletta porta alla formazione di una nuova tripletta che codifica per un **amminoacido diverso** (es. anemia falciforme in cui la tripletta che codifica per l'*acido glutammico* viene sostituita con la tripletta che codifica per la *valina*). Tale sostituzione porterà alla formazione di una proteina con proprietà diverse da quella originale;
- **mutazione nonsenso** → la sostituzione di un nucleotide in una tripletta porta alla formazione di una nuova tripletta codificante per un **codone di stop** che causa l'interruzione della sintesi proteica con conseguente formazione di una **proteina tronca**.

Le mutazioni puntiformi date dall'inserzione o dalla delezione di una base azotata prendono il nome di **mutazioni frameshift**, le quali si caratterizzano per lo spostamento della cornice di lettura dell'mRNA nella regione a valle del sito mutato. È importante sottolineare che non tutte le inserzioni/delezioni causano frameshift: nel caso in cui l'inserzione/delezione coinvolga un numero di basi pari a **3** o a un suo multiplo, non si osserverà uno spostamento della cornice di lettura, ma l'aggiunta o l'eliminazione di uno o più amminoacidi dalla catena polipeptidica.

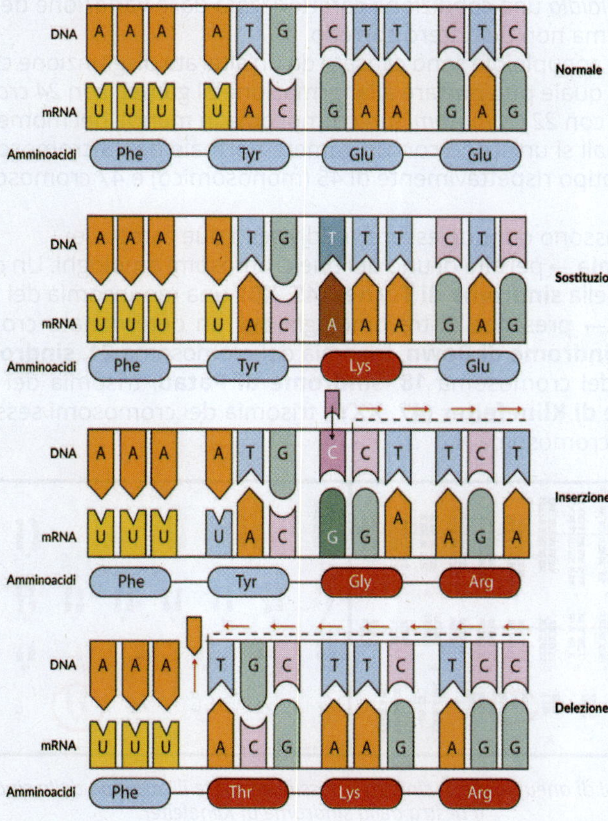

Figura 31: mutazioni puntiformi. Si noti nelle inserzioni e nelle delezioni lo spostamento della cornice di lettura.

3.13.2 Mutazioni genomiche

Rappresentano delle variazioni del **numero di cromosomi** e si dividono in **poliploidie** e **aneuploidie**.

Nelle *poliploidie* sono presenti *più di due corredi cromosomici*: per esempio un individuo tetraploide (*4n*), possiede quattro copie di ogni cromosoma. Riguardano principalmente il mondo vegetale, mentre nell'essere umano sono *incompatibili con la vita*.

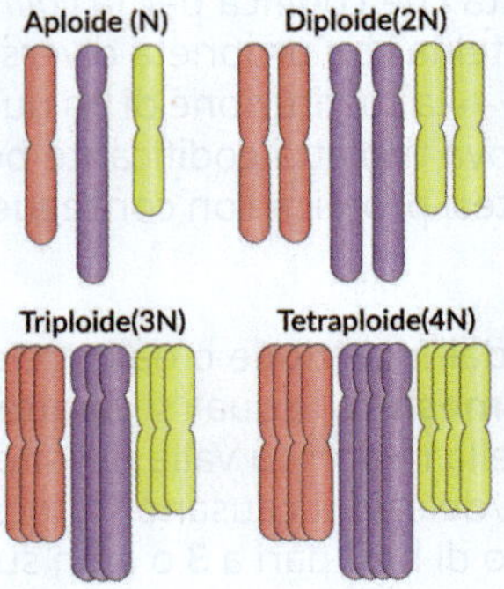

Figura 32: rappresentazione esemplificativa di tre cromosomi nelle diverse ploidie.

Si definisce *aneuploidia* una condizione caratterizzata dalla variazione del numero di **uno o più** cromosomi ma non dell'intero corredo.
Genericamente le aneuploidie sono causate da un'alterata disgiunzione cromosomica durante la meiosi, la quale può portare alla formazione di gameti con *24 cromosomi* (un cromosoma in più) o con *22 cromosomi* (un cromosoma in meno); nel momento in cui questi due gameti anomali si uniscono con un gamete normale da 23 cromosomi si ottengono individui con cariotipo rispettavimente di 45 (monosomico) e 47 cromosomi (trisomico).

Le aneuploidie possono dunque essere suddivise in due categorie:

- **monosomia** → perdita di uno dei due cromosomi omologhi. Un classico esempio è quello della **sindrome di Turner (45, X0)**, una monosomia del cromosoma X;
- **trisomia** → presenza di tre omologhi per un determinato cromosoma. Alcuni esempi: **sindrome di Down**, trisomia del cromosoma **21**, **sindrome di Edwards**, trisomia del cromosoma **18**, **sindrome di Patau**, trisomia del cromosoma **13**, **sindrome di Klinefelter (47, XXY)**, trisomia dei cromosomi sessuali con duplice copia del cromosoma X.

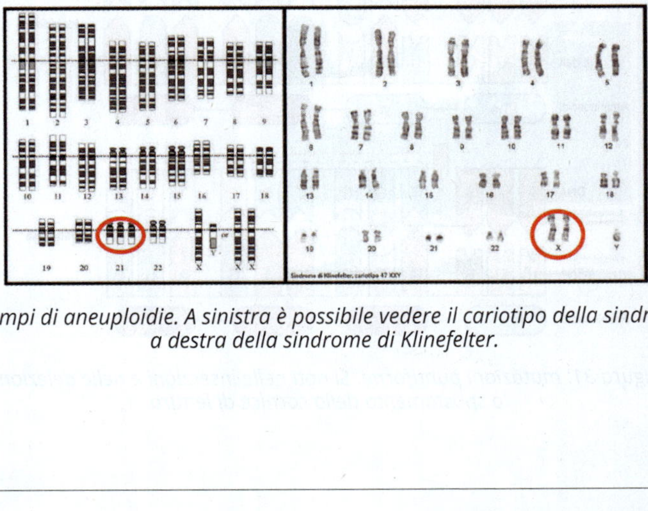

Figura 33: esempi di aneuploidie. A sinistra è possibile vedere il cariotipo della sindrome di Down, a destra della sindrome di Klinefelter.

3.13.3 Mutazioni cromosomiche

Si definiscono come variazioni nella **struttura** dei cromosomi. Di queste fanno parte:

- **delezioni** → mutazioni che comportano l'eliminazione di una porzione di cromosoma;
- **duplicazioni** → mutazioni che comportano la duplicazione di una porzione di cromosoma;
- **inversioni** → mutazioni che comportano la rottura in due punti diversi di un tratto di cromosoma, il quale, dopo aver ruotato di 180°, viene reinserito nella stessa posizione;
- **traslocazioni** → mutazioni che comportano lo spostamento di una porzione di cromosoma su un altro differente. Queste possono essere reciproche o non reciproche (in questo caso di parla di **inserzioni**).

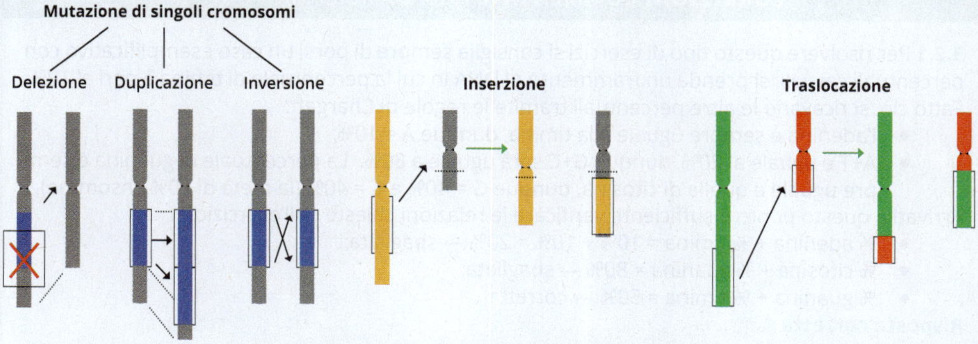

Figura 34: mutazioni cromosomiche.

3.13.4 Mosaicismo

Il mosaicismo è una condizione in cui si ha la presenza, all'interno di uno stesso individuo, di linee cellulari aventi diverso patrimonio genetico.
Queste differenze tra le diverse cellule a livello del DNA possono riguardare:

- il **DNA mitocondriale**, si parla di **eteroplasmia**. Questo fenomeno è dovuto all'elevato tasso di mutazioni che contraddistingue il DNA mitocondriale, proprio per lo scarso numero di enzimi di riparazione del DNA contenuti all'interno di questo organello;
- il **DNA nucleare**. Solitamente è dovuto a errori che si verificano durante le prime fasi dello sviluppo embrionale che seguono la fecondazione. Se si verifica una mutazione in una delle cellule dell'embrione, tutte le cellule che deriveranno da essa presenteranno la mutazione, e più precoce è lo stadio dello sviluppo in cui si verifica, maggiore sarà il numero di cellule mutate rispetto a quelle sane.

3.13.5 Trasposoni

I **trasposoni** sono **elementi genetici mobili**, come i plasmidi. Si differenziano da quest'ultimi perché:

- sono sequenze *interne al DNA*;
- contengono geni che migrano in porzioni diverse del genoma, ma *sempre all'interno della stessa cellula*.

Quindi i trasposoni sono segmenti di DNA che si spostano da una zona all'altra del cromosoma inserendosi all'interno di specifici *siti bersaglio*, con un meccanismo mediato da un enzima che prende il nome di **trasposasi**. Questo spostamento può essere responsabile della manifestazione di mutazioni che possono aumentare o inibire l'espressione di specifici geni.

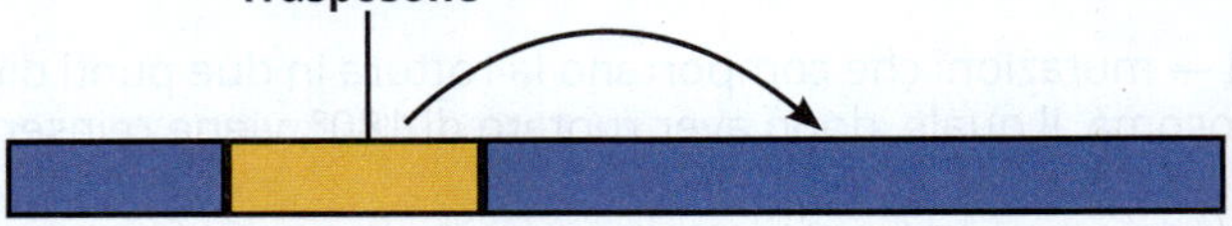

Figura 35: mostra il trasposone e il suo spostamento all'interno di uno stesso cromosoma.

CORREZIONI COMMENTATE AGLI ESERCIZI PROPOSTI

3.2.1 Per risolvere questo tipo di esercizi si consiglia sempre di porsi un caso esemplificativo con percentuali casuali: si prenda un frammento di DNA in cui la percentuale di timina è pari al 10%. Fatto ciò, si ricavano le altre percentuali tramite le regole di Chargaff:

- l'adenina è sempre uguale alla timina, dunque A = 10%;
- A+T è uguale al 20%, dunque G+C sarà uguale a 80%. La percentuale di guanina è sempre uguale a quella di citosina, dunque G = 40% e C = 40% (la metà di 80%, insomma).

Arrivati a questo punto è sufficiente verificare le relazioni chieste dall'esercizio:

- % adenina + % timina = 10% + 10% = 20% → sbagliata;
- % citosina + % guanina = 80% → sbagliata;
- % guanina + % timina = 50% → corretta.

Risposta corretta A.

3.3.2 La replicazione è il processo biologico di produzione di due molecole identiche di DNA da una molecola di DNA madre. Durante questo processo sono coinvolti enzimi atti a separare e tenere separate le due eliche di DNA (elicasi), a polimerizzare il nuovo filamento (DNA polimerasi) e a unire tra loro i frammenti di Okazaki che vengono prodotti a partire dal filamento lento (DNA ligasi). L'unico enzima tra quelli elencati che non c'entra con la replicazione è l'RNA polimerasi, enzima implicato nella trascrizione.
Risposta corretta D.

3.4.3 L'esercizio chiede quale proprietà NON può essere usata per distinguere DNA da mRNA: per poter rispondere al quesito è dunque necessario trovare la caratteristica che sia comune a entrambe le molecole.
Il DNA e l'mRNA sono due macromolecole che presentano importanti differenze: innanzitutto il DNA è costituito da una doppia elica, mentre l'mRNA da un solo filamento (risposta A errata); il DNA presenta come zucchero il desossiribosio e tra le basi azotate si trova la timina. Al contrario l'mRNA è formato da ribosio e al posto della timina presenta l'uracile (risposte B ed E errate); Infine l'mRNA maturo, al contrario del DNA, non contiene introni, proprio perché sono stati eliminati tramite il processo di splicing (risposta D errata).
La presenza di legami fosfodiesterici invece è una caratteristica presente in entrambe le macromolecole, poiché si tratta di legami che permettono la formazione dei filamenti di acidi nucleici.
Risposta corretta C.

3.5.4 Per risolvere il quesito non è assolutamente necessario conoscere le corrispondenze tra codoni e amminoacidi, ma è sufficiente ragionare sulle conoscenze che sono appena state acquisite con lo studio teorico. Si sa infatti che il primo amminoacido, la metionina (Met), corrisponde alla tripletta AUG, codone di inizio: da questo si deduce che anche il quarto codone dovrà essere nuovamente AUG.

In questo modo si escludono così tutte le opzioni tranne B e C. Contando il numero di codoni delle due opzioni, si può osservare che nell'opzione B questi sono 6 e nella C sono 7; tuttavia, l'ultimo codone delle opzioni C e B è un codone di stop, che non codifica per alcun amminoacido. Quindi l'opzione corretta è la C, poiché riporta 6 triplette che corrispondono ai 6 amminoacidi codificati, più un codone di stop (UAA).
Rispòsta corretta C.

3.7.1 Nel momento in cui un soggetto si infetta con il virus dell'epatite B esso entra all'interno degli epatociti e integra il proprio genoma all'interno del DNA della cellula ospite. In questo modo non causa l'uccisione dell'epatocita, ma rimane in uno stato di quiescenza fino a che il genoma virale non viene trascritto e tradotto in modo tale da formare nuovi virioni.
Questa serie di eventi prende il nome di ciclo lisogeno. Al contrario, se il virus effettua il ciclo litico porta subito alla formazione di nuovi virioni che vengono liberati con l'uccisione della cellula ospite.
Risposta corretta B.

3.9.2 Questo esercizio rappresenta ciò che viene enunciato nella seconda legge di Mendel o legge della segregazione dei caratteri. Essendo i due genitori eterozigoti per un singolo gene, entrambi presentano due alleli diversi per quel carattere (ad esempio A e a) e, visto che i due alleli segregano in modo indipendente durante la meiosi, costruendo il quadrato di Punnett si ottengono quattro combinazioni: AA, Aa, Aa, aa. Considerando però il fenotipo della prole si osserva che si ottiene un rapporto di 3:1, poiché si ottengono tre casi con fenotipo dominante (AA, Aa e Aa) e un caso con fenotipo recessivo (aa).
Risposta corretta A.

3.9.3 Per risolvere questo esercizio, considerando il genotipo dei genitori (entrambi AaBb), è possibile costruire un quadrato di Punnett a quadrupla entrata (come nella terza legge di Mendel) e identificare tutti i casi in cui il figlio ha fenotipo dominante per un gene e recessivo per l'altro (6 casi su 16 = 3/8).

	AB	**Ab**	**aB**	**ab**
AB	AABB	AABb	AaBB	AaBb
Ab	AaBb	AAbb	AaBb	Aabb
aB	AaBB	AaBb	aaBB	aaBb
ab	AaBb	Aabb	aaBb	aabb

Risposta corretta C.

3.10.2 Se i due genitori hanno il fenotipo A o B, non si ha certezza su quale sia il loro genotipo, poiché questo potrebbe essere omozigote (*AA* e *BB*) oppure eterozigote (*A0* e *B0*) e di conseguenza è necessario considerare tutte le possibilità. Se si considerano entrambi gli individui omozigoti (*AA* e *BB*), oppure solo uno dei due eterozigote (*AA* e *B0* oppure *A0* e *BB*), facendo il quadrato di Punnett si ottengono figli di gruppo **A**, **B** o **AB**; se si considerano invece entrambi i genitori eterozigoti (*A0* e *B0*) allora i figli possono essere di gruppo **A**, **B**, **0** e **AB**.
Risposta corretta A.

3.11.1 All'interno di una cellula diploide, durante la fase G1 del ciclo cellulare, sono presenti **due copie** per ogni gene, una per ogni cromosoma omologo. Al momento della duplicazione del DNA ogni cromosoma, che prima era in forma monocromatidica, si duplica, di conseguenza le copie del gene diventano **quattro**. Le quattro copie permangono per le prime fasi della mitosi e meiosi I: solo al termine dei processi le copie del gene da quattro diventeranno due (al termine di mitosi e meiosi I) oppure sarà presente solo una copia (al termine della meiosi II). Bisogna ricordare che le due copie del gene che normalmente sono presenti in G1 possono presentare due alleli uguali (omozigosi) o diversi (eterozigosi) e che generalmente si manifesta ***solo uno degli alleli*** (quello dominante). Tuttavia in alcuni casi si possono manifestare **entrambi** (condizione di *co-dominanza*).
Risposta corretta D.

3.12.1 Se la donna è eterozigote con una malattia autosomica dominante e il marito è sano, ci sono ½ delle probabilità di ottenere figli eterozigoti come la madre (*Aa*) e ½ delle probabilità di ottenere figli sani come il padre (*aa*). Inoltre viene richiesto che tutti i figli siano maschi e malati. Si sa che la probabilità che un individuo nasca di sesso maschile è pari al 50%, ovvero ½ delle possibilità. La probabilità che un figlio nasca maschio e malato è: ½ · ½ = ¼ .
La probabilità che tutti e tre i figli nascano maschi e malati si ottiene facendo: ¼ · ¼ · ¼ = 1/64.
Risposta corretta B.

3.12.2 Il primo passaggio per impostare la risoluzione del quesito è comprendere di che tipo di malattia si tratta: si sa che i genitori *non sono albini*, ma che hanno una figlia *affetta da albinismo*: questo significa che, per forza, la patologia è **recessiva** ed entrambi i genitori sono portatori sani del gene malato. La coppia aspetta due gemelli dizigoti, originanti, cioè, da due zigoti differenti; per tale motivo non condividono lo stesso patrimonio genetico e vanno considerati come due fratelli qualsiasi. Una volta capito questo, basta calcolare la probabilità che una coppia *Aa-Aa* abbia un figlio omozigote recessivo (quindi albino): 1/4. La probabilità che ognuno dei due bambini sia albino è di ¼, dunque la probabilità che lo siano entrambi sarà ¼ · ¼ = 1/16.
Risposta corretta C.

3.12.4 Per rispondere al quesito conviene prima capire quale sia il genotipo della madre del bambino di cui dobbiamo calcolare la *probabilità che sia maschio e daltonico*.
L'unione dei primi due genitori dà origine a:

	x	Y
X	**Xx**	**XY**
X	**Xx**	**XY**

Da questo incrocio si può sapere con certezza che tutte le figlie femmine sono sicuramente portatrici sane, dunque la figlia avrà certamente un genotipo Xx. Dalla seconda unione, con un uomo normale, si ottiene:

	X	x
X	XX	Xx
Y	XY	xY

Dunque la probabilità che il figlio di questa coppia nasca *maschio e daltonico* è pari a **1/4**.
N.B. Quando si fanno gli incroci con le malattie X-linked, se viene richiesta la probabilità che un figlio maschio nasca malato, **non è necessario moltiplicare per ½**.
Risposta corretta B.

BIOLOGIA

MITOSI E MEIOSI. GAMETOGENESI, FECONDAZIONE E PRIME FASI DELLO SVILUPPO

4

Introduzione

BIOLOGIA

Il ciclo cellulare, che studia la progressione vitale della cellula, è un argomento molto importante della sezione di biologia e questo lo dimostra la presenza di numerosi quesiti che vertono sullo stato replicativo e differenziativo delle cellule, sui meccanismi di divisione delle cellule animali (mitosi e meiosi) e sulla ploidia.

Affrontando questo capitolo troverai concetti nuovi e poco correlati con gli argomenti trattati nei precedenti capitoli, come la gametogenesi, la fecondazione e l'embriogenesi, ma allo stesso tempo verranno trattate alcune nozioni che ti torneranno utilissime per le sezioni che seguono. Questo capitolo, infatti, ti darà delle solide basi per affrontare anche altre branche della biologia, come la genetica e l'istologia.

4.1 INTRODUZIONE ALLA DIVISIONE CELLULARE

Ogni cellula dell'organismo si forma a partire da un'unica cellula staminale totipotente che prende il nome di **zigote**, il quale deriva dall'unione fra uno spermatozoo e una cellula uovo (*fecondazione*). Lo zigote, andando incontro a diversi cicli di divisione cellulare (*mitosi*), dà origine ad altre cellule **staminali** (cioè indifferenziate e capaci di generare altri tipi cellulari), che a loro volta, tramite ulteriori numerose divisioni, vanno incontro ai processi di *differenziamento* cellulare organizzandosi a formare tessuti e organi. Le cellule staminali si classificano secondo il grado di differenziamento:

- **staminali totipotenti** → possono differenziarsi in qualunque cellula dell'organismo (es. *zigote*);
- **staminali pluripotenti** → non possono dar vita a un intero individuo, ma possono differenziarsi in qualunque cellula appartenente allo stesso foglietto embrionale (*ectoderma*, *mesoderma*, *endoderma*);
- **staminali multipotenti** → possono differenziarsi in un numero limitato di tipi cellulari (es. *cellule staminali emopoietiche del midollo osseo rosso*);
- **staminali unipotenti** → possono differenziarsi in un singolo tipo di cellula (es. *cellule dello strato basale dell'epidermide*).

Da quanto detto, dunque, si può evincere che le *cellule indifferenziate* sono capaci di attuare la divisione cellulare e di entrare nel ciclo cellulare, mentre le *cellule differenziate* (es. globulo rosso) rimarranno come tali fino alla loro morte.

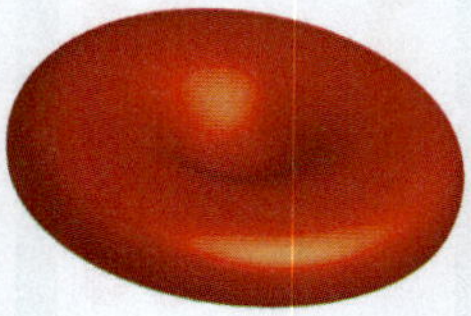

Figura 1: globulo rosso, cellula altamente differenziata e dalla vita media di circa 120 giorni. Si noti la mancanza del nucleo, perso nel corso della maturazione.

In un organismo adulto le cellule possono essere classificate anche in base al tipo di divisione cellulare alla quale vanno incontro:

- **cellule somatiche** → cellule che costituiscono tutti i tessuti dell'organismo e che **non** sono deputate alla formazione di cellule uovo o spermatozoi. Gli elementi staminali delle cellule somatiche permettono il ricambio delle cellule dei nostri tessuti tramite il meccanismo della **mitosi**;
- **cellule germinali** → cellule deputate alla formazione di cellule uovo o spermatozoi. Gli elementi staminali delle cellule germinali (**spermatogoni** e **ovogoni**) si riproducono per mitosi formando *spermatociti* e *ovociti*, i quali andranno incontro alla **meiosi** per formare spermatozoi e cellule uovo (**gameti**), elementi indispensabili per la **fecondazione** che porterà alla nascita di una nuova vita.

Che differenza c'è fra il DNA di una cellula staminale (indifferenziata) e quello di una cellula differenziata?

Nonostante la *sequenza di basi* del DNA sia **identica in tutte le cellule dell'organismo**, l'*organizzazione della cromatina* è parecchio *differente*: nelle cellule staminali, la maggior parte del DNA si trova sotto forma di *eucromatina* e man mano che aumenta il grado di differenziamento cellulare aumenta anche il numero di geni che vengono *silenziati* sotto forma di *eterocromatina*. Per fare un semplice esempio, basta osservare le cellule del tessuto osseo: l'*osteoblasto* (cellula meno differenziata) è capace di sintetizzare le componenti della matrice ossea, dunque presenterà una maggiore quantità di eucromatina; l'*osteocita* invece (più differenziato) presenta un nucleo denso costituito quasi esclusivamente da eterocromatina (nucleo **picnotico**) e la sua attività di sintesi è pressoché nulla.

4.1.1 Cellule aploidi (n) e diploidi (2n)

L'informazione genetica di una cellula eucariotica non è disposta su un unico doppio filamento di DNA, ma è suddiviso in più filamenti, che prendono il nome di **cromosomi**.
Il **corredo cromosomico** indica l'insieme dei diversi tipi di cromosomi, che contengono nella loro totalità una copia dell'intera informazione genetica cellulare. Il corredo cromosomico umano si compone di 23 cromosomi: **22** cromosomi somatici o **autosomi** e **1** cromosoma sessuale o **eterosoma**, che può essere di tipo **X** o di tipo **Y**.
Il numero **n** di corredi cromosomici completi contenuto nel nucleo viene definito **ploidia**.
Le cellule dell'organismo possono essere ulteriormente classificate in base al numero di **corredi cromosomici** presenti all'interno del loro nucleo:

- **cellula aploide** (**n**) → possiede un singolo corredo cromosomico (**23 cromosomi** nella cellula umana). Sono cellule aploidi gli spermatozoi e le cellule uovo;
- **cellula diploide** (**2n**) → possiede un **doppio** corredo cromosomico (23 cromosomi di origine materna e 23 cromosomi di origine paterna per un totale di **46 cromosomi**). Sono diploidi tutte le cellule somatiche, che originano a partire dalla divisione dello zigote.

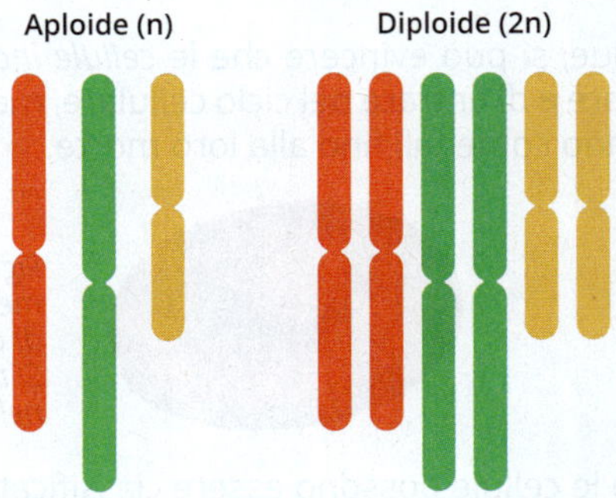

*Figura 2: raffigurazione esemplificativa del concetto di aploidia e diploidia. Nell'individuo diploide, i cromosomi doppi dello stesso tipo (es. i due rossi) trasportano le stesse informazioni genetiche e per tale motivo vengono definiti **cromosomi omologhi**.*

4.2 CICLO CELLULARE

Il ciclo cellulare consiste nell'insieme di eventi che separano una divisione cellulare dall'altra. Grazie a questo processo fondamentale, gli esseri viventi hanno la possibilità di **riprodursi**, **crescere** o **sostituire** le cellule danneggiate o logorate (nel caso degli organismi pluricellulari).
Esistono due fasi principali:

1. **interfase** → durante la quale la cellula svolge la sua attività metabolica e duplica il proprio DNA. Tali processi sono fondamentali per consentire alla cellula di prepararsi alla successiva divisione;
2. **fase mitotica/meiotica** → divisione cellulare effettiva.

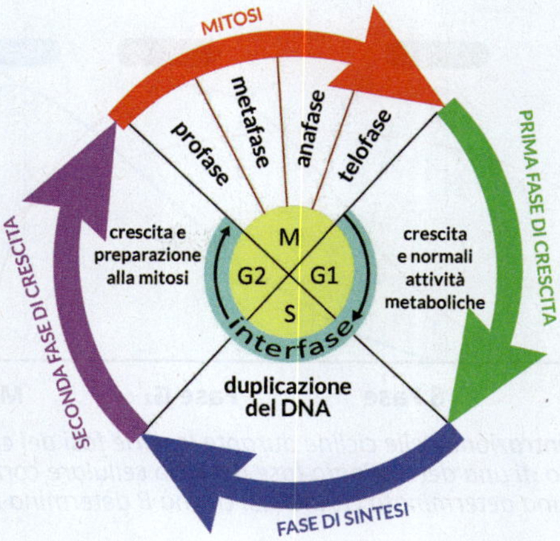

Figura 3: ciclo cellulare.

L'interfase si divide in tre sottofasi:

1. **fase gap 1 (G1)** → in questa fase la cellula raddoppia le proprie dimensioni e produce nuovi organuli ed enzimi fondamentali per la duplicazione del patrimonio genetico;
2. **fase di sintesi (S)** → in questa fase avviene la duplicazione del DNA (*replicazione*), processo di fondamentale importanza per poter distribuire equamente il materiale genetico alle due cellule figlie. Il processo di replicazione trasforma i cromosomi da *monocromatidici* (*"singolo bastoncino"*) a *bicromatidici* (*"forma a X"*), i cui singoli cromatidi, definiti **cromatidi fratelli**, sono uniti tra loro a livello del **centromero**, una regione di DNA non ancora completamente duplicato. In questa fase comincia a duplicarsi anche il **centrosoma**, struttura formata da una **coppia di centrioli** e necessaria per la formazione del **fuso mitotico**, la cui duplicazione verrà portata a termine all'inizio della *profase*;

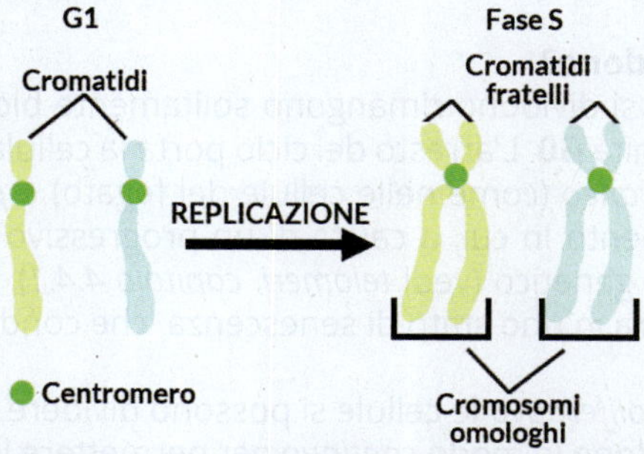

Figura 4: duplicazione dei cromosomi durante la fase S. Si noti il passaggio da cromosoma monocromatidico a bicromatidico durante la fase S.

3. **fase gap 2 (G2)** → si completano i processi di crescita e formazione degli organuli. La cellula è così pronta per entrare nella divisione cellulare.

Nel processo che porta la cellula a passare da una fase all'altra del ciclo, i protagonisti sono sostanzialmente due:

- **cicline** → proteine che si complessano con le **Cdk** attivandole;
- **chinasi ciclina-dipendente (Cdk)** → enzimi ad azione **fosforilativa** che, fosforilando particolari proteine, ne cambiano la conformazione e le attivano. Queste proteine a loro volta catalizzano specifiche reazioni, permettendo al ciclo cellulare di proseguire.

BIOLOGIA

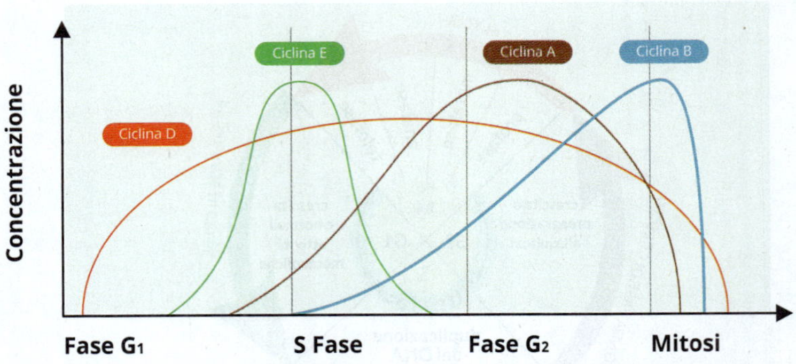

Figura 5: concentrazione delle cicline durante le varie fasi del ciclo cellulare. Si noti come all'inizio di una determinata fase del ciclo cellulare corrisponda un picco di concentrazione di una determinata ciclina (es. ciclina B determina l'inizio della mitosi).

I passaggi ***fase*** G_1 → ***fase S*** e ***fase*** G_2 → ***fase M*** (*mitotica*) si verificano a condizione che la cellula venga ritenuta "idonea" da particolari sistemi di controllo, detti **check-point**. Durante queste fasi di controllo, alcune proteine come **p53** (definito come il "*guardiano del genoma*") si assicurano che cellule che presentano *danni al DNA* e che potrebbero dar vita a *cellule tumorali* non vadano incontro a divisione, ma vengano piuttosto indirizzate verso il processo di *morte cellulare programmata* (**apoptosi**).

N.B. L'apoptosi è un processo molto diverso dalla **necrosi**: quest'ultima infatti rappresenta generalmente una forma di *morte cellulare **non programmata*** ed è *quasi sempre patologica* (es. infarto del miocardio, infezioni batteriche), mentre l'apoptosi è un processo finemente regolato, è fondamentale per lo sviluppo degli organismi pluricellulari e non causa danno al tessuto circostante.

La durata del ciclo è uguale per tutte le cellule?
No. Nelle cellule dei mammiferi la durata si aggira in media tra le 18 e le 24 ore, mentre nei lieviti è di 1,5 - 3 ore.

Tutte le cellule si dividono?
No. Le cellule che non si dividono rimangono solitamente bloccate nella fase **G1**, che in questo caso viene definita **G0**. L'arresto del ciclo porta la cellula in uno stato di *quiescenza*, che può essere *temporaneo* (come nelle cellule del fegato) o *permanente* (come nei neuroni). Invece, nel momento in cui, a causa di un progressivo invecchiamento e deterioramento del materiale genetico (vedi *telomeri, capitolo 4.4.1*), la cellula perde la capacità di proliferare, essa entra in uno stato di senescenza, che conduce a morte per apoptosi.

In base alla *capacità proliferativa* le cellule si possono dividere in:

- **labili** → si dividono in modo *continuo* per permettere il ricambio di un tessuto che viene continuamente logorato (es. cellule dello strato basale dell'epidermide, che permettono il ricambio totale dell'epidermide ogni 21 giorni circa);
- **stabili** → sono di norma *quiescenti*, ma in presenza di opportuni stimoli, come la perdita di tessuto in seguito a un danno, riprendono il ciclo ed entrano in fase S per ricostruire i tessuti persi (es. grazie ai processi di rigenerazione degli epatociti, il fegato è in grado di rigenerarsi anche in seguito a importanti danni o a interventi chirurgici);
- **perenni** → sono cellule *altamente differenziate* e specifiche nelle funzioni, le quali, in caso di morte cellulare, non possono essere sostituite, poiché hanno perso la capacità di replicarsi (es. neuroni, cellule muscolari striate).

4.3 DIVISIONE CELLULARE

La divisione cellulare segue la fase G2 e può essere rappresentata dalla mitosi o dalla meiosi.
La **mitosi**, forma di **riproduzione asessuata**, avviene solo nelle cellule eucariote, e nell'uomo si verifica nelle *cellule somatiche* e negli *elementi staminali* delle *cellule germinali* (*spermatogoni e ovogoni*).

Nei procarioti, invece, non avviene la mitosi ma un processo simile e semplificato che prende il nome di **scissione binaria**. Anche in questo caso parliamo di una forma di riproduzione *asessuata* nella quale una cellula madre forma due cellule figlie identiche ed è una forma di divisione cellulare comune anche ad alcuni organuli presenti negli organismi eucarioti quali mitocondri, cloroplasti e perossisomi.
In questo caso la cellula duplica il proprio DNA mentre continua a crescere di dimensioni e allungarsi. Successivamente si ha la formazione di un setto, derivato dall'introflessione della membrana plasmatica e della parete cellulare e che si estende da direzioni opposte verso il centro della cellula. Grazie alla formazione di questo setto le due molecole di DNA vengono separate e verranno distribuite nelle due cellule figlie.
La **meiosi** invece avviene solo nelle *cellule germinali* e rappresenta il meccanismo fondamentale per la **riproduzione sessuata**.

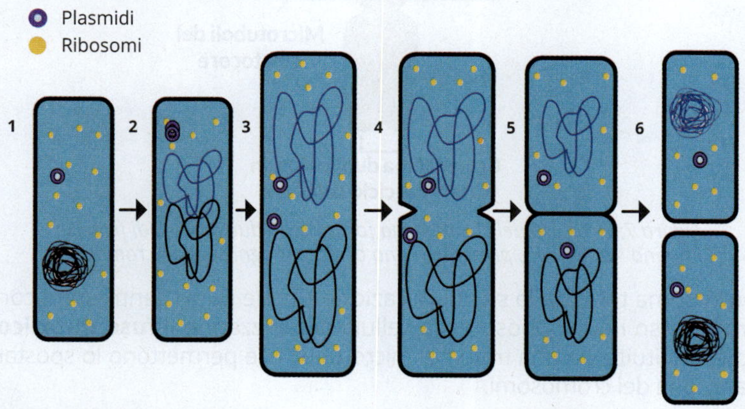

Figura 6: rappresentazione della scissione binaria, modalità di duplicazione delle cellule procariote. Nelle prime fasi si duplica il cromosoma batterico, le cui copie si porteranno ai poli opposti della cellula; successivamente la membrana si curva verso l'interno fino a dividere completamente la cellula madre in due cellule figlie.

4.4 MITOSI

La **mitosi** è un processo di riproduzione **asessuata** delle cellule eucariotiche, mediante il quale *una singola cellula madre* forma *due cellule figlie* **geneticamente identiche** ad essa e tra di loro, ma che possono essere **fenotipicamente differenti** (in virtù del processo di differenziamento cellulare).
Esempio: la divisione di una cellula staminale può essere *simmetrica* (dà vita a due cellule sia genotipicamente che fenotipicamente identiche, come avviene nei processi di rigenerazione epatica) o *asimmetrica* (dà vita a due cellule genotipicamente identiche, di cui una è differenziata, mentre l'altra rimane staminale, come avviene nel fisiologico ricambio dell'epidermide).

In particolare, con il termine "mitosi" si intende la divisione del materiale genetico, quindi del nucleo, mentre il processo che porta alla ripartizione citoplasmatica e quindi alla reale formazione di due cellule figlie separate è definito **citodieresi** e rappresenta l'ultimo processo della fase M.

La mitosi si suddivide in **4 fasi**: profase, metafase, anafase e telofase; alcuni autori identificano anche la prometafase, condizione intermedia tra la profase e la metafase.

Profase:

- il nucleolo non è più evidente;
- la **cromatina si condensa e si spiralizza**; ogni cromosoma, essendosi duplicato durante la fase S del ciclo cellulare risulta formato da due **cromatidi fratelli**, uniti in corrispondenza del **centromero**, al quale si associa il complesso proteico che forma il cinetocore, in grado di legarsi a sua volta ai microtubuli del fuso mitotico;

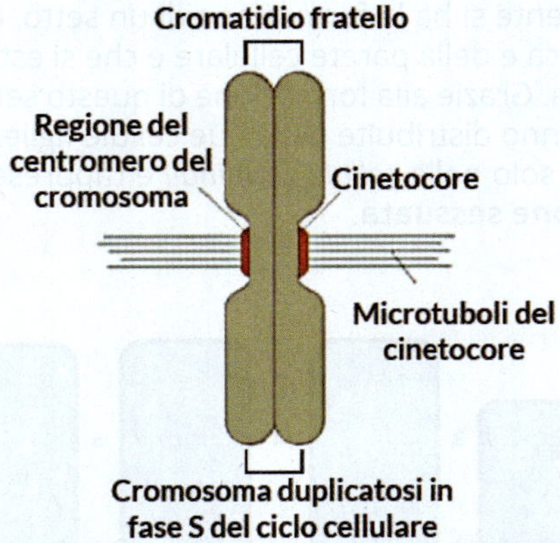

Figura 7: struttura del cromosoma formato da due cromatidi fratelli.
Si notino i cinetocori, presenti in una copia per ogni singolo cromatidio.

- il centrosoma termina la sua duplicazione e i due nuovi centrosomi cominciano a *migrare* verso i poli opposti della cellula organizzando il **fuso mitotico**; quest'ultimo è costituito da una trama di microtubuli che permettono lo spostamento e la separazione dei cromosomi.

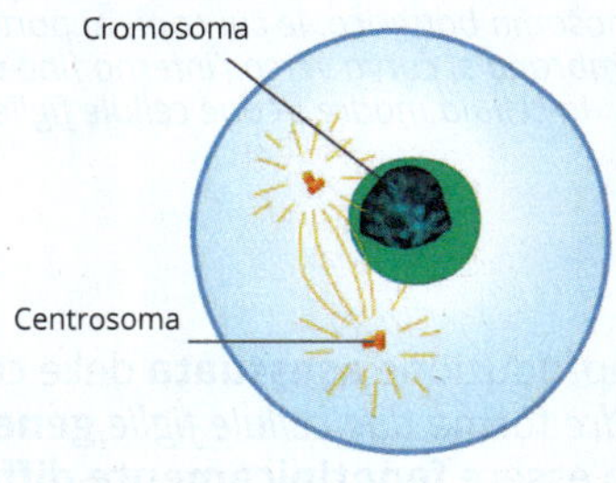

Figura 8: rappresentazione della profase mitotica.
Si notino i due centrosomi che migrano verso i poli opposti della cellula.

Prometafase:

- i due centrosomi si posizionano ai poli opposti della cellula e completano la formazione del fuso mitotico. Esso risulta formato da tre tipi di fibre: le **fibre polari**, le quali si portano da un polo all'altro della cellula (da centrosoma a centrosoma);

le **fibre dell'aster**, le quali si propagano dal centrosoma verso la periferia della cellula; le **fibre del cinetocore**, le quali, prendendo contatto con il **cinetocore** (strutture proteiche discoidali che si legano al centromero, *vedi figura 7*), permettono il distacco dei cromatidi fratelli durante l'anafase mitotica;

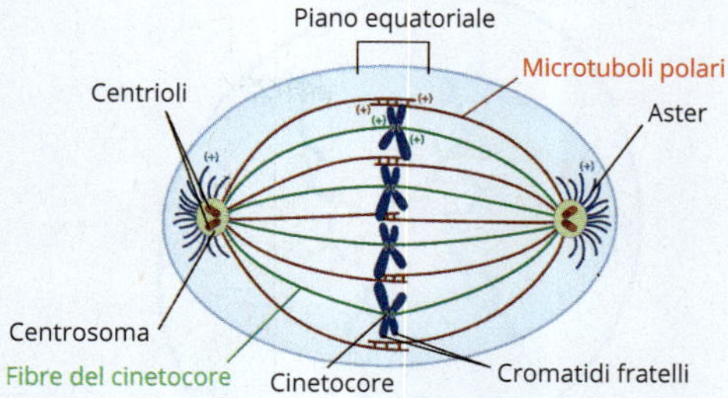

Figura 9: rappresentazione delle fibre del fuso mitotico.
N.B.: questa figura non è un evoluzione della fase precedente ma ci permette solo di osservare in maniera schematica le fibre del fuso.

- la membrana nucleare si dissolve.

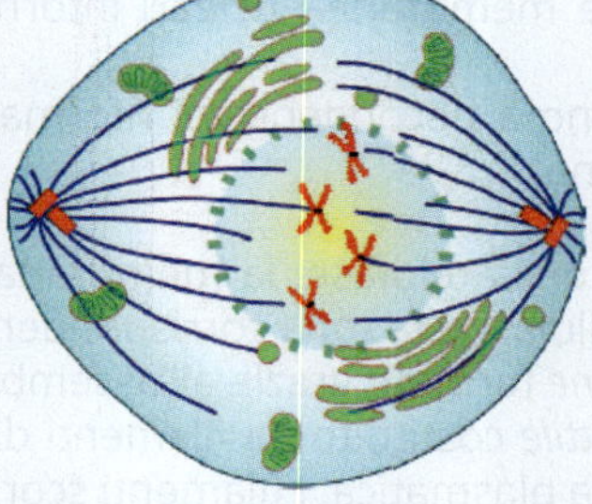

Figura 10: rappresentazione della prometafase mitotica.

Metafase:

- i cromosomi, guidati dai microtubuli del fuso, si dispongono **in fila** sul **piano equatoriale** (o piastra metafasica), con i cinetocori rivolti verso i poli opposti;
- questa è la fase in cui i cromosomi sono più spiralizzati e ben *distinguibili* al microscopio ottico.

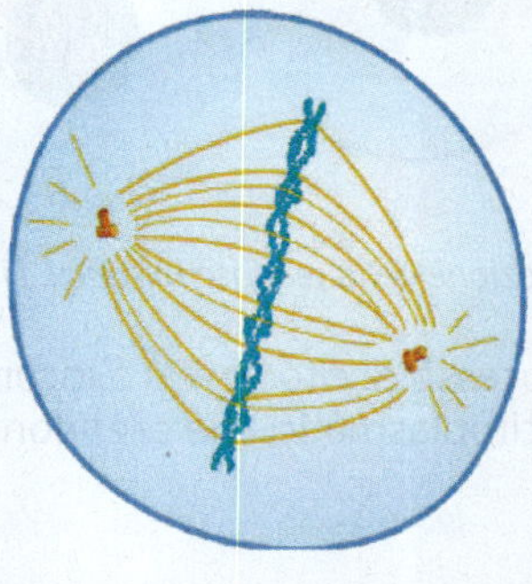

Figura 11: rappresentazione della metafase mitotica.

Anafase:

- i due **cromatidi fratelli** di ciascun cromosoma **si separano** e si allontanano verso i poli opposti grazie all'azione delle fibre del cinetocore, così da 46 cromosomi bicromatidici si ottengono 92 cromosomi monocromatidici.

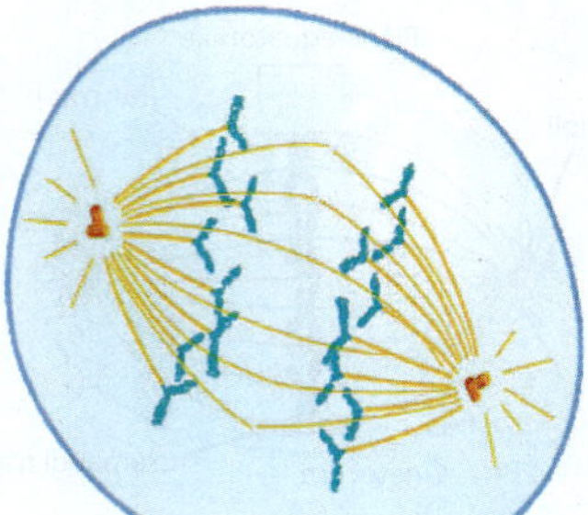

Figura 12: rappresentazione dell'anafase mitotica.

Telofase:

- i cromosomi (ormai costituiti da un singolo cromatidio) raggiungono i poli opposti;
- le fibre del fuso depolimerizzano e si disperdono;
- iniziano a riformarsi le membrane nucleari intorno ai cromosomi e con esse i nucleoli;
- i cromosomi cominciano a decondensarsi riformando nuovamente la struttura originale della cromatina.

Nelle cellule animali, all'inizio della telofase, la membrana cellulare inizia a restringersi lungo la circonferenza della cellula, nella zona corrispondente all'equatore del fuso. In seguito appare un *solco di divisione* formato grazie all'assemblaggio appena al di sotto della membrana di un *anello contrattile* costituito da filamenti di **actina** e **miosina**, che guida l'introflessione della membrana plasmatica. I filamenti scorrono sulla linea mediana della membrana della cellula madre e, creando una strozzatura, fanno sì che le due cellule figlie si separino. Questo processo prende il nome di **citodieresi** (o **citocinesi**).

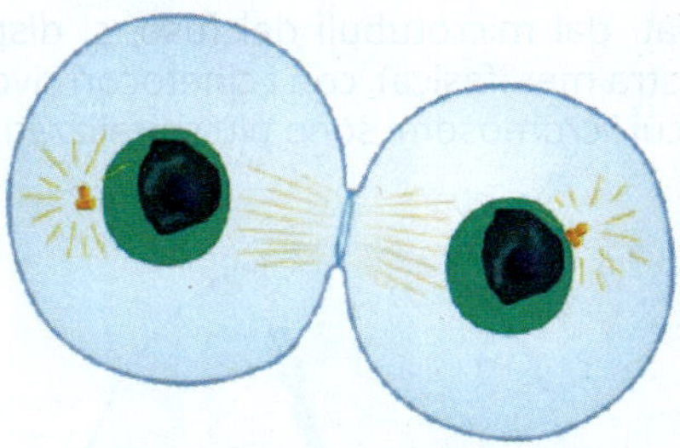

Figura 13: rappresentazione della telofase mitotica. Si noti l'anello contrattile.

N.B. Nelle cellule vegetali il processo di citodieresi è incompleto; queste, infatti, rimangono collegate tramite dei ponti citoplasmatici che prendono il nome di plasmodesmi.

MNEMOFRASE TESTBUSTERS

Per ricordare l'ordine delle fasi della mitosi:

Poldo **M**angia **A**l **T**avolo
→ **P**rofase, **M**etafase, **A**nafase, **T**elofase

È impossibile capire al volo il processo della mitosi al primo colpo, a maggior ragione se non hai ancora visto un video in cui vengono riprodotte le fasi della mitosi in 3D. Forza! Scannerizza il QR-Code qui sotto e diventa padrone incontrastabile della mitosi!

4.4.1 Telomeri

I cromosomi delle cellule somatiche, a livello delle loro regioni terminali (estremità) presentano delle regioni chiamate **telomeri**, composte da brevi *sequenze altamente ripetute* di *DNA*, il cui compito è quello di proteggere le informazioni genetiche nel cromosoma dai danni potenzialmente indotti delle *esonucleasi* (enzimi che idrolizzano il DNA alle estremità).

Alla fine di ogni divisione cellulare, i telomeri subiscono un *accorciamento* graduale che si pensa sia correlato con l'invecchiamento cellulare (**senescenza**): rappresentano quindi un vero e proprio orologio biologico che segna il numero massimo di divisioni oltre il quale la cellula è destinata all'*apoptosi*.

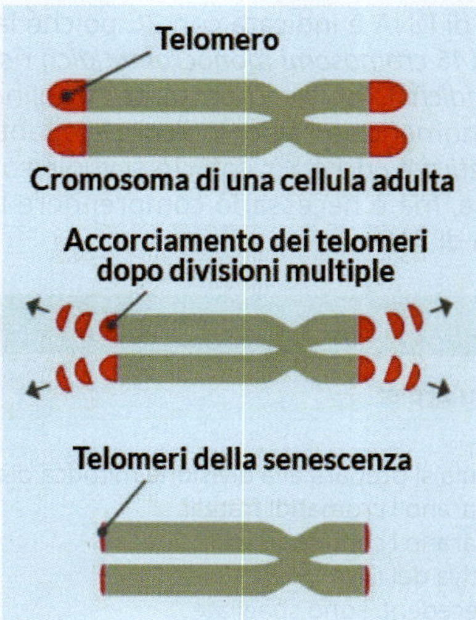

Figura 14: accorciamento dei telomeri.

Tuttavia, le *cellule staminali* e le *cellule tumorali* rappresentano un'importante eccezione a questa regola: esse, infatti, possiedono un enzima chiamato **telomerasi**, il quale è capace di ricostituire il DNA telomerico che viene perso dopo ogni duplicazione, impedendo così la senescenza della cellula. Ciò contribuisce a spiegare perché le cellule tumorali vengono spesso definite come *potenzialmente immortali*.

4.4.2 Ploidia e quantità di DNA nella mitosi

All'inizio del ciclo cellulare (*fase G1*) la cellula contiene all'interno del suo nucleo un numero **diploide** di cromosomi (**2n = 46 cromosomi**), ognuno dei quali è formato da un **singolo cromatidio** (in totale **46 cromatidi**). Successivamente, il materiale genetico viene duplicato durante la *fase S*: la cellula sarà sempre diploide (**2n**) perché non varia la quantità di informazione codificata dal genoma, ma ogni cromosoma sarà costituito da **due cromatidi** (in totale **92 cromatidi**). Quindi, entrando in profase mitotica, la cellula possiede un corredo cromosomico **diploide bicromatidico** (46 cromosomi bicromatidici).

Alla fine della mitosi, il materiale genetico sarà stato equamente diviso tra le due cellule figlie, così da avere due cellule diploidi (**2n**), i cui cromosomi saranno formati da un singolo cromatidio (**46 cromatidi**).
Per riassumere ciò che avviene dal punto di vista del materiale genetico durante le varie fasi del ciclo cellulare, occorre considerare sia come varia la *ploidia* (*n*), ovvero il numero di corredi cromosomici di una cellula, sia la *quantità di DNA* (*indicata con il* ***C-value****, la cui unità C corrisponde alla* ***quantità di DNA contenuto nel nucleo di una cellula aploide***).

Fase	Ploidia (n)	Quantità di DNA (C)
G1	2n	2C
S	2n	4C
G2	2n	4C
Fine mitosi	2n	2C

N.B. In fase G1 la quantità di DNA è indicata con 2C poiché la cellula ha una quantità di materiale genetico doppia (*46 cromosomi monocromatidici*) rispetto a una cellula aploide (*23 cromosomi monocromatidici*). È inoltre importante sottolineare che alcuni esercizi potrebbero utilizzare un'altra nomenclatura per indicare la quantità di DNA (*es. "nella fase G2 la quantità di materiale genetico è pari a Y"*); con ciò si vuole sottolineare che non bisogna imparare i valori a memoria, ma è necessario comprendere la logica che giace dietro ai cambiamenti della quantità di DNA.

ESERCIZIO **PROPOSTO**

4.4 La fase G2 del ciclo cellulare è:

A. La fase in cui la cellula si prepara alla divisione mitotica disgregando il nucleo
B. La fase in cui si separano i cromatidi fratelli
C. La fase in cui si separano i centrosomi
D. La fase di sintesi attiva del DNA
E. Tutte le risposte precedenti sono sbagliate

4.5 MEIOSI

La meiosi è il meccanismo di divisione cellulare tramite il quale una **cellula germinale diploide bicromatidica** (spermatocita o ovocita) forma **quattro cellule aploidi monocromatidiche** chiamate **gameti**; il processo che porta alla loro formazione si verifica a livello delle **gonadi** (testicoli e ovaie).

La meiosi è un processo fondamentale affinché avvenga la **riproduzione sessuata**, la quale permette la formazione di una progenie che presenta un patrimonio genetico *diverso* rispetto a quello dei genitori; ciò ha il vantaggio importante di aumentare la **variabilità genetica** e, con essa, la probabilità di sopravvivenza e riproduzione della progenie.
È importante sottolineare che, anche nella meiosi, la cellula madre comincia il ciclo dai vari step dell'interfase (G1, S, G2) per poi andare incontro alla divisione meiotica; quest'ultima è suddivisibile in due processi differenti:

- **meiosi I** → detta divisione **riduzionale** poiché la cellula passa dall'essere **diploide** (2n) all'essere aploide (n), riducendo quindi la ploidia;
- **meiosi II** → detta divisione **equazionale** (analoga alla mitosi), durante la quale si separano i cromatidi fratelli delle cellule aploidi.

Ognuna di queste è suddivisa in ulteriori fasi (profase, metafase, anafase, telofase) ed è seguita dalla citodieresi.

N.B. È importante ricordare che la cellula, prima di cominciare la meiosi I, attraversa una sola interfase, cioè una sola fase S in cui si duplica il materiale genetico.

4.5.1 Meiosi I (riduzionale)

La **meiosi I** si compone di 4 fasi, con gli stessi nomi di quelle mitotiche, ma con eventi distinti.

Profase:
rappresenta la fase più complessa di tutto il processo ed è suddivisibile in 5 sottofasi, contemporaneamente alle quali si verifica la formazione del fuso meiotico in maniera analoga alla mitosi:

- **leptotene** → la cromatina si condensa e spiralizza, cominciando a costituire i cromosomi;
- **zigotene** → si appaiano i cromosomi omologhi (*es. cromosoma 21 di origine materna con il cromosoma 21 di origine paterna*), i quali si uniscono a livello di particolari punti di contatto detti **sinapsi**; tale processo porta alla formazione di strutture dette **tetradi** (così chiamate perché ognuna di esse è formata da *quattro cromatidi*);
- **pachitene** → avviene il **crossing-over**, un processo in cui vengono scambiati *frammenti di cromatidi tra cromosomi omologhi* (*figura 15*). È un evento interpretato come casuale che comporta una significativa ricombinazione del materiale genetico, aumentando ulteriormente la *variabilità genetica*;

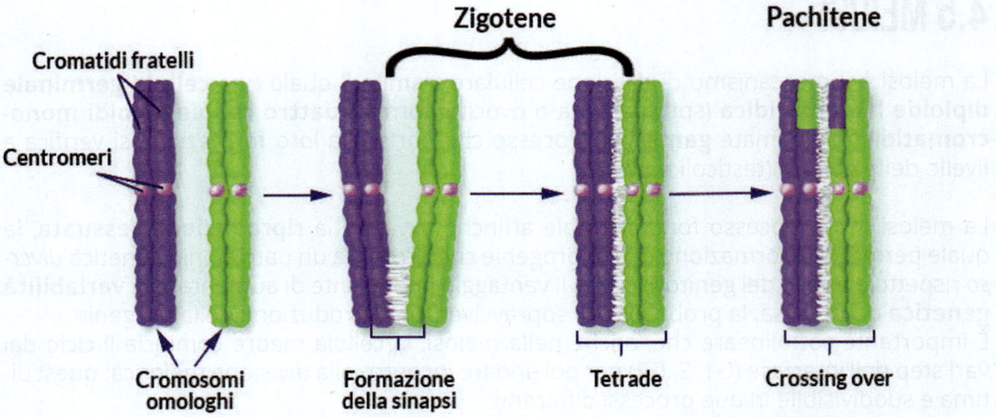

Figura 15: formazione della sinapsi con costituzione della tetrade (zigotene) e crossing-over (pachitene). Si noti nell'ultima immagine a destra lo scambio di frammenti di cromatidi tra i due omologhi.

- **diplotene** → si separano i cromosomi omologhi, i quali rimangono però saldati a livello dei chiasmi (punti in cui è avvenuto il crossing-over);
- **diacinesi** → i cromosomi completano la loro condensazione e sono chiaramente visibili sotto forma di tetradi. In questa fase avviene anche la dissoluzione della membrana nucleare e del nucleolo.

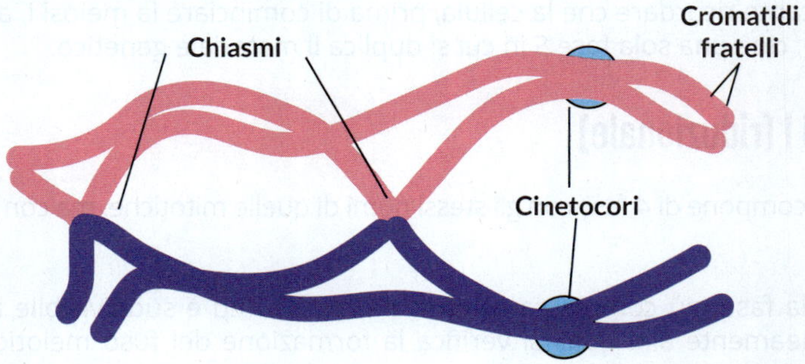

Figura 16: rappresentazione dei cromosomi durante la fase di diplotene.

MNEMOFRASE TESTBUSTERS

Per ricordare le varie sottofasi della profase I

Le Zie **Pa**zze **Di Dia**na
→ **Le**ptotene, **Zi**gotene, **Pa**chitene, **Di**plotene, **Dia**cinesi.

Metafase I:
le tetradi, guidate dai microtubuli del fuso, si allineano sul **piano equatoriale** in modo che *ogni omologo sia rivolto verso un polo opposto della cellula*. La disposizione dei cromosomi omologhi sul piano equatoriale, dalla quale dipende la successiva suddivisione degli omologhi nelle due cellule figlie, è un processo **casuale** alla base del riassortimento dei cromosomi e al quale si deve la *variabilità genetica*, amplificata dal crossing-over; tale processo prende il nome di *assortimento indipendente degli omologhi*.

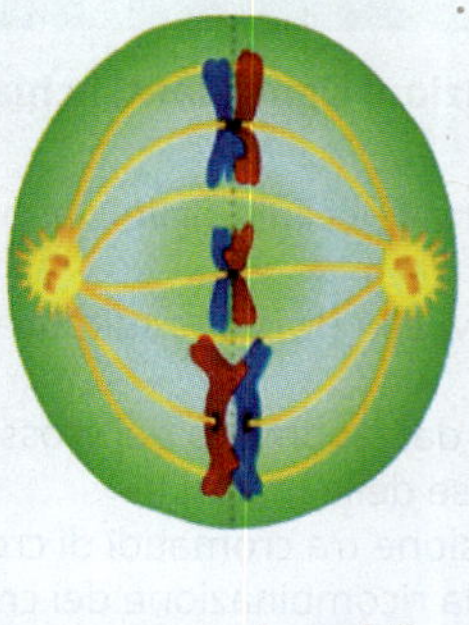

Figura 17: rappresentazione della metafase I.

Anafase I:
le fibre del fuso si contraggono e **separano i cromosomi omologhi**, trascinandoli ai poli opposti della cellula. Ogni cromosoma omologo è ancora costituito da due cromatidi.

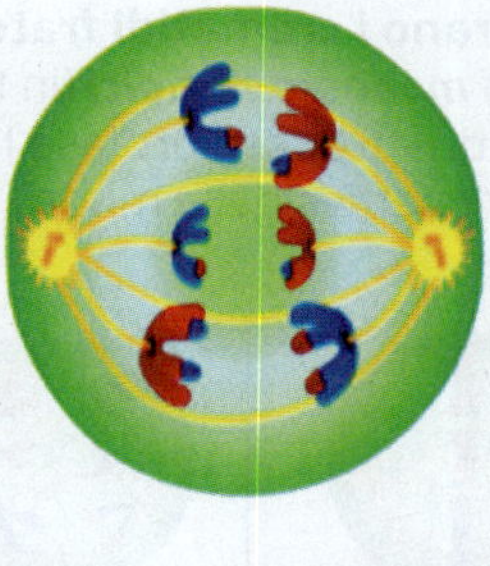

Figura 18: rappresentazione dell'anafase I.

Telofase I:
come nella telofase della mitosi, si riassembla la membrana nucleare, ricompare il nucleolo e la cromatina inizia a despiralizzare. È seguita dalla prima citodieresi.

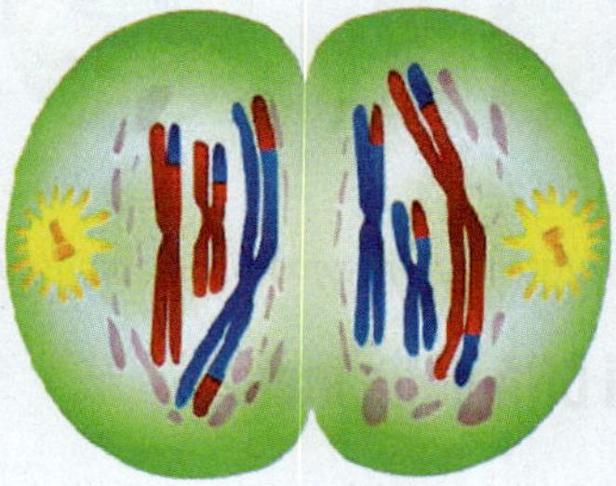

Figura 19: rappresentazione della telofase I.

Alla fine della meiosi I si otterranno dunque **due cellule aploidi** (poiché sono stati separati i cromosomi omologhi) con **23 cromosomi bicromatidici** (in totale **46 cromatidi**).

ESERCIZIO **PROPOSTO**

4.5.1 Quali delle seguenti affermazioni riguardanti i chiasmi è corretta?

A. Nella meiosi, assicurano che le cellule figlie siano identiche alla cellula madre da cui derivano
B. Si tratta di fenomeni relativi alla divisione mitotica che consentono la ricombinazione dei cromosomi
C. Sono sempre indipendenti dal fenomeno del crossing-over
D. Si formano durante l'anafase della meiosi II
E. Si tratta di punti di connessione tra cromatidi di cromosomi omologhi in cui è avvenuta la rottura e la ricombinazione dei cromatidi stessi

4.5.2 Meiosi II (equazionale)

Le *due cellule aploidi* che hanno completato la *meiosi I* andranno subito incontro alla meiosi II senza che vi sia un'altra replicazione del DNA: in questo processo, essendo i cromosomi ancora *bicromatidici*, **si separano i cromatidi fratelli**, in modo da formare **quattro cellule aploidi con 23 *cromosomi monocromatidici*** (in totale **23 cromatidi**).
Anche la meiosi II è composta da quattro fasi (profase II, metafase II, anafase II, telofase II), le quali sono identiche alle corrispettive della mitosi.

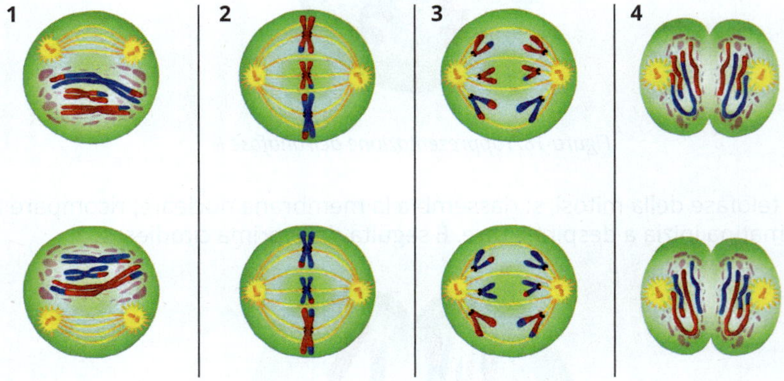

Figura 20: 1) profase II, 2) metafase II, 3) anafase II, 4) telofase II.

4.5.3 Ploidia e quantità di DNA nella meiosi

I processi che precedono la meiosi sono identici a quelli che precedono la mitosi. Quindi, entrando in *profase I meiotica*, la cellula madre possiede un corredo cromosomico **diploide bicromatidico** (**46 cromosomi** bicromatidici, in totale **92 cromatidi**).

Alla fine della meiosi I, i cromosomi omologhi vengono divisi equamente tra le due cellule figlie, così da avere due cellule aploidi (n = **23 cromosomi**), i cui cromosomi saranno formati da due cromatidi (in totale **46 cromatidi**).

Alla fine della meiosi II, si separano i cromatidi fratelli e il materiale genetico viene equamente ripartito fra le due cellule figlie, così da formare quattro cellule aploidi (n = **23 cromosomi**), i cui cromosomi saranno formati da un cromatidio (in totale **23 cromatidi**).

Fase	Ploidia (n)	Quantità di DNA (C)
G1	2n	2C
S	2n	4C
G2	2n	4C
Fine meiosi I	n	2C
Fine meiosi II	n	C

Riassunto di ciò che si verifica dal punto di vista del **materiale genetico**:

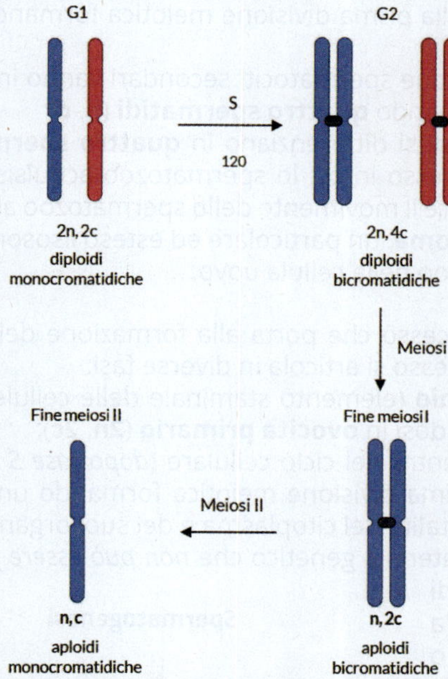

Figura 21: rappresentazione grafica della ploidia e del quantitativo di DNA nelle diverse fasi del ciclo cellulare e delle meiosi.

ESERCIZIO **PROPOSTO**

4.5.3 Se in una cellula diploide nella fase G2 precedente la meiosi la quantità di DNA è pari a Y, quale sarà la quantità di DNA presente in metafase II in ogni singola cellula?

A. 0.25 Y
B. Y
C. 2 Y
D. 4 Y
E. 0,5 Y

4.6 GAMETOGENESI, FECONDAZIONE E PRIME FASI DELLO SVILUPPO

L'embriologia umana rappresenta la branca della biologia che studia i processi dello sviluppo embrionale che si succedono dalla fecondazione fino alla formazione del feto.

4.6.1 Spermatogenesi e ovogenesi

Il processo della meiosi nell'essere umano ha come scopo principale quello di portare alla formazione di *spermatozoi* e *cellule uovo*, la cui unione, durante il processo di fecondazione, porterà alla formazione dello *zigote*.

Il processo che porta alla *proliferazione* e alla *maturazione* degli spermatozoi prende il nome di **spermatogenesi**, il quale si svolge nei seguenti passaggi:

1. dapprima, lo **spermatogonio** (elemento staminale delle cellule germinali) si divide per mitosi differenziandosi nello **spermatocita primario (2n, 2c)**;
2. lo spermatocita primario entra nel ciclo cellulare (*dopo fase S* → **2n**, **4c**) e subito dopo va incontro alla prima divisione meiotica formando **due spermatociti secondari** (**n**, **2c**);
3. successivamente, i due spermatociti secondari vanno incontro alla seconda divisione meiotica formando **quattro spermatidi (n, c)**;
4. infine, gli spermatidi si differenziano in **quattro spermatozoi** grazie alla spermiogenesi, un processo in cui lo spermatozoo acquisisce il **flagello**, essenziale per poter permettere il movimento dello spermatozoo all'interno delle vie genitali femminili, e l'**acrosoma**, un particolare ed esteso lisosoma che permette l'ingresso dello spermatozoo nella cellula uovo.

Nella donna, invece, il processo che porta alla formazione della cellula uovo prende il nome di **ovogenesi** e anch'esso si articola in diverse fasi:

1. dapprima, l'**ovogonio** (elemento staminale delle cellule germinali) si divide per mitosi, differenziandosi in **ovocita primario (2n, 2c)**;
2. l'ovocita primario entra nel ciclo cellulare (*dopo fase S* → **2n**, **4c**) e subito dopo va incontro alla prima divisione meiotica formando un **ovocita secondario** (**n**, **2c**), che riceve la totalità del citoplasma e dei suoi organelli, e un **globulo polare**, un ammasso di materiale genetico che *non può essere fecondato* e il cui destino può essere quello di andare incontro a degenerazione o di dividersi tramite meiosi II in due globuli polari;
3. successivamente, l'ovocita secondario va incontro alla seconda divisione meiotica formando una **cellula uovo** (**n**, **c**) e rilasciando un altro globulo polare. È importante sottolineare che la meiosi II dell'ovocita secondario si verifica subito dopo l'avvenimento della fecondazione a livello delle tube uterine.

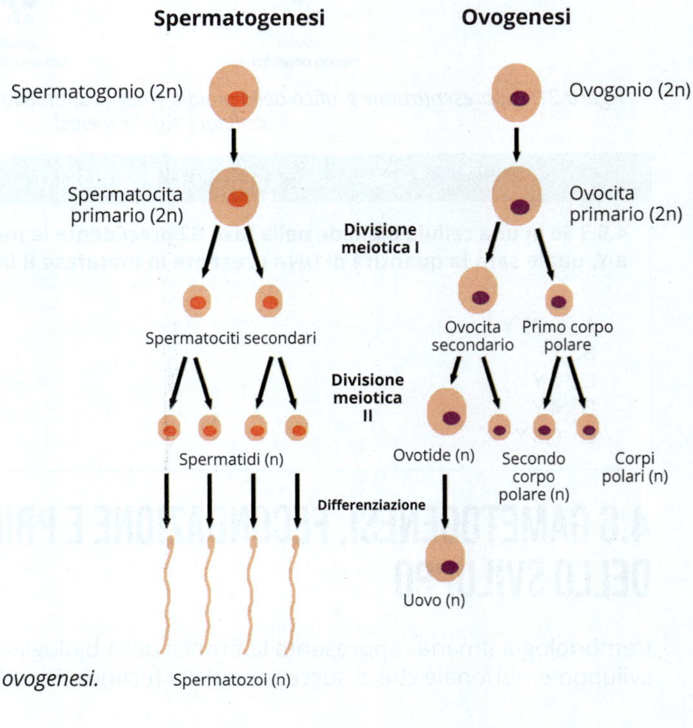

Figura 22: spermatogenesi e ovogenesi.

N.B. Nel corso della spermatogenesi, la distribuzione del citoplasma e degli organelli è equa tra le cellule, dunque da una cellula si ottengono 4 piccole cellule, simili di aspetto e diverse per informazione genetica contenuta. Al contrario, nel corso dell'ovogenesi, la distribuzione del citoplasma favorisce una sola delle 4 cellule figlie, che contiene quindi una grande quantità di citoplasma e viene denominata *cellula uovo*, mentre le altre 3 cellule o corpi polari, oltre a essere diverse per informazione genetica contenuta, sono pressoché prive di citoplasma. È fondamentale che la cellula uovo abbia un abbondante citoplasma poiché solo il nucleo dello spermatozoo viene inglobato nella cellula uovo al momento della fecondazione e gli organelli dello spermatozoo vengono persi. Proprio per questo motivo, l'ereditarietà mitocondriale è esclusivamente di derivazione materna.

La spermatogenesi, al contrario dell'ovogenesi, è un processo che punta più sulla *quantità* che sulla *qualità*; infatti, all'interno di un eiaculato sono presenti circa 200-400 milioni di spermatozoi e tale numero, così elevato, è essenziale affinché un numero sufficiente di questi possa arrivare integro alle tube per fecondare la cellula uovo. La maggior parte degli spermatozoi muore durante il tragitto, solo uno solo riuscirà a raggiungere la cellula uovo (hai già vinto questa battaglia quando stavi nelle tube di tua mamma, con il giusto impegno potrai vincere anche quella del test d'ingresso!).

4.6.2 Variabilità genetica

Perché tu, caro studente, non sei perfettamente uguale a tua mamma o a tuo papà? Perché non hai i loro caratteri rimescolati a metà pur avendo metà del materiale genetico di mamma e metà di papà?
La risposta (parziale, il resto verrà trattato in genetica) risiede proprio nella presenza della **variabilità genetica** nella riproduzione sessuata: questo fenomeno, causato dai processi del *crossing-over* e dell'*assortimento indipendente degli omologhi*, si pone come obiettivo principale quello di proteggere la specie dalla trasmissione di possibili mutazioni del DNA che potrebbero causarne l'estinzione.

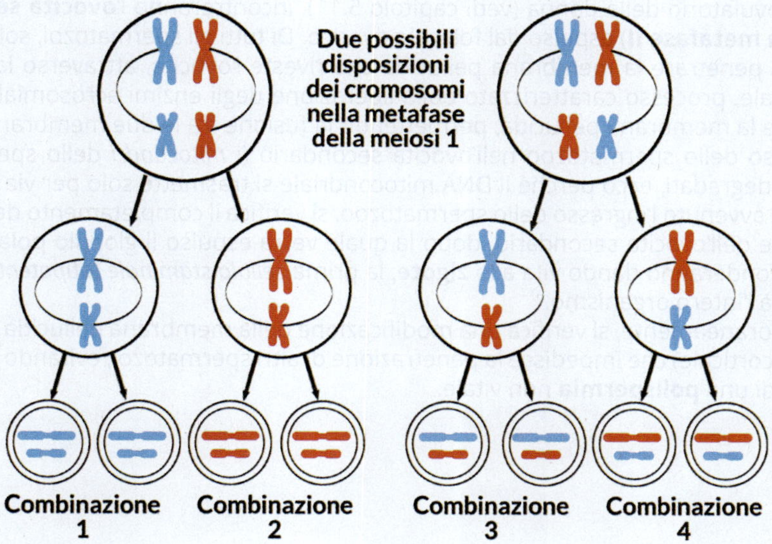

Figura 23: assortimento indipendente degli omologhi. Si notino le diverse combinazioni possibili in base alla disposizione casuale dei cromosomi omologhi durante la metafase I.

BIOLOGIA

Il solo riassortimento indipendente dei cromosomi omologhi, perfino senza considerare i processi di crossing-over, è in grado di dare un'altissima variabilità. Le possibili combinazioni diverse di corredi cromosomici dei gameti dipendono dal numero di cromosomi costituenti il *corredo cromosomico aploide* (x) e dalla *ploidia* (n) della cellula madre:

$$n^x$$

In una cellula diploide umana che entra in meiosi il *corredo cromosomico aploide* (x) è di **23 cromosomi**, mentre la *ploidia* (**n**) è pari a **2**. Nel caso della cellula umana → $\mathbf{n^x = 2^{23}}$.

N.B. Naturalmente questo calcolo non tiene conto del crossing-over, che aumenta ulteriormente la variabilità e rende il calcolo imprevedibile, tanto che non è possibile approssimarlo in una semplice formula.

4.6.3 Fecondazione

All'interno dei testicoli umani si verifica la spermatogenesi, processo che porta alla formazione (tramite divisioni meiotiche) di un elevato numero di spermatozoi, cellule aploidi (n = 23) altamente differenziate con una struttura caratteristica. Sono costituiti, infatti, da una testa e una coda:

- **testa** → è rappresentata dal **nucleo**, costituito quasi esclusivamente da *eterocromatina*, e dall'**acrosoma**, una vescicola che riveste i due terzi anteriori della testa e che contiene un'elevata quantità di **enzimi litici**;
- **coda** → è costituita dal **flagello** dello spermatozoo che, subito in prossimità della testa, presenta un rivestimento costituito da **mitocondri**, i quali metabolizzano il *fruttosio* presente nel liquido seminale per produrre energia da sfruttare nel movimento flagellare.

Una volta eiaculati nelle vie genitali femminili, milioni di spermatozoi vengono trasportati dalle *cellule ciliate* della mucosa uterina verso l'**ampolla** delle tube uterine, dove, nel periodo ovulatorio della donna (vedi capitolo 5.11), incontreranno l'**ovocita secondario** (**fermo in metafase II**) espulso dal follicolo ovarico. Di tutti gli spermatozoi, soltanto uno riuscirà a penetrare la membrana pellucida che riveste l'ovocita, attraverso la reazione acrosomiale, processo caratterizzato dalla liberazione degli enzimi acrosomiali in grado di digerire la membrana pellucida, permettendo la fusione fra le due membrane cellulari e l'ingresso dello spermatozoo nell'ovocita secondario (i *mitocondri* dello spermatozoo vengono degradati, ecco perché il DNA mitocondriale si trasmette solo per via materna). Una volta avvenuto l'ingresso dello spermatozoo, si verifica il completamento della meiosi II da parte dell'ovocita secondario, dopo la quale verrà espulso il globulo polare e i due nuclei si fonderanno dando vita allo **zigote**, la prima *cellula staminale totipotente* da cui si svilupperà l'intero organismo.
Contemporaneamente, si verifica una modificazione della membrana pellucida (chiamata reazione corticale) che impedisce la penetrazione di altri spermatozoi, evitando la manifestazione di una **polispermia** non vitale.

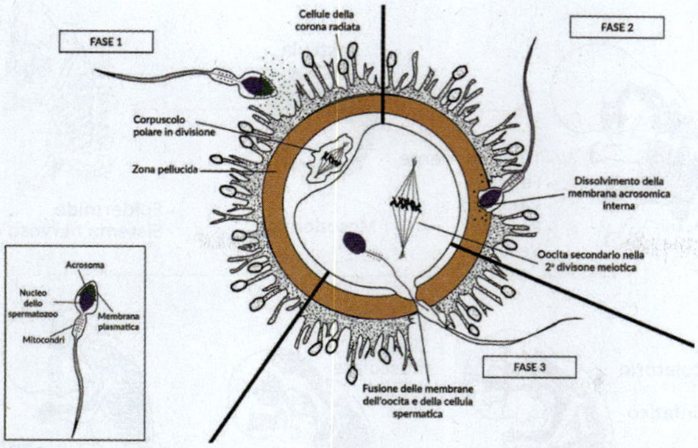

Figura 24: componenti dello spermatozoo e fasi della fecondazione.

4.6.4 L'embrione

Una volta avvenuta la fecondazione, lo zigote va incontro a un processo chiamato **segmentazione**, che consiste in una serie di divisioni mitotiche che comportano l'aumento del numero di cellule fino ad arrivare allo stadio di **morula** (**16 cellule**). Ogni cellula della morula prende il nome di **blastomero** e ognuno di essi è una cellula staminale totipotente da cui può originare un intero individuo: se uno o più blastomeri si dovessero separare, darebbero vita a due individui *geneticamente identici* che vengono definiti **gemelli monozigoti**.
Una volta raggiunto l'utero, le cellule della morula cominciano a differenziarsi andando a formare la **blastocisti** che si impianterà nell'endometrio uterino.

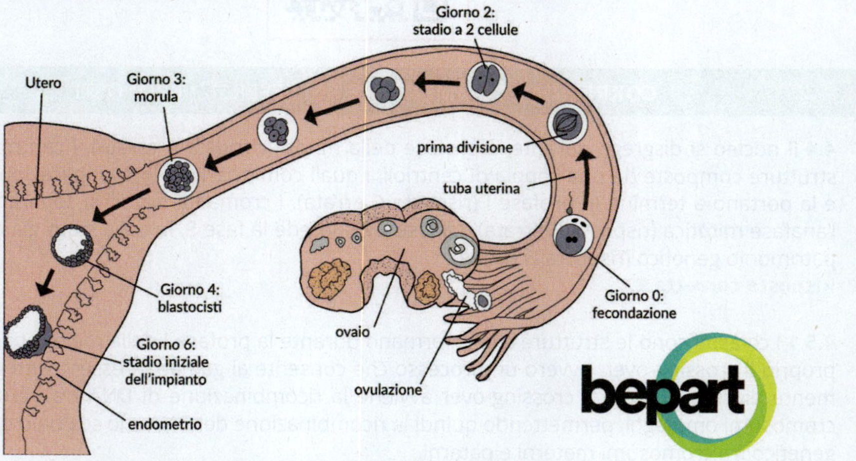

Figura 25: tappe dello sviluppo embrionale dalla segmentazione all'impianto.

Al **quindicesimo giorno**, l'embrione va incontro al processo di **gastrulazione**, grazie al quale si vanno a costituire i **tre foglietti** germinativi, precursori di tutti i tessuti e organi dell'organismo:

- **ectoderma** → da cui origineranno i **tessuti epiteliali di rivestimento esterni** (*epidermide*, *epitelio respiratorio*, *epitelio del cavo orale*), il **sistema nervoso** e gli **organi di senso**;
- **mesoderma** → da cui origineranno i **tessuti connettivi**, l'**apparato cardiocircolatorio** (*cuore* e *vasi*), **il sistema scheletrico**, il **sistema muscolare**, il **rene** e le **gonadi**;
- **endoderma** → da cui origineranno tutti i tessuti dell'**apparato digerente** (compresi gli *epiteli di rivestimento*) con le sue ghiandole annesse (**fegato** e **pancreas**) e i **polmoni**.

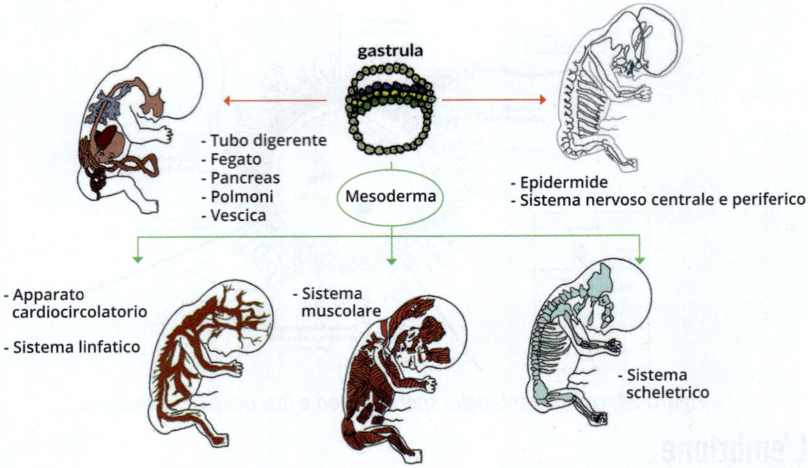

Figura 26: foglietti embrionali della gastrula e tessuti derivati.

Per approfondire questo argomento inquadra il QR code e guarda la videolezione:

CORREZIONI COMMENTATE AGLI ESERCIZI PROPOSTI

4.4 Il nucleo si disgrega durante la profase della mitosi (risposta A errata). I centrosomi sono strutture composte da una coppia di centrioli, i quali cominciano la loro duplicazione in fase S e la portano a termine in profase I (risposta C errata). I cromatidi fratelli si separano durante l'anafase mitotica (risposta B errata). La fase G2 succede la fase S, in cui è stato già duplicato il patrimonio genetico (risposta D errata).
Risposta corretta E.

4.5.1 I chiasmi sono le strutture che si formano durante la profase I della meiosi, permettendo proprio il crossing-over, ovvero un processo che consente ai gameti di essere tutti genotipicamente diversi. Durante il crossing-over avviene la ricombinazione di DNA tra i cromatidi dei cromosomi omologhi, permettendo quindi la ricombinazione del DNA e lo scambio di materiale genetico fra cromosomi materni e paterni.
Risposta corretta E.

4.5.3 Come già sottolineato, non bisogna imparare a memoria i valori della quantità di DNA, ma è necessario comprendere la logica che sta dietro ai suoi cambiamenti. L'esercizio infatti utilizza una nomenclatura diversa rispetto a quella proposta da questo testo e sottolinea che nella **fase G2** la cellula, che ha appena effettuato la duplicazione del DNA in fase S, possiede una **quantità di DNA** (diverso da ploidia!) pari a **Y**. La cellula va incontro a meiosi, processo composto da due fasi (meiosi I e meiosi II), al termine di ciascuna delle quali il patrimonio genetico si dimezza nelle cellule figlie. Perciò, dopo aver completato la meiosi I ognuna delle due cellule figlie conterrà 0,5 Y e al termine della meiosi II 0,25 Y. Il quesito però chiede la quantità di DNA in metafase II, quando la meiosi II non è ancora terminata e il materiale genetico non è ancora stato suddiviso, che perciò equivale a 0,5 Y.
Risposta corretta E.

ANATOMIA E FISIOLOGIA DEGLI ANIMALI E DELL'UOMO

5

Introduzione

BIOLOGIA

Come si può immaginare, uno studio completo e perfetto dell'istologia, dell'anatomia e della fisiologia dei viventi necessiterebbe di un lavoro mastodontico! Tuttavia, per vostra fortuna, le conoscenze richieste per il superamento del test d'ingresso sono più "concentrate" e mirate a una conoscenza più "globale" e meno "specifica" della composizione e del funzionamento dei vari apparati che compongono il corpo umano e degli altri viventi.

In questa nuova edizione abbiamo voluto creare un capitolo che permettesse allo studente di raggiungere questi obiettivi, collegando l'istologia all'anatomia dell'organo e alla sua diretta funzione e comprendendo il funzionamento globale dei singoli organi e apparati. Hai studiato tanto per capire come funziona la cellula. Adesso sei pronto per capire come funzioni "tu", mia cara evoluzione di un primate!

5.1 TESSUTO EPITELIALE

Il tessuto epiteliale è costituito da cellule a *stretto contatto*, con scarsa sostanza intercellulare interposta tra di esse. Le cellule epiteliali possono distribuirsi in *lamine* e rivestire le superfici corporee (**epitelio di rivestimento**), oppure possono specializzarsi nella *secrezione* e costituire il parenchima delle ghiandole endocrine ed esocrine (**epitelio ghiandolare**).
I tessuti epiteliali sono innervati ma **non sono vascolarizzati** e per questo motivo ricevono le sostanze nutritive per diffusione dai connettivi adiacenti, siano essi le membrane basali degli epiteli di rivestimento o i setti connettivali intraghiandolari.

5.1.1 Epiteli di rivestimento

Gli epiteli di rivestimento ricoprono tutte le superfici del nostro corpo, sia esterne (**epidermide**) che interne (epitelio che riveste l'*apparato digerente*, l'*apparato respiratorio*, i *vasi sanguigni*, ecc.).
Da un punto di vista *strutturale* gli epiteli possono distinguersi in **monostratificati** (o **semplici**) e in **pluristratificati**, i quali a loro volta possono essere costituiti da cellule **pavimentose** (piatte), **cubiche** o **cilindriche**. Tra questi rivestono un ruolo di centrale importanza due epiteli pavimentosi pluristratificati:

- **epidermide** → costituisce lo strato più superficiale della cute ed è un epitelio **pavimentoso pluristratificato cheratinizzato**. La regione più superficiale è costituita da cellule morte, prive di nucleo ma ripiene di **cheratina**, proteina che rende l'epidermide impermeabile;
- **epitelio delle mucose** → costituisce lo strato più superficiale della cavità orale, nasale, anale e vaginale ed è costituita da un *epitelio pavimentoso pluristratificato* **non cheratinizzato**; la regione più superficiale è costituita da cellule nucleate.

Dalle precedenti tipologie, si distingue l'epitelio **pseudostratificato**, composto da un unico strato di cellule che però presentano i nuclei disposti a diverse altezze (in tal modo simulano la presenza di più strati). Tale epitelio costituisce il rivestimento delle vie aeree dell'apparato respiratorio; le sue cellule sono inoltre munite di **ciglia** che, tramite un movimento regolare, indirizzano il muco prodotto verso la laringe permettendone la deglutizione (ed evitandone il ristagno nelle vie aeree).

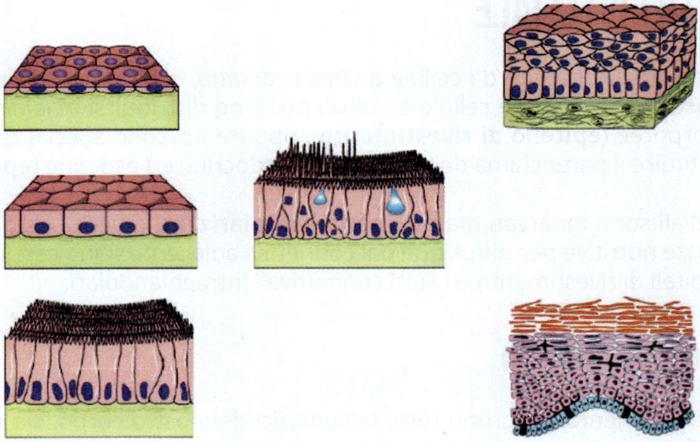

Figura 1: rappresentazione degli epiteli. A sinistra sono rappresentati dall'alto al basso l'epitelio monostratificato piatto, cubico e cilindrico. Al centro è rappresentato l'epitelio pseudostratificato. A destra in alto l'epitelio delle mucose, in basso l'epitelio dell'epidermide.

5.1.2 Epiteli ghiandolari

Gli epiteli ghiandolari sono costituiti da cellule epiteliali specializzate nella produzione e nella secrezione di molecole di diversa natura biochimica. Essi vanno a costituire le ghiandole del nostro organismo, le quali, in base alle loro caratteristiche morfologiche e funzionali, si dividono in due grandi categorie:

- **ghiandole esocrine** → sono composte da un **adenomero** formato da cellule secernenti che riversano il proprio secreto all'interno di una cavità corporea (es. ghiandola salivare) o all'esterno (es. ghiandola sudoripara) tramite un **dotto escretore**. Esse sono deputate alla secrezione di *enzimi* (es. enzimi digestivi pancreatici), *muco* (es. ghiandole mucose) e *ioni* (es. ghiandole gastriche);
- **ghiandole endocrine** → le ghiandole endocrine presentano diverse conformazioni (cordonali, follicolari, ecc.), che però rilasciano il proprio secreto, rappresentato dagli ormoni, all'*interno del circolo sanguigno*. Di conseguenza le ghiandole endocrine **non presentano un dotto escretore** e sono altamente vascolarizzate.

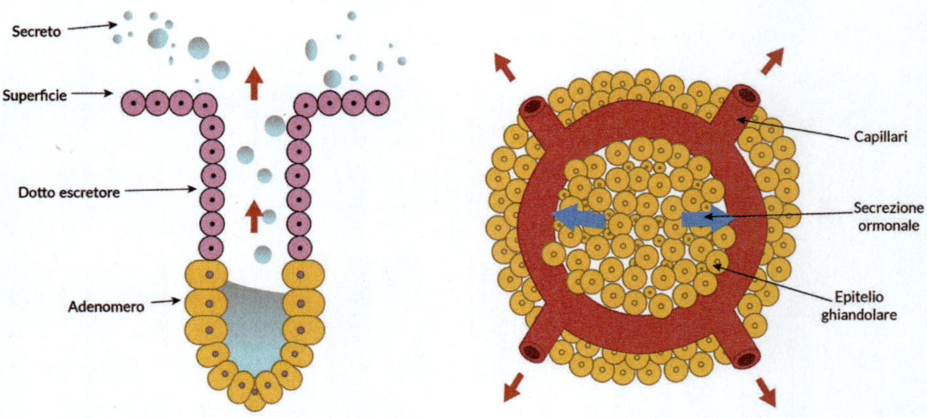

Figura 2: differenze strutturali tra ghiandole esocrine ed endocrine.

5.2 TESSUTO CONNETTIVO

I tessuti connettivi hanno il compito di fornire un supporto *strutturale* e *metabolico* a tutti gli altri tessuti. A differenza degli epiteli, i tessuti connettivi sono costituiti da uno *scarso numero di cellule immerse* in un'*elevata quantità* di sostanza intercellulare che prende il nome di **matrice extracellulare**. La matrice è costituita da una componente fibrillare ricca di **collagene** (la proteina più abbondante negli animali) e una **sostanza amorfa**, formata da un gel acquoso. Sulla base della composizione della matrice extracellulare è possibile classificare i connettivi in due grandi categorie:

- tessuti connettivi **propriamente detti** → sono i più comuni e possono essere di tipo **denso**, se presentano un'*elevata quantità di fibre collagene* e una *scarsa sostanza amorfa*, o **lasso**, se presentano una *scarsa quantità di collagene* e un'*abbondante sostanza amorfa*. In entrambi i tessuti, la cellula più frequentemente presente è il **fibroblasto**, che si occupa della produzione e del ricambio delle componenti della matrice extracellulare;
- tessuti connettivi **speciali** → sono rappresentati dal *tessuto adiposo*, dal *sangue*, dal *tessuto osseo* e dal *tessuto cartilagineo*.

BIOLOGIA

5.2.1 Tessuto adiposo

Il tessuto adiposo è un tessuto connettivo specializzato nell'**accumulo di grassi** come fonte di riserva energetica e nella **termogenesi**. È costituito da cellule specializzate chiamate adipociti, la cui morfologia e funzione permettono di distinguere due tipi di tessuto adiposo:

- tessuto adiposo **bianco** → è metabolicamente poco attivo ed è implicato nell'accumulo di grassi. È costituito da **adipociti bianchi** contenenti un'unica grande goccia di grasso che schiaccia il nucleo alla periferia della cellula;
- tessuto adiposo **bruno** → è metabolicamente molto attivo ed è implicato nei processi di termogenesi. È costituito da **adipociti bruni** contenenti numerose piccole gocce di grasso frammiste a numerosi **mitocondri**, responsabili della loro elevata attività metabolica.
  Questo tessuto è particolarmente presente negli animali che vanno in letargo, è invece scarsamente presente nell'uomo ad eccezione dei neonati.

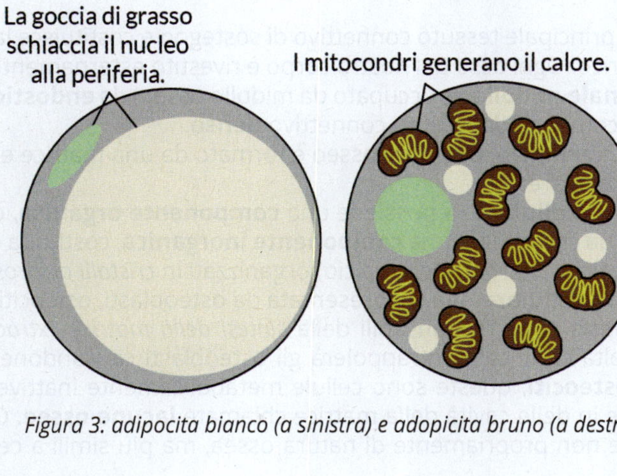

Figura 3: adipocita bianco (a sinistra) e adopicita bruno (a destra).

5.2.2 Tessuto cartilagineo

Il tessuto cartilagineo è tessuto connettivo costituito da una matrice extracellulare semirigida e simile a un *gel*, all'interno della quale si trovano gli elementi cellulari rappresentati da **condrociti** e **condroblasti**; questi sono localizzati in delle lacune della matrice extracellulare sotto forma piccoli gruppi cellulari detti **gruppi isogeni**.
Esternamente la cartilagine è avvolta da un rivestimento connettivale che prende il nome di **pericondrio**, che è però assente nella cartilagine articolare. A differenza degli altri connettivi, la cartilagine è sprovvista di vasi sanguigni.

In base alla composizione della matrice extracellulare, si distinguono tre tipologie di cartilagine, le cui caratteristiche sono riassunte nella seguente tabella.

	Composizione	Funzione	Immagine	Sede
Cartilagine ialina	Equilibrio fra fibre collagene e proteoglicani	Permette lo scorrimento dei capi articolari	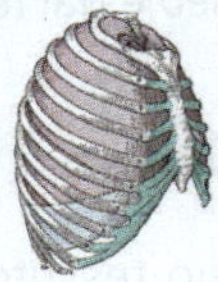	Articolazioni, anelli tracheali, laringe
Cartilagine elastica	Elevata quantità di fibre elastiche	Sostegno		Epiglottide, canale uditivo
Cartilagine fibrosa	Elevata quantità di fibre di collagene	Ammortizzazione	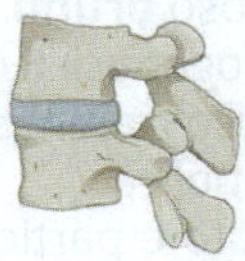	Dischi intervertebrali, sinfisi

5.2.3 Tessuto osseo

Il tessuto osseo è il principale tessuto connettivo di sostegno e costituisce la quasi totalità del sistema scheletrico. Ogni osso del nostro corpo è rivestito esternamente da **periostio** e internamente (**canale midollare**, occupato da midollo osseo) da **endostio**. Sia periostio che endostio sono composti da tessuto connettivo **denso**.
Come ogni tessuto connettivo, il tessuto osseo è formato da una matrice extracellulare e dalla componente cellulare:

- **matrice extracellulare** → possiede una **componente organica**, costituita principalmente da *collagene*, e una **componente inorganica**, costituita da *sali di calcio* (fosfato di calcio o carbonato di calcio) organizzati in *cristalli di idrossiapatite*;
- **componente cellulare** → è rappresentata da osteoblasti, osteociti e osteoclasti.
- Gli **osteoblasti** sono responsabili della *sintesi della matrice extracellulare ossea*, che, una volta calcificata, intrappolerà gli osteoblasti causandone il differenziamento in **osteociti**; queste sono cellule metabolicamente inattive che si vanno a localizzare in delle cavità della matrice chiamate **lacune ossee**. Gli **osteoclasti** sono cellule non propriamente di natura ossea, ma più simili a cellule macrofa-

giche: la loro azione è quella di demolire il tessuto osseo (processo noto come **riassorbimento osseo**) sotto l'azione del *paratormone,* liberando ioni calcio nel circolo ematico.

La matrice extracellulare è organizzata in **lamelle ossee**, la cui disposizione permette di distinguere due tipi di tessuto osseo:

- **tessuto osseo spugnoso** → le lamelle si intrecciano formando una rete di *trabecole ossee*, le quali vanno a costituire delle cavità comunicanti che contengono il **midollo osseo rosso**, principale organo **emopoietico** (emopoiesi = produzione degli elementi cellulari del sangue);
- **tessuto osseo compatto** → le lamelle ossee si organizzano in strati concentrici disposti attorno ai vasi sanguigni (**canali di Havers**), andando a costituire delle strutture che prendono il nome di **osteoni**. I canali di Havers degli osteoni sono in comunicazione tra di loro tramite i **canali di Volkmann**.

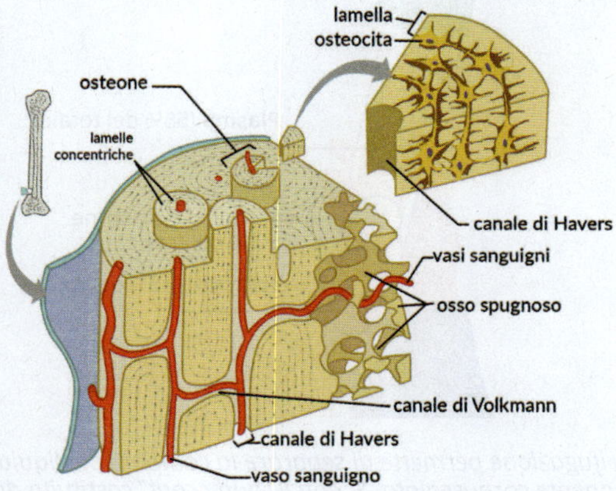

Figura 4: struttura di un osteone, l'unità morfofunzionale del tessuto osseo compatto.

5.2.4 Sangue

Il sangue è un tessuto connettivo specializzato, composto per il **55%** da una *matrice extracellulare liquida* denominata **plasma** e per il **45%** da una **componente corpuscolata.** Il plasma è una soluzione acquosa di *colore giallastro*, al cui interno sono contenuti diversi tipi di soluti di vitale importanza per l'organismo umano:

- *elettroliti* (sodio, potassio, calcio, ecc.);
- *glucosio*;
- *proteine plasmatiche*, rappresentate dall'**albumina** (la più abbondante), dagli **anticorpi**, dalle **proteine della coagulazione** e da altre globuline;
- *ormoni*.

La componente corpuscolata del sangue è rappresentata dalle seguenti cellule:

- **globuli rossi** → noti anche con il nome di **emazie** o **eritrociti**, sono cellule di *forma biconcava* e **anucleate**. Contengono **emoglobina**, per cui hanno la funzione di *trasportare l'ossigeno* all'interno del circolo ematico. Hanno un'emivita di circa **120 giorni** e la loro concentrazione nel circolo ematico è di circa **4-5 milioni di cellule per mm^3**;
- **globuli bianchi** → noti anche con il nome di **leucociti**, rappresentano le cellule effettrici del sistema immunitario. Sono distinguibili in diversi tipi cellulari: granulociti **neutrofili** (65%), **linfociti** (25%), **monociti** (5%), granulociti **eosinofili** (4%), granulociti **basofili** (1%).
  La loro concentrazione nel circolo ematico è di circa **5-7 mila cellule per mm^3**;

- **piastrine** → note anche con il nome di **trombociti**, non sono cellule ma frammenti cellulari derivanti dalla frammentazione del **megacariocita**, una cellula di grandi dimensioni localizzata nel midollo osseo rosso. Le piastrine partecipano al processo della **coagulazione** del sangue e la loro concentrazione nel circolo ematico è di circa **300 mila piastrine per mm³**.

MNEMOFRASE TESTBUSTERS

Per ricordare i vari leucociti in ordine decescente di concentrazione:

Never **L**et **M**onkeys **E**at **B**ananas
→ **N**eutrofili, **L**infociti, **M**onociti, **E**osinofili, **B**asofili

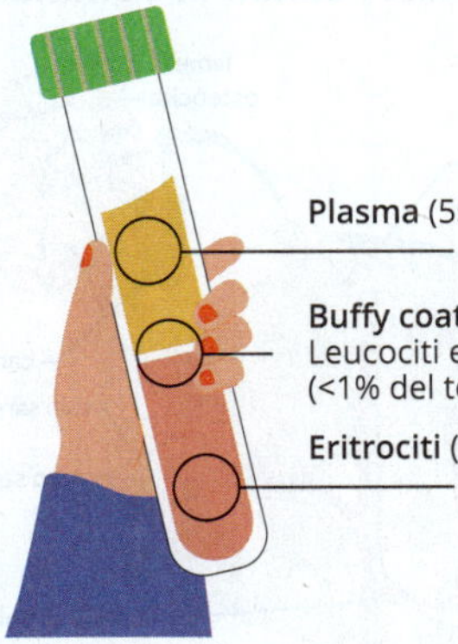

Figura 5: la centrifugazione permette di separare la componente liquida del sangue (plasma) dalla componente corpuscolata. Si noti il "buffy coat" costituito dai globuli bianchi.

5.3 TESSUTO MUSCOLARE

Il tessuto muscolare è un tessuto specializzato nella genesi del movimento tramite la contrazione delle cellule che lo costituiscono. Esistono tre tipi di tessuto muscolare: il tessuto muscolare **striato scheletrico**, il tessuto muscolare **striato cardiaco** e il tessuto muscolare **liscio**.

5.3.1 Tessuto muscolare striato scheletrico

Il tessuto muscolare striato è il costituente principale di tutti i *muscoli scheletrici*, i quali si distinguono per la loro **contrazione volontaria**. Da un punto di vista strutturale, il muscolo scheletrico è rivestito esternamente da una guaina connettivale (**epimisio**) che racchiude al suo interno un elevato numero di **fasci muscolari** a loro volta rivestiti da **perimisio**; ogni singolo fascio è infine costituito da più **fibre muscolari** rappresentate da cellule **polinucleate** e rivestite esternamente da un tessuto connettivo chiamato **endomisio**.

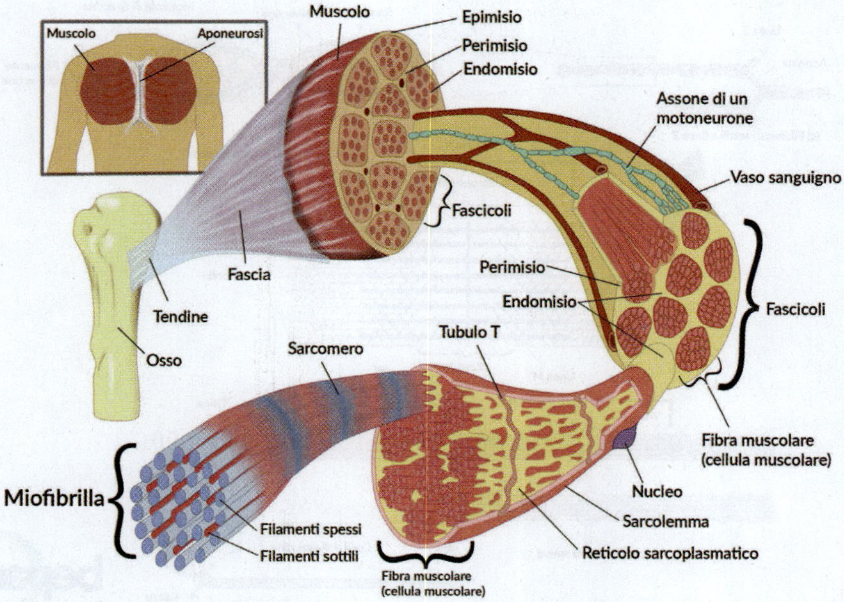

Figura 6: il tessuto muscolare striato scheletrico.

Le fibre muscolari sono delimitate da una membrana cellulare (**sarcolemma**) contenente un citoplasma (**sarcoplasma**) in cui è immerso un reticolo endoplasmatico liscio specializzato molto esteso (**reticolo sarcoplasmatico**). Questo si sviluppa, infatti, attorno a numerose **miofibrille**, strutture citoscheletriche cilindriche formate da un elevato numero di **miofilamenti** che si differenziano in *spessi* e *sottili*:

- **filamenti sottili** → sono formati da due filamenti di **actina** associati alla tropomiosina e alla troponina. La **tropomiosina** è una proteina filamentosa che, in condizioni di riposo muscolare, aderisce all'actina in corrispondenza dei siti di legame della miosina, in modo da celarli ad essa; la **troponina** è una proteina globulare che possiede un sito attivo per il calcio, attraverso il quale regola la posizione della tropomiosina durante il processo di *contrazione muscolare*;
- **filamenti spessi** → sono formati da filamenti di **miosina**, proteina motrice costituita da una **coda** e da una **testa**, nella quale si trova una ATP*asi* in grado di liberare energia scindendo le molecole di ATP.

Le miofibrille presentano una tipica alternanza di **bande scure** (*bande A*), nelle quali i filamenti di actina e miosina si sovrappongono, e **bande chiare** (*bande I*), nelle quali si trovano solo filamenti di actina.
Le **bande A** contengono, nella loro porzione interna, la **zona H**, costituita da soli filamenti spessi ancorati centralmente alla **linea M**.
Le **bande I** sono divise in due dalla **linea Z**: la regione compresa tra due linee Z è chiamata **sarcomero** e rappresenta l'unità morfologica e funzionale del tessuto muscolare striato.
La **contrazione** del sarcomero porta all'avvicinamento delle due linee Z e la contemporanea *scomparsa della zona H* e *della banda I* a causa della sovrapposizione fra actina e miosina.

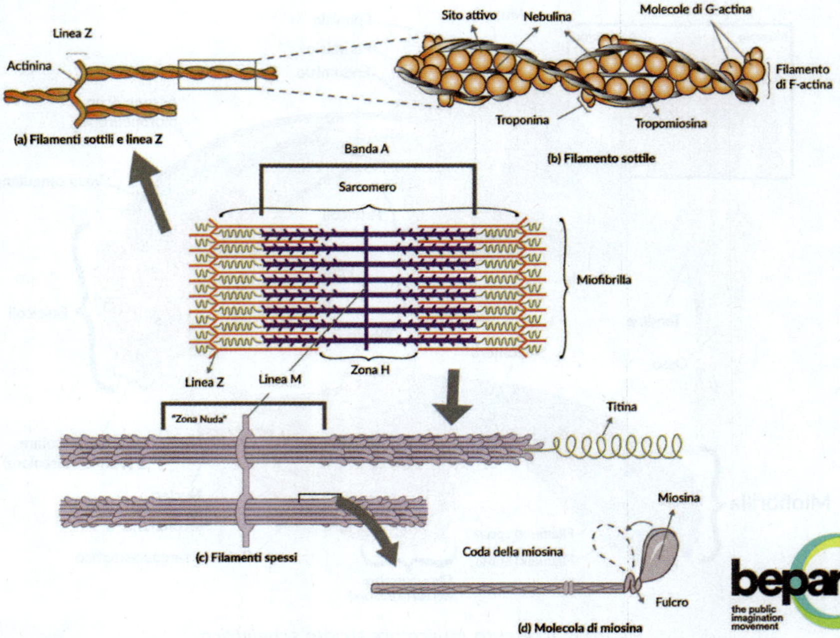

Figura 7: il sarcomero e la contrazione muscolare (visibile in realtà aumentata).

Quando la fibra muscolare viene stimolata da un segnale di natura nervosa, subisce una *depolarizzazione di membrana* che attiva una serie di eventi consecutivi:

1. il reticolo sarcoplasmatico libera un'elevata quantità di **ioni calcio** (Ca^{2+}), che si andranno a legare alla troponina presente sui filamenti sottili;
2. la troponina attiva causerà un cambiamento conformazionale della tropomiosina, liberando *sull'actina* i siti di legame *per la miosina*;
3. le teste di miosina si legano all'actina e, tramite l'energia liberata dall'idrolisi di una molecola di ATP, compiono un movimento di flessione sulla coda che spinge i filamenti di actina verso la linea M.

In seguito alla contrazione, actina e miosina *rimarranno legate* fino a quando un'ulteriore molecola di ATP andrà ad agire sulla testa della miosina, permettendo la separazione dei filamenti (nei cadaveri si manifesta una grave rigidità muscolare, nota come *rigor mortis*, proprio perché viene a mancare l'ATP necessario per il distacco del complesso actina-miosina). Andando a valutare il **bilancio energetico** della contrazione muscolare, quindi, ogni movimento di contrazione e rilascio muscolare costerà **2 ATP** per ogni testa di miosina che si ancora all'actina.

5.3.2 Tessuto muscolare striato cardiaco

Il tessuto muscolare striato cardiaco rappresenta il tessuto di cui è composto il **miocardio** di lavoro, lo strato muscolare del cuore. Sebbene questo tessuto presenti l'organizzazione in sarcomeri, si differenzia dal muscolo scheletrico poiché non è costituito da fibre muscolari (cellule polinucleate), bensì da **cardiomiociti**, cellule **mononucleate** e unite tra di loro per mezzo di strutture note come **dischi intercalari**. Un'altra importantissima differenza con il muscolo scheletrico si basa proprio sulla **contrazione involontaria** della muscolatura striata cardiaca: lo stimolo contrattile, infatti, origina spontaneamente in specifiche zone del miocardio (*nodo seno atriale*) che nel complesso costituiscono il *sistema di conduzione del cuore*.

5.3.3 Tessuto muscolare liscio

Il tessuto muscolare liscio si trova nelle **tonache muscolari della parete degli organi cavi** (*vasi sanguigni* e organi come *esofago*, *intestino*, ecc.). A differenza dei tessuti muscolari striati, questo è costituito da singole cellule (*fibrocellule muscolari lisce*) contenenti delle miofibrille non organizzate in sarcomeri, le quali generano una contrazione più **lenta** e **ritmica** e soprattutto **involontaria**; il tessuto muscolare liscio è infatti sotto il controllo del **sistema nervoso autonomo** e degli **ormoni**.

ESERCIZIO **PROPOSTO**

5.3 Quale delle seguenti affermazioni descrive correttamente le caratteristiche della contrazione del muscolo scheletrico umano?

A. Gli ioni calcio si legano alla troponina, causano il movimento della tropomiosina ed espongono i siti di legame della miosina per l'actina
B. Gli ioni calcio si legano all'actina, causano il movimento della tropomiosina ed espongono i siti di legame dell'actina per la miosina
C. Gli ioni calcio si legano alla tropomiosina, causano il movimento della troponina ed espongono i siti di legame della miosina per l'actina
D. Gli ioni calcio si legano alla troponina, causano il movimento della tropomiosina ed espongono i siti di legame dell'actina per la miosina
E. Gli ioni calcio si legano alla tropomiosina, causano il movimento della troponina ed espongono i siti di legame dell'actina per la miosina

5.4 TESSUTO NERVOSO

Il tessuto nervoso è un tessuto specializzato nella trasmissione e nell'elaborazione delle informazioni sotto forma di impulsi nervosi. Si serve sostanzialmente di due elementi cellulari:

- **neuroni** → sono formati da un **corpo cellulare** (detto anche **soma** o **pirenoforo**) da cui si diparte un numero variabile di prolungamenti, brevi (**dendriti**) o lunghi (**assone** o **neurite**). I dendriti, solitamente numerosi, lavorano in maniera *centripeta*: raccolgono lo stimolo nervoso proveniente da altri neuroni e lo trasportano al corpo cellulare. Qui l'informazione viene rielaborata in un nuovo stimolo che l'assone, responsabile del flusso *centrifugo* di informazioni, convoglierà verso un'altra cellula (*neurone/cellula muscolare*). La velocità con cui viaggia un'informazione lungo un assone dipende dalla presenza o meno della **guaina mielinica**, un rivestimento lipidico costituito dalle **cellule di Schwann** (*nel sistema nervoso periferico*) o dagli **oligodendrociti** (*nel sistema nervoso centrale*), la cui funzione è quella di **isolare elettricamente** l'assone; la guaina mielinica presenta delle interruzioni che prendono il nome di **nodi di Ranvier**, nelle quali la conduzione dell'impulso nervoso è mantenuta. Si distingueranno dunque **assoni mielinizzati** (a rapida conduzione) e **assoni amielinizzati** (a lenta conduzione);
- **neuroglia** (**o glia**) → è rappresentata da diversi tipi di cellule che non trasmettono impulsi nervosi, ma partecipano alla regolazione dell'omeostasi cerebrale tramite diverse funzioni. I più abbondanti sono gli **astrociti**, che espletano un'importante funzione trofica nei confronti dei neuroni, ma anche le *cellule di Schwann* e gli *oligodendrociti* vengono considerate come cellule gliali.

N.B. Un altro fattore che può influenzare la velocità di propagazione dell'impulso nervoso lungo una *fibra nervosa* (assone) è il suo diametro: *maggiore è il diametro della fibra, maggiore sarà la velocità dell'impulso* (e viceversa).

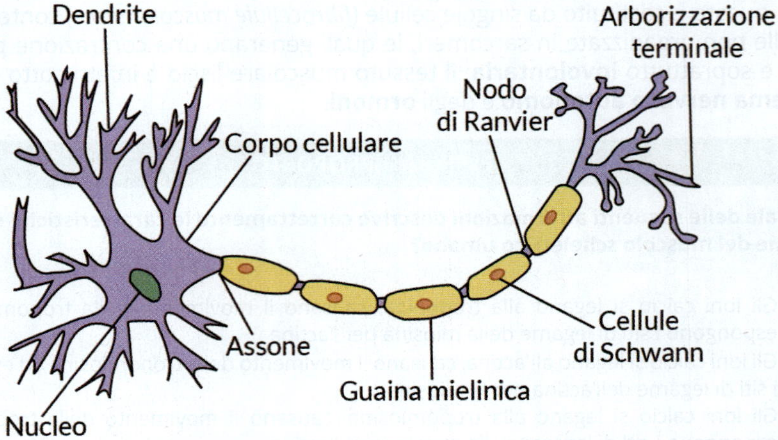

Figura 8: rappresentazione della struttura di un neurone. Si notino le arborizzazioni terminali dell'assone, che andranno a costituire le sinapsi con altre cellule eccitabili (neuroni/cellule muscolari).

5.4.1 Potenziale d'azione

I neuroni sono cellule eccitabili (o *irritabili*), capaci di reagire a uno stimolo di qualunque natura generando una depolarizzazione della propria membrana. Come visto nel capitolo 2 di biologia, in condizioni di riposo, sul lato **esterno** della membrana cellulare è presente una carica prevalentemente **positiva**, poiché gli ***ioni sodio*** (Na^+) sono più concentrati nell'ambiente extracellulare; sul lato **interno**, invece, nonostante sia presente un'elevata concentrazione di ***ioni potassio*** (K^+) con carica positiva, la carica è prevalentemente **negativa** grazie all'elevata presenza di **proteine** e **anioni fosfato** (PO_4^{3-}). Allo stato non eccitato, il valore del potenziale di membrana dato da questa condizione di equilibrio fra le cariche ioniche è pari a **-70 mV** e viene denominato **potenziale di membrana a riposo.**

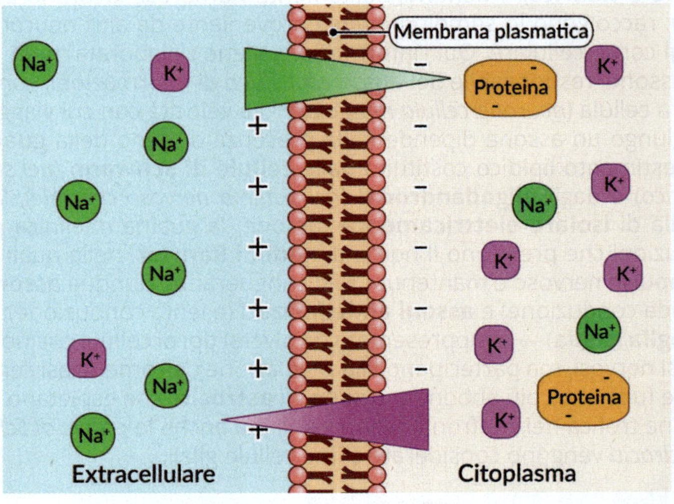

Figura 9: ioni ai due lati della membrana.

Quando un neurone in condizione di riposo viene sottoposto a uno stimolo di qualsiasi natura, reagisce innescando una serie di meccanismi finalizzati alla produzione del potenziale d'azione e alla trasmissione di questo impulso alle cellule a valle.

Il **potenziale d'azione** si compone di 5 fasi ben definite:

- **fase 0** → quando sopraggiuge uno stimolo di qualunque tipo, si verifica una *deformazione meccanica* di alcuni *canali del sodio* che aprendosi permettono l'ingresso di modeste quantità di Na^+ nel citosol, causando una depolarizzazione della membrana (*il potenziale si sposta verso valori più positivi*): se lo stimolo non è sufficientemente intenso, il potenziale di membrana non supererà il valore soglia di **-55 mV** e non si verificherà l'innesco vero e proprio del potenziale d'azione (*tentativi falliti*);
- **fase 1** → se però lo stimolo è sufficientemente intenso, al valore di potenziale pari al valore soglia di -55 mV si verifica l'apertura dei **canali del Na^+ voltaggio dipendenti** con conseguente ingresso massivo di sodio (secondo gradiente di concentrazione) all'interno del neurone. Ciò causa una violenta **depolarizzazione** di membrana che raggiunge il *valore di picco* di circa **+40 mV**;
- **fase 2** → in corrispondenza del *valore di picco*, si chiudono i canali del sodio voltaggio dipendenti e si aprono i **canali del potassio voltaggio dipendenti**, permettendo (sempre secondo gradiente di concentrazione) l'uscita di ioni K^+ dalla cellula e causando una **ripolarizzazione** della membrana (*il potenziale si sposta verso valori più negativi*);
- **fase 3** → l'estrema lentezza di chiusura dei canali del potassio fa sì che lo ione continui a fluire verso l'esterno della cellula e così la membrana subisce un'**iperpolarizzazione** raggiungendo il potenziale di **-90 mV**, in corrispondenza del quale finalmente i canali si chiudono;
- **fase 4** → a questo punto si attiva la **pompa sodio-potassio** che, sospingendo il sodio fuori e il potassio dentro la cellula, ristabilisce i gradienti iniziali e riporta il potenziale di membrana al valore di **-70 mV**. La cellula sarà dunque pronta per generare un nuovo potenziale d'azione.

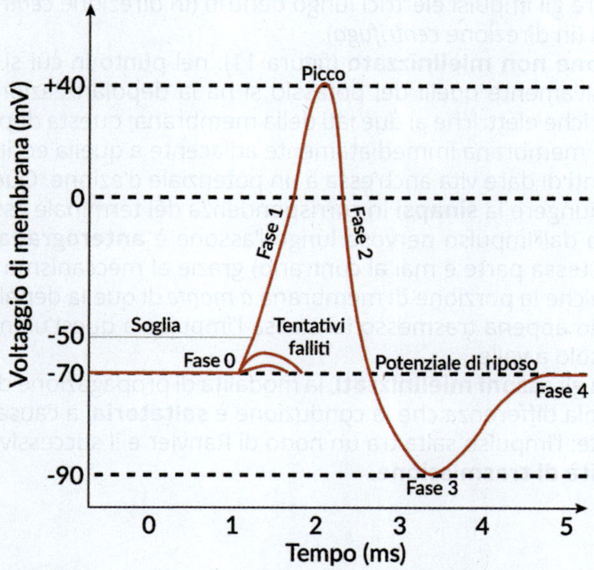

Figura 10: il potenziale d'azione. Fase 0 = potenziale di riposo ed eventuale innesco del potenziale d'azione; fase 1 = ingresso del sodio; fase 2 = uscita del potassio e periodo di refrattarietà assoluta; fase 3 = iperpolarizzazione e refrattarietà relativa; fase 4 = ritorno al potenziale di riposo.

Durante le ultime fasi del potenziale d'azione il neurone attraversa delle **fasi di refrattarietà**.

In particolare, si parla di:

- **refrattarietà assoluta** (*fase 2*) → nell'intervallo in cui il potenziale di membrana si trova tra *+40 mV* e *-55 mV*, qualsiasi ulteriore impulso invada la cellula *non comporterà mai la generazione di un nuovo potenziale d'azione*, a causa della temporanea inattivazione dei canali del sodio;
- **refrattarietà relativa** (*fase 3 + fase 4*) → nell'intervallo in cui il potenziale di membrana si trova tra *-55 mV* e *-70 mV*, uno stimolo successivo sarà in grado di generare un nuovo potenziale d'azione solo nel caso in cui sia *di entità molto maggiore rispetto all'impulso precedente*.

ESERCIZIO **PROPOSTO**

5.4.1 Quale dei seguenti valori è più vicino al picco di potenziale di azione di un tipico neurone sensoriale umano?

A. +40 mV
B. -30 mV
C. 0 mV
D. -70 mV
E. +110 mV

5.4.2 Trasmissione dell'impulso

Il potenziale d'azione appena descritto non è un meccanismo statico che interessa solo una limitata porzione di membrana cellulare, ma al contrario è ciò che permette al neurone di far progredire gli impulsi elettrici lungo dentriti (in direzione *centripeta* rispetto al pirenoforo) e assoni (in direzione *centrifuga*).
Si consideri un **assone non mielinizzato** (figura 11): nel punto in cui si aprono i canali del sodio e successivamente quelli del potassio si ha la depolarizzazione, che provoca l'inversione delle cariche elettriche ai due lati della membrana; questa depolarizzazione fa sì che la porzione di membrana immediatamente adiacente a quella eccitata *risenta dello stimolo elettrico* e tenti di dare vita anch'essa a un potenziale d'azione. Questo processo si propaga fino a raggiungere la **sinapsi** in corrispondenza del terminale assonico.
La direzione seguita dall'impulso nervoso lungo l'assone è **anterograda** (l'impulso procede sempre dalla stessa parte e mai al contrario) grazie al meccanismo di refrattarietà: infatti, è impossibile che la porzione di membrana *a monte* di quella depolarizzata si ecciti nuovamente, avendo appena trasmesso lei stessa l'impulso a quest'ultima; la depolarizzazione procederà solo a valle.
Per quanto riguarda gli **assoni mielinizzati**, la modalità di propagazione dello stimolo è la medesima, con la sola differenza che la conduzione è **saltatoria**, a causa della presenza della mielina isolante: l'impulso salta tra un nodo di Ranvier e il successivo comportando una notevole **rapidità di trasmissione**.

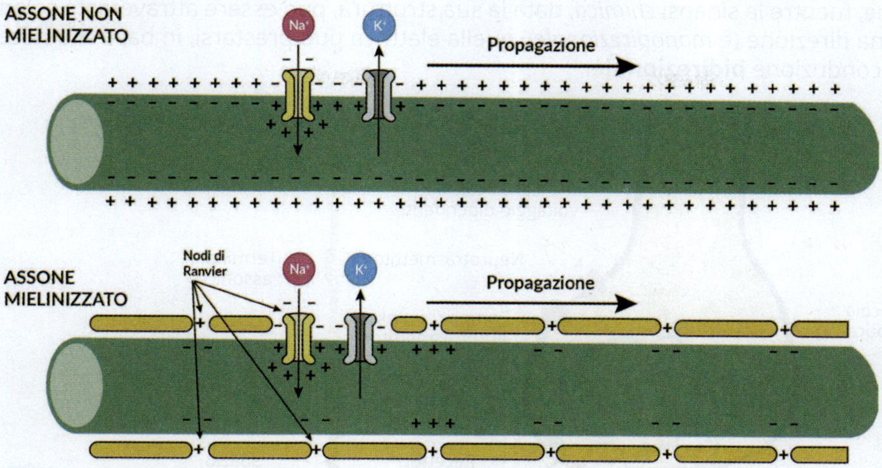

Figura 11: trasmissione dell'impulso in un assone non mielinizzato (sopra) e mielinizzato (sotto).

5.4.3 Sinapsi

La **sinapsi** è una giunzione specializzata che garantisce la formazione e il mantenimento del circuito neuronale. Esistono due tipi di sinapsi: *chimiche* ed *elettriche*.

Una **sinapsi chimica** è composta da tre elementi: un **terminale assonico presinaptico**, uno **spazio intersinaptico** e un **terminale dendritico postsinaptico**; la presenza dello spazio intersinaptico comporta che le due cellule tra cui avviene il passaggio dell'impulso non siano in continuità e per questo motivo la trasmissione dello stimolo è assicurata dall'esistenza di vescicole contenenti **neurotrasmettitori**, a livello presinaptico, e di **recettori**, a livello postsinaptico.
Una volta raggiunto il terminale assonico presinaptico, l'impulso depolarizzante induce l'**apertura dei canali** calcio posti a livello della membrana plasmatica. In questo modo il calcio entra nella cellula e si lega al **citoscheletro** del terminale presinaptico, inducendo in esso modificazioni che portano le vescicole di neurotrasmettitore a fondersi con la membrana plasmatica in corrispondenza dello spazio intersinaptico e a rilasciarvici il **neurotrasmettitore**.
Questo attiva i recettori presenti sulla membrana postsinaptica che, a seconda della natura chimica del neurotrasmettitore, scatenano un potenziale d'azione **eccitatorio depolarizzante**, oppure **inibitorio iperpolarizzante**.
I principali neurotrasmettitori **eccitatori** sono **acetilcolina** e **glutammato**, mentre il principale neurotrasmettitore **inibitore** è il **GABA**.

La **sinapsi elettrica** è molto meno complessa rispetto a quella chimica, in quanto è costituita essenzialmente da varie **gap junctions** (o **giunzioni comunicanti**) situate in corrispondenza del punto di contatto tra due cellule eccitabili. La gap junction è una sorta di canale che, mettendo in comunicazione i citoplasmi e le membrane delle due cellule, permette che la depolarizzazione si trasmetta indisturbata da una all'altra.
Questa tipologia di sinapsi consente una trasmissione di impulso molto **più rapida** rispetto a quella chimica e difatti è situata a livello dei *dischi intercalari del tessuto muscolare cardiaco*, dove, ovviamente, la velocità nella conduzione d'impulso a tutto il miocardio è fondamentale.

Infine, mentre la sinapsi *chimica*, data la sua struttura, può essere attraversata solamente in una direzione (è *monodirezionale*), quella elettrica può prestarsi, in base alla necessità, alla conduzione **bidirezionale**.

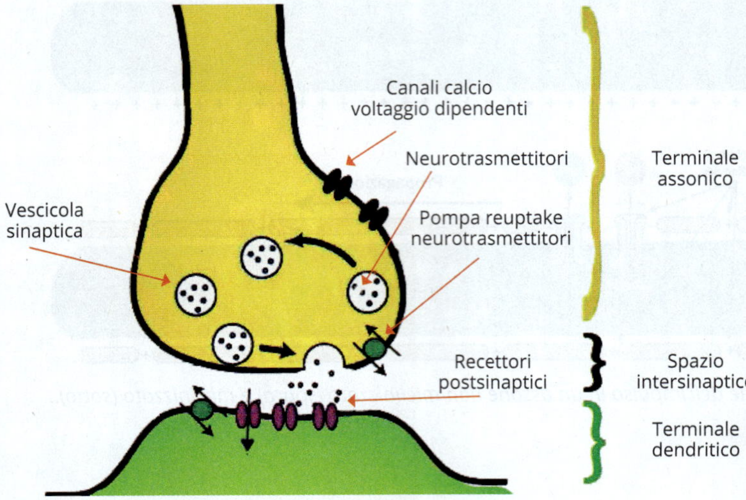

Figura 12: rappresentazione di una sinapsi. Il neurotrasmettitore rilasciato nello spazio intersinaptico viene ricaptato da una pompa di reuptake: in questo modo si ottiene un risparmio energetico/metabolico e si evita l'iperstimolazione della membrana postsinaptica.

5.4.4 Placca motrice

La placca motrice è una regione della fibra muscolare dove termina la fibra nervosa motrice. L'assone del **motoneurone**, una volta arrivato in prossimità della fibra muscolare, si ramifica ed entra in contatto sinaptico con la membrana plasmatica di una cellula muscolare. In questa zona sono presenti i **recettori nicotinici dell'acetilcolina**, il neurotrasmettitore caratteristico della placca neuromuscolare.
Il motoneurone rilascia l'acetilcolina nella fessura sinaptica, attivando i recettori nicotinici presenti sulla fibra muscolare: si genera un **potenziale postsinaptico eccitatorio** dovuto all'ingresso di ioni Na^+, a cui segue la **depolarizzazione della membrana sarcoplasmatica**. Innescato il potenziale d'azione eccitatorio su di essa, s'innescano i meccanismi di contrazione muscolare precedentemente trattati.

5.5 APPARATO CARDIOCIRCOLATORIO

L'apparato cardiocircolatorio è un **sistema chiuso** di vasi costituito da una *pompa meccanica*, rappresentata dal **cuore**, e da una serie di *condotti* rappresentati dalle **arterie** e dalle **vene**; la sua funzione è quella di trasportare il *sangue*, e con esso le sostanze nutritive e i gas (*ossigeno*) a tutti gli organi e i tessuti, e di permettere al contempo l'eliminazione delle sostanze di scarto (*anidride carbonica*).

N.B. Con *"sistema chiuso di vasi"* si indica l'assenza di una mescolanza fra sangue e liquidi interstiziali (liquidi tissutali).

5.5.1 Cuore

Il cuore è un organo muscolare cavo costituito da due camere atriali (**atrio destro** e **atrio sinistro**), che ricevono il sangue proveniente dai grossi vasi venosi pompandolo verso i ventricoli, e due camere ventricolari (**ventricolo destro** e **ventricolo sinistro**), che ricevono il sangue dagli atri per poi pomparlo nei grossi vasi arteriosi. Tali cavità sono separate sia anatomicamente che funzionalmente in un *cuore destro* e in un *cuore sinistro* a opera del **setto interatriale** e del **setto ventricolare**, i quali permettono di creare una **doppia** circolazione che separa *completamente* il *sangue ossigenato* da quello *deossigenato*:

- **cuore destro** → trasporta esclusivamente **sangue deossigenato**. L'*atrio destro* è in comunicazione con le **due vene cave** (superiore e inferiore), dalle quali riceve il sangue proveniente dai tessuti periferici, e con il *ventricolo destro*. Tra atrio e ventricolo è localizzata una valvola *atrio-ventricolare* formata da **tre lembi valvolari** e che prende il nome di **tricuspide**. Infine il ventricolo destro è in continuità con l'**arteria polmonare**, dalla quale è separata tramite la valvola semilunare polmonare;
- **cuore sinistro** → trasporta esclusivamente **sangue ossigenato**. L'*atrio sinistro* è in comunicazione con le **quattro vene polmonari**, dalle quali riceve il sangue proveniente dai polmoni, e con il *ventricolo sinistro*. Tra atrio e ventricolo è localizzata la **valvola bicuspide** (o **mitrale**), formata da due lembi valvolari; infine il ventricolo sinistro è in continuità con l'**aorta**, dalla quale è separata tramite la **valvola semilunare aortica**.

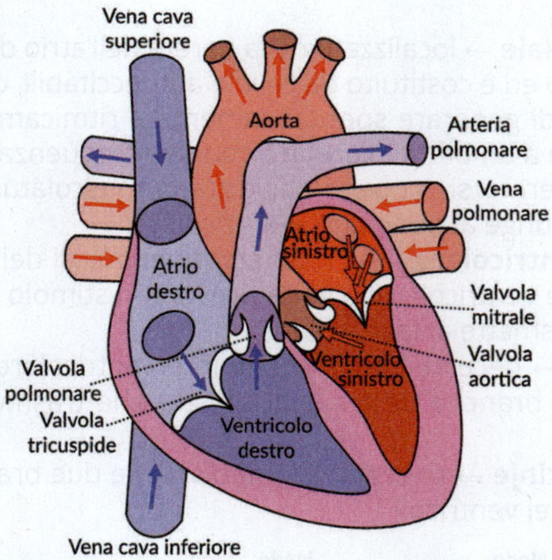

Figura 13: visione del cuore e dei vasi principali.
Si notino le frecce che indicano la direzione del flusso sanguigno.

Da un punto di vista microscopico, le pareti del cuore sono costituite da tre strati, che dall'esterno verso l'interno sono rappresentati da:

- **pericardio** → rivestimento costituito da due membrane, *fibrosa* all'esterno e *sierosa* all'interno, tra le quali si infiltra il liquido pericardico, che riduce gli attriti tra i due foglietti durante la contrazione del cuore;
- **miocardio** → strato spesso formato da tessuto *muscolare striato cardiaco*, a sua volta suddiviso in un miocardio **specifico** (o di **conduzione**), costituito da cardiomiociti specializzati nella conduzione dell'*impulso elettrico che dà origine alla contrazione*, e in un miocardio **comune** (o di **lavoro**), rappresentato da cardiomiociti con attività contrattile che espletano la funzione di pompa meccanica;
- **endocardio** → rivestimento epiteliale e connettivo che riveste la superficie delle cavità cardiache.

BIOLOGIA

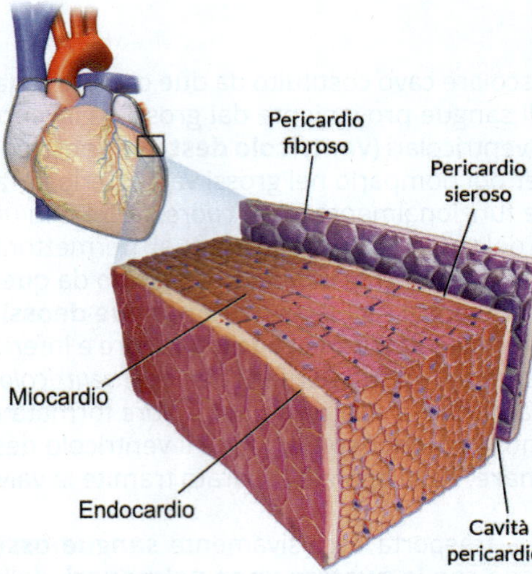

Figura 14: tessuti della parete cardiaca. Si noti la cavità pericardica, dove si trova il liquido pericardico.

Il cuore è in grado di generare autonomamente l'impulso che determina la propria contrazione grazie alla presenza del **sistema di conduzione cardiaco**; esso è costituito dal miocardio specifico, il quale va a comprendere una serie di strutture strettamente interconnesse tra di loro:

1. **nodo senoatriale** → localizzato nella parete dell'atrio destro, rappresenta il *pacemaker cardiaco* ed è costituito da cellule autoeccitabili, chiamate **cellule pacemaker**, in grado di generare spontaneamente e ritmicamente degli stimoli elettrici che danno vita a un battito cardiaco con una frequenza di 60-70 battiti al minuto. L'impulso generato si propaga per tutta la muscolatura atriale e tramite le **vie internodali** giunge al nodo atrio-ventricolare;
2. **nodo atrioventricolare** → è localizzato nei pressi del setto interventricolare, al limite tra atri e ventricoli. Una volta ricevuto lo stimolo elettrico, il nodo atrioventricolare lo trasmette al fascio di His;
3. **fascio di His** → decorre lungo il setto interventricolare e dopo un breve tragitto si divide nelle branche destra e di sinistra che trasmettono l'impulso agli apici ventricolari;
4. **fibre del Purkinje** → ricevono gli impulsi dalle due branche e li trasmettono alla muscolatura dei ventricoli.

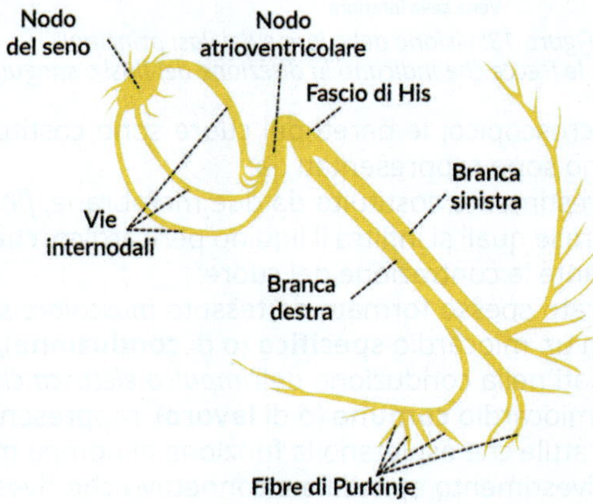

Figura 15: sistema di conduzione cardiaco.

La genesi dello stimolo cardiaco è *indipendente* dal controllo del sistema nervoso; quest'ultimo infatti, tramite le componenti *ortosimpatico* e *parasimpatico* del *sistema nervoso autonomo*, riveste un **ruolo regolatorio** sulla frequenza cardiaca e sulla forza di contrazione miocardica.
Ma è allora possibile far battere un cuore all'esterno di un essere umano? Se vuoi conoscere la risposta scannerizza questo QR-Code:

La pompa cardiaca agisce in modo ciclico, con il susseguirsi del rilasciamento, o **diastole**, e della contrazione, o **sistole**, degli atri e dei ventricoli. Gli atri si riempiono in modo continuo grazie al flusso di sangue proveniente dalle due vene cave e dalle vene polmonari; i ventricoli si riempiono durante la diastole ventricolare ed eiettano il sangue nelle arterie durante la sistole ventricolare.

N.B. I punti di riferimento utilizzati per la descrizione dell'attività contrattile del ciclo cardiaco sono la *sistole* e la *diastole ventricolari*, poiché i processi di sistole e diastole atriali, per quanto importanti, partecipano solo marginalmente al riempimento atriale e ventricolare (ciò spiega perché un soggetto con *fibrillazione atriale*, un'aritmia caratterizzata da una contrazione inefficace degli atri, può comunque sopravvivere, mentre se tale aritmia interessa i ventricoli, *fibrillazione ventricolare*, il sangue non viene correttamente eiettato e distribuito al resto dell'organismo, per cui in buona parte dei casi sopraggiunge il decesso).

5.5.2 Vasi sanguigni

I vasi sanguigni costituiscono il sistema di condotti che mette in comunicazione il cuore con tutti i tessuti dell'organismo. Essi si dividono in **arterie**, che trasportano il sangue *dal cuore agli organi periferici*, e **vene**, che trasportano il sangue *dagli organi periferici al cuore*.
I vasi sanguigni si compongono di tre tonache, che dall'esterno verso l'interno sono rappresentate dalla:

- tonaca **avventizia**, formata da tessuto connettivo denso che costituisce un piano aderenziale all'ambiente esterno;
- tonaca **media**, responsabile della regolazione del *calibro* del vaso e formata dalla commistione di tessuto connettivo elastico e muscolare liscio. Le arterie presentano una tonaca muscolare imponente che garantisce la capacità propulsiva e assicura a ogni distretto anatomico un flusso di sangue con una *pressione* sufficientemente *elevata*. Le vene, invece, lavorando a pressioni più basse, presentano una tonaca media più sottile;
- tonaca **intima**, formata da un rivestimento epiteliale denominato *endotelio* e da uno strato connettivale sottostante.

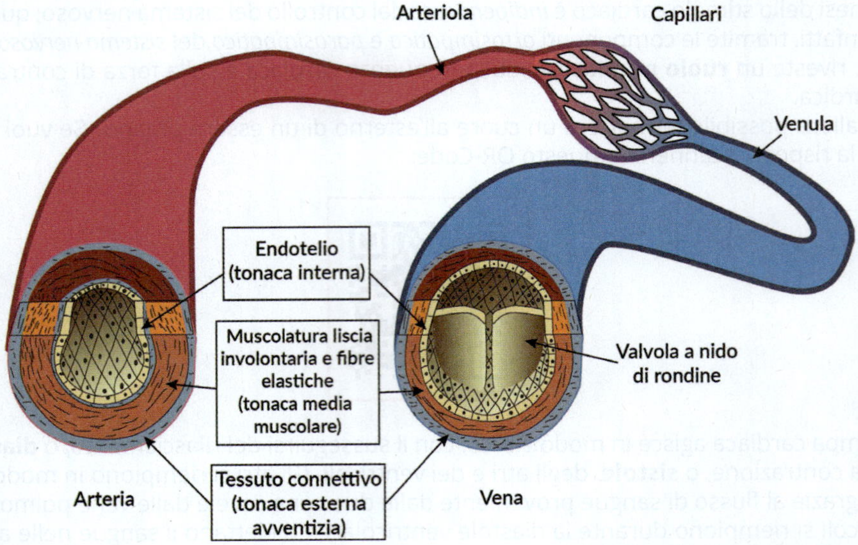

Figura 16: comparazione della struttura microscopica di arterie e vene.
*Si notino le **valvole a nido di rondine** presenti nei vasi venosi: tali strutture hanno il compito di impedire il reflusso di sangue nei vasi venosi che lavorano contro gravità (es. vene degli arti inferiori).*

5.5.3 Circolazione del sangue

Si riconoscono due tipi di circolazione:

- **grande circolazione** o **circolazione sistemica** → permette il trasporto di nutrienti, ossigeno e di altre molecole (es. ormoni) verso i *tessuti periferici*.
  Origina dal ventricolo sinistro e termina nell'atrio destro;
- **piccola circolazione o circolazione polmonare** → permette il trasporto del sangue deossigenato verso i *polmoni*, dove si caricherà di ossigeno e rilascerà l'anidride carbonica.
  Origina dal ventricolo destro e termina nell'atrio sinistro.

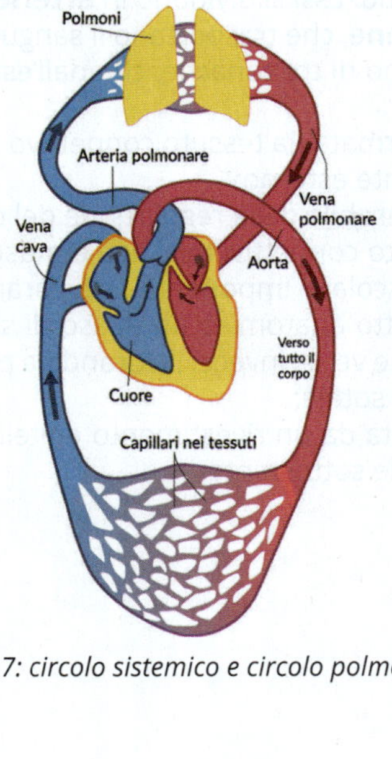

Figura 17: circolo sistemico e circolo polmonare.

Nonostante questi due sistemi vengano frequentemente visti in modo separato, è utile considerare la circolazione sanguigna come un unico percorso ciclico che origina e termina in uno stesso punto. Si descriverà dunque il percorso fatto dal sangue nell'organismo partendo dall'atrio destro ("punto finale" della circolazione sistemica):

1. l'atrio destro riceve il *sangue deossigenato* refluo dalla circolazione sistemica tramite le *due vene cave*;
2. si verifica la **diastole ventricolare**, durante la quale il flusso di sangue venoso che dalle cave ha raggiunto gli atri e la quasi contemporanea contrazione atriale permettono l'*apertura della valvola tricuspide* e il conseguente *riempimento del ventricolo destro*;
3. si verifica la **sistole ventricolare**, durante la quale si ha sia la chiusura della valvola tricuspide, che impedisce il reflusso di sangue verso l'atrio destro, che l'apertura della *valvola semilunare polmonare*, che permette l'espulsione di sangue verso il tronco polmonare;
4. il tronco polmonare si divide in due **arterie polmonari** (una destra e una sinistra), le quali si ramificano in una serie di **arteriole** sempre più piccole che andranno a formare un letto di **capillari** (vasi sanguigni molto sottili dove avvengono gli scambi di gas e sostanze nutrienti) che "tappezza" gli alveoli nel parenchima polmonare;
5. a livello dei *capillari polmonari* si verificheranno gli **scambi di gas** che permetteranno al sangue di rilasciare l'anidride carbonica e ai globuli rossi di ricaricarsi di ossigeno che si legherà all'**emoglobina**;
6. dai capillari polmonari il sangue procede verso le **venule post-capillari**, le quali confluiscono in vasi di dimensioni via via crescenti fino ad arrivare alle *quattro vene polmonari* (due dal polmone destro e due dal sinistro) che trasporteranno il **sangue ossigenato** verso l'atrio sinistro;
7. si verifica la **diastole ventricolare**, durante la quale il sangue ossigenato viene pompato al ventricolo sinistro attraverso la valvola mitrale;
8. si verifica la **sistole ventricolare**, durante la quale si chiude la valvola mitrale, che impedisce il reflusso di sangue verso l'atrio sinistro, e si apre la *valvola semilunare aortica* in modo da permettere l'eiezione di sangue in aorta;
9. dal ventricolo sinistro l'**aorta** si divide in un tratto ascendente (*aorta ascendente*), in un arco (*arco aortico*) e in un tratto discendente (*aorta discendente*). L'aorta è il vaso arterioso principale dell'organismo da cui originano tutte le arterie che trasportano il *sangue arterioso* (ossigenato) verso gli organi periferici, come a esempio le arterie carotidi comuni che portano il sangue alle strutture presenti nella testa o le arterie iliache che portano il sangue verso gli arti inferiori;
10. all'interno dei tessuti dei vari organi, i vasi arteriosi si ramificano andando a formare un letto capillare dove si verificano nuovamente gli scambi di gas e nutrienti. Nel tessuto muscolare l'ossigeno passerà dall'emoglobina eritrocitaria alla **mioglobina** dei tessuti (proteina dalla struttura terziaria che presenta una *maggiore affinità* nei confronti dell'ossigeno) e allo stesso tempo l'anidride carbonica formata dai tessuti verrà rilasciata nel sangue;
11. dai capillari si dipartono le venule post-capillari, le quali confluiscono in vasi venosi di calibro via via crescente fino ad arrivare alle due vene cave che si riverseranno nell'atrio destro.

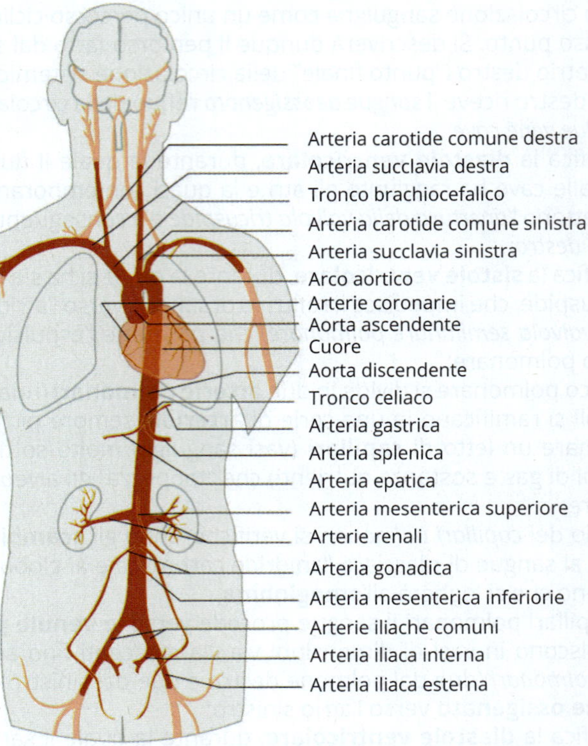

Figura 18: aorta e vasi arteriosi collaterali.

N.B. La circolazione nei mammiferi si definisce "**doppia**", poiché sono presenti due circolazioni parallele, e "**completa**" poiché i setti interatriale e interventricolare impediscono la mescolanza fra sangue arterioso e sangue venoso.

5.5.4 Circolazione coronarica

Anche il cuore, come tutti i tessuti dell'organismo, necessita di un corretto apporto di ossigeno e nutrienti. Questo è garantito dalle **arterie coronarie**, piccoli vasi arteriosi che originano da due piccoli fori, chiamati **seni di Valsalva**, presenti sulla porzione iniziale dell'aorta; queste si distribuiscono sulla superficie cardiaca e si approfondano nello spessore del miocardio creando una rete capillare che permette lo scambio di ossigeno e nutrienti. Dalla rete capillare, il sangue deossigenato si riversa verso i vasi venosi coronarici che a loro volta si riverseranno nell'*atrio destro* tramite il seno coronarico.

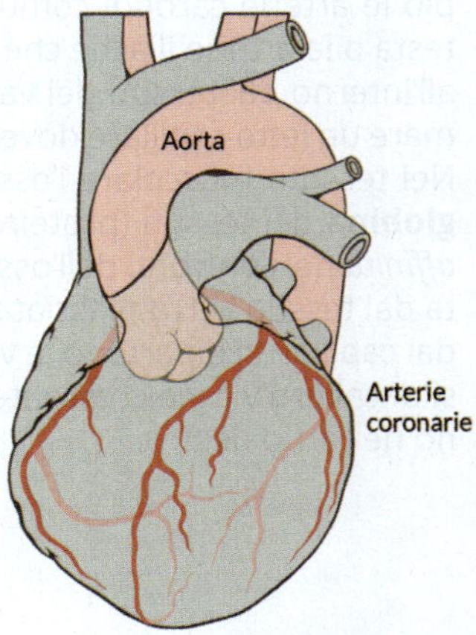

Figura 19: circolazione coronarica.

N.B. Un'ostruzione delle arterie coronariche porta alla manifestazione di un *infarto del miocardio.*

ESERCIZIO **PROPOSTO**

5.5 La tabella mostra la concentrazione massima di glucosio, ossigeno e urea espressa nelle stesse unità arbitrarie (u.a.) prese in diversi vasi sanguigni in un mammifero sano.

Vaso sanguigno	Glucosio (u. a.)	Ossigeno (u. a.)	Urea (u. a.)
X	0,9	39	0,6
Y	1,3	40	1,4
Z	0,8	91	1,4

Quale delle seguenti opzioni identifica correttamente i vasi sanguigni?

A. X = vena porta; Y = vena renale; Z = vena polmonare
B. X = vena porta; Y = vena polmonare; Z = vena renale
C. X = vena renale; Y = vena porta; Z = vena polmonare
D. X = vena polmonare; Y = vena porta; Z = vena renale
E. X = vena renale; Y = vena polmonare; Z = vena porta

5.6 APPARATO RESPIRATORIO

L'apparato respiratorio è l'insieme di organi e strutture che consentono lo scambio di gas tra l'aria che respiriamo dall'ambiente (ricca di ossigeno) e il sangue proveniente dalla circolazione sistemica (ricco di anidride carbonica). Esso si compone delle **vie aeree** (superiori e inferiori) e dei **polmoni destro** (diviso in **tre lobi polmonari**) e **sinistro** (diviso in soli **due lobi** a causa dello spazio occupato dal cuore); i polmoni sono rivestiti esternamente dalle **pleure**, membrane sierose tra le quali è presente un sottile strato di liquido che ne diminuisce l'attrito durante i movimenti respiratori.

Le vie aeree **superiori** includono:

- il **naso** esterno e le cavità nasali, le quali trasportano l'aria verso la porzione nasale della faringe;
- il **cavo orale** (bocca), comune sia all'apparato respiratorio sia a quello digerente e che trasporta l'aria verso la porzione orale della faringe;
- la **faringe**, suddivisibile in una porzione nasale (**rinofaringe**) in continuità con le cavità nasali, in una porzione orale (**orofaringe**) in continuità con il cavo orale, e in una porzione laringea (**laringofaringe**) in continuità con l'esofago e con la laringe;
- la laringe, la cui porzione superiore è costituita dall'**epiglottide**, una plica cartilaginea che si chiude durante la *deglutizione* per impedire il passaggio del bolo alimentare nell'albero respiratorio. Inoltre, nella laringe sono contenute le **corde vocali** implicate nel processo di *fonazione*.

Dalle vie aeree superiori, l'aria passa alle vie aeree **inferiori**, le quali includono:

- la **trachea**, localizzata anteriormente all'esofago e costituita da uno scheletro di *anelli cartilaginei incompleti*, la cui parte posteriore è rivestita da una parete muscolo-membranosa. Percorre il torace lungo la linea mediana e si biforca nei **bronchi destro** e **sinistro**;

- i **bronchi** sono dei condotti cilindrici che, ramificandosi in bronchi di calibro via via inferiore, formano i **bronchioli** che infine si aprono negli **alveoli polmonari**. Gli alveoli polmonari, unità morfofunzionale del polmone, sono un sistema di camere avvolte dalla rete di capillari del circolo polmonare e costituite da pareti molto sottili rappresentate da **epitelio monostratificato piatto** che permette un'agevole *diffusione* dei gas.

L'aria che transita nelle vie aeree viene riscaldata e umidificata dal contatto con la **mucosa respiratoria**, responsabile della produzione del **muco** che intrappola le polveri e gli organismi nocivi presenti nell'aria inspirata e che viene spinto dalle ciglia dell'epitelio respiratorio verso la faringe in modo da permetterne la deglutizione.

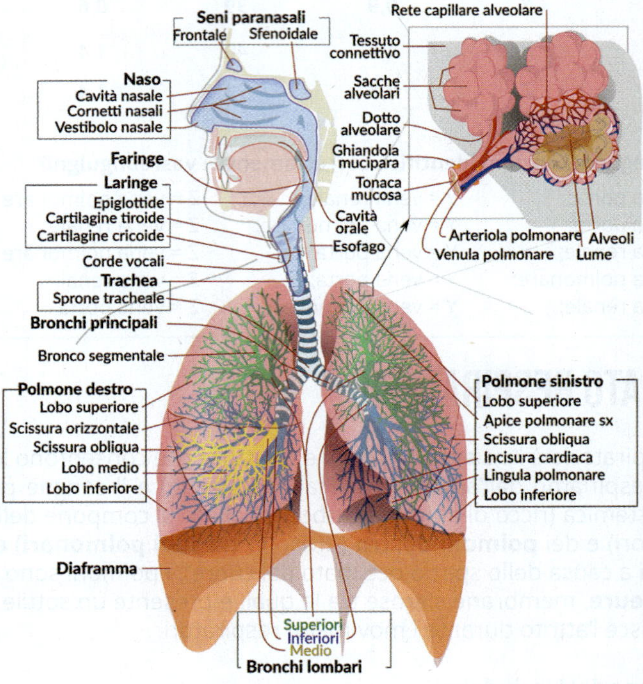

Figura 20: schema generale delle vie aeree e dei polmoni.
Si noti in alto a destra la fitta rete capillare che circonda gli alveoli polmonari.

In sintesi il flusso d'aria percorre il seguente tragitto:
bocca/naso → faringe → laringe → trachea → bronchi → bronchioli → alveoli polmonari.

ESERCIZIO **PROPOSTO**

5.6 Nell'apparato respiratorio dell'uomo, la trachea:

A. È posta anteriormente all'esofago
B. È posta anteriormente alla ghiandola tiroide
C. È rivestita anteriormente dalla pleura
D. Ha una lunghezza di 5 centimetri
E. Contiene le corde vocali

5.6.1 Meccanica respiratoria

Con il termine **ventilazione** ci si riferisce al flusso dell'aria tra i polmoni e l'ambiente esterno. Essa si divide una fase inspiratoria e in una fase espiratoria:

- l'**inspirazione** consiste nel passaggio di aria dall'ambiente esterno agli alveoli polmonari.
  Affinché si verifichi tale processo, è necessario che si manifesti una **riduzione della pressione** nella cassa toracica, la quale è indotta dalla contrazione dei *muscoli inspiratori principali* (**diaframma** e muscoli **intercostali esterni**). La contrazione del diaframma fa sì che questo si abbassi, provocando un'*espansione* della cavità toracica e di conseguenza una *diminuzione della pressione endotoracica*; contemporaneamente i muscoli intercostali esterni sollevano le coste contribuendo all'espansione toracica (*figura 21*). In presenza di un'inspirazione forzata entrano in gioco anche i *muscoli inspiratori accessori* (es. sternocleidomastoidei);
- l'**espirazione** prevede la fuoriuscita di aria dai polmoni verso l'ambiente esterno e necessita dell'**aumento della pressione** attraverso la **riduzione del volume** della gabbia toracica. In questo caso il processo si verifica esclusivamente grazie al *ritorno elastico* del polmone e della cassa toracica precedentemente espansi durante l'inspirazione, in modo del tutto spontaneo. In presenza di un'espirazione forzata però, i *muscoli espiratori accessori* (muscoli addominali e intercostali interni) si contraggono generando un aumento della pressione endotoracica.

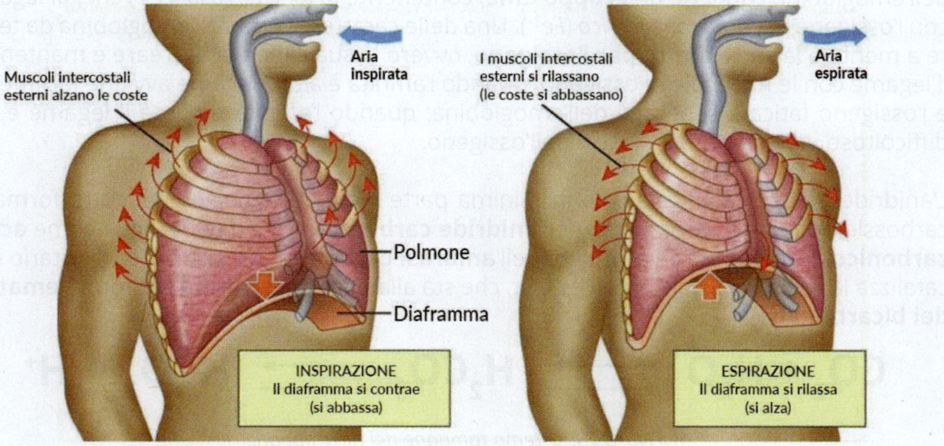

Figura 21: meccanica respiratoria.

5.6.2 Diffusione alveolo-capillare

La barriera tra il sangue del circolo polmonare e gli alveoli polmonari, a diretto contatto con l'esterno, è estremamente sottile ed è rappresentata dalla sola parete alveolare e dall'endotelio dei capillari alveolari. Dal momento che ossigeno e anidride carbonica sono gas apolari, possono attraversare la barriera tramite un meccanismo di **diffusione semplice** secondo i *gradienti di concentrazione*: ciascun gas infatti si sposta dallo spazio a pressione parziale maggiore allo spazio a pressione parziale minore.
RICORDA: la *pressione parziale* dei gas è una misura della loro concentrazione.

- **Ossigeno** → in condizioni fisiologiche la pressione parziale dell'ossigeno nell'*alveolo polmonare* è di circa 100 mmHg, mentre nel *capillare polmonare* è di circa 40 mmHg; per tale motivo l'ossigeno tende a passare **dall'alveolo al sangue**, dove verrà legato dall'emoglobina eritrocitaria;

- **anidride carbonica** → in condizioni fisiologiche la pressione parziale dell'anidride carbonica nell'*alveolo polmonare* è di circa 40 mmHg, mentre nel *capillare polmonare* è di circa 45 mmHg; per tale motivo l'anidride carbonica tende a passare **dal sangue all'alveolo polmonare**, in modo che possa essere espirata nell'ambiente esterno.

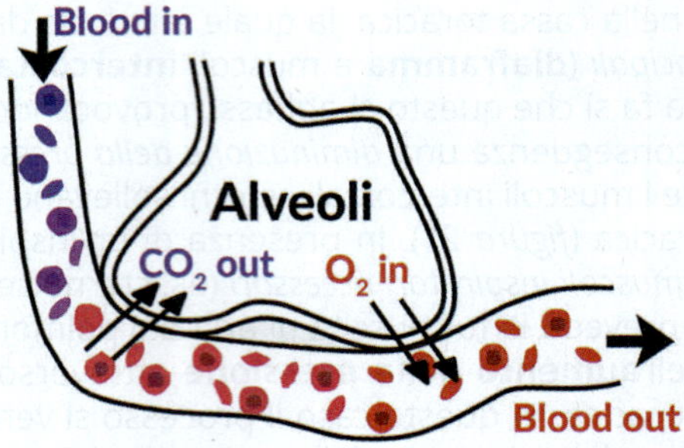

Figura 22: interfaccia alveolo-capillare.

L'**ossigeno** del sangue viaggia in gran parte legato all'emoglobina, sotto forma di **ossiemoglobina**. Come anticipato nel capitolo 1 di biologia, ognuna delle quattro subunità dell'emoglobina contiene un **gruppo eme**, contenente lo *ione ferroso* (Fe^{2+}) che, al legame con l'ossigeno, diventa *ione ferrico* (Fe^{3+}). Una delle caratteristiche dell'emoglobina da tenere a mente è la sua **affinità per l'ossigeno**, ovvero la sua capacità di creare e mantenere il legame con le molecole di ossigeno: quando l'affinità è alta il legame avviene facilmente e l'ossigeno fatica a separarsi dell'emoglobina; quando l'affinità è bassa il legame è più difficoltoso ed è favorito il rilascio dell'ossigeno.

L'anidride carbonica viaggia solo in minima parte legata all'emoglobina, sotto forma di carbossiemoglobina. Gran parte dell'**anidride carbonica** viaggia nel sangue come **acido carbonico**, formato grazie all'azione dell'**anidrasi carbonica**, un enzima eritrocitario che catalizza la reazione $CO_2 + H_2O \rightleftharpoons H_2CO_3$, che sta alla base del **sistema tampone ematico dei bicarbonati**.

$$CO_2 + H_2O \rightleftharpoons H_2CO_3 \rightleftharpoons HCO_3^- + H^+$$

Figura 23: sistema tampone dei bicarbonati.

Il sistema tampone ematico ha il compito di mantenere il pH il più possibile nel range compreso tra **7,35** e **7,45**. Tuttavia, in determinate condizioni, tale valore può subire un aumento (alcalosi) o una diminuzione (acidosi):

- **acidosi (pH < 7,35)** → una *diminuzione della ventilazione* (es. ostruzione delle vie aeree a causa di un corpo estraneo) provoca un *abbassamento del pH* a causa di un **aumento della CO_2 ematica**, poiché questa non riesce a essere adeguatamente rilasciata all'esterno tramite la ventilazione. Tale aumento comporta uno spostamento dell'equilibrio verso l'acido carbonico, con conseguente aumento della concentrazione degli ioni H^+;
- **alcalosi (pH > 7,45)** → un aumento della *ventilazione* (iperventilazione) provoca un *aumento del pH* a causa di una **diminuzione della CO_2 ematica**, poiché questa viene eliminata in maniera eccessiva tramite la ventilazione. Tale diminuzione comporta uno spostamento dell'equilibrio verso la CO_2, con conseguente diminuzione della concentrazione degli H^+.

N.B. Per una comprensione completa del sistema tampone ematico è necessario aver studiato il capitolo 10 di chimica.

ESERCIZIO **PROPOSTO**

5.6.2 Il sistema tampone acido carbonico/bicarbonato contribuisce a mantenere costante il pH del sangue, secondo i seguenti equilibri:

$$2H_2O + CO_2 \rightleftharpoons H_2CO_3 + H_2O \rightleftharpoons H_3O^+ + HCO_3^-$$

Sapendo che l'iperventilazione può modificare il pH del sangue, per quale motivo essa provoca alcalosi?

A. Eliminando più CO_2 gli equilibri si spostano verso sinistra
B. Eliminando più CO_2 gli equilibri si spostano verso destra
C. O_2 è una molecola basica
D. L'iperventilazione produce acido lattico
E. L'iperventilazione causa un aumento dell'ossigeno disciolto nel sangue

5.7 APPARATO DIGERENTE

L'apparato digerente è l'insieme di organi e strutture deputate alla digestione degli alimenti e all'assorbimento dei nutrienti: si compone di un **canale alimentare**, che decorre dalla bocca all'ano, e di due **ghiandole annesse** al canale (fegato e pancreas). Nelle pagine seguenti verranno analizzati il percorso effettuato e le trasformazioni subite da un alimento (es. *panino con la mortazza*) all'interno dell'apparato digerente.

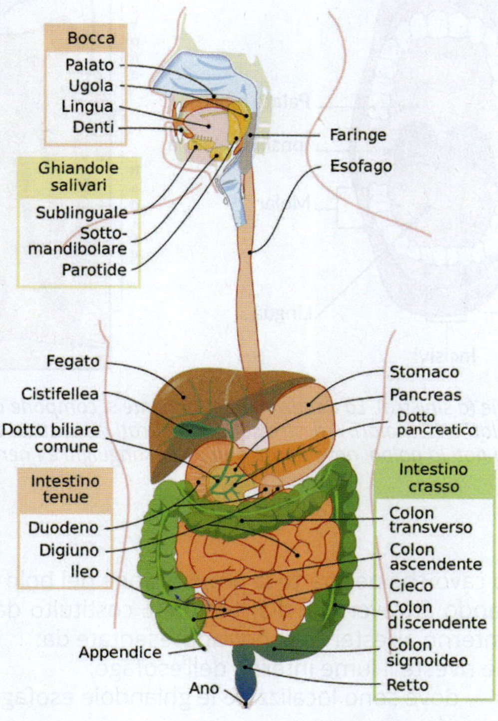

Figura 24: panoramica dell'apparato digerente.

5.7.1 Cavo orale

Il cavo orale (o bocca) rappresenta la regione di ingresso degli alimenti all'interno del canale alimentare; essa è costituita da strutture scheletriche (*palato duro, denti...*) e da strutture muscolo-membranose (*lingua, palato molle...*), le quali collaborano insieme per espletare le funzioni del cavo orale (fonatorie, gustative e digestive).
Quando un alimento viene introdotto nel cavo orale, subisce due diversi tipi di digestione:

- **digestione meccanica** → consiste nella *masticazione*, durante la quale gli alimenti vengono frantumati e sminuzzati dai **denti** (**32** denti nella **dentizione permanente** e **20** denti nella **dentizione decidua** o "da latte") e impastati con la saliva tramite il movimento della **lingua**. I denti sono costituiti da una porzione visibile chiamata **corona**, formata da tre strati (*smalto*, *dentina* e *polpa*), e da una sottostante **radice** che è legata all'osso da un tessuto chiamato **cemento**;
- **digestione chimica** → consiste nell'azione della **saliva** secreta delle ghiandole salivari (*parotide*, *sottomandibolare* e *sottolinguale*); essa è costituita da acqua e altre componenti, tra cui un enzima chiamato **amilasi salivare** (o **ptialina**), che *comincia la digestione dei carboidrati* scindendo gli *amidi* in *maltosio*, e un enzima con azione *battericida* che prende il nome di **lisozima**.

Al termine dei processi digestivi del cavo orale si forma il **bolo alimentare**, il quale verrà spinto prima nella faringe e poi nell'esofago grazie al processo di deglutizione.

RICORDA: durante la deglutizione l'epiglottide chiude l'apertura della laringe per impedire il passaggio del bolo alimentare nell'albero respiratorio.

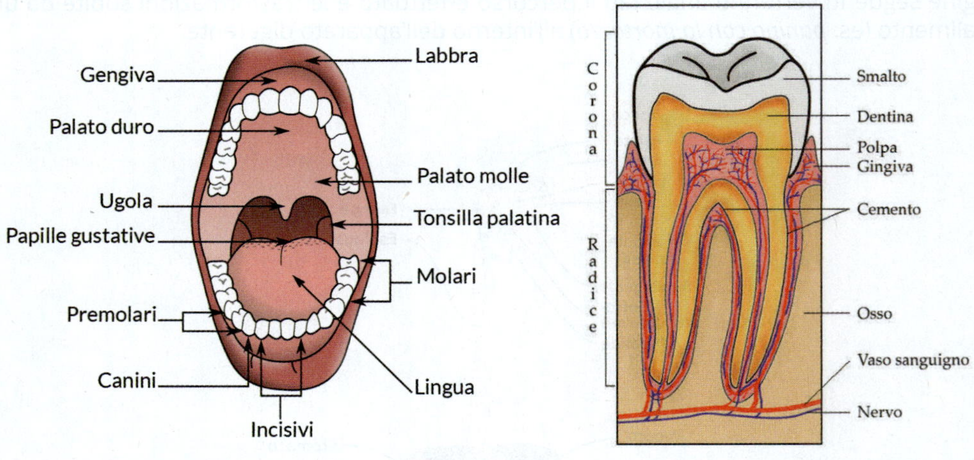

Figura 25: cavo orale (a sinistra). La dentizione permanente si compone di 8 incisivi, 4 canini, 8 premolari e 12 molari. A destra sono raffigurati i vari strati del dente. Si noti la polpa, dove decorrono i vasi sanguigni e i nervi.

5.7.2 Esofago

L'esofago è un organo cavo che permette la progressione del bolo alimentare dalla faringe allo stomaco passando attraverso il diaframma. È costituito da una serie di tonache sovrapposte che dall'interno all'esterno sono rappresentate da:

- **mucosa** → che riveste il lume interno dell'esofago;
- **sottomucosa** → dove sono localizzate le ghiandole esofagee;

- **muscolare** → costituito da tessuto *muscolare liscio* capace di contrarsi ritmicamente in risposta alla deglutizione generando delle **onde peristaltiche** che permettono la deglutizione (anche a testa in giù!);
- **avventizia** → costituita da tessuto connettivo.

5.7.3 Stomaco

Una volta attraversato l'esofago, il bolo alimentare giunge all'interno dello stomaco, un'importante dilatazione del *tubo digerente* che funge da serbatoio per gli alimenti ingeriti.
Da un punto di vista anatomico lo stomaco può essere suddiviso in quattro regioni:

- **cardias** → orifizio superiore dello stomaco che si interconnette con l'esofago;
- **fondo gastrico** → porzione superiore dello stomaco dove si accumulano i gas;
- **corpo dello stomaco** → porzione centrale dello stomaco;
- **antro pilorico** → porzione in prossimità dello **sfintere pilorico** (o semplicemente **piloro**), un orifizio costituito dall'ispessimento della muscolatura liscia circolare che permette di regolare il transito di materiale dallo stomaco al duodeno.

N.B. Il piloro è un vero e proprio sfintere anatomico perché costituito da un ispessimento della muscolatura; al contrario il cardias non è uno sfintere, ma un orifizio. Entrambi sono molto importanti per separare lo stomaco dalle altre porzioni dell'apparato digerente, isolandone l'acidità.

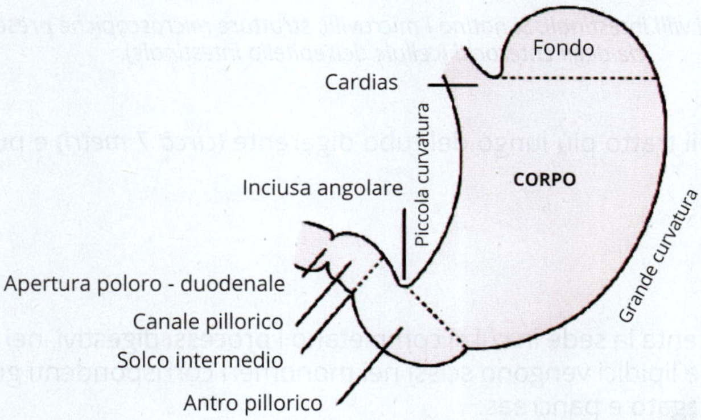

Figura 26: rappresentazione delle regioni gastriche.

Oltre a fungere da semplice "*sacca di deposito*", lo stomaco attua importanti processi digestivi grazie alle secrezioni ghiandolari che nel complesso costituiscono il **succo gastrico**.
Le ghiandole gastriche sono rappresentate dai seguenti tipi cellulari:

- **cellule parietali** → cellule secernenti **acido cloridrico** (HCl), il quale causa un'importante diminuzione del pH gastrico a valori compresi tra 1 e 2, attuando un'importante azione disinfettante nei confronti del bolo alimentare;
- **cellule principali** → cellule secernenti **pepsinogeno**, una proteasi inattiva che, in presenza del pH acido indotto dall'acido cloridrico, si attiva in **pepsina**, la quale comincia la digestione delle proteine scindendole in polipeptidi più piccoli;
- **cellule mucoidi** → cellule secernenti **muco**, il quale protegge la mucosa gastrica dall'*autodigestione*;
- **cellule G** → cellule secernenti **gastrina**, un ormone che stimola le cellule parietali a secernere HCl.

Dopo essere venuto a contatto con il succo gastrico, il bolo alimentare prende il nome di **chimo**.

5.7.4 Intestino tenue

Dopo aver attraversato il piloro, il chimo passa nell'intestino tenue, all'interno del quale si completano i processi digestivi (il chimo viene trasformato in **chilo**) e comincia il processo di assorbimento dei nutrienti; quest'ultimo è favorito dalla presenza di piccole estroflessioni della mucosa intestinale che prendono il nome di **villi intestinali**, strutture altamente vascolarizzate e contenenti un vaso linfatico (**vaso chilifero**). I villi, grazie anche ai **microvilli** presenti sulla loro superficie, consentono un importante aumento della superficie di assorbimento intestinale.

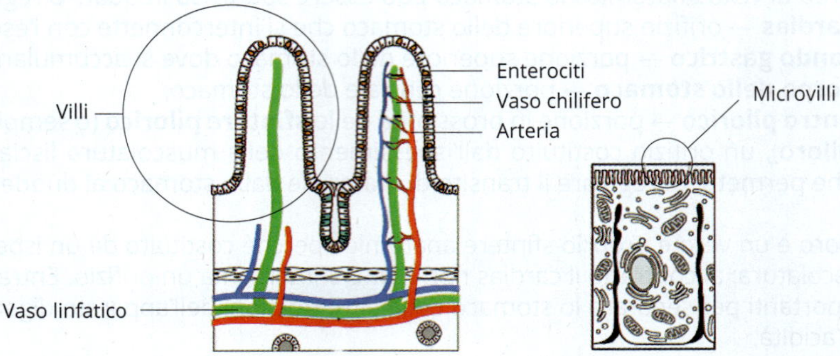

Figura 27: struttura dei villi intestinali. Si notino i microvilli, strutture microscopiche presenti sulla superficie degli enterociti (cellule dell'epitelio intestinale).

Il tenue costituisce il tratto più lungo del tubo digerente (*circa 7 metri*) e può essere suddiviso in:
- duodeno;
- digiuno;
- ileo.

Il **duodeno** rappresenta la sede in cui si completano i processi digestivi, nei quali i polimeri glucidici, proteici e lipidici vengono scissi nei monomeri corrispondenti grazie all'azione delle secrezioni di fegato e pancreas.

1. **Fegato** → è una ghiandola **anficrina** (cioè sia esocrina che endocrina) che espleta numerose funzioni essenziali per l'intero organismo. Dal punto di vista digestivo (*esocrino*), il fegato secerne la **bile**, una soluzione capace di **emulsionare i grassi** aumentando la superficie di contatto tra i lipidi e gli enzimi digestivi (*lipasi*). La bile viene accumulata all'interno di una sacca denominata **cistifellea** (o **colecisti**) che, in presenza di un ormone chiamato **colecistochinina**, si contrae riversando il suo contenuto nel dotto **coledoco**. Questo, dopo essere passato posteriormente alla testa del pancreas, sbocca nel duodeno. Dal punto di vista *endocrino*, il fegato è deputato alla produzione delle **proteine plasmatiche**.

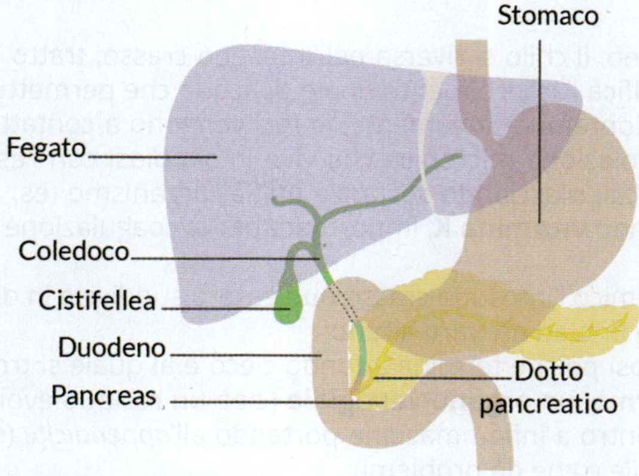

Figura 28: fegato, pancreas e duodeno. Si noti lo sbocco comune del dotto pancreatico e del coledoco.

2. **Pancreas** → è una ghiandola **anficrina**. Gli **acini pancreatici** costituiscono la componente esocrina del pancreas e sono deputati alla produzione del *succo pancreatico*, una soluzione costituita da **enzimi digestivi** e ricca di **ioni bicarbonato** (prodotti in risposta all'ormone **secretina**) che permettono di neutralizzare l'acidità del chimo proveniente dallo stomaco, creando così un chilo dal pH alcalino. Gli enzimi digestivi sono l'**amilasi pancreatica**, che permette la digestione dei *carboidrati*, la **lipasi pancreatica**, che permette la digestione dei *trigliceridi* in *glicerolo* e *acidi grassi*, e le proteasi pancreatiche (**tripsina**, **chimotripsina** e **cabossipeptidasi**), che permettono la scissione delle proteine in amminoacidi. Il succo pancreatico prodotto viene quindi riversato nel **dotto pancreatico** (o *dotto di Wirsung*) che, dopo essersi congiunto con il coledoco, sbocca nel duodeno. La componente endocrina, invece, è rappresentata dalle **isole di Langerhans**, costituite da **cellule α**, secernenti **glucagone**, e **cellule β** secernenti **insulina**.

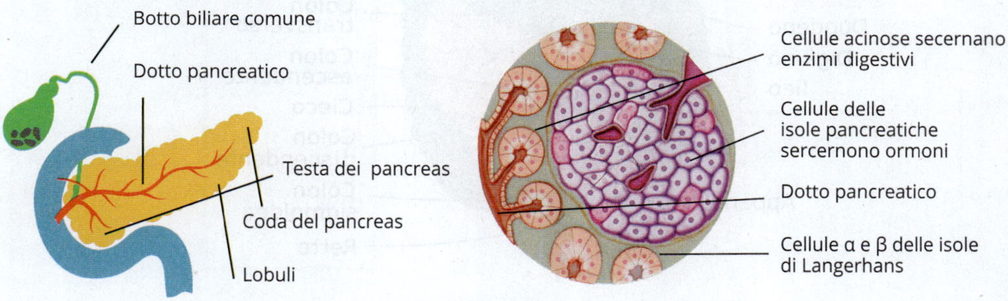

Figura 29: pancreas.

Una volta digeriti nel duodeno, i nutrienti vengono spinti nel **digiuno** e nell'**ileo** grazie alla **peristalsi intestinale** (*contrazione ritmica della muscolatura liscia*) e assorbiti dagli **enterociti** che costituiscono l'epitelio di rivestimento dei villi intestinali: in particolare i glucidi e gli amminoacidi vengono assorbiti e rilasciati nel circolo ematico, tramite il quale giungeranno alla **vena porta** che invierà questi nutrienti al *fegato*, in modo da poter essere utilizzati per la sintesi di glicogeno e di proteine plasmatiche; gli *acidi grassi*, invece, vengono assorbiti per diffusione semplice dagli enterociti che, dopo averli incorporati in strutture chiamate **chilomicroni**, li rilasciano nel vaso chilifero, il quale, a sua volta, li riverserà nel circolo linfatico.

5.7.5 Intestino crasso

Dopo aver attraversato l'ileo, il chilo si riversa nell'intestino crasso, tratto finale del tubo digerente, nel quale si verifica l'assorbimento finale di acqua che permette di modificare la consistenza delle feci. Contemporaneamente, le feci vengono a contatto con il microbiota intestinale, una popolazione microbica che vive in simbiosi con l'essere umano e che si nutre dei residui fecali rilasciando sostanze utili all'organismo (es. *Escherichia coli* si nutre di lattosio rilasciando **vitamina K**, importante per la coagulazione del sangue).

Da un punto di vista anatomico l'intestino crasso può essere suddiviso in diverse porzioni che dall'ileo si susseguono fino ad arrivare all'ano:

1. **cieco**, chiamato così poiché termina a fondo cieco e al quale si trova legata l'**appendice vermiforme**, un **organo vestigiale** (cioè un residuo evolutivo) che non raramente va incontro a infiammazione portando all'*appendicite* (si può dire che sia un organo inutile e che dà problemi);
2. **colon**, suddiviso in un colon *ascendente*, *trasverso*, *discendente* e *sigmoideo*;
3. **retto**, che, in presenza di feci al suo interno, induce la defecazione permettendo l'espulsione delle feci.

N.B. La maggior parte degli organi dell'apparato digerente è rivestita da una membrana sierosa che prende il nome di **peritoneo**.

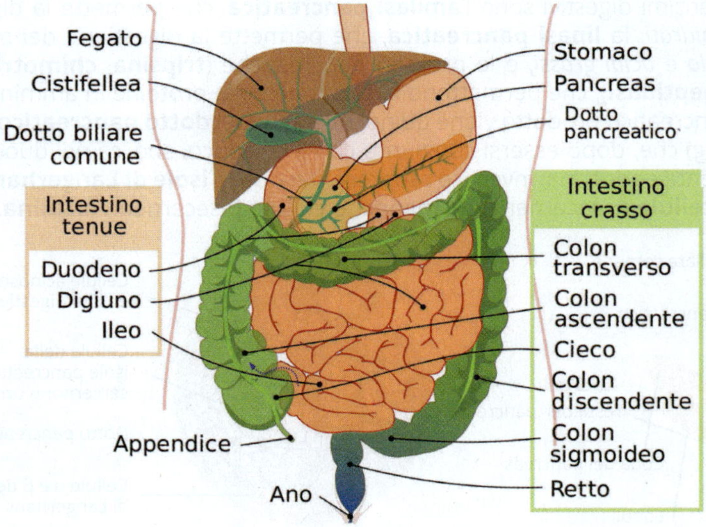

Figura 30: panoramica delle strutture addominali dell'apparato digerente.

ESERCIZIO **PROPOSTO**

5.7 In quale organo comincia la digestione di carboidrati, proteine e grassi?

A. Carboidrati → stomaco; proteine → stomaco; grassi → tenue
B. Carboidrati → stomaco; proteine → duodeno; grassi → duodeno
C. Carboidrati → duodeno; proteine → stomaco; grassi → bocca
D. Carboidrati → bocca; proteine → duodeno; grassi → duodeno
E. Carboidrati → bocca; proteine → stomaco; grassi → duodeno

5.8 APPARATO URINARIO

L'apparato urinario è l'insieme di organi deputati al controllo del *volume del sangue* (**volemia**) e della sua composizione. Esso si compone di un *filtro*, rappresentato dai **reni**, e di un *canale di espulsione*, rappresentato dalle **vie urinarie**: queste ultime originano nella **pelvi renale**, la quale prosegue nei due **ureteri** che a loro volta riversano l'urina nella **vescica**, dove viene accumulata finché, in seguito alla **minzione**, non viene espulsa attraverso l'uretra.

N.B. L'uretra maschile per un tratto è condivisa con l'apparato riproduttivo.

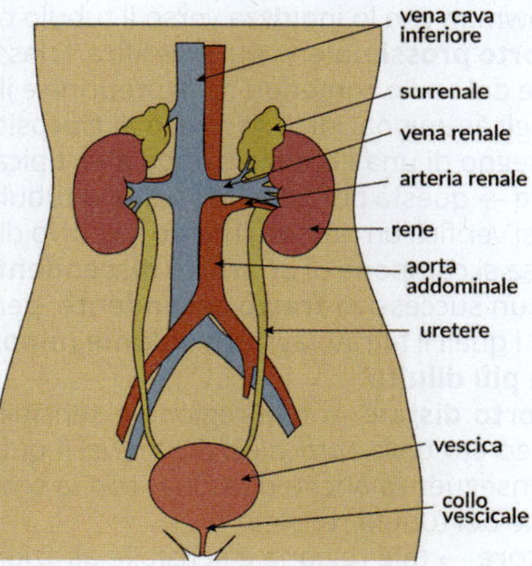

Figura 31: apparato urinario.

Il rene è un organo addominale pari e simmetrico, la cui funzione è quella di agire da *filtro selettivo* del sangue, immettendo nelle **urine** i prodotti di scarto, come l'**urea**, e regolando la quantità di *acqua* e *ioni* presente a livello ematico. Da un punto di vista macroscopico, il rene è suddivisibile in una regione **corticale** (più esterna) e in una zona midollare costituita dalle **piramidi renali** (o piramidi del Malpighi), le quali culminano nelle **papille renali** che riversano l'urina all'interno della *pelvi renale* (origine delle vie urinarie).

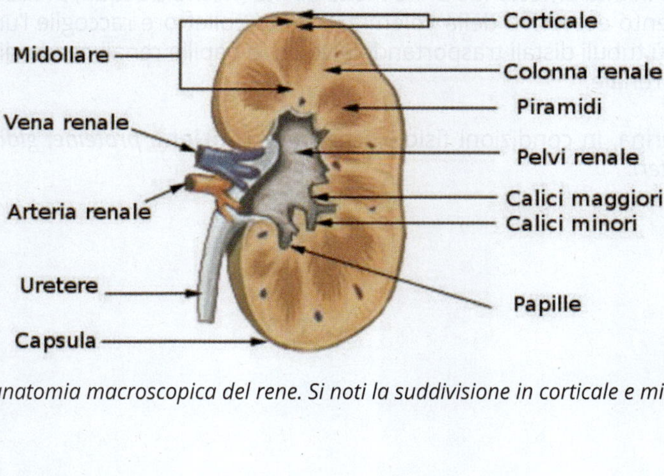

Figura 32: anatomia macroscopica del rene. Si noti la suddivisione in corticale e midollare.

5.8.1 Nefrone

Da un punto di vista microscopico, il rene è costituito da un elevato numero di **nefroni**, unità morfofunzionali renali costituite da un **corpuscolo renale**, che funge da filtro, e da un **sistema tubulare**, che riassorbe selettivamente le sostanze presenti nei tubuli permettendone il ritorno nel sangue tramite i **capillari peritubulari**:

- **corpuscolo renale** → è costituito dal **glomerulo** e dalla **capsula di Bowman**. Il glomerulo rappresenta un groviglio di capillari sanguigni nei quali il sangue raggiunge elevate pressioni che permettono la filtrazione del sangue, rilasciando un liquido ricco di soluti che prende il nome di **ultrafiltrato glomerulare** o **preurina**. L'ultrafiltrato prodotto durante le 24 ore è molto abbondante e contiene un'elevata quantità di ioni **sodio**, **glucosio** e **amminoacidi** e viene raccolto dalla capsula di Bowman che lo indirizza verso il tubulo contorto prossimale;
- **tubulo contorto prossimale** → qui si verifica il riassorbimento della maggior parte dell'acqua e del sodio contenuti nella preurina e il riassorbimento completo del glucosio e degli amminoacidi (il riscontro di glucosio nelle urine, definito **glicosuria**, è infatti segno di una glicemia troppo alta, tipica dei soggetti diabetici);
- **ansa di Henle** → questa porzione del sistema tubulare si porta verso la midollare renale, dove si verifica un riassorbimento selettivo di ioni (sodio, cloro e potassio) e di acqua; l'ansa si compone di un **tratto discendente**, permeabile all'acqua e non ai soluti, e di un successivo **tratto ascendente**, permeabile ai soluti e non all'acqua, superati i quali il filtrato avrà un **volume minore**, ma, dato il riassorbimento di soluti, sarà **più diluito**;
- **tubulo contorto distale** → tale regione è sensibile all'azione dell'**aldosterone**, un ormone secreto dalla *corticale del surrene*, il quale stimola il *riassorbimento di sodio* (e di conseguenza anche di acqua) con la contemporanea *secrezione di potassio* nel lume del tubulo renale;
- **dotto collettore** → tale regione è sensibile all'azione della **vasopressina**, un ormone prodotto dall'*ipotalamo* e secreto nella *neuroipofisi*; il suo compito è quello di stimolare il riassorbimento finale d'acqua nel dotto collettore regolando la concentrazione delle urine.
  In condizioni di disidratazione, la volemia tende a diminuire causando un abbassamento della pressione sanguigna; per evitare un peggioramento della condizione, l'ipotalamo secerne la vasopressina, la quale comporta l'emissione di *urine molto concentrate* in modo da evitare un'ulteriore perdita di liquidi tramite il flusso urinario. In presenza di uno stato di *iperidratazione*, la secrezione di vasopressina viene inibita emettendo *urine molto diluite* (ricche d'acqua) in modo da evitare un aumento eccessivo della volemia. Il dotto collettore raccoglie l'urina proveniente da più tubuli distali trasportandola verso le papille renali che la rilasceranno nella pelvi renale.

N.B. La preurina, in condizioni fisiologiche, **non contiene** *proteine*, *globuli rossi*, *globuli bianchi* o *batteri*.

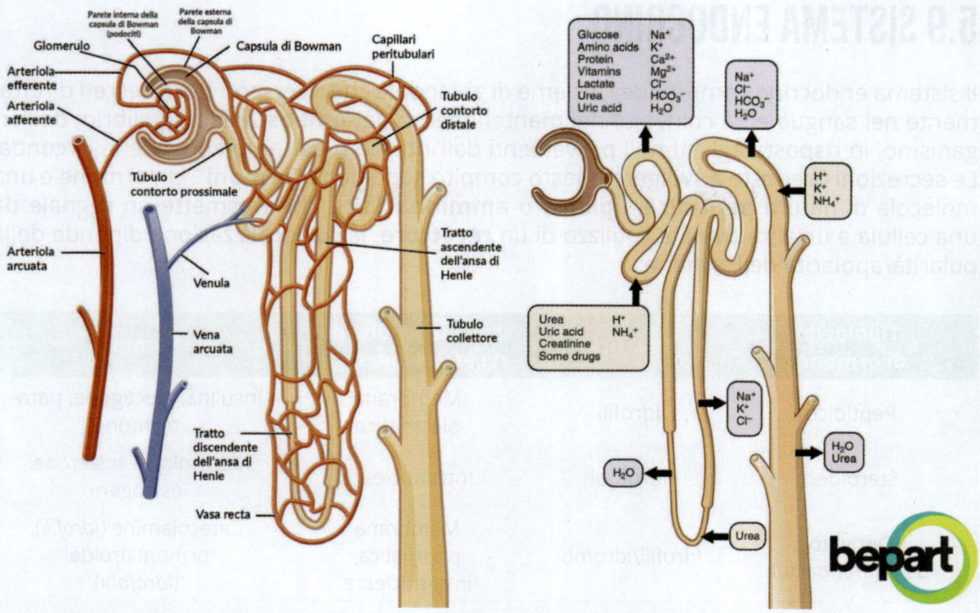

Figura 33: struttura anatomica del nefrone (a sinistra) e schema delle sostanze riassorbite (in viola) e secrete (in giallo) nel sistema tubulare (a destra).

5.8.2 Altre funzioni del rene

1. Il rene, in risposta a un abbassamento della pressione sanguigna, produce un enzima chiamato **renina**, il quale, una volta rilasciato nel circolo ematico, converte l'**angiotensinogeno**, una globulina plasmatica, in **angiotensina I**; quest'ultima, una volta raggiunto il polmone, verrà convertita nella sua forma attiva, l'**angiotensina II** grazie all'azione dell'**enzima ACE**. L'angiotensina II ha due effetti: in primis induce un'importante **vasocostrizione sistemica**, in modo da aumentare la pressione sanguigna, e contemporaneamente promuove il rilascio di aldosterone da parte della corticale del surrene. L'aldosterone, impedendo un abbassamento della pressione causato dalla perdita di liquidi con le urine, comporta un aumento del riassorbimento di sodio e acqua nel tubulo distale allo scopo di mantenere costante la volemia. Tale meccanismo prende il nome di **sistema renina-angiotensina-aldosterone.**
2. Il rene secerne anche l'**eritropoietina**, un ormone che stimola l'eritropoiesi a livello del midollo osseo rosso.

ESERCIZIO **PROPOSTO**

5.8 Quale delle seguenti sostanze filtrate dal glomerulo renale non è normalmente presente nell'urina?

A. Glucosio
B. Acqua
C. Na^+
D. H^+
E. Urea

5.9 SISTEMA ENDOCRINO

Il sistema endocrino comprende l'insieme di ghiandole che riversano i loro secreti direttamente nel sangue ed è coinvolto nel mantenimento dell'**omeostasi** (o equilibrio) dell'organismo, in risposta agli stimoli provenienti dall'interno o dall'ambiente che lo circonda. Le secrezioni preposte a svolgere questo compito sono dette "**ormoni**". Un ormone è una molecola di natura **peptidica**, **lipidica** o **amminoacidica** che trasmette un segnale da una cellula a un'altra tramite l'utilizzo di un **recettore**, la cui localizzazione dipende dalla polarità/apolarità dell'ormone.

Tipologia di ormone	Polarità	Localizzazione del recettore bersaglio	Esempio
Peptidico	Idrofili	Membrana plasmatica	Insulina, glucagone, paratormone
Steroideo	Idrofobi	Intranucleare	Cortisolo, testosterone, estrogeni
Derivato da amminoacidi	Idrofili/idrofobi	Membrana plasmatica, intranucleare	Catecolamine (*idrofili*), ormoni tiroidei (*idrofobi*)

Gli ormoni di natura proteica sono idrofili e pertanto non penetrano la membrana plasmatica, quindi il recettore sulle cellule bersaglio sarà sul versante esterno della membrana cellulare. Viceversa, gli ormoni di natura steroidea (cioè derivati dal colesterolo), essendo altamente idrofobi, attraversano liberamente la membrana e interagiscono con i loro recettori che si trovano all'interno del nucleo (o semplicemente nel citoplasma) della cellula bersaglio.

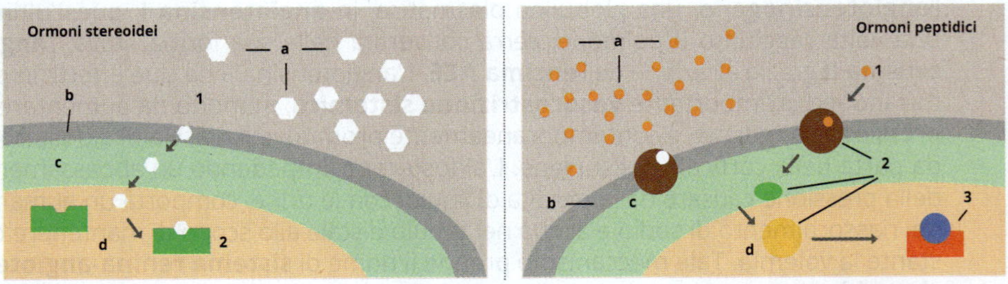

*Figura 34: ormoni steroidei e peptidici e localizzazione del recettore. Si noti come l'ormone peptidico, legandosi al recettore, attivi una cascata di segnali che arrivano al nucleo tramite secondi messaggeri (es. **AMP ciclico**). a) Ormoni; b) membrana cellulare; c) citoplasma; d) nucleo.*

L'aumento o la diminuzione della secrezione degli ormoni da parte di una ghiandola endocrina sono regolati da un meccanismo di *feedback*. Si dice **feedback negativo** se l'effetto biologico di un ormone diminuisce la secrezione dell'ormone stesso (es. secrezione insulina → diminuzione glicemia → diminuzione secrezione insulina); si dice, invece, **feedback positivo** se l'effetto biologico amplifica la secrezione dell'ormone che lo ha provocato (es. ossitocina → contrazioni uterine → aumento secrezione ossitocina). La maggior parte degli ormoni è regolata da meccanismi di feedback negativo.

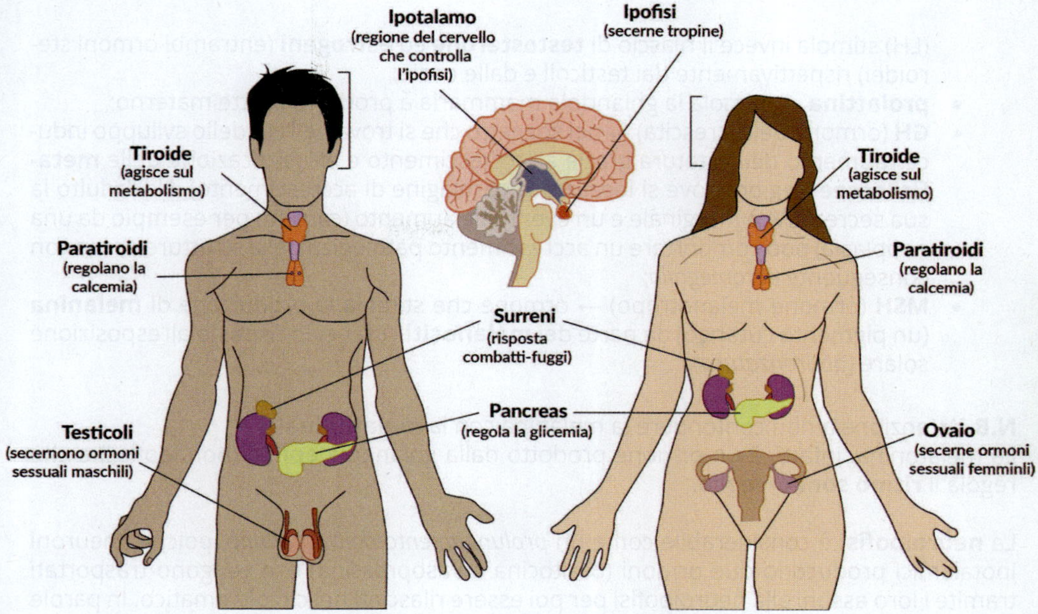

Figura 35: il sistema endocrino e le sue funzioni.

N.B. Generalmente gli ormoni proteici hanno suffisso "**-ina**" (eccetto le catecolamine e gli ormoni tiroidei, che non sono di natura proteica), mentre gli ormoni steroidei hanno il suffisso "**-one**" (eccetto paratormone e glucagone).

5.9.1 Asse ipotalamo-ipofisi

Al centro del funzionamento del sistema endocrino si trova l'asse ipotalamo-ipofisi, un complesso anatomico e funzionale in cui l'ipotalamo stimola la secrezione degli ormoni ipofisari tramite la produzione di **fattori di rilascio** (**RH**) che giungono direttamente alle cellule ipofisarie. L'ipofisi, localizzata nella **sella turcica** (porzione dell'osso sfenoide posta alla base del cranio), è una piccola ghiandola endocrina che regola in maniera molto ampia le secrezioni di quasi tutte le ghiandole endocrine. È suddivisibile in due regioni separate: l'adenoipofisi e la neuroipofisi.

L'**adenoipofisi**, porzione anteriore della ghiandola, è implicata nella produzione delle **tropine ipofisarie**, ormoni che stimolano altre ghiandole dell'organismo a secernere i propri. Gli ormoni secreti dall'adenoipofisi sono **7** (come le lettere della parola "ipofisi"), di cui 4 sono tropine:

- **TSH** (ormone tireostimolante) → è una tropina ipofisaria che stimola la ghiandola **tiroide** a secernere gli ormoni tiroidei **T3** (**triiodotironina**) e **T4** (**tiroxina**). Gli ormoni tiroidei sono derivati da *amminoacidi*, hanno un *recettore nucleare* e hanno l'importante funzione di **aumentare i metabolismi** sia di natura anabolica che catabolica;
- **ACTH** (ormone adrenocorticotropo) → è una tropina ipofisaria che stimola la **corticale del surrene** a produrre **cortisolo** e **androgeni**, entrambi ormoni di natura steroidea. In risposta a stimoli stressanti, il cortisolo stimola la gluconeogenesi, con conseguente aumento della glicemia, e i metabolismi di natura catabolica;
- **FSH** ed **LH** (**gonadotropine**) → sono due tropine ipofisarie che stimolano le gonadi maschili e femminili. L'**ormone follicolo stimolante** (FSH) stimola la spermatogenesi e l'ovogenesi rispettivamente in testicoli e ovaie. L'**ormone luteinizzante**

(LH) stimola invece il rilascio di **testosterone** ed **estrogeni** (entrambi ormoni steroidei) rispettivamente dai testicoli e dalle ovaie;
- **prolattina** → stimola la ghiandola mammaria a produrre il latte materno;
- **GH** (ormone della crescita) → nel soggetto che si trova nell'età dello sviluppo induce l'aumento della statura grazie all'accrescimento e all'ossificazione delle **metafisi ossee** (regioni dove si localizza la cartilagine di accrescimento). Nell'adulto la sua secrezione è marginale e un eventuale aumento (causato per esempio da una neoplasia) può comportare un accrescimento patologico delle strutture ossee con conseguente *acromegalia*;
- **MSH** (ormone melanotropo) → ormone che stimola la produzione di **melanina** (un pigmento cutaneo) da parte dei **melanociti** cutanei in risposta all'esposizione solare (*abbronzatura*).

N.B. Attenzione a non confondere la melanina con la **melatonina**!
La melatonina, infatti, è un ormone prodotto dalla ghiandola **epifisi** (non ipofisi!) e che regola il **ritmo sonno-veglia**.

La **neuroipofisi** è considerabile come un *prolungamento dell'ipotalamo*, poiché i neuroni ipotalamici producono due ormoni (ossitocina e vasopressina) che vengono trasportati tramite i loro assoni alla neuroipofisi per poi essere rilasciati nel circolo ematico. In parole povere la neuroipofisi non produce ormoni, ma ha semplicemente il compito di riversare nel sangue questi due prodotti dell'ipotalamo:
- l'**ossitocina** è un ormone regolato da un meccanismo di *feedback positivo*: al momento del parto, la testa del feto induce una lieve dilatazione della *cervice uterina* che a sua volta stimola la secrezione di ossitocina da parte dell'ipotalamo; l'ossitocina stimola la contrazione del *miometrio uterino* in modo da permettere l'espulsione del feto, ma ciò comporterà un'ulteriore dilatazione della cervice uterina che a sua volta aumenterà la secrezione di ossitocina; si instaura dunque un circolo vizioso che si interrompe solo dopo l'espulsione del feto;
- la **vasopressina**, detta anche **ADH** o **ormone antidiuretico**, è un ormone implicato nella regolazione della volemia e della pressione sanguigna. Per una trattazione più esaustiva si rimanda al capitolo 5.8.

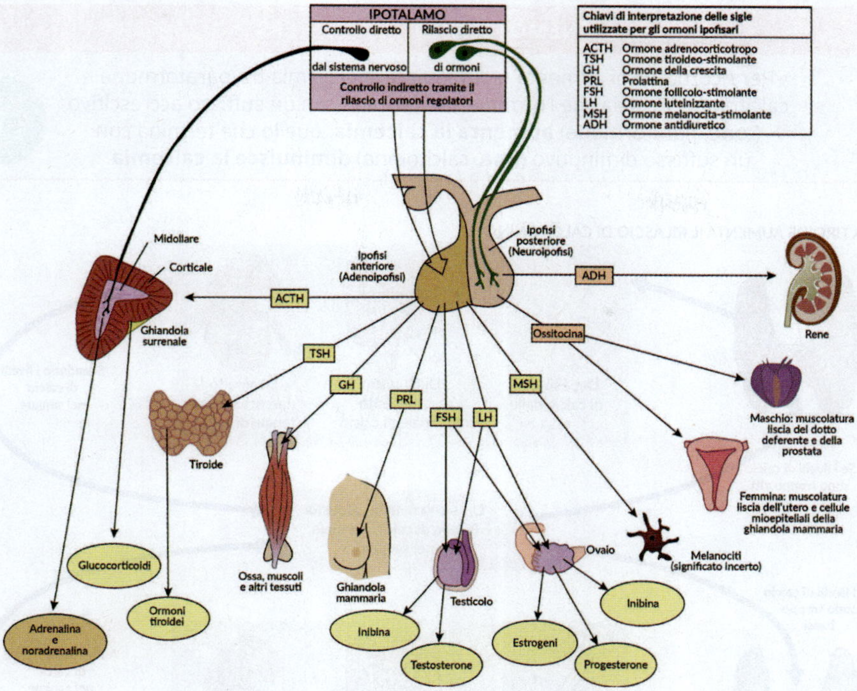

Figura 36: asse ipotalamo-ipofisario.

N.B. L'aldosterone viene secreto dalla corticale del surrene in risposta all'attivazione del sistema *renina-angiotensina*.

5.9.2 Controllo della glicemia

Non tutti gli equilibri metabolici presenti all'interno del nostro organismo sono controllati dall'asse ipotalamo-ipofisario: la glicemia, ad esempio, è controllata soprattutto dagli ormoni prodotti dal pancreas. Come visto nel capitolo 5.7, il pancreas è una ghiandola **anficrina** che, oltre agli enzimi della digestione, possiede una componente endocrina a livello delle **isole di Langerhans**. In particolare, l'**insulina** abbassa la glicemia, stimola la *glicogenosintesi* e inibisce la *gluconeogenesi*; il **glucagone**, invece, aumenta la glicemia, stimola la *glicogenolisi* e stimola la *gluconeogenesi*. Per una trattazione più approfondita sulla regolazione della glicemia si rimanda al capitolo 6.5 di biologia.

N.B. Anche il cortisolo può influenzare la glicemia stimolando la gluconeogenesi.

5.9.3 Controllo della calcemia

Il calcio, come il glucosio, possiede dei meccanismi ormonali indipendenti dall'asse ipotalamo-ipofisi. Le cellule C della tiroide producono ***calcitonina***, mentre le **paratiroidi**, piccole ghiandole poste sul versante posteriore della tiroide stessa, producono **paratormone**. Il paratormone **aumenta la calcemia**, stimolando l'assorbimento di calcio intestinale/renale e il riassorbimento osseo da parte degli osteoclasti, i quali demoliscono la matrice calcifica dell'osso liberando ioni calcio nel circolo ematico. La calcitonina, viceversa, **abbassa la calcemia** stimolando la deposizione di matrice calcifica ossea da parte degli osteoblasti e inibendo l'assorbimento intestinale/renale.

MNEMOTECNICA TESTBUSTERS

Per ricordare chi aumenta o diminuisce la calcemia tra paratormone e calcitonina, ricorda che l'ormone che termina con un suffisso accrescitivo (**-one**, paratormone) **aumenta la calcemia**, quello che termina con un suffisso diminutivo (**-ina**, calcitonina) **diminuisce la calcemia**.

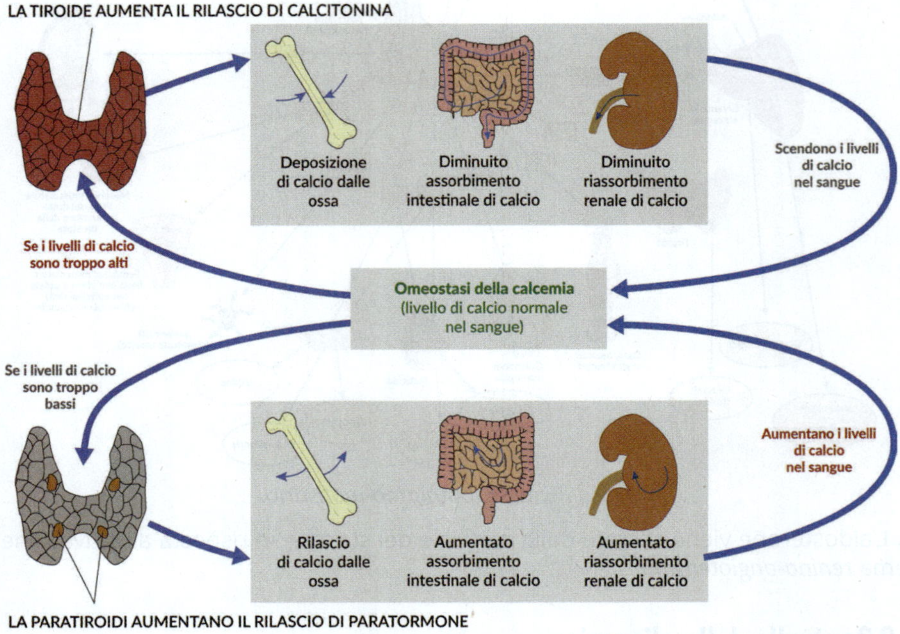

Figura 37: metabolismo del calcio.

5.9.4 Midollare del surrene

Mentre la corticale del surrene si occupa della produzione di ormoni steroidei (aldosterone, cortisolo e androgeni), la midollare del surrene è responsabile della produzione di **adrenalina** (80%) e **noradrenalina** (20%), ormoni **idrofili** derivati dall'amminoacido tirosina e che presentano dei recettori localizzati sulla membrana cellulare. La loro funzione è quella di mediare risposte "**ortosimpatico-simili**", le quali consistono in un aumento della frequenza cardiaca, *aumento della pressione arteriosa* e stimolazione di *glicogenolisi* e *lipolisi*.

ESERCIZIO **PROPOSTO**

5.9 Quali ormoni possono essere secreti dalla ghiandola pituitaria di una donna sana?

A. Ormone adrenocorticotropo, ormone follicolo stimolante, ormone luteinizzante ed estrogeno
B. Adrenalina, ormone follicolo stimolante, ossitocina e vasopressina (ADH)
C. Ormone adrenocorticotropo, ormone follicolo stimolante, ormone luteinizzante e vasopressina (ADH)
D. Adrenalina, estrogeno, ossitocina e vasopressina (ADH)
E. Ormone luteinizzante, estrogeno, ossitocina e vasopressina (ADH)

5.10 APPARATO GENITALE MASCHILE

L'apparato genitale è fondamentale per la trasmissione dei caratteri genetici tra le generazioni e la conservazione della specie.
In particolare, l'apparato genitale maschile è costituito dalle gonadi maschili (**testicolo** o **didimo**), responsabili della produzione e dello sviluppo degli spermatozoi, dal **pene**, responsabile della copulazione che permette la fecondazione, e da un sistema di ghiandole e vie spermatiche che permettono la formazione e il trasporto del **liquido seminale**.

BIOLOGIA

5.10.1 Testicolo

Il testicolo è un organo pari e simmetrico collocato nello **scroto**, una sacca cutanea posta subito al di sotto dell'asta del pene. Da un punto di vista microscopico, il suo parenchima è costituito principalmente da un groviglio di **tubuli seminiferi**, strutture cilindriche le cui pareti sono tappezzate da diversi tipi cellulari:

- **cellule della linea germinale** → sono presenti i diversi stadi evolutivi delle cellule germinali durante la *spermatogenesi* (vedi capitolo 4.5);
- **cellule del Sertoli** → supportano la spermatogenesi sotto stimolo dell'ormone follicolo stimolante (FSH).

Tra i tubuli seminiferi vi sono le **cellule interstiziali del Leydig** responsabili della produzione del **testosterone**, ormone steroideo maschile essenziale per la *spermatogenesi*, per lo sviluppo delle *gonadi maschili* durante la vita intrauterina e per lo sviluppo dei **caratteri secondari maschili** (aumento delle dimensioni dei genitali esterni, comparsa di peli e barba, ecc.).

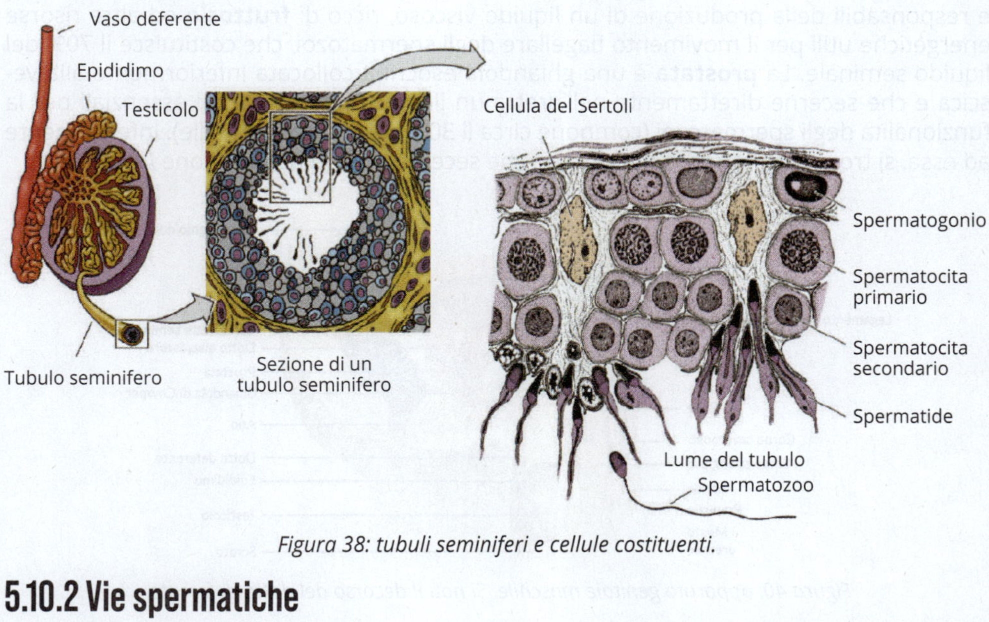

Figura 38: tubuli seminiferi e cellule costituenti.

5.10.2 Vie spermatiche

Gli spermatozoi immaturi vengono spinti dal lume dei tubuli seminiferi alla **rete testis**, complesso tubulare al limite posteriore del testicolo dal quale originano numerosi **dotti efferenti** paralleli tra loro che si aprono nell'epididimo. L'**epididimo** è un organo tubulare avvolto su se stesso che poggia sul polo superiore del testicolo. Esso si compone di una testa, di un corpo e di una coda.

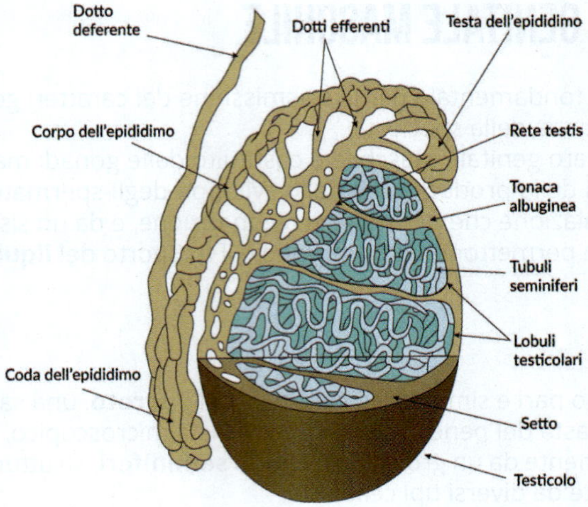

Figura 39: anatomia del testicolo.

L'epididimo riversa gli spermatozoi nel **dotto deferente**, un canale che origina dalla coda dell'epididimo e che, insieme alle strutture *vascolari* e *nervose* del testicolo, costituisce il **funicolo spermatico**. Il dotto deferente percorre il **canale inguinale** e all'interno della cavità pelvica decorre posteriormente e lateralmente alla *vescica* fino a portarsi alla faccia posteriore della *prostata*, dove si fonderà con le *vescichette seminali* per formare il **dotto eiaculatore**, il quale penetrerà nella prostata confluendo nell'uretra.

Le **vescichette seminali** sono ghiandole esocrine localizzate posteriormente alla vescica e responsabili della produzione di un liquido viscoso, ricco di **fruttosio** ed altre risorse energetiche utili per il movimento flagellare degli spermatozoi, che costituisce il 70% del liquido seminale. La **prostata** è una ghiandola esocrina collocata inferiormente alla vescica e che secerne direttamente nell'uretra un liquido ricco di enzimi essenziali per la funzionalità degli spermatozoi (compone circa il 30% del liquido seminale). Inferiormente ad essa, si trova la **ghiandola di Cowper**, che secerne un liquido ad azione *lubrificante*.

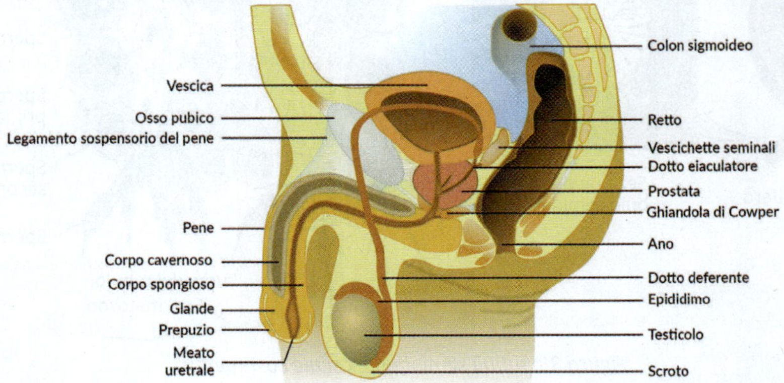

Figura 40: apparato genitale maschile. Si noti il decorso del dotto deferente.

5.10.3 Genitali esterni

I genitali esterni maschili sono rappresentati dal pene e dallo scroto:

- **pene** → è necessario per la copulazione e contiene anche l'ultimo tratto delle vie urinarie e genitali (uretra). Esso è composto da due **corpi cavernosi**, che si

riempiono di sangue durante l'**erezione**, e un **corpo spugnoso** centrale che si estende in avanti a formare il **glande**, sul cui apice si apre l'uretra che consente il passaggio dello sperma e dell'urina. Il glande è in genere parzialmente coperto da una piega cutanea che prende il nome di **prepuzio**;
- **scroto** → sacca cutanea che contiene i testicoli, separata in due compartimenti distinti dal *setto scrotale*.

5.11 APPARATO GENITALE FEMMINILE

L'apparato genitale femminile è costituito dalle gonadi femminili (**ovaie**), responsabili della produzione della cellula uovo, dalle **vie genitali**, responsabili della copulazione e che permettono sia la fecondazione sia lo sviluppo del **feto**, e dai genitali esterni (**vulva**).

5.11.1 Ovaie

Le ovaie rappresentano le gonadi femminili. Sono organi pari e simmetrici posti nella cavità pelvica latero-superiormente all'*utero*, al quale sono connesse tramite le *tube*. Oltre ad essere gli organi responsabili della produzione delle **cellule uovo**, hanno anche funzione endocrina, data dalla produzione di **estrogeni** e **progesterone** (entrambi ormoni steroidei).
Da un punto di vista microscopico l'ovaio può essere suddiviso in una *zona corticale* e in una *zona midollare*:
- **corticale** → contiene i follicoli ovarici, costituiti da un ovocita e un numero variabile di **cellule della granulosa** la cui funzione è nutrire l'ovocita e secernere *estrogeni*. Ogni mese, un certo numero di follicoli ovarici immaturi viene stimolato da FSH e LH, ma di questi solo uno arriverà al termine della maturazione (**follicolo di Graaf**) espellendo l'ovocita secondario con l'**ovulazione**;
- **midollare** → contiene i vasi sanguigni e linfatici dell'ovaio.

N.B. Nel processo di ovulazione si parla di "*ovocita secondario*" e non di "*cellula uovo*" poiché il processo di meiosi II si completa esclusivamente dopo che la fecondazione è avvenuta. Prima di allora l'ovocita secondario è fermo in **metafase II**.

5.11.2 Vie genitali

Una volta ovulato, l'*ovocita secondario* viene accolto nelle vie genitali femminili, rappresentate da:
- **tube uterine** (**o salpingi o trombe di Falloppio**) → organi cavi che collegano l'ovaio all'utero e la cui funzione è quella di accogliere l'ovocita secondario permettendone la fecondazione da parte degli spermatozoi. La fecondazione si verifica a livello dell'**ampolla**, una dilatazione della cavità tubarica;
- **utero** → organo muscolare cavo in cui si verifica l'*impianto* dell'embrione e la sua successiva *gestazione*. Da un punto di vista macroscopico esso è costituito da un **fondo**, porzione superiore cupoliforme, un **corpo**, porzione centrale, e una **cervice uterina** più stretta che si apre nel canale vaginale. Microscopicamente, la parete uterina è costituita da uno spesso strato di muscolatura liscia, chiamato **miometrio**, e da uno strato mucosale che riveste le pareti interne e che prende il nome di **endometrio**;
- **vagina** → è un condotto muscolare elastico che si estende dalla cervice uterina alla vulva e la cui funzione è quella di accogliere il pene durante il rapporto

sessuale. Essa permette anche il transito del flusso ematico mestruale e del feto (durante il parto).

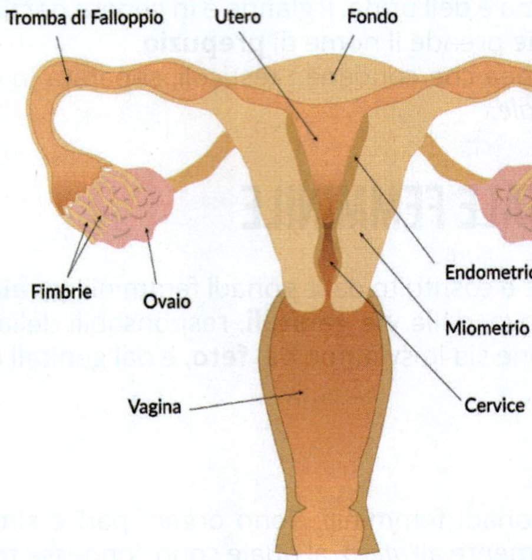

Figura 41: panoramica dell'apparato genitale femminile.

5.11.3 Genitali esterni

La **vulva** costituisce l'insieme dei genitali esterni femminili. Essa è costituita da diverse strutture che si estendono dal pube all'ano:

- **grandi labbra** → più esterne e rivestite da cute e peli;
- **piccole labbra** → più interne, rivestite da mucosa e che superiormente si uniscono a formare una plica mucosa che riveste il clitoride;
- **clitoride** → organo erettile femminile che rappresenta una delle principali zone erogene.

5.11.4 Ciclo mestruale

In un periodo temporale di circa un mese, l'utero e l'ovaio subiscono delle importanti modifiche morfologiche che hanno come scopo principale quello di creare un ambiente adatto alla fecondazione e all'impianto dell'embrione. Queste modifiche si ripetono ogni 28 giorni e nel complesso costituiscono il ciclo mestruale, il quale è costituito da due processi che si verificano contemporaneamente:

- **il ciclo ovarico** → serie di eventi che si svolge nelle ovaie *durante* e *dopo* la maturazione di un follicolo ovarico;
- **il ciclo uterino** → è controllato dagli ormoni steroidei rilasciati dalle ovaie (estrogeni e progesterone) e vede come protagonista l'**endometrio uterino**.

Sia il ciclo ovarico che il ciclo uterino sono sotto il controllo delle secrezioni ormonali ipofisarie (**FSH** e **LH**) e ovariche (**estrogeni** e **progesterone**), le quali, durante i 28 giorni, vanno a definire diverse fasi.
Per quanto riguarda il **ciclo ovarico**, questo si divide nelle seguenti fasi:

- **fase follicolare** → al termine di un precedente ciclo mestruale, si verifica un aumento dei livelli di FSH che permette il reclutamento di vari follicoli ovarici, i quali cominceranno a secernere estrogeni (grazie alle *cellule della granulosa*). Tuttavia, solo uno tra i follicoli reclutati arriverà a una completa maturazione (*follicolo di Graaf*), mentre gli altri andranno incontro a degenerazione diventando **atresici**. Durante questa fase aumentano anche i livelli di LH;

- **fase ovulatoria** → al 14° giorno circa, l'ormone LH (e anche l'FSH) aumenta notevolmente la sua concentrazione, raggiungendo un **picco** che induce lo scoppio del follicolo (**ovulazione**) e la liberazione dell'ovocita secondario nell'ampolla delle tube uterine. Se l'ovocita non viene fecondato entro 24 ore dall'ovulazione (*periodo fertile*) va incontro a degenerazione;
- **fase luteinica** → le cellule follicolari rimaste nell'ovaio, **sotto effetto del LH**, maturano andando a costituire il **corpo luteo**; quest'ultimo secerne sia estrogeni che **progesterone**, i quali abbassano rispettivamente i livelli di FSH ed LH impedendo lo sviluppo di un nuovo follicolo. Se l'ovocita non viene fecondato, dopo due settimane il corpo luteo degenera in **corpo albicante**, causando una caduta dei livelli di estrogeni e progesterone che porterà a un nuovo aumento di FSH e LH (e quindi di un nuovo ciclo ovarico). Se invece l'ovocita viene fecondato, grazie alla **gonadotropina corionica** (**HCG**) prodotta dall'embrione, il corpo luteo si mantiene attivo continuando a produrre estrogeni e progesterone fino a che tale funzione non verrà svolta completamente dalla placenta.

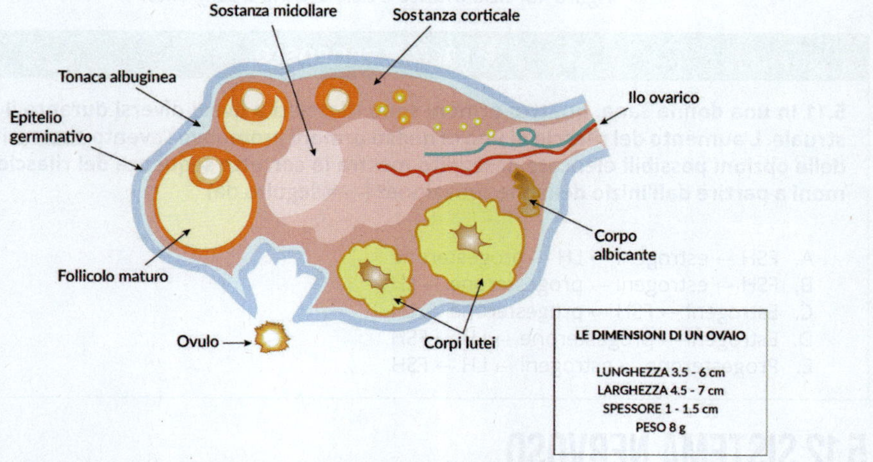

Figura 42: struttura microscopica dell'ovaio.
Si notino i corpi lutei, costituiti dalle cellule follicolari rimaste dopo l'ovulazione.

Nel ciclo uterino si riconoscono solo 3 fasi:

- **fase mestruale** → dura da 2 a 5 giorni durante i quali si verifica la **mestruazione**, evento caratterizzato dallo sfaldamento dell'endometrio uterino e dalla sua eliminazione tramite il canale vaginale. In questa fase tutti i livelli ormonali sono relativamente bassi;
- **fase proliferativa** → l'aumento graduale degli estrogeni provoca la proliferazione e l'ispessimento dell'endometrio uterino;
- **fase secretiva** → dopo l'ovulazione, la secrezione di progesterone da parte del corpo luteo induce il differenziamento delle ghiandole endometriali e ne garantisce una corretta vascolarizzazione. Se l'ovocita non viene fecondato, la degenerazione del corpo luteo provoca una *caduta dei livelli di progesterone*, la quale a sua volta causa lo sfaldamento dell'endometrio uterino (mestruazione). Se invece si verifica la fecondazione, il corpo luteo si mantiene attivo *continuando a secernere progesterone* e impedendo lo sfaldamento dell'endometrio, in modo che questo possa accogliere l'impianto dell'embrione.

N.B. Il primo ciclo mestruale prende il nome di **menarca**. Dopo l'ultimo ciclo mestruale la donna entra in **menopausa**, fase nella quale non si verifica più lo sviluppo e l'ovulazione dei follicoli ovarici.

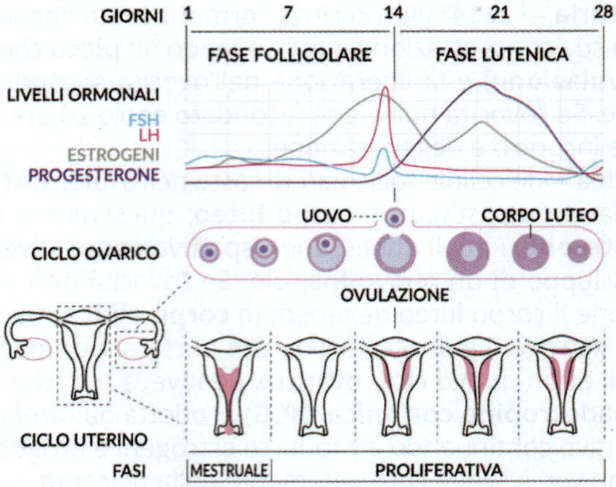

Figura 43: ciclo ovarico e ciclo uterino a confronto.

ESERCIZIO PROPOSTO

5.11 In una donna sana, quattro ormoni sono rilasciati a livelli diversi durante il ciclo mestruale. L'aumento del rilascio di uno di questi ormoni promuove l'evento successivo. Quale delle opzioni possibili elencate di seguito mostra la corretta sequenza del rilascio degli ormoni a partire dall'inizio della mestruazione? [→ = seguito da]

A. FSH → estrogeni → LH → progesterone
B. FSH → estrogeni → progesterone → LH
C. Estrogeni → FSH → progesterone → LH
D. Estrogeni → progesterone → LH → FSH
E. Progesterone → estrogeni → LH → FSH

5.12 SISTEMA NERVOSO

Il sistema nervoso è l'insieme delle strutture che mettono in comunicazione le diverse parti del corpo, consentendo il trasferimento di informazioni e coordinando le funzioni sia *volontarie* che *involontarie*. All'interno del sistema nervoso è possibile distinguere un **sistema nervoso centrale** (formato da **encefalo** e **midollo spinale**) e un **sistema nervoso periferico** (suddiviso funzionalmente in **sistema nervoso somatico** e **sistema nervoso autonomo**).

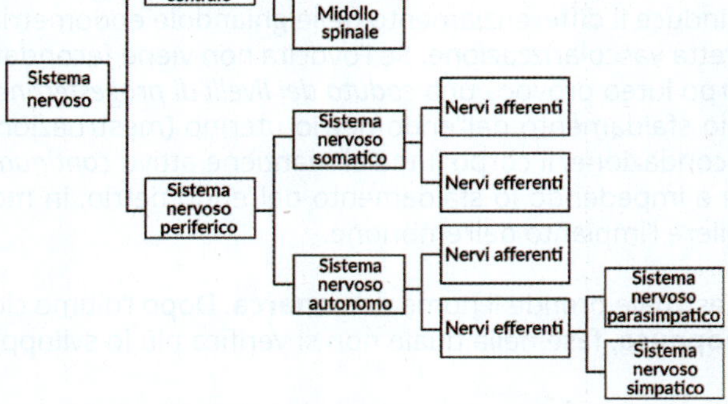

Figura 44: schema funzionale del sistema nervoso.

Le informazioni che vengono codificate dal sistema nervoso sono suddivisibili in **sensitive** (**afferenti**), che arrivano al sistema nervoso centrale tramite i **nervi afferenti** del sistema nervoso periferico, e **motorie** (**efferenti**), che vengono generate nel sistema nervoso centrale e trasmesse ai *muscoli* tramite i **nervi efferenti** del sistema nervoso periferico. Di seguito si riporta uno schema del percorso fatto dai due tipi di informazione:

Informazione sensitiva

recettore periferico → nervo afferente → midollo spinale → encefalo

Informazione motoria

encefalo → midollo spinale → nervo efferente → muscolo

5.12.1 Sistema nervoso centrale

Il sistema nervoso centrale è la struttura di riferimento di tutto il sistema nervoso; esso infatti, permette sia di *rielaborare gli stimoli sensitivi* ricevuti dal sistema nervoso periferico, sia di *generare gli stimoli motori* da inviare ai muscoli scheletrici (*striati*) e viscerali (*lisci*). Da un punto di vista prettamente anatomico, tutto il sistema nervoso centrale è rivestito dalle **meningi**, membrane connettivali che lo proteggono e che ne impediscono lo sfregamento con le strutture ossee circostanti. Dall'esterno all'interno, le meningi si dividono in più strati:

- **dura madre** → strato meningeo più esterno a contatto con le ossa craniche a livello encefalico e con lo *spazio epidurale* (ricco di tessuto adiposo) a livello spinale;
- **aracnoide** → strato meningeo intermedio. Tra l'aracnoide e la pia madre si viene a formare lo **spazio subaracnoideo**, nel quale scorre il **liquor cefalorachidiano**;
- **pia madre** → strato meningeo interno a diretto contatto con encefalo e midollo spinale.

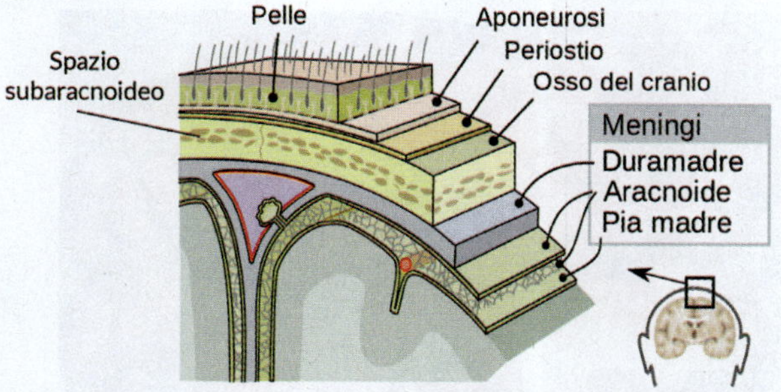

Figura 45: meningi a livello encefalico.

L'**encefalo** riceve i segnali provenienti dal midollo spinale e li integra in risposte motorie adeguate al contesto in cui si trova l'organismo. È contenuto all'interno della **scatola cranica** e da un punto di vista anatomico e funzionale può essere suddiviso in diverse regioni (riportate dal basso all'alto):

- **tronco encefalico** → è in continuità con il midollo spinale e in esso risiedono i centri di controllo respiratorio e cardiaco. Si suddivide dal basso all'alto in **midollo allungato** (o *bulbo*), **ponte e mesencefalo**;
- **cervelletto** → è localizzato dorsalmente al tronco encefalico e si occupa della **coordinazione motoria**;
- **diencefalo** → è localizzato tra telencefalo e tronco encefalico ed è costituito da importanti strutture come il **talamo**, l'**ipotalamo** e l'**epifisi** (ghiandola secernente *melatonina*);

- **telencefalo** → è la porzione più estesa dell'encefalo e la sua superficie si ripiega formando le circonvoluzioni cerebrali che ne aumentano notevolmente la superficie. Il telencefalo è percorso da profonde *scissure* che vanno a delimitare i lobi cerebrali. La scissura più profonda è localizzata sulla linea mediana (scissura longitudinale) e divide il telencefalo in **due emisferi** (destro e sinistro), uniti centralmente dal **corpo calloso**, una struttura formata da fasci di assoni che trasportano le informazioni da un emisfero all'altro. Per ciascuno emisfero, destro e sinistro, si riconoscono sei lobi: **frontale**, **parietale**, **temporale**, **occipitale**, **insulare** e **limbico**.

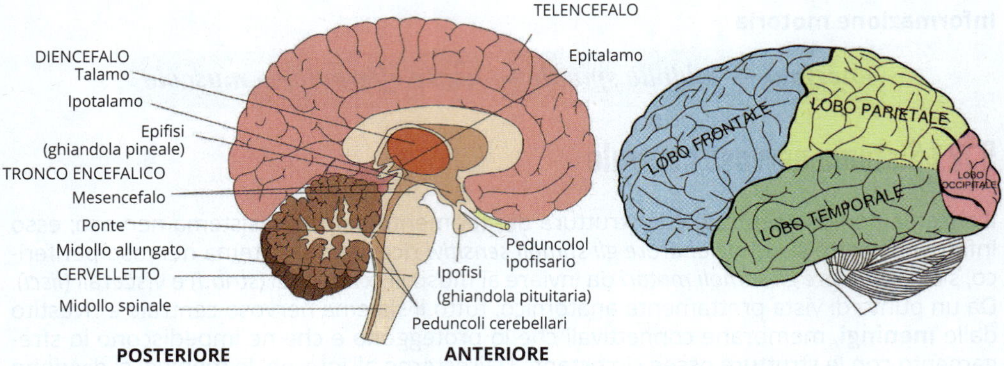

Figura 46: struttura e suddivisione anatomica dell'encefalo (a sinistra) e rappresentazione dei lobi cerebrali (a destra).

Se tagliato in sezione, sulla superficie encefalica si può osservare uno strato di **sostanza grigia**, costituita dai **corpi cellulari** (**pirenofori**) dei neuroni e che nel complesso compone la **corteccia cerebrale**, e una porzione centrale di **sostanza bianca**, costituita dagli **assoni mielinizzati** dei neuroni e che costituisce il **centro midollare** dell'encefalo.

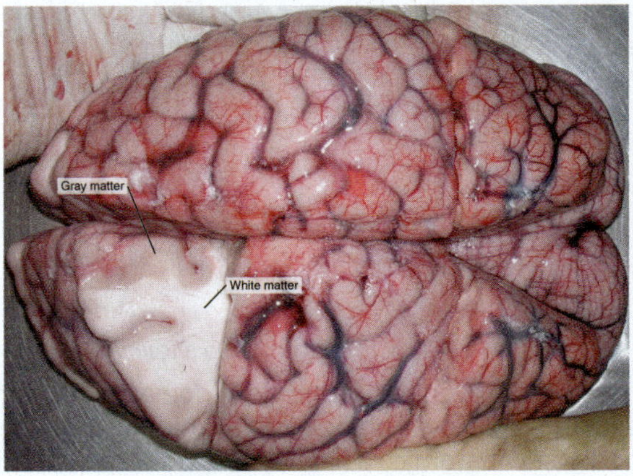

Figura 47: sezione di un encefalo.
Si noti la differenza fra sostanza bianca (white matter) e sostanza grigia (grey matter).

Il **midollo spinale** riceve le informazioni sensitive provenienti dalla periferia (es. **recettori cutanei termici**, **dolorifici** o **tattili**) tramite i *nervi afferenti* del sistema nervoso periferico e li invia all'encefalo in modo che possano essere adeguatamente rielaborati; esso inoltre, riceve i segnali *motori* provenienti dall'encefalo e tramite i *nervi efferenti* li invia ai muscoli scheletrici e lisci.

Il midollo spinale è contenuto nel canale midollare della colonna vertebrale e come l'encefalo è rivestito dai tre strati meningei. Se sezionato, il midollo presenta un'organizzazione speculare rispetto all'encefalo:

- **sostanza grigia** → si localizza nella **regione centrale** del midollo spinale e presenta una caratteristica forma a "*farfalla*". Essa è composta dagli interneuroni e dai pirenofori dei neuroni spinali. Questi ultimi possono essere suddivisi in **neuroni motori**, localizzati nella regione anteriore (o **ventrale**), e in **neuroni sensitivi**, localizzati nella regione posteriore (o dorsale);
- **sostanza bianca** → si localizza nella **regione periferica** del midollo spinale e contiene gli **assoni** dei **neuroni sensitivi spinali**, diretti verso l'encefalo, e dei **neuroni motori encefalici**, diretti verso i neuroni motori spinali; dagli assoni di questi ultimi si formeranno i nervi motori diretti verso i muscoli periferici.

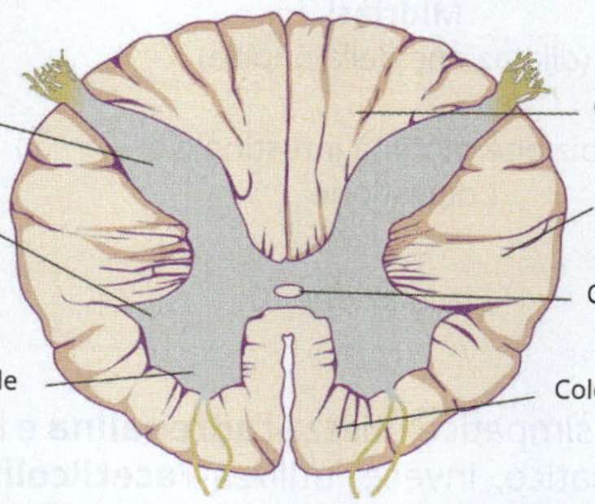

Figura 48: struttura midollo spinale. Si noti la disposizione della sostanza grigia e della sostanza bianca (speculare rispetto all'encefalo).

5.12.2 Sistema nervoso periferico

Il sistema nervoso periferico è formato dai **nervi**, **fasci di assoni che connettono il sistema nervoso centrale a tutti gli organi e tessuti periferici. Esso si compone di 12 paia di nervi cranici** e di **31 paia di nervi spinali**, entrambi trasportanti *fibre nervose* appartenenti al sistema nervoso autonomo o al sistema nervoso somatico:

- **sistema nervoso somatico** → è costituito da **fibre nervose afferenti**, che trasportano gli stimoli sensitivi provenienti dai recettori **somatici** (cutanei, ossei, tendinei) al midollo spinale, e da **fibre nervose efferenti**, costituite dagli assoni dei *neuroni motori spinali* e che inviano i comandi motori ai muscoli scheletrici;
- **sistema nervoso autonomo** → è costituito da **fibre afferenti viscerali**, che trasportano gli stimoli sensitivi provenienti dai **recettori viscerali**, e da **nervi efferenti viscerali**, che trasportano le informazioni veicolate dal sistema nervoso ortosimpatico (o simpatico) e parasimpatico. Il sistema nervoso **ortosimpatico** attiva una serie di risposte che nel complesso configurano la condizione "*fight or flight*" (attacco o fuga), la quale si manifesta in tutte le situazioni in cui viene percepita una sensazione di "pericolo" o "minaccia" e il cui obiettivo è quello di permettere un *miglioramento delle prestazioni fisiche* (es. *aumento frequenza cardiaca*, *broncodilatazione*, ecc.); al contrario, il sistema nervoso **parasimpatico** attiva delle risposte *opposte* a quelle del simpatico, le quali configurano la condizione "*rest and digest*" (riposa e digerisci).

Qui di seguito si riporta una tabella che riassume le funzioni del simpatico e del parasimpatico.

	Effetti ortosimpatico	Effetti parasimpatico
Cuore	Aumento frequenza cardiaca	Diminuzione frequenza cardiaca (mediato dal **nervo vago**)
Vasi sanguigni periferici	Vasocostrizione (aumento della pressione)	Vasodilatazione (diminuzione della pressione)
Apparato respiratorio	Broncodilatazione (aumenta la richiesta di ossigeno per la "fuga")	Broncocostrizione
Occhio	**Midriasi** (dilatazione della pupilla)	**Miosi** (costrizione della pupilla)
Apparato digerente	Inibizione motilità intestinale e digestione	Stimolazione motilità intestinale e digestione (rest and digest)
Apparato genitale maschile	Eiaculazione	Erezione

N.B. Il sistema nervoso ortosimpatico utilizza l'**adrenalina** e la **noradrenalina** come neurotrasmettitori; il parasimpatico, invece, utilizza l'**acetilcolina**. L'equilibrio fra le azioni complementari di entrambi i sistemi contribuisce al mantenimento dell'omeostasi.

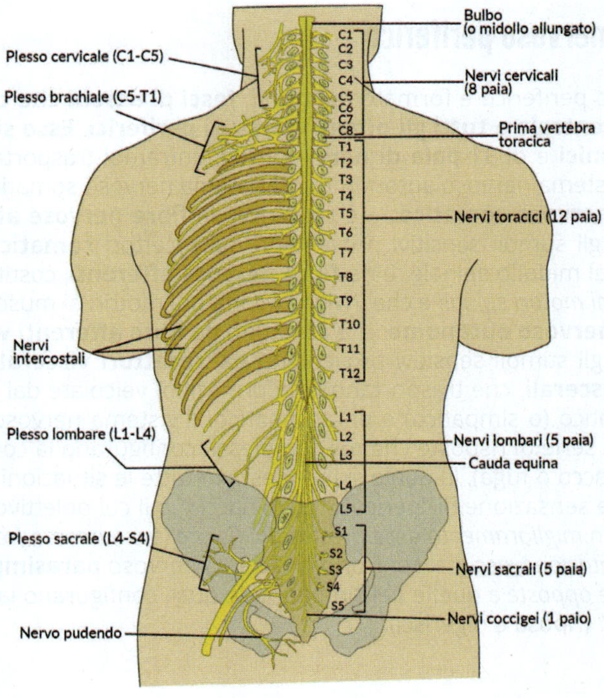

Figura 49: anatomia delle 31 paia di nervi spinali. Si noti la divisione in nervi cervicali, toracici, lombari, sacrali e coccigei che rispecchia la denominazione delle corrispettive vertebre.

5.13 ORGANI DI SENSO

Gli organi di senso sono lo strumento che consente all'uomo di ricevere le informazioni provenienti dal mondo esterno, le quali, in base alla loro natura, vengono percepite da specifiche strutture che li convertono in segnali di natura nervosa.

Ad ogni organo di senso corrisponde uno dei cinque sensi:

- occhio → vista;
- orecchio → udito;
- lingua → gusto;
- cute → tatto (la sua trasmissione si affida alle fibre afferenti dei nervi somatici);
- naso → olfatto.

5.13.1 Olfatto

I recettori olfattivi occupano la porzione superiore delle **cavità nasali**. L'aria inalata e contenente le **molecole odorose** attraversa le cavità nasali entrando in contatto con il muco, il quale scioglie tali molecole permettendone il legame con gli specifici **recettori olfattivi** localizzati nell'**epitelio della mucosa olfattiva**; il legame molecola-recettore genera un impulso nervoso che si propaga tramite i **nervi olfattivi** verso il lobo temporale, dove verrà rielaborato e integrato in *percezione olfattiva*.

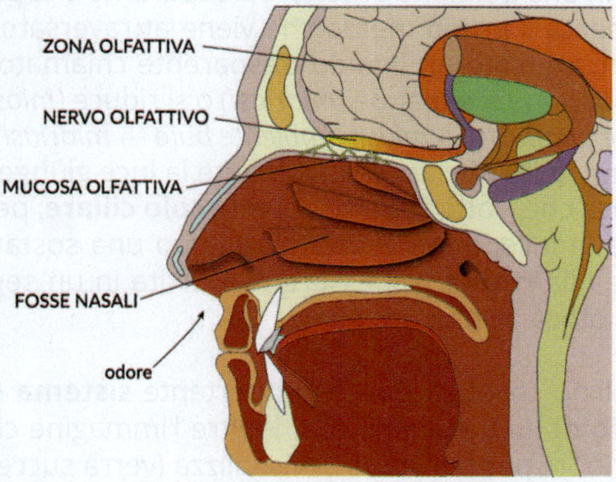

Figura 50: olfatto.

5.13.2 Gusto

Quando un alimento viene introdotto nel cavo orale, le molecole contenute al suo interno si sciolgono nella saliva raggiungendo i **calici gustativi**, localizzati nelle **papille gustative** che a loro volta si trovano sulla mucosa linguale. Nei calici gustativi, queste molecole si legano a specifici recettori generando un impulso nervoso che si propagherà fino al lobo parietale, dove verrà rielaborato e integrato in un determinato gusto per restituire la relativa *percezione gustativa*.

I gusti primari distinti dall'uomo sono 5:

- **acido**;
- **dolce**;
- **salato**;
- **amaro**;
- **umami** (sapore generato da **glutammato monosodico**, tipico della carne e dei formaggi stagionati).

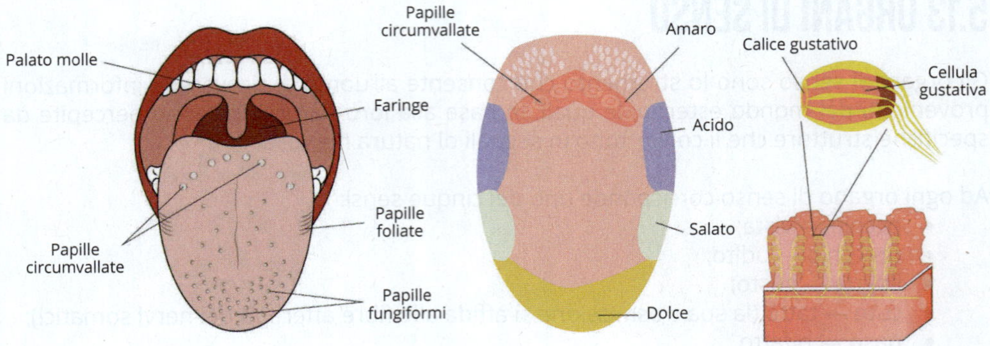

Figura 51: papille gustative e rappresentazione del calice gustativo.

5.13.3 Vista

L'occhio è un organo parecchio complesso che permette di convertire in stimoli nervosi i segnali di natura luminosa provenienti dall'ambiente. Esso è collocato all'interno della cavità orbitaria, dove può essere messo in movimento *volontariamente* grazie all'azione dei **muscoli estrinseci** dell'occhio. Da un punto di vista strutturale, l'occhio è rivestito esternamente da una **tonaca fibrosa** che si divide in una porzione posteriore di colore *biancastro* (**sclera**) e in una porzione anteriore trasparente che prende il nome di **cornea**; quest'ultima rappresenta il primo mezzo che viene attraversato dalla luce. Dalla cornea la luce, dopo aver attraversato un liquido trasparente chiamato **umor acqueo**, si porta verso la **pupilla**, un foro che si espande (*midriasi*) o si riduce (*miosi*) in base alla luminosità ambientale (*ambiente luminoso → miosi*; *ambiente buio → midriasi*) grazie all'azione delle fibre muscolari presenti nell'**iride**. Successivamente la luce giunge al **cristallino**, una lente naturale molto elastica che, sotto l'azione del **muscolo ciliare**, permette la messa a fuoco dell'immagine. Infine la luce, dopo aver attraversato una sostanza gelatinosa chiamata **umor vitreo**, giunge alla **retina** per essere convertita in un segnale nervoso che verrà inviato tramite la via ottica al lobo occipitale.

N.B. Cornea e cristallino costituiscono un importante **sistema di lenti** che permette di **concentrare il fascio di luce sulla retina**; inoltre l'immagine che verrà proiettata su di essa sarà "al contrario" rispetto a come si visualizza (verrà successivamente invertita nel lobo occipitale telencefalico).

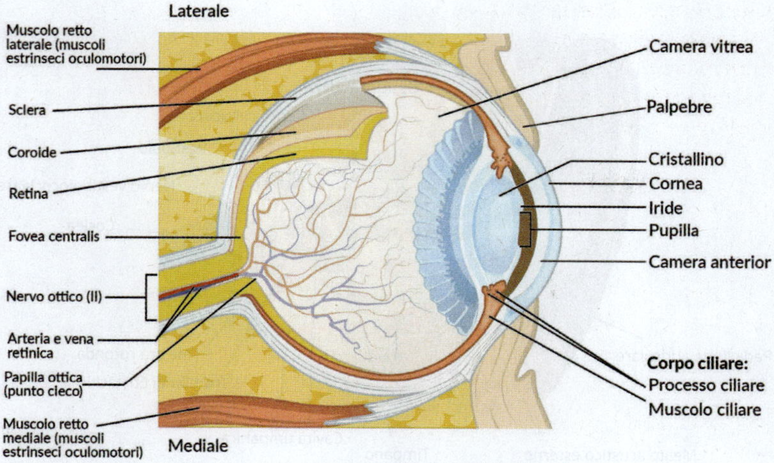

Figura 52: anatomia del bulbo oculare.

La retina è costituita da diversi tipi cellulari, e tra questi i **fotocettori** (*coni* e *bastoncelli*) rivestono un ruolo di centralissima importanza poiché convertono la luce in uno stimolo di natura nervosa che sarà codificato in *percezione visiva* a livello encefalico:

- **coni** → permettono la **visione a colori** e sono particolarmente concentrati nella **fovea**, regione della retina deputata alla visione in *alta definizione*;
- **bastoncelli** → sono più lunghi e molto più abbondanti dei coni e sono implicati nella **visione notturna**, la quale è resa possibile grazie a un pigmento che prende il nome di **rodopsina**.

5.13.4 Udito

L'udito è il senso che permette di captare le onde sonore provenienti dall'ambiente esterno e di convertirle, tramite l'**orecchio**, in segnali nervosi che si trasmettono fino alla corteccia temporale, dove verranno rielaborati e codificati.

L'orecchio è un organo di senso parecchio complesso, nel quale si possono riconoscere tre regioni che vengono attraversate in sequenza dall'onda sonora:

- **orecchio esterno** → è costituito dal **padiglione auricolare**, che raccoglie le onde sonore indirizzandole al timpano tramite il **condotto uditivo esterno**;
- **orecchio medio** → dall'orecchio esterno il suono arriva al **timpano**, membrana che, vibrando, trasmette le onde meccaniche del suono alla **catena di ossicini auditivi**, rappresentata in sequenza da **martello, incudine e staffa**; questi permetteranno la trasmissione delle vibrazioni alle cellule ciliate presenti nell'orecchio interno;
- **orecchio interno** (o labirinto) → è una struttura parecchio complessa costituita da organi deputati alla percezione del suono (**coclea**) e organi deputati al mantenimento dell'equilibrio (**vestibolo e canali semicircolari**). Dopo essersi propagate tramite la catena degli ossicini auditivi, le onde sonore arrivano alla coclea, dove provocano la vibrazione dell'*endolinfa*, liquido presente al suo interno che a sua volta causa il movimento delle **cellule ciliate**; quest'ultimo evento genererà uno stimolo nervoso che si trasmetterà al **lobo temporale** tramite il nervo vestibolococleare per dare origine alla *percezione uditiva*.

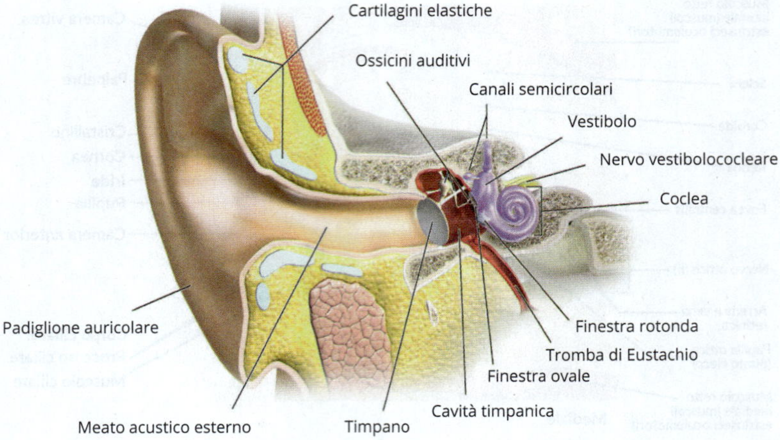

Figura 53: panoramica dell'orecchio.

5.14 APPARATO LOCOMOTORE

L'apparato locomotore è costituito dall'insieme di *strutture ossee, articolari* e *muscolari* che fungono da sostegno per tutto il corpo e che ne consentono i movimenti.

5.14.1 Sistema scheletrico

Il sistema scheletrico è rappresentato dalle strutture ossee che costituiscono lo **scheletro** umano; questo è formato da circa 206 ossa, le quali si dividono in diversi tipi in base alla loro morfologia:

- **ossa lunghe** → sono formate da una porzione centrale più lunga, chiamata **diafisi**, alle cui estremità sono presenti le **epifisi**, le quali sono rivestite da *cartilagine ialina*. Le epifisi sono costituite principalmente da **tessuto osseo spugnoso**, all'interno del quale si trova il *midollo osseo rosso*, mentre le diafisi sono costituite da **tessuto osseo compatto**, al centro del quale si trova un canale contenente il *midollo osseo giallo* (ricco di lipidi). Tra epifisi e diafisi degli individui giovani, si trova la **metafisi** (cartilagine di accrescimento).
Esempi di ossa lunghe: *omero*, *radio*, *ulna*, *femore*, *tibia*, *perone*;
- **ossa corte** → si sviluppano in modo equo in tutte le dimensioni e sono costituite prevalentemente da tessuto osseo spugnoso.
Esempi di ossa corte: *vertebre*, *calcagno*;
- **ossa piatte** → si estendono maggiormente in larghezza e sono costituite da una regione centrale chiamata **diploe** (costituita da *tessuto osseo spugnoso*), avvolta da due strati di *tessuto osseo compatto*. Le ossa piatte sono particolarmente ricche di *midollo osseo rosso*.
Esempi di ossa piatte: *ossa craniche*, *coste*, *sterno*, *ossa pelviche*.

N.B. Ogni osso lungo presenta un'epifisi **prossimale** (più vicina all'asse centrale del corpo) e un'epifisi **distale** (più distante dall'asse centrale del corpo).

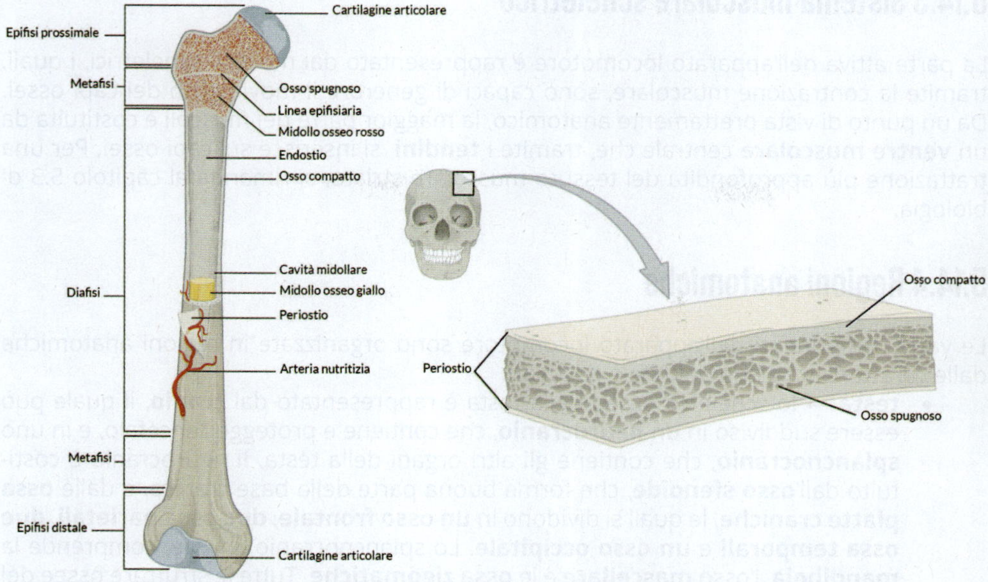

Figura 54: ossa lunghe e piatte. Si noti il periostio che riveste la superficie esterna dell'osso.

5.14.2 Articolazioni

Le varie parti dello scheletro sono mantenute insieme dalle articolazioni, strutture costituite da formazioni connettivali di diversa natura (tessuto fibroso, cartilagine ialina e legamenti). In base alla loro *mobilità* le articolazioni vengono classificate in:

- **fisse** (o **sinartrosi**) → la mobilità è *assente*; i capi ossei sono **continui** e mantenuti ben saldi da tessuto connettivo. Ne sono un esempio le **suture** presenti tra le ossa craniche;
- **mobili** (o **diartrosi**) → la mobilità è *massima*; i capi ossei sono **contigui**, rivestiti da **cartilagine ialina** e mantenute insieme dai **legamenti**. Le estremità ossee sono contenute all'interno di una **capsula articolare**, la quale contiene il **liquido sinoviale** (prodotto dalla *membrana sinoviale*) che lubrifica i capi articolari;
- **semimobili** (o **anfiartrosi**) → la mobilità è *limitata*; i capi articolari sono connessi da tessuto cartilagineo. Ne sono un esempio la **sinfisi pubica** e le **sinfisi intervertebrali**.

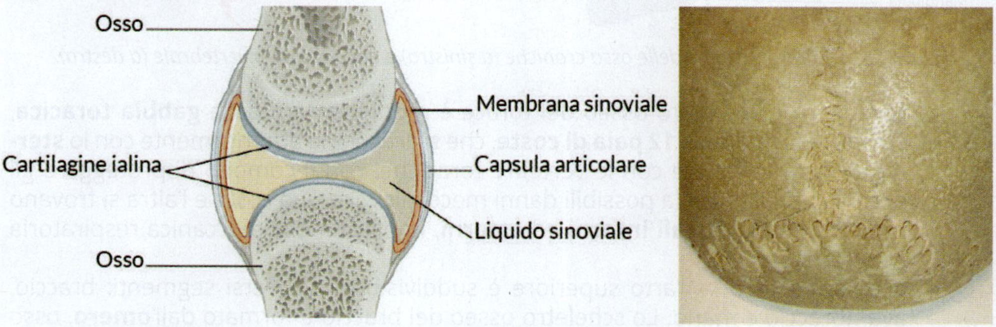

Figura 55: rappresentazione di una diartrosi (a sinistra) e di una sutura cranica (a destra).

5.14.3 Sistema muscolare scheletrico

La parte attiva dell'apparato locomotore è rappresentato dai muscoli scheletrici, i quali, tramite la contrazione muscolare, sono capaci di generare il movimento dei capi ossei. Da un punto di vista prettamente anatomico, la maggior parte dei muscoli è costituita da un **ventre muscolare** centrale che, tramite i **tendini**, si inserisce sui capi ossei. Per una trattazione più approfondita del tessuto muscolare striato, si rimanda al capitolo 5.3 di biologia.

5.14.4 Regioni anatomiche

Le varie componenti dell'apparato locomotore sono organizzate in regioni anatomiche dalle caratteristiche ben definite e peculiari:

- **testa** → lo scheletro osseo della testa è rappresentato dal **cranio**, il quale può essere suddiviso in un **neurocranio**, che contiene e protegge l'encefalo, e in uno **splancnocranio**, che contiene gli altri organi della testa. Il neurocranio è costituito dall'**osso sfenoide**, che forma buona parte della base cranica, e dalle **ossa piatte craniche**, le quali si dividono in **un osso frontale**, **due ossa parietali**, **due ossa temporali** e **un osso occipitale**. Lo splancnocranio, invece, comprende la **mandibola**, l'osso **mascellare** e le **ossa zigomatiche**. Tutte le strutture ossee del cranio si articolano per mezzo di *suture* (sinartrosi), ad eccezione della *mandibola* che forma una *diartrosi* con l'osso temporale;
- **colonna vertebrale** (o **rachide**) → la colonna vertebrale è costituita da **33-34 vertebre** suddivise in **7 cervicali**, **12 toraciche** (che si articolano con le coste), **5 lombari**, **5 sacrali** e **4-5 coccigee**; esse sono articolate per mezzo delle **sinfisi intervertebrali** (anfiartrosi) che conferiscono al rachide una certa mobilità. Al centro, la colonna è percorsa dal canale vertebrale che accoglie il midollo spinale;

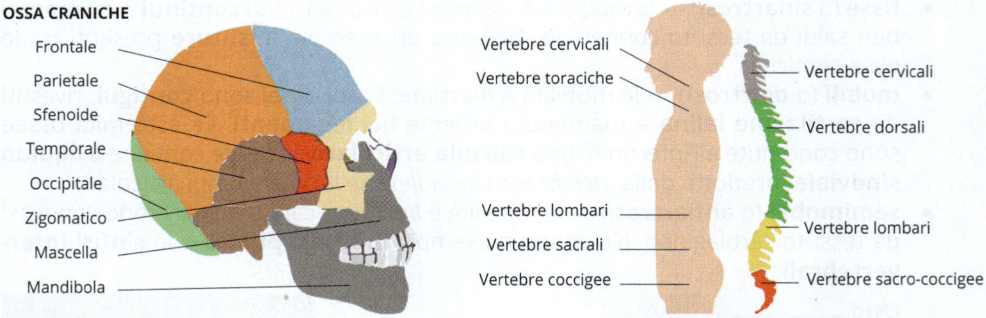

Figura 56: rappresentazione delle ossa craniche (a sinistra) e della colonna vertebrale (a destra).

- **torace** → lo scheletro osseo del torace è rappresentato dalla **gabbia toracica**, struttura formata da **12 paia di coste**, che si articolano anteriormente con lo **sterno** e posteriormente con le vertebre toraciche, con il compito di proteggere gli organi mediastinici da possibili danni meccanici. Tra una costa e l'altra si trovano i **muscoli intercostali interni** ed **esterni**, implicati nella meccanica respiratoria (vedi capitolo 5.6);
- **arto superiore** → l'arto superiore è suddivisibile in diversi segmenti: braccio, avambraccio e mano. Lo scheletro osseo del braccio è formato dall'**omero**, osso lungo la cui *epifisi prossimale* (o *testa*) si articola con la **cavità glenoidea** della **scapola** (articolazione della spalla); l'*epifisi distale*, invece, si articola con l'*epifisi prossimale* di **radio** e **ulna** (articolazione del gomito), le ossa dell'avambraccio.

Nella mano si ritrovano le ossa che fanno parte del **carpo** e del **metacarpo** assieme alle **falangi** (scheletro delle dita). I principali muscoli dell'arto superiore sono il **deltoide**, il **grande pettorale** (che interconnettono il braccio con il torace), il **bicipite brachiale** e il **tricipite brachiale** (che permettono rispettivamente la flessione e l'estensione dell'avambraccio sul braccio);

- **pelvi** → lo scheletro osseo della pelvi (o bacino) è rappresentato dalle ossa piatte **ileo**, **ischio** e **pube**, che anteriormente si uniscono alle omonime ossa controlaterali tramite la **sinfisi pubica**. I muscoli addominali (come il **retto dell'addome**) si estendono dal torace alla pelvi delimitando le pareti della **cavità addominale**;
- **arto inferiore** → l'arto inferiore è suddivisibile in diversi segmenti: coscia, gamba e piede. Lo scheletro osseo della coscia è formato dal **femore**, osso lungo la cui *epifisi prossimale* (o *testa*) si articola con la **cavità acetabolare** della pelvi; l'*epifisi distale*, invece, si articola con quella prossimale di **tibia** e **perone** (articolazione del ginocchio), le ossa della gamba.
  Nel piede si ritrovano le ossa che fanno parte del **tarso** e del **metatarso** assieme alle **falangi** delle dita. I principali muscoli dell'arto inferiore sono il **quadricipite femorale** (che permette l'estensione della gamba sulla coscia), nel cui tendine è inserito un osso sesamoide, la **patella** (o **rotula**), e il **gastrocnemio** (detto anche gemello, permette la flessione plantare del piede).

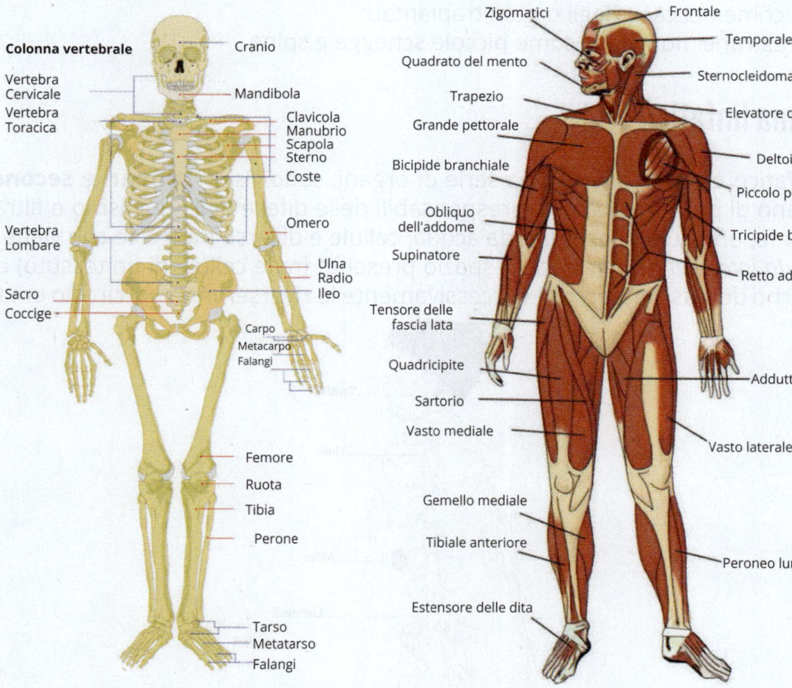

Figura 57: vista frontale dello scheletro (sinistra) e dei muscoli scheletrici (destra).

ESERCIZIO **PROPOSTO**

5.14 Nell'arto superiore dell'uomo, l'epifisi distale dell'omero:

A. Si articola con l'epifisi prossimale di radio e ulna
B. Si articola con l'epifisi distale di radio e ulna
C. Si articola con la scapola
D. Si articola con la clavicola
E. Non si articola

5.15 SISTEMA IMMUNITARIO

Il sistema immunitario è un complesso insieme di organi, cellule e molecole che si occupano di difendere l'organismo da potenziali ed effettive minacce. Esso è in grado di riconoscere e attaccare tutto ciò che è anomalo nel nostro corpo:

- agenti patogeni esterni quali batteri, virus e funghi;
- cellule proprie dell'organismo modificate, come quelle tumorali;
- cellule appartenenti ad altri organismi, sia della stessa specie che di specie differenti, come nel caso degli organi trapiantati;
- corpi estranei non vitali, come piccole schegge e spine.

5.15.1 Sistema linfatico

Il sistema linfatico è composto da una serie di organi, suddivisi in **primari** e **secondari**, che si occupano di produrre le cellule responsabili delle difese dell'organismo e filtrare il sangue e la linfa, un liquido costituito da acqua, cellule e diverse molecole che viene drenato dal *liquido interstiziale* (*interstizio* = spazio presente fra le cellule di un tessuto) e veicolato all'interno dei vasi linfatici che successivamente lo riverseranno nel circolo ematico.

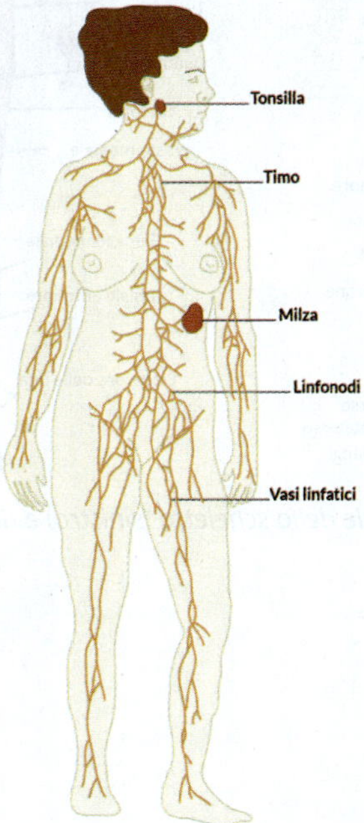

Figura 58: rappresentazione delle componenti del sistema immunitario.

5.15.2 Organi linfoidi primari

Gli organi linfoidi primari sono impegnati nella formazione e nella maturazione delle cellule immunocompetenti e sono rappresentati dal midollo osseo rosso e dal timo.

Il **midollo osseo rosso** è un tessuto presente all'interno delle ossa e in particolare negli spazi tra le trabecole del tessuto osseo spugnoso, il quale è localizzato a livello delle epifisi delle ossa lunghe e nella porzione interna delle ossa piatte. All'interno delle diafisi delle ossa lunghe, invece, si localizza il **midollo osseo giallo**, principalmente costituito da tessuto adiposo.
Il midollo osseo rosso è per l'adulto la principale struttura a funzione **emopoietica**, funzione determinata dalla presenza delle **cellule staminali emopoietiche**, le quali, in seguito all'arrivo di specifici segnali, proliferano e si differenziano andando a costituire le cellule del sangue (*eritrociti*, *leucociti* e *piastrine*). Il differenziamento è completo per tutti i tipi cellulari prodotti nel midollo ad eccezione dei linfociti T, che nascono e si sviluppano nel midollo osseo, ma che completano la loro maturazione nel timo.

Il **timo** è un organo responsabile della maturazione dei linfociti T, i quali originano nel midollo osseo, vengono rilasciati nel circolo ematico in forma immatura e completano il differenziamento nel timo. Tale organo negli adulti degenera lentamente fino ad essere rimpiazzato quasi completamente da tessuto adiposo.

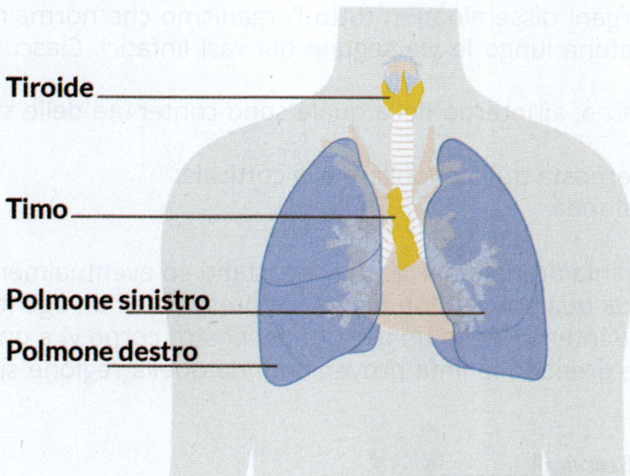

Figura 59: localizzazione del timo nel mediastino.

RICORDA: durante la vita fetale, l'emopoiesi si svolge inizialmente nel *sacco vitellino*, successivamente nel fegato e nella milza e infine nel midollo osseo.

5.15.3 Organi linfoidi secondari

Gli organi linfoidi secondari sono degli agglomerati di cellule immunitarie con diverse funzioni. Ciascun organo ha funzioni specifiche, ma nel complesso essi rappresentano i luoghi dove le reazioni immunitarie *originano* e vengono continuamente *alimentate*.

La **milza** è un organo situato nella porzione laterale sinistra dell'addome e caratterizzato da una colorazione rossa dovuta alla sua elevata vascolarizzazione.
Microscopicamente presenta due regioni anatomicamente e funzionalmente distinte:

- **polpa bianca**, costituita principalmente da linfociti disposti attorno a dei vasi sanguigni. A questo livello, il sangue viene filtrato da eventuali antigeni che vengono riconosciuti e contro cui viene attivata la risposta immunitaria;
- **polpa rossa**, contenente degli spazi vascolari stretti nei quali rimangono intrappolati i globuli rossi invecchiati che verranno successivamente eliminati dai macrofagi tramite fagocitosi. Tale processo prende il nome di **emocateresi**.

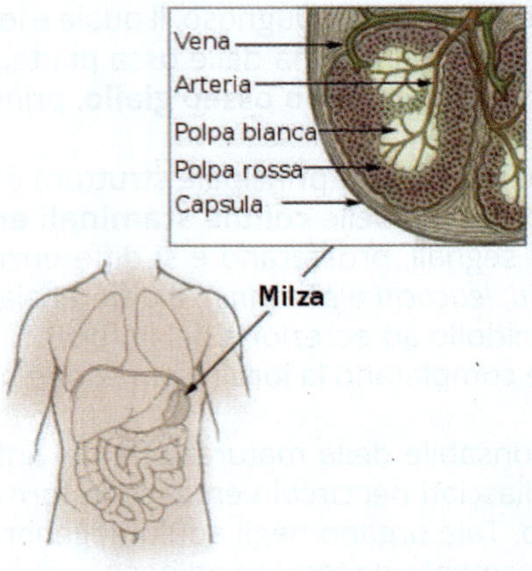

Figura 60: milza.

I **linfonodi** sono piccoli organi disseminati in tutto l'organismo che normalmente sono posti a formare piccole catene lungo le vie seguite dai vasi linfatici. Ciascun linfonodo dispone di una porzione:

- **corticale**, più esterna, all'interno della quale sono contenute delle strutture ricche di linfociti;
- **paracorticale**, interposta tra la midollare e la corticale;
- **midollare**, più profonda.

Il loro compito è filtrare la linfa drenata dai tessuti circostanti ed eventualmente scatenare una risposta immunitaria qualora venisse rilevata la presenza di un agente patogeno dalle cellule presenti al suo interno. Se in un tessuto del nostro corpo vi è un'infezione o un tumore, i linfonodi che drenano la linfa proveniente da quella regione si gonfiano e possono causare dolore.

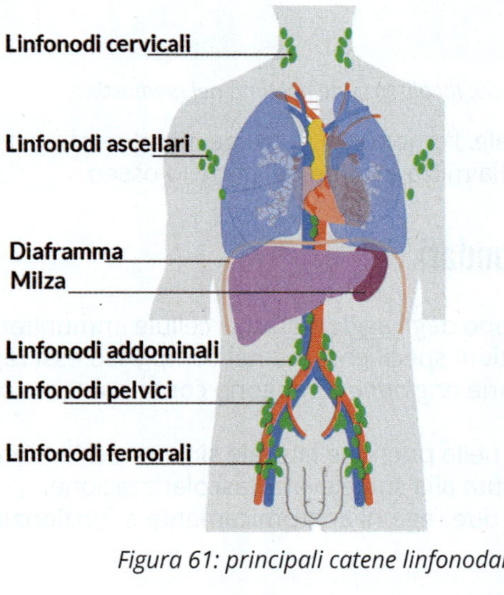

Figura 61: principali catene linfonodali.

Le **tonsille**, le **adenoidi** e il *tessuto linfoide associato alle mucose* (**MALT**) non costituiscono veri e propri organi ma dei tessuti specializzati formati da cellule immunitarie che pattugliano particolari aree dell'organismo.

5.15.4 Circolazione linfatica

I vasi linfatici sono delle strutture simili a vasi sanguigni, la cui funzione è quella di trasportare la linfa drenata dai liquidi presenti tra le cellule dei tessuti (**liquidi interstiziali**). Per effetto di diversi fattori (pressione sanguigna, forza di gravità, ecc.) parte del liquido plasmatico passa continuamente attraverso i capillari sanguigni per portarsi negli interstizi cellulari; per evitare un accumulo di tali liquidi nei tessuti (*edema*) i vasi linfatici intervengono drenando i liquidi interstiziali, i quali verranno dapprima trasportati verso la *stazione linfonodale più vicina* e successivamente verranno riversati nel **dotto toracico** che trasporterà la linfa al circolo venoso.

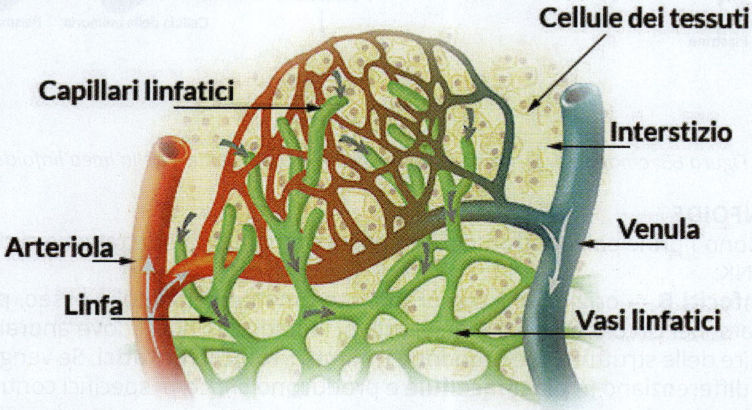

Figura 62: rappresentazione del drenaggio linfatico a livello degli interstizi tissutali.

I vasi linfatici hanno un altro importante compito: i lipidi che vengono digeriti e assorbiti dall'intestino non viaggiano verso il fegato tramite la vena porta (come i carboidrati e le proteine), ma, organizzati in particolari strutture lipoproteiche chiamate **chilomicroni**, si gettano nei vasi linfatici dei villi intestinali (**vasi chiliferi**) che successivamente si aprono nel dotto toracico.

5.15.5 Cellule dell'immunità

Le cellule staminali emopoietiche sono cellule multipotenti capaci di differenziarsi in diversi elementi cellulari, i quali possono essere suddivisi in due categorie principali:

- **cellule della linea linfoide** → rappresentate da **linfociti T**, **linfociti B** e **linfociti Natural Killer;**
- **cellule della linea mieloide** → rappresentate da tutti gli altri leucociti (**granulociti** e **macrofagi**), dagli *eritrociti* e dalle *piastrine* (frammenti cellulari che originano dai **megacariociti**).

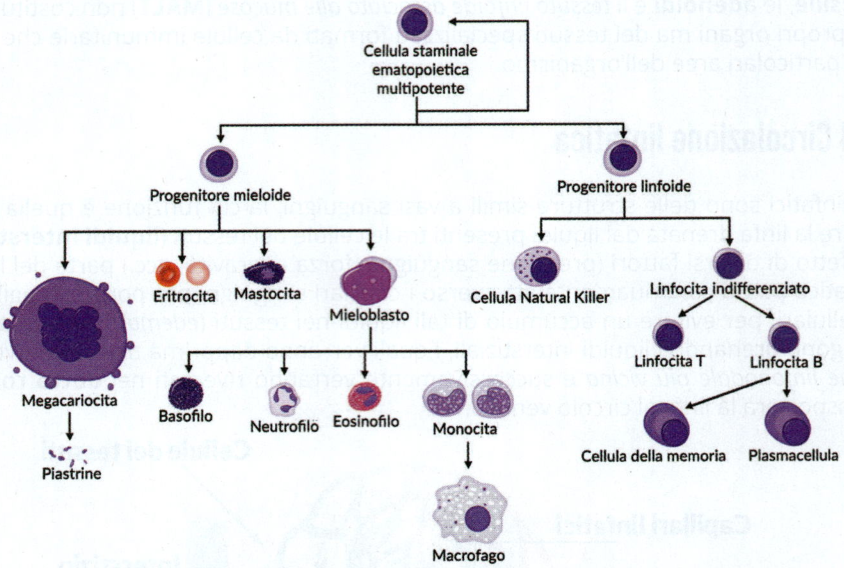

Figura 63: emopoiesi. Si notino le cellule della linea mieloide e della linea linfoide.

LINEA LINFOIDE

I linfociti sono i principali effettori della risposta immunitaria adattativa e si dividono nei tipi B, T e NK:

- **linfociti B** → originano e maturano interamente nel midollo osseo, per poi spostarsi nel circolo ematico e negli organi linfoidi secondari dove andranno a costituire delle strutture che prendono il nome di **follicoli linfatici**. Se vengono attivati si differenziano in **plasmacellule** e producono *anticorpi* specifici contro un determinato antigene;
- **linfociti T helper** → originano nel midollo osseo e maturano nel timo; la loro funzione è quella di secernere delle proteine segnalatrici chiamate **citochine**, le quali coordinano l'azione della risposta immunitaria nei confronti di un determinato antigene. Ciò spiega perchè nei soggetti affetti da *AIDS*, nei quali il *virus HIV* ha attaccato ed eliminato i linfociti T helper, si verifica una grave condizione di immunodeficienza che porta a morte il soggetto a causa di infezioni da parte di patogeni che in soggetti immunocompetenti verrebbero facilmente eliminati;
- **linfociti T citotossici** → originano nel midollo osseo e maturano nel timo; al loro interno presentano dei granuli contenenti potenti enzimi in grado di distruggere cellule *infette da virus* o *cellule tumorali*;
- **linfociti NK** → originano nel midollo osseo, maturano sia negli organi linfoidi primari che secondari per poi essere rilasciate nel circolo ematico; svolgono un importante ruolo nella distruzione delle cellule tumorali o infette da virus con un meccanismo d'azione non mediato dalle molecole MHC (vedi dopo).

LINEA MIELOIDE

I leucociti della linea mieloide sono rappresentati principalmente dai granulociti, dai monociti e dalle cellule dendritiche:

- **granulociti** → sono cellule dotate di un ampio citoplasma e caratterizzate da un nucleo variabilmente frammentato. A seconda del tipo di colorante che meglio ne colora i granuli, sono state classificati in **neutrofili** (neutro), **eosinofili** (acido) e **basofili** (basico). I neutrofili sono fondamentali cellule fagocitarie e spesso le prime a scatenare la reazione immunitaria contro i batteri; gli eosinofili intervengono nella difesa contro i *parassiti* e nelle *reazioni allergiche*; i basofili sono presenti in concentrazioni bassissime e collaborano con i mastociti nelle reazioni allergiche. I neutrofili vengono anche chiamati *polimorfonucleati* a causa del loro nucleo polilobato (e non classicamente sferico);

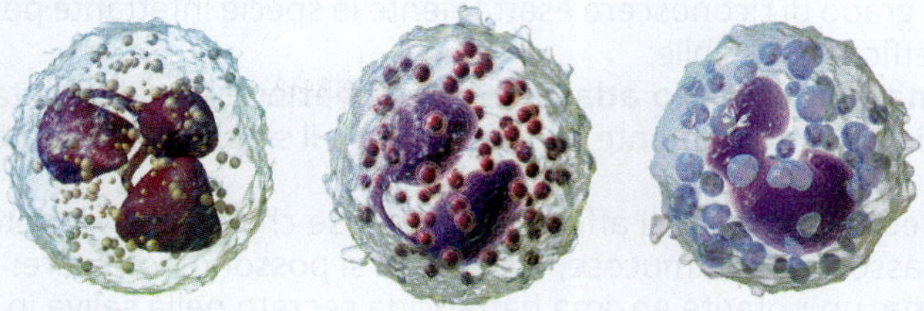

Figura 64: granulociti neutrofili (sinistra), eosinofili (centro) e basofili (destra).

- **monociti** → sono cellule circolanti di forma sferica che, in seguito a specifici stimoli, possono abbandonare i vasi sanguigni e distribuirsi nei tessuti, dove si differenziano in **macrofagi**. Una volta diventati macrofagi contribuiscono a fagocitare gli agenti patogeni e le cellule danneggiate, favorendo i processi di riparazione dei tessuti. Alcuni macrofagi vivono in modo stabile nei tessuti e vengono definiti *macrofagi residenti*; tra i tipi più particolari ci sono le **cellule di Kupffer** nel fegato, i macrofagi splenici (della milza), i macrofagi alveolari (dei polmoni) e gli **osteoclasti**;
- le **cellule dendritiche** sono cellule di derivazione monocitaria che vivono in modo stabile nei tessuti dove si occupano di riconoscere gli agenti patogeni; questi, una volta individuati, vengono fagocitati, digeriti e i loro antigeni vengono esposti sulla superficie della cellula in modo da poterne permettere il riconoscimento da parte dei linfociti. Per questa loro funzione prendono il nome di **cellule presentanti l'antigene** (**APC**), nome dato anche a macrofagi e linfociti B (che, oltre alle loro normali funzioni, possono svolgere anche questa attività).

5.15.6 Immunità umorale e cellulo mediata

Le cellule qui presentate possono agire sugli agenti patogeni in modo *indiretto* o *diretto*, sviluppando rispettivamente una risposta di tipo *umorale* o *cellulo mediata*:

- **immunità cellulo mediata** → include tutte le funzioni eseguite direttamente dalla cellula come la *fagocitosi*, eseguita da macrofagi e neutrofili, o l'*attacco enzimatico*, eseguito dai linfociti T citotossici e NK;
- **immunità umorale** → include i meccanismi di difesa **non cellulari** presenti sia nel sangue (*anticorpi e proteine del complemento*) sia in altri fluidi come la saliva (es. *lisozima*, *IgA sieriche*).

Entrambe le modalità di azione appartengono sia al sistema immunitario innato che a quello adattativo.

MECCANISMI DI DIFESA

Con il termine **infezione** si intende la condizione per cui un microrganismo penetra e si replica in un determinato organismo. La replicazione del microrganismo può avvenire sia all'*interno delle cellule* (nel caso dei virus), sia all'*esterno delle cellule*, come avviene per la maggioranza dei batteri e funghi. La particolare condizione in cui l'organismo replicante non è un microrganismo ma un animale, come i vermi intestinali, è denominata **infestazione**.

La replicazione dei microrganismi viene contrastata dal nostro organismo su più livelli di difesa, i quali agiscono in sequenza:

- le **difese superficiali**, sono le prime a contrastare i microrganismi, sono utilissime e rapidissime nell'azione, ma sono estremamente aspecifiche;
- il **sistema immunitario innato**, interviene in un secondo momento se le difese superficiali vengono superate, ha un'azione rapida e abbastanza specifica, ma non è in grado di riconoscere esattamente la specie infettante per fornire la risposta più efficace possibile;
- il **sistema immunitario adattativo**, la cui azione è molto lenta e ritardata, ma massiccia ed estremamente specifica contro il singolo agente patogeno.

Ai precedenti meccanismi fisici si affiancano le difese chimiche derivanti dalle secrezioni delle ghiandole associate alle mucose, tra le quali si possono nominare:
- il **lisozima**, un potente enzima battericida secreto nella saliva in grado di rompere la parete *cellulare* batterica (costituita da peptidoglicano) portando i batteri a morte per *lisi osmotica*;
- l'**acido cloridrico** (HCl) secreto dalla mucosa gastrica, porta a un aumento dell'acidità (pH~1-2) dell'ambiente gastrico ed è capace di attuare un'importante azione disinfettante;
- gli **anticorpi di tipo A** (IgA) vengono secreti dalle plasmacellule presenti nelle mucose e neutralizzano i patogeni e le tossine presenti nel lume degli organi cavi.

SISTEMA IMMUNITARIO INNATO

L'immunità innata è una meccanismo di difesa *non specifico* presente sin dalla nascita e rappresenta la seconda linea difensiva contro gli agenti patogeni. Il sistema immunitario innato include sia difese umorali che cellulo mediate:
- **difese umorali** → sono rappresentate dal **sistema del complemento**, una complessa famiglia di proteine plasmatiche prodotte dal fegato che si attivano con una serie di reazioni a cascata. In presenza di un agente patogeno nel circolo ematico, le proteine del complemento si legano alla sua membrana causando la formazione di piccoli **pori** che portano a morte il patogeno per lisi osmotica;
- **difese cellulo mediate** → sono rappresentate dai granulociti, dai macrofagi, dalle cellule dendritiche e dai linfociti NK; tali cellule sono accomunate dalla presenza di recettori in grado di riconoscere strutture molecolari aspecifiche (comuni a diverse specie di batteri o virus).

SISTEMA IMMUNITARIO ADATTATIVO

L'*immunità adattativa* o *acquisita* costituisce l'insieme delle risposte di tipo **specifico** attivate dal sistema immunitario verso i patogeni.
Quando il sistema immunitario innato non riesce a debellare l'eventuale infezione, "chiede aiuto" al sistema immunitario adattativo, il quale è capace di attivare una risposta immunitaria più specifica e potente nei confronti del patogeno. Tale risposta comincia dalla fagocitosi dei patogeni da parte delle **APC** (*macrofagi* e *cellule dendritiche*), le quali, una volta esposti gli antigeni batterici sulla superficie cellulare tramite le molecole **MHC di tipo II**, migrano verso il primo linfonodo drenante l'area lesa per poter presentare l'antigene ai **linfociti T helper**; se uno tra questi presenta il recettore specifico per quell'antigene, si attiva e va incontro a proliferazione.

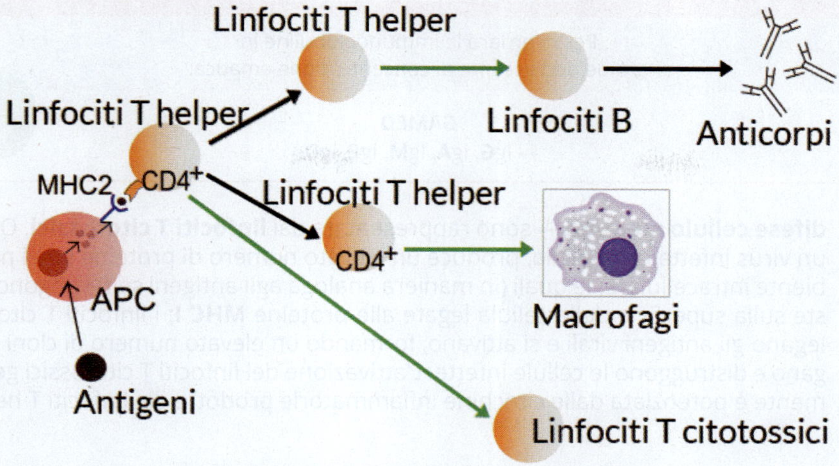

Figura 65: rappresentazione dei processi che portano all'attivazione dei linfociti T helper.

A questo punto i linfociti T helper rilasceranno delle citochine chiamate **interleuchine** che andranno ad attivare sia una risposta umorale sia una risposta cellulo mediata:

- **difese umorali** → sono rappresentate dagli **anticorpi** (o **immunoglobuline**). Le **plasmacellule**, *cellule deputate alla produzione di anticorpi*, mentre i restanti (meno numerosi) si differenziano in **cellule B della memoria**, cellule che hanno già riconosciuto un particolare antigene e che sono in grado di intervenire in modo più rapido in caso di un secondo incontro con quello stesso patogeno (rendono il soggetto immune);

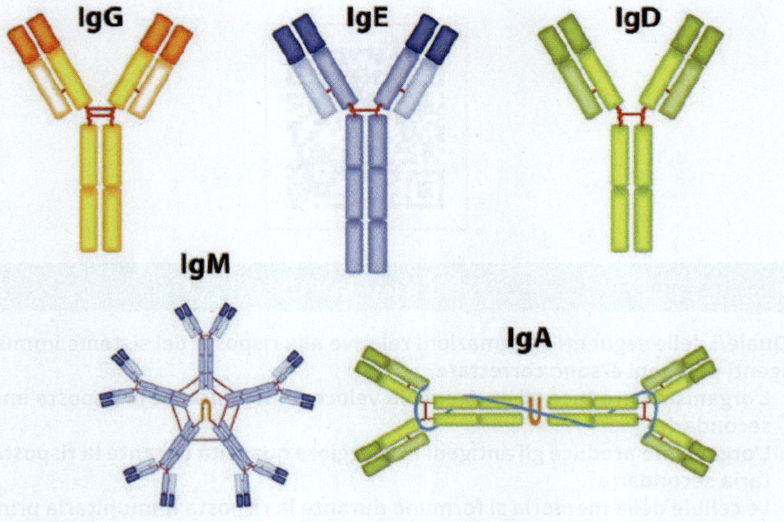

Figura 66: esistono 5 classi principali di anticorpi: ***IgG*** *(i più numerosi nel circolo ematico, combattono virus e batteri),* ***IgA*** *(secreti dalle mucose degli organi cavi),* ***IgM*** *(pentameriche e sono le prime a essere prodotte dalle plasmacellule),* ***IgE*** *(si legano alle membrane dei mastociti e dei basofili mediando le reazioni allergiche),* ***IgD*** *(rarissimi, dal ruolo non ancora chiarito).*

MNEMOFRASE TESTBUSTERS

Per ricordare le immunoglobuline in
ordine decrescente di concentrazione ematica:

GAMED
→ Ig**G**, Ig**A**, Ig**M**, Ig**E**, Ig**D**.

- **difese cellulo mediate** → sono rappresentate dai **linfociti T citotossici**. Quando un virus infetta una cellula, produce un elevato numero di proteine virali nell'ambiente intracellulare, le quali (in maniera analoga agli antigeni self) vengono esposte sulla superficie della cellula legate alle proteine **MHC I**; i linfociti T citotossici legano gli antigeni virali e si attivano, formando un elevato numero di cloni che legano e distruggono le cellule infette. L'attivazione dei linfociti T citotossici generalmente è potenziata dalle citochine infiammatorie prodotte dai linfociti T helper.

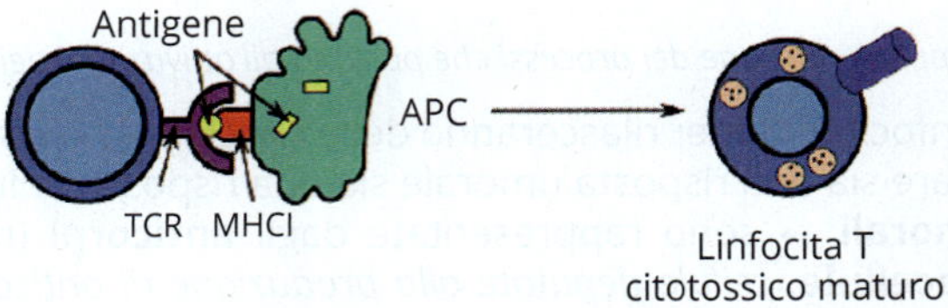

Figura 67: risposta cellulo-mediata.

Per concludere questo capitolo e consolidare definitivamente i concetti fin qui appresi, ti consigliamo di scannerizzare questo QR-Code per osservare in forma animata i processi dell'immunità adattativa:

ESERCIZIO **PROPOSTO**

5.15 Quale/i delle seguenti affermazioni relative alla risposta del sistema immunitario agli agenti patogeni è/sono corretta/e?

1) **L'organismo produce gli antigeni più velocemente durante la risposta immunitaria secondaria**
2) **L'organismo produce gli antigeni in maggiore quantità durante la risposta immunitaria secondaria**
3) **Le cellule della memoria si formano durante la risposta immunitaria primaria**

A. Solo 1
B. Solo 2
C. Solo 3
D. Solo 1 e 2
E. Tutte

5.16 CENNI DI ANATOMIA E FISIOLOGIA ANIMALE COMPARATA

Nonostante le molte differenze adattative delle specie viventi lungo la scala evolutiva, le loro funzioni principali restano le medesime. Negli organismi unicellulari lo svolgimento delle funzioni vitali è di competenza dei vari organelli specializzati, mentre negli organismi pluricellulari sono gli organi e gli apparati specifici a compiere il lavoro.

Si possono indicare come funzioni basiche e vitali fenomeni fisiologici quali: l'assunzione di nutrienti, la respirazione, il trasporto di nutrienti gas per l'organismo, il movimento, l'escrezione dei materiali di scarto e l'osmoregolazione.

BIOLOGIA

5.16.1 Assunzione dei nutrienti

Affinché possano consentire alle proprie cellule di svolgere correttamente tutte le funzioni vitali, gli esseri viventi hanno bisogno di assumere dall'ambiente esterno numerose sostanze, sia organiche (carboidrati, lipidi, proteine) che inorganiche (minerali, acqua).

Moltissime delle sostanze nutrienti che vengono utilizzate a scopo plastico ed energetico vengono assunte tramite l'alimentazione. L'utilizzo delle macromolecole degli alimenti è consentito da due processi:

- **digestione** → degradazione delle macromolecole in molecole sempre più piccole e di facile gestione da parte dell'organismo;
- **assorbimento** → ingresso dei prodotti della digestione nelle cellule, affinché vengano poi elaborati dalle stesse.

Tutti i viventi, dai più piccoli procarioti agli eucarioti, sia unicellulari che pluricellulari, necessitano di un adeguato sistema deputato all'assunzione di alimenti, affinché possano sopravvivere.

C'è un'enorme differenza, dovuta ai diversi sviluppi embriologici, tra gli apparati digerenti che tuttavia sono deputati a un'unica funzione comune, nutrirsi.

- **Nutrizione negli organismi unicellulari** → le particelle di cibo vengono assunte tramite *fagocitosi* (ovvero tramite estroflessione della membrana cellulare), oppure per mezzo di un semplice *apparato buccale* (come, ad esempio, il *citostoma* dei parameci). Una volta assunto, il cibo viene metabolizzato e poi degradato all'interno di un *vacuolo digestivo* (es. nell'ameba). Infine, i prodotti della digestione diffondono dal vacuolo digestivo al citoplasma, per essere poi espulsi attraverso la membrana cellulare.
- **Apparato digerente a una sola apertura** → posseduto dagli animali meno complessi, come ad esempio i celenterati, o cnidari (ai quali appartengono animali come meduse e polipi). Nell'apparato digerente a una sola apertura gli alimenti vanno dall'esterno verso l'interno, mentre i prodotti di scarto vanno dall'interno verso l'esterno. Dal momento che un apparato di questo tipo non permette una digestione efficiente degli alimenti, la digestione vera e propria avviene all'interno di ogni cellula (*digestione intracellulare*). Si può quindi immaginare l'apparato digerente a una sola apertura come un albero che porta il cibo, da e verso l'esterno, alle varie cellule, che poi si occuperanno della vera e propria digestione degli alimenti.
- **Apparato digerente a due aperture** → ci si può immaginare l'apparato digerente a due aperture come un lungo tubo, che può essere più o meno arrotolato su se stesso. Questo tubo è il *canale gastroenterico*, dotato di due aperture: una

generalmente più craniale, la *bocca*, e una generalmente più caudale, l'*ano*.
Di norma l'apparato digerente a due aperture è suddiviso in compartimenti, ciascuno diversamente specializzato in una specifica fase della digestione: proprio per questo motivo, rappresenta la forma più evoluta ed efficiente tra i vari apparati digerenti. L'apparato digerente a due aperture si compone di:

- una bocca → si occupa della demolizione meccanica del cibo;
- un esofago → un lungo tubo che negli uccelli presenta un'estroflessione sacciforme chiamata *gozzo*, che si occupa di immagazzinare il cibo che verrà poi digerito meglio o dato in pasto ai piccoli;
- uno stomaco (nei mammiferi e nei rettili) e un ventriglio (negli insetti e negli uccelli) → un organo contrattile con un'ampia tonaca muscolare che si occupa di un'ulteriore demolizione meccanica e della digestione enzimatica degli alimenti;
- un intestino → completa il processo digestivo, nella sua porzione terminale assorbe i nutrienti e l'acqua rimasti nelle feci. L'intestino è spesso aiutato nelle sue funzioni dal microbiota (un insieme di microrganismi simbionti con l'ospite).

Le differenze morfo-funzionali degli apparati digerenti degli animali dipendono dal tipo di alimentazione: un diverso tipo di nutrimento richiede un diverso tipo di processo digestivo, che a sua volta dipende da una diversa conformazione dell'apparato digerente.

- Gli **erbivori** hanno un apparato gastro-intestinale molto sviluppato, poiché i vegetali e la fibra sono particolarmente complessi da digerire. In particolare:
  → nei **monogastrici** (es. cavallo e coniglio) sono molto sviluppati il colon e, in particolare, l'intestino cieco, nel quale risiede una notevole flora batterica, perché è la porzione deputata alla fermentazione della fibra;
  → nei **ruminanti** (es. vacca, pecora e capra) ci sono tre prestomaci, chiamati rispettivamente rumine, reticolo e omaso; e uno stomaco propriamente detto, l'abomaso. Il rumine è ricco di microrganismi che producono gli enzimi in grado di scindere i legami β (1 → 4) glicosidici della cellulosa;

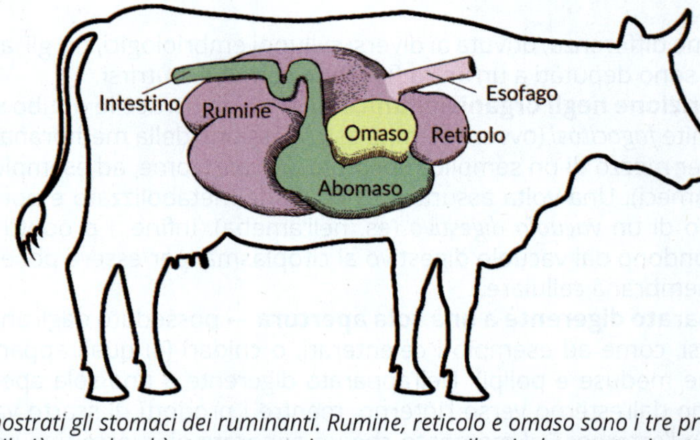

Figura 68: sono mostrati gli stomaci dei ruminanti. Rumine, reticolo e omaso sono i tre prestomaci: di questi, il rumine è il più grande ed è strettamente in rapporto con il reticolo, caratterizzato da una mucosa lamellare molto ripiegata su se stessa. L'abomaso è lo stomaco propriamente detto, caratterizzato dalla presenza della mucosa gastrica ghiandolare.

- i **carnivori** hanno un apparato digerente molto più semplice e con uno stomaco caratterizzato da un pH acidissimo, per rendere più agevole la digestione delle proteine;
- gli animali più semplici (es. afidi e zanzare) che si cibano di **liquidi** ricchi di nutrienti già scissi in componenti semplici, come la linfa o il sangue di altri animali, presentano un tubo digerente estremamente corto e poco specializzato.

5.16.2 Respirazione

L'ossigeno è l'elemento necessario a quasi tutti i viventi per sopravvivere. La respirazione avviene in modo molto differente a seconda che si tratti di organismi unicellulari o pluricellulari:

- negli organismi unicellulari e nei pluricellulari più piccoli → diffusione dell'ossigeno attraverso la membrana plasmatica o la cute (es. respirazione cutanea negli anellidi);
- negli organismi pluricellulari, in cui le cellule sono molto distanti dalla superficie → l'evoluzione ha portato allo sviluppo di organi specifici per la respirazione e di un apparato circolatorio per il trasporto dei gas respiratori da e verso i tessuti.

In base all'ambiente in cui vivono gli animali cambia il loro sistema per assimilare l'ossigeno: per gli animali che vivono tutta la loro vita in acqua, come i pesci, si sono sviluppate le branchie. Le **branchie** sono un sistema articolato e riccamente vascolarizzato di superfici estroflesse lamellari e filamentose, attraverso cui l'acqua scorre e cede circa l'80% dell'ossigeno in essa contenuto.

Gli animali che vivono sulla terra, dunque immersi nell'aria, respirano tramite strutture interne all'organismo: le trachee e i polmoni. Le **trachee** (*fig. 8*) sono tipiche di insetti e aracnidi e sono sottili strutture tubulari che originano da aperture sulla superficie corporea, dette *stigmi*, e si ramificano man mano fino a raggiungere il sistema circolatorio, al quale cedono l'ossigeno. I **polmoni** invece sono organi evolutivamente più complessi tipici di rettili, uccelli e mammiferi, caratterizzati da una struttura sacciforme con un'ampissima superficie di scambio, dovuta alla grande quantità di alveoli, nei quali avvengono gli scambi gassosi con il sangue. Il sangue è poi responsabile della diffusione dell'ossigeno ai tessuti.

5.16.3 Trasporto di nutrienti e gas: il sistema circolatorio

Il trasporto di nutrienti e gas alle cellule si è evoluto in modo sempre più complesso man mano che è aumentata la complessità degli organismi. Il primo sistema circolatorio ad essersi sviluppato è stato quello molto rudimentale di alcuni animali, come gli anellidi, cui ha seguito lo sviluppo di sistemi più complessi come il sistema circolatorio aperto e, infine, il sistema circolatorio chiuso.

- **Sistema circolatorio rudimentale** → consiste in un *vaso contrattile* (che funge da cuore) *dorsale* e in uno *ventrale*, che si occupano di distribuire il fluido nutritizio, l'equivalente del sangue negli animali più complessi, in tutte le porzioni dell'animale. Questo sistema si trova in animali strutturalmente poco complessi, come gli anellidi (es. lombrichi), in cui non sono presenti arti e la cui costituzione metamerica rende possibile la vascolarizzazione tramite i due vasi. È un sistema circolatorio chiuso, in quanto il liquido contenuto al suo interno resta confinato nei vasi in cui scorre.
- **Sistema circolatorio aperto** → è un sistema più evoluto presente negli insetti, nei crostacei e nei molluschi. È caratterizzato dal fatto che l'*emolinfa*, ovvero il liquido extracellulare che contiene le sostanze nutrienti, viene pompata da tanti cuori intercalati sul vaso dorsale che la contiene in tutto il corpo, finendo poi in ampie lacune circondanti gli organi (*fig. 8*). A livello delle lacune avvengono gli scambi dei gas e dei nutrienti, dopodiché l'emolinfa fa ritorno al cuore tramite una serie di vasi collettori.

- **Sistema circolatorio chiuso** → è il sistema proprio di tutti i vertebrati, uomo compreso, e di alcuni molluschi. Il fluido circolatorio in questo caso è il sangue, che è contenuto all'interno di vasi e non esce mai da questi, infatti lo scambio di gas e nutrienti con i tessuti viene mediato dal fluido interstiziale, presente tra le cellule dei tessuti. Questo sistema consente di avere una maggior efficienza in termini di vascolarizzazione, poiché permette di avere lo scorrimento di un minor volume di sangue a una velocità maggiore e permette di regolare il flusso sanguigno tramite la regolazione del calibro dei vasi: per questi motivi è il sistema adottato dagli animali più voluminosi e con una maggior spesa energetica, per i quali un sistema circolatorio aperto sarebbe stato troppo "dispendioso" energeticamente.

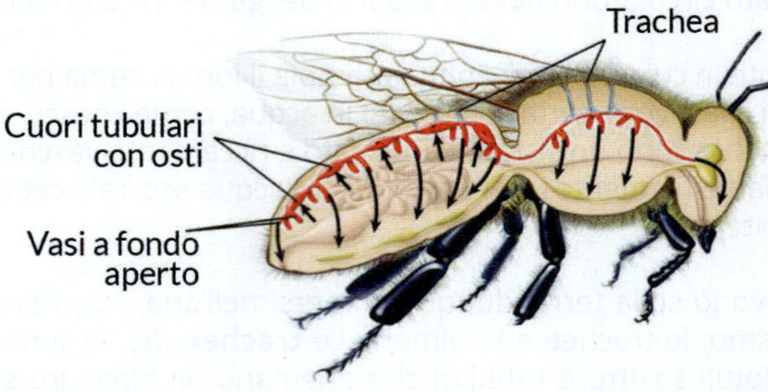

Figura 69: viene mostrata la circolazione aperta in un'ape. Ciascun cuore intercalato lungo il vaso dorsale è corredato di un ostio che consente al fluido di tornare al vaso principale. Nell'immagine sono mostrate anche le trachee respiratorie, che conducono l'ossigeno direttamente dall'ambiente esterno al sistema circolatorio.

ESERCIZIO **PROPOSTO**

5.16.3 Nei vertebrati l'apparato circolatorio è chiuso. Questo significa che:

A. Il cuore è diviso in una parte destra e in una parte sinistra, nettamente separate tra loro
B. Il sangue non si mescola mai con i liquidi interstiziali
C. La circolazione è divisa in sistemica e polmonare
D. È presente un solo cuore
E. Il circolo sanguigno e quello linfatico non comunicano tra loro

5.16.4 Eliminazione delle sostanze di scarto

È di fondamentale importanza per la sopravvivenza eliminare le sostanze di scarto prodotte dal metabolismo degli alimenti (in particolare l'ammoniaca, prodotto di scarto del metabolismo proteico che risulta tossica per l'organismo). Il processo di eliminazione degli scarti metabolici degli alimenti prende il nome di **escrezione**, ed è strettamente associato a un altro fenomeno, quello di **osmoregolazione**, ovvero la capacità di regolare attivamente la pressione osmotica dei fluidi interni, per impedire che diventino troppo diluiti o troppo concentrati. È uno dei meccanismi fisiologici che contribuiscono al mantenimento dell'omeostasi. Escrezione e osmoregolazione sono fenomeni fisiologici associati dal momento che i materiali di scarto richiedono acqua per essere diluiti e risultare quindi meno tossici.

I metodi di espulsione dell'ammoniaca variano molto a seconda del gradino della scala evolutiva su cui si trovano i vari animali:

- **organismi acquatici più semplici** → eliminano l'ammoniaca diluendola con l'ambiente acquoso esterno;
- **organismi acquatici complessi e terrestri** → per eliminare l'ammoniaca devono prima trasformarla in composti azotati meno tossici e più concentrabili: acido urico (pesci, insetti, uccelli e rettili) e urea (mammiferi).

La grande differenza tra gli apparati escretori sta tra gli invertebrati e i vertebrati. Tra gli invertebrati, i platelminti sono quelli con l'apparato escretore più semplice, in quanto possiedono cellule specializzate che prelevano dall'ambiente interno le sostanze di scarto e le veicolano all'esterno. Negli anellidi compare un tubo a forma di imbuto, il **nefridio**, che riassorbe i liquidi dalle cavità corporee, li filtra ed espelle all'esterno i rifiuti. Negli insetti si ha un'evoluzione del nefridio, ovvero i **tubuli di Malpighi**, un insieme di tubuli che drenano direttamente l'acido urico nell'intestino. I vertebrati hanno invece sviluppato il rene, embriologicamente assimilabile ad un insieme di nefridi, un organo che riversa i prodotti di scarto nella cloaca (la parte finale dell'intestino) nel caso degli uccelli, mentre nei mammiferi produce l'urina, che viene immagazzinata nella vescica prima di essere espulsa tramite l'uretra.

5.16.5 Apparato muscolo-scheletrico e movimento

L'apparato locomotore, ovvero l'apparato che consente ai viventi di muoversi nell'ambiente circostante, è generalmente costituito da una porzione di sostegno rigida, lo *scheletro*, e una porzione contrattile che prende inserzione sullo scheletro, i *muscoli*:

- **scheletro idrostatico** → alcuni animali più semplici, come gli invertebrati (es. anellidi e molluschi), non possiedono uno scheletro vero e proprio, ma hanno grandi cavità corporee colme di liquido, che conferiscono ai tessuti circostanti un notevole turgore grazie all'alta pressione esercitata dal liquido;
- **esoscheletro** → è una struttura di rivestimento e sostegno esterna, al cui interno prendono inserzione i muscoli, che con la loro contrazione consentono il movimento. È costituito da carbonato di calcio nei molluschi, da chitina negli artropodi. Proprio a causa della sua rigidità, può essere un ostacolo per la crescita dell'animale, perciò questo va periodicamente incontro a una *fase di muta*, in cui rimuove il vecchio esoscheletro e lo sostituisce con una nuova versione più grande;
- **endoscheletro** → è caratteristico dei vertebrati e si trova internamente al corpo, per cui mantiene funzione di sostegno, ma perde quella protettiva. Si tratta di una struttura molto resistente, caratterizzata da diverse ossa che si articolano tra di loro e consente un'ottima mobilità grazie alle inserzioni esterne dei muscoli.

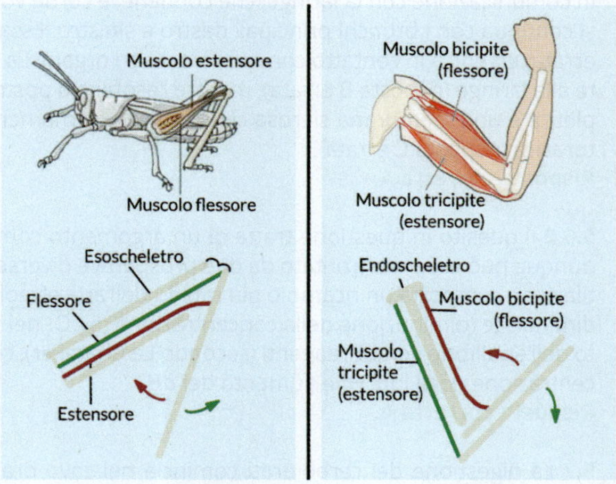

Figura 70: viene mostrata schematicamente la differenza anatomica e bio-meccanica tra un esoscheletro di insetto, su cui prendono inserzione internamente i muscoli, e un endoscheletro umano, su cui i muscoli si inseriscono esternamente.

CORREZIONI COMMENTATE AGLI ESERCIZI PROPOSTI

5.3 Quello riportato è un quesito del test di Medicina del 2015. La depolarizzazione del muscolo causata dallo stimolo di natura nervosa comporta l'apertura dei canali del calcio situati a livello del reticolo sarcoplasmatico. Il calcio liberato lega la troponina determinando la modificazione conformazionale della tropomiosina, proteina che "oscura" i siti **per la miosina sui filamenti di actina**. La modificazione conformazionale della tropomiosina consente alla miosina di legarsi all'actina e di iniziare la contrazione muscolare.
Risposta corretta D.

5.4.1 Quello riportato è un quesito del test di Medicina del 2015. Considerando un normale neurone umano, il *potenziale di membrana a riposo* ha un valore di circa ***-70 mV***. Quando si genera un potenziale d'azione si assiste a un'apertura dei canali del sodio e all'ingresso di questi ioni nel neurone secondo gradiente di concentrazione (l'esterno è più ricco di ioni Na^+ rispetto all'interno). L'ingresso di queste cariche positive causa una depolarizzazione della membrana che porta il potenziale fino a un valore di circa +35/+40 mV.
Risposta corretta A.

5.5 Prima di discutere le diverse alternative, bisogna inquadrare i vasi sanguigni in questione:
- **vene polmonari** → sono quattro vene che trasportano sangue ossigenato dal circolo polmonare all'atrio sinistro;
- **vena porta** → è una vena che raccoglie il sangue refluo dagli organi addominali (stomaco, milza, intestino...) per trasportarlo al fegato;
- **vena renale** → è una vena che raccoglie il sangue refluo dal rene.

Nelle vene polmonari si trova un'*alta pressione parziale di ossigeno*, poiché il sangue presente in questi vasi è appena stato ossigenato nel polmone (quindi il vaso **Z** con la massima concentrazione di ossigeno corrisponde sicuramente alla vena polmonare).
Nella vena porta si trova la massima concentrazione di glucosio (**Y**), in quanto questa vena raccoglie sangue refluo da organi che hanno appena riassorbito nutrienti (es. intestino tenue). Nella vena renale si trova una bassa concentrazione di urea (**X**), in quanto il sangue è appena stato depurato dal metabolita nel rene.
Risposta corretta C.

5.6 La trachea è un organo cavo che fa parte dell'apparato respiratorio umano. Superiormente è in comunicazione con la laringe, che contiene le corde vocali (risposta E errata), mentre in basso si continua con i bronchi principali destro e sinistro. Essa è lunga circa 12 centimetri (risposta D errata) ed entra in contatto con numerosi altri organi. La ghiandola tiroide è posta anteriormente alla laringe (risposta B errata), mentre l'esofago è posto posteriormente alla trachea. Infine, la pleura è una membrana sierosa che ricopre esternamente i polmoni e internamente la parete toracica (risposta C errata).
Risposta corretta A.

5.6.2 Il quesito in questione tratta di un argomento comune sia alla fisiologia che alla chimica, dunque può essere affrontato da due prospettive diverse. Dal punto di vista biologico, l'iperventilazione comporta un ricambio più rapido dell'aria alveolare e di conseguenza la PCO_2 alveolare diminuisce (diminuzione della concentrazione di CO_2 nel sangue); ciò comporta uno spostamento dell'equilibrio verso i reagenti (secondo Le Châtelier), con conseguente diminuzione della concentrazione degli ioni H^+ e aumento del *pH*.
Risposta corretta A.

5.7 La digestione dei carboidrati comincia nel cavo orale ad opera dell'amilasi salivare; la digestione delle proteine comincia nello stomaco ad opera della pepsina; la digestione dei lipidi comincia nel duodeno ad opera della lipasi pancreatica.
Risposta corretta E.

5.8 La sostanza che viene completamente riassorbita nel tubulo contorto prossimale del nefrone, dopo essere stata filtrata dal glomerulo, è proprio il glucosio. Dunque, esso non è presente nell'urina finale, ma è presente nella preurina!
Risposta corretta A.

5.9 Con **ghiandola pituitaria** ci si riferisce alla ghiandola ipofisi (che bella l'anatomia, piena di nomi diversi per la stessa cosa). Questo è un quesito preso dal test di Veterinaria del 2015 e lo abbiamo selezionato per la sua particolarità. Dunque, l'ipofisi può essere suddivisa in una porzione anteriore (adenoipofisi) e in una porzione posteriore (neuroipofisi), secernenti i seguenti ormoni:

- adenoipofisi → ormoni **adrenocorticotropo** (ACTH), tireostimolante (TSH), **follicolo stimolante** (FSH), **luteinizzante** (LH), prolattina, GH e MSH;
- neuroipofisi → ormoni **vasopressina** (ADH) e ossitocina. Tali ormoni però vengono prodotti nell'ipotalamo e solamente rilasciati all'interno della neuroipofisi.

Risposta esatta C.
Sorge però spontanea un'osservazione: *"Ma la vasopressina non è secreta dall'ipofisi, quindi la domanda è sbagliata"*. In realtà, senza scendere troppo nei dettagli, se si prova a rispondere per esclusione delle altre alternative, si può benissimo notare come tutte le altre risposte siano certamente sbagliate e come riportato dal decreto ministeriale per questi concorsi di ammissione *"i 60 quesiti presentano cinque opzioni di risposta, tra cui il candidato deve individuarne una soltanto, scartando le conclusioni errate, arbitrarie o meno probabili"*. Dunque il giorno del test non andare nel pallone; seleziona la risposta più corretta e continua il lavoro senza troppe paranoie.
Coraggio!

5.11 L'ormone follicolo-stimolante (FSH), rilasciato dall'adenoipofisi (ipofisi anteriore) stimola la produzione di estrogeni a livello ovarico, con conseguente picco di LH al 14° giorno (l'ovulazione); le cellule follicolari rimaste nell'ovaio, sotto effetto del LH, maturano andando a costituire il corpo luteo; quest'ultimo secerne progesterone che impedisce lo sviluppo di nuovi follicoli e permette il differenziamento dell'endometrio uterino. Quindi la sequenza corretta è:
FSH → estrogeni → LH → progesterone.
Risposta corretta A.

5.14 L'omero, che si trova nel braccio, possiede un'**epifisi prossimale** che partecipa all'articolazione della spalla, articolandosi con la cavità glenoidea della **scapola**, e un'**epifisi distale** che si articola a livello del gomito con le **epifisi prossimali** di radio e ulna.
Risposta corretta A.

5.15 Il nostro organismo, per difenderci, produce **anticorpi** e non antigeni; gli antigeni infatti sono molecole che l'anticorpo o le cellule del sistema immunitario riconoscono sulla superficie del patogeno. Durante la risposta immunitaria primaria vengono prodotte cellule effettrici e cellule della memoria; quest'ultime permangono anche dopo che l'infezione viene debellata, in modo tale da generare una reazione immunitaria più rapida in caso si verifichi un secondo contatto con lo stesso antigene.
Risposta corretta C.

5.16.3 Nei vertebrati la circolazione è sempre chiusa: il sangue scorre all'interno dei vasi (arterie, vene e capillari) spinto da un motore propulsore, il cuore. A differenza del sistema aperto, il sangue non si mescola con i liquidi interstiziali, in quanto non esce mai dai vasi in cui viene trasportato e non viene riversato nelle lacune dei tessuti, come invece accade nella circolazione aperta. Tutte le opzioni sono corrette dal punto di vista teorico, ma solamente una rispondeva propriamente alla definizione di "sistema circolatorio chiuso" chiesta dal quesito.
Risposta corretta B.

BIOENERGETICA

L'energia degli esseri viventi
Catalisi enzimatica
Metabolismo
Respirazione cellulare
Controllo della glicemia
Metabolismo dei lipidi
Metabolismo delle proteine
Fotosintesi clorofilliana
Metabolismo autotrofo ed eterotrofo
Contenuto energetico dei principali alimenti

6

Introduzione

Eccoci arrivati al capitolo più temuto da generazioni di studenti, quello che mille volte si studia e mille volte si dimentica. La bioenergetica è una disciplina completa e affascinante, che richiede una buona conoscenza della chimica e della biologia, e tanta, tantissima curiosità. Il metodo più efficace per rispondere alle domande in modo corretto è, in primis, fissare i fondamentali relativi al metabolismo del glucosio e, successivamente, fare tanto esercizio: sbagliare, correggere e imparare. È importante capire che non è fondamentale ricordare ogni singolo passaggio dietro a ogni processo biochimico, ma comprendere il significato che circonda l'intero processo, conoscendone le generalità.

6.1 L'ENERGIA DEGLI ESSERI VIVENTI

Ciascuna cellula è deputata allo svolgimento di numerose funzioni biologiche, la maggioranza delle quali richiede un importante consumo energetico, esattamente come un'automobile che consuma carburante per avanzare.

Mentre gli organismi *autotrofi*, come le piante, sono in grado di servirsi dell'energia elettromagnetica presente nei raggi solari per produrre l'energia chimica necessaria alle proprie reazioni cellulari, gli organismi *eterotrofi*, come gli esseri umani, sono costretti ad assumere dall'esterno le sostanze nutrienti contenenti energia chimica. Questa viene immagazzinata sotto forma di molecole ad alta energia: l'**adenosina trifosfato** (**ATP**), possedendo ben due legami ad alta energia, è una molecola ben disposta a immagazzinare e cedere agevolmente l'energia chimica, e per tale motivo viene definita la *moneta energetica* delle nostre cellule.
In particolare, dal punto di vista chimico, l'**ATP** è un derivato nucleotidico costituito da:

- un **ribosio**, zucchero pentoso;
- un'**adenina**, base azotata purinica;
- **tre gruppi fosfato**.

I due *legami ad alta energia* sono i *legami fosfoanidridici*, tra i gruppi fosfato.

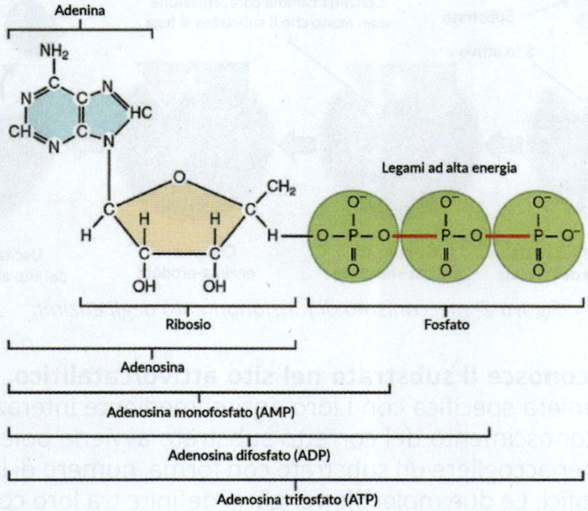

Figura 1: struttura della molecola di ATP. Si notino in rosso i legami fosfoanidridici ad alta energia.

Come visto nel capitolo 1 di questa sezione, le sostanze nutrienti (*carboidrati*, *lipidi* e *proteine*) sono dei polimeri che vanno incontro a una complessa serie di *reazioni di demolizione*, le quali liberano energia chimica che viene successivamente immagazzinata sotto forma di ATP. La *demolizione* è un processo ossidoriduttivo del tutto assimilabile a quello di una combustione che avviene in più tappe. La sostanza nutriente più importante è senza dubbio il **glucosio**, il quale viene introdotto all'interno di ogni tipo di cellula e demolito fino a formare anidride carbonica (CO_2) e acqua.

Nel corso delle varie reazioni di ossido-riduzione che si verificano durante la demolizione del glucosio, la maggior parte degli elettroni viene temporaneamente trasferita ai coenzimi **NAD** (*nicotinammide adenina dinucleotide*) e **FAD** (*flavina adenina dinucleotide*). Essi si trovano sia nel citoplasma che nel mitocondrio e accettano gli elettroni passando dalla loro forma ossidata NAD^+ e FAD alla loro forma ridotta **$NADH + H^+$** e **$FADH_2$**.

ATTENZIONE PER IL TEST

Da un punto di vista prettamente pratico le reazioni di ossido-riduzione possono essere viste nel modo seguente:

- **ossidazione** → **aggiunta** di un atomo di ossigeno o **rimozione** di due idrogeni (es. $NADH + H^+ \rightarrow NAD^+$ oppure $FADH_2 \rightarrow FAD$);
- **riduzione** → **rimozione** di un atomo di ossigeno o **aggiunta** di due idrogeni (es. $NAD^+ \rightarrow NADH + H^+$ oppure $FAD \rightarrow FADH_2$).

RICORDA: i coenzimi sono molecole organiche non proteiche che partecipano alle reazioni enzimatiche (vedi capitolo 1.4).

6.2 CATALISI ENZIMATICA

Con il termine **catalisi enzimatica** intendiamo un processo chimico volto a modificare l'energia di attivazione di una reazione grazie all'azione di un catalizzatore proteico che prende il nome di enzima.
Questa immagine ci permette di analizzare tutte le diverse fasi del processo:

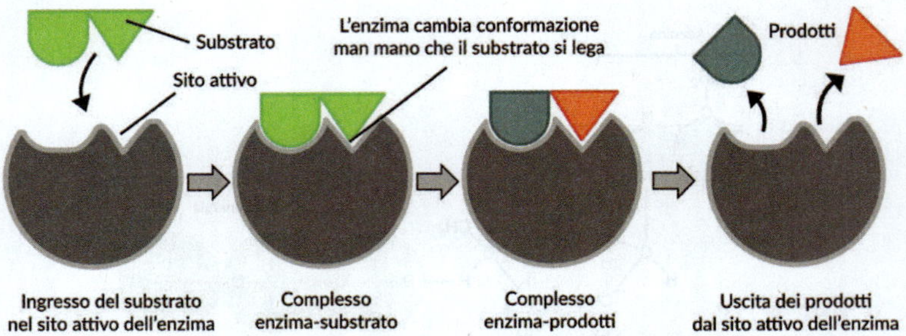

Figura 2: meccanismo di funzionamento degli enzimi.

1. **L'enzima riconosce il substrato nel sito attivo/catalitico**. I substrati interagiscono in maniera specifica con i loro enzimi mediante interazioni deboli non covalenti. Il riconoscimento del corretto substrato avviene poiché il catalizzatore è progettato per accogliere un substrato con forma, numero di legami ed energia di legame specifici. Le due molecole vengono definite tra loro complementari.
2. Durante il legame si verifica un **cambio conformazionale** che garantisce il corretto incastro delle due molecole (l'enzima si adatta progressivamente meglio al suo substrato). Quanto più saranno efficienti i legami fra enzima e substrato, maggiore sarà l'affinità del complesso creato. Avvenuta questa fase può avvenire la reazione.
3. Attraverso la reazione, il substrato è stato convertito in due **prodotti**.
4. I prodotti, essendo diversi dal substrato (e quindi avendo affinità minore per l'enzima), verranno **rilasciati con facilità**.

Esempio: prendiamo in considerazione l'enzima lattasi e il suo substrato lattosio: il processo di catalisi ha inizio quando il lattosio si lega, incastrandosi perfettamente nella lattasi. A questo punto l'enzima esplica la sua funzione e velocizza la produzione di galattosio e glucosio. Una volta rilasciate queste due molecole la lattasi sarà pronta per una nuova catalisi con una nuova molecola di lattosio.

6.2.1 Grafico di Michaelis Menten

Spesso quando si parla di enzimi si tende a fare riferimento al grafico di **Michaelis Menten** e alla costante definita **Km**.
Questo è un grafico che indica la velocità di una reazione, catalizzata da enzimi, in funzione della concentrazione di substrato.

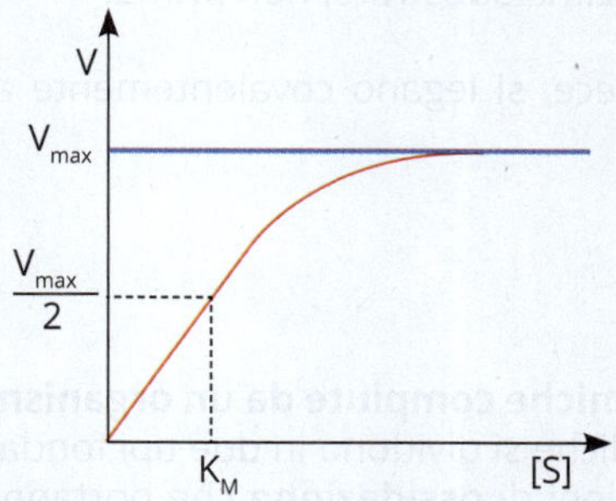

Figura 3: grafico rappresentante l'equazione di Michaelis-Menten, che mette in relazione la velocità della reazione con la concentrazione del substrato.

Come vediamo dal grafico, inizialmente l'aumento della velocità della reazione sale linearmente con l'aumento della concentrazione di substrato.
Dopo un po', però, per avere lo stesso aumento di velocità, non basterà più aumentare la concentrazione di substrato come prima, ma l'incremento dovrà mano a mano essere sempre maggiore, questo perché i siti attivi degli enzimi, luogo in cui avviene la reazione, inizieranno a essere saturati, pieni; di fatto, quindi, per il substrato sarà più difficile "trovare dove attaccarsi".
Infatti, come si vede dal grafico, esiste una velocità massima insuperabile; anche aumentando all'infinito la concentrazione del substrato, la velocità non supererà mai la velocità massima.
La velocità massima si raggiunge quando tutti i siti attivi (anche detti catalitici) di tutti gli enzimi saranno legati dal substrato.

6.2.2 Costante km

La Km è una grandezza caratteristica di ciascun enzima e indica la concentrazione di substrato necessaria a raggiungere **metà della velocità massima di reazione** (se la velocità massima è 100, la Km ci dice la concentrazione di substrato a cui la velocità è 50). Questa costante rivela l'**affinità** tra un substrato e l'enzima: più bassa sarà la Km più bassa sarà la concentrazione di substrato necessaria a raggiungere metà della velocità di catalisi massima (quindi alta affinità enzima-substrato).

6.2.3 Inibizione

Nel capitolo 1 è già stata analizzata la funzione dei cofattori e della regolazione allosterica. Oltre a questo, l'attività enzimatica può essere inibita reversibilmente o irreversibilmente. All'interno delle inibizioni **reversibili** abbiamo:

- **inibizione competitiva**: l'inibitore si lega al posto del substrato poiché la sua conformazione gli consente di occupare il sito attivo. In seguito a questo legame, il substrato non troverà spazio per legarsi e quindi la catalisi sarà inibita;

- **inibizione non competitiva**: l'inibitore si lega in un'area diversa dal sito attivo (ad esempio nel sito allosterico).
  Teoricamente quindi il sito attivo rimane a disposizione del substrato. Tuttavia, il legame dell'inibitore genera un cambio conformazionale nell'enzima che non garantirà più la complementarietà tra enzima e substrato. Sarà così impedita la catalisi;
- **inibizione acompetitiva o incompetitiva**: l'inibitore si legherà quando sarà formato il complesso enzima-substrato, non prima.

Gli inibitori **irreversibili**, invece, si legano covalentemente all'enzima, impedendo una qualunque sua riattivazione.

6.3 METABOLISMO

L'**insieme delle reazioni chimiche compiute da un organismo** prende il nome di **metabolismo**. Le reazioni metaboliche si dividono in due tipi fondamentali:

- **catabolismo** → reazioni di **ossidazione** che portano alla **degradazione di macromolecole** in molecole più semplici (es. *glicolisi*, *digestione proteine*, *glicogenolisi*) e alla **riduzione** dei coenzimi ossidoriduttivi ($NAD^+ \rightarrow NADH + H^+$ oppure $FAD \rightarrow FADH_2$);
- **anabolismo** → reazioni di **riduzione** che portano alla **sintesi di macromolecole** a partire da molecole più semplici (es. *sintesi delle proteine, glicogenosintesi*) e alla **ossidazione** dei coenzimi ossidoriduttivi (es. $NADH + H^+ \rightarrow NAD^+$ oppure $FADH_2 \rightarrow FAD$).

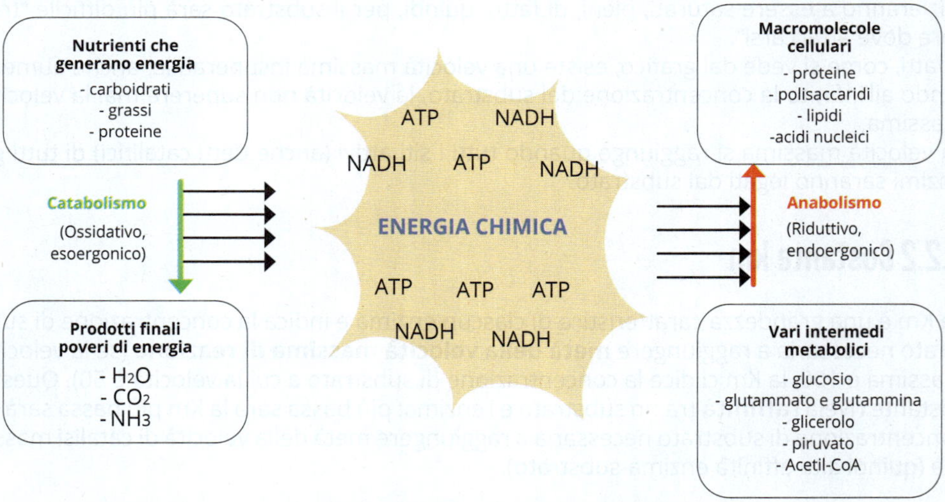

Figura 4: schema generale del metabolismo.

Ai fini del test è fondamentale la conoscenza del catabolismo del glucosio, metabolismo che, in presenza di ossigeno, prende il nome di ***respirazione cellulare***.

6.4 RESPIRAZIONE CELLULARE

La respirazione cellulare è una sequenza di vie metaboliche che porta all'ossidazione completa del glucosio al fine di immagazzinare energia di riserva sotto forma di ATP. L'equazione generale della respirazione cellulare coincide con quella di una reazione di combustione, i cui reagenti sono rappresentati da glucosio e ossigeno mentre i prodotti da anidride carbonica e acqua:

$$C_6H_{12}O_6 + 6\,O_2 \rightarrow 6\,CO_2 + 6\,H_2O$$

La respirazione cellulare si compone di più vie in sequenza:

1. **glicolisi**;
2. **decarbossilazione ossidativa del piruvato**;
3. **ciclo di Krebs**;
4. **catena di trasporto degli elettroni e fosforilazione ossidativa**.

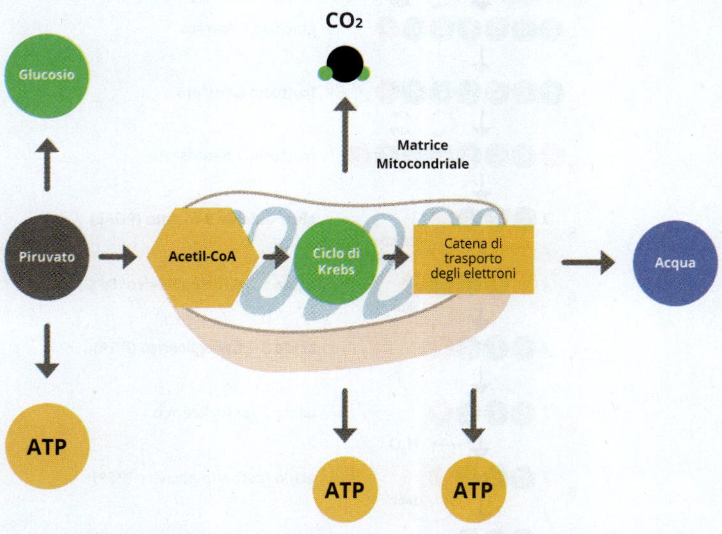

Figura 5: rappresentazione delle varie fasi della respirazione cellulare.

6.4.1 Glicolisi

La glicolisi è un processo che **avviene nel citosol** e che consiste nella parziale ossidazione della molecola di glucosio in **due molecole di piruvato** (o *acido piruvico*). Come le altre tappe della respirazione cellulare essa è un *processo ossidativo* che comporta la *riduzione dei coenzimi*; in particolare, l'ossidazione della molecola di glucosio (6 atomi di carbonio) in due molecole di piruvato (3 atomi di carbonio) libera l'energia necessaria a produrre direttamente due ATP e a ridurre due NAD^+ in $NADH + H^+$:

$$glucosio + 2\,ADP + 2\,P_i + 2\,NAD^+ \rightarrow 2\,piruvato + 2\,ATP + 2\,NADH + 2\,H^+ + 2\,H_2O$$

Le reazioni che compongono la glicolisi si possono suddividere in **due fasi successive**:

1. **fase di investimento energetico** (endoergonica) → il glucosio viene dapprima fosforilato per formare il **fruttosio-1,6-bisfosfato** e successivamente ossidato fino ad essere scisso in **due molecole di *gliceraldeide-3-fosfato***. Durante questo processo, **si consumano 2 molecole di ATP**;
2. **fase di guadagno energetico** (esoergonica) → la molecola di gliceraldeide-3-fosfato si ossida gradualmente in acido piruvico, venendo dapprima fosforilata senza consumo di ATP e successivamente defosforilata due volte cedendo i propri gruppi fosfato a 2 molecole di ADP per formare 2 ATP; al netto, per ogni molecola di gliceraldeide-3-fosfato si ottengono 2 ATP e 1 NADH + H^+, dunque per ogni molecola di glucosio, si ottengono **4 molecole di ATP** e **2 molecole di NADH + H^+**.

In sintesi, i **prodotti finali** della glicolisi, **per una molecola di glucosio**, includono:

- 2 molecole di ATP (2 consumate e 4 prodotte);
- 2 molecole di NADH + H^+;
- 2 molecole di acido piruvico;
- 2 molecole di H_2O.

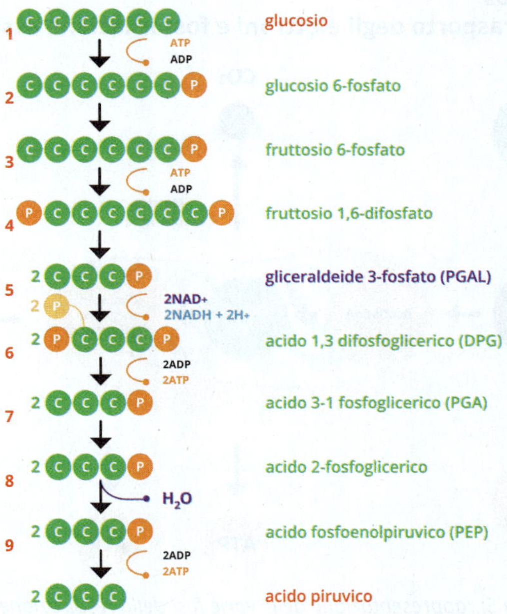

Figura 6: glicolisi. Si noti l'ultima reazione, nella quale un enzima (piruvato chinasi) defosforila il fosfoenolpiruvato a piruvato; quest'ultimo sarà dunque privo di gruppi fosfato.

La glicolisi può avvenire sia in presenza di ossigeno (*glicolisi aerobia*) che in assenza di ossigeno (*glicolisi anaerobia*): la glicolisi aerobia rappresenta la prima tappa della respirazione cellulare e viene seguita dalla *decarbossilazione ossidativa del piruvato*, mentre la glicolisi anaerobia viene seguita dal processo di *fermentazione*, che porta alla riduzione del piruvato in acido lattico (*fermentazione lattica*) o in etanolo (*fermentazione alcolica*).

ESERCIZIO **PROPOSTO**

6.4.1 Durante la glicolisi:

A. Da ogni molecola di glucosio si producono due molecole di fruttosio-1,6- difosfato
B. Il fosfoenolpiruvato è convertito in piruvato dall'enzima isomerasi
C. Sono necessarie due molecole di glucosio per ottenere una molecola di piruvato
D. Quattro molecole di ADP sono fosforilate per formare ATP
E. Per ogni molecola di glucosio si produce una molecola di gliceraldeide-3-fosfato

6.4.2 Fermentazione

La glicolisi comporta l'ossidazione del glucosio e la concomitante riduzione del coenzima NAD^+ a NADH + H^+. Nelle cellule eucariotiche **prive di mitocondri** (es. eritrociti) o dotate di mitocondri ma che si trovano in **condizioni anaerobiche** (assenza di ossigeno) la glicolisi rappresenta l'*unica fonte di ATP*, pertanto, le cellule compiono numerosi cicli glicolitici consumando una grande quantità di glucosio e riducendo una grande quantità di NAD^+; in assenza di un adeguato meccanismo di compenso si esaurirebbe tutta la scorta di NAD^+ a livello citosolico e ciò comporterebbe un *blocco della glicolisi* per mancanza di questo coenzima fondamentale. Tuttavia ciò non si verifica grazie a un processo, chiamato **fermentazione**, che permette di riossidare il NADH + H^+ prodotto nella glicolisi a NAD^+. Ne esistono due tipi:

- **fermentazione lattica** → è il processo utilizzato dalle cellule animali e da alcuni batteri per riossidare il NAD^+ citoplasmatico *in assenza di ossigeno o mitocondri*. Essa avviene nel **citosol** a opera dell'enzima **lattico-deidrogenasi (LDH)**, che riduce l'acido piruvico in acido lattico riossidando il NADH + H^+ in NAD^+. Questo processo è fondamentale negli eritrociti, ma anche nelle cellule muscolari: se la contrazione muscolare è particolarmente intensa nelle prime fasi (es. sollevamento pesi) la pressione generata nel muscolo non consente un adeguato apporto di sangue e quindi di ossigeno, dunque, la glicolisi procede per via anaerobia (esercizio muscolare anaerobio) e si accumula una notevole quantità di lattato. Il lattato esce dunque dal muscolo e si riversa nel sangue, tramite il quale giunge al fegato, dove viene riconvertito in piruvato che potrà essere utilizzato nei processi di *gluconeogenesi*, per risintetizzare glucosio. Quest'ultimo ingegnoso meccanismo di riciclo dell'energia chimica prende il nome di **ciclo di Cori**;

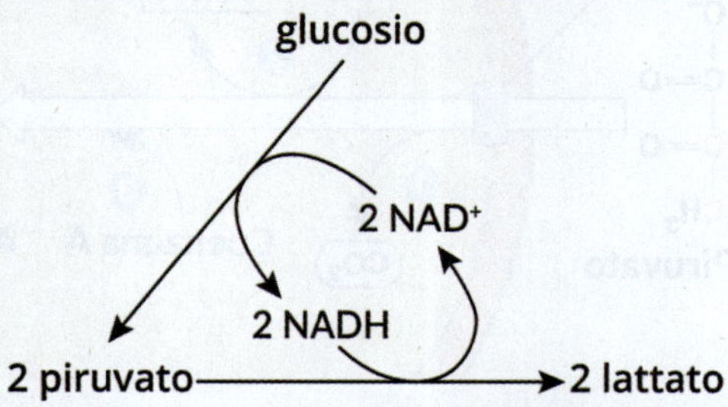

Figura 7: rappresentazione schematica della fermentazione lattica.

- **fermentazione alcolica** → la fermentazione alcolica è un processo utilizzato dalcuni **lieviti** per riossidare il NADH + H^+ citosolico in assenza di ossigeno. Essa prevede la decarbossilazione (viene eliminata una molecola di CO_2) del piruvato in **acetaldeide** e la successiva riduzione dell'acetadeldeide in **etanolo** (o alcol etilico) associata all'ossidazione del NADH + H^+ in NAD^+. Questo processo è fondamentale per i processi di produzione del vino e della birra, nei quali i lieviti consumano il glucosio contenuto nell'uva e nell'orzo producendo etanolo.

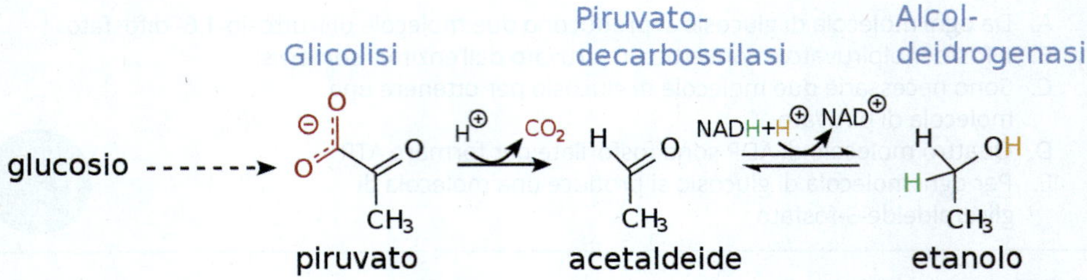

Figura 8: rappresentazione schematica della fermentazione alcolica.

N.B. Durante la fermentazione non si produce ATP!

6.4.3 Decarbossilazione ossidativa del piruvato

In **condizioni aerobiche** (in presenza di adeguate quantità di ossigeno), il piruvato prodotto dalla glicolisi viene trasferito nella **matrice mitocondriale**, dove viene elaborato da un enzima chiamato **piruvato-deidrogenasi**: questo enzima ossida e decarbossila il piruvato (3 atomi di carbonio) in *acetato* (2 atomi di carbonio), il quale a sua volta verrà legato a un composto chiamato *coenzima A* (CoA) per formare l'**acetil-CoA**. Tale processo comporta la riduzione di 1 NAD^+ a NADH + H^+:

$$2 \text{ piruvato} + 2\ NAD^+ \rightarrow 2 \text{ acetil-CoA} + 2\ NADH + 2\ CO_2$$

In sintesi, i **prodotti finali** della decarbossilazione ossidativa, per **una molecola di glucosio**, cioè per *due molecole di piruvato*, includono:

- 2 molecole di acetil-CoA;
- 2 molecole di NADH + H^+;
- 2 molecole di CO_2.

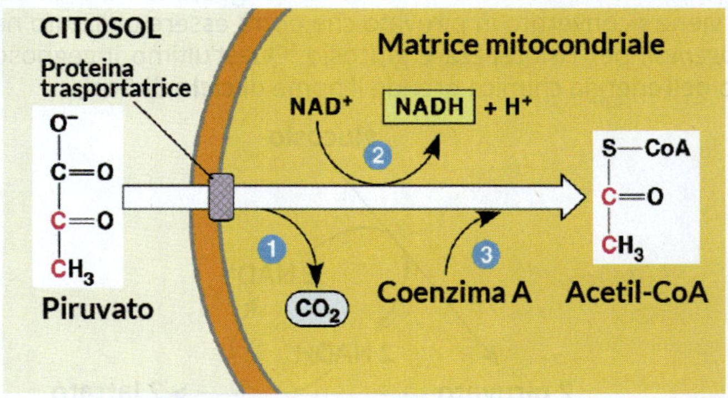

Figura 9: decarbossilazione ossidativa del piruvato.

N.B. La decarbossilazione ossidativa, così come il ciclo di Krebs, non presenta l'ossigeno tra i suoi reagenti, ma la presenza di ossigeno nel mitocondrio è necessaria affinché questa possa avvenire, poiché senza di esso si bloccano i processi a valle (*catena di trasporto degli elettroni*) e si esauriscono le scorte mitocondriali di NAD^+, coenzima fondamentale per la piruvato-deidrogenasi.

6.4.4 Ciclo di Krebs

Il **ciclo degli acidi tricarbossilici**, **ciclo dell'acido citrico** o **ciclo di Krebs** è un processo che porta alla **completa ossidazione dell'acetil-CoA** (2 atomi di carbonio) **in 2 molecole di** CO_2 e si svolge all'interno della **matrice mitocondriale** (nei procarioti avviene nel *citoplasma*).
Il processo inizia con il legame dell'*acetil-CoA* (2 atomi di carbonio) all'**ossalacetato** (4 atomi di carbonio) per formare l'**acido citrico** (6 atomi di carbonio), il quale, dopo diverse reazioni, viene parzialmente ossidato perdendo **due molecole di** CO_2 riformando ossalacetato. Durante ogni ciclo si formano i seguenti prodotti:

- 2 molecole di CO_2;
- 3 molecole di NADH + H^+;
- 1 molecola di $FADH_2$;
- 1 molecola di GTP (che viene subito convertita in ATP).

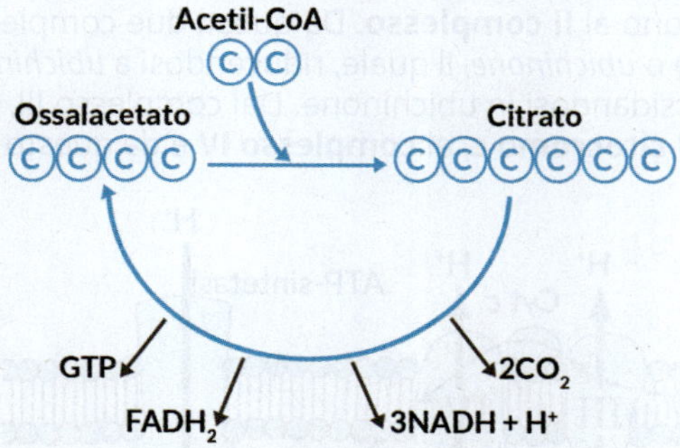

Figura 10: ciclo di Krebs.

Sebbene il ciclo di Krebs possa apparentemente sembrare un metabolismo prettamente di natura catabolica, in realtà presenta anche degli importanti aspetti anabolici: durante il processo, infatti, diverse molecole intermedie possono essere utilizzate come precursori per altri metabolismi anabolici. Per tale motivo il ciclo di Krebs viene definito come un metabolismo **anfibolico**.

In sintesi, i **prodotti finali** del ciclo di Krebs, per una **molecola di glucosio**, ossia per due molecole di acetil-CoA (due cicli), includono:

- 4 molecole di CO_2;
- 6 molecole di NADH + H^+;
- 2 molecole di $FADH_2$;
- 2 molecole di ATP.

ESERCIZIO **PROPOSTO**

6.4.4 Durante la fase aerobica della respirazione cellulare, la demolizione del glucosio rilascia diossido di carbonio. Per ogni molecola di glucosio, quante molecole di diossido di carbonio vengono rilasciate rispettivamente nella decarbossilazione ossidativa del piruvato (L) e nel ciclo di Krebs (K)?

A. L = 2; K = 4
B. L = 1; K = 2
C. L = 4; K = 2
D. L = 2; K = 1
E. L = 2; K = 2

6.4.5 Catena di trasporto degli elettroni e fosforilazione ossidativa

A questo punto della respirazione cellulare, dalla degradazione di una molecola di glucosio sono state formate soltanto 4 molecole di ATP, un bottino relativamente povero rispetto alla totalità dell'energia chimica liberata dall'ossidazione della sostanza nutriente per eccellenza. Tuttavia, le nostre cellule dispongono, all'interno dei mitocondri, di un raffinato sistema che ha lo scopo di *massimizzare la produzione di ATP* tramite la riossidazione dei coenzimi ridotti NADH + H^+ e $FADH_2$; tale sistema prende il nome di **catena di trasporto degli elettroni**. Essa è un sistema che si serve di quattro importanti complessi multienzimatici disposti sulle **creste mitocondriali** della membrana mitocondriale interna (a livello della membrana plasmatica nei procarioti); tali complessi fungono da **accettori temporanei di elettroni**, i quali, dopo essere stati accettati dai coenzimi ridotti (che vengono così ossidati), saltano di complesso in complesso fino a giungere all'**ossigeno**, che funge da **accettore finale degli elettroni** riducendosi in H_2O.
In particolare, gli elettroni ceduti dal NADH si indirizzano verso il **I complesso**, quelli ceduti dal $FADH_2$ giungono al **II complesso**. Da questi due complessi, gli elettroni vengono ceduti al **coenzima Q** o *ubichinone*, il quale, riducendosi a *ubichinolo*, indirizza gli elettroni al **complesso III**, riossidandosi in ubichinone. Dal complesso III, gli elettroni vengono poi veicolati, attraverso il **citocromo c**, al **complesso IV** e da questo saltano all'ossigeno.

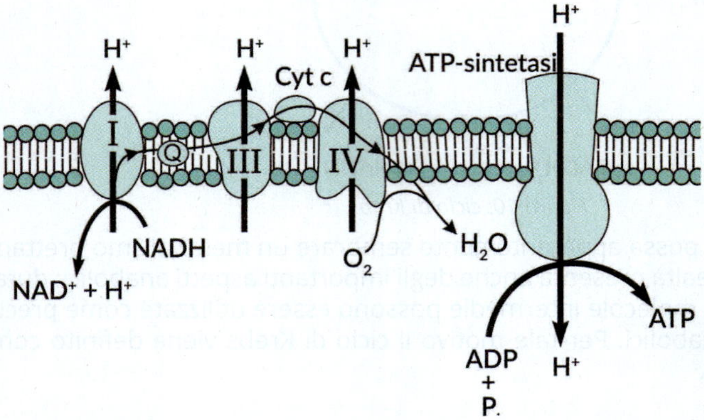

Figura 11: catena di trasporto degli elettroni e complesso dell'ATP-sintasi.

Il passaggio di elettroni attraverso i vari complessi libera un'energia che permette di trasferire dei protoni (H^+) dalla matrice mitocondriale allo spazio intermembrana (è un trasporto attivo, contro gradiente, che quindi consuma energia); in questo modo l'energia chimica presente originariamente nel glucosio e poi nei coenzimi, si trova adesso nello spazio intermembrana del mitocondrio sotto forma di **gradiente elettro-chimico**.
Dal momento che la membrana mitocondriale interna è *impermeabile ai protoni*, questi possono rientrare nella matrice solo attraverso un canale presente nel complesso dell'**ATP-sintasi**, il quale, sfruttando il flusso di protoni, forma l'energia necessaria per la sintesi di ATP a partire da ADP e P_i. In particolar modo, dall'energia proveniente da **una molecola di NADH + H^+** si ottengono **3 molecole di ATP**, mentre da **una molecola di $FADH_2$** si ottengono **2 molecole di ATP**.

N.B. In condizioni di normalità, soltanto il 38% dell'energia contenuta all'interno del glucosio viene effettivamente racchiusa nelle molecole di ATP. Il resto dell'energia chimica viene dispersa sotto forma di **calore** grazie anche all'azione di alcune molecole definite **disaccoppianti (termogenina)** che *disaccoppiano* il gradiente protonico dall'azione della ATP-sintasi (*sotto sotto siamo tutti dei lanciafiamme*).

6.4.6 Resa dei conti

Ai fini del test, è fondamentale conoscere, per ogni processo affrontato, la *sede*, i *reagenti*, i *prodotti*, gli *ATP prodotti* e i *coenzimi ridotti*. Un fondamentale accorgimento: la decarbossilazione ossidativa e il ciclo di Krebs avvengono dopo che la molecola originaria di glucosio si è scissa, nel corso della glicolisi, in due molecole di piruvato; dunque i bilanci di questi due processi, se la richiesta dell'esercizio si riferisce a *una molecola di glucosio*, devono essere *raddoppiati*.

Processo di ossidazione del carbonio	Sede	CO_2 (per glucosio)	ATP (per glucosio)	NADH (per glucosio)	$2FADH_2$ (per glucosio)
Glicolisi	Citosol	0	2	2	0
Decarbossilazione ossidativa	Matrice mitocondriale	2	0	2	0
Ciclo di Krebs	Matrice mitocondriale	4	2	6	2
Totale		**6**	**4**	**10**	**2**

In sintesi, per **una molecola di glucosio**, da glicolisi e ciclo di Krebs si ottengono 4 molecole di ATP, alle quali vanno sommate quelle che si sono formate durante la fosforilazione ossidativa a partire dagli elettroni di 10 NADH e 2 $FADH_2$:

$$10\ NADH = 10 \cdot 3\ ATP = 30\ ATP$$
$$2\ FADH_2 = 2 \cdot 2\ ATP = 4\ ATP$$

Dunque, il bilancio netto totale è pari a **38 molecole di ATP**. È importante sottolineare che tale bilancio è valido solo per le cellule procariote, poiché nelle cellule eucariote 2 ATP vengono spesi per il trasporto delle 2 molecole di $NADH + H^+$ formate durante la glicolisi dal citosol al mitocondrio (così da poterne permettere l'utilizzo nella catena di trasporto degli elettroni); dunque il bilancio netto negli **eucarioti** è di **36 molecole di ATP**.

ESERCIZIO **PROPOSTO**

6.4.7 Quale delle seguenti affermazioni riguardanti la respirazione cellulare è corretta?

A. Da una molecola di glucosio, al termine del ciclo di Krebs, si sono formate 4 molecole di ATP nette
B. La respirazione cellulare nei procarioti produce 36 molecole di ATP
C. Da una molecola di $FADH_2$ si ricavano 3 molecole di ATP
D. È la principale via metabolica utilizzata dagli eritrociti
E. Avviene, se necessario, anche in assenza di ossigeno, producendo lattato per far riossidare il NADH

6.5 CONTROLLO DELLA GLICEMIA

Con il termine **glicemia** si indica la *concentrazione ematica del glucosio*, la quale, in condizioni normali, presenta un valore che si aggira intorno ai 100 mg/dL. Tale valore viene mantenuto il più costante possibile da specifici sistemi di controllo ormonali che agiscono in modo da poter garantire un corretto e costante apporto di glucosio a tutte le cellule dell'organismo e soprattutto del sistema nervoso; i **neuroni** infatti utilizzano esclusivamente glucosio come "carburante" e per tale motivo, valori *eccessivamente bassi di glicemia* possono portare ad alterazioni più o meno gravi della funzionalità neuronale (le altre cellule invece compensano tale mancanza utilizzando lipidi come fonte energetica).

I principali ormoni coinvolti nel controllo della glicemia sono l'**insulina**, ormone ad azione *anabolica* e **ipoglicemizzante**, e il **glucagone**, ormone ad azione *catabolica* e **iperglicemizzante**; la loro funzionalità va considerata in due fasi distinte:

- **dopo un pasto** → dopo aver introdotto degli alimenti (soprattutto se ricchi di carboidrati) la glicemia tende ad aumentare notevolmente e tale aumento rappresenta lo stimolo per la secrezione di insulina da parte delle **cellule β** delle **isole di Langerhans** del pancreas. L'insulina abbassa la glicemia (*azione ipoglicemizzante*) causando l'ingresso di glucosio nelle **cellule muscolari**, dove verrà attuata la **glicogenesi** per permetterne la conversione in *glicogeno* (*azione anabolica*), e nelle **cellule adipose**, dove verrà attivata la **lipogenesi** per convertire il glucosio in trigliceridi. Inoltre, stimola la glicogenesi anche negli **epatociti** e inibisce la **gluconeogenesi** epatica, un *metabolismo anabolico* che permette di formare glucosio a partire da altri metaboliti (es. amminoacidi, lattato, ecc.);
- **a digiuno** → in condizioni di digiuno (es. al risveglio) la glicemia tende a diminuire gradualmente nel tempo a causa del suo consumo nelle cellule periferiche. Per evitare lo sviluppo di un'ipoglicemia, le **cellule α** delle isole di Langerhans producono *glucagone*, il quale stimola la **glicogenolisi** muscolare ed epatica, che permette la *scissione del glicogeno in glucosio*, e la **lipolisi** adipocitaria, che scinde i trigliceridi in glicerolo e acidi grassi che verranno utilizzati a scopo energetico; il glucosio così ottenuto verrà rilasciato nel circolo ematico ristabilendo i valori normali di glicemia. Infine, il glucagone *stimola* la **gluconeogenesi** epatica.

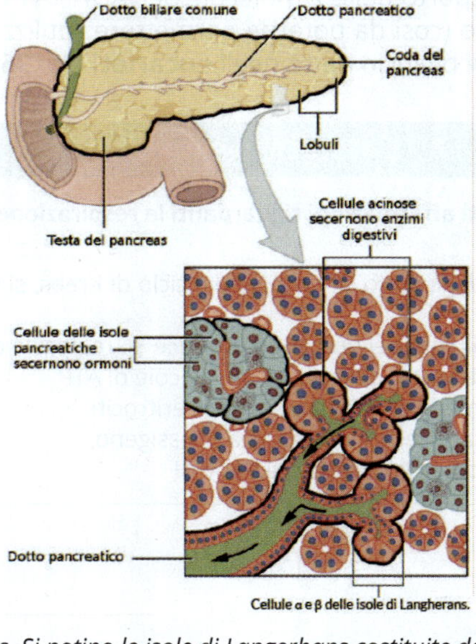

Figura 12: pancreas. Si notino le isole di Langerhans costituite dalle cellule α e β.

6.6 METABOLISMO DEI LIPIDI

Il nostro corpo è capace di sintetizzare sia il colesterolo che gli acidi grassi; questi ultimi vengono accumulati sotto forma di *trigliceridi* in condizioni di abbondanza di glucosio (es. dopo un pasto) e in presenza di insulina che stimola la *lipogenesi*.

- Il **colesterolo** ha **ruolo strutturale**: la sua presenza è necessaria per la formazione delle membrane cellulari e per la sintesi di acidi biliari e ormoni steroidei, ma esso non può essere degradato per ricavare energia.
- Gli **acidi grassi** hanno un **ruolo** sia **strutturale** che **energetico**: essi possono essere inglobati nei trigliceridi come riserva energetica o nei fosfolipidi delle membrane cellulari, ma possono anche essere ossidati nei *mitocondri* tramite il processo di **β-ossidazione**, con il quale si ottengono elevate quantità di ATP.

BIOLOGIA

6.7 METABOLISMO DELLE PROTEINE

	Cosa avviene	Regolazione	Dove avviene
Proteolisi	Degradazione delle proteine. Avviene tramite idrolisi del legame peptidico a opera di enzimi detti **proteasi**	Il processo è regolato in base alla quantità di glucidi e lipidi nella cellula. Infatti le proteine in situazioni di emergenza possono essere utilizzate come fonte energetica	Tratto gastrointestinale, nel citoplasma delle cellule
Ciclo dell'urea	Degradazione degli amminoacidi e conversione in **urea**, in seguito espulsa con le urine. Serve a degradare l'ammoniaca (altamente tossica)	L'andamento del processo dipende strettamente dalla quantità di proteine ingerite con la dieta	Fegato

6.8 FOTOSINTESI CLOROFILLIANA

Tutti i processi descritti nel corso della respirazione cellulare sono validi *anche per le cellule eucariotiche vegetali*: anche esse infatti presentano mitocondri e necessitano di sostanze nutrienti, come le cellule eucariotiche animali, sia per funzioni energetiche che per funzioni strutturali. Tuttavia, le cellule vegetali, essendo cellule *autotrofe*, sono in grado di convertire l'energia elettromagnetica della luce in energia chimica, tramite un processo che si svolge nei **cloroplasti** e che prende il nome di ***fotosintesi clorofilliana***. Dal punto di vista chimico, la fotosintesi clorofilliana è un processo **anabolico** volto alla **produzione di glucosio** a partire da **CO_2, H_2O** ed **energia elettromagnetica**:

$$6\,CO_2 + 6\,H_2O \rightarrow C_6H_{12}O_6 + 6\,O_2$$

La fotosintesi avviene in due fasi distinte e sequenziali: la prima fase serve a ricavare l'energia elettromagnetica dalla luce (**fase luce-dipendente**) e a convertirla in energia chimica riducendo i coenzimi e producendo ATP; la seconda fase (**fase luce-indipenden-**

te o **ciclo di Calvin**) si serve dei coenzimi ridotti e degli ATP ottenuti nella prima fase per ridurre l'anidride carbonica acquisita dall'ambiente in glucosio.

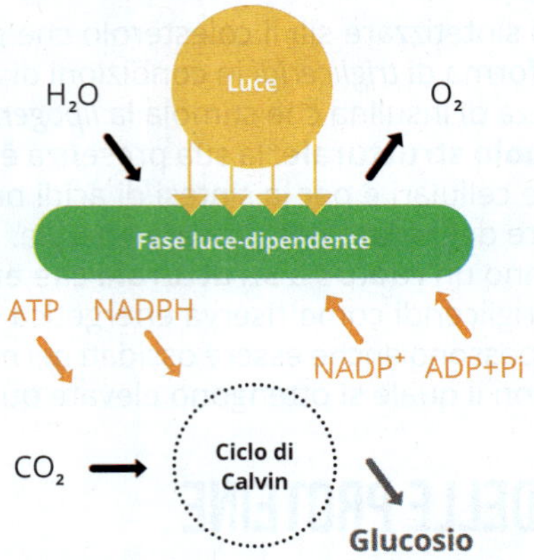

Figura 13: schema riassuntivo della fotosintesi.

6.8.1 Fase luce-dipendente

Nel corso della fase luce-dipendente o luminosa, l'energia elettromagnetica, sotto forma di luce, solare o artificiale, stimola dei pigmenti, coma la **clorofilla**, che si organizzano in **fotosistemi** collocati sulle **membrane dei tilacoidi**, i quali causano la rottura delle molecole d'acqua in ossigeno, protoni ed elettroni mediante il processo di **fotolisi**:

- la luce stimola per primo il **fotosistema II**, il quale passa gli elettroni al **plastochinone**, il quale a sua volta li passa ad un citocromo che si riduce per poi cedere gli elettroni alla **plastocianina**. Questa è l'ultimo trasportatore di elettroni verso il **fotosistema I**, che colpito dall'energia luminosa si eccita e permette la riduzione di **$NADP^+$** in **NADPH**;
- i **protoni**, invece, vengono dapprima pompati nel **lume del tilacoide** generando un gradiente elettro-chimico e successivamente, in modo analogo alla fosforilazione ossidativa, passano attraverso un canale presente nel complesso dell'**ATP-sintasi** formando l'energia necessaria per la sintesi di **ATP** a partire da ADP e Pi.

In sintesi, la fase luce-dipendente avviene sulle membrane dei tilacoidi e porta alla produzione di NADPH e ATP. Inoltre, dalla fotolisi dell'acqua si ottiene ossigeno molecolare (*che permette alla specie umana di sopravvivere, grazie piante*).

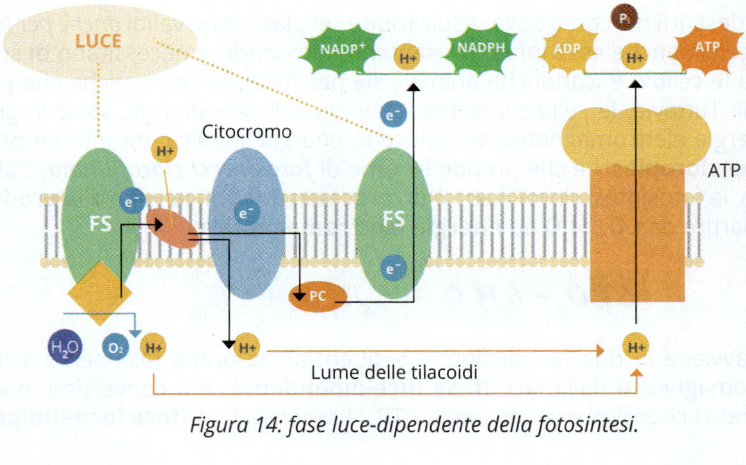

Figura 14: fase luce-dipendente della fotosintesi.

6.8.2 Fase luce-indipendente

La fase luce-indipendente, nota anche come **fase oscura** o **ciclo di Calvin**, può avvenire sia *in presenza* che *in assenza* di luce. Essa è un processo ciclico anabolico che porta a ottenere *glucosio* (6 atomi di carbonio) a partire da *ribulosio 1,5-difosfato* (RuBP, 5 atomi di carbonio) e *anidride carbonica* (1 atomo di carbonio) grazie all'azione dell'enzima **RuBisCo**. La fase oscura si svolge nello **stroma dei cloroplasti** e si serve degli **ATP** e dei **NADPH** prodotti nel corso della fase luce-dipendente, i quali verranno ossidati a $NADP^+$ e ADP + P_i. Per fare ciò, 6 molecole di CO2 si uniscono a 6 molecole di RuBP, formando 12 molecole di **3-fosfoglicerato**. Questo verrà poi ridotto a **1,3-disfosfoglicerato** (DPGA) che a sua volta verrà ridotto a **gliceraldeide 3 fosfato** G3P. Di 12 molecole di G3P, solamente 2 sono utilizzate per formare glucosio. Le altre, vengono impiegate nella rigenerazione del RuBP.

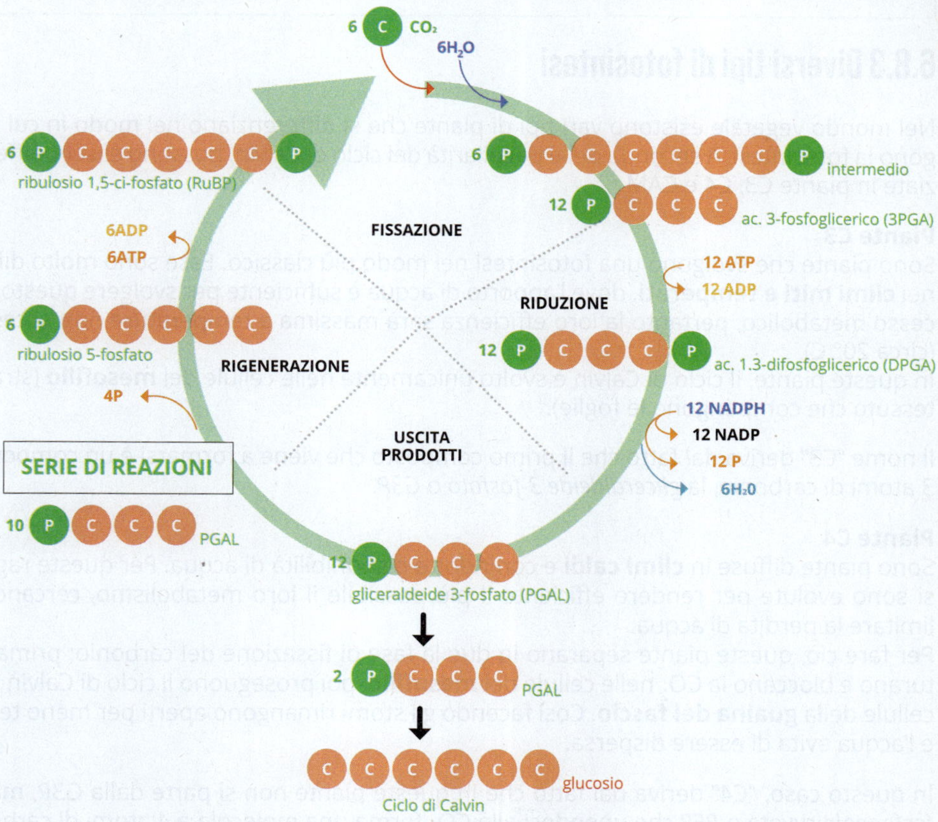

Figura 15: fase luce-indipendente della fotosintesi.

ESERCIZIO **PROPOSTO**

6.8 Quali delle seguenti molecole può essere prodotta in una cellula fotosintetica in assenza di luce?
1. NADH
2. $FADH_2$
3. $NADP^+$

A. Tutte
B. Solo 1 e 2
C. Solo 2 e 3
D. Solo 3 e 1
E. Nessuna

6.8.3 Diversi tipi di fotosintesi

Nel mondo vegetale esistono vari tipi di piante che si differenziano nel modo in cui svolgono la fotosintesi. A seconda delle peculiarità del ciclo di Calvin, possono essere differenziate in piante C3, C4 e CAM.

Piante C3
Sono piante che svolgono una fotosintesi nel modo più classico. Esse sono molto diffuse nei **climi miti e temperati**, dove l'apporto di acqua è sufficiente per svolgere questo processo metabolico, pertanto la loro efficienza sarà massima a temperature non eccessive (circa 20° C).
In queste piante, il ciclo di Calvin è svolto unicamente nelle cellule del **mesofillo** (strati di tessuto che compongono le foglie).

Il nome "C3" deriva dal fatto che il primo composto che viene a formarsi è un composto a 3 atomi di carbonio, la *gliceraldeide 3-fosfato* o *G3P*.

Piante C4
Sono piante diffuse in **climi caldi** e con ridotte disponibilità di acqua. Per queste ragioni, si sono evolute per rendere efficiente il più possibile il loro metabolismo, cercando di limitare la perdita di acqua.
Per fare ciò, queste piante separano in due la fase di fissazione del carbonio: prima catturano e bloccano la CO_2 nelle cellule del **mesofillo**, poi proseguono il ciclo di Calvin nelle cellule della **guaina del fascio**. Così facendo gli stomi rimangono aperti per meno tempo e l'acqua evita di essere dispersa.

In questo caso, "C4" deriva dal fatto che in queste piante non si parte dalla G3P, ma dal *fosfoenolpiruvato* o *PEP* che unendosi alla CO_2 forma una molecola a 4 atomi di carbonio, l'ossalacetato.

Piante CAM
Sono piante che vivono in **climi estremi**, come i deserti. Qui bisogna ottimizzare al meglio l'attività metabolica della pianta ed evitare di disperdere componenti fondamentali.
Per questo, le piante CAM separano temporalmente le 2 fasi della fotosintesi (luminosa ed oscura). Di giorno, quando fa molto caldo, le piante si limitano a produrre energia sotto forma di ATP e NADPH con la fase luce dipendente, tenendo gli stomi chiusi. Di notte, quando invece le temperature scendono anche di molto, le piante aprono gli stomi e lasciano entrare CO_2 che verrà fissata al PEP, potendo così svolgere la fase luce indipendente.
Il nome "CAM" deriva dal metabolismo acido delle *Crassulacee*, infatti questo tipo di adattamento è tipico di quelle piante definite di solito "grasse".

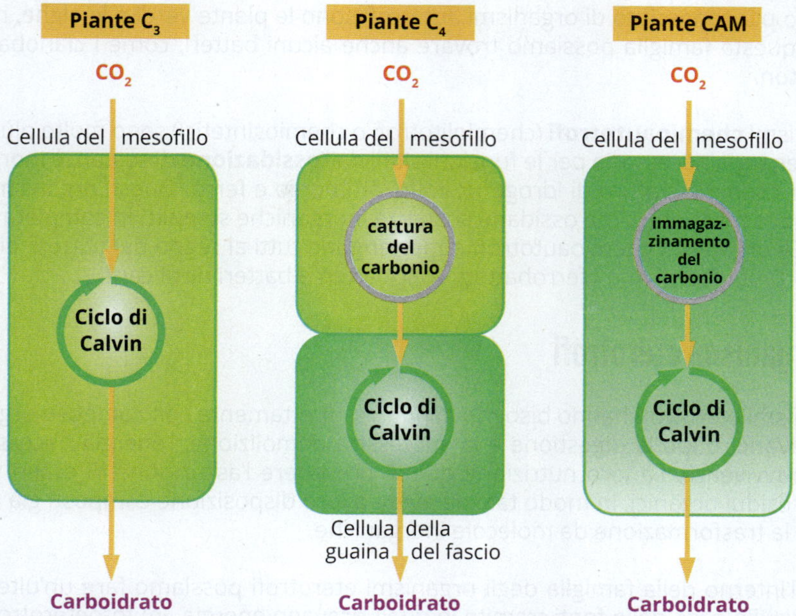

Figura 16: rappresentazione grafica della fotosintesi nelle varie tipologie di piante. A sinistra le piante C3, che svolgono il Ciclo di Calvin interamente nelle cellule del mesofillo; al centro le piante C4 in cui avviene la separazione della CO_2 nelle cellule del mesofillo e il ciclo di Calvin nelle cellule della guaina del fascio; a destra le piante CAM in cui viene separato in due parti della giornata il processo di fotosintesi.

6.9 METABOLISMO AUTOTROFO ED ETEROTROFO

La sostanziale differenza tra organismi autotrofi ed eterotrofi si trova nel modo in cui essi ricavano l'energia necessaria per vivere e per svolgere le funzioni vitali. Un organismo autotrofo è autonomo, ovvero in grado di nutrirsi da solo e di ricavare l'energia grazie all'utilizzo di sostanze inorganiche. Al contrario, gli organismi eterotrofi hanno bisogno di altri organismi per alimentarsi.

6.9.1 Organismi autotrofi

Gli organismi autotrofi sono in grado di sintetizzare le molecole di cui hanno bisogno a partire da semplici composti inorganici, principalmente anidride carbonica presente nell'aria, ma anche acqua, sali minerali e sostanze azotate, principalmente ammoniaca, presenti nel terreno.
Non hanno bisogno di molecole organiche di origine esogena in quanto sono in grado di incorporare le molecole inorganiche all'interno di sostanze organiche, che poi utilizzano per svolgere tutte le proprie funzioni vitali. Questo processo tramite il quale gli organismi autotrofi riescono a incorporare molecole inorganiche in molecole organiche è definito **processo di fissazione**.

All'interno della famiglia degli organismi autotrofi, possiamo fare un'ulteriore distinzione sulla base delle fonti tramite le quali ricavano l'energia, in: fotoautotrofi e chemioautotrofi.

Gli organismi **fotoautotrofi** (o autotrofi fotosintetici) utilizzano direttamente la luce solare come fonte di energia per la produzione di sostanze organiche, in particolare sintetizzano carboidrati a partire da acqua e anidride carbonica. Il processo tramite il quale avviene questa conversione è chiamato **fotosintesi**.

L'esempio più conosciuto di organismi autotrofi sono le piante verdi e le alghe, ma all'interno di questa famiglia possiamo trovare anche alcuni batteri, come i cianobatteri, e i fitoplancton.

Gli organismi **chemioautotrofi** (chemiolitotrofi o chemiosintetici) sono molto più rari e ricavano l'energia necessaria per le funzioni vitali dall'**ossidazione** di sostanze inorganiche, come per esempio solfuro di idrogeno, zolfo, ammonio e ferro. Questi organismi quindi non fanno la fotosintesi, ma ossidano sostanze inorganiche semplici in completa assenza di luce. Gli organismi chemioautotrofi appartengono tutti al regno dei batteri, di cui tra i più importanti ricordiamo i ferrobatteri, solfobatteri e batteri nitrificanti.

6.9.2 Organismi eterotrofi

Gli organismi eterotrofi hanno bisogno di nutrirsi direttamente con composti organici dai quali ricavano, dopo la digestione e la successiva demolizione, l'energia necessaria alla loro sopravvivenza. La loro nutrizione quindi prevedere l'assunzione di esseri viventi e dei loro residui organici, in modo tale da avere a loro disposizione composti già organici, evitando la trasformazione da molecole inorganiche.

Anche all'interno della famiglia degli organismi eterotrofi possiamo fare un'ulteriore distinzione sulla base delle fonti tramite le quali ricavano energia, in: fotoeterotrofi e chemioeterotrofi.

Gli organismi **fotoeterotrofi** sono organismi che catturano l'energia luminosa per convertirla in energia chimica nelle cellule. Non sono però in grado di fissare il carbonio, che ricavano quindi da altre fonti organiche. I fotoeterotrofi producono ATP tramite il processo di fosforilazione. Un esempio di organismi fotoeterotrofi sono gli eliobatteri e i clorobatteri.

Gli organismi **chemioeterotrofi** sono organismi che ricavano sia l'energia sia le molecole di carbonio da composti organici. Questi organismi ingeriscono alimenti come carboidrati, lipidi e protene prodotti da altri organismi. Sono il tipo più abbondante di organismi e in questa famiglia troviamo la maggior parte dei batteri, animali, protozoi e funghi.

6.10 Contenuto energetico dei principali alimenti

6.10.1 Alimentazione

La fonte di tutta l'energia che usiamo per vivere è formata dalle macromolecole: carboidrati, lipidi e proteine; mentre gli acidi nucleici sono poco significativi in termini di metabolismo energetico.

Queste molecole vanno a comporre tutti gli alimenti di cui ci nutriamo e di cui si nutrono tutti gli esseri viventi.
Bisogna ricordare che la maggior parte delle volte, gli alimenti sono composti da quantità variabili dei tre *macronutrienti* (componenti fondamentali) e da una parte di *micronutrienti* (vitamine, sali minerali) che però non concorrono nel calcolo del *fabbisogno giornaliero*.

Inoltre, non tutte le specie viventi e non tutti i componenti della stessa specie mangiano nello stesso modo.

Ad esempio, nell'uomo tendenzialmente il 50-60% del fabbisogno deriva da carboidrati, il 20-25% da lipidi ed il 15-20% da proteine; tuttavia queste percentuali possono cambiare sulla base di numerose variabili.

6.10.2 Fabbisogno energetico giornaliero

Questo fabbisogno viene calcolato in base all'attività, peso, sesso ed altri parametri, e stima quanta energia serva al soggetto per sopravvivere e mantenere il suo peso invariato. Viene scritto in J o kJ (SI), oppure in kcal su 100 g (kcal/g) o su moli (kcal/mol).
N.B. 1 kcal = 4,186 kJ

Si possono calcolare i contenuti energetici di qualsiasi alimento, andando a calcolare il quantitativo di energia rilasciata bruciandolo.

6.10.3 Quantitativo energetico delle macromolecole

CARBOIDRATI
I carboidrati sono la principale fonte di energia per l'uomo ed anche per la maggioranza degli organismi viventi. Il loro valore energetico è di ca. 4,2 kcal (17,58 kJ).
Rappresentano la fonte ad immediato utilizzo.

PROTEINE
Le proteine rappresentano un'altra fonte di energia, solitamente non la più rappresentativa, ma comunque importante e che va considerata. Il valore energetico delle proteine è di ca. 4,35 kcal (18,2 kJ). Per un soggetto adulto, dovrebbero essere ca. 0.7/0.8 g • kg di peso corporeo al giorno; per un soggetto in crescita o che svolge intensa attività fisica, il valore dovrà essere maggiore.

LIPIDI
I lipidi sono la fonte più energetica fra le 3. Infatti, essi forniscono ca. 9 kcal (37.67 kJ). Questi rappresentano, solitamente, la fonte con cui l'energia viene maggiormente stoccata e utilizzata per il lungo rilascio.

ALCOL
L'alcol rappresenta una fonte estremamente rilevante dal punto di vista energetico, tuttavia non si tratta di un nutriente, in quanto le sue calorie sono considerate "vuote" per via del fatto che non sono usate per le normali funzioni biologiche. Produce ca. 7 kcal (29.3 kJ).

6.10.4 Macronutrienti dei principali alimenti

Inoltre, in aggiunta alle tre macromolecole parte della massa di un alimento è formato anche da acqua e, soprattutto per gli ortaggi, da *fibra*, la quale ha una quota energetica di bassa rilevanza, infatti si pensa che al massimo possa fornire 2 kcal per 100 grammi.

6.10.5 Calcolo del contenuto energetico di un alimento

Tutte le nozioni spiegate finora, si possono impiegare per calcolare il contributo energetico di un alimento, di un pasto o addirittura un'intera dieta.

RICORDA: bisogna tener conto del quantitativo energetico dei macronutrienti (in kcal o kJ), il contenuto in grammi o percentuale dei vari macronutrienti e il peso del dato alimento.

Alimento 100 g	Carboidrati g	Carboidrati kcal	Lipidi g	Lipidi kcal	Proteine g	Proteine kcal
Principali fonti di carboidrati						
Pane integrale	41.3	165.2	3.35	30.15	12.95	51.8
Pasta	74.67	298.68	1.51	13.59	13.04	52.16
Riso	79.95	319.8	0.66	5.94	7.13	28.52
Patate	17.47	69.88	0.09	0.81	2.02	8.16
Principali fonti di grassi						
Olio di oliva	0	0	99,9	899	0	0
Margarina	0.7	2.8	80.71	726.39	0.16	0.64
Burro	0.6	2.4	81.11	729.99	0.85	3.4
Principali fonti di proteine						
Petto di pollo	0	0	0.8	7.2	23,3	93,2
Manzo	0	0	10	90	20	80
Vitello	0	0	2.87	25.83	20.2	80.8
Salmone	0	0	6.34	57.06	19.84	79.36
Tonno	0	0	0.49	4.41	24.4	97.6
Principali fonti di proteine						
Ceci	60.65	242.6	6.04	54.36	19.3	77.2
Latte	4.9	19.6	3.6	32.4	3.3	13.2
Ortaggi						
Zucchina	3.11	12.44	0.32	2.88	1.21	4.84
Lattuga	2.23	8.92	0.22	1.98	1.35	5.4
Carota	9.58	38.32	0.24	2.16	0.93	3.72
Melanzana	5.7	22.8	0.19	1.71	1.01	4.04

ESERCIZIO **SVOLTO**

Marco è molto affamato e mangia 500 g di pasta al sugo. Il piatto è composto per il 70% di carboidrati, 10% grassi e per il 20% di proteine. Quanta energia assumerà dal pasto?

Svolgimento:
troviamo da quanti grammi di macronutrienti è composto il piatto (*g tot x percentuale*)
- Carboidrati: 500 g · 0.7 = 350 g
- Proteine: 500 g · 0.2 = 100 g
- Grassi: 500 g · 0.1 = 50 g

Calcoliamo a quante kcal corrisponde ogni macronutriente:
- Carboidrati: 350 g · 4 kcal/g = 1400 kcal/g
- Proteine: 100 g · 4 kcal/g = 400 kcal/g
- Grassi: 50 g · 9 kcal/g = 450 kcal/g

Sommiamo i risultati e convertiamo le kccal in kJ
2250 kcal/g · 4,186 kJ = 9418.5 kJ

Soluzione: 9418.5 kJ/g.

N.B. si può fare il calcolo anche direttamente considerando i kJ.

CORREZIONI COMMENTATE AGLI ESERCIZI PROPOSTI

6.4.1 La glicolisi è un processo catabolico che avviene nel citoplasma di quasi tutte le cellule, sia eucariote che procariote. Essa parte da una molecola di glucosio e termina con 2 molecole di piruvato, 2 molecole di NADH e 2 molecole di ATP **nette**. In particolare, le molecole totali di ATP che vengono prodotte durante il processo sono **4**, ma la resa energetica netta è di sole **2** molecole, poiché 2 ATP vengono consumati durante la *fase di investimento energetico*. Le alternative E e A sono errate poiché per ogni molecola di glucosio vengono prodotte 2 molecole di gliceraldeide-3-fosfato e una sola di fruttosio-1,6-difosfato. Invece l'alternativa C è errata poiché da una molecola di glucosio se ne ottengono due di piruvato. L'alternativa B infine è errata poiché il fosfoenolpiruvato non viene convertito in piruvato da una isomerasi, bensì dalla piruvato chinasi.
Risposta corretta D.

6.4.4 Innanzitutto, per risolvere il quesito, bisogna ricordare che per ogni molecola di glucosio si verificano due processi di decarbossilazione ossidativa del piruvato e due cicli di Krebs, proprio perché la glicolisi porta alla produzione di due molecole di piruvato, ognuna delle quali andrà incontro a questi processi; quindi bisogna moltiplicare per due il numero ottenuto.
Durante la decarbossilazione ossidativa del piruvato si parte da una molecola a tre atomi di carbonio (il piruvato) e si arriva alla produzione di acetil-CoA (molecola a due atomi di carbonio) e una molecola di anidride carbonica. Al contrario, durante il ciclo di Krebs i due atomi di carbonio contenuti nell'acetil-CoA formano due molecole di anidride carbonica.
Di conseguenza, per ogni molecola di glucosio, le molecole di CO_2 prodotte dalla decarbossilazione ossidativa del piruvato sono 2, mentre dal ciclo di Krebs sono 4.
Risposta corretta A.

6.4.7 La respirazione cellulare necessita di ossigeno per avvenire (risposta E errata) e non si verifica negli eritrociti, la cui unica fonte di metabolismo è la fermentazione lattica (risposta D errata). Nei procarioti il numero di ATP prodotto è pari a 38 (risposta B errata), inoltre una molecola di $FADH_2$ fornisce 2 ATP (risposta C errata). Infine, dal ciclo di Krebs si ricavano 2 ATP per molecola di glucosio, ma poiché questo processo avviene dopo la glicolisi aerobia, che produce 2 ATP a sua volta, il rendimento totale è di 4 ATP.
Risposta corretta A.

6.8 Considerando il processo di fotosintesi clorofilliana, proprio perché viene utilizzata la dicitura "in assenza di luce", nel quesito si sta facendo riferimento solo al ciclo di Calvin (fase luce-indipendente). Durante questa fase si ha la produzione di $NADP^+$ a spese del NADPH. Tuttavia bisogna anche considerare che il NADH e il $FADH_2$ sono prodotti della respirazione cellulare, la quale avviene indipendentemente dalla presenza di luce o meno. Di conseguenza vengono prodotte tutte e tre le molecole.
Risposta corretta A.

ELEMENTI DI BIOTECNOLOGIE

7

Introduzione

Le biotecnologie includono le tecniche mirate alla produzione di sostanze specifiche a partire da organismi viventi o loro derivati. È molto importante per il test conoscere le tecniche principali e gli strumenti necessari a metterle in atto. Infatti, negli ultimi anni, le domande inerenti alle biotecnologie stanno sempre più prendendo piede all'interno dei test per le facoltà medico-scientifiche.

Non bisogna poi dimenticare il legame tra le biotecnologie e il DNA. Per il test, è quindi importante conoscere anche i principali esperimenti che hanno permesso lo sviluppo delle biotecnologie, definendo il DNA come il depositario dell'informazione genica.

In questo capitolo analizzeremo come funzionano e quali sono le principali biotecnologie medico-sanitarie e agro-ambientali.

7.1 LA SCOPERTA DEL MATERIALE GENETICO

Il DNA è stato identificato come *materiale genetico* grazie a tre esperimenti fondamentali: **Griffith** ha scoperto la presenza di un *fattore trasformante*, in grado di trasferire le informazioni genetiche; **Avery** ha scoperto che questo fattore è il *DNA*; **Hershey** e **Chase** hanno confermato le conclusioni precedenti, eliminando ogni forma di scetticismo nei confronti dell'esperimento di Avery.

7.1.1 L'esperimento di Griffith

Griffith condusse i suoi esperimenti sul batterio **Streptococcus pneumoniae**, uno degli agenti patogeni della polmonite. Esistono due ceppi del batterio:

- **S** (**smooth**) → ceppo **virulento** provvisto di **capsula** polisaccaridica, capace di provocare la malattia e spesso la morte dell'ospite;
- **R** (**rough**) → ceppo **non virulento**, privo di capsula e incapace di produrre effetti patologici.

Gli esperimenti furono condotti sui topi, con risultati differenti in base alla natura del ceppo inoculato.

Ceppo inoculato	Natura del ceppo	Destino del topo
S	Virulento	
R	Non virulento	
S scaldato	Non virulento (i batteri sono uccisi dal calore)	
R + S scaldato	virulento	

Griffith notò che il ceppo R, posto in presenza degli pneumococchi S uccisi dal calore, diventava virulento. Dunque, egli constatò che il ceppo S doveva contenere qualche sostanza capace di passare da un batterio all'altro e di conservarsi nelle successive generazioni batteriche; egli definì tale sostanza con il nome di **fattore trasformante.**

7.1.2 L'esperimento di Avery

Avery dimostrò la natura chimica del principio trasformante, partendo dall'esperimento di Griffith. Egli compì i suoi studi sul ceppo S dopo averlo scaldato.
I **batteri del ceppo S uccisi** dal calore vengono **filtrati**; successivamente vengono suddivisi in 3 campioni, ognuno dei quali viene **trattato** con un tipo di enzima che distrugge l'RNA, le proteine o il DNA.

Il ceppo S così trattato viene poi aggiunto al ceppo R, per capire in quali casi la capacità di trasformazione si conservi.

Campioni	Risultato
(Ceppo S + RNAasi) + ceppo R	Ceppo virulento
(Ceppo S + proteasi) + ceppo R	Ceppo virulento
(Ceppo S + DNAasi) + ceppo R	Ceppo non virulento

Lo schema mostra quale sia la natura del ceppo ottenuto dall'unione del ceppo R con il ceppo S scaldato e trattato con opportuni enzimi.

La trasformazione dei batteri R non virulenti in batteri virulenti non avviene se il ceppo S scaldato viene trattato con la **DNAasi** (enzima che idrolizza il DNA). Di conseguenza, Avery intuì che il fattore trasformante coincide con il DNA che, se distrutto, non è in grado di codificare per la sintesi della capsula polisaccaridica e di conferire la virulenza al ceppo R.

7.1.3 L'esperimento di Hershey e Chase

L'esperimento confermò definitivamente che il materiale genetico è rappresentato dal DNA e non dalle proteine o dall'RNA. Il **fagovirus T2**, virus noto anche all'epoca per essere costituito esclusivamente da **DNA** e da **involucro proteico**, era in grado di infettare i batteri di E. coli e venne utilizzato per dimostrare la tesi. Si assunse che il fattore trasformante, ossia la sede dell'informazione genetica, dovesse risiedere nella macromolecola che il virus era in grado di iniettare nei batteri, i quali avrebbero poi permesso la replicazione della macromolecola trasformante stessa e la sintesi dell'altra componente proteica. Infatti, è oggi noto che nel processo di infezione il virus si ancora alla membrana e inietta il suo DNA nel citoplasma batterico, lasciando l'involucro proteico all'esterno.

I due ricercatori condussero in parallelo due "sub-esperimenti". Essi fecero crescere due ceppi di fagovirus in due terreni di coltura marcati radioattivamente, rispettivamente, con l'**isotopo ^{35}S**, che viene inglobato nelle proteine , e con l'**isotopo ^{32}P**, che viene inglobato nel DNA. In questo modo, avrebbero potuto eventualmente rintracciare l'involucro proteico e il DNA nelle provette. Essi prepararono poi due terreni di coltura senza materiali radioattivi per E. coli da infettare con i due ceppi marcati e assunsero che l'informazione genica trasmessa dai fagovirus marcati si sarebbe dovuta trovare all'interno delle cellule batteriche.

- Un primo terreno di coltura per E. coli fu infettato dai virus marcati con l'**isotopo ^{35}S** (proteine) e, a processo di infezione concluso, il terreno fu centrifugato per dividerne i contenuti (batteri, proteine...). La **radioattività** fu constatata **all'esterno** delle cellule batteriche;
- un secondo terreno fu infettato dai virus marcati con l'**isotopo ^{32}P** (DNA) e venne centrifugato. Questa volta, la **radioattività** si trovò all'interno delle cellule batteriche.

Dunque, fu lecito ritenere che fosse il DNA la componente virale iniettata nei batteri e contenente tutte le informazioni necessarie alla replicazione e che le proteine fungessero da semplice involucro che nel processo di infezione resta all'esterno delle cellule infettate. In sintesi, grazie a questo esperimento, Hersey e Chase dimostrarono definitivamente che le informazioni genetiche vengono veicolate tramite il DNA e non tramite le proteine.

7.1.4 L'esperimento di Meselson-Stahl

Come visto in precedenza, Watson e Crick proposero e descrissero un modello di DNA a doppia elica destrorso, nel quale l'appaiamento delle singole basi azotate è altamente specifico a due a due. Sulla base di questo modello, Meselson e Stahl ipotizzarono un possibile meccanismo di replicazione del DNA: il **modello "semiconservativo"**, nel quale è la molecola di DNA stessa che, grazie allo specifico accoppiamento delle basi azotate, può fungere da stampo per la sintesi di nuove catene.

La replicazione semiconservativa prevede che, ad ogni fase S, da una doppia elica "madre"/"stampo" di DNA vengono generate due doppie eliche "figlie" identiche tra loro: queste ultime sono composte da un filamento che deriva dalla elica "madre" (filamento di DNA parentale) e da un filamento di nuova sintesi (filamento di DNA neosintetizzato); proprio per questo motivo il processo viene definito "semiconservativo".

La dimostrazione di questo modello fu eseguita utilizzando DNA di E.Coli, isotopi leggeri e pesanti dell'azoto (rispettivamente, 14N e 15N) e centrifugazione.
Per capire il razionale alla base di questo esperimento bisogna prima pensare a due situazioni:

1. Crescita di E. Coli in un terreno di coltura contenente l'isotopo leggero ^{14}N: gli E. Coli cresciuti in questo terreno usano questi isotopi pesanti per "costruire" interamente le loro molecole di DNA.
   Risultato: il DNA di questi E. Coli viene definito "leggero" e alla centrifugazione apparirà come una banda verso la *superficie* della provetta.
2. Crescita di E. Coli in un terreno di coltura contenente l'isotopo pesante ^{15}N: gli E. Coli cresciuti in questo terreno usano questi isotopi pesanti per "costruire" interamente le loro molecole di DNA.
   Risultato: il DNA di questi E. Coli viene definito "pesante" e alla centrifugazione apparirà come una banda verso il *fondo* della provetta.

Nel loro esperimento, Meselson e Stahl:

1. Fanno crescere E. Coli in un primo terreno contenente solamente **^{15}N** (pesante), ottenendo, così, una colonia di E. Coli con DNA "pesante".
2. La colonia di E. Coli ottenuta nel punto 1., viene trasferita e fatta crescere in un secondo terreno contenente solo **^{14}N** (leggero).

Risultati: centrifugando l'ultima colonia ottenuta, si forma una banda di DNA con **densità intermedia** rispetto a quella che si sarebbe ottenuta andando a centrifugare le singole colonie composte o solo da "DNA pesante" o solo da "DNA leggero".
L'unica possibile interpretazione di questo risultato è che le eliche di DNA della nuova colonia fossero composte da un'elica madre "pesante" (derivante dalla colonia del punto 1.) e da un'elica neosintetizzata "leggera" (creata con gli isotopi disponibili nel secondo terreno).

Questi risultati combaciano perfettamente con la teoria del modello semiconservativo.

7.2 ELETTROFORESI

L'elettroforesi è una tecnica che permette di confrontare le strutture delle macromolecole biologiche sfruttando la possibilità di **separare molecole elettricamente cariche** grazie all'applicazione di un campo elettrico. Nel caso dei **frammenti di DNA**, ottenuti con l'utilizzo degli enzimi di restrizione, si effettua la corsa elettroforetica su un gel di agarosio sfruttando le cariche negative dei gruppi fosfato dei nucleotidi.

Questa tecnica necessita di:

- **stampo rettangolare** → contiene al suo interno un **gel** formato da un fitto sistema di maglie dove i frammenti di acido nucleico possono muoversi e presenta a una delle estremità alcune cavità chiamate **pozzetti**;
- **DNA o RNA** → vengono posti nei pozzetti;
- **campo elettrico** → il polo negativo (**catodo**) è vicino ai pozzetti, il polo positivo (**anodo**) all'estremità opposta.

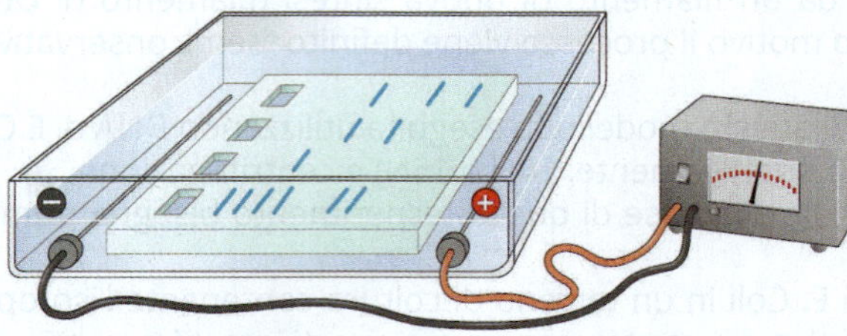

Figura 1: rappresentazione dell'elettroforesi su gel di agarosio.

All'applicazione del campo elettrico, i frammenti degli **acidi nucleici** (carichi negativamente) **migrano verso l'anodo**, con velocità differenti in base alla dimensione: i frammenti più piccoli migrano più velocemente di quelli con dimensioni maggiori.

MNEMOTECNICA TESTBUSTERS

Per ricordare in che direzione si dirigono le particelle cariche:
gli **an**ioni (negativi) migrano verso l'**an**odo (positivo)

7.2.1 Enzimi di restrizione

Gli enzimi di restrizione sono delle **endonucleasi** che **riconoscono e tagliano le sequenze nucleotidiche in aree specifiche**, ottenendo così i frammenti di DNA da separare elettroforeticamente.
Tali aree di taglio contengono sequenze definite **palindrome**, sono cioè delle regioni in cui il filamento superiore e inferiore, se letti in direzione 5' – 3', sono uguali.

→ 5' GAATTC 3'
3' CTTAAG 5' ←

Figura 2: esempio di sequenza palindroma.

Gli enzimi di restrizione possono tagliare la sequenza allo stesso livello su entrambi i filamenti o, più frequentemente, su punti differenti. In questo caso si parla di un taglio "**sfalsato**".

Figura 3: esempio di taglio sfalsato da parte degli enzimi di restrizione.
In questo modo si formano delle estremità che prendono il nome di "sticky ends".

ESERCIZIO **PROPOSTO**

7.2.1 Gli enzimi di restrizione:

A. Sono presenti nei retrovirus
B. Determinano la formazione di proteine più corte del normale
C. Sono coinvolti nella duplicazione del DNA
D. Sono necessari per la migrazione elettroforetica del DNA
E. Riconoscono sequenze palindromiche

7.2.2 Southern blot

Il Southern blot è una metodologia che identifica la presenza di specifiche sequenze di DNA tagliate dagli enzimi di restrizione e separate con la corsa elettroforetica.
Questa tecnica prevede:

- **denaturazione** del frammento di DNA dopo l'elettroforesi, in modo da separare i due filamenti;
- trasferimento del DNA denaturato su una **membrana di nitrocellulosa.** Lo scopo di questo passaggio è trattenere saldamente il DNA grazie alla nitrocellulosa carica positivamente;
- aggiunta di una **sonda radioattiva** costituita da nucleotidi marcati (di cui si conosce la sequenza delle basi); in questo modo, poiché la sonda marcata si lega al frammento di DNA complementare, è possibile localizzare una sequenza di interesse tra tutti i frammenti di DNA separati elettroforeticamente.

Il trasferimento su membrana viene detto 'blot' e, in base alle molecole trasferite, si ha:

- **Southern blot** → DNA;
- **Northern blot** → RNA;
- **Western/immuno blot** → proteine.

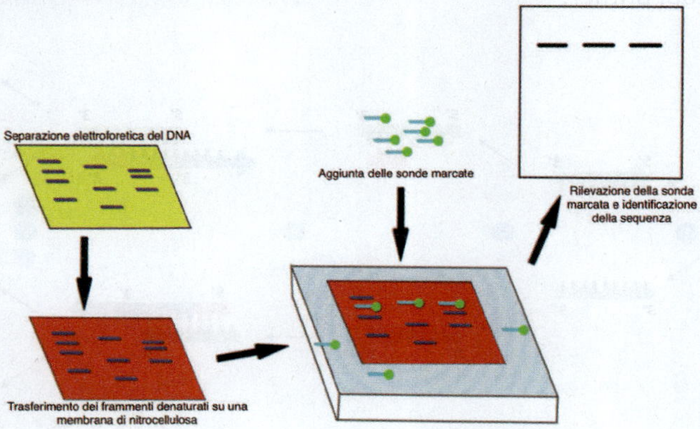

Figura 4: schematizzazione dei passaggi del Southern blot.

ESERCIZIO **PROPOSTO**

7.2.2 Con l'elettroforesi si possono separare:

A. Amminoacidi
B. Proteine
C. Nucleotidi
D. Acidi nucleici
E. Tutte le molecole precedenti

7.3 PCR

La **reazione a catena della polimerasi** (PCR) è una tecnica che permette di **amplificare** un segmento di DNA che presenta brevi sequenze di basi ripetute in numero variabile nel genoma degli individui.
Queste sequenze da amplificare, chiamate **minisatelliti** (10-100 bp) o **microsatelliti** (2-10 bp), essendo altamente individuo-specifiche, sono analizzate anche dall'FBI, che prende in considerazione i loci con le ripetizioni di mini e microsatelliti per determinare l'appartenenza di residui di materiale biologico a un determinato individuo (proprio perché il numero di ripetizioni varia all'interno della popolazione).

Per essere amplificata, la sequenza di DNA viene posta insieme ad altre componenti:

- **2 primer** che fungono da innesco per la DNA polimerasi;
- **DNA polimerasi Taq** → è la DNA polimerasi di un batterio termostabile (resistente al calore);
- **desossinucleotidi trifosfati** → necessari per la sintesi di nuovo DNA.

Tutte queste componenti sono contenute in una provetta che, grazie a un **termociclatore**, è sottoposta a più cicli e a temperature diverse. Ciascun ciclo prevede tre step:

1- **denaturazione (95° C - 97° C)** → durante questa fase il segmento di DNA da duplicare viene scisso nei suoi due filamenti grazie alla denaturazione indotta dall'aumento della temperatura;
2- **raffreddamento (fino ~ 60° C)** → i primer si appaiano alle estremità della sequenza di DNA;
3- **allungamento (~ 72° C)** → la DNA polimerasi Taq sintetizza un nuovo filamento a partire dai primer.

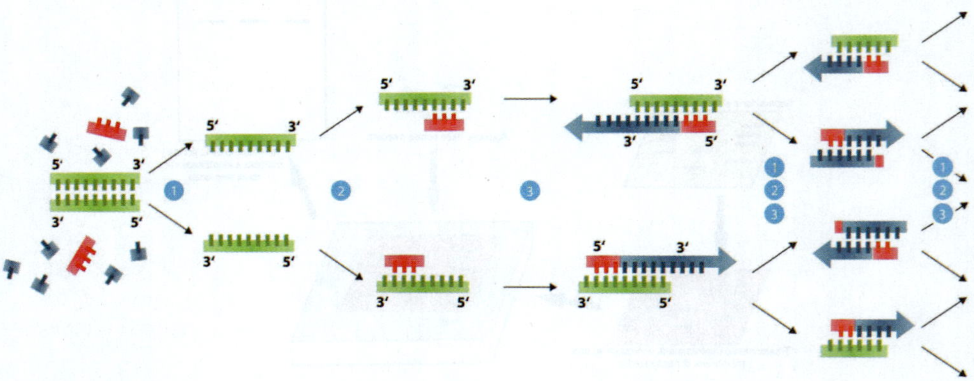

Figura 5: sono rappresentati i tre step caratteristici di ciascun ciclo. I filamenti ottenuti dall'elongazione sono poi sottoposti a ulteriori cicli (30-40), per ottenere più copie delle sequenze di interesse.

La PCR ha il vantaggio di poter amplificare anche piccole quantità di DNA milioni di volte. Partendo da una singola copia di una sequenza di DNA, si ottiene una quantità di DNA pari a $\mathbf{2^n}$, dove **n** è il numero di cicli.

La PCR, soprattutto in combinazione con l'elettroforesi o il sequenziamento, è una delle tecniche che vengono maggiormente usate in medicina, poiché, da una piccola quantità di DNA, si ottengono un gran numero di copie che poi possono essere analizzate. In particolare, si utilizza in:

- **genetica**: se si conoscono le sequenze iniziali e finali di un gene, è possibile isolarlo, amplificarlo e studiarlo. Questo è molto utile nella diagnostica prenatale;
- **tipizzazione di tumori**: le cellule tumorali sono il risultato di una serie di mutazioni molto differenti, che varia da paziente a paziente e da tumore a tumore. Grazie alla PCR è possibile individuare queste mutazioni e mettere a punto un programma terapeutico mirato per quel particolare caso clinico;
- **diagnosi di infezioni virali** (tampone molecolare): con la PCR si possono individuare, isolare e studiare le sequenze di DNA virale integrate nel genoma delle nostre cellule;
- **medicina forense**: la PCR permette di ottenere un gran numero di frammenti di DNA partendo da una minima quantità.

Insomma, la PCR è una tecnica veloce, economica e molto precisa che, per queste sue proprietà, trova applicazione in praticamente tutti gli ambiti della medicina.

7.4 SEQUENZIAMENTO DI SANGER

Il sequenziamento di Sanger è una tecnica che permette di **stabilire la sequenza delle basi degli acidi nucleici**. In questo modo sia il DNA che l'RNA (opportunamente convertito in DNA) possono essere sequenziati.

La tecnica tradizionale richiede 4 provette, ciascuna contenente:

- **filamento stampo** → viene ottenuto a seguito della denaturazione del DNA. Ne sono necessarie numerose copie, ottenute grazie alla PCR;
- **primer marcati** → sono complementari alle sequenze fiancheggianti la regione da sequenziare;
- **deossinucleotidi trifosfato (dNTP)** di ogni tipo;
- **dideossinucleotidi (ddNTP)** → agiscono da **terminatori** della polimerizzazione perché sono privi del gruppo **3' - OH** che permette ulteriori allungamenti. Ciascuna provetta contiene una piccola quantità di dideossinucleotidi di tipo differente (A, C, G o T);
- **DNA polimerasi** → incorpora i deossinucleotidi e i dideossinucleotidi nella sequenza.

In ogni provetta, i ddNTP con una base specifica sono presenti in quantità inferiori rispetto ai corrispettivi dNTP normali: nel corso della polimerizzazione, la DNA polimerasi può incorporare un ddNTP anziché un dNTP, con conseguente interruzione della catena e formazione di frammenti a terminazione nota e lunghezza diversa.
Questi frammenti sono poi separati elettroforeticamente in base alle dimensioni: successivamente, grazie, ai primer marcati, si identifica la sequenza delle basi. Infatti, il ddNTP marcato permette di sapere che nello specifico punto di interesse in cui si è inserito è presente la specifica base azotata della provetta.

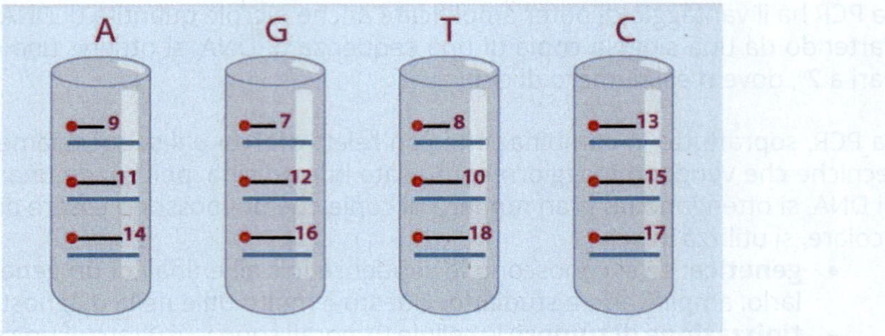

Figura 6: ogni provetta contiene una miscela di catene polimerizzate dalla polimerasi e terminanti con la base nota caratteristica della provetta. In rosso si evidenzia il primer marcato.

L'evoluzione del metodo di Sanger non prevede la marcatura del primer, ma la marcatura del ddNTP, che agisce da terminatore di catena e da identificatore di se stesso. Essendoci 4 marcature differenti, questa tecnica, che prevede gli stessi step, si effettua in un'unica provetta. Il sequenziamento Sanger, in realtà, non è più molto usato poiché, essendo time consuming e laborioso, gli si preferiscono metodi più semplici e veloci come la PCR o le nuove tecniche di sequenziamento. Diciamo che oggi Sanger viene usato solo per sequenziare geni piccoli, ben conosciuti, oppure per confermare la presenza di una eventuale mutazione.

ESERCIZIO **PROPOSTO**

7.4 Il sequenziamento del DNA secondo il metodo Sanger prevede l'allestimento di una miscela di reazione nella quale, oltre al DNA, devono essere presenti altri componenti; quale tra quelli elencati NON è un componente necessario per la reazione?

A. DNA polimerasi
B. Deossiribonucleotidi trifosfato
C. Primer
D. DNA ligasi
E. Dideossiribonucleotidi trifosfato marcati

Per approfondire questo argomento inquadra il QR code e guarda la videolezione:

7.5 DNA RICOMBINANTE

Con l'applicazione delle tecniche finora esplorate è divenuto possibile non solo analizzare il DNA e studiarne la sequenza, ma anche manipolare e modificare delle sequenze geniche. Si tratta di una rivoluzione epocale; queste tecnologie ci permettono di curare numerose malattie: per esempio, il diabete mellito di tipo I, in passato trattato con insuline animali che spesso causavano reazioni allergiche anche gravi, adesso viene efficacemente trattato con la somministrazione di *insulina umana* prodotta artificialmente grazie all'inserimento del gene codificante l'ormone nei batteri di laboratorio.

Si definisce *DNA ricombinante* una sequenza di DNA ottenuta unendo artificialmente **due frammenti di DNA di origine diversa**. Vi sono diversi modi per ottenere un DNA ricombinante, ma questi sono accomunati dal medesimo schema:

- il **donatore** è la cellula contenente la sequenza di DNA che interessa trasferire e riprodurre;
- il **vettore di clonaggio** è uno strumento in grado di incorporare la sequenza d'interesse dal donatore e di trasferirla al ricevente;
- il **ricevente** è la cellula che riceve dal vettore la sequenza d'interesse o che ingloba completamente il vettore al suo interno.

La tecnica per ottenere un DNA ricombinante prevede:

- **taglio** di brevi segmenti di DNA grazie all'utilizzo degli *enzimi di restrizione*;
- **separazione** dei segmenti mediante *elettroforesi*;
- **identificazione** del segmento d'interesse mediante *Southern blot*;
- **moltiplicazione** dei segmenti ottenuti mediante *PCR*;
- **studio della sequenza** nucleotidica mediante *sequenziamento*;
- **incorporazione** dei segmenti d'interesse nel vettore grazie alla DNA ligasi.

L'introduzione di materiale genetico esogeno in un organismo viene detta **transfezione** se il ricevente è una cellula eucariote o un virus, **trasformazione** se il ricevente è un batterio.

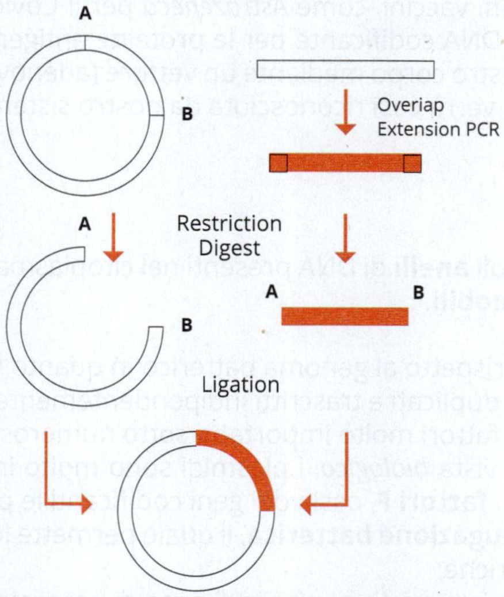

Figura 7: mostra le fasi della costruzione di una molecola di DNA ricombinante. Il DNA esogeno è in rosso, mentre il vettore è stato rappresentato circolare.

Il DNA del vettore e, in alcuni casi, anche quello del ricevente, viene trattato con gli stessi enzimi di restrizione in modo da ottenere un perfetto legame fra le sue estremità e quelle del frammento di **DNA esogeno**. I vettori, ***plasmidi*** e ***fagi***, devono essere dotati di:

- una **sequenza di riconoscimento** → bersaglio degli enzimi di restrizione;
- un'**origine di duplicazione** (**sequenza Ori**).

La tecnica del DNA ricombinante è molto utilizzata in medicina, ad esempio per la produzione di insulina. Se vuoi scoprire come viene prodotta, scannerizza questo QR-Code:

Quindi, grazie agli enzimi di restrizione, è possibile tagliare e isolare un determinato gene che poi, una volta inserito in un vettore, può essere usato in:

- **terapia genica**: si tratta di terapie nuove, molto utili per trattare malattie monogeniche, ovvero patologie dovute alla mutazione di un singolo gene ben conosciuto. È infatti possibile, dopo aver prelevato il DNA da una cellula somatica del paziente e averla inserita in un vettore, veicolarla nella cellula malata. In questo modo il gene prima assente o deficitario, viene sostituito dal gene sano e la proteina verrà espressa;
- **farmacologia**: uno dei primi farmaci prodotti con questa tecnica fu l'*insulina*: si inserisce il gene umano che codifica per l'insulina all'interno di un batterio che comincerà quindi a produrre questo ormone;
- **fecondazione artificiale**: affinché possa avvenire la fecondazione è fondamentale stimolare l'ovulazione somministrando ormoni (*FSH*, *LH*, *HMG*), prodotti da alcuni batteri esattamente come l'insulina, ovvero con la tecnica del DNA ricombinante;
- **vaccini**: alcuni vaccini, come *Astrazeneca* per il Covid-19, non sono altro che una sequenza di DNA codificante per le proteine antigeniche del virus. Una volta veicolate nel nostro corpo mediante un vettore (adenovirus), sintetizzano la proteina del virus che verrà così riconosciuta da nostro sistema immunitario.

7.5.1 Plasmidi

I **plasmidi** sono piccoli **anelli** di DNA presenti nel citoplasma dei batteri e rientrano tra gli **elementi genetici mobili**.

Essi si differenziano rispetto al genoma batterico in quanto hanno una replicazione autonoma, vengono cioè duplicati e trascritti indipendentemente dal materiale genetico cellulare. I plasmidi sono fattori molto importanti sotto numerosi punti di vista:

- dal punto di vista *biologico*, i plasmidi sono molto interessanti perché essi stessi contengono i **fattori F**, ossia dei geni codificanti le proteine necessarie al processo della **coniugazione batterica**, il quale permette lo *scambio dei plasmidi* tra due cellule batteriche;
- dal punto di vista *medico*, i plasmidi sono di notevole importanza perché possono ospitare i **fattori R**, ossia dei geni codificanti le proteine che rendono il batterio resistente a un determinato antibiotico; questi hanno un ruolo ancora più critico considerando che i plasmidi possono essere scambiati molto facilmente, favorendo una rapida diffusione della resistenza agli antibiotici in ambito ospedaliero. L'antibiotico-resistenza è una delle grandi sfide della medicina del futuro;
- dal punto di vista *biotecnologico*, i plasmidi sono un classico esempio di **vettore ricombinante,** in quanto vi si può inserire una sequenza d'interesse prelevata da un donatore, per poi iniettare il plasmide stesso all'interno di batteri riceventi il cui macchinario di replicazione cellulare riprodurrà il plasmide e il cui macchinario di sintesi proteica produrrà innumerevoli copie della proteina che si vuole sintetizzare.

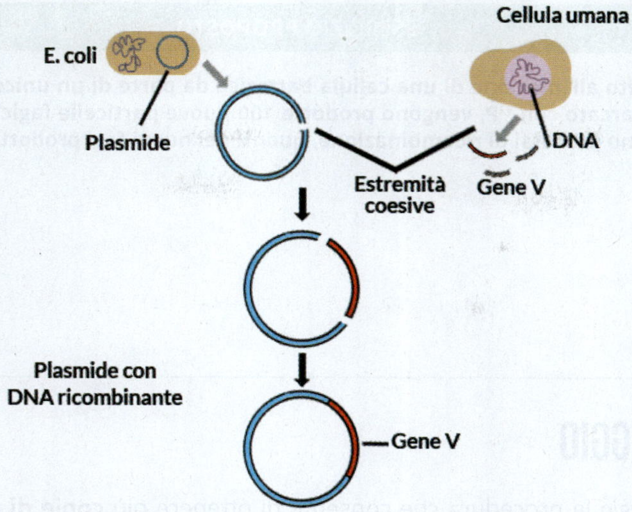

Figura 8: mostra l'incorporazione, permessa dall'utilizzo di enzimi di restrizione e di DNA ligasi, di un frammento di DNA in un plasmide estratto dalla cellula batterica.

ESERCIZIO **PROPOSTO**

7.5.1 Un plasmide è:

A. Una proteina con attività regolatrice
B. Un organulo citoplasmatico delimitato da una doppia membrana
C. Una molecola di DNA circolare che si replica solo nel nucleo delle cellule eucariotiche
D. Un elemento genetico procariotico a replicazione autonoma
E. Un protozoo patogeno

7.5.2 Fagi

I **batteriofagi**, o semplicemente **fagi**, sono dei virus che infettano le cellule batteriche per potersi replicare. Essi sono utilizzati come **vettori**: con la tecnica del DNA ricombinante, possono inglobare DNA esogeno e iniettare questo nel batterio nel processo di "infezione".

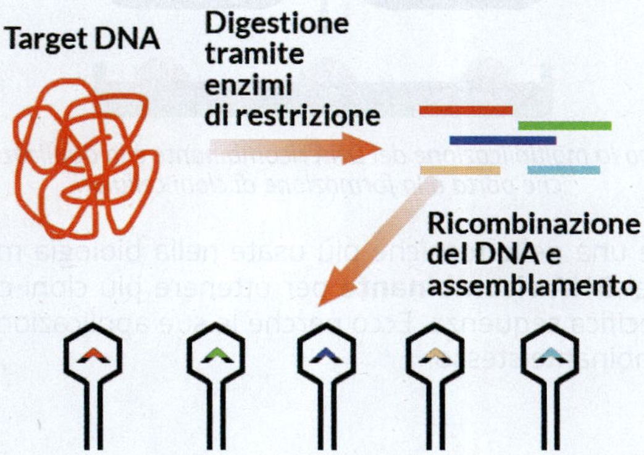

Figura 9: mostra l'incorporazione, permessa dall'utilizzo di enzimi di restrizione e di DNA ligasi, di frammenti di DNA nei fagi.

ESERCIZIO **PROPOSTO**

7.5.2 In seguito all'infezione di una cellula batterica da parte di un unico batteriofago, il cui DNA è marcato con ^{32}P, vengono prodotte 100 nuove particelle fagiche. Se si esclude che avvengano processi di ricombinazione, quanti dei nuovi fagi prodotti avranno il DNA marcato?

A. 2
B. 50
C. 1
D. 100
E. 25

7.6 CLONAGGIO

È detta *clonaggio* la procedura che consente di ottenere più **copie di una sequenza di DNA d'interesse** mediante la tecnica del **DNA ricombinante.**

Questa tecnica sfrutta la capacità del vettore di clonaggio di produrre più copie di sé all'interno di una cellula ricevente. Il **plasmide**, infatti, si duplica autonomamente all'interno del batterio, mentre il **fago**, essendo un virus, inietta il materiale genetico all'interno della cellula ospite e, tramite il ciclo litico, lo moltiplica prima della lisi.
In entrambi i casi, la cellula contiene al suo interno **più copie del DNA ricombinante.** Poi, grazie alla duplicazione della cellula batterica o alla lisi della cellula ospite, si ottengono dei **cloni**, ovvero popolazioni cellulari o virali contenenti la molecola di DNA ricombinante di partenza.

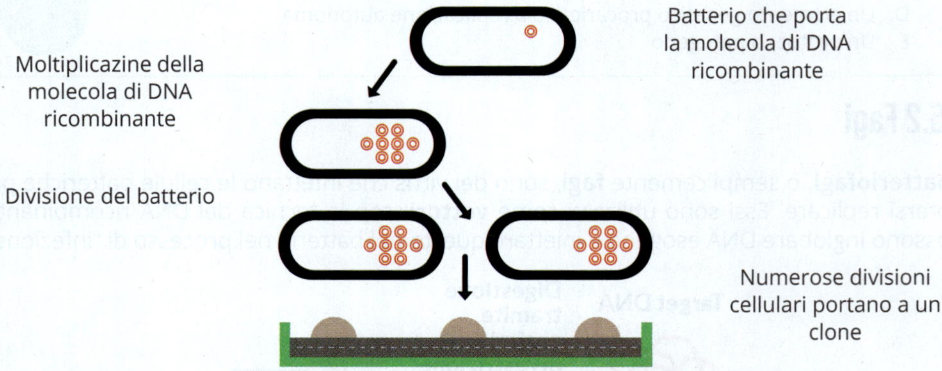

Figura 10: mostra la moltiplicazione del DNA ricombinante e la duplicazione della cellula, che porta alla formazione di cloni cellulari.

Il clonaggio genico è una delle tecniche più usate nella biologia molecolare che sfrutta proprio la tecnica del **DNA ricombinante** per ottenere più cloni cellulari, ciascuno con all'interno quella specifica sequenza. Ecco perchè le sue applicazioni si sovrappongono a quelle del DNA ricombinante stesso.

7.7 CLONAZIONE

È detta *clonazione* la procedura che permette di creare una **copia** geneticamente identica **di un essere vivente**.

La pecora Dolly fu il primo mammifero a essere clonato da una cellula differenziata: lo scopo di questo esperimento era dimostrare che le **cellule somatiche differenziate** mantengono un genoma che, se viene opportunamente trattato, può conferire a una cellula la condizione di **totipotenza**, ossia la capacità di differenziarsi nuovamente in tutte le cellule componenti un organismo. Infatti, tutte le cellule dell'organismo, germinali o somatiche, staminali o ben differenziate, contengono al loro interno tutte le informazioni necessarie per generare un nuovo individuo.

La clonazione prevede:

- **prelevamento del nucleo di una cellula somatica** → il nucleo appartiene alla cellula somatica dell'organismo da clonare e contiene le informazioni geniche necessarie per realizzare un nuovo organismo;
- **trasferimento del nucleo estratto in una nuova cellula uovo** → la cellula uovo appartiene a un organismo della stessa specie del soggetto da clonare e deve essere stata privata del nucleo;
- **impianto della nuova cellula uovo** → il soggetto ospite (ricevente) è lo stesso da cui è stata prelevata la cellula uovo e porta avanti la gravidanza.

Dopo la gestazione, si ottiene un organismo geneticamente identico al donatore del nucleo della cellula somatica.

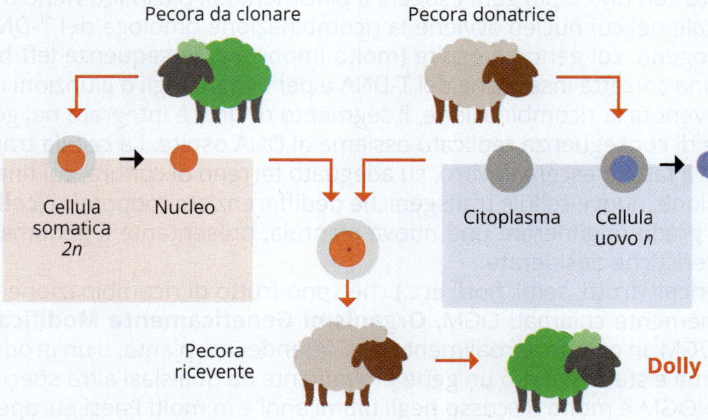

Figura 11: le fasi della clonazione.

Partendo dal presupposto che è vietato dalla legge clonare un essere umano, oggi la clonazione è un campo di sperimentazione con delle grandi potenzialità:

- **clonazione di geni**: è possibile localizzare, isolare e riparare i geni mutati senza iniettare alcun vettore virale e riarrangiando il gene in questione;
- **clonazione terapeutica**: riproduzione in vitro di tessuti umani da una cellula del paziente che potrebbero poi essere usati nei trapianti, evitando così il problema del rigetto.

7.8 BIOTECNOLOGIE PER L'AGRICOLTURA E L'AMBIENTE

7.8.1 Piante transgeniche e OGM

Le biotecnologie hanno anche un'applicazione in ambito agricolo: nuove specie che prima venivano "create" tramite l'uso delle tradizionali tecniche di incrocio e selezione, vengono ora prodotte con la moderna tecnologia del DNA ricombinante. Tale tecnica permette di agire direttamente sui geni di interesse e ha portato soprattutto a una diminuzione dei tempi di lavoro e a un livello di controllo, e di conseguenza anche un'efficienza, nettamente maggiore rispetto a prima.

Le applicazioni più diffuse delle biotecnologie in questo campo riguardano:

- la produzione di **specie vegetali resistenti** ai parassiti e alle infezioni virali, che possono essere così coltivate riducendo drasticamente l'uso di insetticidi e di erbicidi, ma anche specie resistenti a questi ultimi, in modo da poter agire sul campo e impedire la crescita di malerbe o la proliferazione di insetti dannosi, senza arrecare danni alla coltura;
- la manipolazione dei prodotti agricoli per ottenere caratteristiche desiderate: resistenza al trasporto, biofortificazione alimentare, aumento di produttività.

La ricombinazione del DNA all'interno del genoma vegetale avviene attraverso un batterio: **Agrobacterium tumefaciens**. Questo batterio trasferisce nelle cellule vegetali un suo plasmide, chiamato *Ti plasmid*, dove Ti sta per *Tumor inducing* in quanto una volta che la pianta è interamente infettata da Agrobacterium, presenterà sul fusto uno o più tumori.
Questo plasmide contiene il T-DNA, un segmento di DNA interno al plasmide che può essere sostituito con uno o più geni esogeni a piacimento. Il plasmide viene trasferito nella cellula vegetale nel cui nucleo avviene la ricombinazione omologa del T-DNA, contenenente il gene esogeno, col genoma ospite (molto importanti le sequenze left border e right border per una corretta inserzione del T-DNA e per evitare tagli o giunzioni non corrette). Una volta avvenuta la ricombinazione, il segmento di DNA è integrato nel genoma dell'ospite e viene di conseguenza replicato assieme al DNA ospite. La cellula transgenica così prodotta verrà fatta crescere in vitro, su adeguato terreno di coltura, col fine di produrre, tramite divisione, nuove cellule transgeniche dedifferenziate totipotenti (**cellule meristematiche**) in grado di generare una nuova plantula, presentante il genoma transgenico, con le caratteristiche desiderate.
I prodotti agricoli (frutti, semi, fiori, ecc.) che sono frutto di ricombinazione del DNA vengono comunemente chiamati OGM, **Organismi Geneticamente Modificati** (in inglese GMO). Con OGM, in campo agroalimentare, si intende una pianta, o un prodotto derivato, nel cui genoma è stato inserito un gene proveniente da qualsiasi altra specie vivente.
L'argomento OGM è molto discusso negli ultimi anni e in molti Paesi europei questi sono stati banditi dal commercio, mentre in altre parti del mondo, ad esempio USA e Paesi asiatici, gli organismi geneticamente modificati sono già in commercio con risultati nettamente favorevoli, come il *mais bt* che dà al mais una forte resistenza contro gli insetti e porta a una quantità di prodotto 3 volte maggiore rispetto al mais non transgenico. Il principale scopo dei produttori e dei ricercatori in questo ambito è quello di permettere una migliore coltivazione delle specie vegetali, per sopperire al fabbisogno nutrizionale dell'intera popolazione mondiale che è in continua crescita demografica.

Un discusso ma interessante risultato in questo campo è stato lo studio e la produzione del cosiddetto *golden rice*, un riso geneticamente modificato arricchito di **β-carotene**, il precursore della **vitamina A**.

Tale micronutriente è assente nel riso e la sua carenza può causare gravi malattie e anche la morte. Essendo spesso i cereali, e in particolare il riso, la sola fonte alimentare della popolazione dei paesi in via di sviluppo, diventa importante il problema della carenza di vitamina A (presente in alimenti come fegato, latte e tuorlo d'uovo) o di β-carotene (presente in carote, albicocche, pesche, ecc.). Con lo scopo di combattere tale carenza nel golden rice è stato inserito un gene, inizialmente di narciso, nei prototipi, e poi di mais, che consente la sintesi del fitoene (precursore biologico del β-carotene); il gene in questione codifica per la proteina "**fitoene sintasi**" e dona al cereale un colore tipicamente giallo/dorato, da cui deriva il nome. Questo cereale è attualmente al centro di un dibattito tra ricercatori, intellettuali e ambientalisti sull'opportunità del suo utilizzo per l'alimentazione umana.

7.8.2 Biocombustibili

I biocombustibili sono combustibili che derivano in modo indiretto dalle biomasse: mais, bietola, grano, canna da zucchero e oli vegetali. Ultimamente sono molto studiati, soprattutto per la loro derivazione da fonti rinnovabili. Le peculiari caratteristiche dei principali biocarburanti sono:

- **bioetanolo**: viene prodotto tramite processo di fermentazione di alcune biomasse, quali canna da zucchero e canna comune. Alcuni batteri sono in grado di velocizzare il processo di fermentazione e vengono di conseguenza molto utilizzati: Zymomonas mobilis velocizza la fermentazione della canna da lago, mentre Saccharomyces cerevisiae è largamente utilizzato nella degradazione di qualsiasi tipo di cellulosa (studi biotecnologici per aumentare la produzione di etanolo sono fatti proprio su quest'ultimo).
  Il bioetanolo può essere usato come componente delle benzine, fino a una concentrazione pari al 40%;
- **biodiesel**: analogo del gasolio prodotto industrialmente tramite processo chimico di transesterificazione degli acidi grassi a partire da materie rinnovabili quali oli vegetali (anche di scarto) e grassi animali. Al contrario del bioetanolo, questo può sostituire integralmente il gasolio all'interno dei motori;
- **bioidrogeno**: viene prodotto in macchinari chiamati bioreattori da parte di microrganismi, principalmente fotoautotrofi, i quali vengono posti in condizioni ottimali per la produzione di idrogeno, che viene poi recuperato e isolato dagli altri prodotti. Le biotecnologie studiano metodologie per incrementare la produttività di batteri e alghe coinvolti in questi processi; ad esempio la recente scoperta del Clostridium cellulovorans, batterio in grado di degradare residui di cellulosa, ha permesso lo sviluppo di nuove tecniche produttive che usano scarti della filiera agroalimentare come fonte di carbonio per i microrganismi che producono idrogeno.

La produzione di biocombustibili è ampiamente discussa e criticata in quanto la sintesi di questi composti richiede una grande quantità di substrato e si tolgono quindi ingenti quantità di spazio ed energie alla cosiddetta filiera del ***food and feed*** (alimentazione umana ed animale).

7.8.3 Biorisanamento

Alcuni microrganismi sono in grado di produrre idrocarburi mentre altri sono capaci di degradarli e la ricerca di questa proprietà degradativa ha lo scopo di combattere e contenere i disastri ambientali a cui si assiste ogni anno.

La presenza del petrolio nell'ambiente per milioni di anni ha portato all'evoluzione di microrganismi in grado di degradare e usare gli idrocarburi come fonte di carbonio e/o energia. Il ruolo del biotecnologo in questo ambito è quindi quello di studiare e isolare le proteine e i geni che portano alla degradazione del composto d'interesse con lo scopo di poterli inserire all'interno di altri batteri, più maneggevoli e resistenti (es. E. coli), raramente si trovano sul luogo dell'avvenuto versamento. I batteri in grado di degradare gli idrocarburi sono definiti **idrocarburoclastici** e il processo per il quale questi vengono versati e dispersi in mare per contrastare un'eventuale perdita di materiale dannoso è detto **biorisanamento**. Questo è un processo del tutto favorevole, in quanto i microrganismi che inattivano gli idrocarburi, scindendoli in prodotti non dannosi, entrano poi a far parte della catena alimentare della flora e della fauna marina.

CORREZIONI COMMENTATE AGLI ESERCIZI PROPOSTI

7.2.1 Gli enzimi di restrizione sono degli enzimi batterici che si occupano di tagliare il DNA a livello di specifiche sequenze, diverse da enzima a enzima. In particolare, effettuano dei tagli sfalsati all'interno di sequenze definite palindromiche, cioè regioni del DNA che, se letti in direzione opposta, uno in direzione 5'-3' e l'altro in direzione 3'-5', presentano la stessa sequenza su entrambi i filamenti.
Risposta corretta E.

7.2.2 La tecnica dell'elettroforesi sfrutta la diversa velocità di migrazione di particelle cariche sotto l'influenza di un campo elettrico. Le molecole separabili contengono gruppi o residui ionizzabili, come ad esempio gli amminoacidi, le proteine, i nucleotidi e gli acidi nucleici.
Risposta corretta E.

7.4 Il metodo Sanger è una tecnica utilizzata in combinazione alla PCR per il sequenziamento di singoli filamenti di DNA. Richiede diversi componenti:

- numerose copie del filamento stampo ottenute con PCR;
- DNA polimerasi;
- primer adatti a riconoscere e replicare il filamento di DNA;
- desossiribonucleotidi trifosfato;
- dideossiribonucleotidi trifosfato marcati.

Grazie ai primer utilizzati lo stampo viene sempre replicato come un filamento leading, ossia letto in direzione 3'-5' e scritto in 5'-3', quindi non sono necessarie le DNA ligasi, responsabili di unire i frammenti di Okazaki che si formano in natura dalla replicazione dei filamenti lagging.
Il ruolo dei dideossiribonucleotidi trifosfato marcati è l'interruzione della sintesi dei diversi filamenti a lunghezze diverse. Dunque, replicando il filamento da sequenziare migliaia di volte, si ottiene un pool di molecole di DNA di lunghezza diversa.
Per esempio:
A-G-T-T-A*
A-G-T-T-A-G*
A-G-T-T-A-G-T*
Con una particolare elettroforesi è possibile separare le diverse molecole e ordinarle ottenendo la sequenza.
Risposta corretta D.

7.5.1 Un plasmide è una molecola di DNA circolare presente nel citoplasma delle cellule procariotiche. Esso viene duplicato e trascritto indipendentemente dal materiale genetico nucleare. Nei plasmidi sono presenti dei geni codificanti per delle caratteristiche specifiche come, ad esempio, la resistenza agli antibiotici.
Risposta corretta D.

7.5.2 Un batteriofago è un virus in grado di infettare batteri e di sfruttarne le strutture molecolari per duplicazione, trascrizione e traduzione virale. Il batterio è dotato di una molecola di DNA a doppio filamento circolare, mentre il batteriofago presenta una molecola di DNA sempre a doppio filamento ma, in questo caso, marcata con fosforo radioattivo. Quando il virus, infettando il battere, inserisce il proprio DNA si viene a formare una molecola di DNA batterico circolare a doppio filamento, anch'essa marcata con fosforo radioattivo. La proliferazione di queste cellule batteriche infettate e marcate avviene mediante duplicazione del DNA (processo semiconservativo): in assenza di processi di ricombinazione, il numero di fagi prodotti contenenti DNA marcato con fosforo radioattivo sarà identico a quello iniziale (2), poiché nella cellula batterica non sono presenti fosfori radioattivi ulteriori a quelli dei filamenti stampo.
Risposta corretta A.

ELEMENTI DI BIODIVERSITÀ ED EVOLUZIONE

Teorie evolutive

Evidenze sull'evoluzione

Genetica ed evoluzione

Modelli di evoluzione

Speciazione

Classificazione dei viventi

8

Introduzione

BIOLOGIA

Si definisce la biologia come la scienza che si occupa dello studio delle forme viventi e delle leggi che ne regolano l'esistenza. Alla base della comprensione delle scienze biologiche è di fondamentale importanza lo studio della classificazione dei viventi e dell'evoluzione.

L'evoluzione è un processo di graduale cambiamento e adattamento che permette di spiegare le somiglianze e le diversità delle forme di vita. Affermata la diversità degli organismi, la biologia sistematica e la tassonomia si sono occupate di classificare gli organismi viventi, esplorare le relazioni che intercorrono tra essi e ordinarli all'interno di categorie basate sulle relazioni evolutive.

"La paura dell'altezza è illogica.
La paura di cadere è tuttavia una cosa prudente ed evolutiva."

Sheldon Cooper

8.1 TEORIE EVOLUTIVE

La teoria evoluzionistica è un insieme di supposizioni riguardanti la formazione delle specie presenti sulla Terra. Nel corso della storia sono state formulate teorie diverse, nel tentativo di spiegare la varietà delle specie.

8.1.1 Teoria evolutiva di Lamarck

A cavallo tra il Settecento e l'Ottocento le nuove scoperte geografiche portarono alla luce specie animali fino ad allora sconosciute, piante e fossili. Il mondo scientifico davanti a tanta varietà iniziò a postulare il concetto di evoluzione, contrapposto al *fissismo* di Aristotele e Linneo che sosteneva l'immutabilità degli organismi nel tempo.

Jean Baptiste de Lamarck (1744-1829), con la pubblicazione di *Philosophie zoologique*, fu il primo scienziato a sostenere in modo convincente che gli esseri viventi fossero il frutto di un processo di modificazione e adattamento graduale sotto la pressione dell'ambiente.

Egli basò la sua idea su due fondamentali assunti:

- **legge dell'uso e non uso delle parti** → le specie sviluppano e mantengono gli organi utili per la loro sopravvivenza e adattamento all'ambiente, mentre gli organi superflui vanno incontro a un processo di atrofizzazione. Per spiegare questa legge Lamarck si servì dell'esempio delle giraffe, inizialmente dotate di un collo corto: lo sforzo volto a raggiungere i rami alti per poter mangiare le avrebbe portate a sviluppare un collo progressivamente più lungo. L'allungamento del collo e qualsiasi altra modificazione viene definito da Lamarck come "carattere acquisito";
- **legge dell'ereditarietà dei caratteri acquisiti** → le specie sono in grado di tramandare alla progenie i caratteri acquisiti.

Il concetto di evoluzione per Lamarck è quindi quello di progressivo accumulo e trasmissione di caratteri acquisiti che permettono il miglioramento della sopravvivenza e la scomparsa delle parti non utilizzate, in cui l'ambiente ha un ruolo diretto.

La teoria di Lamarck venne successivamente abbandonata: le mutazioni somatiche, non essendo in grado di influenzare il patrimonio genetico dell'individuo, non possono essere trasmesse alla prole. Il valore della postulazione lamarckiana è quello di portare la biologia fuori dal fissismo e creazionismo, affermando la mutazione delle specie nel corso del tempo e indirizzando la scienza verso la formulazione dei moderni concetti di evoluzione.

8.1.2 Teoria evolutiva di Darwin

Nel 1859 Charles Darwin (1809-1882) pubblica *L'origine delle specie*. In questo libro lo scienziato inglese spiega la diversità delle forme di vita terrestri nell'ottica di una propria teoria sull'evoluzione; questa teoria è basata sui seguenti quattro assunti:

- tra gli individui di una specie esiste un'ampia **variabilità dei caratteri**: la varietà dipende dall'accumulo di cambiamenti in risposta all'interazione tra essi e l'ambiente;
- la varietà è possibile su basi **genetiche**: gli organismi si riproducono generando una progenie simile nelle caratteristiche principali, ma diversa su base individuale. Le differenze presenti tra gli individui sono trasmissibili e quindi ereditabili;
- la crescita della popolazione mette pressione sulla popolazione stessa, causando una **lotta continua per l'esistenza** tra individui della stessa specie e tra le diver-

se specie. Le varietà dei caratteri determina tassi di sopravvivenza e riproduzione diversi. Le varianti che favoriscono la sopravvivenza diventano quelle più frequenti all'interno della popolazione: questo processo prende il nome di ***selezione naturale***;
- il progressivo accumulo di modificazioni può essere tale da differenziare gruppi di organismi originariamente vicini: viene permessa la comparsa di nuove specie.
-

Inizialmente non venne dato particolare credito alla teoria evolutiva di Darwin, data la mancanza di un nesso tra la teoria stessa e il meccanismo di evoluzione, o come la varietà dei tratti potesse essere ereditata dalla progenie.

Solo successivamente, con l'accostamento delle teorie darwiniane alle leggi di Mendel, si arrivò alla ***sintesi moderna dell'evoluzione***: l'evoluzione avviene con grandi modificazioni in periodi brevi (*Teoria degli equilibri punteggiati*) in una direzione casuale, gli step sono irreversibili e molto raramente possono portare a un vantaggio. Di conseguenza l'accostamento di tutti gli adattamenti vantaggiosi può spiegare le grandi differenze che intercorrono tra le diverse specie.

8.1.3 Differenze tra le teorie di Lamarck e Darwin

Lamarck	Darwin
I cambiamenti genetici avvengono in risposta a determinati bisogni	I cambiamenti genetici avvengono in modo **casuale**: l'adattamento è un processo fortuito che insorge prima della presenza di un bisogno
Le variazioni sono indirizzate esclusivamente verso adattamenti favorevoli	Le variazioni sono casuali e possono essere favorevoli, sfavorevoli o neutre
L'ambiente ha un ruolo **diretto** nell'evoluzione, portando allo sviluppo dei caratteri acquisiti	L'ambiente agisce in modo **indiretto** selezionando gli individui con le caratteristiche più adatte alla sopravvivenza
Legge dell'uso e non uso: le mutazioni somatiche vengono trasmesse alla prole	I cambiamenti somatici accumulati non sono trasmissibili alla progenie

8.2 EVIDENZE SULL'EVOLUZIONE

Le prove a sostegno dell'evoluzione provengono da diverse discipline, come la paleontologia, l'anatomia e l'embriologia comparata e la biologia molecolare, ma possono essere riassunte e suddivise in:
- **strutturali** → i **fossili** mostrano come specie estinte presentino strutture simili a specie attualmente presenti. Organismi appartenenti a un medesimo gruppo presentano caratteristiche condivise ereditate da antenati comuni, definite come *strutture omologhe* (fig. 1);
- **microbiologiche** → somiglianze e differenze tra le biomolecole che costituiscono gli organismi viventi, come ad esempio le sequenze dei geni nel DNA, sono studiate per stabilire la parentela evolutiva tra due specie;
- **osservazione diretta** → la somministrazione smodata di antibiotici seleziona i batteri resistenti. Si tratta di un esempio in cui l'evoluzione si verifica in tempi talmente brevi da poter essere osservata.

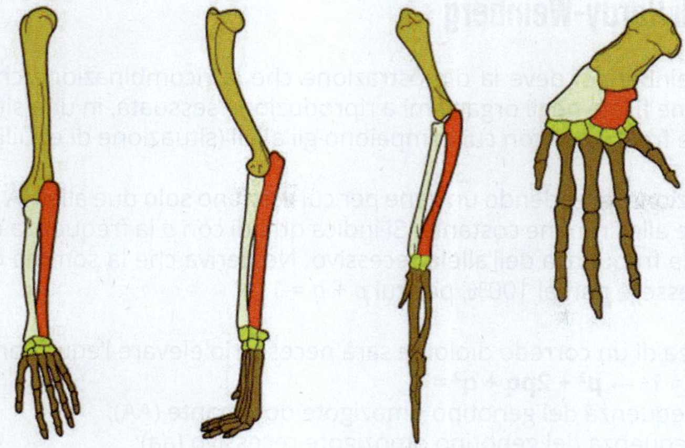

Figura 1: le strutture omologhe mostrano una somiglianza, in quanto filogeneticamente derivanti da un antenato comune. Sebbene l'aspetto non sia identico, è possibile notare come la disposizione delle ossa di questi vertebrati sia peculiare.

ESERCIZIO **PROPOSTO**

8.2 Il ritrovamento di fossili di balena dotati di arti posteriori permette di dedurre che:

A. Le balene derivano da progenitori mammiferi quadrupedi
B. Anticamente erano anfibi, viventi anche sulle terre emerse
C. Derivano dai condroitti, come il resto dei mammiferi
D. Le balene fanno parte del regno delle monere
E. La linea evolutiva di questa specie le porterà a vivere sulla terra ferma

8.3 GENETICA ED EVOLUZIONE

La trasmissibilità dei caratteri è uno dei punti cardine per spiegare la teoria dell'evoluzione. La disciplina che si occupa di unire la genetica mendeliana e l'evoluzione è la **genetica di popolazione**, che indaga su come originino e come vengano trasmesse variazioni all'interno di una popolazione.

L'oggetto principale della genetica di popolazione è il **pool genico**, ossia l'insieme di alleli presenti in una popolazione in un dato momento. Sono definizioni importanti ai fini della comprensione della materia quelle di:

- **frequenza fenotipica** → frequenza con cui si manifesta un determinato fenotipo;
- **frequenza genotipica** → frequenza con cui si presenta un genotipo;
- **frequenza allelica** → frequenza relativa di un determinato allele all'interno di una popolazione.

8.3.1 Legge di Hardy-Weinberg

Ad Hardy e Weinberg si deve la dimostrazione che la ricombinazione che si verifica ad ogni generazione filiale negli organismi a riproduzione sessuata, in una situazione ideale, non modifica le frequenze con cui compaiono gli alleli (situazione di equilibrio).

In questa situazione, prendendo un gene per cui esistono solo due alleli (A e a), la frequenza di questi due alleli rimane costante. Si indica quindi con p la frequenza dell'allele dominante e con q la frequenza dell'allele recessivo. Ne deriva che la somma delle frequenze alleliche deve essere pari al 100%, per cui $p + q = 1$.

N.B. In presenza di un corredo diploide sarà necessario elevare l'equazione alla seconda, ovvero $(p + q)^2 = 1^2 \rightarrow \mathbf{p^2 + 2pq + q^2 = 1}$.

- $p^2 \rightarrow$ frequenza del genotipo omozigote dominante (AA);
- $q^2 \rightarrow$ frequenza del genotipo omozigote recessivo (aa);
- ***2pq*** $\rightarrow$ frequenza del genotipo eterozigote (Aa);

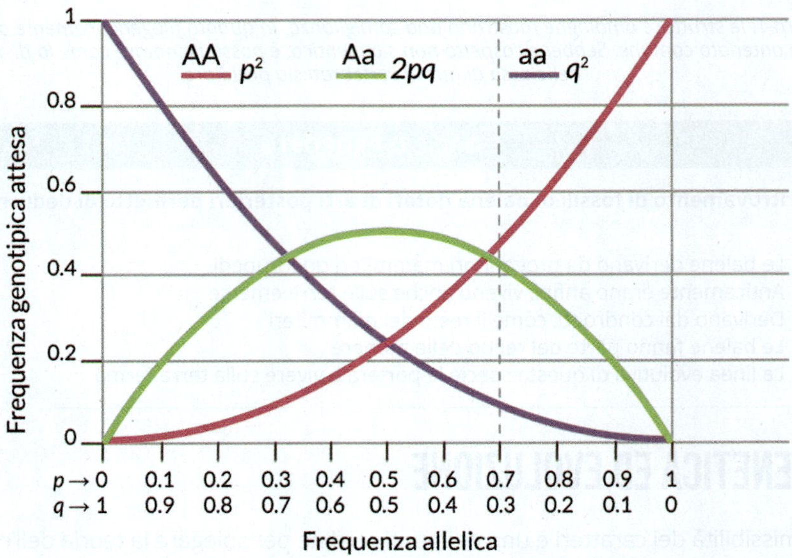

Figura 2: il grafico illustra le relazioni tra frequenze alleliche e genotipiche derivanti dalla legge di Hardy-Weinberg.

Riepilogando, quindi, secondo la legge di Hardy-Weinberg, le frequenze alleliche nella popolazione presa in esame rimangono costanti e le relative frequenze dei diversi genotipi rimangono le stesse anche dopo la prima generazione, a patto che siano soddisfatte 5 condizioni:

1. popolazione praticamente infinita o comunque molto grande;
2. assenza di migrazioni;
3. panmissia $\rightarrow$ incrocio casuale tra individui, non influenzato dal fenotipo;
4. non selezione $\rightarrow$ tutti gli alleli devono avere la stessa probabilità di essere trasmessi alla prole;
5. assenza di mutazioni nella popolazione.

Dal momento che le condizioni ideali sulle quali si fonda questo principio non possono essere riprodotte in natura, le popolazioni sono sempre soggette a instabilità e si va incontro a **evoluzione**.

ESERCIZIO **PROPOSTO**

8.3.1 Quale, tra le seguenti affermazioni riferite all'equilibrio di Hardy-Weinberg NON è corretta?

A. Il prodotto 2pq indica la frequenza degli eterozigoti
B. Indica la frequenza dell'allele dominante negli omozigoti
C. La somma delle frequenze di tutti i possibili genotipi relativi a un dato carattere è sempre uguale a 1
D. La frequenza degli omozigoti dominanti è uguale a quella degli omozigoti recessivi
E. La frequenza degli alleli rimane costante all'interno di una popolazione

8.3.2 Fattori evolutivi fondamentali

I fattori che modificano l'equilibrio di Hardy-Weinberg sono detti **fattori evolutivi** e sono:

- **accoppiamento assortativo** → accoppiamento non casuale, che avviene in funzione del genotipo. Questo può essere positivo quando vengono selezionati partner genotipicamente simili, negativo se avviene il contrario;
- **deriva genetica** → evento casuale (non dovuto alla selezione naturale ma attribuibile a fluttuazioni statistiche) che riduce la popolazione, andando quindi a causare la perdita di determinati pool genici. Ne deriva che i pool rimasti vadano a incrementare la loro frequenza. Si basa su:
  - effetto "*collo di bottiglia*" → pressioni selettive esterne che riducono la popolazione (es. caccia);
  - effetto "*fondatore*" → due specie si separano (es. migrazione);
  - accoppiamento non casuale;
- **mutazione** → eventi casuali fonte di variabilità dei caratteri che fornisce il materiale genetico su cui agisce la selezione naturale;
- **selezione naturale** → processo mediante il quale in natura vengono conservate le variazioni genetiche favorevoli alla sopravvivenza dell'individuo e vengono eliminate quelle sfavorevoli. L'intensità della selezione naturale si misura mediante la *fitness* (o adattabilità o w), ovvero un valore per la capacità relativa di un genotipo di trasmettere i suoi geni alla generazione successiva. Lo stesso genotipo avrà fitness diversa in ambienti diversi.
  Da notare che la selezione naturale agisce direttamente sul fenotipo e indirettamente sul genotipo, per cui si distinguono selezione **stabilizzatrice** (tende a produrre popolazione uniforme), **direzionale** (tende a far prevalere individui con una caratteristica fenotipica estrema) e **divergente** (tendenza a far prevalere forme fenotipiche estreme, eliminando tutte le forme intermedie);
- **migrazione** → scambio di geni tra popolazioni dovuto a spostamenti da un'area geografica a un'altra o, per esempio, a matrimoni interetnici. L'effetto che ne deriva è un livellamento delle differenze genetiche tra le popolazioni.

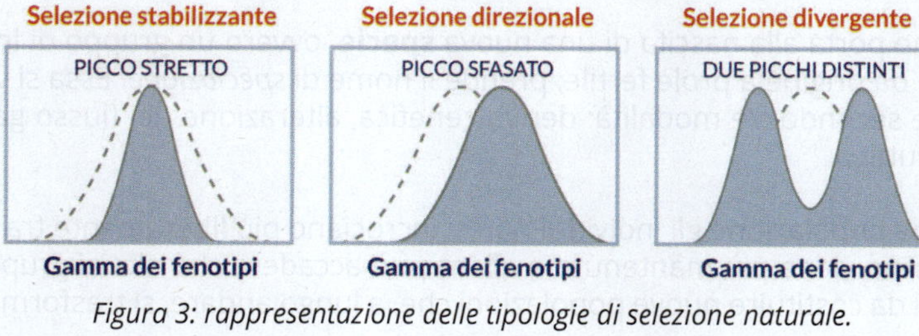

Figura 3: rappresentazione delle tipologie di selezione naturale.

N.B. La selezione naturale non risente in modo esclusivo della pressione selettiva di predatori e fattori ambientali ma anche di una pressione positiva che risiede nella scelta del partner da parte dell'organismo. In questo ambito, è fondamentale prendere in considerazione il concetto di **fitness**, inteso non solo come la probabilità di un organismo di sopravvivere, ma anche come capacità di un individuo di essere selezionato dal partner (**selezione sessuale**).

Deve inoltre essere presa in considerazione la **selezione artificiale**, ovvero l'accoppiamento di due individui all'interno di una specie che hanno le caratteristiche desiderate per la prole.
Diversamente dalla selezione naturale, la selezione artificiale avviene per decisione arbitraria dell'uomo. Ne è un esempio la creazione di nuove razze animali o, in agricoltura, di nuove tipologie di vegetali.

8.4 MODELLI DI EVOLUZIONE

I processi evolutivi all'interno di una stessa specie sono responsabili della formazione di popolazioni diversificate, fino alla formazione di specie diverse. Andando a collocarsi a un livello più alto, l'evoluzione può portare alla comparsa di modelli strutturali nuovi e alla conseguente diversificazione tra grandi gruppi di organismi.
La **microevoluzione** riguarda l'insieme di processi evolutivi che avvengono in tempi brevi nell'ambito di una specie. Questa determina cambiamenti genetici che si accumulano ma che non vanno ancora a dare origine a una nuova specie.

La **macroevoluzione** si occupa dei cambiamenti che in tempi lunghi si hanno all'interno di gruppi superiori alla specie e che portano alla produzione di nuove linee evolutive.

Microevoluzione e macroevoluzione in modo congiunto permettono l'evoluzione, ciò che varia tra le due è la scansione temporale. Nell'analisi di forme e funzioni tra specie diverse è necessario stabilire se le differenze siano frutto di parentela o simile adattamento a simile ambiente.

L'evoluzione è quindi classificata in:
- **convergente** → organismi che vivono in condizioni simili sviluppano adattamenti simili, pur non avendo parentela evolutiva. Si ha la comparsa di strutture analoghe (stessa funzione, diversa origine evolutiva);
- **parallela** → specie imparentate seguono uno stesso processo evolutivo in quanto sottoposte alle medesime pressioni selettive;
- **divergente** → sviluppo di caratteristiche diverse in popolazioni che presentano un antenato comune (**strutture omologhe**). L'evoluzione può essere dovuta all'adattamento di una stessa specie a condizioni ambientali differenti.

8.5 SPECIAZIONE

Il processo che porta alla nascita di una nuova **specie**, ovvero un gruppo di individui che incrociandosi dà origine a prole fertile, prende il nome di *speciazione*. Essa si verifica prevalentemente secondo tre modalità: deriva genetica, alterazione del flusso genico, isolamento riproduttivo.

Quando in una popolazione gli individui non si incrociano più liberamente tra loro, l'equilibrio genico non viene più mantenuto e allora può accadere che alcuni gruppi si isolino dagli altri così da costituire nuove popolazioni che, a lungo andare, si trasformano in nuove specie. Questo è infatti il principale meccanismo di speciazione e si attua perlopiù in quattro modi diversi:

- **speciazione allopatrica** → si attua quando in una popolazione compaiono barriere geografiche o di altra natura che isolano alcuni gruppi di individui da tutti gli altri. Una volta isolati, questi individui cominciano a differenziarsi per opera della selezione naturale e il progressivo differenziamento porta all'impossibilità di incrociarsi con la popolazione originaria;
- **speciazione simpatrica** → non si hanno barriere di alcun tipo, ma diversità di comportamenti. È quello che accade quando, per esempio, un gruppo di individui modifica il rituale di corteggiamento per il riconoscimento del partner o spesso nel caso del fenomeno della *poliploidia*;
- **speciazione peripatrica** → viene anche definita come speciazione per "*effetto del fondatore*". Avviene quando un ristretto numero di individui viene isolato in una nicchia ecologica e dà conseguentemente origine a una nuova popolazione. Il motivo risiede nel fatto che in popolazioni piccole la deriva genetica, e quindi le fluttuazioni statistiche, hanno un impatto molto importante;
- **speciazione parapatrica** → avviene quando due popolazioni si sviluppano in nicchie ecologiche non completamente isolate e limitrofe (a differenza della peripatrica).

A speciazione avvenuta, l'**isolamento riproduttivo** è la possibilità che una popolazione si suddivida in due o più gruppi che, pur convivendo nello stesso ambiente e pur avendo gli stessi comportamenti, non sono più in grado di incrociarsi tra loro. Questo accade quando, per esempio, si instaurano barriere riproduttive, ovvero modificazioni che impediscono il reciproco accoppiamento.

Dall'accoppiamento tra due specie diverse può avere origine un organismo **ibrido**.

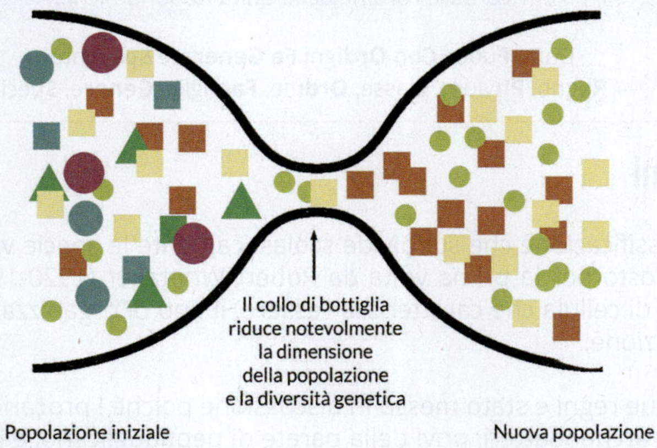

*Figura 4: a seguito di cataclismi è possibile che gli individui sopravvissuti diano origine a una popolazione con un pool genico "selezionato" rispetto alla popolazione iniziale: questo fenomeno prende il nome di "**collo di bottiglia**".*

8.6 CLASSIFICAZIONE DEI VIVENTI

La classificazione degli organismi viventi è oggetto di studio della sistematica e della tassonomia. La **sistematica** è una disciplina che si occupa di andare a studiare le diversità che sussistono tra gli organismi e le loro relazioni evolutive, mentre la **tassonomia** si prepone di classificare (e quindi di organizzare gerarchicamente) gli esseri viventi, basandosi su criteri morfologici e di parentela evolutiva.

La prima classificazione vera e propria si deve a Linneo (1707-1778), che basò il suo sistema sui principi di *precedenza* e *inclusione*: le categorie sono disposte in modo che ognuna sia inclusa nelle precedenti e comprenda le successive. L'unità fondamentale del sistema tassonomico è la **specie**.

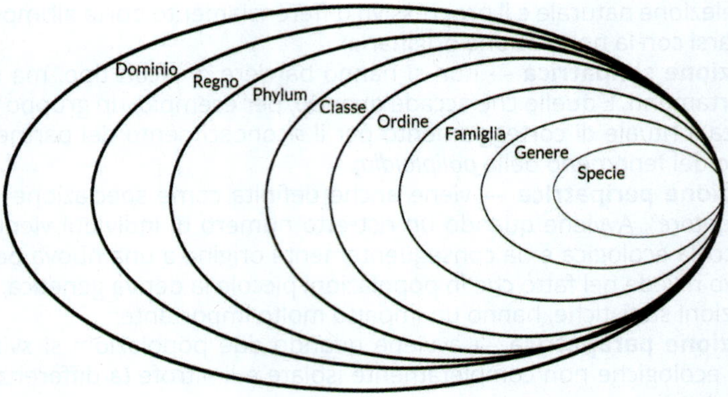

Figura 5: classificazione tassonomica.

Per far sì che le specie non vengano indicate in modo equivoco si utilizza il sistema di **nomenclatura binomia**, per cui ogni specie presenta due nomi latini: il primo riferito al genere di appartenenza dell'organismo, il secondo alla specie (es. *Homo sapiens*, *Panthera leo*).

MNEMOFRASE TESTBUSTERS

Per ricordare l'ordine delle unità tassonomiche:

Da**Re F**uoco **C**on **Ordi**gni **Fa Gener**are **Sp**avento
→ **Re**gno, **Ph**ylum, **C**lasse, **Ordi**ne, **Fa**miglia, **Gener**e, **Sp**ecie

8.6.1 Tre domini

Il sistema di classificazione che suddivide scolasticamente le specie viventi in cinque regni è stato proposto per la prima volta da Robert Whittaker (1920-1980), basandosi su tre criteri: il tipo di cellula che caratterizza l'essere, il tipo di organizzazione cellulare e la tipologia di nutrizione.

Il modello a cinque regni è stato messo in discussione poiché i procarioti vengono attualmente distinti in archeobatteri, privi della parete di peptidoglicano, e in eubatteri o "batteri veri". Secondo questo modello, proposto da Thomas Cavalier-Smith nel 2003, i viventi dovrebbero essere distinti in **tre domini**:

- **Archaea**, comprendente il regno degli archeobatteri (procarioti);
- **Bacteria**, comprendente il regno degli eubatteri (procarioti);
- **Eukarya**, comprendente i quattro regni di protisti, piante, funghi e animali (eucarioti).

8.6.2 Archaea

Il dominio degli archeobatteri è costituito da organismi unicellulari semplici e di modestissime dimensioni, che non presentano nucleo e vedono i ribosomi come unici organelli presenti al loro interno: presentano una struttura cellulare di tipo procariotico e si organizzano cellularmente come unicellulari o coloniali.

Pur mantenendo le caratteristiche dei procarioti (assenza di un nucleo distinto e di organuli citoplasmatici rivestiti da membrane, strutture di rivestimento più complesse rispetto alla cellula eucariote), date le condizioni estreme in cui possono svilupparsi, gli archeobatteri presentano una **composizione biochimica unica** delle loro strutture di rivestimento, che conferisce loro una notevole impermeabilità e che li differenzia sia dai batteri che dagli eucarioti. La loro **parete cellulare** è caratterizzata dalla presenza di acido talosaminourico e la loro **membrana cellulare** contiene lipidi contenenti isoprenoidi e glicerolo, molecole che conferiscono loro la caratteristica resistenza a condizioni ambientali avverse.

Sebbene, tuttavia, siano presenti anche in ambienti più ospitali, come ad esempio il placton, gli archeobatteri sono gli abitanti degli ambienti più estremi e inospitali della Terra. Esistono archeobatteri **termofili**, che possono svilupparsi a temperature ben superiori ai 100 °C (ritrovati in vicinanza di geyser o sorgenti termali sottomarine), **psicrofili**, che sopravvivono a temperature inferiori a -10 °C, mentre **acidofili** e **alcalofili** crescono rispettivamente in ambienti estremamente acidi o alcalini. Infine gli **alofili** prediligono ambienti a elevatissima salinità.
Dal momento che gli eucarioti presentano delle somiglianze con gli archeobatteri da un punto di vista chimico, i modelli evoluzionistici recenti ritengono che si siano evoluti a partire da questi ultimi.

8.6.3 Bacteria

Sono detti anche eubatteri e sono procarioti caratterizzati da una parete cellulare, che può essere di diverso spessore a seconda che si tratti di batteri Gram-positivi (parete più spessa) o Gram-negativi (parete più sottile), anche se i peptidoglicani costituiscono una sostanza universalmente presente nella parete cellulare batterica.

A seconda del tipo di metabolismo si distinguono:

- **fotoautotrofi** → sintetizzano composti organici a partire dall'anidride carbonica e la fonte di energia è costituita dalla luce solare. Ne sono un esempio i *cianobatteri* che presentano sistemi membranosi interni con clorofille e utilizzano l'acqua come donatore di elettroni, producendo O_2;
- **chemioautotrofi** → sintetizzano composti organici a partire dall'anidride carbonica, servendosi dell'ossidazione di composti inorganici come fonte di energia;
- **eterotrofi** → assumono dall'ambiente i composti organici a essi necessari, che fungono sia come fonte energetica che come componente strutturale. La maggior parte sono *saprofiti*, che utilizzano materiale organico morto, ma possono anche essere *parassiti*, che si nutrono a spese di altri organismi viventi.

All'interno di questo dominio è possibile individuare due principali gruppi: i batteri e i cianobatteri (anche detti *alghe azzurre*).

8.6.4 Eukarya

PROTISTI
Il regno dei protisti include tutti gli organismi eucarioti che non sono funghi, piante o animali: si tratta di organismi unicellulari (ad eccezione delle alghe) generalmente motili, grazie alla presenza di ciglia, flagelli o tramite meccanismi ameboidi. I nutrienti vengono

BIOLOGIA

ricavati da fotosintesi, ingestione di altri organismi (*predazione*) o tramite entrambe le modalità.

Il gruppo delle **alghe** comprende organismi vegetali autotrofi diversificati dai pigmenti e dalla struttura morfologica (possono infatti essere uni o pluricellulari, di dimensioni decisamente differenti).

Tra i protisti si riconosce il *Plasmodium falciparum*, ovvero un parassita protozoico, agente eziologico della malaria.

FUNGHI
I funghi sono organismi eucarioti eterotrofi unicellulari (lieviti) o pluricellulari (muffe). Essi hanno genomi organizzati in cromosomi, sono privi di sistemi di locomozione e sono tendenzialmente aerobi o anaerobi facoltativi. Essi presentano membrane plasmatiche atipiche, costituite da **ergosterolo**, e pareti cellulari formate da uno strato interno rigido di chitina che conferisce la forma, uno strato intermedio di **β-glucano** e uno strato esterno di mannoproteine.

La maggior parte di essi secerne sostanze enzimatiche in grado di digerire il materiale nutritizio, cui segue l'assorbimento tramite la parete. Possono essere *saprofiti* o *parassiti*.

In generale, la modalità di riproduzione è caratterizzata dall'alternanza di fasi di riproduzione sessuale e asessuale. Queste modalità sono legate essenzialmente alla germinazione di *propaguli* – detti rispettivamente **spore** e **conidi** – provvisti dell'informazione genetica propria di ciascuna specie fungina.

PIANTE
Le piante sono organismi vegetali pluricellulari autotrofi, ovvero in grado di sintetizzare molecole organiche a partire da anidride carbonica e acqua grazie al processo fotosintetico.

Si tratta di cellule eucariotiche provviste di parete rigida e plastidi fotosintetici che sono generalmente suddivise in **piante vascolari**, ovvero provviste di sistemi per il trasporto dei liquidi all'interno della pianta, e **piante avascolari**, prive di tali strutture specializzate.

Tutte le piante sono potenzialmente in grado di riprodursi per via sessuata mediante l'alternanza di generazioni aploidi (**gametofiti**) e diploidi (**sporofiti**). Molte piante hanno la capacità di riprodursi per via asessuata o vegetativa, che permette una rapida diffusione in ambienti favorevoli.

ANIMALI
Il regno animale comprende organismi pluricellulari eterotrofi e motili che si riproducono prevalentemente con modalità sessuata.

Gli animali vengono classificati in grandi gruppi (*phylum*), i quali si basano sulla presenza di peculiari *Bauplan*, o piani corporei. Questi, oltre a rappresentare un elemento descrittivo della struttura dell'animale, sono anche indice del percorso adattativo dell'organismo: confrontando piani corporei di specie differenti si possono ottenere informazioni su possibili parentele evolutive. Gli elementi che definiscono il *Bauplan* sono:

- **piani di simmetria** → possibilità di suddividere il corpo in parti identiche sezionandolo lungo un piano di simmetria;
- **livello di organizzazione cellulare** → unicellulare, pluricellulare non organizzato, pluricellulare organizzato in tessuti;

- **sviluppo embrionale** → presenza di foglietti germinativi differenti o di un celoma (cavità corporea contenente visceri).

Il regno animale raggruppa i propri appartenenti in categorie tassonomiche e la disciplina che studia questo regno prende il nome di zoologia.

Phylum	Caratteristiche	Riproduzione	Esempi
Poriferi	Sono l'unico phylum tra gli animali i cui tessuti sono composti da aggregati cellulari non differenziati	Sessuata o asessuata (gemmazione)	Spugne
Celenterati	Detti anche *cnidari*, hanno un differenziamento tissutale molto primitivo. Sono costituiti da due strati di cellule: l'*endodermide* delimita una cavità detta celenteron, mentre l'*ectodermide* è il rivestimento. Ricordano una gastrula senza mesoderma. Hanno una *simmetria raggiata*	Sessuata o asessuata	Meduse o coralli
Platelminti	Sono chiamati anche *vermi piatti* e sono generalmente parassiti. Con questo phylum compare un abbozzo di organi interni. Hanno *simmetria bilaterale*	Ermafroditi	Tenie
Nematodi	Sono chiamati anche *vermi cilindrici* e sono caratterizzati da un apparato digerente lungo a due aperture. Generalmente sono parassiti	Quasi sempre sessuata	Ossiuri, filarie, anchilostomi
Molluschi	Generalmente hanno un corpo molle che necessita di una conchiglia calcarea come supporto rigido. Il tessuto specializzato per la produzione di quest'ultima si chiama *mantello*. Alcuni molluschi della classe dei cefalopodi hanno un sistema nervoso particolarmente sviluppato (es. polpi)	Quasi sempre sessuata	Chiocciole (*gasteropodi*), cozze e vongole (*bivalvi*), polpi, seppie e calamari (*cefalopodi*)
Anellidi	Sono detti anche *vermi segmentati*. Embriologicamente sono caratterizzati dalla comparsa della *metameria* (i metameri sono piccoli "blocchetti" di diversi tessuti specializzati, che si ripetono più volte), importante ai fini della locomozione	Sessuata o agamica	Lombrichi e sanguisughe

Artropodi	È il phylum più ricco di specie viventi. Gli artropodi hanno un esoscheletro composto da una proteina chiamata *chitina* e il loro corpo è suddiviso in tre porzioni: *capo, torace* e *addome*. Possiedono svariate appendici, che possono essere ali, chele o zampe, articolate ai tre segmenti corporei	Sessuata	Ragni e scorpioni (*aracnidi*), api e farfalle (*insetti*), gamberi e granchi (*crostacei*)
Echinodermi	Sono animali marini con *simmetria pentaraggiata*	Sessuata	Stelle marine e ricci di mare
Cordati	Animali a *simmetria bilaterale*, determinata durante lo sviluppo embrionale dalla presenza di una struttura detta *notocorda* o *corda dorsale*. A seconda dello sviluppo e della localizzazione della notocorda, si identificano tre *Subphylum*: • urocordati → notocorda solo caudalmente e in stadio embrionale • cefalocordati → notocorda occupa tutto il corpo e permane tutta la vita • vertebrati → notocorda viene sostituita dalla colonna vertebrale, una struttura scheletrica	Sessuata	Pesci, anfibi, uccelli, rettili e mammiferi

Classificazione dei **vertebrati** in ordine di comparsa cronologica:

Classe	Comparsa	Esempi
Ciclostomi o agnati	Mammiferi	Lamprede
Pesci → Condroitti (pesci cartilaginei) → Osteitti (pesci ossei)	380 milioni di anni fa (Siluriano) 350 milioni di anni fa (Devoniano)	Squali e razze Salmoni e sarde
Anfibi	350 milioni di anni fa (Devoniano)	Rane, rospi e salamandre
Rettili	Carbonifero, ma ottennero massima diffusione coi dinosauri nel Mesozoico (200-65 milioni di anni fa). I dinosauri si estinsero al termine del Cretaceo (65 milioni di anni fa)	Serpenti, iguane, tartarughe, lucertole, coccodrilli
Uccelli*	190 milioni di anni fa, sono i discendenti dei dinosauri	Aquile, aironi, pettirossi, pinguini
Mammiferi	200 milioni di anni fa, ma il loro vero sviluppo si ebbe con la scomparsa dei dinosauri, 65 milioni di anni fa	Lupi, uomini, canguri, dromedari, scoiattoli

*N. B.** Recenti esami filogenetici hanno dimostrato che gli uccelli sono più strettamente imparentati con i dinosauri di quanto si pensasse, tanto da ritenere opportuno assimilarli al sottordine a cui appartengono anche alcuni rettili, come i coccodrilli, con i quali rappresenterebbero gli ultimi discendenti dei dinosauri. Essendo, in accordo a questa analisi, gli uccelli una superfamiglia di *Dinosauria*, tutt'oggi si dibatte su un'eventuale unificazione delle classi Uccelli e Rettili.

8.6.5 Tabella riassuntiva dei cinque regni

Regno	Tipo cellulare	Organizzazione cellulare	Nutrimento	Riproduzione	Esempi
Monere	Procarioti	Unicellulari o coloniali	Autotrofi ed eterotrofi	Asessuata (scissione binaria)	Batteri, cianobatteri
Protisti	Eucarioti	Unicellulari, coloniali o pluricellulari	Autotrofi ed eterotrofi	Asessuata o sessuata	Amebe, alghe
Funghi	Eucarioti	Pluricellulari filamentosi	Eterotrofi	Asessuata o sessuata	Funghi, lieviti e muffe
Piante	Eucarioti	Pluricellulari	Autotrofi fotosintetici	Asessuata o sessuata	Muschi, piante a seme, piante a fiori
Animali	Eucarioti	Pluricellulari	Eterotrofi	Generalmente sessuata	Mammiferi, molluschi, uccelli, insetti

ESERCIZIO **PROPOSTO**

8.6.5 Sono organismi autotrofi:

A. I funghi e le piante
B. Esclusivamente le piante
C. Gli organismi saprofagi
D. Le piante e i cianobatteri
E. Qualunque organismo che utilizzi i nutrienti di natura esogena

CORREZIONI COMMENTATE AGLI ESERCIZI PROPOSTI

8.2 Gli organismi sono irreversibilmente legati a quella che è la loro classificazione tassonomica, per cui le balene, appartenenti al regno degli animali, non possono far parte del regno delle monere (risposta B e D errate). I condroitti sono parte del regno animale, ma le balene sono mammiferi, in quanto dotate di sistemi fisiologici diversi (risposta C errata). Infine, la linea evolutiva di questi animali, che vede la scomparsa degli arti posteriori, lascia pensare a qualcosa di diametralmente opposto al tornare a vivere sulla terra ferma (risposta E errata).
Risposta corretta A.

8.3.1 L'equilibrio di Hardy-Weinberg spiega come di generazione in generazione, nelle specie a riproduzione sessuata, le frequenze con cui compaiono gli alleli rimanga invariata (risposta E errata). Nell'enunciato viene definita con 2pq la frequenza degli eterozigoti (risposta A errata) e la frequenza di omozigoti dominanti e omozigoti recessivi è uguale a p2 (risposta B errata) e q2: la somma delle frequenze è sempre uguale a 1 (risposta C errata).
Risposta corretta D.

8.6.5 Con organismi autotrofi si intendono quegli organismi che sono in grado di nutrirsi a partire da sostanze inorganiche, dal momento che sono in grado di convertirle in sostanze organiche da cui trarre energia. Le piante e i cianobatteri, grazie al processo di fotosintesi, convertono l'anidride carbonica in glucosio. Bisogna tuttavia ricordare che la fotosintesi presenta delle caratteristiche specifiche in questi due diversi organismi.
Risposta corretta D.

ELEMENTI DI ECOLOGIA

9

Introduzione

L'ecologia è la scienza che studia le funzioni di relazione tra l'uomo, gli organismi vegetali e animali e l'ambiente in cui vivono.

Questo capitolo è una new entry del manuale di quest'anno, complice il decreto del nuovo test TOLC: lo studio dell'ambiente, degli ecosistemi e dell'ecologia è diventato man mano sempre più rilevante non solo per quanto scritto nel bando, ma anche per il sempre crescente impegno ambientale che l'umanità dovrebbe assumersi per salvaguardare il Pianeta.

Con questo capitolo vi daremo le informazioni base per scoprire il meraviglioso mondo in cui viviamo e come prendercene cura.

9.1 INTRODUZIONE E DEFINIZIONI

L'ecologia si occupa di studiare le interazioni tra gli organismi viventi e l'ambiente che li circonda. Dopo aver affrontato lo studio dei singoli organismi nei capitoli precedenti, passiamo quindi all'analisi dei rapporti esistenti tra i vari organismi.

- L'insieme degli organismi appartenenti a una stessa specie viene detto **popolazione**.
  Ogni popolazione occupa un particolare spazio che viene chiamato **habitat**.
- L'insieme delle varie popolazioni, animali e vegetali, che si localizzano in una stessa area geografica viene detto **comunità**. Il luogo di vita occupato dalla singola comunità viene definito **biotopo**. All'interno del biotopo si instaura la cosiddetta *nicchia ecologica*, una vera e propria rete di ruoli e relazioni composta dagli organismi che fanno parte di quel preciso ambiente. L'insieme delle varie comunità e del biotopo che esse occupano forma l'**ecosistema**, ovvero l'entità funzionale di base dell'ecologia.

Nel nostro pianeta esistono diverse tipologie di ecosistemi (anche detti biomi), i quali si distinguono a seconda della localizzazione e della vegetazione che li costituisce. Estensione e clima sono altri due elementi che li distinguono, in particolare quest'ultimo gioca un ruolo molto importante nella distribuzione dei vari biomi. I principali ecosistemi terrestri sono:

Ecosistema	Vegetazione	Localizzazione
Zone polari e ghiacci	Assente	Poli
Tundra	Muschi, licheni, piante erbacee	Regioni più settentrionali e in tutte le alte quote
Foresta di conifere (o taiga)	Abeti e pini (conifere)	Prevalenti in Canada e nell'Europa del Nord
Foresta decidua	Alberi a foglia larga (latifoglie), es. querce, olmi, castagni	Medie latitudini: America settentrionale, Asia Orientale, Europa
Macchia mediterranea	Piante sempreverdi e arbusti	Paesi del mediterraneo
Savana	Piante erbacee, pochi alberi	Regioni prossime all'equatore
Deserto	Scarsa, piante aride	Tropici
Foresta tropicale	A seconda delle precipitazioni, piante latifoglie o spinose	Equatore

Oltre a quelli elencati in tabella esistono anche gli ecosistemi marini e di acqua dolce, che costituiscono i cosiddetti *ecosistemi acquatici*.
La **biosfera** è costituita dall'insieme di tutti gli ecosistemi presenti sulla Terra.

9.2 CATENE TROFICHE

All'interno di ogni ecosistema, gli organismi, a seconda del loro ruolo, possono essere classificati in:

- **produttori**: sono in grado di trasformare i composti inorganici in nutrimento (autotrofi);
- **consumatori**: si alimentano del nutrimento fornito dai produttori (eterotrofi); essi possono essere
    - di primo grado (o diretti): erbivori, si cibano direttamente dei produttori;
    - di secondo grado (o indiretti): carnivori, si cibano degli erbivori;
    - di terzo grado: carnivori che si cibano sia degli erbivori che di altri carnivori, non sono generalmente prede di altre specie;
- **decompositori**: si nutrono dei resti di animali/vegetali morti e li trasformano in composti inorganici, i quali saranno nuovamente utilizzati dai produttori. Esempi di questi organismi sono le muffe e i funghi.

Questi ruoli permettono di costruire quella che viene definita **catena alimentare** (o trofica), ovvero un passaggio di energia tra i diversi organismi sottoforma di nutrienti. Ogni organismo nasce con la necessità di acquisire energia per il proprio sostentamento, la fonte di questa energia può essere di tipo naturale (la luce del Sole) o può essere rappresentata direttamente da altri organismi.

I vari step che costituiscono la catena alimentare sono anche detti **livelli trofici** e si distinguono per la quantità di energia che essi possiedono. Infatti, nel passaggio da un livello ad un altro (ad esempio dai produttori ai consumatori primari), si perde una certa quantità di energia, la quale viene prevalentemente dispersa sotto forma di calore. Inoltre, anche il numero degli individui che compongono il livello tende a diminuire passando da un livello all'altro.

Gli organismi onnivori, come l'essere umano, non occupano uno scalino definito di questa catena, ma possono variare a seconda di cosa si nutrono.

Nella realtà, ogni individuo si ritrova ad essere parte di più di una catena alimentare, per cui ormai si parla più propriamente di **rete alimentare**, un modello più dinamico dell'ecosistema, nel quale ogni organismo è sia predatore che preda di altri organismi. Ogni organismo viene definito **nodo** ed è in collegamento con gli altri nodi tramite dei rapporti ben precisi. Ad esempio, tra preda e predatore avremo un rapporto di predazione e un passaggio di energia dal primo al secondo nodo, e non viceversa.

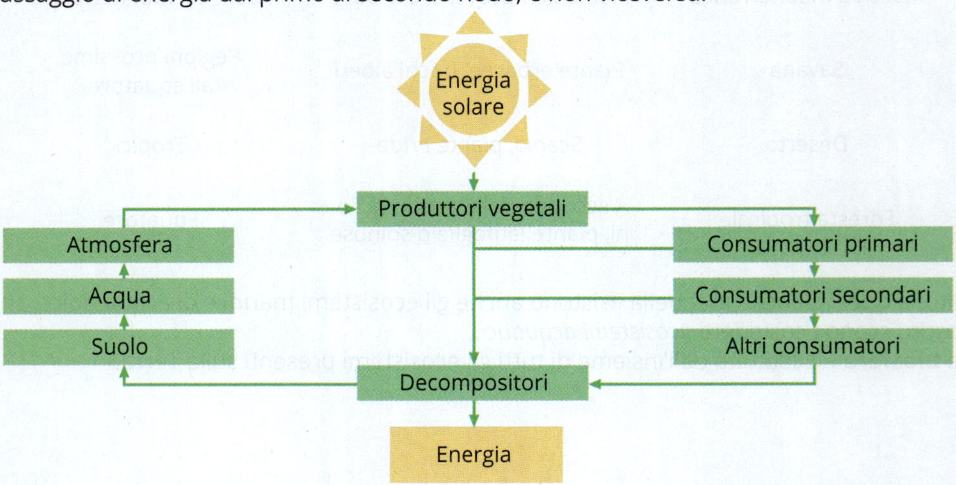

9.3 CICLI VITALI

Gli organismi, ovvero la **componente biotica**, sono in continua interazione con le componenti naturali dell'ecosistema, ovvero la **componente abiotica** (aria, acqua, suolo), grazie al continuo scambio di materia. Quest'ultima viene costantemente riciclata grazie a dei veri e propri cicli di trasformazione che riguardano i principali elementi chimici: carbonio, fosforo, azoto.

Ciclo del carbonio: la CO_2 presente nell'aria viene trasformata in materia organica grazie al processo di fotosintesi svolto dagli organismi autotrofi, in modo che i composti organici prodotti possano percorrere i diversi step della catena alimentare. Il carbonio viene successivamente restituito nell'atmosfera grazie a processi di ossidazione degli organismi viventi (respirazione, fermentazione), ma anche come conseguenza dei processi di combustione (utilizzo di combustibili fossili). Inoltre parte del carbonio viene depositato come **carbonato di calcio** ($CaCO_3$) formando le rocce calcaree del fondo marino. Una percentuale importante del carbonio presente nell'ecosistema si trova infatti negli oceani, sia in forma disciolta sia in forma minerale.

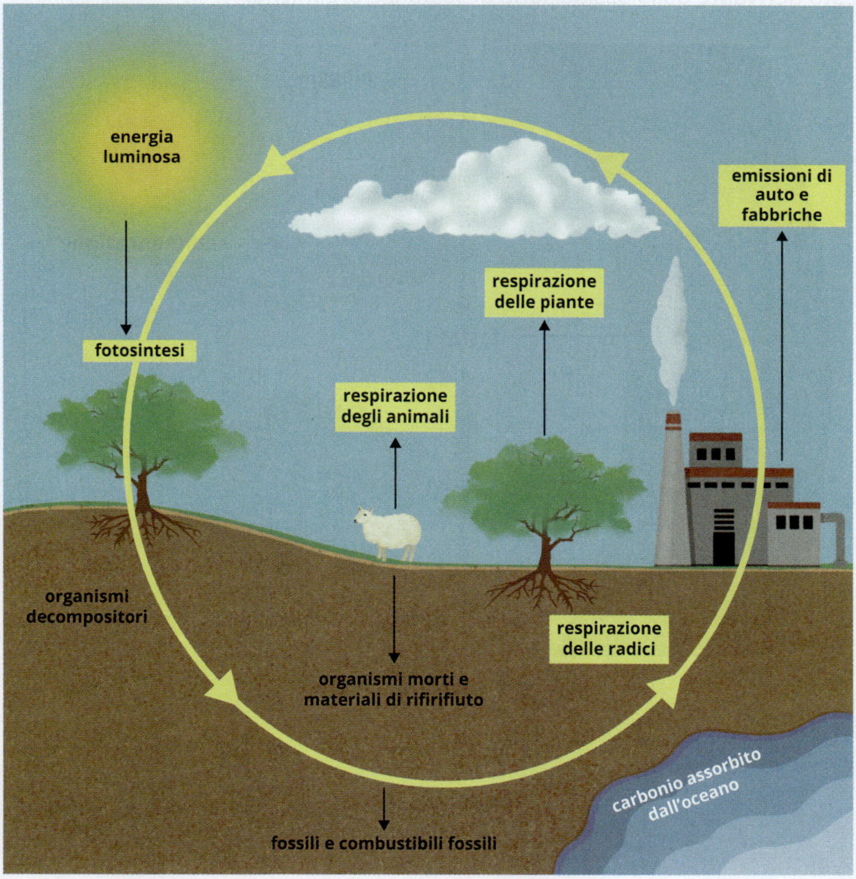

Figura 1: ciclo del carbonio.

Ciclo del fosforo: la quantità di fosforo presente nell'atmosfera è molto scarsa. Esso è prevalentemente reso disponibile grazie all'erosione delle rocce fosfatiche, nelle quali è presente sotto forma di **fosfato di calcio**. Viene trasformato in composto organico dagli organismi autotrofi e successivamente restituito sotto forma di rifiuti organici. Grazie ai microorganismi batterici viene poi trasformato in materiale inorganico, nuovamente utilizzabile dagli organismi prodotturi. Tuttavia la maggior parte del fosforo liberato va a costituire le rocce sedimentarie sul fondo degli oceani.

Ciclo dell'azoto: diversamente dal fosforo, l'azoto è l'elemento più abbondante nell'atmosfera. Le piante non sono in grado di sfruttare direttamente l'azoto in forma gassosa, ed è necessario quindi che l'azoto subisca prima dei processi di **fissazione**. Questo processo può avvenire in maniera naturale (energia proveniente dai fulmini) o grazie all'azione di specifici batteri. La maggior parte dell'azoto deriva infatti da composti azotati che vengono demoliti dai batteri del suolo, i quali sfruttano gli amminoacidi per il proprio sostentamento e restituiscono l'azoto sottoforma di ione ammonio (processo di *ammonificazione*). A questo punto l'azoto può essere trasformato in composto organico.

Più nel dettaglio, vi sono altre tipologie di batteri responsabili della *fissazione* dell'azoto atmosferico direttamente in amminoacidi, e altre ancora che si occupano della *nitrificazione* dell'azoto derivante dalla ossidazione di sostanze organiche.

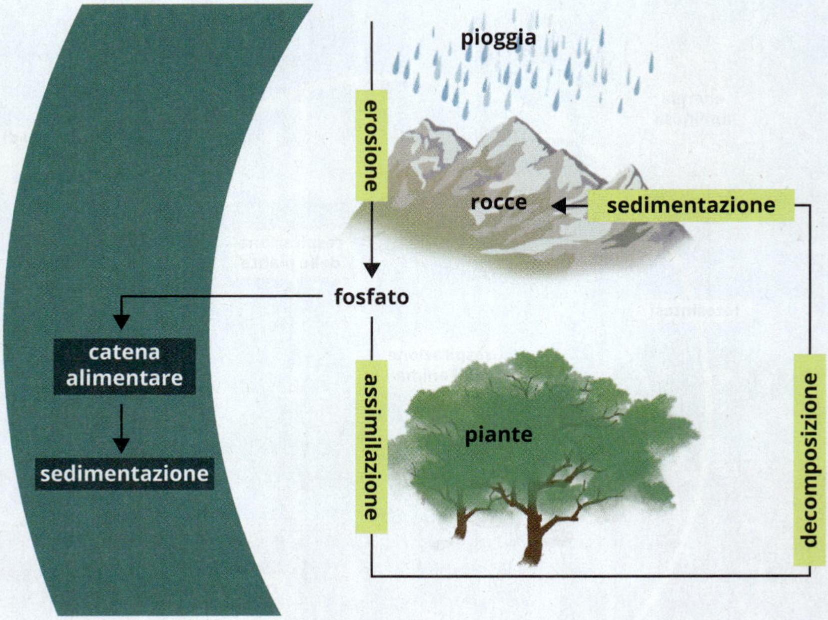

Figura 2: ciclo del fosforo.

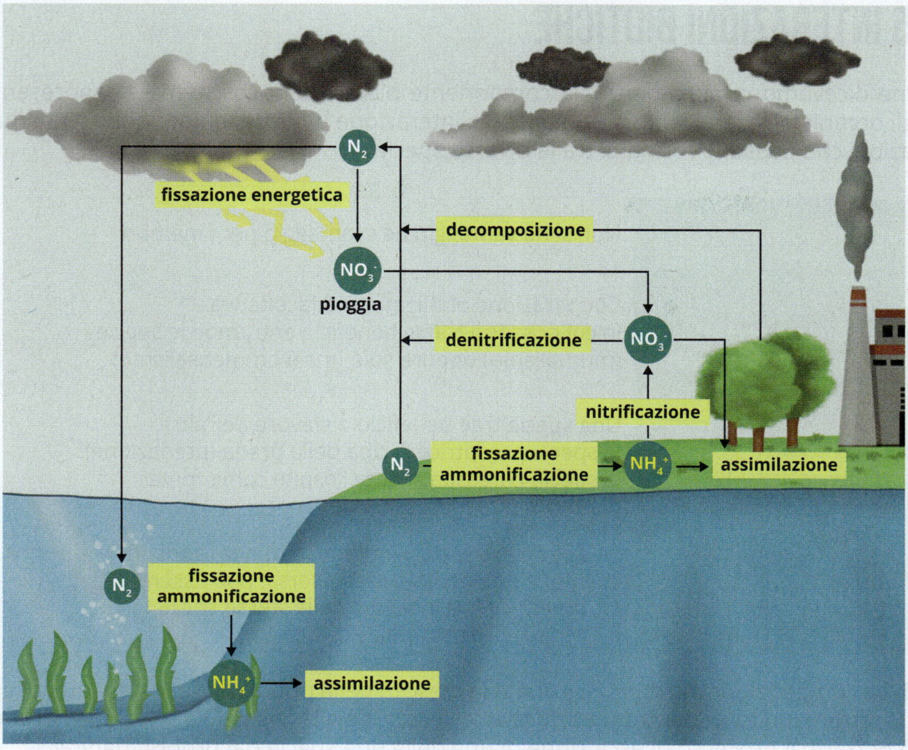

Figura 3: ciclo dell'azoto.

N.B. Questi elementi chimici sono fondamentali per tutto ciò che riguarda le nostre cellule. Il carbonio è l'unità di base di tutte le strutture molecolari indispensabili alla vita, il fosforo è fondamentale per la formazione degli acidi nucleici e delle monete energetiche della cellula, infine l'azoto va a costituire amminoacidi, proteine e acidi nucleici.

9.4 FATTORI LIMITANTI

I fattori limitanti sono fattori ecologici che, all'interno dell'ecosistema, limitano la crescita di una popolazione. Essi si possono distinguere in:

- **fattori limitanti biotici**: organismi viventi;
- **fattori limitanti abiotici**: elementi chimico-fisici (luce, ossigeno, temperatura).

Ogni specie possiede un valore ottimale per ciascun fattore ecologico e la variazione di quest'ultimo, sia in difetto che in eccesso, può portare a una limitazione importante nella crescita della popolazione. Ad esempio, la luce è un fattore fondamentale per il metabolismo della pianta, per cui una sua assenza può limitarne la crescita. Allo stesso modo anche un'esposizione eccessiva alla luce può causare una situazione di stress per la pianta. Anche l'azoto, che come dicevamo non può essere assorbito in maniera diretta, può essere considerato un fattore limitante.

La ripercussione di cui risente la crescita della popolazione è direttamente correlata alla specie. Vi sono specie che sono in grado di sopportare ampie variazioni del fattore limitante e altre che invece sono più facilmente soggette a stress. Il grado di tolleranza della specie alla variazione viene detto **valenza ecologica**.

9.5 INTERAZIONI BIOTICHE

Come dicevamo in precedenza, la componente biotica dell'ecosistema è rappresentata dagli organismi viventi, animali e piante. Le interazione biotiche, quindi, sono tutte quelle relazioni che possono formarsi tra le diverse specie.

Neutralismo (0/0)	Non si ha vantaggio né svantaggio per i membri
Simbiosi: • **mutualismo (+/+)** • **commensalismo (+/0)**	Cooperazione obbligatoria o facoltativa, in cui possono trarre beneficio entrambe le specie (mutualismo) oppure solo una (commensalismo)
Sfruttamento (+/-): • **predazione** • **parassitismo**	Una specie trae beneficio a sfavore dell'altra: la specie predatrice si ciba della preda (predazione), la specie parassita sfrutta l'ospite come fonte di nutrimento (parassitismo)
Competizione (-/-)	Le due specie si autolimitano in quanto sono in competizione per la stessa risorsa, può essere *intraspecifica* (tra individui della stessa specie) o *interspecifica* (tra specie diverse)

N.B. La competizione *intraspecifica* limita la crescita della popolazione, risulta quindi essere un fattore limitante. La competizione *interspecifica* è alla base della selezione naturale e può portare al processo di esclusione di una delle due specie dal proprio habitat. Questo fenomeno viene descritto dal **principio di Gause** (o di mutua esclusione).

9.6 INQUINAMENTO E ALTERAZIONI AMBIENTALI

L'inquinamento ambientale rappresenta l'insieme delle alterazioni che l'attività dell'uomo causa all'ecosistema in cui viviamo. In particolare fa riferimento all'immissione nell'aria, nell'acqua e nel suolo di sostanze inquinanti provenienti da attività di diversa natura (domestiche, agricole, industriali).

9.6.1 Effetto serra

Effetto serra: fenomeno responsabile della regolazione della temperatura del nostro pianeta.
Nell'atmosfera terrestre sono presenti dei gas, i cosiddetti **gas serra** (ozono, metano, anidride carbonica) che permettono di assorbire le radiazioni infrarosse emesse dalla Terra in risposta ai raggi solari. Grazie a questo processo si ha un riscaldamento della superficie terrestre e la creazione di un clima mite, ottimale per la vita. L'aspetto negativo correlato a questo effetto è dato dal notevole aumento di emissioni di gas, in particolare di CO_2, a causa delle attività dell'uomo.
Conseguenze: l'aumento eccessivo di questi gas nell'atmosfera è causa di un **riscaldamento eccessivo** del pianeta e di conseguenza diversi fenomeni tra cui: scioglimento dei ghiacciai, aumento del livello del mare, periodi di siccità, incremento degli incendi e di altri fenomeni naturali.

Il cosiddetto *global warming* (riscaldamento globale) è causato proprio dall'utilizzo massivo di combustibili fossili e dalle attività agricole intensive. Altre conseguenze di questo fenomeno sono:

- perdita della biodiversità;
- deforestazione;
- inquinamento idrico e dell'aria;
- buco dell'ozono.

Ad oggi vengono messe in campo diverse misure per tentare di ridurre le emissioni di CO_2: questo processo viene detto *decarbonizzazione* e comprende in primo luogo l'utilizzo di fonti di energia rinnovabili.

9.6.2 Altri fenomeni

Buco dell'ozono: riduzione dello strato di ozono che circonda la Terra.
L'atmosfera terrestre comprende uno strato di ozono, definito *ozonosfera*, fondamentale per la protezione della superficie terrestre dalle radiazioni ultraviolette. Questo strato è in grado di assorbire quasi il 90% delle radiazioni più cariche di energia, fatali per gli organismi terrestri.
La riduzione dello spessore di questo strato è causata dall'emissione nell'atmosfera di sostanze inquinanti, in particolare i **gas clorofluorocarburi (CFC)**, composti contenenti fluoro e cloro, utilizzati come agenti refrigeranti e contenuti ad esempio nelle bombolette spray.
Dal 1997 è stato istituito un divieto nella produzione e nell'utilizzo di queste sostanze.
Ad oggi il buco nell'ozono si trova al di sopra dell'Antartide e si ingrandisce del 5% ogni 10 anni.

Conseguenze: passaggio di radiazioni ultraviolette dannose e fatali per gli organismi sulla Terra, esse sono responsabili di danni al DNA, alterazioni della vista e insorgenza di melanomi.
N.B. L'ozono è una molecola formata da tre atomi di ossigeno (O_3), di colore blu e caratterizzata da un tipico odore pungente.

Piogge acide: precipitazioni caratterizzate da un *pH* eccessivamente acido per presenza di acidi forti, quali acido solforico e acido nitrico.
Il rilascio massivo di ossidi di azoto e zolfo nell'atmosfera terrestre causa la formazione dei rispettivi acidi forti e l'**abbassamento del *pH* delle precipitazioni**, già naturalmente acido. L'emissione di queste sostanze proviene dalle attività delle centrali elettriche, dagli impianti di riscaldamento e dagli scarichi delle automobili.

Conseguenze: danneggiamento di edifici e monumenti, limite nella crescita della vegetazione, inquinamento delle falde del sottosuolo. Possono inoltre essere responsabili di un aumento di tossicità a livello delle coltivazioni, e quindi degli alimenti di cui ci nutriamo.

Eutrofizzazione: aumento eccessivo di sostanze nutritive nell'ambiente acquatico, prevalentemente a livello delle acque dolci, che causa una proliferazione eccessiva di microalghe in superficie. Ciò è causato dall'utilizzo massivo di sostanze fertilizzati, contenenti in particolare fosforo e zolfo.
Questo fenomeno viene anche detto **fioritura del fitoplancton** e rappresenta un ostacolo per la sopravvivenza di molte specie acquatiche in quanto diminuisce la disponibilità di ossigeno.

“

Non tutta la chimica fa schifo. Senza componenti chimici come l’idrogeno e l’ossigeno, per esempio, non ci sarebbe modo di produrre l’acqua, che è un ingrediente essenziale della birra.

Dave Burry

CHIMICA

Introduzione

Introduzione

Chimica è forse la vera bestia nera del test, ed è per questo che cercheremo di aiutarvi il più possibile in questo percorso.
Il primo problema da considerare è la viscerale antipatia, solitamente corrisposta, che spesso uno prova nei suoi confronti:

- come biologia è una materia nozionistica, ma non ne condivide l'immediato fascino;
- come matematica richiede anche competenze di calcolo, ma solo per scriverne i dati sono richieste fin troppe regole di nomenclatura;
- come per fisica si pensa che solo pochi luminari siano eletti a comprenderla;
- e rispetto a logica... nemmeno a parlarne!

A confronto si tratta di una tortura medievale, una piaga divina, una condanna eterna... per chi è ottimista!
Tirando le somme di fronte a Mendeleev & co. sentiresti pure l'impellente e incontrastabile impeto di sottrarti al suo studio, ma profondamente in te e per motivi avulsi dall'umana comprensione, la legge morale ti spinge a studiarla.
Tutte le pagine a seguire non avranno la pretesa di spiegarti nel minimo dettaglio nozionistico lo scibile di una disciplina comunque vasta, ma di fornirti le basi e gli strumenti necessari per comprenderne i meccanismi e metterli subito alla prova pratica.
Ti consigliamo di studiare un capitolo per volta e affrontare immediatamente i relativi quiz sull'eserciziario parte II per correggere le tue mancanze e fissare al meglio i concetti.
E se, nei momenti di sconforto, sarai in procinto di cedere ricordati: pure Pasteur si classificò 15esimo su 22 studenti del proprio corso di Chimica!
Tutti possono farcela.

Tu puoi farcela.

Tu devi farcela.

MISURE, GRANDEZZE E PROPRIETÀ MACROSCOPICHE DELLA MATERIA

1

1.1 MISURE E GRANDEZZE

Una grandezza è la proprietà di un fenomeno o di una sostanza che può essere definita qualitativamente e determinata quantitativamente (ovvero misurata).

Si distinguono grandezze:

- **intrinseche** → non dipendono dal sistema di riferimento scelto (es. volume);
- **estrinseche** → dipendono dal sistema di riferimento scelto (es. velocità);
- **estensive** → dipendono dalle dimensioni del campione misurato (es. volume, lunghezza);
- **intensive** → non dipendono dalle dimensioni del campione misurato (es. pressione, densità).

Nel SI (Sistema Internazionale) adottato in Italia, le **grandezze fondamentali** sono 7 e da esse derivano tutte le altre.

Grandezza fisica fondamentale	Unità SI
Intensità di corrente elettrica (i)	Ampere (A)
Intensità luminosa (i_v)	Candela (cd)
Lunghezza (l)	Metro (m)
Massa (m)	Chilogrammo (kg)
Quantità di sostanza (n)	Mole (mol)
Temperatura termodinamica (T)	Kelvin (K)
Intervallo di tempo (t)	Secondo (s)

RICORDA: massa e peso sono due grandezze fisiche diverse, infatti la massa è una delle grandezze fondamentali e si misura in kg, invece il peso è una forza e si misura in Newton. La relazione che lega le due grandezze è descritta dal secondo principio della dinamica per cui $P = m \cdot g$ dove g è l'accelerazione di gravità.

MNEMOFRASE TESTBUSTERS

Per ricordare le sette grandezze fondamentali del SI

Pere SeKKe e **CaMoMilla**
→ Am**pere**, **Se**condi, **K**ilogrammi, **Ke**lvin, **Ca**ndela, **Mo**li, **M**etro

Il sistema internazionale prevede anche l'esistenza di grandezze definite **derivate**, cioè grandezze che possono essere ricavate dalle 7 grandezze fondamentali.

Esempio: la densità, l'area e l'accelerazione sono grandezze derivate.

In particolare, la densità di un corpo è il rapporto tra la sua massa e il suo volume e si esprime con la formula $d = \frac{m}{V}$.
Il peso specifico di un corpo è invece il rapporto tra il suo peso e il suo volume, e si esprime con la formula $P_s = \frac{P}{V}$.
Poiché il peso (P) può essere espresso come $m \cdot g$, lo possiamo sostituire nell'equazione del peso specifico e ottenere:

$$P_s = \frac{m \cdot g}{V} = d \cdot g$$

Ricordando che la densità è uguale a massa fratto volume, ne consegue che le due grandezze possono essere espresse l'una in funzione dell'altra.

ATTENZIONE PER IL TEST

La temperatura è quella grandezza fisica che permette di misurare lo stato di agitazione delle particelle di un corpo. Viene misurata con i termometri, che possono seguire due scale: la scala Celsius (°C) e la scala Kelvin (K). È utile, nell'ottica del test, ricordare la formula di conversione da gradi centigradi a gradi kelvin:

$$T\,(K) = T\,(°C) + \mathbf{273{,}15}.$$

Un valore utile da ricordare negli esercizi di chimica è quello della **costante dei gas (R)**. Essa può assumere due valori:

- **0,0821** quando la pressione è espressa in atmosfere, il volume in litri, la quantità di sostanza in moli e la temperatura in kelvin (più spesso usata in chimica);
- **8,314** quando la pressione è espressa in pascal, il volume in metri cubi, la quantità di sostanza in moli e la temperatura in kelvin (più spesso usata in fisica).

La **pressione**, invece, può essere espressa in diversi modi:

- mmHg;
- atmosfere (atm);
- torr (poco usato);
- bar;
- pascal (Pa).

$$760\ mmHg = 760\ Torr = 1\ atm = 1{,}01325\ bar = 101325\ Pa$$

RICORDA PER IL TEST:

- **STP** o condizioni standard = **0° C, 1 atm**
- **NTP** o condizioni normali (c.n.) = **20° C, 1 atm**
- **SATP** o condizioni standard di ambiente = **25° C, 1 atm**

1.2 UNITÀ DI CONVERSIONE

Le grandezze fondamentali nella maggior parte dei casi sono accompagnate da un prefisso che va a indicare il corrispettivo **multiplo o sottomultiplo**.
Nella seguente tabella sono stati elencati i prefissi più frequenti.

Prefisso	Simbolo	Notazione esponenziale
Giga	G	10^9
Mega	M	10^6
Kilo	k	10^3
Deci	d	10^{-1}
Centi	c	10^{-2}
Milli	m	10^{-3}
Micro	μ	10^{-6}
Nano	n	10^{-9}
Pico	p	10^{-12}

Nello studio della chimica e della fisica, specialmente ai fini del test, è necessario che lo studente sia in grado di convertire un'unità di misura da un multiplo a un altro (operazione nota come "**equivalenza**"). Per aiutarsi in questo processo, dal momento che l'uso della calcolatrice è abolito durante la prova ufficiale, è fondamentale avere una buona conoscenza della **notazione esponenziale**, un metodo convenzionale che permette di esprimere facilmente i numeri reali utilizzando le potenze del 10 e che normalmente viene utilizzato per numeri molto grandi o molto piccoli.

Esempio:

$$320000 = 3{,}2 \cdot 10^5$$

Se non sei molto pratico con la notazione esponenziale, prova a scannerizzare questo QR-Code:

Ogni volta che si passa da un multiplo all'altro è necessario moltiplicare o dividere per una potenza del 10, il cui esponente sarà uguale al numero dei "salti" che dovranno essere fatti per passare al multiplo desiderato. Ogni salto avrà un preciso valore che si può osservare nel seguente schema dove viene presa come esempio l'unità di misura della lunghezza (m).

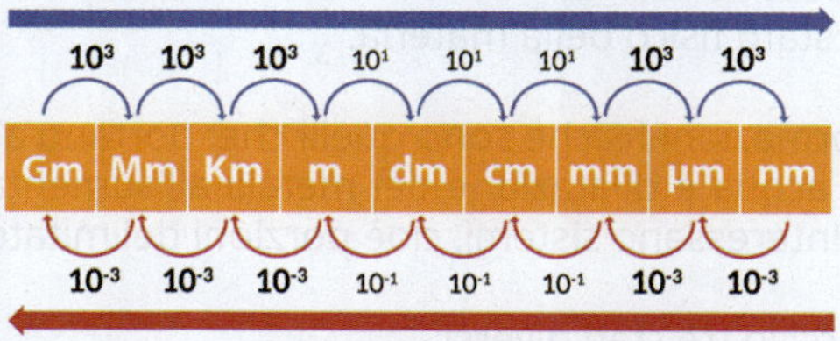

Figura 1: equivalenze.

N.B. Dividere per 10 equivale a moltiplicare per 10^{-1}!

ESERCIZIO SVOLTO

Convertire $1{,}2 \cdot 10^2$ ng in kg

Svolgimento:
ragionando in modo pratico, per passare da ng a kg bisognerà moltiplicare per 10^{-12} (nel dettaglio, $10^{-3} \cdot 10^{-3} \cdot 10^{-1} \cdot 10^{-1} \cdot 10^{-1} \cdot 10^{-3} = 10^{-12}$)

$$1{,}2 \cdot 10^2 \text{ ng} = 1{,}2 \cdot 10^2 \cdot 10^{-12} \text{ kg} = 1{,}2 \cdot 10^{-10} \text{ kg}$$

Soluzione: $1{,}2 \cdot 10^{-10}$ *kg*.

Nel caso in cui si abbia a che fare con conversioni in valori quadrati (es. m^2) basterà considerare ogni salto come il doppio; nel caso dei valori cubi (es. m^3), invece, bisognerà considerarlo come il triplo.

Esempio:

- $7 \text{ m}^2 = 7 \cdot 10^{12} \text{ µm}^2$
- $34 \text{ cm}^3 = 34 \cdot 10^{-6} \text{ m}^3$

Vi è un caso particolare nel quale si può effettuare un'equivalenza per due unità di misura apparentemente diverse ma che vengono utilizzate per esprimere la medesima grandezza: il volume. Tali unità di misura, il metro cubo (m^3) e il litro (L), presentano un punto di equivalenza che è necessario sfruttare per effettuare la conversione:

$$1\ L = 1\ dm^3$$

ESERCIZIO **SVOLTO**

Convertire $10^{-1}\ cm^3$ in dL

Svolgimento:
l'obiettivo è quello di arrivare al punto in comune fra le due unità di misura, quindi convertire i cm^3 in dm^3 in modo da poterli uguagliare ai litri

$$10^{-1}\ cm^3 = 10^{-4}\ dm^3 = 10^{-4}\ L$$

Successivamente convertire i litri in dL

$$10^{-4}\ L = 10^{-3}\ dL$$

Soluzione: 10^{-3} dL.

1.3 TRASFORMAZIONI FISICHE DELLA MATERIA

Si definisce trasformazione fisica una trasformazione reversibile che non cambia la composizione chimica della materia; alla fine della reazione, quindi, non si avrà la formazione di nuove sostanze. Si possono verificare invece cambiamenti che riguardano ad esempio il volume, la forma o lo stato fisico della materia.

Classici *esempi* di trasformazioni fisiche sono quelli che: portano ai passaggi di stato, dissoluzione di un sale in acqua e dilatazione dei metalli all'aumentare della temperatura. Queste trasformazioni interessano sistemi, cioè porzioni delimitate di materia.

I sistemi possono trovarsi in tre stati diversi:
- solido;
- liquido;
- aeriforme o gassoso.

Nel passaggio da uno stato all'altro si verificano delle trasformazioni fisiche:

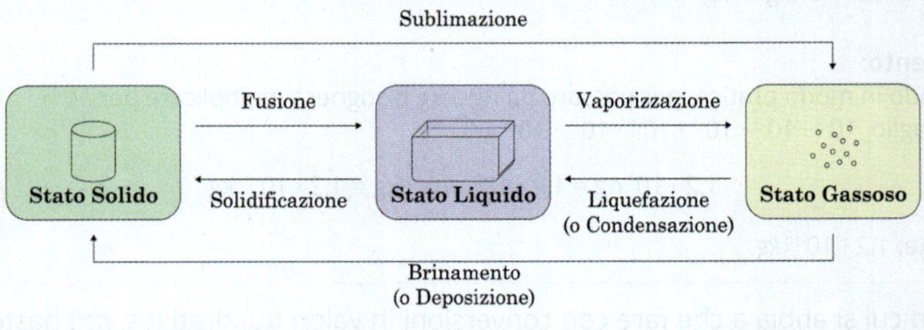

Figura 2: passaggi di stato.

- fusione → passaggio da solido a liquido (processo *endotermico*);
- vaporizzazione → passaggio da liquido ad aeriforme (processo *endotermico*);
- liquefazione o condensazione → passaggio da aeriforme a liquido (processo *esotermico*);
- solidificazione → passaggio da liquido a solido (processo *esotermico*);

- sublimazione → passaggio da solido ad aeriforme (processo *endotermico*);
- brinamento o deposizione → passaggio da aeriforme a solido (processo *esotermico*).

È importante sottolineare la differenza fra vapore e **gas**: una sostanza allo stato aeriforme viene definita gas quando questa si trova al di sopra della sua **temperatura critica**, cioè la temperatura oltre la quale non può più avvenire la condensazione; viene invece definita **vapore** quando questa si trova al di sotto della sua temperatura critica.
A parità di massa, nel passaggio di un materiale dallo stato liquido allo stato gassoso, il volume aumenta e la densità diminuisce. Nel passaggio dallo stato liquido allo stato solido la densità, di solito, aumenta.
Tuttavia, l'acqua rappresenta un'importantissima eccezione alla regola, poiché nel passaggio allo stato solido (ghiaccio) **aumenta** il suo volume **diminuendo** di conseguenza la sua densità; questo è ben evidente nella vita quotidiana, quando si vede galleggiare un cubetto di ghiaccio in un drink o quando si prova a congelare una bottiglia di birra (l'acqua si espande, rompendo la bottiglia di vetro, non farlo!).

ESERCIZIO **PROPOSTO**

1.3 Quale tra le seguenti opzioni contiene una sequenza solo di trasformazioni fisiche?

A. Dissoluzione di NaCl in acqua; cottura di un uovo; respirazione cellulare
B. Formazione del caramello a partire dallo zucchero; sublimazione del diossido di carbonio-formazione delle nuvole
C. Dissoluzione di zucchero in acqua; formazione della ruggine; formazione della rugiada
D. Rottura di un bicchiere; montatura dell'albume d'uovo; magnetizzazione di un ago con una calamita
E. Dissoluzione di zuccheri in acqua; produzione dello yogurt; fusione del ghiaccio

La figura sottostante mostra il **diagramma di fase**: esso evidenzia le fasi di una sostanza qualsiasi al variare di pressione (sull'asse delle y, in mmHg) e temperatura (asse x, in gradi Celsius).
Le linee che dividono gli stati solido, liquido e vapore indicano i campi di esistenza delle diverse fasi. Inoltre delimitano la coesistenza di due fasi a una data T e P, cioè quando entrambe coesistono in equilibrio.
Si definiscono temperatura critica e pressione critica le condizioni massime in cui coesiste la bifasicità (presenza in contemporanea di due fasi), cioè le T e le P massime oltre le quali si ha poi una singola fase. L'incontro tra la T critica e la P critica è definito **punto critico**.
Come si può notare dalla figura, esiste un altro punto, in cui le tre fasi coesistono in equilibrio, definito **punto triplo**.

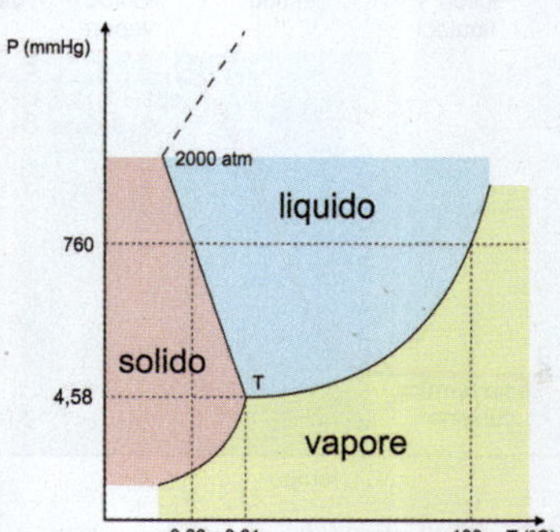

Figura 3: diagramma di fase dell'acqua.
Si notino il punto triplo (a T 0.01° C e P 4.58 mmHg) e i punti critici di passaggio dei diversi stati.

Ogni sostanza pura è dotata di una propria **curva di riscaldamento**, con caratteristiche temperature di ebollizione e di fusione in funzione della pressione a cui avviene il passaggio di stato. In corrispondenza di queste due temperature, a pressione costante, si avranno così due **punti fissi** caratteristici di ciascuna sostanza:

- **punto di fusione**;
- **punto di ebollizione**.

Come si può notare dalla *figura 4*, durante la fusione e l'ebollizione si può osservare una fase di **sosta termica** nella quale la temperatura non varia. Ciò si verifica poiché durante il passaggio di stato, il calore che viene ceduto al sistema, definito **calore latente**, viene utilizzato per rompere i legami fra le particelle e non per aumentare la temperatura del sistema, permettendo dunque la fusione o l'evaporazione. È proprio per questo motivo che quando si porta l'acqua a bollore per cuocere la pasta, anche se viene utilizzata una fiamma molto potente, la sua temperatura rimane fissa sui 100° C.

RICORDA: per l'acqua, la temperatura di ebollizione è pari a **100° C** (373,15 K) e quella di fusione a **0° C** (273,15 K).

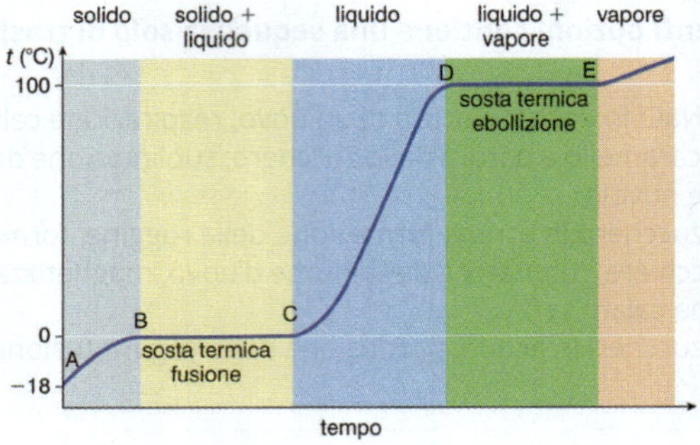

Figura 4: curva di riscaldamento dell'acqua.

ATTENZIONE PER IL TEST

La curva di riscaldamento di un **miscuglio**, come ad esempio l'acqua salata, non ha soste termiche definite: le temperature dei passaggi di stato di una soluzione non corrispondono infatti a quelle del solvente puro. Tanto è più concentrata la soluzione (cioè maggiore è il soluto o la sostanza che si scioglie) maggiore sarà lo scostamento delle sue temperature di passaggio di stato da quelle del solvente puro.

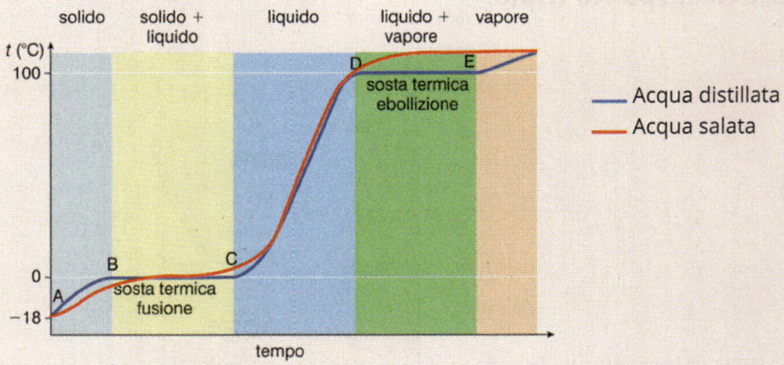

Figura 5: curva di riscaldamento dell'acqua distillata e dell'acqua salata a confronto

1.4 CLASSIFICAZIONE DELLA MATERIA

La fase è definita come una porzione di materia fisicamente distinguibile e delimitata che ha proprietà intensive uniformi; il sistema è una porzione di materia che può essere costituita da più fasi.

Figura 6: esempio di sistema costituito da due fasi.

I sistemi si dividono in:

- **sistemi omogenei** → costituiti da una sola fase (es. acqua e sale completamente disciolto);
- **sistemi eterogenei** → costituiti da due o più fasi (es. acqua e olio).

Essi possono essere formati da:

- **sostanze pure** → hanno caratteristiche e composizione ben definite e costanti (es. oro puro, acqua distillata, sale da cucina) e possono suddividersi in elementi e composti (trattati nel capitolo 2.1);
- **miscugli** → sono formati da due o più sostanze pure. I miscugli hanno composizione chimica variabile e si dividono in miscugli omogenei ed eterogenei.

	Definizioni	Sottoinsiemi	Esempi
Miscuglio omogeneo	Si presenta in un'unica fase	Leghe metalliche, soluzioni e miscele gassose	Acqua di rubinetto, bronzo, aria
Miscuglio eterogeneo	Si presenta in due o più fasi che sono chimicamente e fisicamente distinguibili	Dispersioni: quando le particelle immerse hanno diametro >1 μm. Ne fanno parte nebbie, fumi, sospensioni, emulsioni e schiume	Sabbia, granito e latte (al microscopio si notano le goccioline di grasso immerse nel liquido)

RICORDA: una soluzione è un miscuglio omogeneo costituito da un **solvente** (che scioglie) e un **soluto** (che viene sciolto). L'acqua minerale che normalmente esce dai rubinetti di casa ne è un esempio.

I **colloidi** sono sistemi con caratteristiche intermedie tra miscugli omogenei ed eterogenei. Il colloide è formato da una sostanza uniforme, definita **fase disperdente**, in cui si trovano disperse le particelle di un'altra sostanza (**fase dispersa**). Tali particelle hanno dimensioni intermedie comprese tra i nanometri e i micrometri e sono tenute sospese nel colloide dall'urto tra le molecole di maggiori dimensioni.

A seconda della fase disperdente si riconoscono:

- **sol** → se la fase disperdente liquida prevale su quella solida (es. pasta dentifricia);
- **gel** → se la fase solida prevale su quella liquida (es. gelatine).

Esempi: la panna montata è una schiuma formata da una fase disperdente liquida e una dispersa gassosa. La maionese è un'emulsione, cioè una dispersione colloidale che si forma sbattendo energicamente due liquidi non miscibili (uno idrofilo e l'altro idrofobo) che in questo caso specifico sono rappresentati dall'aceto e dall'olio. Il sangue è anch'esso un colloide formato da una fase disperdente liquida nella quale sono disperse le proteine plasmatiche.

Per isolare le sostanze che compongono un miscuglio, si possono utilizzare delle **tecniche di separazione fisiche**, le quali sfruttano le proprietà fisiche (es. dimensioni, temperatura di ebollizione) delle sostanze che compongono il miscuglio per poterle separare.

Le principali tecniche di separazione sono:

- **la filtrazione** → tecnica che sfrutta le diverse dimensioni delle particelle, le quali vengono separate attraverso un filtro con maglie dalla larghezza predefinita. Le particelle più piccole del diametro delle maglie passano attraverso il filtro, quelle più grandi rimangono intrappolate.
  Esempio: filtrazione del miscuglio acqua e sabbia. La sabbia rimane intrappolata nel filtro mentre l'acqua gli passa attraverso;

- **la centrifugazione** → tecnica di separazione che permette di separare due sostanze di un miscuglio eterogeneo tramite la forza centrifuga. Viene solitamente utilizzata per separare i miscugli eterogenei solido-liquido o i miscugli liquido-liquido, sfruttando le differenti densità delle sostanze;
  Esempio: centrifugazione del sangue. Utilizzando una centrifuga, il sangue verrà separato nelle sue due componenti: la parte liquida meno densa (plasma) e la parte corpuscolata solida più densa (cellule ematiche);

- **la cromatografia** → tecnica di separazione basata sulla diversa velocità di migrazione delle sostanze, posizionate su un supporto, che vengono trasportate da un fluido, detto eluente. Le varie sostanze che compongono il miscuglio si stratificano in posizioni differenti sul supporto;

- **la distillazione** → tecnica di separazione che si basa sulla diversa **volatilità**, cioè la tendenza a evaporare, dei componenti di miscele liquide. Minore è la temperatura di ebollizione di una determinata sostanza, prima essa si porterà in fase gassosa, facendo sì che possa essere incanalata tramite un sistema di tubi in un differente becher ed essere ricondensata.
  L'altra sostanza rimarrà invece nel primo recipiente dove era stata inserita la miscela iniziale, poiché avrà un punto di ebollizione maggiore rispetto alla prima sostanza.
  Esempio: distillazione del vino. Il vino è un miscuglio omogeneo costituito prevalentemente da acqua e alcol etilico; quest'ultimo, presentando una temperatura di ebollizione inferiore rispetto all'acqua (78 °C), tenderà a evaporare più velocemente e a separarsi andando a formare un distillato noto con il nome di Brandy.

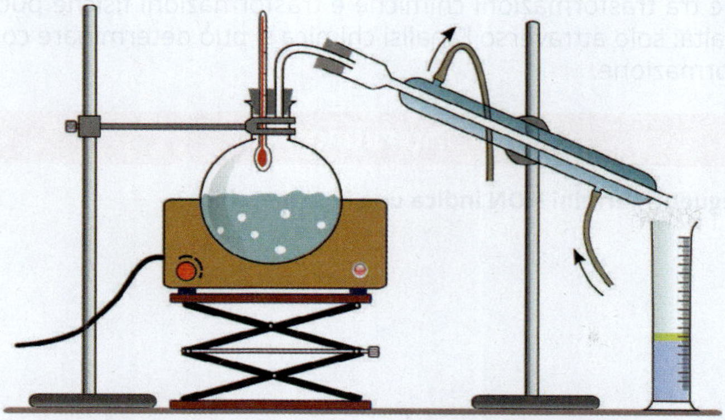

Figura 7: strumenti utilizzati per la distillazione.

Nello schema seguente, si riassumono tutte le caratteristiche delle sostanze e dei miscugli enunciate sopra, esplicando i percorsi logici per distinguere le varie tipologie di materiali.

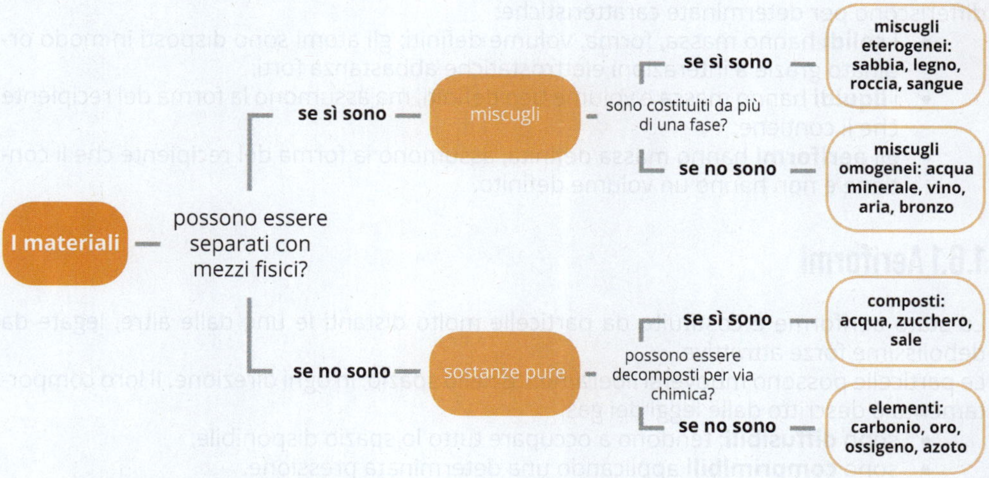

1.5 TRASFORMAZIONI CHIMICHE DELLA MATERIA

Le trasformazioni chimiche sono modificazioni (generalmente irreversibili) che comportano una variazione della composizione chimica della materia con formazione di **nuove sostanze**.

Esempio: la formazione della ruggine è una reazione chimica che deriva dalla reazione del ferro con l'ossigeno atmosferico. La combustione del legno è anch'essa una reazione chimica, che porta alla formazione di diversi prodotti tra i quali la cenere e il calore. In entrambi i casi citati la reazione è irreversibile.
Per descrivere una reazione chimica bisogna collocare i reagenti a sinistra della freccia, mentre a destra vengono scritti i prodotti:

reagente 1 + reagente 2 → prodotto 1 + prodotto 2

Le reazioni chimiche possono essere di differenti tipologie, ma per una trattazione più approfondita dell'argomento si rimanda al capitolo 7.1 "*Classi di reazione*".

N.B. La distinzione tra trasformazioni chimiche e trasformazioni fisiche può non essere così netta nella realtà: solo attraverso l'analisi chimica si può determinare con certezza la natura della trasformazione.

ESERCIZIO **PROPOSTO**

1.5 Quale tra i seguenti termini NON indica una lega metallica?

A. Bronzo
B. Rodio
C. Acciaio
D. Ghisa
E. Ottone

1.6 PROPRIETÀ MACROSCOPICHE DEI GAS, LIQUIDI E SOLIDI

La classificazione della materia si può basare sullo **stato fisico dei corpi**. I tre stati fisici differiscono per determinate caratteristiche:

- i **solidi** hanno massa, forma, volume definiti; gli atomi sono disposti in modo ordinato grazie a interazioni elettrostatiche abbastanza forti;
- i **liquidi** hanno massa e volume ben definiti, ma assumono la forma del recipiente che li contiene;
- gli **aeriformi** hanno massa definita, assumono la forma del recipiente che li contiene e non hanno un volume definito.

1.6.1 Aeriformi

Lo stato aeriforme è costituito da particelle molto distanti le une dalle altre, legate da debolissime forze attrattive.
Le particelle possono muoversi liberamente nello spazio, in ogni direzione. Il loro comportamento è descritto dalle leggi dei gas.

- sono **diffusibili**: tendono a occupare tutto lo spazio disponibile;
- sono **comprimibili** applicando una determinata pressione.

1.6.2 Liquidi

Una sostanza allo stato liquido presenta particelle legate da deboli forze attrattive. I liquidi hanno una disposizione disordinata, in quanto le forze elettrostatiche sono sufficienti a tenere unite le particelle e a rendere i liquidi incomprimibili, ma non a impedirne il movimento continuo.
I liquidi presentano specifiche proprietà:

- **tensione superficiale**: è l'energia richiesta per aumentare l'area superficiale di un'unità. Misura la *forza di coesione*, ovvero la tendenza dei liquidi a minimizzare la propria superficie per creare una pellicola protettiva contro la penetrazione. Le molecole dello strato superficiale risultano compresse verso l'interno; la tensione superficiale cresce al crescere delle *forze molecolari*;
- **capillarità**: è dovuta alla combinazione tra le *forze di coesione* (forza di interazione tra le molecole di un liquido) e le *forze di adesione* (forza di interazione tra le molecole di un liquido e le pareti di un tubo).

L'acqua presenta forze di adesione maggiori rispetto a quelle di coesione: il liquido risale lungo il tubo fino a quando l'azione capillare non sarà bilanciata dalla forza di gravità. Più il tubo è stretto, più in alto l'acqua riuscirà a salire;

- **viscosità**: esprime l'*attrito* tra le molecole di un liquido. Possiamo immaginare i liquidi come costituiti da vari strati sovrapposti liberi di muoversi l'uno rispetto all'altro: tra gli strati si esercitano attriti che producono vincoli interni, risultanti nella viscosità come resistenza allo scorrimento.

1.6.3 Solidi

Lo stato solido è caratterizzato da particelle legate da forze elettrostatiche intense: le particelle non sono libere di muoversi le une rispetto alle altre, occupano posizioni fisse nello spazio e possono al massimo compiere piccole oscillazioni.
Possiamo distinguere:

- **solidi cristallini**: particelle disposte secondo un reticolo cristallino che si ripete con regolarità. Hanno una temperatura di fusione ben precisa e la proprietà caratteristica della durezza. Sono solitamente fragili;
- **solidi amorfi**: particelle disposte in posizioni fisse disordinate. Non hanno una temperatura di fusione precisa, ma un intervallo di fusione;
- **polimeri**: presentano zone con struttura cristallina e zone con struttura amorfa.

In base al tipo di legame che unisce gli atomi di un solido, si possono distinguere solidi ionici, covalenti e metallici.

CHIMICA

CORREZIONI COMMENTATE AGLI ESERCIZI PROPOSTI

1.3 Per capire se una reazione è fisica o chimica ci dobbiamo sempre fare la domanda "si formano nuove sostanze? Cambia la composizione chimica della sostanza di partenza?". La dissoluzione, che sia di NaCl o dello zucchero, è una reazione fisica. La maggior parte dei processi di cottura sono reazioni di natura chimica, come ad esempio la cottura di un uovo o la formazione del caramello a partire dallo zucchero (opzioni A e B errate). La montatura dell'albume è invece una trasformazione fisica, in quanto non cambia la sua composizione chimica. Respirazione cellulare e formazione della ruggine sono entrambe reazioni chimiche di ossidazione (opzione C errata). La rugiada e le nuvole si formano entrambe in seguito alla condensazione dell'acqua, quindi dopo un passaggio di stato. La rottura di un bicchiere cambia semplicemente la forma del vetro, non la sua composizione chimica. La magnetizzazione di un ago con una calamita agisce sulla disposizione delle cariche nello spazio, ma non ne cambia la composizione chimica. Infine, tutti i processi di fermentazione, come quella del latte o dell'uva, sono reazioni chimiche (opzione E errata). L'unica sequenza che contiene solo trasformazioni fisiche è dunque la D.
Risposta corretta D.

1.5 Una lega è composta da due o più elementi di cui almeno uno deve essere un metallo. L'acciaio è formato da ferro e da carbonio; il bronzo da rame e stagno; l'ottone da rame e zinco, mentre la ghisa nuovamente da ferro e carbonio. L'unico che non rappresenta una lega è quindi il rodio (Rh), elemento del 9° gruppo e del 5° periodo con numero atomico 45.
Risposta corretta B.

DAI COMPOSTI DELLA MATERIA ALLA TAVOLA PERIODICA

Composti ed elementi

Sistema periodico degli elementi

Numero di ossidazione

2

CHIMICA

2.1 COMPOSTI ED ELEMENTI

2.1.1 Elementi, composti e struttura dell'atomo

	Definizioni	Esempi
Elemento	Una sostanza pura che **NON** può essere trasformata, con mezzi chimici, in sostanze diverse e ancora più semplici	Na O Al Ca Questi sono solo alcuni esempi, in totale sono 118
Molecola	Una molecola è un raggruppamento di due o più atomi che possiede proprietà chimiche caratteristiche. Esistono molecole formate da atomi dello stesso tipo come le molecole biatomiche (H_2, O_2, Br_2, I_2)	$Fe_2(SO_4)_3$ HCl H_2O P_2O_5 H_2SO_3
Composto	Una sostanza pura che può essere decomposta, con mezzi fisici e chimici, in altre sostanze ancora più semplici e i cui elementi si trovano in rapporto fisso tra di loro	H_2SO_4 → formato da 2H, S e 4O Na_2SO_4 → formato da 2Na, S e 4O KOH → formato da K, O e H HCl → formato da H e Cl

Gli **elementi** sono costituiti da **atomi.** Questi ultimi sono le più piccole particelle di un elemento che non subiscono alterazioni nelle trasformazioni chimiche, ma che possono subire trasformazioni fisiche come eccitazione, fissione, disintegrazione, ecc.

N.B. La formula chimica di un composto indica da quali e quanti elementi è costituito.

Struttura di un atomo

L'atomo (*figura 1*) è formato da 3 particelle fondamentali: elettrone, protone e neutrone.

Il **protone** (carico positivamente) e il **neutrone** (privo di carica) si trovano nel nucleo dell'atomo, attorno al quale orbitano gli **elettroni** (carichi negativamente).

Ognuna di queste componenti presenta uno specifico **peso** o massa **atomica** (parlare di peso o massa è indifferente in questo caso, poiché l'attrazione gravitazionale per masse così piccole è praticamente ininfluente), che viene definita da una specifica unità di misura: l'**u.m.a.** (unità di massa atomica). La massa atomica di un protone sarà uguale a 1 *uma*, quella di un neutrone a 1,008 *uma* e quella di un elettrone a 1/1836 *uma* (è talmente piccola da non essere considerata).

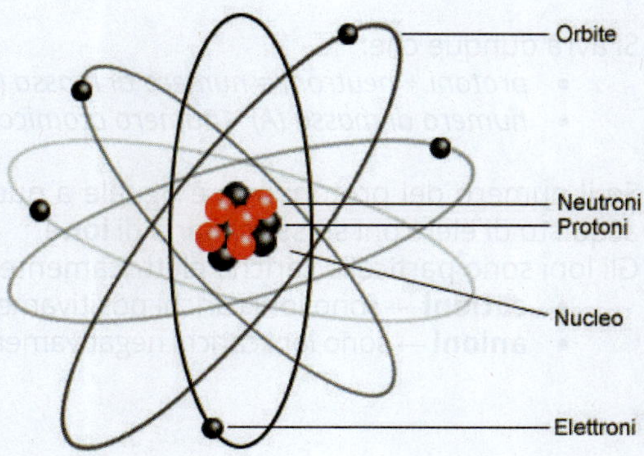

Figura 1: struttura di un atomo.

La tabella seguente illustra le caratteristiche delle particelle che compongono un atomo.

Particella	Carica elettrica	Segno carica	Massa	Localizzazione
Elettrone	$-1{,}6 \cdot 10^{-19}\,C$	–	$9{,}11 \cdot 10^{-31}$ kg	Orbitali
Protone	$+1{,}6 \cdot 10^{-19}\,C$	+	$1{,}67 \cdot 10^{-27}$ kg	Nucleo
Neutrone	0	0	$1{,}67 \cdot 10^{-27}$ kg	Nucleo

2.1.2 Numero atomico e numero di massa

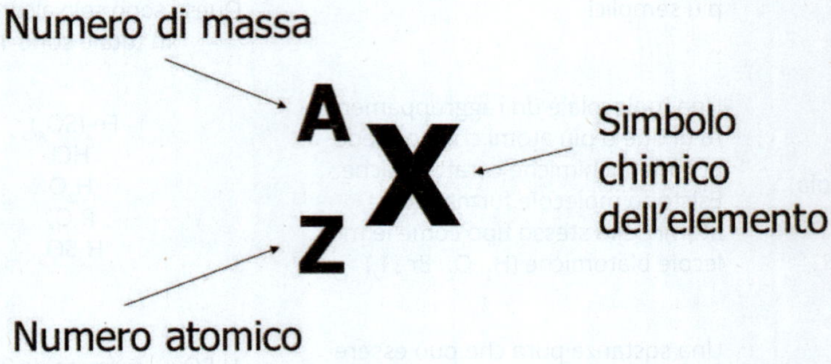

Figura 2: come si indicano "A" e "Z" rispetto a un generico elemento "X". Nella tavola periodica NON è utilizzata questa rappresentazione.

Misure fondamentali per le caratteristiche dell'atomo sono il numero atomico e il numero di massa.

Numero atomico (Z): numero di protoni presenti nel nucleo di un atomo. Tale numero è anche uguale al numero degli elettroni, poiché l'atomo, come tale, deve essere elettricamente neutro (in caso contrario è uno ione). Ogni elemento della tavola periodica presenta uno specifico **Z** (si può dire che il numero atomico rappresenti la "carta d'identità dell'atomo").

Numero di massa (A): numero pari alla somma del numero di protoni e del numero di neutroni che insieme formano il nucleo (gli elettroni sono troppo piccoli per influire sulla massa totale dell'atomo). Viene chiamato così poiché il suo valore, in pratica, corrisponde alla massa atomica.

Si avrà dunque che:

- *protoni + neutroni = numero di massa (A);*
- *numero di massa (A) – numero atomico (Z) = neutroni.*

Se il numero dei protoni non è uguale a quello degli elettroni a causa di una perdita o acquisto di elettroni stessi, si parla di **ione**.
Gli ioni sono particelle cariche elettricamente:

- **cationi** → sono ioni carichi positivamente, perché hanno ceduto elettroni (es. Na^+);
- **anioni** → sono ioni carichi negativamente, perché hanno acquistato elettroni (es. Cl^-).

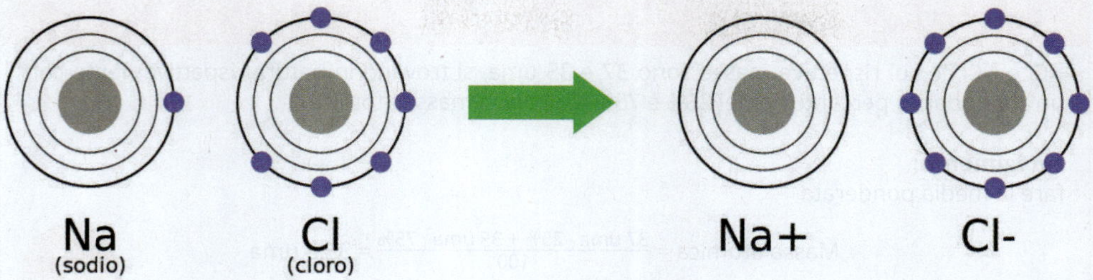

Figura 3: esempio di ioni.

2.1.3 Isotopi

Cosa si intende con il termine “isotopi”?
Sono atomi dello stesso elemento che presentano lo stesso numero di protoni (Z), ma possiedono numero di massa (A) diverso perché contengono un diverso numero di neutroni (figura 4).

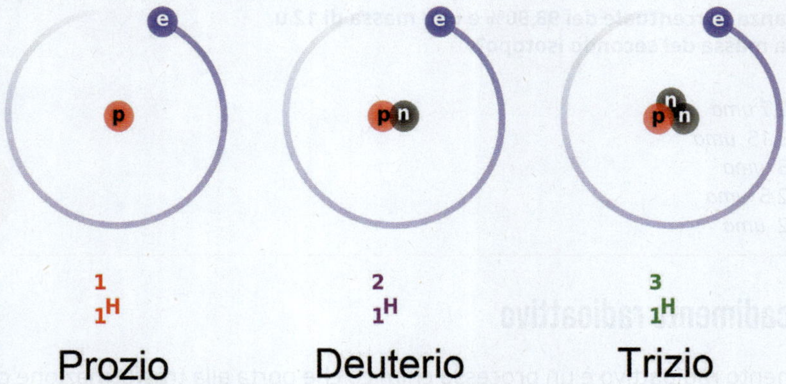

Figura 4: isotopi dell’idrogeno.

Quelli raffigurati in figura 4 sono i tre isotopi dell’idrogeno:

- **prozio** → possiede 1 protone e 0 neutroni, con A = 1;
- **deuterio** → possiede 1 protone e 1 neutrone, con A = 2;
- **trizio** → possiede 1 protone e 2 neutroni, con A = 3.

Ogni elemento possiede diversi isotopi; la sua massa atomica sarà una media delle masse degli isotopi ponderata sulla loro **abbondanza percentuale** in natura. Per calcolarla si sommano i prodotti fra le masse di ciascun isotopo per la rispettiva percentuale e si divide tutto per 100.

$$massa\ atomica = \frac{MA_1 \cdot \%_1 + MA_2 \cdot \%_2 + MA_3 \cdot \%_3 + ecc}{100}$$

ESERCIZIO **SVOLTO**

^{37}Cl e ^{35}Cl, le cui rispettive masse sono 37 e 35 uma, si trovano in natura rispettivamente con un'abbondanza percentuale del 25% e 75%. Calcola la massa atomica.

Svolgimento:
fare la media ponderata

$$\text{Massa atomica} = \frac{37\ \text{uma} \cdot 25\% + 35\ \text{uma} \cdot 75\%}{100} = 35{,}5\ \text{uma}$$

Soluzione: 35,5 *uma.*

Gli **isobari**, invece, sono elementi che presentano uguale numero di massa (A), ma differente numero atomico (Z).
Esempio: ^{14}C e ^{14}N.

ESERCIZIO **PROPOSTO**

2.1.3 Il carbonio naturale con massa 12,01 u è costituito da due isotopi, uno dei quali ha abbondanza percentuale del 98,90% e una massa di 12 u.
Qual è la massa del secondo isotopo?

A. 12,7 *uma*
B. 13,15 *uma*
C. 13 *uma*
D. 12,5 *uma*
E. 12 *uma*

2.1.4 Decadimento radioattivo

Il decadimento radioattivo è un processo chimico che porta alla trasformazione di un atomo instabile, e pertanto radioattivo, in un altro atomo, che può essere più o meno instabile. Questo processo si accompagna con l'emissione di particelle, meccanismo che può comportare la variazione del numero di massa (A) o numero atomico (Z) dei vari isotopi.

Le tipologie di decadimento radioattivo sono 3:

1. **decadimento α**: in seguito a un decadimento alfa, il nucleo emette una particella alfa, che corrisponde a un nucleo di elio composto da due protoni e due neutroni, e si trasforma in un nucleo diverso, con numero atomico (Z - 2) e numero di massa (A – 4);
2. **decadimento β**:
   a. il **decadimento beta negativo (β-)** provoca una transizione isobarica: il numero Z aumenta di una unità e l'atomo si trasforma in un elemento chimico differente, situato a destra nella tavola periodica mentre resta invariato il numero A;
   b. **il decadimento beta positivo (β+)** provoca una transizione isobarica: il numero Z si riduce di una unità e l'atomo si trasforma in un elemento chimico differente, situato a sinistra nella tavola periodica mentre resta invariato A;
3. **decadimento γ**: il nucleo non si trasforma, ma passa semplicemente in uno stato di energia inferiore ed emette un fotone.

2.2 SISTEMA PERIODICO DEGLI ELEMENTI

Ai fini del test è necessario possedere una conoscenza della tavola periodica il più approfondita possibile, poiché ogni argomento trattato successivamente si ricollegherà a quanto studiato in questo momento.

Se vuoi visualizzare un'ottima tavola periodica interattiva, scannerizza questo QR-Code:

2.2.1 La tavola periodica

Il "Sistema periodico degli elementi" è una rappresentazione tabulare degli elementi chimici organizzati da Mendeleev nel 1800 per somiglianza delle proprietà chimico-fisiche. Gli elementi ad oggi conosciuti sono 118, di cui 92 sono presenti in natura e 26 sono stati sintetizzati in laboratorio.
Gli elementi sono disposti secondo numero atomico crescente, ordinati da sinistra a destra lungo 7 righe orizzontali (periodi) e raggruppati dall'alto in basso in 18 colonne verticali (gruppi). Nella disposizione degli elementi lungo i periodi, una volta raggiunto il gruppo 18, si procede andando "a capo" nel periodo successivo, occupando un livello energetico aggiuntivo.

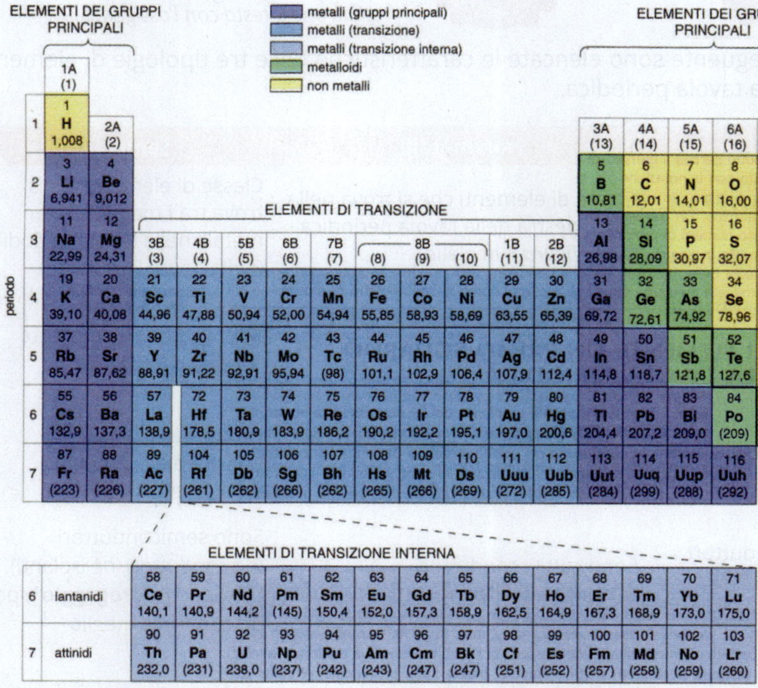

Figura 5: tavola periodica degli elementi.

CHIMICA

La tavola periodica è quindi suddivisa in:

- **gruppi** → verticali, nei quali si vanno a localizzare elementi con caratteristiche chimiche simili. Esistono due nomenclature: la nomenclatura CAS suddivide la tavola periodica in 8 **gruppi A** e 10 **gruppi B** (metalli di transizione), generalmente indicati con i numeri romani (da ora in poi verrà utilizzata principalmente questa nomenclatura) mentre la nuova IUPAC suddivide la tavola semplicemente in 18 gruppi, da sinistra a destra, comprendendo nel conteggio i metalli di transizione. Nella nomenclatura CAS, il numero del gruppo corrisponde al **numero degli elettroni presenti nello strato di valenza** (es. un elemento del VI gruppo A presenta 6 elettroni di valenza);
- **periodi** → orizzontali, sono 7 e corrispondono al **livello energetico dello strato di valenza**.

Prima di poter proseguire nella trattazione è strettamente necessario spiegare due concetti fondamentali:

1. **strato di valenza** → rappresenta nell'atomo la parte più esterna del livello energetico più esterno, corrisponde ai sottolivelli s e p e può contenere un numero massimo di 8 elettroni;
2. **regola dell'ottetto-duetto** → un atomo raggiunge la stabilità quando ha **8 elettroni** nello strato di valenza. Viene anche definita "regola del duetto" poiché l'idrogeno può avere al massimo 2 elettroni nello strato di valenza.

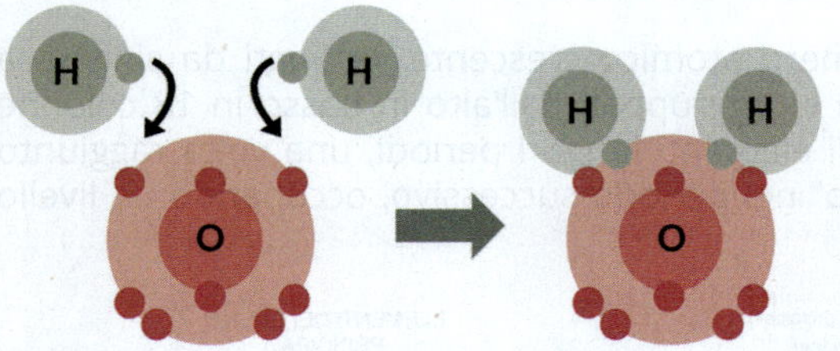

Figura 6: nella molecola d'acqua, l'ossigeno (VI gruppo) acquista 2 elettroni da due idrogeni (I gruppo) raggiungendo l'ottetto. Al contempo gli idrogeni raggiungono il duetto condividendo un elettrone a testa con l'ossigeno.

Nella tabella seguente sono elencate le caratteristiche delle tre tipologie di elementi che si trovano nella tavola periodica.

Metalli	Non metalli	Semi metalli
Classe più numerosa di elementi (nella *figura* 5 in blu)	Classe di elementi che si trova nella parte destra della tavola periodica (nella *figura* 5 in giallo)	Classe di elementi che si trova tra i metalli e i non metalli nella tavola periodica (nella *figura* 5 in verde)
A temperatura ambiente sono solidi (tranne il mercurio che è liquido)	A temperatura ambiente possono essere solidi, liquidi o gassosi (es. I_2 solido, Br_2 liquido, Cl_2 gassoso)	A temperatura ambiente sono solidi
Sono lucenti, duttili e malleabili	Hanno differenti colorazioni, non sono né duttili né malleabili	Hanno caratteristiche intermedie tra metalli e non metalli
Sono buoni conduttori sia di calore che di elettricità	Sono cattivi conduttori di calore e di elettricità	Sono semiconduttori (né conduttori, né isolanti). Se sottoposti a **drogaggio***, possono condurre meglio

* = con il termine drogaggio si intende l'aggiunta al semiconduttore di atomi che non fanno parte dello stesso, al fine di modificarne le proprietà elettriche.

I **metalli** sono elementi caratterizzati da una particolare struttura rappresentata da una nuvola di *elettroni*, al cui interno è incastonato un *reticolo di cationi* (ioni con carica positiva). Gli elettroni sono liberi di muoversi e possono scorrere facilmente sui cationi; tale capacità rende i metalli dei buoni conduttori di corrente.

Le **proprietà dei metalli** sono principalmente 3:

- *lucentezza*: è la capacità dei metalli di **riflettere** la **luce**. Quando una radiazione elettromagnetica colpisce una superficie metallica, gli elettroni iniziano un movimento oscillatorio e, tornando alla posizione di partenza, emettono fotoni, che si manifestano come un riflesso del fascio luminoso incidente;
- *duttilità*: è la capacità dei metalli di subire stress da **trazione** senza presentare fratture o danni; ciò significa che tali materiali possono essere tirati fino a ottenere la formazione di fili;
- *malleabilità*: è la capacità dei metalli di subire stress **compressivo** senza fratture o danni. Si pensi ad esempio quando si accartoccia una lattina, questa si deforma ma non si rompe. Tale caratteristica è dovuta alla struttura reticolare dei metalli: infatti, la compressione sposta i cationi che vengono seguiti dagli elettroni per attrazione elettrostatica; in questo modo gli atomi non si separano e la struttura reticolare rimane intatta.

Tali elementi possono essere a loro volta suddivisi in sottogruppi che presentano caratteristiche peculiari:

- **metalli alcalini** → appartengono al gruppo I;
- **metalli alcalino terrosi** → appartengono al gruppo II;
- **metalli di transizione** → sono i metalli più numerosi e riempiono i 10 gruppi del sottolivello d;
- **lantanoidi e attinoidi** → sono detti anche "elementi di transizione interna" e riempiono il sottolivello f;
- **alogeni** → appartengono al gruppo VII A, o 17° (spesso semplificato in VII gruppo);
- **gas nobili** → appartengono al gruppo VIII A, o 18° (spesso semplificato in VIII gruppo) della tavola periodica e sono gli elementi più stabili fra tutti, tanto che in natura si trovano sotto forma di gas monoatomici.

N.B. I non metalli più importanti sono: **C**, **N**, **O**, **F**, **P**, **S**, **Cl**, **Br**, **I**.

Nella risoluzione di numerosi quesiti, essendo abolito l'uso della tavola periodica durante lo svolgimento della prova ufficiale, può risultare di fondamentale importanza la conoscenza mnemonica di tutti gli elementi della tavola periodica ordinati dall'alto al basso. Per ovviare a tale problema e per evitare faticose e dispendiose ore di apprendimento mnemonico, ti suggeriamo l'utilizzo delle mnemotecniche. La seguente è solo un esempio, ma prova a sbizzarrirti per imparare gli altri gruppi!

MNEMOFRASE TESTBUSTERS

Per ricordare gli elementi del VII gruppo della tavola periodica

Fan**C**loro **B**rutti **I**dioti!

→ **F**luoro, **C**loro, **B**romo, **I**odio.

CHIMICA

ESERCIZIO **PROPOSTO**

2.2.1. Individuare, tra i seguenti elementi, i metalli, i non metalli e metalloidi (semi metalli): Fe, Cu, Na, Ca, C, S, Br, Al, Si, Ge

A. Metalli: Fe, Cu, Na, Al; non metalli: Br, Ca, C, Ge; metalloidi: Si, S
B. Metalli: Fe, Cu, Na, Ca, Al; non metalli: C, S, Br; metalloidi: Si, Ge
C. Metalli: Fe, Cu, Al; non metalli: Na, C, Br, S; metalloidi: Si, Ge
D. Metalli: Na, Cu, Fe; non metalli: Si, S, Br, Ca; metalloidi: Ge, C, Al
E. Metalli: Fe, Cu, Ca, Al; non metalli: Na, C, S, Br; metalloidi: Si, Ge

2.2.2 Proprietà periodiche

Osservando la disposizione degli elementi all'interno della tavola è possibile identificare alcune proprietà che si ripetono periodicamente e che dipendono dagli elettroni di valenza.

Le proprietà periodiche sono:
- raggio atomico (r);
- energia di ionizzazione (EI);
- affinità elettronica (AE);
- elettronegatività (EN);
- carattere metallico;
- carattere non metallico.

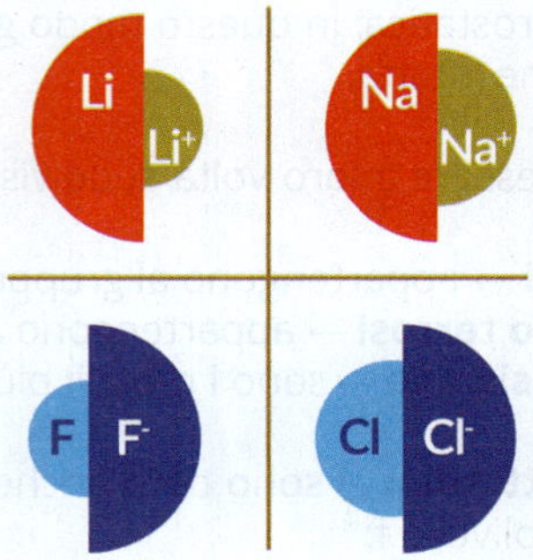

Figura 7: raggio ionico.

Proprietà	Definizione
Raggio atomico	Metà della distanza tra i centri dei nuclei di 2 atomi dello stesso elemento contigui. Come osservabile nella *figura 7*, quando un atomo perde un elettrone, formando il suo **catione**, questo assumerà un raggio atomico **minore** rispetto all'atomo neutro. Viceversa, se forma il suo **anione**, assumerà un raggio atomico **maggiore** rispetto all'atomo neutro
Energia di ionizzazione (**EI**)	Quantità minima di energia necessaria per strappare un elettrone a un atomo isolato in forma gassosa, formando uno ione con carica positiva (catione). Aumenta progressivamente. Processo: $X + EI \rightarrow X^{+} + e^{-}$
Affinità elettronica (**AE**)	Quantità di energia spesa o rilasciata quando un elettrone viene aggiunto a un atomo neutro isolato in fase gassosa a formare uno ione con carica negativa (anione). Processo: $X + e^{-} \rightarrow X^{-} + AE$ **N.B.** Non è l'inverso dell'energia di ionizzazione, perché nell'affinità elettronica si parte sempre da un atomo neutro
Elettronegatività	Capacità degli atomi di attrarre a sé gli elettroni di legame di un altro atomo

I **metalli** hanno un'elettronegatività **inferiore** rispetto ai **non metalli**, poiché tendono a cedere i loro pochi elettroni di valenza per raggiungere l'ottetto del livello sottostante. I non metalli, di contro, hanno un'elevata elettronegatività, quindi tendono ad acquistare elettroni per raggiungere l'ottetto.

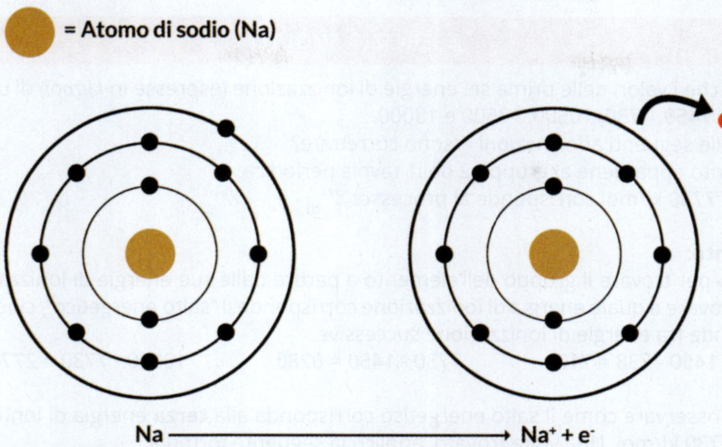

Figura 8: il sodio (3° periodo e 1° gruppo) cederà il proprio singolo elettrone di valenza per assumere la configurazione elettronica del neon (2° periodo e 18° gruppo), raggiungendo così l'ottetto con il livello sottostante.

Gli elementi più elettronegativi della tavola periodica (in ordine decrescente) sono i cosiddetti ***FON*** (Fluoro, Ossigeno e Azoto). I meno elettronegativi, invece, sono i metalli alcalini del I gruppo (tendono a cedere così rapidamente il loro singolo elettrone di valenza che, se posti in acqua, reagiscono in modo molto violento).

N.B. L'**idrogeno** NON è un metallo alcalino (pur facendo parte del I gruppo), bensì un non metallo; per tale motivo avrà un'elettronegatività relativamente elevata (circa 2,20).

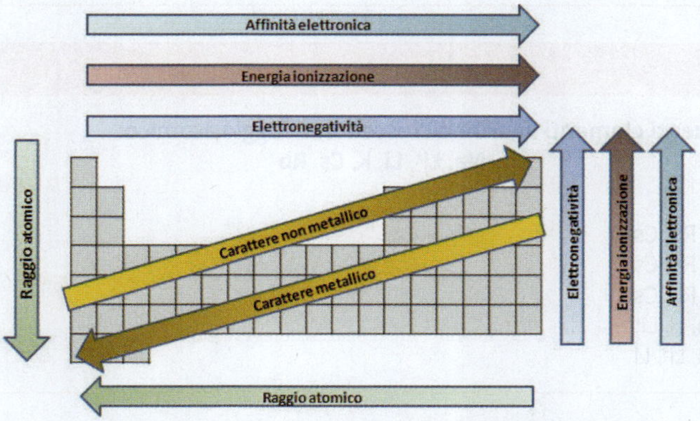

Figura 9: proprietà della tavola periodica degli elementi.

La *figura 9* mostra l'andamento periodico delle proprietà sopra descritte:

- **elettronegatività**, **energia di ionizzazione** e **affinità elettronica** crescono lungo il periodo e decrescono lungo il gruppo;
- il **raggio atomico** ha comportamento opposto: decresce lungo il periodo e cresce lungo il gruppo;

- il **carattere metallico** cresce obliquamente da destra a sinistra e dall'alto verso il basso;
- il **carattere non metallico** cresce obliquamente da sinistra a destra e dal basso verso l'alto.

ESERCIZIO **SVOLTO**

Si assuma che i valori delle prime sei energie di ionizzazione (espresse in *kJ/mol*) di un elemento siano: 738, 1450, 7730, 10500, 13600 e 18000.
Quale/i delle seguenti affermazioni è/sono corretta/e?
1. L'elemento appartiene al gruppo 2 della tavola periodica;
2. il valore 7730 kJ/mol corrisponde al processo: $X^{3+}_{(g)} - e^- \rightarrow X^{4+}_{(g)}$.

Svolgimento:
punto 1 → per trovare il gruppo dell'elemento a partire dalle sue energie di ionizzazione, è necessario trovare a quale energia di ionizzazione corrisponde il "salto energetico", cioè la differenza più grande fra energie di ionizzazione successive.

$1450 - 738 = 712$ $\quad$ $7730 - 1450 = 6280$ $\quad$ $10500 - 7730 = 2770$

Si può già osservare come il salto energetico corrisponda alla **terza** energia di ionizzazione del valore di 7730 kJ/mol. Una volta trovato, applico la seguente formula:

gruppo = n° energia di ionizzazione - 1 → *gruppo* = 3 - 1 = II *gruppo*

punto 2 → per valutare la correttezza del punto 2 è necessario capire a quale processo corrisponde l'energia di ionizzazione 7730 *kJ/mol*.
1 - 738 kJ/mol → $X_{(g)} - e^- \rightarrow X_{(g)}^{+}$;
2 - 1450 kJ/mol → $X^{+}_{(g)} - e^- \rightarrow X^{2+}_{(g)}$;
3 - 7730 kJ/mol → $X^{2+}_{(g)} - e^- \rightarrow X^{3+}_{(g)}$.
Il punto 2 è dunque errato.

Soluzione: l'unica affermazione corretta è il punto 1.

ESERCIZIO **PROPOSTO**

2.2.2 Ordina i seguenti elementi in ordine crescente di raggio atomico:
Na, Li^+, Li, K, Cs, Rb

A. Li, Na, Li^+, K, Rb, Cs
B. Li, Li^+, Na, K, Rb, Cs
C. Li^+, Li, Na, K, Rb, Cs
D. Cs, Rb, K, Na, Li, Li^+
E. Cs, Rb, K, Na, Li^+, Li

2.3 NUMERO DI OSSIDAZIONE

Con il termine numero di ossidazione (abbreviato N.O.) si intende il numero di elettroni che vengono scambiati da un atomo all'interno di una molecola. In particolare, in un composto corrisponde alla carica che un elemento assumerebbe se tutti gli elettroni di valenza venissero assegnati all'atomo più elettronegativo appartenente a quel composto. Conoscere questi valori è molto importante per poter capire argomenti articolati come le redox, le dissociazioni in soluzione e la nomenclatura inorganica.
Normalmente, all'interno di una molecola, gli atomi che la compongono presentano numeri di ossidazione positivi o negativi: uno solo degli elementi (il più elettronegativo) presenta un numero di ossidazione minore di 0, mentre gli altri saranno tutti positivi.

$$\overset{+1}{H_2}\overset{+6}{S}\overset{-2}{O_4}$$

Figura 10: numeri di ossidazione nella molecola di acido solforico.

Se si osserva attentamente la *figura 10*, si nota che gli elementi sono disposti in ordine crescente di elettronegatività (da sinistra a destra), quindi l'elemento con numero di ossidazione negativo si troverà sempre a destra, nella molecola.

Nella seguente tabella sono riportati i numeri di ossidazione più importanti da ricordare, la cui utilità sarà centrale nello studio della nomenclatura inorganica. Si sottolinea inoltre che tutti *gli altri numeri di ossidazione non riportati nella tabella verranno evidenziati nella trattazione degli specifici composti in cui sono presenti.*

Elemento	Numero di ossidazione
Metalli alcalini	+1
Metalli alcalino-terrosi	+2
III gruppo	+3
IV gruppo	+2, +4
V gruppo	+3, +5
VI gruppo	-2, +4, +6
VII gruppo	+1, +3, +5, +7
VIII gruppo	0

Ovviamente, anche in questo caso, sono presenti le dovute eccezioni:

1- il **fluoro** (*F*), essendo l'elemento più elettronegativo della tavola periodica, avrà sempre N.O. pari a **-1**;
2- l'**ossigeno** (*O*), essendo invece il secondo elemento più elettronegativo della tavola periodica, avrà un numero di ossidazione pari a **-2**. Ciò si verifica sempre, ma non nei perossidi come H_2O_2 (perossido di idrogeno, noto anche con il nome di acqua ossigenata), nei quali il N.O. dell'ossigeno è -1, e nei composto con il fluoro, nei quali il N.O. dell'ossigeno e **+2**;
3- l'**idrogeno** (*H*), invece, anche se non metallo, ha quasi sempre numero di ossidazione pari a **+1**, tranne negli idruri, in cui essendo più elettronegativo dei metalli assume N.O. **-1** (vedi capitolo 5 "*La nomenclatura*").

ESERCIZIO **SVOLTO**

Trova il numero di ossidazione del manganese nella molecola di $KMnO_4$ (permanganato di potassio).

Svolgimento: si comincia scrivendo i numeri di ossidazione già noti

$$K^{+1}\ Mn^{x}\ O_4^{-2}$$

Moltiplicare i numeri di ossidazione per il rispettivo numero di atomi

$$K^{+1}\ Mn^{x}\ O_4^{-8}$$

Dal momento che la somma dei numeri di ossidazione degli elementi di una molecola neutra è pari a 0, il N.O. del Mn lo si può facilmente trovare impostando un'equazione:

$$+1 + x - 8 = 0 \rightarrow x = +7$$

Soluzione: +7.

N.B. Il numero di ossidazione massimo di un elemento corrisponde al suo numero di elettroni nello strato di valenza.

ESERCIZIO **PROPOSTO**

2.3 Qual è il numero di ossidazione del Br nello ione (*BrO_4*)?

A. +2
B. +3
C. +5
D. +7
E. +8

CORREZIONI COMMENTATE AGLI ESERCIZI PROPOSTI

2.1.3 Dal momento che il primo isotopo ha abbondanza di 98,90%, il secondo ha abbondanza percentuale di 1,10%. Considerando la formula classica per il calcolo della massa media:

$$MA_{media} = \frac{MA_1 \cdot \%_1 + MA_2 \cdot \%_2 + MA_3 \cdot \%_3 + ecc.}{100}$$

Sostituiamo i valori posseduti eccetto la massa del secondo isotopo, che sarà la nostra incognita.

$$12{,}01 = \frac{98{,}90 \cdot 12 + 1{,}10 \cdot X}{100}$$

$$X = \frac{(12{,}01 \cdot 100) - (98{,}90 \cdot 12)}{1{,}10} = 12{,}9 = 13\ u$$

Svolgendo i calcoli si ottiene il risultato di 12,9 u, ma tra le opzioni l'unica risposta che si avvicina al risultato, approssimandolo, è 13 u.
Risposta corretta C.

2.2.1 Ricordandosi le rispettive collocazioni nella tavola periodica si giunge in breve alla risposta corretta, vedi *figura 5*.
Risposta corretta B.

2.2.2 Per rispondere correttamente a questa domanda è sufficiente conoscere l'andamento del raggio atomico lungo la tavola periodica; esso, infatti, aumenta lungo il gruppo (dall'alto in basso) e diminuisce lungo il periodo (da sinistra a destra). Gli elementi riportati sono tutti metalli del 1° gruppo, quindi è sufficiente ordinarli secondo la loro disposizione lungo il gruppo (Li, Na, K, Rb, Cs). A tali elementi, però, è affiancato il catione Li^+, il quale sicuramente è più piccolo del suo elemento neutro. Dunque l'ordine corretto è Li^+, Li, Na, K, Rb, Cs.
Risposta corretta C.

2.3 In questo esercizio, esattamente come nell'esercizio svolto, si scrivono prima di tutto i numeri di ossidazione già noti:

$$(Br^{x}O_4^{-2})^{-1} = (Br^{x}O_4^{-8})^{-1}$$

Poi si imposta un'equazione, facendo attenzione alla regola per il calcolo dei numeri di ossidazione per gli ioni, dove la somma non sarà 0, ma pari alla carica elettrica complessiva della molecola. In questo caso la somma dei numeri di ossidazione degli atomi deve essere pari a -1.

$$x - 8 = -1 \rightarrow x = +7$$

Risposta corretta D.

TEORIA ATOMICA

Modello atomico di Dalton
Teorie atomiche
Orbitali atomici e numeri quantici
Configurazione elettronica
Relazione tra struttura elettronica, posizione e proprietà
Ibridazione
La geometria delle molecole

3

3.1 MODELLO ATOMICO DI DALTON

Nel 1803 Dalton, basandosi sulle leggi di Lavoisier, di Proust e sulla legge di Dalton, da lui stesso precedentemente enunciata (vedi capitolo 6.4), formulò il proprio modello atomico.

Il **modello atomico di Dalton** si basa sui seguenti postulati:

- la materia è formata da particelle chiamate **atomi**, che sono *microscopici*, *indivisibili* e *indistruttibili*;
- gli atomi di un elemento **non** possono essere *né creati né distrutti* nel corso di una reazione chimica, si trasferiscono interi a formare altri composti;
- tutti gli **atomi** di un **elemento** sono **uguali**, anche per quanto riguarda le *proprietà chimiche* e *fisiche*. Atomi di elementi diversi hanno massa e proprietà diverse;
- non è possibile ottenere atomi di un elemento a partire da un altro elemento;
- gli atomi di un elemento possono combinarsi solo con numeri interi di atomi di altri elementi a formare composti secondo rapporti semplici.

Questo modello è anche noto come il modello della "**palla da biliardo**": per Dalton infatti gli atomi sono oggetti sferici indivisibili, non composti da particelle più piccole.
Inoltre, non tiene in considerazione la radioattività, cioè la trasformazione di atomi di un elemento in altri elementi, e gli isotopi, cioè atomi di uno stesso elemento con numero di massa differente.
Nonostante queste inesattezze, la teoria di Dalton interpreta e giustifica in modo semplice le leggi ponderali.

ESERCIZIO **PROPOSTO**

3.1 Quale tra le seguenti affermazione è corretta secondo il modello atomico di Dalton?

A. Gli atomi sono formati da particelle elementari
B. Gli atomi si combinano tra loro a formare elementi differenti
C. Gli isotopi sono atomi di uno stesso elemento con massa differente
D. I composti chimici sono formati da atomi di elementi diversi
E. La legge di Lavoisier è spesso errata

3.2 TEORIE ATOMICHE

Ci sono diverse teorie atomiche, che dal 1800 si sono succedute nel panorama della fisica, con lo scopo di arrivare alla definizione migliore dell'atomo.

Si possono sintetizzare nella seguente tabella, in ordine cronologico:

Modello atomico di Thomson ("a panettone") 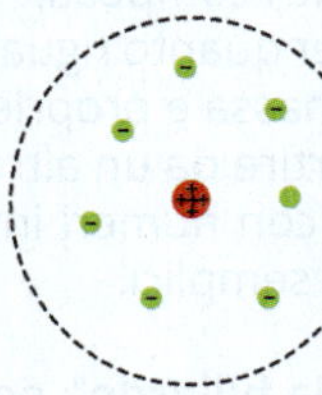	Carica positiva omogeneamente distribuita con elettroni incastonati
Modello atomico di Rutherford ("planetario") 	Nucleo centrale contenente tutta la massa e cariche negative puntiformi poste a grande distanza
Modello atomico di Bohr ("quantistico") 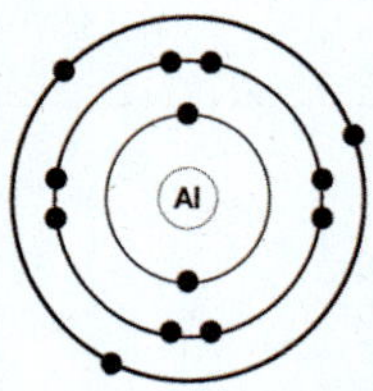	Gli elettroni si muovono intorno al nucleo su orbite circolari quantizzate. **Attenzione:** l'orbita è una traiettoria ben definita
Modello atomico di Schrödinger (a cui collaborarono anche Heisenberg e de Broglie) ("ondulatorio") 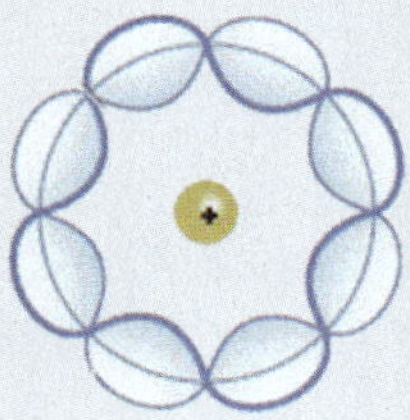	Gli elettroni si collocano in orbitali atomici, definiti da numeri quantici. Non sono traiettorie ben definite, come le orbite, ma delle "**zone di alta probabilità** in cui è possibile trovare l'elettrone"

3.3 ORBITALI ATOMICI E NUMERI QUANTICI

Secondo l'attuale modello atomico meccanico "ondulatorio", gli elettroni si collocano in **orbitali atomici**, che corrispondono alla **regione di spazio attorno al nucleo in cui è presente elevata probabilità di trovare l'elettrone**.
Questo si verifica in accordo con il **principio di indeterminazione di Heisenberg**, secondo il quale è impossibile determinare contemporaneamente la posizione e la quantità di moto di un elettrone. Di conseguenza, sarà possibile misurare la quantità di moto o la posizione dell'elettrone, ma non entrambe in contemporanea in modo accurato, per cui si definisce:

- **orbitale** → la regione nella quale la probabilità di trovare l'elettrone è massima;
- **numero quantico** → numero che specifica il valore di una proprietà dell'elettrone, come lo stato energetico o la tipologia di orbitale in cui potrebbe trovarsi un elettrone.

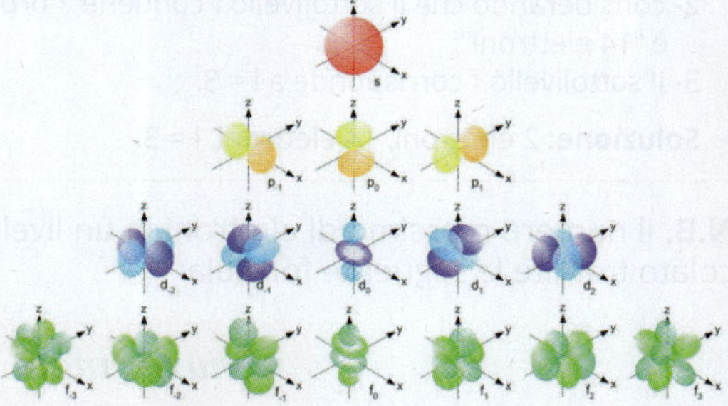

Figura 1: rappresentazione schematica della forma e dell'orientamento degli orbitali.

Ciascun orbitale è caratterizzato quindi da **tre numeri quantici** che ne definiscono:

- **energia** → numero quantico principale "**n**". Maggiore è l'energia, cioè il valore di "n", maggiore è la distanza dell'elettrone dal nucleo.
  Assume valori che vanno **da 1 a infinito**, corrispondendo praticamente al **livello energetico** dell'orbitale;
- **forma** → numero quantico secondario "**l**". La forma assunta dagli orbitali varia dalla più semplice sferica (**orbitali s**), a quella bilobata sui tre assi (**orbitali p**), fino alle sagome più complesse degli **orbitali d** e **f**.
  Assume valori che vanno **da 0 a "n-1"** corrispondendo praticamente al sottolivello dell'orbitale;
- **orientamento** → numero quantico magnetico "$\mathbf{m_l}$". Assume valori compresi **fra -l e +l** (compreso lo 0), corrispondendo in pratica al **numero degli orbitali** di un sottolivello (es. l = 2, m = -2; -1; 0; +1; +2 → 5 orbitali).

Numero quantico di spin "$\mathbf{m_s}$": il quarto numero quantico non si riferisce all'orbitale, bensì all'elettrone contenuto al suo interno. Esso definisce il verso di rotazione dell'elettrone e assume valori pari a **+ ½** e **- ½**.

I valori numerici che assumono i diversi numeri quantici e che li legano fra di loro sono riassunti nella tabella sottostante. Si può osservare che il sottolivello s contiene un solo orbitale, il sottolivello p contiene 3 orbitali, il sottolivello d ne contiene 5 e il sottolivello f ne contiene 7.

NUMERO QUANTICO	VALORE	INFORMAZIONE QUALITATIVA
n	1 + ∞	Dimensioni dell'orbitale
l	0 n-1	Forma dell'orbitale
m_l	-l,..0..,+l	Orientamento dell'orbitale
m_s	+1/2; -1/2	Senso di rotazione dell'elettrone nell'orbitale

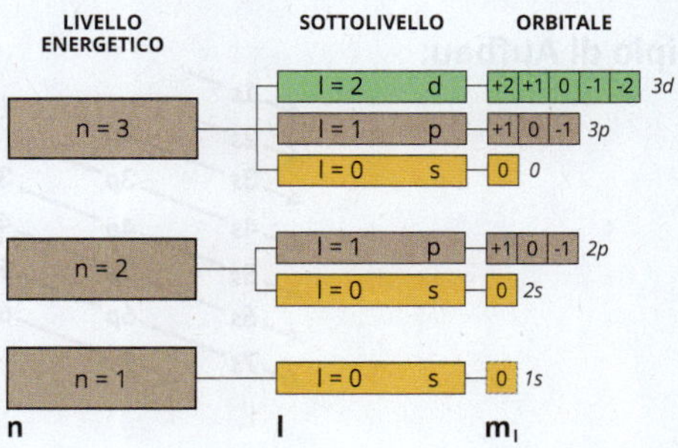

Tenendo quindi conto dei valori assunti dai numeri quantici e delle relazioni numeriche esistenti fra di loro, è possibile calcolare il numero massimo di elettroni disposti in ogni livello energetico, considerando che un **orbitale può contenere al massimo 2 elettroni** e che i vari sottolivelli presentano un numero differente di orbitali.

ESERCIZIO **SVOLTO**

Rispondi ai seguenti quesiti:
1- quanti elettroni può contenere al suo interno un **orbitale f**?
2- quanti elettroni può contenere al suo interno un **sottolivello f**?
3- a quale numero quantico secondario (l) corrisponde il **sottolivello f**?

Svolgimento:
1- considerando che un orbitale (qualunque esso sia) può contenere al massimo due elettroni, la risposta al quesito è "2 elettroni";
2- considerando che il sottolivello f contiene 7 orbitali, la risposta al quesito è "14 elettroni";
3- il sottolivello f corrisponde a l = 3.

Soluzione: 2 elettroni, 14 elettroni, l = 3.

N.B. Il numero massimo di elettroni in un livello energetico può essere rapidamente calcolato tramite la seguente formula:

$$n°max\ e^- \text{ in un livello} = 2n^2$$

3.4 CONFIGURAZIONE ELETTRONICA

La disposizione degli elettroni negli orbitali atomici costituisce la configurazione elettronica di un atomo, la quale si fonda su 3 regole:

Principio di Aufbau riempimento progressivo degli orbitali	Gli orbitali sono riempiti partendo da quelli a minima energia (quindi partendo dai livelli energetici più bassi)
Principio di esclusione di Pauli	Elettroni diversi di un atomo non possono avere tutti e quattro i numeri quantici uguali. Equivale a dire che ogni orbitale può contenere al massimo 2 elettroni con spin opposti, di conseguenza un orbitale può contenere al massimo due elettroni
Regola di Hund riempimento degli orbitali degeneri* o isoenergetici	Gli elettroni occupano tutti gli orbitali dello stesso sottolivello prima di accoppiarsi fra loro in uno stesso orbitale

*= orbitali degeneri: orbitali aventi la stessa energia.

Principio di Aufbau:

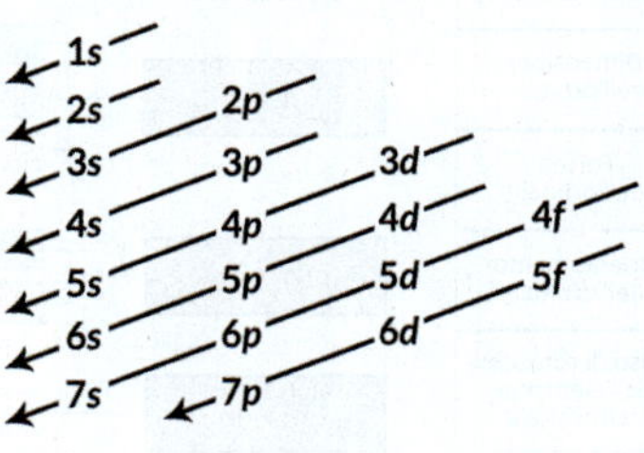

Per ottenere la configurazione elettronica di un elemento (per esempio del fosforo "P") si procede nel modo seguente:

1. si identifica il numero atomico Z = 15, che corrisponde al numero totale degli elettroni da distribuire nei vari orbitali;
2. seguendo il principio di Aufbau si comincia riempiendo il sottolivello 1s e si prosegue seguendo l'ordine "testa-coda" delle frecce (1s, 2s, 2p, 3s, ecc.). È importante seguire la regola di Hund nel riempimento degli orbitali di uno stesso sottolivello, riempiendo gli orbitali dapprima con gli elettroni con spin "parallelo" (stesso verso di rotazione) e poi con quelli con "spin antiparallelo" (verso di rotazione opposto):
   - 2 elettroni riempiono l'orbitale 1s ($1s^2$);
   - 2 elettroni riempiono l'orbitale 2s ($2s^2$);
   - 6 elettroni riempiono l'orbitale 2p ($2p^6$);
   - 2 elettroni riempiono l'orbitale 3s ($3s^2$);
   - 3 elettroni occupano l'orbitale 3p ($3p^3$).

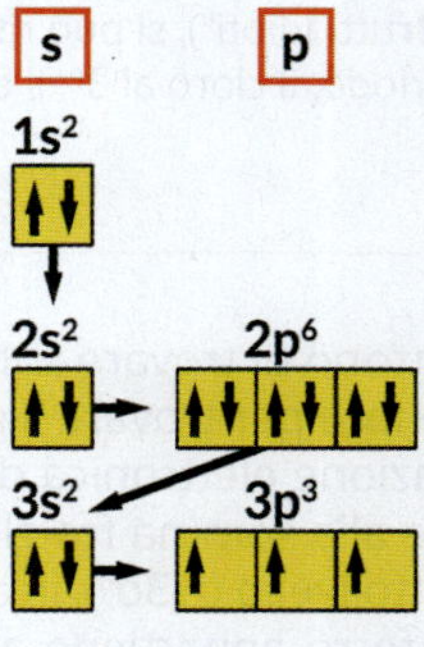

Si può allora scrivere la configurazione elettronica in uno dei tre modi seguenti:

1. **formale** → $1s^2\ 2s^2\ 2p^6\ 3s^2\ 3p^3$. Si riporta per esteso tutta la configurazione elettronica NON in ordine di riempimento, ma in ordine di livello energetico e inserendo i sottolivelli nell'ordine "**s**, **p**, **d**, **f**";
2. **esterna** → $3s^2\ 3p^3$. Si riportano i sottolivelli riempiti dall'ultimo sottolivello s in poi;
3. **gas nobile** → [Ne] $3s^2\ 3p^3$. La prima parte della configurazione elettronica viene abbreviata inserendo tra parentesi quadra il gas nobile che precede l'elemento sulla tavola periodica (in questo caso il neon).

Esempio: la configurazione elettronica dell'azoto (N) è:

$$N = 1s^2\ 2s^2\ 2p^3$$

In cui:

- i numeri prima delle lettere indicano il livello energetico (numero quantico principale "n");
- le lettere indicano il sottolivello, ossia la forma dell'orbitale (numero quantico secondario "l");
- l'apice indica il numero di elettroni presenti nel sottolivello.

Detto ciò, si possono fare due considerazioni che si ricollegano agli argomenti trattati nel precedente capitolo:

1. lo strato di valenza può contenere al massimo 8 elettroni, poiché è formato dal sottolivello s ($2e^-$) e dal sottolivello p ($6e^-$) dell'ultimo livello energetico;
2. il numero degli elettroni presenti nei sottolivelli s e p dell'ultimo livello energetico riempito corrisponde al **gruppo** dell'elemento sulla tavola periodica;
3. il livello energetico di questi sottolivelli, invece, indica il **periodo** dell'elemento. Facendo queste considerazioni è possibile ricavare un elemento incognito conoscendo la sua configurazione elettronica.

ESERCIZIO **SVOLTO**

Indica a quale elemento appartiene la seguente configurazione elettronica (ovviamente senza usare la tavola periodica):

$$1s^2 2s^2 2p^6 3s^2 3p^6 3d^{10} 4s^2 4p^5$$

Svolgimento:
per trovare un elemento incognito a partire dalla configurazione elettronica è necessario seguire alcuni semplici passaggi:

1. trovare il gruppo dell'elemento, il quale corrisponde al numero degli elettroni nello strato di valenza (in questo caso "$4s^2 4p^5$"), dunque l'elemento apparterrà al **VII gruppo**;
2. trovare il periodo dell'elemento, il quale corrisponde al livello energetico dello strato di valenza, dunque **4° periodo**;
3. utilizzando la mnemotecnica per gli elementi del VII gruppo imparata nel precedente capitolo ("**F**an**Cl**oro **Br**utti **I**dioti"), si può ritrovare l'elemento ignoto: il fluoro si trova nel 2° periodo, il cloro al 3°, il bromo al 4°.

Soluzione: *Br*.

N.B. Le regole sopracitate permettono di trovare solo gli elementi appartenenti ai gruppi A della tavola periodica, ma come fare per trovare il gruppo degli elementi di transizione? Si prenda in esempio la configurazione elettronica del ferro $1s^2\ 2s^2\ 2p^6\ 3s^2\ 3p^6\ 3d^6\ 4s^2$: in questo caso il **gruppo** sarà uguale alla somma fra gli elettroni nell'ultimo sottolivello s riempito ($4s^2$) e quelli dell'ultimo sottolivello d ($3d^6$), in accordo con le regole di riempimento degli orbitali (*Aufbau*). Dunque il ferro appartiene al *gruppo 8* (secondo la nuova IUPAC che comprende anche i metalli di transizione). E per trovare il periodo? Come per tutti gli altri casi è sufficiente trovare il livello energetico in cui si trova lo strato di valenza ($4s^2$), dunque *4° periodo*.

ESERCIZIO **PROPOSTO**

3.4 In base alla regola di Hund individuare le possibilità ESATTE:

- **I.** [↑][↑][↑]
- **II.** [↑][↑↓][↑]
- **III.** [↑↓][↑][ ]
- **IV.** [↑↓][↑][↑]
- **V.** [↑↓][↑↓][↑]

A. II, III, V
B. IV, III
C. I, IV, V
D. II, V
E. I, II, III

3.5 RELAZIONE TRA STRUTTURA ELETTRONICA, POSIZIONE E PROPRIETÀ

La tavola periodica, oltre a ordinare gli elementi per numero atomico crescente, fornisce anche una rappresentazione grafica dei **numeri quantici**, descritti più avanti, nel seguente modo:

- **sette periodi** corrispondenti ai sette livelli energetici, espressi dal numero quantico principale "$n_{1\text{-}7}$";
- **quattro blocchi** che raggruppano gli elementi che riempiono con gli elettroni di valenza rispettivamente i sottolivelli s, p, d e f (numeri quantici secondari che descrivono la forma dell'orbitale atomico).

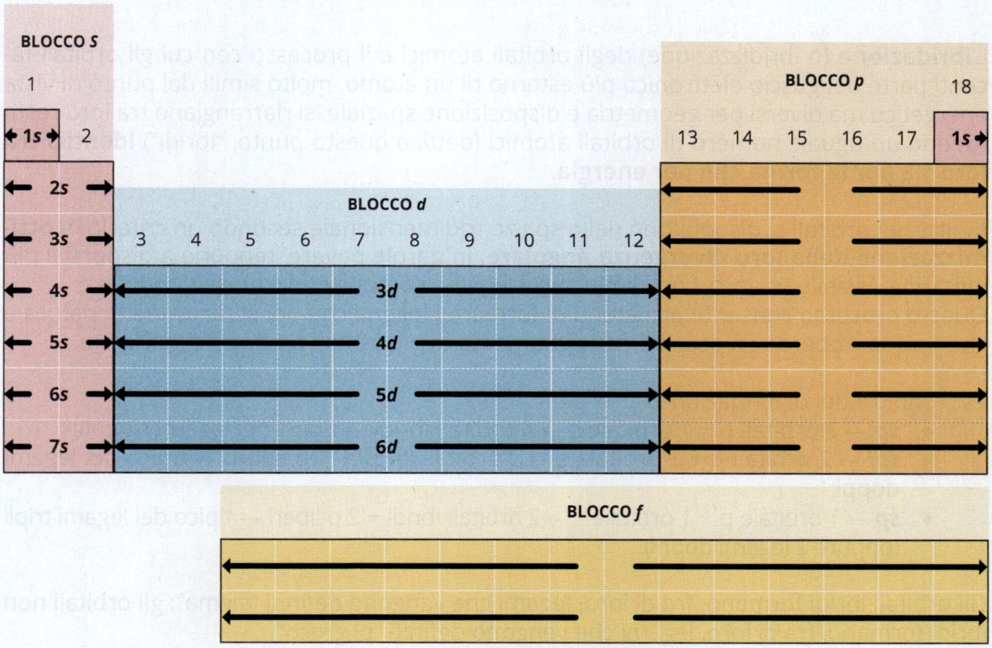

Figura 2: blocchi della tavola periodica.

Osservando la *figura 1* si può facilmente comprendere l'organizzazione in **blocchi di orbitali** della tavola periodica:

- l'orbitale di **tipo s** può ospitare, a qualsiasi livello energetico (n da 1 a 7), massimo due elettroni, ed è l'orbitale a più bassa energia: per tale motivo viene riempito per primo. Gli elementi dei primi due gruppi avranno come orbitali di valenza s^1 e s^2 (ovvero 1 e 2 elettroni nell'orbitale s);
- gli orbitali di **tipo d** ospitano al massimo 10 elettroni (massimo 2 elettroni a orbitale) si troveranno dunque 10 gruppi nel blocco d;
- stesso discorso dei precedenti vale per gli orbitali di **tipo p** e **f**, che ospitano un massimo di 6 e 14 elettroni.

MNEMOFRASE TESTBUSTERS

Per ricordarsi quale ordine abbiano gli orbitali:

sabato **p**ane, **d**omenica **f**occaccia!
→ **s**, **p**, **d**, **f**

ESERCIZIO **PROPOSTO**

3.5 Che numero atomico ha un atomo con configurazione elettronica esterna $4s^2\ 4p^3$?

A. 33
B. 56
C. 78
D. 12
E. 49

3.6 IBRIDAZIONE

L'**ibridazione** (o ibridizzazione) degli orbitali atomici è il processo con cui gli orbitali facenti parte del guscio elettronico più esterno di un atomo, molto simili dal punto di vista energetico ma diversi per geometria e disposizione spaziale, si riarrangiano tra loro restituendo un uguale numero di orbitali atomici (detti, a questo punto, "ibridi") **identici tra loro sia per la forma che per energia**.

Inoltre, gli orbitali si dispongono nello spazio tridimensionale secondo un criterio di **ottimizzazione della loro divergenza angolare**: in parole povere, tendono a disporsi il più lontano possibile tra loro, con i limiti che il legame comune con il nucleo impone.
Questo processo consente agli atomi di formare i legami che poi si ritrovano in natura e che non sarebbero resi possibili se la geometria degli orbitali rimanesse inalterata.

Esistono tre tipi di ibridazione:

- ***sp*³** → 3 orbitali p + 1 orbitale s → 4 orbitali ibridi → tipico dei legami singoli;
- ***sp*²** → 2 orbitali p + 1 orbitale s → 3 orbitali ibridi + 1 p libero → tipico dei legami doppi;
- ***sp*** → 1 orbitale p + 1 orbitale s → 2 orbitali ibridi + 2 p liberi → tipico dei legami tripli (oppure 2 legami doppi).

Gli orbitali ibridi formano, fra di loro, legami che vengono definiti "sigma"; gli orbitali non ibridi formano, fra di loro, legami che vengono definiti "pi greco".
I due legami differiscono principalmente per la sovrapposizione degli orbitali che vanno a formare il tipo di legame.

- Legame sigma (σ): si forma quando gli orbitali atomici dei due atomi si fronteggiano testa a testa e gli elettroni si localizzano sull'asse internucleare;
- legame pigreco (π): si forma quando due orbitali p si sovrappongono lateralmente.

Questa sovrapposizione è meno efficace e, affinché avvenga, gli atomi devono avvicinarsi molto. È il secondo o terzo legame di un legame multiplo, infatti:

- il legame **singolo** ha un solo σ;
- il legame **doppio** ha un σ e un π;
- il legame **triplo** ha un σ e due π.

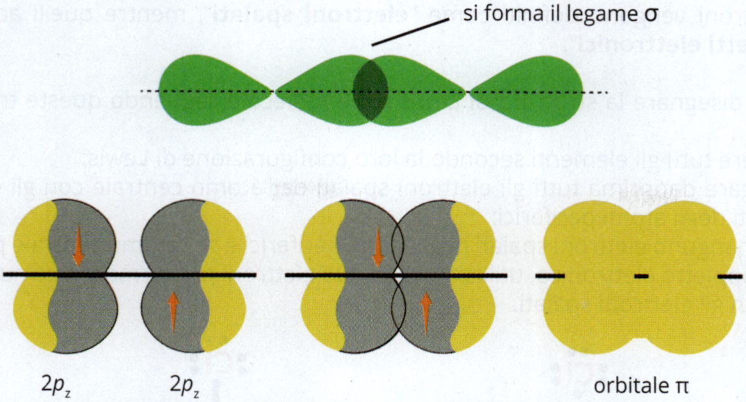

Figura 3: in alto la formazione di un legame σ, in basso del legame π.

In questo modo nell'ibridazione:

- *sp*^{3}, avendo tutti gli orbitali ibridi, forma solo legami σ;
- *sp*^{2} forma legami σ-π;
- *sp* forma legami σ-π-π.

3.7 LA GEOMETRIA DELLE MOLECOLE

3.7.1 Strutture di Lewis

Le strutture di Lewis rappresentano la modalità più utilizzata per poter raffigurare in modo schematico le strutture molecolari/ioniche.
Tuttavia, prima di spiegare come si rappresenta una molecola secondo Lewis, è necessario parlare della configurazione di Lewis dei singoli elementi; questa non è altro che la rappresentazione schematica degli elettroni di valenza che si può osservare nella seguente immagine:

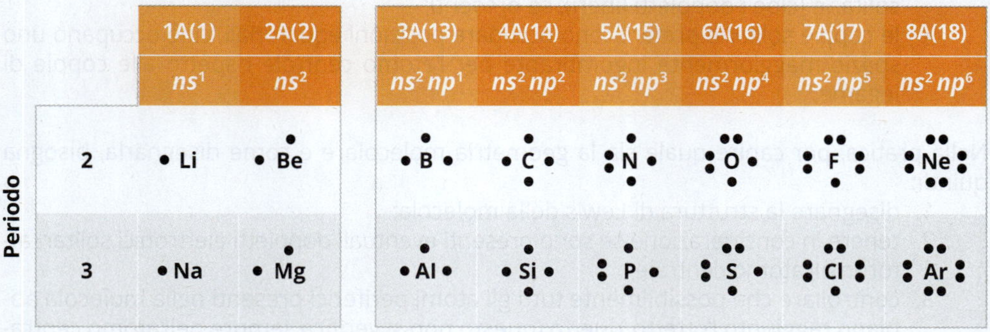

Figura 4: strutture di Lewis dei principali elementi del 2° e 3° periodo. Per poterle ricavare è sufficiente scrivere l'elemento e inserire gli elettroni di valenza uno ad uno in senso orario o antiorario (è indifferente).

I singoli elettroni vengono definiti come "**elettroni spaiati**", mentre quelli accoppiati come "**doppietti elettronici**".

Si può allora disegnare la struttura di Lewis delle molecole seguendo queste tre regole generali:

1. scrivere tutti gli elementi secondo la loro configurazione di Lewis;
2. collegare dapprima tutti gli elettroni spaiati dell'atomo centrale con gli elettroni spaiati degli atomi periferici;
3. se rimangono elettroni spaiati negli atomi periferici e se l'atomo centrale presenta un doppietto elettronico, utilizzare quei due elettroni per formare due nuovi legami con gli elettroni spaiati.

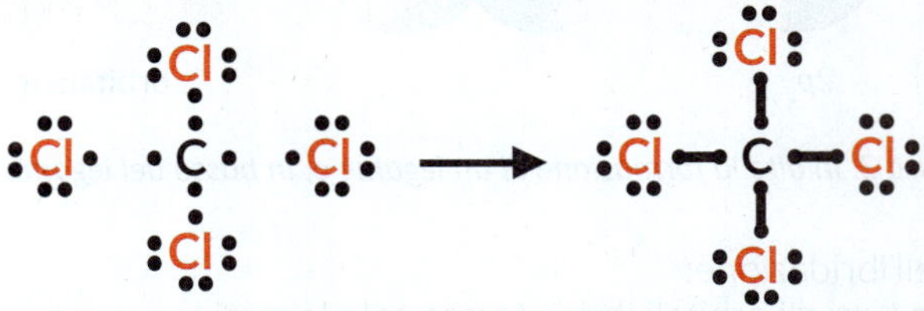

Figura 5: struttura di Lewis del CCl_4 (tetracloruro di carbonio).

3.7.2 VSEPR

VSEPR è l'acronimo inglese per **Valence Shell Electron Pair Repulsion** (oppure, in linguaggio nostrano, teoria della repulsione delle coppie elettroniche dello strato di valenza) e serve a definire la disposizione spaziale delle molecole/ioni poliatomici, assumendo che gli elementi legati o i doppietti elettronici isolati, respingendosi, si dispongano alla massima distanza consentita.
I punti principali della teoria VSEPR sono:

- la forma della molecola è quella che permette di minimizzare la repulsione fra le coppie di elettroni del guscio di valenza attorno all'atomo centrale;
- le coppie di elettroni nel guscio di valenza dell'atomo centrale, avendo cariche negative, si respingono a vicenda collocandosi alla massima distanza possibile;
- si considerano le coppie che formano il legame sigma ed eventualmente le coppie solitarie (cioè i doppietti liberi), se presenti;
- le coppie solitarie preferiscono occupare posizioni equatoriali, cioè occupano uno spazio maggiormente ingombrante per l'atomo centrale rispetto alle coppie di legame.

Nella pratica, per capire quale sia la geometria molecolare e come disegnarla, bisogna quindi:

1. disegnare la struttura di Lewis della molecola;
2. tenere in considerazione se sono presenti eventuali doppietti elettronici solitari attorno all'atomo centrale;
3. controllare che possibilmente tutti gli atomi periferici presenti nella molecola abbiano raggiunto l'ottetto/duetto (questo non si verifica sempre nell'atomo centrale, es. BF_3);
4. stabilire la geometria e l'angolo di legame;
5. stabilire l'ibridazione dell'atomo centrale, la quale si determina sommando il numero dei **legami σ** e il numero di **doppietti elettronici solitari** nell'atomo centrale. Se la somma sarà uguale a **4** l'ibridazione sarà ***sp³***, se uguale a **3** sarà ***sp²***, se uguale a **2** sarà ***sp***.

Le principali geometrie che bisogna tenere bene a mente sono riportate nella figura 6.

Numero sostituenti	Geometria molecolare con 0 *coppie solitarie* di elettroni	1 *coppia solitaria*	2 *coppie solitarie*
AX_2	X—A—X Lineare		
AX_3	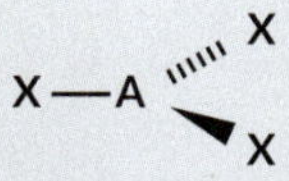 Triangolare (piana)	 Angolare	
AX_4	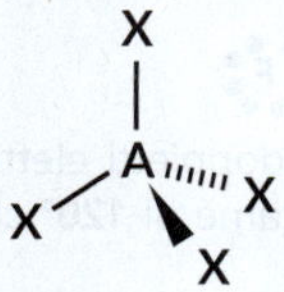 Tetraedrica	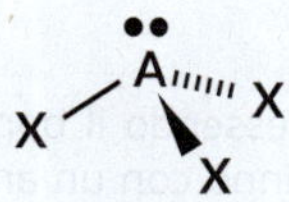 Piramide triangolare	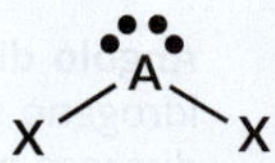 Angolare

Figura 6: geometrie principali VSEPR spiegate secondo il modello "AX", dove con "A" viene indicato l'atomo centrale e con "X" gli atomi periferici.

Per poter sviscerare a fondo tale teoria dal punto di vista pratico e per rendere lo studente capace di disegnare ogni singola molecola secondo VSEPR, verrà proposto un esercizio svolto, contenente cinque casi esemplificativi.

ESERCIZIO **SVOLTO**

Determina l'angolo di legame, la geometria e l'ibridazione dell'atomo centrale delle seguenti molecole:

A. CO_2; B. H_2O; C. BF_3; D. NH_3; E. CH_4.

Svolgimento:

A. Per prima cosa disegnare la struttura di Lewis dell'anidride carbonica (CO_2).

Angolo di legame: essendo il carbonio privo di doppietti elettronici solitari, i due atomi di ossigeno si disporranno con un angolo di legame di **180°** che li manterrà alla massima distanza possibile.

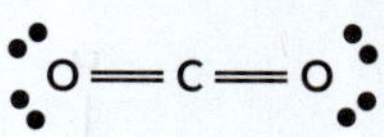

Geometria: lineare (AX_2 senza doppietti elettronici solitari).

Ibridazione atomo centrale: poiché sono presenti 2 doppi legami (ricorda, nel doppio legame si ha un legame σ e un legame π) e 0 doppietti solitari (somma pari a 2), l'ibridazione sarà **sp**.

B. Disegnare la struttura di Lewis dell'acqua (H_2O).

CHIMICA

Angolo di legame: essendovi attorno all'ossigeno due doppietti elettronici solitari, questi eserciteranno delle forze repulsive nei confronti dei due idrogeni causando uno schiacciamento della molecola verso il basso. In questo modo l'angolo di legame che si andrà a formare sarà di **104,5°**.

Geometria: angolare o piegata (AX_2 con doppietti elettronici solitari).

Ibridazione atomo centrale: poiché sono presenti 2 legami sigma e 2 doppietti solitari (somma pari a 4), l'ibridazione sarà sp^3.

C. Disegnare la struttura di Lewis del BF_3.

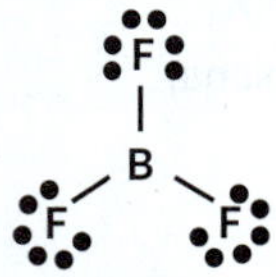

Angolo di legame: essendo il boro privo di doppietti elettronici solitari, i tre atomi di idrogeno si disporranno con un angolo di legame di **120°** che li manterrà alla massima distanza possibile.

Geometria: triangolare planare (AX_3 senza doppietti elettronici solitari).

Ibridazione atomo centrale: poiché sono presenti 3 legami sigma e 0 doppietti solitari (somma pari a 3), l'ibridazione sarà sp^2.

D. Disegnare la struttura di Lewis dell'ammoniaca (NH_3).

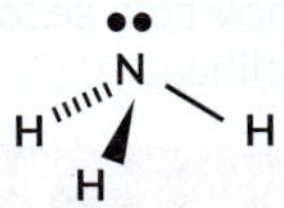

Angolo di legame: essendovi attorno all'azoto un doppietto elettronico solitario, questo eserciterà delle forze repulsive nei confronti dei tre idrogeni causando uno schiacciamento della molecola verso il basso. In questo modo l'angolo di legame che si andrà a formare sarà di **107°**.

Geometria: piramidale triangolare (AX_3 con doppietti elettronici solitari).

Ibridazione atomo centrale: poiché sono presenti 3 legami sigma e 1 doppietto solitario (somma pari a 4), l'ibridazione sarà sp^3.

E. Disegnare la struttura di Lewis del metano (CH_4).

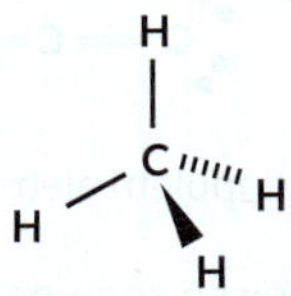

Angolo di legame: non essendovi attorno al carbonio alcun doppietto elettronico solitario, gli idrogeni si potranno disporre alla massima distanza tra di loro. Per farlo però avranno bisogno di disporsi su tre dimensioni. In questo modo l'angolo di legame che si andrà a formare sarà di **109,5°**.

Geometria: tetraedrica (AX_4 senza doppietti elettronici solitari).

Ibridazione atomo centrale: poiché sono presenti 4 legami sigma e 0 doppietti solitari (somma pari a 4), l'ibridazione sarà sp^3.

N.B. Per poter avere dimestichezza con questo tipo di esercizi è necessario che lo studente abbia appreso pienamente i concetti del capitolo 2.2 sulla tavola periodica. In caso contrario si avrà particolare difficoltà a ricavare la struttura atomica e molecolare di Lewis e a identificare le eventuali geometrie VSEPR.

ESERCIZIO **PROPOSTO**

3.7.2 Quale delle seguenti molecole non è lineare secondo VSEPR?

A. C_2H_2
B. HCN
C. CO_2
D. SO_2
E. BeF_2

Per approfondire questo argomento inquadra il QR code e guarda la videolezione:

CORREZIONI COMMENTATE AGLI ESERCIZI PROPOSTI

3.1 Secondo il modello atomico di Dalton gli atomi sono le particelle fondamentali della materia, sono indivisibili e indistruttibili (risposta A errata). Hanno tutti ugual massa e proprietà (risposta C errata) e non possono formare atomi di altri elementi (risposta B errata). Non possono essere né creati né distrutti nel corso delle reazioni chimiche (risposta E errata), ma si combinano tra loro a formare composti differenti.
Risposta corretta D.

3.4 Secondo la regola di Hund, bisogna collocare un elettrone su ciascun orbitale disponibile; se poi ne avanzano, essi andranno inseriti con spin opposto negli orbitali già semipieni (a partire dal primo). Le opzioni "II" e "III" sono errate: nella II lo spin con freccia rivolta verso il basso dovrebbe essere posto nella prima casella (in accordo col principio di Aufbau), nella III l'elettrone dovrebbe occupare la terza casella prima di occupare la prima.
Risposta corretta C.

3.5 Anzitutto bisogna individuare il gruppo di appartenenza; ciò è piuttosto facile, poiché basta sommare gli elettroni di valenza. Sono 5 elettroni, dunque l'elemento appartiene al **gruppo 15**. Successivamente si trova il periodo che corrisponde al livello energetico dello strato di valenza, dunque **4° periodo**. Per risalire al numero atomico basta ricordarsi quanti elettroni sono stati inseriti nella configurazione elettronica: $2e^-$ nel primo, $8e^-$ nel secondo e nel terzo, $15e^-$ nel quarto. Complessivamente $33e^-$.
Risposta corretta A.

3.7.2 Analizzando le strutture di Lewis delle molecole proposte, l'unica NON lineare è la molecola di SO_2, poiché lo zolfo ha 6 elettroni di valenza e ne impiega 4 per formare i legami con gli ossigeni, di conseguenza presenta un doppietto elettronico libero che applica una repulsione nei confronti di questi ultimi.

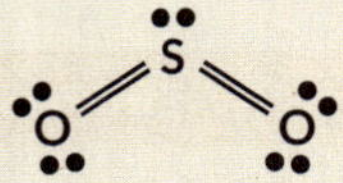

Anche se non si sa a memoria l'ibridazione di SO_2, si può ricavare l'ibridazione delle altre opzioni e rispondere alla domanda.
Risposta corretta D.

LEGAMI CHIMICI

Definizione e classificazione
Legami intramolecolari
Legami intermolecolari
Composti costituiti da molecole
Composti formati da ioni
Proprietà dei composti ionici

4

4.1 DEFINIZIONE E CLASSIFICAZIONE

Un legame è una forza coulombiana che tiene uniti gli atomi in una specie chimica, sia essa un elemento o un composto. La formazione di una molecola libera energia e avviene spontaneamente grazie all'attrazione tra gli atomi. Il processo inverso di separazione degli atomi richiede invece energia, definita "energia di legame", necessaria a rompere il legame stesso.

Al legame chimico **partecipano solo gli elettroni di valenza**, cioè quelli che orbitano nell'ultimo livello energetico. Quando la nuvola degli elettroni non sente più solo l'attrazione del proprio nucleo ma anche quella dell'altro atomo con cui sta formando il legame, l'energia cresce; di conseguenza, più gli atomi si avvicinano più il sistema è stabile. L'avvicinamento non arriva alla sovrapposizione, altrimenti si manifesta repulsione tra i nuclei positivi.

Per creare un legame, gli atomi coinvolti seguono **la regola dell'ottetto**: ogni atomo tende ad assumere una configurazione stabile, cioè a raggiungere la configurazione del gas nobile più vicino, con 8 elettroni a livello dell'anello esterno. **Un ottetto di elettroni attorno a un atomo gli consente di essere stabile**.

N.B. Questa regola non è sempre valida: consideriamo il caso dell'idrogeno.

H_2 è una molecola stabile con un solo legame singolo, quindi nell'ultimo livello energetico si avranno 2 elettroni, perché la configurazione elettronica del gas nobile più vicina è quella dell'elio, che possiede solo 2 elettroni di valenza (è più corretto infatti parlare di regola del duetto-ottetto). Inoltre, anche un doppietto libero può dare stabilità a una molecola, infatti permette all'atomo di poter creare ulteriori legami. Questi elettroni vanno inclusi nel conteggio per raggiungere l'ottetto.

In chimica i legami si possono dividere in due categorie:

- **legami forti o intramolecolari** → interazioni tra **atomi** che portano alla formazione di molecole o anche di cristalli ionici;
- **legami deboli o forze intermolecolari** → forze di natura elettrostatica che mantengono le **molecole** vicine tra loro.

Legami forti o intramolecolari	Legami deboli o forze intermolecolari
Legame covalente	Legame a ponte idrogeno
Legame ionico	Forze di Van der Waals
Legame metallico	

I legami forti vengono classificati sulla base della differenza di elettronegatività (ΔE) esistente fra gli atomi che partecipano al legame (vedi figura 1) e, ordinati dal più forte al più debole, si dispongono nel modo seguente:

covalente > ionico > metallico.

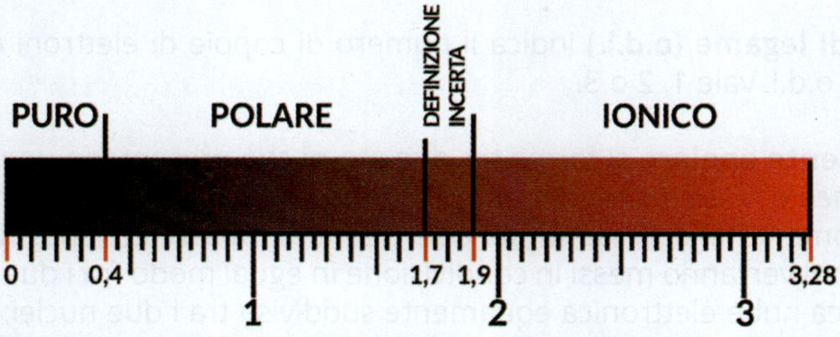

Figura 1: tipi di legame e differenza di elettronegatività.

4.2 LEGAMI INTRAMOLECOLARI

Legame covalente: legame che si instaura tra due atomi che mettono in comune una coppia di elettroni. Si tratta quindi di una condivisione biunivoca di elettroni.
Ci sono tre tipologie di legami covalenti:

- apolare o puro o omopolare;
- polare o eteropolare;
- dativo.

In un legame chimico covalente, la distanza presente tra i nuclei di due atomi, quando l'attrazione e la repulsione tra i due atomi sono bilanciate, è detta **lunghezza di legame.**
In base al numero di coppie di elettroni che vengono condivise fra i due atomi si possono avere:

- legame covalente **singolo**, dove viene condivisa una sola coppia di elettroni;
- legame covalente **doppio**, dove vengono condivise due coppie di elettroni;
- legame covalente **triplo**, dove vengono condivise tre coppie di elettroni.

All'aumentare del numero di legami, diminuisce la **lunghezza**, ma aumenta la **forza** del legame. Pertanto, atomi che si legano con un legame doppio o triplo sono più vicini rispetto a due atomi che si legano con legame singolo.

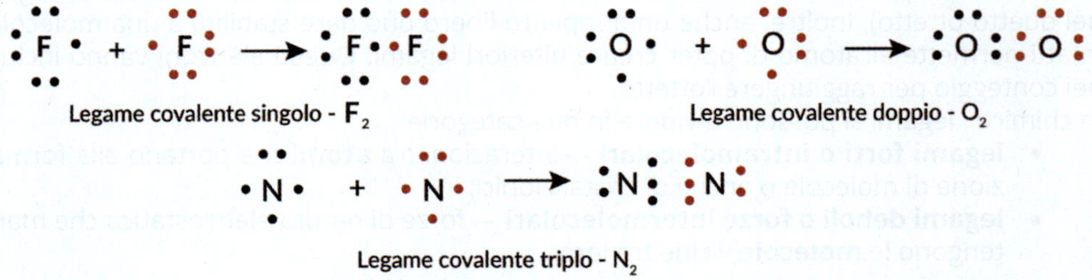

Figura 2: legame covalente singolo, doppio, triplo.

Qual è il più stabile?

Per la chimica inorganica: se si prende in esame la triade F, O, N della *figura 2*, il triplo legame è nettamente il più stabile, seguito dal doppio e dal singolo. L'azoto è molto stabile e tende a non reagire, l'ossigeno ha bisogno di una "spintarella" per reagire, il fluoro reagisce praticamente sempre e con tutto.

Per la chimica organica: il legame più reattivo è il triplo, mentre il più stabile è il singolo. La motivazione di questa differenza sta nella delocalizzazione degli elettroni nella nuvola elettronica dei legami π che compongono il triplo legame assieme a un legame σ. Il legame π si spezza più facilmente e permette l'attacco da parte di altre molecole.

N.B. L'ordine di legame (o.d.l.) indica il numero di coppie di elettroni condivise tra gli atomi. Di solito o.d.l. vale 1, 2 o 3.

Il legame **covalente apolare** si forma tra due atomi che presentano una ΔE *(elettronegatività di un elemento - elettronegatività dell'altro)* compresa tra 0 e 0,4. In questo tipo di legame, dal momento che nessuno dei due elementi ha un'elettronegatività preponderante, gli elettroni verranno messi in condivisione in egual modo fra i due atomi andando a creare un'unica nube elettronica equamente suddivisa tra i due nuclei; tale condizione prende il nome di "**compartecipazione elettronica**" e il legame si definisce "apolare" poiché non si vengono a generare cariche parziali.

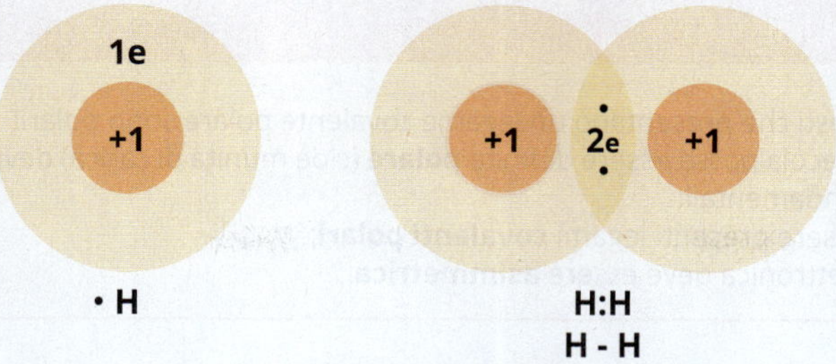

Figura 3: legame covalente apolare tra 2 atomi di idrogeno.

N.B. Il legame che si forma tra **carbonio** e **idrogeno** è un legame **covalente apolare** (ΔE = 2,5 - 2,2 = 0,3)!

Il legame **covalente polare** si forma tra due atomi che presentano una ΔE compresa tra 0,4 e 1,9. In questo caso, dal momento che uno dei due elementi presenta un'elettronegatività preponderante rispetto all'altro, la nube elettronica sarà spostata maggiormente verso l'atomo più elettronegativo, causando una **delocalizzazione elettronica** che porterà alla formazione di **cariche parziali** indicate come "δ +" e "δ -".

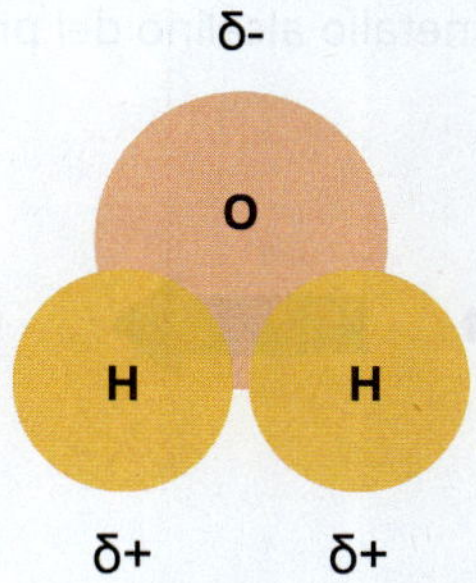

Figura 4: distribuzione della nube elettronica delocalizzata nella molecola d'acqua. In questo caso si assiste alla formazione di un "dipolo", poiché sono presenti sia cariche parzialmente positive (δ+) sia cariche parzialmente negative (δ-).

Il **legame dativo** è un particolare tipo di legame covalente tra due atomi, di cui uno dei due ha già raggiunto l'ottetto nello strato di valenza e presenta almeno un doppietto elettronico solitario, mentre l'altro presenta un orbitale vuoto. In questa situazione il legame si formerà grazie alla messa in condivisione del doppietto solitario del primo atomo, che si andrà a collocare all'interno dell'orbitale vuoto dell'altro atomo. Di conseguenza i due elettroni sono messi in condivisione dallo stesso atomo. Viene detto anche legame di coordinazione.

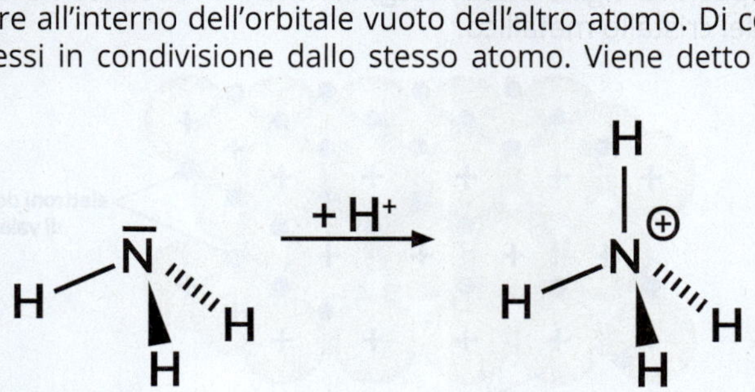

Figura 5: legame dativo in cui un atomo di azoto dell'ammoniaca (NH_3) mette due suoi elettroni in compartecipazione con uno ione idrogeno per formare lo ione ammonio (NH_4^+). Gli elettroni dell'azoto si andranno a collocare nell'orbitale "s" vuoto dell'H^+.

ATTENZIONE PER IL TEST

Non tutti i composti che presentano un legame covalente polare sono polari!
Affinché una molecola possa essere definita **polare** (cioè munita di carica) devono essere rispettati due criteri fondamentali:

1- devono essere presenti legami **covalenti polari**;
2- la nube elettronica deve essere **asimmetrica**.

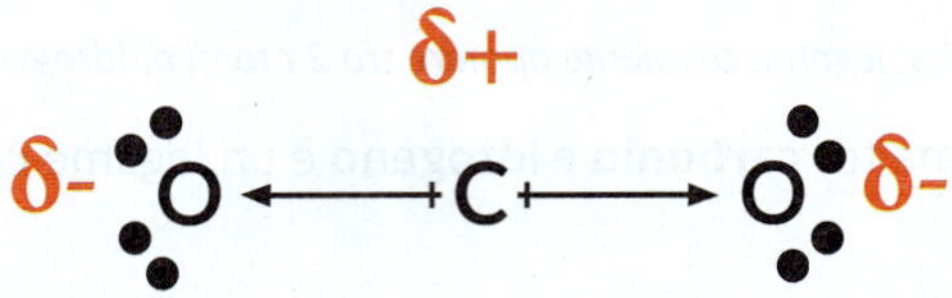

Figura 6: nella molecola di anidride carbonica (CO_2) sono presenti legami covalenti polari, ma la molecola è apolare poiché la nube elettronica è equamente distribuita tra i due atomi di ossigeno (simmetrica).

Legame ionico: legame che si forma quando la ΔE tra i due atomi è superiore a 1,9. Un elettrone dell'atomo meno elettronegativo viene "strappato" completamente dall'atomo più elettronegativo, quindi non si ha una condivisione di elettroni. L'esempio più tipico di questo legame è quello tra un metallo alcalino del primo gruppo e un non metallo del gruppo degli alogeni.

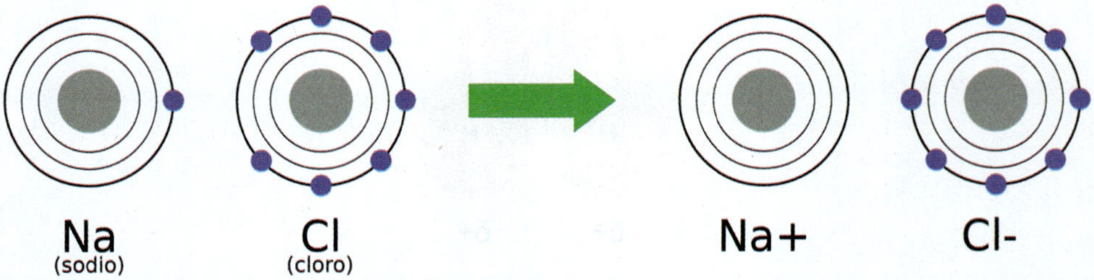

Figura 7: legame ionico in cui un elettrone dell'atomo di Na viene ceduto a Cl. Entrambi raggiungeranno una situazione di stabilità poiché Cl acquisterà un elettrone raggiungendo l'ottetto, mentre Na cederà un elettrone raggiungendo l'ottetto nel livello energetico sottostante.

Legame metallico: è un legame particolare in cui sono coinvolti i metalli, i quali si trasformano in cationi positivi, permettendo agli elettroni del guscio di valenza di girare liberi nella "nube metallica". È quindi un legame dato dall'attrazione che si forma tra gli ioni metallici di carica positiva e gli elettroni negativi che ruotano attorno e permettono l'impacchettamento del cristallo metallico.

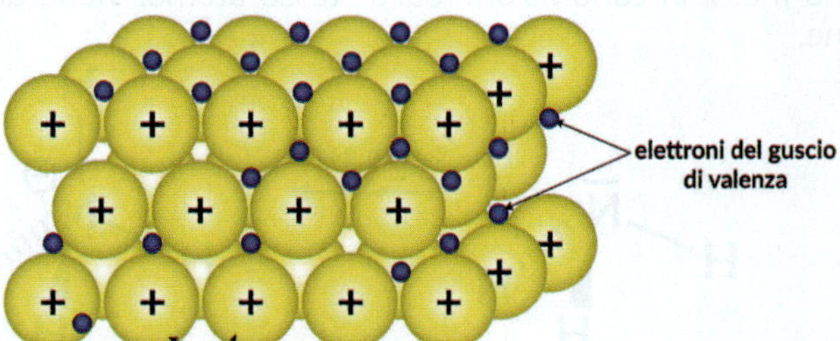

Figura 8: legame metallico in cui gli elettroni di valenza non fanno parte di un singolo catione ma sono in grado di muoversi liberamente tra i vari ioni positivi.

ATTENZIONE PER IL TEST

Normalmente i legami fra elementi del VII gruppo ed elementi del I gruppo sono di natura ionica a causa dell'elevata ΔE. Tuttavia tra gli elementi del primo gruppo è presente anche l'**idrogeno**, il quale, essendo un **non metallo**, presenta un'elettronegatività elevata; per tale motivo bisogna tenere a mente che l'idrogeno non forma legami ionici (nemmeno con il fluoro).

ESERCIZIO **PROPOSTO**

4.2 Nella tavola periodica l'elemento R appartiene al gruppo 17, l'elemento X al gruppo 1 e l'elemento T al gruppo 16. Se questi elementi reagiscono tra loro formando dei composti binari, quale combinazione descrive il carattere più probabile di ciascun legame?

A. R + X = ionico; R + T = covalente; X + T = ionico
B. R + X = ionico; R + T = covalente; X + T = covalente
C. R + X = covalente; R + T = ionico; X + T = ionico
D. R + X = covalente; R + T = ionico; X + T = covalente
E. R + X = ionico; R + T = ionico; X + T = covalente

4.3 LEGAMI INTERMOLECOLARI

I legami intermolecolari si formano tra le molecole che compongono la materia e la loro presenza influenza notevolmente gli stati di aggregazione della materia stessa. Da ciò si può dedurre che maggiore sarà il numero e la forza dei legami intermolecolari tra le molecole di una sostanza, maggiore sarà la sua **temperatura di ebollizione**. Tra i legami intermolecolari rivestono un ruolo di centrale importanza i **legami a idrogeno** e le **forze di Van der Waals**.

Legame a idrogeno: è un caso particolare di forza intermolecolare che coinvolge un atomo di H legato covalentemente a un atomo fortemente elettronegativo (uno tra F, O, N), che si lega a sua volta a un altro atomo fortemente elettronegativo (sempre uno tra F, O, N).
Il legame a idrogeno quindi si forma quando la parziale carica positiva dell'idrogeno viene in contatto con la parziale carica negativa di un elemento tra F, O, N.

ATTENZIONE PER IL TEST

Il legame a idrogeno è un tipo di legame intermolecolare più forte delle forze di Van der Waals, ma più debole dei legami ionici e covalenti. I composti che formano legami a idrogeno generalmente presentano punti di ebollizione più elevati dei composti che non ne formano.

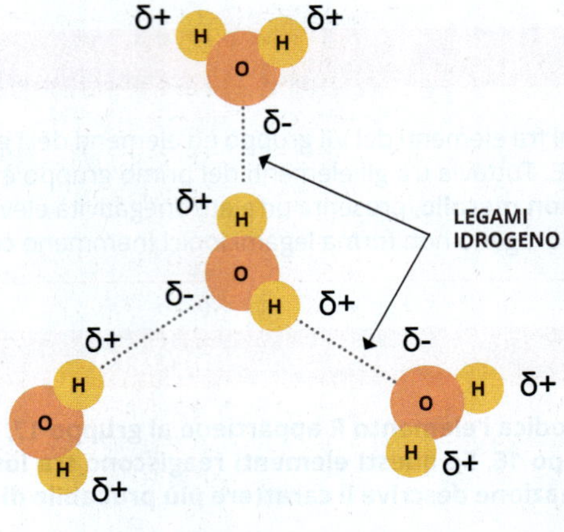

Figura 9: legame a idrogeno tra molecole di H_2O.

Per quanto riguarda le **interazioni fra molecole** o **forze di Van der Waals**, sono presenti tre tipologie:

Interazioni dipolo-dipolo	Interazioni tra dipolo permanente e dipolo indotto o forze di Debye	Interazioni dipolo istantaneo/indotto o forze di London
Si formano quando due dipoli si attraggono tra loro mediante forze di natura elettrostatica. In questa interazione l'estremità positiva di una molecola è quindi attratta dall'estremità negativa dell'altra molecola 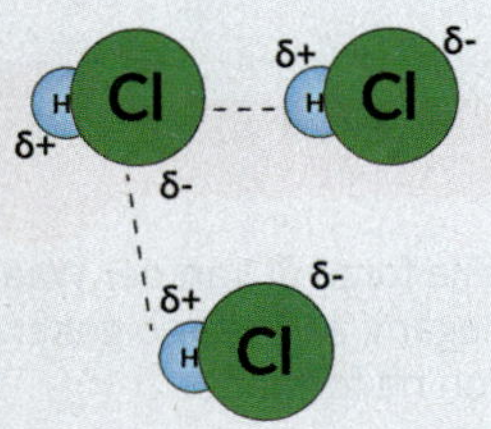	Si stabilisce un'induzione elettrostatica in cui le molecole polari, attraverso i loro dipoli permanenti, inducono la formazione di dipoli in molecole neutre apolari. Ad esempio, molecole polari come l'acqua inducono un dipolo in molecole che non hanno dipoli permanenti, come l'O_2 (vedi *figura 10*) 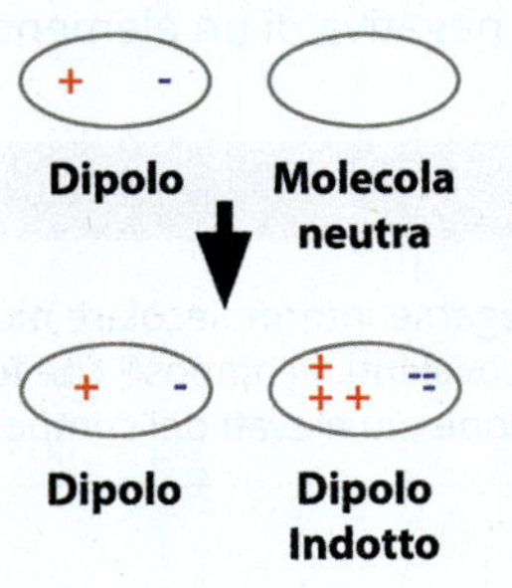	Si formano quando per **brevi istanti** si accumulano elettroni soltanto da una parte della molecola, creando un dipolo istantaneo che scompare all'allontanarsi delle molecole fra loro. Questo dipolo istantaneo induce poi la formazione di un dipolo (indotto) nell'altra molecola. È l'unica forza intermolecolare che permette a due **molecole apolari** di avvicinarsi tra loro 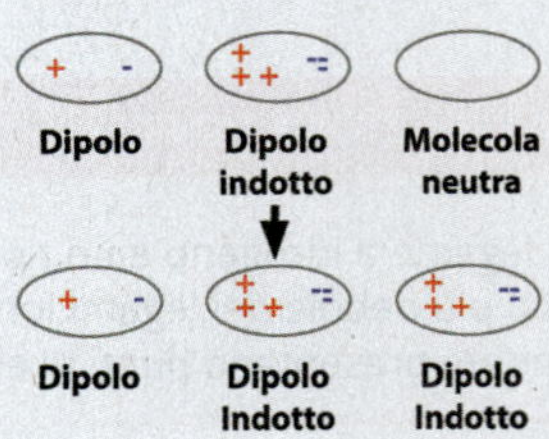

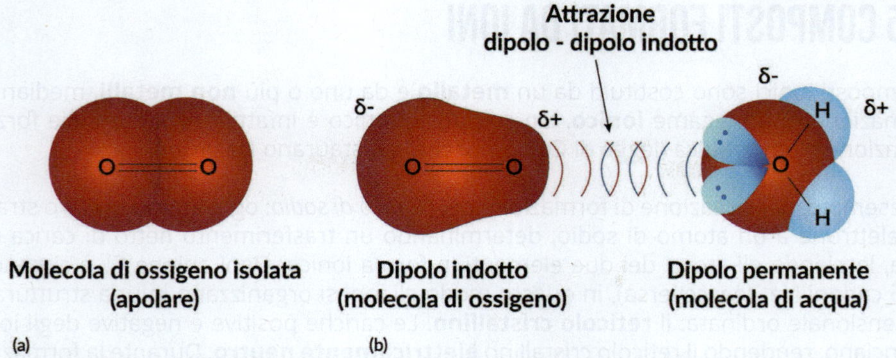

Figura 10: interazione dipolo permanente – dipolo indotto (forze di Debye) in cui si genera un dipolo in una molecola apolare (O_2) quando è vicina a una molecola polare (H_2O).

ESERCIZIO **PROPOSTO**

4.3 Gli elettroni condivisi nei legami covalenti tra l'ossigeno e i due idrogeni nel composto H_2O sono meno distanti dal nucleo di:

A. Ossigeno
B. Idrogeno
C. Non determinabile
D. Non c'è differenza di distanza, sono a metà tra i due nuclei
E. Nessuna delle precedenti

4.4 COMPOSTI COSTITUITI DA MOLECOLE

I **composti molecolari** sono costituiti da due o più **non metalli**, legati fra loro in modo **covalente**. Le **unità di base** di un composto molecolare sono **molecole**, formate a loro volta dagli atomi costituenti. Osservando qualche esempio:

- l'acqua è un composto molecolare costituito da molecole di H_2O;
- il propano gassoso è un composto molecolare costituito da molecole di C_3H_8;
- il ghiaccio secco è un composto molecolare costituito da molecole di CO_2.

Figura 11: Il propano è un esempio di composto molecolare, spesso impiegato come combustibile nei fornelli da campeggio.

I composti molecolari possono presentarsi allo stato solido, liquido o gassoso.

4.5 COMPOSTI FORMATI DA IONI

I composti ionici sono costituiti da un **metallo** e da uno o più **non metalli**, mediante la formazione di un legame **ionico**. Un composto ionico è infatti il risultato delle forze di attrazione elettrostatica (legge di Coulomb) che si instaurano fra gli ioni.

Ad esempio, nella reazione di formazione del *cloruro di sodio*: ogni atomo di cloro strappa un elettrone a un atomo di sodio, determinando un trasferimento netto di carica elettrica, lasciando gli atomi dei due elementi in forma ionica. Ogni anione Cl^- è circondato da 6 cationi Na^+ (e viceversa), in questo modo gli ioni si organizzano in una struttura tridimensionale ordinata: il **reticolo cristallino**. Le cariche positive e negative degli ioni si bilanciano, rendendo il reticolo cristallino **elettricamente neutro**. Durante la formazione del reticolo cristallino viene liberata energia; la reazione di questo processo è infatti una reazione esotermica.

A differenza dei composti molecolari, in cui si ragiona sulle singole molecole, nei composti ionici si considerano le singole coppie ioniche. **L'unità base** di un composto ionico è rappresentata dall'insieme più piccolo, elettricamente neutro, di ioni ed è definita come **unità formula**. L'unità formula esprime il rapporto minimo intero tra anioni e cationi presenti nel reticolo cristallino (*formula minima*).
Nel caso del *cloruro di sodio*: è l'insieme di *1 ione* Na^+ e *1 ione* Cl^- → unità formula: NaCl (anioni e cationi sono *in rapporto 1 : 1*).

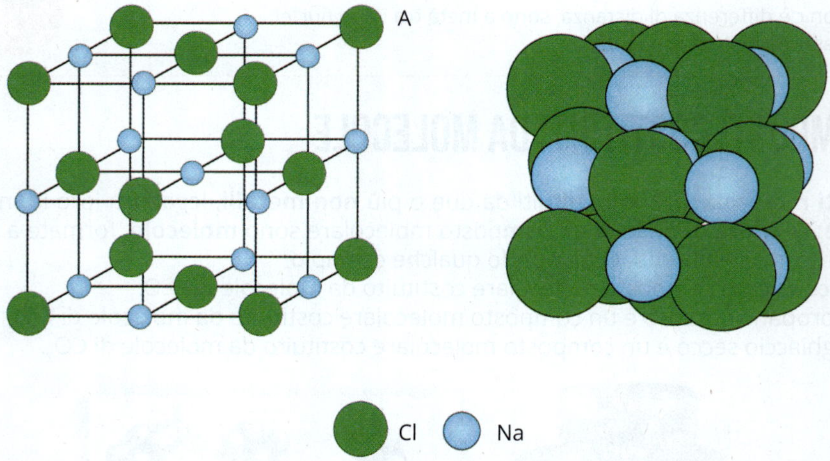

Figura 12: formazione del reticolo cristallino del cloruro di sodio.

Il legame ionico si può stabilire anche in presenza di **ioni poliatomici**. Ad esempio, il *nitrato di sodio* ($NaNO_3$) è un composto ionico in cui a ogni ione Na^+ corrisponde uno ione poliatomico NO_3^-.

ESERCIZIO **PROPOSTO**

4.5 Quale fra le seguenti sostanze è un composto molecolare?

A. CsBr
B. N_2O
C. P_4
D. $CaCO_3$
E. $NiCl_2$

4.6 PROPRIETÀ DEI COMPOSTI IONICI

La struttura rigida e solida di un composto ionico ne caratterizza le proprietà; infatti, i legami presenti nel cristallo sono forti e difficili da spezzare. Per questo motivo, i composti ionici hanno una **temperatura di ebollizione** e **di fusione** (cfr. capitolo 1.3) più elevate rispetto ai composti molecolari.

Allo stato solido gli ioni presenti in un cristallo possono solamente vibrare attorno a posizioni fisse. Se, però, il composto viene fuso o disciolto, la struttura cristallina si disgrega permettendo agli ioni di muoversi liberamente. Attraverso l'azione di un generatore di corrente, i cationi e gli anioni si spostano rispettivamente verso il polo negativo e positivo, formando una **corrente elettrica**. Detto ciò, è possibile fare due considerazioni:

- i composti ionici solidi NON conducono corrente;
- i composti ionici fusi (o disciolti in acqua) presentano una forte capacità di condurre elettricità.

ESERCIZIO **PROPOSTO**

4.6 Considerando le proprietà del legame ionico, quale fra le seguenti affermazioni è ERRATA?

A. Il cloruro di sodio è un composto ionico
B. La differenza di elettronegatività fra gli elementi che costituiscono un composto ionico è elevata
C. Il punto di fusione di un composto ionico è generalmente molto inferiore rispetto al punto di fusione di un composto molecolare
D. La conducibilità elettrica di un composto ionico allo stato fuso è elevata
E. L'unità molecolare di un composto ionico non è definibile

CORREZIONI COMMENTATE AGLI ESERCIZI PROPOSTI

4.2 In questa domanda è importante ricordare come varia l'elettronegatività nella tavola periodica e soprattutto le differenze di elettronegatività tra i vari legami forti che si formerebbero tra gli atomi. In particolare X, appartenendo al gruppo 1 avrà un'elettronegatività molto bassa a eccezione dell'idrogeno; nel testo, però, si parla di carattere "più probabile", quindi si possono escludere le varie eccezioni presenti nei periodi. Se un elemento del gruppo 1 si combina con un elemento del gruppo 17 come R, la differenza di elettronegatività sarà talmente alta che si formerà un legame ionico (risposte C e D errate). Se invece il legame avviene tra elementi dei gruppi 16 e 17, che hanno elettronegatività abbastanza simile, è probabile che si formi un legame di tipo covalente (risposta E errata). Infine, per capire se il legame tra un elemento del gruppo 16 e un elemento del gruppo 1 sia covalente o ionico, ci si deve ricordare che in particolare nel gruppo 16 il primo elemento, cioè l'ossigeno, ha caratteristiche diverse rispetto al resto degli elementi del gruppo, presentando una maggiore elettronegatività. Di conseguenza solo l'ossigeno può formare un legame ionico con gli elementi del primo gruppo, mentre tutti gli altri formeranno un legame covalente (caratteristiche più probabili).
Risposta corretta B.

4.3 Tra H e O è presente un legame covalente polare e tra i due elementi il più elettronegativo è l'ossigeno, pertanto assume una parziale carica negativa e tende ad attrarre maggiormente gli elettroni. In pratica è come se l'ossigeno "vincesse" gli elettroni di valenza, anche se rimane una condivisione.
La distanza tra gli elettroni e il nucleo è quindi minore per l'ossigeno (*figura 4*).
Risposta corretta A.

4.5 L'esercizio richiede di individuare un composto molecolare, ovvero quella classe di composti costituiti da un non metallo legato covalentemente a un altro non metallo. Procediamo analizzando ciascuna opzione:

- P_4 è un elemento molecolare (opzione C errata);
- CsBr e $NiCl_2$ sono costituiti da un metallo (cesio e nichel) e non metallo (bromo e cloro). Il bromuro di cesio e il cloruro di nichel sono entrambi composti ionici (opzioni A ed E errate);
- il carbonato di calcio ($CaCO_3$) è costituito da un metallo (calcio) e uno ione poliatomico → composto ionico in cui a ogni ione Ca^{2+} corrisponde un anione poliatomico CO_3^{2-} (opzione D errata);
- il monossido di azoto (N_2O), conosciuto anche come "gas esilarante", è formato da non metalli (azoto e ossigeno) → composto molecolare.

Risposta corretta B.

4.6 Per risolvere il quesito è necessario conoscere le caratteristiche del legame ionico e dei composti da esso formati.
ATTENZIONE: il quesito richiede di individuare l'informazione errata!
Un composto ionico è solitamente formato da un metallo che si lega a uno o più non metalli attraverso un legame ionico. Per poter instaurare un legame ionico la ΔE tra i due atomi coinvolti deve essere elevata (superiore a 1,9), come avviene ad esempio nella reazione di formazione di NaCl (opzioni A e B errate). L'unità base di un composto ionico è l'unità formula, che si differenzia dalle molecole in quanto non esiste come entità discreta. Infatti, i composti ionici non contengono molecole distinte, ma sono formati da un insieme elettricamente neutro di ioni appartenenti a una struttura reticolare (opzione E errata). I composti ionici allo stato fuso sono ottimi conduttori di elettricità (opzione D errata) e grazie al reticolo cristallino hanno temperatura di fusione e di ebollizione molto elevate.
Risposta corretta C.

COMPOSTI INORGANICI

5

CHIMICA

5.1 SCHEMA GENERALE

Viene definito composto inorganico un qualsiasi composto chimico che non presenti atomi di carbonio nella propria molecola. Fanno eccezione l'anidride carbonica (CO_2), l'acido carbonico (H_2CO_3) e i relativi sali carbonati (CO_3^{2-}) e bicarbonati (HCO_3^-), nonché il monossido di carbonio (CO).

Esistono tre tipi di nomenclatura:

1- **nomenclatura tradizionale** → prevede l'uso di prefissi (ipo-, per-, etc.) e suffissi (-oso, -ico).

Esempio: *FeO* → ossido ferroso;

2- **notazione di Stock** → prevede l'uso di numeri romani tra parentesi per indicare il numero di ossidazione del metallo o del non metallo.

Esempio: *FeO* → ossido di ferro (II);

3- **nomenclatura IUPAC** → prevede l'utilizzo di prefissi numerali greci (mono, di, tri, etc.) per indicare i rapporti numerici fra gli atomi che costituiscono la molecola.

Esempio: *FeO* → monossido di ferro.

ATTENZIONE PER IL TEST

Al test la nomenclatura più comune è quella tradizionale e sarà quella con cui verranno affrontati i vari esempi.

Il seguente schema mostra le **reazioni** da cui si possono ottenere le principali classi di composti inorganici e su questo modello si baseranno i concetti dei prossimi argomenti.

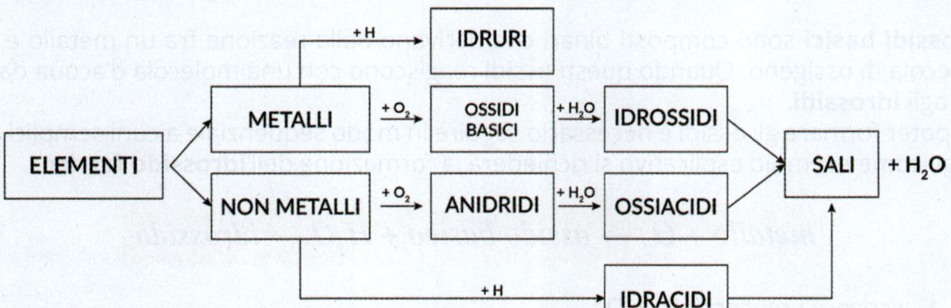

5.2 COMPOSTI INORGANICI

5.2.1 Nomenclatura tradizionale

Per poter maneggiare con destrezza la tanto temuta nomenclatura tradizionale bisogna in un primo momento affrontarla e apprenderla passo passo; successivamente, però, è necessario impratichirsi a lungo con un numero elevatissimo di esercizi che permetteranno allo studente di diventare padrone assoluto di questa nomenclatura.
Si consiglia, durante lo studio di questo capitolo, di utilizzare una tavola periodica.

Prima di addentrarsi nelle modalità di formazione dei composti, è necessario fornire alcuni concetti propedeutici:

- si definiscono "**composti binari**" quei composti che sono costituiti solo da **due elementi**. Di questi fanno parte gli idracidi, gli idruri, le anidridi, gli ossidi basici e i sali binari;
- si definiscono "**composti ternari**" quei composti che sono costituiti da **tre elementi**. Di questi fanno parte gli ossiacidi, gli idrossidi e i sali ternari;
- ogni composto ha un suffisso ben preciso che dipende dal numero di ossidazione (N.O.) del metallo o del non metallo che forma la molecola. Se l'elemento possiede due soli numeri di ossidazione (es. il ferro ha +2/+3), quando verrà utilizzato il più basso (+2), nell'esempio il suffisso del composto sarà "**-OSO**", quando invece verrà utilizzato il più alto (+3) il suffisso sarà "**-ICO**" (ferr**OSO**/ferr**ICO**). Vi sono tuttavia elementi come gli alogeni che possiedono quattro N.O. (es. il cloro ha +1/+3/+5/+7); in questo caso per i due centrali (+3/+5) vale la regola sopracitata, per il più basso (+1) si dovrà usare il prefisso "**IPO-**" e il suffisso "**-OSO**", mentre per il più alto (+7) si dovrà usare il prefisso "**PER-**" e il suffisso "**-ICO**";
- se il metallo/non metallo possiede **un solo numero di ossidazione**, il suo suffisso sarà "di *metallo/non metallo*" (es. di sodio, di calcio).

Esempio:
Anidridi del cloro con i vari numeri di ossidazione:

- Cl^{+1} → anidride ipoclorosa;
- Cl^{+3} → anidride clorosa;
- Cl^{+5} → anidride clorica;
- Cl^{+7} → anidride perclorica.

N.B. In questo capitolo si danno per scontato le conoscenze acquisite nel capitolo 2 di chimica. Se lo studente dovesse trovare difficoltà si suggerisce di rispolverare i numeri di ossidazione (capitolo 2.3) e la tavola periodica (capitolo 2.2).

5.2.2 Ossidi basici e idrossidi

Gli **ossidi basici** sono composti binari che derivano dalla reazione fra un metallo e una molecola di ossigeno. Quando questi ossidi reagiscono con una molecola d'acqua danno vita agli **idrossidi**.
Per poter formare gli ossidi è necessario seguire in modo sequenziale alcuni semplici passaggi; come esempio esplicativo si richiederà la formazione dell'**idrossido ferrico**:

$$\textit{metallo} + O_2 \rightarrow \textit{ossido basico} + H_2O \rightarrow \textit{idrossido}$$

1. scrivere i reagenti; $Fe + O_2 \rightarrow$
2. scrivere il metallo e l'ossigeno a destra della reazione; $Fe + O_2 \rightarrow FeO$
3. scrivere i numeri di ossidazione degli elementi. In questo caso si richiede la formazione dell'ossido ferr**ICO**, dunque, sapendo che Fe possiede due N.O. (+2/+3), bisognerà scegliere il "**+3**". L'ossigeno invece ha sempre "**-2**" in questi casi; $Fe + O_2 \rightarrow Fe^{+3}O^{-2}$
4. "incrociare i numeri di ossidazione". Con questa dicitura si indica di portare il +3 del ferro come pedice dell'ossigeno e il -2 dell'ossigeno come pedice del ferro togliendo i segni. $Fe + O_2 \rightarrow Fe_2O_3$
   Con questo "incrocio" la somma totale dei numeri di ossidazione della molecola arriva a zero. Dunque $\mathbf{Fe_2O_3}$ equivale all'ossido ferrico.

Una volta formato l'ossido si può passare direttamente alla formazione del corrispettivo idrossido (idrossido ferrico):

1. scrivere i reagenti; $Fe_2O_3 + H_2O \rightarrow$
2. scrivere sempre il metallo a destra della reazione accompagnato dal gruppo "$(\boldsymbol{OH})^{-1}$" che corrisponde al **gruppo ossidrile** (ha N.O. pari a -1 poiché l'ossigeno ha N.O. pari a -2 e l'idrogeno pari a +1, facendo il calcolo complessivo dei N.O. all'interno della parentesi il risultato è -1); $Fe_2O_3 + H_2O \rightarrow Fe(OH)^{-1}$
3. scrivere i numeri di ossidazione; $Fe_2O_3 + H_2O \rightarrow Fe^{+3}(OH)^{-1}$
4. "incrociare i numeri di ossidazione". $Fe_2O_3 + H_2O \rightarrow Fe(OH)_3$

Dunque $\mathbf{Fe(OH)_3}$ equivale all'idrossido ferrico.

N.B. Se il numero di ossidazione incrociato è un +1/-1, questo non va indicato al pedice.

ESERCIZIO **SVOLTO**

Definisci il nome del seguente composto:

$\mathbf{Cu(OH)_2}$

Svolgimento:
in primis bisogna identificare di che tipo di composto si tratta; è un composto con il **rame** (Cu) che è un metallo, nel quale è presente il gruppo ossidrile (OH), dunque si tratta sicuramente di un **idrossido**.

Arrivati a questo punto, bisogna capire quale sia il N.O. del rame per poter stabilire se si tratta dell'idrossido rameico o dell'idrossido rameoso.
Il rame può presentare due numeri di ossidazione, +1/+2, ma per capire quale dei due sia stato utilizzato in questa molecola bisogna osservare il **pedice** del gruppo "(**OH**)", il quale corrisponderà al N.O. del rame nella molecola $\mathbf{Cu(OH)_2}$, mentre il pedice del Cu corrisponderà al N.O. del gruppo ossidrile (-1).

$$Cu^{+2}(OH)_2^{-1}$$

Quest'ultima considerazione permette di ottenere sempre i N.O. all'interno delle molecole e tale metodo pratico deriva dall'inversione dell'incrocio dei numeri di ossidazione nello "step 4" descritto precedentemente, operazione che da ora in poi verrà definita come "**disgiunzione dei pedici**".

Soluzione: *idrossido rameico.*

ESERCIZIO **PROPOSTO**

5.2.2 Il composto $Ca(OH)_2$ è:

A. Idrossido calcioso, composto binario
B. Idrossido calcico, composto ternario
C. Idrossido di calcio, composto ternario
D. Idrossido carbonico, composto binario
E. Idrossido carbonioso, composto ternario

5.2.3 Anidridi e ossiacidi

Le **anidridi** sono composti binari che derivano dalla reazione fra un non metallo e una molecola di ossigeno. Quando queste reagiscono con una molecola d'acqua danno vita agli **ossiacidi** o **acidi ossigenati**.

non metallo + O_2 → anidride + H_2O → ossiacido

Per poter formare le anidridi è necessario seguire gli stessi passaggi descritti nella formazione degli ossidi; come esempio esplicativo si richiederà la formazione dell'anidride carbonica:

1. scrivere i reagenti; $C + O_2 \rightarrow$
2. scrivere il non metallo e l'ossigeno a destra della reazione; $C + O_2 \rightarrow CO$
3. scrivere i numeri di ossidazione degli elementi. In questo caso si richiede la formazione dell'anidride carbon**ICA**, dunque, sapendo che il *C* possiede due N.O. (+2/+4), bisognerà selezionare il "**+4**". L'ossigeno invece ha sempre "-2" in questi casi; $C + O_2 \rightarrow C^{+4}O^{-2}$
4. "incrociare i numeri di ossidazione". In questo caso i numeri di ossidazione saranno entrambi divisibili per due, dunque bisogna semplificare per avere i rapporti minimi fra gli elementi della molecola. $C + O_2 \rightarrow CO_2$
   Dunque **CO_2** equivale all'anidride carbonica.

Una volta formata l'anidride si può passare direttamente alla formazione del corrispettivo ossiacido:

1. scrivere i reagenti; $CO_2 + H_2O \rightarrow$
2. scrivere in ordine sequenziale la somma degli atomi di idrogeno, non metallo e ossigeno (dal meno elettronegativo al più elettronegativo), mettendo sempre tra idrogeno e ossigeno il non metallo. $CO_2 + H_2O \rightarrow H_2CO_3$

Dunque **H_2CO_3** equivale all'acido carbonico.

Alcuni non metalli (come il fosforo e l'arsenico) possono formare anidridi che possono reagire con più di una molecola d'acqua per formare degli ossiacidi diversi, il cui prefisso può essere "**meta-**", "**piro-**" oppure "**orto-**". Tali ossiacidi prendono il nome di poliacidi.
Esempio: poliacidi dell'anidride fosforica:

$P_2O_5 + H_2O \rightarrow HPO_3$, **acido metafosforico**;
$P_2O_5 + 2H_2O \rightarrow H_4P_2O_7$, **acido pirofosforico**;
$P_2O_5 + 3H_2O \rightarrow H_3PO_4$, **acido ortofosforico**.

N.B. L'acido ortofosforico (H_3PO_4) viene comunemente chiamato "**acido fosforico**" a causa della sua elevata presenza in natura. Anche al test viene utilizzata questa dicitura.

ESERCIZIO **SVOLTO**

Definisci il nome del seguente composto:

HNO_3

Svolgimento:
in primis bisogna identificare di che tipo di composto si tratta; è un composto ternario con l'**azoto** (**N**), un non metallo, l'idrogeno e l'ossigeno, dunque si tratta sicuramente di un **ossiacido**.

Arrivati a questo punto, bisogna capire quale sia il N.O. dell'azoto per poter stabilire se si tratta dell'acido nitrico o nitroso e per farlo applicheremo la regola spiegata nel capitolo 2.3 di chimica:

$$H^{+1}N^{x}O_3^{-6}$$
$$+1 + x - 6 = 0 \rightarrow x = +5$$

Essendo +5 il numero di ossidazione più alto dell'azoto, il suffisso dell'acido sarà "**-ico**".

Soluzione: *acido nitrico*.

ESERCIZIO **PROPOSTO**

5.2.3 Il composto HClO è:

A. Acido percloroso
B. Acido perclorico
C. Acido cloroso
D. Acido ipocloroso
E. Acido ipoclorico

5.2.4 Idruri e idracidi

Gli **idruri** sono composti binari formati da un metallo (più frequentemente alcalino o alcalino terroso) e dall'idrogeno. In questo caso l'idrogeno, essendo più elettronegativo dei metalli, assumerà un numero di ossidazione pari a "**-1**" e dovrà essere scritto a destra del metallo.
Ecco alcuni esempi di idruri metallici con il rispettivo nome secondo la nomenclatura tradizionale:

- NaH - idruro di sodio;
- CaH_2- idruro di calcio;
- MgH_2- idruro di magnesio.

N.B. Gli idruri, in realtà, possono essere formati anche da alcuni non metalli. Quali? Tutti, ad eccezione degli alogeni e dello zolfo che, legati all'idrogeno, formano gli idracidi (es. l'ammoniaca, NH_3 può essere anche chiamata idruro di azoto). Si sottolinea, però, che la loro importanza è relativamente scarsa ai fini del test.

Gli **idracidi** sono composti binari formati da un non metallo (solo alogeni o zolfo) e dall'idrogeno. In questo caso l'idrogeno, essendo meno elettronegativo dei suddetti non metalli, assumerà un numero di ossidazione pari a "**+1**" e dovrà essere scritto a sinistra del non metallo.
Ecco la lista degli idracidi che bisogna assolutamente conoscere e ricordare, il cui nome termina con il suffisso "**-idrico**":

- HF – acido fluoridrico;
- HCl – acido cloridrico;
- HBr – acido bromidrico;
- HI – acido iodidrico;
- H_2S – acido solfidrico;
- HCN – acido cianidrico.

L'acido cianidrico deriva dal gruppo cianuro $(\mathbf{CN})^{-1}$, formato da carbonio e azoto.

N.B. Il numero di ossidazione dei metalli e dei non metalli lo si trova tramite la **disgiunzione dei pedici**.

5.2.5 Sali binari

I **sali binari** derivano dalla reazione fra un idracido e un idrossido e si differenziano dai sali ternari perché all'interno della loro molecola non contengono atomi di ossigeno. È importante sottolineare che dalla reazione fra un acido e un idrossido viene sempre prodotta **acqua**; ciò deve essere preso in considerazione per poter effettuare un corretto bilanciamento stechiometrico.

idracido + idrossido → sale binario + H_2O

Il nome del sale binario si ottiene partendo dal nome dell'idracido che ha reagito, al quale verrà sostituito il suffisso "**-idrico**" con il suffisso "**-uro**"; successivamente si aggiunge il nome dell'idrossido (es. ferrico/di sodio/rameoso).

Per poter formare i sali binari è necessario, anche in questo caso, seguire una serie specifica di passaggi; come esempio esplicativo si richiederà la formazione del **cloruro di sodio**:

1. scrivere i reagenti, che in questo caso saranno rappresentati dall'acido cloridrico e dall'idrossido di sodio; HCl + NaOH →
2. scrivere il metallo a destra della reazione; HCl + NaOH → Na
3. scrivere l'idracido privato di tutti gli idrogeni; HCl + NaOH → NaCl
4. scrivere i numeri di ossidazione degli elementi. In questo caso Na è del primo gruppo, quindi avrà sicuramente "**+1**", mentre a Cl va attribuito un N.O. pari al numero di idrogeni rimossi e con segno negativo (in questo caso è stato rimosso solo un idrogeno, quindi il N.O. sarà "**-1**"); HCl + NaOH → Na^+Cl^-
5. "incrociare i numeri di ossidazione" e aggiungere acqua ai prodotti. HCl + NaOH → NaCl + H_2O.

Dunque ***NaCl*** equivale al cloruro di sodio (il tanto noto sale da cucina).

ESERCIZIO **SVOLTO**

Definisci il nome del seguente composto:

Fe_2S_3

Svolgimento:
in primis bisogna identificare di che tipo di composto si tratta; è un composto binario formato da **ferro** (Fe) e **zolfo** (S), rispettivamente un metallo e un non metallo, dunque si tratta sicuramente di un **sale**. Poiché non sono presenti atomi di ossigeno nella molecola, si tratta sicuramente di un sale binario derivante da un idracido e da un idrossido: in questo caso l'idracido sarà l'**acido solfidrico** (**H_2S**), mentre l'idrossido sarà l'**idrossido ferrico** (il ferro nella molecola ha N.O. "+3", ricavato tramite la disgiunzione dei pedici).
A questo punto sarà sufficiente convertire il suffisso "-idrico" di H_2S in "-uro" (solfuro) per poi unirlo a "ferrico".

Soluzione: *solfuro ferrico*.

5.2.6 Sali ternari

I **sali ternari** derivano dalla reazione fra un ossiacido e un idrossido e sono caratterizzati dalla presenza di atomi di ossigeno all'interno della loro molecola.

ossiacido + idrossido → sale ternario + H_2O

Il nome del sale ternario si ottiene partendo dal suffisso dell'ossiacido che ha reagito, al quale verrà sostituito il suffisso "**-oso**" o "**-ico**" rispettivamente con "**-ito**" o "**-ato**"; successivamente si aggiungerà il nome dell'idrossido (es. ferrico/di sodio/rameoso).

MNEMOFRASE TESTBUSTERS

Con questa mnemofrase è possibile ricordare l'abbinamento corretto fra suffisso dell'acido e suffisso del rispettivo sale.

Il mor**OSO** è part**ITO** l'am**ICO** è torn**ATO**
→ **OSO-ITO**, **ICO-ATO**

Per poter formare i sali ternari è necessario, per l'ennesima volta, seguire una serie specifica di passaggi; come esempio esplicativo si richiederà la formazione del **solfato ferrico**:

1. scrivere i reagenti, che in questo caso saranno rappresentati dall'acido solfor**ico** (deriva da solf**ato**) e dall'idrossido ferrico; $H_2SO_4 + Fe(OH)_3 \rightarrow$
2. scrivere il metallo a destra della reazione; $H_2SO_4 + Fe(OH)_3 \rightarrow Fe$
3. scrivere l'acido privato di tutti gli idrogeni; $H_2SO_4 + Fe(OH)_3 \rightarrow Fe(SO_4)$
4. scrivere i numeri di ossidazione degli elementi. In questo caso Fe presenta il suffisso "-ico", quindi avrà sicuramente "**+3**", mentre al gruppo (SO_4) va attribuito un N.O. pari al numero di idrogeni rimossi e con segno negativo (in questo caso sono stati rimossi due idrogeni, quindi il N.O. sarà "**-2**"); $H_2SO_4 + Fe(OH)_3 \rightarrow Fe^{+3}(SO_4)^{-2}$
5. "incrociare i numeri di ossidazione" e aggiungere acqua ai prodotti.
$H_2SO_4 + Fe(OH)_3 \rightarrow Fe_2(SO_4)_3 + H_2O$

Dunque $\mathbf{Fe_2(SO_4)_3}$ equivale al solfato ferrico.

ESERCIZIO **SVOLTO**

Definisci il nome del seguente composto:

$$K_2CO_3$$

Svolgimento:
in primis bisogna identificare di che tipo di composto si tratta; è un composto ternario formato da **potassio** (K), **carbonio** (C) e **ossigeno**, dunque si tratta sicuramente di un **sale ternario**.
Successivamente, per trovare il nome del sale è necessario identificare il nome dell'acido e dell'idrossido che lo hanno formato, ma per poterlo fare è necessario dapprima trovare i numeri di ossidazione tramite la disgiunzione dei pedici:

$$K_2^{+1}(CO_3)^{-2}$$

1- il gruppo $\mathbf{(CO_3)^{-2}}$ presenta un N.O. pari a "**-2**", che corrisponde al **numero degli idrogeni rimossi** dall'acido durante la formazione del sale.
Da tale considerazione si può evincere che l'acido da cui deriva il sale è $\mathbf{H_2CO_3}$, cioè l'**acido carbonico**;
2- il potassio ha un solo numero di ossidazione, pari a "+1": deriverà sicuramente dall'idrossido di potassio.

A questo punto sarà sufficiente convertire il suffisso "-ico" di H_2CO_3 in "**-ato**" per poi unirlo al "di potassio" dell'idrossido.

Soluzione: *carbonato di potassio.*

CHIMICA

I sali trattati fino ad ora prendono il nome di "**sali neutri**", poiché non contengono idrogeni all'interno della loro molecola. Vi sono tuttavia alcuni sali definiti "**sali acidi**" che durante la reazione che porta alla loro formazione, mantengono all'interno della loro molecola uno o più atomi di idrogeno. Dal punto di vista della nomenclatura questa è una differenza importante, poiché al normale nome del sale va aggiunto "**monoacido**", "**biacido**" in base al numero di idrogeni presenti all'interno della molecola.

Esempio: $NaHCO_3$ - carbonato monoacido di sodio, meglio noto come "**bicarbonato di sodio**".

Vi sono inoltre alcuni sali che presentano determinate peculiarità degne di attenzione:

1. **permanganati** → il manganese è un metallo di transizione particolare, capace di formare un acido quando utilizza il suo numero di ossidazione più alto (**+7**); tale acido prende il nome di **acido permanganico** ($HMnO_4$). I sali formati da questo acido possono reagire con degli idrossidi per formare i cosiddetti permanganati (es. $KMnO_4$ – permanganato di potassio);
2. **sali d'ammonio** → quando un acido reagisce con l'**ammoniaca** (NH_3) forma un sale d'ammonio. In questo caso nella molecola del sale l'ammoniaca si troverà sotto forma di **ione ammonio "NH_4^+"** (es. NH_4Cl – cloruro d'ammonio).

ESERCIZIO **PROPOSTO**

5.2.6 Il cloro ha quattro numeri di ossidazione: +1, +3, +5, +7. Dopo aver formato Cl_2O_3 con l'ossigeno reagisce con una molecola di H_2O per formare un acido. Questo acido reagisce successivamente con un idrossido, che contiene al suo interno un metallo del primo gruppo. Stabilire la nomenclatura tradizionale corretta dell'anidride, dell'acido e del sale:

A. Anidride clorosa, acido cloroso, clorito di sodio
B. Anidride ipoclorosa, acido ipocloroso, clorato di sodio
C. Anidride clorosa, acido clorico, clorato di sodio
D. Anidride clorosa, acido cloroso, clorato di sodio
E. Anidride clorosa, acido ipocloroso, clorito di sodio

CORREZIONI COMMENTATE AGLI ESERCIZI PROPOSTI

5.2.2 In questo esercizio identifico prima di tutto il composto, che è formato da un metallo, il calcio, dall'ossigeno e dall'idrogeno, quindi è un idrossido, un composto ternario. Per ricavare il nome di questo composto, ci si deve ricordare che il calcio appartiene al gruppo 2 della tavola periodica, quindi presenta un unico numero di ossidazione che è +2, di conseguenza il composto si chiamerà "idrossido di calcio".
Risposta corretta C.

5.2.3 Anche in questo caso si deve prima di tutto capire che tipo di composto sia: dato che è formato da un non metallo, il cloro, dall'ossigeno e dall'idrogeno si può dire che è un ossiacido. A questo punto si ricava il numero di ossidazione del cloro:

$$H^{+1}Cl^{x}O^{-2}$$

$$+1 + x - 2 = 0 \rightarrow x = +1$$

Il cloro, però, costituisce un'eccezione, perché non ha solo 2 numeri di ossidazione ma 4 (+1, +3, +5, +7), quindi si devono utilizzare anche i prefissi ipo- e per-. In questo caso il cloro presenta il numero di ossidazione più basso, quindi si chiamerà "acido ipocloroso".
Risposta corretta D.

5.2.6 Il cloro, quando ha numero di ossidazione +3, si lega con l'ossigeno formando il composto Cl_2O_3 che prende il nome di anidride clorosa (risposta B errata). L'anidride clorosa, quando reagisce con l'acqua forma un acido, il cui nome deriva dall'anidride, quindi acido cloroso, $HClO_2$ (risposte C ed E errate). Quando l'acido cloroso reagisce con un idrossido, in questo caso NaOH, forma un sale ternario che prende il nome di clorito di sodio, in quanto deriva dal residuo dell'acido, ovvero lo ione clorito ClO_2^- (risposta D errata).
Risposta corretta A.

CHIMICA

UNITÀ DI MISURA DELL'ATOMO, STECHIOMETRIA

6

6.1 PESO MOLECOLARE (PM) E MASSA MOLECOLARE (MM)

L'**unità di massa atomica** (*u.m.a.*) è un'unità di misura che determina la massa dell'atomo ed è uguale a $\frac{1}{12}$ della massa dell'atomo ^{12}C.

L'unità di misura viene solitamente indicata con la lettera "*u*" oppure anche con "*Da*" (da Dalton) nel contesto di macromolecole a elevata massa atomica, come le proteine.

Esempio: l'idrogeno (H) pesa 1,008 u o Da, lo zolfo (S) pesa 32,06 u o Da.

ATTENZIONE PER IL TEST

Ricorda la conversione tra u.m.a. e unità di misura del sistema internazionale:

$$1\ u = 1{,}67 \cdot 10^{-27}\ kg$$

Il **peso molecolare (PM)** è uguale alla somma delle masse atomiche di tutti gli atomi che compongono la molecola. Per quanto riguarda i composti che non sono formati da molecole (ad esempio i cristalli ionici) si parla di **peso formula**.

Esempio: PM_{H2O} = 2 H + 1 O = 2 uma + 16 uma = 18 uma

La massa molare (MM) di un elemento o di un composto, invece, rappresenta la massa in grammi di una mole e coincide numericamente con la massa atomica o con la massa molecolare espressa in g/mol.

Esempio: MM_{H2O} = 18 g/mol.

RICORDA: è necessario ricordare alcune masse molari (idrogeno, ossigeno, carbonio, azoto). Niente panico! Fare molti esercizi aiuta tantissimo a memorizzare le proprietà degli elementi più frequenti.

Segue una tabella riassuntiva per visualizzare meglio questi tre concetti:

Unità di massa atomica	• $\frac{1}{12}$ della massa dell'isotopo 12 del carbonio • può essere espressa in Da per le macromolecole
Peso molecolare	• somma delle masse atomiche relative degli elementi • u.m.a
Massa molare	• massa in grammi di una mole • g/mol

6.2 LA MOLE (MOL)

La mole è la quantità di sostanza che contiene esattamente un numero di Avogadro di particelle elementari, atomi o molecole.
Essa si ottiene dal rapporto tra i grammi della sostanza e la sua massa molare:

$$n(mol) = \frac{m(g)}{MM\ (g/mol)}$$

Il **numero di Avogadro** corrisponde al numero di particelle elementari, atomi o molecole, presenti in una mole di sostanza; il suo valore è costante ed è pari a **$6{,}022 \cdot 10^{23}$**.

Amedeo Avogadro fu uno scienziato torinese al quale si deve l'intuizione finale sulla distinzione tra il concetto di atomo e di molecola. Egli inoltre condusse una serie di ricerche sulle reazioni tra i gas che lo portarono a formulare il cosiddetto "**Principio di Avogadro**". Tale principio recita come segue: *"volumi uguali di gas diversi, alle stesse condizioni di temperatura e pressione, contengono lo stesso numero di molecole"*. Da ciò Avogadro elaborò la seguente conclusione:

"**una mole di gas** alla temperatura di **0° C** e alla pressione di **1 atm** occupa sempre **22,4 L**".

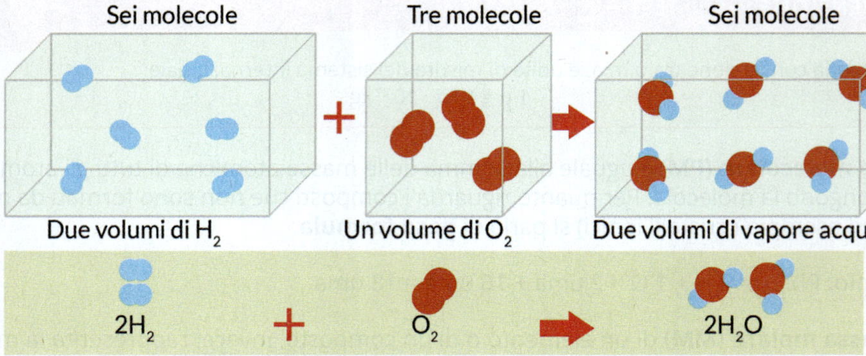

Figura 1: principio di Avogadro.

ESERCIZIO **SVOLTO**

Calcolare quante moli, molecole e atomi di idrogeno sono contenuti in 245 g di H_2SO_4.
(MM_H = 1 g/mol; MM_S = 32 g/mol; MM_O = 16 g/mol)

Svolgimento:
per calcolare il numero di moli, avendo la **massa** in grammi e la formula del composto da cui ricavare la **massa molare**, è sufficiente applicare la formula:

$$n = \frac{245\ g}{98\ g/mol} = 2{,}5\ mol$$

Una volta ricavato il numero di moli di H_2SO_4 si può facilmente ricavare quante molecole siano presenti in 2,5 moli applicando la seguente proporzione:

$$1\ mol : 6{,}022 \cdot 10^{23}\ molecole = 2{,}5\ mol : x\ molecole$$

$$x\ molecole = \frac{2{,}5\ mol \cdot 6{,}022 \cdot 10^{23}\ molecole}{1\ mol} = 15{,}055 \cdot 10^{23}\ molecole$$

A questo punto, per ricavare il numero degli idrogeni, è sufficiente moltiplicare il numero delle molecole di H_2SO_4 per il numero di idrogeni contenuti nel composto (in questo caso **2**).

$$\text{Atomi di H} = 15{,}055 \cdot 10^{23}\ molecole \cdot 2 = 30{,}11 \cdot 10^{23}\ atomi$$

Soluzione: 2,5 mol; $15{,}055 \cdot 10^{23}$ molecole; $30{,}11 \cdot 10^{23}$ atomi di H.

N.B. Le proporzioni sono una valida alternativa logica alla memorizzazione delle formule. Se lo studente dovesse avere problemi con questa metodica di risoluzione, si rimanda al capitolo 2.10 di logica matematica per un approfondimento.

ESERCIZIO **PROPOSTO**

6.2 Quanti atomi di ossigeno sono contenuti in 98 g di acido fosforico? (MM_P = 31 g/mol)

A. $6{,}022 \cdot 10^{23}$ atomi di O
B. $2{,}4 \cdot 10^{23}$ atomi di O
C. $1{,}5 \cdot 10^{24}$ atomi di O
D. $2{,}4 \cdot 10^{24}$ atomi di O
E. $15 \cdot 10^{23}$ atomi di O

6.3 FORMULA MINIMA E FORMULA MOLECOLARE

Grazie alla mole è possibile calcolare la formula minima o la formula molecolare di un composto.
La formula minima indica il rapporto minimo con cui gli elementi si uniscono per formare una molecola (es. la formula minima del glucosio è CH_2O).
La formula molecolare, invece, indica il numero esatto di atomi di ciascun elemento nella molecola, che è quindi un multiplo della formula minima (es. la formula molecolare del glucosio è $C_6H_{12}O_6$).

N.B. A volte formula minima e molecolare possono coincidere.

ESERCIZIO **SVOLTO**

Calcolare la formula molecolare della nicotina $C_xH_yN_z$ (MM = 162 g/mol) date le percentuali in massa degli elementi che compongono la molecola:
%C = 74,03%; %H = 8,7%; %N = 17,27%.
(MM_H = 1 g/mol; MM_C = 12 g/mol; MM_N = 14 g/mol)

Svolgimento:
per poter svolgere questo esercizio bisogna prendere come riferimento un campione di 100 g di nicotina; conoscendo dunque le percentuali in massa di ogni elemento è possibile ricavare le loro masse in g:

$$m_C = 74{,}03\ g;\quad m_H = 8{,}7\ g;\quad m_N = 17{,}27\ g$$

A questo punto si può agevolmente trovare il numero di moli di ciascun elemento, dividendo le masse per le rispettive masse molari:

$$n_C = \frac{74{,}03\ g}{12\ g/mol} = 6{,}2\ mol;\qquad n_H = \frac{8{,}7\ g}{1\ g/mol} = 8{,}7\ mol;\qquad n_N = \frac{17{,}27\ g}{14\ g/mol} = 1{,}2\ mol$$

Per ottenere i rapporti minimi fra gli elementi della molecola è necessario dividere il numero di moli di ogni elemento per il numero di moli **più piccolo** fra i precedenti (in questo caso n_N = 1,2 mol):

$$n_C = \frac{6{,}2\ mol}{1{,}2\ mol} = 5{,}2;\qquad n_H = \frac{8{,}7\ mol}{1{,}2\ mol} = 7{,}25;\qquad n_N = \frac{1{,}2\ mol}{1{,}2\ mol} = 1$$

La **formula minima** della nicotina è quindi C_5H_7N.

Una volta ottenuta la formula minima è molto semplice calcolare la formula molecolare: essendo quest'ultima un multiplo della formula minima, bisogna trovare l'**indice numerico** per il quale moltiplicare tutti gli elementi della formula minima. Per fare ciò bisogna dividere la massa molare della nicotina (MM = 162 g/mol) per la massa molare della formula minima (MM = 81 g/mol):

$$\text{Indice} = \frac{162\ \text{g/mol}}{81\ \text{g/mol}} = 2$$

La formula molecolare della nicotina è quindi $C_{10}H_{14}N_2$.

Soluzione: $C_{10}H_{14}N_2$.

ESERCIZIO **PROPOSTO**

6.3 Qual è la composizione percentuale in massa degli elementi nell'anidride carbonica CO_2? (MM_C = 12 g/mol; MM_O = 16 g/mol)

A. C = 24%, O = 76%
B. C = 26,3%, O = 73,7%
C. C = 27,3%, O = 72,7%
D. C = 95%, O = 5%
E. C = 25%, O = 75%

6.4 STECHIOMETRIA: LEGGI PONDERALI E REAZIONI CHIMICHE

La stechiometria è quella branca della chimica che si occupa degli aspetti quantitativi delle reazioni, in particolare dei rapporti numerici e ponderali che intercorrono tra le specie chimiche che reagiscono. Essa si rifà alle leggi ponderali della chimica, ovvero alle leggi di Lavoisier, Proust e Dalton.

ATTENZIONE PER IL TEST

Questi enunciati sono **fondamentali** per la comprensione degli esercizi di stechiometria.

Legge della conservazione della massa di Lavoisier (1789)	*"In una reazione chimica, la somma delle masse dei reagenti è sempre uguale alla somma delle masse dei prodotti di reazione"*. La materia non si crea e non si distrugge, ma si trasforma
Legge delle proporzioni definite e costanti di Proust (1799)	*"In un determinato composto chimico gli elementi che lo formano stanno tra loro in proporzioni di massa definite e costanti"*. Per ottenere acqua si devono far reagire idrogeno e ossigeno nelle proporzioni di 2 g : 16 g
Legge delle proporzioni multiple di Dalton (1803)	*"Quando due elementi si combinano tra loro per dare più di un composto, le quantità in massa di uno che si combina con una quantità fissa dell'altro stanno tra loro in rapporti esprimibili mediante numeri interi, in genere piccoli"*. **Esempio:** 7 g di azoto si combinano con: • 4 g di ossigeno, formando 11 g di ossido nitroso (N_2O) • 8 g di ossigeno, formando 15 g di ossido nitrico (NO)

Si è parlato di leggi ponderali e di **reazione chimica**, ma cos'è una reazione chimica?

Una reazione chimica è una trasformazione che descrive il passaggio da un reagente a un prodotto di natura diversa.

$$NaOH + HCl \rightarrow NaCl + H_2O$$

A sinistra della freccia sono rappresentati i reagenti, a destra i prodotti.

6.5 BILANCIAMENTO

Il bilanciamento di una reazione rappresenta il modo con cui la legge di Lavoisier si applica a una reazione chimica.
Per bilanciare una reazione chimica bisogna porre dinanzi alla formula di ciascuna sostanza un numero detto **coefficiente stechiometrico**, in modo tale che il numero di atomi presente nei reagenti sia uguale al numero di atomi presente nei prodotti di reazione.

CHIMICA

ESERCIZIO **SVOLTO**

Bilanciare la seguente reazione chimica:

$$H_2SO_4 + Al(OH)_3 \rightarrow Al_2(SO_4)_3 + H_2O$$

Svolgimento:
per bilanciare una reazione chimica non esiste un vero e proprio procedimento; in genere si consiglia di cominciare dagli elementi che compaiono meno frequentemente (in genere i metalli e i non metalli) per poi passare agli idrogeni e agli ossigeni.
In virtù di quanto appena detto, si procede con il bilanciamento del metallo. Nei prodotti sono presenti due atomi di Al, mentre nei reagenti ce n'è soltanto uno; si procede dunque inserendo un "2" come coefficiente stechiometrico di $Al(OH)_3$:

$$H_2SO_4 + 2Al(OH)_3 \rightarrow Al_2(SO_4)_3 + H_2O$$

Si continua con il non metallo. Nei prodotti sono presenti 3 atomi di S, mentre nei reagenti ce n'è solo uno; si procede inserendo un 3 come coefficiente stechiometrico di H_2SO_4:

$$3H_2SO_4 + 2Al(OH)_3 \rightarrow Al_2(SO_4)_3 + H_2O$$

Arrivati a questo punto si passa agli idrogeni. Nei reagenti sono presenti 12 atomi di H (6 di "$3H_2SO_4$" e 6 di "$2Al(OH)_3$"), mentre nei prodotti soltanto 2; si procede inserendo un 6 come coefficiente stechiometrico di H_2O:

$$3H_2SO_4 + 2Al(OH)_3 \rightarrow Al_2(SO_4)_3 + 6H_2O$$

Si conclude bilanciando gli ossigeni. A destra e a sinistra della reazione il numero degli atomi di ossigeno è incredibilmente uguale (le magie della chimica).
Quando il coefficiente stechiometrico da inserire è pari a 1 si può sottintendere.

Soluzione: $3H_2SO_4 + 2Al(OH)_3 \rightarrow Al_2(SO_4)_3 + 6H_2O$.

ESERCIZIO **PROPOSTO**

6.5 Bilanciare la seguente reazione inserendo gli opportuni coefficienti stechiometrici:

$$a\ SiO_2 + b\ HF \rightarrow c\ H_2O + d\ SiF_4$$

A. a = 1, b = 4, c = 2, d = 1
B. a = 2, b = 4, c = 3, d = 2
C. a = 1, b = 4, c = 2, d = 2
D. a = 1, b = 3, c = 2, d = 1
E. a = 2, b = 4, c = 2, d = 1

6.6 RAPPORTI STECHIOMETRICI, REAGENTI LIMITANTI E RESA PERCENTUALE

Quando un chimico (che da ora in poi chiameremo Testino) entra nel suo bellissimo laboratorio, pronto per lavorare con tutti i suoi reagenti, deve tenere conto di un numero elevato di fattori per far sì che la sua reazione riesca perfettamente. Quest'oggi Testino ha deciso di voler formare il **nitrato ferrico**.

Prima di ogni cosa deve **definire la reazione chimica** che avviene e subito dopo **bilanciarla.** Il nitrato ferrico (come insegna la nomenclatura tradizionale nel capitolo 5) deriva dalla reazione fra l'acido nitrico (HNO_3) e l'idrossido ferrico ($Fe(OH)_3$):

$$3HNO_3 + Fe(OH)_3 \rightarrow Fe(NO_3)_3 + 3H_2O$$

Quando avviene una reazione chimica, i reagenti si combinano secondo specifiche **proporzioni in massa** (es. 6,3 g di HNO_3 reagiscono sempre con 2,1 g di $Fe(OH)_3$), quindi se si vuol far reagire tutto il primo reagente con tutto il secondo reagente è necessario che tali proporzioni vengano rispettate.

Testino è un po' imbranato e decide di far reagire, completamente a caso, 63 *g* di HNO_3 e 45 *g* di $Fe(OH)_3$. In queste condizioni, uno dei due reagenti si consumerà completamente (**reagente limitante**), mentre l'altro reagirà solo in parte (**reagente in eccesso**); così facendo, insieme ai prodotti rimarrà un **residuo del reagente in eccesso**.

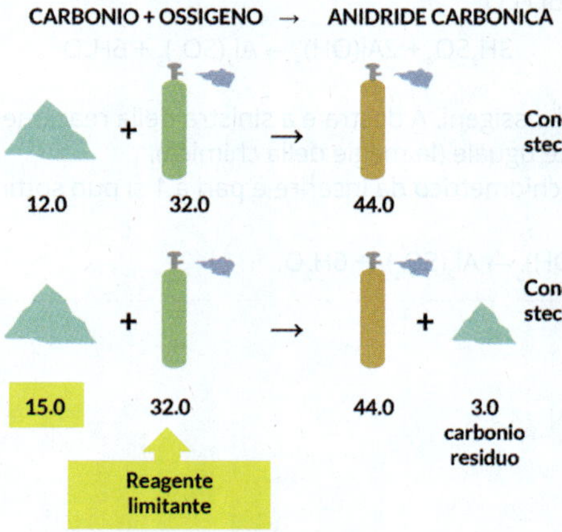

Figura 2: formazione dell'anidride carbonica. Sono raffigurati gli esempi di due reazioni: nella prima vengono rispettate le proporzioni fra le masse (condizione stechiometrica), nella seconda vi è un eccesso di carbonio che porta alla formazione di un residuo.

Come si trova il reagente limitante? Come si trovano le quantità di prodotto che si formano in una reazione non stechiometrica?
Per rispondere a queste domande sarà sufficiente seguire in modo meticoloso il seguente esercizio svolto, i cui dati saranno presi dall'esperimento del nostro amato Testino.

ESERCIZIO **SVOLTO**

Quanti grammi di nitrato ferrico si formano dalla reazione fra 63 g di HNO_3 e 45 g di $Fe(OH)_3$?
(MM_{Fe} = 56 g/mol; MM_N = 14 g/mol; MM_O = 16 g/mol)

Svolgimento:
per tutti gli esercizi di stechiometria è necessario seguire questa serie di passaggi:

1. scrivere e bilanciare la reazione;

$$3HNO_3 + Fe(OH)_3 \rightarrow Fe(NO_3)_3 + 3H_2O$$

2. convertire tutti i dati dei reagenti in moli usando l'equazione n = m/MM;

$$n_{HNO_3} = \frac{63\ g}{63\ g/mol} = 1\ mol \qquad n_{Fe(OH)_3} = \frac{45\ g}{107\ g/mol} = 0{,}4\ mol$$

3. dal momento che il problema ci fornisce i dati di due reagenti, è necessario trovare il reagente limitante e il reagente in eccesso. Per farlo si **divide il numero di moli dei reagenti** per il **rispettivo coefficiente stechiometrico**. Il numero risultante **più piccolo** sarà il reagente limitante;

$$HNO_3 = \frac{1\ mol}{3} = 0{,}33 \qquad Fe(OH)_3 = \frac{0{,}4\ mol}{1} = 0{,}4$$

HNO_3 è il **reagente limitante** di questa reazione.

4. si torna alla domanda dell'esercizio che chiede i grammi di prodotto che si formano da questa reazione. Per poter trovare questo valore è necessario comprendere che i coefficienti stechiometrici di una reazione forniscono i **rapporti stechiometrici molari**, cioè le proporzioni fra le moli di reagenti e di prodotto;

$$3HNO_3 + Fe(OH)_3 \rightarrow Fe(NO_3)_3 + 3H_2O$$

$$3\ mol_{HNO_3} : 1\ mol_{Fe(OH)_3} = 1\ mol_{Fe(NO_3)_3} : 3\ mol_{H_2O}$$

Detto ciò si imposta la proporzione fra il **reagente limitante** e il prodotto di reazione:

$$3\ mol_{HNO_3} : 1\ mol_{Fe(NO_3)_3} = 1\ mol_{HNO_3} : x\ mol_{Fe(NO_3)_3}$$

$$x\ mol_{Fe(NO_3)_3} = 0{,}33\ mol$$

N.B. Per questo calcolo va **sempre** usato il reagente limitante!

5. per trovare i grammi di prodotto sarà sufficiente utilizzare la formula inversa delle moli;

$$n = m/MM \rightarrow m = n \cdot MM \rightarrow m_{(Fe(NO_3)_3} = 0{,}33\ mol \cdot 242\ g/mol = 79{,}86\ g$$

Soluzione: 79,86 g.

RICORDA: quando **NON** vi è la presenza di un reagente limitante all'interno della reazione si può utilizzare indistintamente uno dei due reagenti. Inoltre, se il problema ci dà i dati di un solo reagente o di un solo prodotto, **NON** è necessario cercare il reagente limitante.

In determinate circostanze, nonostante un chimico si impegni a rispettare le proporzioni in massa dei reagenti, può accadere che da una reazione non si ottenga tutto il prodotto previsto dai calcoli stechiometrici.

In questi casi ciò che si ottiene è costituito in parte dal prodotto di reazione e in parte da "**prodotti collaterali**", cioè molecole non previste dalla reazione.
L'incompletezza di tali reazioni viene presa in considerazione nel calcolo della **resa percentuale della reazione**, la quale esprime la percentuale di prodotto ottenuta (**resa effettiva**) rispetto a quella calcolata sperimentalmente con i calcoli stechiometrici (**resa teorica**).
Tale relazione è espressa dalla seguente formula:

$$resa\ \% = \frac{resa\ effettiva}{resa\ teorica} \cdot 100$$

ESERCIZIO **PROPOSTO**

6.6 Facendo reagire un eccesso di Cl_2 in una soluzione contenente 176,6 g di $MgBr_2$ si ottengono 135 g di Br_2. Qual è la resa percentuale?
(MM_{Mg} = 24,3 g/mol; MM_{Br} = 79,90 g/mol)

$$MgBr_2 + Cl_2 \rightarrow MgCl_2 + Br_2$$

A. 92%
B. 97%
C. 85%
D. 88%
E. 100%

CORREZIONI COMMENTATE AGLI ESERCIZI PROPOSTI

6.2 In questo tipo di esercizio si deve prima di tutto scrivere la formula dell'acido fosforico. Come spiega il capitolo 5 sulla nomenclatura, questo acido è chiamato anche ortofosforico ed è un poliacido, dato che si forma dalla reazione dell'anidride fosforica P_2O_5 con 3 molecole d'acqua.

$$P_2O_5 + 3H_2O \rightarrow 2H_3PO_4$$

A questo punto, visto che nel testo vengono dati sia i grammi che la massa molare, si calcola il numero di moli:

$$n = \frac{98\ g}{(31 + 16 \cdot 4 + 3)\ g/mol} = \frac{98\ g}{98\ g/mol} = 1\ mol$$

Prima di calcolare il numero di atomi di ossigeno nel composto, però, si deve calcolare il numero di molecole attraverso una proporzione. Dato che è presente solamente 1 mole di composto, si può già capire che il numero di molecole contenute nella mole sarà pari al numero di Avogadro $6{,}022 \cdot 10^{23}$. Infine, per calcolare il numero di atomi di ossigeno, si deve moltiplicare il numero di molecole per il numero di ossigeni contenuti nel composto:

$$\text{atomi di O} = 4 \cdot 6{,}022 \cdot 10^{23} = 24 \cdot 10^{23} = 2{,}4 \cdot 10^{24}$$

Risposta corretta D.

6.3 Per poter risolvere questo esercizio è necessario dapprima calcolare la massa molare della CO_2, che è pari a 44 g/mol. Successivamente si ricava la percentuale in massa del carbonio applicando la seguente proporzione:

$$MM_{CO_2} : 100\% = MM_C : x_C\% \rightarrow 44\ g/mol : 100\% = 12\ g/mol : x_C\%$$

$$x_c\% = \frac{100\% \cdot 12\ g/mol}{44\ g/mol} = 27,3\%$$

La percentuale del C sarà dunque pari al **27,3%**.
Per calcolare la percentuale in massa dell'ossigeno si applica un procedimento analogo, ricordando che nella molecola sono presenti due atomi di ossigeno e che quindi la loro massa molare va **moltiplicata per due:**

$$MM_{CO_2} : 100\% = MM_{O_2} : x_{O_2}\% \rightarrow 44\ g/mol : 100\% = 32\ g/mol : x_{O_2}\%$$

$$x_{O_2}\% = \frac{100\% \cdot 32\ g/mol}{44\ g/mol} = 72,7\%$$

La percentuale di O sarà dunque pari al **72,7%**.
Risposta corretta C.

6.5 Si inizia bilanciando il fluoro: si aggiunge un 4 davanti ad HF (risposta D errata). Si bilancia poi l'idrogeno aggiungendo un "2" davanti ad H_2O (risposta B errata). Il silicio è già bilanciato, quindi si aggiunge al posto della lettera "a" e della lettera "d" il coefficiente stechiometrico 1 (risposte C ed E errate).
Risposta corretta A.

6.6 La reazione è già bilanciata e si conosce già il reagente limitante, dunque si procede con il calcolo del numero di moli:

$$n_{MgBr} = \frac{176,6\ g}{184,1\ g/mol} = 0,96\ mol$$

Poiché il rapporto stechiometrico tra Br_2 e $MgBr_2$ è 1:1, le moli di Br_2 saranno uguali alle moli di $MgBr_2$, cioè $n_{Br_2} = 0,96$ mol.
Si calcolano i grammi, cioè la resa teorica, di Br_2 usando la formula inversa delle moli:

$$m_{Br_2} = 0,96\ mol \cdot 159,8\ g/mol = 153,4\ g$$

Adesso si procede al calcolo della resa percentuale:

$$resa\ \% = \frac{135\ g}{153,4\ g} = 88\%$$

Risposta corretta D.

CHIMICA

REAZIONI CHIMICHE, EQUILIBRIO E CINETICA

Classi di reazione

Reazioni redox e bilanciamento

La termodinamica

Equilibrio di reazione

Velocità di reazione

7

7.1 CLASSI DI REAZIONE

La conoscenza delle varie classi di reazione permette di poter prevedere quali siano i prodotti di una reazione. La seguente tabella schematizza i principali tipi di reazione che è importante ricordare ai fini del test.

Tipologia di reazione	Equazione tipo	Esempio
Sintesi: due o più reagenti danno luogo a un prodotto	$A + B \rightarrow C$	$3H_2 + N_2 \rightarrow 2NH_3$
Decomposizione: un reagente dà luogo a due o più prodotti	$AB \rightarrow A + B$	$2KClO_3 \rightarrow 2KCl + 3O_2$
Scambio semplice: un elemento libero reagisce con un composto sostituendo uno dei componenti	$A + BC \rightarrow B + AC$	$Li + NaCl \rightarrow LiCl + Na$
Doppio scambio: due composti si scambiano gli elementi formando due nuovi composti	$AB + CD \rightarrow AD + BC$	$NaCl + AgNO_3 \rightarrow AgCl + NaNO_3$

N.B. Nelle reazioni di scambio semplice, l'elemento libero che si inserisce nel composto è più reattivo di quello che viene scalzato (nell'esempio precedente: il litio è più reattivo del sodio).

ESERCIZIO **PROPOSTO**

7.1 Quale delle seguenti è una reazione di decomposizione?

A. $Na_2SO_3 + 2AgNO_3 \rightarrow Ag_2SO_3 + 2NaNO_3$
B. $2NaNO_3 \rightarrow 2NaNO_2 + O_2$
C. $C_6H_4(COOH)_2 + 2CH_3OH \rightarrow C_6H_4(COOCH_3)_2 + 2H_2O$
D. $2KMnO_4 + 5H_2S + 3H_2SO_4 \rightarrow K_2SO_4 + 2MnSO_4 + 5S + 8H_2O$
E. $O_2 + 2H + 2e^- \rightarrow H_2O_2$

7.2 REAZIONI REDOX E BILANCIAMENTO

Le reazioni redox sono delle reazioni particolari in cui alcuni elementi (non per forza tutti), nel passare da reagenti a prodotti, cambiano il loro numero di ossidazione (N.O.).

Per assegnare il corretto numero di ossidazione ci sono poche semplici regole da seguire:

Elemento	Numero di ossidazione
Elementi puri es. Fe	0
Composto neutro es. HNO_3	La somma algebrica dei N.O. degli atomi che lo compongono deve essere pari a 0
Ione monoatomico es. Na^+	Pari alla sua carica

Ioni poliatomici es. $(SO_4)^{2-}$	Somma algebrica dei N.O. dei singoli atomi deve essere pari alla sua carica
H	Sempre +1, ad eccezione degli idruri nei quali N.O. = -1
O	Generalmente -2, ad eccezione dei perossidi in cui è -1 e dei composti con il fluoro, in cui è +2 (*F* estremamente elettronegativo)
Alcalini	+1
Alcalino terrosi	+2

Una reazione redox può essere pensata come lo svolgersi contemporaneo di due distinte semireazioni:

- **ossidazione** → si manifesta con l'**aumento del numero di ossidazione** di una specie chimica, dovuto a una cessione di elettroni da parte della specie considerata.
  La specie chimica che perde elettroni è detta "**riducente**";
- **riduzione** → si manifesta come una **diminuzione del numero di ossidazione** di una specie chimica, dovuto all'acquisizione di elettroni da parte della specie considerata.
  La specie chimica che acquista elettroni è detta "**ossidante**".

MNEMOFRASE TESTBUSTERS

Per ricordare la correlazione tra ossidazione/riduzione e la perdita/acquisto di elettroni:

O.P.E.R.A.

→ Chi si **O**ssida **P**erde **E**lettroni, chi si **R**iduce li **A**cquista.

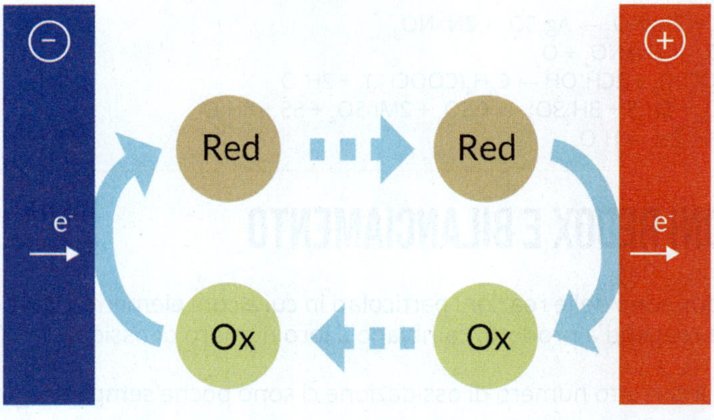

Figura 1: nell'immagine viene mostrato il passaggio da uno stato ridotto a uno ossidato e viceversa. A sinistra dell'immagine si osserva una reazione di riduzione, nella quale l'ossidante, cioè la specie che si riduce, acquista un elettrone. A destra dell'immagine si osserva una reazione di ossidazione, nella quale il riducente, cioè la specie che si ossida, cede un elettrone.

ESERCIZIO **PROPOSTO**

7.2 Stabilire quale tra le seguenti affermazioni riguardanti la reazione proposta è corretta:

$$MnO_4^- + H_2C_2O_4 \rightarrow Mn^{2+} + CO_2$$

A. Mn si riduce e O si ossida
B. Mn perde elettroni
C. Mn si riduce e C perde elettroni
D. Mn si ossida e C si riduce
E. Non è una reazione di ossidoriduzione in quanto solo Mn cambia il suo numero di ossidazione

Focus bilanciamento redox - Come si bilanciano le reazioni redox?

Premessa: il bilanciamento delle redox è un argomento che negli ultimi anni non è stato richiesto nei vari test d'ingresso di ambito biomedico. Nonostante questo, si ritiene che possa essere utile provare a comprendere come svolgere questo tipo di esercizi.
Il metodo più utilizzato per bilanciare le reazioni di ossidoriduzione è il **metodo delle semireazioni**.
Per il bilanciamento è necessario:

- bilanciare gli elettroni;
- bilanciare le cariche;
- bilanciare le masse.

Partiamo da un esempio e proviamo a bilanciare la seguente reazione in ambiente acido:

$$\mathbf{Cl^- + MnO_4^- \rightarrow Cl_2 + Mn^{2+}}$$

Procediamo per step:

1. attribuire i numeri di ossidazione agli elementi: il cloro (Cl) passa da -1 a 0 (reazione di ossidazione) perdendo un elettrone e il manganese (Mn) passa da +7 a +2 (reazione di riduzione) prendendo 5 elettroni;
2. scrivere le due semireazioni:
   a. ossidazione: $Cl^- \rightarrow Cl_2$;
   b. riduzione: $MnO_4^- \rightarrow Mn^{2+}$;
3. bilanciare le semireazioni e aggiungere il numero di elettroni persi o acquistati in ciascuna:
   a. ossidazione: $\mathbf{2}\ Cl^- \rightarrow Cl_2 + \mathbf{2\ e^-}$;
   b. riduzione: $MnO_4^- + \mathbf{5\ e^-} \rightarrow Mn^{2+}$;
4. bilanciare le cariche utilizzando gli ioni H^+ (o OH^- se ci si trova in ambiente basico) e aggiungere H_2O per bilanciare gli idrogeni:
   a. ossidazione: $2\ Cl^- \rightarrow Cl_2 + 2\ e^-$, qui non vengono aggiunti ioni H^+ perché la reazione è elettricamente già bilanciata;
   b. riduzione: $MnO_4^- + 5\ e^- + \mathbf{8\ H^+} \rightarrow Mn^{2+} + \mathbf{4\ H_2O}$;
5. eguagliare il numero di elettroni tra le due semireazioni svolgendo una moltiplicazione incrociata:
   a. ossidazione: $(2Cl^- \rightarrow Cl_2 + 2e^-) \cdot \mathbf{5}$ ottenendo $10Cl^- \rightarrow 5Cl_2 + 10e^-$;
   b. riduzione: $(MnO_4^- + 5e^- + 8H^+ \rightarrow Mn^{2+} + 4H_2O) \cdot \mathbf{2}$ ottenendo $2\ Mn\ O_4^- + 10e^- + 16H^+ \rightarrow 2Mn^{2+} + 8H_2O$;
6. sommare le due semireazioni e semplificare il tutto:
   $10Cl^- + 2MnO_4^- + 10e^- + 16H^+ \rightarrow 5Cl_2 + 10e^- + 2Mn^{2+} + 8H_2O$.

7.3 LA TERMODINAMICA

La termodinamica è una disciplina che si occupa di analizzare le **transizioni energetiche** di diversi sistemi (fisici, chimici, biologici). Tali transizioni sono determinate da tre principali fattori che sono in relazione tramite la seguente formula:

$$\Delta G = \Delta H - T \cdot \Delta S$$

Con H si definisce l'**entalpia**, cioè l'energia totale contenuta all'interno di un sistema; nella formula viene indicata la **variazione di entalpia** (ΔH), che corrisponde alla differenza fra l'energia totale dei prodotti e quella dei reagenti di una reazione chimica ($\Delta H = H_{prodotti} - H_{reagenti}$).

La variazione di entalpia può assumere due valori differenti:

- $\Delta H < 0$, la reazione si definisce **esotermica**. In questo caso i reagenti cedono energia sotto forma di calore, lasciando i prodotti in una condizione di minore entalpia finale.
  Per tale motivo il calore può essere considerato come un prodotto della reazione (A + B ⇆ C + D + calore);
- $\Delta H > 0$, la reazione si definisce **endotermica**. In questo caso i reagenti acquistano energia sotto forma di calore per poter reagire, formando prodotti che presenteranno un'entalpia finale maggiore. Per tale motivo il calore può essere considerato come un reagente della reazione (A + B + calore ⇆ C + D).

Con S si indica l'**entropia**, cioè il grado di disordine di un sistema; nella formula viene indicata la **variazione di entropia** (ΔS), la quale corrisponde alla differenza fra il disordine del sistema "prodotti" e quello del sistema "reagenti" ($\Delta S = S_{prodotti} - S_{reagenti}$). La variazione di entropia può assumere due valori differenti:

- $\Delta S < 0$, la reazione tende all'**ordine**. Da un punto di vista pratico ed esemplificativo si può considerare la somma dei coefficienti stechiometrici di reagenti e prodotti: quando in una reazione la somma dei coefficienti dei reagenti è maggiore di quella dei prodotti, la variazione di entropia sarà negativa (es. 4A + 3B → 2C);
- $\Delta S > 0$, la reazione tende al **disordin**e (es. 2A → 3B + 3C).

Con G si definisce l'**energia libera di Gibbs**, la quale corrisponde all'energia potenziale del sistema (cioè l'energia che può essere utilizzata per produrre lavoro); nella formula viene indicata la **variazione di energia libera** (ΔG), la quale corrisponde alla differenza fra l'energia libera dei prodotti e quella dei reagenti di una reazione chimica ($\Delta G = G_{prodotti} - G_{reagenti}$). Tale valore definisce la spontaneità di una reazione chimica in base al valore assunto:

- $\Delta G < 0$, la reazione si definisce **spontanea** o **esoergonica**;
- $\Delta G > 0$, la reazione si definisce **non spontanea** o **endoergonica**.

L'energia libera di Gibbs, quindi, dipende dalle altre funzioni di stato e dalla temperatura:

Entalpia	Entropia	Energia libera
$\Delta H < 0$ Esotermica	$\Delta S > 0$ Aumento disordine	$\Delta G < 0$ Spontanea, esoergonica
$\Delta H > 0$ Endotermica	$\Delta S > 0$ Aumento disordine	ΔG ▯ 0 Spontanea solo a elevata temperatura
$\Delta H < 0$ Esotermica	$\Delta S < 0$ Diminuzione disordine	ΔG ▯ 0 Spontanea solo a bassa temperatura
$\Delta H > 0$ Endotermica	$\Delta S < 0$ Diminuzione disordine	$\Delta G > 0$ Non spontanea, endoergonica

7.4 EQUILIBRIO DI REAZIONE

Considerando la concentrazione di reagenti e prodotti di una determinata reazione, si può stabilire se essa sia all'equilibrio o meno. L'**equilibrio chimico**, in particolare, si definisce come la condizione **dipendente dalla temperatura** in cui la velocità di formazione dei prodotti (**v_1**) è uguale alla velocità di formazione dei reagenti (**v_2**).

$$aA + bB \underset{v_1}{\overset{v_2}{\leftrightharpoons}} cC + dD$$

Ciò implica che in una reazione chimica reversibile le concentrazioni dei reagenti e dei prodotti di reazione non variano complessivamente nel tempo. L'equilibrio chimico viene inoltre definito **dinamico**, poiché una volta che è stato raggiunto, la reazione non si blocca, ma reagenti e prodotti continuano a venire formati.

Il parametro con il quale si definisce la condizione di equilibrio prende il nome di "**costante di equilibrio**", la quale si esprime secondo la **legge di azione di massa** (si prenda in esempio la reazione $aA+bB \leftrightharpoons cC+dD$):

$$K_{eq} = \frac{[C]^c[D]^d}{[A]^a[B]^b}$$

N.B. Con $[C]^c[D]^d$ si intende il prodotto fra le concentrazioni dei prodotti di reazione elevati al rispettivo coefficiente stechiometrico, mentre con **$[A]^a[B]^b$** si intende il prodotto fra le concentrazioni dei reagenti elevati al rispettivo coefficiente stechiometrico. Se la reazione è tra gas, al posto delle concentrazioni si usano le pressioni parziali.

Al variare di determinati fattori, le reazioni all'equilibrio possono assumere un comportamento differente, il quale può essere previsto applicando il **principio di Le Châtelier**. Esso afferma che "*una perturbazione dell'equilibrio fa reagire il sistema spostandolo verso la direzione che riduce al minimo l'effetto della perturbazione stessa*".

L'equilibrio chimico, dunque, può essere perturbato dalla variazione dei seguenti fattori:

1. **temperatura;**
2. **concentrazione;**
3. **pressione.**

7.4.1 L'equilibrio varia al variare di T

Solo una variazione della temperatura provoca un cambiamento della costante di equilibrio:

- se una reazione è esotermica sarà favorita da una diminuzione della T;
- se una reazione è endotermica sarà favorita da un aumento della T.

ATTENZIONE PER IL TEST

In esercizi in cui è coinvolto un aumento o una diminuzione di T, è necessario saper scrivere le reazioni esotermiche ed endotermiche:

- reazione endotermica: A + B + calore $\rightleftharpoons$ C + D;
- reazione esotermica: A + B $\rightleftharpoons$ C + D + calore.

Il calore va trattato come se fosse un reagente (nelle reazioni endotermiche) e un prodotto (nelle reazioni esotermiche).

Un aumento o una diminuzione di T si ripercuoterà nel sistema nel seguente modo:

	Aumento di T	Diminuzione di T
Reazioni endotermiche	Equilibrio si sposta **a destra** (come se ci fosse un eccesso di reagenti)	Equilibrio si sposta **a sinistra** (come se diminuisse uno dei reagenti)
Reazioni esotermiche	Equilibrio si sposta **a sinistra** (come se ci fosse un eccesso di prodotti)	Equilibrio si sposta **a destra** (come se diminuisse uno dei prodotti)

7.4.2 L'equilibrio varia al variare della concentrazione

$$aA + bB \rightleftharpoons cC + dD$$

	Aumento	Diminuzione
Reagenti	Equilibrio si sposta **a destra** (forma più prodotti)	Equilibrio si sposta **a sinistra** (riforma più reagenti)
Prodotti	Equilibrio si sposta **a sinistra** (forma più reagenti)	Equilibrio si sposta **a destra** (riforma più prodotti)

N.B. Fino a questo momento, gli esempi trattati si riferiscono a equilibri omogenei. Esistono, però, **equilibri eterogenei**, in cui i *reagenti* e i *prodotti* si presentano in **fasi differenti**, ad esempio:

$$A_{(s)} + B_{(g)} \rightleftarrows C_{(g)} + D_{(s)}$$

In tali reazioni, l'equilibrio è influenzato **solamente** dalla variazione di concentrazione delle **sostanze in fase gassosa**. In riferimento alla reazione sopraindicata, unicamente un aumento/diminuzione di $B_{(g)}$ o di $C_{(g)}$ causerà uno spostamento dell'equilibrio.

7.4.3 L'equilibrio varia al variare della pressione

Le variazioni di pressione influenzano l'equilibrio sia delle reazioni eterogenee che omogenee, tenendo però in considerazione SOLO i prodotti e i reagenti presenti in **fase gassosa**. Per capire come si modifica l'equilibrio, è necessario osservare la **variazione del numero di molecole** (cioè la somma dei coefficienti stechiometrici dei reagenti deve essere **diversa** dalla somma dei coefficienti dei prodotti). Le variazioni di pressione non influenzano invece l'equilibrio delle reazioni che avvengono in soluzione.
A temperatura costante, al variare della pressione, si verificano i seguenti cambiamenti:

- all'**aumentare della pressione**, l'equilibrio si sposta dalla parte della reazione con **meno molecole**. Esempio: $2A_{(g)} + 3B_{(g)} \rightleftharpoons C_{(g)} + 5D_{(g)}$, l'equilibrio si sposta verso sinistra;
- al **diminuire della pressione**, l'equilibrio si sposta dalla parte della reazione con **più molecole**. Esempio: $2A_{(g)} + 3B_{(g)} \rightleftharpoons C_{(g)} + 5D_{(g)}$, l'equilibrio si sposta verso destra.

La relazione fra temperatura, pressione, volume e numero di moli di un gas viene descritta dall'**equazione dei gas perfetti**:

$$P \cdot V = n \cdot R \cdot T$$

("**R**" rappresenta la costante universale dei gas perfetti, i cui valori sono riportati nel capitolo 1.1).

Più in generale si può dire che la pressione di un gas perfetto è direttamente proporzionale alla temperatura e al numero di moli, e inversamente proporzionale al volume del gas.

ATTENZIONE PER IL TEST

Per individuare quando la variazione di pressione ha effetto sull'equilibrio, si può applicare il seguente schema logico:

1. considerare SOLO i reagenti e i prodotti in **fase gassosa**;
2. sommare i coefficienti stechiometrici dei reagenti e confrontarli con la somma di quelli dei prodotti. Nel caso in cui le somme siano **uguali**, la pressione non causa variazioni dell'equilibrio; se invece sono **differenti** si procede come descritto sopra.

ESERCIZIO **PROPOSTO**

7.4.3 Data la reazione aA + bB ⇋ cC + dD, a temperatura costante, l'equilibrio:

A. Si sposta a sinistra con la formazione di prodotti
B. Si sposta a sinistra aggiungendo reagenti
C. Si sposta a destra aggiungendo prodotti
D. L'equilibrio si sposta a destra sottraendo prodotti
E. Nessuna delle alternative è corretta

7.5 VELOCITÀ DI REAZIONE

La velocità di reazione è la variazione della concentrazione di reagenti o di prodotti in un intervallo di tempo. Le molecole dei reagenti possono scambiarsi gli atomi e dare luogo ai prodotti solo se, urtandosi, vengono in reciproco contatto. Questi urti devono inoltre essere efficaci, cioè avvenire secondo la direzione che permette la formazione del composto finale.

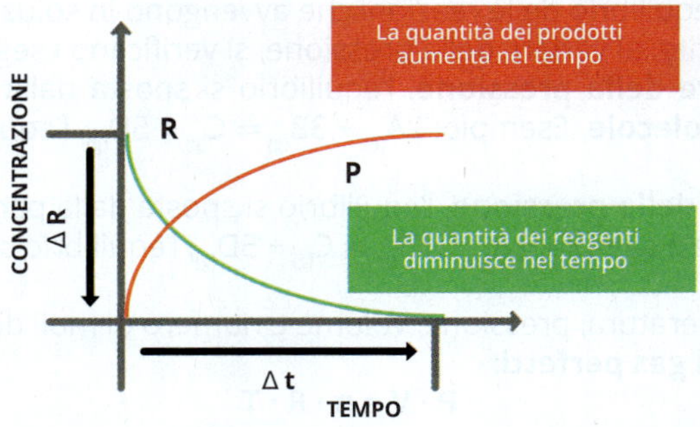

Figura 2: il diagramma mostra come la concentrazione dei prodotti aumenti con il passare del tempo; di contro i reagenti andranno incontro a una diminuzione della loro concentrazione.

Considerando una generica reazione A + B → C + D, la velocità di reazione sarà influenzata sia dalla concentrazione dei reagenti, sia dalla temperatura.

Quindi, modificando le variabili:

	Velocità di reazione
Aumento T	**Aumenta**, a causa dell'incremento della probabilità di interazione (dato dalla maggior velocità delle particelle)
Diminuzione T	**Diminuisce**, a causa dell'abbassamento della probabilità di interazione (per la minore velocità delle particelle)
Aumento [R]*	**Aumenta**, a causa dell'incremento della probabilità di interazione (data dalla maggior concentrazione delle particelle)
Diminuzione [R]*	**Diminuisce**, a causa dell'abbassamento della probabilità di interazione (per la minore concentrazione delle particelle)

***[R]** è la concentrazione dei reagenti.

ATTENZIONE PER IL TEST

Legge cinetica della velocità di reazione: per definizione, la legge cinetica della velocità prevede la diretta proporzionalità tra essa e la concentrazione dei reagenti, elevata a coefficienti determinati sperimentalmente, NON necessariamente corrispondenti al valore dei coefficienti stechiometrici della reazione: $V = K [A]^a [B]^b$

Affinché la reazione vada a compimento, i reagenti devono passare attraverso uno stato altamente instabile definito "**di transizione**", caratterizzato da una maggiore **instabilità** (punto più alto della curva nella *figura 3*). In questo stato i reagenti formano un "**complesso attivato**" che rappresenta il momento in cui essi non si sono ancora trasformati in prodotti. L'energia necessaria per portare i reagenti a entrare in questo stato di transizione viene chiamata **energia di attivazione**.

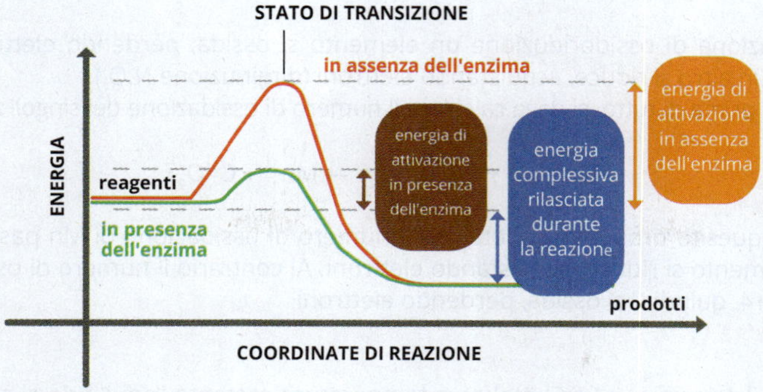

Figura 3: il diagramma mostra come l'energia di attivazione, in presenza di catalizzatore (enzima), abbia un valore inferiore rispetto all'energia di attivazione di una reazione senza catalizzatore.

L'utilizzo di un catalizzatore aumenta la velocità della reazione attraverso l'abbassamento dell'energia di attivazione, formando complessi attivati con minore energia singola. A seguito della reazione, il catalizzatore non si consuma, ma si ritrova intatto tra i prodotti, pronto per essere riutilizzato.
Esempi di reazioni catalizzate sono le reazioni del metabolismo del glucosio, che avvengono attraverso gli enzimi (catalizzatori biologici).

CHIMICA

ESERCIZIO **PROPOSTO**

7.5 Individuare la risposta corretta sapendo che i composti presenti nella reazione chimica sottostante hanno le seguenti molarità:

$$M_{HI} = 0{,}2 \text{ mol/L};\ M_{H_2} = 1 \text{ mol/L};\ M_{I_2} = 1 \text{ mol/L}$$

$$H_2 + I_2 \rightarrow 2HI$$

A. La velocità della reazione diretta ha un valore più alto di quello della reazione inversa
B. La velocità della reazione inversa ha un valore più alto di quello della reazione diretta
C. Quando la reazione raggiunge l'equilibrio, la velocità della reazione diretta ha un valore più alto di quello della reazione inversa
D. Quando la reazione raggiunge l'equilibrio, la velocità della reazione diretta ha un valore più basso di quello della reazione inversa
E. La reazione si trova per tutta la sua durata all'equilibrio

CORREZIONI COMMENTATE AGLI ESERCIZI PROPOSTI

7.1 Se si analizza la risposta A, si può notare che i reagenti Na e Ag sono legati rispettivamente a SO_3 e a NO_3. Osservando i prodotti, invece, si nota la formazione di un legame tra Na ed NO_3 e tra Ag ed SO_3. Come si può verificare dalla tabella soprastante, questo tipo di reazione viene detta reazione di doppio scambio. Passando alla risposta B, in cui da un reagente si ottengono due prodotti, si può dedurre che si tratta di una reazione di decomposizione.
La risposta C è errata, infatti si tratta di una reazione di esterificazione, ossia una reazione in cui un alcol e un acido carbossilico partecipano alla formazione di un estere. Anche la risposta D è errata, infatti si tratta di un'ossidoriduzione: il manganese Mn, è l'agente ossidante (e quindi si riduce) e lo zolfo S è l'agente riducente (e quindi si ossida). Infine la risposta E, in cui si passa da due reagenti a un prodotto, è una reazione di sintesi.
Risposta corretta B.

7.2 In una reazione di ossidoriduzione un elemento si ossida, perdendo elettroni (aumento N.O.), mentre un altro si riduce, acquistando elettroni (diminuzione N.O.).
In questo caso, prima di tutto, si deve calcolare il numero di ossidazione dei singoli atomi nei composti:

$$Mn^{+7}O_4^{-2} + H_2^{+1}C_2^{+3}O_4^{-2} \rightarrow Mn^{2+} + C^{+4}O_2^{-2}$$

Analizzando il quesito proposto, si nota che il numero di ossidazione di Mn passa da +7 a +2, quindi tale elemento si riduce, acquistando elettroni. Al contrario il numero di ossidazione di C passa da +3 a +4, quindi C si ossida, perdendo elettroni.
Risposta corretta C.

7.4.3 Secondo il principio di Le Châtelier, a temperatura costante l'equilibrio si sposta a destra aggiungendo reagenti o sottraendo prodotti e a sinistra aggiungendo prodotti o sottraendo reagenti. La "formazione di prodotti" nell'alternativa A va intesa come conseguenza dell'aggiunta di reagenti, che fa spostare l'equilibrio verso destra e non verso sinistra.
Risposta corretta D.

7.5 Osservando le molarità indicate nel testo, si nota che la concentrazione dei reagenti è superiore alla concentrazione dei prodotti. La velocità di una reazione corrisponde al numero di molecole di prodotto che si formano in un'unità di tempo, in seguito a urti efficaci tra i reagenti. Gli urti, a loro volta, dipendono dalla concentrazione dei reagenti; tanto è maggiore la loro concentrazione, tanto maggiore sarà la probabilità che si verifichino urti efficaci e di conseguenza maggiore sarà la velocità diretta della reazione. La velocità della reazione diretta, col tempo, diminuisce, perché si accumulano i prodotti e diminuiscono i reagenti. Al contrario, la velocità della reazione inversa, col tempo, aumenta. Inoltre, essa parte da zero, poiché i prodotti all'inizio non sono presenti, ma col tempo aumentano. All'equilibrio, però, le due velocità di reazione sono uguali e rimangono costanti nel tempo (risposte C e D errate).
Risposta corretta A.

SOLUZIONI ACQUOSE

8

8.1 SOLUZIONI

Una soluzione, in chimica, è un miscuglio omogeneo costituito da una sostanza che scioglie (**solvente**), presente in maggior quantità, e una che viene sciolta (**soluto**), presente in minor quantità. Non necessariamente le soluzioni sono costituite da due sole componenti, bensì possono mischiarsi anche più solventi con più soluti.
Alcuni soluti, quando vengono sciolti all'interno di una soluzione acquosa, possono rompere i loro legami dando vita a particelle cariche elettricamente; tali soluti vengono definiti **elettroliti** e come tali sono capaci di rendere **elettricamente conduttrice** la soluzione acquosa nella quale sono disciolti. Ciò permette di capire perché l'acqua pura (distillata) è un cattivo conduttore di elettricità mentre l'acqua minerale (contenente i sali minerali sotto forma di elettroliti) è un ottimo conduttore di elettricità.

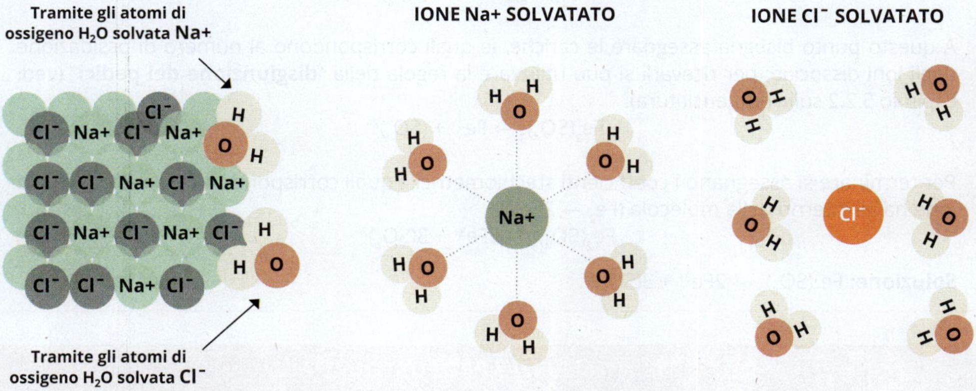

Figura 1: esempio di dissociazione del cloruro di sodio (NaCl) in acqua.

Gli elettroliti possono essere suddivisi in base alla loro **forza**, cioè la loro tendenza alla **dissociazione** in soluzione.

Elettroliti forti	Elettroliti deboli	Non elettroliti
Dissociano completamente e tendono a rimanere nella forma dissociata. **Esempio:** HCl, $HClO_4$, KOH, NaCl (basi, acidi forti e quasi tutti i sali)	Dissociano parzialmente e tendono a tornare nella forma molecolare. **Esempio:** HCN, CH_3COOH, NH_3 (basi e acidi deboli)	Si sciolgono, ma non liberano ioni → non hanno conducibilità. **Esempio:** glucosio

N.B. Esiste una correlazione diretta tra la forza degli acidi/delle basi e la forza in quanto elettrolita. Un acido forte/una base forte è di conseguenza un elettrolita forte, perché libera rispettivamente ioni H^+/ioni OH^- in quantità elevate.

Da un punto di vista prettamente pratico, occorre capire come gli elettroliti si dissociano in soluzione e quanti ioni sono capaci di liberare una volta disciolti.

ESERCIZIO **SVOLTO**

Dissociare in soluzione la seguente sostanza: $Fe_2(SO_4)_3$.

Svolgimento:
per cominciare bisogna impostare la dissociazione come se fosse una reazione chimica all'equilibrio. Se si sta dissociando un elettrolita forte (come in questo caso, dove il composto è un sale ternario, in particolare il solfato ferrico) l'equilibrio sarà spostato verso i prodotti, dunque si utilizzerà solo la freccia rivolta verso destra:

$$Fe_2(SO_4)_3 \rightarrow$$

Successivamente si separa il metallo dal resto della molecola (se si ha a che fare con degli acidi si separano gli H^+; con delle basi si separano gli OH^-).

$$Fe_2(SO_4)_3 \rightarrow Fe + (SO_4)$$

A questo punto bisogna assegnare le cariche, le quali corrispondono al numero di ossidazione degli ioni dissociati; per ricavarli si può utilizzare la regola della "**disgiunzione dei pedici**" (vedi capitolo 5.2.2 sulla nomenclatura).

$$Fe_2(SO_4)_3 \rightarrow Fe^{3+} + (SO_4)^{2-}$$

Per terminare si assegnano i coefficienti stechiometrici, i quali corrispondono al "pedice" che lo ione ha all'interno della molecola ($Fe_2 \rightarrow 2Fe^{3+}$).

$$Fe_2(SO_4)_3 \rightarrow 2Fe^{3+} + 3(SO_4)^{2-}$$

Soluzione: $Fe_2(SO_4)_3 \rightarrow 2Fe^{3+} + 3(SO_4)^{2-}$.

ESERCIZIO **PROPOSTO**

8.1 Quanti ioni Ca^{2+} vengono liberati in soluzione dalla dissociazione del carbonato di calcio?

A. 1
B. 2
C. 3
D. 4
E. 5

8.2 GRANDEZZE DELLE SOLUZIONI

Da un punto di vista quantitativo, le soluzioni presentano diverse grandezze che ne esprimono le loro molteplici caratteristiche. La loro conoscenza è di fondamentale importanza ai fini del test.

Nella seguente tabella sono riportate le grandezze con la rispettiva definizione, la formula ed esempio esplicativo.

Grandezza	Definizione	Formula	Esempio
Molarità (M)	Numero di moli di soluto in 1 L di soluzione	$M = \frac{n\ (mol)}{V_{soluzione}(L)}$	Una soluzione di 2 litri contenente 5 moli di HCl ha una molarità di 2,5 molare (M o mol/L)
Molalità (m)	Numero di moli di soluto in 1 kg di solvente	$m = \frac{n\ (mol)}{m_{solvente}(kg)}$	Una soluzione contenente 2 moli in 700 g di solvente (acqua) ha una molalità di 2,86 mol/kg
Frazione molare (X)	Rapporto tra moli di soluto e moli totali della soluzione	$X = \frac{n\ (soluto)}{n(totali)}$	2 moli di NaCl in 5 moli di soluzione rappresentano una frazione molare di 0,4 (40%)
% Massa/Massa	Grammi di soluto sciolti in 100 g di soluzione totale	$\% = \frac{m_{soluto}\ (g)}{m_{soluzione}(g)} \cdot 100$	Una soluzione (100 g) contenente 10 g di NaCl in 90 g di solvente è al 10% m/m
% Volume/Volume (gradazione alcolica)	Millilitri di soluto in 100 mL di soluzione totale	$\% = \frac{V_{soluto}\ (mL)}{V_{soluzione}\ (mL)} \cdot 100$	Una soluzione di vino (100 mL) contenente 15 mL di etanolo in 85 mL di solvente ha una gradazione alcolica del 15%
% Massa/Volume (nota anche come peso/volume)	Grammi di soluto sciolti in 100 mL di soluzione totale	$\% = \frac{m_{soluto}\ (g)}{V_{soluzione}\ (mL)} \cdot 100$	Una soluzione contenente 10 g di NaCl in 100 mL di soluzione totale è al 10% m/V

Quando a una soluzione acquosa viene aggiunta dell'acqua, il numero di moli di soluto rimane invariato, mentre il suo volume tenderà ad aumentare causando una diminuzione della sua molarità. Tale processo prende il nome di **diluizione**.

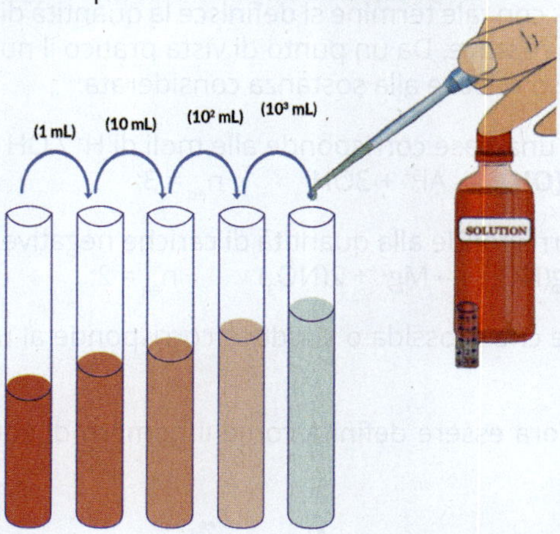

Figura 2: esempio di una serie di diluizioni. Come si può osservare, nelle varie provette viene aggiunta progressivamente dell'acqua, aumentando il volume finale della soluzione e diminuendone la concentrazione (molarità).

ESERCIZIO **SVOLTO**

A una soluzione 2 M di HCl viene aggiunto un volume d'acqua pari a 100 mL.
Se il volume iniziale della soluzione era di 200 mL, quale sarà la molarità finale della soluzione?

Svolgimento:
per cominciare bisogna identificare la tipologia di esercizio. In una soluzione iniziale viene aggiunta **solo** dell'acqua; il volume finale cambierà, mentre il numero di moli di soluto rimarrà costante (non è stato aggiunto altro HCl).
Si tratta sicuramente di una **diluizione**. Il principio fondamentale di una diluizione si basa sull'uguaglianza fra il numero di moli iniziale e finale di soluto.

$$n_i = n_f$$

Il numero di moli si può anche esprimere con la formula inversa della molarità ($M = n / V \rightarrow n = M \cdot V$). Sostituendo, dunque, tale formula nella precedente uguaglianza, si otterrà la relazione fondamentale delle diluizioni:

$$M_i \cdot V_i = M_f \cdot V_f$$

In questo caso l'esercizio richiede di trovare la molarità finale (M_f) della soluzione, fornendoci come dati la M_i (2 M), il V_i (200 mL) e il V_f (che sarà uguale alla somma fra il V_i e il volume aggiunto, cioè 300 mL). Sfruttando le formule inverse si può dunque ricavare agevolmente la M_f:

$$M_i \cdot V_i = M_f \cdot V_f \rightarrow M_f = \frac{M_i \cdot V_i}{V_f} = \frac{2M \cdot 200\ mL}{300\ mL} = 1{,}3\ M$$

Soluzione: 1,3 M.

La **normalità** è un'altra grandezza delle soluzioni, la quale però viene ormai considerata obsoleta dal SI. Se ne riporta la definizione e la formula a scopo completamente nozionistico.

Prima di poter comprendere in modo adeguato la normalità è necessario spiegare il concetto di **equivalente**: con tale termine si definisce la quantità di composto a cui corrisponde una mole di unità reattive. Da un punto di vista pratico il numero di equivalenti (n_{eq}) si ricava in modo diverso in base alla sostanza considerata:

- in un acido / una base corrisponde alle moli di H^+ / OH^- liberate.
  Esempio: **$Al(OH)^3$** $\rightarrow Al^{3+} + 3OH^-$ $\quad n_{eq} = 3$;
- in un sale corrisponde alla quantità di cariche negative o positive liberate.
  Esempio: $Mg(NO_3)_2 \rightarrow Mg^{2+} + 2(NO_3)^-$ $\quad n_{eq} = 2$;
- in una specie che si ossida o si riduce corrisponde al numero di elettroni persi o acquistati.

La normalità può allora essere definita come il numero di equivalenti presenti in 1 *L* di soluzione:

$$N = \frac{n_{eq}}{\text{volume (L)}}$$

In alcuni casi può risultare utile esprimere la normalità in funzione della molarità:

$$N = M \cdot n_{eq}$$

ESERCIZIO **PROPOSTO**

8.2 Se si fanno reagire 196 g di acido solforico in 250 mL soluzione, qual è la molarità della soluzione? ($MM_{H_2SO_4}$ = 98 g/mol)

A. 2 mol/L
B. 8 mol/L
C. 16 mol/L
D. 4 mol/L
E. 1 mol/L

8.3 LA SOLUBILITÀ

Si definisce **solubilità** la **quantità massima di un soluto** che, a una certa temperatura, può essere disciolta in 100 g di solvente. La sua unità di misura è mol/L o g/L.
In base alla quantità di soluto disciolto, una soluzione potrà essere definita in modi diversi:

- quando la quantità di soluto è minore rispetto alla quantità indicata dalla sua solubilità, la soluzione si definisce **sottosatura**;
- quando il solvente scioglie la massima quantità di soluto a una determinata temperatura, la soluzione si definisce **satura**. In questo caso, se verrà disciolto ulteriormente del soluto, questo non andrà incontro a solvatazione, ma si depositerà sul fondo del contenitore come **corpo di fondo**;
- aumentando la temperatura aumenta la solubilità di un soluto solido in un solvente liquido; se dunque a una soluzione satura viene fornito del calore (es. fornello o lanciafiamme), questa sarà capace di sciogliere un'ulteriore quantità di soluto. Quando si formerà nuovamente il corpo di fondo, la soluzione verrà definita **sovrasatura**.

Figura 3: da sinistra a destra → soluzione sottosatura, satura, sovrasatura.

La solubilità non è costante, ma dipende dallo **stato di aggregazione** di soluto e solvente e inoltre viene influenzata dai seguenti fattori:

- natura delle specie coinvolte;
- temperatura;
- pressione (legge di Henry).

Stato di aggregazione soluto/solvente	FATTORI CHE INFLUENZANO LA SOLUBILITÀ		
	Natura della specie	**Temperatura**	**Pressione**
Solido/liquido, liquido/liquido	"Il simile scioglie il simile" Sostanze polari sono solubili in sostanze polari Sostanze apolari si sciolgono in sostanze apolari. Es. l'acqua, polare, non si scioglie nell'olio, apolare	La solubilità aumenta all'aumentare della temperatura e viceversa. Es. lo zucchero si scioglie meglio nel caffè caldo piuttosto che in quello freddo	Non influenza la solubilità
Gas/liquido (legge di Henry)		La solubilità aumenta al diminuire della temperatura, mentre diminuisce all'aumentare della temperatura. Es. le bibite gassate si sgasano facilmente se lasciate fuori dal frigo	La solubilità aumenta all'aumentare della pressione, mentre diminuisce al diminuire della pressione

Se vuoi conoscere perché i sub e i medici sono parecchio informati sulla legge di Henry, scannerizza questo QR-Code:

Il processo di solubilizzazione può essere sia **esotermico** che **endotermico**.

Effetti della temperatura sulla solubilità:

- in genere, se il soluto è un **solido**, il processo è **endotermico** = richiede energia (per questo motivo i soluti solidi si sciolgono meglio in liquidi caldi). Nonostante il processo non sia favorito dal punto di vista energetico, esso risulta spontaneo perché l'entropia di una soluzione è molto maggiore di quella di un solido cristallino (il grado di disordine è molto più elevato nei fluidi che nei solidi);
- se il soluto è un **fluido** (liquido o gas) in genere il processo di solubilizzazione è **esotermico** = libera energia (per questo motivo i gas si sciolgono più facilmente in liquidi a bassa temperatura).

Effetti della pressione sulla solubilità (legge di Henry).
Poiché i **solidi** e i **liquidi** sono praticamente **incomprimibili**, la variazione della pressione non ha alcun effetto sulla loro solubilità.

Diverso è il caso di soluti gassosi. Infatti in soluzioni di gas in liquidi la concentrazione del soluto è proporzionale alla pressione parziale del gas in equilibrio con la soluzione.

La legge di Henry afferma che la solubilità di un soluto gassoso è direttamente proporzionale alla pressione parziale del gas:

$$\mathbf{c = K_H \cdot p_0}$$

K_H è la **costante di Henry**

p_0 è la **pressione parziale sovrastante**

La costante di Henry (K_H) dipende **sia dalla natura chimica del soluto che del solvente**.

8.3.1 Equilibri di solubilità e prodotto di solubilità

Le sostanze che si sciolgono in acqua (e in generale nei solventi polari) si dividono in **elettroliti** e **non-elettroliti**:

- **non-elettroliti** → sostanze che sciolte in acqua **non** si dissociano in ioni di carica opposta. Sono esempi di non-elettroliti il glucosio, l'alcool etilico, l'anidride carbonica.
- **Elettroliti** → sostanze che disciolte in acqua si dissociano, in misura più o meno elevata, in ioni di carica opposta.

In particolare essi possono essere:

- Forti → se si **dissociano completamente**. Sono elettroliti forti quasi tutti i sali, gli acidi forti (HCl, HBr, HI, HNO_3) e le basi forti (idrossidi dei metalli alcalini e alcalini terrosi eccetto $BeOH_2$).
- Deboli → se **parzialmente dissociati**. Sono elettroliti deboli gli acidi deboli (HF, H_2S, HCN, HNO_2) e le basi deboli (gli idrossidi degli altri metalli).

La **solubilità** (s) di una sostanza chimica si può definire anche come il numero di moli di tale sostanza disciolte in un litro di soluzione satura.

Le sostanze chimiche possono essere classificate in base alla loro solubilità in:

- **insolubili** con solubilità inferiore a 10^{-3} M;
- **debolmente solubili** con solubilità compresa tra 10^{-3} e 10^{-1} M;
- **solubili** con solubilità superiore a 10^{-1} M.

AgCl è un sale, ma è molto poco solubile: quando si mette in acqua, solo una piccola parte andrà in soluzione, mentre una grande quantità rimarrà indisciolta, instaurando un equilibrio eterogeneo più spostato verso la forma molecolare:

$$AgCl_{(s)} \leftrightharpoons Ag^+ + Cl^-$$

Se si applica la legge di azione di massa, si può ricavare la costante di equilibrio di questa reazione:

$$K_{eq} = \frac{[Ag^+] \cdot [Cl^-]}{[AgCl]}$$

Visto che però la costante si rifà a un equilibrio eterogeneo (gli ioni sono in fase acquosa mentre AgCl è in fase solida quindi rimane costante), AgCl inglobato nella K_{eq} forma il **prodotto di solubilità**, (K_{ps}), il quale può essere ricavato dalla seguente formula:

$$K_{eq} = \frac{[Ag^+] \cdot [Cl^-]}{[AgCl]} \rightarrow K_{eq} = \cdot [AgCl] = [Ag^+] \cdot [Cl^-]$$

$$K_{ps} = [Ag^+] \cdot [Cl^-]$$

Il prodotto di solubilità:

- è costante a temperatura costante (dipende dalla temperatura);
- tiene in considerazione gli elettroliti forti.

Regole da seguire per il calcolo della K_{ps}:

- per i sali (o base e acidi forti) che si dissociano in soli due ioni vale la seguente relazione:
  Es. $AgCl \rightarrow Ag^+ + Cl^-$
  $\mathbf{K_{ps} = s \cdot s = s^2}$;

- per i sali (o base e acidi forti) che si dissociano in tre ioni vale la seguente regola:
  $SrF_2 \rightarrow Sr^{2+} + 2F^-$
  $\mathbf{K_{ps} = s \cdot (2s)^2 = 4s^3}$.

Avendo nota la K_{ps} è importante ricordarsi che si può risalire alla solubilità utilizzando la formula inversa.

8.3.2 Reazioni di precipitazione

Alcune reazioni possono implicare la formazione di un precipitato (**reazioni di precipitazione**) se:
- si continua ad aggiungere soluto a una soluzione già satura;
- si formano composti insolubili dal mescolamento di due soluzioni diverse.

I **composti insolubili** sono formati dall'unione dei seguenti anioni e cationi:

Anioni	Cationi	Esempio
cloruro (Cl^-), bromuro (Br^-), ioduro (I^-)	Ag^+, Pb^{2+}, Hg_2^{2+}	cloruro di piombo $PbCl_2$
solfato (SO_4^{2-})	Sr^+, Pb^{2+}, Ag^+, Ba^{2+}, Ca^{2+}, Hg_2^{2+}	solfato di bario $BaSO_4$
cromato (CrO_4^{2-})	tutti tranne ioni alcalini, NH_4^+	cromato di argento Ag_2CrO_4
solfuro (S^{2-})	tutti tranne ioni alcalini, NH4+	solfuro di arsenico As_2S_3
ossidrile (OH^-)	tutti tranne ioni alcalini, Sr^{2+}, Ba^{2+}	idrossido di alluminio $Al(OH)_3$
fosfato (PO_4^{3-}), solfito (SO_3^{2-}), carbonato (CO_3^{2-})	tutti tranne ioni alcalini, NH	carbonato di calcio $CaCO_3$

8.3.3 Effetto dello ione comune

Quando a una soluzione satura di sale poco solubile viene aggiunta una soluzione contenente uno ione comune, in base al principio dell'equilibrio di Le Châtelier, l'equilibrio di solubilità del sale si sposta verso sinistra con formazione e precipitazione del sale stesso. Facciamo un esempio partendo da una soluzione satura di cloruro di argento:

$$AgCl_{(s)} \leftrightharpoons Ag^+_{(aq)} + Cl^-_{(aq)}$$

Se viene aggiunto HCl alla soluzione acquosa, a causa dell'effetto dello ione comune e in base al principio di Le Châtelier, l'equilibrio di solubilità si sposta verso sinistra, con formazione di AgCl.
La solubilità (s) del sale $AgCl_{(s)}$ diminuisce, ma il prodotto di solubilità (K_{ps}) rimane costante aggiungendo altro HCl (in eccesso).
All'equilibrio e a temperatura costante, aumenta la concentrazione dello ione Cl^- ma diminuisce la concentrazione dello ione Ag^+, facendo rimanere invariata la K_{ps}.

8.4 PROPRIETÀ COLLIGATIVE DELLE SOLUZIONI

Con il termine "proprietà colligativa" ci si riferisce a delle proprietà delle soluzioni che dipendono soltanto dal numero di particelle di soluto presenti in soluzione e non dalla loro natura.

8.4.1 Tensione di vapore

Se si prova a porre una pentola d'acqua su un fornello acceso per qualche minuto, spegnendolo un po' prima che arrivi a bollore, si potrà notare come sulla superficie dell'acqua si sia formata una piccola cappa di vapore acqueo. Tale vapore esercita una pressione specifica sulla superficie dell'acqua nella pentola, la quale prende il nome di **tensione di vapore**.
La tensione di vapore può dunque essere definita come *la pressione esercitata dal vapore, in equilibrio con il proprio liquido puro, sulla superficie del liquido evaporante*.

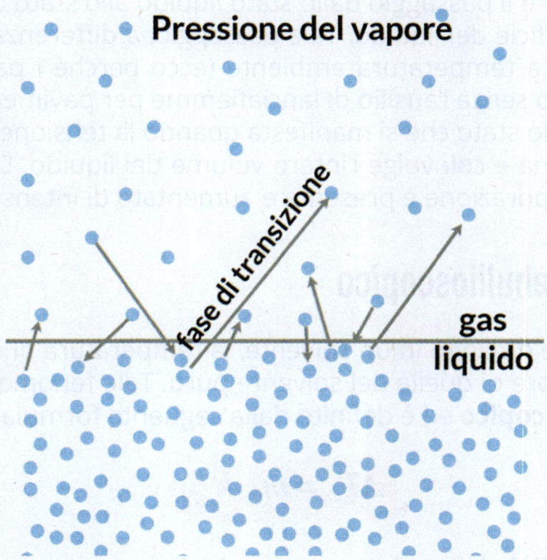

Figura 4: tensione di vapore. Le particelle che evaporano, staccandosi dalla superficie del liquido, esercitano una pressione sulla superficie evaporante.

È importante sottolineare che, quando la tensione di vapore raggiunge il valore della pressione esercitata sul sistema, il liquido va incontro a **ebollizione**; normalmente tale valore di pressione corrisponde alla **pressione atmosferica** (P_{atm}), ma vi sono delle condizioni nelle quali la pressione esercitata sul liquido risulta essere maggiore o minore; queste possono essere ben spiegate tramite due semplici e comuni esempi:

- **pentola a pressione** → in questo caso sulla pentola verrà apposto un coperchio che applicherà una pressione P_c al suo interno; il liquido, dunque, andrà in ebollizione quando la tensione di vapore raggiungerà una pressione pari alla somma fra la pressione atmosferica e la pressione esercitata dal coperchio ($P_{esterna} = P_c + P_{atm}$). Da ciò si può ricavare che maggiore sarà la pressione esterna, maggiore dovrà essere la tensione di vapore necessaria a portare il liquido in ebollizione; di conseguenza la temperatura di ebollizione del liquido sarà più alta. Ecco spiegato perché gli alimenti cuociono più rapidamente all'interno delle pentole a pressione;

CHIMICA

- **elevate altitudini** → quando si sale nelle alte vette montuose, la pressione atmosferica risulta essere inferiore, poiché è inferiore la massa d'aria che si trova al di sopra di quel punto; ciò fa sì che la tensione di vapore, per poter far bollire il liquido, dovrà raggiungere dei valori più bassi, abbassando di conseguenza la temperatura di ebollizione.

Se ti incuriosisce sapere a che temperatura bolle l'acqua sul monte Everest, scannerizza questo QR-Code:

Dopo aver trattato in modo relativamente esaustivo l'ebollizione, lo studente sarà in grado di comprendere la reale differenza fra il concetto di ebollizione ed evaporazione:

- **evaporazione** – è il passaggio dallo stato liquido allo stato di vapore che coinvolge la sola superficie del liquido. Tale passaggio, a differenza dell'ebollizione, può avvenire anche a temperatura ambiente (ecco perché i pavimenti si asciugano anche in inverno senza l'ausilio di lanciafiamme per pavimenti);
- **ebollizione** – è lo stato che si manifesta quando la tensione di vapore equivale la pressione esterna e coinvolge l'intero volume del liquido. Durante l'ebollizione il processo di evaporazione è presente e aumentato di intensità.

8.4.2 Innalzamento ebullioscopico

Quando un soluto viene disciolto in un solvente, la temperatura di ebollizione della soluzione finale sarà maggiore di quella del solvente puro. Tale fenomeno prende il nome di **innalzamento ebullioscopico** ed è definito dalla seguente formula:

$$\Delta T_{eb} = m \cdot k_{eb}$$

Con m si indica la **molalità** della soluzione e con k_{eb} la costante ebullioscopica, un valore specifico per ogni solvente.

Come le altre proprietà colligative, il valore dell'innalzamento ebullioscopico dipende esclusivamente dal numero di particelle di soluto disciolte in soluzione e sarà tanto maggiore quanto più alto sarà tale numero.
Nel caso della dissoluzione di elettroliti, sarà dunque necessario prendere in considerazione nel calcolo anche il **coefficiente di van 't Hoff** (*i*), che corrisponde al numero di specie ioniche liberate in soluzione.
Per calcolarlo negli **elettroliti forti** è sufficiente dissociare il sale e sommare il numero di ioni che si vengono a formare (in pratica, si deve effettuare la somma dei coefficienti stechiometrici degli atomi dissociati).
Esempio:
$CaCO_3 \rightarrow Ca^{2+} + (CO_3)^{2-}$ i = 2
$Fe_2(SO_4)_3 \rightarrow 2Fe^{3+} + 3(SO_4)^{2-}$ i = 5

Per gli elettroliti deboli la questione è decisamente più complessa, ma ciò esula da quanto richiesto dal test; per tale motivo agli **elettroliti deboli** e ai **non elettroliti** (es. glucosio) viene attribuito un coefficiente di van 't Hoff pari a **1**.

In considerazione di quanto appena detto, la formula completa dell'innalzamento ebullioscopico si definirà nel seguente modo:

$$\Delta T_{eb} = m \cdot k_{eb} \cdot i$$

ESERCIZIO PROPOSTO

8.4.2 Se si aggiungono 492 g di $Ca(NO_3)_2$ a 0,75 kg di acqua, quale sarà il suo punto di ebollizione finale?

K_{eb} (H_2O) = 0,52 °C · kg/mol

MM_{ca} = 40 g/mol; MM_O = 16 g/mol; MM_N = 14 g/mol

A. 106 K
B. 104 K
C. 379 K
D. 104° C
E. 379° C

8.4.3 Abbassamento crioscopico

Quando un soluto viene disciolto in un solvente, la temperatura di **congelamento** della soluzione finale sarà minore di quella del solvente puro. Tale fenomeno prende il nome di **abbassamento** crioscopico ed è definito dalla seguente formula:

$$\Delta T_{cr} = m \cdot k_{cr} \cdot i$$

Con m si indica la molalità, con K_{cr} la costante crioscopica (specifica per ogni solvente) e con i il coefficiente di van 't Hoff. Anche in questo caso, come per l'innalzamento ebullioscopico, il valore dell'abbassamento dipenderà dal numero delle particelle in soluzione.

ESERCIZIO PROPOSTO

8.4.3 Nel piccolo comune di montagna "San Benedetto del Citino", il sindaco sta preparando la città per l'arrivo dell'inverno; tuttavia si accorge che i soldi disponibili sono pochi e potrà acquistare solo 100 *kg* di uno specifico tipo di sale.
Per evitare che le strade congelino, qual è il miglior sale che può scegliere?

A. Fluoruro di bario
B. Solfato ferrico
C. Ipocolorito di sodio
D. Solfuro di calcio
E. Solfato di ammonio

8.4.4 Pressione osmotica

Come già accennato in biologia, con il termine **osmosi** si fa riferimento al passaggio di solvente (in genere acqua) attraverso una membrana semipermeabile. In chimica è possibile definirla come **pressione osmotica**, cioè la pressione necessaria a impedire che avvenga lo spostamento di un solvente attraverso una membrana semipermeabile, in modo da annullare gli effetti dell'osmosi.

Il suo valore dipende fortemente dal numero di particelle disciolte in soluzione, al punto che l'organismo umano spende enormi quantità di energia per convertire le tante molecole di glucosio che assorbiamo a livello intestinale in singole molecole di glicogeno, in modo da diminuire il valore della pressione osmotica che si viene a formare a livello delle cellule muscolari ed epatiche.
Il valore della pressione osmotica può essere dunque calcolato tramite la seguente formula:

$$\pi = M \cdot R \cdot T \cdot i$$

Con π si indica la pressione osmotica che normalmente si misura in **atmosfere** (atm), con M la molarità della soluzione, con R la costante dei gas perfetti (vedi capitolo 1), la quale presenta diversi valori in base alle unità di misura, con T la temperatura espressa in kelvin, con i il coefficiente di van 't Hoff.

MNEMOFRASE TESTBUSTERS

Non riuscite a ricordare quali e quante sono le proprietà colligative? La risposta la trovate dentro la parola **CO**lligati**VE**, infatti le prime due lettere e le ultime due fanno riferimento a:

COlligati**VE**
C = Crioscopico **O** = Osmotica **V** = Vapore **E** = Ebullioscopico
Adesso non potrete più dimenticarle!

Dal concetto di pressione osmotica deriva il concetto di **osmolarità**, con il quale si definisce il numero di moli di soluto osmoticamente attive (chiamate **osmoli**) in 1L di soluzione. Questa grandezza fa riferimento alla capacità di una soluzione di esercitare una determinata pressione osmotica e la si ricava dalla seguente formula:

$$\text{osmolarità} = \frac{n \cdot i}{V\,(L)}$$

N.B. Il prodotto fra il numero di moli e il coefficiente di van 't Hoff "n · i" corrisponde al concetto di "**osmole**".

ESERCIZIO **PROPOSTO**

8.4.4 Quale tra le seguenti sostanze in una soluzione 0,5 M ha una osmolarità maggiore?

A. $CaCl_2$
B. KOH
C. NaOH
D. K_3PO_4
E. HCl

8.5 LA CONDUCIBILITÀ DELLE SOLUZIONI

Nel capitolo precedente sono state trattate le reazioni di ossido-riduzione, in cui il trasferimento di elettroni dalla specie riducente a quella ossidante permette la liberazione di energia chimica. Questa, però, può essere convertita in energia elettrica solo se il passaggio di elettroni avviene indirettamente, mediante un conduttore metallico.

8.5.1 Componenti della pila

La pila è costituita da quattro componenti fondamentali:

- **semielemento 1**: costituito da una lamina metallica (***catodo***) e da una soluzione di un sale solubile, contenente ioni dello stesso metallo;
- **semielemento 2**: costituito da una lamina metallica (***anodo***) e da una soluzione di un sale solubile, contenente ioni dello stesso metallo;
- **conduttore metallico**: collega i due elettrodi, così da poter consentire il passaggio di elettroni da una lamina all'altra;
- **ponte salino**: rappresenta il collegamento tra le due soluzioni che permette il passaggio di anioni e cationi. All'interno del ponte è presente una soluzione acquosa contenente un sale diverso dissociato in ioni.

Questo è il motivo per cui le soluzioni contenenti **ioni** sono in grado di condurre elettricità e pertanto vengono definite *soluzioni elettrolitiche*.

CHIMICA

8.5.2 Come funziona la pila

Gli elettrodi si immergono in due contenitori diversi , ognuno contenente due soluzioni diverse:

- il **catodo**, composto da **rame**, è immerso in una soluzione 1 M di $CuSO_4$;
- l'**anodo**, composto da **zinco**, è immerso in una soluzione 1 M di $ZnSO_4$.

La corrente che si genera si basa su una semplice reazione redox, che può essere scomposta in:

1. **semireazione di ossidazione: $Zn_{(s)} \rightarrow Zn^{2+}_{(aq)} + 2e^-$;**
2. **semireazione di riduzione: $Cu^{2+}_{(aq)} + 2e^- \rightarrow Cu_{(s)}$**

La reazione redox complessiva sarà, dunque, la seguente:

$$Zn_{(s)} + Cu^{2+}_{(aq)} \rightarrow Zn^{2+}_{(aq)} + Cu_{(s)}$$

L'elettrodo in cui si verifica la semireazione di **ossidazione** corrisponde all'**anodo** (**polo negativo** della pila): qui lo zinco rilascia 2 elettroni e passa in soluzione acquosa. La semireazione di **riduzione**, invece, avviene al **catodo** (**polo positivo** della pila) ed è determinata dall'arrivo degli elettroni, rilasciati dall'elettrodo al polo opposto attraverso il conduttore metallico.

MNEMOFRASE TESTBUSTERS

Per ricordare che è a livello del catodo che avviene la semireazione di riduzione:

RED CAT: il **CAT**odo si **RID**UCE

La pila, in sintesi, è un sistema formato da **due circuiti**: uno **esterno** e uno **interno**. Nel primo gli elettroni passano dal polo negativo a quello positivo, mentre il circuito interno è rappresentato dal **ponte salino** e contiene una *soluzione satura di un sale*, generalmente KCl o KNO_3.

Per comprendere l'utilità del ponte è utile soffermarsi su quanto accade nelle soluzioni in cui sono immersi gli elettrodi:

1. da una parte, lo **zinco**, *ossidandosi*, viene rilasciato in acqua nella sua forma cationica $\mathbf{Zn^{2+}}$. In questo modo, mentre la *lamina si consuma progressivamente*, la soluzione contenente già in partenza $ZnSO_4$ (sale molto solubile e dissociante in Zn^{2+} e SO_4^{2-}), *si concentra* sempre più di *ioni* Zn^{2+}. Nel complesso, dunque, la carica risulta complessiva e *richiama anioni* dal ponte salino: se al suo interno si trova KCl, la soluzione attrarrà ioni Cl^-;
2. dall'altra parte avviene il contrario: il **rame** *si riduce*, passando dalla forma ionica in soluzione alla forma solida ridotta; a occhio nudo si può osservare l'*aumento delle dimensioni della lamina* di rame. In parole povere, possiamo dire che la lamina sta "rubando" gli elettroni dalla soluzione in cui il sale si dissocia in Cu^{2+} e SO_4^{2-}. Ne risulta una carica complessivamente negativa, che *richiama cationi* e più specificatamente K^+ dal ponte salino.

In conclusione, il ponte salino, permettendo la migrazione degli ioni K^+ nella soluzione catodica e dei Cl^- in quella anodica, **mantiene degli ambienti elettricamente neutri** in entrambe le soluzioni coinvolte.

> La conduzione di corrente elettrica attraverso il circuito *esterno* è chiamata **corrente elettronica**, in quanto affidata al *passaggio di elettroni* mediante il **conduttore metallico** che unisce gli elettrodi.
>
> La conduzione di corrente elettrica attraverso il circuito *interno* è invece chiamata **corrente ionica**, in quanto dovuta al *passaggio di ioni* attraverso il **ponte salino** nell'una o nell'altra soluzione.

8.5.3 Fattori che influenzano la conducibilità

Una volta definita la pila, possiamo parlare dei fattori che fanno variare la conducibilità all'interno del sistema appena descritto:

- la conducibilità *aumenta* con il *diminuire* della **distanza** degli elettrodi;
- la conducibilità *aumenta* con l'*aumentare* della **superficie** degli elettrodi;
- la conducibilità *aumenta* con la **concentrazione** degli elettroliti presenti in soluzione;
- la conducibilità *aumenta* con la **temperatura** delle soluzioni, in quanto aumenta la cinetica degli spostamenti degli ioni e lo scambio di carica;
- la conducibilità *varia* in base alla **natura** degli elettroliti presenti in soluzione.

ESERCIZIO **PROPOSTO**

8.5.3 Quali tra le seguenti sostanze NON può essere contenuto nel ponte salino?

A. KCl
B. KNO_3
C. K_2SO_4
D. NaCl
E. AgCl

CORREZIONI COMMENTATE AGLI ESERCIZI PROPOSTI

8.1 In questo caso la difficoltà è rappresentata dalla nomenclatura, dato che si deve scrivere la formula del sale a partire dal nome. Il carbonato di calcio è un sale ternario che si forma in seguito alla reazione tra l'idrossido di calcio, $Ca(OH)_2$, e l'acido carbonico H_2CO_3 incrociando i pedici (procedimento spiegato nel capitolo 5).

$$Ca(OH)_2 + H_2CO_3 \rightarrow CaCO_3 + 2H_2O$$

Si possono ricavare queste informazioni dal fatto che il calcio presenta un solo numero di ossidazione (+2) e per tale motivo il sale e l'idrossido si chiamano "di calcio" e non vengono utilizzati i suffissi -oso e -ico. Invece, per capire che l'acido da cui deriva il sale è l'acido carbonico, che presenta il N.O. più alto del carbonio (+4), bisogna guardare il suffisso -ato (il moroso è partito, l'amico è tornato).
A questo punto, per calcolare quanti ioni Ca^{2+} sono presenti nella molecola si deve dissociare il metallo dal residuo dell'acido applicando la disgiunzione dei pedici e tenendo conto dei numeri di ossidazione: $CaCO_3 \rightarrow Ca^{2+} + CO_3^{2-}$.
In soluzione verrà liberato solo uno ione.
Risposta corretta A.

8.2 Inizialmente si calcola il numero di moli a partire dai grammi di soluto secondo la formula:

$$\frac{m}{MM} = \frac{196\ g}{98\ g/mol} = 2\ moli$$

Dopodiché si convertono i millilitri in litri: 250 mL = 0,250 L.
Infine si calcola la molarità secondo la formula:

$$M = \frac{n}{V} = \frac{2\ mol}{0{,}250\ L} = 8\ mol/L$$

Risposta corretta B.

8.4.2 In questa tipologia di esercizio si deve procedere per gradi. Prima di tutto si deve avere a mente la formula che determina l'innalzamento ebullioscopico: $\Delta T_{eb} = m \cdot k_{eb} \cdot i$. A questo punto, dato che viene fornita la costante ebullioscopica per l'acqua, si deve calcolare la molalità e il coefficiente di van 't Hoff per il nitrato di calcio. Il sale in soluzione si dissocerà nel seguente modo: $Ca(NO_3)_2 \rightarrow Ca_2^{+} + 2NO_3^{-}$, quindi i = 3.
Per calcolare la molarità, invece, si deve calcolare il numero di moli del nitrato di calcio:

$$n = \frac{492\ g}{(16 \cdot 6 + 14 \cdot 2 + 40)\ g/mol} = \frac{492\ g}{164\ g/mol} = 3\ mol$$

In seguito si può calcolare la molalità:

$$m = \frac{n\ (mol)}{m_{fsolvente}\ (kg)} = \frac{3\ mol}{0{,}75\ kg} = 4\ m$$

Infine, si applica la formula dell'innalzamento ebullioscopico per calcolare la differenza di temperatura tra la situazione iniziale e finale:

$$\Delta T_{eb} = m \cdot k_{eb} \cdot i = 4\ m \cdot 0{,}5\ °C \cdot kg/mol \cdot 3 = 6\ °C$$

La temperatura finale sarà pari a 106 °C, dato che la temperatura di ebollizione dell'acqua è 100 °C, oppure pari a 379 K, dato che per passare da gradi centigradi a kelvin si deve aggiungere 273 (capitolo 1).
Risposta corretta C.

CHIMICA

8.4.3 Prima di tutto, in questo esercizio si deve capire che si sta parlando di abbassamento crioscopico, dato che si deve scegliere il sale che sciolto in soluzione, cioè nell'acqua, permetta di abbassarne di più la temperatura di congelamento e in questo modo prevenire che le strade si ghiaccino.
Avendo a mente la formula per l'abbassamento crioscopico: $\Delta T_{cr} = m \cdot k_{cr} \cdot i$, si deve trovare il sale che dissociato dia la ΔT_{cr} più alta, quindi crei la maggior differenza tra temperatura iniziale e finale. In pratica, dato che si stanno considerando le medesime condizioni per tutti i composti, l'unica misura che varia è il coefficiente di van 't Hoff.
Inoltre, un'altra difficoltà di questo esercizio è scrivere la formula dei composti a partire dal nome:

- fluoruro di bario: $Ba(OH)_2 + HF \rightarrow BaF_2 \rightarrow Ba^{2+} + 2F^-$ i = 3;
- solfato ferrico: $Fe(OH)_3 + H_2SO_4 \rightarrow Fe_2(SO_4)_3 \rightarrow 2Fe^{3+} + 3SO_4^{2-}$ i = 5;
- ipoclorito di sodio: $NaOH + HClO \rightarrow NaClO \rightarrow Na^+ + ClO^-$ i = 2;
- solfuro di calcio: $Ca(OH)_2 + H_2S \rightarrow CaS \rightarrow Ca^{2+} + S^{2-}$ i = 2;
- solfato di ammonio: $2NH_3 + H_2SO_4 \rightarrow (NH_4)_2SO_4 \rightarrow 2NH_4^+ + SO_4^{2-}$ i = 3.

Il sale che presenta il coefficiente di van 't Hoff maggiore è il solfato ferrico.
Risposta corretta B.

8.4.4 Calcoliamo il coefficiente di van 't Hoff di ciascun composto.

- $CaCl_2 \rightarrow Ca^{2+} + 2Cl^-$ quindi i = 3;
- $KOH \rightarrow K^+ + OH^-$ quindi i = 2;
- $NaOH \rightarrow Na^+ + OH^-$ quindi i = 2;
- $K_3PO_4 \rightarrow 3K^+ + PO_4^{3-}$ quindi i = 4;
- $HCl \rightarrow H^+ + Cl^-$ quindi i = 2.

Per calcolare l'osmolarità basta solamente fare il prodotto tra coefficiente di van 't Hoff e molarità; poiché tutti i composti hanno molarità uguale, la sostanza che ha osmolarità maggiore è quella che ha il coefficiente di van 't Hoff più alto.
Risposta corretta D.

8.5.3 La domanda è prettamente nozionistica e permette di discutere delle caratteristiche del sale che si trova nella soluzione nel ponte salino. Esso deve essere un sale molto solubile, in modo che possa svolgere al meglio il proprio compito (che richiede la massima dissociazione). L'unico sale che non rispetta questa richiesta è il cloruro d'argento.
Risposta corretta E.

ACIDI E BASI

9

9.1 CONCETTO DI ACIDO E BASE

Con il progredire delle conoscenze, la definizione di acido e di base è mutata nel tempo. Nel corso della storia si sono sviluppate tre teorie:

- teoria di Arrhenius;
- teoria di Brønsted-Lowry;
- teoria di Lewis.

Queste tre definizioni non si escludono a vicenda, ma rappresentano successivi ampliamenti e generalizzazioni delle precedenti ipotesi.

	Arrhenius	Brønsted-Lowry	Lewis
Acido	**Dona ioni H^+** SOLO in soluzione acquosa	**Dona ioni H^+** ad una base in grado di accettarli	**Accetta un doppietto** elettronico (specie elettrofila)
	Es: HCl, HNO_3, H_2SO_4, H_3O^+	Es: NH^{4+}, HCl, COOH	Es: H^+, Zn^{2+}, BF_3, $FeCl_3$
Base	**Dona ioni OH^-** SOLO in soluzione acquosa	**Accetta ioni H^+** da un acido in grado di donarli	**Dona un doppietto** elettronico (specie nucleofila)
	Es: NaOH, $Ca(OH)_2$, KOH	Es: NH_3, COO^-, OH^-	Es: NH_3, CO_3^{2-}, OH

9.2 FORZA DEGLI ACIDI E DELLE BASI

Un generico acido *HA* o una base *BOH* si dissocia in acqua secondo il proprio **equilibrio**. La forza di un acido o di una base in soluzione acquosa può essere determinata in funzione del valore di una costante di dissociazione detta $\mathbf{K_a}$ nel primo caso e $\mathbf{K_b}$ nel secondo. Possiamo scrivere le due costanti di dissociazione come:

- $HA \rightleftharpoons H^+ + A^-$ $\quad K_a = \dfrac{[H_3O^+]\,[A^-]}{[HA]}$
- $BOH \rightleftharpoons B^+ + OH^-$ $\quad K_a = \dfrac{[B^+]\,[OH^-]}{[BOH]}$

N.B. $[H_3O^+] = [H^+]$ = concentrazione molare degli ioni H^+.

Si definiscono **acidi o basi forti** quelle specie chimiche che dissociano **completamente** in acqua e che hanno valore di K_a o K_b maggiore di 1. Solitamente il valore della costante non viene specificato e la reazione di dissociazione è **irreversibile** (es. $HCl \rightarrow H^+ + Cl^-$).

Si definiscono **acidi o basi deboli** quelle specie chimiche che dissociano parzialmente e che hanno valore di K_a o K_b minore di 1. La reazione è **reversibile** (es. $H_3PO_4 \rightleftharpoons H^+ + H_2PO_4^-$). È processo intuitivo: più la K_a o K_b è grande, più l'acido o la base sarà forte.

Acidi	Basi
FORTI $HClO_4$, $HBrO_4$, HIO_4, HIO_3, H_2SO_4, HNO_3 e alcuni idracidi	**FORTI** Idrossidi dei metalli del **I e II gruppo** ad eccezione del **Be**
DEBOLI H_3PO_4, HNO_2, H_2S, HCN, HF, acidi organici (es. CH_3COOH)	**DEBOLI** Tutti gli altri idrossidi (compreso quello del **Be**) e le basi organiche (es. NH_3)

Forza crescente degli acidi ↑ — Forza crescente delle basi ↓

	Acido		K_a	Base coniugata	K_b	
Acidi molto forti	Perclorico	$HClO_4$	Molto alta	ClO_4^-	Molto bassa	Basi molto deboli
	Permanganico	$HMnO_4$	Molto alta	MnO_4^-	Molto bassa	
	Iodidrico	HI	Molto alta	I^-	Molto bassa	
	Bromidrico	HBr	Molto alta	Br^-	Molto bassa	
	Cloridrico	HCl	Molto alta	Cl^-	Molto bassa	
	Solforico	H_2SO_4	Molto alta	HSO_4^-	Molto bassa	
	Nitrico	HNO_3	Molto alta	NO_3^-	Molto bassa	
Acidi deboli	Solforoso	H_2SO_3	$1,2 \cdot 10^{-2}$	HSO_3^-	$8,3 \cdot 10^{-13}$	Basi deboli
	Ione idrogenosolfato	HSO_4^-	$1,2 \cdot 10^{-2}$	SO_4^-	$8,3 \cdot 10^{-13}$	
	Cloroso	$HClO_2$	$1,0 \cdot 10^{-2}$	ClO_2^-	$1,0 \cdot 10^{-12}$	
	Fosforico	H_3PO_4	$7,5 \cdot 10^{-3}$	$H_2PO_4^-$	$1,3 \cdot 10^{-12}$	
	Fluoridrico	HF	$7,2 \cdot 10^{-4}$	F^-	$1,4 \cdot 10^{-11}$	
	Nitroso	HNO_2	$4,5 \cdot 10^{-4}$	NO_2^-	$2,2 \cdot 10^{-11}$	
	Formico	HCOOH	$1,8 \cdot 10^{-4}$	$HCOO^-$	$5,6 \cdot 10^{-11}$	
	Benzoico	C_6H_5COOH	$6,3 \cdot 10^{-5}$	$C_6H_5COO^-$	$1,6 \cdot 10^{-10}$	
	Acetico	CH_3COOH	$1,8 \cdot 10^{-5}$	CH_3COO^-	$5,6 \cdot 10^{-10}$	
	Carbonico	H_2CO_3	$4,2 \cdot 10^{-7}$	HCO_3^-	$2,4 \cdot 10^{-8}$	
	Ione idrogenosolfito	HSO_3^-	$6,2 \cdot 10^{-8}$	HS^-	$1,0 \cdot 10^{-7}$	
	Solfidrico	H_2S	$1,0 \cdot 10^{-7}$	ClO^-	$2,9 \cdot 10^{-7}$	
	Ipocloroso	HClO	$3,5 \cdot 10^{-8}$	$SO^{2}{}_3^-$	$1,6 \cdot 10^{-7}$	
	Ione ammonio	NH_4^+	$5,6 \cdot 10^{-10}$	NH_3	$1,8 \cdot 10^{-5}$	
	Cianidrico	HCN	$4,0 \cdot 10^{-10}$	CN^-	$2,5 \cdot 10^{-5}$	
	Ione idrogenocarbonato	HCO_3^-	$4,8 \cdot 10^{-11}$	$CO^{2}{}_3^-$	$2,1 \cdot 10^{-5}$	
Acidi molto deboli	Acqua	H_2O	$1,0 \cdot 10^{-14}$	OH^-	$2,1 \cdot 10^{-4}$	Basi molto forti
	Ione Sodio	Na^+	Molto bassa	NaOH	Molto alta	
	Ione Potassio	K^+	Molto bassa	KOH	Molto alta	

Figura 1: forza di acidi e basi.

Per risalire alla forza degli **acidi** senza avere a disposizione i valori di K_a è possibile utilizzare alcune regole empiriche:

- per gli **ossiacidi** del tipo H_nXO_m dove X = non metallo:
  - se **m - n** $\geq$ **2** allora l'acido è **forte**. Più la differenza è grande più l'acido sarà **forte** (es. H_2SO_4, $HClO_4$);
  - se **m - n** < **2** allora l'acido è **debole** (es. H_2SO_3, H_3PO_4);

- per gli **idracidi**: in ordine decrescente di forza acida abbiamo: HI > HBr > HCl > HF > H_2S > HCN. Per comprendere questo ordine bisogna ragionare sul raggio atomico. Scendendo lungo il gruppo degli alogeni il raggio atomico aumenta, quindi maggiore sarà il raggio atomico, minore la forza di attrazione tra nucleo ed elettroni e quindi lo ione H^+ si dissocerà più facilmente. Inoltre è bene ricordare che F è l'elemento più elettronegativo in assoluto e quindi attrae a sé con molta forza l'atomo di idrogeno, che difficilmente verrà liberato e quindi corrisponde a un acido debole, come anche H_2S e HCN. HI, HBr e HCl sono invece acidi forti.
  N.B. L'acido fluoridrico **HF** è un **acido debole**!

Per risalire alla forza degli **idrossidi** si può utilizzare un semplice trucco. La basicità di un idrossido aumenta con il diminuire dell'elettronegatività del metallo che lo compone. Questo è dovuto al fatto che i metalli meno elettronegativi esercitano una forza di attrazione minore nei confronti degli ioni ossidrili a cui sono legati e quindi sono più inclini a liberarli all'interno di una soluzione acquosa.

ESERCIZIO **PROPOSTO**

9.2 Ordinare i seguenti composti in ordine di acidità, dal meno acido al più acido: H_2CO_3; H_2SO_4; $Ca(OH)_2$; $HClO_4$.

A. H_2SO_4; H_2CO_3; $Ca(OH)_2$; $HClO_4$
B. $Ca(OH)_2$; H_2CO_3; $HClO_4$; H_2SO_4
C. H_2CO_3; $Ca(OH)_2$; H_2SO_4; $HClO_4$
D. $Ca(OH)_2$; H_2CO_3; H_2SO_4; $HClO_4$
E. H_2CO_3; H_2SO_4; $HClO_4$; $Ca(OH)_2$

9.3 COPPIE ACIDO-BASE CONIUGATE

Secondo la teoria di **Brønsted-Lowry**, acidi e basi non esistono in termini assoluti, poiché un acido è tale solo se è presente una base disponibile ad accettare il protone e viceversa. In una reazione acido-base, l'acido, cedendo un protone H^+, si trasforma nella sua **base coniugata**, mentre la base, accettando un protone H^+, si trasforma nel suo **acido coniugato**.

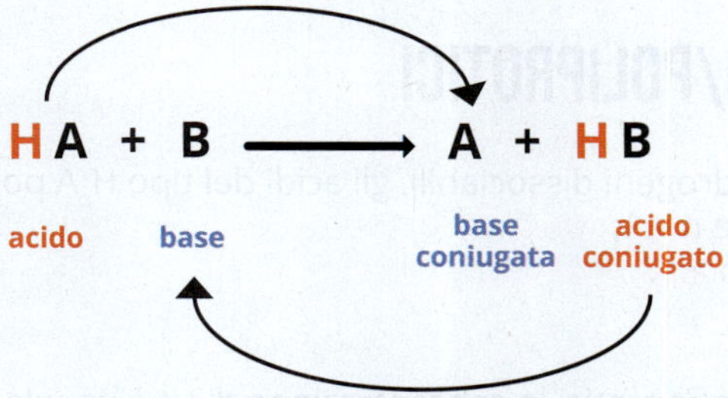

Figura 2: coppie acido-base coniugate.

Esempio: nella reazione $HCl + H_2O \rightarrow H_3O^+ + Cl^-$:

- HCl si comporta da acido, donando un protone all'acqua e trasformandosi nella sua base coniugata Cl^-;
- H_2O si comporta da base, accettando un protone dall'acido cloridrico e trasformandosi nel suo acido coniugato H_3O^+ (**ione idronio**);
- nella reazione $NH_3 + H_2O \rightarrow NH_4^+ + OH^-$: NH_3 si comporta da base, accettando un protone dall'acqua e trasformandosi nella sua base coniugata NH_4^+; H_2O si comporta da acido, donando un protone dall'ammoniaca e trasformandosi nella sua base coniugata OH^-.

Esistono inoltre delle relazioni di forza tra le coppie acido-base coniugate:

- un **acido MOLTO FORTE** ha una base coniugata **MOLTO DEBOLE** e viceversa;
- un **acido DEBOLE** ha una **base coniugata DEBOLE** e viceversa;
- un **acido MOLTO DEBOLE** ($\frac{K_a}{K_b} < 10^{-14}$) ha una **base coniugata MOLTO FORTE**.

ATTENZIONE PER IL TEST

Quando un acido forte si dissocia completamente in soluzione, forma un anione che prende un nome differente in base al nome dell'acido. Per ricordare il suffisso da usare, basta seguire la stessa regola utilizzata nella nomenclatura dei sali binari e ternari:

- acido bromico - $HBrO_3 \rightarrow H^+ + BrO_3^-$ **BrO_3^-** viene definito "**anione bromato**";
- acido cloridrico - $HCl \rightarrow H^+ + Cl^-$ **Cl^-** viene definito "**anione cloruro**".

ESERCIZIO **PROPOSTO**

9.3 Indicare quale tra i seguenti composti ha la base coniugata più forte:

A. Acido acetico
B. H_2O
C. NH_4^+
D. HNO_3
E. NaOH

9.4 ACIDI MONO/POLIPROTICI

In base al numero di idrogeni dissociabili, gli acidi del tipo H_nA possono essere distinti in:

- monoprotici se $n = 1$;
- poliprotici se $n > 1$.

Inoltre:

- per gli acidi monoprotici la concentrazione di H^+ è uguale alla molarità dell'acido;
- per gli acidi poliprotici la concentrazione di H^+ è uguale alla molarità dell'acido moltiplicata per il pedice n.

Poiché sia il calcolo del *pH* che i calcoli stechiometrici (vedi capitolo 6) si basano sulla concentrazione molare di H^+ (e **NON** dell'acido), sarà essenziale ricordare questo particolare.

Acido monoprotico **Es. $HCl \rightarrow H^+ + Cl^-$**	$[H^+] = M$	$pH = -\log_{10}[H^+]$
Acido poliprotico **Es. $H_2SO_4 \rightarrow 2H^+ + SO_4^{2-}$**	$[H^+] = 2\ M$ $n = 2$	$pH = -\log_{10}[H^+]$

RICORDA: la formula per gli acidi poliprotici vale esclusivamente per gli acidi forti! Al test l'acido poliprotico più frequente è H_2SO_4, per il quale la regola è assolutamente valida e obbligatoria.

9.5 ANFOTERI

Una sostanza si definisce **anfotera** quando in soluzione acquosa può comportarsi sia da acido che da base.

Nella tabella seguente sono presentate le principali sostanze anfotere:

H_2O	A partire dall'autoprotolisi dell'acqua: $2H_2O \rightarrow OH^- + H_3O^+$ si può notare il suo carattere anfotero	In **ambiente acido** si comporta da **base** accettando un protone: $H_2O + HCl \rightarrow H_3O^+ + Cl^-$. In **ambiente basico** si comporta da **acido** donando un protone: $H_2O + NH_3 \rightarrow OH^- + NH_4^+$
HCO_3^- $H_2PO_4^-$	In generale tutte le specie anfiprotiche contengono sia **H** che una **carica negativa**. Sono in grado sia di accettare che di donare ioni H^+	$HCO_3^- + H_3O^+ \rightarrow H_2CO_3 + H_2O$ $HCO_3^- + H_2O \rightarrow CO_3^{2-} + H_3O^+$

ESERCIZIO **PROPOSTO**

9.5 Quale di queste sostanze è anfotera?

A. H_3PO_4
B. NO_3^-
C. OH^-
D. H_3BO_3
E. HSO_4^-

CORREZIONI COMMENTATE AGLI ESERCIZI PROPOSTI

9.2 L'idrossido di calcio $Ca(OH)_2$ essendo un idrossido, quindi una base, non può essere acido. Sarà quindi il primo della lista. Dal momento che tutti gli altri sono ossiacidi, per identificare chi sia più acido bisogna applicare la prima delle formule empiriche che abbiamo visto, ossia sottrarre il pedice dell'ossigeno a quello dell'idrogeno:

- $HClO_4 \rightarrow m - n = 3$;
- $H_2SO_4 \rightarrow m - n = 2$;
- $H_2CO_3 \rightarrow m - n = 1$.

L'ordine corretto sarà quindi: $Ca(OH)_2$; H_2CO_3; H_2SO_4; $HClO_4$.
Risposta corretta D.

9.3 In questa tipologia di esercizio si può procedere per esclusione analizzando le varie opzioni. NaOH è una base, ed è la prima opzione che escludiamo. L'acido acetico è debole, la sua base coniugata sarà quindi debole. La base coniugata di NH_4^+ è l'ammoniaca, anche lei una base debole. Stesso discorso vale per HNO_3, l'acido nitrico: si tratta di un acido molto forte, quindi la sua base coniugata NO_3^- è molto debole. L'unica opzione corretta è la B. La base coniugata di H_2O è OH^-, una base molto forte.
Risposta corretta B.

9.5 Una sostanza è anfotera quando il composto è in grado di comportarsi sia da acido che da base, cioè sia donare che accettare degli ioni H^+. In questo esercizio l'acido fosforico e l'acido borico possono comportarsi solamente da acidi, poiché possono solo donare e non accettare H^+ (risposte A e D errate). Lo ione idrossido e lo ione nitrato (NO_3^-), invece, possono comportarsi solamente da basi, accettando ioni H^+ (risposte B e C errate). L'unica opzione corretta in questo caso era l'idrogeno solfato (HSO_4^-), il quale può sia accettare un H^+ per riformare l'acido solforico (H_2SO_4), sia donare un H^+ per formare l'anione solfato (SO_4^{2-}).
Risposta corretta E.

IL *pH* E SOLUZIONI TAMPONE

10

Il *pH*

Soluzioni tampone

10.1 IL *pH*

10.1.1 Acidità, neutralità e basicità

In una soluzione pura di acqua a 25 °C si instaura il seguente equilibrio, dato dalla reazione acido-base secondo la teoria di Brønsted-Lowry in cui l'acqua si comporta da anfotero:

$$2H_2O \rightleftharpoons H_3O^+ + OH^-$$

Da questa reazione è possibile ricavare la costante di autoprotolisi dell'acqua:

$$K_w = [H^+] \cdot [OH^-] = 10^{-14}$$

Questa costante è valida solo a temperatura costante dell'acqua (a temperatura crescente, anche la K_w aumenta; e viceversa). Pertanto, in soluzioni considerate **neutre**, la concentrazione degli idrogenioni e degli ossidrili sarà:

$$[H^+] = [OH^-] = 10^{-7}$$

Esistono però soluzioni in cui la concentrazione di idrogenioni è diversa da quella degli ossidrili. In base ai differenti rapporti tra le concentrazioni di questi due ioni si possono definire 3 situazioni:

Soluzione acida	$[H^+] > [OH^-]$	$[H^+] > 10^{-7}$
Soluzione basica	$[H^+] < [OH^-]$	$[H^+] < 10^{-7}$
Soluzione neutra	$[H^+] = [OH^-]$	$[H^+] = 10^{-7}$

La tabella mostra come le relazioni tra le concentrazioni di questi due ioni determinino la basicità/acidità di una soluzione:

- una maggiore concentrazione di idrogenioni [**H**$^+$] discrimina la soluzione come **acida**;
- una concentrazione identica tra idrogenioni [**H**$^+$] e ossidrili [**OH**$^-$] discrimina la soluzione come **neutra**;
- una maggiore concentrazione di ossidrili [**OH**$^-$] discrimina la soluzione come **basica**.

10.1.2 Scala del *pH*

Il ***pH*** è una scala che permette di definire la concentrazione degli ioni idrogeno, misurando l'acidità delle soluzioni acquose in numeri decimali. Tale misurazione può essere effettuata tramite l'utilizzo delle **cartine al tornasole**, delle speciali cartine che, una volta immerse in una soluzione *acida*, tendono a cambiare colore virando verso il *rosso*; quando vengono immerse in una soluzione *basica*, invece, tendono a virare verso il *blu*.

La lettera "*p*" di "*pH*" rappresenta il logaritmo in base dieci e il successivo cambio di segno del risultato ($p = -\log_{10}$), mentre la *H* rappresenta la concentrazione degli ioni idrogeno. Da ciò si possono dunque scrivere le formule per il calcolo del *pH* e del *pOH* di una soluzione:

$$pH = -\log_{10}[H^+]$$

$$pOH = -\log_{10}[OH^-]$$

Applicando la funzione "*p*" al prodotto ionico dell'acqua, si può ricavare un'altra relazione fondamentale per il calcolo del *pH* delle soluzioni:

$$K_w = [H^+] \cdot [OH^-] = 10^{-14} \rightarrow pK_w = pH + pOH = 14$$

$$\downarrow$$

$$pH + pOH = 14$$

Considerando una soluzione qualsiasi, è possibile pertanto stabilire il valore del *pH* conoscendo quello del *pOH*, e viceversa. In base ai valori ottenuti dal calcolo, una soluzione potrà essere definita acida, basica o neutra.

	pH	*pOH*
Soluzione acida	< 7	> 7
Soluzione neutra	= 7	= 7
Soluzione basica	> 7	< 7

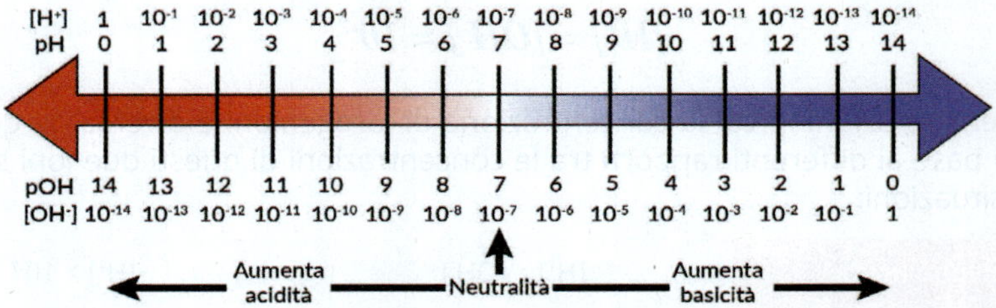

Figura 1: nell'immagine viene rappresentata la scala dei pH. A seguito di una diminuzione del pH aumenta la concentrazione di ioni H^+ e diminuisce quella di ioni OH^- disciolti in soluzione e quindi viene incrementata l'acidità. Viceversa, a seguito di un aumento del pH diminuisce la concentrazione di H^+ e aumenta quella di OH^-, causando un incremento della basicità della soluzione.

10.1.3 Calcolo del *pH*

In base alle casistiche, il calcolo del *pH* si effettua in modo diverso.
Per soluzioni che contengono acidi forti, il calcolo del *pH* si esegue semplicemente applicando la formula $pH = -\log_{10}[H^+]$.

ESERCIZIO SVOLTO

Calcola il *pH* di una soluzione $0{,}5 \cdot 10^{-2}$ M di H_2SO_4.

Svolgimento:
per poter risolvere il quesito è necessario dapprima ricavare la concentrazione degli H^+ a partire da quella dell'acido.

$$H_2SO_4 \rightarrow 2H^+ + SO_4^{2-}$$

Essendo H_2SO_4 un acido diprotico, la concentrazione degli H^+ è pari al doppio di quella dell'acido; dunque sarà pari a 10^{-2} M. A questo punto si può utilizzare la formula del *pH* per ricavarne il valore numerico. Per i neofiti, calcolare un logaritmo ($\log_{10}x$) corrisponde a ricavare l'esponente da dare alla base (10 in questo caso) per ottenere l'argomento (x).

$$pH = -\log_{10}10^{-2} = 2$$

In questo esercizio l'esponente da dare a 10 per ottenere 10^{-2} è pari a -2, il quale cambiato di segno diventa 2.

Soluzione: *pH* = 2.

Per soluzioni che contengono **basi forti**, la questione è lievemente diversa, poiché queste, quando vengono disciolte in soluzione acquosa, liberano ioni OH^-; dunque, per trovare il *pH* di tali soluzioni sarà necessario dapprima trovare il *pOH* e successivamente sfruttare la formula *pH* + *pOH* = 14.

ESERCIZIO **SVOLTO**

Calcola il *pH* di una soluzione $0{,}5 \cdot 10^{-4}$ M di $Ba(OH)_2$.

Svolgimento:
per poter risolvere il quesito è necessario dapprima ricavare la concentrazione degli OH^- a partire da quella della base.

$$Ba(OH)_2 \rightarrow Ba^{2+} + 2OH^-$$

Poiché $Ba(OH)_2$ libera 2 ioni OH^- per ogni molecola, la concentrazione degli OH^- è pari al doppio di quella della base; dunque sarà pari a 10^{-4} M.
A questo punto si può utilizzare la formula del *pOH* per ricavarne il valore numerico.

$$pOH = -\log_{10}10^{-4} = 4$$

A questo punto è sufficiente utilizzare la formula inversa di *pH* + *pOH* = 14.

$$pH = 14 - pOH \rightarrow pH = 10$$

Soluzione: *pH* = 10.

Per soluzioni che contengono **acidi deboli** il *pH* dipende dalla loro K_a, dal momento che in soluzione non si dissociano completamente; prima di calcolare il *pH* tramite la formula classica, sarà dunque necessario trovare la concentrazione degli H^+ tramite la seguente formula:

$$[H^+] = \sqrt{K_a \cdot [acido]}$$

Per le **basi deboli** vale il medesimo discorso fatto per gli acidi deboli.

ESERCIZIO **PROPOSTO**

10.1.3 Calcolare il *pH* di 0.6 g di $Mg(OH)_2$ contenuti in una soluzione di 200 mL. (MM_{Mg} = 24 g/mol; MM_O = 16 g/mol; MM_H = 1 g/mol)

A. *pH* = 13
B. *pH* = 11.18
C. *pH* = 1
D. *pH* = 14
E. *pH* = 2

Inoltre, il *pH* di una soluzione può essere determinato sperimentalmente attraverso:

- *indicatori;*
- *cartine indicatrici acido - base (cartine al tornasole);*
- *piaccametro.*

Gli **indicatori** sono **acidi organici deboli** che assumono un colore diverso in funzione della forma in cui si trovano (dissociata o indissociata), che dipende a sua volta dal *pH* della soluzione a cui gli indicatori stessi vengono aggiunti.

Ad esempio, il rosso di metile è un indicatore che:

- se prevale la forma *indissociata* dell'acido in soluzione → la soluzione è di colore *rosso*;
- se prevale la forma *dissociata* dell'acido in soluzione → la soluzione è di colore *giallo*;

Il cambiamento di colore dell'indicatore è chiamato **viraggio** e dipende dal valore di *pH* della soluzione (***pH* di viraggio**).

Per calcolare il *pH* in modo rapido e preciso è possibile usare un **indicatore universale**, ossia una soluzione costituita da diversi indicatori. Quando si aggiunge un indicatore universale a una soluzione a *pH* ignoto, quest'ultima *varia colore in funzione del suo pH*. A questo punto si può identificare il grado di acidità, basicità o neutralità della soluzione confrontando il colore ottenuto con una *scala cromatica*.

Le **cartine indicatrici acido - base (cartine al tornasole)** sono striscette di carta che vengono imbevute di un indicatore. Quando le cartine vengono immerse all'interno di una soluzione a *pH* ignoto, assumono un colore:

- *rosso* → se la soluzione ha *pH acido*;
- *blu* → se la soluzione ha *pH basico*.

Infine, i **piaccametri** sono dispositivi elettronici, collegati a un elettrodo di vetro immerso in una soluzione, che è in grado di calcolarne il *pH*.

La scala del *pH*

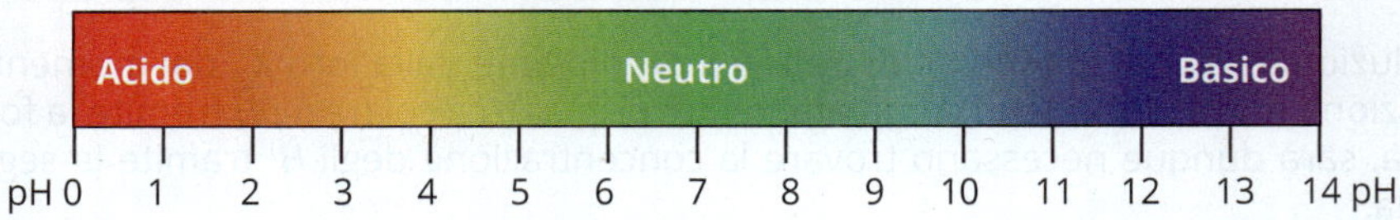

Figura 2: scala cromatica per la corretta lettura della cartina tornasole.

10.1.4 Idrolisi salina

Quando un sale viene disciolto in soluzione acquosa, si può verificare una variazione del *pH* della soluzione finale, fenomeno che prende il nome di **idrolisi salina**.
L'idrolisi del sale potrà essere neutra, acida o basica a seconda degli ioni che verranno liberati in seguito a dissociazione e, per poterlo stabilire, si può utilizzare la regola pratica del "**vince il più forte**". Essa consiste nel trovare chi fra i due componenti del sale (la parte acida e la parte basica) è "il più forte":

- per il **metallo** sarà sufficiente ricordare che le basi forti sono quelle formate dagli elementi del I e del II gruppo ad eccezione dell'idrossido di berillio;
- per il **non metallo** sarà necessario ricavare l'**acido di partenza**, aggiungendo un numero di H pari al numero di ossidazione dell'anione, per poi definire se è forte o debole.

Per poter capire a fondo il funzionamento di tale regola è necessario trattare tutti i casi possibili di idrolisi salina in modo esemplificativo:

- $NaCl \rightarrow Na^+ + Cl^-$. Il cloruro di sodio è un sale formato da Na^+, che è un metallo alcalino del I gruppo (**forte**) e da Cl^-, il cui acido di partenza è HCl (**forte**); essendo entrambi forti, l'idrolisi salina sarà **neutra** (***pH* = 7**);

- $FeCl_3 \rightarrow Fe^{3+} + 3Cl^-$. Il cloruro ferrico è un sale formato da Fe^{3+}, che è un metallo di transizione (**debole**) e da Cl^-, che deriva da HCl (**forte**); dal momento che la regola vuole che *"vinca il più forte"*, essendo l'acido "il forte" tra i due, l'idrolisi salina sarà **acida** (***pH* < 7**);
- $CaCO_3 \rightarrow Ca^{2+} + CO_3^{2-}$. Il carbonato di calcio è un sale formato da Ca^{2+}, che è un metallo del II gruppo (**forte**) e da CO_3^{2-},che deriva da H_2CO_3 (**debole**); dal momento che la regola vuole che *"vinca il più forte"*, essendo la base "il forte" tra i due, l'idrolisi salina sarà **basica** (***pH* > 7**);
- $Zn(NO_2)_2 \rightarrow Zn^{2+} + 2(NO_2)^-$. Il nitrito di zinco è un sale formato da Zn^{2+}, che è un metallo di transizione (**debole**) e da NO_2^-, che deriva da HNO_2 (**debole**); dal momento che la regola vuole che *"vinca il più forte"*, essendo entrambi deboli, bisognerà fare riferimento alle rispettive K_a e K_b.
  Chi avrà il valore più alto sarà il più forte, e quindi deciderà il *pH* finale della soluzione.

RICORDA: il concetto di sale acido/basico e di idrolisi acida/basica **non coincidono**. Esistono sali acidi che in soluzione danno idrolisi basica e viceversa. $NaHCO_3$, ad esempio, è un **sale acido**, in quanto nella sua formula contiene un atomo di idrogeno, ma messo in soluzione acquosa compie un'**idrolisi basica** poiché il metallo che forma il sale deriva dall'idrossido di sodio NaOH, base forte, invece il residuo acido deriva dall'acido carbonico H_2CO_3, acido debole.
Ricordi il nome di questo sale?

ESERCIZIO **PROPOSTO**

10.1.4 Quale fra le seguenti sostanze andrà a variare il *pH* di una soluzione neutra, abbassandolo?

A. NaCl
B. $Ca(OH)_2$
C. $(NH_4)_2SO_4$
D. KI
E. $NaHCO_3$

10.1.5 Reazioni acido-base

Quando un acido e una base vengono posti in una stessa soluzione, questi vanno incontro a una **reazione acido-base**, la quale porta alla formazione di un sale. Durante tale reazione, gli ioni H^+ dell'acido si legano agli ioni OH^- della base per formare acqua; in questo modo il *pH* della soluzione finale tende a spostarsi verso valori tendenti alla neutralità, la quale viene raggiunta quando si verifica una condizione di equivalenza fra il numero di moli di H^+ e il numero di moli di OH^-.

Le reazioni acido-base che portano quindi alla formazione di sale e acqua vengono anche chiamate reazioni di neutralizzazione.

$$n_{H+} = n_{OH-} \rightarrow pH = 7$$

ESERCIZIO **SVOLTO**

Se si aggiungono 500 mL di una soluzione di H_2SO_4 0,05 M a 500 mL di una soluzione di NaOH 0,08 M quale sarà il *pH* misurato a 25° C?

Svolgimento:
dal momento che nella soluzione viene posto un acido insieme a una base, il *pH* della soluzione tenderà a spostarsi verso valori tendenti alla neutralità. Tuttavia, l'esercizio chiede di trovare il valore finale del *pH*, il quale può essere ricavato osservando la differenza fra il numero di moli di H^+ e il numero di moli di OH^-:

- se $n_{H+} - n_{OH-} = 0 \rightarrow pH = 7$;
- se $n_{H+} > n_{OH-}$ oppure $n_{OH-} > n_{H+} \rightarrow pH \neq 7$.

Dunque si ricava per prima cosa il numero di moli di H^+ e di OH^- sfruttando la formula inversa della molarità. In questo caso specifico bisogna fare attenzione alla **molarità degli H⁺**; essa sarà pari al doppio di quella di H_2SO_4, dal momento che questo è un acido diprotico:

$$M = n / V \rightarrow n_{H+} = M_{H+} \cdot V_{H+} = 2 \cdot 5 \cdot 10^{-2}\ mol/L \cdot 5 \cdot 10^{-1}\ L = 5 \cdot 10^{-2}\ mol_{H+}$$

$$n_{OH-} = M_{OH-} \cdot V_{OH-} = 8 \cdot 10^{-2}\ mol/L \cdot 5 \cdot 10^{-1}\ L = 4 \cdot 10^{-2}\ mol$$

$$n_{H+} - n_{OH-} = 1 \cdot 10^{-2}\ mol$$

Da quest'ultimo calcolo si evince che è presente un numero di moli di H^+ maggiore di quello degli OH^-, dunque il *pH* della soluzione sarà sicuramente **acido**. Per trovare il *pH* è necessario trovare la **molarità dell'eccesso di H⁺**, la quale si calcola tramite il rapporto fra le moli in eccesso di H^+ e il *volume finale* della soluzione (derivante dalla somma dei due volumi iniziali):

$$M_{H+} = \frac{n_{H+} - n_{OH-}}{V_{tot}} = \frac{1 \cdot 10^{-2}\ mol}{1\ L} = 10^{-2}\ M$$

Infine, si utilizza la formula del *pH*:

$$pH = -\log_{10} 10^{-2} = 2$$

Soluzione: *pH* = 2.

ESERCIZIO **PROPOSTO**

10.1.5 Qual è il volume minimo di una soluzione acquosa di idrossido di potassio 0,150 mol/L necessario per neutralizzare completamente una soluzione acquosa contenente 5 · 10^{-3} mol di acido succinico ($HOOCCH_2CH_2COOH$)?

A. 33,3 mL
B. 16,7 mL
C. 66,7 mL
D. 167 mL
E. Nessuna delle precedenti

10.2 SOLUZIONI TAMPONE

Alcune soluzioni posseggono la proprietà di non variare **sensibilmente** il proprio *pH* anche se ad esse viene aggiunta una **quantità moderata** di un acido forte o di una base forte. Tali soluzioni vengono chiamate **soluzioni tampone**.
Si definisce tampone una soluzione acquosa contenente:

un acido debole e la sua base coniugata (sale dello stesso acido con una base forte)
HA + A^- (ad esempio CH_3COOH + CH_3COONa)

oppure

una base debole e il suo acido coniugato (sale della stessa base con un acido forte)
B + BH^+ (ad esempio NH_3 + NH_4Cl)

Questo tipo di soluzioni, capaci di stabilizzare la variazione di *pH* in conseguenza all'aggiunta di modiche quantità di acidi o basi, si trovano anche all'interno del sangue umano, nel quale hanno il compito di mantenere il *pH* il più possibile vicino al valore di 7,4; in tal modo verranno tamponate le variazioni incompatibili con la vita.

$$CO_2 + H_2O \rightleftarrows H_2CO_3 \rightleftarrows HCO_3^- + H^+$$

Figura 3: sistema tampone ematico dei bicarbonati. L'organismo umano regola il pH del sangue modificando sia la concentrazione di CO_2 tramite l'aumento e la diminuzione della frequenza respiratoria sia l'escrezione renale di anioni bicarbonato.

Per poter capire il meccanismo che porta alla manifestazione dell'azione tamponante verrà preso in esempio il sistema tampone ematico dei bicarbonati:

$$\begin{Bmatrix} H_2CO_3 \rightleftharpoons H^+ + HCO_3^- \\ NaHCO_3 \rightarrow Na^+ + HCO_3^- \end{Bmatrix}$$

L'acido carbonico H_2CO_3, essendo debole, si dissocia parzialmente rilasciando piccole quantità di anione bicarbonato HCO_3^- ; il sale, invece, essendo un elettrolita forte, si dissocerà completamente, aumentando di molto la concentrazione degli anioni HCO_3^- . In questo modo si andrà a creare una soluzione che presenterà concentrazioni molto simili di HCO_3^- e di H_2CO_3.

La parziale dissociazione dell'acido sarà quella che permetterà di attuare l'azione tamponante:

- **aggiunta di acidi forti** → aggiungendo una soluzione di HCl, si aggiungeranno sostanzialmente ioni H^+ alla soluzione. Ragionando sull'equilibrio presente nella reazione di dissociazione dell'acido debole ($H_2CO_3 \rightleftharpoons H^+ + HCO_3^-$) e seguendo il principio di Le Châtelier, un'aggiunta di ioni H^+ comporterà un aumento dei prodotti; di conseguenza l'equilibrio tenderà a spostarsi verso sinistra, aumentando la concentrazione di H_2CO_3 e tamponando in tal modo il pH della soluzione;
- **aggiunta di basi forti** → aggiungendo una soluzione di NaOH, si aggiungeranno sostanzialmente ioni OH^- alla soluzione. In questo caso, gli ioni OH^- si andranno a legare agli ioni H^+ per formare H_2O, la quale non causerà variazioni del *pH*.

Per quanto riguarda i tamponi formati da basi deboli, il funzionamento è analogo a quello dei tamponi acidi, con la differenza che i primi tenderanno a tamponare meglio l'aggiunta di basi, mentre i secondi tamponeranno meglio l'aggiunta di acidi.

ATTENZIONE PER IL TEST

Le coppie acido/base coniugate sono costituite da composti che si formano in seguito alla perdita di una sola unità di idrogenioni, cioè che differiscono di un solo ione H^+. Lo stesso vale per le coppie base/acido coniugate con gli ioni OH^-. Se queste coppie sono formate da acidi e da basi deboli, queste saranno anche soluzioni tampone.
Esempio:

- H_2CO_3/HCO_3^-; $H_2PO_4^-/HPO_4^{2-}$ → sono coppie acido/base coniugate;
- H_2CO_3/CO_3^{2-}; H_3PO_4/HPO_4^{2-} → NON sono coppie acido/base coniugate.

Di una soluzione tampone si può calcolare anche il *pH*, utilizzando l'**equazione di Henderson-Hasselbach**:

$$pH = pK_a + log_{10} \frac{Cs}{Ca}$$

RICORDA: la massima azione tamponante si ha quando la concentrazione del sale C_s è uguale alla concentrazione dell'acido C_a; in queste condizioni il $\mathbf{log_{10}} \frac{C_s}{C_a}$ sarà pari a 0, dunque $pH = pK_a$.

ESERCIZIO **PROPOSTO**

10.2 Calcolare il *pOH* di una soluzione HF 0,5 mol mescolata con 29 g di KF tenendo in considerazione che il volume è costante.
(pKa_{HF} = 3,14; F = 19 g/mol; K = 39 g/mol)

A. *pOH* = 10.86
B. *pOH* = 3.14
C. *pOH* = 5.45
D. *pOH* = 9.83
E. Nessuna delle precedenti

Per approfondire questo argomento inquadra il QR code e guarda la videolezione:

CORREZIONI COMMENTATE AGLI ESERCIZI PROPOSTI

10.1.3 Innanzitutto bisogna calcolare il numero di moli, per poi calcolare la molarità di $Mg(OH)_2$; quindi:

$$n = \frac{0,6 \text{ g}}{58 \text{ g/mol}} = 0,01 \text{ mol di } Mg(OH)_2$$

$$M = \frac{0,01 \text{ mol}}{0.2 \text{ L}} = 0,05 \text{ M}$$

Essendo una base forte che libera 2OH⁻ si può calcolare il pOH facendo il logaritmo della concentrazione di $Mg(OH)_2$ moltiplicato per 2:

$pOH = -\log_{10} (2 \cdot 0{,}05) = -\log_{10}(0{,}1) = 1 \rightarrow pH = 14 - 1 = 13.$

Risposta corretta A.

10.1.4 In questa tipologia di esercizi si può procedere per esclusione. NaCl e KI danno idrolisi neutra, poiché derivano da un acido forte e da una base forte. Essi, quindi, non andranno a modificare il *pH* (opzioni A e D errate). Il bicarbonato di sodio è un sale lievemente basico, in quanto formato da uno ione derivante dalla base forte NaOH e dall'idrossido di calcio, una base.
Le due precedenti sostanze alzeranno il *pH*, spostandolo a valori maggiori di 7 (opzioni B ed E errate). L'unica specie in grado di abbassare il *pH* sarà il solfato di ammonio: un sale che dà idrolisi acida poiché deriva da una base debole, l'ammoniaca, e da un acido forte, l'acido solforico.
Risposta corretta C.

10.1.5 Questo esercizio è uscito nel test dell'anno 2015, ma è ottimo per imparare il ragionamento per questa tipologia di esercizi. In questo caso vengono già fornite le moli dell'acido succinico e la molarità dell'idrossido di potassio KOH. Dato che viene richiesto il volume minimo della soluzione della base per rendere **neutra** la soluzione finale, la differenza tra le moli di H^+ e le moli di OH^- deve essere pari a 0, quindi $n_{H+} = n_{OH-}$. Di conseguenza, si può ricavare il volume con la formula inversa della molarità dell'acido utilizzando come valore delle moli quello degli H^+, che corrisponderà al doppio delle moli dell'acido succinico (dal momento che questo acido presenta due gruppi carbossilici COOH); quindi libererà il doppio degli ioni H^+:

$$V_{KOH} = \frac{n}{M_{KOH}} = \frac{2 \cdot 5 \cdot 10^{-3}\ \text{mol}}{0{,}150\ \text{mol/L}} = 66{,}7\ \text{mol} \cdot 10^{-3}\ \text{L} = 66{,}7\ \text{mL}$$

Risposta corretta C.

10.2 In questo caso la soluzione data dalla combinazione dei due composti sarà una soluzione tampone (acido debole HF + sale dell'acido KF). Le soluzioni tampone contengono miscele di soluti che impediscono significative variazioni di *pH* per aggiunta di moderate quantità di acidi e di basi forti. Utilizzando l'equazione di Henderson-Hasselbach:

$$pH = pK_a + \log_{10} \frac{C_s}{C_a} = pK_a + \log \frac{[KF]}{[HF]}$$

Poiché non vi è variazione di volume, possiamo considerare le concentrazioni alla stregua delle moli:

$$n_{HF} = 0{,}5\ \text{mol};\ n_{KF} = \frac{29\ \text{g}}{58\ \text{g/mol}} = 0{,}5\ \text{mol}$$

Avendo HF e KF le stesse moli e quindi la stessa concentrazione, il rapporto tra le concentrazioni sarà pari a 1 e, di conseguenza, il logaritmo sarà pari a 0.
Il *pH* della soluzione presenterà un valore uguale alla $pK_a = 3{,}14$.
Dunque $pOH = 14 - 3{,}14 = 10{,}86$.
Risposta corretta A.

CHIMICA

LA CHIMICA DEL CARBONIO

11

11.1 LA CHIMICA DEL CARBONIO

La chimica organica studia i composti organici del carbonio.
Gli atomi di carbonio, avendo un numero di elettroni di valenza pari a 4, formano **sempre 4 legami**; generalmente tali legami si formano con atomi di idrogeno, ma in numerose strutture possono essere presenti anche altri elementi che conferiscono peculiari caratteristiche alla catena carboniosa.

Il carbonio possiede sei elettroni e ha configurazione elettronica **$1s^2$ $2s^2$ $2p^2$**.
Tale configurazione non prevede la presenza di quattro elettroni spaiati sullo strato di valenza, poiché due di questi occupano il sottolivello s, mentre gli altri due occupano due orbitali del sottolivello p.

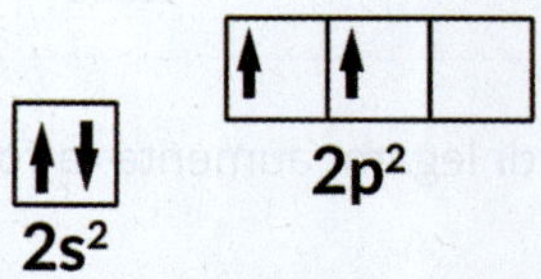

Figura 1: strato di valenza dello stato fondamentale (non eccitato) del carbonio.

Tuttavia, come detto all'inizio del paragrafo, il carbonio, in condizioni normali, forma sempre quattro legami; per rendere possibile ciò, è necessario però che l'atomo vada incontro a un fenomeno che prende il nome di **eccitazione**. Tale fenomeno consiste nella somministrazione di energia al fine di rimodellare lo strato di valenza del C, in modo tale da separare i due elettroni presenti nel sottolivello s (***s^2***): uno di questi rimarrà nell'orbitale iniziale, l'altro andrà a occupare l'orbitale p libero.

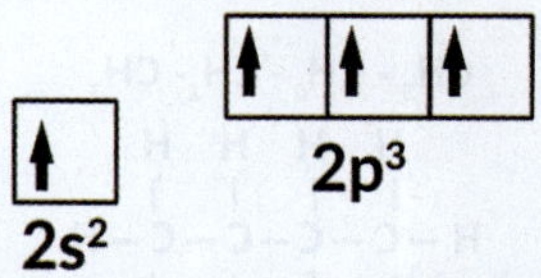

Figura 2: strato di valenza dello stato eccitato del carbonio.
In questa condizione l'atomo sarà capace di formare quattro legami con altri elementi.

Questo comportamento spiega perché un atomo di carbonio sia capace di formare quattro legami singoli, ma non spiega né come esso sia in grado di formarne quattro singoli uguali tra loro, dato che gli elettroni si trovano in diversi sottolivelli, né come sia in grado di formare legami doppi o tripli.
Gli orbitali del carbonio, quindi, attueranno il fenomeno dell'**ibridazione.** Esso consiste nel rimodellamento degli orbitali allo scopo di formare varie combinazioni (in particolare: ***sp***, ***sp^2***, ***sp^3***) che permettono alla molecola di assumere una diversa geometria e di conseguenza una diversa disposizione dei legami. In sintesi, può creare **legami singoli, doppi e tripli** (vedi capitolo 3).

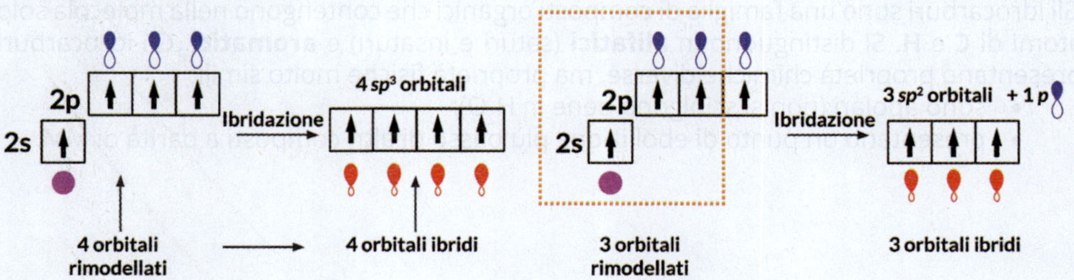

Figura 3: ibridazione sp^3 e sp^2 del carbonio.
Da notare che nell'ibridazione sp^2 rimane un orbitale p non ibrido.

In descrizione nella tabella sottostante sono illustrate le caratteristiche dei legami del carbonio con le relative ibridazioni.

	sp^3	sp^2	sp
Legami del carbonio	4 legami σ (4 legami singoli)	3 legami σ e 1 legame π (2 legami singoli e un doppio legame)	2 legami σ e 2 legami π (1 legame singolo e un triplo legame)
Angolo di legame	109° molecola tetraedrica	120° molecola triangolare	180° molecola lineare
Esempio	Metano	Etene	Propino

N.B. All'aumentare del numero di legami aumenta la forza di legame ma diminuisce la lunghezza (vedi capitolo 4).

È molto importante sapere che tutti i composti organici vengono definiti tramite tre tipi di formule:

- **formula bruta**, che indica quali e quanti atomi sono presenti in una molecola (es. C_3H_8);
- **formula di struttura**, che indica quali e quanti atomi sono presenti, e anche come questi sono legati tra di loro;
- **formula condensata**, la quale dà importanza solo ai legami fra gli atomi di carbonio condensando quelli con gli idrogeni.

$CH_3 - CH_2 - CH_2 - CH_3$

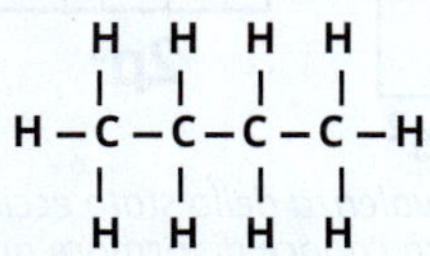

butano (C_4H_{10})

Figura 4: in ordine dall'alto in basso si possono riconoscere la formula condensata, la formula di struttura e la formula bruta del butano.

11.2 I COMPOSTI ORGANICI

11.2.1 Idrocarburi in generale

Gli idrocarburi sono una famiglia di composti organici che contengono nella molecola solo atomi di **C** e **H**. Si distinguono in **alifatici** (saturi e insaturi) e **aromatici**. Gli idrocarburi presentano proprietà chimiche diverse, ma proprietà fisiche molto simili:

- sono apolari (non si sciolgono bene in H_2O);
- presentano un punto di ebollizione più basso di altri composti a parità di MM.

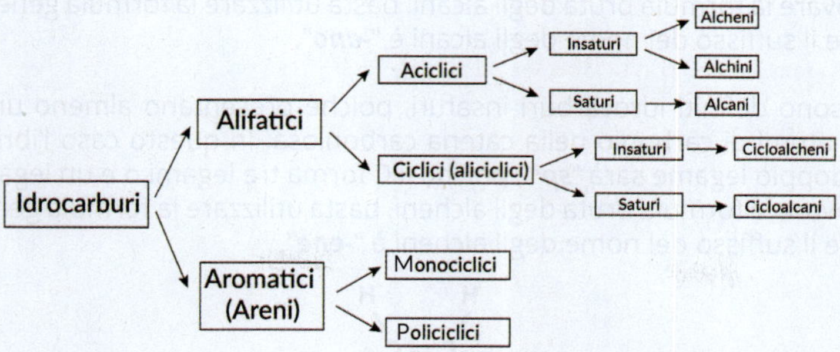

11.2.2 Idrocarburi alifatici aciclici

Gli idrocarburi alifatici sono composti organici binari costituiti esclusivamente da C e H. Questi, in base alla loro struttura, possono essere suddivisi in:

- **aciclici** o **lineari** (alcani, alcheni e alchini);
- **ciclici** (cicloalcani, cicloalcheni e cicloalchini).

In base al numero di atomi di carbonio, ogni idrocarburo lineare presenta uno specifico **nome**, composto da un prefisso indicato nella tabella sottostante, e da un suffisso che dipende dalla natura dell'idrocarburo.

Numero di atomi di C	Prefisso	Alcani	Alcheni	Alchini
1	Met-	Met**ano**	/	/
2	Et-	Et**ano**	Et**ene**	Et**ino**
3	Prop-	Prop**ano**	Prop**ene**	Prop**ino**
4	But-	But**ano**	But**ene**	But**ino**
5	Pent-	Pent**ano**	Pent**ene**	Pent**ino**
6	Es-	Es**ano**	Es**ene**	Es**ino**
7	Ept-	Ept**ano**	Ept**ene**	Ept**ino**

Gli **alcani** (conosciuti anche con il nome di **paraffine**) sono definiti idrocarburi saturi, poiché tutte le valenze degli atomi di C sono saturate da legami con atomi di C o atomi di H; pertanto non presentano doppi o tripli legami nella catena carboniosa. Essendo dunque presenti esclusivamente legami σ all'interno della molecola, si può capire molto bene perché l'atomo di C negli alcani è sempre ibridato ***sp*³**.

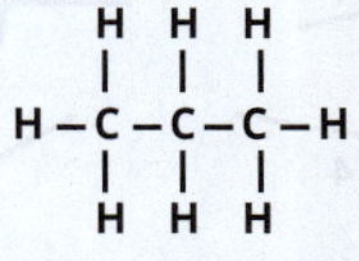

Figura 5: formula di struttura del propano. Si può notare come i carboni formino esclusivamente legami singoli.

Per poter trovare la formula bruta degli alcani, basta utilizzare la formula generale C_nH_{2n+2}.
Si ricorda che il suffisso del nome degli alcani è "***-ano***".

Gli **alcheni** sono definiti idrocarburi insaturi, poiché presentano almeno un doppio legame fra gli atomi di carbonio nella catena carboniosa. In questo caso l'ibridazione dei carboni del doppio legame sarà "***sp²***", poiché il C forma tre legami σ e un legame π.
Per poter trovare la formula bruta degli alcheni, basta utilizzare la formula generale C_nH_{2n}.
Si ricorda che il suffisso del nome degli alcheni è "***-ene***".

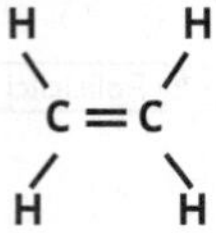

Figura 6: formula di struttura dell'etene (noto anche come etilene).
Si può notare il doppio legame presente nella molecola.

Gli **alchini** sono definiti idrocarburi insaturi, poiché presentano almeno un triplo legame fra gli atomi di carbonio nella catena carboniosa. In questo caso l'ibridazione dei carboni del doppio legame sarà "***sp***", poiché il *C* forma due legami σ e due legami π.
Per poter trovare la formula bruta degli alchini, basta utilizzare la formula generale C_nH_{2n-2}.
Si ricorda che il suffisso del nome degli alchini è "***-ino***".

H – C ≡ C – H

Figura 7: formula di struttura dell'etino (noto anche come acetilene).
Si può notare il triplo legame presente nella molecola.

11.2.3 Idrocarburi alifatici ciclici

Gli idrocarburi possono essere anche ciclici, quando la struttura presenta la forma di un anello. Se ne riconoscono tre tipi:

- **cicloalcani** → hanno una formula generale C_nH_{2n};
- **cicloalcheni** → hanno una formula generale C_nH_{2n-2};
- **cicloalchini** → hanno una formula generale C_nH_{2n-4}.

Di particolare importanza è il cicloesano, di formula C_6H_{12}, poiché presenta due particolari conformazioni:

- **a sedia** → i carboni in posizione 1 e 4 sono spostati rispettivamente al di sopra e al di sotto del piano. Essa rappresenta la conformazione più stabile del cicloesano;
- **a barca** → non è stabile quanto la conformazione a sedia a causa dell'elevata interazione tra gli atomi di H legati ai C 1 e 4 posti dalla stessa parte del piano.

RICORDA: la conformazione a sedia è più stabile rispetto a quella a barca per via dell'ingombro sterico. L'ingombro sterico è la repulsione elettrostatica delle nuvole elettroniche, pertanto più una molecola tende a occupare spazio più è stabile.

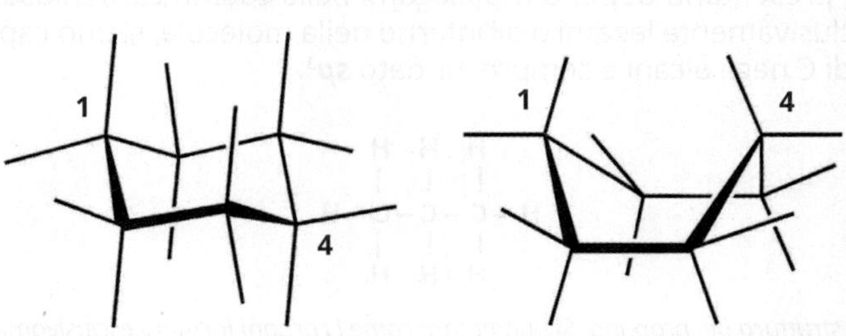

Figura 8: conformazione a sedia (a sinistra) e a barca (a destra) del cicloesano.

11.2.4 Idrocarburi aromatici

Gli idrocarburi aromatici sono composti organici **ciclici insaturi**, i quali possono essere monociclici (un solo anello) o policiclici (più anelli). Il loro termine più semplice è il **benzene**, di formula C_6H_6.

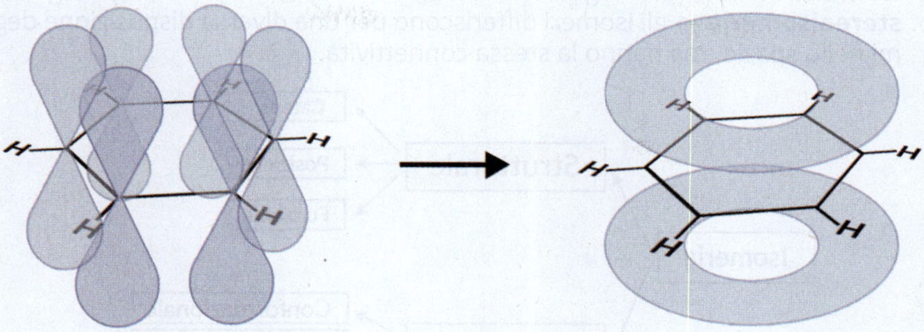

Figura 9: benzene e disposizione della nube elettronica.

Tale particolare configurazione è possibile perché ogni atomo di *C* è ibridato ***sp²*** e si lega ai *C* adiacenti tramite **legami** σ. Ciascun atomo di carbonio possiede un orbitale p disposto perpendicolarmente al piano della molecola; in tal modo, gli elettroni degli **orbitali p non ibridi** descrivono la **nube elettronica** che avvolge i sei atomi al di sopra e al di sotto dell'anello benzenico, donando grande stabilità alla molecola.

Nell'immagine sottostante sono rappresentate le **forme di risonanza** della molecola benzenica; la reale struttura del benzene è posta a metà fra le due forme limite.

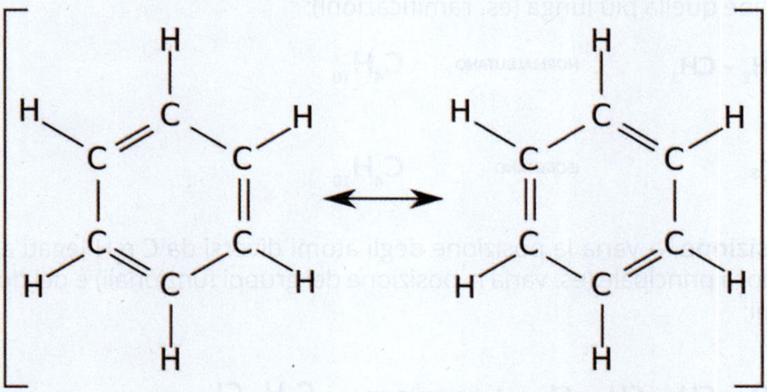

Figura 10: ibridi di risonanza del benzene.

ESERCIZIO **PROPOSTO**

11.2.4 Affinché un composto sia aromatico è necessario che:

A. I suoi atomi siano ibridizzati sp^2
B. Contenga solo atomi di carbonio e idrogeno
C. Non sia ciclico
D. Contenga elettroni π delocalizzati
E. Contenga legami tripli

CHIMICA

11.3 ISOMERIA

L'**isomeria** è il fenomeno per il quale due o più composti hanno stessa formula bruta, ma diversa formula di struttura e, di conseguenza, diverse proprietà fisiche-chimiche.
In particolare, dividiamo l'isomeria in:

- **isomeria strutturale** → gli isomeri differiscono per la connettività degli atomi;
- **stereoisomeria** → gli isomeri differiscono per una diversa disposizione degli atomi nello spazio, ma hanno la stessa connettività.

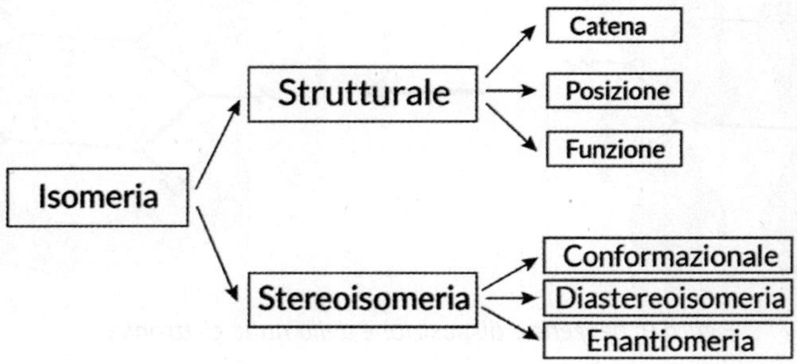

11.3.1 Isomeria strutturale

Gli **isomeri strutturali** (o costituzionali) sono composti che presentano la stessa formula bruta, ma una formula di struttura diversa nella quale varia la connettività fra gli atomi; con *connettività diversa* si intende semplicemente che tali isomeri presentano legami diversi con gli stessi atomi o gruppi atomici della molecola.
Gli isomeri strutturali si dividono in:

- **isomeri di catena** → varia la connettività fra gli atomi di C nella catena carboniosa principale, cioè quella più lunga (es. ramificazioni);

$CH_3 - CH_2 - CH_2 - CH_3$ NORMALBUTANO C_4H_{10}

$CH_3 - CH - CH_3$ (con CH_3 legato al C centrale) ISOBUTANO C_4H_{10}

- **isomeri di posizione** → varia la posizione degli atomi diversi da C e H legati alla catena carboniosa principale (es. varia la posizione dei gruppi funzionali) e dei doppi e tripli legami;

$CH_3 - CH_2 - CH_2 - CH_2 - CH_2 - Cl$ 1-CLOROPENTANO $C_5H_{11}Cl$

$CH_3 - CH_2 - CH_2 - CH - CH_3$ (con Cl legato al C4) 2-CLOROPENTANO $C_5H_{11}Cl$

- **isomeri di funzione** → i composti presentano la stessa formula bruta, ma un diverso gruppo funzionale (es. alcoli ed eteri).

$CH_3 - CH_2$ (con OH legato al CH_2) ETANOLO C_2H_6O

$CH_3 - O - CH_3$ ETERE DIMETILICO C_2H_6O

MNEMOFRASE TESTBUSTERS

Per ricordare i tipi di isomeria strutturale:

CATia è una **FUNZION**aria delle **POS**te
→ **CAT**ena, **FUNZION**e, **POS**izione

Isomeria di catena	Isomeria di posizione	Isomeria di funzione
Diversa concatenazione di atomi di C	Stessa concatenazione di atomi di C, ma diversa posizione di legame dei sostituenti o dei gruppi funzionali	Gli atomi nei due isomeri sono disposti in modo da dare due gruppi funzionali diversi

ESERCIZIO **PROPOSTO**

11.3.1 Quanti isomeri strutturali della molecola C_4H_9Br esistono?

A. 2
B. 3
C. 4
D. 5
E. 6

CHIMICA

11.3.2 Stereoisomeria

Con il termine **stereoisomeri** si intendono particolari isomeri che hanno la stessa connettività, ma differiscono per la loro disposizione spaziale.
Si possono distinguere tre tipi di stereoisomeria:

- **enantiomeria** (o isomeria ottica) → due molecole vengono considerate isomeri ottici quando la struttura di una è l'*immagine speculare* dell'altra, *senza però essere sovrapponibili* (es. la mano destra e la mano sinistra sono speculari, ma non sovrapponibili).

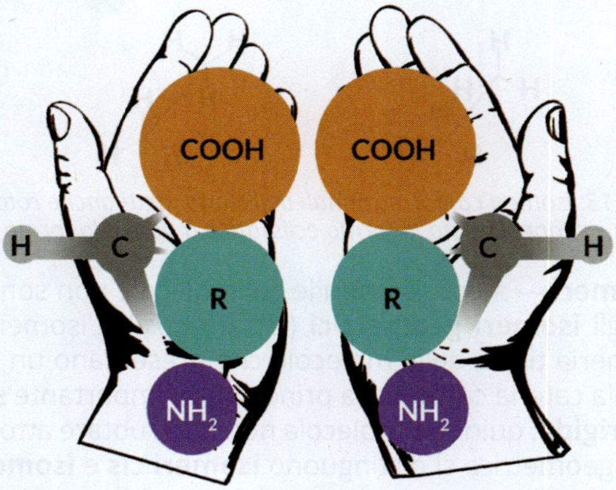

Figura 11: raffigurazione enantiomeri degli amminoacidi ed esempio della specularità delle mani.

In queste molecole è presente almeno un **carbonio chirale** (o stereocentro), cioè un carbonio *ibridato* sp^3 che lega quattro *atomi o gruppi atomici diversi*.
Conoscendo il numero di stereocentri (*n*) di una molecola si può calcolare il numero di enantiomeri utilizzando la formula 2^n.
È importante ricordare che due enantiomeri presentano le stesse proprietà chimico-fisiche, ma diversa **attività ottica**, cioè ruotano diversamente il piano della luce polarizzata: se lo ruotano verso destra vengono detti **destrogiri** (es. acido D-lattico), se verso sinistra vengono detti **levogiri** (es. acido L-lattico). Infatti, quando una soluzione è costituita al 50% da isomeri L e al 50% da isomeri D, viene definita **miscela racemica** (otticamente inattiva);

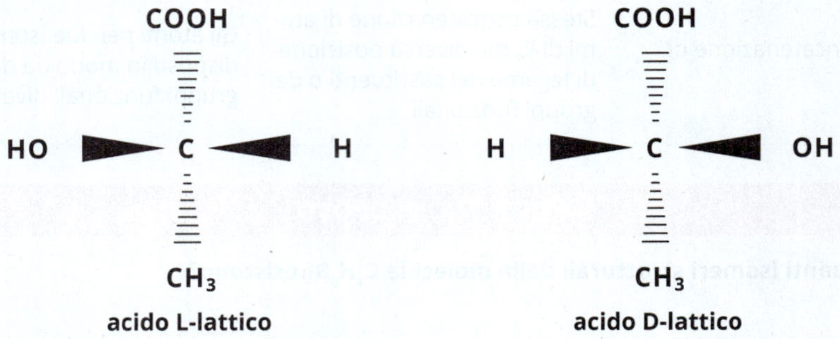

Figura 12: raffigurazione enantiomeri della molecola di acido lattico.
Poiché è presente solo un carbonio chirale, il numero degli enantiomeri possibili è pari a 2.

- **isomeria conformazionale** → nell'isomeria conformazionale gli isomeri presentano un diverso orientamento spaziale causato dalla rotazione del legame C - C della catena carboniosa principale. Possono assumere in particolare due forme, quella **eclissata** nel momento in cui gli idrogeni legati agli atomi di C si sovrappongono tra loro; quella **sfalsata** quando invece gli idrogeni di un C formano un angolo con gli idrogeni di un altro C. La forma più stabile sarà quella sfalsata, perché è presente minor ingombro sterico.

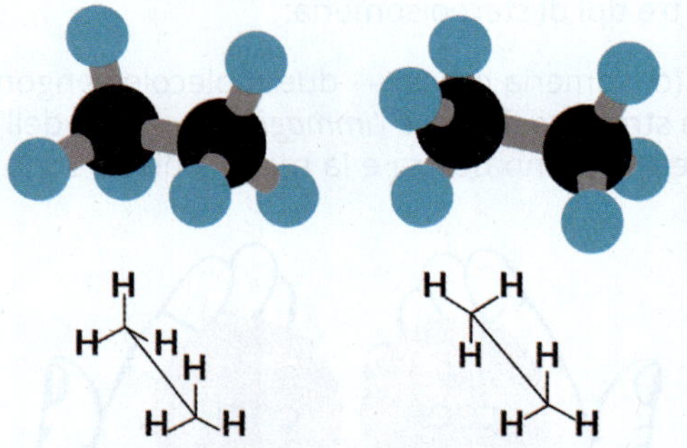

Figura 13: isomeri conformazionali dell'etano (detti anche rotameri).
A sinistra è rappresentata la forma eclissata e a destra la forma sfalsata.

- **diastereoisomeri** → stereoisomeri le cui molecole non sono speculari. Di questi fanno parte gli **isomeri geometrici** (*cis-* e *trans-*). L'isomeria geometrica è una forma di isomeria tipica delle molecole che presentano un doppio legame C = C all'interno della catena carboniosa principale; è importante specificare che il doppio legame è **rigido**, quindi la molecola non può ruotare attorno a questo legame. Nell'isomeria geometrica si distinguono **isomeri cis** e **isomeri trans**: i primi presentano gruppi nella stessa posizione rispetto al doppio legame, mentre i trans presentano gruppi in posizione opposta rispetto al doppio legame.

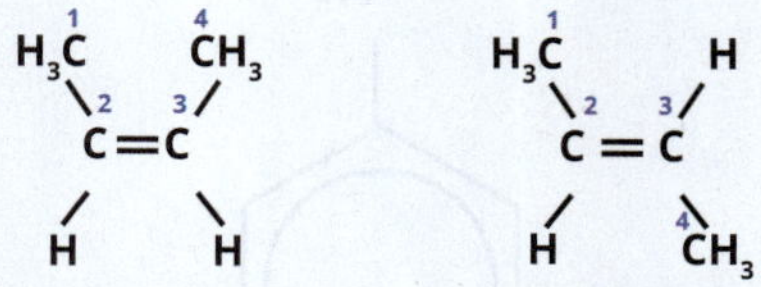

cis-butene **trans-butene**

Figura 14: esempi di isomeri cis e trans. Nell'isomero cis i due metili (CH_3) si trovano dalla stessa parte del piano rispetto al doppio legame, mentre nell'isomero trans si trovano in posizione opposta.

11.4 I GRUPPI FUNZIONALI

Si definisce "**gruppo funzionale**" un atomo o un gruppo di atomi che legano una catena carboniosa, conferendole specifiche proprietà chimiche (tipi di reazione) e fisiche (temperatura di ebollizione, solubilità, ecc.).

11.4.1 Alcoli

Gli alcoli sono composti organici che presentano un gruppo ossidrile **-OH** legato alla catena carboniosa.
La formula generale di un alcol è **R-OH**, dove R rappresenta un generico radicale alchilico, cioè un idrocarburo alifatico privato di un H (es. CH_3 - è il radicale metilico).
Si classificano in *primari*, *secondari* e *terziari*, in base al carbonio al quale è legato il gruppo -OH (se il carbonio è primario l'alcol sarà primario ecc.).

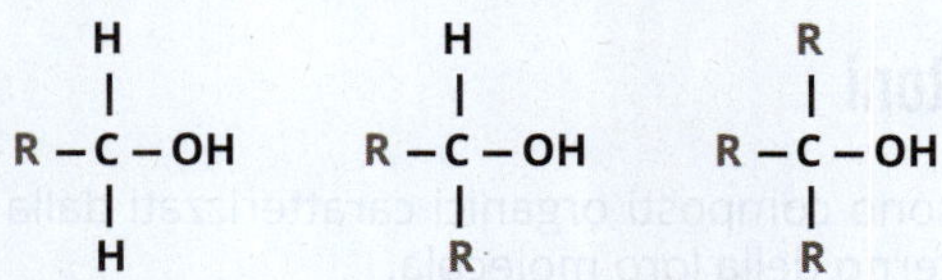

Alcol primario **Alcol secondario** **Alcol terziario**

Figura 15: alcoli primari, secondari e terziari. Un carbonio si definisce primario quando è legato a un solo carbonio di un R, secondario quando è legato a due R, terziario quando è legato a tre R.

La nomenclatura IUPAC prevede che il nome dell'alcol derivi dall'idrocarburo corrispondente, al quale si sostituisce il suffisso *-o* con la desinenza *–**olo***. In questo modo, un alcol con catena carboniosa di un solo atomo di *C* (*metano*) sarà il *metanolo*, un alcol con catena carboniosa di due atomi di *C* (*etano*) sarà l'*etanolo*.
Un alcol che possiede due gruppi ossidrili è detto diolo, mentre un alcol che possiede tre gruppi ossidrili è definito **triolo** (es. il glicerolo è un triolo). Per concludere, in base al numero dei gruppi ossidrili presenti nel composto organico la desinenza *-olo* viene preceduta dai prefissi numerici corrispondenti **di-**, **tri-**, **tetra-** (il glicerolo infatti è definito come 1,2,3 propantriolo).
Se invece la catena carboniosa è rappresentata da un composto aromatico Ar - OH (come può essere il benzene) si formano degli alcoli aromatici, i **fenoli**.

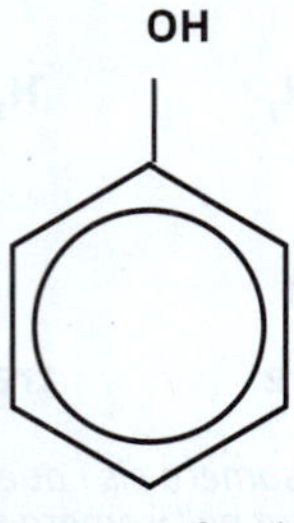

Figura 16: fenolo.

La **solubilità degli alcoli in acqua** aumenta all'aumentare del numero dei gruppi -OH, poiché aumenta il carattere polare della molecola; se invece aumenta il numero di C della catena, aumenta il carattere apolare della molecola, causando una riduzione della sua solubilità. Inoltre è utile ricordare che gli alcoli sono **acidi molto deboli**, con una K_a nell'ordine di 10^{-15}; inoltre i fenoli sono più acidi degli alcoli alifatici.

ESERCIZIO **PROPOSTO**

11.4.1 Quale tra i seguenti alcoli è il più solubile in acqua?

A. Propanolo
B. 2-metilfenolo
C. Etanolo
D. Fenolo
E. 2-metil-2-propanolo

11.4.2 Aldeidi e chetoni

Le aldeidi e i chetoni sono composti organici caratterizzati dalla presenza di un gruppo carbonilico **C = O** all'interno della loro molecola.
Le **aldeidi** sono composti organici che derivano dall'ossidazione di alcol primari e sono caratterizzati dal gruppo carbonilico posto a una delle estremità della catena carboniosa. La formula generale di un'aldeide è dunque **R - CHO**.
La nomenclatura IUPAC prevede che il nome dell'aldeide derivi dall'idrocarburo corrispondente, a cui si sostituisce il suffisso *–o* con la desinenza ***–ale***. I nomi comuni delle aldeidi derivano dagli acidi carbossilici corrispondenti, sostituendo al suffisso *–oico* o *-ico* il suffisso *–aldeide*. Così CH_2O potrà essere chiamato sia *metanale* (IUPAC) che *formaldeide* (derivante dall'acido formico).

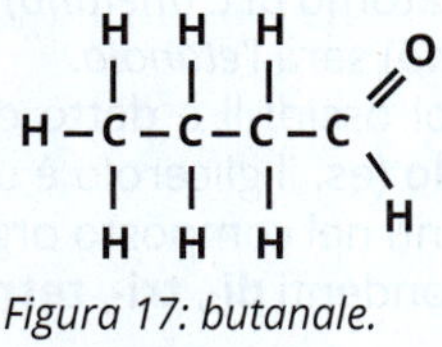

Figura 17: butanale.

I **chetoni** sono composti organici che derivano dall'ossidazione di un alcol secondario e sono caratterizzati dal gruppo carbonile **C = O** posto all'interno della catena carboniosa. La formula generale di un chetone è dunque **R - CO - R'**.

La nomenclatura IUPAC prevede che il nome del chetone derivi dall'idrocarburo corrispondente, a cui si sostituisce il suffisso *–o* con la desinenza ***–one***. Così, ad esempio, un chetone con catena carboniosa a tre atomi di C (*propano*) sarà chiamato *propanone* (**acetone**).

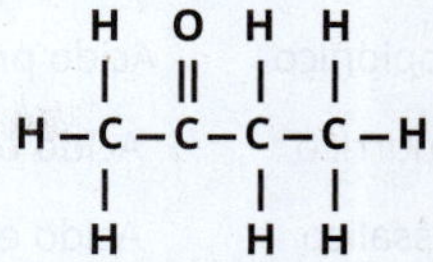

Figura 18: butanone.

ESERCIZIO **PROPOSTO**

11.4.2 Indicare quale delle seguenti affermazioni è errata:

A. Gli alcol primari possono essere trasformati in aldeidi
B. Gli alcol secondari possono essere trasformati in chetoni
C. Le sopracitate reazioni sono ossidoriduzioni
D. Le aldeidi possono essere ridotte ad acidi carbossilici con lo stesso numero di atomi di carbonio
E. I chetoni presentano un gruppo carbonilico all'interno della catena carboniosa

CHIMICA

11.4.3 Acidi carbossilici

Gli acidi carbossilici sono composti organici caratterizzati dal gruppo carbossilico **–COOH**, cioè un gruppo ossidrilico (**–OH**) legato a un gruppo carbonilico (**C = O**). La formula generale di un acido carbossilico è **R – COOH**.
La nomenclatura IUPAC prevede che il nome dell'acido carbossilico derivi dall'idrocarburo corrispondente a cui si sostituisce il suffisso *–o* con la desinenza ***–oico*** e davanti al quale si antepone la parola "**acido**". Così, ad esempio, un acido con catena carboniosa a due atomi di carbonio (*etano*) sarà detto *acido etanoico* (comunemente chiamato ***acido acetico***).

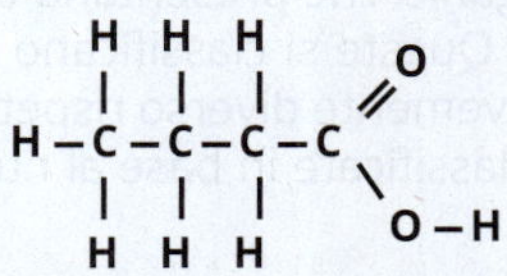

Figura 19: acido butanoico (noto anche con il nome di acido butirrico), contenuto nel burro rancido e responsabile del poco gradevole odore di sudore.

La **solubilità degli acidi carbossilici** diminuisce se aumenta il numero di C della catena, poiché aumenta il carattere apolare della molecola. In soluzione acquosa si comportano da **acidi deboli**, con una K_a nell'ordine di 10^{-5}, dunque sono molto più forti degli alcoli. È inoltre importante ricordare che gli *acidi carbossilici aromatici* (es. acido benzoico) sono più forti dei corrispettivi alifatici. Oltre alla nomenclatura IUPAC, molti acidi carbossilici possiedono anche un nome comune, spesso legato alla fonte biologica o naturale da cui sono stati isolati le prime volte. I principali acidi carbossilici alifatici di cui vale la pena ricordare i nomi ai fini del test sono:

Atomi di carbonio	Nome comune	Nome IUPAC	Formula molecolare
1	Acido formico	Acido metanoico	$HCOOH$
2	Acido acetico	Acido etanoico	CH_3COOH
3	Acido propionico	Acido propanoico	CH_3CH_2COOH
4	Acido butirrico	Acido butanoico	$CH_3(CH_2)_2COOH$
2	Acido ossalico	Acido etandioco	$HOOC\text{-}COOH$
4	Acido succinico	Acido butandioico	$HOOC\text{-}(CH_2)_2\text{-}COOH$

11.4.4 Eteri

Gli eteri sono composti organici caratterizzati da due gruppi alchilici **R** e **R'** che si legano allo stesso atomo di ossigeno. La loro formula generale è **R - O - R'**.
La nomenclatura degli eteri si ottiene facendo succedere la parola etere ai nomi dei due gruppi alchilici R.

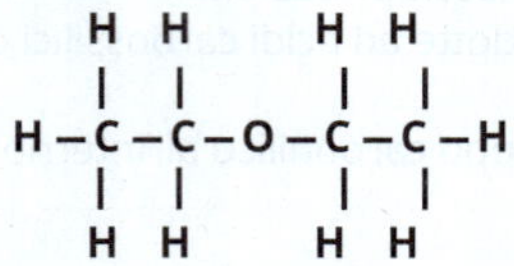

Figura 20: dietil-etere, i cui R sono rappresentati da due gruppi etilici.

Sono molecole molto stabili e poco reattive, simili agli idrocarburi per la loro inerzia chimica.
Lo scopritore degli eteri, William Morton, fu il primo a utilizzarli come *anestetici*, gettando le basi della moderna anestesia.

11.4.5 Ammine

Le ammine sono composti organici che presentano un gruppo amminico $-NH_2$ legato alla catena carboniosa principale. Queste si classificano in ammine **primarie**, **secondarie** e **terziarie**, il cui significato è lievemente diverso rispetto a quanto detto in precedenza per gli alcoli; infatti queste sono classificate in base al numero di carboni che legano l'atomo di azoto.

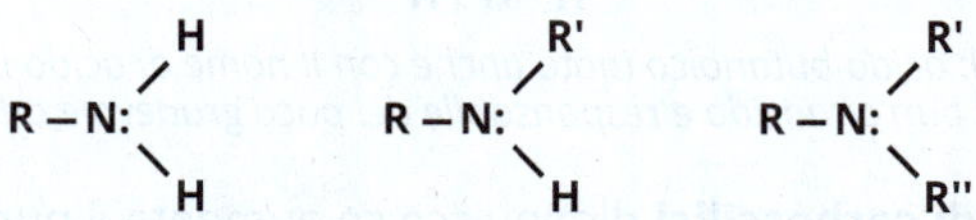

Figura 21: ammine primarie, secondarie e terziarie.

La **basicità delle ammine** dipende dai sostituenti legati all'atomo di azoto. È tuttavia generalmente affermabile che le ammine secondarie sono le più basiche.

11.4.6 Esteri

Gli esteri sono dei composti organici che derivano dalla sostituzione del gruppo **-OH** degli acidi carbossilici con il gruppo **-OR**. La loro formula generale è pertanto **R - COOR'**.

La nomenclatura degli esteri prevede la sostituzione del suffisso *-oico* degli acidi carbossilici con il suffisso ***-ato*** più il nome del radicale alchilico R' del composto. Così, ad esempio, un acido carbossilico con catena carboniosa a cinque atomi di C (*pentano*) con un R' a cinque atomi di carbonio, sarà chiamato *pentano**ato** di pent**ile*** (molecola che conferisce alla mela il suo caratteristico odore).

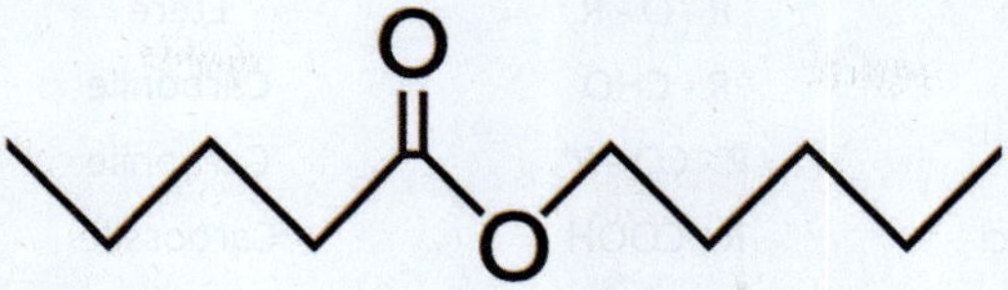

Figura 22: pentanoato di pentile. Agli apici degli angoli in figura sono presenti gli atomi di carbonio saturati con gli idrogeni.

Sono composti insolubili in acqua e sono conosciuti perché sono responsabili del gradevole odore di frutti, fiori e di alcuni composti artificiali.

ESERCIZIO **PROPOSTO**

11.4.6 Il composto organico di formula CH_3 - CH_2 - COO - CH_3 è:

A. Etere
B. Estere
C. Anidride
D. Acido carbossilico
E. Chetone

11.4.7 Ammidi e anidridi

Le ammidi sono dei composti organici che derivano dalla sostituzione del gruppo **-OH** degli acidi carbossilici con il gruppo **-NH_2**. La loro formula generale è pertanto **R - CO - NH_2**.

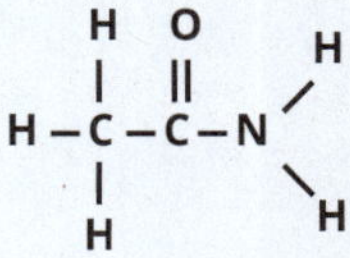

Figura 23: etanammide, detta anche acetammide.

Le anidridi sono dei composti organici che derivano dalla sostituzione del gruppo **-OH** degli acidi carbossilici con il gruppo **-COOR**.
La loro formula generale è pertanto **R - CO - O - CO - R'**.

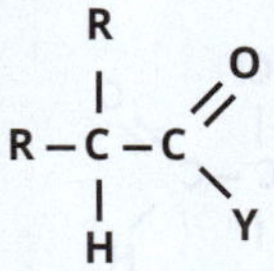

Y = -Cl (cloruro acilico)
Y = -O-CO-R (anidride)
Y = -NH_2 (ammide)
Y = -OR (estere)

Figura 24: schema riassuntivo per i derivati degli acidi carbossilici.

11.4.8 Tabella principali gruppi funzionali

Classe	Formula generale	Gruppo funzionale	Desinenza
Alcoli	R - OH	Ossidrile	*-olo*
Eteri	R - O - R	Etere	*-etere*
Aldeidi	R - CHO	Carbonile	*-ale*
Chetoni	R - CO - R'	Carbonile	*-one*
Acidi carbossilici	R - COOH	Carbossile	*Acido + -oico o -ico*
Esteri	R - COOR'	Estere	*-oato di ... -ile*
Ammidi	R - CO - NH_2	Ammidico	*-ammide*
Ammine	R - NH_2	Amminico	*-ammina*
Anidridi	R - CO - O - CO - R'	Carbonile (x2)	*Anidride + -oico*

11.5 NOMENCLATURA ORGANICA

Come per la nomenclatura inorganica, anche quella organica ha bisogno della sua grande attenzione. Per poter determinare il nome di una molecola organica è necessario seguire una serie precisa di passaggi che porteranno alla soluzione di tutti i quesiti inerenti all'argomento.

Tuttavia, prima di cominciare è necessario comprendere il concetto di **priorità di gruppo funzionale**: un gruppo funzionale ha una priorità tanto maggiore quanto più è **ossidato**. Da un punto di vista pratico, un gruppo funzionale si definisce più ossidato rispetto a un altro quando presenta **più ossigeni** o **meno idrogeni** all'interno della sua struttura.

Gruppo funzionale	Priorità nella nomenclatura
Acidi carbossilici	1°
Aldeidi	2°
Chetoni	3°
Alcoli	4°
Ammine	5°
Alchini	6°
Alcheni	7°
Alcani	8°

Si prenderà in esempio la seguente molecola:

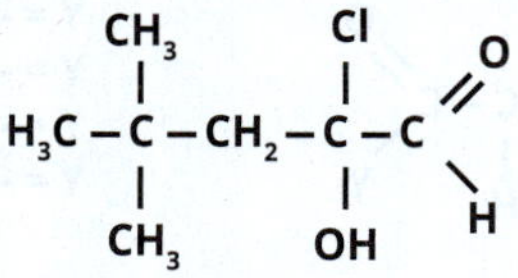

1. identificare il gruppo funzionale a maggiore priorità. In questo caso è il *gruppo aldeidico*;

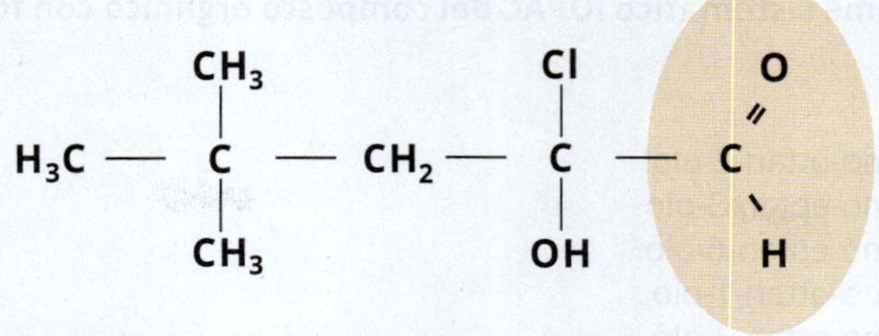

2. individuare la catena carboniosa più lunga contenente il gruppo funzionale a maggiore priorità (5C). Successivamente numerare i carboni in modo tale che i sostituenti assumano il *numero più piccolo*;

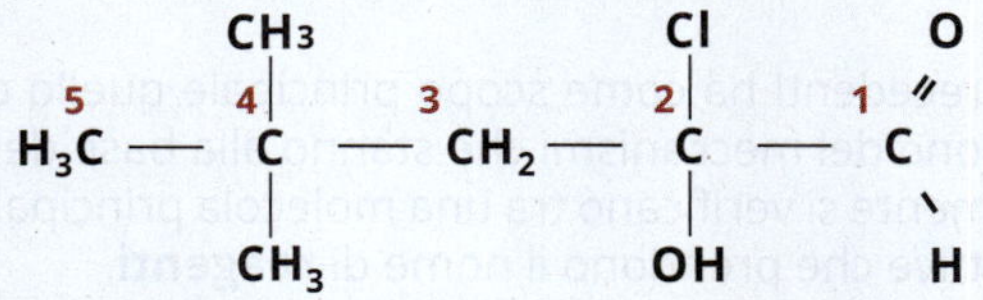

3. nominare le ramificazioni in modo analogo alla catena principale, sostituendo però il suffisso *-ano* con il suffisso *-il* (metil, etil, propil, etc.); in questo caso sono presenti due gruppi *metilici* in posizione 4 (***4,4 - dimetil***). Allo stesso modo nominare i gruppi funzionali diversi da quello a maggiore priorità associandoli alla corretta posizione; in questo caso sono presenti un *gruppo alcolico* in posizione 2 (***2-idrossi***) e un cloro in posizione 2 (***2-cloro***);

4. raggruppare tutti i sostituenti scrivendoli in **ordine alfabetico** e, qualora ne compaia più di uno dello stesso tipo, **indicarne la molteplicità** tramite il prefisso (di-, tri-, tetra-, ecc.). Nella nomenclatura della molecola il prefisso non va a incidere sull'ordine alfabetico (ad esempio nel caso di "dimetil" la lettera che viene presa in considerazione non è la "d", ma la "m" del gruppo sostituente metile). In questo caso si può scrivere "***2-cloro-2-idrossi-4,4-dimetil***";

5. il nome finale è costituito dall'elenco dei sostituenti seguito dal nome della catena principale associata al gruppo funzionale a maggiore priorità (**pentanale**). Dunque il nome finale del composto è **2-cloro-2-idrossi-4,4-dimetil-pentanale**.

N.B. Nel caso in cui la catena carboniosa principale dovesse presentare doppi legami, sarà necessario sostituire il suffisso "*-ano*" con "*-ene*", indicando la posizione del doppio legame. Nel caso precedente, se ci fosse stato un doppio legame in posizione 3 al posto di uno dei due metili in posizione 4, sarebbe stato un "**2-cloro-2-idrossi-4-metil-3-pentenale**".

ATTENZIONE PER IL TEST

I composti il cui nome comincia con "**acet**" sono costituiti da due atomi di C nella molecola (fanno eccezione l'anidride acetica e l'acetone):

- acido **acet**ico → CH_3COOH
- **acet**aldeide → CH_3CHO
- **acet**ilene → C_2H_2

CHIMICA

ESERCIZIO **PROPOSTO**

11.5 Qual è il nome sistematico IUPAC del composto organico con formula $CH_3CBr_2CH(OH)(CH_2)_4CH_3$?

A. 2,2-dibromo-ottan-2-olo
B. 2,2-dibromo-eptan-3-olo
C. 7,7-dibromo-eptan-6-olo
D. 7,7-dibromo-ottan-1-olo
E. 2,2-dibromo-ottan-3-olo

11.6 LE PRINCIPALI REAZIONI DELLA CHIMICA ORGANICA

Lo studio dei paragrafi precedenti ha come scopo principale quello di poter permettere una completa comprensione dei meccanismi che stanno alla base delle **reazioni organiche**. Tali reazioni normalmente si verificano tra una molecola principale (definita **substrato**) e specie chimiche reattive che prendono il nome di **reagenti**.

I reagenti possono essere classificati in base alle loro caratteristiche chimiche in:

- **elettrofili** → reagenti in **difetto di elettroni** che, per reagire, devono acquistare due elettroni da un altro reagente (es. H^+, Cl^+, NH_4^+, NO_2^+);
- **nucleofili** → reagenti **ricchi di elettroni** che reagiscono con un elettrofilo fornendo una coppia di elettroni necessaria per la formazione del legame (es. Cl^-, H_2S, NH_3, ROH, H_2O);
- **radicali** → reagenti che presentano un **elettrone spaiato**.

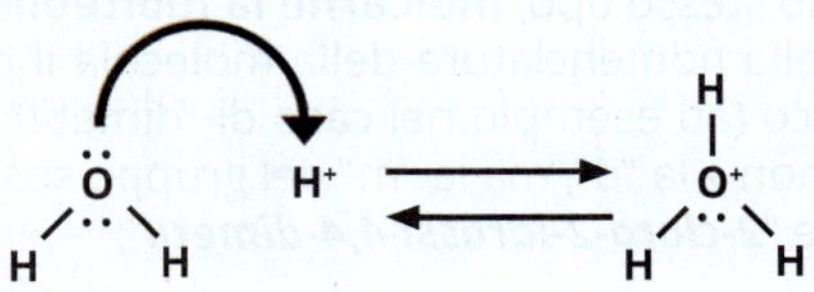

Figura 25: nella formazione dello ione idronio (H_3O^+), l'acqua si comporta da nucleofilo donando una coppia di elettroni all'H^+ che invece si comporta da elettrofilo.

11.6.1 Reazioni di addizione

In una **reazione di addizione**, un reagente si "*aggiunge*" al substrato formando un prodotto che contiene tutti gli atomi presenti nel composto di partenza.

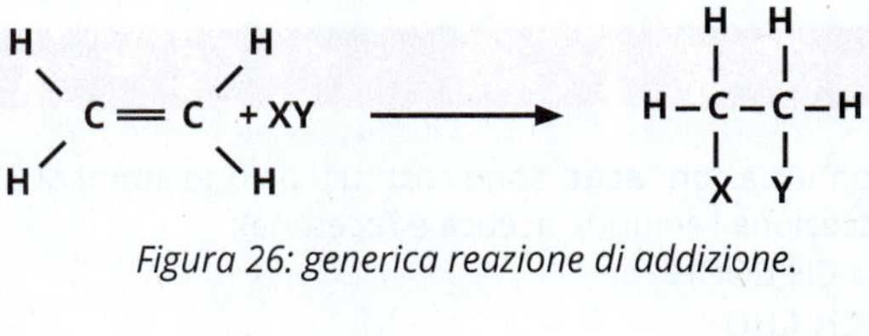

Figura 26: generica reazione di addizione.

Le reazioni di addizione sono tipiche di quelle molecole che presentano **legami multipli** all'interno della loro molecola (ad eccezione del benzene):

- *alcheni* (C = C) e *alchini* (C ≡ C) → gli elettroni del doppio e del triplo legame conferiscono il carattere nucleofilo alle molecole, quindi la reazione avviene cercando la "parte elettrofila" di un reagente; per tale motivo questa reazione viene definita reazione di **addizione elettrofila**. Ne sono un esempio l'idrogenazione (aggiunta di H_2) e l'alogenazione (aggiunta di alogeni);

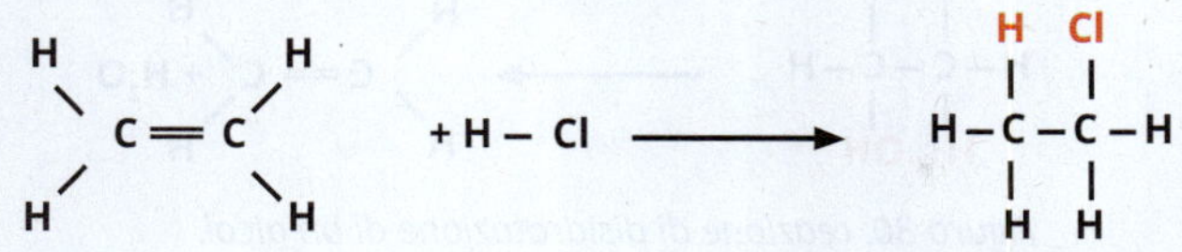

Figura 27: reazione di addizione elettrofila fra l'etano (nucleofilo) e acido cloridrico, la cui parte elettrofila è rappresentata da H^+.

- *aldeidi* e *chetoni* (C = O) → in questo caso l'ossigeno del gruppo carbonilico tende a sottrarre gli elettroni del doppio legame (in particolare quelli del legame π) lasciando il carbonio in difetto di elettroni, il quale presenterà un carattere elettrofilo. Di conseguenza la reazione con questi composti procederà con l'elemento elettrofilo (C^+) che tenderà a legarsi con un nucleofilo che si aggiungerà alla molecola di partenza; per tale motivo la reazione viene definita reazione di **addizione nucleofila**.

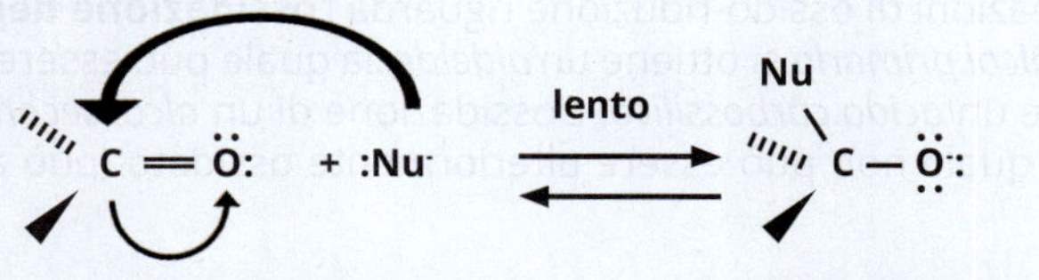

Figura 28: reazione di addizione nucleofila fra un gruppo carbonilico (elettrofilo) e un nucleofilo. Si può notare come l'ossigeno attragga verso di sé gli elettroni del legame π permettendo al nucleofilo di cedere un doppietto elettronico per la formazione di un legame.

11.6.2 Reazioni di eliminazione

In una **reazione di eliminazione**, dal substrato di partenza vengono "*eliminati*" atomi o gruppi atomici che prendono il nome di **gruppi uscenti**, portando alla formazione di *legami multipli*.
In altre parole si possono definire come le reazioni opposte a quelle di addizione.

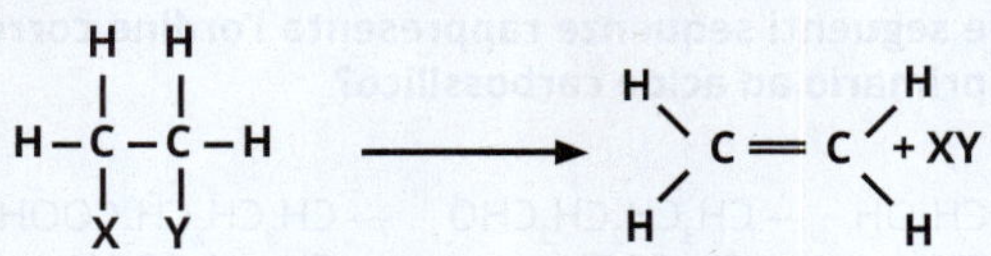

Figura 29: generica reazione di eliminazione.

Esempi tipici di reazioni di eliminazione:

- **disidratazione** → eliminazione di H_2O; negli alcoli porta alla formazione di idrocarburi insaturi;
- **deidrogenazione** → eliminazione di H_2; negli idrocarburi saturi porta alla formazione di idrocarburi insaturi.

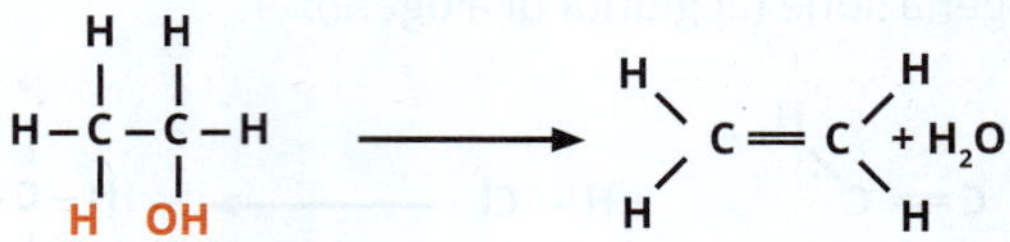

Figura 30: reazione di disidratazione di un alcol.

11.6.3 Reazioni di ossido-riduzione

Le **reazioni di ossido-riduzione** nella chimica organica non differiscono da quelle della chimica inorganica; in questo caso, infatti, vale comunque la regola *"chi si ossida perde e⁻, chi si riduce acquista e⁻"*, ma esiste un modo più pratico e intuitivo che permette di capire se un composto si è ossidato o ridotto. Tale metodo consiste nell'osservare se la molecola presenta variazioni nel numero degli atomi di O o di H:

- **ossidazione** → la molecola acquista un ossigeno o perde due idrogeni;
- **riduzione** → la molecola acquista due idrogeni o perde un ossigeno.

Un esempio tipico di reazioni di ossido-riduzione riguarda l'**ossidazione degli alcoli**. Dall'ossidazione di un *alcol primario* si ottiene un'*aldeide*, la quale può essere ulteriormente ossidata per formare un *acido carbossilico*. L'ossidazione di un *alcol secondario*, invece, dà vita a un *chetone*, il quale non può essere ulteriormente ossidato (può accadere solo in condizioni estreme).

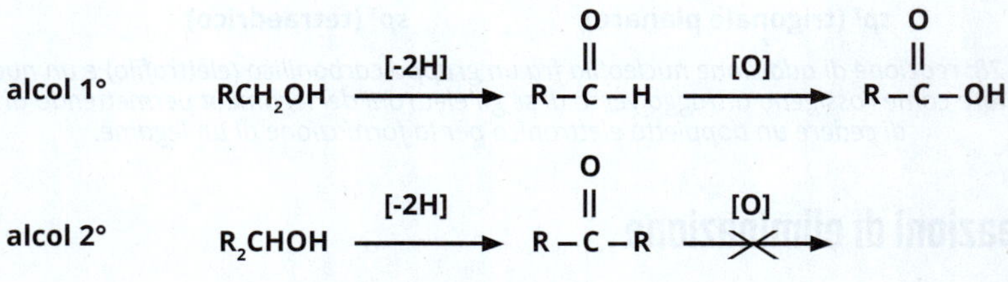

Figura 31: ossidazione di alcol primari e secondari.

ESERCIZIO PROPOSTO

11.6.3 Quale delle seguenti sequenze rappresenta l'ordine corretto delle reazioni di ossidazione da alcol primario ad acido carbossilico?

A. $CH_3CH_2CH_2CH_2OH$ → $CH_3CH_2CH_2CHO$ → $CH_3CH_2CH_2COOH$
B. $CH_3CH(OH)CH_3$ → CH_3COCH_3 → CH_3CH_2COOH
C. $HCOOH$ → $HCHO$ → CH_2OH
D. $CH_2 = CH_2$ → CH_3CHO → CH_3COO
E. $C_4H_9CH_2OH$ → C_4H_9CHO → $C_4H_9COOCH_3$

11.6.4 Reazioni di combustione

Con il termine combustione si indica una generica reazione che si verifica tra un **combustibile** (genericamente un alcano) e un **comburente** (genericamente la molecola di O_2), senza il quale non potrebbe avvenire la reazione; quando avviene in presenza di adeguate quantità di ossigeno, si ottengono anidride carbonica CO_2 e acqua H_2O:

$$\textit{combustibile} + \textit{comburente} \rightarrow CO_2 + H_2O$$

ESERCIZIO SVOLTO

Quanti grammi di acqua si ottengono dalla combustione completa di 4,4 *g* di propano?

Svolgimento:
per prima cosa è necessario impostare la reazione, la quale, essendo una combustione, si verifica tra il propano (C_3H_8) e l'ossigeno (O_2) con formazione di CO_2 ed H_2O.
Successivamente bisogna bilanciarla:

$$C_3H_8 + 5O_2 \rightarrow 3CO_2 + 4H_2O$$

Si continua convertendo i grammi del reagente in moli:

$$n_{C_3H_8} = \frac{g_{C_3H_8}}{MM_{C_3H_8}} = \frac{4{,}4\ g}{44\ g/mol} = 0{,}1\ mol$$

A questo punto si torna alla domanda dell'esercizio, la quale chiede i grammi di H_2O che si formano da questa reazione. Per poter trovare questo valore è necessario impostare la proporzione fra il reagente e il prodotto di reazione sfruttando i rapporti stechiometrici molari:

$$1\ mol_{C_3H_8} : 4\ mol_{H_2O} = 0{,}1\ mol_{C_3H_8} : x\ mol_{H_2O}$$

$$x\ mol_{H_2O} = 0{,}4\ mol$$

Infine, per trovare i grammi, è sufficiente utilizzare la formula inversa delle moli:

$$n = mg / MM \rightarrow mg = n \cdot MM = 0{,}4\ mol \cdot 18\ g/mol = 7{,}2\ g$$

Soluzione: 7,2 g di H_2O.

CORREZIONI COMMENTATE AGLI ESERCIZI PROPOSTI

11.2.4 Si tratta di un esercizio nozionistico (del test del 2018) che richiede una buona conoscenza dei composti aromatici. Essere ibridizzati sp^2, oppure essere costituiti da atomi di C e H non è una condizione necessaria per definire un composto aromatico come tale (risposte A e B errate). Inoltre, i composti aromatici non possono contenere tripli legami, ma, essendo ciclici, solo doppi (risposte C ed E errate). La loro caratteristica fondamentale è la presenza di elettroni degli orbitali p non ibridi delocalizzati.
Risposta corretta D.

11.3.1 In questa tipologia di esercizio si deve disegnare la molecola e cercare poi di ricavare tutte le possibili combinazioni degli atomi che andranno a formare gli isomeri strutturali; inoltre in questo caso è presente un sostituente, quindi oltre agli isomeri di catena si dovranno aggiungere anche gli isomeri di posizione.

- Si parte scrivendo la molecola lineare inserendo il sostituente nella posizione più semplice, quindi legato al carbonio 1. Il composto ha quattro atomi di carbonio, quindi è un 1-bromobutano:

CHIMICA

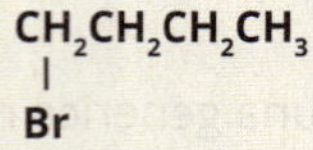

- A questo punto si può procedere alla combinazione dei vari atomi tra loro.
  Prendendo in considerazione il bromo, questo si può spostare dalla posizione 1 alla posizione 2 ottenendo il 2-bromobutano ed esaurendo in questo modo gli isomeri di posizione per il composto lineare. Se si spostasse ulteriormente l'atomo di bromo si otterrebbero di nuovo gli isomeri precedenti per le regole della nomenclatura (si inizia a numerare la catena dall'estremo più vicino al sostituente):

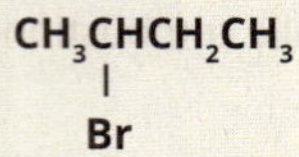

- Infine, si procede con la scrittura dell'altro isomero di struttura del butano, l'isobutano, anche chiamato 2-metilpropano, con le differenti disposizioni del sostituente tra gli atomi di carbonio:

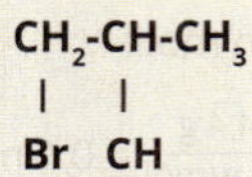

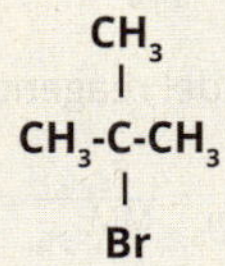

Questi due composti si chiamano rispettivamente 1-bromo-2-metilpropano e 2-bromo-2-metilpropano. Gli isomeri di struttura del bromobutano, quindi, sono in tutto 4.
Risposta corretta C.

11.4.1 Per risolvere il quesito è necessario ricordare che la solubilità di un alcol diminuisce all'aumentare della catena carboniosa (idrofobica). Di conseguenza, bisogna individuare il composto con il minor numero di carboni. Si possono escludere i due fenoli (risposte B e D) per il carattere idrofobico dell'anello aromatico. In seguito si considera il numero di carboni della catena: il propanolo ne ha tre, l'etanolo ne ha due e il 2-metil-2-propanolo ne ha quattro. Di conseguenza il composto più solubile tra questi è l'etanolo.
Risposta corretta C.

11.4.2 Analizzando tutte le opzioni, è vero che gli alcol primari possono essere ossidati ad aldeidi (risposta A errata), così come è vero che gli alcol secondari possono essere ossidati a chetoni (risposta B errata). Le trasformazioni di alcol in aldeidi, chetoni e acidi carbossilici sono reazioni di ossido-riduzione (risposta C errata) ed è vero che i chetoni presentano un gruppo carbonilico all'interno della molecola (risposta E errata). Le aldeidi, invece, per trasformarsi in acidi carbossilici non devono essere ridotte, ma devono essere ossidate.
Risposta corretta D.

11.4.6 Se si va ad analizzare la formula del composto organico proposto, si nota che presenta un gruppo funzionale di tipo esterico: R - COO - R'. La molecola sarà un estere. Per quanto riguarda le altre opzioni, l'etere presenta formula R - O - R' (risposta A errata), l'anidride è composta da due acidi carbossilici, quindi R - CO - O - CO - R' (risposta C errata) e infine l'acido carbossilico e il chetone presentano rispettivamente le formule R - COOH e R - CO - R.
Risposta corretta B.

11.5 In questa tipologia di esercizio, dopo aver disegnato la molecola (anche se in questo specifico caso si può anche non disegnare), si deve individuare il gruppo funzionale con maggiore priorità, che è il gruppo alcolico, e si devono contare gli atomi di carbonio della catena più lunga, che sono in totale 8; sarà quindi un ottanolo. In seguito si devono numerare i carboni in modo tale che i sostituenti siano legati al carbonio con numero più basso e si procede a individuare questi ultimi: i due atomi di bromo si trovano sul carbonio 2, invece il gruppo alcolico sul carbonio 3. Il composto prenderà quindi il nome di 2,2 dibromo-ottan-3-olo.
Risposta corretta E.

11.6.3 Se si analizzano le varie opzioni, è già possibile escluderne alcune, dato che nella prima colonna gli unici alcol primari, cioè che presentano il gruppo -OH agli estremi della molecola, si trovano nell'opzione A e nell'opzione E; invece gli altri composti sono rispettivamente un alcol secondario, un acido carbossilico (acido formico) e un etene (risposte B, C e D errate). Nella seconda colonna, invece, tutte e due le opzioni presentano un'aldeide -CHO. La differenza arriva nella terza colonna, dove l'opzione E presenta non un acido carbossilico come dovrebbe, ma un estere R - COO - R.
Risposta corretta A.

CHIMICA

CHIMICA APPLICATA

12

Le trasformazioni chimiche nella vita quotidiana

Corretta lettura delle etichette dei prodotti commerciali

Principali tematiche ambientali

Norme di sicurezza

12.1 LE TRASFORMAZIONI CHIMICHE NELLA VITA QUOTIDIANA

La chimica è una scienza che ha una grande varietà di applicazioni nel mondo quotidiano, e negli ultimi anni essa ha permesso una velocissima innovazione in vari settori industriali: tecnologico, biochimico-farmaceutico, alimentare, ambientale e quello dei nuovi materiali.

Di seguito sono riportati alcuni esempi:

- **settore tecnologico** - (*es. la chimica dello smartphone*).
  Lo smartphone contiene tantissimi elementi che vanno dai più comuni a quelli delle terre rare (RRE), elementi appartenenti al blocco f. Ad esempio:
  - schermo → una matrice vetrosa di *biossido di silicio* viene temprata in un bagno di sale contenente *ioni potassio*, che prendendo il posto del silicio conferiscono al vetro resistenza ai danni meccanici. Film di *ossido di indio* e *stagno* sono responsabili della trasparenza e delle funzioni touch dello schermo mentre elementi come *ittirio*, *lantanio e gadolinio* (REE) lo proteggono dai raggi UV;
  - batteria → in ioni di *litio*;
  - processore o CPU → contiene *silicio* (un semiconduttore) che opportunamente *drogato* aumenta di conducibilità. I microcomponenti elettronici sono formati da *rame*, *argento*, *oro* e *tantalio*;
  - microfono → contiene magneti a base di *leghe metalliche*;
- **settore ambientale** - (*es. biodiesel*).
  Il biodiesel è un combustibile dalle caratteristiche simili al diesel, che si ottiene trattando gli oli vegetali con sostanze come l'alcol, mediante un processo di transesterificazione. Gli oli usati sono diversi da territorio a territorio in base alla loro disponibilità, e sono principalmente quelli esausti e non-edibili; in questo modo non solo si usano prodotti di scarto, ma non si entra in competizione con l'industria alimentare. Ancora non sono stati messi sul mercato, in quanto non abbastanza competitivi con i combustibili fossili;
- anche il **settore farmaceutico** ha rivoluzionato i metodi di produzione: i farmaci, una volta esclusivamente naturali, oggi sono sintetizzati quasi interamente in laboratorio. Ne sono un esempio i *FANS* (farmaci antinfiammatori non steroidei), i quali inizialmente erano composti dalla *salicina*, molecola estratta dal salice bianco, che però aveva molti effetti collaterali. La sintesi in laboratorio da parte di Felix Hoffman dell'acido salicilico, portò a una svolta nella produzione di questi farmaci, rendendoli privi dei precedenti effetti indesiderati. Oggi le linee di produzione dei medicinali sono pressoché ovunque robotizzate, anche grazie all'avvento delle biotecnologie;
- il **settore alimentare** è stato investito dall'innovazione sia nel modo di *confezionare il cibo* sia nel complesso percorso che porta gli alimenti dal campo (o dall'allevamento) fino al banco del supermercato. In particolare sono state introdotte:
  - nuove confezioni che utilizzano materiali diversi, maggiormente sostenibili e affidabili;
  - nuove modalità di preparazione del cibo, tali da migliorarne la conservazione (es. latte);
- nel **settore energetico** si stanno ricercando nuove fonti di energia che possano essere sostenibili e sostituire i combustibili fossili ormai in esaurimento. Ne sono un esempio le *biomasse*, materie prime organiche di origine biologica usate per produrre energia. Scarti agricoli e dell'industria del legno, rifiuti organici urbani e residui di allevamenti sono tutti esempi di biomasse che attraverso la via termochimica (calore) o quella biochimica (enzimi) possono essere convertite in fonti di energia.

Il vantaggio è che non vengono emessi derivati inquinanti e vengono sfruttati materiali altrimenti scartati;

- l'**industria dei polimeri** ha permesso l'introduzione di *polimeri sintetici*, che hanno delle caratteristiche nuove tali da sostituire i materiali meno pratici, un tempo usati. I polimeri sintetici sono formati da monomeri derivati dalla raffinazione del petrolio e sono stati usati per imitare alcuni polimeri naturali; ad es. le gomme sintetiche SBR (Styrene Butadiene Rubber) hanno permesso di sostituire le gomme a base di caucciù e sono ora largamente usate per gli pneumatici dei veicoli.

12.2 CORRETTA LETTURA DELLE ETICHETTE DEI PRODOTTI COMMERCIALI

Bevande, prodotti alimentari, medicinali, detergenti, cosmetici e prodotti per l'igiene sono *sempre* dotate di **etichette**, la cui definizione ufficiale è la seguente:
"qualunque marchio commerciale o di fabbrica, segno, immagine o altra rappresentazione grafica scritto, stampato, stampigliato, marchiato, impresso in rilievo o a impronta sull'imballaggio o sul contenitore di un alimento o che accompagna tale imballaggio o contenitore".
Ciò che deve garantire un'etichetta è: **chiarezza**, **leggibilità**/facilità di lettura (carattere ≥ 0,9/1,2 mm) e **indelebilità**.
Di seguito sono riportate le direttive riguardanti l'etichettatura dei prodotti alimentari, dei farmaci e dei cosmetici.

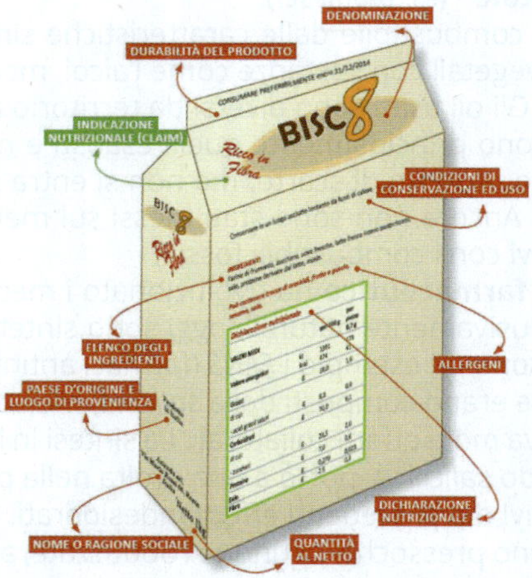

Figura 1: rappresentazione schematica etichettatura dei prodotti alimentari

12.2.1 Etichettatura degli alimenti

INDICAZIONI OBBLIGATORIE

- **Denominazione dell'alimento** insieme allo stato fisico in cui si presenta (es. liofilizzato, surgelato, ecc.).
- **Elenco degli ingredienti** in ordine decrescente di peso. Viene associata anche l'indicazione degli **additivi** (coloranti, dolcificanti, conservanti) e degli **allergeni** (in totale 14 secondo la CE) e, in caso di presenza di oli vegetali e grassi vegetali si ha un elenco a sé che ne riporta l'origine specifica.
- **Durabilità del prodotto** per cui vi è una tra le due indicazioni:
  1. **data di scadenza** per i prodotti molto deperibili, mediante la dicitura *"da consumare entro il"*;

2. **termine minimo di conservazione** (TMC), mediante la classica dicitura *"da consumarsi preferibilmente entro il"*; in questo caso il prodotto può essere consumato senza rischi per la salute anche dopo la data riportata.

- **Modalità di conservazione e uso**.
- **Paese d'origine** e **luogo di provenienza**, obbligatorio soprattutto per carni (bovine o di volatili), pesce, molluschi e crostacei, frutta e verdura fresche, olio d'oliva, vino e miele.
- **Quantità netta**.
- **Lotto di appartenenza** .
- **Titolo alcolometrico**.
- **Dichiarazione nutrizionale** che deve riportare:
  - valore energetico, riferito a 100 g / 100 mL dell'alimento;
  - contenuto in grassi;
  - contenuto acidi grassi saturi;
  - carboidrati;
  - proteine;
  - sali.

INDICAZIONI COMPLEMENTARI

Per esempio:

- alimenti con aggiunta di fitosterolo e fitostanoli;
- bevande con aggiunta di liquirizia in concentrazioni pari o superiori a 100 mg/kg.

INDICAZIONI NUTRIZIONALI

Per indicazione nutrizionale si intende: *"qualunque indicazione che affermi, suggerisca o sottintenda che un alimento abbia particolari proprietà nutrizionali benefiche, dovute all'energia (valore calorico) che apporta, apporta a tasso ridotto o accresciuto o non apporta; e/o alle sostanze nutritive o di altro tipo che contiene, contiene in proporzioni ridotte o accresciute o non contiene."*
(Art.2 Reg. CE 1924/2006).
Esempi sono:

- *senza / a basso / ridotto* contenuto di calcio;
- leggero / light.

INDICAZIONI ALLA SALUTE

Si intende *"qualunque indicazione che affermi, suggerisca o sottintenda l'esistenza di un rapporto tra un alimento o uno dei suoi componenti e la salute."* (Art.2 Reg. CE 1924/2006).
Principalmente sono di due tipi i benefici che apportano:

1. sostanze che aiutano la crescita, lo sviluppo e la funzione dell'organismo;
2. affermazioni sulla diminuzione del rischio di contrarre una data malattia.

12.2.2 Etichettatura dell'acqua

Le etichette dell'acqua indicano parametri chimici e fisici e tra i principali vi sono:

- **residuo fisso a 180°**: indica la quantità di *sali minerali* discolti in un litro d'acqua. Tale valore corrisponde alla parte solida rimanente dopo la completa evaporazione dell'acqua;
- **durezza**: è il parametro che stima la quantità di *calcio* e *magnesio*. Più è alto il valore di durezza (espresso in °F) e più l'acqua sarà considerata calcarea;
- **concentrazione di sali minerali** quali: sodio, potassio, calcio e magnesio;
- **nitrati**: nelle acque minerali ci sono due limiti di dosaggio che corrispondono a **45 mg/L** nelle *ordinarie* acque minerali e **10 mg/L** per le acque destinate all'*infanzia*;

- *pH*: è il parametro che permette di stimare l'acidità dell'acqua e il suo valore. È generalmente compreso tra **6,5** e **8,0**.

12.2.3 Etichettatura dei farmaci

Il confezionamento primario dei medicinali reca le indicazioni seguenti:

- **denominazione del medicinale**, seguita dal dosaggio e dalla forma farmaceutica;
- composizione qualitativa e quantitativa in termini di **sostanze attive**;
- **contenuto della confezione** espresso in peso, volume o unità posologiche (*es. numero di compresse*);
- **elenco degli eccipienti**, ossia quelle sostanze inerti senza proprietà terapeutiche, con azione o effetto noti;
- **modalità di somministrazione** e, se necessario, la via di somministrazione;
- l'**avvertenza**: «tenere il medicinale fuori dalla portata e dalla vista dei bambini»;
- mese e anno di **scadenza**;
- **precauzioni** per lo **smaltimento** del medicinale o dei rifiuti derivati dallo stesso;
- nome, indirizzo del titolare e numero dell'**AIC** (Associazione Italiana Celiachia);
- numero del **lotto di produzione**;
- **indicazioni terapeutiche** e **istruzioni per l'uso** del medicinale per medicinali non soggetti a prescrizione;
- **prezzo al pubblico** del medicinale.

12.2.4 Etichettatura dei cosmetici

Cosa indicano:

- ragione sociale;
- contenuto nominale;
- data di scadenza (se < 30 mesi) e il simbolo del vasetto aperto con la durata post apertura (> 30 mesi);
- avvertenze e precauzioni d'uso (il simbolo di rimando alle istruzioni);
- numero di lotto;
- Paese d'origine (se extra CE);
- funzione del prodotto;
- lista degli ingredienti in ordine decrescente di concentrazione.

12.3 PRINCIPALI TEMATICHE AMBIENTALI

Negli anni Novanta del secolo scorso è stata formulata la teoria della *Green Chemistry*, una nuova visione della chimica in cui questa disciplina assume come prerogativa principale la *sostenibilità ambientale*, *tecnologica ed economica*. Basata su **12 principi**, questa vuole che lo sviluppo sia accompagnato alla tutela degli esseri viventi, dell'ambiente e delle sue risorse. Analizziamo di seguito le problematiche più diffuse relative alle principali risorse.

12.3.1 Suolo

Le principali fonti di inquinamento del suolo sono:

- l'eccessivo **prelievo di materie prime**;
- **rifiuti solidi non smaltiti** che rilasciano sostanze tossiche per effetto della pioggia, e che in questo modo penetrano nel terreno e nelle falde sotterranee;

- **pesticidi** e **fertilizzanti** usati in agricoltura che penetrando nel terreno ne modificano la composizione.

12.3.2 Aria

La composizione in gas dell'atmosfera può subire diverse modifiche a causa delle attività antropologiche, con conseguente aumento di alcuni gas come il **monossido di carbonio (CO)**, che altera il trasporto di ossigeno nel sangue, gli **ossidi di azoto** e gli **idrocarburi** che invece provocano danni polmonari. Oltre ai gas dannosi per l'uomo, l'inquinamento dell'aria può dare origine a diversi fenomeni quali:

- **buco dell'ozono**: riduzione dello strato di ozono che circonda la Terra (*ozonosfera*). Questo strato è fondamentale per la protezione della superficie terrestre dalle radiazioni UV, di cui ne assorbe quasi il 90%. La riduzione dello spessore dello strato di ozono è causata dall'emissione nell'atmosfera di sostanze inquinanti, in particolare i **gas clorofluorocarburi (CFC)**, composti contenenti fluoro e cloro, utilizzati come agenti refrigeranti e contenuti ad esempio nelle bombolette spray. Dal 1997 è stato istituito un divieto nella produzione e nell'utilizzo di queste sostanze. Ad oggi il buco dell'ozono si trova al di sopra dell'Antartide e si ingrandisce del 5% ogni 10 anni.
  Conseguenze: passaggio di radiazioni UV dannose e fatali per gli organismi sulla Terra, responsabili di danni al DNA, alterazioni della vista e insorgenza di melanomi;
- **piogge acide**: precipitazioni caratterizzate da un *pH* eccessivamente acido per presenza di acidi forti, quali *acido solforico* e *acido nitrico*, diluiti nell'acqua. Questo fenomeno è causato dall'emissione di anidride solforosa (SO_2) da parte delle centrali elettriche, dagli impianti di riscaldamento e dagli scarichi delle automobili.
  Conseguenze: danneggiamento di edifici e monumenti, limite nella crescita della vegetazione, inquinamento delle falde del sottosuolo e aumento di tossicità a livello delle coltivazioni.

12.3.3 Acqua

L'inquinamento delle acque di fiumi, mari e oceani ha diverse conseguenze tra cui:

- **eutrofizzazione**: aumento eccessivo di sostanze nutritive nell'ambiente acquatico, soprattutto a livello delle acque dolci, che causa una proliferazione eccessiva di microalghe in superficie. Ciò è causato dall'utilizzo massivo di sostanze fertilizzanti, contenenti in particolare fosforo e zolfo. Questo fenomeno, detto anche *fioritura del fitoplancton*, rappresenta un ostacolo per la sopravvivenza del resto delle specie acquatiche in quanto diminuisce la disponibilità di ossigeno;
- **isole di plastica**: enormi discariche di plastica che si trovano nelle acque, soprattutto marine, dovute allo scarico di rifiuti.

12.3.4 Clima

La superficie terrestre viene riscaldata dalla radiazione solare, che fornisce luce, calore ed energia per la fotosintesi. In questa radiazione possono essere individuate 3 bande: ultravioletto (8%), luce visibile (42%) e infrarosso (49%).
La superficie terrestre viene riscaldata riflettendo la radiazione incidente come radiazione termica a onda lunga (infrarossi), la quale viene poi in parte assorbita dai gas serra atmosferici (ozono, metano, anidride carbonica).
Questo processo globale viene chiamato ***effetto serra***.

Negli ultimi anni le attività dell'uomo hanno fatto in modo di aumentare i gas serra fino al 35%, in particolare:

- **diossido di carbonio** (CO_2): responsabile per il 63% del riscaldamento globale. È un prodotto della *combustione* di carbone e petrolio. Lo smantellamento delle foreste ha peggiorato la situazione in quanto ha ridotto la quantità di alberi che riassorbono la CO_2;
- **metano** (CH_4): responsabile del 19% del riscaldamento globale, è un gas prodotto dall'immondizia in decomposizione e dall'acqua di scarto, dagli allevamenti e dai depositi di riso.

L'aumento eccessivo di questi gas nell'atmosfera è responsabile del **riscaldamento globale** (*global warming*) e di conseguenza di vari fenomeni che impattano su diverse aree:

- **clima** → fenomeni naturali estremi sempre più frequenti (tempeste, alluvioni, ondate di calore, nevicate, ecc...);
- **ecosistemi** → alcuni ecosistemi sono diventati inospitali per certe piante o animali, con conseguente *perdita di biodiversità*;
- **poli** → a causa della rapida scomparsa del ghiaccio artico verrà meno la sua funzione riflettente della luce del Sole, che serve a diminuire il surriscaldamento dell'atmosfera;
- **mari** → innalzamento del livello del mare a causa dello scioglimento dei ghiacciai e conseguente pericolo per tutti gli abitanti della costa; aumento della temperatura delle acque, che porta ad alterazione dell'ecosistema oceanico.

12.4 NORME DI SICUREZZA

È necessario che chi lavora in un laboratorio chimico:

- sappia dove sono: uscite di sicurezza, docce, quadro della corrente elettrica;
- indossi i **DPI** (**Dispositivi di Protezione Individuale**):
  - *camice* di solito bianco, lungo fino alle ginocchia e ai polsi, sempre abbottonato;
  - *occhiali di protezione,* devono offrire anche una protezione laterale;
  - *guanti* di diverso materiale, in particolare quelli in nitrile sono in grado di proteggere da solventi organici;
  - *maschere monouso* che evitano inalazioni di polveri e vapori organici.

Per **non provocare contaminazioni** o **incidenti** in laboratorio bisogna:

- indossare pantaloni lunghi e scarpe chiuse, possibilmente con la suola antiscivolo;
- tenere legati i capelli lunghi;
- non indossare accessori (foulard, cravatte, sciarpe, collane e bracciali);
- evitare di indossare le lenti a contatto e di portare le mani alla bocca e agli occhi;
- lavare spesso le mani.

In laboratorio è *rigorosamente* **vietato**:

- fumare;
- mangiare, bere e introdurre cibi o bevande;
- usare dispositivi che riducono l'attenzione;
- gettare prodotti chimici nel lavandino o nei cestini per la carta;
- toccare con le mani reattivi.

Le schede di sicurezza (**MSDS** = Material Safety Data Sheet) e le etichette sono documenti legali associati a un prodotto chimico e contenenti informazioni utili per la tutela della salute e la sicurezza delle persone e dell'ambiente.

12.4.1 MSDS (Material Safety Data Sheet)

Il documento riporta:

- la sostanza;
- il produttore;
- i pericoli;
- la composizione e gli ingredienti;
- eventuali procedure da attuare nel caso ci sia qualsiasi tipo di incidente (lesioni a carico di personale, incendi, dispersione accidentale del materiale, ecc.);
- guida alla manipolazione e allo stoccaggio (DPI necessari e come indossarli correttamente per maneggiare tale sostanza in sicurezza, e le sue proprietà di reattività e stabilità);
- informazioni tossicologiche ed ecologiche;
- procedure di smaltimento e trasporto.

12.4.2 Etichette prodotti chimici

Le etichette apposte sulla confezione dei prodotti chimici devono contenere le seguenti informazioni:

- nome, indirizzo e numero di telefono del fornitore o dei fornitori;
- quantità della sostanza o miscela contenuta nel collo;
- identificatori di prodotto (nome e numeri);
- eventuali pittogrammi di pericolo;
- avvertenze;
- metodi di conservazione, manipolazione e smaltimento;
- **indicazioni di pericolo** o **frasi H**: secondo il regolamento CLP, sono codificate con un **codice alfanumerico univoco** costituito dalla lettera H e da tre numeri, di cui:
  - il primo indica il tipo di pericolo (2: pericolo fisico; 3: pericolo per la salute; 4: pericolo per l'ambiente);
  - gli altri due numeri corrispondono alla numerazione sequenziale dei pericoli quali esplosività (codici da 200 a 210), infiammabilità (codici da 220 a 230), ecc.;
- **consigli di prudenza** o **frasi P**: secondo il regolamento CLP, sono composte da tre numeri in cui il primo indica il tipo di precauzione da adottare:
  - 1: generale;
  - 2: prevenzione;
  - 3: reazione;
  - 4: conservazione;
  - 5: smaltimento.

Pittogrami di pericolo	Significato
	Pericolo di esplosione
	Sostanza altamente infiammabile
	Sostanza comburente
	Contiene gas sotto pressione che può esplodere se riscaldato oppure contiene gas refrigerato che può provocare ustioni
	Può essere corrosivo per i metalli; causa gravi lesioni alla pelle e agli occhi
	Sostanza nociva per la salute e per l'ambiente. Irritante per le vie respiratorie, per la pelle e per gli occhi
	Letale o tossico se ingerito, inalato o messo a contatto con la pelle
	Tossico per gli organismi acquatici, con effetti a lungo termine
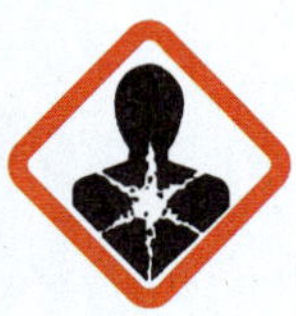	Dannoso per la salute

CHIMICA

“

**L’unico modo
di imparare matematica
è fare matematica.**

Paul Halmos

MATEMATICA

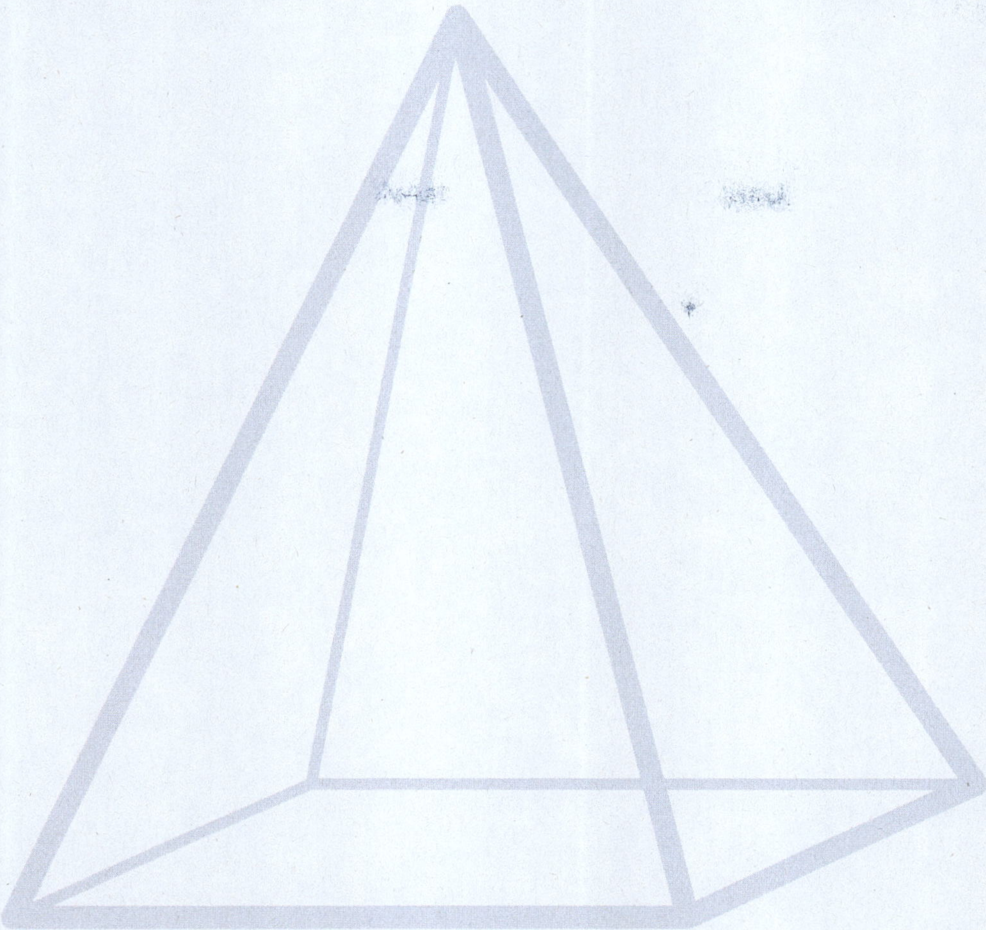

Introduzione

Introduzione

Benvenuti nel magico capitolo della matematica, ormai regina del test di Medicina (ok, forse non è vero, ma lasciateci sognare). Con il Decreto di settembre 2022, "matematica" non è più direttamente accoppiata a "fisica" nel bando del test di Medicina, ma è accoppiata a "ragionamento" (ovvero, almeno in parte, la vecchia e nota "logica matematica").

Il concetto a lungo ripetuto di "non ignorare le domande di matematica" è ormai (praticamente) un obbligo: dal bando risulta che ben 13 domande dovranno essere suddivise tra matematica e ragionamento.

Questo vale sia per chi di voi è **esperto** nel campo (no, non parliamo di ingegneri e astrofisici, ma di chi di voi è da sempre bravino in matematica oppure ha fatto un buon Liceo scientifico): voi non dovrete sottovalutare questi quesiti ma, anzi, ormai potrete puntare molte delle vostre forze sulla loro risoluzione e la fatica non sarà sprecata. Anche voi, però, non dimenticatevi di ripassare, con il libro che avete davanti, tutti i capitoli e gli argomenti: la geometria euclidea potrà sembrarvi noiosa e già nota da tempo, ma sicuramente qualcuno di voi ha dimenticato i teoremi di Euclide che aveva imparato in prima Liceo.

Per chi di voi si sente **meno ferrato**, non temete: con questo libro riuscirete in questa impresa che, vi assicuriamo, vi permetterà di portare a casa molti più punti di quanto ora immaginate! Sempre più frequentemente, infatti, diversi esercizi del test sono adatti anche a chi ha approcciato la matematica e la fisica per la prima volta nelle settimane precedenti alla prova.

Ancora di più, ora che nel bando si parla di "matematica e ragionamento", molti esercizi saranno a cavallo tra logica e matematica. Questo vuol dire che:

- dovrete studiare bene i seguenti sottocapitoli di logica:
  - calcolo rapido (capitolo 2.0);
  - equazioni e sistemi (capitolo 2.1);
  - percentuali e frazioni (capitolo 2.3);
  - m.c.m. e M.C.D. (capitolo 2.7);
  - metodo empirico (capitolo 2.14).

Si tratta di argomenti NECESSARI da conoscere per risolvere alcuni quesiti di questa sezione, ma anche per risolvere correttamente tutti gli esercizi di matematica che affronteremo insieme nelle prossime pagine;

- si presume che gli esercizi del test siano sempre più "pratici", "logici" ed "empirici" e sempre meno densi di concetti matematici teorici e astrusi. Per cui non temete e leggete sempre tutti i quesiti con attenzione!

Detto ciò, siete pronti ad affrontare correttamente le prossime pagine: in bocca al lupo!

ARITMETICA

Proprietà e operazioni sui numeri (interi, razionali, reali)

Insiemi numerici

Potenze

Radicali

1

1.1 PROPRIETÀ E OPERAZIONI SUI NUMERI

Le proprietà delle operazioni sono fondamentali per poter svolgere con più semplicità i calcoli. Esse sono infatti degli utili trucchi per velocizzare i tempi e aiutare a ridurre gli errori. Prima di vedere le proprietà di ogni operazione bisogna ricordare che:

- **addizione** → addendo + addendo = somma;
- **sottrazione** → minuendo - sottraendo = differenza;
- **prodotto** → fattore x fattore = prodotto;
- **divisione** → dividendo : divisore = quoziente.

1.1.1 Addizione e moltiplicazione

Quando si sommano due numeri:

- il segno coincide con quello dell'addendo con maggior valore assoluto (ovvero il numero senza segno);
- il valore assoluto è dato dalla somma o differenza tra il valore assoluto maggiore e quello minore.

Esempio: -13 + 8 = -5 il segno coincide con l'addendo con maggior valore assoluto (-13)
-13 + (-8) = -21
+13 + 8 = +21

Quando si **moltiplicano** due numeri:

- il segno è positivo se i segni sono concordi (++ o --), negativo se i due segni sono discordi (+-);
- il valore assoluto è uguale al prodotto dei valori assoluti dei fattori.

Esempio: -4 · +8 = -32 i due fattori hanno segno discordante, quindi prodotto negativo
-4 · (-8) = +32
+4 · 8 = +32

L'addizione e la moltiplicazione hanno in comune tre proprietà:

- **proprietà commutativa** → anche se si scambia l'ordine degli addendi/fattori, il risultato non cambia.
  Esempio: 5 + 2 = 2 + 5 = 7
  11 · 3 = 3 · 11 = 33;

- **proprietà associativa** → quando si hanno tre o più addendi/fattori, il risultato rimane uguale anche se si sostituisce a due o più di essi il valore della loro somma/del loro prodotto.
  Esempio: 5 + 2 + 3 = 5 + (2 + 3) = 5 + 5 = 10
  5 · 2 · 11 = (5 · 2) · 11 = 10 · 11 = 11;

- **proprietà dissociativa** → se si cambia uno degli addendi/fattori con altri due numeri la cui somma/moltiplicazione è l'addendo/fattore stesso, il risultato non cambia.
  Esempio: 17 + 8 = 17 + 3 + 5 = 25
  45 · 4 = (5 · 9) 4 = 180.

Inoltre, la moltiplicazione ha un'altra proprietà:

- **proprietà distributiva** → quando si moltiplica un numero per una somma o differenza, il risultato non cambia se si scompone uno dei fattori in addendi e si

moltiplica ciascuno di essi per l'altro fattore, per poi sommare i prodotti parziali ottenuti.
Es. $103 \cdot 5 = (100 + 3) \cdot 5 = 100 \cdot 5 + 3 \cdot 5 = 500 + 15 = 515$.

1.1.2 Sottrazione e divisione

La **sottrazione** è la somma del minuendo con l'opposto del sottraendo. Proprio per questo motivo, l'addizione e la sottrazione vengono unificate nel concetto di **somma algebrica**.
Esempio: -13 - 8 = -21 equivale a -13 +(-8) = -21
-13 -(-8) = -5 equivale a -13 + 8 = -5
+13 - 8 = +5 equivale a +13 + (-8) = +5

La **divisione** invece dà come risultato un quoziente con:
- segno positivo se i segni sono concordi, segno negativo se i segni sono discordi;
- valore assoluto uguale al quoziente dei valori assoluti del dividendo e del divisore (divisore diverso da 0).
  Esempio: $\frac{4}{2} = 2$ $\frac{4}{-2} = -2$ $\frac{-4}{-2} = +2$

La sottrazione e la divisione hanno in comune una proprietà:
- **proprietà invariantiva**:
  - se si somma o sottrae uno stesso numero sia al minuendo che al sottraendo, il risultato della sottrazione rimane lo stesso.
  - se si moltiplica o divide uno stesso numero sia divisore che al dividendo, il risultato della divisione rimane lo stesso.
  Esempio: 297 - 143 = (297 + 3) - (143 + 3) = 300 - 146 = 154
  $\frac{125}{25} = (\frac{125}{5})(\frac{25}{5}) = \frac{25}{5} = 5.$

Inoltre, come per la moltiplicazione, anche per la divisione vale la **proprietà distributiva**.
Esempio: $\frac{12 + 9 - 3}{4} = \frac{12}{3} + \frac{9}{3} - \frac{3}{3} = 4 + 3 - 1 = 6$

1.1.3 Multipli e divisori

I **multipli** di un numero naturale x sono tutti quei numeri che si possono ottenere moltiplicando x per un numero n, anch'esso appartenente all'insieme dei numeri naturali N. Un multiplo m può essere espresso come $m = x \cdot n$.

All'opposto possiamo affermare che i multipli m di un numero x sono tutti quei valori che possono essere divisi per il numero x dando come risultato un numero intero n. Un multiplo m può essere espresso come $\frac{m}{x} = n$.

M_x è l'insieme che comprende tutti i multipli di un dato numero x.

L'insieme M_x, tranne che per $x = 0$ ($M_x = \{0\}$), è sempre un insieme **infinito**.
$M_x = \{0, x, 2x, 3x, 4x, 5x, 6x, 7x...\}$ Es. $M_3 = \{0, 3, 6, 9, 12, 15, 18, 21...\}$

I **divisori** di un numero naturale sono invece tutti quei numeri d che dividono perfettamente x e possono essere espressi come $\frac{x}{d} = q$, dando come risultato un valore q intero e resto 0.
In questo caso D_x rappresenta l'insieme dei divisori ed è sempre **finito**, tranne che per $x = 0$, che invece è infinito ($D_0 = \{01, 02, 03...\}$).
Esempio: $D_{42} = \{1, 2, 3, 6, 7.14, 21, 42\}$

Per poter svolgere in modo più rapido i calcoli, è importante conoscere i criteri di divisibilità, grazie ai quali si può immediatamente riconoscere se un numero è divisibile o meno per un altro dato numero.

Un numero naturale è divisibile per:

- **2** se e solo se la cifra delle unità è **pari**. Es. 23**4**, 52**6**, 2**4**...;
- **3** se e solo se sommando tutte le cifre si ottiene un numero divisibile per 3. Es. 2859 (2 + 8 + 5 + 9 = 24, 24 è divisibile per 3);
- **4** se e solo se le ultime due cifre sono **00** o sono divisibili per **4**. Es. 18**00** o 14**20** (20 è divisibile per 4);
- **5** se e solo se il numero termina per **5** o **0**. Es. 174**5** o 190**0**;
- **9** se e solo se sommando tutte le cifre si ottiene un numero divisibile per 9. Es. 5679 (5 + 6 + 7 + 9 = 27, 27 è divisibile per 9);
- **11** se e solo se la differenza tra le cifre pari e quelle dispari, o viceversa, è divisibile per 11. Es. **72512** (**7** + **5** + **2** = **14** e **2** + **1** = **3** → 14 - 3 = 11);
- **25** se e solo se le ultime due cifre sono **00** o divisibili per **25**. Es. 6**00** e 87**50** (50 è divisibile per 25);
- **10**, **100** se e solo se il numero termina con **0** o **00**. Es. 4**0** o 59**00**.

1.1.3.1 M.C.D. ed m.c.m.

Il **massimo comune divisore** (**M.C.D.**) rappresenta il maggiore tra i divisori in comune a due dati numeri. Si identifica come il prodotto tra i **fattori comuni con minimo esponente**. Esso può essere calcolato quindi tramite la scomposizione in fattori primi:

24	**2**
12	2
6	2
3	**3**
1	1

90	**2**
45	**3**
15	3
5	5
1	1

$24 = 2^3 \cdot 3$ e $90 = 2 \cdot 3^2 \cdot 5$

Guardando la scomposizione di entrambi i numeri, si moltiplicano tutti i fattori primi in comune, tenendo conto dell'esponente più piccolo *M.C.D.* (24,90) = 2 · 3 = 6

Il **minimo comune multiplo** (**m.c.m.**) rappresenta il minore tra tutti i multipli di due o più numeri presi in considerazione. Questo può essere anche visto come il più piccolo numero divisibile da quei numeri. Si identifica come il prodotto tra i **fattori comuni e non comuni con massimo esponente**.
Similmente al M.C.D., bisogna scomporre in fattori minimi, ma anziché prendere i numeri in comune con l'esponente minimo, si dovranno prendere tutti i fattori primi comuni e non con l'esponente più alto.

ESERCIZIO **SVOLTO**

Calcolare il m.c.m. e M.C.D. di questi numeri: 294, 315, 2100.

Svolgimento:
per prima cosa bisogna scomporre tutti e tre i numeri in fattori primi.

294	2
147	3
49	7
7	7
1	

315	3
105	3
35	5
7	7
1	

2100	2
1050	2
525	3
175	5
35	5
7	7
1	

$294 = 2 \cdot 3 \cdot 7^2$
$315 = 3^2 \cdot 5 \cdot 7$
$2100 = 2^2 \cdot 3 \cdot 5^2 \cdot 7$

Per calcolare il M.C.D. prendiamo il 3 ed il 7, con l'esponente più basso, poiché essi sono gli unici numeri in comune a tutti e tre i numeri.
M.C.D. (294, 315, 2100) = $3 \cdot 7 = 21$

Per calcolare il m.c.m. invece prendiamo tutti i numeri, comuni e non comuni, 2, 3, 5, 7, con l'esponente più alto.
m.c.m. (294, 315, 2100) = $2^2 \cdot 3^2 \cdot 5^2 \cdot 7^2 = 44100$.

1.1.4 Operazioni con i numeri razionali

I numeri razionali sono quei numeri che si ottengono dal rapporto tra due numeri, in parole più semplici sono tutte le frazioni. Essi possono essere scritti anche in forma decimale, ovvero composti da una **parte intera** separata da una virgola dalla **parte decimale** (Es. **45**,**67**).
I numeri decimali possono essere divisi in:

- **numero decimale limitato**. Es. 1,35; 7,234; 13,7...
  Per **trasformare** questi numeri nella propria frazione generatrice è sufficiente scrivere il numero senza virgola al numeratore e al denominatore mettere 10^n con *n* pari al numero delle cifre nella parte decimali.
  Esempio: $1{,}35 = \frac{135}{10^2} = \frac{135}{100}$ $\quad 7{,}234 = \frac{7234}{10^3} = \frac{7234}{1000}$ $\quad 13{,}7 = \frac{137}{10}$
- **numero decimale periodico semplice**. Es. $32{,}\overline{5}$; $5{,}\overline{73}$; $8{,}\overline{958}$...
  Un numero decimale periodico semplice ha come parte decimale il **periodo**, ovvero un numero che si ripete all'infinito ($32{,}\overline{5}$ = 32,5555555555555555555...)
  Per **trasformare** questi numeri nella propria frazione generatrice bisogna mettere al numeratore la differenza tra il numero senza la virgola e la sua parte intera e al denominatore tanti 9 quante sono le cifre del periodo.
  Esempio: $32{,}\overline{5} = \frac{325 - 32}{9} = \frac{293}{9}$; $\quad 5{,}\overline{73} = \frac{573 - 5}{99} = \frac{568}{99}$;
  $8{,}\overline{958} = \frac{8958 - 8}{999} = \frac{8950}{999}$
- **numero decimale periodico misto**. Es. $2{,}3\overline{43}$; $3{,}23\overline{7}$; $6{,}1\overline{9}$...
  Un numero decimale periodico misto è composto da una parte intera e da una parte decimale, l'**antiperiodo**, ovvero la parte decimale non periodica che non si ripete, più il **periodo**, ovvero la parte decimale periodica che si ripete.
  Per **trasformare** questi numeri nella propria frazione generatrice bisogna mettere al numeratore la differenza tra il numero senza la virgola e il numero composto dalle cifre della parte intera e dell'antiperiodo. Al denominatore invece bisogna mettere tanti 9 quanto le cifre del periodo e tanti 0 quanto le cifre dell'antiperiodo.
  Esempio: $2{,}3\overline{43} = \frac{2343 - 23}{990} = \frac{2320}{990}$; $\quad 3{,}23\overline{7} = \frac{3237 - 323}{900} = \frac{2914}{900}$;
  $6{,}1\overline{8} = \frac{618 - 61}{90} = \frac{557}{90}$

Per compiere delle **operazioni tra numeri decimali e periodici** è consigliato trasformarli nella rispettiva frazione generatrice e operare calcoli tra frazioni, così come indicato nel paragrafo successivo.

ESERCIZIO **SVOLTO**

Trasformare il numero $59{,}28\overline{53}$ nella sua frazione generatrice.

1. Al numeratore dobbiamo sottrarre il numero senza la virgola (592853) alle cifre della parte intera (59) e dell'antiperiodo (28) → 592853 - 5928 = 586925
2. Al denominatore invece mettiamo tanti 9 quanti le cifre del periodo (53, due cifre) e tanti 0 quante le cifre dell'antiperiodo (28, due cifre) → 9900
3. La frazione generatrice sarà quindi: 586925/9900

1.1.5 Operazioni tra frazioni

In tutte le operazioni tra frazioni conviene **sempre prima semplificare** la frazione ai minimi termini, ovvero arrivare ad avere la frazione formata solamente da numeri primi. Per semplificare una frazione bisogna analizzare se il numeratore e il denominatore hanno divisori in comune, dividendo quindi i numeri per il loro M.C.D.
La semplificazione si potrà svolgere anche direttamente sul prodotto finale, ma è sempre conveniente svolgere semplificazioni nei passaggi precedenti, semplificando tra di loro i numeratori e i denominatori, così da semplificare i calcoli successivi.

1.1.5.1 Somma algebrica tra frazioni

Per compiere la **somma algebrica** tra due o più frazioni occorre per prima cosa comparare i denominatori.

Se i **denominatori sono tutti uguali**, basta sommare o sottrarre tra di loro i numeratori e copiare il denominatore in comune.

Se invece i **denominatori non sono uguali**:

1. al denominatore mettere il m.c.m. tra i diversi denominatori;
2. **trasformare** tutte le frazioni allo stesso denominatore. Per effettuare questa trasformazione sarà necessario:
   a. dividere il denominatore comune per il vecchio denominatore ottenendo un numero n;
   b. moltiplicare n per il numeratore;
3. al numeratore mettere la somma o differenza dei numeratori delle frazioni trasformate.

Esempio: $\frac{2}{3} + \frac{7}{5} + \frac{5}{9}$

1. Calcoliamo *m.c.m.* = $3^2 \cdot 5 = 45$, che sarà il denominatore comune.
2. Trasformiamo le frazioni con lo stesso denominatore:
   $\frac{45}{3} = 15$
   $\frac{2}{3} \cdot \frac{15}{15} = \frac{30}{45}$
   a. $\frac{45}{5} = 9$
   b. $\frac{7}{5} \cdot \frac{9}{9} = \frac{63}{45}$
   a. $\frac{45}{9} = 5$
   b. $\frac{5}{9} \cdot \frac{5}{5} = \frac{25}{45}$
3. Sommiamo le frazioni trasformate: $\frac{2}{3} + \frac{7}{5} + \frac{5}{9} = \frac{30}{45} + \frac{63}{45} + \frac{25}{45} = \frac{30 + 63 + 25}{45} = \frac{118}{45}$

1.1.5.2 Prodotto e divisione tra frazioni

Per **moltiplicare** due o più frazioni bisogna:

- moltiplicare tra di loro i numeratori, per ottenere il numeratore del prodotto;
- moltiplicare i denominatori per ottenere il denominatore.

Nel **prodotto** le regole di semplificazione valgono anche tra fattori diversi *ad incrocio*, cioè si può semplificare il denominatore di un termine con il numeratore di un altro termine. Il consiglio è sempre quello di compiere i calcoli con numeri più semplici possibili e quindi ridurre il prima possibile e non solo alla fine.

Esempio: $\frac{14}{45} \cdot \frac{18}{35} = (\frac{14}{7}/\frac{45}{9}) \cdot (\frac{18}{9}/\frac{35}{7}) = \frac{2}{5} \cdot \frac{2}{5} = \frac{4}{25}$

Come si può vedere nell'esempio è stato possibile semplificare in modo "incrociato" il numeratore del primo fattore (14) col denominatore del secondo fattore (35) e il denominatore del primo fattore (45) col numeratore del secondo fattore (18), semplificando di molto i calcoli.

Per la **divisione** valgono le stesse regole che per la moltiplicazione, solamente che bisogna trasformare il divisore (*n*) nel suo reciproco (1/*n*).
Quindi nel concreto la divisione tra due frazioni può essere considerata come il prodotto della prima per il reciproco della seconda.

$$\frac{a}{b} \div \frac{c}{d} = \frac{a}{b} \cdot \frac{d}{c}$$

Esempio: $\frac{15}{4} \div \frac{10}{36} = \frac{15}{4} \cdot \frac{36}{10} = \frac{15}{4} \cdot \frac{36 \div 2}{10 \div 2} = \frac{15}{4} \cdot \frac{18}{5} = \frac{15 \div 5}{4 \div 2} \cdot \frac{18 \div 2}{5 \div 5} = \frac{3}{2} \cdot \frac{9}{1} = \frac{27}{2}$

1.2 INSIEMI NUMERICI

Gli insiemi numerici sono insiemi infiniti e ordinati che classificano i numeri in base a caratteristiche comuni. Essi sono legati dalle seguenti relazioni:

- $N \in Z \in Q \in R \in C$;
- $\in R$;
- Q U I = R;

in cui ∈ indica "sottoinsieme proprio" e U indica "unione".

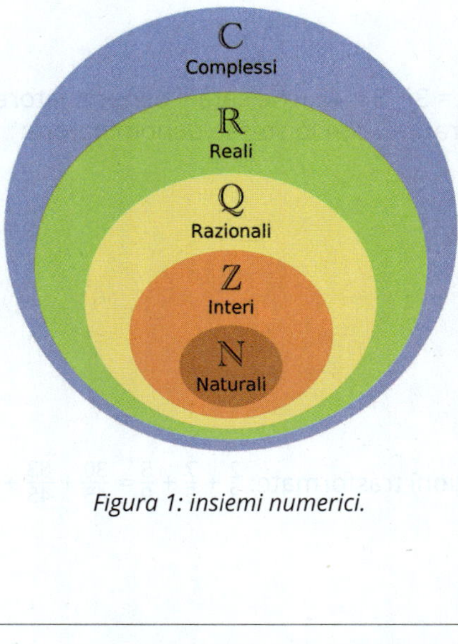

Figura 1: insiemi numerici.

MNEMOFRASE TESTBUSTERS

Per ricordare l'ordine degli insiemi numerici:

Nasce **Z**orro **Q**uando **R**ubano **C**avalli!
→ **N Z Q R C**

ESERCIZIO **SVOLTO**

Dati gli insiemi A = (1; 3; 5; 7), B = (1; 5) e C = (2; 6), quanto vale AUBUC?

Svolgimento:
il simbolo U indica *unione* quindi significa che l'insieme totale AUBUC è uguale a un insieme contenente tutti i numeri dei tre insiemi, quindi (1; 2; 3; 5; 6; 7).

Soluzione: (1; 2; 3; 5; 6; 7).

ESERCIZIO **PROPOSTO**

1.2 Quale delle seguenti affermazioni è errata?

A. Z ∈ R
B. R ∈ Q
C. N ∈ C
D. R ∈ C
E. Z ∈ Q

Insieme dei numeri naturali (N)

- L'insieme N è costituito da tutti i numeri interi non negativi, quindi dai valori che possiamo trovare aggiungendo un'unità alla volta allo 0 → N = {0, 1, 2, 3, 4...}.
- Tutti i numeri naturali, con eccezione dello zero, hanno un numero precedente e un numero conseguente (successivo).
- Le uniche operazioni interne a questo insieme sono la somma e il prodotto. È infatti impossibile, facendo queste operazioni tra numeri naturali, ottenere numeri non naturali. Non vale invece lo stesso nel caso della sottrazione (es. 4 – 6 = -2) o nel caso della divisione (es. 7:2 = 3,5).

Insieme dei numeri interi relativi (Z)

- L'insieme Z è costituito da tutti i numeri interi, sia positivi che negativi → Z = {... -3, -2, -1, 0, +1, +2 +3...}.
- Questo insieme nasce dall'esigenza di includere la sottrazione tra le operazioni interne, lasciando però ancora fuori la divisione.
- **Valore assoluto** → solo la parte numerica, senza il segno (es. |-11|=11).
- **Numeri concordi** → numeri aventi lo stesso segno (es. +7 e +13; -3 e -6).
- **Numeri discordi** → numeri aventi segno diverso (es. +2 e -5).
- **Numeri opposti** → numeri discordi aventi lo stesso valore assoluto (Es. -7 e +7).
- **Numeri uguali** → numeri concordi aventi lo stesso valore assoluto (Es. +3 e +3; -4 e -4).

Insieme dei numeri razionali (Q)

- L'insieme Q comprende tutti i numeri che possono essere espressi sotto forma di frazione, ovvero tutti i numeri che è possibile rappresentare sotto forma decimale finita o illimitata periodica (es. $-\frac{1}{2}$, $-\frac{1}{3}$, 0.01, 2, $\frac{11}{5}$, 3.5).
- In questo insieme è possibile compiere internamente tutte le 4 operazioni: somma, differenza, moltiplicazione e divisione.
- Un elemento dell'insieme Q può essere rappresentato nella forma $c = \frac{a}{b}$ con b sempre diverso da 0. Lo 0, infatti, non può essere ammesso come divisore.
- Ogni intero può essere riscritto sotto forma di frazione (es. $2 = \frac{2}{1}$).

Insieme dei numeri irrazionali (I)

- L'insieme I comprende tutti quei numeri che non possono essere rappresentati sotto forma di frazione. L'insieme I comprende infatti tutti i numeri reali illimitati non periodici.
- **Attenzione**: i non comprende gli insiemi Q, Z, N, ma insieme a Q va a formare l'insieme R.
- Numeri irrazionali più importanti:
  - $\sqrt{2}$ = 1,414213562373...
  - π = 3,141592653589...
  - e = 2,718281828459...

Insieme dei numeri reali (R)

- L'insieme R comprende sia l'insieme Q che l'insieme I, comprende quindi tutti i numeri positivi, negativi e nulli, interi, razionali e irrazionali.

Insieme dei numeri complessi (C)

- L'insieme C comprende i numeri formati da una componente reale (a) e da una immaginaria (ib) (es. a + ib).
- i rappresenta l'unità immaginaria ($i = \sqrt{-1}$, $i^2 = -1$).

1.2.1 Operazioni tra insiemi

L'insieme è un gruppo ben definito di oggetti, ciascuno dei quali rappresenta un elemento di tale insieme.

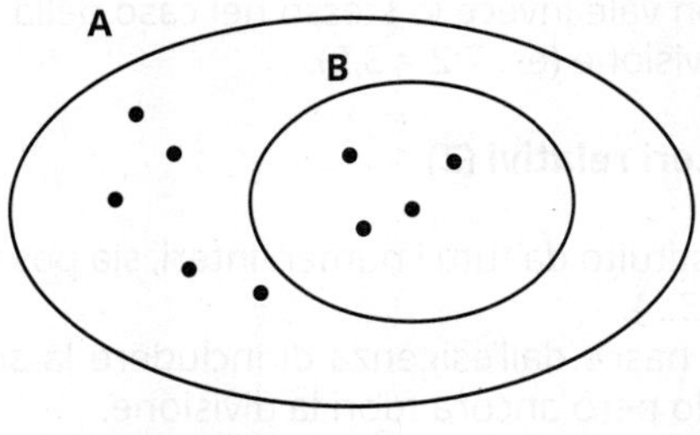

Un **sottoinsieme** è invece un insieme B avente ogni elemento incluso nell'insieme A e si può indicare come $B \subseteq A$ (B è incluso in A). Se inoltre il sottoinsieme non è un insieme vuoto ed esiste almeno un elemento di A non in comune con B, allora si può dire che B è un sottoinsieme proprio di A, quindi $B \subset A$ (B è incluso strettamente in A).
Le principali operazioni che si possono svolgere tra insiemi sono:

- **unione (A∪B)** è l'insieme degli elementi sia di A che di B; si prendono quindi tutti gli elementi dentro l'insieme A e tutti gli elementi presenti dentro l'insieme B per costituire l'insieme di unione.

Esempio: A = {2, 4, 6, 8, 10, 12}; B = {3, 6, 9, 12} → AB = {2, 3, 4, 6, 8, 9, 10, 12}

Attenzione: *AUA = A*   *AU∅ = A*   ∅=∅
∅ = insieme vuoto
Proprietà:

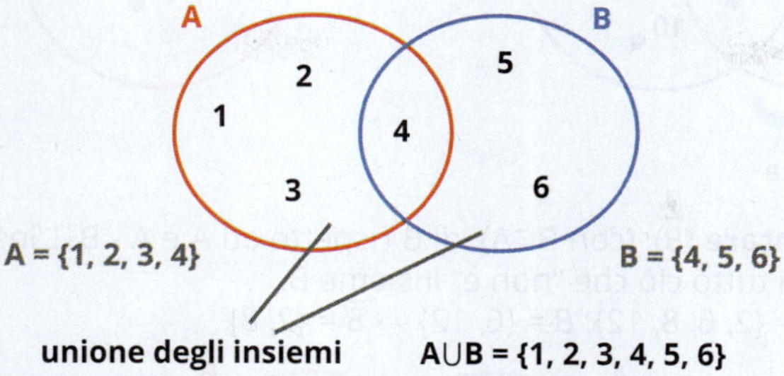

- proprietà commutativa dell'unione:
  AUB = BUA;
- proprietà associativa dell'unione:
  (AUB)UC = AU(BUC);

- **Intersezione (A∩B)** è l'insieme degli elementi in comune ad A e B. In questo caso, invece, bisogna prendere solamente gli elementi che sono presenti sia in A che in B, escludendo tutti gli elementi non in comune.
  Esempio: A = {2, 6, 8, 12} ; B = {3, 6, 9, 12} → A∩B = {6, 12}

Attenzione: *A∩A = A*   A∩∅ = ∅   ∅∩∅ = ∅
Proprietà:

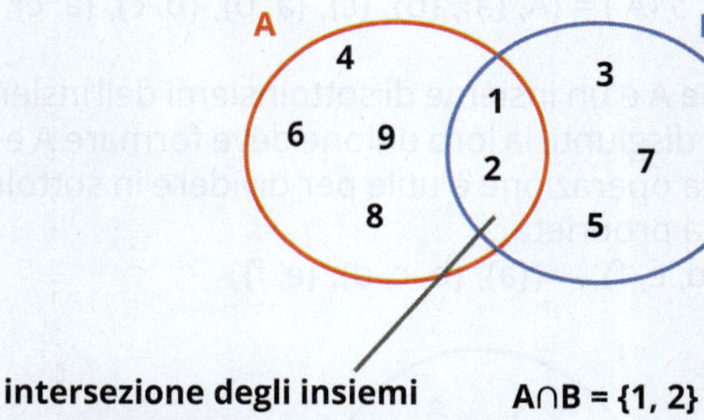

- proprietà commutativa dell'intersezione:
  A∩B = B∩A;
- proprietà associativa dell'intersezione:
  (A∩B)∩C = A∩(B∩C);
- proprietà distributiva dell'unione rispetto all'intersezione:
  (A∩B)UC = (AUC)∩(BUC);
- proprietà distributiva dell'intersezione rispetto all'unione:
  (AUB)∩C = (A∩C)U(B∩C);

- **differenza (A-B)** è l'insieme degli elementi che appartengono ad A, ma non a B. Nella differenza si tolgono dall'insieme A gli elementi appartenenti all'intersezione tra A e B.
  Esempio: A = {2, 6, 8, 12} ; B = {3, 6, 9, 12} → A - B = {2; 8}

Attenzione: se A⊆B → A - B = ∅   Es. A = {6, 12}; B = {3, 6, 9, 12} → A - B = ∅
se A∩B = ∅ → A-B = A   Es. A = {2, 8}; B = {3, 9} → A - B = {2; 8}

MATEMATICA

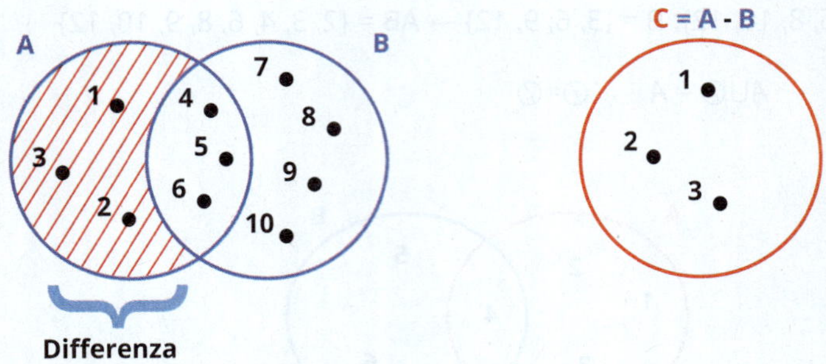

- **Complementare** ($\overline{B}$) (con B⊆A) di B rispetto ad A è A - B. L'insieme complementare è quindi tutto ciò che "non è" insieme B.
  Esempio: A = {2, 6, 8, 12}; *B* = {6, 12} → $\overline{B}$ = {2, 8}

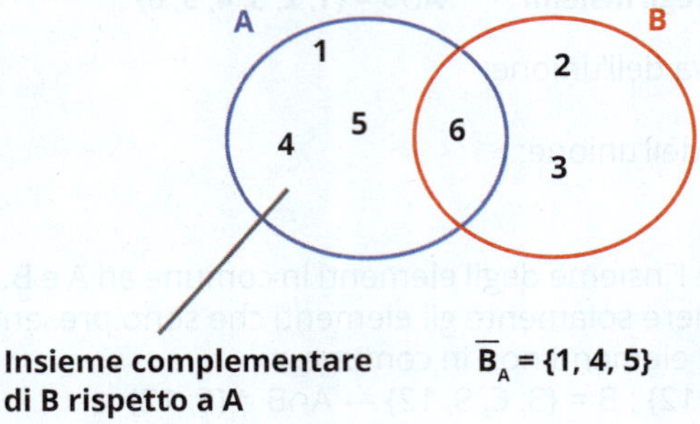

- **Insieme delle parti** ($\mathcal{P}(A)$) è l'insieme formato da tutti i sottoinsiemi.
  Esempio: Se A = {a, b, c}, $\mathcal{P}$(A) = {A, {a}, {b}, {c}, {a, b}, {b, c}, {a, c}, ∅}

- **Partizione di un insieme** A è un insieme di sottoinsiemi dell'insieme stesso. I sottoinsiemi devono essere disgiunti, la loro unione deve formare A e nessuno di essi può essere vuoto. Questa operazione è utile per dividere in sottoinsiemi aventi in comune una determinata proprietà.
  Esempio: Se A = {a, b, c, d, e, f} → {{a}, {b, c, d}, {e, f}}

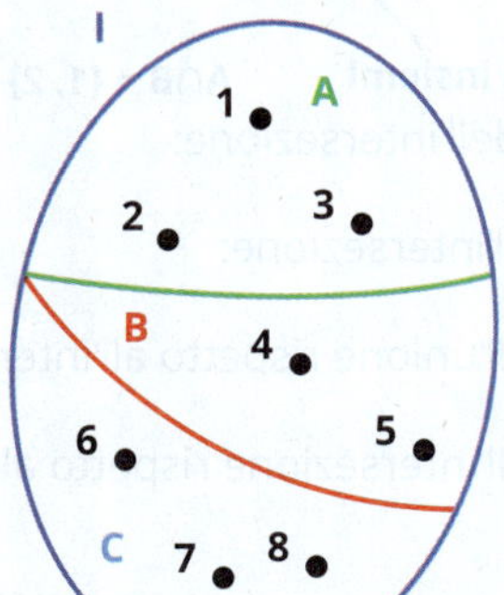

- **Prodotto cartesiano** è l'insieme delle coppie ordinate (a;b), con A appartenente all'insieme A e b all'insieme B.
  Esempio: Le posizioni di battaglia navale B6, A3...
  A · B = {(a; b) | a ∈ A e b ∈ B}.

ESERCIZIO **SVOLTO**

Identificare la corretta partizione dell'insieme dei numeri naturali
N = {0, 1, 2, 3, 4, 5, 6, 7...}

A. {{multipli di 2}, {multipli di 5}}
B. {{multipli di 1}, {multipli di 2}, {multipli di 3}}
C. {{multipli di 1}, {∅}}
D. {{numeri pari positivi}, {numeri dispari positivi}, {il numero 0}}
E. Non si può fare la partizione dell'insieme N

Le opzioni A e B non sono corrette in quanto i sottoinsiemi non sono disgiunti, alcuni multipli di 5 e 3 possono essere anche multipli di 2. L'opzione C è scorretta in quanto i multipli di 1 rappresentano l'insieme N e inoltre non si può includere nemmeno un insieme vuoto.
La risposta corretta è dunque la D, in quanto l'insieme N è composto dai numeri pari positivi, numeri dispari positivi e lo 0.

1.3 POTENZE

1.3.1 Introduzione delle potenze

Si chiama **potenza *n*-esima di un numero *a* (a^n)** la moltiplicazione di *a* per se stesso *n* volte.
Prende il nome di base (*a*) il fattore che deve essere moltiplicato per se stesso, mentre si chiama esponente (*n*) della potenza il numero delle volte per cui si deve moltiplicare *a*.

$$a^4 = a \cdot a \cdot a \cdot a$$

La potenza è un numero che ha:

- **valore assoluto** uguale al valore assoluto della base moltiplicato per se stesso tante volte quanto il valore dell'esponente;
- **segno positivo** se la base ha segno positivo e/o se l'esponente è pari:
  - $2^4 = (+2) \cdot (+2) \cdot (+2) \cdot (+2) = 16$
  - $2^3 = (+2) \cdot (+2) \cdot (+2) = 8$
  - $-2^4 = (-2) \cdot (-2) \cdot (-2) \cdot (-2) = (+4) \cdot (+4) = 16$
- **segno negativo** se la base ha segno negativo e l'esponente è dispari:
  - $-2^3 = (-2) \cdot (-2) \cdot (-2) = (+4) \cdot (-2) = -8$

ATTENZIONE PER IL TEST

La **potenza con esponente negativo** è l'inverso della base elevato per il valore assoluto dell'esponente:
$q^{-n} = (\frac{1}{q})^n$ con *q* diverso da 0

Es: $7^{-2} = (\frac{1}{7})^2 = \frac{1}{49}$

La **potenza con esponente frazionario** è invece è una radice con radicando uguale alla base e indice del radicale uguale all'esponente.
$q^{1/n} = \sqrt[n]{q}$ con $q \geq 0$ e *n* diverso da 0

Es: $27^{1/3} = \sqrt[3]{27} = \sqrt[3]{3 \cdot 3 \cdot 3} = \sqrt[3]{3^3} = 3$

I casi particolari delle potenze sono:

- $a^1 = a$;
- $a^0 = 1$;
- **attenzione**: 0^0 è un numero indefinito.

1.3.2 Proprietà delle potenze

1. Il **prodotto di due o più potenze** con la stessa base è uguale alla potenza con la stessa base elevata alla somma degli esponenti.
   Esempio: $2^2 \cdot 2^5 = (2 \cdot 2) \cdot (2 \cdot 2 \cdot 2 \cdot 2 \cdot 2) = 2 \cdot 2 \cdot 2 \cdot 2 \cdot 2 \cdot 2 \cdot 2 = 2^{2+5} = 2^7$

2. Il **quoziente di due o più potenze** con la stessa base è uguale alla potenza con la stessa base elevata alla differenza degli esponenti.
   Esempio: $\frac{3^9}{3^3} = \frac{3 \cdot 3 \cdot 3 \cdot 3 \cdot 3 \cdot 3 \cdot 3 \cdot 3 \cdot 3}{3 \cdot 3 \cdot 3} = 3^{9-3} = 3^6$

3. La **potenza di una potenza** è uguale alla potenza con la stessa base elevata al prodotto tra gli esponenti.
   Esempio: $(10^4)^3 = 10^4 \cdot 10^4 \cdot 10^4 = 10^{4+4+4} = 10^{4 \cdot 3} = 10^{12}$
   TIP: questa proprietà è particolarmente utile quando vogliamo trasformare la base in un numero che sia una potenza della base stessa.
   Esempio: $3^4 = (3^2)^2 = 9^2 = 81$

4. Il **prodotto di potenze con lo stesso esponente** è uguale alla potenza elevata allo stesso esponente ma con base il prodotto tra le singole basi.
   Esempio: $3^3 \cdot 5^3 = (3 \cdot 3 \cdot 3) \cdot (5 \cdot 5 \cdot 5) = (3 \cdot 5) \cdot (3 \cdot 5) \cdot (3 \cdot 5) = (3 \cdot 5)^3 = 3375$
   TIP: questa proprietà è importante per semplificare i calcoli, quando i numeri sono alti e rendono i calcoli difficoltosi.
   Esempio: $300^4 = 3^4 \cdot 100^4 = 81 \cdot 10000 = 810000$

5. Il **quoziente di potenze con lo stesso esponente** è uguale alla potenza elevata allo stesso esponente ma con base il quoziente delle basi.
   Esempio: $\frac{12^4}{3^4} = \frac{12 \cdot 12 \cdot 12 \cdot 12}{3 \cdot 3 \cdot 3 \cdot 3} = \frac{12}{3} \cdot \frac{12}{3} \cdot \frac{12}{3} \cdot \frac{12}{3} = (\frac{12}{3})^4 = 4^4 = 256$

Proprietà	Applicazione	Esempio
Prodotto di due potenze con uguale base	$a^n \cdot a^m = a^{n+m}$	$3^2 \cdot 3^7 = 3^9$
Quoziente di due potenze con uguale base	$a^n : a^m = a^{n-m}$	$3^2 : 3^7 = 3^{-5}$
Potenza di una potenza	$(a^n)^m = a^{n \cdot m}$	$(3^2)^7 = 3^{14}$
Prodotto di due potenze con uguale esponente	$a^n \cdot b^n = (a \cdot b)^n$	$7^3 \cdot 2^3 = (7 \cdot 2)^3 = 14^3$
Quoziente di due potenze con uguale esponente	$a^n : b^n = (a : b)^n$	$8^3 : 2^3 = (8 : 2)^3 = 4^3$

ESERCIZIO **SVOLTO**

Qual è il risultato della seguente espressione: $\frac{9^3}{3^7} \cdot (2^2)^3 \cdot 2 \cdot 300^0$?

Svolgimento:
TIP: spesso in questo tipo di esercizi, per svolgere i calcoli e applicare le varie proprietà, è utile trasformare tutte le basi in numeri primi o in numeri più piccoli, ma uguali tra loro.
Quindi, applicare la proprietà della potenza di una potenza per trasformare il 9 in 3^2
$\frac{(3^2)^3}{3^7} \cdot 2^{2 \cdot 3} \cdot 2 \cdot 1 = (\frac{3^6}{3^7}) \cdot 2^6 \cdot 2$
Poi, applicare le proprietà del prodotto e del quoziente di due potenze
$3^{6-7} \cdot 2^{6+1} = 3^{-1} \cdot 2^7 = \frac{128}{3}$
Soluzione: $\frac{128}{3}$.

1.3.3 Somma e differenza con le potenze

La somma e la differenza con le potenze possono risultare difficili in quanto, a differenza del caso del prodotto e del quoziente, **non esistono proprietà per compiere queste due operazioni**.
Quindi, nel caso in cui i risultati del quesito non siano espressi anch'essi in termini di potenze, bisogna calcolare le singole potenze e poi sommare o sottrarre i valori ottenuti da ciascuna di essi.

ERRORE DA NON FARE: $2^4 + 3^4 = (2 + 3)^4$

ESERCIZIO **SVOLTO**

Qual è il risultato della seguente espressione: $\frac{2^8}{4^2} + 3^3 + 5^2$?

Svolgimento:
semplificare la frazione trasformando il denominatore in base 2
$\frac{2^8}{(2^2)^2} + 3^3 + 5^2 = \frac{2^8}{2^4} + 3^3 + 5^2 = 2^{8-4} + 3^3 + 5^2 = 2^4 + 3^3 + 25$
Calcolare le singole potenze
$16 + 27 + 25 = 68$

Soluzione: 68.

ESERCIZIO **SVOLTO**

Trovare il valore di x data la seguente equazione: $2^{3+x} - 2^{11} = 0$

Svolgimento:
$2^{3+x} - 2^{11}$
Bisogna trovare il valore di x che, sommato a tre dia 11, in quanto le basi sono le stesse da entrambi i lati. Si può dunque lavorare con un'equazione riferita direttamente agli esponenti.
$3 + x = 11 \rightarrow x = 11 - 3 = 8$
Infatti: $2^{3+8} - 2^{11} = 2^{11} - 2^{11} = 0$

Soluzione: 8.

MATEMATICA

ESERCIZIO **PROPOSTO**

1.3.3 Applicando le proprietà delle potenze, ridurre la seguente espressione sotto forma di un un'unica potenza:

$$\frac{[(-3)^2 \cdot (-3)^5]^2}{(-3) \cdot (-3)^4}$$

A. $(-3)^5$
B. $(-3)^9$
C. $(-3)^3$
D. $(-3)^4$
E. $(-3)^8$

1.4 RADICALI

1.4.1 Introduzione dei radicali

Dato un radicale $\sqrt[n]{a}$ si definisce a il radicando ed n l'indice della radice. La radice è il numero che, elevato all'indice della radice, dà come risultato il radicando.

$\sqrt[n]{a} = b \quad \leftrightarrow \quad a = b^n \quad$ con $n \neq 0$

Se n è un **numero pari**, bisogna porre come condizione di esistenza che il radicando sia **maggiore o uguale di 0** ($a \geq 0$), in quanto nessun numero, elevato a un esponente pari, dà come risultato un numero negativo. Se invece n è dispari a può anche assumere un valore negativo. Riassumendo:

- $\sqrt[n]{a} = b \leftrightarrow b^n = a$ con $n \neq 0$ e pari e $a \geq 0$
  Esempio: $\sqrt[2]{9} = 3 \leftrightarrow 3^2 = 9$;
- $\sqrt[n]{\pm a} = b \leftrightarrow b^n = a$ con $n \neq 0$ e dispari e $a \in R$
  Esempio: $\sqrt[3]{-8} = -2 \leftrightarrow (-2)^3 = -8$;
- $\sqrt[n]{a} = b \leftrightarrow b^n = a$ con $n \neq 0$ e pari e $a < 0$
  Esempio: $\sqrt[2]{-4}$ non esiste.

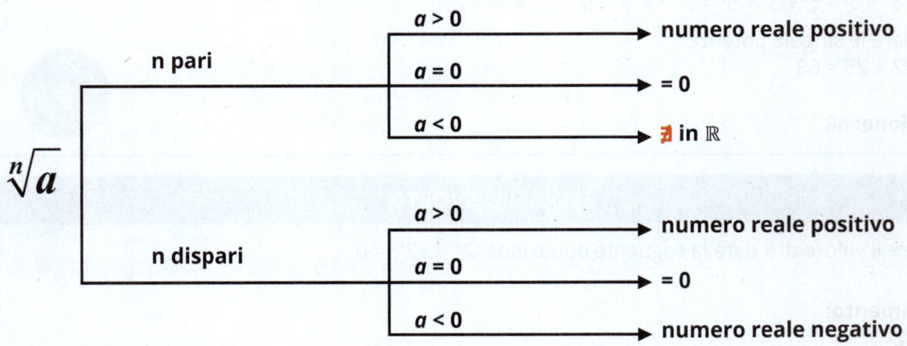

Alcuni esempi di radicali sono:

- $\sqrt[4]{10000} = 10$, infatti $10^4 = 10000$;
- $\sqrt[5]{-32} = -2$, infatti $(-2)^5 = -32$;
- $\sqrt[2]{0} = 0$, infatti $0^2 = 0$;
- $\sqrt[4]{-9}$ non esiste, infatti non esiste un numero b tale che $b^4 = -9$.

I casi particolari sono:

- $\sqrt[1]{a} = a$ in quanto $a^1 = a$;
- $\sqrt[n]{0} = 0$ in quanto $0^n = 0$;
- $\sqrt[n]{a^1} = 1$ in quanto $1^n = 1$;
- $\sqrt[n]{a^n} = a$.

Attenzione: il radicale con indice uguale a 0 (0^a), non ha alcun significato.

1.4.2 Proprietà dei radicali

1. **Proprietà invariantiva dei radicali** → moltiplicando per un numero naturale *p* diverso da 0 sia l'indice del radicale che l'esponente del radicando si ottiene un radicale equivalente a quello iniziale:

$$\sqrt[n]{a^m} = \sqrt[n \cdot p]{a^{m \cdot p}}$$

Esempio: $\sqrt[2]{3^3} = \sqrt[2 \cdot 5]{3^{3 \cdot 5}} = \sqrt[10]{3^{15}}$

Per la proprietà simmetrica dell'uguaglianza si può dunque ottenere un radicale equivalente anche dividendo l'indice della radice e l'esponente del radicando per lo stesso divisore *p*:

$$\sqrt[n \cdot p]{a^{m \cdot p}} = \sqrt[\frac{n \cdot p}{p}]{a^{\frac{m \cdot p}{p}}} = \sqrt[n]{a^m}$$

Grazie a questa proprietà è infatti possibile semplificare i radicali, fino a ottenere un **radicale irriducibile**, ovvero il caso in cui l'indice e l'esponente sono primi fra loro.

Esempio: $\sqrt[6]{2^9} = \sqrt[6/3]{2^{9/3}} = \sqrt[2]{2^3}$

2. **Prodotto di radicali** → se si moltiplicano due radicali con lo stesso indice, il loro prodotto è dato da un radicale con lo stesso indice e per radicando il prodotto dei radicandi:

$$\sqrt[n]{a} \cdot \sqrt[n]{b} = \sqrt[n]{a \cdot b}$$

Esempio: $\sqrt[3]{5} \cdot \sqrt[3]{15} = \sqrt[3]{75}$

3. **Quoziente di radicali** → se si dividono due radicali con lo stesso indice, il loro quoziente è dato da un radicale con lo stesso indice e per radicando il quoziente dei radicandi:

$$\sqrt[n]{a} \div \sqrt[n]{b} = \sqrt[n]{\frac{a}{b}}$$

Esempio: $\sqrt[2]{20} \div \sqrt[2]{5} = \sqrt[2]{\frac{20}{5}} = \sqrt[2]{4}$

4. **Potenza di un radicale** → la potenza *m*-esima di un radicale è data dal radicale con lo stesso indice e per radicando la potenza *m*-esima del radicando:

$$\left(\sqrt[n]{a}\right)^m = \sqrt[n]{a^m}$$

Esempio: $\left(\sqrt[4]{10}\right)^2 = \sqrt[4]{10^2} = \sqrt[4]{100}$

5. **Radice di un radicale** → la radice *m*-esima di un radicale con indice *n* è data dal radicale che ha per indice il prodotto tra i due indici $m \cdot n$ e per radicando si mantiene lo stesso radicando:

$$\sqrt[m]{\sqrt[n]{a}} = \sqrt[m \cdot n]{a}$$

Esempio: $\sqrt[2]{\sqrt[3]{7^2}} = \sqrt[2 \cdot 3]{7^2} = \sqrt[6]{49}$

6. **Trasporto dentro alla radice** → per trasportare un fattore all'interno di una radice occorre elevare il valore assoluto all'indice del radicale, mantenendo il segno al di fuori dalla radice:

$$a\sqrt[n]{b} = \sqrt[n]{a^n} \cdot \sqrt[n]{b} = \sqrt[n]{a^n \cdot b}$$

Esempio: $-2\sqrt[2]{8} = -\sqrt[2]{2^2} \cdot \sqrt[2]{8} = -\sqrt[2]{4 \cdot 8} = -\sqrt[2]{32}$

7. **Trasporto fuori dalla radice** → per trasportare un fattore fuori da una radice occorre scomporre in fattori non negativi il radicando e dividere l'esponente di ogni fattore per l'indice del radicale:

$$\sqrt[n]{a^n \cdot b^m} = a \cdot b^{m/n}$$

Esempio: $\sqrt[2]{432} = \sqrt[2]{2^4 \cdot 3^2 \cdot 3} = \sqrt[2]{2^4} \cdot \sqrt[2]{3^2} \cdot \sqrt[2]{3} = 2^{4/2} \cdot 3^{2/2} \cdot 3^{1/2} = 2^2 \cdot 3 \cdot \sqrt[2]{3} = 12\sqrt{3}$

Conviene sempre scomporre in fattori con esponenti multipli all'indice del radicale, come ad esempio 2 e 4 nel caso della radice di 2. In generale il procedimento è:

$$\sqrt[n]{a^m} = \sqrt[n]{a^{n \cdot q + r}} = \sqrt[n]{a^{n \cdot q}} \cdot \sqrt[n]{a^r} = a^q \sqrt[n]{a^r}$$

Bisogna quindi dividere l'esponente per l'indice della radice, il quoziente sarà l'esponente del fattore trasportato fuori dalla radice, mentre il resto della divisione sarà l'esponente del fattore che rimane dentro alla radice.

Inoltre, prima di estrarre, bisogna sempre fare attenzione che il radicando sia positivo in caso di **indice della radice pari** → C.E. $a \geq 0$
Nel caso il radicando sia negativo ma con esponente pari, si può procedere alla semplificazione utilizzando il modulo del radicando.
Esempio: $\sqrt[12]{(-3)^4} = \sqrt[12]{|-3|^4} = \sqrt[12/4]{|-3|^{4/4}} = \sqrt[3]{|-3|} = \sqrt[3]{3}$.

ESERCIZIO **SVOLTO**

Semplifica il seguente radicale: $\sqrt[3]{2^7 \cdot 3^2 \cdot 5^{11}}$.

Svolgimento:
per prima cosa bisogna dividere i singoli esponenti per l'indice della radice:
$2^7 \rightarrow 7/3 = 2$ con resto di 1, infatti $3 \cdot 2 + 1 = 6 + 1 = 7$
$3^2 \rightarrow 2/3 = 0$ con resto di 2, infatti $3 \cdot 0 + 2 = 0 + 2 = 2$
$5^{11} \rightarrow 11/3 = 3$ con resto di 2, infatti $3 \cdot 3 + 2 = 9 + 2 = 11$
I numeri in rosso andranno a sostituire l'esponente q, mentre quelli in verdi sostituiranno l'esponente r nella formula: $\sqrt[n]{a^m} = \sqrt[n]{a^{n \cdot q + r}} = \sqrt[n]{a^{n \cdot q}} \cdot \sqrt[n]{a^r}$

Ora scomponiamo in fattori:
$\sqrt[3]{2^{6+1} \cdot 3^{0+2} \cdot 5^{9+2}} = \sqrt[3]{2^6 \cdot 2^1 \cdot 1 \cdot 3^2 \cdot 5^9 \cdot 5^2}$

Utilizzando la proprietà dei radicali e ricordando che :
$\sqrt[3]{2^6} \cdot \sqrt[3]{2^1} \cdot \sqrt[3]{3^2} \cdot \sqrt[3]{5^9} \cdot \sqrt[3]{5^2} = 2^{6/3} \cdot 5^{9/3} \cdot 2^{1/3} \cdot 3^{2/3} \cdot 5^{2/3} = 2^2 \cdot 5^3 \cdot \sqrt[3]{2 \cdot 3^2 \cdot 5^2}$.

Soluzione: $2^2 \cdot 5^3 \cdot \sqrt[3]{2 \cdot 3^2 \cdot 5^2}$.

Proprietà	Applicazione	Esempio
Invariantiva	$\sqrt[n]{a^m} = \sqrt[n\cdot p]{a^{m\cdot p}} \leftrightarrow \sqrt[n\cdot p]{a^{m\cdot p}} = \sqrt[n]{a^m}$	$\sqrt[3]{11^2} = \sqrt[3\cdot 2]{11^{2\cdot 2}} = \sqrt[6]{11^4}$
Prodotto	$\sqrt[n]{a} \cdot \sqrt[n]{b} = \sqrt[n]{a \cdot b}$	$\sqrt[3]{2} \cdot \sqrt[3]{4} = \sqrt[3]{8} = 2$
Quoziente	$\sqrt[n]{a} : \sqrt[n]{b} = \sqrt[n]{a : b}$	$\sqrt[2]{32} : \sqrt[2]{2} = \sqrt[2]{32:2} = \sqrt[2]{16} = 4$
Potenza	$\sqrt[n]{a^m} = a^{m/n}$	$\sqrt[2]{27} = \sqrt[2]{3^3} = 3^{3/2}$
Radice di radice	$\sqrt[n]{\sqrt[m]{a}} = \sqrt[nm]{a} = a^{1/nm}$	$\sqrt[2]{\sqrt[3]{5}} = \sqrt[6]{5} = 5^{1/6}$
Trasporto dentro alla radice	$b \cdot \sqrt[n]{a} = \sqrt[n]{a \cdot b^n}$	$3 \cdot \sqrt[2]{2} = \sqrt[2]{2 \cdot 3^2} = \sqrt[2]{18}$
Trasporto fuori dalla radice	$\sqrt[n]{b^m \cdot a} = b^{m/n} \cdot \sqrt[n]{a}$	$\sqrt[2]{162} = \sqrt[2]{3^4 \cdot 2} = 3^2 \cdot \sqrt[2]{2}$

1.4.3 Operazioni con i radicali

È possibile svolgere la **somma algebrica** tra due o più radicali a patto che essi siano **radicali simili**, ovvero due radicali con in comune lo stesso indice e lo stesso radicando.

Esempio: $3\sqrt[2]{5} + 11\sqrt[2]{5} - 10\sqrt[2]{5} = (3 + 11 - 10)\sqrt[2]{5} = 4\sqrt[2]{5}$

Attenzione: la somma algebrica non è possibile nel caso in cui gli indici e/o il radicando siano diversi.

Esempio: $3\sqrt[2]{7} + 5\sqrt[2]{5}$ o $3\sqrt[3]{7} + 5\sqrt[2]{7}$

Esistono anche altre trasformazioni che si possono fare per semplificare e consentire i calcoli:

- **riduzione allo stesso indice** (minimo comune indice):
  a. calcolare il m.c.m. tra gli indici;
  b. trasformare ogni radicale nell'equivalente con il minimo comune indice trovato.

  Questa trasformazione può essere utile per esempio nei casi di prodotti o confronti ($\leq, \geq, <, >$ o $=$) tra radicali con indici diversi.

ESERCIZIO SVOLTO

Svolgere il seguente prodotto tra radicali: $\sqrt[12]{a^5} \cdot \sqrt[9]{a^2} \geq 0$

Svolgimento:
per prima cosa occorre trovare il m.c.m. tra 12 e 9:
$12 = 2^2 \cdot 3$ e $9 = 3^2$
Prendendo tutti i fattori con l'esponente più alto → m.c.m. = $2^2 \cdot 3^2 = 4 \cdot 9 = 36$
Ora bisogna trasformare i radicali negli equivalenti con indice 36, utilizzando la proprietà invariantiva: 36 / 12 = 3 36 / 9 = 4
$\sqrt[12\cdot 3]{a^{5\cdot 3}} = \sqrt[36]{a^{15}}$ $\sqrt[9\cdot 4]{a^{2\cdot 4}} = \sqrt[36]{a^8}$
Il prodotto sarà quindi, ottenuto utilizzando la proprietà del prodotto tra radicali.

Soluzione: $\sqrt[36]{a^{15}} \cdot \sqrt[36]{a^8} = \sqrt[36]{a^{15+8}} = \sqrt[36]{a^{23}}$.

MATEMATICA

- **razionalizzazione del denominatore di una frazione** → quando si trova un radicale al denominatore, è possibile trasformare la frazione in una equivalente senza radicali al denominatore moltiplicando numeratore e denominatore per uno stesso opportuno fattore diverso da 0. Questa trasformazione risulta particolarmente utile nel caso di somma algebrica di frazioni con radicali. Generalmente si utilizzano i seguenti metodi, a seconda dei due casi più comuni:
  - **unico radicale al denominatore:**
    - **radicale quadratico** → si moltiplica numeratore e denominatore per il radicale stesso.

      Esempio: $\frac{11}{\sqrt{5}} \cdot \frac{\sqrt{5}}{\sqrt{5}} = \frac{11\sqrt{5}}{\sqrt{5^2}} = \frac{11\sqrt{5}}{5}$

    - **radicale non quadratico** → si procede nel seguente modo:

      $$\frac{1}{\sqrt[n]{a^m}} \cdot \frac{\sqrt[n]{a^{n-m}}}{\sqrt[n]{a^{n-m}}} = \frac{\sqrt[n]{a^{n-m}}}{\sqrt[n]{a^{n-m-m}}} = \frac{\sqrt[n]{a^{n-m}}}{\sqrt[n]{a^n}} = \frac{\sqrt[n]{a^{n-m}}}{a}$$

      Esempio: $\frac{14}{\sqrt[8]{64}} = \frac{14}{\sqrt[8]{2^6}} = \frac{14}{\sqrt[8]{2^6}} \cdot \frac{\sqrt[8]{2^2}}{\sqrt[8]{2^2}} = \frac{14\sqrt[8]{2^2}}{\sqrt[8]{2^8}} = \frac{14\sqrt[8]{2^2}}{2} = 7\sqrt[8 \div 2]{2^{2 \div 2}} = 7\sqrt[4]{2}$

  - **somma o differenza di due termini al denominatore con almeno un radicale quadratico** → bisogna moltiplicare numeratore e denominatore per la differenza, in modo tale da applicare il prodotto notevole $(a + b)(a - b) = a^2 - b^2$

    Esempio: $\frac{4}{\sqrt{5} + 3} = \frac{4}{\sqrt{5} + 3} \cdot \frac{-\sqrt{5} + 3}{-\sqrt{5} + 3} = \frac{4(3 - \sqrt{5})}{3^2 - (\sqrt{5})^2} = \frac{4(3 - \sqrt{5})}{9 - 5} = \frac{4(3 - \sqrt{5})}{4} = 3 - \sqrt{5}$

ESERCIZIO SVOLTO

Razionalizza la seguente frazione: $\frac{4}{\sqrt{5} + \sqrt{3}}$.

Svolgimento:
moltiplicare numeratore e denominatore per la differenza $\sqrt{5} - \sqrt{3}$

$$\frac{4}{\sqrt{5} + \sqrt{3}} = \frac{4}{\sqrt{5} + \sqrt{3}} \cdot \frac{\sqrt{5} - \sqrt{3}}{\sqrt{5} - \sqrt{3}} = \frac{4 \cdot (\sqrt{5} - \sqrt{3})}{(\sqrt{5})^2 - (\sqrt{3})^2}$$

Raccogliere e semplificare tutto quello che è possibile:

$$\frac{4 \cdot (\sqrt{5} - \sqrt{3})}{(\sqrt{5})^2 + (\sqrt{3})^2} = \frac{4 \cdot (\sqrt{5} - \sqrt{3})}{5 - 3} = \frac{4 \cdot (\sqrt{5} - \sqrt{3})}{2} = 2 \cdot (\sqrt{5} - \sqrt{3}).$$

Soluzione: $2 \cdot (\sqrt{5} - \sqrt{3})$.

ESERCIZIO SVOLTO

Razionalizza il denominatore della seguente frazione:

$$\frac{3b}{\sqrt{3a^3 b}}$$

Svolgimento:
moltiplicare numeratore e denominatore per il denominatore stesso

$$\frac{3b}{\sqrt{3a^3b}} = \frac{3b}{\sqrt{3a^3b}} \cdot \frac{\sqrt{3a^3b}}{\sqrt{3a^3b}} = \frac{3b\sqrt{3a^3b}}{3a^3b}$$

Una volta razionalizzato, si può semplificare utilizzando le proprietà dei radicali

$$\frac{3b\sqrt{3a^3b}}{3a^3b} = \frac{3ab\sqrt{3ab}}{3a^3b} = \frac{\sqrt{3ab}}{a^2}$$

Soluzione: $\frac{\sqrt{3ab}}{a^2}$.

ESERCIZIO **PROPOSTO**

1.4.3 Razionalizza il denominatore della seguente frazione:

$$\frac{3\sqrt[5]{8}}{\sqrt[5]{4}\,\sqrt[3]{7}}$$

A. $\frac{3}{14}\sqrt[3]{7}$

B. $7^2\frac{3}{14}\sqrt[3]{7^2}$

C. $4\sqrt[5]{2^6}\cdot\sqrt[3]{7^2}$

D. $\frac{3}{14}\sqrt[3]{7^2}\cdot\sqrt[5]{2^6}$

E. $\frac{3}{7}\sqrt[5]{2^6}$

CORREZIONI COMMENTATE AGLI ESERCIZI PROPOSTI

1.2 Per risolvere questo esercizio basta ricordarsi solo che $N \in Z \in Q \in R \in C$ quindi l'unica errata è che $R \in Q$, perché è $Q \in R$.
Risposta corretta B.

1.3.3 Per risolvere l'esercizio è necessario ricordarsi le proprietà delle potenze:

$$\frac{[(-3)^2\cdot(-3)^5]^2}{(-3)\cdot(-3)^4} = \frac{(-3)^{7\cdot 2}}{(-3)^5} = (-3)^{14-5} = (-3)^9.$$

Risposta corretta B.

1.4.3 Per razionalizzare il denominatore per prima cosa è necessario scrivere le radici sotto la forma di potenze con esponente razionale, quindi: $\frac{3\sqrt[5]{8}}{2^{2/5}\cdot 7^{1/3}}$.

Successivamente bisogna moltiplicare sia numeratore che denominatore per $2^{3/5}\cdot 7^{2/3}$ (sono stati scelti gli esponenti che sommati a quelli iniziali permettono di ottenere un esponente uguale a 1), ottenendo:

$$\frac{3\sqrt[5]{8}}{2^{2/5}\cdot 7^{1/3}}\cdot\frac{2^{3/5}\cdot 7^{2/3}}{2^{3/5}\cdot 7^{2/3}} = \frac{3\sqrt[5]{8}\cdot\sqrt[5]{2^3}\cdot\sqrt[3]{7^2}}{2\cdot 7}$$

Semplificando e svolgendo i calcoli, si ottiene: $\frac{3}{14}\sqrt[3]{7^2}\cdot\sqrt[5]{2^6}$.
Risposta corretta D.

ALGEBRA CLASSICA

2

2.1 CALCOLO LETTERALE

2.1.1 Introduzione al calcolo letterale

Quando si parla di calcolo letterale si intende uno schema di calcolo nel quale compaiono numeri e lettere legati tra loro da operazioni. Un sinonimo di espressione letterale è **espressione algebrica** ed è possibile trovare il risultato in termini di valori numerici sostituendo alle lettere opportuni numeri ed eseguendo le operazioni indicate dallo schema di calcolo.
Per quanto le espressioni algebriche possano sembrare astratte o complicate, esse sono in realtà utilissime e si utilizzano spesso, come ad esempio nel caso delle formule. È infatti possibile, proprio grazie al calcolo letterale, trovare una formula che si applichi a un dato problema e mantenerla fissa sostituendo semplicemente alle lettere i dati che ci vengono forniti o che abbiamo trovato. Le lettere rappresentano dunque le **variabili** (numeri variabili) e valgono per ogni valore numerico all'interno del campo di esistenza.
Basti pensare, ad esempio, alla formula per il calcolo dell'area del triangolo $A = b \cdot h$, che si è sempre utilizzata, ancora prima di conoscere il significato del calcolo letterale. Questa formula è un'equazione letterale in cui basta sostituire la base e l'altezza per trovare il valore dell'area.

Esempio $a = 5$ $b = 3$ $A = 5 \cdot 3 = 15$

Un'espressione letterale è definita come **ridotta in forma normale** quando è scritta come prodotto di un solo fattore numerico, ovvero il **coefficiente**, e di potenze letterali (**parte letterale**), ognuna con base diversa.

Esempio $3a^4b^6$ → è ridotto in forma normale
$5a^3 \cdot 7a^2bc^2$ → non è ridotto alla forma normale

ESERCIZIO **SVOLTO**

Riduci in forma normale $5a^3 \cdot 7a^2bc^2$.

Svolgimento:
bisogna per prima cosa raggruppare la parte numerica e la parte letterale, isolando ogni singola lettera.
$(7 \cdot 5) \cdot (a^3 \cdot a^2) \cdot (b) \cdot (c^2)$
Poi si devono moltiplicare sia la parte numerica che quella letterale, per quest'ultima si usano le proprietà delle potenze.
$35a^5bc^2$

Soluzione: $35a^5bc^2$.

2.1.2 Isolamento di una variabile

Quando si vuole isolare una determinata variabile, quindi una lettera, dalle altre parti numeriche e letterali bisogna applicare l'operazione inversa rispetto a quella tramite cui è legata al resto dell'espressione algebrica nella stessa parte dell'uguale:

- addizione ⇔ sottrazione
  Esempio: $c^2 = a^2 + b^2$ $-b^2 + c^2 = a^2 + b^2 - b^2$ $a^2 = c^2 - b^2$
- moltiplicazione ⇔ divisione
  Esempio: $A = b \cdot h$ $\frac{A}{h} = \frac{b \cdot h}{h}$ $b = \frac{A}{h}$

- potenza ⇔ radice
  Esempio: $c^2 = a^2 + b^2$ $\quad \sqrt{c^2} = \sqrt{a^2 + b^2}$ $\quad c = \sqrt{a^2 + b^2}$
- esponenziale ⇔ Logaritmo
  Esempio: $M + 1 = e^{\alpha}$ $\quad ln(e^{\alpha}) = ln(M + 1)$ $\quad \alpha = ln(M + 1)$

Questo serve nelle uguaglianze per calcolare un determinato parametro, come nel caso delle formule inverse. Ad esempio, nel caso della moltiplicazione, stiamo utilizzando la formula del triangolo usata prima per calcolare non più l'area ma la base.
Il passaggio da addizione a sottrazione e da moltiplicazione a divisione è sicuramente più intuitivo, basta ricordarsi che bisogna sommare/sottrarre e moltiplicare/dividere per lo stesso numero da entrambe le parti dell'uguale. Per la potenza si deve invece mettere una radice, sempre da entrambe le parti dell'uguale, con indice pari all'esponente della variabile che vogliamo isolare.
La parte che appare sicuramente più complessa è invece il passaggio da esponenziale a logaritmo. In questo caso si deve applicare da entrambi i lati un logaritmo con la stessa base della base dell'esponenziale il cui esponente vogliamo isolare. In questo modo si otterrà da un lato il logaritmo dell'esponenziale, che darà come risultato l'esponente che si vuole isolare, mentre dall'altra parte un logaritmo con tutto il resto.

ESERCIZIO **SVOLTO**

Se vale l'uguaglianza $3a^{\beta} + bc = 33b$, allora β sarà?

Svolgimento:

1. iniziare a spostare tutto ciò che non riguarda dall'altra parte dell'uguale
$$a^{\beta} = \frac{33b - bc}{3}$$
2. applicare il logaritmo con base a da entrambi i lati dell'uguale, facendo attenzione al campo di esistenza del logaritmo
$$\log_a(a^{\beta}) = \log_a \frac{33b - bc}{3} \text{ C.E. } a^{\beta} > 0$$
3. svolgere il logaritmo e raccogliere b
$$\beta = \log_a \frac{b(33 - c)}{3}$$

Soluzione: $\beta = \log_a \frac{b(33 - c)}{3}$

ESERCIZIO **PROPOSTO**

2.1.2 Due grandezze positive *q* e *n* sono legate dalla seguente relazione:

$q = \frac{2n}{\sqrt{1 + n^2}}$

Allora *n* è uguale a:

A. $n = \sqrt{\frac{q^2}{q^2 + 4}}$

B. $n = \frac{q^2}{q^2 - 4}$

C. $n = \sqrt{\frac{-q^2}{q^2 - 4}}$

D. $n = \frac{q^2}{q^2 + 4}$

E. $n = \frac{q^2}{q - 4}$

2.1.3 Sostituzione di variabili

Un'altra cosa molto importante, quando si parla di calcolo letterale, è la sostituzione di un variabile per semplificare i calcoli. Questo raccoglimento è particolarmente utile quando si ha a che fare con equazioni complicate con due termini di cui uno è il quadrato dell'altro.

Esempio: $x^4 + 2x^2 + 3 = 0$

In questo caso è possibile sostituire $x^2 = t$ e trasformare l'equazione in un'equazione di secondo grado

$$t^2 + 2t + 3 = 0$$

Ci si deve sempre ricordare di trasformare nuovamente x in t per trovare la soluzione corretta. In questo caso sarà $x = \pm\sqrt{t}$.

N.B. Questo non è possibile solamente con le potenze, ma anche con il coseno, seno, tangente, radici, logaritmi, ecc...

Esempio: $ln(4x)^2 + \ln(4x) + 3 = 0 \;\rightarrow\; t = \ln(4x);\; x = \frac{e^t}{4} \;\rightarrow\; x^2 + x + 3 = 0$

Esempio: $\cos^2(2x) + \cos(2x) = 0 \;\rightarrow\; t = \cos(2x) \;\rightarrow\; x^2 + 1 = 0$

in questo caso per x si studia il valore del coseno per trovare 2x

Esempio: $2\sqrt[3]{x^2} + 5\sqrt[3]{x} + 9 = 0 \;\rightarrow\; t = \sqrt[3]{x};\; x = t^3 \;\rightarrow\; 2x^2 + 5x + 9 = 0$

2.2 MONOMI E POLINOMI

2.2.1 Definizione di monomio e polinomio

Si definisce **monomio** un'espressione algebrica costituita da un *coefficiente numerico* che moltiplica una *parte letterale*, la quale può contenere più di una lettera (es. 3*ab*). Di un monomio è importante conoscere il **grado complessivo**, il quale è uguale alla somma degli esponenti di tutte le singole variabili della parte letterale (es. $3x^2ay^3 \rightarrow$ grado 6).

Infine, due o più monomi si dicono **simili** se le loro parti letterali sono identiche, cioè se differiscono solo per il coefficiente numerico. Ne sono un esempio i monomi $2xy^2$, $8xy^2$ e $13xy^2$.

Si definisce **polinomio** una somma (o differenza) di più monomi **non** simili tra loro, che quindi non possono essere uniti attraverso le operazioni elementari. Ne è un esempio il polinomio $2a^3 + 3a$.
Il **grado** di un polinomio è pari al massimo grado dei monomi che lo compongono: per esempio, il polinomio $2a^3 + 3a$ è la somma tra un monomio di grado 3 ed uno di grado 1, quindi il grado di tutto il polinomio sarà pari 3 (cioè il massimo tra 3 e 1).

2.2.2 Operazioni tra monomi

Addizione e sottrazione tra monomi

Solo se due monomi sono *simili*, allora sono sommabili o sottraibili tra di loro. In questo caso il risultato finale dato dalla loro somma o dalla loro differenza sarà ancora un monomio.
Per calcolarne quindi la somma o la differenza, basterà applicare la proprietà del raccoglimento a fattore comune.

Esempio: si vuole effettuare la somma dei seguenti monomi:

$$(8ab^2 + 3ab^2 + 5ab^2)$$

Essendo monomi *simili*, possiamo effettuare la somma tra di loro.
Il primo passo è raccogliere la parte letterale a fattore comune:

$$(8 + 3 + 5)\ ab^2$$

Successivamente calcoliamo la somma algebrica dei coefficienti:

$$16\ ab^2$$

Moltiplicazione tra monomi

Il prodotto di due monomi è un monomio avente per coefficiente il prodotto dei coefficienti e per parte letterale il prodotto delle parti letterali.
Esempio: si vuole effettuare la moltiplicazione dei seguenti monomi:

$$(8ab^2 \cdot 5a^2b^3c)$$

Il primo passo è moltiplicare i coefficienti:

$$(5 \cdot 8) = 40$$

Il secondo passo è moltiplicare la parte letterale:

$$(a \cdot a^2) \cdot (b^2 \cdot b^3) \cdot c$$

Il prodotto finale sarà il seguente:

$$40\ a^3b^5c$$

Divisione tra monomi

Per effettuare la divisione tra due monomi possiamo eseguire la divisione fra i coefficienti e la divisione fra le parti letterali. Inoltre, nel caso della divisione tra le parti letterali sono molto utili da utilizzare le proprietà delle potenze.
Esempio: si vuole effettuare la divisione dei seguenti monomi:

$$(15a^4b^5 : 3a^2\ b^3)$$

Prima di andare ad agire sulla parte letterale, effettuiamo la divisione della parte numerica:

$$15 : 3 = 5$$

A questo punto, sfruttiamo le proprietà delle potenze per effettuare la divisione tra gli elementi della parte letterale:

$$(a^4 : a^2) \cdot (b^5 : b^3) = a^2b^2$$

Il quoziente finale sarà il seguente:

$$5a^2b^2$$

2.2.3. Massimo comune divisore e minimo comune multiplo tra monomi

Il massimo comune divisore (**M.C.D.**) tra due o più monomi si ottiene moltiplicando tra di loro tutti i fattori comuni presenti nei monomi presi con il grado minimo.

ESERCIZIO **SVOLTO**

Trovare il M.C.D. tra i seguenti monomi:

$$(12a^5b^2)\ (6a^3b^6c)$$

Svolgimento:

1. il coefficiente numerico sarà dato dal M.C.D. dei valori numerici dei monomi qualora siano numeri interi oppure sarà 1 qualora i numeri non siano interi.
   In questo caso il M.C.D. tra 12 e 6 è 6;

2. la parte letterale sarà formata da tutte le lettere comuni, prese una sola volta e con l'esponente minore.
   Avremo quindi: a^3b^2.

Soluzione: quindi il M.C.D. sarà il seguente: $6a^3b^2$.

Il minimo comune multiplo (**m.c.m.**) di due o più monomi si ottiene moltiplicando tra di loro tutti i fattori comuni e non comuni presenti nei monomi presi con il grado maggiore.

ESERCIZIO **SVOLTO**

Trovare il m.c.m. tra i seguenti monomi:

$$(8b^6)\ (6a^2b^5c)$$

Svolgimento:

1. il coefficiente numerico sarà dato dal m.c.m. dei valori numerici dei monomi qualora siano numeri interi oppure sarà 1 qualora i numeri non siano interi.
   In questo caso il m.c.m. tra 8 e 6 è 24;
2. la parte letterale sarà formata da tutte le lettere comuni e non comuni, prese una sola volta e con l'esponente maggiore.
   Avremo quindi: a^2b^6c.

Soluzione: quindi il m.c.m. sarà il seguente: $24\ a^2b^6c$.

2.2.4 Operazioni tra polinomi

Addizione tra polinomi

La somma di due polinomi è un polinomio che ha per termini tutti i polinomi addendi.

Esempio: $(5a^2 + 6 + 7a^3) + (8 + a^3 + 4b^2) = 5a^2 + 6 + 7a^3 + 8 + a^3 + 4b^2$

Bisogna, infine, ridurre il polinomio andando a sommare gli elementi sommabili tra di loro:

$$8a^3 + 5a^2 + 4b^2 + 14$$

Sottrazione tra polinomi

La differenza di due polinomi è un polinomio che si ottiene addizionando al primo l'opposto del secondo (ovvero tutti gli elementi del secondo polinomio andranno cambiati di segno).

Esempio: $(8a^3 + 15 + 7a^2) - (5 + a^3 + 6b^2) = 8a^3 + 15 + 7a^2 - 5 - a^3 - 6b^2$

Anche in questo caso sarà necessario ridurre il polinomio effettuando tutte le operazioni tra monomi:

$$7a^3 + 7a^2 - 6b^2 + 10$$

Moltiplicazione tra polinomi

Il prodotto di due polinomi è un polinomio che si ottiene moltiplicando ogni elemento del primo polinomio per ogni elemento del secondo e addizionando tutti i prodotti ottenuti. Nel caso delle moltiplicazioni tra polinomi sarà quindi necessario utilizzare la proprietà distributiva. Esempio:

$$(2a^2 + 4a)\ (3b + 3a^2)$$

$$6a^2b - 6a^4 + 12ab + 12a^3$$

Divisione di un polinomio per un monomio

Un polinomio è divisibile per un monomio se ogni suo termine è divisibile per tale monomio.
Esempio:

$$(3c^2 + 5c^3 + 8c^8) : 2c$$

Effettuando la divisione sia della parte numerica che letterale, otteniamo il seguente polinomio:

$$\frac{3}{2c} + \frac{5}{2c^2} + 4c^7$$

Divisione di un polinomio per un polinomio

La divisione tra due polinomi può essere esatta e avere resto zero (R = 0) oppure può darci R ≠ 0.

ESERCIZIO SVOLTO

$$(4x^3 + 8x^2 + 10x + 3) : (2x^2 - x + 2)$$

Svolgimento:

$$\begin{array}{r|l} \overbrace{4x^3 + 8x^2 + 10x + 3}^{P_1} & \overbrace{2x^2 - x + 2}^{P_2} \\ \hline & 2x \\ & \uparrow \\ & Q_1 \end{array}$$

1. Per prima cosa dividiamo $4x^3$ per $2x^2$, ottenendo il nostro primo quoziente (Q1) che corrisponde a 2x.
   Inoltre indichiamo con P1 il polinomio dividendo e P2 il polinomio divisore.

$$\begin{array}{r|l} \overbrace{4x^3 + 8x^2 + 10x + 3}^{P_1} & \overbrace{2x^2 - x + 2}^{P_2} \\ \hline - 4x^3 + 2x^2 - 4x & 2x \end{array}$$

2. Moltiplichiamo 2x per ogni termine di P2 e scriviamo con il segno cambiato i risultati al di sotto di P1, incolonnati, rispetto al grado, con i termini di P1.

$$\begin{array}{r|l} \overbrace{4x^3 + 8x^2 + 10x + 3}^{P_1} & \overbrace{2x^2 - x + 2}^{P_2} \\ \hline - 4x^3 + 2x^2 - 4x & 2x \\ \hline // \quad + 10x^2 + 6x + 3 & \\ \uparrow \; R_1 & \end{array}$$

3. Sommiamo in colonna i termini, ottenendo un primo resto indicato con R1.

$$\begin{array}{r|l} \overbrace{4x^3 + 8x^2 + 10x + 3}^{P_1} & \overbrace{2x^2 - x + 2}^{P_2} \\ \hline - 4x^3 + 2x^2 - 4x & 2x + 5 \\ \hline // \quad + 10x^2 + 6x + 3 & \uparrow \\ & Q_2 \end{array}$$

4. Ripetiamo il procedimento considerando R1. Dividiamo $10x^2$ per $2x^2$, ottenendo 5 come secondo quoziente (Q2).

$$\begin{array}{r|l} \overbrace{4x^3 + 8x^2 + 10x + 3}^{P_1} & \overbrace{2x^2 - x + 2}^{P_2} \\ \cline{2-2} -4x^3 + 2x^2 - 4x & 2x + 5 \\ \cline{1-1} // + 10x^2 + 6x + 3 & \\ -10x^2 + 5x - 10 & \end{array}$$

5. Moltiplichiamo 5 per tutti i termini di P2 e scriviamo i prodotti, con il segno cambiato, in colonna sotto R1.

$$\begin{array}{r|l} \overbrace{4x^3 + 8x^2 + 10x + 3}^{P_1} & \overbrace{2x^2 - x + 2}^{P_2} \\ \cline{2-2} -4x^3 + 2x^2 - 4x & \underbrace{2x + 5}_{Q_F} \\ \cline{1-1} // + 10x^2 + 6x + 3 & \\ -10x^2 + 5x - 10 & \\ \cline{1-1} // \underbrace{+ 11x - 7}_{R_F} & \end{array}$$

6. Eseguiamo l'addizione dei termini in colonna e otteniamo il resto 11x - 7. Poiché il grado di 11x - 7 è minore del grado di P2, la divisione è terminata e 11x - 7 è il resto R.

2.2.5 Prodotti notevoli

La moltiplicazione fra polinomi presenta alcuni casi particolari i cui risultati vengono detti **prodotti notevoli** perché permettono di scrivere il risultato della moltiplicazione senza passaggi intermedi.
Di seguito sono riportati alcuni esempi di svolgimento di polinomi:

	Prodotto notevole	Risultato
Somma per differenza	$(a + b)(a - b)$	$a^2 - b^2$
Quadrato di binomio	$(a \pm b)^2$	$a^2 \pm 2ab + b^2$
Cubo di binomio	$(a \pm b)^3$	$a^3 \pm 3a^2b + 3ab^2 \pm b^3$
Quadrato di trinomio	$(a + b + c)^2$	$a^2 + b^2 + c^2 + ab + bc + ac$
Somma di cubi	$(a + b)(a^2 - ab + b^2)$	$a^3 + b^3$
Differenza di cubi	$(a - b)(a^2 + ab + b^2)$	$a^3 - b^3$
Potenza n-esima di binomio	$(a \pm b)^n$	Triangolo di Tartaglia

Leggendo questa stessa tabella da destra verso sinistra riusciamo invece a capire, partendo dal risultato, qual è il prodotto che ha generato quel polinomio. Questo procedimento è chiamato **scomposizione** di un polinomio e può essere utile nella semplificazione tra numeratore e denominatore delle frazioni algebriche. Esempio:

$$\frac{a^2 - b^2}{a + b} = \frac{(a - b)(a + b)}{a + b} = a - b$$

2.2.6 Triangolo di Tartaglia

L'utilizzo del triangolo di Tartaglia permette di evitare grandi sforzi mnemonici nel calcolo dei coefficienti (parte numerica) dello sviluppo di un binomio $a + b$ elevato ad una potenza n. Per costruirlo, basta seguire due semplici passaggi:

1. ai due lati esterni del triangolo si trovano solo numeri 1;
2. ogni numero interno è uguale alla somma dei due numeri soprastanti.

$n = 0$						1					
$n = 1$					1	+	1				
$n = 2$				1		2		1			
$n = 3$			1		3		3		1		
$n = 4$		1		4		6		4		1	
$n = 5$	1		5		10		10		5		1

Figura 1: triangolo di Tartaglia.

ESERCIZIO **SVOLTO**

Sviluppa il seguente binomio:

$$(a + b)^5$$

Svolgimento:
per sviluppare il binomio si parte individuando la riga del triangolo di Tartaglia corrispondente a n = 5; in questo modo si troveranno tutti i coefficienti numerici.
Successivamente si passa alla parte letterale: si parte da $\boldsymbol{a^5b^0}$ e si procede in modo che ad ogni monomio successivo il grado della ***a*** scenda di un'unità e quello della ***b*** salga di un'unità:

$$1a^5b^0 + 5a^4b^1 + 10a^3b^2 + 10a^2b^3 + 5a^1b^4 + 1a^0b^5$$

Dal momento che ogni numero elevato a 0 è pari a uno, possiamo semplificare il polinomio.

$$a^5 + 5a^4b + 10a^3b^2 + 10a^2b^3 + 5ab^4 + b^5$$

Soluzione: $a^5 + 5a^4b + 10a^3b^2 + 10a^2b^3 + 5ab^4 + b^5$.

ESERCIZIO **PROPOSTO**

2.2.6 Risolvi il seguente prodotto notevole:

$$(x^m - y^{2m})^2$$

A. $(x^{2m} - 2x^my^{2m} + y^{4m})$
B. $(x^{2m} + y^{4m})$
C. $(x^{2m} + 2x^my^{2m} + y^{4m})$
D. $(x^{2m} - y^{4m})$
E. $(2\,x^m - y^{2m})$

2.3 EQUAZIONI E DISEQUAZIONI

In questo capitolo ci occuperemo di spiegare cosa sono e come si risolvono equazioni e disequazioni. Prima di entrare nel vivo della materia, procediamo con il fornire alcune informazioni che permettano di possedere fin da ora una panoramica generale di questo argomento e alcune nozioni di base per la risoluzione dei suoi esercizi. Molto di ciò che verrà detto in questa sede sarà comunque ripreso successivamente.

Innanzitutto, definiamo **equazione** un'**uguaglianza tra due espressioni** nelle quali sono presenti **termini noti**, espressi in forma numerica, e uno o più **termini incogniti**, espressi in forma letterale.
Esempio:

$$x + 1 = 3$$

- $x + 1$ e 3 sono le due espressioni, o membri, che compongono l'uguaglianza;
- +1 e +3 sono i termini noti;
- x è l'incognita dell'equazione.

Risolvere un'equazione significa trovare quei **valori dell'incognita** per mezzo dei quali **l'uguaglianza** è **verificata**. Nel caso dell'esempio la soluzione è 2, infatti sostituendo tale valore al posto della x si ottiene $3 = 3$.

Quando le equazioni sono più complesse, per risolverle conviene **separare le incognite e i termini noti** ai lati opposti dell'uguale. Per ottenere ciò, risulterà necessario sommare, sottrarre, dividere o moltiplicare entrambi i membri dell'equazione per uno stesso numero, in modo da mantenere l'uguaglianza. Siccome a parole può sembrare complicato, facciamo un altro esempio per chiarire il concetto; data l'equazione:

$$2x + 4 = 8$$

- per spostare il 4 a destra dell'uguale possiamo sommare a entrambi i membri - 4. Infatti, il **primo principio di equivalenza** afferma che, data un'equazione, **addizionando o sottraendo a entrambi i membri una stessa quantità l'uguaglianza è mantenuta**.
  Otteniamo dunque $2x + 4 - 4 = 8 - 4 \rightarrow 2x = 8 - 4 \rightarrow 2x = 4$.
  Dal primo principio di equivalenza possiamo ricavare la **regola empirica** per cui: → per **spostare dall'altra parte dell'uguale** un termine dell'equazione è sufficiente **cambiarne il segno**;
- per spostare il 2 che moltiplica l'incognita a destra dell'uguale possiamo dividere entrambi i membri per 2. Infatti, il **secondo principio di equivalenza** afferma che, data un'equazione, **moltiplicando o dividendo entrambi i membri per una stessa quantità l'uguaglianza è mantenuta**. Proseguendo l'esempio, otteniamo quindi $\frac{2x}{2} = \frac{4}{2} \rightarrow x = 2$.

In analogia con le equazioni, definiamo invece **disequazione** una **disuguaglianza** tra due espressioni nelle quali sono presenti **termini noti**, espressi in forma numerica, e uno o più **termini incogniti**, espressi in forma letterale.

Esempio: $x + 1 > 2$

Per **risolvere una disequazione** è necessario identificare **l'intervallo di valori** che l'incognita può assumere affinché la disuguaglianza sia rispettata. Nel caso dell'esempio la soluzione è $x > 1$.

Analogamente a quanto detto con le equazioni, la risoluzione passa attraverso l'isolamento di termini incogniti e noti ai lati opposti della disuguaglianza. Anche in questo caso, tale passaggio si ottiene sfruttando i principi di equivalenza delle disequazioni.
Prendendo come esempio la disequazione: $4x + 2 > 10$

- per spostare il 2 a destra, similmente a quanto accade con le equazioni, il **primo principio di equivalenza delle disequazioni** afferma che addizionando o sottraendo ai due membri di una disequazione una stessa quantità, si ottiene una disequazione equivalente. Il che, tradotto empiricamente, implica semplicemente che anche in questo caso per spostare un termine dall'altra parte della disuguaglianza è sufficiente cambiarne il segno; in questo caso $\rightarrow 4x > 10 - 2 \rightarrow 4x > 8$;

- per spostare il 4 che moltiplica l'incognita a destra, ci possiamo avvalere del **secondo principio di equivalenza delle disequazioni**, che afferma che **moltiplicando o dividendo** entrambi i membri della disequazione per una **quantità positiva** la disequazione **rimane invariata**; in questo caso → $\frac{4x}{4} > \frac{8}{4} \rightarrow x > 2$;
- **tuttavia**, è bene porre l'attenzione sul fatto che se a questo punto l'equazione fosse stata -4x > 8, per spostare il -4 a destra avremmo dovuto moltiplicare entrambe le espressioni per una quantità negativa, cambiando di fatto il segno di entrambi i membri della disuguaglianza che, conseguentemente, dev'essere invertita. Infatti, la continuazione del secondo principio afferma che se la **quantità** per cui si moltiplica o divide è **negativa**, la disuguaglianza si mantiene **cambiando il verso della disequazione stessa**.

  Proseguendo l'esempio otteniamo: $\frac{-4x}{-4} < \frac{8}{-4} \rightarrow x < 2$.

2.3.1 Equazioni

Prima di procedere nel fornire ulteriori elementi per la risoluzione dei diversi tipi di equazioni, è bene che siano sottolineate alcune nozioni teoriche.

Innanzitutto, prima di svolgere un'equazione bisogna controllare quali siano le **condizioni di esistenza** dell'equazione stessa (o C.E.) e, una volta ottenuto il risultato, esso deve rispettarle. Infatti, ci sono espressioni matematiche che sono incompatibili con alcuni valori numerici.
La principale C.E. che incontrerai nei test è quella del **denominatore ≠ 0**. Una frazione non può avere lo 0 al denominatore.
Oppure **argomento della radice ≥ 0**: non può esistere una radice quadrata di un numero negativo.
Definire le C.E. permette di non accettare risultati in cui l'incognita assume valori che farebbero perdere di senso l'espressione in cui è collocata.

Esempio:

$$\frac{4}{x-2} = 0$$

- bisogna porre come C.E. $x - 2 \neq 0 \rightarrow x \neq 2$;
- se l'equazione avesse come risultato 2, esso non potrebbe venire accettato e l'equazione andrebbe classificata come **impossibile**.

Di seguito sono riportati alcuni esempi di C.E. relativi alle principali espressioni:

Espressione	C.E.
$\sqrt{x}$	$x \geq 0$
log(x)	$x > 0$
$\frac{a}{b}$	$b \neq 0$
$\sqrt{\frac{a}{b}}$	$\frac{a}{b} \geq 0$ e $b \neq 0$

È poi di fondamentale importanza il concetto di **grado** delle equazioni: si definisce grado di un'equazione il massimo valore assunto dall'esponente della x all'interno dell'equazione stessa.

Per esempio:

$x - 2 = 8$ è un'equazione di primo grado, in quanto la x è elevata al massimo al primo grado;

$x^3 = 27$ è un'equazione di terzo grado in quanto la x è elevata al massimo al terzo grado;

$x^2 + 4 + 16x = 0$ è un'equazione di secondo grado, in quanto la x è elevata sia al primo che al secondo grado, quindi al massimo al secondo grado.

Ogni equazione può assumere un **numero diverso di soluzioni**:

1) un'equazione può avere un **numero finito di soluzioni** (distinte o coincidenti), il cui numero coincide con il grado dell'equazione stessa; quindi con il grado massimo assunto dalla x (es. $x + 9 = 0$, equazione di grado 1, possiede una sola soluzione);
2) un'equazione può avere **infinite soluzioni**; ciò avviene quando l'uguaglianza si verifica **sempre** (es. $0/x = 0$ con $x \neq 0$; $x = x$, *le uguaglianze sono sempre verificate*);
3) un'equazione può **non avere soluzioni**; ciò avviene quando è **impossibile** verificare l'uguaglianza (es. $\frac{x}{0} = 3$, *l'uguaglianza non è mai verificata*).

Equazioni di primo grado

Ciò che è stato spiegato nell'introduzione alle equazioni e disequazioni è sufficiente per impostare la risoluzione di un'equazione di primo grado lineare (cioè che non abbia ulteriori particolarità come l'essere fratta, contenere valori assoluti... ecc, la cui risoluzione verrà trattata di seguito).
Dunque, facendo un breve riepilogo possiamo dire che:

- per risolvere l'equazione conviene spostare le incognite a sinistra e i termini noti a destra;
- per spostare un termine sommato o sottratto da una parte all'altra dell'uguale è sufficiente cambiarne il segno;
- per spostare un termine moltiplicato o prodotto da una parte all'altra dell'uguale è sufficiente invertire l'operazione.

Esempio: si vuole trovare il valore di x nella seguente semplice equazione:

$$2x + 3 = -2x + 7$$

Il primo passo è quello di spostare tutti i membri incogniti da un lato dell'uguale e i termini noti dall'altro, cambiandoli di segno.

$$2x + 2x = 7 - 3$$

Effettuando le somme algebriche si ottiene:

$$4x = 4$$

Infine, si dividono entrambi i membri per 4, ottenendo $x = 1$.

Equazioni di secondo grado

Un'**equazione di II grado** è un'equazione in cui l'incognita compare con esponente di grado 2 ed eventualmente anche con esponente di grado inferiore. La sua *forma canonica* è rappresentata dalla seguente espressione:

$$ax^2 + bx + c = 0$$

È molto importante che lo studente sia capace di convertire un'equazione di II grado nella sua forma canonica, dal momento che il principale metodo per risolverla prevede l'utilizzo della **formula risolutiva**, la quale permette di ricavare le due soluzioni (x_1, x_2) a partire dalla forma canonica:

MATEMATICA

$$x_1, x_2 = \frac{-b \pm \sqrt{b^2 - 4ac}}{2a}$$

Tuttavia, nel caso in cui **b** sia un numero **pari**, è possibile utilizzare una **versione ridotta** di questa formula che permette di snellire notevolmente i calcoli, ovvero:

$$x_1, x_2 = \frac{-\frac{b}{2} \pm \sqrt{(-\frac{b}{2})^2 - ac}}{a}$$

Analizzando il **termine sotto la radice** ($b^2 - 4ac$; oppure $(\frac{-b}{2})^2 - ac$), chiamato **delta** (Δ), si possono fare alcune considerazioni:

- se $\Delta > 0$, si ottengono due soluzioni **distinte**;
- se $\Delta = 0$, si ottengono due soluzioni **coincidenti**;
- se $\Delta < 0$, non si ottiene nessuna **soluzione.**

ESERCIZIO **SVOLTO**

Risolvere la seguente equazione: $-1+2x -7/2x^2 - 1/2 - 2 = 0$

Svolgimento:
innanzitutto per semplificare i calcoli moltiplichiamo entrambi i membri per due così da eliminare le frazioni: $-2 + 4x -7x^2 -1 -4 = 0$.
A questo punto sommiamo i termini noti fra loro così da ottenere l'equazione nella sua forma canonica: $-7x^2 +4x -7 = 0$.
Siccome la b è pari, possiamo utilizzare la formula risolutiva nella sua forma ridotta:

$$x_{1,2} = \frac{-2 \pm \sqrt{16 - 4 \cdot 49}}{-7} = \frac{-2 \pm \sqrt{-180}}{7}$$

Soluzione: equazione non possibile in quanto il delta è negativo.

2.3.2 Sistemi di equazioni

Un **sistema** è un insieme di equazioni in cui è presente più di un'incognita e in cui tutte le equazioni si devono verificare contemporaneamente.
Ci sono diversi metodi per risolvere un sistema e individuare le incognite che soddisfano le uguaglianze. Il metodo consigliato è il metodo per **sostituzione**, perché, sebbene in certi casi possa risultare macchinoso, è molto meccanico e particolarmente "sicuro" dal punto di vista dei possibili errori di calcolo.

ESERCIZIO **SVOLTO**

Risolvere il seguente sistema con il metodo per **sostituzione**:

$$\begin{cases} x - y - 5 = 0 \\ x + 3y - 1 = 0 \end{cases}$$

Svolgimento:
il primo passo da effettuare è quello di esprimere un'incognita completamente in funzione dell'altra **in una delle equazioni**, per esempio esprimendo la x in funzione della y:

$$x = y + 5$$

Dopo aver spostato a destra del segno dell'uguale i fattori (-y) e (-5), cambiandoli di segno, bisogna ora sostituire nell'altra equazione l'espressione della x appena ricavata:

$$\begin{cases} x = y + 5 \\ y + 5 + 3y - 1 = 0 \end{cases}$$

A questo punto la seconda equazione è caratterizzata da una sola incognita ed è quindi possibile risolverla.

$$\begin{cases} x = y + 5 \\ 4y + 4 = 0 \rightarrow 4y = -4 \rightarrow y = -1 \end{cases}$$

Una volta individuato il valore numerico della y, basta **sostituirlo** a una delle equazioni di partenza per trovare anche il valore numerico della x.

$$\begin{cases} x = y + 5 \rightarrow x = -1 + 5 = 4 \\ y = -1 \end{cases}$$

Soluzione: x = 4; y = -1.

In alcuni casi, come anticipato, è possibile che ricavare un'incognita possa essere macchinoso, a causa della necessità di ricorrere a frazioni che renderebbero la sostituzione più difficoltosa (es. $2x = 3y + 6 \rightarrow x = (3y + 6)/2$). Esistono quindi altri due metodi che, in questi casi, risultano più adatti: il metodo del **confronto** e il metodo dell'**addizione/sottrazione**.

ESERCIZIO **SVOLTO**

Risolvere il seguente sistema con il metodo del **confronto**:

$$\begin{cases} 3x + y = 5 \\ 2x + 3y = 8 \end{cases}$$

Svolgimento:
il primo passo da effettuare è quello di esprimere un'incognita completamente in funzione dell'altra in **entrambe le equazioni**, per esempio esprimendo le y in funzione delle x:

$$\begin{cases} y = 5 - 3x \\ y = \frac{8 - 2x}{3} \end{cases}$$

In questo modo la y è espressa in due modi diversi e ne consegue che le due espressioni a destra dell'uguale siano congruenti tra loro :

$$5 - 3x = \frac{8 - 2x}{3} \rightarrow x = 1$$

Sostituendo il valore della x ad una delle due equazioni di partenza otteniamo y = 2.

Soluzione: x = 1; y = 2.

MATEMATICA

ESERCIZIO **SVOLTO**

Risolvere il seguente sistema con il metodo dell'**addizione/sottrazione**:

$$\begin{cases} 3x + 1 - 4y = 0 \\ 6x + 2y - 3 = 0 \end{cases}$$

Svolgimento:
prima di poter iniziare lo svolgimento bisogna assicurarsi che le equazioni siano ordinate allo stesso modo. In caso contrario, ordinarle semplificherà i prossimi passaggi.

$$\begin{cases} 3x - 4y + 1 = 0 \\ 6x + 2y - 3 = 0 \end{cases}$$

L'obiettivo del prossimo passaggio consiste nell'ottenere un monomio incognito **congruente** in entrambe le equazioni, moltiplicando **interamente** una delle due equazioni per un numero:

$$\begin{cases} 2 \cdot (3x - 4y + 1 = 0) \\ 6x + 2y - 3 = 0 \end{cases} \rightarrow \begin{cases} 6x - 8y + 2 = 0 \\ 6x + 2y - 3 = 0 \end{cases}$$

Dunque si otterrà il **monomio 6x** che compare in entrambe le equazioni (prova a farlo con la y). A questo punto, si addizionano o sottraggono tra loro le due equazioni in modo da rimuovere l'incognita x.

$$(6x - 8y + 2) - (6x + 2y - 3) = (6x - 8y + 2 - 6x - 2y + 3) = -10y + 5 = 0 \rightarrow y = \frac{1}{2}$$

Sostituiamo, come d'abitudine, la y ad una delle due equazioni di partenza, ottenendo $x = \frac{1}{3}$.

Soluzione: $x = \frac{1}{3}$; $y = \frac{1}{2}$.

ESERCIZIO **PROPOSTO**

2.3.1 Quali sono i valori di x e y che soddisfano il seguente sistema?

$$\begin{cases} 4x + 7y = -3 \\ 2x - y = 0 \end{cases}$$

A. $x = 6, y = 12$
B. $x = -\frac{1}{6}, y = -\frac{1}{3}$
C. $x = 3, y = 6$
D. $x = 2, y = 4$
E. $x = -12, y = -6$

2.3.3 Disequazioni

Risolvere una **disequazione** significa trovare quell'insieme di valori che, attribuiti all'incognita, verificano una certa **disuguaglianza**.

Analogamente a quanto fatto con le equazioni, completiamo l'inquadramento teorico delle disequazioni, già iniziato nell'introduzione generale al capitolo, per poi procedere con le tecniche di risoluzione dei diversi esercizi.

Abbiamo detto che risolvere una disequazione significa trovare quell'insieme di valori che, attribuiti all'incognita, verificano una certa disuguaglianza. A questo punto, è bene ricordare che la **disuguaglianza** può consistere in **espressioni diverse fra loro**:

- **$a > b$**, ovvero a **maggiore** di b;
- **$a < b$**, ovvero a **minore** di b;
- **$a \geq b$**, ovvero a **maggiore o uguale** a b;
- **$a \leq b$**, ovvero a **minore o uguale** a b.

Dove a e b indicano i due membri della disequazione, mentre la **presenza o meno dell'uguale** stabilisce se il **valore** che separa l'intervallo delle soluzioni dagli altri numeri debba essere **incluso o meno nell'insieme** stesso **delle soluzioni.**

Per esempio, data la disequazione $x + 5 \leq -8$ abbiamo che la soluzione è $x \leq -13$, il che significa che la **disuguaglianza è verificata** per **tutti i valori** di x **inferiori** a -13, **incluso** anche -13 stesso.
Se invece il verso della disequazione fosse stato solamente "$<$" (minore e non minore o uguale), allora -13 sarebbe stato escluso dall'insieme delle soluzioni.

Detto ciò, va sottolineato che, come spiegato con le equazioni, anche in questo caso prima di procedere con la risoluzione bisogna controllare quali siano le **condizioni di esistenza** della disequazione.
Infine, anche le disequazioni possono essere suddivise, a seconda di quale sia il massimo esponente a cui è elevata l'incognita, in disequazioni di **primo o secondo grado** e di **grado superiore al secondo.**

Le regole risolutive sono le stesse delle equazioni: qualsiasi operazione effettuata a sinistra del segno di operazione va effettuata, allo stesso modo, anche a destra. L'unica **eccezione** riguarda la moltiplicazione o divisione per un numero **negativo**: in questo caso va anche invertito il segno di disuguaglianza (es. $2x > -4$, moltiplico per -1 a sinistra e destra, ottengo $-2x < 4$).

La risoluzione, perciò, per quanto riguarda le **disequazioni di primo grado** (cioè, ricordiamo, quelle in cui l'incognita è presente soltanto con un esponente pari a 1), è dunque la medesima di un'equazione, con l'unica accortezza sovracitata del segno di disuguaglianza.

ESERCIZIO **SVOLTO**

Risolvere la seguente disequazione:

$$-7x + 10 > -2x$$

Svolgimento:
si comincia separando i termini noti (quelli in cui non compare l'incognita) dai termini incogniti, cambiando di segno durante lo spostamento

$$-7x + 2x > -10$$

Successivamente si sommano le incognite (se necessario)

$$-5x > -10$$

2.3.4 Disequazioni di secondo grado

Analogamente alle equazioni di secondo grado, le **disequazioni di secondo grado** sono disuguaglianze tra due espressioni in cui però l'incognita compare anche con esponente pari a 2 (es. $x^2 - 2x < 0$). In questo caso la **forma canonica** è rappresentata dalla seguente espressione:

$$ax^2 + bx + c \gtrless 0, \text{ dove } a, b, c \text{ sono dei valori numerici.}$$

Per risolvere questo tipo di disequazioni possono essere fatte numerose considerazioni, ma ci si limita ad affrontare il problema da un punto di vista pratico. Lo scopo rimane sempre quello di trovare l'insieme di valori che la x può assumere affinché la disuguaglianza sia verificata, facendo attenzione alla presenza o meno del segno dell'uguale (≥, ≤) che indica rispettivamente la presenza o assenza dei valori trovati nell'insieme delle soluzioni (es. $2x < 4 \rightarrow x < 2$ dove il 2 non è compreso nell'insieme delle soluzioni; $2x \leq 4 \rightarrow x \leq 2$ dove il 2 è compreso nell'insieme delle soluzioni).

Lo schema generico di risoluzione è il seguente:

1. scrivere il problema in forma canonica e trasformare la disequazione in un'**equazione**, sostituendo banalmente il segno di maggiore/minore con il segno dell'uguale;
2. risolvere l'equazione attraverso la formula risolutiva, che in base al segno di Δ fornirà un numero diverso di soluzioni (1, 2 o nessuna);
3. stabilire se la disequazione è **concorde** o **discorde**, basandosi sulle seguenti definizioni:
   - La disequazione è *concorde* se $a > 0$ e contemporaneamente tutta la disequazione è "> 0", oppure se $a < 0$ e tutta la disequazione è "< 0". Il ragionamento è identico se al posto dei simboli >, < si sostituiscono ≥, ≤.
     Per esempio sono concordi le disequazioni $3x^2 + 2x > 0$ e $-5x^2 + 7 < 0$.
   - La disequazione è *discorde* se $a > 0$ e contemporaneamente tutta la disequazione è "< 0", oppure se $a < 0$ e tutta la disequazione è "> 0". Il ragionamento è identico se al posto dei simboli >, < si sostituiscono ≥, ≤.
     Per esempio sono discordi le disequazioni $3x^2 + 2x < 0$ e $-5x^2 + 7 > 0$.
4. In base al numero di soluzioni trovate al punto 2 è possibile scrivere la soluzione della disequazione basandosi su poche e semplici regole, le quali sono sempre valide:
   - Se si hanno **due soluzioni** allora si utilizza la regola del **DICE** (Discordi Interni Concordi Esterni). Questa regola afferma che, se al punto 2 si sono trovate le soluzioni x_1 e x_2, con x_1 minore di x_2, allora la soluzione è $\mathbf{x_1 < x < x_2}$ se la disequazione è *discorde*, altrimenti è $\mathbf{x < x_1} \vee \mathbf{x > x_2}$ se la disequazione è *concorde*. Ovviamente se la disequazione presenta i simboli ≥, ≤, anche le soluzioni dovranno averli.

ESERCIZIO SVOLTO

Risolvere la seguente disequazione:

$$x^2 - 4x + 3 \geq 0$$

Svolgimento:
la disequazione è già nella forma canonica (evviva!), quindi come prima cosa, trasformare la disequazione in equazione

$$x^2 - 4x + 3 = 0$$

Risolverla attraverso la formula risolutiva $\frac{-b \pm \sqrt{b^2 - 4ac}}{2a}$

$$x_1, x_2 = \frac{-b \pm \sqrt{b^2 - 4ac}}{2a} = \frac{4 \pm \sqrt{16 - 12}}{2} = \frac{4 \pm 2}{2} = +1, +3$$

Successivamente bisogna verificare la concordanza o discordanza. Il segno è maggiore e a è positivo (a = 1), quindi sono concordi. Le soluzioni saranno perciò all'esterno dei valori trovati (1 e 3), cioè

$$x \leq 1 \cup x \geq 3$$

Soluzione: $x \leq 1 \cup x \geq 3$.

- Se si ha **una soluzione** (cioè due soluzioni coincidenti), che indichiamo con x_1, allora la soluzione della disequazione ha 4 possibili scritture. Se la disequazione è *concorde* allora $\mathbf{x \neq x_1}$ oppure $\forall$**x**$\in$**R** (da usare solo se i simboli sono ≥, ≤), mentre se la disequazione è *discorde* allora $\nexists$**x**$\in$**R** oppure $\mathbf{x = x_1}$ (da usare solo se i simboli sono ≥, ≤). Le due scritture simboliche usate significano rispettivamente "la soluzione esiste sempre" e "non esistono soluzioni".
- Se **non ci sono soluzioni** allora la soluzione è $\forall$**x**$\in$**R** quando la disequazione è *concorde*, mentre è $\nexists$**x**$\in$**R** quando la disequazione è *discorde*. Queste soluzioni valgono anche quando compaiono i simboli ≥, ≤.

Lo schema appena mostrato, anche se abbastanza articolato, fornisce un metodo risolutivo in grado di risolvere **qualsiasi** disequazione di secondo grado!

ESERCIZIO **PROPOSTO**

2.3.4 Si risolva la seguente disequazione $x^2 - 3x < 4$

A. $x < -4 \cup x > 1$
B. $-1 < x < 4$
C. $x < -1$
D. $-4 < x < 1$
E. $x < -1 \cup x > 4$

Sistemi di disequazioni

Per risolvere i sistemi di disequazioni è sufficiente:

- **risolvere singolarmente** ciascuna disequazione;
- selezionare come soluzione del sistema l'**intersezione** delle soluzioni delle disequazioni che lo compongono.

Prendiamo come esempio il sistema:

$$\begin{cases} x^2 - 9 \leq 0 \\ x^2 - 5x + 6 > 0 \end{cases}$$

Iniziamo risolvendo la prima disequazione con lo schema appena visto: l'equazione $x^2 - 9 = 0$ ha come soluzioni $x_1 = +3$, $x_2 = -3$ e la disequazione è *discorde* perché a = 1 (quindi positivo) mentre tutta la disequazione è "≤ 0". La soluzione si scrive quindi come $\mathbf{-3 \leq x \leq 3}$.

Anche la seconda è una disequazione di secondo grado. L'equazione associata è $x^2 - 5x + 6 = 0$, e con la formula risolutiva si ottengono le soluzioni $x_1 = \frac{5 + \sqrt{25 - 24}}{2} = \frac{5 + 1}{2} = 3$ e $x_2 = \frac{5 - \sqrt{25 - 24}}{2} = \frac{5 - 1}{2} = 2$. Siccome il segno della a è concorde al verso della disequazione, l'intervallo delle soluzioni è $x < 2 \vee x > 3$.

MATEMATICA

Per capire qual è l'intersezione delle soluzioni delle singole disequazioni possiamo procedere graficamente:

- disegniamo su una retta reale gli estremi di tutte le soluzioni delle disequazioni che formano il sistema, in questo caso i numeri -3, 2 e 3;
- sulla prima riga disegniamo una linea continua in corrispondenza delle soluzioni della prima disequazione, mentre sulla seconda facciamo lo stesso per le soluzioni della seconda disequazione. Durante questo passaggio bisogna considerare se l'estremo della soluzione è incluso o no nell'intervallo. Nel caso lo sia, ciò può venire rappresentato graficamente con un pallino pieno, altrimenti con un pallino vuoto;
- le soluzioni del sistema sono date dalla sovrapposizione delle due linee, ovvero solamente da quei valori che sono in comune nelle due precedenti soluzioni.

Nel nostro caso abbiamo:

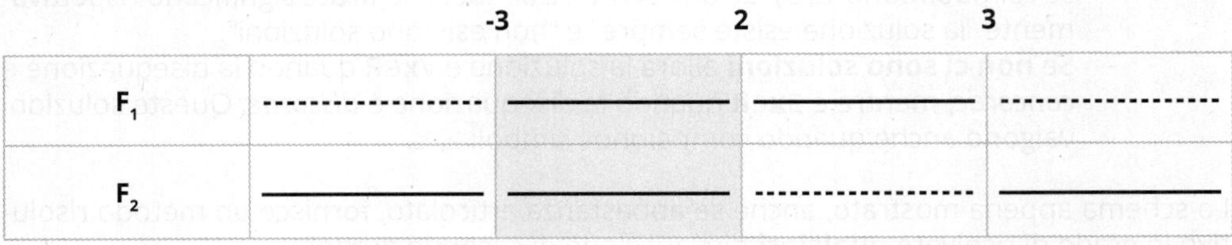

Dunque la soluzione del sistema è: $-3 \leq x < 2$.
Concludiamo con due considerazioni:

- se una delle disequazioni è impossibile, allora l'intero sistema non ammette soluzioni;
- se una delle disequazioni è sempre verificata, allora sul grafico disegneremo una linea che copre tutto l'asse reale.

2.3.5 Equazioni e disequazioni fratte

Equazioni fratte

Non è raro trovarsi di fronte a equazioni in cui almeno una volta compare l'incognita anche (o solo) al denominatore, in questi casi si parla di *equazioni fratte*.

Per risolvere questo tipo di equazioni è molto importante avere un metodo risolutivo ben preciso e seguirne con attenzione tutti i passaggi.

1. Condizione di esistenza (C.E.)

Il primo passaggio per la risoluzione di questo tipo di equazione è proprio quello di individuare le condizioni di esistenza, di cui abbiamo già parlato nelle pagine precedenti. In questo caso specifico, sarà necessario imporre il denominatore diverso da 0.

$$D(x) \neq 0$$

Oltre a questa condizione di esistenza presente nella risoluzione di ogni equazione fratta, potranno esserci anche altre condizioni di esistenza da dover imporre che dipenderanno dagli elementi che compongono l'equazione stessa.

Esempio: $\frac{\sqrt{x}}{x-1} = 0$

In questo caso avremo due C.E. da porre:

- la prima è la C.E. canonica delle equazioni fratte, ovvero $D(x) \neq 0$.
  In questo caso, quindi, avremo $x - 1 \neq 0 \rightarrow x \neq 1$;
- la seconda, invece, è relativa a un altro elemento che compone l'equazione: essendoci al numeratore un radicale, questo necessita della sua C.E.
  Con $\sqrt{x}$ avremo pertanto $x \geq 0$;
- le due C.E. vanno infine considerate insieme: $0 \leq x < 1$ e $x > 1$.

2. Riduzione alla "forma semplice"

Il secondo passaggio prevede la riduzione dell'equazione in *forma semplice*, ovvero la forma in cui:

- al primo membro (a sinistra dell'uguale) si presenta un'unica frazione (con un unico numeratore e un unico denominatore);
- al secondo membro (a destra dell'uguale) c'è 0.

Per fare ciò, quindi, sarà necessario trasportare tutti i termini a sinistra dell'uguale e operare con eventuali m.c.m. per unire tutti gli elementi del primo membro in un'unica frazione.

Esempio: $\frac{3x}{4} + 5 = 3 - \frac{2}{3x}$

Portiamo tutti gli elementi del secondo membro al primo membro:

$$\frac{3x}{4} + 5 - 3 + \frac{2}{3x} = 0$$

Uniamo tutti gli elementi al primo membro di modo che si crei un'unica frazione:

$$\frac{3x}{4} + 2 + \frac{2}{3x} = 0$$

$$\frac{3x\,(3x) + 2 \cdot 4(3x) + 4 \cdot 2}{4(3x)} = 0$$

$$\frac{9x^2 + 24x + 8}{12x} = 0$$

3. Riduzione ad un'equazione intera

A questo punto bisogna eliminare il denominatore tramite le proprietà delle equazioni:

$$N(x)/D(x) = 0$$

$$D(x) \cdot N(x)/D(x) = 0 \cdot D(x)$$

$$\cancel{D(x)} \cdot N(x)/\cancel{D(x)} = 0 \cdot \cancel{D(x)}$$

$$N(x) = 0$$

Es. $\frac{9x^2 + 24x + 8}{12x} = 0$

$$12x \cdot \left(\frac{9x^2 + 24x + 8}{12x}\right) = 0 \cdot 12x$$

$$\cancel{12x} \cdot \left(\frac{9x^2 + 24x + 8}{\cancel{12x}}\right) = 0 \cdot \cancel{12x}$$

$$9x^2 + 24\,x + 8 = 0$$

4. Risoluzione dell'equazione

Infine, non rimarrà che svolgere una classica equazione lineare e verificare che le soluzioni siano compatibili con le condizioni di esistenza.

ESERCIZIO **SVOLTO**

Risolvere la seguente equazione: $\frac{4}{3x - 1} = \frac{1}{2 + x}$

Svolgimento:
per prima cosa individuiamo le condizioni di esistenza:

$$3x - 1 \neq 0 \qquad 2 + x \neq 0$$
$$3x \neq 1 \qquad x \neq -2$$
$$x \neq \frac{1}{3}$$

Riduciamo l'equazione alla forma semplice:

$$\frac{4}{3x - 1} - \frac{1}{2 + x} = 0$$
$$\frac{4(2 + x) - 1(3x - 1)}{(3x - 1)(2 + x)} = 0$$

Trasformiamola in un'equazione intera:

$$(3x - 1)(2 + x) \cdot \frac{4(2 + x) - 1(3x - 1)}{(3x - 1)(2 + x)} = 0 \cdot (3x - 1)(2 + x)$$
$$4(2 + x) - 1(3x - 1) = 0$$

Risolviamo l'equazione lineare:

$$8 + 4x - 3x + 1 = 0$$
$$x + 9 = 0$$
$$x = -9$$

Il risultato è compatibile con le C.E., poiché x deve essere diversa da -2 e $\frac{1}{3}$.
Soluzione: x = -9.

Disequazioni fratte

Come per le equazioni fratte, anche nelle disequazioni fratte ci sono una serie di passaggi da svolgere per la loro risoluzione. Sicuramente il metodo è meno immediato perché nelle disequazioni è necessario andare a valutare sia il numeratore che il denominatore, effettuando quello che viene chiamato lo *studio dei segni*.
Ma vedrete che imparando un metodo risolutivo e seguendo tutti i passaggi, questo capitolo vi farà sempre meno paura!

1. Condizione di esistenza

Anche in questo caso sarà necessario valutare le C.E. ed è valido tutto quello che è stato detto per le equazioni, ovvero:

- la prima C.E. da impostare sarà D(x) ≠ 0;
- ci potranno essere altre C.E. da aggiungere, in base agli elementi che costituiscono la disequazione.

2. Riduzione in "forma semplice"

Tutte le disequazioni saranno sempre trasformabili in una delle seguenti forme:

$$\frac{N(x)}{D(x)} > 0; \frac{N(x)}{D(x)} < 0; \frac{N(x)}{D(x)} \geq 0; \frac{N(x)}{D(x)} \leq 0$$

Anche nelle disequazioni, quindi, sarà necessario far sì che al primo membro ci sia un'unica frazione e che al secondo membro ci sia solo 0.

$$\text{Esempio: } \frac{3x - 2}{1 - x} < 1$$

$$\frac{3x - 2}{1 - x} - 1 < 0$$

$$\frac{(3x - 2) - 1(1 - x)}{1 - x} < 0$$

$$\frac{3x - 2 - 1 + x}{1 - x} < 0$$

$$\frac{3x - 3 + x}{1 - x} < 0$$

3. Studio del segno

A differenza delle equazioni, nel caso delle disequazioni fratte **non possiamo** eliminare il denominatore, perché il segno complessivo della frazione dipende anche dal segno del denominatore visto che al suo interno c'è l'incognita!
Quindi, per risolvere la disequazione dobbiamo determinare per quali valori di x la frazione è positiva, nulla o negativa: questa parte della risoluzione prende il nome di **studio del segno** della frazione.
Come metodo meccanico e generale conviene abituarsi ad una convenzione che vi tornerà molto comoda perchè vi eviterà ragionamenti articolati: per studiare il segno della frazione bisogna **sempre risolvere le stesse** due disequazioni, ovvero $N(x) > 0$ e $D(x) > 0$.
Ovviamente se compaiono i simboli ≥, ≤ allora si useranno quelli.

4. Risoluzione finale

Infine, come soluzioni, vanno considerati solo gli intervalli che rispettano la condizione della disequazione.

ESERCIZIO SVOLTO

Risolvere la seguente disequazione:

$$\frac{x^2 - 4x + 3}{x^2 - 16} \leq 0$$

Svolgimento:
determinare le C.E.

$$x^2 - 16 \neq 0$$

$$x^2 \neq 16$$

$$x \neq \pm 4$$

In questo caso la disequazione è già in *forma semplice*, quindi si può passare direttamente allo studio della funzione.

Considerare separatamente il numeratore e il denominatore, come se fossero due disequazioni separate.

Numeratore → $x^2 - 4x + 3 \geq 0$

Trasformiamo questa disequazione nell'equazione corrispondente:

$$x^2 - 4x + 3 = 0$$

$$x = \frac{4 \pm \sqrt{16 - 12}}{2}$$

$$x = \frac{4 \pm 2}{2} = +1; +3$$

In questo caso, poiché i segni sono concordi, i valori per cui la disequazione è verificata si troveranno all'esterno di +1 e +3, cioè $x \leq 1 \vee x \geq 3$.

Denominatore → studiando il denominatore bisogna ricordarsi che, anche se la disequazione presenta il segno dell'uguale, questo non va considerato, proprio perché il denominatore deve obbligatoriamente essere diverso da zero.
Avremo, infatti, la seguente disequazione:

$$x^2 - 16 > 0$$

Trasformiamo questa disequazione nell'equazione corrispondente:

$$x^2 - 16 = 0$$
$$x^2 = 16$$
$$x = \pm 4$$

Il segno è concorde, dunque i valori di x saranno esterni ($x > +4 \vee x < -4$)

A questo punto si vanno a raffigurare in uno schema tutti i valori trovati, in ordine crescente.

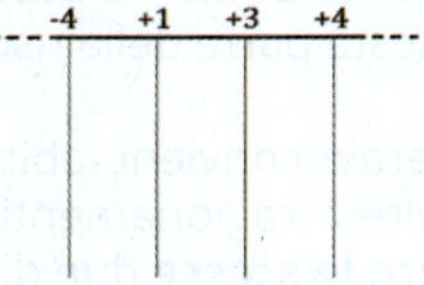

Una volta raffigurati tutti i valori, bisogna completare lo schema inserendo i segni del numeratore e del denominatore.
Numeratore → studiando la disequazione al numeratore, abbiamo ottenuto che questa assume valori positivi per tutte le x minori di +1 e maggiori di +3 (estremi inclusi).
Questo vuol dire che all'interno del nostro grafico:

- i valori < +1 sono positivi (andremo ad individuarli con un **+**);
- i valori tra +1 e +3 sono negativi (andremo ad individuarli con un **-**); aggiungiamo un pallino in corrispondenza di + 1 e + 3 per indicare il fatto che siano inclusi tra i valori negativi;
- i valori > +3 sono positivi (andremo ad individuarli con un **+**).

Denominatore → Studiando la disequazione al denominatore, abbiamo ottenuto che questa assume valori positivi per tutte le x minori di -4 e maggiori di +4 (estremi esclusi).
Questo vuol dire che all'interno del nostro grafico:

- i valori < -4 sono positivi (andremo ad individuarli con un **+**);
- i valori tra -4 e +4 sono negativi (andremo ad individuarli con un **-**);
- i valori > +4 sono positivi (andremo ad individuarli con un **+**).

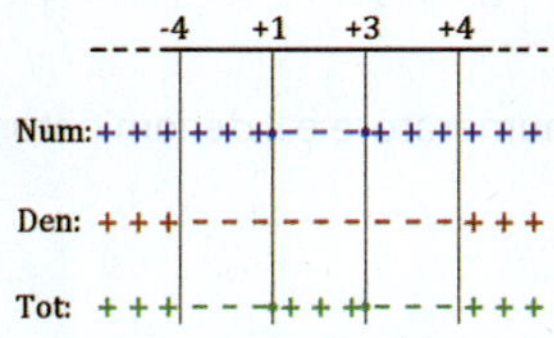

Totale → Il risultato finale sarà dato dal prodotto dei segni tra il numeratore e il denominatore:

- 1° *intervallo (valori < -4)* → sia N che D hanno valori positivi, quindi il prodotto finale sarà **positivo** (+ · + = +); - 2° *intervallo (valori tra -4 e + 1)* → N è positivo e D è negativo, quindi il prodotto finale sarà **negativo** (+ · - = -);
- 3° *intervallo (valori tra +1 e +3)* → N è negativo e D è negativo, quindi il prodotto finale sarà **positivo** (- · - = +);
- 4° *intervallo (valori tra +3 e + 4)* → N è positivo e D è negativo, quindi il prodotto finale sarà **negativo** (+ · - = -);
- 5° *intervallo (valori > + 4)* → sia N che D hanno valori positivi, quindi il prodotto finale sarà **positivo** (+ · + = +).

Infine, come soluzioni, vanno considerati solo gli intervalli che rispettano la condizione della disequazione. In questo caso, essendo la disequazione fratta ≤ 0, si vanno a considerare esclusivamente gli intervalli negativi con l'inclusione dei "puntini", cioè i valori tra -4 (escluso) e +1 (compreso) e i valori tra +3 (compreso) e +4 (escluso).

Risultato: tali valori rispettano la condizione di esistenza, quindi la nostra disequazione fratta sarà realizzata per: $-4 < x \leq 1$ e $3 \leq x < 4$.

ESERCIZIO **PROPOSTO**

2.3.5 Quali sono i valori di x che soddisfano la seguente disequazione?

$$\frac{x^2 + 3x - 10}{x^3 + x} > 0$$

A. $x < -5 \cup x > 2$
B. $x > 0$
C. $x > 2$
D. $x < -5$
E. Nessuna delle precedenti

2.3.6 Equazioni e disequazioni con radicali

Equazioni irrazionali

Le equazioni con radicali, definite anche irrazionali, sono equazioni nelle quali una o più incognite si trovano sotto radice (es. $\sqrt{x + 5} = 0$).
La forma con la quale vengono espresse queste equazioni è la seguente:

$$\sqrt[n]{f(x)} = g(x)$$

A questo punto, quindi, dobbiamo parlare di due tipi diversi di risoluzione a seconda che la radice abbia indice pari o dispari.

Equazioni irrazionali con indice pari

Selezioniamo un'equazione da prendere come esempio per svilupparne tutti i passaggi risolutivi.

$$\text{Esempio: } \sqrt{x + 3} = 6$$

1. Il primo passo è considerare le C.E. della radice. Questa, avendo indice pari, è definita soltanto se l'argomento è maggiore o uguale a zero.

$$x + 3 \geq 0$$
$$x \geq -3$$

2. Una volta individuata la C.E. è necessario imporre la *condizione di concordanza dei segni* (CCS).
In cosa consiste questa condizione e perché è così importante?
Se partiamo dal presupposto che il risultato di una radice di indice pari possa essere solo un numero positivo o nullo (≥ 0), allora, ogni qual volta ci troviamo davanti a un'equazione irrazionale con indice pari, dobbiamo controllare che effettivamente gli elementi che si trovano al secondo membro (alla destra dell'uguale) siano maggiori o uguali a zero.

$$\text{con } A = B \text{ se } A \geq 0 \text{, allora anche } B \geq 0$$

Nel nostro caso la CCS è rispettata perché prendendo gli elementi del secondo membro, ovvero 6, questo risulta essere maggiore di 0.

$$6 \geq 0$$

3. Dopo aver individuato le due condizioni fondamentali per un'equazione irrazionale, il nostro compito è liberarci della radice. Lo facciamo elevando entrambi i membri a un esponente che sia pari all'indice di radice.

$$(\sqrt{x + 3})^2 = 6^2$$
$$x + 3 = 36$$

4. Dopo aver eliminato la radice dall'equazione, la svolgiamo come una normale equazione lineare.

$$x = 36 - 3$$
$$x = 33$$

5. Infine controlliamo che il valore ottenuto sia accettabile con la C.E., come nel seguente caso:

$$33 + 3 \geq 0$$
$$36 \geq 0$$

ESERCIZIO **SVOLTO**

Risolvere la seguente equazione: $\sqrt[6]{x + 1} = -1$

Svolgimento:
come prima cosa definiamo la C.E.

$$x + 1 \geq 0$$
$$x \geq -1$$

Studiamo la CCS: $-1 \geq 0$

Soluzione: in questo caso l'equazione è impossibile.
Una radice di indice pari, infatti, non potrà mai dare un risultato negativo.

ESERCIZIO SVOLTO

Risolvere la seguente equazione: $\sqrt{x + 2} = \sqrt{4 - 2x}$

Svolgimento:
impostiamo la C.E., che in questo caso dovrà essere presa in considerazione per entrambi i radicali.

$$x + 2 \geq 0 \qquad 4 - 2x \geq 0$$
$$x \geq -2 \qquad -2x \geq -4$$
$$x \leq 2$$

A questo punto dovremmo andare a considerare la CCS, che in questo caso però non si rende necessaria perché sia f(x) che g(x) sono due radici di indice pari. Le due radici, infatti, per esistere sicuramente daranno valori maggiori o uguali a zero.
(La CCS va presa in considerazione ogni qual volta f(x) è un radicale e g(x) non lo è oppure f(x) è un radicale e g(x) è un polinomio formato da una radice e un altro elemento).

Eleviamo tutto al quadrato per togliere le radici:

$$(\sqrt{x + 2})^2 = (\sqrt{4 - 2x})^2$$
$$x + 2 = 4 - 2x$$
$$2x + x = 4 - 2$$
$$3x = 2$$
$$x = \frac{2}{3}$$

Confrontando il risultato con le C.E., vediamo che questo valore le rispetta e quindi è un risultato valido.

Risultato: $x = \frac{2}{3}$.

Equazioni irrazionali con indice dispari

Questo tipo di equazioni sono molto più immediate rispetto alle precedenti, perché le radici con indice dispari non necessitano né di una C.E. né di una CCS.

Esempio: $\sqrt[3]{x + 5x} = -3$

$$(\sqrt[3]{x + 5x}\,)^3 = (-3)^3$$
$$x + 5x = -27$$
$$6x = -27$$
$$x = \frac{-27}{6} = \frac{-9}{2}$$

Disequazioni irrazionali

Le disequazioni irrazionali sono disequazioni in cui l'incognita compare come argomento della radice. Anche in questo caso dovremo fare una distinzione tra radici con indice pari e radici con indice dispari.

Disequazioni irrazionali con radice a indice pari

Per poter sviluppare la disequazione prendiamo un esempio ed eseguiamo tutti i passaggi.

$$\sqrt{(x + 3)} > 6$$

1. La prima cosa da prendere in considerazione è la C.E.

$$(x + 3) \geq 0$$
$$x \geq -3$$

2. A questo punto dobbiamo andare a eliminare la nostra radice, elevando tutto a un esponente che sia pari all'indice di radice.

$$(\sqrt{(x + 3)^2} > 6^2$$
$$(\sqrt{(x + 3)^2} > 6^2$$
$$x + 3 > 36$$

3. Una volta eliminata la radice, affronteremo la disequazione normalmente.

$$x > 36 - 3$$
$$x > 33$$

4. Infine verifichiamo che il valore di x ottenuto sia compatibile con la C.E.

$$33 \geq -3$$

In questo caso è compatibile e potremo accettare il risultato.

A seguire si propone una tabella riepilogativa con tutti i casi possibili di disequazione con radice quadrata.

Con un numero positivo *n* al secondo membro	Con un numero negativo *n* al secondo membro	Con lo 0 al secondo membro
$\sqrt{A} > n \rightarrow A > n^2$	$\sqrt{A} > (-n) \rightarrow A \geq 0$	$\sqrt{A} > 0 \rightarrow A > 0$
$\sqrt{A} \geq n \rightarrow A \geq n^2$	$\sqrt{A} \geq (-n) \rightarrow A \geq 0$	$\sqrt{A} \geq 0 \rightarrow A \geq 0$
$\sqrt{A} < n \rightarrow A < n^2$ $A \geq 0$	$\sqrt{A} < (-n) \rightarrow$ nessuna soluzione	$\sqrt{A} < 0 \rightarrow$ nessuna soluzione
$\sqrt{A} \leq n \rightarrow A \leq n^2$ $A \geq 0$	$\sqrt{A} \leq (-n) \rightarrow$ nessuna soluzione	$\sqrt{A} \leq 0 \rightarrow A = 0$

Disequazioni irrazionali con radice a indice dispari

Questo tipo di disequazioni sono molto più facili nella risoluzione rispetto alle precedenti, perché le radici con indice dispari non necessitano né di una C.E. né di una CCS. Basterà solo eliminare la radice e trattare la disequazione come già abbiamo visto nei capitoli precedenti.

Esempio: $\sqrt[3]{4x - 3} > 4$

$$\sqrt[3]{4x - 3} > 4$$
$$(\sqrt[3]{4x - 3})^3 > (4)^3$$
$$4x - 3 > 64$$
$$4x > 67$$
$$x > \frac{67}{4}$$

ESERCIZIO **PROPOSTO**

2.3.6 Si risolva la seguente disequazione: $\sqrt{3x+2} > 5$

A. $\frac{23}{3}$
B. 25
C. 32
D. $\frac{5}{3}$
E. $\frac{3}{5}$

2.4 VALORI ASSOLUTI

Il valore assoluto (*o modulo o intensità*) è una funzione che associa a un numero con segno negativo il numero stesso con segno positivo, allo zero associa lo zero e lascia invariati i numeri positivi; viene indicato con il simbolo |x| che viene letto *come modulo / valore assoluto / intensità di "x"*.

$$|x| = \{x \text{ se } x \geq 0; \ -x \text{ se } x < 0\}$$

2.4.1 Proprietà dei valori assoluti

- Il valore assoluto è sempre non negativo: alla funzione |x| potranno essere associati solo valori positivi o tuttalpiù neutri (|x|= 0).
- Il valore assoluto di un prodotto è uguale al prodotto dei valori assoluti.
  Esempio: |xy|= |x| · |y|.
- Il valore assoluto di un quoziente è uguale al quoziente tra i valori assoluti.
  Esempio: |x/y| = |x|/|y|.
- Quando il valore assoluto di un numero a è minore di un numero b allora il numero a sarà compreso tra il numero b con i segni opposti.
  Es: $|a| \leq b \rightarrow -b \leq a \leq b$.
- Quando il valore assoluto di un numero a è maggiore di un numero b allora a sarà minore o uguale a -b oppure maggiore o uguale a b.
  Es: $|a| \geq b \rightarrow a \leq -b \vee a \geq b$.

2.4.2 Equazioni con valori assoluti

Affrontiamo le equazioni con i valori assoluti riconoscendo, prima di tutto, 3 diverse tipologie in cui si presenta un valore assoluto eguagliato: a un termine noto costante, a un valore assoluto oppure a un termine noto variabile.

Caso 1: valore assoluto eguagliato a un termine noto costante; |A(x)|= k
In questo caso ci avvaliamo semplicemente della definizione di questa operazione per ottenere le soluzioni dell'equazione, in questo modo:

|A(x)| = k

- Se $k > 0 \rightarrow A(x) = k \vee A(x) = -k$.
- Se $k = 0 \rightarrow A(x) = 0$.
- Se $k < 0 \rightarrow A(x) = \emptyset$ (*N.B. il valore assoluto non può essere uguale a un valore negativo*).

MATEMATICA

Caso 2: valore assoluto eguagliato a un altro valore assoluto; |A(x)|= |B(x)|
In questo caso invece abbiamo da confrontare due valori assoluti ricordandoci che l'uguaglianza è impostata tra due valori sicuramente positivi ($|A(x)| \geq 0$; $|B(x)| \geq 0$) e quindi analizziamo in questo modo:

$|A(x)| = |B(x)|$

- $A(x) = B(x)$
- $A(x) = -B(x)$

Caso 3: valore assoluto eguagliato a un termine noto variabile; |A(x)| = B(x)
Per affrontare questo caso dobbiamo procedere a step:

1. studio il segno dell'argomento del modulo, cioè il segno di A(x);
2. imposto i due sistemi con i casi in cui $A(x) \geq 0$ e quello in cui $A(x) < 0$:

$$\{A(x) \geq 0: A(x) = B(x)$$
$$\{A(x) < 0: -A(x) = B(x)$$

3. risolvo i sistemi;
4. calcolo le soluzioni dell'equazione $|A(x)| = B(x)$ unendo le soluzioni del primo e del secondo sistema.

2.4.3 Disequazioni con valori assoluti

Affrontando le disequazioni con valori assoluti troviamo dei casi molto simili a quelli trovati nella trattazione delle equazioni con i valori assoluti, ma in questo caso sarà necessario prestare particolare attenzione alla scelta delle soluzioni.

Caso 1a: valore assoluto maggiore (o maggiore uguale) di un termine noto costante; |A(x)|> / ≥ k

$|A(x)| > k$

- Se $k > 0 \rightarrow A(x) < -k \vee A(x) > k$.
- Se $k = 0 \rightarrow A(x) \neq 0$.
- Se $k < 0 \rightarrow \forall x$ R.

$|A(x)| \geq k$

- Se $k > 0 \rightarrow A(x) < -k \vee A(x) > k$.
- Se $k \leq 0 \rightarrow \forall x$ R.

Caso 1b: valore assoluto minore (o minore uguale) di un termine noto costante; |A(x)|< / ≤ k

$|A(x)| < k$

- Se $k \leq 0 \rightarrow \emptyset$ (N.B. il valore assoluto non è mai negativo!).
- Se $k > 0$.

$$\begin{cases} A(x) < k \\ A(x) > -k \end{cases}$$

$|A(x)| \leq k$

- Se $k < 0 \rightarrow \emptyset$.
- Se $k = 0 \rightarrow A(x) = 0$.

se $k > 0$

$$\begin{cases} A(x) \leq k \\ A x \geq -k \end{cases}$$

Caso 2: valore assoluto maggiore o minore di un altro valore assoluto; |A(x)|>/< |B(x)|

1. Studio il segno degli argomenti dei valori assoluti;
2. costruisco la tabella dei segni per valutare gli intervalli in cui studiare la disequazione;

3. imposto i diversi sistemi che saranno composti da due disequazioni ciascuno:
    - intervallo considerato;
    - disequazione con i segni dei valori assoluti relativi all'intervallo considerato:
- nel caso in cui $|A(x)| > |B(x)|$

$$\begin{cases} A(x) < 0 \text{ e } B(x) < 0 \\ -A(x) > -B(x) \end{cases} \quad \begin{cases} A(x) < 0 \text{ e } B(x) > 0 \\ -A(x) > B(x) \end{cases} \quad \begin{cases} A(x) > 0 \text{ e } B(x) < 0 \\ A(x) > -B(x) \end{cases} \quad \begin{cases} A(x) > 0 \text{ e } B(x) > 0 \\ A(x) > B(x) \end{cases}$$

- nel caso in cui $|A(x)| < |B(x)|$

$$\begin{cases} A(x) < 0 \text{ e } B(x) < 0 \\ -A(x) < -B(x) \end{cases} \quad \begin{cases} A(x) < 0 \text{ e } B(x) > 0 \\ -A(x) < B(x) \end{cases} \quad \begin{cases} A(x) > 0 \text{ e } B(x) < \\ A(x) < -B(x) \end{cases} \quad \begin{cases} A(x) > 0 \text{ e } B(x) > 0 \\ A(x) < B(x) \end{cases}$$

4. risolvo i sistemi;
5. le soluzioni sono date dall'unione delle soluzioni dei singoli sistemi.

Attenzione: negli esempi sono considerati tutti i possibili casi, non necessariamente i casi saranno quattro.

Caso 3: valore assoluto maggiore o minore di un termine noto variabile; $|A(x)| \gtrless B(x)$

1. Studio il segno dell'argomento del valore assoluto;
2. faccio la tabella per valutare gli intervalli in cui valutare la disequazione;
3. imposto i sistemi che saranno composti da due disequazioni:
    - intervallo considerato
    - disequazione con il segno del valore assoluto relativo all'intervallo considerato;

- nel caso in cui $|A(x)| > B(X)$

$$\begin{cases} A(x) > 0 \\ A(x) > B(x) \end{cases} \qquad \begin{cases} A(x) < 0 \\ -A(x) > B(x) \end{cases}$$

- nel caso in cui $|A(x)| < B(X)$

$$\begin{cases} A(x) > 0 \\ A(x) < B(x) \end{cases} \qquad \begin{cases} A(x) < 0 \\ -A(x) < B(x) \end{cases}$$

4. risolvo i sistemi;
5. le soluzioni sono date dall'unione delle soluzioni dei singoli sistemi.

2.4.4 Esempio

Trovare le soluzioni reali della disequazione $|x-1| < |x|$.

Osservando la disequazione e la teoria precedentemente illustrata, notiamo come sia possibile ricondursi al caso 2 delle disequazioni con valori assoluti: ci si trova davanti al confronto tra due termini in valore assoluto e si risolve la disequazione seguendo il procedimento.

1. Studiare il segno dei valori assoluti:
   studio $|x-1|$: $x-1 \geq 0 \rightarrow x \geq 1$;
   studio $|x|$: $x \geq 0$.

2. Costruire la tabella dei segni per valutare gli intervalli in cui studiare la disequazione:
   A. per $x \leq 0$ entrambi i valori assoluti sono negativi;
   B. per $0 < x < 1$ il valore assoluto presente al primo termine è negativo, quello al secondo termine è positivo;
   C. per $x \geq 1$ entrambi i valori assoluti sono positivi.

3. Impostare i sistemi per valutare i tre casi:

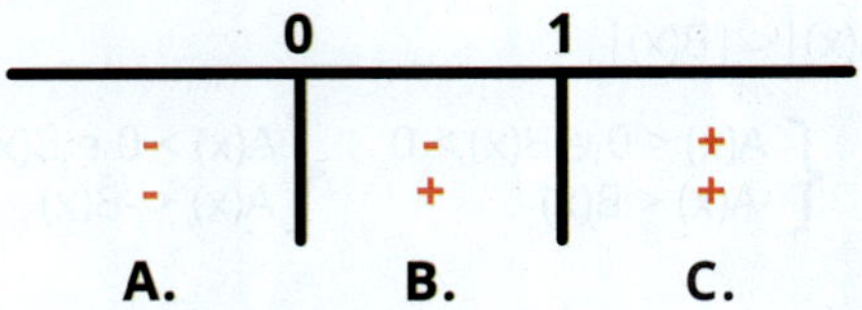

$$\begin{cases} x \leq 0 \\ -x + 1 < -x \end{cases}$$

$$\begin{cases} 0 < x < 1 \\ -x + 1 < x \end{cases}$$

$$\begin{cases} x \geq 1 \\ x - 1 < x \end{cases}$$

4. Risolvere i sistemi:

$$\begin{cases} x \leq 0 \\ 1 < 0 \rightarrow \textbf{impossibile} \end{cases}$$

$$\begin{cases} 0 < x < 1 \\ -x + 1 < x \end{cases}$$

$$\begin{cases} 0 < x < 1 \\ 2x > 1 \rightarrow \mathbf{x > \frac{1}{2}} \end{cases}$$

$$\begin{cases} x \geq 1 \\ x - 1 < x \end{cases}$$

$$\begin{cases} x \geq 1 \\ -1 < 0 \rightarrow \forall\, x \in R \end{cases}$$

5. Scrivere le soluzioni unendo le soluzioni di ciascun sistema:

S1: $\emptyset$

S2: $x > \frac{1}{2}$

S3: $\forall\, x \in R$

Stot: $x > \frac{1}{2}$

2.4.5 La funzione valore assoluto

La funzione valore assoluto associa al numero reale (x) un numero reale non negativo (|x|).

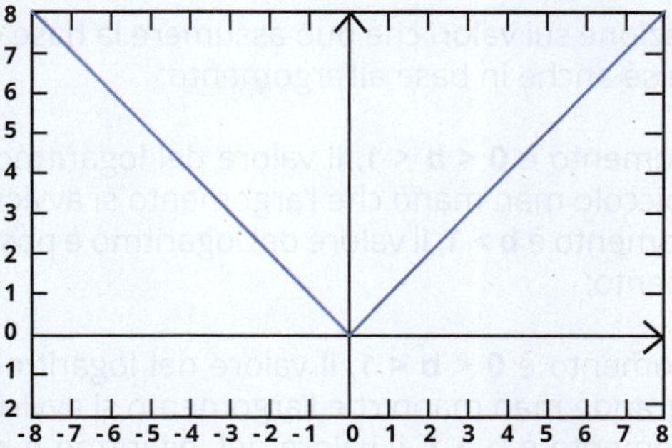

Proprietà della funzione valore assoluto

- il dominio è il seguente: D = (-∞; +∞);
- è una funzione pari;
- è illimitata superiormente con immagine *Im* = [0; +∞);
- è una funzione monotona, strettamente decrescente per $x < 0$ e crescente per $x > 0$.

2.5 LOGARITMI ED ESPONENZIALI

2.5.1 Logaritmi

Il **logaritmo** $\log_a b$, con a > 0, dove *a* è detta **base** e *b* è detto **argomento**, è un'operazione matematica che permette di calcolare l'esponente che bisogna dare a una potenza in base *a* per ottenere il numero *b* (es. $\log_2 8 = 3$, poiché $2^3 = 8$).
Si dice quindi che il logaritmo è la funzione inversa dell'esponenziale (di cui si parlerà in seguito), cioè se $\log_a b = c$, allora $a^c = b$. Spesso può capitare di non trovare la base espressa esplicitamente:

- log(*b*) → logaritmo in base 10;
- ln(*b*) → in base e, numero di Eulero, pari a 2,7.

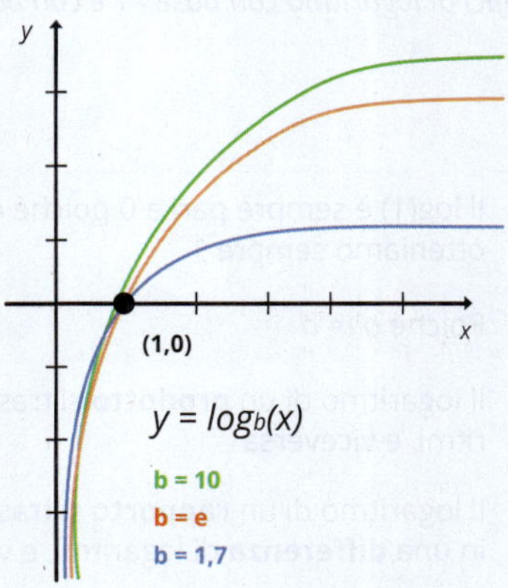

Figura 2: grafico del logaritmo.

Condizioni di esistenza: poiché la base a del logaritmo è sempre > 0 per definizione, ne consegue che anche l'argomento *b* deve essere > 0, poiché è impossibile ottenere un numero negativo attraverso una potenza con base positiva (vedi capitolo 1.3 potenze). Ricordiamo anche che la base del logaritmo deve essere ≠ 1.

Occorre fare una precisazione sui valori che può assumere la base del logaritmo e, di conseguenza, il logaritmo in sé anche in base all'argomento:

- se **a > 1**
  - quando l'argomento è **0 < b < 1**, il valore del logaritmo è **negativo** e diventa sempre più piccolo man mano che l'argomento si avvicina a 0;
  - quando l'argomento è **b > 1**, il valore del logaritmo è positivo e cresce al crescere dell'argomento;
- se **0 < a < 1**
  - quando l'argomento è **0 < b < 1**, il valore del logaritmo è **positivo** e diventa sempre più grande man mano che l'argomento si avvicina a 0;
  - quando l'argomento è **b > 1**, il valore del logaritmo è **negativo** e diventa più piccolo al crescere dell'argomento.

Questo concetto si vede bene nel grafico sottostante che rappresenta sia il caso in cui a > 1 (grafico blu), sia il caso in cui 0 < a < 1 (grafico rosso).

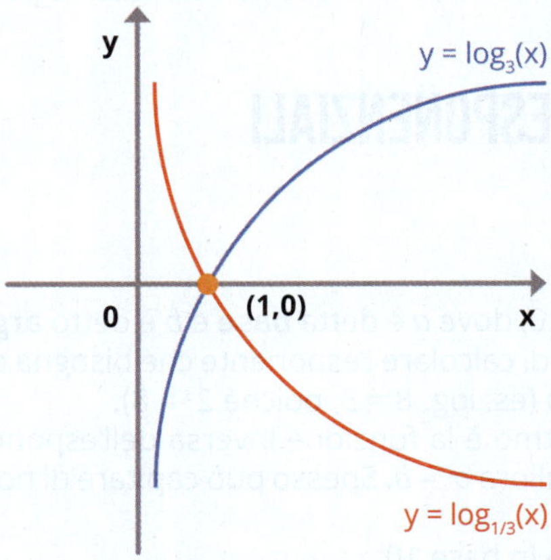

Figura 3: esempi di grafici di logaritmo con base >1 e con base compresa tra 0 e 1.

Proprietà dei logaritmi:

log(1) = 0	Il log(1) è sempre pari a 0 poiché elevando qualsiasi base a 0 otteniamo sempre 1
$\log_a a = 1$	Poiché $a^1 = a$
$\log(a \cdot c) = \log(a) + \log(c)$	Il logaritmo di un **prodotto** si trasforma in una **somma** di logaritmi, e viceversa
$\log(a/c) = \log(a) - \log(c)$	Il logaritmo di un **rapporto** si trasforma in una **differenza** di logaritmi, e viceversa

$\log(a^c) = c \cdot \log(a)$	L'esponente di una potenza può essere tirato fuori come coefficiente che moltiplica l'intero logaritmo
$\log_a b = \frac{\log_c(b)}{\log_c(a)}$	Se si vuole cambiare base a un logaritmo è possibile scriverlo come frazione nel seguente modo: - sia al numeratore che al denominatore si scrive il logaritmo con la base nuova; - al numeratore si pone come argomento l'argomento del logaritmo originario; - al denominatore si pone come argomento la base del logaritmo originario;

Le proprietà dei logaritmi possono tornare molto utili sia nel caso in cui si dovessero affrontare uno o più logaritmi particolarmente difficili da calcolare, sia nel caso di risoluzione di equazioni logaritmiche.

ESERCIZIO **SVOLTO**

Risolvere la seguente equazione:

$$\log_2(x) + \log_2(x^2) = 24$$

Svolgimento:
applicando la proprietà dell'esponente, il 2, esponente della x al secondo logaritmo, può essere portato fuori:

$$\log_2(x) + 2 \cdot \log_2(x) = 24$$

Essendo ora i 2 logaritmi identici, è possibile sommarli algebricamente e dividere per 3:

$$3 \cdot \log_2(x) = 24$$
$$\log_2 x = 8$$

Avendo semplificato il logaritmo è ora possibile utilizzare l'esponenziale per trovare la x, cioè:

$$2^8 = x = 256$$

Soluzione: x = 256.

ESERCIZIO **PROPOSTO**

2.5.1 Calcola il valore di questa sottrazione di logaritmi: $\log_2 18 - \log_2 6 - \log_2 3$.

A. 9
B. 1
C. $\log_2 9$
D. -1
E. 0

2.5.2 Esponenziali

L'esponenziale a^x è una potenza in cui la base è una costante numerica e l'esponente è variabile e può assumere qualsiasi valore. Non è raro trovare degli esponenziali all'interno di equazioni, le quali possono essere risolte in due modi diversi:

- conversione esponenziale-logaritmo, come si è visto nel capitolo precedente (es. $a^x = b \rightarrow x = \log_a b$);

- scrivendo tutta l'equazione utilizzando la stessa base, per poter eventualmente sfruttare le proprietà delle potenze (es. $2^x = 8 \rightarrow 2^x = 2^3 \rightarrow x = 3$).

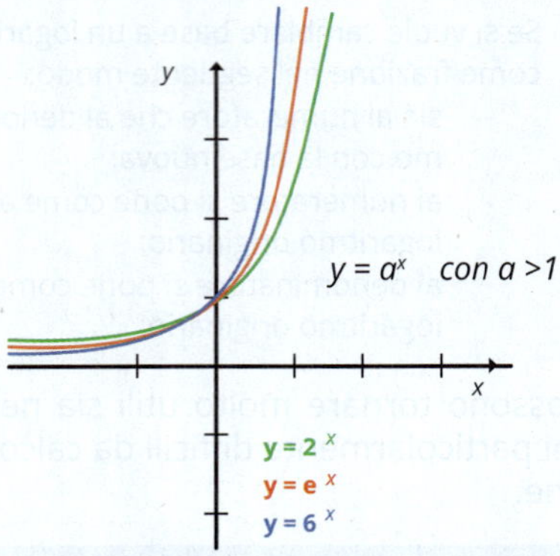

Figura 4: grafico degli esponenziali.

ESERCIZIO SVOLTO

Si risolva la seguente equazione:

$$3^{x^2+2x} - 27 = 0$$

Svolgimento:
si sposti il 27 a destra dell'uguale cambiandolo di segno ed esprimendolo come potenza in base 3 (la stessa dell'altro fattore)

$$3^{x^2}+2x = 3^3$$

Avendo la stessa base, si possono semplicemente uguagliare i 2 esponenti e risolvere l'equazione di secondo grado.

$$x^2 + 2x = 3$$

le cui soluzioni sono +1 e -3 (vedi capitolo 2.3 equazioni di secondo grado).

Soluzione: x = +1, -3.

Campo di esistenza: per gli esponenziali, non esistono vincoli sul campo di esistenza, infatti, la x esponente della potenza può assumere qualsiasi valore.

Proprietà degli esponenziali:

$a^0 = 1$	Qualsiasi base dell'esponenziale elevata alla 0 è uguale a 1, analogamente alle potenze
$a^x > 0$, se $a > 0$	L'esponenziale è sempre maggiore di 0 se la base a è maggiore di 0. Se la base è minore di 0, l'esponenziale oscilla tra valori positivi e negativi. Eempio: $(-2)^2 = +4$, $(-2)^3 = -8$
$a^{\log_a(b)} = b$	Una potenza la cui base è un numero *a* e il cui esponente è un logaritmo in base *a*, è equivalente all'argomento del logaritmo *b*

ESERCIZIO **PROPOSTO**

2.5.2 Quali sono i valori che soddisfano la seguente equazione? $9^x - 3^{x+1} = -2$

A. $x = 0$ e $\log_3 \frac{1}{2}$
B. Solo $x = 0$
C. Solo $x = \log_3 \frac{1}{2}$
D. $x = 0$ e $\log_3 2$
E. Non vi sono soluzioni reali

2.5.3 Calcolo con l'uso dei logaritmi

Per poter fare utilizzo dei logaritmi all'interno di equazioni, disequazioni ecc. è necessario conoscere molto bene le loro proprietà e saperle applicare al meglio all'interno dei vari esercizi. Facciamo, quindi, un breve ripasso sulle principali proprietà dei logaritmi con i rispettivi esempi per poi vedere come tutte insieme possono essere applicate ad alcuni esercizi.

1. Il logaritmo di 1, in una qualunque base, è 0 → $\log_a 1 = 0$.
   Esempio: $\log_3 1 = 0$; $\log_5 1 = 0$

2. Il logaritmo di un numero uguale alla base è 1 → $\log_a a = 1$.
   Esempio: $\log_3 3 = 1$; $\log_5 5 = 1$

3. Se la base è maggiore di 1, il logaritmo cresce al crescere del numero; se la base è minore di 1, il logaritmo decresce al decrescere del numero.
   Questa proprietà è molto importante sia perché ci permette di orientarci tra logaritmi di cui non conosciamo con esattezza il risultato numerico, sia negli esercizi in cui ci viene chiesto di posizionare i logaritmi in ordine crescente e/o decrescente.

4. Il logaritmo di un prodotto è uguale alla somma dei logaritmi dei singoli fattori del prodotto, nella medesima base → $\log_a(b \cdot c) = \log_a(b) + \log_a(c)$.
   Esempio: $\log_3(20) = \log_3(5 \cdot 4) = \log_3(5) + \log_3(4)$

5. Il logaritmo di un quoziente è uguale alla differenza tra il logaritmo del dividendo e il logaritmo del divisore, nella medesima base → $\log_a(b:c) = \log_a(b) - \log_a(c)$.
   Esempio: $\log_3(20) = \log_3(5:4) = \log_3(5) - \log_3(4)$

6. Il logaritmo di un numero elevato a una certa potenza è uguale al prodotto dell'esponente per il logaritmo del medesimo numero, nella medesima base → $\log_a(b^c) = c \cdot \log_a b$.
   Esempio: $\log_{10}(10^5) = 5 \cdot \log_{10} 10 = 5 \cdot 1$

7. Il logaritmo di una radice è uguale al prodotto dell'inverso dell'indice della radice per il logaritmo del radicando, nella medesima base → $\log_a \sqrt[n]{m} = \frac{1}{n} \cdot \log_a m$.
   Esempio: $\log_{10} \sqrt[4]{5} = \frac{1}{4} \cdot \log_{10} 5$

8. È possibile cambiare la base a un logaritmo, tramite l'utilizzo della seguente formula:

$$\log_a(b) = \frac{\log_c(b)}{\log_c(a)}$$

In questo modo è possibile cambiare la base del logaritmo da a a c.

Esempio: $\log_5(8) \rightarrow$ voglio cambiare la base da 5 a 2.

$$\log_5(8) = \frac{\log_2(8)}{\log_2(5)}$$

Tramite l'utilizzo di queste proprietà si possono risolvere numerose espressioni logaritmiche.

ESERCIZIO **SVOLTO**

Risolvere il seguente logaritmo:

$$\log_a\left(\frac{b^3 \cdot \sqrt[5]{c^2}}{\sqrt{d} \cdot e^4}\right)$$

La prima proprietà che andiamo a utilizzare è quella del quoziente come argomento, che ci porterà ad avere la differenza di due logaritmi:

$$\log_a(b^3 \cdot \sqrt[5]{c^2}) - [\log_a(\sqrt{d} \cdot e^4)]$$

A questo punto andiamo a operare sui prodotti dei due argomenti, scindendo i prodotti in somma di logaritmi:

$$\log_a(b^3) + \log_a(\sqrt[5]{c^2}) - [\log_a(\sqrt{d}) + \log_a(e^4)]$$

Infine utilizziamo le proprietà che interessano potenze e radici all'argomento:

Soluzione: $3 \cdot \log_a(b) + \frac{2}{5} \log_a(c) - [\frac{1}{2} \cdot \log_a(d) + 4 \cdot \log_a(e)]$.

2.5.4 Disequazioni logaritmiche

Sono disequazioni in cui la x compare come argomento di un logaritmo; come abbiamo visto parlando dei logaritmi occorre fare delle distinzioni in base al valore della base del logaritmo:

- se la base è maggiore di 1, il verso della disequazione si conserva:

  $$\log_a[f(x)] > 0 \Leftrightarrow f(x) > 1$$

- se la base è minore di 1, il verso della disequazione cambia:

  $$\log_a[f(x)] > 0 \Leftrightarrow f(x) < 1$$

2.5.5 Disequazioni esponenziali

Sono disequazioni in cui la x, o una sua espressione, compare come potenza.

Come fatto nelle disequazioni logaritmiche, dobbiamo distinguere quando la base a è maggiore di 1 e quando la base è compresa tra 0 e 1:

- se la base è maggiore di 1 allora il verso della disequazione si mantiene:

  $$a^{f(x)} > a^{g(x)} \Leftrightarrow f(x) > g(x)$$

- se la base è minore di 1 allora il verso della disequazione cambia:

  $$a^{f(x)} > a^{g(x)} \Leftrightarrow f(x) < g(x)$$

CORREZIONI COMMENTATE AGLI ESERCIZI PROPOSTI

2.1.2 Per prima cosa bisogna elevare alla seconda da entrambe le parti dell'uguale

$$q^2 = \frac{4n^2}{1 + n^2}$$

Poi bisogna portare il denominatore al numeratore dall'altra parte dell'uguale

$$q^2(1 + n^2) = 4n^2 \quad \rightarrow \quad q^2 + q^2n^2 = 4n^2$$

Portiamo tutte le n dalla stessa parte dell'uguale e il resto dalla parte opposta e raccolgo *n*

$$q^2n^2 - 4n^2 = -q^2 \quad \rightarrow \quad n^2(q^2 - 4) = -q^2$$

Dividiamo per (q^2 - 4) e faccio la radice quadrata da entrambe le parti

$$n = \sqrt{\frac{-q^2}{q^2 - 4}}$$

Risposta corretta C.

2.2.6 Il prodotto notevole $(x^m - y^{2m})^2$ è il quadrato di una differenza, del tipo $(a - b)^2$, quindi svolgendolo otteniamo $x^{2m} - 2x^my^{2m} + y^{4m}$.
Risposta corretta A.

2.3.1 Se si usa il metodo per sostituzione, è possibile esprimere la y in funzione della x nella seconda equazione, cioè y = 2x. Si sostituisce poi la y alla prima equazione, che diventa 4x + 7(2x) = -3 → 4x + 14x = -3 → 18x = -3 → x = -1/6. Si sostiuisce la x appena trovata a una delle due equazioni iniziali. Ad esempio, considerando $y = 2x \rightarrow y = 2 \cdot (-\frac{1}{6}) = -\frac{1}{3}$.
Risposta corretta B.

2.3.4 Scrivere la disequazione nella forma canonica e risolvere l'equazione di secondo grado associata $x^2 - 3x - 4 = 0$, le cui soluzioni sono -1 e +4. Considerato che il segno del termine di secondo grado (a > 0) è discorde al segno della disequazione (<), le soluzioni si troveranno all'interno dei valori trovati, cioè $-1 < x < 4$.
Risposta corretta B.

2.3.5 Per risolvere la disequazione è necessario studiare separatamente il numeratore dal denominatore.
L'equazione del *numeratore* è risolvibile attraverso la formula risolutiva oppure scomponendola in: $x^2 + 3x - 10 > 0 \rightarrow (x + 5)(x - 2) > 0$, dove +5 e -2 sono quei numeri che **sommati** tra loro danno come risultato il coefficiente b della forma canonica (+3), e **moltiplicati** tra loro danno come risultato il termine noto c (-10). I due fattori (x + 5) e (x - 2) possono essere considerati separatamente per trovare i valori che azzerano l'intero numeratore, che quindi sono $x + 5 = 0 \rightarrow x = -5$, e $x - 2 = 0 \rightarrow x = 2$. Il segno della disequazione è **concorde**, per cui $x < -5 \cup x > 2$.
Per quanto riguarda il *denominatore*, essendo un equazione di terzo grado, di cui non si conosce la formula risolutiva, è necessario scomporlo raccogliendo la x a fattor comune: $x^3 + x \rightarrow x(x^2 + 1)$. Anche qui, si considerino separatamente i fattori (x) e (x^2 + 1), trovando come soluzioni x > 0 e $x^2 + 1 > 0 \rightarrow$ è sempre verificata.
Ricapitolando, si ha che il numeratore è > 0 per $x < -5 \cup x > 2$, e che il denominatore è > 0 per x > 0.
Utilizziamo il metodo del prodotto dei segni, da cui si ricavano come soluzioni $-5 < x < 0 \cup x > 2$.
Risposta corretta E.

2.3.6 La prima cosa da fare per risolvere la seguente disequazione è considerare la C.E. che in questo caso è data da: $(3x + 2) > 0 \quad 3x > -2 \quad x > -\frac{2}{3}$.
Passiamo ora a eliminare la radice, elevando tutto al quadrato:
$(3x + 2)^2 > 5^2 \quad 3x + 2 > 25$
A questo punto non ci resta che risolverla normalmente:
$3x + 2 > 25 \quad 3x > 25 - 2 \quad 3x > 23 \quad x > 233$
Il risultato, inoltre, è compatibile con la nostra C.E.
Risposta corretta A.

MATEMATICA

2.5.1 $\log_2 18 - \log_2 6 - \log_2 3$ sono due differenze che possono essere trasformate in divisioni tra gli argomenti dei logaritmi perché i logaritmi hanno la stessa base (2): $\log_2 18 - \log_2 6 = \log_2 \frac{18}{6} = \log_2 3 \rightarrow \log_2 3 - \log_2 3 = \log_2 \frac{3}{3} = \log_2 1 = 0$.
Risposta corretta E.

2.5.2 Per risolvere l'equazione esponenziale in esame è necessario adottare un metodo avanzato, denominato **metodo per sostituzione**. Non avendo trattato tale metodo all'interno del paragrafo degli esponenziali, a causa della scarsa utilità ai fini del test, è comunque possibile adottare il metodo empirico, andando a sostituire i valori delle alternative all'interno delle equazioni. I valori sono $x = 0$, $x = \log_3 2$ e $\log_3 \frac{1}{2}$.

1. $x = 0 \rightarrow 9^0 - 3^{0+1} = -2 \rightarrow 1 - 3 = -2 \rightarrow -2 = -2$. L'equazione è verificata, quindi $x = 0$ è soluzione.
2. $x = \log_3 2 \rightarrow 9^{\log_3(2)} - 3^{\log_3(2)+1} = -2$. Il primo termine $9^{\log_3(2)}$ può essere scritto come $(3^2)^{\log_3(2)}$che utilizzando le proprietà delle potenze diventa $3^{2 \cdot \log_3(2)}$. Attraverso le proprietà dei logaritmi può essere scritto come $3^{\log_3(2^2)} = 3^{\log_3(4)} = 4$, dove si è tenuto conto di una proprietà degli esponenziali trattata nel relativo capitolo. Il secondo termine $3^{\log_3(2)+1}$, può essere scomposto attraverso le proprietà delle potenze in $3^{\log_3(2)} \cdot 3 = 2 \cdot 3 = 6$. Mettendo insieme i termini, si ha $4 - 6 = -2 \rightarrow -2 = -2$. L'equazione è verificata, quindi $x = \log_3 2$ è soluzione.

Risposta corretta D.

FUNZIONI

3

3.1 FUNZIONI

Dati due insiemi A e B, si dice funzione f da A a B ($f : A \rightarrow B$) una corrispondenza che associa ad ogni elemento $x \in A$ un **unico** elemento $y = f(x) \in B$.
L'insieme A è detto **dominio** o **campo di esistenza** (di cui si è parlato nei precedenti capitoli), mentre l'insieme B è detto **codominio**, che corrisponde quasi sempre all'insieme dei numeri reali. Ciò significa che i valori y calcolati attraverso la funzione sono dei numeri reali.
Viene detta **immagine** l'insieme dei valori che possono essere calcolati attraverso la funzione. Se si considera ad esempio la funzione $f(x) = x^2$, la sua *immagine* è l'insieme dei numeri reali **maggiori di zero**, perché è infatti impossibile ottenere un numero negativo attraverso tale funzione.

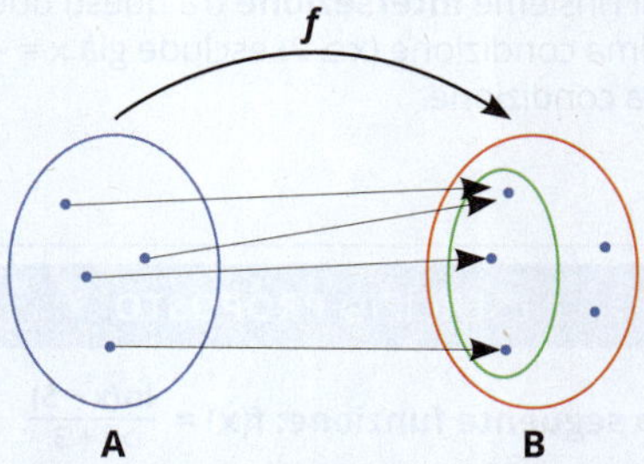

Figura 1: rappresentazione di una funzione.

3.1.1 Campo di esistenza

Detta in termini meno formali, una funzione è semplicemente un'espressione composta di operatori matematici e una variabile x, attraverso la quale viene calcolato il risultato y. Una funzione può essere visualizzata graficamente attraverso il suo grafico sugli assi cartesiani (x sull'asse orizzontale delle ascisse e y sull'asse verticale delle ordinate), dove sono raffigurate appunto le corrispondenze tra un valore dell'insieme A e la sua immagine dell'insieme B.

Calcolare il **campo di esistenza** (C.E.) di una funzione significa identificare l'insieme dei valori che è possibile attribuire alla variabile x senza che i calcoli per ottenere $y = f(x)$ perdano di senso.

Di seguito vengono elencati alcuni esempi di condizioni di esistenza.

Espressione	Condizioni di esistenza	Esempio
$\sqrt{x}$	$x \geq 0$	$\sqrt{x-2}$ C.E.: $x \geq 2$
$\log(x)$	$x > 0$	$\log(x+7)$ C.E.: $x > -7$
$\frac{a}{x}$	$x \neq 0$	$\frac{x+2}{x-3}$ C.E.: $x \neq 3$
$\sqrt{\frac{a}{x}}$	$\frac{a}{x} \geq 0 \cap x \neq 0$	$\frac{\sqrt{x-3}}{x}$ C.E.: $x \geq 3$

N.B. Nell'esempio $\frac{\sqrt{x-3}}{x}$ non è necessario riportare $x \neq 0$ all'interno delle C.E. poiché $x \geq 3$ comprende al suo interno tale condizione (un numero maggiore o uguale a 3 sarà sicuramente diverso da 0).

ESERCIZIO **SVOLTO**

Definire il dominio della seguente funzione: $f(x) = \frac{\sqrt{3x-6}}{x+24}$.

Svolgimento:
in questo caso, affinché la funzione abbia valore, è necessario che l'argomento sotto radice (3x - 6) sia maggiore o uguale a 0 e che il denominatore sia diverso da 0.

$$3x - 6 \geq 0 \rightarrow x \geq 2$$
$$x + 24 \neq 0 \rightarrow x \neq -24$$

Il campo di esistenza è quindi l'insieme **intersezione** tra questi due risultati. Considerando però che la prima condizione ($x \geq 2$) esclude già $x = -24$, è possibile omettere la seconda condizione.

Soluzione: $x \geq 2$.

ESERCIZIO **PROPOSTO**

3.1 Definire il dominio della seguente funzione: $f(x) = \frac{\ln(x-5)}{x^2+3}$.

A. $x \neq 5$
B. $(-\infty,-\sqrt{3}) \cup (5,+\infty)$
C. $x \neq -\sqrt{3}$
D. $(5,+\infty)$
E. $(-\infty,-5)$

3.2 FUNZIONI PARI E DISPARI

Uno dei modi con cui è possibile classificare le funzioni è stabilendo se questa sia **pari** o **dispari** (o nessuna delle due).
Una funzione f(x) si dice **pari** se $f(-x) = f(x)$, per ogni x appartenente al suo dominio (C.E.).
Ciò significa, graficamente, che la funzione è simmetrica rispetto all'**asse delle y**.
Un semplice esempio di funzione pari è la parabola $f(x) = x^2$. Si può notare dal seguente grafico la sua simmetria rispetto all'asse verticale.

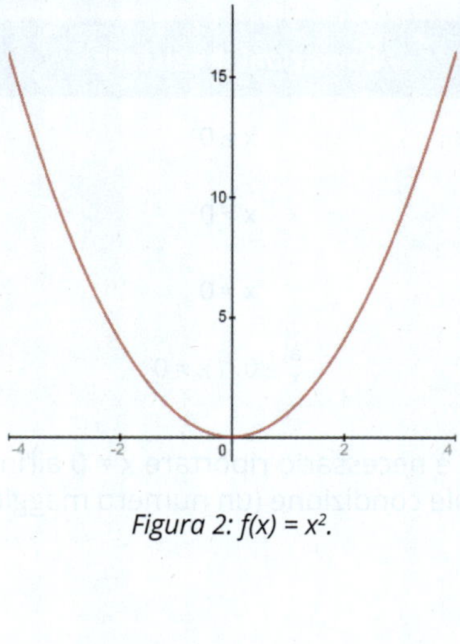

Figura 2: $f(x) = x^2$.

Una funzione f(x) si dice **dispari** se f(-x) = -f(x), per ogni x appartenente al suo dominio. Graficamente, in questo caso, la funzione sarà simmetrica rispetto all'**origine** degli assi cartesiani.
Un semplice esempio di funzione dispari è $f(x) = x^3$, simmetrica nel suo grafico rispetto al centro degli assi cartesiani.

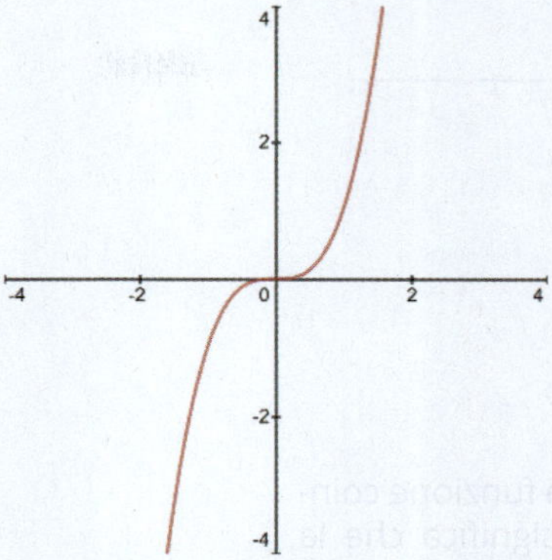

Figura 3: $f(x) = x^3$.

Mentre per alcune funzioni è facile ragionare graficamente per stabilire la parità o la disparità, per altre il metodo che va usato per stabilirlo consiste nello sfruttare le definizioni matematiche f(-x) = f(x) per la parità e f(-x) = -f(x) per la disparità.

Per farlo basta infatti sostituire (-x) a tutte le x della funzione presa in esame. Se, dopo aver effettuato eventuali calcoli, il risultato ottenuto è la **stessa** identica funzione, allora la funzione è pari; se invece la funzione risultante è **completamente** cambiata di segno, allora la funzione è dispari; se ancora è solo diversa dalla funzione di partenza, allora non è né pari né dispari.

METODO GRAFICO

Un altro metodo per distinguere una funzione pari da una dispari è quello grafico. È possibile infatti distinguere questi due tipi di funzioni compiendo alcune "manovre" sui loro grafici.
Vediamolo subito applicato:

1. Prendiamo una funzione di cui vogliamo verificare la disparità, per esempio $y = x^3$.
2. Compiamo un ribaltamento sull'asse x della parte di funzione che si trova nel terzo quadrante (quello in basso a sinistra).

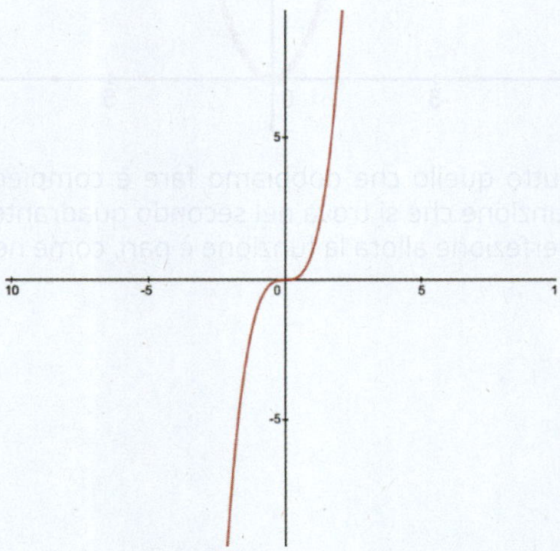

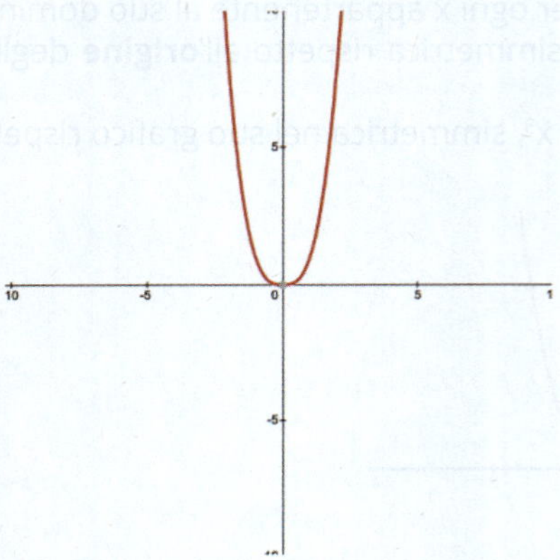

Ora ribaltiamo tutta la parte nel secondo quadrante (in alto a destra) rispetto all'asse y.

Notiamo che i due rami della funzione coincidono perfettamente, ciò significa che la funzione originale è dispari. Questo metodo è applicabile per ogni funzione di cui si voglia verificare la disparità.

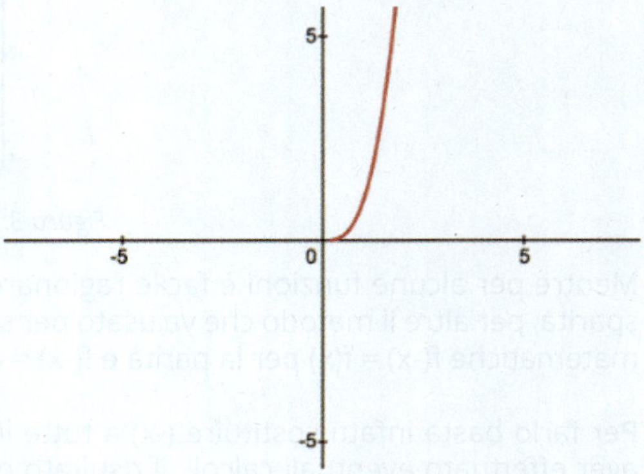

Capiamo ora come verificare se una funzione è pari con il metodo grafico:

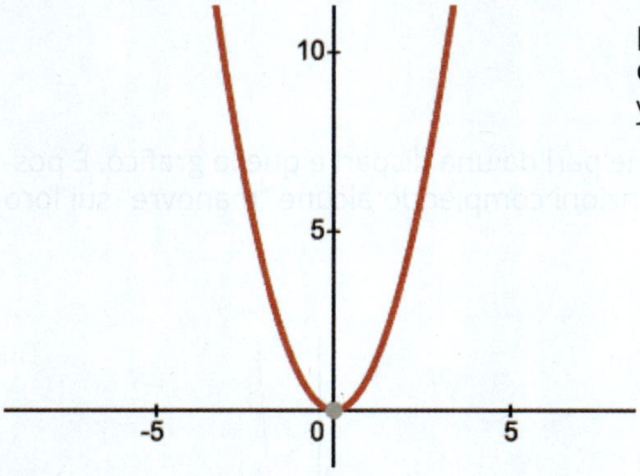

prendiamo una funzione di cui vogliamo studiare la parità:
$y = x^2$

Tutto quello che dobbiamo fare è compiere un ribaltamento sull'asse y della parte di funzione che si trova nel secondo quadrante, se le due parti sovrapposte coincidono alla perfezione allora la funzione è pari, come nell'esempio.

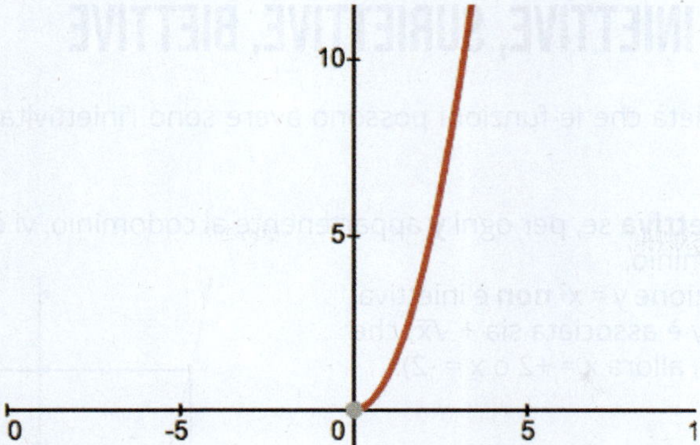

N.B. Quando si analizza se una funzione è pari o dispari, il passaggio per l'origine è condizione necessaria per la disparità di una funzione. Ciò significa che se una funzione non interseca mai il punto (0; 0) allora sicuramente non è dispari! Ciò non vale necessariamente per la parità (vedi $y = x^2 + 1$).

ESERCIZIO **SVOLTO**

Stabilire se la funzione $f(x) = x^4 - x^2 + 3$ è pari o dispari:

Svolgimento:
il primo passo è quindi quello di sostituire (-x) a tutte le x per costruire f(-x), facendo attenzione ad **includere le parentesi**.

$$f(x) = x^4 - x^2 + 3 \rightarrow f(-x) = (-x)^4 - (-x)^2 + 3$$

Dopodiché si svolgono i calcoli relativi alle potenze. Essendo le potenze di esponente pari, la funzione diventa

$$f(-x) = x^4 - x^2 + 3$$

che è **esattamente uguale** alla funzione di partenza.

Soluzione: $f(-x) = f(x) \rightarrow$ funzione pari.

Metodo empirico: piuttosto che utilizzare la definizione formale, è possibile utilizzare il metodo empirico, provando a sostituire alla funzione un *valore numerico* (una volta positivo e una volta negativo) per poi calcolarne i risultati. Se cambiando il segno al valore sostituito si otterrà lo stesso risultato con lo stesso segno, allora la funzione sarà pari; se invece si otterrà lo stesso risultato con il segno invertito, allora la funzione sarà dispari (es. $f(x) = x^2$, sostituendo **2** ottengo $f(x) = $ **4**, se sostituisco **-2**, ottengo di nuovo $f(x) = $ **4**, quindi la funzione è **pari**).

ESERCIZIO **PROPOSTO**

3.2 Quale delle seguenti funzioni risulta dispari?

A. $f(x) = x^2 - 3$
B. $f(x) = 2x^7 + 3x^5 + 4x$
C. $f(x) = 5x^2 + 2$
D. $f(x) = 10x + 3x^6$
E. $f(x) = x^2 - x + 1$

MATEMATICA

3.3 FUNZIONI INIETTIVE, SURIETTIVE, BIETTIVE

Una serie di proprietà che le funzioni possono avere sono l'iniettività, la suriettività e la biettività.

Una funzione è **iniettiva** se, per ogni **y** appartenente al codominio, vi è associata **al massimo** una **x** nel dominio.
Ad esempio, la funzione $y = x^2$ **non** è iniettiva, in quanto ad ogni y è associata sia $+\sqrt{x}$, che $-\sqrt{x}$ (infatti, se y = 4, allora x = +2 o x = -2).

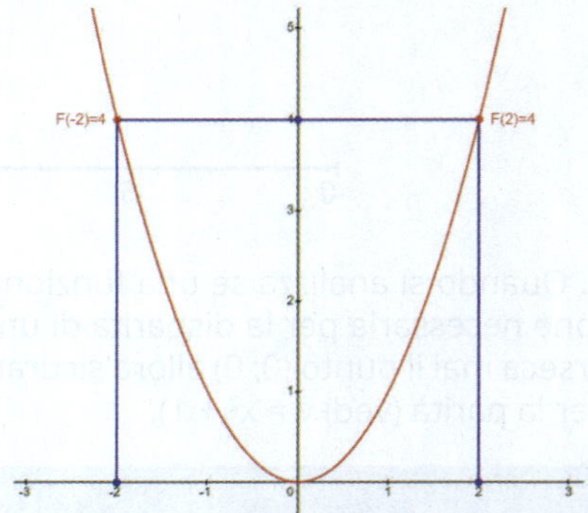

Figura 4: funzione non iniettiva.

Per poter riconoscere le funzioni iniettive è possibile usare un metodo di tipo grafico:

1. Disegnare il grafico della funzione;
2. Tracciare alcune linee orizzontali;
3. Verificare che le rette disegnate non intersechino il grafico più di una volta.

Una funzione è **suriettiva** se, per ogni **y** appartenente al codominio, vi è associata **almeno** una **x** nel dominio.
Ad esempio, la funzione esponenziale non ha immagini (y) negative associate a controimmagini (x). Cioè non esiste nessuna x nel dominio che, sostituita nella funzione, darà come risultato una y negativa, quindi **non** è suriettiva.
Per poter riconoscere le funzioni iniettive è possibile usare un metodo di tipo grafico:

1. Disegnare il grafico della funzione;
2. Tracciare alcune linee orizzontali;
3. Verificare che le rette disegnate intersechino il grafico almeno una volta.

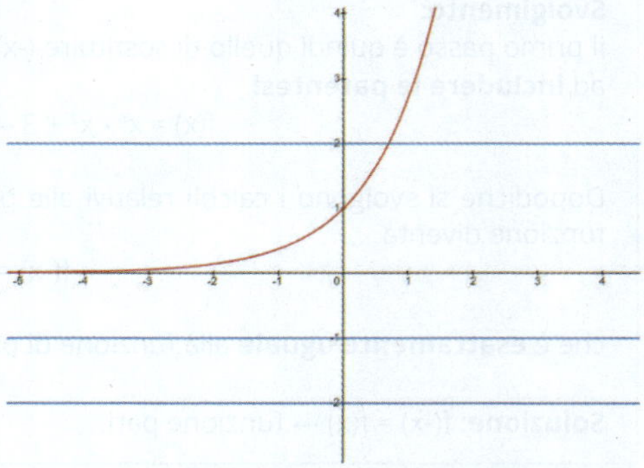

Figura 5: funzione non suriettiva.

N.B. Per poter usare i metodi grafici è necessario scegliere furbamente le rette orizzontali. Ad esempio, scegliere tutte le rette positive o negative è sintomo di un'analisi poco accurata della funzione.

Una funzione è **biettiva** se, per ogni **y** appartenente al codominio, vi è associata **una e una sola x** nel dominio. Le funzioni biettive sono le funzioni che sono sia iniettive che suriettive. Una funzione biettiva ha anche la proprietà di essere **invertibile**.

Funzioni	Iniettiva	Suriettiva	Biettiva
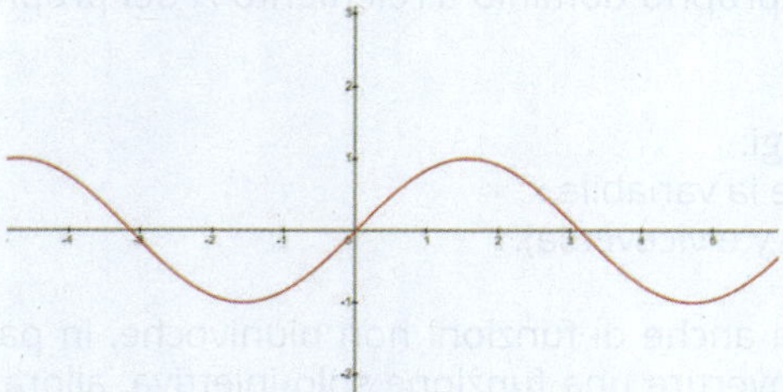	X	X	X
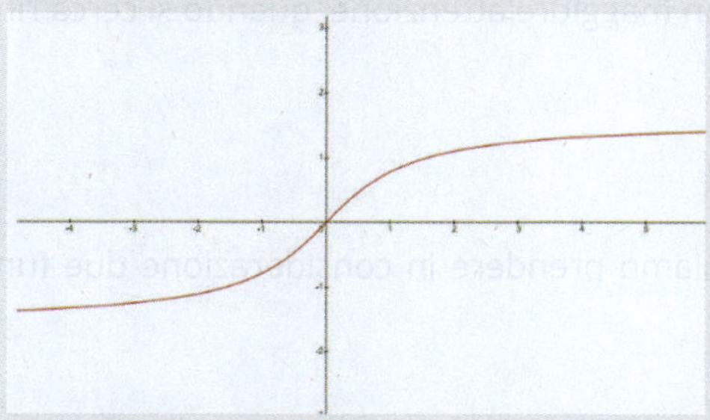	V	X	X
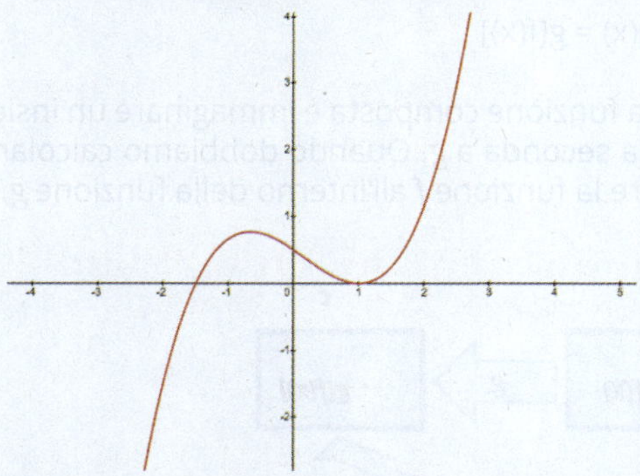	X	V	X
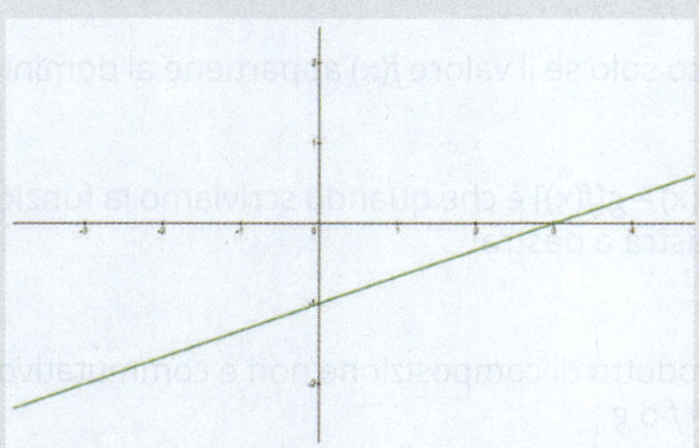	V	V	V

3.3.3 Funzioni invertibili

Quando una funzione è biunivoca, allora è possibile definirne l'inversa. Se la funzione biunivoca f associa l'elemento A del dominio all'elemento B del codominio, allora la sua funzione inversa f^{-1} associa l'elemento B del proprio dominio all'elemento A del proprio codominio.

Per calcolare $f^{-1}(x)$ sono necessari due passaggi:

1. Si ricava dall'equazione della funzione la variabile x;
2. Si invertono i simboli (x al posto delle y e viceversa).

N.B.: È possibile ricavare la funzione inversa anche di funzioni non biunivoche, in particolare, non suriettive. Quando si cerca di invertire una funzione solo iniettiva, allora il risultato che si otterrà sarà una funzione avente delle condizioni d'esistenza (come e^x e $\log_e x$). Invece, quando si tenta di invertire una funzione solamente suriettiva, il risultato che si ottiene non è nemmeno una funzione.
Ricapitolando, la condizione da controllare con maggiore attenzione, quando si cerca l'inversa di una funzione, è l'iniettività.

3.4 COMPOSIZIONE DI FUNZIONI

Per descrivere una funzione composta dobbiamo prendere in considerazione due funzioni:

- $f: A \rightarrow B$;
- $g: B \rightarrow C$.

In questo modo possiamo scrivere la funzione composta $g \circ f: A \rightarrow C$ mediante la seguente formula:

$$y(x) = (g \circ f)(x) = g[f(x)]$$

Un modo per capire meglio come ricavare una funzione composta è immaginare un insieme di scatole, la prima corrispondente a *f* e la seconda a *g*. Quando dobbiamo calcolare la funzione composta *g*[*f*(x)] andiamo a inserire la funzione *f* all'interno della funzione *g*.

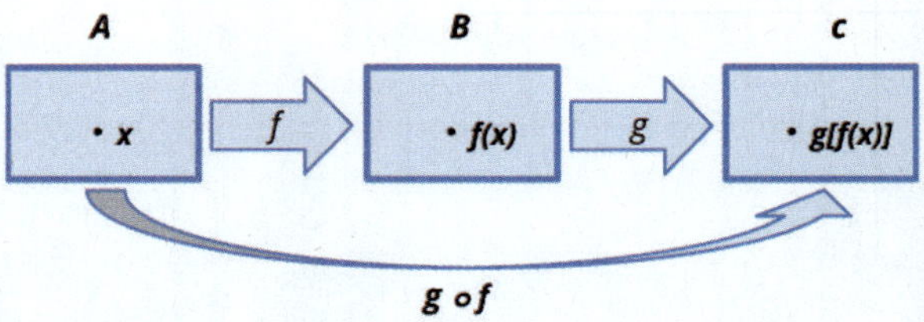

Attenzione però che la composizione ha senso solo se il valore *f*(x) appartiene al dominio della funzione *g*.

Un piccolo trucchetto per ricordarsi che $(g \circ f)(x) = g[f(x)]$ è che quando scriviamo la funzione composta viene mantenuto l'ordine da sinistra a destra!

PROPRIETÀ DELLE FUNZIONI COMPOSTE
In linea generale, nelle funzioni composte il prodotto di composizione non è commutativo:

$$g \circ f \neq f \circ g$$

Vale però la proprietà associativa per cui se [(*f* o *g*) o r] esiste, allora esiste anche [*f* o (*g* o r)] e le due funzioni composte sono uguali:

$$(f \circ g) \circ r = f \circ (g \circ r)$$

ESERCIZIO SVOLTO

Considerando le funzioni $f(x) = x^2$ e $g(x) = sin(x)$, si calcoli la funzione composta $h = g \circ f$.

Svolgimento:
per prima cosa notiamo che la funzione g è definita su tutto l'insieme R, quindi vale lo stesso anche per h = g o f. Sapendo questo possiamo usare la formula:

$$h(x) = (g \circ f)(x) = g[f(x)]$$

A questo punto per calcolare g[f(x)] dovremo sostituire la funzione f al posto della variabile x presente all'interno di g:

$$g[f(x)] = \sin[f(x)] = \sin(x^2)$$

Soluzione: $g[f(x)] = \sin(x^2)$.

3.5 GRAFICI E PROPRIETÀ DELLE FUNZIONI ELEMENTARI

Sono dette elementari le funzioni che sono costruite (usando addizione, divisione, composizione, ecc.) a partire da alcuni elementi base, come seno, logaritmo, le potenze di x e le costanti.
Nonostante il loro nome, le funzioni elementari non sono sempre banali da studiare e da analizzare; a partire dagli elementi base se ne possono costruire una grande varietà.
Possiamo raggruppare le funzioni elementari in alcune grandi famiglie, di cui le tre più note sono:

- funzioni **algebriche**: esse contemplano solo operazioni di tipo algebrico; in questa famiglia rientrano le funzioni costanti, identità, lineari, con potenze e radici;
  Esempio: $f(x) = 3/4x + \sqrt{2x}$
- funzioni **esponenziali e logaritmiche**: in questo tipo di funzioni troviamo esponenziali e logaritmi con varie basi;
  Esempio: $f(x) = 2^x$
- funzioni **trigonometriche**: sono rappresentate dalle funzioni seno, coseno, tangente, etc.

Nelle pagine successive analizzeremo una per una questo tipo di funzioni.

3.5.1 Funzioni costanti

Una funzione costante è una funzione che per definizione, indipendentemente dalla x considerata, assume sempre lo stesso valore. Avendo quindi infiniti valori da poter considerare, questo tipo di funzione ha infinite soluzioni costanti.
L'espressione con cui si indica questa funzione è la seguente: $f(x) = k$.
Il grafico viene rappresentato da una retta parallela all'asse delle ascisse.

Esempio: y = 5

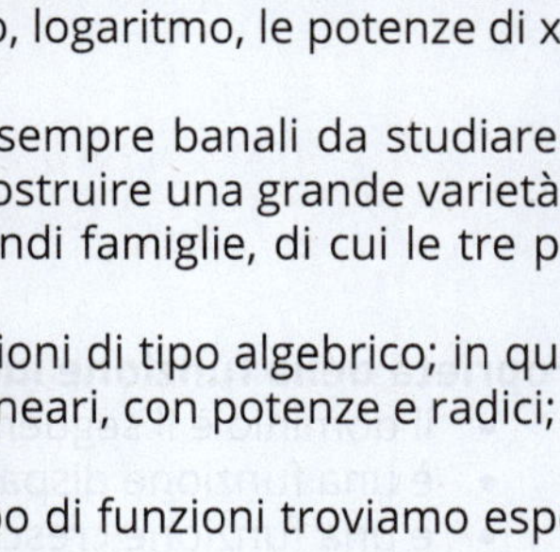

In questo caso, dunque, qualunque sarà la x che prenderemo in considerazione, avrà sempre come immagine y = 5.

Proprietà della funzione costante

- il dominio è il seguente: D = (-∞; +∞);
- è una funzione pari;
- è una funzione monotona.
- è una funzione limitata, in quanto la sua unica immagine sarà rappresentata da *k*.

3.5.2 Funzioni identità

La funzione identità è una funzione che associa ad ogni elemento del dominio, lo stesso elemento del codominio.
L'espressione con cui si indica questa funzione è la seguente: *f*(*x*) = x.
Il grafico di questa funzione viene rappresentato dalla bisettrice del primo e del terzo quadrante.

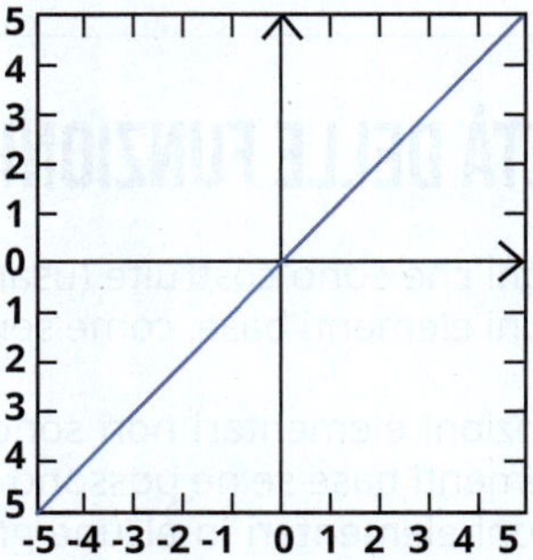

Proprietà della funzione identità

- il dominio è il seguente: D = (-∞; +∞);
- è una funzione dispari;
- è una funzione crescente;
- è una funzione illimitata, poiché l'immagine è rappresentata in tutto ℝ.

3.5.3 Funzioni lineari

La funzione lineare è una funzione definita da un polinomio di 1° grado e il cui grafico coincide con una retta. Questa funzione verrà affrontata anche nella parte di geometria analitica, quando si parlerà per l'appunto dell'equazione della retta.
L'espressione con cui si indica questa funzione è la seguente: *f*(*x*) = *ax* + *b*, con *a* ≠ 0 e *b* un numero reale qualsiasi.

Esempio: y = 3x + 2

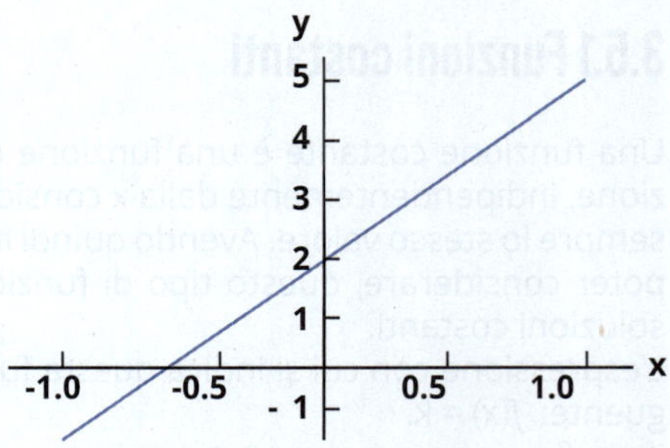

Il grafico, come abbiamo già detto, viene rappresentato da una retta e in particolar modo:

- *a* (che in questo caso è 3) rappresenta il coefficiente angolare, ovvero il valore che esprime una misura della pendenza della retta rispetto all'asse delle x;
- *b* (che in questo caso è 2) rappresenta l'ordinata all'origine, ovvero il punto in cui la retta interseca l'asse delle y.

Proprietà della funzione lineare

- il dominio è il seguente: D = (-∞; +∞);
- se *b* = 0 è una funzione dispari (in quanto individua rette passanti per l'origine), mentre se *b* ≠ 0 non è una funzione né pari né dispari;
- è una funzione crescente se *a* > 0, oppure decrescente se *a* < 0;
- è illimitata sia superiormente che inferiormente, se il coefficiente angolare è diverso da zero.

3.5.4 Funzioni potenza

La funzione potenza di x è una funzione individuata da una potenza avente base x variabile ed esponente costante (a differenza dell'esponenziale dove la base è costante e l'esponente è variabile).
L'espressione con cui si indica questa funzione è la seguente: $f(x) = x^n$.
Prima di iniziare a trattare questa funzione, bisogna dire che avremo grafici e proprietà diverse a seconda che l'esponente sia pari o dispari.

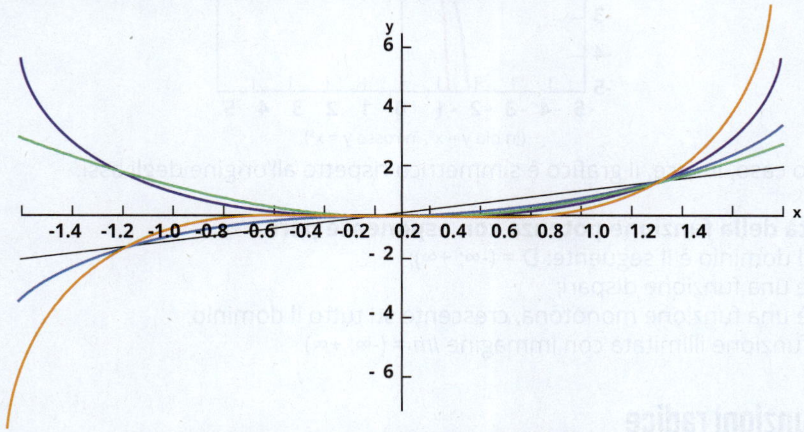

x (nero), x^2 (verde), x^3 (blu), x^4 (viola), x^5 (arancione)

1° caso → funzione potenza di x con esponente pari

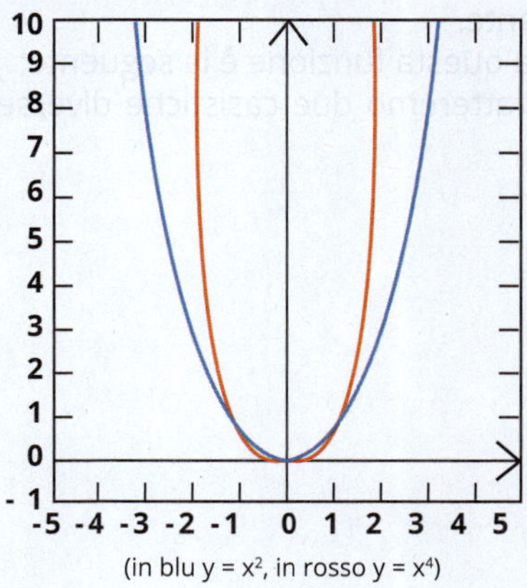

(in blu $y = x^2$, in rosso $y = x^4$)

Il grafico di questo tipo di funzioni è simmetrico all'asse delle ordinate.
Tra i vari casi ricordiamo anche la presenza della funzione quadratica, ovvero $f(x) = x^2$; il suo grafico è rappresentato da una parabola che ha concavità verso l'alto se $a > 0$ e verso il basso se $a < 0$.

Proprietà della funzione potenza con esponente pari

- il dominio è il seguente: D=(-∞; +∞);
- è una funzione pari;
- è una funzione monotona, crescente per $x > 0$ e decrescente per $x < 0$;
- è illimitata superiormente con immagine *Im* = [0; +∞).

2° caso → funzione potenza di x con esponente dispari

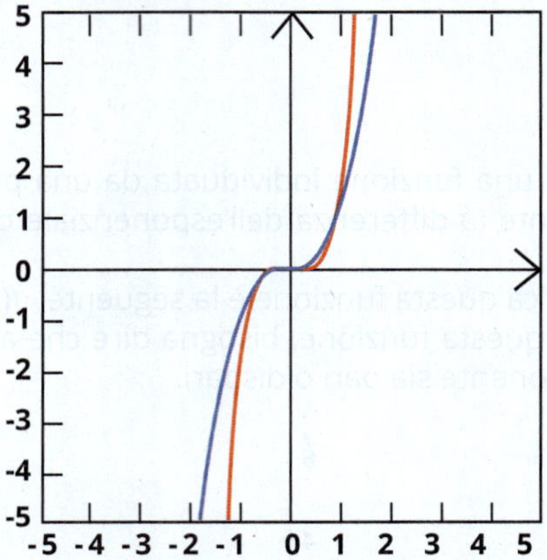

(in blu $y = x^3$, in rosso $y = x^5$)

In questo caso, invece, il grafico è simmetrico rispetto all'origine degli assi.

Proprietà della funzione potenza con esponente pari

- il dominio è il seguente: D = (-∞; +∞);
- è una funzione dispari;
- è una funzione monotona, crescente su tutto il dominio;
- funzione illimitata con immagine *Im* = (-∞; +∞).

3.5.5 Funzioni radice

La funzione radice di x è una funzione individuata da un radicale avente radicando x variabile e indice di radice costante.
L'espressione con cui si indica questa funzione è la seguente: $f(x) = \sqrt[n]{x}$.
Anche in questa occasione tratteremo due casistiche diverse, a seconda che l'indice di radice sia pari o dispari.

1° caso → funzione radice di x con indice pari

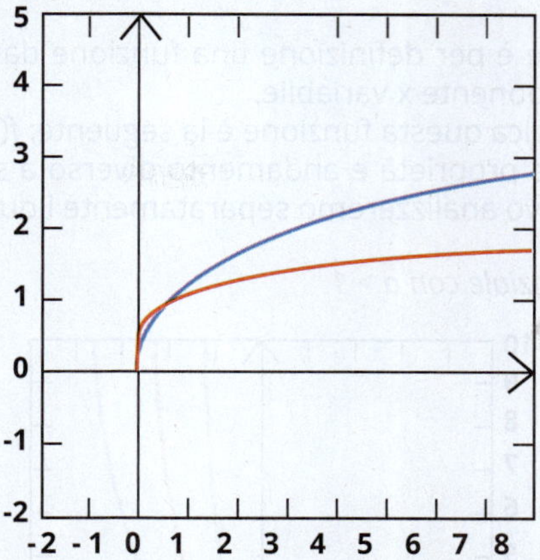

(in blu la radice quadrata $y = \sqrt{x}$, in rosso $y = \sqrt[4]{x}$)

Come notiamo dall'immagine, in questo tipo di funzione il grafico si andrà a collocare solo nel primo quadrante proprio perché per definizione $x > 0$ e $y > 0$.

Proprietà della funzione radice con indice pari

- il dominio è il seguente: D = [0; +∞);
- è una funzione monotona, crescente su tutto il dominio;
- è illimitata superiormente con immagine *Im* = [0; +∞).

2° caso → funzione radice di x con indice dispari

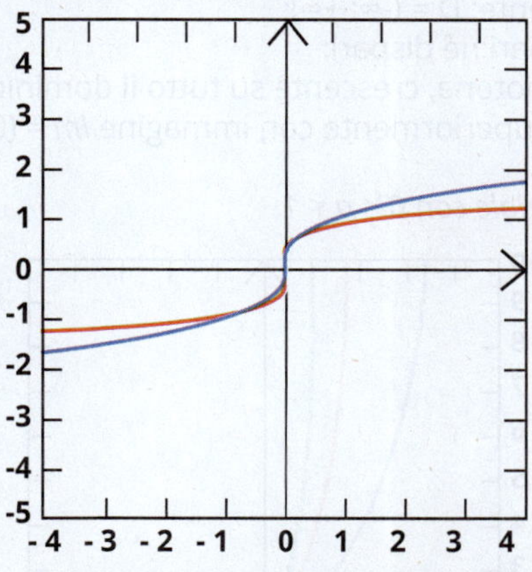

(in blu la radice cubica $y = \sqrt[3]{x}$, in rosso $y = \sqrt[5]{x}$)

Come possiamo notare dal grafico, queste funzioni sono simmetriche rispetto all'origine.

Proprietà della funzione radice con indice dispari

- il dominio è il seguente: D = (-∞; +∞);
- è una funzione dispari;
- è una funzione monotona, crescente su tutto il dominio;
- funzione illimitata con immagine *Im* = (-∞; +∞).

3.5.6 Funzioni esponenziali

Una funzione esponenziale è per definizione una funzione data da una potenza avente una base costante e un esponente x variabile.
L'espressione con cui si indica questa funzione è la seguente: $f(x) = a^x$.
Questo tipo di funzione ha proprietà e andamento diverso a seconda che $a > 1$ oppure che $0 < a < 1$. Per tale motivo analizzeremo separatamente i due casi.

1° caso → funzione esponenziale con $a > 1$

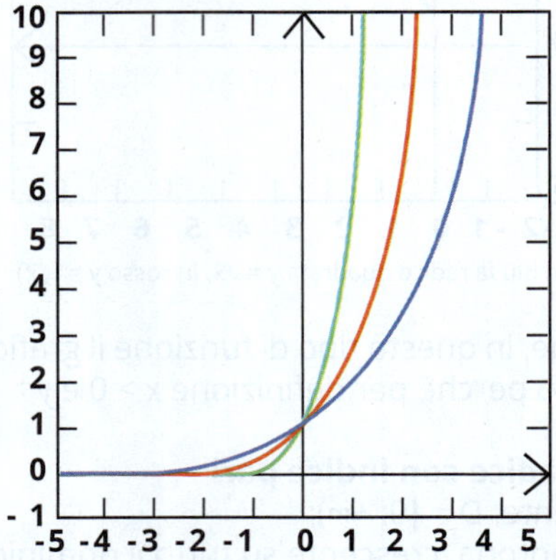

(in blu $y = 2^x$, in rosso $y = e^x$, in verde $y = 6^x$)

Proprietà della funzione esponenziale con $a > 1$

- il dominio è il seguente: D = (-∞; +∞);
- è una funzione né pari né dispari;
- è una funzione monotona, crescente su tutto il dominio;
- funzione illimitata superiormente con immagine *Im* = (0; +∞).

2° caso → funzione esponenziale con $0 < a < 1$

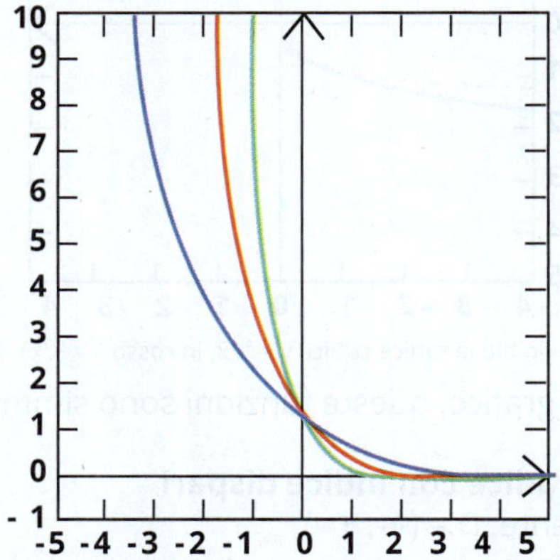

(in blu $y = (0.5)^x$, in rosso $y = (0.25)^x$, in verde $y = (0.1)^x$)

Proprietà della funzione esponenziale con $0 < a < 1$

- il dominio è il seguente: D = (-∞; +∞);
- è una funzione nè pari nè dispari;
- è una funzione monotona, decrescente su tutto il dominio;
- funzione illimitata superiormente con immagine *Im* = (0; +∞).

3.5.7 Funzioni logaritmiche

Una funzione logaritmica è data da un logaritmo in cui la base è costante e l'argomento x variabile.
L'espressione con cui si indica questa funzione è la seguente: $f(x) = log_a(x)$.
Anche per i logaritmi effettuiamo una distinzione in due casi principali, a seconda che la base sia $a > 1$ o sia $0 < a < 1$.

1° caso → funzione logaritmica con a > 1

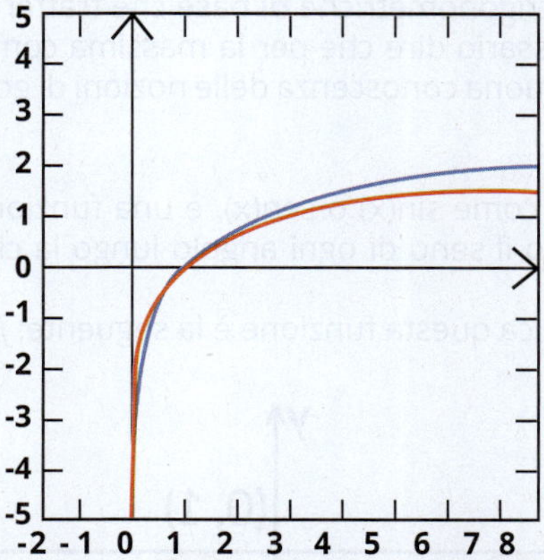

(in blu il logaritmo naturale y = ln(x), in rosso $y = log_4(x)$)

L'immagine ci fa capire che il grafico di questo tipo di funzione, si esprime solo tra il I e il IV quadrante, proprio per le C.E. che accompagnano tale funzione.

Proprietà della funzione logaritmica con *a* > 1

- il dominio è il seguente: D = (0; +∞);
- è una funzione monotona, crescente su tutto il dominio;
- funzione illimitata con immagine *Im* = (-∞; +∞).

2° caso → Funzione logaritmica con 0<a<1

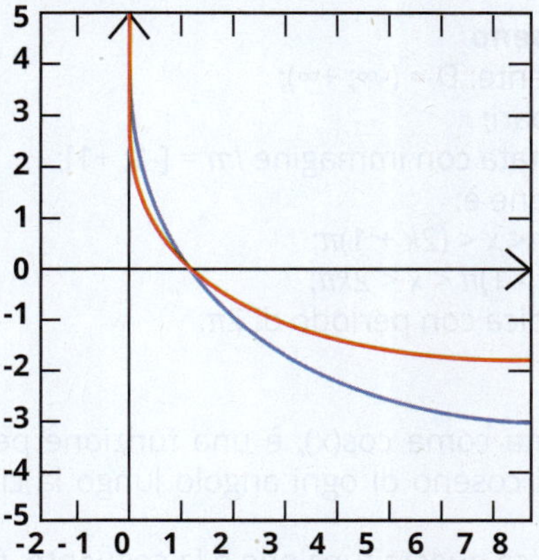

(in blu $y = log_{(1/2)}(x)$, in rosso $y = log_{(1/3)}(x)$)

Anche in questo secondo caso, nonostante il grafico sia diverso rispetto al primo caso, la funzione si esprime solo tra il I e il IV quadrante.

MATEMATICA

Proprietà della funzione logaritmica con $0 < a < 1$

- il dominio è il seguente: D = (0; +∞);
- è una funzione monotona, decrescente su tutto il dominio;
- funzione illimitata con immagine *Im* = (-∞; +∞).

3.5.8 Funzioni trigonometriche

Le funzioni trigonometriche sono funzioni che studiano gli angoli all'interno della circonferenza goniometrica (ovvero una circonferenza con $r = 1$).
Abbiamo quattro funzioni trigonometriche di base che tratteremo nelle pagine successive, ma prima di ciò è necessario dire che per la massima comprensione di questo argomento bisogna avere una buona conoscenza delle nozioni di goniometria e trigonometria.

Funzione seno

La funzione seno, indicata come sin(x) o sen(x), è una funzione periodica e limitata che viene definita considerando il seno di ogni angolo lungo la circonferenza goniometrica, espresso in radianti.
L'espressione con cui si indica questa funzione è la seguente: $f(x) = sin\ (x)$.

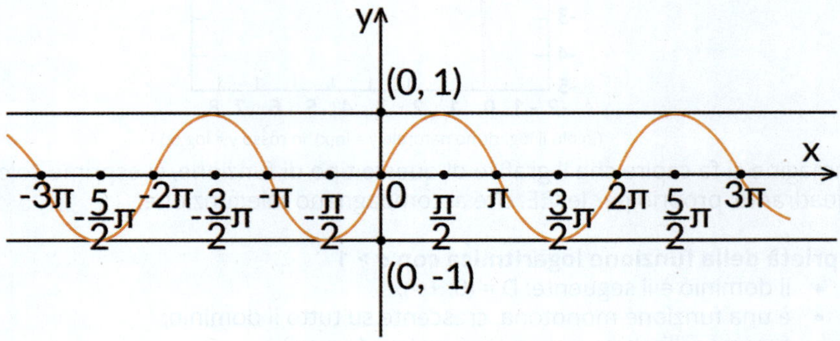

Il grafico viene definito anche sinusoide, proprio per il suo andamento periodico.

Proprietà della funzione seno

- il dominio è il seguente: D = (-∞; +∞);
- è una funzione dispari;
- è una funzione limitata con immagine *Im* = [-1; +1];
- il segno della funzione è:
    - positivo per $2k\pi < x < (2k + 1)\pi$;
    - negativo per $(2k - 1)\pi < x < 2k\pi$;
- la funzione è periodica con periodo di 2π.

Funzione coseno

La funzione coseno, indicata come cos(x), è una funzione periodica e limitata che viene definita considerando il coseno di ogni angolo lungo la circonferenza goniometrica, espresso in radianti.
L'espressione con cui si indica questa funzione è la seguente: $f(x) = cos(x)$.

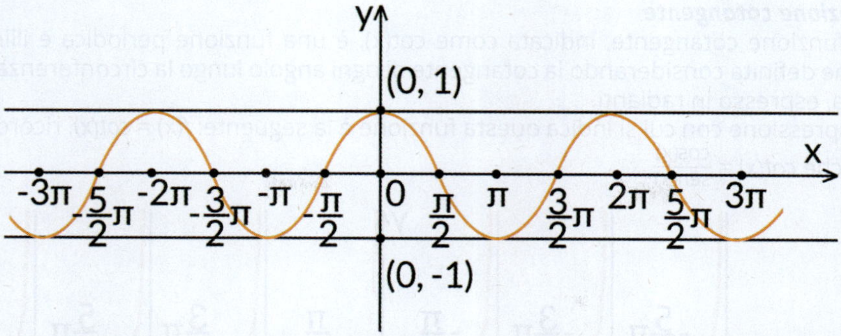

Il grafico viene definito anche cosinusoide, proprio per il suo andamento periodico.

Proprietà della funzione coseno

- il dominio è il seguente: D = (-∞; +∞);
- è una funzione pari;
- è una funzione limitata con immagine *Im* = [-1; +1];
- il segno della funzione è:
  - positivo per $2k\pi < x < \frac{\pi}{2} + 2k\pi \vee \frac{3\pi}{2} + 2k\pi < x < (2k + 2)\pi$;
  - negativo per $\frac{\pi}{2} + 2k\pi < x < \frac{3\pi}{2} + 2k\pi$;
- la funzione è periodica con periodo di 2π.

Funzione tangente

La funzione tangente, indicata come tan(x) o tg(x), è una funzione periodica e illimitata che viene definita considerando la tangente di ogni angolo lungo la circonferenza goniometrica, espresso in radianti.

L'espressione con cui si indica questa funzione è la seguente: *f*(x) = *tan(x)*, ricordiamo inoltre che *tan(x) = sen(x)/cos(x)*.

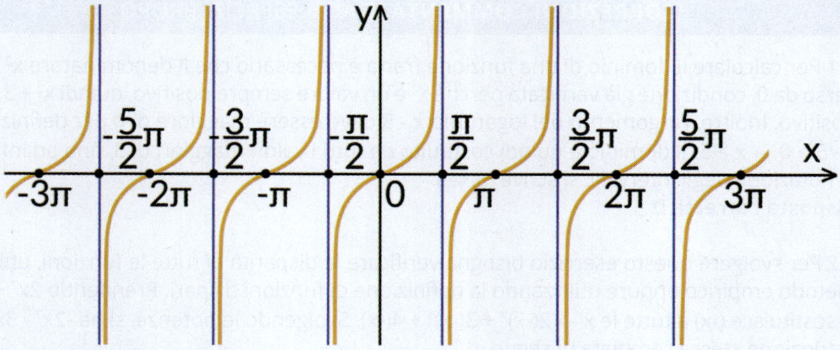

Proprietà della funzione tangente

- il dominio è il seguente: D = (-∞; +∞) esclusi i valori di $x = \pi/2 + k\pi$;
- è una funzione dispari;
- è una funzione illimitata con immagine *Im* = (-∞; +∞);
- il segno della funzione è:
  - positivo per $k\pi < x < \frac{\pi}{2} + k\pi$;
  - negativo per $\frac{\pi}{2} + k\pi < x < (k + 1)\pi$;
- la funzione è periodica con periodo di π.

Funzione cotangente

La funzione cotangente, indicata come cot(x), è una funzione periodica e illimitata che viene definita considerando la cotangente di ogni angolo lungo la circonferenza goniometrica, espresso in radianti.

L'espressione con cui si indica questa funzione è la seguente: $f(x) = cot(x)$, ricordiamo inoltre che $cot(x) = \frac{\cos(x)}{\text{sen}(x)}$.

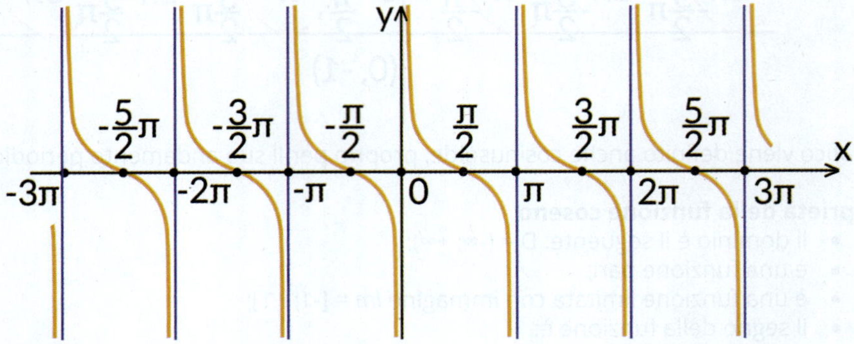

Proprietà della funzione cotangente

- il dominio è il seguente: D = (-∞; +∞) esclusi i valori di $x = k\pi$;
- è una funzione dispari;
- è una funzione illimitata con immagine $Im = (-\infty; +\infty)$;
- il segno della funzione è:
  - positivo per $k\pi < x < \frac{\pi}{2} + k\pi$;
  - negativo per $\frac{\pi}{2} + k\pi < x < (k + 1)\pi$;
- la funzione è periodica con periodo di π.

CORREZIONI COMMENTATE AGLI ESERCIZI PROPOSTI

3.1 Per calcolare il dominio di una funzione fratta è necessario che il denominatore $x^2 + 3$ sia diverso da 0, condizione già verificata perché x^2 è un valore sempre positivo, quindi $x^2 + 3$ è sempre positivo. Inoltre, l'argomento del logaritmo x - 5 deve essere maggiore di 0 per definizione, cioè $x - 5 > 0 \rightarrow x > 5$. Il dominio è quindi costituito da tutti i valori maggiori di 5, fino ad infinito. Con la notazione degli intervalli, si scrive (5,+∞).

Risposta corretta D.

3.2 Per svolgere questo esercizio bisogna verificare la disparità di tutte le funzioni, utilizzando il metodo empirico oppure utilizzando la definizione di funzioni dispari. Prendendo $2x^7 + 3x^5 + 4x$, si sostituisce (-x) a tutte le $x \rightarrow 2(-x)^7 + 3(-x)^5 + 4(-x)$. Svolgendo le potenze, si ha $-2x^7 - 3x^5 - 4$, cioè la funzione stessa cambiata di segno.

Risposta corretta B.

GEOMETRIA ANALITICA

Linguaggio elementare delle trasformazioni geometriche (rotazioni/traslazioni)
Piano cartesiano
Funzioni generiche
Retta
Circonferenza
Parabola
Ellisse
Iperbole

4

Introduzione

Per questo capitolo della matematica è richiesto uno sforzo quasi esclusivamente mnemonico, poiché la maggior parte del contenuto è composto da formule che saranno raccolte in tabelle per una maggiore facilità di consultazione. Si suggerisce perciò di dedicare un approccio ancor più pratico rispetto alle altre sezioni, in modo da allenare la memoria e l'abbinamento tra figure geometriche e formule corrispondenti.

4.1 LINGUAGGIO FONDAMENTALE DELLE TRASFORMAZIONI GEOMETRICHE

Si chiama **trasformazione geometrica** una corrispondenza, cioè una funzione, biunivoca fra i punti di un piano.

Quando facciamo una trasformazione geometrica ci sono delle caratteristiche della figura che rimangono inalterate e per questo motivo vengono definite **invarianti** mentre le caratteristiche che si modificano vengono chiamate **varianti**.
Le principali caratteristiche invarianti, delle trasformazioni che andremo a vedere, sono la lunghezza dei segmenti e l'ampiezza degli angoli (quando trasformiamo una figura la forma non cambia) mentre tra le caratteristiche varianti abbiamo la relazione con gli assi di simmetria.

TRASLAZIONI
Le traslazioni sono delle trasformazioni geometriche che permettono di spostare tutti i punti di una figura rispetto a un **vettore** $\vec{v} = (\vec{v_x}; \vec{v_y})$ In questo modo possiamo scrivere la nuova coordinata di un punto $P = (x'; y')$ come:

$$\begin{cases} x' = x + \vec{v_x} \\ y' = y + \vec{v_y} \end{cases}$$

ROTAZIONI
La **rotazione** è una delle trasformazioni geometriche più comuni e consiste nel trasformare una figura facendola variare di un **angolo *α*** rispetto ad un **punto *O***.
Una rotazione **antioraria** viene definita **positiva**, mentre una rotazione in senso **orario** è **negativa**.

Considerando una rotazione in senso **antiorario**, avente centro nell'origine O degli assi e ampiezza α, possiamo indicare un punto $P = (x; y)$ e scrivere il punto ruotato $P' = (x'; y')$ come:

$$\begin{cases} x' = x\cos(\alpha) - y\mathrm{sen}(\alpha) \\ y' = x\mathrm{sen}(\alpha) + y\cos(\alpha) \end{cases}$$

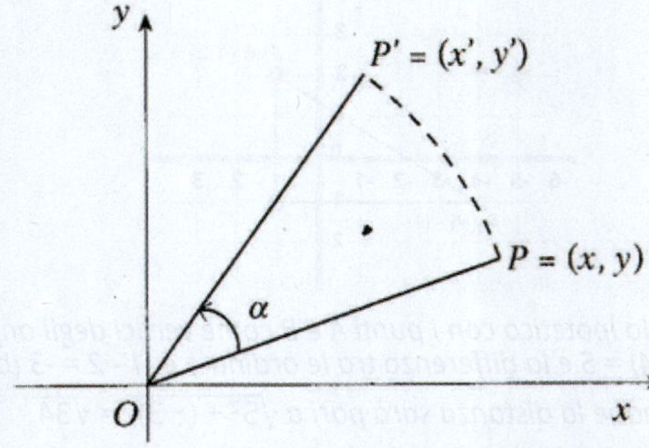

Figura 1: rappresentazione grafica rotazione.

MATEMATICA

4.2 PIANO CARTESIANO

Il piano cartesiano è un sistema di riferimento composto da due rette perpendicolari tra loro, dette **assi**, che poggiano su di un piano. L'asse orizzontale è l'asse delle ***x*** (o delle **ascisse**), l'asse verticale è quello delle ***y*** (o delle **ordinate**). L'intersezione degli assi è definita origine e si indica con la lettera O. Attraverso tali assi, il piano viene diviso in quattro sezioni dette **quadranti**, che vengono numerati in senso **antiorario** dal primo al quarto quadrante a partire da quello in alto a destra.

Generalmente il piano cartesiano è utilizzato per raffigurare dei punti con determinate coordinate x e y, indicati come P(x; y) (*figura 2*).

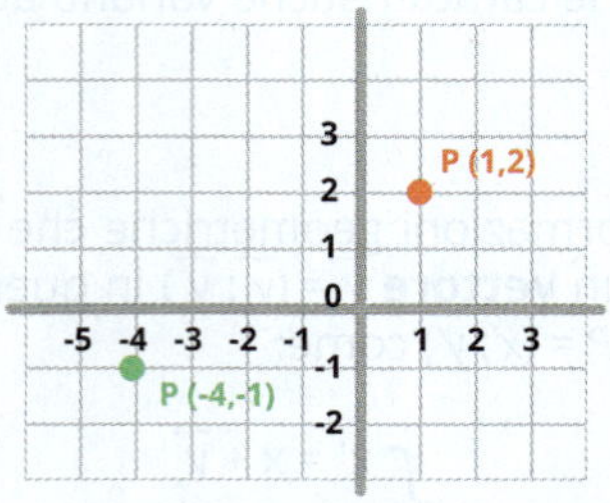

Figura 2: esempio di due punti raffigurati sul piano cartesiano.

Avendo due punti su un piano cartesiano, è possibile calcolarne la *distanza* oppure il loro *punto medio*.

Distanza tra due punti: è possibile notare come la distanza tra due punti possa essere vista come una generica ipotenusa di un triangolo rettangolo, dove i due cateti sono dati rispettivamente dalla differenza delle coordinate delle ascisse e la differenza delle coordinate delle ordinate (*figura 3*). Avendo due generici punti $A(x_A; y_A)$ e $B(x_B; y_B)$ è possibile calcolare la distanza d (o lunghezza del segmento AB) tra di essi come:

$$d = AB = \sqrt{(x_b - x_a)^2 + (y_b - y_a)^2}$$

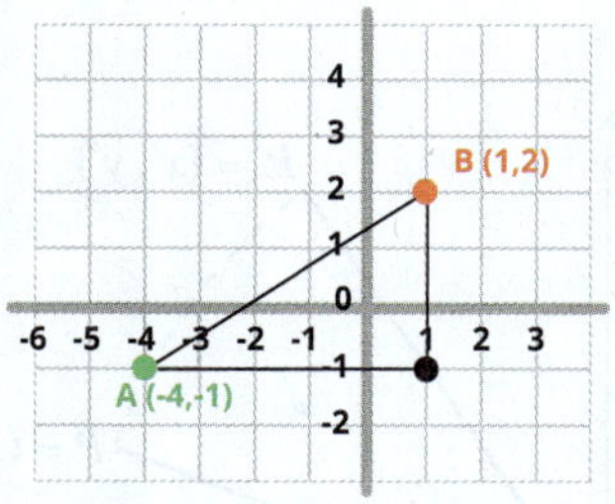

Figura 3: triangolo rettangolo ipotetico con i punti A e B come vertici degli angoli. In questo caso, la differenza tra le ascisse è 1 - (-4) = 5 e la differenza tra le ordinate è -1 - 2 = -3 (basta contare i quadretti), dunque la distanza sarà pari a $\sqrt{5^2 + (-3)^2} = \sqrt{34}$.

Punto medio tra due punti: le coordinate del punto medio $M(x_M; y_M)$, ovvero il punto che si trova esattamente a "*metà strada*" tra due punti A e B, sono calcolabili attraverso le seguenti formule:

$$x_M = \frac{x_A + x_B}{2} \quad y_m = \frac{y_A + y_B}{2}$$

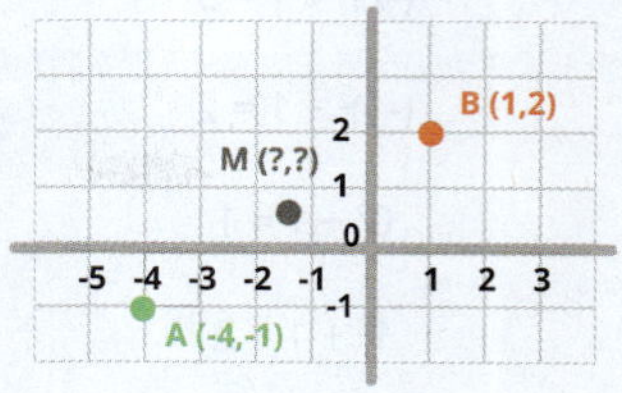

Figura 4: punto medio M tra i punti A e B.

In questo caso il calcolo sarà il seguente: $X_m = \frac{-4+1}{2} = \frac{-3}{2}$; $Y_m = \frac{-1+2}{2} = \frac{1}{2}$.

ESERCIZIO SVOLTO

Calcolare la distanza tra A (-1; 0) e B (2; -4).

Svolgimento:
utilizzando la formula $d = AB = \sqrt{(x_b - x_a)^2 + (y_b - y_a)^2}$

e sostituendo i punti dati dal testo, si ottiene:

$$\sqrt{(2-(-1))^2 + (-4-0)^2} = \sqrt{3^2 + (-4)^2} = \sqrt{9+16} = \sqrt{25} = 5$$

Soluzione: AB = 5.

ESERCIZIO PROPOSTO

4.2 Calcolare il punto medio M tra A (0; -6) e B (3; 4).

A. M ($\frac{3}{2}$; -1)
B. M (-1; $\frac{3}{2}$)
C. M ($\frac{1}{2}$; - 2)
D. M (3; -2)
E. M (-2; 3)

4.3 FUNZIONI GENERICHE

Nel capitolo 3 sono state definite le funzioni come una corrispondenza tra un valore del dominio (x), e un valore del codominio (y). Tali corrispondenze possono essere effettivamente raffigurate su un piano cartesiano come una serie punti di coordinate (x; y) che uniti tra loro permettono di descrivere graficamente la funzione stessa.

Per disegnare una **generica funzione** su un piano cartesiano basta trovare alcune di queste corrispondenze, disegnarle come punti, e unirle per formare una linea continua.

Esempio: $\mathbf{y = x^2 + 1}$.

Si parte scegliendo a caso pochi (bastano 4 o 5) valori di x e successivamente calcolando, svolgendo la funzione, il corrispondente valore di y.

x	y	Punto
-2	$(-2)^2 + 1 = 5$	P (-2; 5)
-1	$(-1)^2 + 1 = 2$	P (-1; 2)
0	$0^2 + 1 = 1$	P (0; 1)
1	$1^2 + 1 = 2$	P (1; 2)
2	$2^2 + 1 = 5$	P (2; 5)

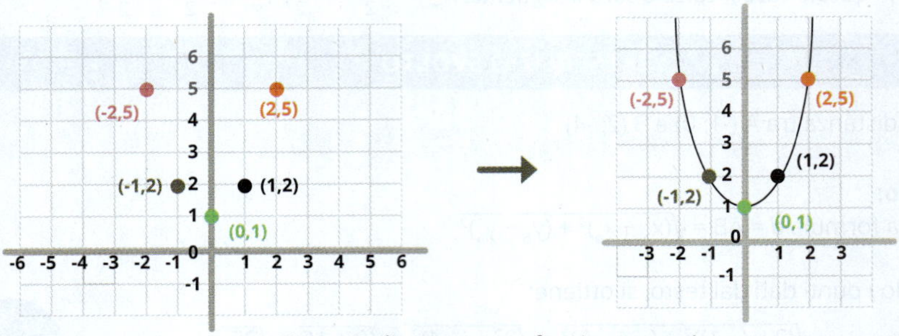

Figura 5: disegnare una funzione generica.

Questo metodo è molto utile per identificare graficamente la tipologia di funzione presa in considerazione. In questo caso la funzione è una **parabola**, che verrà approfondita in seguito insieme ad altre tipologie di funzioni.

Imparare a disegnare funzioni è fondamentale per potersi districare in esercizi complessi, in quanto in alcuni casi potresti riuscire a risolvere il quesito anche senza dover svolgere alcun calcolo.
Come trucco per iniziare a disegnare una funzione si consiglia di partire sempre dalla **quota** della funzione stessa. La quota non è altro che quel valore in cui la funzione incrocia l'asse delle Y, quindi, come dice il nome, la sua altezza al passaggio attraverso l'asse verticale.
Ottenere la quota è molto semplice, ti basterà sostituire alla funzione il valore di **X = 0** e ricavare la Y risultante. Otterrai in tale modo il punto Q (0; Y) da cui partire per il tuo disegno.
E se il risultato della sostituzione X = 0 non fosse possibile? Vorrebbe dire che la funzione non incrocia in nessun punto l'asse delle Y, quindi avresti ottenuto già delle informazioni aggiuntive preziose.

4.3.1 Intersezione tra due funzioni

Abbiamo compreso come trovare punti di una funzione conoscendone una delle due coordinate.
Ma se si volesse trovare un punto di intersezione tra due funzioni senza conoscerne le coordinate?
Per ottenere l'intersezione tra due funzioni f(x) e g(x) sarà sufficiente impostare un sistema contenente le due funzioni. Mettendo a sistema le due funzioni si otterranno diversi risultati:

- Sistema impossibile: le due funzioni non hanno punti di intersezione;
- 1 risultato: le due funzioni si intersecano nel punto A (K; Z);
- ≥ 2 risultati: le due funzioni si intersecano nei punti A, B, C... in funzione del numero di risultati.

4.4 RETTA

La retta è l'esempio più semplice di funzione, per questo motivo si presta moltissimo agli esercizi da richiedere in un test a crocette.

Possiamo definire due tipi di equazioni della retta:

- equazione in forma implicita:

$$ax + by + c = 0$$

dove la retta è l'insieme dei punti che soddisfano l'equazione;

- equazione in forma esplicita:

$$y = mx + q$$

Dove:

$m = -\frac{a}{b}$ corrisponde al **coefficiente angolare della retta**, ovvero un indice della pendenza della retta stessa. Già da questo concetto possiamo comprendere come due rette con coefficienti angolari m_1 ed m_2 saranno:
- parallele: se hanno stesso coefficiente angolare, $m_1 = m_2$;
- incidenti: se hanno diversi coefficienti angolari, $m_1 \neq m_2$;
- perpendicolari: se i loro coefficienti angolari sono opposti e reciproci, $m_1 = -\frac{1}{m_2}$

Il coefficiente angolare può anche essere definito come $m = \frac{\Delta Y}{\Delta X}$, quindi corrisponde al rapporto tra la variazione delle Y di due punti e la variazione delle X di due punti.
Dati quindi i punti A (X_A; Y_A) e B (X_B; Y_B), la retta passante per questi due punti avrà come coefficiente angolare:

$$m = \frac{Y_A - Y_B}{X_A - X_B}$$

Quindi se:
- $m < 0$: la retta sarà in discesa;
- $m > 0$: la retta sarà in salita;
- $m = 0$: la retta sarà orizzontale.

$q = -\frac{c}{b}$ corrisponde alla **quota della retta**, o termine noto, ovvero il valore in cui la retta interseca l'asse delle Y.

MATEMATICA

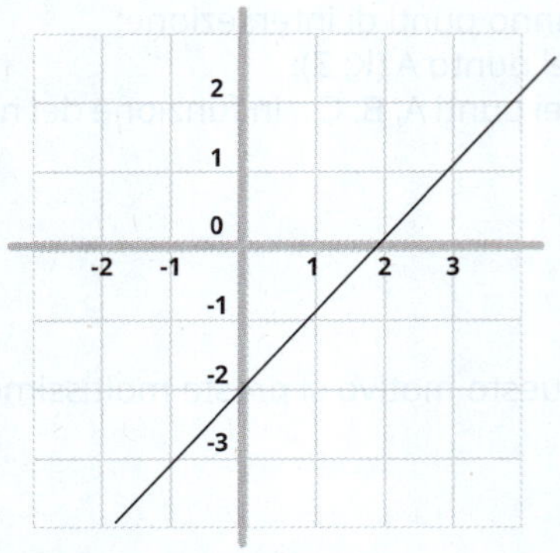

Figura 6: y = x - 2, dove m = 1, q = -2.

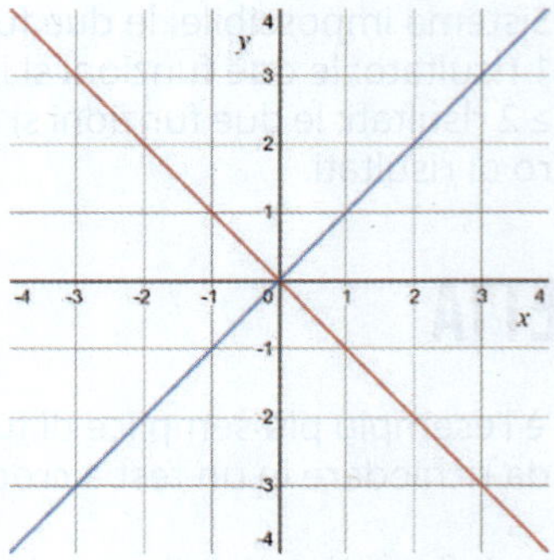

Figura 7: y = x e y = -x, in entrambe q = 0.

Dalle figure sovrastanti è possibile definire due rette particolari:

- **y = x**, retta in cui m = 1 e q = 0, che è la bisettrice tra il primo e il terzo quadrante;
- **y = -x**, in cui m = -1 e q = 0, bisettrice tra il secondo e quarto quadrante.

Esistono però due tipi particolari di rette che non rispettano la struttura sopra citata:

- **rette parallele all'asse X**, o rette orizzontali, che hanno struttura:

$$y = K$$

  Si può notare come siano semplicemente rette in cui il coefficiente angolare m = 0, quindi nella forma implicita il valore a = 0.
  La più nota tra le rette orizzontali è esattamente **l'asse delle X**, che è rappresentato dall'equazione:

$$y = 0$$

- **rette parallele all'asse Y**, o rette verticali, che hanno struttura:

$$x = K$$

  A differenza del caso precedente, qui non sono presenti né il termine con la y né il termine q, quindi sono rette in cui nella forma implicita b = 0, quindi hanno forma implicita ax + c = 0, dove $K = -\frac{c}{a}$.
  Le rette verticali non sono funzioni, in quanto l'asse ad un valore di x vengono assegnati più valori di y.
  La più nota tra le rette verticali è esattamente **l'asse delle Y**, che è rappresentato dall'equazione:

$$x = 0$$

4.4.1 Proprietà della retta

Sono	Se	Esempio
Rette coincidenti	$m_1 = m_2$, $q_1 = q_2$	È davvero necessario?
Rette parallele (che non si incrociano mai)	$m_1 = m_2$, $q_1 \neq q_2$	y = 2x + 1 y = 2x - 3
Rette incidenti (che si incrociano)	$m_1 \neq m_2$	y = x + 1 y = 3x
Rette perpendicolari	$m_1 = -\frac{1}{m_2}$	y = 2x + 7, m = 2 $y = -\frac{1}{2}x - 2$, $m = -\frac{1}{2}$

Formule:

Retta passante per due punti Per due punti passa un'unica retta	Dati: A (x_1; y_1), B (x_2; y_2)	Formula: $\frac{y - y_1}{y_2 - y_1} = \frac{x - x_1}{x_2 - x_1}$ Esempio: A (1; 2), B (3; 4) → $\frac{y - 2}{4 - 2} = \frac{x - 1}{3 - 1}$ Trasformando in forma esplicita: y = x + 1
Retta passante per un punto Per un punto passano infinite rette (detto *fascio di rette*), che variano a seconda della pendenza data dal valore ***m***. Conoscendo però il valore *m*, è possibile definire con certezza l'equazione della retta	Dati: P (x_1; y_1)	Formula: $y - y_1 = m(x - x_1)$ Esempio: P(1; 2) → y - 2 = m(x - 1) se m = 1 → y = x + 1
Distanza punto-retta **N.B.** In questo caso bisogna utilizzare la forma implicita della retta	Dati: P(x_0; y_0) ax + by + c = 0 (retta implicita)	Formula: $d = \frac{\lvert ax_0 + by_0 + c\rvert}{\sqrt{a^2 + b^2}}$ Esempio: P(1; 2), 3x + 4y + 5 = 0 $\longrightarrow d = \frac{3 \cdot 1 + 4 \cdot 2 + 5}{\sqrt{3^2 + 4^2}} = \frac{16}{5}$

ESERCIZIO **SVOLTO**

Calcolare il coefficiente angolare di una retta perpendicolare alla retta y = 2x + 3. Successivamente calcolare la distanza tra la retta data e il punto P (3; 6).

Svolgimento:
affinché due rette siano perpendicolari tra loro, una deve avere il coefficiente angolare **opposto** e **reciproco** dell'altra, ovvero se la retta data ha coefficiente angolare $m_1 = 2$, la sua perpendicolare dovrà avere coefficiente angolare $m_2 = -\frac{1}{m_1} = -\frac{1}{2}$.

La distanza tra un punto e una retta si ottiene usando la formula:

$$d = \frac{\lvert a x_0 + b y_0 + c\rvert}{\sqrt{a^2 + b^2}}$$

la quale richiede la forma implicita della retta. A partire quindi dalla forma esplicita y = 2x + 3, si ottiene la forma implicita spostando tutti i termini da un lato: 2x - y + 3 = 0. Ricordando le coordinate del punto P(3; 6):

$$d = \frac{\lvert 2 \cdot 3 - 1 \cdot 6 + 3\rvert}{\sqrt{2^2 + (-1)^2}} = \frac{3}{\sqrt{5}}$$

Soluzione: $m_2 = -\frac{1}{2}$, $d = \frac{3}{\sqrt{5}}$.

ESERCIZIO **PROPOSTO**

4.4 Scrivere l'equazione della retta passante per A(0; 1) e B(-2; 3).
È parallela alla bisettrice del I e III quadrante?

A. y = + x -1; sì
B. y = - x + 1; no
C. y = - x + 1; sì
D. y = + x + 1; no
E. y = - x - 1; sì

4.4.2 Disegnare una retta

Per disegnare una retta si potranno utilizzare 2 diversi metodi:
A. Sostituzione di valori
Utilizzando quindi il metodo spiegato nel paragrafo 4.3., scegliendo a caso dei valori per X si identificheranno i corrispondenti valori di Y. Unendo i punti si disegnerà la retta;

B. Utilizzo delle proprietà della retta, m e q
Avendo l'equazione della forma esplicita della retta, conosciamo due importanti proprietà della stessa, ovvero la sua quota e la sua pendenza. Sarà sufficiente utilizzare i seguenti step:

1. **identificare la quota q**: dato il valore q si ha già il primo punto noto della retta, quindi si potrà proseguire nel disegnare il punto A (0; q);
2. **disegnare la pendenza partendo dal valore di q, utilizzando m**, ricordando che $m = \frac{\Delta Y}{\Delta X}$.
   Quindi dato un valore di m, il numeratore corrisponderà alla variazione della Y, il denominatore alla variazione della X.
   Partendo da q ci si sposterà in:
   - verticale del numeratore di m;
   - orizzontale del valore di m.

   Attenzione! Se m < 0, dovrai spostarti in basso del valore di Y, ma non a sinistra del valore di X in quanto il segno "-" si riferisce solo a uno dei due tra numeratore e denominatore.

ESERCIZIO **SVOLTO**

Disegnare la retta $y = -\frac{1}{2}x + 2$

Svolgimento:
procediamo con il metodo B illustrato in precedenza:

1. identifichiamo la quota q, che in questo caso risulta essere +2, e indichiamola sull'asse y;

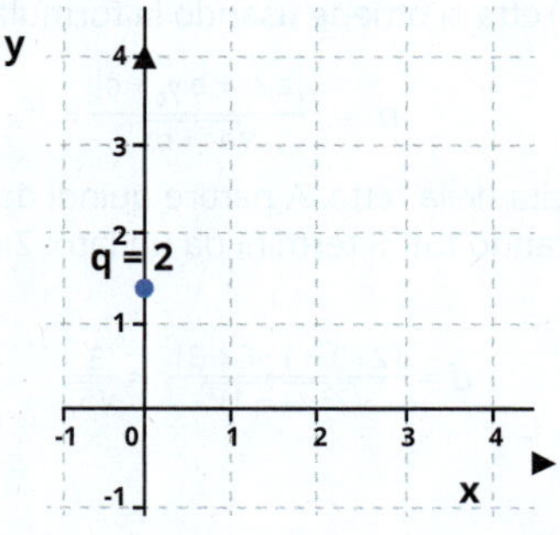

2. partendo dalla quota disegniamo la pendenza della retta con m. In questo caso m = $-\frac{1}{2}$, quindi avrà un $\Delta y = -1$ e un $\Delta x = 2$.
Scendiamo di 1 quadratino in basso (y = -1) e andiamo a destra di 2 quadratini ($\Delta x = 2$);

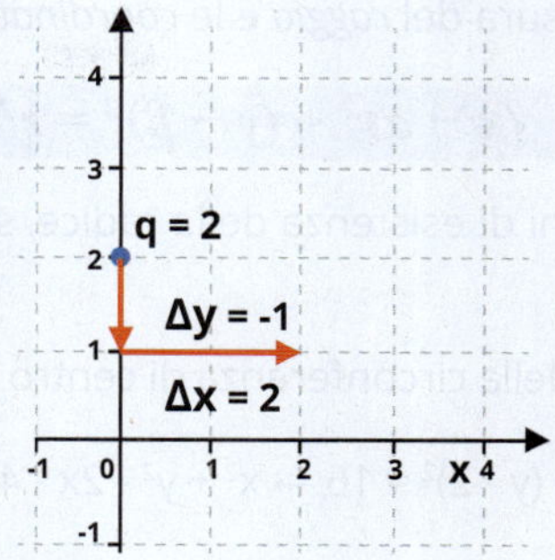

3. disegniamo la retta prolungando il segmento creato nel punto 2.

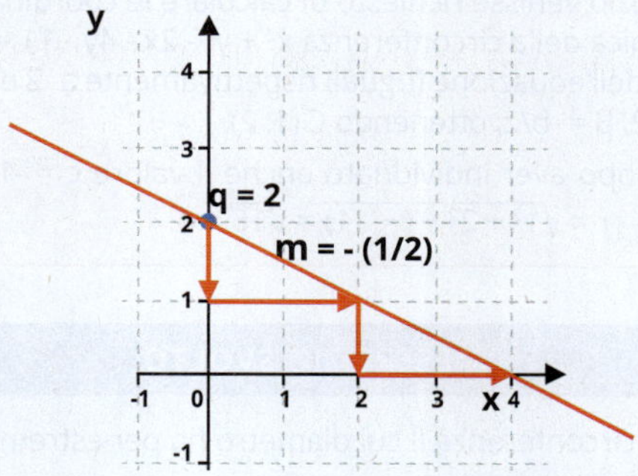

4.5 CIRCONFERENZA

La **circonferenza** è definita nel piano cartesiano come l'insieme dei punti **equidistanti** da un punto fisso detto **centro** la cui distanza è detta **raggio** della circonferenza. La forma canonica che definisce tutti i punti (di coordinate **x**, **y**) appartenenti a una circonferenza è rappresentata dalla seguente equazione:

$$x^2 + y^2 + ax + by + c = 0$$

Si definiscono inoltre due misure associate a questa equazione: $\alpha = -\frac{a}{2}$ e $\beta = -\frac{b}{2}$, le quali corrispondono esattamente alle coordinate del centro C della circonferenza.

$$C\,(\alpha;\beta)$$

Attraverso α e β è possibile calcolare il raggio come:

$$r = \sqrt{\alpha^2 + \beta^2 - c}$$

e definire una forma alternativa di equazione della circonferenza (definizione utile nel caso in cui si conoscano la misura del *raggio* e le *coordinate* del centro):

$$(x - \alpha)^2 + (y - \beta)^2 = r^2$$

Attenzione! Date le condizioni di esistenza della radice, se il radicando è minore di zero la circonferenza non esiste.

Esempio: qual è l'equazione della circonferenza di centro C(1; 2) e raggio r = 4? Usando la formula appena definita:

$$(x - 1)^2 + (y - 2)^2 = 16 \rightarrow x^2 + y^2 - 2x - 4y - 11 = 0.$$

ATTENZIONE PER IL TEST

Se all'interno di un esercizio venisse richiesto di calcolare le coordinate del centro C (α; β) a partire dall'equazione canonica della circonferenza $x^2 + y^2 - 2x - 4y - 11 = 0$, bisognerebbe dapprima individuare i valori a e b dell'equazione (uguali rispettivamente a -2 e -4) e successivamente utilizzare le definizioni α = -a/2, β = -b/2, ottenendo C (1; 2).

Per calcolare il raggio, dopo aver individuato anche il valore c = -11, è sufficiente utilizzare la formula $r = \sqrt{\alpha^2 + \beta^2 - c} \rightarrow r = \sqrt{1^2 + 2^2 - (-11)} = \sqrt{16} = 4$.

ESERCIZIO **SVOLTO**

Si trovi l'equazione della circonferenza il cui diametro ha per estremi i punti A (1; 6) e B (-5; 2).

Svolgimento:
essendo A e B gli estremi del diametro, il centro è calcolabile facilmente come il punto medio tra A e B, mentre il raggio come la metà della distanza tra i due punti (per questo si richiama all'attenzione il capitolo 4.2):

- per il centro si usa la formula del **punto medio**

$$C\left(\frac{x_A + x_B}{2}; \frac{y_A + y_B}{2}\right) \rightarrow C(-2; 4);$$

- per il raggio si usa la **metà** della distanza tra i due punti

$$d = \sqrt{(x_b - x_a)^2 + (y_b - y_a)^2} = \sqrt{36 + 16} = \sqrt{52} \rightarrow \frac{\sqrt{52}}{2}.$$

Si usa a questo punto la formula $(\boldsymbol{x} - \boldsymbol{\alpha})^2 + (\boldsymbol{y} - \boldsymbol{\beta})^2 = \boldsymbol{r}^2$ per trovare l'equazione della circonferenza:

$$(x + 2)^2 + (y - 4)^2 = 13 \rightarrow x^2 + y^2 + 4x - 8y + 7 = 0$$

Soluzione: $x^2 + y^2 + 4x - 8y + 7 = 0$.

Circonferenze particolari:

Centro nell'origine	Circonferenza passante per l'origine
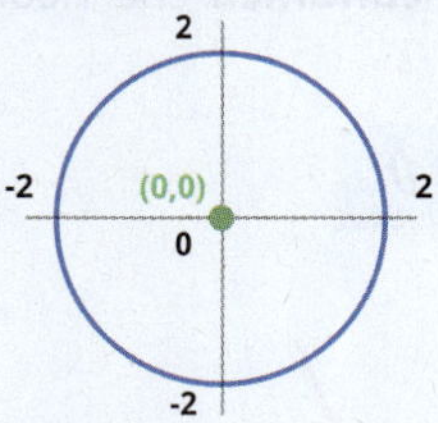	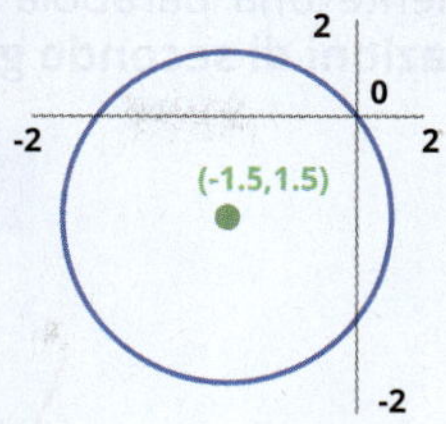
***a* = 0, *b* = 0** es. $x^2 + y^2 - 4 = 0$	***c* = 0** es. $x^2 + y^2 + 3x + 3y = 0$
Centro appartenente all'asse x	**Centro appartenente all'asse x e passante per l'origine**
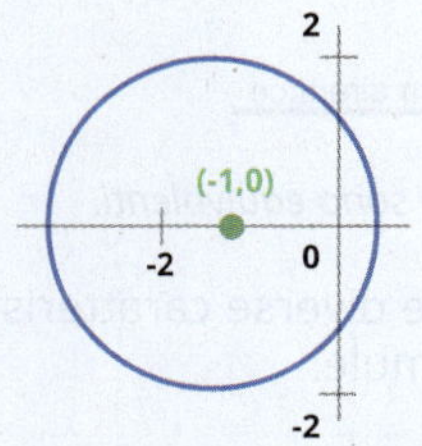	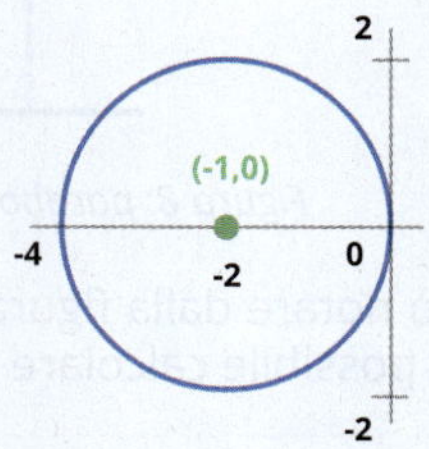
***a* ≠ 0, *b* = 0** es. $x^2 + y^2 + 2x - 3 = 0$	***a* ≠ 0, *b* = 0, *c* = 0** es. $x^2 + y^2 + 4x = 0$
Centro appartenente all'asse y	**Centro appartenente all'asse x e passante per l'origine**
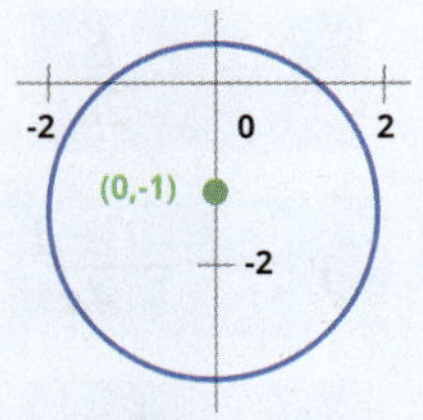	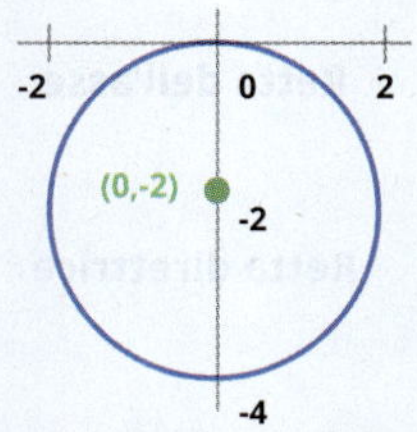
***a* = 0, *b* ≠ 0** es. $x^2 + y^2 + 2y - 3 = 0$	***a* = 0, *b* ≠ 0, *c* = 0** es. $x^2 + y^2 + 4y = 0$

ESERCIZIO **PROPOSTO**

4.5 Trovare il centro della circonferenza con equazione $x^2 + y^2 - 5y + 2 = 0$.

A. C $(\frac{5}{2}; 0)$
B. C $(0; -\frac{5}{2})$
C. C $(0; \frac{5}{2})$
D. C (0; 0)
E. C (0; 5)

4.6 PARABOLA

La **parabola** è definita come il luogo geometrico dei punti **equidistanti** da un punto fisso (detto **fuoco**) e da una retta (detta **direttrice**).
Generalmente una parabola è descritta da una **forma canonica** che ricorda la forma delle **equazioni di secondo grado**:

$$y = ax^2 + bx + c, \quad a \neq 0$$

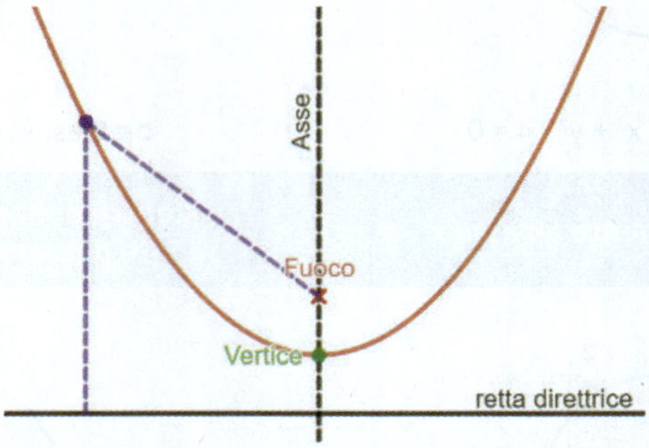

Figura 8: parabola (in rosso), i segmenti in viola sono equivalenti.

Come si può notare dalla figura 8, una parabola possiede diverse caratteristiche geometriche che è possibile calcolare attraverso le seguenti formule:

Coordinate del fuoco	$F = \left(-\frac{b}{2a}, \frac{1-\Delta}{4a}\right)$
Coordinate del vertice	$V = \left(-\frac{b}{2a}, -\frac{\Delta}{4a}\right)$
Retta dell'asse	$x = -\frac{b}{2a}$
Retta direttrice	$y = -\frac{1+\Delta}{4a}$
Equazione degli asintoti	$y = \pm\frac{b}{a}x$

dove $\Delta = b^2 - 4ac$.

N.B. La parabola affrontata nella forma $y = ax^2 + bx + c = 0$ possiede un asse verticale (parallelo all'asse delle y, vedi *figura 8*), ma è possibile trovare anche parabole con **asse orizzontale** (parallelo all'asse delle x). Tali parabole sono descritte semplicemente con le variabili x e y invertite:

$$x = ay^2 + by + c, \quad a \neq 0$$

con la dovuta accortezza di invertire le incognite (x e y) e le coordinate anche nelle formule per calcolare rette e punti.

RICORDA: queste parabole (così come la circonferenza o l'ellisse) non sono funzioni, poiché associano ad una x più di una y!

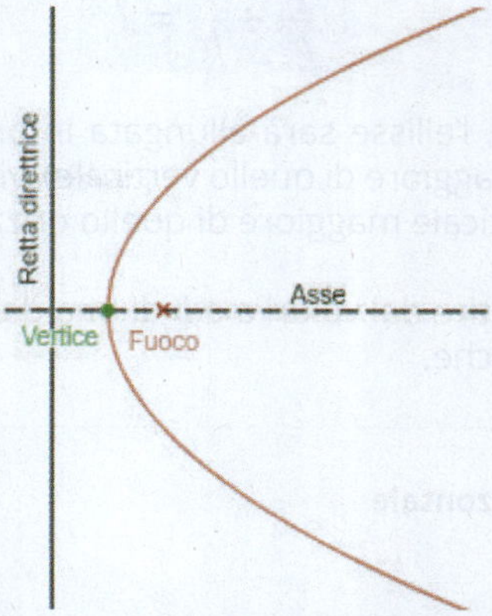

Figura 9: parabola orizzontale.

ESERCIZIO **SVOLTO**

Trovare le coordinate del vertice della parabola $x = y^2 + 2y - 3$.

Svolgimento:
la parabola in questione ha l'asse **orizzontale**, quindi le coordinate del vertice saranno invertite rispetto alla formula contenuta nella tabella, cioè:

$$V = \left(-\frac{\Delta}{4a}; -\frac{b}{2a}\right).$$

Dato $\Delta = b^2 - 4ac = 2^2 - 4 \cdot 1 \cdot (-3) \rightarrow \Delta = 16$, le coordinate del vertice saranno $V\left(-\frac{16}{4}; -\frac{2}{2}\right)$.

Soluzione: V (-4; -1).

4.7 ELLISSE

L'ellisse è definita come il luogo geometrico dei punti la cui **somma delle distanze** da due punti fissi (chiamati **fuochi**) è sempre **costante** (*figura 10*).

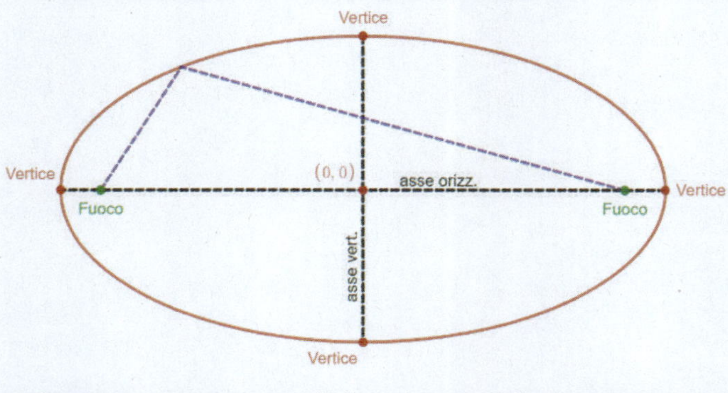

Figura 10: per qualsiasi punto appartenente all'ellisse, la somma dei due segmenti in viola è costante.

MATEMATICA

La forma canonica dell'ellisse con il **centro nell'origine** è data dall'equazione:

$$\frac{x^2}{a^2} + \frac{y^2}{b^2} = 1$$

N.B. Se a^2 è maggiore di b^2, l'ellisse sarà allungata in orizzontale (come nella *figura 10*, cioè con l'asse orizzontale maggiore di quello verticale), viceversa l'ellisse sarà allungata in verticale (cioè con l'asse verticale maggiore di quello orizzontale).

Come con la parabola, a partire dai valori *a* e *b* di una data ellisse, è possibile calcolare le sue caratteristiche geometriche.

Lunghezza asse orizzontale	$2a$
Lunghezza asse verticale	$2b$
Coordinate dei vertici	Vertici asse x (è sufficiente porre y = 0) $V_{1,2} = (\pm a; 0)$ Vertici asse y (è sufficiente porre x = 0) $V_{3,4} = (0; \pm b)$
Coordinate dei fuochi	Ellisse orizzontale (si trovano sull'asse x): $F_{1,2} = (\pm \sqrt{a^2 - b^2}; 0)$ Ellisse verticale (si trovano sull'asse y): $F_{1,2} = (0; \pm \sqrt{b^2 - a^2})$

4.8 IPERBOLE

L'iperbole è definita come il luogo geometrico dei punti la cui **differenza delle distanze** da due punti fissi (chiamati **fuochi**) è sempre **costante** (*figura 11-12*, la differenza dei segmenti in viola è sempre costante).

Anche nel caso dell'iperbole, va fatta distinzione tra l'iperbole che interseca l'asse delle x (*figura 11*) e iperbole che interseca l'asse delle y (*figura 12*).

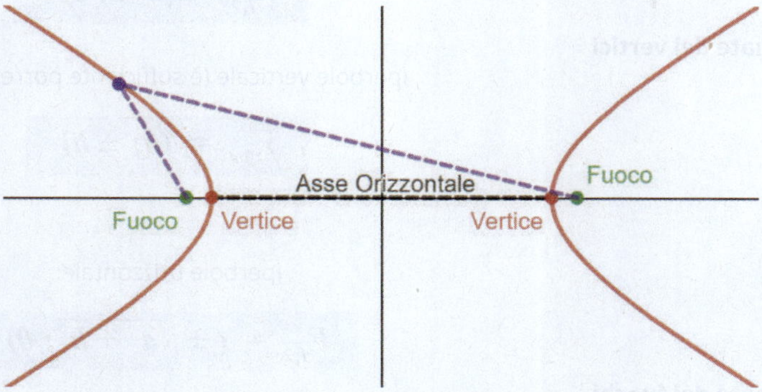

$$\frac{x^2}{a^2} + \frac{y^2}{b^2} = 1$$

Figura 11: interseca asse x.

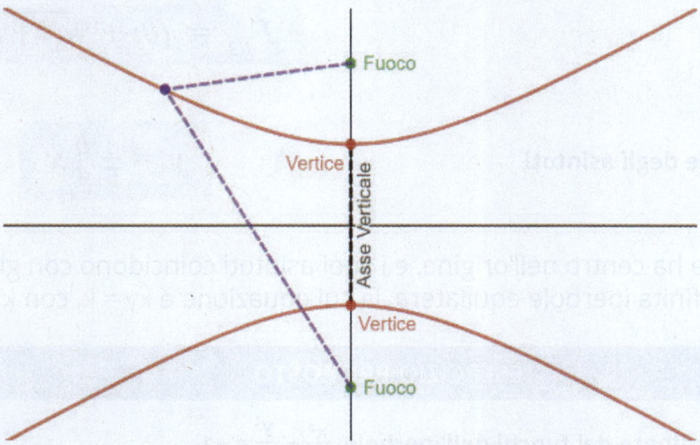

$$\frac{x^2}{a^2} - \frac{y^2}{b^2} = -1$$

Figura 12: interseca asse y.

Lunghezza asse orizzontale	$2a$
Lunghezza asse verticale	$2b$
Coordinate dei vertici	Iperbole orizzontale (è sufficiente porre y = 0): $V_{1,2} = (\pm a; 0)$ Iperbole verticale (è sufficiente porre x = 0): $V_{3,4} = (0; \pm b)$
Coordinate dei fuochi	Iperbole orizzontale: $F_{1,2} = (\pm \sqrt{a^2 + b^2}; 0)$ Iperbole verticale: $F_{1,2} = (0; \pm \sqrt{a^2 + b^2})$
Equazione degli asintoti	$y = \pm \frac{b}{a} x$

Quando un'iperbole ha centro nell'origine, e i suoi asintoti coincidono con gli assi cartesiani, essa viene definita iperbole equilatera, la cui equazione è $xy = k$, con $k \neq 0$.

ESERCIZIO **PROPOSTO**

4.8 Trovare le coordinate dei fuochi dell'iperbole $\frac{x^2}{16} - \frac{y^2}{9} = -1$.

A. F_1 (0; -5) F_2 (5; 0)
B. F_1 (0; -5) F_2 (0; 5)
C. F_1 (-5; 0) F_2 (5; 0)
D. F_1 (0; 5) F_2 (5; 0)
E. F_1 (-5; 0) F_2 (0; -5)

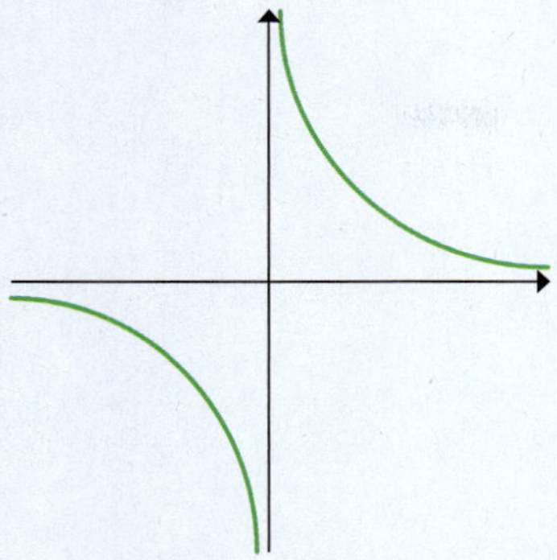

Figura 13: iperbole equilatera riferita ai propri asintoti $k > 0$

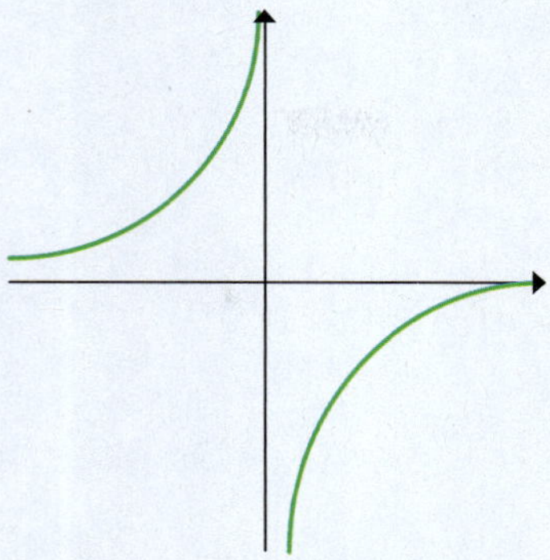

Figura 14: iperbole equilatera riferita ai propri asintoti $k < 0$

CORREZIONI COMMENTATE AGLI ESERCIZI PROPOSTI

4.2 Per calcolare il punto medio si applica la formula

$$M\left(\frac{x_1+x_2}{2};\frac{y_1+y_2}{2}\right) \rightarrow \left(\frac{3}{2};-1\right).$$

Risposta corretta A.

4.4 Si comincia con il calcolo della retta passante per due punti, attraverso la formula

$$\frac{y-y_1}{y_2-y_1}=\frac{x-x_1}{x_2-x_1}$$

Sostituendo le coordinate dei punti A (0; 1) e B (-2; 3) si ottiene

$$\frac{y-1}{3-1}=\frac{x}{-2} \rightarrow y=-x+1$$

Tale retta ha coefficiente angolare $m = -1$, mentre la retta bisettrice del I e III quadrate ha coefficiente angolare $m = 1$, quindi le due rette non sono parallele.
Risposta corretta B.

4.5 Il centro di una circonferenza ha coordinate $C(\alpha; \beta)$, dove $\alpha = -\frac{a}{2}$ e $\beta = -\frac{b}{2}$.
Nella circonferenza in questione $a = 0$ e $b = -5$, quindi $\alpha = 0$ e $\beta = \frac{5}{2}$.
Risposta corretta C.

4.8 Per svolgere questo esercizio si applicano le formule dei fuochi dell'ellisse. Si comincia calcolando il valore $\sqrt{a^2+b^2}=\sqrt{16+9}=\sqrt{25}$. Inoltre, l'equazione dell'iperbole è uguale a -1, quindi i fuochi si troveranno sull'asse delle y: tramite le formule delle coordinate dei fuochi: $F_1(0; -5)$ e $F_2(0; 5)$.
Risposta corretta B.

GEOMETRIA EUCLIDEA

5

Introduzione

La geometria euclidea è una parte della matematica che si occupa di figure geometriche nel piano, in particolare delle loro *dimensioni*, che possono essere la *lunghezza* dei lati di un poligono o del raggio di una circonferenza, e delle loro *aree*.

5.1 RETTE E PIANI

La geometria euclidea si occupa di **enti geometrici** la cui maggior parte può essere descritta mediante una definizione; fanno eccezione gli **enti primitivi** che invece devono essere accettati come noti.
Nella geometria ne riconosciamo tre e sono i seguenti: il punto, la retta e il piano.

5.1.1 La retta

La **retta** possiamo immaginarla come un insieme di infiniti punti allineati che non possiede né un inizio né una fine e possiede una sola dimensione: la lunghezza. È possibile immaginare la retta come un filo teso infinito che non ha spessore.

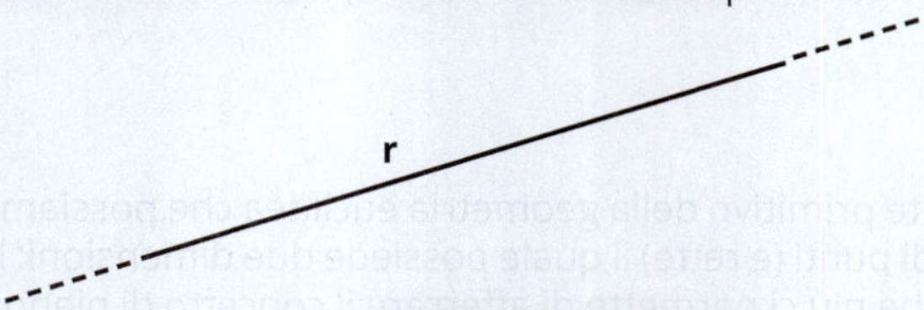

Figura 1: esempio di retta.

Le rette vengono indicate con le lettere dell'alfabeto latino in minuscolo iniziando di solito con la "r", seguita dalla "s", seguita dalla "t" e così via.

Dato un punto appartenente ad una retta, la **semiretta** è una delle due parti di retta che origina dal punto (detto "punto di origine della semiretta") o si prolunga all'infinito in una direzione o nell'altra. La semiretta ha quindi un'origine ma non una fine.

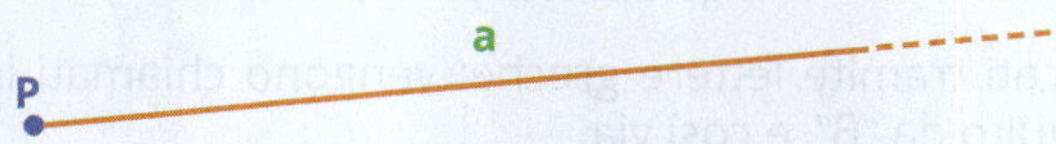

Figura 2: esempio di semiretta.

Il punto di origine viene indicato con lettere dell'alfabeto latino in maiuscolo: se è presente un punto singolo solitamente si preferisce chiamarlo "P", se invece ne sono presenti più di uno solitamente vengono indicati in modo sequenziale partendo da "A", seguito da "B" e così via. Le semirette invece, analogamente alle rette, sono indicate con lettere dell'alfabeto latino in minuscolo.

Il **segmento** è una parte di retta delimitata da due punti detti "estremi del segmento".

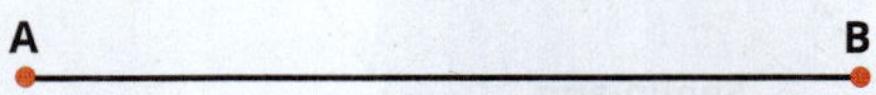

Figura 3: esempio di segmento.

Anche i segmenti sono indicati con lettere dell'alfabeto latino in minuscolo mentre gli estremi, essendo punti, vengono definiti con lettere in maiuscolo.

Due segmenti sono definiti **consecutivi** se l'estremo di uno coincide con l'estremo di dell'altro segmento.

Le **poligonali** sono figure costituite da una sequenza di segmenti in cui ogni segmento è consecutivo al precedente.

Se l'ultimo estremo dell'ultimo segmento coincide con il primo estremo del primo segmento allora parliamo di una poligonale chiusa, altrimenti la definiremo poligonale aperta.

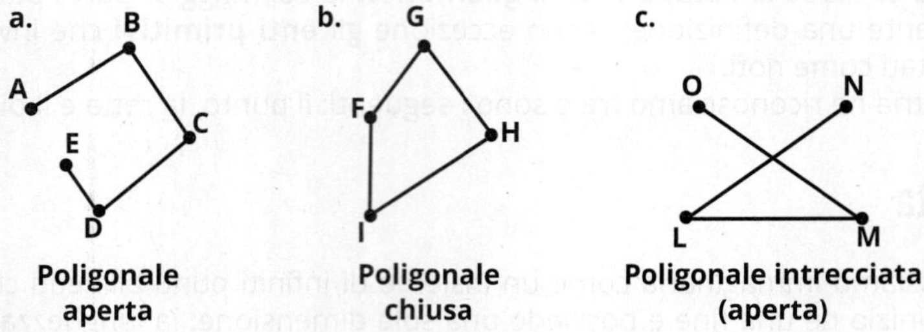

Figura 4: esempio di poligonali.

5.1.2 Il piano

Il **piano** è il terzo ente primitivo della geometria euclidea che possiamo immaginare come un insieme infinito di punti (e rette) il quale possiede due dimensioni: larghezza e lunghezza. L'oggetto reale che più ci permette di afferrare il concetto di piano è quello di un foglio teso privo di spessore.

Figura 5: esempio di piano.

I piani vengono indicati tramite lettere greche: vengono chiamati in modo sequenziale iniziando con "α", seguito da "β", e così via.

I **semipiani** sono le due parti del piano che si ottengono dividendo un piano con una retta la quale delimita l'origine dei semipiani.

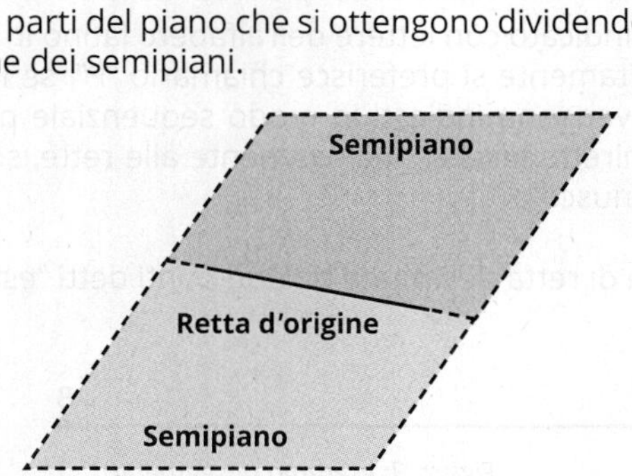

Figura 6: esempio di semipiani.

Anche i semipiani, analogamente ai piani, vengono indicati tramite lettere greche (α, β,...).

5.1.3 Relazioni tra rette e piani

Due rette, a seconda della loro relazione nello spazio possono essere definite come:

- **complanari**: se le rette giacciono sullo stesso piano;
- **sghembe**: se le rette giacciono su piani diversi.

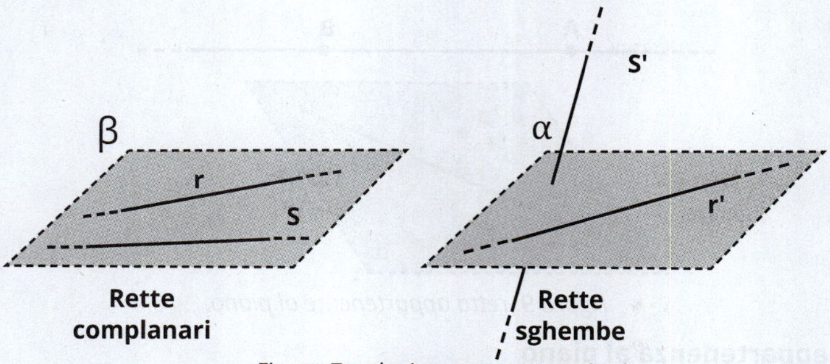

Figura 7: relazione tra rette e piani.

Due rette complanari, a seconda della loro relazione possono essere definite come:

- **parallele**: se non si intersecano mai mantenendo sempre la stessa distanza o se sono due rette fra loro sovrapposte (condividono tutti i punti, in tal caso parliamo di "rette coincidenti");
- **incidenti**: se si intersecano (ovvero condividono uno e un solo punto detto "punto di intersezione"), queste si possono a loro volta distinguere in:
  - **perpendicolari**: se le rette formano tra loro angoli retti (angoli di ampiezza pari a 90°);
  - **non perpendicolari**: se le rette formano tra loro angoli non retti.

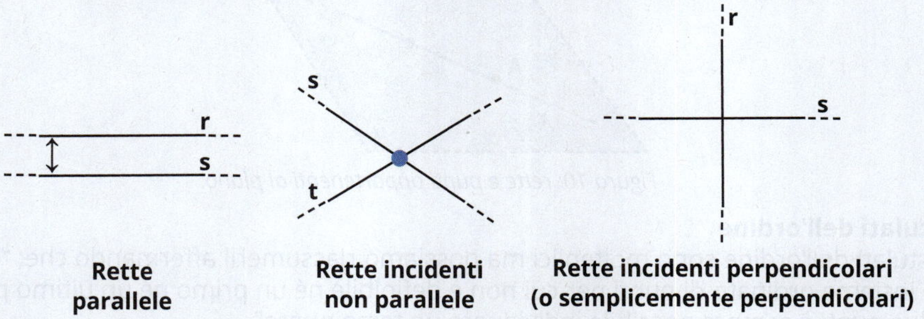

Figura 8: rette complanari.

5.1.4 Postulati e teoremi

I **postulati** sono enunciati che devono essere assunti come veri e quindi non possono essere dimostrati.
I **teoremi** sono enunciati la cui veridicità può essere dimostrata. Gli elementi cardine di un teorema sono i seguenti:

- le **ipotesi**: concetti di partenza considerati veri (perché sono postulati o concetti dimostrati veri tramite altri teoremi);
- la **tesi**: conclusione che si vuole dimostrare.
-

Attraverso la **dimostrazione**, ovvero una serie di deduzioni logiche, possiamo, partendo dalle ipotesi, giungere alla tesi.

Postulati di appartenenza alla retta
Di seguito vengono proposti alcuni postulati di appartenenza alla retta:

1. per due punti distinti passa una e una sola retta;
2. su una retta ci sono almeno due punti;
3. per ogni retta, appartenente ad un piano, esiste almeno un punto, nel medesimo piano, che non le appartiene.

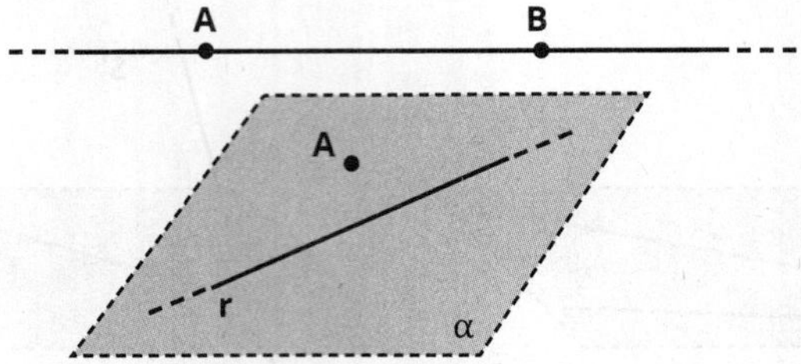

Figura 9: retta appartenente al piano.

Postulati di appartenenza al piano

Di seguito vengono proposti alcuni postulati di appartenenza al piano:

1. per tre punti non allineati passa uno e un solo piano;
2. fissati due punti su un piano, la retta passante per i due punti giace sul piano.

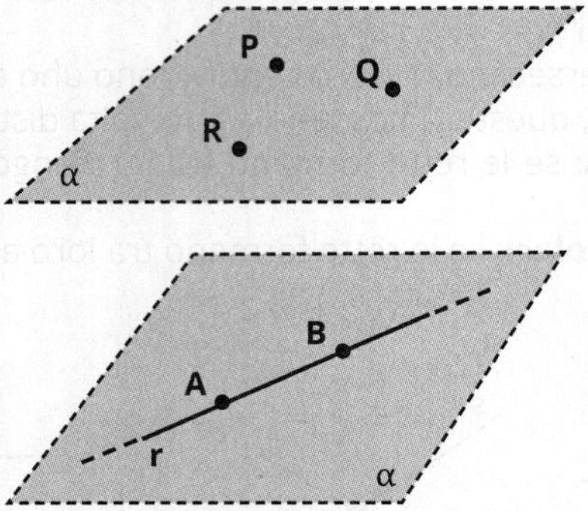

Figura 10: rette e punti appartenenti al piano.

Postulati dell'ordine

I postulati dell'ordine sono molteplici ma possiamo riassumerli affermando che: "la retta è un insieme ordinato di punti per cui non è definibile né un primo né un ultimo punto e fra due punti è sempre possibile individuare un terzo punto".

Teorema di Talete

Il teorema di Talete (che non verrà dimostrato per semplicità) afferma che rette parallele tagliate da due trasversali individuano classi di segmenti tra loro proporzionali.

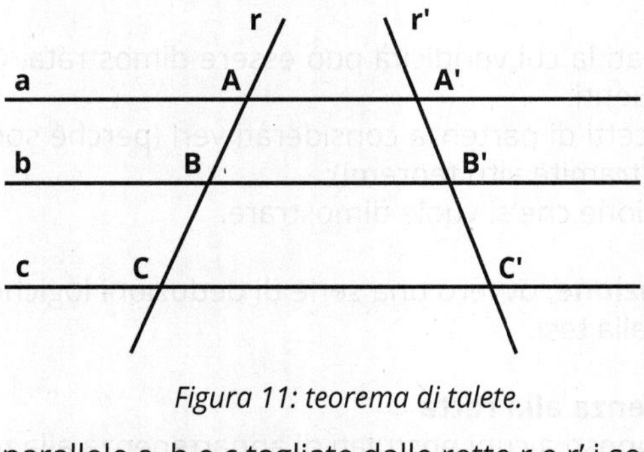

Figura 11: teorema di talete.

Considerando le rette parallele a, b e c tagliate dalle rette r e r' i segmenti che si formano: AB, A'B', BC e B'C' sono tra loro proporzionali.

$$AB : A'B' = BC : B'C'$$

5.2 SEGMENTI E ANGOLI

5.2.1 I segmenti

Il **segmento** (come abbiamo già visto brevemente) è l'insieme di punti di una retta compresi fra due punti A e B.
Due segmenti possono essere fra loro:

- **esterni**: i segmenti non condividono nessun punto;
- **consecutivi**: i segmenti condividono un estremo (compongono una linea spezzata);
- **adiacenti**: i segmenti sono consecutivi e giacciono sulla stessa retta (formano una linea unica continua);
- **incidenti**: i segmenti condividono un punto non estremo (si incrociano);
- **coincidenti**: i segmenti condividono tutti i punti (sono congruenti fra loro e si sovrappongono perfettamente).

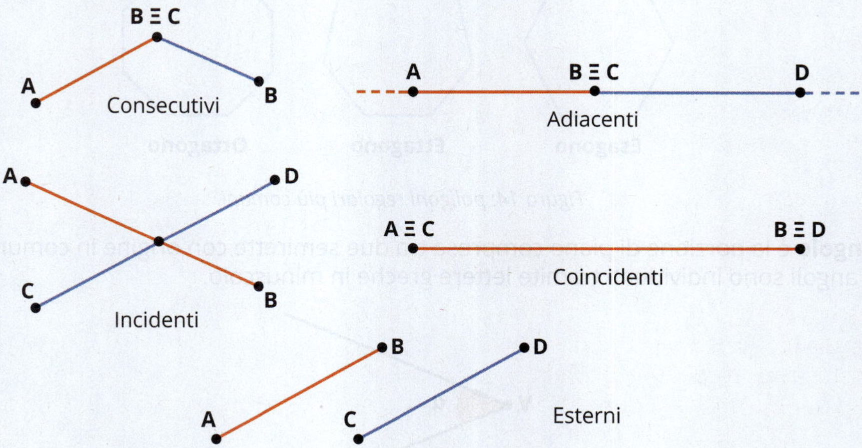

Figura 12: tipologie di segmenti.

Il punto medio

Il **punto medio** di un segmento è un punto appartenente al segmento che lo divide perfettamente a metà in due segmenti congruenti.

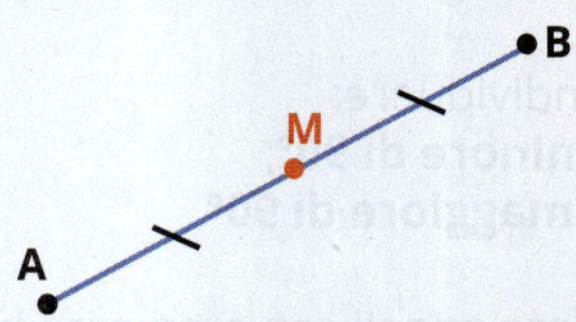

Figura 13: punto medio di un segmento.

I poligoni

I poligoni sono poligonali (figure costituite da una sequenza di segmenti in cui ogni segmento è consecutivo al precedente) chiuse. I segmenti che delimitano un poligono sono chiamati ***lati*** del poligono mentre i punti dove si incontrano due lati sono detti ***vertici***.
I poligoni possiamo classificarli in:

- **poligoni *regolari***: poligoni convessi (non contiene nessun prolungamento dei suoi lati) equilateri (tutti i lati sono equivalenti) ed equiangoli (tutti gli angoli sono congruenti);
- **poligoni *irregolari***: poligoni non regolari.

5.2.2 Angoli

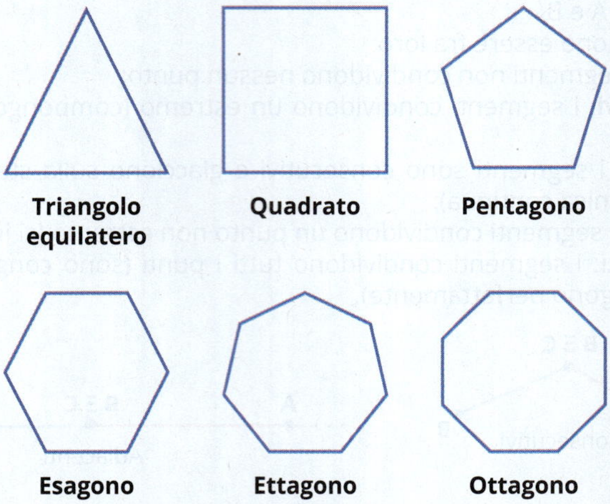

Figura 14: poligoni regolari più comuni.

L'**angolo** è la porzione di piano compresa tra due semirette con origine in comune. Gli angoli sono individuati tramite lettere greche in minuscolo.

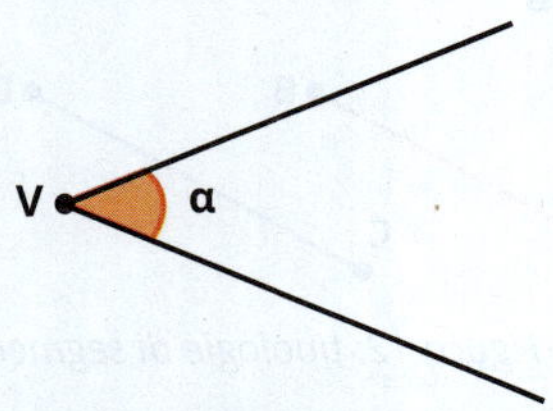

Figura 15: esempio di angolo acuto.

L'**ampiezza** di un angolo è la sua apertura, la quale viene misurata in gradi. Un altro modo per esprimere l'ampiezza di un angolo è tramite i radianti, che spesso risultano estremamente utili e per questo vengono largamente usati ma verranno affrontati in un capitolo successivo.
In base all'ampiezza possiamo individuare:

- angoli ***acuti***: ampiezza **minore di 90°**;
- angoli ***ottusi***: ampiezza **maggiore di 90°**.

In particolare, se andiamo a vedere angoli con ampiezza ben definita dobbiamo ricordare i seguenti angoli:

- angolo ***retto***: ampiezza uguale a **90°**;
- angolo ***piatto***: ampiezza uguale a **180°**;
- angolo ***giro***: ampiezza uguale a **360°**.

Se consideriamo due angoli, questi possono essere fra loro:

- **consecutivi**: se gli angoli condividono l'origine delle semirette e una semiretta;
- **adiacenti**: se sono consecutivi e le semirette non in comune giacciono su una stessa retta.

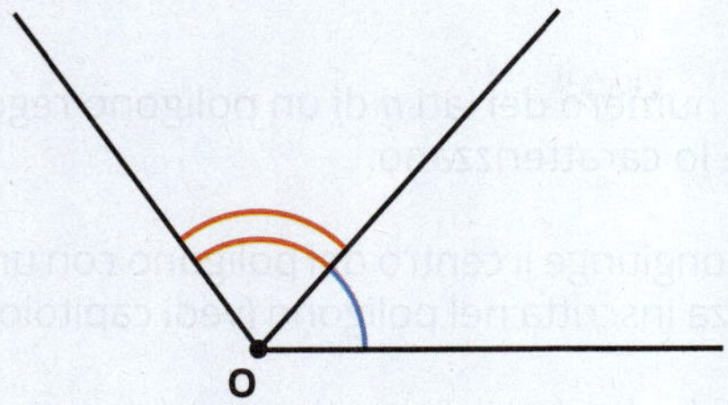

Angoli consecutivi

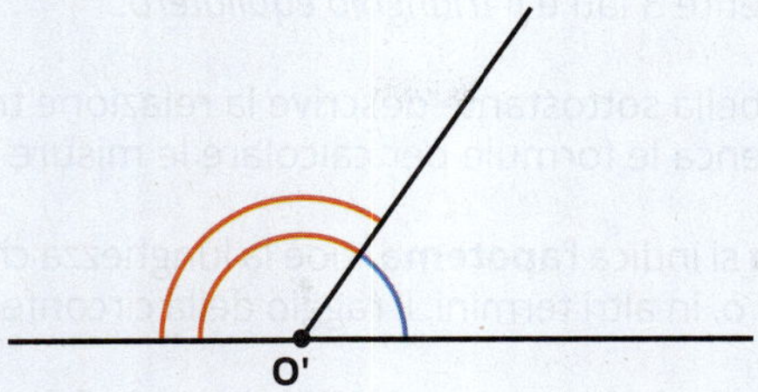

Angoli adiacenti

Angoli consecutivi possono essere:

- **complementari**: se la somma delle loro ampiezze è di 90°, cioè se formano un **angolo retto**;
- **supplementari**: se la somma delle loro ampiezze è di 180°, cioè se formano un **angolo piatto** (sono definibili anche adiacenti);
- **esplementari**: se la somma delle loro ampiezze è di 360°, cioè se formano un **angolo giro**.

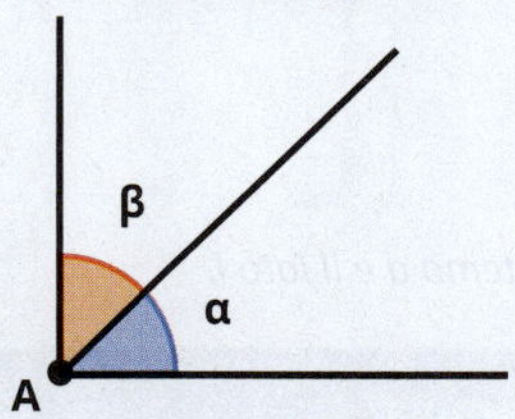

Angoli complementari

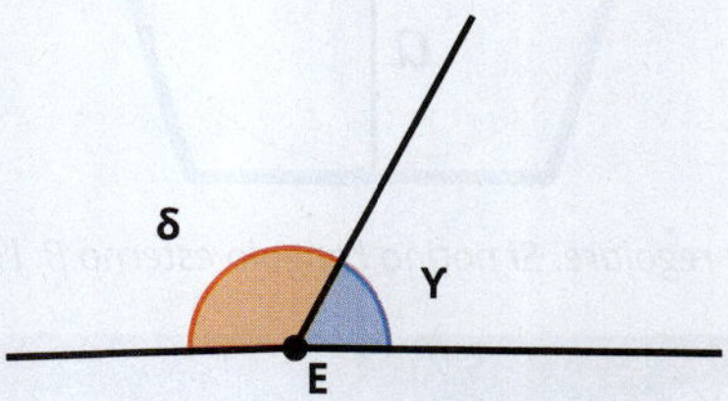

Angoli supplementari

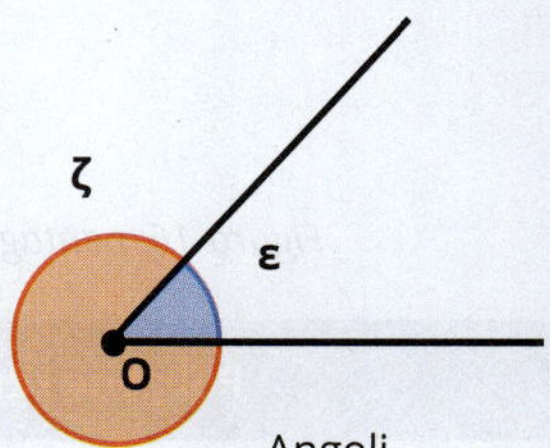

Angoli esplementari

Due angoli si dicono **opposti al vertice** se i prolungamenti di un angolo sono i lati dell'altro angolo.

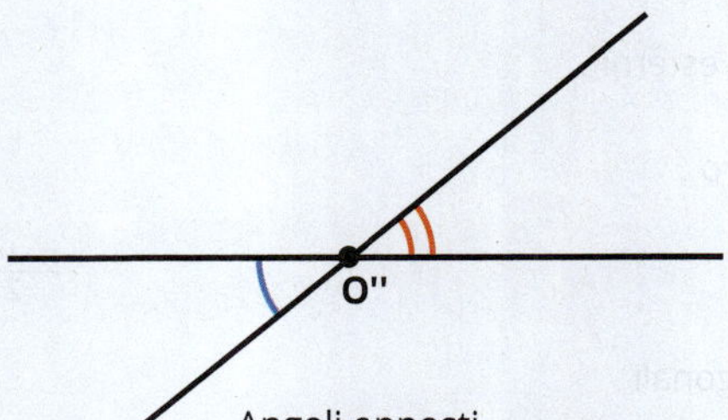

Angoli opposti al vertice

5.3 POLIGONI REGOLARI

Un **poligono regolare** è una figura geometrica caratterizzata da *n* lati (*l*) e *n* angoli **congruenti** tra loro. Il poligono regolare avente 4 lati è il *quadrato*, mentre il poligono regolare avente 3 lati è il *triangolo equilatero*.

La tabella sottostante descrive la relazione tra il numero dei lati *n* di un poligono regolare ed elenca le formule per calcolare le misure che lo caratterizzano.

Con ***a*** si indica l'**apotema**, cioè la lunghezza che congiunge il centro del poligono con un suo lato *l*, o, in altri termini, il raggio della circonferenza inscritta nel poligono (vedi capitolo 5.4).

Con **angolo interno** γ si indica l'angolo formato da due lati adiacenti, mentre con **angolo esterno** β si indica l'angolo formato dal prolungamento di un lato verso l'esterno e da un suo altro lato.

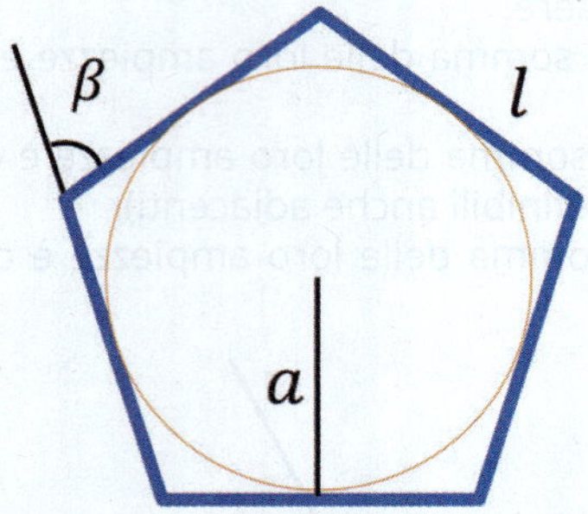

Figura 16: pentagono regolare. Si notino l'angolo esterno β, l'apotema a e il lato l.

Poligono regolare	Formula
Lati	n
Ampiezza angolo interno	$\frac{n-2}{n} \cdot 18$
Somma angoli interni	$(n-2) \cdot 180°$
Somma angoli esterni	$360°$
Perimetro	$n \cdot l$
Area	$\frac{n \cdot l \cdot a}{2} = \frac{\text{perimetro} \cdot a}{2}$
Numero diagonali	$\frac{n \cdot (n-3)}{2}$

ESERCIZIO **SVOLTO**

Sapendo che un pentagono ha i lati lunghi 20 cm e l'area di 210 cm^2, quanto vale il suo apotema?

Svolgimento:
l'esercizio chiede di calcolare l'apotema e l'unica formula che contiene all'interno la misura dell'apotema è per l'appunto quella dell'area:

$$A = \frac{n \cdot l \cdot a}{2} \rightarrow 210 = \frac{5 \cdot 20 \cdot a}{2} \rightarrow a = 4{,}2 \text{ cm}$$

Soluzione: 4,2 cm.

Se congiungiamo ogni vertice di un poligono regolare con il centro del poligono stesso, otteniamo tanti **triangoli** quanti sono i lati del poligono; inoltre questi saranno tutti congruenti tra loro e la loro **altezza** corrisponderà proprio all'**apotema** del poligono di partenza!
Questo procedimento risulta particolarmente vantaggioso nel caso dell'esagono regolare, il quale viene scomposto in sei triangoli equilateri, come si vede in figura:

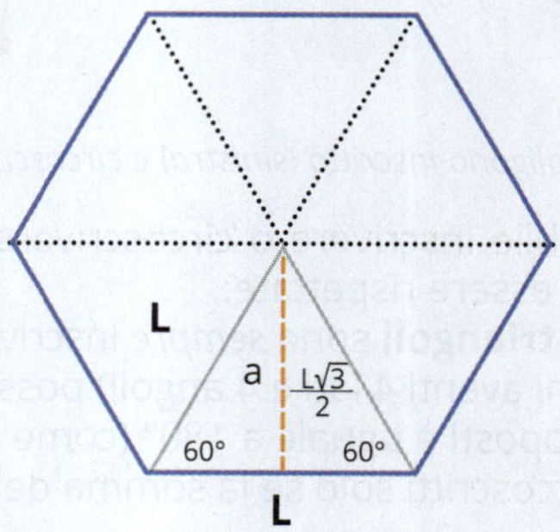

Figura 17: esagono regolare suddiviso in triangoli equilateri.

In alcuni casi potrebbe quindi risultare più conveniente lavorare direttamente sul triangolo, ad esempio per trovare l'area del poligono potete calcolare l'area del singolo triangolo e moltiplicarla per il numero di lati.

ESERCIZIO **PROPOSTO**

5.3 Quanto vale circa l'area di un dodecagono regolare avente perimetro 144 cm e apotema circa pari a 10 cm?

A. 640 cm^2
B. 720 cm^2
C. 800 cm^2
D. 1440 cm^2
E. 2880 cm^2

5.4 POLIGONI ISCRITTI E CIRCOSCRITTI

Un poligono si dice **inscritto** in una circonferenza quando tutti i suoi **vertici** toccano la circonferenza, mentre si dice **circoscritto** a una circonferenza quando tutti i suoi **lati** sono tangenti ad essa ("toccano" la circonferenza).

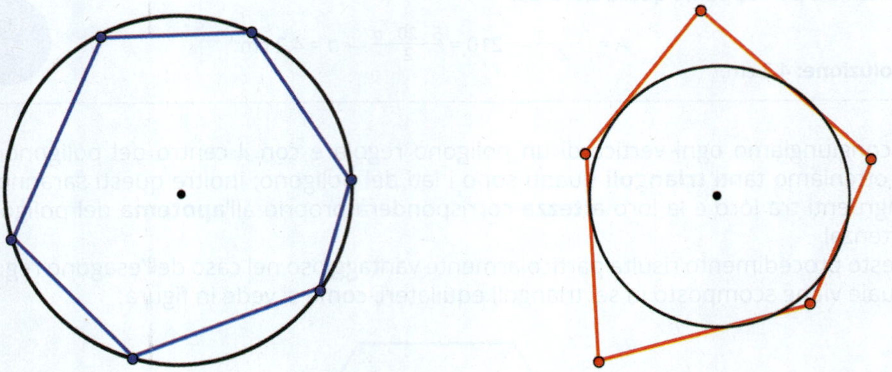

Figura 18: poligono inscritto (sinistra) e circoscritto (destra).

Tuttavia, non è sempre possibile inscrivere o circoscrivere un poligono, poiché vi sono alcune condizioni che devono essere rispettate:

- i **poligoni regolari** e i **triangoli** sono *sempre* inscrivibili e circoscrivibili;
- i **quadrilateri** (poligoni aventi 4 lati e 4 angoli) possono essere inscritti solo se la somma degli angoli opposti è uguale a 180° (come nel caso del rettangolo), mentre possono essere circoscritti solo se la somma dei lati opposti è congruente;

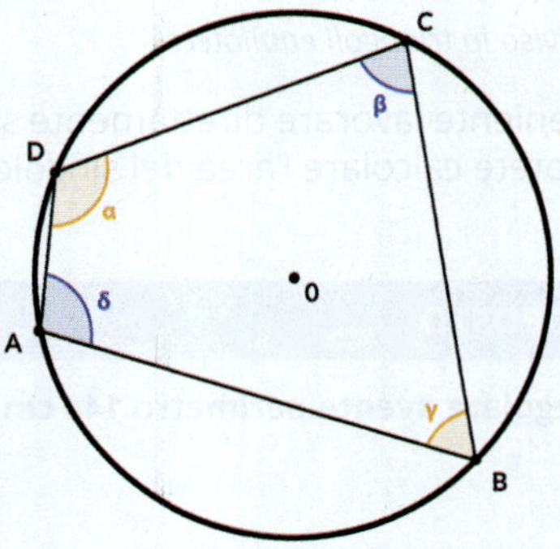

Figura 19: $\alpha + \gamma = \beta + \delta = 180° \leftrightarrow$ inscrivibile.

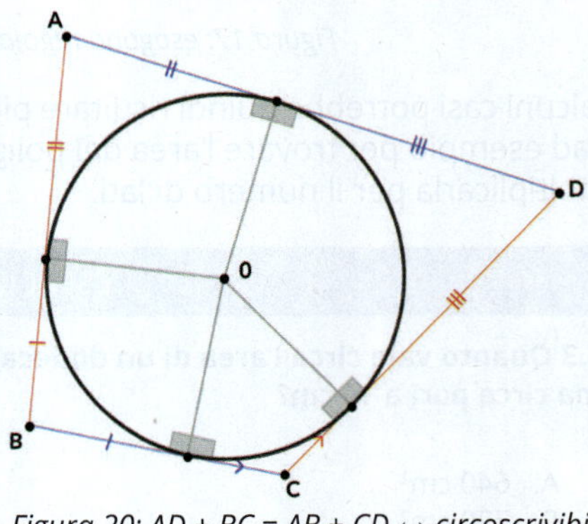

Figura 20: $AD + BC = AB + CD \leftrightarrow$ circoscrivibile.

- tutti gli altri poligoni possono essere *inscritti* solo se tutti gli assi dei lati (ovvero le rette **perpendicolari** ai lati) si incontrano in uno stesso punto (che sarà il centro della circonferenza), mentre possono essere *circoscritti* solo se tutte le bisettrici degli angoli (ovvero le rette che dividono a **metà** gli angoli del poligono) si incontrano in uno stesso punto (che sarà il centro della circonferenza).

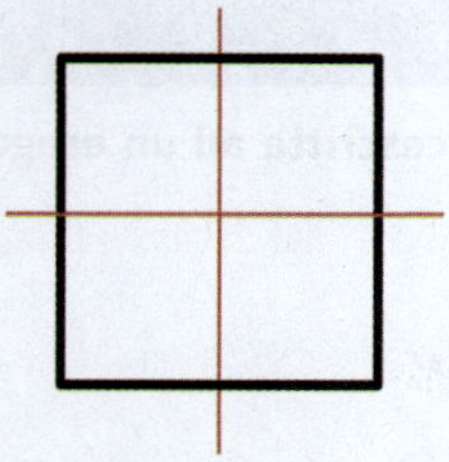

Figura 21: quadrato: inscrivibile.

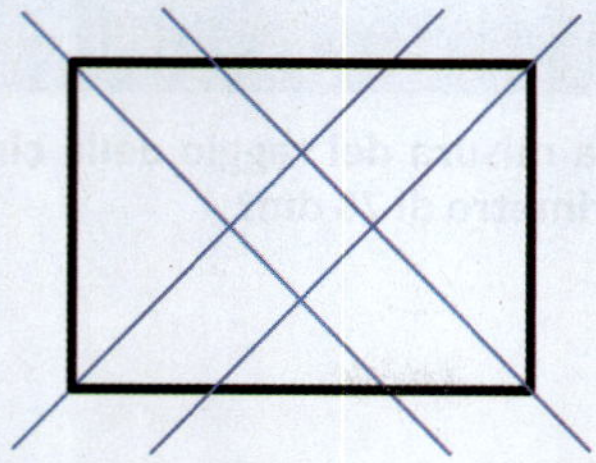

Figura 22: rettangolo: non circoscrivibile.

Per poter quindi capire graficamente se un poligono può essere iscritto e/o circoscritto, basta disegnare gli assi dei lati e verificare se si incontrano in uno stesso punto (inscrivibile), e/o disegnare le rette bisettrici degli angoli e verificare se si incontrano in uno stesso punto (circoscrivibile).

Figura geometrica	Proprietà
Triangolo	Sempre inscrivibile e circoscrivibile
Poligono regolare	Sempre inscrivibile e circoscrivibile
Quadrato	Sempre inscrivibile e circoscrivibile
Rettangolo	Sempre inscrivibile
Parallelogramma	Né inscrivibile né circoscrivibile
Rombo	Sempre circoscrivibile
Trapezio isoscele	Sempre inscrivibile
Trapezio non isoscele	Mai inscrivibile, circoscrivibile solo se rispetta la regola dei lati

ESERCIZIO **SVOLTO**

Un poligono ha la somma degli angoli interni pari a 360° e due lati paralleli. Sapendo che gli angoli esterni a due angoli adiacenti valgono 120° e che i rimanenti due lati hanno angoli esterni che valgono 60°, il poligono è inscrivibile in una circonferenza?

Svolgimento:
il poligono in questione è sicuramente un quadrilatero, dato che la somma degli angoli interni è pari a 360°. Per capire se un quadrilatero è inscrivibile in una circonferenza bisogna valutare se la somma degli angoli opposti è pari a 180°.
Gli unici angoli noti sono quelli esterni, ma per calcolare un angolo interno basta sottrarre, attraverso una considerazione geometrica, a 180° il valore dell'angolo esterno. Si ottiene così che i due angoli adiacenti sono pari a 180° - 120° = 60°, e gli altri due angoli adiacenti sono invece pari a 180° - 60° = 120°.

Gli angoli opposti saranno quindi, in entrambi i casi, 60° e 120°, la cui somma è pari a 180°.

Soluzione: Sì, certo. È ovvio.

ESERCIZIO **PROPOSTO**

5.4 Calcola la misura del raggio della circonferenza circoscritta ad un esagono regolare avente il perimetro di 78 dm?

A. 15 dm
B. 14 dm
C. 12 dm
D. 13 dm
E. 11 dm

5.5 IL TRIANGOLO

Il triangolo è un poligono caratterizzato da 3 lati e 3 angoli e generalmente viene raffigurato con un'altezza h, la quale corrisponde a un qualsiasi segmento che congiunge, in maniera perpendicolare, un vertice a un lato detto base (b).

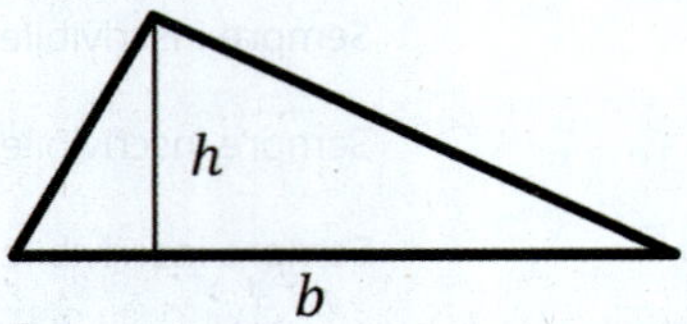

Proprietà:

- in un **qualsiasi** triangolo la **somma** di due lati è sempre **maggiore** del terzo lato, e la **differenza** di due lati è sempre **minore** del terzo lato;
- la somma degli angoli interni di un triangolo è sempre uguale a 180°.

Nella seguente tabella sono elencate tutte le possibili tipologie di triangoli, con le relative proprietà dei loro lati e angoli.

Triangolo	Lati	Angoli	Figura
Triangolo scaleno	Tutti diversi	Tutti diversi	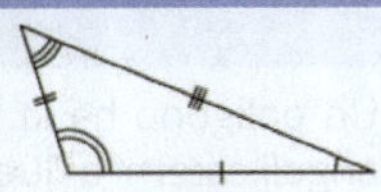
Triangolo isoscele	Due lati congruenti	Angoli alla base congruenti	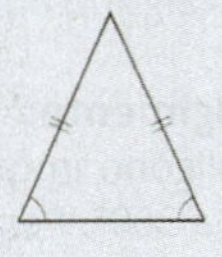
Triangolo equilatero	Tutti uguali	Tutti uguali	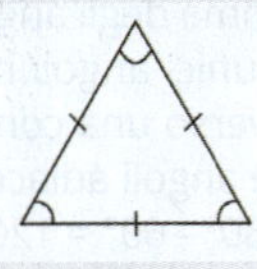
Triangolo rettangolo	I lati adiacenti all'angolo retto si dicono cateti, quello opposto è l'ipotenusa	Un angolo misura 90°	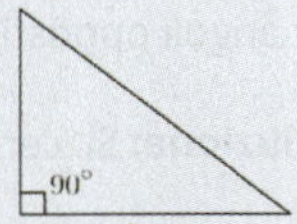

Dobbiamo inoltre definire i cosiddetti **punti notevoli** di un triangolo, ovvero quei punti ottenuti dall'intersezione di alcuni segmenti notevoli del triangolo, in particolare avremo:

- **baricentro** = punto d'incontro delle **mediane**, segmenti che congiungono ciascun vertice di un triangolo con il punto medio del lato a esso opposto;
- **ortocentro** = punto d'intersezione delle **altezze**, segmenti condotti perpendicolarmente da un ciascun vertice al lato opposto;
- **incentro** = punto intersezione delle **bisettrici** di ogni angolo del triangolo, corrisponde al centro della circonferenza inscritta;
- **circocentro** = punto d'incontro degli **assi** dei lati del triangolo, corrisponde al centro della circonferenza circoscritta.

5.5.1 Criteri di congruenza

Due triangoli si dicono **congruenti** se hanno tutti e tre i **lati** congruenti. A seconda delle informazioni a disposizione, è possibile stabilire la congruenza tra due triangoli se questi soddisfano almeno uno dei seguenti criteri.

Criteri di congruenza	Enunciato	Figura
I	Due triangoli sono congruenti se hanno congruenti due lati e l'angolo tra essi compreso (L - A - L)	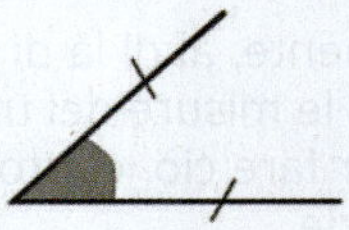
II	Due triangoli sono congruenti se hanno un lato e due angoli a esso adiacenti rispettivamente congruenti (A - L - A)	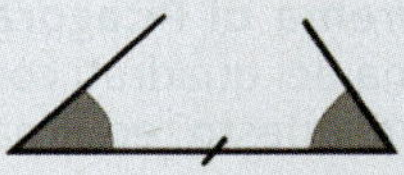
III	Due triangoli sono congruenti se hanno tutti i lati ordinatamente congruenti (L - L - L)	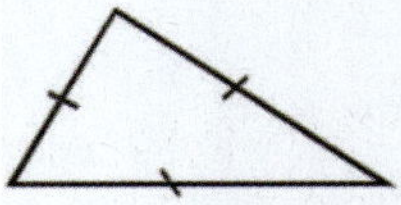

5.5.2 Criteri di similitudine

Due triangoli si dicono **simili** se hanno tutti e tre gli **angoli** congruenti. A seconda delle informazioni a disposizione, è possibile stabilire la similitudine tra due triangoli se questi soddisfano almeno uno dei seguenti criteri:

Criteri di similitudine	Enunciato
I	Due triangoli sono simili se e solo se hanno ordinatamente tre angoli congruenti (A - A - A)
II	Due triangoli sono simili se e solo se hanno due lati in *proporzione** e l'angolo fra essi compreso congruente
III	Due triangoli sono simili se e solo se hanno tutti i lati in proporzione

Nota: per "lati in proporzione" si intende che i lati di un triangolo presi in considerazione sono legati ai lati di un altro triangolo attraverso un fattore di proporzionalità; ad esempio, preso un triangolo che ha due lati pari a 3 e 4, e un altro triangolo che ha due lati pari a 6 e 8, si dice che tali due lati sono in proporzione, per la precisione, di un fattore 2.

5.5.3 Formule risolutive

Triangolo	Area	Perimetro
Generico	$\frac{\text{base} \cdot \text{altezza}}{2}$	lato + lato + lato
Rettangolo	$\frac{\text{cateto} \cdot \text{cateto}}{2}$ $\frac{\text{ipotenusa} \cdot \text{altezza}}{2}$	lato + lato + lato

5.5.4 Teoremi dei triangoli rettangoli

Solitamente, al di là di concetti teorici, i problemi sui triangoli **rettangoli** consistono nel trovare le misure dei triangoli, come ad esempio la lunghezza di un lato o il valore dell'area. Per fare ciò, esistono 3 teoremi molto pratici: il teorema di Pitagora e i due teoremi di Euclide.

Il **teorema di Pitagora** stabilisce che il quadrato costruito sull'ipotetusa è uguale alla somma dei quadrati costruiti sui cateti. Sapendo che l'area del quadrato è pari a l^2, la formula di questo teorema può essere espressa come:

$$c^2 = a^2 + b^2$$

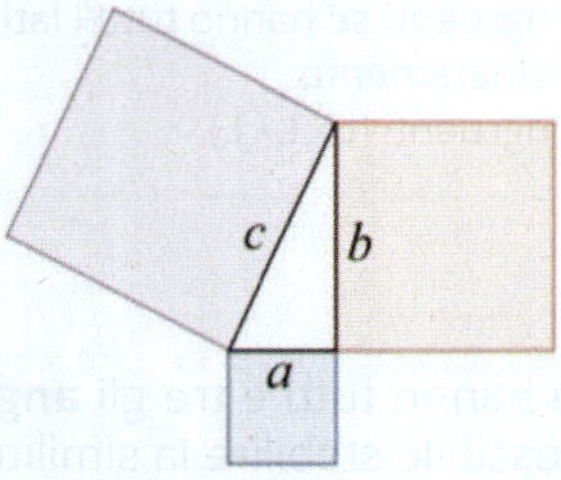

Figura 23: rappresentazione grafica del teorema di Pitagora.

In un problema dove si conoscono solo due lati di un triangolo rettangolo, è quindi possibile ricavare il terzo lato attraverso la suddetta formula.

Prima di parlare dei prossimi due teoremi è necessario conoscere la definizione di **proiezione di un cateto sull'ipotenusa**. Avendo un triangolo rettangolo poggiato sull'ipotenusa (CB) e tracciando l'altezza (AH) tra l'ipotenusa e il vertice dell'angolo retto, le proiezioni del cateto sinistro (AC) e del cateto destro (AB) sono rispettivamente il frammento sinistro (CH) e il frammento destro (HB) dell'ipotenusa divisi dall'altezza.

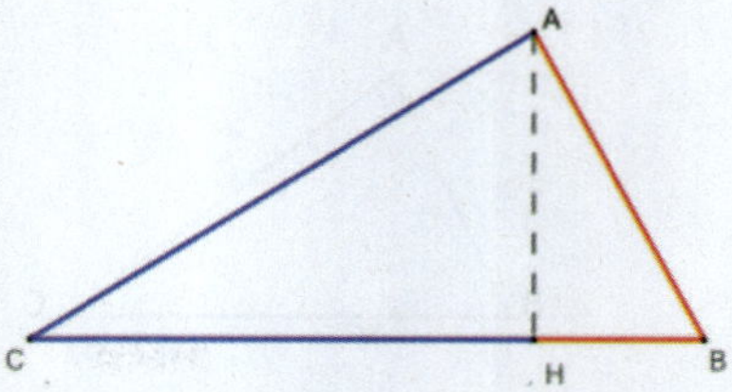

Figura 24: CH è la proiezione del cateto AC, HB è la proiezione del cateto AB.

Il ***primo* teorema di Euclide** stabilisce che un **cateto** è *medio* proporzionale tra l'**ipotenusa** e la **proiezione** di tale **cateto** sull'ipotenusa. In termini matematici, questo significa che, impostando una **proporzione**, il cateto considerato si troverà appunto ad entrambi i medi della proporzione, mentre agli estremi si troveranno l'ipotenusa e la proiezione del cateto sull'ipotenusa.

In riferimento alla figura 25, la proporzione risultante sarà:

BC* : *AB* = *AB* : *HB, considerando il cateto AB, oppure

BC* : *AC* = *AC* : *CH, considerando il cateto AC.

Graficamente è possibile visualizzare il teorema attraverso la figura del teorema di Pitagora, in cui l'altezza del triangolo divide anche il quadrato costruito sull'ipotenusa, generando due porzioni di aree congruenti (il quadrato verde su un cateto è congruente alla sezione verde del quadrato dell'ipotenusa, e la stessa cosa vale per le due aree rosa, congruenti tra loro).

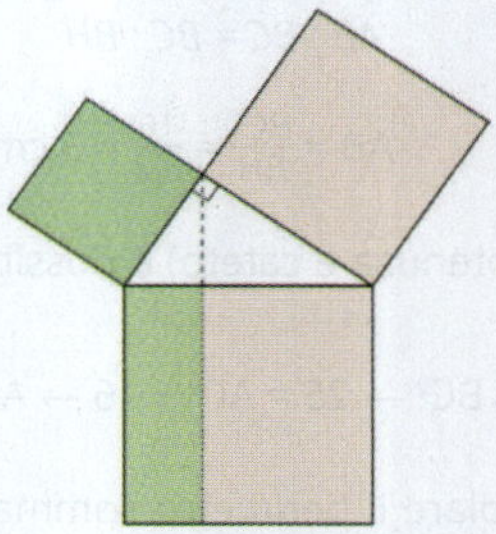

Figura 25: primo teorema di Euclide. Le due aree verdi sono congruenti tra loro e così le due rosa.

Il ***secondo* teorema di Euclide** stabilisce che l'**altezza** del triangolo relativa all'ipotenusa è medio proporzionale tra le **proiezioni dei due cateti** sull'ipotenusa. Questo significa che, impostando una proporzione, l'altezza si troverà ad entrambi i *medi*, mentre agli estremi si troveranno le due proiezioni dei cateti.

In termini matematici, in riferimento alla figura 26:

CH* : *AH* = *AH* : *BH

Graficamente, è possibile considerare un ipotetico quadrato costruito sull'altezza, la cui area è congruente a un ipotetico rettangolo formato dalle proiezioni dei cateti:

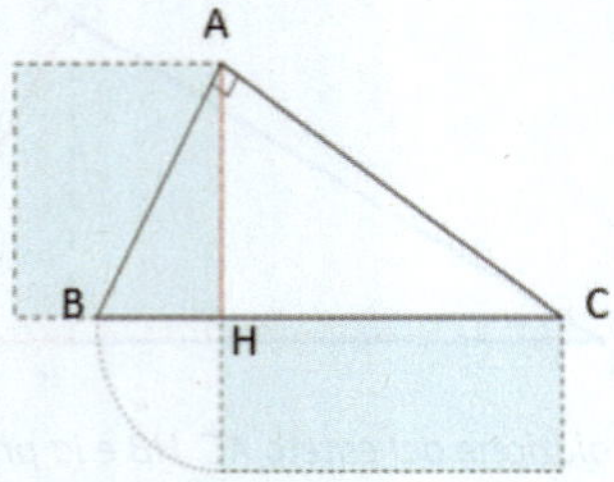

Figura 26: secondo teorema di Euclide. Le aree in azzurro sono congruenti tra loro.

Quale teorema di Euclide va utilizzato? I due teoremi di Euclide sono semplici proporzioni in cui compaiono tre valori in due diverse combinazioni. A seconda dei valori forniti dal problema, è possibile individuare la proporzione corretta da utilizzare. Ad esempio, se di un triangolo rettangolo il testo fornisce il valore dell'altezza, il teorema da utilizzare sarà molto probabilmente il secondo. Se al contrario, si conosce il valore di un cateto, allora andrà considerato il primo teorema.

ESERCIZIO **SVOLTO**

È dato un triangolo rettangolo, retto nel vertice C. Il cateto maggiore (BC) misura 4 cm e la proiezione di tale cateto sull'ipotenusa (BH) misura 3,2 cm. Misura il perimetro e l'area del triangolo.

Svolgimento:
per calcolare il perimetro è necessario sapere le lunghezze dei lati.
Conoscendo un cateto e la sua proiezione sull'ipotenusa, si deduce che bisogna usare il primo teorema di Euclide:

$$\textit{ipotenusa} : \textit{cateto} = \textit{cateto} : \textit{proiezione}$$
$$AB : BC = BC : BH$$

$$AB = \frac{BC^2}{BH} = \frac{16}{3{,}2} = 5 \text{ cm}$$

Ora che si conoscono due lati (ipotenusa e cateto) è possibile calcolare il secondo cateto attraverso il teorema di Pitagora:

$$AB^2 = AC^2 + BC^2 \rightarrow 25 = AC^2 + 16 \rightarrow AC = \sqrt{9} = 3 \text{ cm}$$

Avendo tutti i lati è possibile calcolare il perimetro sommandoli tutti tra loro e calcolare l'area attraverso la formula $\frac{\text{cateto} \cdot \text{cateto}}{2}$:

$$P = 3 + 4 + 5 = 12 \text{ cm}, \; A = \frac{4 \cdot 3}{2} = 6 \text{ cm}^2$$

Soluzione: perimetro 12 cm, area 6 cm^2.

ESERCIZIO **PROPOSTO**

5.5 Un triangolo rettangolo ha l'altezza relativa all'ipotenusa pari a 4 cm e la proiezione di uno dei cateti sull'ipotenusa pari a 2 cm.
Qual è l'area del triangolo?

A. 30 cm²
B. 40 cm²
C. 20 cm²
D. 60 cm²
E. 70 cm²

5.5.5 Triangoli notevoli

I triangoli notevoli sono alcuni triangoli rettangoli particolari, nei quali disponiamo di alcune semplici formule che ci permettono, a partire da un solo lato, di conoscere gli altri due. Quelli di nostro riguardo sono esposti nella seguente tabella:

Triangolo	Cateto maggiore	Cateto minore	Ipotenusa	
Triangolo avente angoli pari a 30°, 60° e 90° (metà di un triangolo equilatero)	$\sqrt{3} \cdot a$	a	$2a$	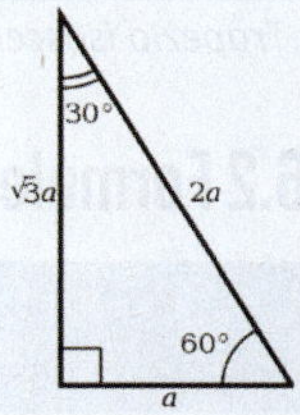
Triangolo avente angoli pari a 45°, 45° e 90° (metà di un quadrato)	l	l	$\sqrt{2} \cdot l$	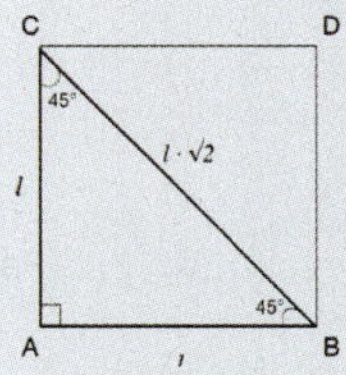

N.B. queste formule valgono anche per il calcolo della **diagonale** del quadrato, che combacia con l'ipotenusa del triangolo 45° 45° 90°, e per l'**altezza** del triangolo equilatero, che corrisponde al cateto maggiore del triangolo 30° 60° 90°.

5.6 IL QUADRILATERO

I quadrilateri sono poligoni aventi 4 lati e 4 angoli la cui somma è pari a 360°. Tra questi vi sono i quadrati, i rettangoli, i parallelogrammi e i trapezi.

5.6.1 Tipologie di quadrilateri

Il **quadrato** è un quadrilatero avente i 4 lati ***l*** e i 4 angoli congruenti, e, si ricorda, può essere inscrivibile e circoscrivibile, essendo un poligono regolare.
Il **rettangolo** è un quadrilatero di base ***b*** e altezza ***h***, avente 4 angoli rettangoli (90°). Esso è inscrivibile (poiché gli assi dei suoi lati si incontrano in uno stesso punto), ma non circoscrivibile (poiché le bisettrici degli angoli non si incontrano in uno stesso punto).

MATEMATICA

Il **parallelogramma** è caratterizzato da quattro lati *paralleli a due a due* (quelli opposti), ma a differenza del rettangolo non ha tutti e 4 gli angoli retti, bensì due lati obliqui.
Il **trapezio** è un quadrilatero caratterizzato da 2 lati opposti **paralleli** di *diversa* lunghezza (chiamati **base minore *b*** e **base maggiore *B***) e da un'altezza ***h***. Si suddividono in:

- trapezio **isoscele**, in cui gli altri 2 lati (denominati **lati obliqui**), sono congruenti. Tale proprietà fa sì che la somma dei suoi angoli opposti sia pari a 180°, per cui è inscrivibile a una circonferenza;
- trapezio **rettangolo**, in cui uno degli altri 2 lati è perpendicolare alle basi, formando 2 angoli retti, e l'altro è obliquo;
- trapezio **scaleno**, in cui gli altri 2 lati sono differenti tra loro.

Il **rombo** è un quadrilatero caratterizzato da 4 lati ***l*** congruenti, a differenza del quadrato però gli angoli non sono tutti e quattro retti ma saranno congruenti a due a due; è inoltre caratterizzato da due diagonali, una maggiore (**D**) e una minore (**d**). Avendo i lati congruenti è sempre circoscrivibile.

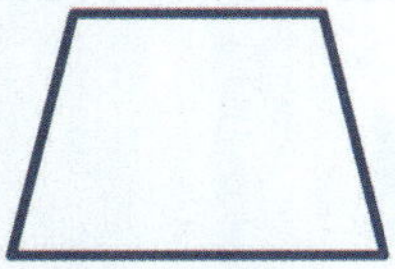

Trapezio isoscele

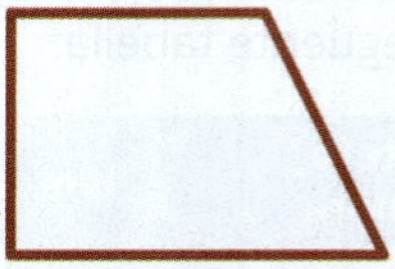

Trapezio rettangolo

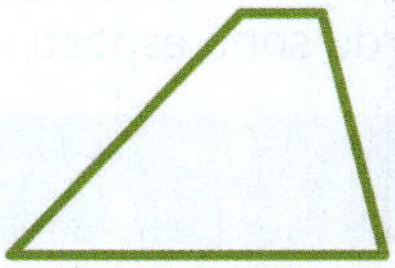

Trapezio scaleno

Rombo

5.6.2 Formule risolutive

Quadrilatero	Area
Quadrato	l^2
Rettangolo	$b \cdot h$
Parallelogramma	
Trapezio	$\frac{(b \cdot B) \cdot h}{2}$
Rombo	$\frac{D \cdot d}{2}$

ESERCIZIO **SVOLTO**

Qual è l'area di un trapezio rettangolo, il cui lato obliquo vale 15 cm e le due basi hanno una somma pari a 61 cm e una differenza pari 9 cm?

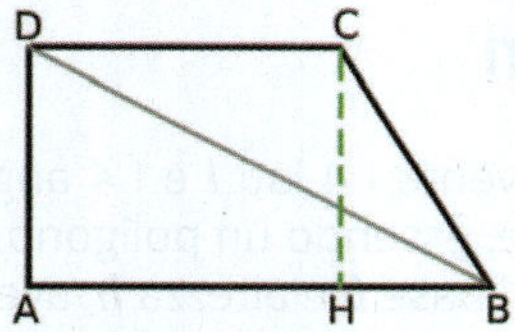

Svolgimento:
considerando il trapezio in figura, i dati a disposizione sono:
BC = 15 cm
BH = 9 cm (differenza tra le basi)
AB + CD = 61 cm

L'area del trapezio si calcola attraverso la formula $\frac{(AB + CD) \cdot CH}{2}$, di cui si conosce dal testo AB + CD. Bisogna quindi ricavare l'altezza CH e ciò è possibile semplicemente applicando il teorema di Pitagora al triangolo CHB.

$$BH^2 + CH^2 = BC^2 \rightarrow CH^2 = 15^2 - 9^2 \rightarrow CH = \sqrt{144} = 12 \text{ cm}$$

È possibile adesso applicare la formula dell'area del trapezio

$$A = \frac{(AB + CD) \cdot CH}{2} = \frac{61 \cdot 12}{2} = 366 \text{ cm}^2$$

Soluzione: 366 cm^2.

ESERCIZIO **PROPOSTO**

5.6 Assegnato un trapezio scaleno con base maggiore doppia della base minore, aggiungere al trapezio due triangoli rettangoli in modo da ottenere un rettangolo avente stessa altezza del trapezio e base coincidente con la base maggiore del trapezio. Se la somma delle aree dei due triangoli aggiunti è 20 cm^2, qual è, in centimetri quadrati, l'area del trapezio?

A. 100
B. 40
C. 60
D. 80
E. 120

5.7 LA CIRCONFERENZA

Il cerchio è stato affrontato analiticamente nel capitolo precedente attraverso i punti nel piano cartesiano e l'equazione che descrive la sua circonferenza.
Affrontandolo da un punto di vista euclideo, il cerchio non è un poligono, ma è comunque una figura piana, caratterizzata dalla misura del raggio r, dalla sua circonferenza C, e dall'area A che occupa.

Di conseguenza la circonferenza e il cerchio non sono equivalenti:
- la **circonferenza** abbiamo visto essere il luogo geometrico dei punti che sono equidistanti dal centro;
- il **cerchio** è l'insieme dei punti della circonferenza e di tutti quelli interni ad essa.

Circonferenza	$C = 2\pi r$
Area	$A = \pi r^2$

Ricorda: $\pi \approx 3{,}14$

5.7.1 Angolo al centro e angolo alla circonferenza

Avendo un cerchio, a partire da due punti A e B qualsiasi della circonferenza, è possibile definire due tipi di angoli:

- l'angolo che ha come vertice il centro della circonferenza, definito **angolo al centro**;
- gli angoli che hanno come vertice un terzo punto C della circonferenza, definiti **angoli alla circonferenza**.

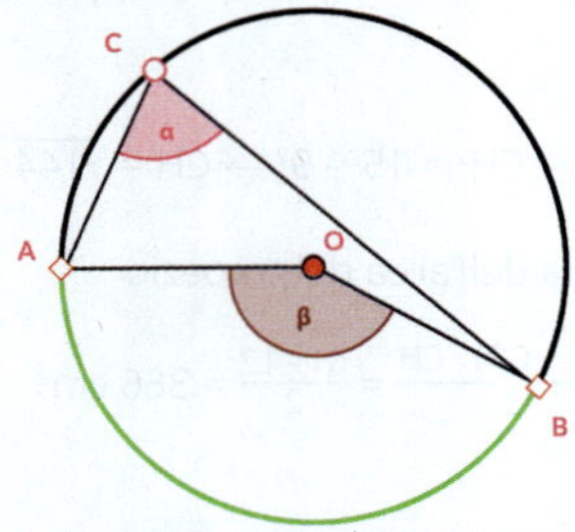

Figura 27: l'angolo al centro β e l'angolo alla circonferenza α a partire dai punti A e B.

Proprietà:

- qualsiasi sia il punto C, a partire dagli **stessi** due punti A e B, **tutti** gli angoli alla circonferenza sono congruenti e valgono la **metà** dell'unico angolo al centro possibile ($\alpha = 1/2\ \beta$);
- se i punti A e B sono gli estremi del diametro della circonferenza, allora gli angoli alla circonferenza sono angoli retti (90°), proprio perché l'angolo al centro è l'angolo piatto (180° = 2 · 90°).

ESERCIZIO **SVOLTO**

In una circonferenza è inscritto un triangolo $A\hat{B}C$.
Sapendo che l'angolo $B\hat{C}A$ misura 100°, l'angolo al centro $B\hat{O}C$ misura 60° trova la misura dell'angolo $A\hat{B}C$.

Svolgimento:

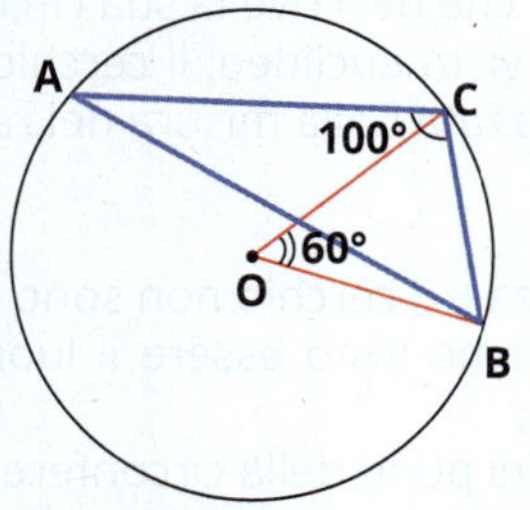

sapendo che la somma degli angoli interni di un triangolo è 180°, possiamo trovare l'angolo $A\hat{B}C$ sottraendo a 180° gli altri due angoli del triangolo. Dato l'angolo al centro $B\hat{O}C = 60°$, l'angolo alla circonferenza corrispondente $C\hat{A}B$ avrà valore pari a 30°.
Sapendo quindi che $B\hat{C}A = 100°$ e $C\hat{A}B = 30°$, avremo che:

$$A\hat{B}C = 180° - B\hat{C}A - C\hat{A}B$$
$$A\hat{B}C = 180° - 100° - 30° = 50°$$

Risultato: $A\hat{B}C = 50°$.

5.7.2 Corda, arco e settore circolare

- **Corda**: segmento che ha per estremi due punti appartenenti alla circonferenza;
- **arco**: porzione di circonferenza compresa fra due suoi punti;
- **settore circolare**: parte di cerchio compresa fra due raggi e l'arco che ha per estremi gli estremi dei raggi.

Le corde dividono la circonferenza in due archi. Possiamo dire che gli archi sono sottesi dalla corda o, in alternativa, possiamo dire che la corda sottende gli archi.

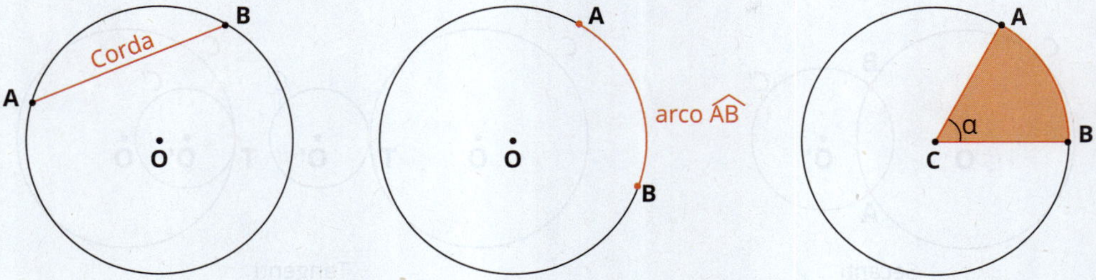

5.7.3 Posizioni di una retta nei confronti di una circonferenza

Data una retta e una circonferenza, le relazioni fra questi possono essere molteplici. La retta nei confronti della circonferenza può essere definita in una delle seguenti maniere:

- **secante**: la retta interseca la circonferenza condividendo con essa due punti (*punti di intersezione*), la retta si troverà ad una distanza dal centro della circonferenza minore del raggio di quest'ultima;
- **tangente**: la retta ha in comune con la circonferenza soltanto un punto (*punto di tangenza*) e si trova ad una distanza pari al raggio della circonferenza;
- **esterna**: la retta non ha punti in comune con la circonferenza e si trova ad una distanza dal centro superiore al raggio della circonferenza.

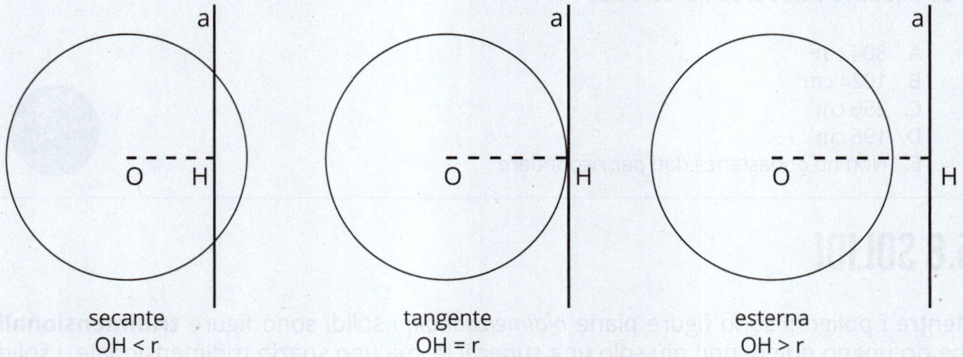

5.7.4 Posizioni reciproche fra due circonferenze

Date due circonferenze, queste possono avere relazioni differenti a seconda della loro posizione rispetto all'altra. Riconosciamo le seguenti tipologie di relazioni:

- circonferenze **secanti:** le circonferenze condividono due punti di intersezione;
- circonferenze **tangenti**: le circonferenze hanno un solo punto in comune;
- circonferenze **esterne**: le circonferenze non possiedono punti in comune e tutti i punti di una circonferenza sono esterni all'altra.
- circonferenze una **interna all'altra**: le circonferenze non possiedono punti in comune ma una circonferenza è costituita da punti tutti interni all'altra.

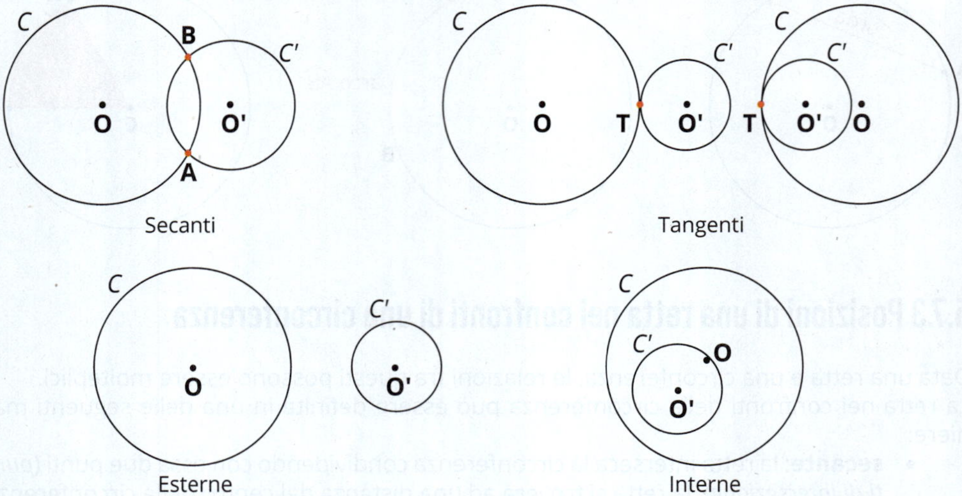

Figura 28: posizioni reciproche fra due circonferenze.

ESERCIZIO **PROPOSTO**

5.7 Un triangolo è inscritto in una circonferenza ed un suo lato AC coincide con il diametro. Sapendo che il lato BC (il più corto del triangolo) misura 16 cm e l'angolo in C misura 60°, quanto vale l'area del cerchio?

A. 804 cm^2
B. 1024 cm^2
C. 256 cm^2
D. 196 cm^2
E. Non ho abbastanza dati per rispondere

5.8 SOLIDI

Mentre i poligoni sono figure piane *bidimensionali*, i solidi sono figure **tridimensionali**, che occupano quindi non più solo una superficie, ma uno spazio tridimensionale. I solidi sono caratterizzati, oltre che dalla misura dell'area, anche dalla misura del ***volume***.

Qui di seguito è riportata una tabella contenente i solidi più comuni con le relative formule per calcolare l'area della superficie (cioè delle loro facce bidimensionali) e il volume che occupano.

Solido	Superficie	Volume
Cubo	$A = 6 \cdot l^2$	$V = l^3$
Parallelepipedo	$A = 2 \cdot (A_{base} + A_{lat1} + A_{lat2})$	$V = A_{base} \cdot h$
Cilindro	$A = 2\,A_{base} + 2\pi r \cdot h$	$V = \pi r^2 h$
Sfera	/	$V = \frac{4}{3} \pi r^3$
Cono	$A = A_{base} + \pi \cdot r \cdot a$	$V = \frac{A_{base} \cdot h}{3}$
Piramide	$A = A_{base} + 4\,A_{latarale}$	

ESERCIZIO **PROPOSTO**

5.8 GianLuigi Piercitino passeggia per la città di Budapest nel mese di gennaio e improvvisamente ha voglia di gelato, ma la simpatica gelataia Dimitra non vuole vendergli più di una pallina di gelato. Gli propone però una sfida: se riesce ad indovinare il volume del gelato (formato da un cono di altezza 8 cm e raggio 3 cm e da una sfera di diametro 6 cm), gli offrirà in regalo altre 6 palline di gelato (per la felicità del suo diabete). Qual è quindi la risposta che deve dare GianLuigi per vincere le 6 palline di gelato?

A. $50\,\pi$ cm^3
B. $56\,\pi$ cm^3
C. $60\,\pi$ cm^3
D. $65\,\pi$ cm^3
E. $70\,\pi$ cm^3

Per approfondire questo argomento inquadra il QR code e guarda la videolezione:

CORREZIONI COMMENTATE AGLI ESERCIZI PROPOSTI

5.3 Un dodecagono è un poligono a 12 lati. In realtà questa è un'informazione che non influisce sulla risoluzione dell'esercizio, perché l'area di un poligono può essere calcolata attraverso il perimetro (che è già fornito nel testo) con la formula:

$$A = \frac{\text{perimetro} \cdot \text{apotema}}{2} = \frac{144 \cdot 10}{2} = 720 \text{ cm}^2$$

Risposta corretta B.

5.4 Per circonferenza *circoscritta* si intende poligono inscritto. Si faccia attenzione inoltre a non confondere la circonferenza circoscritta con quella inscritta, perché, mentre il raggio della circonferenza **inscritta** è pari, per definizione, all'apotema del poligono, il raggio della circonferenza **circoscritta** è pari al lato del poligono.

N.B. Se si fa fatica a ricordare le formule, un poligono regolare di n lati può essere considerato come un insieme di n triangoli **equilateri**, la cui altezza è l'apotema del poligono e i cui lati sono congruenti al lato del poligono. Essendo i triangoli equilateri, il raggio sarà esattamente pari al lato del poligono, cioè 78 : 6 = 13 dm.

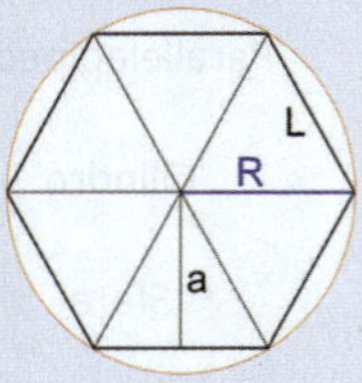

Risposta corretta D.

5.5 In questo esercizio va semplicemente applicato il secondo teorema di Euclide, che stabilisce che l'altezza di un triangolo rettangolo è medio proporzionale tra le proiezioni dei cateti sull'ipotenusa.

$$P_1 : \text{altezza} = \text{altezza} : P_2$$

Conoscendo l'altezza e una delle due proiezioni è possibile ricavare l'altra:

$$P_2 = \frac{\text{altezza}^2}{2} = \frac{16}{2} = 8 \text{ cm}$$

A questo punto è possibile trovare l'ipotenusa sommando le due proiezioni e calcolare l'area co-me $\frac{\text{base} \cdot \text{altezza}}{2}$, dove la base è l'ipotenusa.

$$Ip = P_1 + P_2 = 10 \text{ cm} \rightarrow A = \frac{Ip \cdot \text{altezza}}{2} = \frac{10 \cdot 4}{2} = 20 \text{ cm}^2$$

Risposta corretta C.

5.6 Innanzitutto si disegni il trapezio scaleno, ricordando che le due basi sono parallele e i due lati obliqui sono differenti, includendo in rosso le aree che lo vanno a riempire per formare un rettangolo.

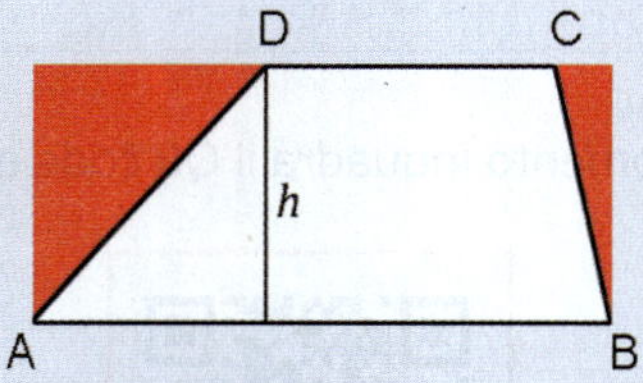

La formula per calcolare l'area del trapezio è $A = \frac{(AB + CD) \cdot h}{2}$, ma non si conosce nessuno di questi valori. L'unica informazione nota è che $AB = 2 \cdot CD$, e che l'area in rosso è pari a 20 cm^2.
Spostando la porzione di area di destra a sinistra:

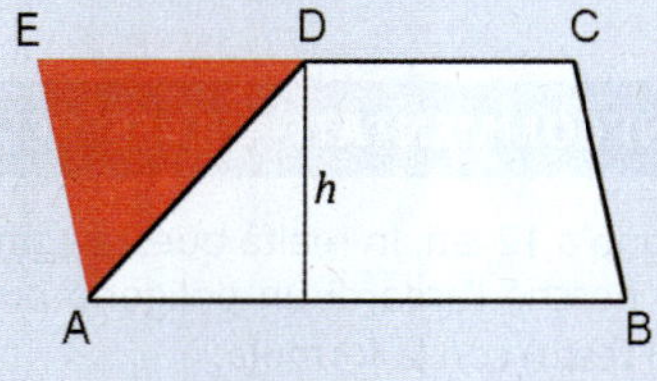

Si può notare come l'area in rosso sia pari all'area di un triangolo che ha come base la base minore del trapezio, proprio perché ED + CD = AB, ma CD è la metà della base maggiore del trapezio, quindi sicuramente ED = CD. L'area del triangolo rosso è

$$\frac{\text{base} \cdot \text{altezza}}{2} \rightarrow A = \frac{ED \cdot h}{2} = 20 \text{ cm}^2$$

quindi $ED \cdot h = 40$ cm². Se ED = CD, allora si può scrivere che $CD \cdot h = 40$ cm².
Si può ora utilizzare la formula dell'area del trapezio:

$$A = \frac{(AB + CD) \cdot h}{2} = \frac{(2CD + CD) \cdot h}{2} = \frac{3CD \cdot h}{2} = \frac{3 \cdot 40}{2} = 60 \text{ cm}^2$$

Risposta corretta C.

5.7 Il triangolo è inscritto in una circonferenza, quindi vuol dire che tutti i suoi vertici appartengono alla circonferenza. Considerato che un suo lato è pari al diametro, e che tutti gli angoli alla circonferenza che partono dal diametro sono angoli retti, si deduce che il triangolo è rettangolo, di angoli **90°**, **60°** (dal testo), e 180° - 90° - 60° = **30°**. Questo è un triangolo notevole, in cui il diametro (ipotenusa) è il doppio del cateto minore. Quindi $AC = 16 \cdot 2 = 32$ cm.
Per calcolare l'area del cerchio c'è bisogno del raggio, quindi si divide per 2 il diametro AC → $r = \frac{AB}{2} = 16$ cm.
Area del cerchio: $A = \pi r^2 = 256 \cdot \pi = 256 \cdot 3{,}14 = 804$ cm² circa.
Risposta corretta A.

5.8 Il volume totale è pari al volume del cono più il volume della sfera: $V = V_{cono} + V_{sfera}$. Il volume del cono è pari a $V = \frac{A_{base} \cdot h}{3}$, dove l'area di base è pari all'area del cerchio di raggio 3 cm e l'altezza è pari a 8 cm. Quindi $V_{cono} = \frac{\pi r^2 \cdot h}{3} = \frac{\pi 3^2 \cdot 8}{3} = 24\pi$.

Il volume della sfera è invece $4/3 \pi r^3$, dove il raggio è la metà del diametro, cioè pari a 3 cm.

$$V_{sfera} = \frac{4}{3}\pi \cdot 3^3 = 36\pi. \quad V_{tot} = 24\pi + 36\pi = 60\pi$$

Risposta corretta C.

GONIOMETRIA E TRIGONOMETRIA

6

6.1 FUNZIONI GONIOMETRICHE

Nel capitolo precedente sono state trattate le metodologie per risolvere i **triangoli rettangoli**, cioè per trovare la misura dei loro lati e della loro area. Tali metodologie prevedevano l'uso del teorema di Pitagora e dei teoremi di Euclide, che per essere applicati necessitavano della conoscenza di almeno 2 segmenti del triangolo (per applicare Pitagora bisogna conoscere 2 lati, per applicare Euclide un cateto e la sua proiezione sull'ipotenusa, oppure l'altezza e una delle due proiezioni, ecc.).

In questo capitolo si vedrà come sia possibile trovare le misure di un **triangolo rettangolo** conoscendo un solo lato e un angolo **non retto**; cioè come sfruttare le funzioni goniometriche.

Le **funzioni goniometriche** sono funzioni che descrivono gli angoli della circonferenza goniometrica, ovvero una circonferenza di raggio pari a **1** con centro negli assi cartesiani.

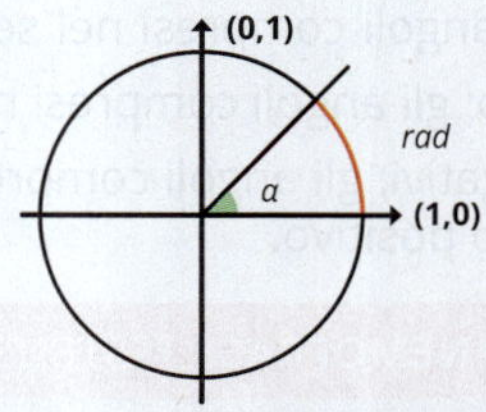

Figura 1: circonferenza goniometrica.

Nella goniometria un angolo parte dal primo *quadrante* crescendo in senso *antiorario* e viene indicato con i **radianti** (unità di misura degli angoli nel S.I., indicata con *rad*), che per definizione rappresentano il **rapporto** tra la *misura dell'arco* di circonferenza delimitato dall'angolo e il *raggio* della circonferenza stessa: pertanto, nella figura 1, e in ogni circonferenza goniometrica, l'angolo α in radianti misura esattamente come all'arco di circonferenza in **rosso**, dal momento che il raggio è uguale a 1.

Per esempio, per calcolare la misura in radianti dell'angolo di 360°, bisogna calcolare l'arco di circonferenza delimitato dall'angolo 360°. Nel caso della circonferenza goniometrica, l'arco equivale a tutta la circonferenza, la cui lunghezza è pari a 2πr, dove r = 1, quindi 360° = 2π rad. Di conseguenza, sapendo quanto vale in radianti l'angolo di 360°, è possibile conoscere, tramite una proporzione, la misura in radianti di qualsiasi angolo: $\alpha_{radianti} : \alpha_{gradi} = 2\pi : 360°$.

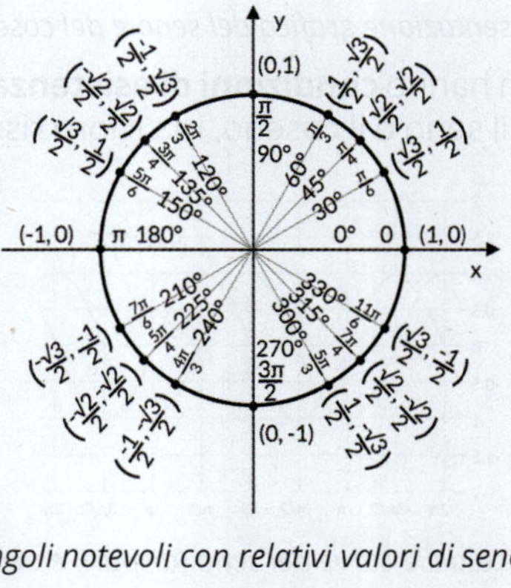

Figura 2: angoli notevoli con relativi valori di seno e coseno.

N.B. Le funzioni goniometriche sono **funzioni periodiche**, proprio a causa nella natura periodica degli angoli. Infatti, se l'angolo cresce, dopo aver superato i 360° è come se ripartisse da 0°. Quindi, ad esempio, 400° corrisponde a 360° + 40° e le funzioni dell'angolo di 400° saranno uguali a quello di 40°. In particolare, si dice che le funzioni goniometriche sono periodiche di **periodo 2π**, perché si ripetono ogni 2π = 360°. Si vedrà in seguito come ci sono alcune funzioni goniometriche che addirittura si ripetono ogni **π = 180°**.

6.1.1 Seno e coseno

Il sin(x) e il cos(x) sono due funzioni goniometriche di **periodo 2π**. Il seno di un angolo rappresenta graficamente la proiezione sull'asse delle **y** del punto sulla circonferenza segnato dall'angolo, mentre il **coseno** rappresenta la proiezione sull'asse delle **x** (figura 3). I loro valori saranno quindi uguali alla lunghezza di queste proiezioni prese con il **segno**, cioè se la proiezione cade sulla parte negativa delle ascisse o delle ordinate il segno sarà negativo, altrimenti sarà positivo.

Si deduce perciò che gli angoli che fanno parte del primo quadrante ($0 \rightarrow \frac{\pi}{2}$) avranno seno e coseno entrambi positivi; gli angoli compresi nel secondo quadrante ($\frac{\pi}{2} \rightarrow \pi$) avranno seno positivo e coseno negativo; gli angoli compresi nel terzo quadrante ($\pi \rightarrow \frac{3}{2}\pi$) avranno seno e coseno entrambi negativi; gli angoli compresi nel quarto quadrante ($\frac{3}{2}\pi \rightarrow 2\pi$) avranno seno negativo e coseno positivo.

MNEMOFRASE TESTBUSTERS

Per ricordare gli elementi positivi nei quattro quadranti:

"CAST"

→ **C** (4° quadrante) coseno positivo, **A** (1°) tutti ("all" in inglese) positivi,
S (2°) seno positivo, **T** (3°) solo la tangente è positiva
perché corrisponde al rapporto tra seno e coseno
entrambi negativi ($tg\alpha = \frac{-sen\alpha}{-cos\alpha}$).

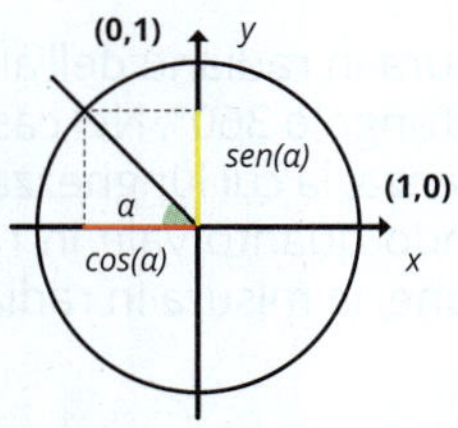

Figura 3: rappresentazione grafica del seno e del coseno dell'angolo α.

Le funzioni seno e coseno non hanno **condizioni di esistenza**, qualsiasi sia il valore dell'angolo **x** è possibile calcolarne il seno o il coseno, ma il loro risultato sarà sempre compreso tra **-1** e **1**.

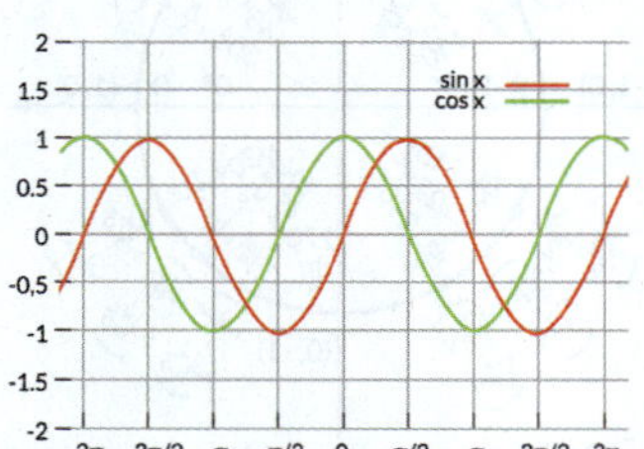

Figura 4: grafico delle curve del seno (dispari) e del coseno (pari).

Come si nota dai grafici delle funzioni (figura 4), il **seno** è una funzione *dispari*, poiché simmetrica rispetto all'origine degli assi, mentre il **coseno** è una funzione *pari*, poiché simmetrica rispetto all'asse delle ordinate.

Relazione fondamentale

Per risolvere alcuni problemi sulla goniometria, per esempio se si vuole trovare il valore del coseno di un angolo, conoscendo il suo seno, è necessario usare la relazione fondamentale della goniometria:

$$\sin^2(x) + \cos^2(x) = 1$$

La seguente tabella indica i valori del seno e del coseno di angoli noti da 0° a 90°: bisogna ricordare che per gli angoli successivi a 90° valgono gli stessi valori, ma con gli opportuni accorgimenti sul segno di cui si è già parlato.

Angolo in gradi	Angolo in radianti	Seno	Coseno
0°	$0 = 2\pi$	0	1
30°	$\frac{\pi}{6}$	$\frac{1}{2}$	$\frac{\sqrt{3}}{2}$
45°	$\frac{\pi}{4}$	$\frac{\sqrt{2}}{2}$	$\frac{\sqrt{2}}{2}$
60°	$\frac{\pi}{3}$	$\frac{\sqrt{3}}{2}$	$\frac{1}{2}$
90°	$\frac{\pi}{2}$	1	0

Un metodo alternativo, e forse più pratico, per ricordare i valori degli angoli notevoli è la "regola della mano". Aprendo la nostra mano come in figura 5 possiamo infatti assegnare ad ogni dito il valore di un angolo notevole da 0° a 90°: il mignolo sarà pari a 0°, l'anulare pari a 30° e così via fino al pollice, pari a 90°.

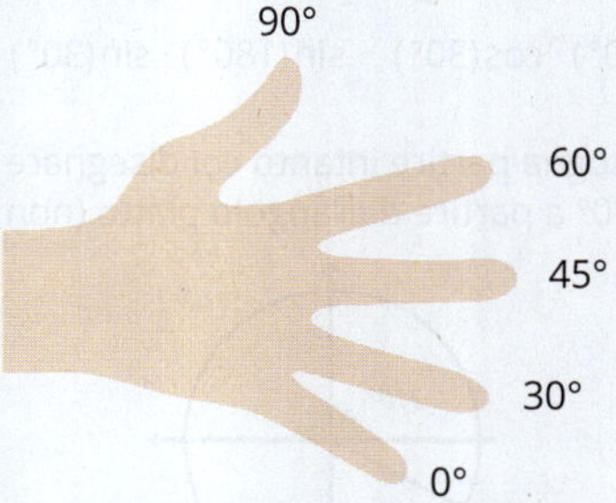

Figura 5: illustrazione regola della mano.

A questo punto per conoscere il valore di seno e coseno dell'angolo corrispondente è sufficiente applicare le seguenti formule:

$\sin = \frac{\sqrt{\text{n° dita SOTTO}}}{2}$ $\cos = \frac{\sqrt{\text{n° dita SOPRA}}}{2}$

In cui è sufficiente contare il numero di dita sopra o sotto al dito selezionato.

Facciamo un esempio: volendo determinare i valori di seno e coseno dell'angolo 60° è sufficiente selezionare il dito corrispondente (l'indice) e applicare le formule.

Per il seno andiamo a contare quante dita si trovano sotto: 3. Il valore si ottiene quindi come: $\sin(60°) = \frac{\sqrt{3}}{2}$.

Allo stesso modo per il coseno contiamo le dita che si trovano sopra l'incide: 1. Si ottiene quindi: $\cos(60°) = \frac{\sqrt{1}}{2} = \frac{1}{2}$.

MATEMATICA

In alternativa è possibile utilizzare le **formule di addizione e sottrazione** dei seni e coseni:

$$\sin(\alpha + \beta) = \sin(\alpha) \cdot \cos(\beta) + \sin(\beta) \cdot \cos(\alpha)$$
$$\sin(\alpha - \beta) = \sin(\alpha) \cdot \cos(\beta) - \sin(\beta) \cdot \cos(\alpha)$$
$$\cos(\alpha + \beta) = \cos(\alpha) \cdot \cos(\beta) - \sin(\alpha) \cdot \sin(\beta)$$
$$\cos(\alpha - \beta) = \cos(\alpha) \cdot \cos(\beta) + \sin(\alpha) \cdot \sin(\beta)$$

Altre formule utili nel nostro percorso sono le formule di **duplicazione**, utilizzate per calcolare il seno o il coseno dell'angolo di ampiezza doppia (**2α**) rispetto a quello dato (**α**):

$$\text{sen}2\alpha = 2\text{sen}\alpha\cos\alpha$$
$$\cos 2\alpha = \cos^2\alpha - \text{sen}^2\alpha$$
$$= 1 - \text{sen}^2\alpha$$
$$= 2\cos^2\alpha - 1$$

Queste formule derivano direttamente dalle formule di addizione, considerando però la somma di due angoli identici tra loro.
Esempio: sen2**α** = sen(**α** + **α**) = sen**α**cos**α** + cos**α**sen**α** = 2sen**α**cos**α**

ESERCIZIO **SVOLTO**

Calcolare il seno e il coseno dell'angolo di 210°.

Svolgimento:
per trovare seno e coseno di 210°, che può essere scritto come 180° + 30° è possibile utilizzare le formule di addizione oppure il metodo grafico.
Con le formule di addizione si ottiene:

$$\sin(180°+30°) = \sin(180°) \cdot \cos(30°) + \sin(30°) \cdot \cos(180°) =$$
$$0 \cdot \frac{\sqrt{3}}{2} + \frac{1}{2} \cdot (-1) = -\frac{1}{2}$$
$$\cos(180°+30°) = \cos(180°) \cdot \cos(30°) - \sin(180°) \cdot \sin(30°) = (-1) \cdot \frac{\sqrt{3}}{2} - 0 \cdot \frac{1}{2} = -\frac{\sqrt{3}}{2}$$

Attraverso il metodo grafico bisogna partire intanto col disegnare l'angolo, che come è stato già detto è pari a 180° + 30°, cioè 30° a partire dall'angolo piatto (non è importante essere precisi):

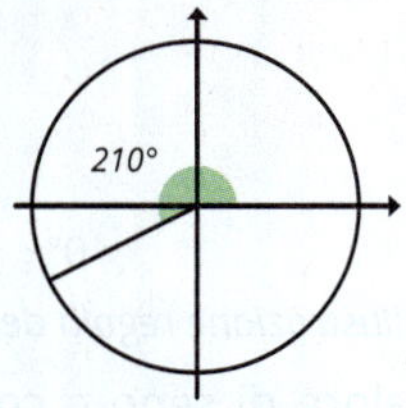

Il passo successivo da fare consiste nel ricondurci, per simmetria, agli angoli di cui conosciamo i valori del seno e del coseno, cioè quelli del primo quadrante:

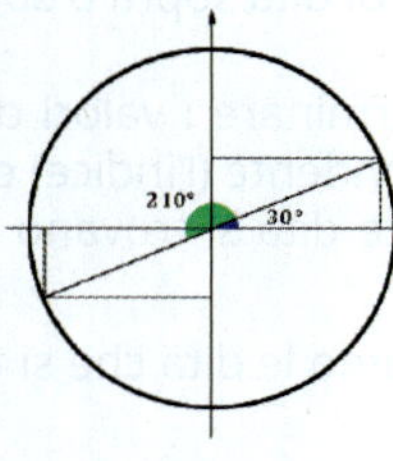

In questo modo si può dedurre che il seno e il coseno dell'angolo 210° sono quelli dell'angolo 30° ma cambiati di segno, poiché si trovano entrambi nella parte negativa degli assi.

Soluzione: $\sin(210°) = -\frac{1}{2}$, $\cos(210°) = -\frac{\sqrt{3}}{2}$.

ESERCIZIO **PROPOSTO**

6.1.1 Quali sono i valori del seno e del coseno dell'angolo di 330°?

A. $\sin(330°) = \frac{1}{2}$, $\cos(330°) = \frac{\sqrt{3}}{2}$

B. $\sin(330°) = -\frac{1}{2}$, $\cos(330°) = \frac{\sqrt{3}}{2}$

C. $\sin(330°) = \frac{1}{2}$, $\cos(330°) = \frac{\sqrt{3}}{2}$

D. $\cos(330°) = -\frac{1}{2}$, $\sin(330°) = \frac{\sqrt{3}}{2}$

E. $\cos(330°) = \frac{1}{2}$, $\sin(330°) = \frac{\sqrt{3}}{2}$

6.1.2 Tangente e cotangente

Per parlare di tangente e cotangente di un angolo dobbiamo prima tracciare due rette specifiche: una retta verticale tangente alla circonferenza nel punto di coordinate (0;1) che rappresenta la retta **tangente**, e una retta orizzontale tangente alla circonferenza nel punto di coordinate (1;0) che rappresenta la retta **cotangente**, come mostrato in figura 6:

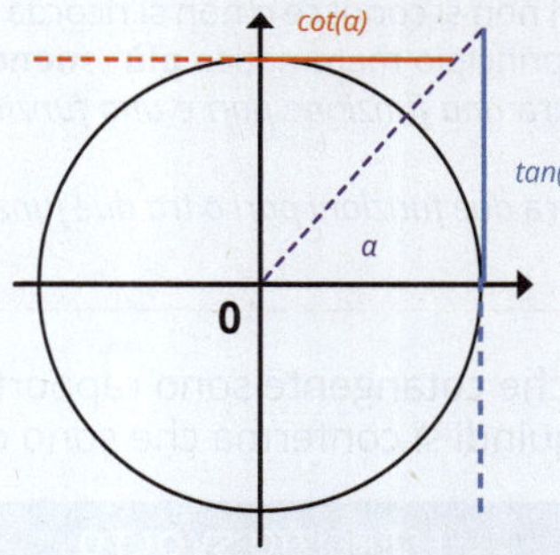

Come vedete, se prolunghiamo il lato dell'angolo α andremo a intersecare queste due rette; i due segmenti che si formano a partire dall'asse delle ascisse e dall'asse delle ordinate fino al punto d'intersezione con le rette sono la **rappresentazione grafica** rispettivamente della tangente e della cotangente di un angolo.

Le funzioni goniometriche della **tangente** tan(x) e **cotangente** cot(x), al contrario del seno e del coseno, si ripetono ogni 180°, quindi hanno **periodo π** e sono definite nel seguente modo:

$$\tan(x) = \frac{\sin(x)}{\cos(x)} \qquad \cot(x) = \frac{\cos(x)}{\sin(x)}$$

Le condizioni di esistenza possono essere stabilite molto facilmente dalle definizioni delle due funzioni. Infatti, essendo due frazioni, bisogna porre il denominatore diverso da 0.

MATEMATICA

Per la **tangente**, bisogna porre $\cos(x) \neq 0$, cioè $x \neq \frac{\pi}{2}$ e $x \neq \frac{3}{2}\pi$, che considerando la periodicità degli angoli può essere scritto come $x \neq \frac{\pi}{2} + k\pi$, cioè tutti i multipli di π sommati a $\frac{\pi}{2}$, dove k è un numero intero qualsiasi.
Per la **cotangente**, bisogna porre $\sin(x) \neq 0$, cioè $x \neq 0$ e $x \neq \pi$, che considerando la periodicità degli angoli può essere scritto come $x \neq k\pi$, cioè tutti i multipli di π, dove k è un numero intero qualsiasi.

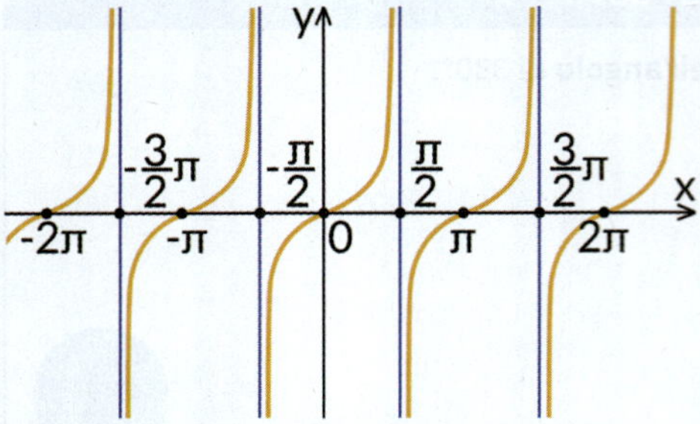

Figura 6: grafico tangente.

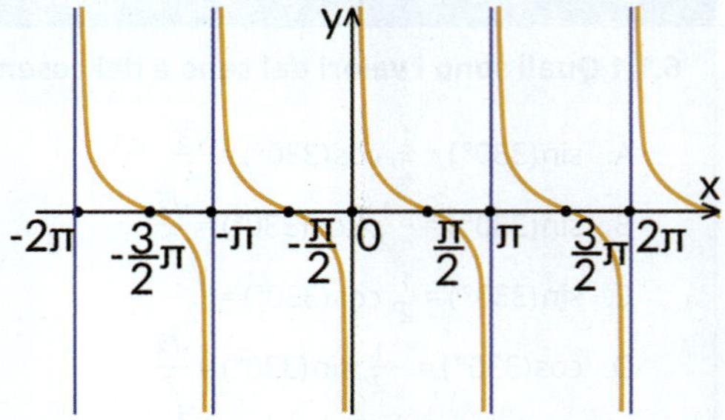

Figura 7: grafico cotangente.

Dai grafici si possono notare le condizioni di esistenza (le linee verticali in blu, in cui la funzione non è definita, sono definite "**asintoti**") e che entrambe le funzioni sono **dispari**.

ATTENZIONE PER IL TEST

In qualunque caso, se venisse richiesto di stabilire la parità o disparità di un prodotto o un rapporto tra due funzioni e magari non si conosce o non si ricorda il grafico esatto, è possibile usare le seguenti proprietà, simili al principio matematico **più · meno = meno e meno · meno = più**:

- il prodotto/rapporto tra *una funzione pari e una funzione dispari*, diventa una funzione **dispari**;
- il prodotto/rapporto tra *due funzioni pari o tra due funzioni dispari*, diventa una funzione **pari**.

In questo caso, sia tangente che cotangente sono rapporti tra una funzione pari **cos(x)** e una funzione dispari **sin(x)**, quindi si conferma che sono delle funzioni dispari.

ESERCIZIO **SVOLTO**

Sia x un angolo compreso tra 0° e 90° e sia $\sin(x) = \frac{\sqrt{3}}{2}$.
Quanto valgono cos(x) e cot(x)?

Svolgimento:
utilizzando la relazione fondamentale della trigonometria

$$\mathbf{\sin^2(x) + \cos^2(x) = 1},$$

si ottiene

$$\frac{3}{4} + \cos^2(x) = 1 \rightarrow \cos^2(x) = 1 - \frac{3}{4} \rightarrow \cos^2(x) = \frac{1}{4} \rightarrow \cos^2(x) = \sqrt{\frac{1}{4}} = \pm\frac{1}{2}$$

Dovendo considerare solo l'angolo tra 0° e 90°, il valore del coseno sarà soltanto quello positivo, cioè $\frac{1}{2}$. La cotangente può essere invece trovata attraverso la sua definizione $\cot(x) = \frac{\cos(x)}{\sin(x)}$:

$$\cot(x) = \frac{\frac{1}{2}}{\frac{\sqrt{3}}{2}} = \frac{1}{2} \cdot \frac{2}{\sqrt{3}} = \frac{1}{\sqrt{3}} \rightarrow \text{razionalizzando, } \frac{\sqrt{3}}{3}.$$

Soluzione: $\cos(x) = \frac{1}{2}$, $\cot(30°) = \frac{\sqrt{3}}{3}$.

ESERCIZIO **PROPOSTO**

6.1.2 In quali quadranti la tangente è maggiore di 0?

A. I e III quadrante
B. II e IV quadrante
C. III e IV quadrante
D. I e IV quadrante
E. II e III quadrante

6.2 EQUAZIONI E DISEQUAZIONI GONIOMETRICHE

6.2.1 Equazioni goniometriche elementari

Le equazioni goniometriche elementari sono *sinx* = *m* *cosx* = *m* *tanx* = 0 dove m è un numero reale.

Consideriamo *sinx* = m

Gli angoli x che soddisfano l'equazione sono quelli il cui punto associato sulla circonferenza goniometrica ha ordinata uguale a *m*. Trovare le soluzioni dell'equazione equivale a trovare i punti di intersezione della circonferenza goniometrica $X^2 + Y^2 = 1$ con la retta di equazione $Y = m$.

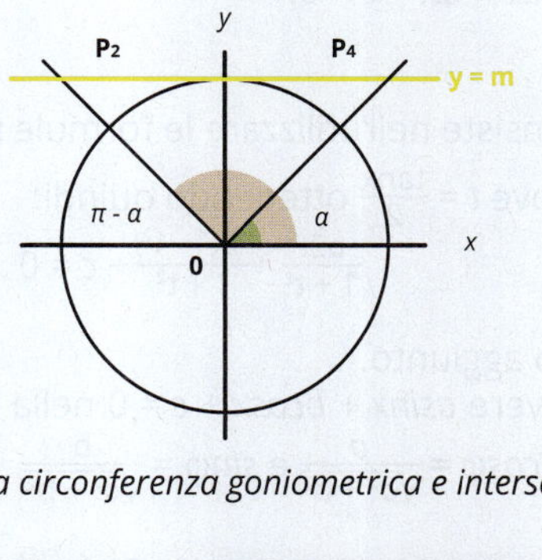

Figura 8: immagine della circonferenza goniometrica e intersezione con la retta.

6.2.2 Equazioni riconducibili a equazioni goniometriche elementari

Tali equazioni si possono ricondurre ad equazioni elementari tramite tre metodi:

- con una **sostituzione**:
  $2cos^2x$ - *cosx*-1 = 0 risolviamo ponendo cosx come incognita oppure per rendere i calcoli più agevoli sostituiamo cosx = t e poi una volta trovate le soluzioni ritorniamo alla variabile x;

- utilizzando le **relazioni fondamentali:**
  $3sin^2x + 2cos^2x - 2 = 2sinx$ in questa equazione sono presenti due funzioni goniometriche, sia seno sia coseno, quindi per risolverla ci si può ricondurre a un'equazione di secondo grado nella sola funzione goniometrica seno, utilizzando la relazione fondamentale $cos^2x = 1 - sin^2x \rightarrow 3sin^2x + 2(1 - sin^2x) - 2 = 2sinx$;
- utilizzando le opportune **formule goniometriche**:
  $sin\,(\frac{\pi}{4}+x) + sin\,sin\,(\frac{\pi}{4}-x) = 1$ si sviluppa il primo membro dell'equazione mediante le formule di addizione e sottrazione del seno e poi si risolve l'equazione elementare che si ottiene $sin\,\frac{\pi}{4}\,cosx + cos\,\pi/4\,sinx + sin\,\frac{\pi}{4}\,cosx - cos\,\frac{\pi}{4}\,sinx = 1$
  $\rightarrow sin\,\frac{\pi}{4}\,cosx + sin\,\frac{\pi}{4}\,cosx = 1$

6.2.3 Equazioni lineari in seno e coseno

Le equazioni lineari in seno e coseno sono quelle equazioni goniometriche in cui l'incognita figura solo come argomento delle funzioni seno e coseno, queste ultime al primo grado. La formula è:

$$asinx + bcosx + c = 0$$

Dove a, b, c sono numeri reali con $a \neq 0$ e $b \neq 0$ (altrimenti sarebbero elementari). Ci sono diverse tecniche risolutive a seconda del valore di c:

- $c = 0 \rightarrow$ **equazioni incomplete**
  $asinx + bcosx = 0$ si deve ricondurre all'equazione elementare equivalente, quindi si deve dividere per $cosx$ entrambi i membri dell'equazione $\rightarrow atanx + b = 0$;
- $c \neq 0 \rightarrow$ **equazioni complete**

1. Metodo grafico.
   Si crea un sistema tra l'equazione data e la relazione fondamentale $sin^2x + cos^2x = 1$
   $$\begin{cases} sin^2x + cos^2x = 1 \\ asinx + bcosx + c = 0 \end{cases}$$
   Si pone $sinx = Y$ e $cosx = X$
   $$\begin{cases} X^2 + Y^2 = 1 \\ aY + bX + c = 0 \end{cases}$$
   Le soluzioni saranno i punti di intersezione tra la circonferenza goniometrica e la retta di equazione $aY + bX + c = 0$;

2. metodo algebrico.
   Questo metodo consiste nell'utilizzare le formule parametriche che sono $sinx = \frac{2t}{(1 + t^2)cosx} = \frac{1 - t^2}{1 + t^2}$ dove $t = \frac{tanx}{2}$ ottenendo quindi:
   $$\frac{a2t}{1 + t^2} + \frac{b(1 - t^2)}{1 + t^2} + c = 0$$

3. metodo dell'angolo aggiunto.
   Permettono di scrivere $asinx + bcosx + c = 0$ nella forma $Asinx + \varphi + c = 0$ con $A = \sqrt{a^2 + b^2}$ φ tale che $cos\varphi = \frac{a}{\sqrt{a^2 + b^2}}$ e $sin\varphi = \frac{b}{\sqrt{a^2 + b^2}}$.

6.2.4 Equazioni omogenee di secondo grado in seno e coseno

$$asin^2x + bsinxcosx + ccos^2x = 0$$

1. primo caso $a = 0 \vee c = 0 \rightarrow$ si risolve eseguendo opportuni raccoglimenti e applicando la legge di annullamento del prodotto;
2. secondo caso $a \neq 0\;\; c \neq 0 \rightarrow$ si riconduce all'equazione equivalente $atan^2x + btanx + c = 0$ dividendo i due membri per cos^2x.

6.2.5 Disequazioni goniometriche elementari o a esse riconducibili

Le disequazioni goniometriche elementari sono quelle della forma:

$$sinx > m \quad cosx > m \quad tanx > 0 \text{ con } m \in R$$

ovviamente il simbolo > può essere sostituito da <, ≤ o ≥. Per risolvere tali disequazioni si devono seguire questi semplici step:

- si sceglie un intervallo di ampiezza uguale al periodo della funzione goniometrica che compare nella disequazione;
- si risolve la disequazione nell'intervallo scelto utilizzando il metodo grafico, ci si avvale della circonferenza goniometrica e si ragiona su quella;
- infine si scrivono le soluzioni tenendo conto della periodicità della funzione.

Esempio: senx > $\frac{1}{2}$.

La funzione seno ha periodo 2π. Ora, considerando la circonferenza goniometrica $X^2 + Y^2 = 1$ si traccia la retta dell'equazione $Y = \frac{1}{2}$; essa interseca la circonferenza in due punti che sono proprio le soluzioni dell'equazione associata alla disequazione di partenza, difatti per senx = $\frac{1}{2}$ x = $\frac{\pi}{6}$ e x = $\frac{5}{6}\pi$. Ritornando alla disequazione, che ci chiedeva quale fossero gli angoli tali per cui il rispettivo seno è maggiore di $\frac{1}{2}$, sappiamo che sono tutti quegli angoli il cui punto associato alla circonferenza goniometrica ha ordinata maggiore di $\frac{1}{2}$, ovvero tutti quelli il cui punto associato è compreso tra i punti corrispondenti a $\frac{\pi}{6}$ e $\frac{5}{6}\pi$. L'ultima cosa da fare è scrivere le soluzioni con la giusta periodicità → $\frac{\pi}{6} + 2k\pi < x < \frac{5}{6}\pi + 2k\pi$.

Lo stesso ragionamento si fa con le disequazioni che sono riconducibili a disequazioni goniometriche elementari come, ad esempio, cos4x < $\frac{1}{2}$. Notiamo che l'argomento della funzione goniometrica non è x ma 4x, quindi la cosa più semplice da fare è risolvere la disequazione ponendo 4x = t → cost < $\frac{1}{2}$, ottenendo così $\frac{\pi}{3} + 2k\pi < t < \frac{5}{3}\pi + 2k\pi$. L'ultima cosa da fare è ritornare alla variabile x $\frac{\pi}{3} + 2k\pi < 4x < \frac{5}{3}\pi + 2k\pi$ → si divide per 4: $\frac{\pi}{12} + \frac{k\pi}{2} < x < \frac{5}{12\pi} + \frac{k\pi}{2}$.

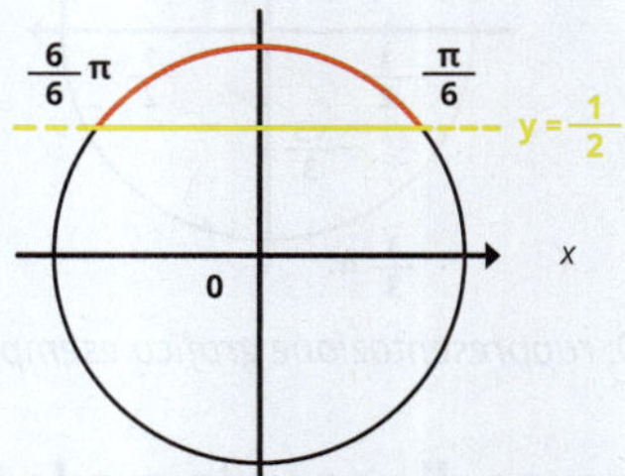

Figura 9: rappresentazione grafica esempio "senx>1/2".

6.2.6 Disequazioni lineari in seno e coseno

Le disequazioni goniometriche lineari in seno e coseno sono quelle del tipo:

$$asinx + bcosx + c > 0$$

ovviamente il simbolo > può essere sostituito da <, ≤ o ≥. Il metodo più semplice per risolverle (sebbene siano corretti anche quelli che si usano per le equazioni lineari in seno e coseno) è il metodo grafico, che consiste nei seguenti passi:

- si mette a sistema l'equazione corrispondente alla disequazione *asinx + bcosx + c >* 0 e la relazione fondamentale $sin^2x + cos^2x = 1$, ponendo *cosx = X, sinx = Y*
  $\{X^2 + Y^2 = 1 \quad aY + bX + c = 0$;

- si rappresentano le soluzioni del sistema, ossia i punti di intersezione tra la retta $aY + bX + c = 0$ e la circonferenza goniometrica sulla circonferenza stessa;
- ricordiamo però che stiamo risolvendo una disequazione, quindi bisogna considerare non solo i punti di intersezione ma tutti quei punti che stanno o sopra o sotto la retta $aY + bX + c = 0$ a seconda di quello che chiede la disequazione di partenza; in questo caso abbiamo $aY + bX + c > 0$ quindi prendiamo in considerazione tutti i punti sopra alla retta che interseca la circonferenza goniometrica. In altre parole tutti i punti della circonferenza goniometrica appartenenti al semipiano definito dalla disequazione $aY + bX + c > 0$;
- le soluzioni saranno generalmente rappresentate da un arco di circonferenza, ad eccezione dei casi in cui la retta $aY + bX + c = 0$ risulti esterna o tangente alla circonferenza goniometrica, tali per cui la disequazione può risultare impossibile o sempre verificata.

Esempio: $sinx \geq \sqrt{3}cosx$.
Scriviamo il sistema tra la circonferenza goniometrica e l'equazione associata alla disequazione data, considerando $senx = Y$ e $cosx = X$ $\{X^2 + Y^2 = 1\ Y = \sqrt{3x} \rightarrow \{X^2 + 3X^2 = 1\ Y = \sqrt{3x} \rightarrow \{4X^2 = 1\ Y = \sqrt{3x} \rightarrow \{X^2 = \frac{1}{4}\ Y = \sqrt{3}X$; troviamo quindi che $X = \pm\frac{1}{2}$, di conseguenza i due punti in cui la retta interseca la circonferenza goniometrica sono:

1. $X = -\frac{1}{2}\ Y = -\frac{\sqrt{3}}{2} \rightarrow cosx = -\frac{1}{2}$ e $senx = -\frac{\sqrt{3}}{2}$ che corrispondo all'angolo $\frac{4}{3}\pi$;
2. $X = \frac{1}{2}\ Y = \frac{\sqrt{3}}{2} \rightarrow cosx = \frac{1}{2}$ e $senx = \frac{\sqrt{3}}{2}$ che corrispondono all'angolo $\frac{\pi}{3}$.

Una volta riportati i punti sulla circonferenza goniometrica, ricordiamo che la disequazione di partenza era $Y \geq \sqrt{3x}$, quindi sono da considerare tutti i punti sopra la retta $Y = \sqrt{3x}$, che saranno rappresentati dall'arco di circonferenza che va da $\frac{\pi}{3}$ a $\frac{4}{3}\pi$. Riportando anche la periodicità, la soluzione della disequazione $sinx \geq \sqrt{3}\ cosx$ è $\frac{\pi}{3} + 2k\pi \leq x \leq \frac{4}{3}\pi + 2k\pi$.

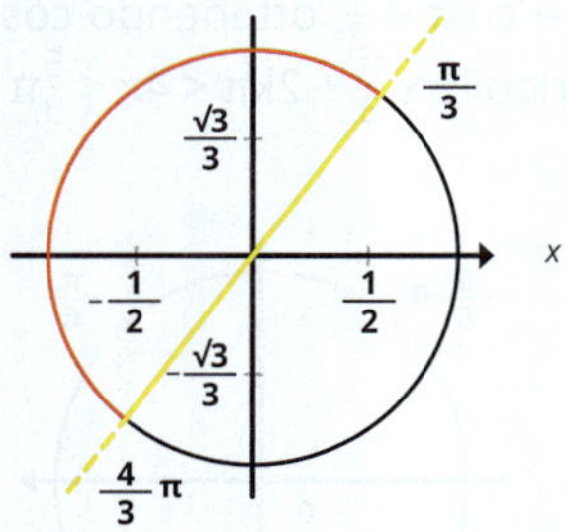

Figura 10: rappresentazione grafica esempio "sinx ≥ $\frac{\sqrt{3}}{2}$".

6.2.7 Disequazioni omogenee di secondo grado in seno e coseno

$$asin^2x + bsinxcosx + ccos^2x > 0$$

ovviamente il simbolo > può essere sostituito da <, ≤ o ≥. Si risolvono utilizzando il procedimento visto per la risoluzione delle equazioni omogenee di secondo grado complete:

- si dividono entrambi i membri per cos^2x riconducendosi a una disequazione di secondo grado in tanx, supponendo $x \neq \frac{\pi}{2} + k\pi$;
- si controlla se i valori esclusi, ossia $x = \frac{\pi}{2} + k\pi$, soddisfano o meno la disequazione di partenza.

6.3 TRIGONOMETRIA

La trigonometria applica le funzioni goniometriche al triangolo per esprimere rapporti tra i suoi lati attraverso gli angoli che lo caratterizzano.

6.3.1 Triangoli rettangoli

Dato un triangolo rettangolo, costituito da un'ipotenusa (il lato più lungo, opposto all'angolo retto) e da due cateti (i lati più piccoli che formano l'angolo retto), è possibile definire due importanti relazioni:

- un cateto è uguale al prodotto tra l'ipotenusa e il **seno** dell'angolo **opposto** al cateto;
- un cateto è uguale al prodotto tra l'ipotenusa e il **coseno** dell'angolo (non retto) **adiacente** al cateto.

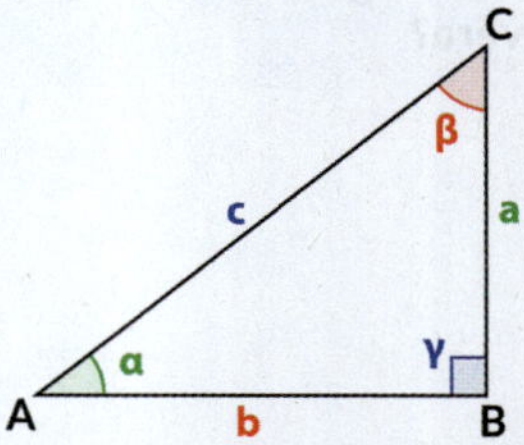

Figura 11: trigonometria del triangolo rettangolo.

In riferimento alla figura 12, conoscendo la misura dell'ipotenusa c e della misura di un angolo (es. α), è possibile calcolare entrambi i cateti a e b, tramite le relazioni appena descritte:

$$a = c \cdot \sin(\alpha) \qquad b = c \cdot \cos(\alpha)$$

La conoscenza dell'ipotenusa è quindi necessaria per calcolare gli altri due cateti, ma nel caso in cui si volesse calcolare la misura di un cateto conoscendo solo l'altro **cateto**, si possono percorrere due strade. La prima è quella di calcolare l'ipotenusa attraverso la formula inversa delle relazioni precedentemente descritte. La seconda è quella di utilizzare altre due relazioni dei triangoli rettangoli:

- un cateto è uguale al prodotto tra l'altro cateto e la **tangente** dell'angolo **opposto** al primo;
- un cateto è uguale al prodotto tra l'altro cateto e la **cotangente** dell'angolo (non retto) **adiacente** al primo.

$$a = b \cdot \tan(\alpha) \qquad b = a \cdot \cot(\alpha)$$

ESERCIZIO **SVOLTO**

In un triangolo isoscele con altezza $h = \sqrt{3}$ cm e angolo alla base $x = 60°$, quanto vale l'area?

Svolgimento:
il triangolo isoscele può essere diviso attraverso l'altezza in due triangoli rettangoli **equivalenti**, per poter quindi utilizzare le relazioni trigonometriche dei triangoli rettangoli.

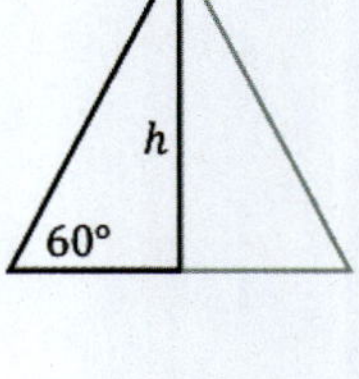

Considerando uno dei due triangoli, esso ha il $cateto_1$ uguale a $\sqrt{3}$ cm e il suo angolo opposto (quello alla base del triangolo isoscele) uguale a x = 60°.

L'area di un triangolo rettangolo è pari a $\frac{cateto_1 \cdot cateto_2}{2}$, dove $cateto_2$ è uguale al $cateto_1$ moltiplicato per la cotangente dell'angolo adiacente al $cateto_2$, cioè $cateto_2 = \sqrt{3} \cdot \cot(60°) = 1$ cm.

Quindi, l'area del triangolo rettangolo sarà $\frac{\sqrt{3} \cdot 1}{2}$, che va moltiplicata per 2 per trovare l'area del triangolo totale.

Soluzione: $A = \sqrt{3}$ cm².

ESERCIZIO **PROPOSTO**

6.2.1 In un triangolo rettangolo ABC (angolo retto in A), se x è l'angolo con vertice B, quale delle seguenti uguaglianze sarà vera?

A. $\cos(x) = \frac{AB}{AC}$

B. $\sin(x) = \frac{AC}{AB}$

C. $\tan(x) = \frac{AC}{AB}$

D. $\cos(x) = \frac{AC}{AB}$

E. $\tan(x) = \frac{BC}{AC}$

6.3.2 Triangoli qualsiasi

I due teoremi descritti in questo paragrafo si applicano a **qualsiasi triangolo**, anche a quelli rettangoli:

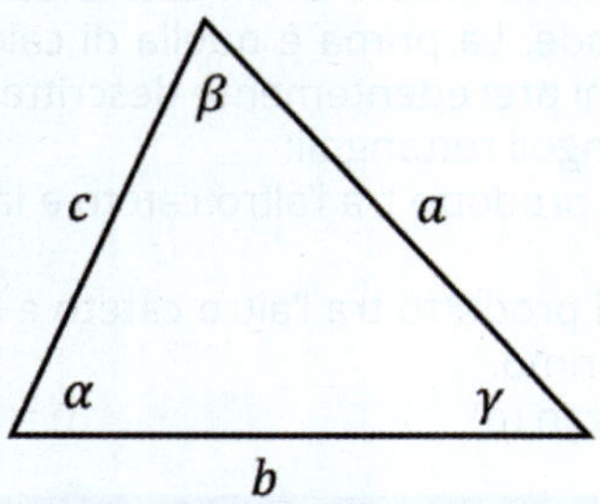

Figura 12: triangolo scaleno.

Teorema dei seni (o di Eulero)

Il teorema dei seni stabilisce che in un triangolo qualsiasi il rapporto tra il seno di un angolo e il lato opposto a esso è costante.

$$\frac{\sin(\alpha)}{a} = \frac{\sin(\beta)}{b} = \frac{\sin(\gamma)}{c}$$

ESERCIZIO SVOLTO

In un triangolo di lati a, b, c e angoli opposti rispettivamente α, β, γ, sapendo che a = 6 cm, b = 3 cm e β = 30° quanto vale α?

Svolgimento:
si usa il teorema dei seni: $\frac{\sin(\alpha)}{a} = \frac{\sin(\beta)}{b}$ dunque

$\sin(\alpha) = a \cdot \frac{\sin(\beta)}{b} = 1.$ $\quad a \cdot \frac{\sin(\beta)}{b} = 1.$

Soluzione: α = 90°.

Teorema del coseno (o di Carnot)

Il teorema del coseno stabilisce che in un qualsiasi triangolo il quadrato di un lato è uguale alla somma dei quadrati degli altri lati meno il loro doppio prodotto moltiplicato per il coseno dell'angolo compreso tra essi.

$$a^2 = b^2 + c^2 - 2bc \cdot \cos(\alpha)$$

ESERCIZIO SVOLTO

Considerando un triangolo ABC con b = $\sqrt{2}$ cm, c = 6 cm e l'angolo compreso tra essi α = 45°, quanto misura a?

Svolgimento:
usando il teorema del coseno: $a^2 = b^2 + c^2 - 2bc \cdot \cos(\alpha)$

$$a^2 = 2 + 36 - 2 \cdot \sqrt{2} \cdot 6 \cdot \frac{\sqrt{2}}{2} = 26$$

Soluzione: $a = \sqrt{26}$.

ESERCIZIO PROPOSTO

6.2.2 Considerando un triangolo ABC con b = 4 cm, c = 2$\sqrt{3}$ cm e β = 90°, quanto vale γ ?

A. 30°
B. 45°
C. 90°
D. 60°
E. 15°

CORREZIONI COMMENTATE AGLI ESERCIZI PROPOSTI

6.1.1 Per trovare i valori del seno e del coseno dell'angolo 330° è possibile usare 3 metodi: considerato che 330° = 360 - 30, si usano le formule di sottrazione del seno e del coseno; considerato che 330° = -30°, cioè 30° in senso orario, si sfruttano le proprietà di disparità del seno e parità del coseno, cioè $\cos(-30°) = \cos(30°) = \frac{\sqrt{3}}{2}$ e $\sin(-30°) = -\sin(30°) = -\frac{1}{2}$; utilizzando il metodo grafico.
Risposta corretta B.

6.1.2 I quadranti si numerano da I a IV dove il I è quello in alto a destra e la numerazione procede in senso antiorario. Se la tangente è definita come rapporto tra seno e coseno, sarà positiva dove seno e coseno sono entrambi positivi o entrambi negativi, quindi nel primo e terzo quadrante.
Risposta corretta A.

6.2.1 Si disegna innanzitutto il triangolo rettangolo dai dati a disposizione.

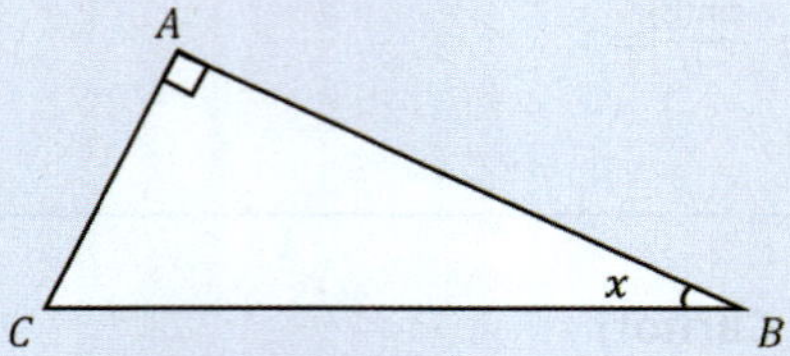

Sono quattro le relazioni trigonometriche:

- un cateto è uguale all'ipotenusa moltiplicato per il seno dell'angolo opposto al cateto
$$AC = BC \cdot \sin(x) \rightarrow \sin(x) = \frac{AC}{BC}$$
- un cateto è uguale all'ipotenusa moltiplicata per il coseno dell'angolo adiacente al cateto
$$AB = BC \cdot \cos(x) \rightarrow \cos(x) = \frac{AB}{BC}$$
- un cateto è uguale all'altro cateto moltiplicato per la tangente dell'angolo opposto al primo
$$AC = AB \cdot \tan(x) \rightarrow \tan(x) = \frac{AC}{AB}$$
- un cateto è uguale all'altro cateto moltiplicato per la cotangente dell'angolo adiacente al primo
$$AB = AC \cdot \cot(x) \rightarrow \cot(x) = \frac{AB}{AC}$$

Risposta corretta C.

6.2.2 Il triangolo in questione è un triangolo rettangolo, quindi è possibile utilizzare le formule relative ai triangoli rettangoli oppure il teorema dei seni, applicabile a qualsiasi triangolo.
Utilizzando il teorema dei seni, si avrà $\frac{\sin(\beta)}{b} = \frac{\sin(\gamma)}{c}$, mentre utilizzando le relazioni dei triangoli rettangoli, si avrà $c = b \cdot \sin(\gamma)$, cioè il cateto c è uguale all'ipotenusa b moltiplicata per il seno dell'angolo opposto a c, cioè γ.
Da entrambe si ottiene $\sin(\gamma) = \frac{c}{b}$, poiché $\sin(\beta) = 1$.
Quindi $\sin(\gamma) = \frac{2\sqrt{3}}{4} = \frac{\sqrt{3}}{2} \cdot \gamma = 60°$.
Risposta corretta D.

PROBABILITÀ E CALCOLO COMBINATORIO

7

7.1 CALCOLO COMBINATORIO

Una delle parti più difficilmente compresa da gran parte degli studenti è proprio quella del calcolo combinatorio, branca della matematica che studia come "*combinare*" diversi elementi tra loro e studiare le diverse possibilità ottenute. Immaginando di avere un insieme di 3 elementi A, B e C, si può ad esempio voler calcolare in quanti modi è possibile ordinarli (ABC, ACB, BAC, BCA, CAB, CBA), oppure quante possibili coppie si possono formare (AB, AC, CB), o ancora in quanti modi si possono ordinare gli elementi nelle diverse coppie (AC, CA, AB, BA, BC, CB), e così via.

Prima di proseguire con le definizioni matematiche del calcolo combinatorio, è oppurtuno conoscere il concetto di **fattoriale** (indicato con un punto esclamativo) di un numero n, che rappresenta il prodotto tra tutti i primi n numeri interi (es. $5! = 5 \cdot 4 \cdot 3 \cdot 2 \cdot 1 = 120$).
N.B. Si ricordi che $0! = 1$.

Il calcolo combinatorio si divide in tre tipologie: **permutazioni**, **disposizioni** e **combinazioni**.
Per evidenziare la differenza tra le varie tipologie, da ora in avanti si prenderanno come esempio di riferimento delle palline colorate alle quali di volta in volta verrà applicata la tipologia presa in esame.

7.1.1 Permutazioni

Una **permutazione** è il modo di ordinare in sequenza n elementi, cioè scambiarli di posto per formare una nuova sequenza **ordinata** differente da tutte le altre.
Un classico esempio di permutazione è l'anagramma di una parola, il quale consiste appunto nello scambiare due lettere per formare una parola diversa, dove infatti le lettere compaiono in ordine differente.

Le permutazioni a loro volta si dividono in:

- **permutazioni semplici**, dove gli n elementi sono tutti distinti;
- **permutazioni con ripetizione**, dove tra gli n elementi ce ne sono alcuni che si ripetono più volte.

La formula per trovare tutte le possibili permutazioni nel caso di **permutazioni semplici** è:

$$n!$$

dove *n* è il numero totale degli elementi.

Esempio **permutazioni semplici**: avendo 3 palline di colore diverso, in quanti modi si possono ordinare?

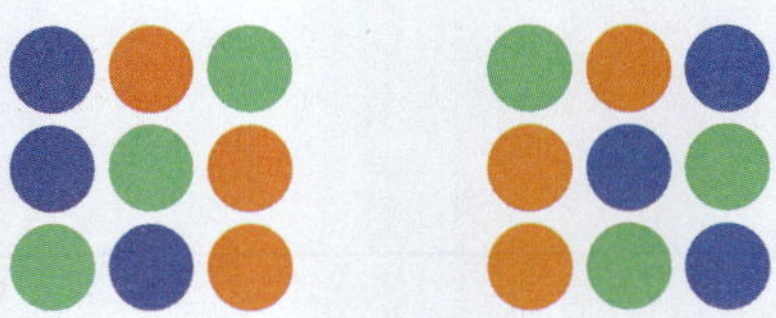

3! = 6

La formula per trovare tutte le possibili permutazioni nel caso di **permutazioni con ripetizione** è:

$$\frac{n!}{j! \cdot k! \cdot m! \cdot \ldots}$$

dove **j**!, **k**!, **m**!, ... stanno ad indicare che un elemento si ripete *j* volte, un altro elemento si ripete *k* volte, un altro si ripete *m* volte e così via.

Esempio **permutazioni con ripetizione**: avendo 2 palline verdi e 1 blu, in quanti modi si possono **ordinare**?

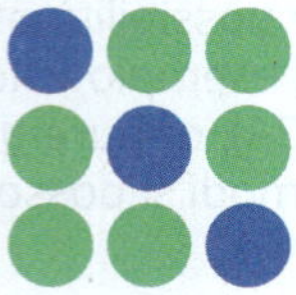

$$\frac{3!}{2!} = 3$$

ESERCIZIO **SVOLTO**

Quanti sono i possibili anagrammi della parola "matematica"?

Svolgimento:
in questo caso, il testo fornisce direttamente il suggerimento della tipologia dell'esercizio, cioè che si tratta di anagrammi, per cui bisogna utilizzare le **permutazioni**. La parola matematica ha 10 lettere, ma tra queste la "m" si ripete 2 **volte**, la "a" 3 **volte** e la "t" 2 **volte**, quindi bisogna usare la formula delle **permutazioni con ripetizione**:

$$\frac{10!}{2! \cdot 3! \cdot 2!}$$

N.B. Trattandosi di fattoriali, **NON** è possibile semplificare direttamente la frazione, ma soltanto dopo aver trasformato i fattoriali in moltiplicazioni

$$\frac{10 \cdot 9 \cdot 8 \cdot 7 \cdot 6 \cdot 5 \cdot 4 \cdot 3 \cdot 2 \cdot 1}{2 \cdot 1 \cdot 3 \cdot 2 \cdot 1 \cdot 2 \cdot 1} = \frac{10 \cdot 9 \cdot 8 \cdot 7 \cdot 6 \cdot 5 \cdot 4 \cdot 3 \cdot 2 \cdot 1}{8 \cdot 3} = 10 \cdot 9 \cdot 7 \cdot 6 \cdot 5 \cdot 4 \cdot 2 = 151.200$$

Soluzione: 151.200.

ESERCIZIO **PROPOSTO**

7.1.1.a Giuseppe va alle Poste e trova 7 anziani che stanno ritirando la pensione. Dato che sta facendo tardi a lavoro, in maniera pacifica decide di proporre una coda casuale. Quante sono tutte le possibili code che si possono formare?

A. 40320
B. 5040
C. 10080
D. 7
E. 720

ESERCIZIO **PROPOSTO**

7.1.1.b La dieta di Manfredi Gianni consiste in 5 pasti giornalieri in cui deve mangiare a piacere 2 volte un pasto vegetariano, 2 volte un pasto ricco di grassi e 1 volta un pasto proteico. In quanti modi possibili può distribuire questi pasti all'interno della giornata?

A. 5
B. 32
C. 5!
D. 30
E. 1

7.1.2 Disposizioni

La **disposizione semplice** è un caso specifico della **permutazione**, poiché bisogna sempre calcolare il numero di modi in cui è possibile ordinare gli elementi, ma, mentre nelle permutazioni si prendevano **tutti** gli n elementi, nelle disposizioni semplici si prende **solo una parte** di n, cioè k elementi **differenti** (**minori di n**) presi a caso dagli n elementi. Bisogna quindi cercare il numero totale di sequenze **ordinate** di lunghezza k.

La formula per calcolare il numero di **disposizioni semplici** è:

$$\frac{n!}{(n-k)!}$$

Esempio **disposizioni semplici**: avendo 3 palline di colore diverso, in quanti modi si possono formare delle coppie **ordinate** (k = 2)?

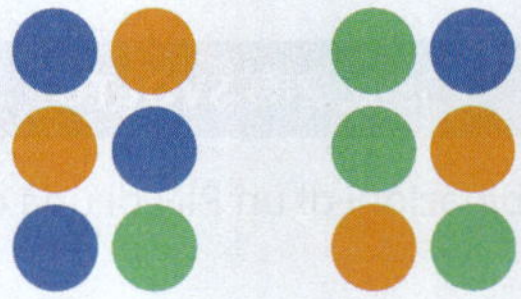

$$\frac{3!}{1!} = 6$$

ESERCIZIO **SVOLTO**

Quanti sono i possibili podi finali di una gara con 10 ciclisti acquatici?

Svolgimento:
le combinazioni che si vogliono formare contengono chiaramente un numero minore di n = 10 di elementi, cioè k = 3, che sono appunto i posti disponibili su un podio. Tali elementi non possono ripetersi perché un ciclista non può occupare più posizioni in un podio, quindi bisogna utilizzare la formula delle **disposizioni semplici.**

$$\frac{10!}{(10-3)!} = \frac{10!}{7!}$$

N.B. Considerata la difficoltà del calcolo nel caso in cui si sviluppassero entrambi i fattoriali, è possibile utilizzare una tecnica di semplificazione dei fattoriali che consiste nello sviluppare solo il fattoriale più grande fino fattoriale più piccolo nel calcolo:

$$\frac{10!}{(10-3)!} = \frac{10 \cdot 9 \cdot 8 \cdot 7!}{7!} = 10 \cdot 9 \cdot 8 \cdot 7 = 720$$

in modo tale da semplificare il 7! che compare sia al numeratore che denominatore.

Soluzione: 720.

La **disposizione con ripetizione** è una sequenza **ordinata** di lunghezza k, che in questo caso può essere maggiore o minore di n, poiché ogni elemento appartenente alla sequenza può essere preso **ripetutamente** dall'insieme totale degli elementi n. Nelle disposizioni semplici, invece, un elemento dell'insieme n non poteva comparire più volte all'interno della disposizione.
N.B. Al contrario delle **permutazioni con ripetizione**, nelle quali la ripetizione si verificava tra gli elementi n, nelle **disposizioni con ripetizione**, la ripetizione avviene all'interno della disposizione stessa, e non tra gli elementi n, che invece sono tutti diversi.

La formula per calcolare il numero di **disposizioni con ripetizione** è:

$$n^k$$

Esempio **disposizioni con ripetizione**: avendo 3 palline di colore diverso, in quanti modi possibili si possono formare delle coppie **ordinate** (k = 2) potendo utilizzare più di una volta lo stesso colore?

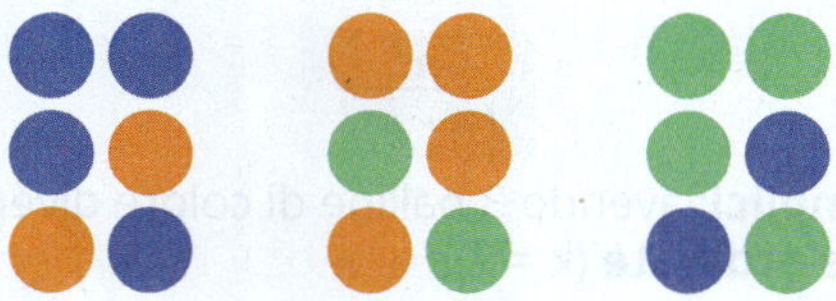

$3^2 = 9$

ESERCIZIO **SVOLTO**

Quante sono tutte le possibili combinazioni di un PIN di una carta di credito?

Svolgimento:
il primo passo consiste nell'individuare gli elementi che si hanno a disposizione. Mentre nel caso dei ciclisti acquatici il procedimento era abbastanza intuitivo, in questo caso si potrebbe essere portati a pensare che gli elementi n siano 5, cioè le cifre di un PIN. In realtà 5 rappresenta la lunghezza della combinazione, cioè k, e gli elementi n sono tutte le cifre dallo 0 al 9, ovvero tutte le cifre che un PIN può contenere. Considerando che gli elementi n possono ripetersi all'interno della combinazione (es. PIN = 11115), si tratta di disposizioni con ripetizione:

$$10^5 = 100.000$$

Soluzione: 100.000.

ESERCIZIO **PROPOSTO**

7.1.2.a Il ministro Plaffof della Tanzania deve promulgare 3 leggi in un preciso ordine affinché il suo Paese non vada a rotoli. È disperato perché il suo plico contiene 20 leggi tra le quali scegliere. Quante sono tutti i possibili modi in cui tali leggi possono essere promulgate?

A. 60
B. 3^{20}
C. 20^3
D. 20!
E. 6840

ESERCIZIO **PROPOSTO**

7.1.2.b La signora Fiorella ha un cesto infinito di biscotti Sbagliocchi alla nocciola, alla panna, alla fragola e al cioccolato bianco. Deve dare un biscotto a ciascuno dei suoi 7 figli. In quanti modi può distribuirli?

A. 4!
B. 4^7
C. 7!
D. 7^4
E. 7!/4!

7.1.3 Combinazioni semplici

Una **combinazione** è un sottoinsieme di k elementi dell'insieme degli elementi n. In altre parole, la combinazione è formata da k elementi di cui **non** si tiene conto dell'ordine. Infatti, mentre nelle permutazioni e disposizioni l'obiettivo era proprio quello di contare in quanti modi era possibile scambiare determinati elementi per formare nuove sequenze ordinate, nel caso delle **combinazioni** si vogliono considerare solamente quali sono gli elementi che fanno parte di una combinazione.

Le formula delle **combinazioni semplici** è:

$$\binom{n}{k} = \frac{n!}{k! \cdot (n-k)!}$$

Esempio **combinazioni semplici**: avendo 3 palline di colore diverso, quante sono le possibili coppie che si possono formare?

$$\frac{3!}{2! \cdot 1!} = 3$$

ESERCIZIO **SVOLTO**

Quanti sono tutti i possibili gruppi di 3 rappresentanti di una classe formata da 23 alunni?

Svolgimento:
come si può notare, in questo caso non è importante l'ordine in cui tali rappresentanti compaiono all'interno del gruppo, ma solo **quali** compaiono.
Considerato k = 3 e n = 23, attraverso la formula delle combinazioni semplici:

$$\frac{23!}{3! \cdot 20!} = \frac{23 \cdot 22 \cdot 21 \cdot 20!}{3 \cdot 2 \cdot 20!} = 23 \cdot 11 \cdot 7$$

Soluzione: 1771.

ESERCIZIO **PROPOSTO**

7.1.3 In una partita di Metropoly, quanti sono tutti i possibili modi in cui si può distribuire una mano da 7 carte da un mazzo di 35?

A. 35!
B. 6.724.520
C. 7^{35}
D. 35!/7!
E. 35!/28!

7.1.4 Metodo risolutivo

La difficoltà del calcolo combinatorio non risiede tanto nella complessità delle formule, molto semplici rispetto alle altre branche della matematica, quanto nell'individuazione della corretta tipologia richiesta nell'esercizio.
Il metodo per trovarla consiste nella consultazione del seguente diagramma di flusso:

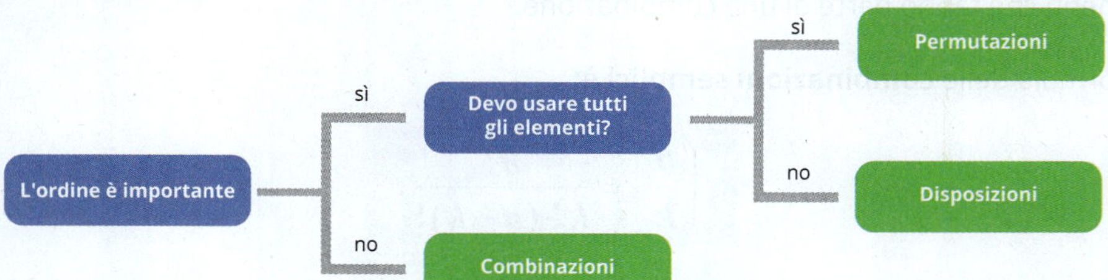

Per capire meglio la consultazione di tale diagramma:

ESERCIZIO **SVOLTO**

Quanti sono i numeri di 5 cifre contenenti solo cifre dispari?

Svolgimento:
domanda 1: *l'ordine è importante*? **Sì**, proprio a causa della natura dei numeri in cui le cifre hanno un diverso valore a seconda della loro posizione (il numero 12 è diverso dal numero 21).

Domanda 2: *devo usare tutti gli elementi*? **No**, avendo a disposizione solo le cifre dispari (1, 3, 5, 7, 9 → n = 5) non si devono necessariamente usare tutte. Infatti, anche se le cifre dispari sono 5 e la sequenza deve essere lunga 5, questo non vuol dire che vanno usati tutti gli elementi, perché è possibile utilizzare ad esempio solo la cifra 1, formando il numero di 5 cifre 11111.
Vanno quindi utilizzate le **disposizioni**, per la precisione le disposizioni **con ripetizione**, perché all'interno della sequenza lunga k = 5 cifre,
ci sono alcune cifre che possono ripetersi.

$$n^k = 5^5 = 3125$$

Soluzione: 3.125.

ESERCIZIO **SVOLTO**

Quante sono tutte le possibili mani di poker da 5 carte che possono essere distribuite da un mazzo di 52 carte?

Svolgimento:
domanda 1: *l'ordine è importante*? **No**, perché non importa l'ordine in cui tali carte vengano distribuite, ma soltanto **quali** siano le carte che compongono la mano (a meno che l'importanza dell'ordine non sia esplicitamente richiesta nel testo).
Vanno quindi utilizzate le **combinazioni semplici**, con n = 52 carte, e k = 5 carte che compongono la mano:

$$\frac{n!}{k!\,(n-k)!} = \frac{52!}{5! \cdot 47!} = \frac{52 \cdot 51 \cdot 50 \cdot 49 \cdot 48 \cdot 47!}{5 \cdot 4 \cdot 3 \cdot 2 \cdot 47!} = \frac{52 \cdot 51 \cdot 50 \cdot 49 \cdot 48}{5 \cdot 4 \cdot 3 \cdot 2}$$

Soluzione: 2.598.960.

ESERCIZIO **SVOLTO**

Agostino, Bzlatan, Carlo, Dino, Ettore e Filomena comprano i biglietti di un treno in un vagone da 6 posti (un po' stretto). In quanti modi possono disporsi all'interno del vagone?

Svolgimento:
sebbene all'interno del testo compaia la parola "disporsi" questo non dovrebbe portare lo studente a dedurre che si tratti di disposizioni, ma è sempre necessario capire la natura della richiesta.

Domanda 1: *l'ordine è importante*? **Sì**, perché si vuole appunto capire in che modo vogliono disporsi.

Domanda 2: devo usare tutti gli elementi? **Sì**, perché i passeggeri sono n = 6, e il vagone è da 6 posti, quindi possono sedersi **tutti**. Vanno quindi utilizzate le **permutazioni**, per la precisione le permutazioni **semplici**, perché i 6 elementi sono tutti diversi.

$$n! = 6! = 720$$

Soluzione: 720.

MATEMATICA

ESERCIZIO **PROPOSTO**

7.1.4 Gigino e i suoi 6 colleghi, tutte le volte che si recano sul posto di lavoro, provano a parcheggiare l'automobile in un parcheggio molto vicino all'ingresso, ma puntualmente 3 di loro sono costretti ad allontanarsi e lasciare l'auto a 15 km di distanza. Gigino, che lavora nel reparto di ricerca matematica, un bel giorno inizia a osservare attentamente la situazione e nota che il gruppo di 3 persone che non riesce a trovare parcheggio cambia sempre di giorno in giorno. Dopo quanti giorni Gigino noterà uno stesso gruppo di persone già osservato nei giorni precedenti?

A. 210
B. 720
C. 20
D. 840
E. 35

7.2 CALCOLO DELLE PROBABILITÀ

Dato un evento (es. esce il numero 6 lanciando un dado), la sua **probabilità** p esprime la quantità di certezza, **compresa tra 0 e 1**, che tale evento si verifichi.

Viene definita attraverso il rapporto:

dove i casi totali sono tutti gli eventi che possono verificarsi, e i casi favorevoli sono i soli eventi che soddisfano la richiesta.
Si definisce invece **probabilità complementare** la quantità di certezza che un evento con probabilità p **non** si verifichi, in altre parole, la probabilità dell'evento contrario:

$$P_{complementare} = 1 - p$$

Moltiplicando il valore di p per 100, si rappresenta la probabilità in **percentuale**: p = 1/2 → p = 50%.

In riferimento all'esempio iniziale del dado, volendo calcolare la probabilità che esca il numero 6, bisogna prima capire quanti siano tutti i *casi totali* che possono verificarsi (in questo caso, lanciando un dado, possono uscire i numeri 1, 2, 3, 4, 5, 6, quindi i casi totali sono 6) e successivamente capire quanti siano quelli favorevoli (l'unico caso favorevole è quello in cui esce il numero 6), quindi p = 1/6. La probabilità che **non** esca il numero 6 è invece, dalla *probabilità complementare*, p = 1 - 1/6 = 5/6.

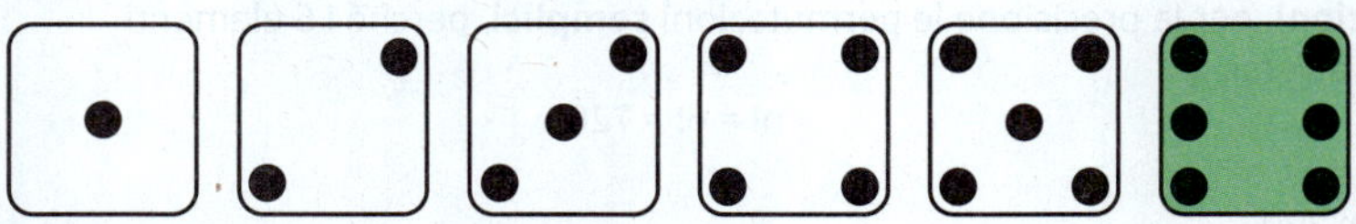

Un altro esempio può essere quello di dover calcolare "*la probabilità che pescando a caso da un mazzo napoletano di 40 carte, esca una carta di coppe*": i casi totali sono appunto il numero totale delle carte, cioè 40, mentre quelli favorevoli che soddisfano la richiesta (una carta di coppe) sono 10, cioè tutte le carte di coppe, per cui p = 10/40 = 1/4 = 25%.

La maggior parte delle volte però, i quesiti di probabilità contengono al loro interno più eventi combinati tra loro, come ad esempio la "*probabilità che lanciando un dado esca un numero pari o un numero maggiore di 4*", oppure la "*probabilità di pescare una pallina rossa e una pallina blu da un sacchetto*" e così via. A volte può essere semplice ragionare logicamente e trovare il numero di casi favorevoli senza ricorrere a formule (nel caso del dado i numeri che sono pari o maggiori di 4 sono chiaramente 2, 4, 5, 6, quindi p = 4/6 = 2/3), altre volte invece è conveniente ricorrere ad alcuni principi della probabilità illustrati nei seguenti paragrafi.
Tali principi si basano sul calcolare la probabilità dei singoli eventi uno per volta ed effettuare delle semplici somme, sottrazioni, o prodotti a seconda del caso. Un quesito sulle probabilità infatti può rientrare in due casi: **probabilità totale** o **probabilità congiunta**.

7.2.1 Probabilità totale

Si parla di probabilità totale quando, a partire da più eventi, si vuole calcolare la probabilità che **almeno uno** di loro si verifichi, e può essere individuata attraverso la congiunzione "**o**". Per esempio, si vuole calcolare la "*probabilità che, pescando una carta da un mazzo, si ottenga una figura o una carta di denari*".
Le formule per calcolare la probabilità totale si distinguono in base alla tipologia degli eventi in considerazione.
Nel caso di **eventi incompatibili** (cioè eventi che non possono verificarsi contemporaneamente), la probabilità totale si ottiene calcolando le probabilità dei singoli eventi e sommandole tra loro. In particolare, considerando solo due eventi A e B:

$$P(A \text{ o } B) = P(A) + P(B)$$

Vediamo un esempio:
Carlo ha voglia di leggere, così decide di scegliere uno tra i suoi 5 romanzi dell'orrore, 7 fumetti, 3 biografie e 1 romanzo di fantascienza.
Qual è la probabilità, che scegliendo un libro a caso, prenda un romanzo o un fumetto?

Svolgimento:
gli eventi richiesti sono separati dalla congiunzione 'o' e sono calcolabili separatamente:
P(A): la probabilità che il libro scelto sia un romanzo è di 6/16, dato dal rapporto tra i romanzi che possiede e il numero totale di libri.
P(B): la probabilità che il libro scelto sia un fumetto è di 7/16, il rapporto tra i fumetti che possiede e tutti i libri.
Vediamo di che tipo di probabilità si tratta: è una probabilità totale, dove gli eventi sono incompatibili (cioè che non possono verificarsi contemporaneamente). La formula per il calcolo della probabilità totale è P(A o B) = P(A) + P(B) = 6/16 + 7/16 = 13/16.
Soluzione: 13/16.

Nel caso di **eventi compatibili** (cioè eventi che possono verificarsi contemporaneamente), la probabilità totale si ottiene calcolando le probabilità dei singoli eventi, sommandole tra loro, e sottraendo il prodotto tra le due probabilità. Considerando due eventi A e B:

$$P(A \text{ o } B) = P(A) + P(B) - P(A) \cdot P(B)$$

MATEMATICA

ESERCIZIO **SVOLTO**

Due giocatori agonisti di freccette bulgare decidono di disputare una partita di scacchi totalmente a caso, cioè muovendo in ciascun turno un pezzo della scacchiera scelto casualmente. Inoltre, all'inizio della partita, lanciano una moneta per stabilire chi sia il primo a cominciare. Sapendo che i pezzi di una scacchiera sono 16 bianchi per un giocatore e 16 neri per l'altro, qual è la probabilità che il primo giocatore a iniziare sia il bianco o che il primo pezzo a muoversi sulla scacchiera sia un alfiere?

Svolgimento:
nell'esercizio ci sono due eventi separati dalla congiunzione "o" che sono calcolabili separatamente:

A. la probabilità che il giocatore a iniziare sia il bianco, pari a 1/2, poiché viene effettuato un lancio della moneta;
B. la probabilità che il primo pezzo a muoversi sia un alfiere, pari a 4/32, poiché 4 sono i casi favorevoli (gli alfieri della scacchiera) e 32 i casi totali (i pezzi della scacchiera).

Per poter utilizzare la formula corretta, il punto da chiarire è se gli eventi siano **compatibili** o **incompatibili**, cioè se è possibile che questi accadano contemporaneamente o no. In questo caso sono compatibili, poiché è possibile che il *primo giocatore a iniziare sia il bianco e che questo muova l'alfiere*. La soluzione sarà quindi data dalla formula:

$$P(A \text{ o } B) = P(A) + P(B) - P(A) \cdot P(B) = 1/2 + 4/32 - 1/2 \cdot 4/32 = 9/16$$

Soluzione: 9/16.

ESERCIZIO **PROPOSTO**

7.2.1 Qual è la probabilità che, pescando una carta da un mazzo di 52 carte, essa sia una carta rossa oppure una carta dispari (figure escluse)?

A. 46/52
B. 36/52
C. 1/2
D. 20/52
E. 1/3

7.2.2 Probabilità congiunta

Si parla di probabilità congiunta quando, avendo più eventi, si vuole calcolare la probabilità che **tutti** si verifichino, e può essere individuata attraverso la congiunzione "**e**" oppure attraverso parole chiave come "**entrambi**", "**contemporaneamente**" e così via.
Per esempio, si vuole calcolare "*la probabilità che, pescando due palline da un sacchetto contenente 26 palline blu e 12 rosse, una sia blu e una sia rossa*".
Anche in questo caso, le formule per il calcolo della probabilità congiunta si dividono a seconda della natura degli eventi.

Nel caso di **eventi indipendenti**, cioè eventi che **non dipendono** in alcun modo da eventi precedenti, basta calcolare le probabilità dei singoli eventi e moltiplicarle tra loro. Avendo due eventi A e B:

$$P(A \text{ e } B) = P(A) \cdot P(B)$$

Per comprendere meglio il concetto di eventi indipendenti, si immagini il caso di un sacchetto di palline, in cui a ogni pescata la pallina ***viene reinserita all'interno*** del sacchetto. Chiaramente, a ogni pescata si avranno le stesse condizioni, cioè le stesse palline all'interno del sacchetto. Si capisce quindi come ogni pescata successiva non dipenda dalle pescate precedenti.

N.B. Nel calcolo della probabilità congiunta è necessario porre grande attenzione all'ordine degli eventi che si devono verificare. Si considerino i due seguenti casi:

- "*calcolare la probabilità che pescando 2 carte da un mazzo di 52 carte, la* ***prima*** *sia rossa e la* ***seconda*** *sia nera*". In questo caso basta calcolare il prodotto tra la probabilità che alla prima pescata la carta sia rossa (1/2) e alla seconda la carta sia nera (1/2). $P = 1/2 \cdot 1/2 = 1/4$;
- "*calcolare la probabilità che pescando 2 carte da un mazzo di 52 carte, una sia rossa e una nera*". In questo caso, non avendo vincoli di ordinamento, la richiesta è soddisfatta sia se alla prima pescata esce una carta rossa e alla seconda una nera, sia se alla prima pescata esce una carta nera e alla seconda una rossa. Dunque, bisogna moltiplicare la probabilità calcolata nel precedente caso (1/4) per il numero di permutazioni in cui le pescate possono verificarsi (in questo caso pari a 2, in generale si rimanda il calcolo alle **permutazioni**). $P = 2 \cdot 1/4 = 1/2$.

ESERCIZIO **SVOLTO**

In un sacchetto ci sono 8 palline nere, 7 bianche e 3 blu. Considerando che a ogni pescata la pallina viene reinserita nel sacchetto, qual è la probabilità di estrarre prima una pallina nera, poi una bianca e infine una blu?

Svolgimento:
dato il reinserimento della pallina nel sacchetto, gli eventi sono indipendenti, cioè i casi totali rimangono sempre $8 + 7 + 3 = 18$.
Inoltre, è presente un vincolo sull'ordinamento di pescata: nera → bianca → blu.

$$P(\text{nera}) = 8/18,\ P(\text{bianca}) = 7/18,\ P(\text{blu}) = 3/18$$
$$\rightarrow P = 8/18 \cdot 7/18 \cdot 3/18 = 7/243$$

Soluzione: 7/243.

Nel caso di **eventi dipendenti**, cioè eventi che **dipendono** da eventi precedenti, la formula rimane un prodotto di probabilità:

$$P(A \text{ e } B) = P(A) \cdot P(B \text{ dopo } A)$$

facendo però attenzione al fatto che non è più possibile calcolare in maniera indipendente le probabilità degli eventi, ma bisogna tenere in considerazione ciò che è successo nell'evento precedente.
Per comprendere tale concetto, si immagini di nuovo un sacchetto di palline, dove però la pallina pescata ***non verrà più reintrodotta*** nel sacchetto. Ciò che accade è che la situazione di pescata non è sempre la stessa, poiché il numero di **casi totali** (cioè le palline all'interno del sacchetto) sarà diminuito; questa diminuzione è da tenere in considerazione nel calcolo degli eventi successivi.

Gennaro, un appassionato giocatore di Blackjack, ha trovato un metodo che gli permette di conoscere esattamente la probabilità che gli escano carte vincenti, basandosi sul tener conto delle carte che sono già uscite e che devono uscire. Durante una partita si trova in una particolare situazione, dove se al giocatore prima di lui esce una figura e a Gennaro poi esce una carta minore di 7 allora vince. Grazie al suo nuovo metodo sa che rimangono 17 carte con valore inferiore a 7, 8 figure e 9 delle restanti né di valore inferiore a 7, né figure. Qual è la probabilità che Gennaro vinca il turno?

Svolgimento:
prima di tutto identifichiamo il tipo di probabilità: si tratta di probabilità congiunta, cioè dove devono avvenire tutti gli eventi, in questo caso con un certo ordine. Inoltre si tratta di eventi dipendenti, poiché l'avvenimento di uno influenzerà la probabilità che si verifichi l'altro.
Possiamo scrivere la formula di questa probabilità come:
$P(A \text{ e } B) = P(A) \cdot P(B \text{ dopo } A)$.
La probabilità che esca una figura è di $8/(17 + 8 + 9) = 8/34$, dove 8 sono le figure e 34 sono le carte totali rimaste.
La probabilità che successivamente esca una carta minore di 7 è 17/33, dove 17 sono le carte di valore inferiore a 7 e 33 sono le carte rimanenti dopo che è già stata pescata una figura.
Calcoliamo ora la probabilità congiunta:
$P(A \text{ e } B) = P(A) \cdot P(B \text{ dopo } A) = 8/34 \cdot 17/33 = 4/33$.
Soluzione: 4/33.

ESERCIZIO **SVOLTO**

In un sacchetto ci sono 8 palline nere, 7 bianche e 3 blu. Considerando che a ogni pescata la pallina non viene reinserita nel sacchetto, qual è la probabilità di estrarre una pallina nera, una bianca e una blu?

Svolgimento:
in questo caso la pallina non viene reinserita, quindi se all'inizio il numero di casi totali è pari a 18, alla successiva pescata sarà pari a 17 e così via. Inoltre, non è presente un vincolo sull'ordinamento di pescata, ma l'importante è che alla fine delle pescate vi siano una pallina nera, una bianca e una blu. Si inizia dunque a risolvere il problema come se ci fosse il vincolo di ordinamento:

$$P(\text{nera}) = 8/18,\ P(\text{bianca}) = 7/17,\ P(\text{blu}) = 3/16$$
$$\rightarrow P = 8/18 \cdot 7/17 \cdot 3/16 = 7/204$$

Successivamente si estende tale probabilità a tutte le possibili permutazioni dei 3 elementi, cioè $3! = 6$.

$$P = 6 \cdot 7/204 = 7/34$$

Soluzione: 7/34.

ESERCIZIO **PROPOSTO**

7.2.2 A Topolandia le previsioni dicono che la probabilità che un giorno piova è del 20%. Gigiotopo deve stare via da casa per 3 giorni consecutivi e si dimentica l'ombrello. Qual è la probabilità che, in questo periodo di tempo, Gigiotopo si bagni solo 1 giorno su 3?

A. 22%
B. 40%
C. 12,8%
D. 38,4%
E. 50%

7.2.3 Probabilità combinate

Può capitare a volte di dover calcolare la combinazione di probabilità totali e probabilità congiunte. Per esempio, se si vuole calcolare "*la probabilità di estrarre da un mazzo di carte da poker una carta rossa e maggiore di 7* ***oppure*** *una carta nera e minore di 3*", si può notare come siano presenti una probabilità totale (denotata dalla parola "oppure") e due probabilità congiunte (denotate dalla congiunzione "e").
Come in generale per la matematica si svolgono prima le moltiplicazioni e poi le addizioni, nel caso delle probabilità vanno calcolate prima le probabilità congiunte e poi le probabilità totali, dato che le probabilità congiunte sono delle moltiplicazioni e le probabilità totali sono delle addizioni.
Il procedimento canonico è quindi quello di considerare separatamente tutti gli eventi divisi dalla congiunzione "o", calcolare le probabilità congiunte di ogni singolo evento attraverso una moltiplicazione e poi sommare tra loro tutti i valori individuati.
Nell'esempio precedente della "*probabilità di estrarre da un mazzo di carte da poker una carta rossa e maggiore di 7* ***oppure*** *una carta nera e minore di 3*" vanno separati i due eventi:

1. estrarre una carta rossa e maggiore di 7: P (rossa) · P (>7) = 1/2 · 24/52 = 3/13, dove 24 sono le carte 8, 9, 10, J, Q, K per i 4 semi diversi;
2. estrarre una carta nera e minore di 3: P (nera) · P (<3) = 1/2 · 8/52 = 1/13.
3. Infine, vanno sommati i due valori trovati per ottenere la probabilità totale P = 4/13.

L'esempio in questione è volutamente posto in maniera semplice per evidenziare la corrispondenza tra la rappresentazione linguistica della probabilità (attraverso le congiunzioni e e o) e il relativo procedimento matematico da eseguire. La capacità dello studente però dovrà essere quella di ricondurre un quesito, non sempre posto in maniera semplice e direttamente interpretabile, alla generica forma "*probabilità di (A e B) o (C e D) o (F e G)...*", per poi passare alla formula matematica P = P (A) · P (B) + P (C) · P (D) + P (E) · P (F) + ...

MATEMATICA

ESERCIZIO SVOLTO

In Italia, il 10% della popolazione possiede un lanciafiamme per pavimenti.
Pescando 3 persone a caso dalla popolazione, qual è la probabilità che almeno una di loro possieda un lanciafiamme?

Svolgimento:
come anticipato, la probabilità in questione non è direttamente interpretabile.
Quanti sono i casi totali? E quelli favorevoli? Chi lo sa.
Il ragionamento da affrontare potrebbe spaventare a causa della sua lunghezza, ma è in fin dei conti molto semplice.
Pescando una persona a caso, la probabilità che questa abbia un lanciafiamme è pari a 1/10, perché è un dato fornito dal testo (10%). Pescando 3 persone, la probabilita che, ad esempio, **esattamente tre persone** abbiano un lanciafiamme è 1/10 · 1/10 · 1/10 = 1/1000, ma la probabilità che ce ne sia **almeno una**?
Si può notare come l'espressione **almeno una** sta ad indicare che le persone che hanno il lanciafiamme possono essere 1 **oppure** 2 **oppure** 3, quindi è già possibile trasformare la richiesta in: "*qual è la probabilità che pescando 3 persone a caso, una abbia il lanciafiamme oppure due abbiano il lanciafiamme oppure tre abbiano il lanciafiamme?*"

$\frac{1}{10} \cdot \frac{9}{10} \cdot \frac{9}{10}$

oppure (+)

$\frac{1}{10} \cdot \frac{1}{10} \cdot \frac{9}{10}$

oppure (+)

$\frac{1}{10} \cdot \frac{1}{10} \cdot \frac{1}{10}$

Sono stati individuati quindi 3 eventi separati da *"oppure"* che, una volta calcolati separatamente, vanno quindi sommati tra di loro (probabilità totale):

1. la probabilità che 1 persona su 3 abbia un lanciafiamme, che può essere interpretata come *"la probabilità che una persona abbia un lanciafiamme e che due persone non abbiano un lanciafiamme"* e che è pari a $1/10 \cdot 9/10 \cdot 9/10$.
Ciò che va tenuto in considerazione però, è che **non ci sono vincoli sull'ordine**, quindi è necessario moltiplicare il risultato per il numero delle possibili permutazioni;
$p_1 = 3 \cdot 1/10 \cdot 9/10 \cdot 9/10$
2. la probabilità che 2 persone su 3 abbiano un lanciafiamme, il cui ragionamento è il medesimo del caso precedente. Si ha $p_2 = 1/10 \cdot 1/10 \cdot 9/10$, che va moltiplicato per il numero delle possibili permutazioni in cui le persone pescate possono susseguirsi, cioè anche in questo caso 3 permutazioni;
$p_2 = 3 \cdot 9/(10 \cdot 10 \cdot 10)$
3. la probabilità che 3 persone su 3 abbiano un lanciafiamme, che rappresenta il caso più semplice e che è pari a $p_3 = 1/1000$. In questo caso non serve tenere in considerazione gli ordini, vista l'uguaglianza delle 3 singole probabilità.

A questo punto l'esercizio si conclude sommando le 3 probabilità trovate, per ottenere la probabilità totale:

$p = p_1 + p_2 + p_3 = 243/1000 + 27/1000 + 1/1000 = 271/1000 = 27{,}1\%$

Una piccola considerazione finale che, dopo questo lungo esercizio, ti riempirà di gioia: a volte conviene risolvere alcuni tipi di esercizi (compreso questo) attraverso il principio della probabilità complementare, cioè calcolando la probabilità opposta all'evento desiderato e sottraendola ad 1. In questo caso la probabilità che l'evento in considerazione non si verifichi è la probabilità che **nessuna** delle 3 persone pescate abbia il lanciafiamme, cioè $9/10 \cdot 9/10 \cdot 9/10 = 729/1000$. Sottraendo a 1 il valore appena trovato, si ottiene la probabilità che **almeno una** persona abbia il lanciafiamme.

$$p = 1 - 729/1000 = 271/1000$$

Non siamo cattivi, vogliamo solo rendervi invincibili.

Soluzione: 271/1000.

ESERCIZIO **PROPOSTO**

7.2.3 Il Partito Del Formaggio (PDF) vuole vincere le elezioni in almeno uno dei seguenti Paesi: Uruguay, Giappone e Messico. Il problema è che l'unico elettore in questi paesi è Piergiuseppino, che sceglie totalmente a caso un politico da eleggere in ognuno dei 3 paesi. I politici candidati del Partito Del Formaggio in Uruguay sono il 20% del totale, quelli in Giappone sono il 30% del totale e quelli in Messico il 70% del totale. Qual è la probabilità che il PDF raggiunga il suo obiettivo?

A. 68,8%
B. 35,7%
C. 83,2%
D. 16,8%
E. 12,6%

7.2.4 Probabilità condizionata

Il concetto di probabilità condizionata interviene ogni qualvolta si vuole calcolare la probabilità di un evento A, *sapendo che si è verificato un evento B*. L'informazione aggiuntiva che deriva dal sapere che si è verificato B può modificare la probabilità che si verifichi A.

Siano A e B due eventi, con B di probabilità non nulla. Si definisce "probabilità condizionata dell'evento A dato l'evento B" e si indica con il simbolo "p (A|B)" il rapporto tra la probabilità di A∩B (evento intersezione) e la probabilità di B. In formula otteniamo:

$$p(A|B) = \frac{p(A \cap B)}{p(B)} \quad \text{oppure} \quad p(B|A) = \frac{p(A \cap B)}{p(A)}$$

Esempio: supponiamo di aver lanciato per due volte consecutive una moneta non truccata. Sapendo che nel primo lancio è uscita testa, qual è la probabilità che sia uscita testa in entrambi i lanci?

Considerando T evento testa e C evento croce, l'insieme dei possibili risultati (o **spazio campionario**) del lancio per due volte consecutive di una moneta non truccata è Ω = {(T, T), (T, C), (C, T), (C, C)}.
Quindi la probabilità di ottenere testa due volte, ossia dell'evento (T, T), in assenza di ulteriori informazioni, è **¼**.
L'**informazione aggiuntiva** che nel primo lancio è uscita testa modifica tale probabilità. Questo perché sapere che nel primo lancio è uscita testa ci permette di restringere lo spazio campionario, eliminando (C, T) e (C, C) → il nuovo spazio campionario sarà Ω' = {(T, T), (T, C)}.
I casi possibili ora sono solo 2, di cui uno solo favorevole, quindi la probabilità che siano uscite due testa, sapendo che nel primo lancio è uscita testa, è **½**.

Lanciamo sempre due volte una moneta non truccata. Sapendo che in almeno uno dei due lanci è uscita testa, qual è la probabilità che sia uscita testa in entrambi i lanci?

In questo caso l'informazione aggiuntiva che in almeno uno dei due lanci è uscita testa ci permette di restringere lo spazio campionario, eliminado solo (C, C) → Ω" = {(T, T), (T, C), (C, T)}.
I casi possibili ora sono 3, di cui uno solo favorevole, quindi la probabilità che siano uscite due testa, sapendo che in almeno uno dei due lanci è uscita testa, è ⅓.

Da tutto questo ragionamento deduciamo che sapere a priori che si è già verificato un primo evento (informazione aggiuntiva) modifica la probabilità dell'evento che stiamo prendendo in considerazione.

ESERCIZIO SVOLTO

Data un'urna che contiene palline tutte uguali numerate da 1 a 10, vogliamo valutare la probabilità che, estraendone una, si verifichi l'evento B: "esce un numero minore di 7", supposto che si sia già verificato l'evento A: "esce un numero maggiore di 3".

Svolgimento:
supponiamo di estrarre una pallina e che questa rappresenti un numero maggiore di 3; si tratta di valutare $p(B|A) = \frac{p(A \cap B)}{p(A)}$;
si ha che:

- $p(A \cap B) = 3/10$ numero maggiore di 3 e minore di 7
- $p(A) = 7/10$ numero maggiore di 3

quindi $p(B|A) = \frac{p(A \cap B)}{p(A)} = \frac{3/10}{7/10} = \frac{3}{7}$.

Soluzione: 3/7.

7.3 DIAGRAMMI AD ALBERO

Il diagramma ad albero è un tipo di rappresentazione che permette di scomporre un progetto complesso in dettagli sempre più precisi, così da poter facilmente giungere alla soluzione di un problema.

In particolare possono essere utilizzati per schematizzare e risolvere i problemi di algebra, i problemi di probabilità e di calcolo combinatorio.

7.3.1 Definizione

I diagrammi ad albero sono un tipo di **grafico** che permette di mappare un processo, cioè di avere un quadro di insieme approfondito del problema che si vuole risolvere.

Ogni diagramma ad albero è articolato in più livelli, legati tra loro da alcune linee rette che prendono il nome di rami del diagramma ad albero; scendendo di livello si semplifica il problema dato, fino a giungere alla soluzione.

7.3.2 Come costruire un diagramma ad albero

Il diagramma ad albero può essere rappresentato sia in orizzontale che in verticale. Adesso riportiamo come costruire un diagramma in verticale (ma il ragionamento da fare è identico per quello orizzontale) prendendo come esempio questo esercizio.

Quanti e quali numeri sono i numeri di tre cifre che si possono formare usando le cifre 2 e 5?

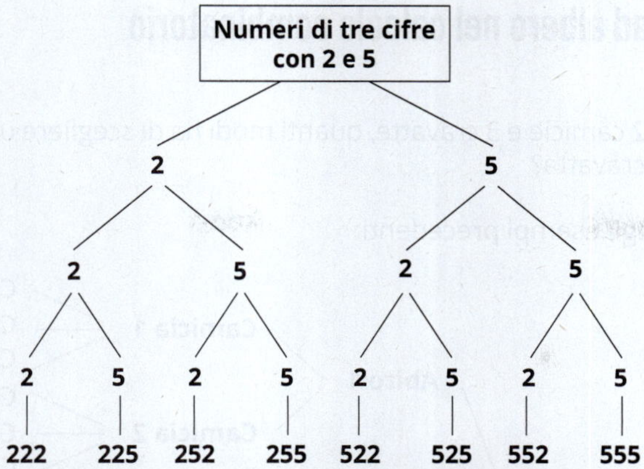

1. In un riquadro si scrive sinteticamente la richiesta del problema.
2. Si rappresenta il primo livello del diagramma ad albero, che sarà formato dalle cifre 2 e 5.
3. Da ogni cifra (nodo) si fanno partire tanti rami quante sono le cifre che possono occupare la seconda posizione del numero, che sono due (2 e 5), quindi da ogni cifra del primo livello partiranno due rami → si ottiene il secondo livello del diagramma.
4. Da ogni cifra del secondo livello si fanno uscire tanti rami quante sono le cifre che possono occupare la terza posizione del numero. Anche in questo caso sono due cifre (sempre 2 e 5), quindi partiranno due rami dalle cifre del secondo livello → si ottiene così il terzo livello.
5. Seguendo in ordine ciascun ramo del diagramma ad albero si formano tutti i numeri di tre cifre ottenuti usando i numeri 2 e 5: 222, 225, 252, 255, 522, 525, 552, 555.

ESERCIZIO **SVOLTO**

Un gioco è composto da 9 pezzi di tre forme diverse (triangolo, cerchio, quadrato) e di tre colori diversi (blu, giallo, rosso). Rappresentare l'insieme dei pezzi del gioco con un diagramma ad albero.

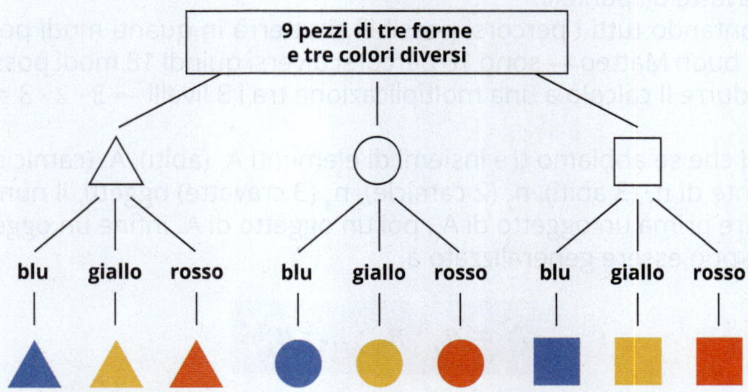

1. Scriviamo la richiesta del problema
2. Il primo livello del diagramma è costituito dalle tre forme diverse: triangolo, cerchio, quadrato.
3. Da ogni forma partiranno tre rami, a rappresentare i tre colori diversi che le forme possono avere, in questo modo abbiamo costruito il secondo livello.
4. Seguendo poi ogni ramo si ottengono tutti i pezzi del gioco, ad esempio triangolo blu, triangolo giallo, ecc... come mostrato in figura.

7.3.3 Diagramma ad albero nel calcolo combinatorio

Esempio:
se Matteo ha 3 abiti, 2 camicie e 3 cravatte, quanti modi ha di scegliere una giacca, poi una camicia e infine una cravatta?

Procediamo come negli esempi precedenti:

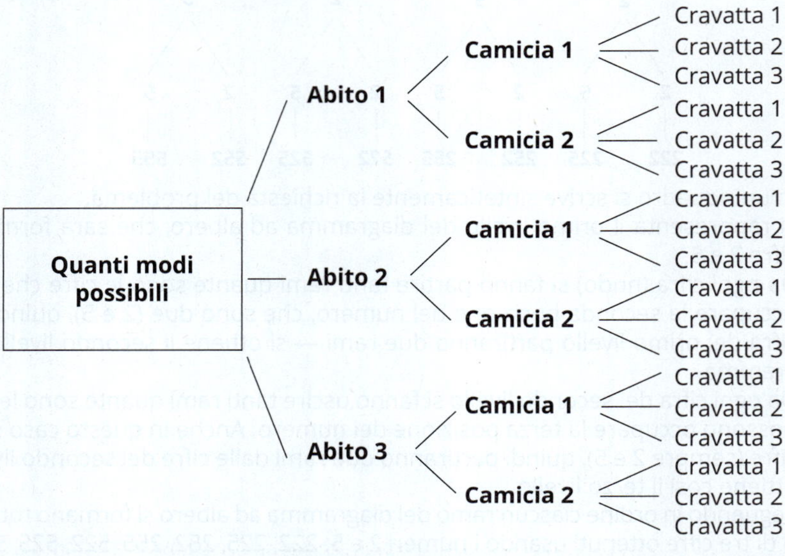

1. Scriviamo la richiesta (questa volta impostiamo il diagramma orizzontale, il ragionamento come detto in precedenza è lo stesso).
2. Costruiamo il primo livello del diagramma partendo dai 3 abiti disponibili.
3. Da ognuno di questi 3 abiti dovranno partire due rami che rappresentano le 2 camicie disponibili, abbiamo così ottenuto il secondo livello del diagramma.
4. Per il terzo livello da ciascuna camicia dovranno partire tre rami corrispondenti alle 3 cravatte disponibili.
5. Infine contando tutti i percorsi possibili si otterrà in quanti modi possibili si può vestire il buon Matteo → sono 18 percorsi diversi quindi 18 modi possibili, oppure si può ridurre il calcolo a una moltiplicazione tra i 3 livelli → $3 \cdot 2 \cdot 3 = 18$.

Si deduce quindi che se abbiamo tre insiemi di elementi A_1 (abiti), A_2 (camicie), A_3 (cravatte) rispettivamente di n_1 (3 abiti), n_2 (2 camicie), n_3 (3 cravatte) oggetti, il numero di modi diversi di scegliere prima un oggetto di A_1, poi un oggetto di A_2 infine un oggetto di A_3 è $N = n_1 \cdot n_2 \cdot n_3$, che può essere generalizzato a

$$N = n_1 \cdot n_2 \cdot ... \cdot n_k$$

Attenzione! $N = n_1 \cdot n_2 \cdot ... \cdot n_k$, quindi il numero di modi diversi può essere calcolato come prodotto quando si tratta di un albero regolare, cioè un albero nel quale da tutti i nodi di uno stesso livello L parte lo stesso numero di rami R_L.

7.3.4 Diagramma ad albero nel calcolo della probabilità

Un modo per svolgere i quesiti di probabilità è quello di ricorrere ai diagrammi ad albero, in particolare possiamo usare questi ultimi per rappresentare i casi possibili.

In questo modo possiamo avere un'elencazione grafica di tutti gli elementi che devono essere presi in esame.

Esempio: determinare la probabilità che i tre figli di una coppia siano femmine (1F = primo figlio, 2F = secondo figlio, 3F = terzo figlio):

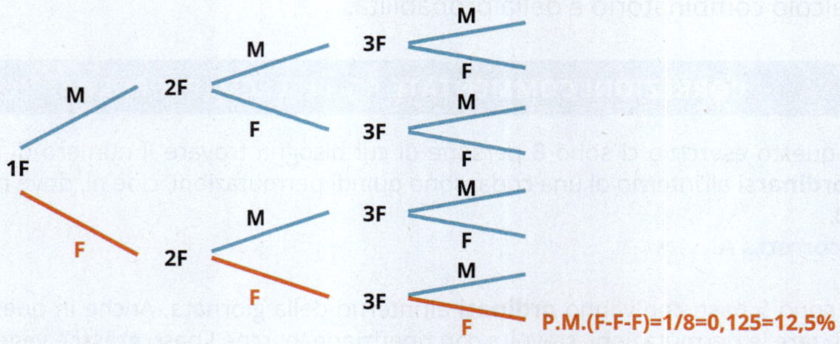

Se poi si scrive su ciascun ramo la probabilità dell'evento rappresentato nel nodo seguente, tenuto conto ovviamente del fatto di trovarsi su un determinato ramo, la probabilità di uno qualsiasi degli eventi sui rami terminali è data dal prodotto delle probabilità scritte sull'intero percorso, in quanto si tratta di un'applicazione diretta della formula delle probabilità composte.

Nel caso di questo esercizio sappiamo che il primo figlio potrà essere o maschio o femmina, quindi ci saranno due rami iniziali come primo livello; il ragionamento dovrà essere fatto anche per gli altri due figli quindi dal primo livello partiranno altri due rami e da ognuno di questi due rami ne partiranno altri due (perché le possibilità sono sempre due, o maschio o femmina).

In un diagramma ad albero, il numero totale dei percorsi rappresenta il numero totale di eventi possibili (infatti se si vanno a contare i percorsi dell'esercizio sono 8, presente al denominatore della frazione rappresentante la probabilità) ad ogni percorso è associata la probabilità corrispondente all'evento (nel caso della richiesta dell'esercizio abbiamo seguito il percorso corrispondente a tre figlie femmine → moltiplicando quindi $\frac{1}{2} \cdot \frac{1}{2} \cdot \frac{1}{2} = \frac{1}{8}$).

Ecco la regola generale per "muoversi" su un diagramma ad albero:

- lungo i rami si **moltiplica** → cosa che corrisponde alla 'e' (regola vista nella sezione di probabilità 7.2);
- in orizzontale si **somma** → cosa che corrisponde alla 'o' (regola vista nella sezione di probabilità 7.2).

MATEMATICA

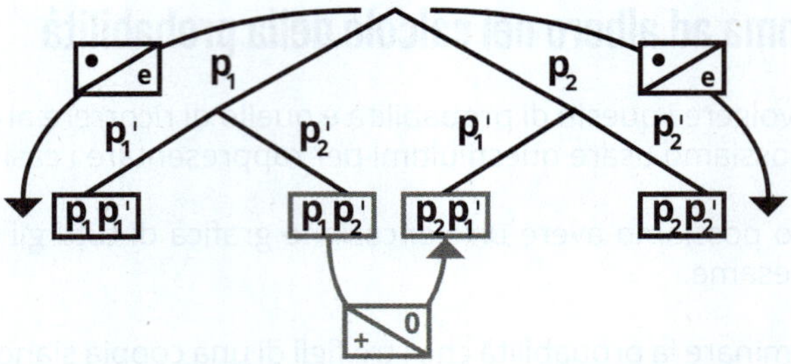

Può essere utile utilizzare il diagramma ad albero nel caso in cui i rami da rappresentare non fossero un numero troppo grande, in caso contrario converrebbe fare uso delle formule del calcolo combinatorio e della probabilità.

CORREZIONI COMMENTATE AGLI ESERCIZI PROPOSTI

7.1.1.a In questo esercizio ci sono 8 persone di cui bisogna trovare il numero di modi in cui possono **ordinarsi** all'interno di una coda, sono quindi permutazioni, cioè n!, dove n = 8, quindi 8! = 40320.
Risposta corretta A.

7.1.1.b Ci sono 5 pasti che vanno **ordinati** all'interno della giornata. Anche in questo caso bisogna utilizzare le permutazioni, stavolta con ripetizione, perché i pasti grassi e vegetariani si ripetono entrambi 2 volte, quindi $\frac{5!}{2! \cdot 2!} = \frac{5 \cdot 4 \cdot 3 \cdot 2}{2 \cdot 2} = 5 \cdot 3 \cdot 2 = 30$.
Risposta corretta D.

7.1.2.a Si vuole trovare il numero di modi per il quale è possibile **ordinare** 3 elementi da un insieme di 20 elementi, quindi bisogna usare le disposizioni. In questo caso non vi sono ripetizioni perché nella sequenza delle leggi da promulgare, ragionevolmente non è possibile che ve ne siano più di una uguali (se una è stata già promulgata è fatta!).
Quindi $\frac{n!}{(n-k)!} = \frac{20!}{17!} = 20 \cdot 19 \cdot 18 = 6840$.
Risposta corretta E.

7.1.2.b In questo esercizio, Fiorella vuole distribuire 7 biscotti in maniera ordinata (poiché ogni figlio è diverso), quindi vuole creare una sequenza ordinata di lunghezza k = 7.
L'insieme n è invece pari a tutte le tipologie di biscotti, cioè n = 4. Inoltre, nella sequenza, il biscotto può ripetersi più volte (cioè è possibile, dato che i cesti sono infiniti, dare lo stesso biscotto anche a tutti e 7 i bambini), quindi è **una disposizione con ripetizione**: $n^k = 4^7$.
Risposta corretta B.

7.1.3 Non importa l'ordine in cui tali carte sono distribuite, poiché intuitivamente, il modo in cui le carte vengono distribuite all'interno di una stessa mano non cambia il punteggio del giocatore. Ciò che è importante invece è solamente **quali** carte si trovino in una mano, quindi bisogna usare le combinazioni semplici $\frac{n!}{k!\,(n-k)!} = \frac{35!}{7! \cdot 28!}$.

Considerata la difficoltà del calcolo, è possibile escludere le risposte A, C, D, E, che sicuramente non rispettano la formula trovata.
Risposta corretta B.

7.1.4 Tale esercizio presenta un'alta quantità di distrattori, quindi è necessario capire cosa il problema vuole sapere. La domanda chiede la quantità di giorni che devono passare prima che uno stesso gruppo di 3 persone si ripeta. Ma le combinazioni cambiano tutti i giorni, quindi si vuole calcolare il numero possibile di gruppi diversi di 3 persone. Si provi ora a ragionare con il diagramma. **L'ordine è importante**? La risposta è **no**, quindi bisogna usare le combinazioni.

n = 7 persone, k = 3 $\rightarrow \frac{7!}{3! \cdot 4!} = \frac{7 \cdot 6 \cdot 5}{3 \cdot 2} = 7 \cdot 5 = 35$.

Risposta corretta E.

7.2.1 La presenza della parola "oppure" fa pensare che sia una probabilità totale. Bisogna però verificare se gli eventi siano compatibili. In questo caso sono compatibili poiché possono verificarsi contemporaneamente (esistono carte rosse dispari). Dato l'evento A (carte rosse, con probabilità 1/2) e l'evento B (carte dispari, con probabilità 20/52, cioè 20 carte dispari su 52 totali), la probabilità totale è data da P (A) + P (B) - P (A) · P (B) = 1/2 + 20/52 - 10/52 = 36/52.
Risposta corretta B.

7.2.2 Si tratta di probabilità congiunta, perché deve avvenire **contemporaneamente** che Gigiotopo un giorno si bagni e gli altri due no. La probabilità che lui si bagni è 20/100 = 2/10, mentre la probabilità che non si bagni è di 8/10. La probabilità congiunta è quindi data da 2/10 · 8/10 · 8/10 = 128/1000 = 12,8%. Bisogna però tenere in considerazione che Gigiotopo può bagnarsi il primo giorno **oppure** il secondo giorno, **oppure** il terzo giorno. Per ottenere tale risultato è possibile calcolare le tre probabilità **congiunte** e sommarle tra di loro per ottenere una probabilità totale. In alternativa, si possono calcolare tutte le possibili permutazioni dei giorni (piove - nonpiove - nonpiove) e moltiplicarle per **12,8%**.
Le permutazioni sono 3!/2! = 3.
Risposta corretta D.

7.2.3 La strada più semplice è quella di ragionare attraverso la probabilità complementare, definita come la probabilità di un evento contrario a quello considerato. In questo caso l'evento contrario è che il PDF vinca le elezioni in **nessuno** dei Paesi (cioè il contrario di **almeno uno**). Deve avvenire quindi che in Uruguay non vinca (80/100), e in Giappone non vinca (70/100), e in Messico non vinca (30/100). Essendo una probabilità congiunta, si moltiplicano i valori tra loro, ottenendo 16,8%. Questa che abbiamo calcolato è però la probabilità complementare, quella contraria, quindi per trovare quella rischiesta bisogna usare la formula p = 1 - 16,8% = 83,2%.
Risposta corretta C.

STATISTICA

Indici statistici: media, varianza e frequenza

Interpretazione di diagrammi di frequenze ed istogrammi: nozioni elementari

8

8.1 INDICI STATISTICI: MEDIA, VARIANZA E FREQUENZA

La statistica è la scienza che si occupa di raccogliere, sintetizzare, analizzare e interpretare dati relativi ad un gruppo di elementi, con l'obiettivo di ricavarne delle informazioni sintetiche.
La statistica è una scienza molto complessa, che difficilmente potrebbe essere richiesta in un test d'ingresso se non nelle sue nozioni di base.
Lo scopo di questo capitolo è perciò quello di fornire le nozioni e le competenze di base necessarie alla risoluzione degli esercizi più frequenti.

8.1.1 Definizioni e nomenclatura

Si definisce:

- **popolazione**: il gruppo preso in esame;
- **campione**: una parte della popolazione che sia rappresentativa delle sue principali caratteristiche;
- **censimento**: una popolazione che comprenda tutto un insieme di persone:
- **unità statistica**: un elemento dell'insieme;
- **carattere**: ogni caratteristica delle unità statistiche prese in esame, che può presentarsi in diverse modalità.

Ad **esempio**, prendendo come popolazione i cittadini italiani, individuiamo:

- campioni non rappresentativi: ad esempio i ragazzi italiani di età minore di 20 anni. Questo campione, per quanto parte della popolazione, non ne rappresenta le caratteristiche, in quanto banalmente l'età media del campione è totalmente differente dall'età media della popolazione;
- campioni rappresentativi: una parte della popolazione scelta in modo totalmente casuale, di modo che le varie caratteristiche anagrafiche della popolazione vengano rispettate;
- censimento: un esame di tutta la popolazione italiana;
- unità statistica: un cittadino italiano;
- caratteri: ad esempio l'età dei cittadini italiani;
- modalità: prendendo come carattere l'età dei cittadini, le modalità sono l'insieme delle età della popolazione (ad esempio 16, 54, 62 ecc.).

I caratteri possono essere distinti in:

- **qualitativi**: detti anche **mutabili**, ovvero caratteri che sono descrivibili secondo variabili **nominali**. Ad esempio il genere è un carattere qualitativo, descrivibile in 2 variabili nominali: maschile e femminile;
- **quantitativi**: detti anche **variabili**, ovvero caratteri che sono descrivibili secondo variabili numerali. Ad esempio l'età è un carattere quantitativo, descrivibile con dei numeri. Le variabili possono essere distinte a loro volta in:
  - **variabili discrete**: se i valori sono rappresentabili come punti tra loro distaccati. Un esempio di variabile discreta è l'insieme dei numeri naturali: 1, 2, 3, 4...;
  - **variabili continue**: se i valori possono essere rappresentati da una linea continua composta da infiniti valori. Un esempio di variabile continua è l'altezza della popolazione, rappresentata da valori decimali.

MATEMATICA

8.1.2 Indici statistici

La statistica, con lo scopo di sintetizzare i dati, si avvale di indici in grado di descrivere rapidamente la popolazione. Sono gli indici statistici e si distinguono in:

- **indici di frequenza**: indicano quante volte un valore si presenta nella popolazione;
- **indici di posizione**: indica dove si posiziona la popolazione in un range di valori;
- **indici di dispersione**: indicano quanto la popolazione si disperde rispetto ai valori centrali.

Di conseguenza se volessimo rappresentare graficamente le tre tipologie di indici potremmo utilizzare un semplice grafico:

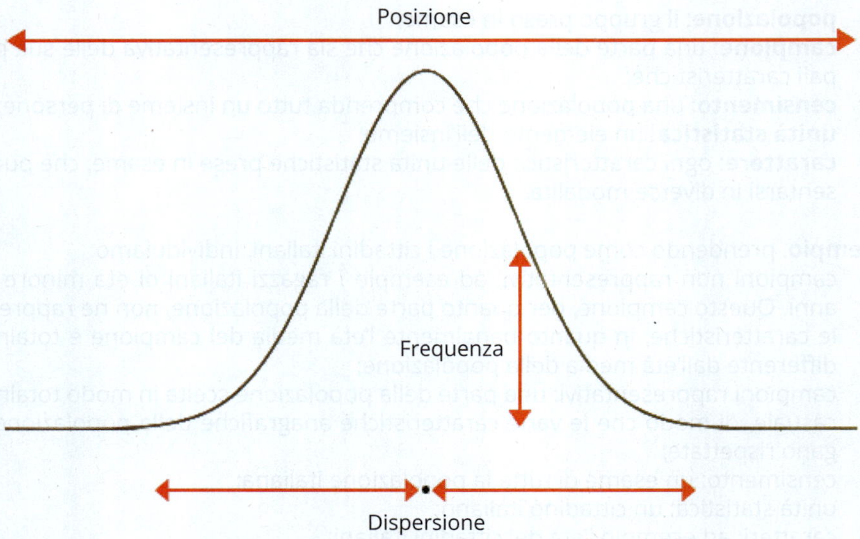

- la frequenza indica l'altezza della curva, ovvero quante volte si presenta nella popolazione;
- la posizione indica la posizione della curva intera sull'asse delle ascisse;
- la dispersione indica la larghezza della curva.

8.1.2.1 La frequenza

La frequenza è una grandezza statistica che indica quante volte si presenta una modalità all'interno della popolazione.
Si può parlare di:

- **frequenza assoluta**: numero assoluto di volte in cui la modalità si presenta nella popolazione;
- **frequenza relativa**: numero di volte in cui la modalità si presenta, ovvero la frequenza assoluta (F), diviso per il numero totale di elementi della popolazione (n). Può essere trasformata in percentuale moltiplicando tale valore per 100.

$$f = F/n$$

ESERCIZIO SVOLTO

A TestbustersLand i ragazzi neo-diplomati effettueranno a giugno i test d'ingresso per l'università. Del totale di 4600 ragazzi neo-diplomati, si sa che il 16% prenderà parte al test per la facoltà di Economia.
Si sa inoltre che il 4% dei ragazzi NON neo-diplomati che frequentano già una facoltà universitaria, che sono in totale 8300, tenterà il test per la facoltà di Economia.
Quanti ragazzi prenderanno parte al test di Economia dell'università di TestbustersLand? Quanto vale la frequenza relativa dei partecipanti al test considerando come popolazione il totale dei ragazzi presi in esame?

Svolgimento:
il primo step consiste nel calcolare la frequenza assoluta dei ragazzi neo-diplomati che tenteranno il test di economia invertendo la formula della frequenza relativa $f = \frac{F}{n}$.
Quindi possiamo affermare che il numero totale dei neo-diplomati che effettuerà il test di economia (frequenza assoluta) è pari al prodotto della loro frequenza relativa (*f*) e il totale della popolazione (*n*).

$$F_1 = f \cdot n$$
$$F_1 = 0{,}16 \cdot 4600 = 736$$

A questi ragazzi si aggiungeranno i NON neo-diplomati, che sono invece il 4% di 8300. Quindi la loro frequenza assoluta (F) sarà:

$$F_2 = f \cdot n$$
$$F_2 = 0{,}04 \cdot 8300 = 332$$

Quindi, il numero totale dei soggetti partecipanti al test di Economia sarà la somma tra le due frequenze assolute:

$$F_{tot} = F_1 + F_2$$
$$F_{tot} = 736 + 332 = 1068$$

Infine, la frequenza relativa dei partecipanti al test sarà pari alla frequenza assoluta divisa per il totale degli individui presi in esame (neo-diplomati e NON neo-diplomati).

$$f_{tot} = \frac{F_{tot}}{N_{tot}}$$

$$f_{tot} = \frac{1068}{4600 + 8300} = \frac{1068}{12900} = 0{,}082 = 8{,}2\%.$$

Soluzione: partecipanti totali al test di Economia 1068; frequenza relativa 8,2%.

8.1.2.2 Indici di posizione

Tramite gli indici di posizione si cerca di sintetizzare alcuni parametri della distribuzione che possano indicare come si posiziona rispetto al range di valori globale.

È un concetto molto più semplice di quanto non possa sembrare. Ad esempio prendendo il più noto tra gli indici di posizione, ovvero la media, possiamo capire come tramite essa ci creiamo un'aspettativa immediata della popolazione.

Ad esempio, se parlassimo del carattere "altezza della popolazione", tramite un semplice valore, la media delle altezze, riusciremmo ad avere una prima impressione semplificata circa le altezze complessive della popolazione. Quindi, se l'altezza media è di 140 cm capiremmo che è una popolazione a primo impatto "poco alta", come ad esempio potrebbero essere dei bambini, viceversa, un'altezza media di 200 cm ci darebbe subito l'impressione di una popolazione molto alta, come potrebbe essere una popolazione di cestisti di sesso maschile.

Questo è quindi l'obiettivo chiave degli indici di posizione, dare un'idea rapida e sintetica della popolazione in esame.

8.1.2.2.1 Media

La media è il più utilizzato tra gli indici di posizione. Esistono due tipi di media, la media aritmetica e la media ponderata.

8.1.2.2.1.1 Media aritmetica

La media aritmetica di n numeri si definisce come la somma dei numeri, diviso il numero dei termini in esame. Quindi, dati gli n numeri *A*1, *A*2, ..., *A*x, la loro media sarà:

$$Media = \frac{A_1 + A_2 + \dots A_x)}{n}$$

Può capitare nei quesiti di dover utilizzare la media in due modi:

- in quesiti che richiedono di calcolare una media tra diversi valori è necessario applicare la formula in modo diretto, sommando i valori e dividendoli per il numero dei valori;
- in quesiti che richiedono di ricavare uno dei valori a partire dalla media, sarà necessario utilizzare la formula inversa.

ESERCIZIO **SVOLTO**

Da regolamento ministeriale poter partecipare al test d'ingresso per l'università devi avere una media scolastica pari o superiore a 7. Al quinto anno la tua media, dopo aver svolto 6 interrogazioni e 2 compiti scritti è di 6,8. Che voto dovresti prendere alla prossima interrogazione per arrivare alla media del 7?

Svolgimento:
sappiamo che la media tra i primi 8 voti vale 6,8. Non conoscendo i singoli voti chiameremo gli esami come lettere, dalla A alla H.

Sappiamo quindi che

1. $\frac{A + B + C + D + E + F + G + H}{8} = 6{,}8$

Con il prossimo voto x la media dovrà essere di 7, quindi sappiamo che:

2. $\frac{A + B + C + D + E + F + G + H + x}{9} = 7$

Dalla prima equazione ricaviamo che
$A + B + C + D + E + F + G + H = 6{,}8 \cdot 8 = 54{,}4$

Lo sostituiamo quindi nella seconda equazione, quindi
$\frac{A + B + C + D + E + F + G + H + x}{9} = 7 = \frac{54{,}4 + x}{9}$

Svolgiamo i calcoli ed isoliamo il valore di x
$54{,}4 + x = 7 \cdot 9 \rightarrow x = 63 - 54{,}4 = 8{,}6$

Soluzione: dovrei prendere 8,6.

8.1.2.2.1.2 Media ponderata

La media ponderata è una seconda forma di media, che si basa sul fatto che alcuni elementi debbano pesare di più di altri nel conteggio della media stessa.
Si valuteranno i diversi elementi in modo proporzionale al valore del loro peso Z.

Conoscendo quindi:
- i valori: A_1; A_2; ... A_x;
- il loro peso: Z_1; Z_2; ... Z_x;

La media ponderata tra questi numeri sarà uguale al quoziente tra: somma dei prodotti tra ogni valore ed il suo peso, diviso la somma dei pesi.

$$\textit{Media ponderata} = \frac{(A_1 \cdot Z_1) + (A_2 \cdot Z_2) + ... + (A_x \cdot Z_x)}{Z_1 + Z_2 + ... + Z_x}$$

È tipicamente utilizzata con i voti universitari, in cui ogni voto è ponderato sulla base dei suoi CFU.

ESERCIZIO **SVOLTO**

Dopo aver terminato il primo anno di Ingegneria ho svolto i seguenti esami:
Analisi 1, con valenza di 9 CFU, con voto di 27
Geometria, da 8 CFU, con voto di 23
Fisica, da 6 CFU, con voto di 30
Chimica, da 5 CFU, con voto di 29
Quanto vale la mia media ponderata attualmente?

Svolgimento:
andiamo a svolgere la media ponderata per i CFU. Sappiamo infatti che il peso dei singoli esami è determinato dal loro valore in crediti.
La media sarà quindi:

$$\text{Media ponderata} = \frac{(A_1 \cdot Z_1) + (A_2 \cdot Z_2) + ... + (A_x \cdot Z_x)}{Z_1 + Z_2 + ... + Z_x}$$

$$\text{Media ponderata} = \frac{(27 \cdot 9) + (23 \cdot 8) + (30 \cdot 6) + (29 \cdot 5)}{9 + 8 + 6 + 5}$$

$$\text{Media ponderata} = \frac{(243) + (184) + (180) + (145)}{28}$$

$$\text{Media ponderata} = \frac{752}{28} = 26{,}85$$

Soluzione: 26,85.

8.1.2.2.2 Mediana

La mediana è definita come il valore centrale in una serie ordinata di elementi.
Si fa riferimento a un concetto a tutti gli effetti di tipo grafico, per centrale si intende esattamente quello distribuito al centro della distribuzione.

Per identificare una mediana si dovranno effettuare i seguenti passaggi:
1. ordinare i valori in esame in ordine crescente;
2. contare il numero di valori totali:

MATEMATICA

a. se il carattere ha un numero di valori dispari, sarà sufficiente calcolare la posizione della mediana effettuando: $\frac{\text{numero di valori}}{2}$ e approssimare il risultato per eccesso;
b. se il carattere ha un numero di valori pari, la mediana non sarà una singola, ma saranno i due valori corrispondenti all'operazione: $\frac{\text{numero di valori}}{2}$ e $\frac{\text{numero di valori}}{2} + 1$

ESERCIZIO SVOLTO

Calcolare la mediana della distribuzione dei numeri 2, 6, 9, 10, 34, 2, 3, 6.

Svolgimento:
procediamo per step:
1. ordiniamo i valori in ordine crescente;
   2, 2, 3, 6, 6, 9, 10, 34
2. contiamo il numero di valori, che in questo caso sarà di 8;
3. essendo un valore pari, la posizione della mediana sarà dato da:
   a. $\frac{\text{numero di valori}}{2}$ ovvero $\frac{8}{2} = 4$.
   Quindi la prima mediana è il valore in quarta posizione;
   b. $\frac{\text{numero di valori}}{2} + 1$ ovvero $\frac{8}{2} + 1 = 5$.
   Quindi la seconda mediana è il valore in quinta posizione;
4. presa la serie ordinata, cerchiamo il quarto e il quinto valore.
   2, 2, 3, 6, 6, 9, 10, 34

Soluzione: la mediana è 6.

8.1.2.2.3 Moda

La moda è la modalità che si presenta con maggiore frequenza nella popolazione.
Nel caso in cui più valori abbiano la stessa frequenza, la distribuzione si dice multimodale (ad esempio bimodale vuol dire che la distribuzione ha due mode di pari valore).
Per identificare la moda di una popolazione sarà sufficiente:
- definire la frequenza delle varie modalità;
- ricercare la modalità che presenti una frequenza maggiore.

ESERCIZIO SVOLTO

Indicare la moda della distribuzione dei numeri 2, 6, 9, 2, 3, 6.

Svolgimento:
procediamo per step:
1. indichiamo le frequenze assolute delle modalità della popolazione;
2. individuiamo le modalità con maggior frequenza, che sono in questo caso il 2 e il 6.
3. la distribuzione avrà come moda i valori 2 e 6, quindi sarà una distribuzione bimodale.

Soluzione: i valori della moda sono 2 e 6.

Modalità	Frequenza assoluta
2	2
3	1
6	2
9	1

ATTENZIONE PER IL TEST

Per ricordare i 3 concetti di moda, mediana e moda ti basterà utilizzare questo semplice trucco:
- **media:** è la più conosciuta, utilizzata anche a scuola per calcolare la media dei voti (somma dei voti/totale);
- **mediana:** è il valore al centro, come il centrocampista mediano nel calcio;
- **moda:** è il valore più presente, perché... va di moda!

8.2 INTERPRETAZIONE DI DIAGRAMMI DI FREQUENZE E ISTOGRAMMI: NOZIONI ELEMENTARI

Visto l'obiettivo della statistica di porsi come scienza della sintesi, la rappresentazione grafica dei dati è un elemento di fondamentale importanza.
Esistono moltissime tipologia di grafici, ma le più utilizzate sono certamente:
- ortogramma;
- istogramma;
- diagramma a torta;
- diagramma cartesiano;
- ideogramma;
- cartogramma.

8.2.1 Ortogramma

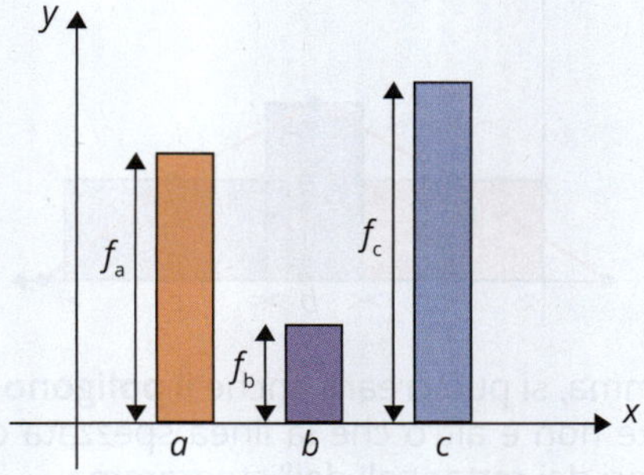

L'ortogramma, o diagramma a nastri, è il diagramma che utilizza come metodo grafico quello delle altezze.
Utilizza infatti dei rettangoli di altezza direttamente proporzionale alla frequenza della modalità in esame, secondo delle unità di misura che vengono definite sull'asse delle ordinate.

8.2.2 Istogramma

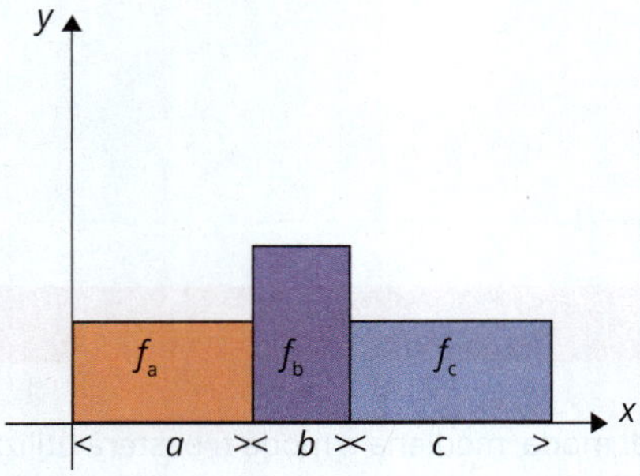

L'istogramma è molto simile all'ortogramma, ma utilizza come metodo grafico quello delle aree. In particolare, in una distribuzione di dati, non sarà solo l'altezza del rettangolo a definire la frequenza della modalità, ma anche la larghezza.
Infatti in alcuni casi la frequenza di una modalità potrebbe essere falsata dalla sua numerosità campionaria.

Ad esempio, se considerassimo il peso in kg di una popolazione, sarebbe ovvio che l'intervallo di peso da 30 kg a 60 kg conterrebbe comunque più individui dell'intervallo da 60 kg a 62 kg. Questo non vorrebbe dire obbligatoriamente che il peso tra i 30 kg e i 60 kg sia il più frequente della popolazione, poiché la sua frequenza elevata potrebbe essere falsata dalla numerosità del campione. Quindi usando un semplice ortogramma ci si potrebbe non accorgere della maggiore numerosità del campione e si stimerebbe a colpo d'occhio la frequenza solo sulla base dell'altezza.

Per risolvere questo problema si introduce la proporzionalità della frequenza con l'area creando un istogramma.
In questo modo, fissata una frequenza f, l'altezza del rettangolo dipenderà anche dalla base del rettangolo stesso, in quanto la frequenza è proporzionale alla sua area (intesa come base per altezza).

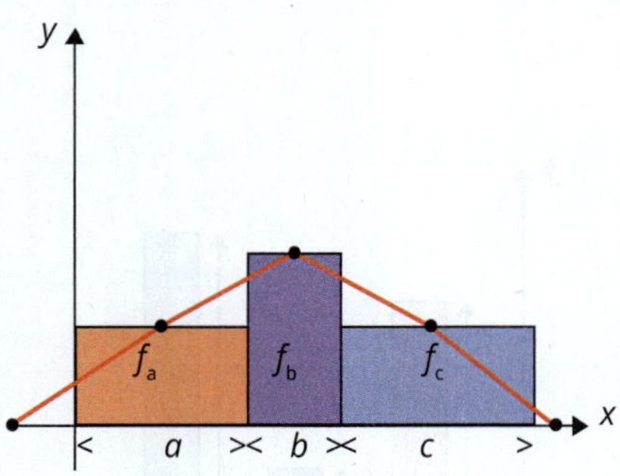

Tra l'altro, con un istogramma, si può creare anche il **poligono delle frequenze**.
Il poligono delle frequenze non è altro che la linea spezzata che congiunge tutti i punti medi dei segmenti superiori dei rettangoli dell'istogramma.

8.2.3 Diagramma a torta

Il diagramma a torta o aerogramma si utilizza per rappresentare le percentuali o le frequenze relative delle modalità all'interno di una popolazione.
Si suddivide una circonferenza in parti, come fossero fette di una torta, che sono proporzionali alla frequenza relativa (o alla percentuale) della modalità in esame.

Spesso nell'interpretazione di questi grafici in un quesito di un test non viene inserita la percentuale corrispondente, quindi la difficoltà dell'esercizio consiste nel saper interpretare il grafico corrispondente. A tal proposito ricorda che:

- approssimare è l'unico modo per poter risolvere questo tipo di esercizi;
- tieni a mente alcune **percentuali notevoli**:
  - 25% è corrispondente ad $\frac{1}{4}$ di circonferenza;
  - 50% è corrispondente ad $\frac{1}{2}$ di circonferenza;
  - 33% è corrispondente ad $\frac{1}{3}$ di circonferenza;
  - 75% è corrispondente ad $\frac{3}{4}$ di circonferenza;
  - 66% è corrispondente ad $\frac{2}{3}$ di circonferenza;
  - 12,5% è corrispondente ad $\frac{1}{8}$ di circonferenza, ovvero la metà del 25%.

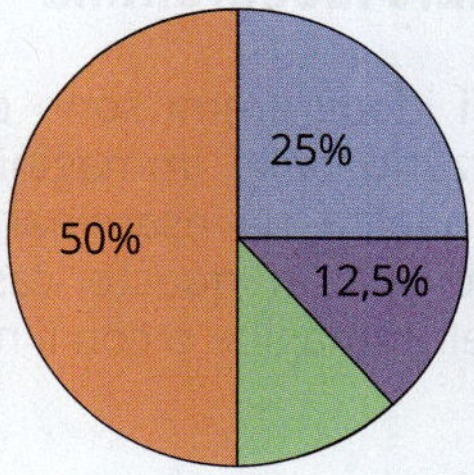

ESERCIZIO **SVOLTO**

Nell'isola di Smullian sono presenti 350 abitanti. Di essi, 200 svolgeranno i test d'ingresso per l'università dopo l'estate.
Il grafico a torta dell'immagine sottostante rappresenta la distribuzione dei test che verranno svolti dagli abitanti dell'isola di Smullian.
Quante persone effettueranno il test per la facoltà di Ingegneria?

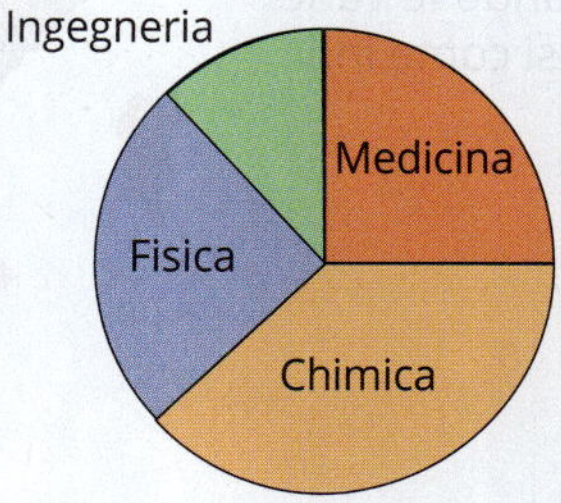

Svolgimento:
si può notare dal grafico come Ingegneria corrisponda a circa la metà di 14 di circonferenza, quindi a circa $\frac{1}{8}$ di circonferenza.
Quindi Ingegneria corrisponde a circa il 12,5% della popolazione che effettuerà i test d'ingresso, quindi 200 persone.

Calcoliamo quindi la frequenza assoluta come $f = F \cdot 200 = 12{,}5\% \cdot 200 = 25$.
Per completezza notiamo che Medicina corrisponde a circa $\frac{1}{4}$ di circonferenza, quindi il 25%, Chimica è circa $\frac{1}{3}$ di circonferenza, quindi il 33%, Fisica corrisponde a un segmento di circa $\frac{1}{4}$ di circonferenza, quindi circa 25%.

Soluzione: 25 persone effettueranno il test per la facoltà di Ingegneria.

8.2.4 Diagramma cartesiano

Il diagramma cartesiano utilizza come indice di frequenza dei punti, posizionati a un'altezza proporzionale alla frequenza, collegati tra loro da linee spezzate.
Quindi sull'asse delle ordinate sarà indicata la frequenza della modalità, sull'asse delle ascisse sarà invece indicato il valore della modalità.

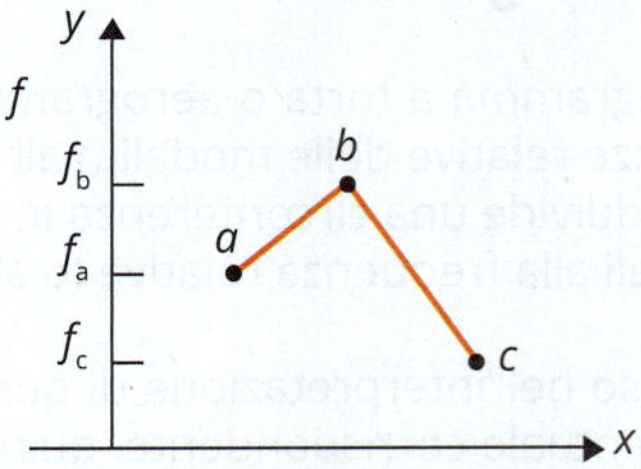

8.2.5 Ideogramma

Gli ideogrammi sono dei diagrammi che utilizzano delle immagini per rappresentare le modalità da esaminare. La frequenza viene indicata in questo caso con la dimensione dell'immagine o con il numero di immagini.

8.2.6 Cartogramma

È un tipo di grafico che si utilizza per descrivere delle cartine geografiche, indicando le varie regioni della cartina in colori diversi come indicato nella legenda.

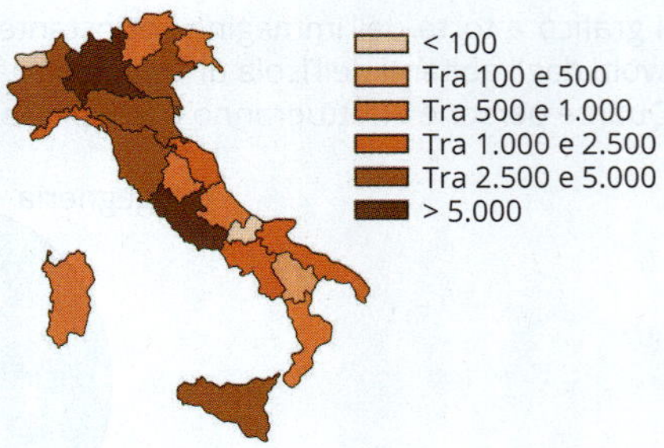

“

**Non è importante
quanto è grande
la materia,
ma come la usi.**

Savio Ignoto

FISICA

Introduzione

Introduzione

La fisica da test è molto diversa dalla fisica che avete affrontato durante le scuole superiori.
Il concetto fondamentale da capire è che il test è in modalità quiz (*ma va*?, direte voi) e non domande aperte o interrogazioni orali. Questo aspetto, apparentemente ovvio, deve farvi cambiare totalmente il vostro approccio al quesito e alla teoria da studiare per il test: non dovrete più dimostrare alla prof. di fisica del Liceo che avete trovato il risultato con il procedimento più veloce, svolgendo anche l'intera dimostrazione della formula necessaria o senza sbagliare neanche un arrotondamento al millesimo di decimale.
Dimenticatevi le dimostrazioni delle formule, dimenticatevi di dover illustrare a un'interrogazione orale il concetto fisico alla base del vostro ragionamento ed entrate in una nuova ottica: l'ottica della "macchina da test".

A questo punto vi starete chiedendo, *"ma allora cosa ci faccio con un libro di teoria di fisica in mano?"* Ebbene, prima di passare ai quiz, il nostro consiglio è studiare le pagine che vi trovate davanti ora, sintesi perfetta di tutti i concetti, e soprattutto formule, che sono presenti nel bando del test di Medicina, Odontoiatria e Veterinaria.

Non dovrete ripetere ad alta voce, né sapere spiegare nel dettaglio cos'è un resistore di un circuito elettrico, ma dovrete arrivare alla fine di questo libro con un'idea di tutti i concetti fondamentali e di tutte le formule e mnemofrasi che dovrete sapere il giorno del test.

"Ma come faccio a imparare i concetti se non li ripeto e studio in modalità Liceo?" Subito dopo aver letto un capitolo, passate subito allo **svolgimento degli esercizi** sul nostro eserciziario. Gli esercizi vi aiuteranno a ripassare e sedimentare i concetti appena letti. Per aiutarvi in questa transizione da teoria a esercizi troverete diversi esempi guidati e commentati già in questo manuale!

Detto questo, siete pronti a iniziare e diventare delle "**macchine da test**"... in bocca al lupo!

UNITÀ DI MISURA E VETTORI

Formule

Unità di misura

Vettori

1

1.1 FORMULE

In questi capitoli vi cimenterete con un numero elevato di formule, è per questo che ci teniamo a ricordarvi che **le formule sono equazioni**.
Tutti gli strumenti che avete acquisito nello studio di logica e di matematica possono essere utilizzati anche in fisica, non fatevi spaventare dall'utilizzo di lettere diverse da x e y per indicare le incognite, le regole che avete imparato sono ancora valide.
Facciamo un esempio:

$$v = \frac{s}{t}$$

se voglio calcolare lo *spazio* s a partire da questa formula devo riuscire a togliere la *t* dal denominatore, moltiplico quindi per il *tempo t* a destra e sinistra dell'uguale, ottenendo così l'incognita desiderata:

$$s = v \cdot t$$

Per una trattazione più approfondita dell'argomento si rimanda ai capitoli 2.7 di Logica e 2.3 di Matematica.

1.2 UNITÀ DI MISURA

Per una trattazione più esaustiva, si rimanda al capitolo 1 di chimica.
In questo breve capitolo verranno affrontati degli aspetti prettamente inerenti al mondo della fisica.

ATTENZIONE PER IL TEST

Tre problemi tipici dello studente:

- **come convertire le ore in minuti?**

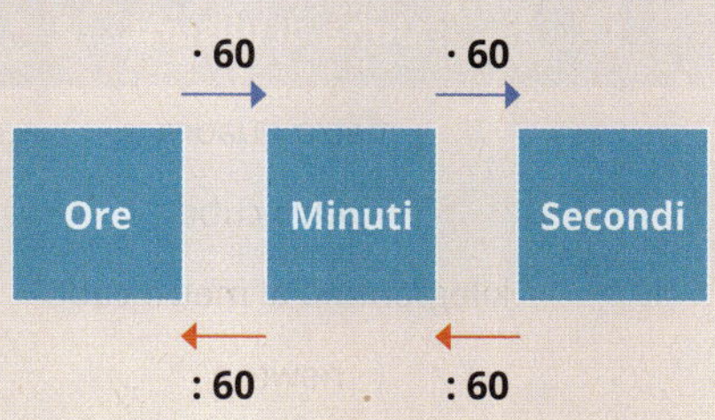

h = 2 · 60 min = 120 min
120 min = 120 · 60 secondi = 7,2 · 10^3 secondi

- **come convertire i km/h in m/s e viceversa?**

Da m/s a km/h **moltiplicare per 3.6**
Da km/h a m/s **dividere per 3.6**

- **come convertire i joule in calorie e viceversa?**

1 cal = 4,186 J

RICORDA: il SI utilizza il joule! 1 kcal = 10^3 cal = 4186 J.

ESERCIZIO **SVOLTO**
A quanti km/h corrispondono 50 m/s?
Svolgimento: ragionando in modo pratico, per passare da m/s a km/h è sufficiente moltiplicare il valore in m/s per 3,6. $$50\ m/s = 50 \cdot 3{,}6\ km/h = 180\ km/h$$ **Soluzione:** 180 km/h.

Le due tabelle seguenti riportano le sette grandezze fondamentali adottate dal SI e alcune delle principali grandezze derivate, ciascuna corredata con la propria unità di misura e il relativo simbolo convenzionalmente usato.

GRANDEZZE FONDAMENTALI		
Grandezza	**Unità di misura**	**Simbolo**
Lunghezza	metro	*m*
Tempo	secondo	*s*
Massa	kilogrammo	*kg*
Intensità di corrente	ampere	*A*
Temperatura	kelvin	*K*
Quantità di materia	mole	*mol*
Intensità luminosa	candela	*cd*

GRANDEZZE DERIVATE		
Grandezza	**Unità di misura**	**Simbolo**
Area	metro quadro	m^2
Volume	metro cubo	m^3
Densità	kilogrammo al metro cubo	kg/m^3
Forza	newton	$N = kg \cdot m/s^2$
Pressione	pascal	$Pa = N/m^2$
Lavoro	joule	$J = N \cdot m$
Velocità	metro al secondo	m/s
Accelerazione	metro al secondo quadrato	m/s^2
Potenza	watt	$W = J/s$
Carica elettrica	coulomb	$C = A \cdot s$
Differenza di potenziale elettrico	volt	$V = J/C$
Resistenza	ohm	$\Omega = V/A$
Frequenza	hertz	$Hz = 1/s$

In fisica, le grandezze possono essere ulteriormente suddivise in due categorie:

- ***grandezze scalari*** → definite da numeri reali e da un'unità di misura (es. *massa*, *pressione*, *temperatura*);
- ***grandezze vettoriali*** → definite da un vettore caratterizzato da un modulo (numero con l'unità di misura), una direzione e un verso (es. *forza*, *velocità*, *spostamento*).

Le unità di misura possono essere classificate anche nel seguente modo:

- ***grandezze intensive*** → il loro valore dipende soltanto dalle proprietà o dallo stato dei corpi considerati e non dalle dimensioni di questi ultimi (es. *temperatura*, *pressione*, *densità*);
- ***grandezze estensive*** → il loro valore dipende dalle dimensioni del sistema (es. *volume*, *massa*, *energia interna*).

1.2.1 Notazione scientifica

Per affrontare in maniera comoda gli esercizi di fisica è utile conoscere la notazione scientifica; infatti, grazie ad essa è possibile scrivere un **qualsiasi numero**, grande o piccolo che sia, in maniera compatta. Inoltre è molto utile per poter fare calcoli con numeri molto grandi o molto piccoli, semplicemente usando le proprietà delle potenze.

Per capire il metodo di scrittura in notazione scientifica verranno usati due esempi guidati.

ESERCIZIO **SVOLTO**

La velocità della luce vale esattamente 299792458 m/s.
Si esprima questa grandezza in notazione scientifica.

Svolgimento:
L'obiettivo della notazione scientifica è quello di esprimere un numero attraverso le sue **prime cifre non uguali a zero** ed una potenza del 10: si vuole quindi che la velocità della luce sia scritta come $2{,}99 \cdot 10^n$, dove n è un numero intero (positivo o negativo) da determinare.

Si noti che per poter scrivere la velocità della luce come 2,99 è necessario spostare la virgola (che immaginiamo dopo la cifra 8) di 8 posizioni → il valore di n può essere 8 oppure -8.

- Se la virgola va spostata a **sinistra**, si sceglie n **positivo**.
- Se la virgola va spostata a **destra**, si sceglie n **negativo**.

In questo caso allora la velocità della luce è scrivibile come $2{,}99 \cdot 10^8$ m/s.

ESERCIZIO **SVOLTO**

Una mole di elio pesa 0,006941 kg.
Esprimere questa grandezza in notazione scientifica.

Svolgimento:
Ripetendo il ragionamento fatto per la velocità della luce, l'obiettivo sarà quello di determinare la potenza di 10 che permette di scrivere questa grandezza come $6{,}94 \cdot 10^n$ (si scelgono sempre le prime cifre diverse da zero, che in questo caso partivano dal 6).

Per ottenere 6,94 è necessario spostare la virgola a destra di 3 posizioni, quindi il numero n deve valere -3 (vedi elenco puntato dell'esempio precedente).
Allora la massa di una mole di elio può essere espressa come $6{,}94 \cdot 10^{-3}$ kg.

1.2.2 Multipli e sottomultipli delle unità di misura

Spesso la notazione scientifica viene sottintesa attraverso l'utilizzo di multipli e sottomultipli delle unità di misura fondamentali. Per esempio una lunghezza di 1000 m può essere espressa sia come $1 \cdot 10^3$ m sia come 1 km: ne segue che la "k" davanti ad un'unità di misura sostituisce la potenza 10^3.
La tabella sottostante mostra tutti i simboli con cui vengono espressi questi multipli e sottomultipli.

Potenza del dieci	Simbolo	Pronuncia	Esempio
9	G	Giga	$1\ GV = 1 \cdot 10^9\ V$
6	M	Mega	$1\ MPa = 1 \cdot 10^6\ Pa$
3	k	Chilo	$1\ kJ = 1 \cdot 10^3\ J$
2	h	Etto	$1\ hm = 1 \cdot 10^2\ m$
1	da	Deca	$1\ dag = 1 \cdot 10\ g$
-1	d	Deci	$1\ dL = 1 \cdot 10^{-1}\ L$
-2	c	Centi	$1\ cK = 1 \cdot 10^{-2}\ K$
-3	m	Milli	$1\ mA = 1 \cdot 10^{-3}\ A$
-6	µ	Micro	$1\ \mu N = 1 \cdot 10^{-6}\ N$
-9	n	Nano	$1\ ns = 1 \cdot 10^{-9}\ s$
-12	p	Pico	$1\ p\Omega = 1 \cdot 10^{-12}\ \Omega$

1.3 VETTORI

Un vettore è definibile come un segmento orientato che può essere rappresentato come una freccia e che presenta le seguenti caratteristiche:

- **modulo** → valore o misura numerica (lunghezza della freccia);
- **direzione** → orientamento nello spazio (retta su cui giace il vettore);
- **verso** → senso di percorrenza della direzione (punta della freccia che indica il vettore).

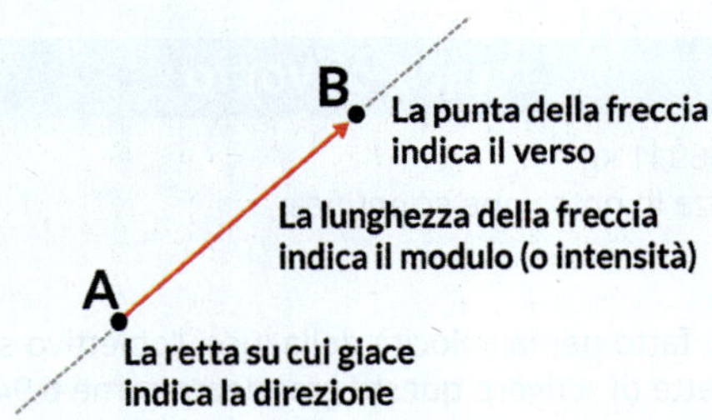

Figura 1: rappresentazione grafica di un vettore.

1.3.1 Scomposizione di un vettore nel piano

In fisica è spesso utile scomporre un vettore lungo due rette assegnate, il che consiste nel trovare due vettori diretti lungo queste rette tali che la loro somma sia uguale al vettore dato. Di particolare importanza è la scomposizione di un vettore nelle sue componenti lungo i due assi perpendicolari di un sistema di coordinate cartesiane: quest'operazione si effettua ricorrendo alle formule trigonometriche del seno e del coseno, che vengono applicate a un opportuno triangolo rettangolo dopo aver scelto un angolo rispetto al quale studiare il sistema.

$$v_x = v \cdot cos(\alpha)$$
$$v_y = v \cdot sin(\alpha)$$

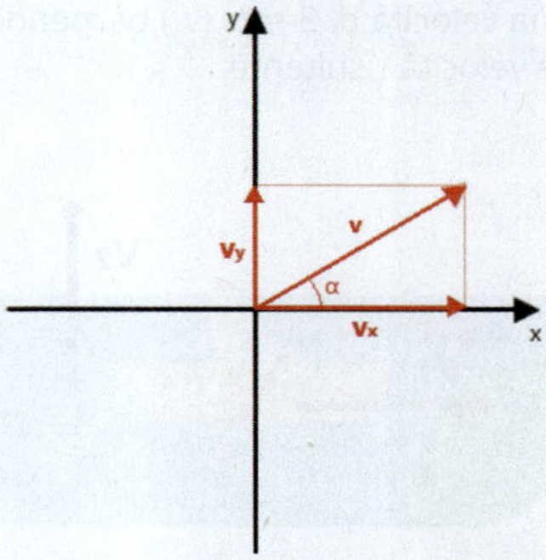

Figura 2: rappresentazione grafica di un vettore (v) sul piano cartesiano. Si notino le sue proiezioni sull'asse delle ascisse (v_x) e sull'asse delle ordinate (v_y).

Partendo dalle due proiezioni si può dunque risalire al **modulo** del *vettore risultante* utilizzando il *teorema di Pitagora*; il vettore risultante v sarà infatti assimilabile all'ipotenusa di un triangolo rettangolo, i cui cateti sono rappresentati da v_x e v_y.

$$v = \sqrt{v_x^2 + v_y^2}$$

1.3.2 Somma e differenza di vettori

Una delle ragioni per le quali è importante determinare le componenti di un vettore sta proprio nel loro utilizzo per effettuare la somma o la sottrazione di vettori.

Per questo tipo di calcolo, infatti, non è sufficiente sommare semplicemente i moduli dei vettori, ma bisogna tenere conto della loro *direzione* e del loro *verso*.
Solitamente si procede con il metodo grafico (**metodo del parallelogramma**):

- si traslano i due vettori *a* e *b* in modo tale che le loro origini coincidano;
- successivamente si disegnano dei *segmenti paralleli* ai due vettori, in modo da costituire un parallelogramma;
- la **somma** dei due vettori sarà rappresentata dalla diagonale del parallelogramma che parte dal punto di origine dei due vettori;
- la **differenza** fra i due vettori sarà la diagonale opposta del parallelogramma.

FISICA

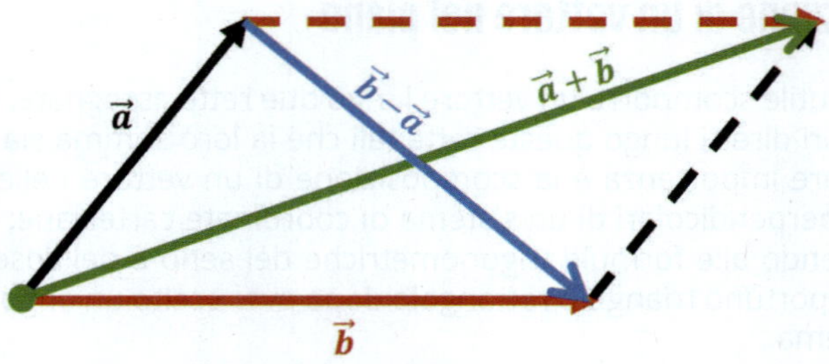

Figura 3: somma e differenza di due vettori.

ESERCIZIO **SVOLTO**

Una barca sta attraversando un fiume da una sponda all'altra con una velocità di 4 m/s (v_1) mentre la corrente del fiume ha una velocità di 3 m/s (v_2) perpendicolare alla direzione della barca. Calcolare il modulo del vettore velocità risultante.

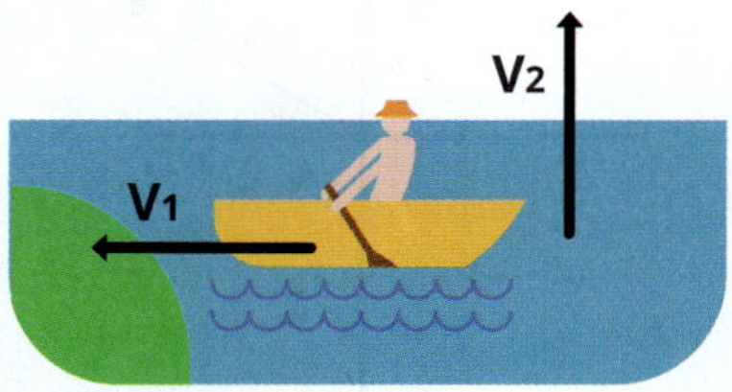

Svolgimento:
essendo due vettori considerati ($\overrightarrow{v_1}$ e $\overrightarrow{v_2}$) perpendicolari tra loro, il vettore *velocità risultante* sarà equiparabile all'ipotenusa di un triangolo rettangolo i cui cateti sono v_1 e v_2; dunque il suo modulo potrà essere calcolato semplicemente tramite il teorema di Pitagora.

$$v = \sqrt{v_1^2 + v_2^2} = \sqrt{16 + 9} = 5 \text{ m/s}$$

Soluzione: v = 5 m/s.

ESERCIZIO **PROPOSTO**

1.3.2 Un rinoceronte tira una slitta applicando una forza di 600 N. Piero tenta di frenarlo tirando il carretto applicando una forza di 200 N. Le due forze hanno la stessa direzione. A quanto sarà pari la forza risultante?

A. 800 N
B. 600 N
C. 400 N
D. 200 N
E. 1200 N

1.3.3 Prodotto scalare di due vettori

Solitamente viene indicato con il simbolo "·" e la risultante di tale operazione è rappresentata da una grandezza *scalare*.

$$v_{risultante} = \vec{b} \cdot \vec{a} = |b| \cdot |a| \cdot cos(\alpha)$$

dove $|a|$ e $|b|$ corrispondono al modulo numerico dei due vettori.
Applicazione al test: problemi sul lavoro.

1.3.4 Prodotto vettoriale di due vettori

Solitamente viene indicato con il simbolo "^" o "x" e la risultante di tale operazione è rappresentata da un vettore perpendicolare al piano su cui giacciono i due vettori moltiplicati.

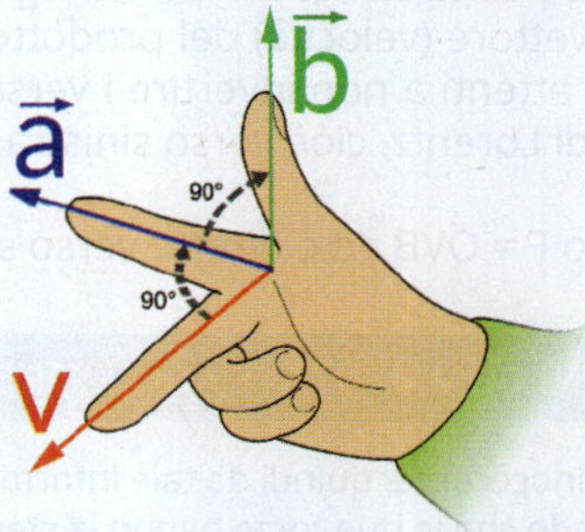

Figura 4: per individuare il verso del vettore risultante si utilizza la ***regola della mano destra****, secondo la quale, assegnando al pollice il primo vettore e all'indice il secondo vettore, il medio darà la direzione e il verso del vettore risultante.*

Per poter trovare il modulo della risultante si usa la seguente formula:

$$v_{risultante} = \vec{b} \cdot \vec{a} = |b| \cdot |a| \cdot sin(\alpha)$$

Applicazioni al test: *momento di una forza*.

Vediamo ora un esempio su un argomento che verrà affrontato più avanti nel manuale.
Calcolare l'intensità e il verso della forza che risente una particella di carica Q (positiva) che si muove con velocità V all'interno di un campo magnetico B illustrato come in figura.

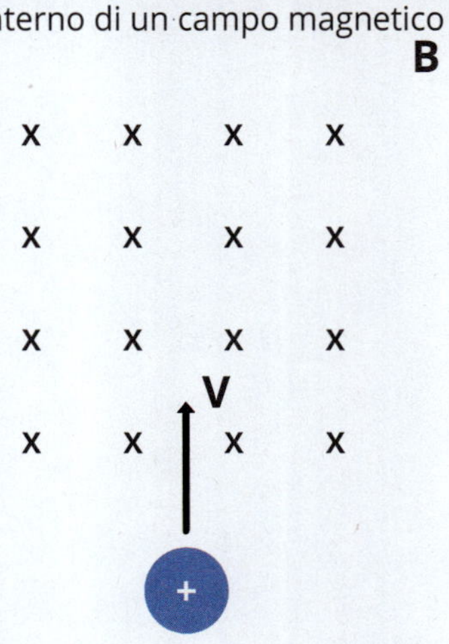

Svolgimento: come vedremo nel capitolo di elettrostatica, su questa particella agisce una forza detta forza di Lorentz, che segue la legge:

$$\vec{F} = q(\vec{v} \times \vec{B})$$

Tra la velocità e il campo magnetico possiamo notare un prodotto vettoriale, che sappiamo poter riscrivere come $F = q \cdot v \cdot B \cdot \sin(\theta)$, dove θ è l'angolo compreso tra il vettore velocità e il vettore campo magnetico.

Sostituiamo i dati del testo nell'equazione (in questo caso non ci vengono forniti dei valori numerici) facendo attenzione all'angolo, che in questo caso è di 90° perché la velocità è perpendicolare al campo magnetico.

$$F = Q \cdot V \cdot B \cdot \sin(90°) = Q \cdot V \cdot B \cdot 1 = QVB$$

Troviamo ora direzione e verso della forza: usiamo la regola della mano destra.
Assegniamo quindi il primo vettore (velocità) del prodotto al pollice e il secondo (campo magnetico) all'indice, stando attenti a non invertire i versi. Il dito medio così punterà nel verso in cui si dirige la forza di Lorentz, cioè verso sinistra.

Risultato: la forza ha modulo F = QVB ed è diretta verso sinistra.

CORREZIONI COMMENTATE AGLI ESERCIZI PROPOSTI

1.3.2 Piero tenta di *fermare* il rinoceronte, quindi da tale informazione si capisce che le due forze avranno verso opposto. Sapendo che le due forze hanno la stessa direzione, per trovare la risultante è necessario fare la differenza tra i moduli dei due vettori, essendo essi paralleli:
$F_{risultante} = F_{rinoceronte} - F_{Piero} = 600\ N - 200\ N = 400\ N$.
Risposta corretta C.

CINEMATICA

Sistema di riferimento
Moto rettilineo
Moto circolare uniforme
Moto del proiettile
Moto armonico

2

FISICA

2.1 SISTEMA DI RIFERIMENTO

La **fisica** è una disciplina che si occupa dello studio e dell'osservazione di fenomeni che avvengono nello spazio, ma per poter capire appieno i concetti e i fenomeni affrontati in questo capitolo, e soprattutto nei capitoli successivi, è necessario conoscere il concetto di **sistema di riferimento**.

Un sistema di riferimento è, per l'appunto, un sistema secondo il quale i fenomeni fisici vengono osservati e analizzati. A seconda del fenomeno da studiare, è comodo utilizzare un sistema di riferimento piuttosto che un altro. Per studiare, ad esempio, il moto di un corpo su un piano, è banale pensare a un sistema basato sugli assi cartesiani in modo da poterne studiare le coordinate di spostamento (x, y). Se invece si volesse studiare il moto di un corpo su un piano inclinato, sarebbe più comodo ruotare il sistema di riferimento in modo da studiare un moto rettilineo nella direzione del piano inclinato.

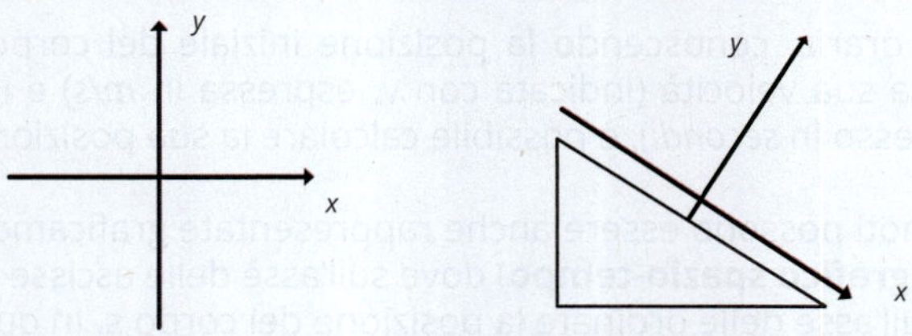

Figura 1: esempi grafici di sistemi di riferimento

Per studiare invece un moto circolare (cioè il moto di una particella su una circonferenza) è più comodo usare un sistema basato sull'angolo percorso dalla particella nella circonferenza e il *raggio* di tale circonferenza, piuttosto che basato sulle coordinate (x, y) dello spazio.

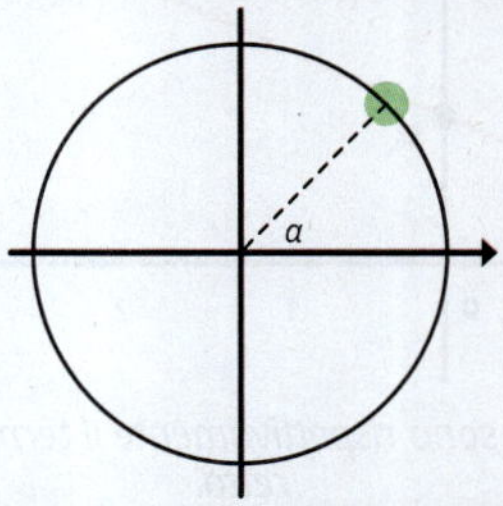

Figura 2: esempio grafico di sistema di riferimento per moto circolare

2.2 MOTO RETTILINEO

Si definisce moto rettilineo un moto in cui un corpo si muove in una sola **direzione**; esistono due tipologie di moto rettilineo: **moto rettilineo uniforme**, in cui il corpo si muove con una **velocità costante**, e **moto rettilineo uniformemente accelerato**, in cui la velocità aumenta o diminuisce in modo costante, cioè il corpo possiede un'**accelerazione costante**.

2.2.1 Moto rettilineo uniforme

Nel moto rettilineo uniforme un corpo si muove con una velocità costante, la quale dunque non varia nel tempo. Sul pianeta Terra è molto raro poter osservare un simile moto a causa di numerosi fattori (es. *forze di attrito*) che influenzerebbero la velocità, ma se ad esempio si provasse a osservare un corpo che si muove nello spazio cosmico, il quale non è soggetto ad alcuna forza che potrebbe ostacolarne il moto, questo si muoverebbe con una velocità costante, in modo rettilineo e uniforme.

La velocità è generalmente espressa come il rapporto tra lo spazio percorso e il tempo impiegato a percorrerlo e si misura in *m/s*:

$$v = \frac{s}{t}$$

N.B. Il segno della velocità indica il *verso di percorrenza* di un corpo. Una velocità positiva indica che il corpo si muove in avanti, mentre una velocità negativa indica che il corpo si muove all'indietro (rispetto al sistema di riferimento considerato).
Se si volesse studiare l'intero moto di un corpo, cioè conoscere la sua posizione in un certo istante di tempo, nota la sua posizione di partenza, si utilizza la **legge oraria**, una funzione che mette in relazione il tempo con la posizione del corpo. La legge oraria del moto rettilineo uniforme è descritta dalla funzione:

$$s = s_0 + vt$$

Attraverso la legge oraria, conoscendo la posizione iniziale del corpo (indicata con s_0, espressa in *metri*), la sua velocità (indicata con v, espressa in *m/s*) e il tempo trascorso (indicato con t, espresso in *secondi*), è possibile calcolare la sua posizione finale s.

Le leggi orarie dei moti possono essere anche rappresentate graficamente sul piano cartesiano (noto come **grafico spazio-tempo**) dove sull'asse delle ascisse si troverà la variabile del tempo t e sull'asse delle ordinate la posizione del corpo s. In questo caso la legge oraria è una retta di coefficiente angolare v e termine noto s_0 (*figura 3* – vedi capitolo 4 di matematica).

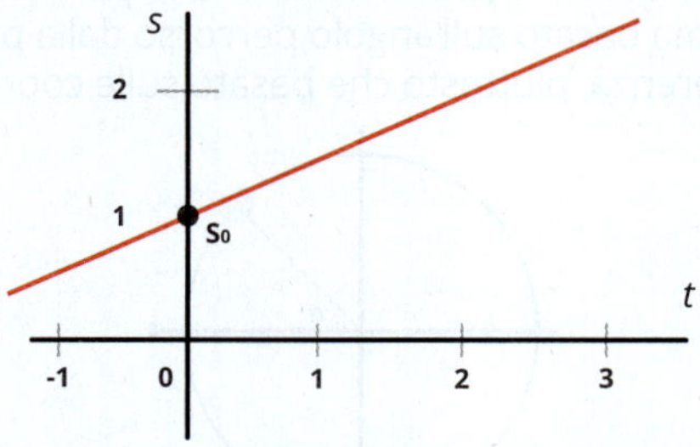

Figura 3: $s = 1 + \frac{1}{2}t$, dove $s_0 = 1$ e $v = \frac{1}{2}$ sono rispettivamente il termine noto e il coefficiente angolare della retta.

Se ci si trova a dover studiare il moto rettilineo di un corpo la cui velocità varia nel tempo (quindi un moto rettilineo ma NON uniforme), è importante fare una distinzione tra la **velocità media** e la **velocità istantanea** del corpo in questione.

La velocità media di un oggetto è il **rapporto** tra lo spazio totale percorso dal corpo e il tempo totale che l'oggetto ha impiegato a percorrerlo, mentre la velocità istantanea è una **funzione** che associa a ogni istante di tempo la velocità corrispondente del corpo.

Esempio pratico
Il lettore si immagini di fare un viaggio in macchina. La partenza è alle ore 8:00 e la destinazione è a 100 km di distanza dal punto di partenza.
Il viaggio termina precisamente alle ore 10:00.

La velocità media è il rapporto tra lo spazio ed il tempo: $v_{media} = \frac{S_{tot}}{T_{tot}} = \frac{100 \text{ km/h}}{2 \text{ h}} = 50$ km/h.

Durante il viaggio però sicuramente la velocità non è stata costante: ci sono state soste ai semafori, rallentamenti agli incroci, accelerazioni in autostrada e tanti altri eventi in cui la velocità ha assunto un valore diverso da 50 km/h (ovviamente sia valori più grandi, sia valori più piccoli).

Possiamo dire che il tachimetro sul cruscotto è proprio l'indicatore della velocità istantanea, cioè una funzione che, col passare del tempo di viaggio, indica il valore di velocità assunto dal veicolo in un **preciso istante**.

N.B. Per trovare la funzione della velocità istantanea serve una matematica non richiesta per affrontare il test di Medicina (ovvero il calcolo di derivate), pertanto la spiegazione si limita a dire che, da un punto di vista grafico, la velocità istantanea non è altro che la **pendenza** delle rette tangenti nel grafico spazio-tempo.

In questo grafico, le pendenze (o coefficienti angolari) delle rette rosse hanno lo stesso valore delle velocità istantanee nei punti A, B, C del grafico del moto.
Ovviamente il moto rettilineo uniforme ha un grafico che è già una retta, infatti la pendenza di quella retta è proprio la velocità del moto (che è costante).

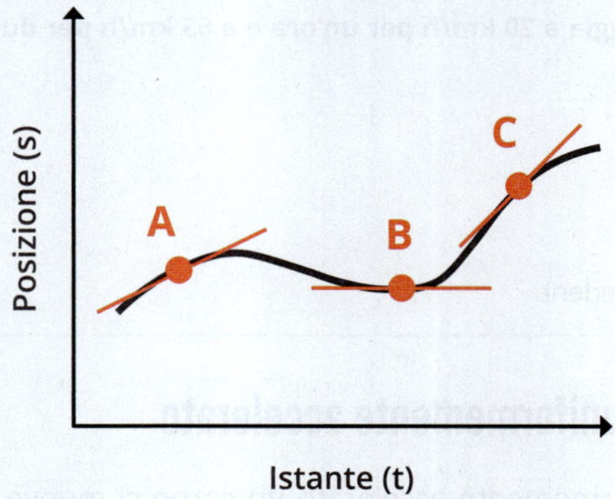

Figura 4: grafico spazio-tempo

$$v_{media} = \frac{s_{tot}}{t_{tot}}$$

ATTENZIONE PER IL TEST

Valori da ricordare:

- **velocità della luce = $3 \cdot 10^8$ m/s = $3 \cdot 10^5$ km/s;**
- **velocità del suono standard = 340 m/s.**

ESERCIZIO **SVOLTO**

Un tuono arriva a un osservatore con un ritardo di 10 s rispetto al lampo. A quale distanza dall'osservatore è avvenuta la scarica?

Svolgimento:
il tuono e il lampo vengono generati a una certa distanza s dall'osservatore, ma mentre il lampo arriva ai suoi occhi in maniera praticamente istantanea (considerando che $v_{luce} = 3 \cdot 10^8$ m/s), il suono del tuono si propaga con un ritardo di t = 10 s, poiché il suono viaggia a una velocità molto più bassa rispetto alla luce, cioè a una velocità costante di $v_{suono} = 340$ m/s.
Si usano quindi le formule del moto rettilineo uniforme, poiché la velocità non cambia nel tempo:

$$v = \frac{s}{t} \rightarrow s = v \cdot t = 340 \text{ m/s} \cdot 10 \text{ s} = 3400 \text{ m}$$

Soluzione: 3400 m.

ESERCIZIO **PROPOSTO**

2.2.1 Un'automobile viaggia a 20 km/h per un'ora e a 65 km/h per due ore. Qual è la velocità media dell'auto?

A. 50 m/s
B. 13,8 km/h
C. 13,8 m/s
D. 2 km/h
E. Nessuna delle precedenti

2.2.2 Moto rettilineo uniformemente accelerato

Nel moto rettilineo uniformemente accelerato un corpo si muove con una velocità che *non è costante*, ma che varia nel tempo a causa di un'**accelerazione costante** che ne riduce o ne aumenta il valore. Tale accelerazione si esprime come il rapporto tra la velocità e il tempo e si misura in m/s^2:

$$a = \frac{v}{t}$$

Se un corpo si muove con velocità iniziale v_0 è possibile conoscere la sua velocità dopo un certo intervallo di tempo t attraverso la formula:

$$v = v_0 + at$$

La legge oraria del moto è descritta dalla seguente funzione:

$$s = v_0 t + \frac{1}{2} a t^2 + s_0$$

dove v_0 è la velocità del corpo all'inizio del moto e s_0 la posizione iniziale del corpo. Il valore dell'accelerazione a è invece costante, e non cambia nel tempo.

Si immagini un bambolotto lasciato cadere da un balcone: esso subirà l'accelerazione costante della gravità g (pari a 9,81 m/s^2 se si considera un sistema di riferimento con l'asse verticale rivolto verso il basso) e la sua velocità aumenterà, passando da un valore iniziale v_0 = 0 m/s a una velocità finale v d'impatto che dipenderà ovviamente dall'altezza **h** del balcone.

MNEMOFRASE TESTBUSTERS

Per ricordare la formula che permette di calcolare la velocità di un **corpo in caduta libera**:

regola delle due giacche ("velocità uguale a radice di due gi-acca")

$$\longrightarrow v = \sqrt{2gh}$$

Come anticipato, se l'accelerazione è maggiore di 0 (a > 0) la velocità aumenta nel tempo, se invece l'accelerazione è negativa (a < 0, quindi una *decelerazione*) la velocità diminuisce nel tempo.
Matematicamente, la legge oraria del moto rettilineo uniformemente accelerato può essere vista come una **parabola** (in cui è infatti presente il termine di secondo grado, in questo caso t^2, vedi capitolo 4 di matematica).

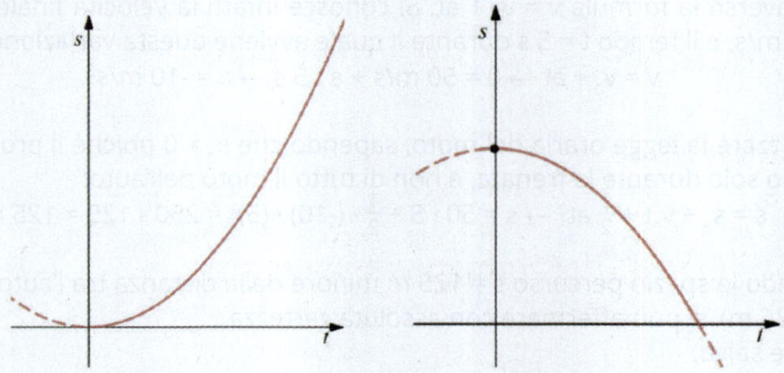

Figura 5: a sinistra, accelerazione positiva, a destra accelerazione negativa.

ATTENZIONE PER IL TEST

Un'altra formula molto utile è la **formula senza il tempo**, che si ricava dalla legge oraria e dalla formula della velocità; essa è utile nei casi in cui il tempo non è noto o non è richiesto ma si conoscono soltanto i valori della velocità iniziale v_0, dello spazio percorso s e dell'accelerazione a:

$$\mathbf{v^2 = v_0^2 + 2as}$$

Ovviamente anche in questo caso è possibile considerare lo studio di un moto rettilineo con accelerazione variabile (quindi NON uniformemente accelerato) per introdurre i concetti di **accelerazione media** e **accelerazione istantanea**.
L'idea è la stessa spiegata per la velocità: l'accelerazione media è il **rapporto** tra la variazione totale di velocità e il tempo totale impiegato, mentre l'accelerazione istantanea è **una funzione del tempo** che associa a ogni istante del moto l'accelerazione posseduta dal corpo in quel momento.
Graficamente l'accelerazione istantanea può essere vista come il **coefficiente angolare** della retta tangente al grafico velocità-tempo del moto (vedi velocità istantanea per paragone).

ESERCIZIO **SVOLTO**

Piero sta andando a trovare il suo amico Gigi che abita a San Benedetto sul Citino. Viaggia con la sua auto d'epoca a una velocità di 50 m/s, ma all'improvviso si accorge che un cucciolo di capriolo attraversa la strada a una distanza di 126 m. Piero frena immediatamente con tutte le sue forze, ma la sua auto d'epoca ha i freni un po' vecchiotti e si riesce a fermare dopo 5 secondi. È riuscito a salvare il capriolo?

Svolgimento:
l'obiettivo del problema è quello di capire se lo spazio percorso durante la frenata (un moto rettilineo uniformemente decelerato), partendo da una velocità iniziale $v_0 = 50$ m/s fino alla velocità finale $v = 0$ m/s, è maggiore o minore della distanza tra l'auto e il capriolo (126 m).

Per trovare lo spazio di frenata è sufficiente utilizzare la legge oraria del moto rettilineo uniformemente accelerato $s = s_0 + v_0t + \frac{1}{2}at^2$, ma poiché manca il valore dell'accelerazione a, bisogna calcolarlo attraverso la formula $v = v_0 + at$. Si conosce infatti la velocità finale $v = 0$, la velocità iniziale $v_0 = 50$ m/s, e il tempo $t = 5$ s durante il quale avviene questa variazione:

$$v = v_0 + at \rightarrow 0 = 50 \text{ m/s} + a \cdot 5 \text{ s} \rightarrow a = -10 \text{ m/s}^2$$

Si può ora utilizzare la legge oraria del moto, sapendo che $s_0 = 0$ poiché il problema richiede lo spazio percorso solo durante la frenata, e non di tutto il moto dell'auto:

$$s = s_0 + v_0t + \frac{1}{2}at^2 \rightarrow s = 50 \cdot 5 + \frac{1}{2} \cdot (-10) \cdot (5)^2 = 250 - 125 = 125 \text{ m}$$

Dunque, essendo lo spazio percorso s = 125 m minore della distanza tra l'auto e il capriolo (126 m), si può affermare con assoluta certezza che il capriolo è salvo.

Soluzione: sì, il capriolo si salverà. (Fiuuu… per un pelo…).

ESERCIZIO **PROPOSTO**

2.2.2 La palla di Marcello si sta dirigendo verso un fossato a una velocità costante di 5 m/s. Marcello si affaccia da casa sua, distante 3200 metri dal fossato, e immediatamente inizia a rincorrere la palla quando questa si trova a 200 metri dal fossato. Quale deve essere la sua accelerazione minima affinché riesca a evitare che la palla cada nel dirupo?

A. 1 m/s²
B. 2 m/s²
C. 3 m/s²
D. 4 m/s²
E. 5 m/s²

2.3 MOTO CIRCOLARE UNIFORME

Il moto circolare uniforme è il moto di un corpo che si muove lungo una **circonferenza** con una **velocità costante** nel tempo. In questo caso la traiettoria non è più rettilinea e, per tale motivo, la velocità può essere definita in due modi: attraverso la **velocità tangenziale** v o attraverso la **velocità angolare** ω.

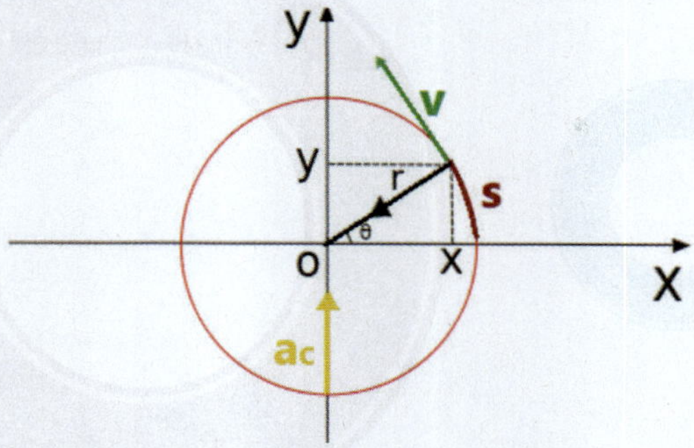

Figura 6: rappresentazione grafica del moto circolare uniforme.

La **velocità tangenziale v** è espressa come il rapporto tra lo **spazio** percorso e il **tempo** impiegato a percorrerlo e si misura in m/s. Nel caso del moto circolare uniforme, rappresenta il tempo impiegato T (chiamato **periodo**) per percorrere un'intera circonferenza di raggio r (2πr):

$$v = \frac{s}{T} = \frac{2\pi r}{T}$$

La **velocità angolare ω** è espressa invece come il rapporto tra l'**angolo** percorso e il tempo impiegato a percorrerlo e si misura in rad/s. Nel caso del moto circolare uniforme, rappresenta il tempo impiegato T (sempre chiamato **periodo**) per percorrere un angolo giro (360°, di radianti 2π):

$$\omega = \frac{2\pi}{T}$$

N.B. Nel paragrafo 2.2 è stata definita la velocità media riferita a un moto rettilineo. Considerato che in un moto circolare la velocità subisce continuamente una variazione di direzione e verso, è possibile definire un altro tipo di velocità media, nota come **velocità media vettoriale**, la quale nell'*arco di tempo del periodo del moto* è sempre uguale a 0.

$$v_{media} = 0$$

A partire dalle due formule $v = \frac{2\pi r}{T}$ e $\omega = \frac{2\pi}{T}$ si può ricavare la **relazione tra velocità tangenziale** e **velocità angolare**, sostituendo alla formula $v = \frac{2\pi r}{T}$ il valore di $\omega = \frac{2\pi}{T}$:

$$v = \omega r$$

Da questa corrispondenza si nota come la velocità tangenziale v dipenda dal raggio, poiché rappresenta effettivamente lo spazio percorso, al contrario della velocità angolare.

FISICA

Si immagini ad esempio una pista di atletica circolare a San Benedetto sul Citino, 7 abitanti, molto piccola in confronto a una pista circolare olimpica: se si volesse compiere un giro completo in 2 minuti (periodo) in entrambe le piste, mantenendo quindi la stessa velocità angolare, la velocità tangenziale nella pista olimpica dovrebbe essere molto più elevata (essendo il raggio più ampio).

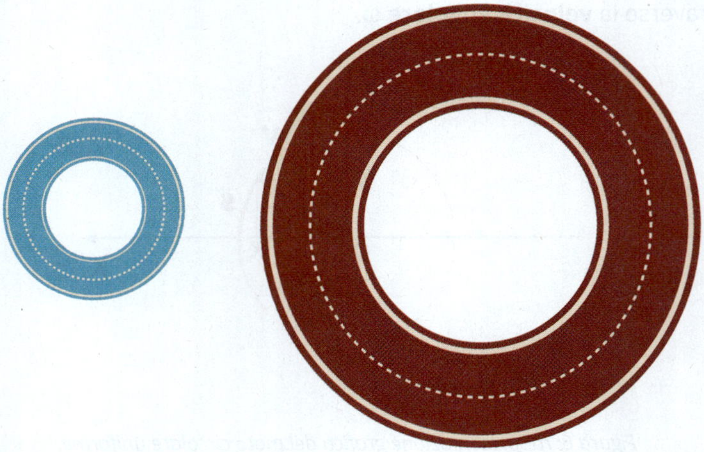

Figura 7: a sinistra, la pista di San Benedetto sul Citino, a destra la pista olimpica.

N.B. Si definisce **frequenza f** l'inverso del periodo T, è misurata in hertz (Hz = $\frac{1}{s}$ = s^{-1}) e indica il numero di giri compiuti dal moto in un secondo.

$$f = \frac{1}{T}$$

È di fondamentale importanza definire un'ulteriore grandezza nel moto circolare uniforme, cioè l'**accelerazione centripeta** $\boldsymbol{a_c}$: essa rappresenta l'accelerazione che permette alla particella di seguire il moto circolare, alterando la direzione della sua velocità agendo verso il centro della circonferenza.
Si immagini di prendere per una gamba il nostro fratellino piccolo e di farlo roteare in aria. Affinché il bambino non voli via ma continui a roteare in aria seguendo un moto circolare, è necessario tirare le sue gambe verso il nostro corpo, con una certa accelerazione che dipende dalla velocità con cui vogliamo che avvenga la rotazione.

$$ac = \frac{v^2}{r} = \omega^2 r$$

La **legge oraria** del moto circolare uniforme è espressa quindi attraverso l'ampiezza dell'angolo θ_t alla quale si trova un corpo che si muove a una velocità angolare ω in un certo istante t, a partire da un angolo di partenza θ_0.

$$\theta_t = \theta_0 + \omega t$$

ESERCIZIO **SVOLTO**

Sulla punta della lancetta dei minuti del Big Ben, lunga 12 m, si è posata una coccinella. Qual è la sua velocità tangenziale?

Svolgimento:
la velocità tangenziale è definita come $v = \frac{2\pi r}{T}$ dove T è il periodo del moto in secondi. Il periodo della lancetta delle ore di un orologio (il tempo che impiega a percorrere un giro) è pari a 1h = 3600 s, dunque:

$$v = \frac{2\pi \cdot 12}{3600} = \frac{24\pi}{3600} \text{ m/s}$$

Soluzione: $v = \frac{\pi}{150}$ m/s.

ESERCIZIO **PROPOSTO**

2.3 Un satellite impiega 100 giorni per descrivere un'orbita circolare attorno a un pianeta. Quale/i delle seguenti affermazioni relative al suo moto è corretta?
1) Mantiene una velocità scalare costante.
2) Accelera in direzione del pianeta.
3) Nell'arco temporale di 100 giorni la sua velocità vettoriale media è pari a zero.

A. 2
B. 1 e 2
C. 1 e 3
D. 2 e 3
E. Tutte

2.4 MOTO DEL PROIETTILE

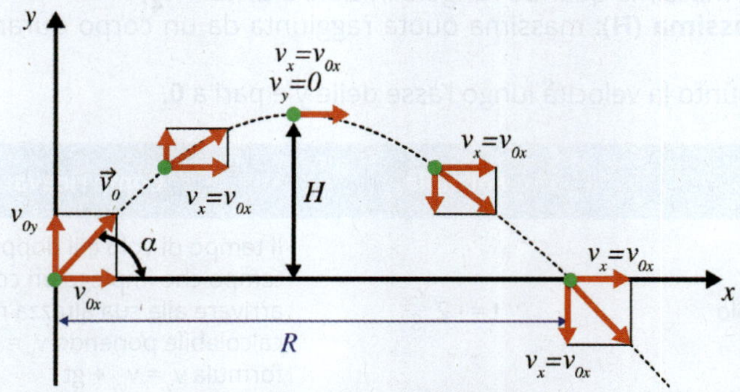

Figura 8: moto del proiettile
(il grafico non è la rappresentazione della legge oraria, ma la posizione del corpo nelle due dimensioni).

Il moto del proiettile (o **moto parabolico**) è un moto in cui un corpo viene lanciato in diagonale rispetto al piano verticale con un certo angolo α. Ciò vuol dire che la velocità iniziale v_0 del corpo avrà due componenti: la componente verticale v_{0y} (che rappresenta la velocità verticale del corpo) e la componente orizzontale v_{0x} (che rappresenta la velocità orizzontale del corpo). La componente orizzontale rimarrà invariata, poiché non ci sono accelerazioni orizzontali che si oppongono al moto, mentre quella verticale subirà un decremento a causa dell'accelerazione di gravità che agisce verso il basso (-9,81 m/s^2 utilizzando un sistema di riferimento con l'asse verticale rivolto verso l'alto).

La velocità iniziale v_0 è quindi un vettore che può essere scomposto in due componenti (vedi capitolo 1):

1. **la componente orizzontale v_{0x}** $= v_0 \cdot \cos(\alpha)$;
2. **la componente verticale v_{0y}** $= v_0 \cdot \sin(\alpha)$.

2.4.1 Moto orizzontale

Nel moto orizzontale l'*accelerazione è nulla* e quindi la *velocità è costante*.
La legge oraria è quella di un moto rettilineo uniforme: $x = x_0 + v_{0x}t$.

2.4.2 Moto verticale

Nel moto verticale, invece, vi è l'*accelerazione gravitazionale g* rivolta verso il basso, quindi si tratta di un moto rettilineo uniformemente decelerato (accelerato con un'accelerazione negativa).
La velocità è infatti inizialmente rivolta verso l'alto, subisce una decelerazione fino ad arrivare a 0 nel punto di altezza massima, per poi cambiare di segno e rivolgersi verso il basso, iniziando a far cadere l'oggetto.
La legge oraria è quindi quella di un moto rettilineo uniformemente accelerato $y = y_0 + v_{0y}t + \frac{1}{2}gt^2$, mentre la componente verticale della velocità è espressa come $v_y = v_{0y} + gt$, con $g = -9{,}81\ m/s^2$.

2.4.3 Altre grandezze utili

Per il test è utile ricordare anche le formule di:

- **tempo di volo**: tempo impiegato da un corpo per percorrere l'intera traiettoria durante un moto parabolico fino a toccare il suolo;
- **gittata (R)**: distanza orizzontale percorsa da un corpo durante un moto parabolico. Essa risulta massima quando l'angolo iniziale **è di 45° = $\frac{\pi}{4}$;**
- **altezza massima (H)**: massima quota raggiunta da un corpo durante un moto parabolico.
  In questo punto la velocità lungo l'asse delle y è pari a **0**.

Grandezza	Formula	Come ricavarla
Tempo di volo	$t = -2\frac{v_{0x}}{g}$	Il tempo di volo è il doppio del tempo che impiega un corpo per arrivare alla sua altezza massima, calcolabile ponendo $v_y = 0$ nella formula $v_y = v_{0y} + gt$
Gittata	$R = -\frac{2v_{0x}v_{0y}}{g}$	La gittata è lo spazio orizzontale percorso nel tempo di volo, calcolabile ponendo la variabile t uguale al tempo di volo nella formula del moto orizzontale $x = x_0 + v_{0x}t$, dove $x_0 = 0$

Grandezza	Formula	Come ricavarla
Altezza massima	$H = -\frac{v^2_{0y}}{2g}$	L'altezza massima è la posizione verticale raggiunta con la **metà** del tempo di volo, calcolabile sostituendo tale valore nella t presente nella legge oraria del moto verticale $y = y_0 + v_{0y}t + \frac{1}{2}gt^2$
Relazione tra altezza e velocità verticale	$v_y^2 = v_{0y}^2 + 2gy$	Analoga alla formula senza il tempo del moto rettilineo uniformemente accelerato (vedi 2.2.2)

ESERCIZIO **SVOLTO**

Un cannone spara un proiettile alla velocità di 200 m/s con un angolo di 30° rispetto al suolo. Dopo quanto tempo il proiettile cadrà a terra e a quale distanza dal punto di lancio?

Svolgimento:
per trovare il tempo di volo del proiettile è sufficiente utilizzare la formula $t = -2\frac{v_{0y}}{g}$ in cui la componente verticale del vettore velocità è $v_{0y} = v_0 \sin(\alpha) \rightarrow 200 \cdot \sin(30°) = 100$ m/s.

$$t = -2\frac{v_{0y}}{g} = \frac{2 \cdot 100}{10} = 20 \text{ s}$$

Per trovare la distanza dal punto di lancio è invece sufficiente applicare la formula della gittata $R = -\frac{2v_{0x}v_{0y}}{g}$ in cui la componente orizzontale del vettore velocità è $v_{0x} = v_0 \cdot \cos(30)° = 200 \cdot \frac{\sqrt{3}}{2} = 100 \cdot \sqrt{3}$.

$$R = -\frac{2v_{0x}v_{0y}}{g} = \frac{2 \cdot 10 \cdot 100\sqrt{3}}{10} = 2000 \cdot \sqrt{3}.$$

Soluzione: t = 20 s $R = 2000 \cdot \sqrt{3}$ m.

ESERCIZIO **PROPOSTO**

2.4 Un fucile lanciapatate infiammate spara un tubero ad una velocità di 36 km/h con un angolo di 30°. Qual è l'altezza massima che raggiungerà la patata?

A. 1,25 m
B. 2,50 m
C. 0,5 m
D. 1 m
E. 12,5 m

2.4.4 Casi particolari

Il moto del proiettile non si forma solo quando lanciamo un oggetto con velocità obliqua, ma anche quando un oggetto viene **lanciato in orizzontale da una certa altezza h**, solo che in questo caso la traiettoria non sarà rappresentata da una parabola completa ma da un ramo di parabola, come mostrato in figura 9.

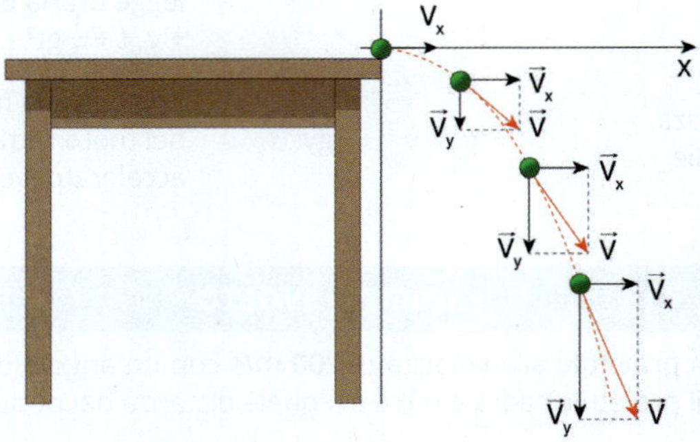

Figura 9: moto del proiettile.

Anche in questo caso avremo quindi la velocità iniziale che corrisponde alla $\mathbf{v_{0x}}$ e rimane **costante** per tutta la durata del moto; la $\mathbf{v_y}$ invece **inizialmente è nulla** ($v_{0y} = 0$), ma a causa dell'accelerazione di gravità **g**, il corpo verrà **accelerato** verso il basso, quindi la v_y aumenterà.

Il problema però è che **NON posso utilizzare le formule di gittata**, **tempo di volo** e **altezza massima**, ma questi valori andranno ricavati dalle formule dei moti descritti in precedenza (moto rettilineo uniforme sull'asse x e un moto rettilineo uniformemente accelerato sull'asse y).

Ad esempio: per calcolare la **gittata**, ovvero lo spazio percorso in orizzontale dal corpo, userò la legge oraria del moto rettilineo uniforme, perché è questo il tipo di moto compiuto in orizzontale, quindi $\mathbf{R = v_{0x} \cdot t}$.

Per calcolare l'**altezza** dalla quale viene lanciato il corpo invece utilizzerò la legge oraria del moto rettilineo uniformemente accelerato, quindi $\mathbf{h = \frac{1}{2} \cdot g \cdot t^2}$.

ESERCIZIO **SVOLTO**

Una gazza, che vola in orizzontale ad una velocità di 12 m/s, lascia cadere una moneta che tiene nel becco. La moneta tocca il suolo con una velocità pari in modulo a 20 m/s.
A quale altezza vola approssimativamente la gazza?

Svolgimento:
la moneta prende la stessa velocità della gazza, quindi $v_{0x} = 12$ m/s.
La velocità finale di 20 m/s è data dalla composizione di $v_x = 12$ m/S e di v_y che non conosciamo ma che possiamo ricavare con il teorema di pitagora:

$$v_y = \sqrt{v^2 - v^2_{0x}} = \sqrt{400 - 144} = 16 \text{ m/s}$$

Per calcolare l'altezza provo a utilizzare la legge oraria del moto uniformemente accelerato, mi rendo conto però che non conosco il tempo, in questo caso mi viene d'aiuto la regola delle due giacche, infatti se $v_y = \sqrt{2gh}$ con la formula inversa posso ricavare h:

$$h = \frac{v^2_y}{2g} = \frac{256}{20} \approx 13 \text{ m}$$

Soluzione: h = 13 m.

2.5 MOTO ARMONICO

2.5.1 Definizione e legge oraria del moto armonico

Il moto armonico è un moto **rettilineo** di un **punto**, il quale è la **proiezione** di un **altro punto** che si muove di **moto circolare uniforme**.
Andiamo ad analizzare le componenti fondamentali di questo moto aiutandoci con l'osservazione di queste due figure:

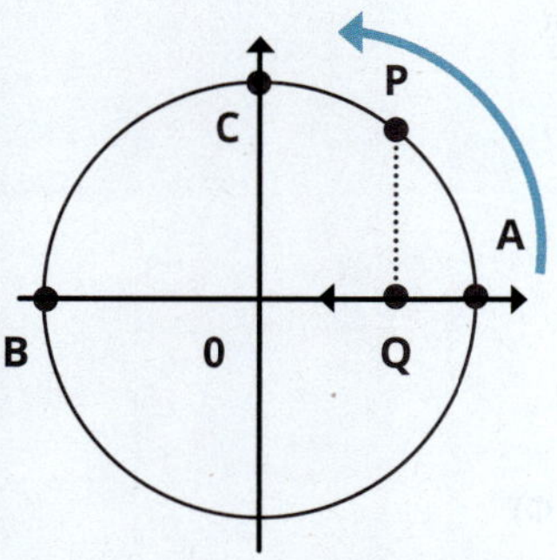

Figura 10: rappresentazione grafica del moto armonico.

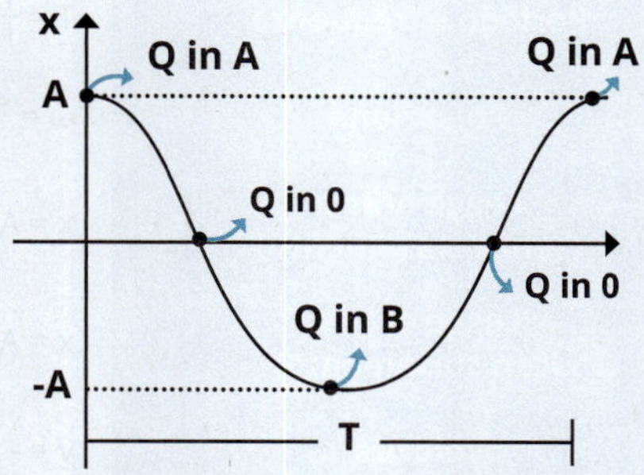

Figura 11: grafico spazio-tempo del moto armonico.

Facendo riferimento all'immagine a sinistra abbiamo che:

- **P** è il punto che si muove di **moto circolare uniforme**;
- **Q** è la **proiezione del punto P sul diametro della circonferenza**, ed è il punto che si muove di **moto armonico**. Le posizioni di Q lungo il diametro della circonferenza sono le proiezioni delle posizioni di P lungo la circonferenza stessa.

Dall'immagine a destra possiamo trarre ulteriori conclusioni:

- l'**origine della circonferenza** rappresenta il **punto di equilibrio** del moto armonico e coincide con l'**origine del grafico spazio-tempo**;
- il **raggio della circonferenza**, rappresentato sia nell'immagine a destra che in quella a sinistra come la distanza tra il punto O e il punto A, costituisce la massima distanza dal punto di equilibrio del moto armonico e in questo contesto prende il nome di **ampiezza (A)**;
- il grafico spazio-tempo del moto armonico ha forma **cosinusoidale**, il che implica che tale moto abbia caratteristiche di periodicità, ovvero si ripeta regolarmente con le stesse caratteristiche.

La **legge oraria** permette di individuare a quale distanza dall'origine della circonferenza si trova il punto che si muove di moto armonico. Detto in altre parole, tale legge oraria permette di individuare la proiezione, sul diametro della circonferenza, della posizione del punto P che si muove di moto circolare uniforme. L'equazione è la seguente:

$$S = A \cdot cos\ (\omega t)$$

Dove:

- A, come detto prima, si riferisce all'ampiezza, ovvero al raggio della circonferenza;
- ω corrisponde all'**accelerazione angolare** del moto circolare uniforme, che nel moto armonico prende il nome di **pulsazione**;
- il prodotto ωt corrisponde all'**angolo** descritto dal punto che si muove di moto circolare uniforme e all'interno del moto armonico prende il nome di **fase** ϕ. Se il punto P ha già descritto un certo angolo prima dell'inizio del moto, allora la legge oraria del moto armonico diventa S = A - cos (ωt + ϕ).

La seguente tabella riassume le **formule principali** del moto armonico.

Periodo e frequenza	$T = \frac{1}{f}; f = \frac{1}{T}; T = \frac{2\pi}{\omega}$
Pulsazione	$\omega = \frac{2\pi}{T}; \omega = 2\pi f$
Legge oraria (senza sfasamento)	$x = A \cos(\omega t)$
Legge oraria (con sfasamento)	$x = A \cos(\omega t + \Phi)$
Velocità	$v = - A\omega \sin(\omega t + \Phi)$
Velocità massima	$v_{max} = \omega A$
Accelerazione	$a = - A\omega^2 \cos(\omega t + \Phi)$
Accelerazione massima	$a_{max} = A\omega^2$

2.5.2 Oscillatore armonico: molla e pendolo

Con **oscillatore armonico** si intende qualsiasi modello fisico che viene descritto dalle leggi del moto armonico. I principali modelli fisici che prendono il nome di oscillatore armonico sono il **pendolo** e la **molla**, e sono sistemi costituiti da un corpo sul quale agisce una forza di richiamo in seguito a uno spostamento dalla posizione di riposo.

Il **pendolo** è un sistema costituito da una **massa** collegata a un **filo inestensibile**. La formula principale per il pendolo è il suo **periodo di oscillazione**, identificabile grazie alla formula:

$$T = 2\pi \sqrt{\frac{l}{g}}$$

Dove:

- **l** è la **lunghezza** della corda;
- **g** è l'**accelerazione gravitazionale**.

La **molla** è un sistema costituito da un corpo collegato a una molla e libero di oscillare dalla sua posizione di equilibrio. Le principali formule della molla sono riassunte nella seguente tabella:

Grandezza	Formula
Pulsazione	$\omega = \sqrt{\frac{k}{m}}$
Periodo di oscillazione	$T = 2\pi \sqrt{\frac{m}{k}}$

Dove:
- **k** è la **costante elastica** della molla;
- **m** è la **massa** della molla.

Per approfondire questo argomento inquadra il QR code e guarda la videolezione:

CORREZIONI COMMENTATE AGLI ESERCIZI PROPOSTI

2.2.1 La velocità media si calcola come il rapporto tra lo spazio totale percorso e il tempo totale trascorso. Il tempo totale equivale a 3 ore, mentre lo spazio totale si calcola attraverso la formula inversa $s = v \cdot t$. Nel primo tratto lo spazio percorso è di $s_1 = 20 \cdot 1 = 20$ km, nel secondo tratto $s_2 = 65 \cdot 2 = 130$ km. Lo spazio totale è quindi uguale a $s_1 + s_2 = 150$ m. La velocità media è quindi pari a $v_m = \frac{150}{3} = 50$ km/h = 13.8 m/s.
Risposta corretta C.

2.2.2 Per capire quale sia l'accelerazione che deve imprimere Marcello partendo da una velocità nulla $v_0 = 0$, bisogna prima calcolare il tempo che impiegherà la pallina per arrivare al fossato. Questa si muove con un moto rettilineo uniforme a una velocità di 5 m/s e si trova a 200 m, quindi si calcola il tempo come $t = \frac{s}{v} = \frac{200}{5} = 40$ s. Sapendo quindi che Marcello deve percorrere 3200 m in 40 s, si può utilizzare la legge oraria del moto rettilineo uniformemente accelerato $s = s_0 + v_0 t + \frac{1}{2} a t^2$, con $s_0 = 0$ e $v_0 = 0 \rightarrow 3200 = \frac{1}{2} a (40)^2 \rightarrow a = 2 \, \frac{3200}{1600} = 4$ m/s^2.
Risposta corretta D.

2.3 Questo esercizio è stato proposto nel test di Medicina del 2013. Il moto di un satellite è esattamente un moto circolare **uniforme**, la cui velocità (scalare) è sempre costante, dunque l'affermazione 1 è corretta. In un moto circolare, l'accelerazione centripeta è diretta verso il centro della circonferenza descritta dal moto (in questo caso il satellite ruota intorno a un pianeta, che rappresenta quindi il centro della circonferenza del moto) e la velocità vettoriale media è pari a 0, quindi anche le affermazioni 2 e 3 sono corrette.
Risposta corretta E.

2.4 L'altezza massima di un moto parabolico è calcolabile attraverso la formula $H = -\frac{v_{0y}^2}{2g}$, in cui v_{0y} è la componente verticale del moto, calcolabile attraverso $v_{0y} = v_0 \cdot \sin(\alpha) \rightarrow v_{0y} = 36 \cdot \frac{1}{2} = 18$ km/h. Dopo aver convertito i km/h in m/s ($\frac{18}{3,6} = 5$ m/s) si sostituiscono i valori trovati: $H = \frac{5^2}{20} = \frac{25}{20} = 1,25$ m.
Risposta corretta A.

DINAMICA

Le leggi della dinamica

La forza elastica

Piano inclinato

Equilibrio meccanico

La legge di gravitazione universale

3

FISICA

3.1 LE LEGGI DELLA DINAMICA

La dinamica rappresenta il ramo della meccanica che si occupa di analizzare le cause del moto dei corpi, i quali sono soggetti alle tre **leggi di Newton** (o semplicemente leggi della dinamica).

Prima legge (o **principio inerzia**) → *"se su un corpo non agiscono forze o agisce un sistema di forze in equilibrio (equilibrio = somma vettoriale delle forze pari a 0), il corpo permane nel suo stato di quiete o di moto rettilineo uniforme*". Per poter comprendere a pieno questa legge è sufficiente osservare un qualunque corpo presente nella stanza in cui si sta leggendo questo libro: esso sarà "fermo", cioè in uno stato di quiete, poiché su di esso agisce un sistema di forze in equilibrio, dato dalla somma fra la sua **forza peso** $\vec{P}$ e la **reazione normale** $\vec{N}$, una forza uguale e contraria alla forza peso generata dalla superficie su cui è poggiato (se la reazione normale è inferiore alla forza peso, il corpo sprofonda nella superficie);

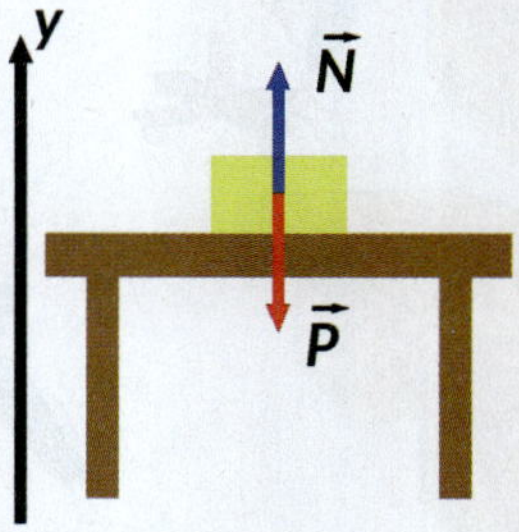

Figura 1: corpo poggiato su un tavolo. Si noti la reazione normale $\vec{N}$ uguale e contraria alla forza peso $\vec{P}$.

Seconda legge → *"se su un corpo agisce una forza o un sistema di forze, questo presenterà un'accelerazione direttamente proporzionale alla forza applicata e concorde in direzione e verso con essa*". Questa legge può essere semplicemente espressa tramite la seguente relazione:

$$F = m \cdot a$$

con **F** che indica la forza *risultante* applicata al corpo, **m** che indica la *massa* del corpo e ***a*** che indica l'*accelerazione*. Si immaginino due corpi con massa differente (m_1 = 10 kg e m_2 = 20 kg) posti su una superficie piana: se si imprime una forza di 400 N sul corpo 1, questo si muoverà con un'accelerazione pari a a = 40 m/s²; se la stessa forza si imprime anche sul corpo 2, questo si muoverà con un'accelerazione a = 20 m/s². Da questo esempio si evince che, a parità di forza, massa e accelerazione sono inversamente proporzionali.

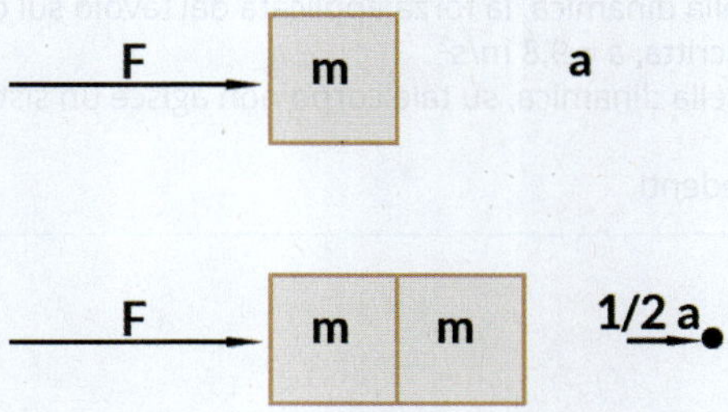

Figura 2: applicazione della seconda legge della dinamica.

Quando consideriamo come accelerazione **g**, ovvero l'**accelerazione gravitazionale**, che sulla Terra è pari a **9,81 m/s²**, otteniamo quella che viene chiamata **forza peso** di un corpo, indicata con **P** o con F_p:

$$P = m \cdot g$$

La forza peso è prodotta dal campo gravitazionale terrestre ed è la forza che ci attrae verso il centro della Terra e ci permette di rimanere con i piedi sul pavimento!

Figura 3: applicazione della terza legge della dinamica

Terza legge → "*ad ogni azione, corrisponde una reazione uguale e contraria*". Se un corpo A interagisce con un corpo B attraverso una forza, anche il corpo B interagirà con il corpo A tramite una forza *uguale in modulo*, ma di verso opposto. Questa legge può benissimo essere compresa tramite l'osservazione dell'esempio in *figura 1*, nel quale la forza peso applicata sul tavolo genera una *reazione normale* uguale in modulo, ma di *verso opposto*.

ESERCIZIO **PROPOSTO**

3.1 Un corpo di massa m = 1 kg è fermo, appoggiato su un tavolo: si indichino con P la forza peso e con N la reazione normale.
Quale delle seguenti opzioni è da considerarsi vera?

A. Per la prima legge della dinamica, P = 9,8 N
B. Per la terza legge della dinamica, la forza applicata dal tavolo sul corpo è N = 9,8 N
C. Nella situazione descritta, a = 9,8 m/s²
D. Per la prima legge della dinamica, su tale corpo non agisce un sistema di forze in equilibrio
E. Nessuna delle precedenti

3.2 LA FORZA ELASTICA

Se si prova ad allungare una molla, si può notare come questa generi una forza di ritorno che si oppone alla forza applicata. Si può inoltre notare come alcune molle, costituite da materiali diversi o avvolte in modo differente, generino una forza di richiamo più intensa rispetto ad altre. Queste osservazioni stanno alla base della **legge di Hooke**, secondo la quale l'allungamento **$\Delta x = x_{finale} - x_{iniziale}$** è direttamente proporzionale alla forza applicata F e a una costante **k** (misurata in N/m) dipendente dalle caratteristiche della molla (*molla dura o morbida*).

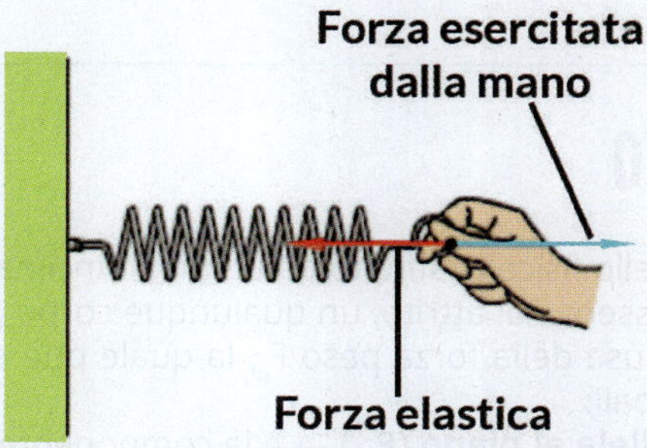

Figura 4: forza elastica.

Come si può notare dalla *figura 4*, la forza elastica **F_{el}** presenta un verso opposto rispetto alla forza esercitata e, per tale motivo, il suo segno è opposto rispetto alla forza *F*. Le relazioni esposte dalla legge di Hooke si possono sintetizzare nella seguente formula:

$$F_{el} = -k \cdot \Delta x$$

N.B. Nel calcolare il Δx bisogna tenere a mente quale sia il sistema di riferimento scelto: se si sceglie un sistema di riferimento con l'origine sul punto in cui la molla è a riposo, a un **allungamento** corrisponderà un **$\Delta x > 0$** e a un **accorciamento** corrisponderà un **$\Delta x < 0$** (*con Δ si indica genericamente la differenza fra un valore finale e un valore iniziale*).

ESERCIZIO **SVOLTO**

Gigino, un giovine sulla quarantina, ha deciso di abbandonare Medicina per dedicarsi alla costruzione di materassi a molle. Un giorno, una grossa molla lunga 40 cm salta fuori dal materasso e raggiunge la lunghezza di 80 cm colpendo in fronte il povero Gigi; considerando che la costante elastica della molla è pari a 500 N/m, con quanta forza è stato colpito Gigi dalla molla?

Svolgimento:
il problema richiede di trovare l'intensità della forza con cui la molla ha colpito il malcapitato Gigi, la quale corrisponde alla sua forza elastica $F_{el} = -k \cdot \Delta x$.
Il testo fornisce la costante elastica e i due allungamenti (da riportare in metri) $x_i = 0{,}4$ m e $x_f = 0{,}8$ m; dunque è sufficiente sostituire i dati nella formula:

$$F_{el} = -k \cdot \Delta x = -500\ \text{N/m} \cdot (0,8 - 0,4)\ \text{m} = -200\ \text{N}$$

Soluzione: -200 N: si fa un bel po' male.

ESERCIZIO **PROPOSTO**

3.2 Una molla attaccata al soffitto si allunga di 4 cm quando le viene appeso un corpo di massa 12 kg. Se successivamente viene tirata verso il basso con una forza di 100 N, a quanto equivale il suo allungamento?

A. x = 0,034 cm
B. x = 3,40 m
C. x = 0,034 m
D. x = 34 cm
E. Nessuna delle precedenti

3.3 PIANO INCLINATO

Il piano inclinato è un modello fisico costituito da un piano inclinato di un certo angolo α rispetto all'orizzontale; in assenza di attrito, un qualunque corpo posto su un piano inclinato tende a scivolare a causa della forza peso F_p, la quale può essere scomposta nelle sue due componenti principali:

- **componente parallela al piano (F_{px})** → è la componente che determina il movimento del corpo sul piano inclinato e corrisponde a $\mathbf{F_{px} = F_p \cdot sen\ \alpha}$;
- **componente perpendicolare al piano (F_{py})** → è la componente che mantiene il corpo adeso al piano e corrisponde a $\mathbf{F_{py} = F_p \cdot cos\ \alpha}$. La componente perpendicolare è inoltre uguale e opposta in verso alla reazione normale N che il piano applica sul corpo.

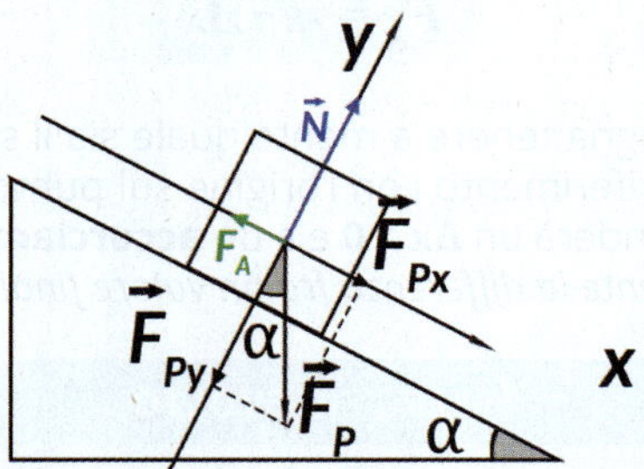

Figura 5: piano inclinato e scomposizione della forza peso nelle sue componenti.

N.B. Se su un piano inclinato si considerasse la presenza di una **forza di attrito *Fa***, una forza che si oppone al moto, il corpo *scivolerebbe* solo in presenza di una forza di attrito *minore* della componente parallela della forza peso. Per calcolare la forza di attrito di un corpo su un **piano orizzontale** è sufficiente utilizzare la seguente formula:

$$F_a = F_p \cdot \mu$$

dove F_p corrisponde alla forza peso e μ corrisponde al **coefficiente di attrito**, un coefficiente **adimensionale** (*senza unità di misura*) che può essere di tipo **statico** o **dinamico** in base alla presenza di un corpo in *quiete* o in *moto*. Se si volesse calcolare la forza d'attrito di un corpo su un piano inclinato, non bisognerebbe utilizzare la forza peso, bensì la componente *Fy* che tiene il corpo adeso alla superficie del piano ($F_a = F_y \cdot \mu$).

ATTENZIONE PER IL TEST

L'attrito viene generalmente trascurato negli esercizi proposti al test; in caso contrario (di solito) viene specificato di considerarne la presenza.

ESERCIZIO **SVOLTO**

Il contadino Pietro fa scivolare una balla di fieno di 350 kg giù da una collina con una pendenza di circa 30°; considerando che il coefficiente di attrito dinamico fra la balla e il terreno è pari a 0,5, con che accelerazione si muove la balla di fieno lungo la discesa?
(cos 30° = 0,87)

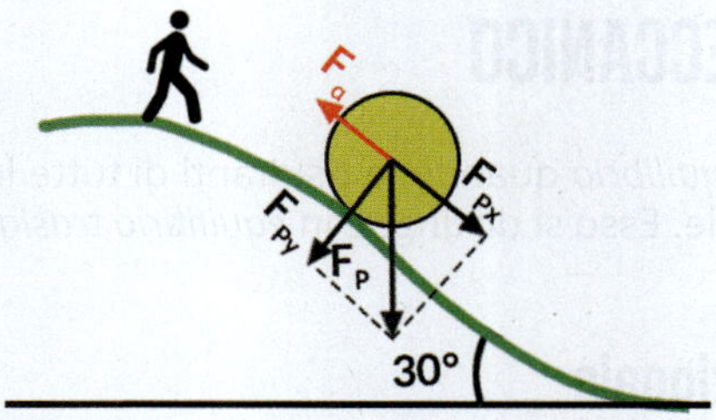

Svolgimento:
l'esercizio chiede di trovare l'accelerazione di un corpo in una discesa (*piano inclinato*) conoscendo la sua massa e la pendenza (*angolo del piano inclinato*); in base a quanto esposto nella seconda legge della dinamica ($F = m \cdot a$), questo corpo si muoverà di una accelerazione **a = F/m**, dove F, in questo caso, corrisponderebbe alla componente parallela della forza peso F_{px} del corpo sul piano inclinato, la quale può essere ricavata con il seguente calcolo:

$$F_{px} = F_p \cdot \sin 30 = (350\ \text{kg} \cdot 9,8\ \text{m/s}^2) \cdot \sin 30 = 3430\ \text{N} \cdot \tfrac{1}{2} = 1715\ \text{N}$$

Tuttavia, l'esercizio considera la presenza di una forza di attrito che, opponendosi al moto, va sottratta alla F_{px}. Il valore della forza di attrito può essere trovato moltiplicando la componente perpendicolare della forza peso F_{py} per il coefficiente di attrito dinamico.

$$F_a = F_{py} \cdot \mu = (3430\ \text{N} \cdot \cos 30) \cdot 0,5 = 1492\ \text{N}$$

Dunque, la forza risultante che spingerà la balla di fieno sarà pari a:

$$F_R = F_{px} - F_a = 1715 - 1492 = 223\ \text{N}$$

A questo punto è possibile applicare la seconda legge della dinamica per trovare l'accelerazione.

$$a = \frac{F_R}{m} = \frac{223\ \text{N}}{365\ \text{kg}} = 0,61\ \text{m/s}^2$$

Soluzione: 0,61 m/s².

FISICA

ESERCIZIO **PROPOSTO**

3.3 Rosalia, dopo anni di indecisioni, decide finalmente di comprare una slitta di 4 kg sul sito sanbenedettosulcitino.it; tuttavia è estate e quindi decide di usarla per scendere dal tetto di casa sua, il quale presenta una pendenza di 30°. Sapendo che Rosalia ha una massa di 60 kg, determinare l'accelerazione durante la sua discesa.

A. 4,9 m/s^2
B. 4,9 m/s
C. 9,8 m/s^2
D. 10 m/s^2
E. Durante la discesa non vi è accelerazione

3.4 EQUILIBRIO MECCANICO

Un corpo si definisce *in equilibrio* quando le risultanti di tutte le forze e di tutti i *momenti agenti* su di esso sono nulle. Esso si distingue in *equilibrio traslazionale* e *rotazionale*.

3.4.1 Equilibrio traslazionale

Un corpo si trova in uno stato di equilibrio traslazionale se la *somma di tutte le forze* che agiscono su di esso è *nulla*.

$$F_R = F_x + F_y + F_z + ... = 0\ N$$

ESERCIZIO **SVOLTO**

Paride e Lorenzo si stanno contendendo una scatola di diamanti al centro di un laghetto ghiacciato. Da un lato Paride tira la fune con una forza F_1 orizzontale di 100 N; dall'altro Lorenzo applica una forza F_2 di 200 N con un'inclinazione di 60° verso l'alto. Chi otterrà i diamanti?

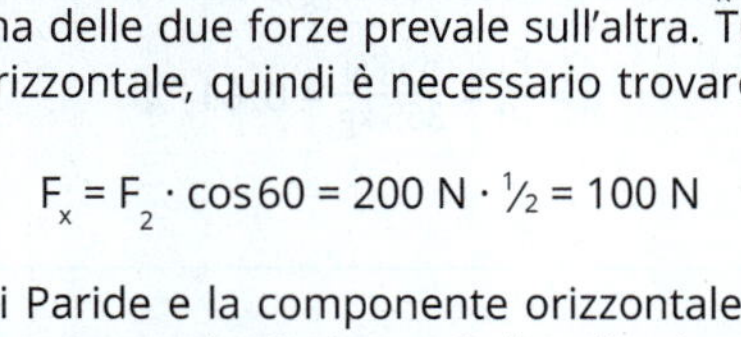

Svolgimento:
per poter risolvere il quesito è sufficiente trovare la risultante F_R delle forze agenti sul blocco di ghiaccio e osservare se una delle due forze prevale sull'altra. Tuttavia, la forza di Lorenzo è inclinata di 60° rispetto all'orizzontale, quindi è necessario trovare la componente orizzontale della forza di Lorenzo:

$$F_x = F_2 \cdot \cos 60 = 200\ N \cdot ½ = 100\ N$$

Dal momento che la forza di Paride e la componente orizzontale della forza di Lorenzo sono uguali in modulo ma di verso opposto, la risultante F_R è nulla; dunque il corpo è in uno stato di equilibrio traslazionale.

$$F_R = F_1 + F_x = 100\ N - 100\ N = 0\ N$$

Soluzione: nessuno dei due.

3.4.2 Equilibrio rotazionale

Quando un corpo presenta un *centro di rotazione fisso* (detto **fulcro**), in presenza di una forza applicata a una certa *distanza dal fulcro* (detta **braccio**), non si assiste a una traslazione del corpo, ma a una sua rotazione. La forza e il suo braccio vengono messi in relazione da una grandezza che prende il nome di **momento**, la quale si esprime come:

$$M = \vec{F} \times \vec{b} = F \cdot b \cdot sen\alpha$$

Essendo un **prodotto vettoriale**, esso dipende dal seno dell'angolo compreso tra la forza e il suo braccio, quindi se forza e braccio sono perpendicolari il momento M risulterà massimo, quando invece sono paralleli risulterà pari a 0.

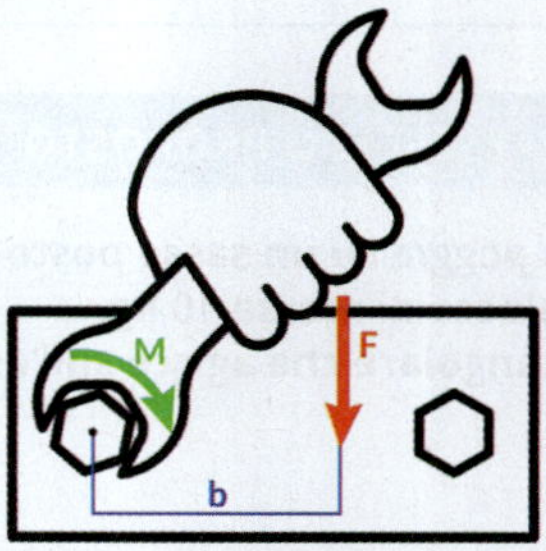

Figura 6: la chiave inglese è un classico esempio di applicazione pratica del concetto di momento: se si prova a svitare un bullone con la mano, è necessario applicare una forza molto grande, poiché il braccio di applicazione è molto piccolo; al contrario, usando una chiave inglese, si sviluppa un momento molto elevato anche con una forza più lieve, dal momento che il braccio è aumentato notevolmente.

Un sistema è in equilibrio rotazionale se la somma di tutti i momenti meccanici che agiscono su di esso è nulla.

$$M_R = M_x + M_y + M_z + ... = 0\ N \cdot m$$

ESERCIZIO SVOLTO

Federica ha una massa di 50 kg e decide di sedersi su un'altalena ponendosi a 1,5 m dal suo fulcro. A che distanza deve porsi Riccardo, che pesa 70 kg, affinché entrambi restino in aria senza poggiare i piedi per terra?

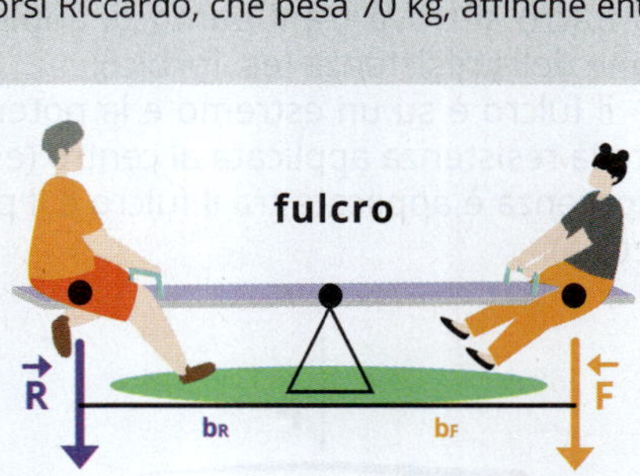

Svolgimento:
per poter rimanere entrambi in aria senza poggiare i piedi per terra, è necessario che questi si trovino in uno stato di equilibrio rotazionale e quindi che la somma dei due momenti generati dalle loro forze peso sia nulla.

Dunque, affinché i due siano in equilibrio rotazionale è necessario che il **momento generato da Riccardo sia uguale a quello di Federica**;

$$M_R + M_F = 0\ N \cdot m \rightarrow M_R = M_F$$

Il momento sviluppato da Federica corrisponde al prodotto fra il suo braccio (cioè la distanza dal fulcro) e la sua forza peso P_F:

$$M_F = P_F \cdot b_F = (50\ kg \cdot 9{,}8\ m/s^2) \cdot 1{,}5\ m = 735\ N \cdot m$$

Dal momento che il testo fornisce la massa di Riccardo, per poter trovare la distanza alla quale deve porsi affinché presenti un momento identico a quello di Federica, è sufficiente utilizzare la formula inversa.

$$M_R = P_R \cdot b_R \cdot b_R = \frac{M_R}{P_R} = \frac{735\ N \cdot m}{70\ kg \cdot 9{,}8\ m/s^2} = 1{,}07\ m$$

Soluzione: 1.07 m.

ESERCIZIO **PROPOSTO**

3.4.2 Un'asta di legno lunga 1 m poggia su un sasso posto a 20 cm da un'estremità. Sull'altra estremità viene posato un blocco di massa 10 kg.
Qual è l'intensità del momento angolare che agisce sull'asta?

A. $0\ N \cdot m$
B. $7840\ N \cdot m$
C. $7{,}84\ N \cdot m$
D. $78{,}4\ N \cdot m$
E. Nessuna delle precedenti

3.4.3 Leve

Le leve sono macchine semplici che permettono di vincere delle forze resistenti (**resistenze**) con l'applicazione di forze motrici (**potenze**). Ogni leva si compone di due bracci, sui quali vengono applicate le *resistenze* e le *potenze*, e di un fulcro che rappresenta l'asse attorno al quale si muovono i bracci.
Esistono tre tipi di leve, le quali vengono classificate in base alle posizioni del fulcro e dei punti di applicazione delle forze (potenze e resistenze):

- **prima specie** → il fulcro si trova tra il punto di applicazione della potenza e il punto di applicazione della resistenza (es. forbici);
- **seconda specie** → il fulcro è su un estremo e la potenza si applica sul secondo estremo per vincere la resistenza applicata al centro (es. schiaccianoci);
- **terza specie** → la potenza è applicata tra il fulcro e il punto di applicazione della resistenza (es. pinzetta).

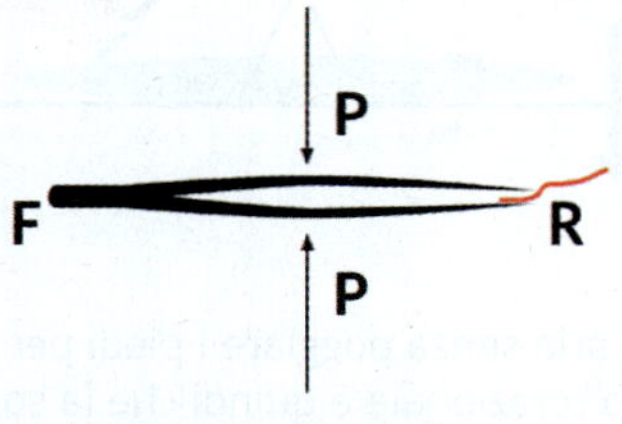

Figura 7: esempio di leva di terza specie.

3.5 LA LEGGE DI GRAVITAZIONE UNIVERSALE

Formulata da Isaac Newton, la legge di gravitazione universale stabilisce che, nell'Universo, due corpi dotati di massa si attraggono in modo reciproco grazie a una forza (definita **forza di gravità F_g**) direttamente proporzionale alle loro masse (m_1 e m_2) e inversamente proporzionale al quadrato della loro distanza (d^2).

$$F_g = G \cdot \frac{m_1 \cdot m_2}{d^2}$$

dove **G** corrisponde alla costante di gravitazione universale di valore **$6{,}67 \cdot 10^{-11}$ $N \cdot m^2/kg^2$**.

ESERCIZIO SVOLTO

Calcolare la forza di attrazione che vi è tra la Terra e la Luna sapendo che la distanza media tra i centri dei due corpi celesti è pari a 38400 km. ($m_{Terra} = 5{,}972 \cdot 10^{24}$ kg, $m_{Luna} = 6{,}7 \cdot 10^{22}$ kg).

Svolgimento:
per risolvere l'esercizio è sufficiente utilizzare la legge di gravitazione universale, facendo attenzione a utilizzare le unità di misura del sistema internazionale.

$$F = 6,67 \cdot 10^{-11} \cdot \frac{5,972 \cdot 10^{24}\,kg \cdot 6,7 \cdot 10^{22}\,kg}{(3,84 \cdot 10^{7}\,m)^2} = 18 \cdot 10^{21}\,N$$

Soluzione: $18 \cdot 10^{21}$ N.

ESERCIZIO PROPOSTO

3.5 Considerate due masse isolate M1 = m e M2 = 2 m; se F è il modulo della forza gravitazionale agente sulla massa M1, qual è il modulo della forza gravitazionale agente sulla massa M2?

A. 2 F
B. - F
C. F
D. -2 F
E. 1,5 F

3.5.1 Leggi di Keplero

Le leggi di Keplero sono **tre leggi empiriche** che descrivono il movimento dei pianeti attorno al Sole:

- **Prima legge** → i pianeti si muovono intorno al Sole percorrendo orbite ellittiche. Il Sole occupa uno dei fuochi dell'ellisse.
- **Seconda legge** → il raggio vettore che collega un pianeta al Sole spazza aree uguali in tempi uguali.
- **Terza legge** → per tutti i pianeti del Sistema Solare, il quadrato del periodo di rivoluzione T è direttamente proporzionale al cubo della distanza media R del pianeta dal Sole.

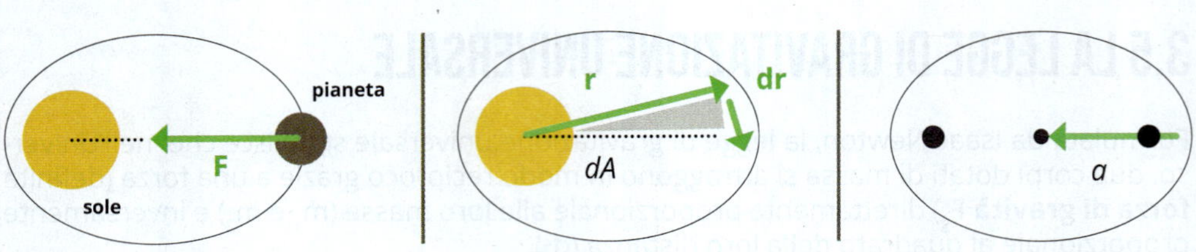

orbita ellittica $\frac{dA}{dt}$ = costante $T^2 = k\,a^3$

CORREZIONI COMMENTATE AGLI ESERCIZI PROPOSTI

3.1 Questo quesito chiede di ragionare per esclusione: 1) la lettera A è falsa perché $P = m \cdot a = 1\ kg \cdot 9{,}8\ m/s^2 = 9{,}8\ N$, ma in base a quanto espresso dalla **seconda** legge della dinamica (in questo caso a corrisponde all'accelerazione gravitazionale); 2) la lettera C è errata perché il corpo si trova in uno stato di quiete, dunque $a = 0\ m/s^2$; 3) la lettera D è errata poiché sul corpo agiscono solo la forza P e la forza N, uguali in modulo e opposti in verso (sistema di forze in equilibrio); 4) la lettera B è invece corretta, poiché, in base alla terza legge della dinamica, a una forza P = 9,8 N corrisponde una reazione normale N = 9,8 N uguale in modulo, ma di verso opposto.
Risposta corretta B.

3.2 Per prima cosa bisogna trovare la costante elastica della molla, la quale si ricava tramite la formula inversa della forza elastica:

$$F_{el} = -k \cdot \Delta x \cdot k = -\frac{F_{el}}{\Delta x} = -\frac{-12\ kg \cdot 9{,}8\ {}^{m}/_{s^2}}{0{,}04\ m} = 2940\ {}^{N}/_{m}$$

A questo punto si può calcolare l'allungamento in seguito alla somministrazione di una forza di 100 N:

$$\Delta x = -\frac{F_{el}}{k} = -\frac{-100\ N}{2940\ {}^{N}/_{m}} = 0{,}034\ m$$

ricordando che la forza elastica ha segno opposto rispetto alla forza esercitata di 100 N.
Risposta corretta C.

3.3 La massa totale di Rosalia e il suo slittino sarà $m_{TOT} = 4\ kg + 60\ kg = 64\ kg$; conoscendo la massa totale si può calcolare la forza peso $F_p = m_{TOT} \cdot g = 64\ kg \cdot 9{,}8\ m/s^2 = 627{,}2\ N$. Per trovare l'accelerazione con cui Rosalia scende, però, bisogna considerare la componente orizzontale della forza peso $F_{px} = F_p \cdot \text{sen}\ 30 = 627{,}2 \cdot \frac{1}{2} = 313{,}6\ N$. Ora non resta che applicare la seconda legge della dinamica, ottenendo che $a = \frac{F}{m} = \frac{313{,}6\ N}{64\ kg} = 4{,}9\ m/s^2$.
Risposta corretta A.

3.4.2 In primis bisogna individuare il fulcro, il quale si trova a 20 cm da una delle due estremità; dunque l'altra estremità, su un asta di lunghezza 1 m, si troverà a 80 cm di distanza dal fulcro. Il blocco di 10 kg viene posizionato sull'altra estremità; calcolando la forza peso $P = 10\ kg \cdot 9{,}8\ m/s^2 = 98\ N$ è sufficiente calcolare il momento che agisce sull'asta:
$\tau = P \cdot b = 98\ N \cdot 0{,}8\ m = 78{,}4\ N \cdot m$.
Risposta corretta D.

3.5 Prima di tutto, quando si parla di modulo di una forza NON va indicato il verso, ovvero il segno, della forza stessa. Si escludono quindi le risposte con segno negativo (ovvero A e C). Trattandosi inoltre di masse "isolate", la forza gravitazionale agente su M2 è identica in modulo (anche se opposta in verso) alla forza gravitazionale agente sulla massa M1.
Risposta corretta C.

LAVORO E POTENZA

Lavoro e potenza

Energia meccanica

Impulso e quantità di moto

Urti

4

FISICA

4.1 SISTEMI DI RIFERIMENTO

In questo capitolo verrà illustrato come, attraverso i concetti di lavoro ed energia, sia possibile risolvere in maniera schematica i problemi riguardanti il moto di corpi nello spazio (similmente a quanto fatto nei capitoli di cinematica e dinamica).
Prima della spiegazione vera e propria, è utile fare chiarezza sul concetto di **sistema di riferimento**, fondamentale per risolvere problemi in cui è presente un'energia potenziale.

In ogni problema di fisica è possibile scegliere in maniera **arbitraria** un punto, chiamato **origine del sistema di riferimento**, a cui fare riferimento per valutare le grandezze fisiche come spostamento, distanza e altezza.

Esempio pratico
Si immagini un tuffatore professionista in piedi sopra a un trampolino. Il trampolino è posto 3 m sopra il livello della piscina, e quest'ultima è profonda 5 m.
Le opzioni più ovvie per decidere un sistema di riferimento sono due:

1. Se si decide di usare come origine il **livello dell'acqua**, allora il tuffatore sarà posto ad un'altezza di 3 m rispetto alla mia origine, e il fondo della piscina sarà invece posto a -5 m perché è **sotto** la mia origine.
2. Se si decide di usare come origine il **fondo della piscina**, allora il livello dell'acqua sarà posto ad un'altezza di 5 m rispetto alla mia origine e il tuffatore sarà invece posto ad un'altezza di 8 m.

Cambia l'esercizio se viene usato un sistema di riferimento piuttosto che un altro?
Assolutamente no, la scelta è arbitraria proprio perché non influisce sul risultato dell'esercizio.
Il consiglio che però viene lasciato a chi legge è il seguente: in un problema in cui viene coinvolta un'energia potenziale (vedi dopo) è sempre comodo scegliere un sistema di riferimento in cui l'origine sia la più bassa possibile, in modo tale da avere le altezze sempre positive (in sostanza, il secondo sistema di riferimento dell'esempio pratico è più comodo per svolgere i conti).

4.2 LAVORO E POTENZA

Quando un corpo esercita una forza nei confronti di un altro corpo, tra i due vi è uno scambio di **energia**, rappresentato dal **lavoro**, una grandezza **scalare** definita come il prodotto scalare tra la forza $\vec{F}$ e lo spostamento $\vec{s}$ del corpo su cui è esercitata la forza:

$$L = \vec{F} \cdot \vec{s} = F \cdot s \cdot cos(\alpha)$$

dove α è l'angolo formato tra il vettore forza e il vettore spostamento. Il lavoro si può misurare sia in **joule** (J = N · m) che in **calorie** (**cal**).

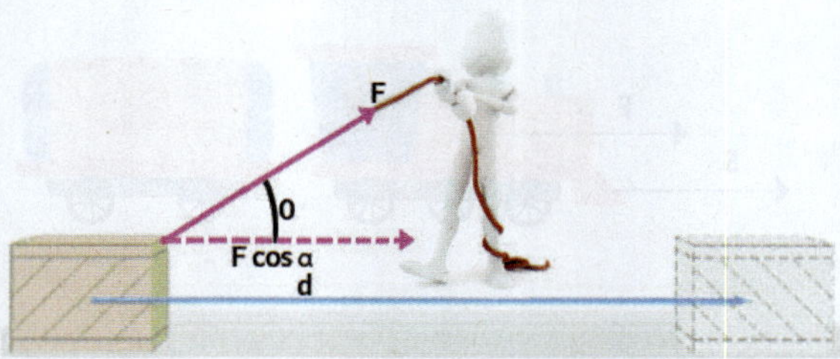

Figura 1: un omino tira una cassa per 4 m con una forza F di 100 N e con un angolo di 60°.
L = 100 N · 4 m · cos 60 = 200 J

Se il vettore forza è ortogonale al vettore spostamento, l'angolo α = 90° cos α = 0, dunque il lavoro è **nullo**. Un pratico esempio si può fare pensando a un uomo che tiene in mano una borsa (*figura 2*): l'uomo imprime sulla borsa una forza verso l'alto, ma essa si sposta in avanti nella stessa direzione dell'uomo; dunque il lavoro scambiato tra l'uomo e la valigetta è pari a 0, poiché l'angolo tra il vettore forza e il vettore spostamento è di 90°, per cui cos (90°) = 0 (*il lavoro e la fatica sono due concetti differenti!*).

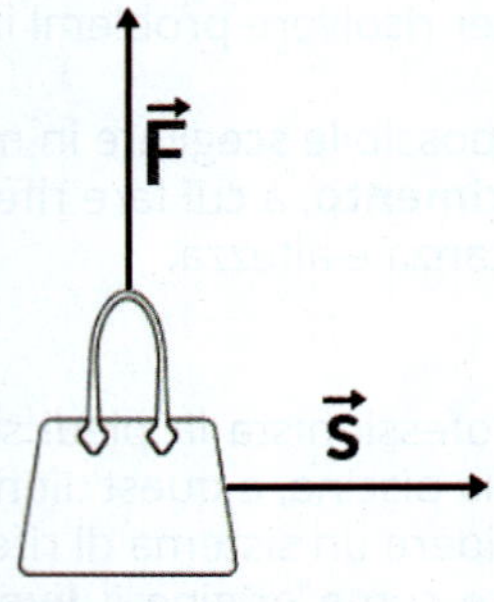

Figura 2: esempio di lavoro nullo. In questo caso la forza F sarà uguale al peso della borsa (P = m · g).

N.B. Il lavoro può anche essere negativo se la forza è opposta allo spostamento, cioè se l'angolo α tra il vettore $\vec{F}$ e il vettore $\vec{s}$ è pari a 180° → cos α = -1.

MNEMOFRASE TESTBUSTERS

Per ricordare la formula del lavoro:

Lavorare **F**a **S**chifo

→ L = F · s

Se in un certo intervallo di tempo si esercita una forza su un corpo, e quindi vi è un continuo scambio di energia tra due corpi, viene sviluppata una **potenza**, definita come la quantità di energia scambiata (o lavoro compiuto) in un certo intervallo di tempo, oppure come il prodotto tra la forza che agisce e la velocità del corpo:

$$P = \frac{L}{\Delta t} = F \cdot v$$

misurata in watt (W), definito come $\frac{\text{joule}}{\text{secondo}}$.

ESERCIZIO **SVOLTO**

Una piccola locomotiva, di massa 750 kg, parte dalla stazione trainando per 50 m due vagoni di masse rispettivamente uguali a 1300 kg e 1450 kg, con un'accelerazione pari a 2 m/s². Quanto vale il lavoro compiuto dalla locomotiva nel tratto considerato?

Svolgimento:
la richiesta dell'esercizio è quella di calcolare il lavoro, espresso come prodotto scalare tra la forza e lo spostamento $L = F \cdot s \cdot \cos\alpha$. Il dato dello spostamento viene fornito dal testo ($s = 50$ m) ed è possibile ricavare la forza come il prodotto tra la massa e l'accelerazione (vedi capitolo 3).

$$F = m \cdot a \rightarrow F_{locomotiva} = (m_{locomotiva} + m_{vag1} + m_{vag2}) \cdot a = 3500\ kg \cdot 2\ m/s^2 = 7000\ N$$

Una volta ricavata la forza sarà sufficiente applicare la formula del lavoro; in questo caso l'angolo α sarà pari a 0 (quindi $\cos\alpha = 1$) poiché il vettore forza della locomotiva e il vettore spostamento sono paralleli.

$$L = 7000\ N \cdot 50\ m \cdot 1 = 350000\ J$$

Soluzione: 350000 J.

Se il lavoro compiuto da una forza è indipendente dal percorso compiuto ma dipende esclusivamente dalla distanza tra il punto di inizio e di fine, la forza si definisce **conservativa** (es. **forza gravitazionale** e **forza elastica**). Al contrario, una forza si dice **dissipativa** quando il suo lavoro dipende dal percorso compiuto (es. **forza di attrito**).

ESERCIZIO **PROPOSTO**

4.2 Per spostare di 5 m una scrivania, un uomo applica una forza costante di 110 N per i primi 10 s, ma sposta l'oggetto di soli 2 m. Quindi, sforzandosi, completa l'opera applicando una forza di 180 N per altri 10 s. Qual è il valore della potenza media prodotta dall'uomo durante l'operazione?

A. 38 W
B. 22 W
C. 54 W
D. 40 W
E. 36 W

4.3 ENERGIA MECCANICA

Con il termine energia si indica la *capacità di un corpo di compiere lavoro*. Tra le varie forme di energia si riconosce l'**energia meccanica**, che è data dalla somma di due tipi di energia (**$E_M = U + K$**):

- **energia potenziale gravitazionale (U)** → energia che un oggetto possiede a causa della sua posizione nello spazio. Essa è associata alla forza di gravità ed è direttamente proporzionale alla massa m dell'oggetto e all'altezza h alla quale esso si trova rispetto al suolo;

$$U = m \cdot g \cdot h$$

- **energia cinetica (K)** → energia che un oggetto possiede a causa del suo **moto** nello spazio.
  Essa è direttamente proporzionale alla massa m e al quadrato della velocità del corpo v^2.

$$K = \frac{1}{2} \cdot m \cdot v^2$$

In presenza di sole forze conservative l'energia meccanica tende a mantenersi **costante** (*principio di conservazione dell'energia meccanica*).

Per poter comprendere pienamente tale principio è necessario fare un esempio. Testino è un ciclista fermo sulla cima di una collina, pronto per lanciarsi lungo la discesa con una bicicletta (*figura 3*): nel punto iniziale Testino presenta un'*energia potenziale massima* e un'*energia cinetica nulla* (è fermo, quindi v = 0). Testino si lancia con la sua bici e durante la discesa la sua ***U*** viene convertita in ***K***, poiché l'altezza h diminuisce contemporaneamente all'aumento della velocità v; quando Testino arriva al punto più basso della discesa (h = 0) la sua U è nulla, mentre la sua K ha raggiunto un valore pari a quello dell'energia potenziale iniziale. Dopo pochi metri Testino frena e si ferma (U = 0 e K = 0). Sorgono allora spontanee due domande: se tutta l'energia si conserva perché Testino si è fermato? Dov'è finita tutta l'energia cinetica di Testino? La risposta a tali domande si ottiene pensando alle forze di attrito, forze non conservative che dissipano l'energia meccanica in calore (*freni e ruote si riscaldano*).
"*L'energia meccanica si è dissipata, ma Lavoisier è comunque contento perché l'energia si è convertita in calore*".

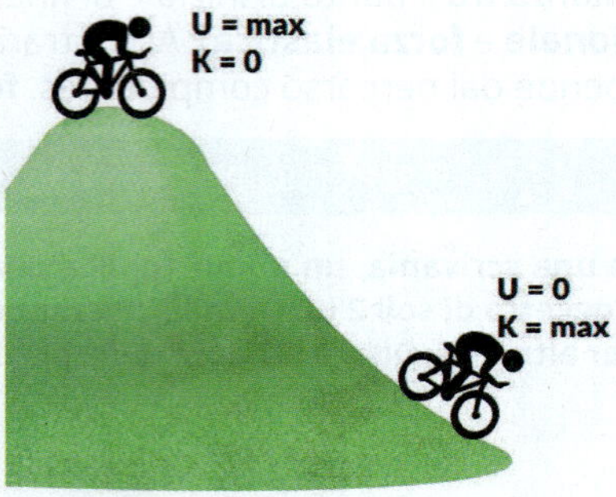

Figura 3: conservazione dell'energia

Se vuoi osservare meglio altri esempi sul principio di conservazione dell'energia meccanica, scannerizza questo QR-Code:

4.3.1 Energia potenziale elastica

Si immagini un cubo di legno posto su una molla in compressione; se la molla venisse rilasciata, il cubo verrebbe spinto verso l'alto acquistando una certa energia cinetica. La molla in compressione, dunque, possiede una certa **energia potenziale elastica**, la quale rappresenta una forma di energia immagazzinata che può essere liberata convertendosi in altre forme di energia. Tale energia potenziale viene definita tramite la seguente formula:

$$U_{el} = \frac{1}{2} k \cdot \Delta x^2$$

dove $\mathbf{U_{el}}$ corrisponde all'energia potenziale elastica, **k** alla costante elastica e **Δx** all'elongazione o accorciamento.

4.3.2 Lavoro ed energia

Da quanto detto precedentemente capiamo bene come lavoro ed energia siano due concetti praticamente intercambiabili, adesso andremo quindi a vedere le relazioni che li legano.
Iniziamo dall'energia potenziale gravitazionale: immaginate di prendere un oggetto di massa *m* e portarlo a una certa altezza *h*, questo possiederà quindi un'**energia potenziale gravitazionale** pari a m · g · h; calcoliamo ora il **lavoro compiuto per spostare l'oggetto**, che corrisponde al lavoro compiuto contro la forza peso e sarà quindi uguale e contrario a esso: $L = -Lp = -(F_p \cdot \Delta s) = -(m \cdot g \cdot h)$.
Come vedete lavoro ed energia in questo caso sono uguali ma di segno opposto, vale quindi l'equazione:

$$\Delta U = -L$$

questa relazione è valida anche per l'**energia potenziale elastica**, che sarà uguale e contraria al **lavoro svolto dalla forza elastica** per far avvenire lo spostamento della molla Δx (l'energia potenziale elastica è trattata nel sottocapitolo 3.2.1).

Consideriamo ora una situazione diversa: immaginate di prendere una scatola di scarpe e lanciarla facendola scivolare sul pavimento; dopo un po' questa si fermerà, il che vuol dire che la sua **energia cinetica**, che dipende dalla velocità, è **diminuita** fino ad arrivare a 0. A causare questa variazione di energia è stato il lavoro svolto dalla forza d'attrito, che ha frenato la scatola; questo lavoro è quindi pari all'energia cinetica persa:

$$\Delta K = L$$

Questa relazione è nota come **teorema dell'energia cinetica**.

ESERCIZIO **SVOLTO**

La tuffatrice Tonia Cagnetto salta da un trampolino posto a 3,5 m di altezza. Se, spingendosi sul trampolino, acquisisce un'ulteriore elevazione di 1,5 m, con che velocità impatterà l'acqua?

Svolgimento:
il problema chiede di trovare la velocità nel punto più basso del moto, il cui valore si potrebbe facilmente ricavare dalla formula inversa dell'energia cinetica.

Tuttavia, né la massa né l'energia cinetica vengono fornite dal problema, dunque si può sfruttare il principio di conservazione dell'energia meccanica, secondo cui l'energia potenziale nel punto più alto del moto (dove v = 0, h = 4,5 m) equivale all'energia cinetica nel punto più basso (v = max, h = 0).

$$U_{iniziale} = K_{finale}$$

Sostituendo le formule alla precedente uguaglianza si ottiene: $mgh = \frac{1}{2} mv^2$

Si può notare che la massa compare in entrambi i membri dell'equazione, dunque può essere rimossa.

$$gh = \frac{1}{2} v^2$$

A questo punto per trovare la velocità è sufficiente sfruttare le regole delle formule inverse.

N.B. Uno studente diligente avrà sicuramente notato che si tratta di un moto in caduta libera già trattato nel capitolo 2.2.2, la cui velocità poteva essere rapidamente trovata tramite la "regola delle due giacche".

Soluzione: 9.9 m/s.

ESERCIZIO **PROPOSTO**

4.3 Piero, un bambino di massa 35 kg, vuole saltare oltre un ruscello con lo slittino, pesante 5 kg, e per farlo gli occorre un'energia cinetica finale di 2000 J. In quali dei casi di seguito descritti il bambino riesce nel suo intento?

I. Arriva al ruscello con una velocità finale di 8 m/s.
II. Parte da una collina alta 6 m.
III. Scende insieme al papà (80 kg), arrivando al ruscello con una velocità finale di 6 m/s.

A. La I e la II
B. La I e la III
C. La II e la III
D. La III
E. Tutte

4.4 IMPULSO E QUANTITÀ DI MOTO

Si immaginino due palline con due *masse diverse* (m_1 = 1 kg e m_2 = 200 kg) che impattano su un signore di nome Ivan con una *stessa velocità*: la prima pallina lo fa allegramente giocare, mentre la seconda probabilmente lo uccide. Si immaginino adesso altre due palline con la *stessa massa* ($m_1 = m_2$ = 0,5 kg) che impattano sempre sul povero Ivan con due *velocità diverse* (v_1 = 1 m/s e $v_2 = 3 \cdot 10^4$ m/s): si può ben intuire la fine che farà Ivan nel caso della seconda pallina.
Gli effetti che si osservano dipendono quindi sia dalla massa che dalla velocità delle palline e tali effetti vengono quantificati attraverso la **quantità di moto Q** (o **p**), che esprime il prodotto tra massa e velocità:

$$\vec{p} = \vec{Q} = m \cdot \vec{v}$$

Si immagini adesso un giocatore di baseball che colpisce la pallina attraverso la mazza con una certa forza. Tale forza non è applicata in maniera continua ma soltanto in un breve periodo di tempo, che in questo caso corrisponde al solo impatto della pallina con la mazza. Si definisce perciò l'**impulso di una forza** il prodotto tra la forza stessa e l'intervallo di tempo durante il quale viene applicata ad un corpo:

$$I = F \cdot \Delta t$$

L'applicazione di un impulso (quindi di una forza in un certo periodo di tempo) a un corpo, farà variare la sua quantità di moto. Nel caso della pallina da baseball, infatti, la velocità dopo l'impatto (e quindi la quantità di moto) subirà una variazione sia di direzione che d'intensità. La corrispondenza che esiste tra l'impulso e la quantità di moto è nota come **teorema dell'impulso**, che afferma che l'impulso I di una forza applicata ad un corpo è uguale alla variazione della quantità di moto ΔQ subita dal corpo.

$$I = \Delta Q = F \cdot \Delta t$$

ESERCIZIO SVOLTO

Ettore colpisce con una stecca una palla da biliardo di 200 g, inizialmente ferma, esercitando una forza di 50 N per un tempo di 0,01 s.
Che velocità acquisisce la palla dopo il colpo?

Svolgimento:
per poter calcolare la variazione della velocità (e quindi la velocità finale, considerando che quella iniziale è pari a 0), è necessario calcolare la variazione della quantità di moto, che secondo il teorema dell'impulso è pari al prodotto tra la forza e il tempo durante il quale essa è applicata:

$$\Delta Q = I = F \cdot t = 50N \cdot 0{,}01\ s = 0{,}5\ N \cdot s$$

Da tale variazione $\Delta Q = m \cdot v_{finale} - m \cdot v_{iniziale}$ è possibile rimuovere il termine con la velocità iniziale, essendo nulla nel primo momento.

$$\Delta Q = m \cdot v_{finale} = 0{,}5\ N \cdot s$$

Per trovare la velocità finale è quindi sufficiente dividere l'impulso appena calcolato per la massa dell'oggetto (dopo averla convertita in kg).

$$v_{finale} = \frac{0{,}5\ N \cdot s}{0{,}2\ kg} = 2{,}5\ m/s$$

Soluzione: $v_{finale} = 2{,}5\ m/s$.

ESERCIZIO PROPOSTO

4.4 Benedetta la pallavolista respinge con una schiacciata una palla (m = 0,5 kg) che le arriva con una velocità di 10 m/s. Se il tempo del contatto è di 0,2 s e dopo la schiacciata la palla ha una velocità di 30 m/s nel verso opposto, quanta forza ha esercitato la pallavolista?

A. 100 N
B. 75 N
C. 12 N
D. 50 N
E. 125 N

4.5 URTI

In fisica gli **urti** sono collisioni di breve durata fra due o più corpi nel cui studio si trascurano eventuali forze esterne.
Si suddividono in urti elastici e anelastici:

- **urti elastici**, nei quali *la quantità di moto* e *l'energia cinetica* si **conservano.** Si verificano urti elastici quando, ad esempio, una palla da biliardo ne colpisce un'altra oppure quando una racchetta da ping pong colpisce la pallina. In questo caso le dispersioni di energia cinetica sono minime;
- **urti anelastici**, nei quali si conserva solo la *quantità di moto*, ma **non** l'*energia cinetica*. In questo tipo di urti, parte dell'energia cinetica viene dispersa sotto altre forme, e spesso si ha una forte deformazione dei corpi. Un esempio è dato da una macchina che ne colpisce un'altra ferma, spingendola: dopo l'urto anelastico le due auto, fortemente deformate, procedono insieme a una velocità ridotta fino a fermarsi; si è dunque verificata una perdita di energia cinetica.

Urto elastico	Urto anelastico
$Q_{in} = Q_{fin}$ $K_{in} = K_{fin}$	$Q_{in} = Q_{fin}$ $K_{in} \neq K_{fin}$

N.B. Nel caso degli urti elastici (o nel caso in cui non è specificata la tipologia dell'urto, per cui si dà per scontato che sia elastico), se non è espressamente richiesto un valore di energia cinetica da calcolare è consigliato preferire un metodo risolutivo che utilizzi la quantità di moto piuttosto che l'energia cinetica.

ESERCIZIO **SVOLTO**

Percorrendo un tratto in discesa, Chiara si lascia scivolare di mano il passeggino con dentro un mattone (m = 12 kg); il passeggino raggiunge subito una velocità di 4 m/s per poi andare a travolgere una bambina, di massa 36 kg, ferma sulla strada sottostante, trascinandola con sé. Se il passeggino e la bambina continuano a muoversi con una velocità di 1 m/s, quanta energia cinetica è stata dissipata nell'urto?

Svolgimento:
per poter risolvere il quesito bisogna analizzare bene il testo per identificare la tipologia di esercizio.
Il passeggino e la bambina rappresentano due corpi che entrano in collisione, durante la quale si verifica una diminuzione della velocità del passeggino con conseguente diminuzione della sua energia cinetica; dunque si tratta sicuramente di un urto anelastico.
Il testo richiede a quanto equivale la perdita di energia cinetica e tale valore può essere calcolato tramite la differenza tra l'energia cinetica iniziale K_i e quella finale K_f (considerando in quest'ultima le masse dei due corpi) attraverso la formula: $K = \frac{1}{2}\, m \cdot v^2$.

$$K_{in} = \frac{1}{2} \cdot 12\ \text{kg} \cdot (4\ \text{m/s})^2 = 96\ \text{J}$$
$$K_{fin} = \frac{1}{2} \cdot (12 + 36)\ \text{kg} \cdot (1\ \text{m/s})^2 = 24\ \text{J}$$
$$\Delta K = K_{im} - K_{fin} = 72\ \text{J}$$

Soluzione: 72 J.

ESERCIZIO **PROPOSTO**

4.5 Elena, percorrendo in bici il vialetto sotto casa sua alla velocità di 30 m/s, prende senza fermarsi il suo zaino di 2 kg appeso a un albero. Prosegue poi a una velocità di 29 m/s. Quanto pesa Elena?

A. 60 kg
B. 58 kg
C. 30 kg
D. 57 kg
E. Non si chiede il peso ad una donna!

CORREZIONI COMMENTATE AGLI ESERCIZI PROPOSTI

4.2 La potenza media è calcolabile come il rapporto tra la somma di tutta l'energia scambiata (il lavoro) e il tempo in cui viene scambiata. In questo caso vanno calcolati due lavori: il primo $L1 = F_1 \cdot s_1 = 110 \cdot 2 = 220$ J e il secondo $L_2 = F_2 \cdot s_2 = 180 \cdot 3 = 540$ J. La potenza si calcola come il rapporto tra $L_1 + L_2$ e il tempo (pari a 20 secondi). $P = \frac{760}{20} = 38$ W.

Risposta corretta A.

4.3 Per prima cosa dobbiamo considerare come massa non solo quella di Piero ma anche quella dello slittino, dunque in totale avremo m = 35 kg + 5 kg = 40 kg.
Ora analizziamo tutte le opzioni di risposta, considerando che dobbiamo avere un'energia cinetica finale almeno di 2000 J. La prima opzione afferma che Piero arriva al ruscello con una velocità finale di 8 m/s, inseriamo dunque questo dato nella formula $K = \frac{1}{2} \cdot m \cdot v^2$ e otteniamo $K = \frac{1}{2} \cdot 40\ \text{kg} \cdot (8\ \text{m/s})^2 = 1280$ J, valore minore di 2000 J (risposte A, B ed E errate). La seconda opzione ci dice che Piero parte da una collinetta alta 6 m, quindi (ricordando sempre che $U_{iniziale} = K_{finale}$) inseriamo questo dato nella formula $U = m \cdot g \cdot h$ e otteniamo $U = 40\ \text{kg} \cdot 10\ \text{m/s}^2 \cdot 6\ \text{m} = 2400$ J, risultato maggiore di 2000 J, di conseguenza la seconda condizione permette a Piero di superare il ruscello. La terza opzione, infine, ci dice che Piero scende con il papà con una velocità di 6 m/s, quindi, sempre utilizzando la formula $K = \frac{1}{2} \cdot m \cdot v^2$ otteniamo $K = \frac{1}{2} \cdot 120\ \text{kg} \cdot (6\ \text{m/s})^2 = 2160$ J che è maggiore di 2000 J e permette a Piero di compiere la sua impresa. In conclusione, sia la seconda che la terza opzione permettono a Piero di superare il ruscello.

Risposta corretta C.

4.4 Il testo fornisce da subito la variazione della velocità da cui è possibile ricavare la variazione della quantità di moto, utile per sfruttare il teorema dell'impulso. Usando la pallavolista come centro del sistema di riferimento, la palla le arriva con una velocità iniziale di -10 m/s, poiché il verso della palla è rivolto verso di lei, e viene rilanciata con una velocità finale di 30 m/s, quindi la variazione della quantità di moto è $\Delta Q = m \cdot v_{fin} - m \cdot v_{in} = 0{,}5\ \text{kg} \cdot 40\ \text{m/s} = 20\ \text{kg} \cdot \text{m/s}$. Tale variazione è esattamente uguale all'impulso (prodotto tra forza e tempo): $\Delta Q = I \rightarrow 20\ \text{kg} \cdot \text{m/s} = F \cdot t \rightarrow F = \frac{20}{t} = \frac{20}{0{,}2} = 100$ N.

Risposta corretta A.

4.5 In questo esercizio ci sono poche informazioni che permettono di individuare la tipologia dell'esercizio, quindi è consigliabile immaginare la situazione fisica e quello che accade nel contesto. Rielaborando il testo è infatti deducibile che tra Elena e lo zaino avvenga un urto e negli urti c'è conservazione di quantità di moto, cioè la quantità di moto iniziale Q_{in} è uguale alla quantità di moto finale Q_{fin}. La quantità di moto iniziale è $Q_{in} = m_{Elena} \cdot v_{in}$, mentre quella finale $Q_{fin} = (m_{Elena} + m_{zaino}) \cdot v_{fin}$. Uguagliandole si ottiene $m_{Elena} \cdot 30 = (m_{Elena} + 2\ \text{kg}) \cdot 29$, da cui si ricava, risolvendo l'equazione, $m_{Elena} = 58$ kg.

Risposta corretta B.

FISICA

5

FLUIDI

Pressione

Principio di Pascal

Legge di Stevino

Legge di Archimede

Dinamica dei fluidi

FISICA

5.1 PRESSIONE

Quando si applica una forza su un qualunque corpo, i suoi effetti possono variare notevolmente in base alla superficie sulla quale questa viene applicata. Se lo studente provasse a camminare sull'acqua, affonderebbe, poiché la forza peso viene distribuita su una piccola superficie, corrispondente alla superficie di entrambe le piante dei piedi; se invece egli provasse a utilizzare una zattera molto larga, la forza peso verrebbe distribuita su una grande superficie e quindi riuscirebbe a non affondare.
Come visto, nonostante la forza peso sia la medesima in entrambi i casi, i suoi effetti variano in funzione della superficie sulla quale questa viene applicata; da tale relazione deriva la **pressione**, una grandezza scalare che può essere espressa come il rapporto fra la forza F sulla superficie S e la cui unità di misura è il **pascal** (**Pa** = N/m^2):

$$P = \frac{F}{S}$$

ESERCIZIO **SVOLTO**

Alessandro, un avventuriero di massa 80 kg, vuole camminare su un ponte di legno sospeso sopra un precipizio. Sapendo che il ponte può sopportare una pressione massima di $2 \cdot 10^5$ Pa e che le sue scarpe hanno una superficie complessiva di 200 cm^2, può Alessandro attraversarlo senza morire?

Svolgimento:
il problema chiede di trovare la pressione che Alessandro esercita sapendo che oltre i $2 \cdot 10^5$ Pa il ponte si romperebbe lasciandolo cadere nel vuoto.
Si procede dunque applicando la formula della pressione, la quale corrisponde al rapporto fra la forza peso di Alessandro ($P = m \cdot g = 80\ kg \cdot 9{,}8\ m/s^2 = 784\ N$) e la superficie delle sue scarpe in m^2 (poiché il pascal corrisponde a N/m^2).

$$P\ Ale = \frac{784\ N}{2 \cdot 10^{-2}\ m^2} = 39200\ Pa = 3{,}9 \cdot 10^4\ Pa$$

Soluzione: la P_{Ale} è minore della pressione massima, dunque il nostro avventuriero sopravviverà.

5.2 PRINCIPIO DI PASCAL

Secondo il **principio di Pascal**, quando una certa pressione viene applicata su un fluido (una sostanza allo stato *liquido* o *gassoso*), questa si trasmetterà con lo stesso valore su ogni altra superficie a contatto con il fluido stesso. Se si prova infatti a premere una bottiglia d'acqua forata sul fondo, la pressione esercitata si distribuirà su tutte le pareti causando un aumento della velocità con cui l'acqua fuoriesce dal foro.

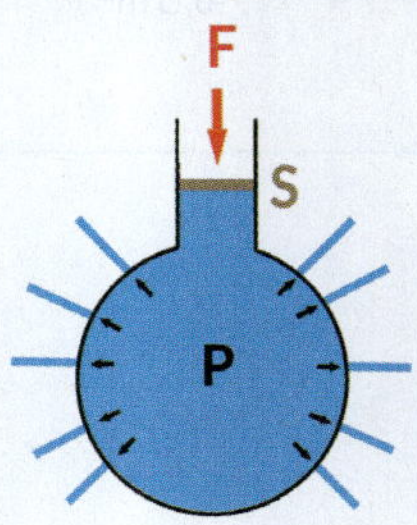

Figura 1: pallone forato al quale viene applicata una pressione. Si noti come la pressione si propaghi con la stessa intensità su tutta la superficie interna del pallone.

Il principio di Pascal sta alla base del funzionamento del torchio idraulico, una macchina costituita da due cilindri di diversa superficie (S_A, S_B), pieni di liquido e collegati tra loro, e da due pistoni che permettono di applicare una forza sul liquido (F_A, F_B). Se infatti si applica una forza F_A sul pistone di superficie S_A, si genererà una pressione ($\frac{F_A}{S_A}$) che si trasmetterà con lo stesso valore anche sull'altro pistone, dunque:

$$\frac{F_A}{S_A} = \frac{F_B}{S_B}$$

In questo modo, una forza piccola applicata su una superficie piccola permetterà di sollevare anche corpi molto pesanti.

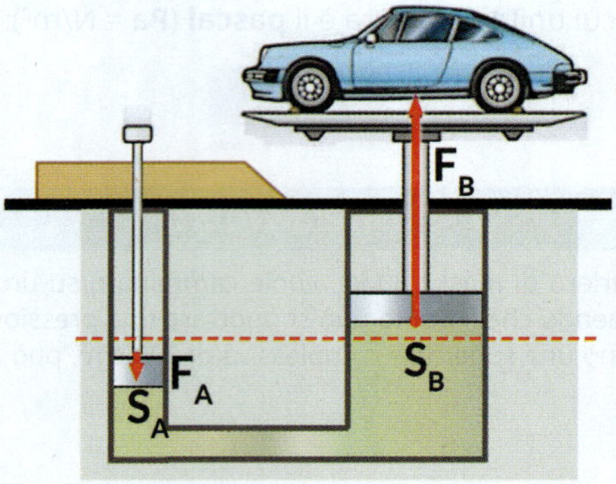

Figura 2: torchio idraulico.

ESERCIZIO **SVOLTO**

Davide ha un'officina e un giorno, incuriosito dalla fisica dei fluidi, decide di calcolare quanta forza deve esercitare sul pistone di un torchio idraulico per sollevare un'auto di 1500 kg (il pistone su cui poggia l'automobile ha una superficie di 0,5 m^2, mentre quello su cui applica la forza è di 5 cm^2). A quanto equivale la forza che deve esercitare Davide?

Svolgimento:
l'esercizio richiede di trovare la forza esercitata in uno dei due pistoni di un torchio idraulico: sapendo che la pressione esercitata da Davide sul suo pistone è uguale a quella sul pistone dove è poggiata l'auto (principio di Pascal), si può utilizzare la formula del torchio idraulico:

$$\frac{F_{Davide}}{S_{Davide}} = \frac{F_{Auto}}{S_{Auto}}$$

dove S_{Davide} è uguale a $5 \cdot 10^{-4}$ m^2, F_{Auto} è uguale al peso dell'auto F_{Auto} = 1500 kg · 9,8 m/s^2 = 14700 N e S_{Auto} è uguale a 0,5 m^2. Dunque, usando la formula inversa, si otterrà:

$$F_{Davide} = \frac{F_{Auto} \cdot S_{Davide}}{S_{Auto}} = \frac{14700\text{N} \cdot 5 \cdot 10^{-4}\,\text{m}^2}{0,5\ \text{m}^2} = 14,7\ \text{N}$$

Soluzione: 14,7 N.

5.3 LEGGE DI STEVINO

Come ogni altro corpo presente sul pianeta, anche i fluidi sono soggetti alla forza peso. Se lo studente provasse ad andare in profondità all'interno di una piscina piena d'acqua, potrà notare una fastidiosa sensazione alle orecchie causata dall'aumento della **pressione idrostatica** sui suoi timpani; tale pressione è causata dalla **pressione idrostatica** esercitata dalla massa d'acqua che sovrasta lo studente, la quale è direttamente proporzionale alla **densità ρ** del liquido (in questo caso acqua) e alla **profondità h**. Tale relazione prende il nome di **legge di Stevino** ed è espressa dalla seguente formula:

$$P = P_0 + \rho \cdot g \cdot h$$

dove g corrisponde all'accelerazione gravitazionale e P_0 alla pressione applicata all'esterno del sistema.

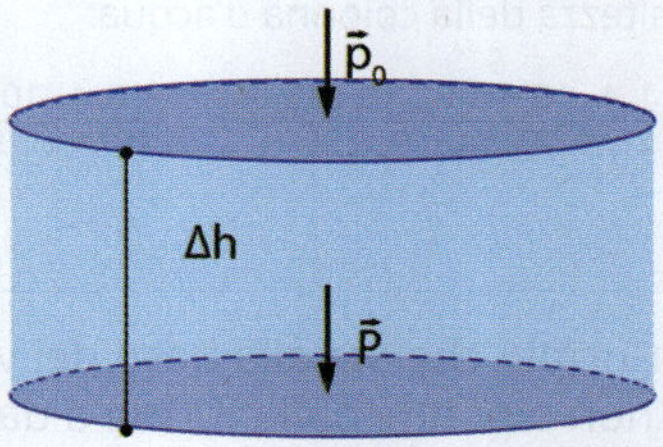

Figura 3: legge di Stevino. In questo caso la P_0 corrisponderà alla pressione atmosferica.

N.B. È importante ricordare il valore della **densità dell'acqua**, la quale può essere espressa come **10^3 kg/m³** oppure come 1 g/cm³. Ricorda, la formula della densità equivale a ρ = m/V.

MNEMOTECNICA TESTBUSTERS

Per ricordare la legge di Stevino:

Per **P**iacere, due **g**rossi **h**amburger
→ **$P = P_0 + \rho \cdot g \cdot h$**

Dal momento che anche l'aria è un fluido, anche questa sarà capace di generare una pressione; se lo studente si posizionasse sul livello del mare, la pressione generata dalla colonna d'aria che sovrasta la sua testa assumerebbe un valore pari a **$1{,}01 \cdot 10^5$ Pa**; tale valore corrisponde alla **pressione atmosferica.**
La pressione può essere definita tramite diverse unità di misura:

- ***Pa*** (sistema internazionale);
- ***atm*** (atmosfere) → 1 atm = $1{,}01 \cdot 10^5$ Pa;
- ***bar*** → 1 bar = 10^5 Pa;
- ***mmHg*** → 760 mmHg = 1 atm.

Attenzione:
la pressione atmosferica va considerata solo quando ci viene chiesto di calcolare la **pressione totale** esercitata sul fondo del recipiente, perché, essendo il recipiente aperto, sopra l'acqua troveremo sicuramente una certa quantità d'aria che esercita quindi una pressione. Invece, nel momento in cui ci viene chiesto di calcolare la pressione esercitata esclusivamente dalla **colonnina di fluido**, o ci viene detto che nel recipiente c'è il **vuoto**, allora **non** devo considerare la pressione atmosferica; la legge di Stevino diviene quindi:

$$P = \rho \cdot g \cdot h$$

ESERCIZIO **SVOLTO**

Ogni anno Daniele torna nella sua casa in Bolivia per le vacanze estive; quando arriva il primo giorno deve sempre misurare il livello d'acqua nella cisterna per capire se sia necessario chiamare un rifornimento. Decide di posizionare un manometro sul fondo della cisterna, che misura un valore di pressione pari a $1{,}41 \cdot 10^5$ Pa.
Qual è l'altezza della colonna d'acqua rimasta nella cisterna?

Svolgimento:
dal momento che il problema chiede di trovare l'altezza di una colonna d'acqua, fornendo la sua pressione idrostatica, bisogna sicuramente utilizzare la legge di Stevino:

$$P = P_0 + \rho \cdot g \cdot h$$

In questo caso $P = 1{,}41 \cdot 10^5$ Pa e $\rho = 10^3$ kg/m³ (densità dell'acqua); dal momento che il manometro è stato posto sul fondo della cisterna, la pressione misurata comprenderà al suo interno anche la pressione atmosferica P_0, la quale equivale a $1{,}01 \cdot 10^5$ Pa. Dunque, utilizzando la formula inversa, si può ricavare l'altezza della colonna d'acqua:

$$h = \frac{P - P_0}{\rho \cdot g} = \frac{1,4 \cdot 10^5\ \text{Pa} - 1,01 \cdot 10^5\ \text{Pa}}{10^3\ \text{kg/m}^3 \cdot 9,8\ \text{m/s}^2} = \frac{0,4 \cdot 10^5\ \text{Pa}}{10^3\ \text{kg/m}^3 \cdot 9,8\ \text{m/s}^2} = 4\ \text{m}$$

Soluzione: 4 m.

N.B. La legge di Stevino è il principio che sta alla base dei vasi comunicanti, nei quali l'altezza raggiunta da un liquido non dipende dalla forma o dalla dimensione dei vasi.

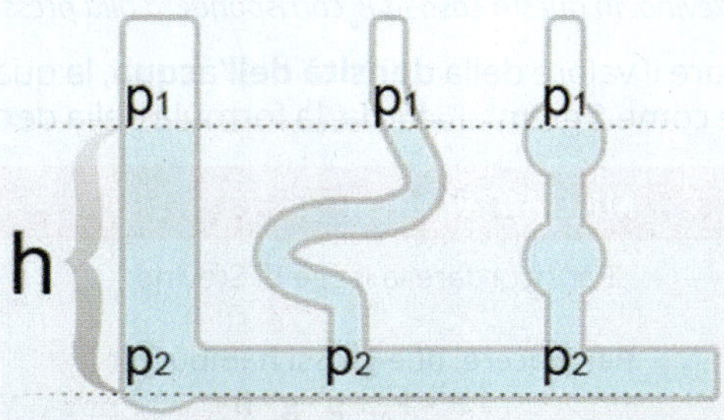

Figura 4: legge di Stevino e vasi comunicanti.

ESERCIZIO **PROPOSTO**

5.3 Un sottomarino si trova a 14 m di profondità in un lago d'acqua dolce. A quanto equivale la forza che agisce su un oblò del sottomarino sapendo che il suo diametro è pari a 20 cm (non considerando P_0)?

A. 4400 N
B. 430 N
C. 43 N
D. 4300 kg · m/s²
E. 4300 Pa

5.4 LEGGE DI ARCHIMEDE

Si immagini di buttare in una piscina piena d'acqua una palla di ferro (m = 8 kg) e una palla di sughero (0,2 kg), entrambe con un volume di 10^{-3} m^3; la prima affonderà completamente, mentre la seconda galleggerà. Tale fenomeno si può spiegare tramite la **legge di Archimede**, secondo cui *"un corpo immerso in un fluido riceve una spinta uguale e contraria al peso del liquido spostato"*; in altre parole, un qualunque corpo in un fluido sposta un determinato volume d'acqua, il cui peso corrisponde alla **spinta di Archimede F_A**, la quale può essere espressa come segue:

$$F_A = \rho_{liquido} \cdot V_{corpo} \cdot g$$

dove g corrisponde all'accelerazione gravitazionale.
Nel caso preso in esempio, la palla di ferro affonderà poiché la spinta di Archimede ricevuta (F_A = 9,8 N) è inferiore al suo peso (F_P = 78,4 N); al contrario, la palla di sughero galleggia poiché la sua spinta di Archimede (F_A = 9,8 N) è maggiore del suo peso (F_P = 1,96 N).

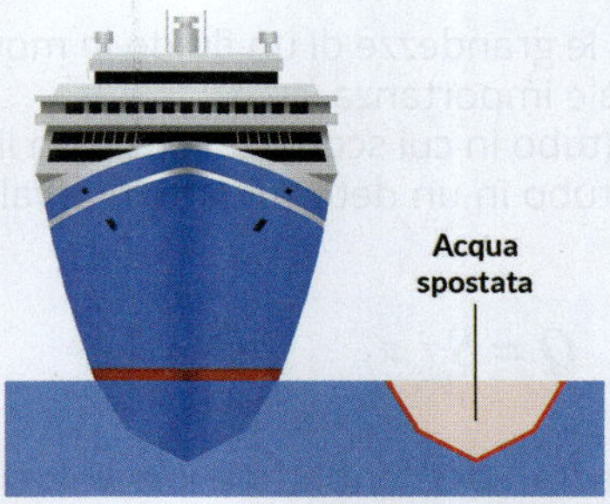

Figura 5: nonostante le navi siano dei corpi parecchio pesanti, queste galleggiano poiché il volume d'acqua spostata genera una spinta di Archimede maggiore rispetto alla loro forza peso.

Se un corpo galleggia in acqua, per trovare il suo volume immerso è sufficiente utilizzare la seguente formula:

$$V_{immerso} = V_{corpo} \cdot \frac{\rho_{corpo}}{\rho_{liquido}}$$

Di conseguenza il volume emerso sarà pari alla differenza fra il volume del corpo e il volume immerso.

ESERCIZIO **PROPOSTO**

5.4 Un corpo viene immerso totalmente in acqua dolce e si rileva che il suo peso in acqua è pari a 90 N. Se il suo peso al di fuori dell'acqua è pari a 150 N, a quanto equivale il suo volume? E la sua densità?

A. V = $6 \cdot 10^{-3}$ m^3; ρ = 2551 kg/m^3
B. V = $4 \cdot 10^{-6}$ m^3; ρ = 5022 kg/m^3
C. V = $6 \cdot 10^{-3}$ m^3; ρ = 2033 kg/m^3
D. V = $4 \cdot$ mm^3; ρ = 2400 kg/m^3
E. V = $4 \cdot 10^{-3}$ dm^3; ρ = 3061 kg/m^3

FISICA

5.5 DINAMICA DEI FLUIDI

5.5.1 Fluidi ideali e fluidi reali

Fino ad ora ci siamo occupati dei fluidi in uno stato di quiete, mentre con la fluidodinamica andremo ad analizzare i comportamenti dei **fluidi in movimento**. Prima di fare ciò è però necessario introdurre il concetto di **fluidi ideali**.
I fluidi infatti sono caratterizzati dalla **viscosità**: un attrito interno che i vari strati di fluido esercitano tra loro quando scorrono gli uni sugli altri. Si intuisce quindi che tale fenomeno si manifesta quando i fluidi sono in movimento, e da qui nasce l'esigenza di introdurre una distinzione tra fluidi reali, comprimibili e viscosi, e **fluidi ideali**, **né comprimibili né viscosi** e per questo dotati di un attrito trascurabile.
Tale distinzione è chiaramente una semplificazione, ma permette di rendere i fluidi in movimento un modello fisico più facilmente affrontabile all'interno della fluidodinamica.

5.5.2 Portata

La dinamica dei fluidi analizza le grandezze di un fluido in movimento. Tra tutte, la **portata Q** riveste un ruolo di centrale importanza.
La portata di una conduttura (tubo in cui scorre un gas o un liquido) definisce il volume V di fluido che scorre lungo un tubo in un determinato intervallo di tempo *Δt* e può essere espressa in due modi:

$$Q = S \cdot v \qquad Q = \frac{V}{\Delta t}$$

dove **S** rappresenta la **sezione** (m^2) del condotto e **v** la **velocità del flusso** (m/s) di fluido al suo interno. In entrambi i casi si misura in **m^3/s.**

Attenzione però, negli esercizi la portata può esservi indicata con un'unità di misura diversa da quella utilizzata nel SI; in questo caso dovete innanzitutto riconoscere che si tratta di una portata (sarà sempre data da volume/tempo) e poi fare le conversioni opportune. Ad esempio, se in un tubo scorrono 3000 **L/min** di acqua questi corrispondono a:

$$\frac{3000\ \text{L}}{1\ \text{min}} = \frac{3000 \cdot 10^{-3}\ \text{m}^3}{60\ \text{s}} = 0{,}05\ \text{m}^3/\text{s}$$

5.5.3 Legge di Leonardo

Secondo la **legge di Leonardo**, quando un liquido fluisce all'interno di una conduttura con una sezione variabile, **la sua portata rimane costante**. In altre parole, in un condotto che presenta due diverse sezioni S_A e S_B:

$$S_A \cdot v_A = S_B \cdot v_B$$

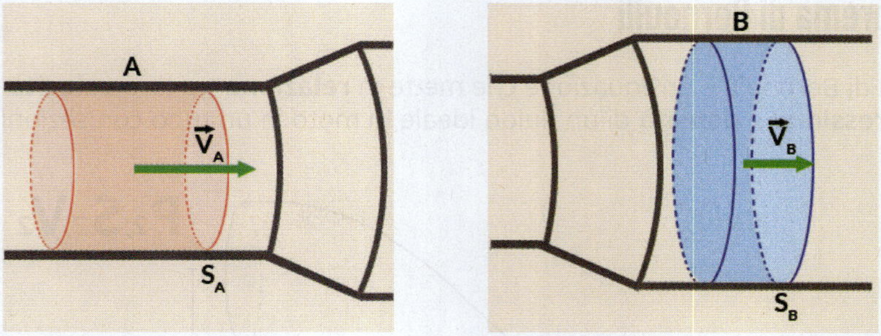

Figura 6: conduttura a sezione variabile.

Tale fenomeno può essere facilmente spiegato prendendo un tubo da cui fuoriesce dell'acqua; se si prova a otturare con un dito l'imboccatura da cui fuoriesce l'acqua (*diminuendo la sezione del condotto*) si potrà osservare un notevole aumento di velocità dell'acqua.

ESERCIZIO **SVOLTO**

In una persona in normali condizioni di salute, la valvola aortica ha una sezione di $S_N = 3\ cm^2$ e la velocità del sangue in essa è $v_N = 30$ cm/s. Quando però si verifica una stenosi (restringimento della valvola) possono verificarsi delle variazioni della velocità del flusso sanguigno. Sapendo che la sezione di un vaso stenotico è pari a $S_s = 1\ cm^2$, a quanto equivale la velocità v_s del sangue in questo tratto?

Svolgimento:
il problema chiede di trovare la velocità del flusso di un liquido all'interno di un vaso con sezione variabile: dal momento che la portata è costante, si può utilizzare la legge di Leonardo:

$$S_N \cdot v_N = S_s \cdot v_s \rightarrow v_s = \frac{S_N \cdot v_N}{S_0}$$

Dunque, sostituendo le variabili, si otterrà la velocità nel tratto stenotico.

$$v_s = \frac{S_N \cdot v_N}{S_0} = \frac{3\ cm^2 \cdot 30\ cm/s}{1\ cm^2} = 90\ cm/s$$

Soluzione: 90 cm/s.

ESERCIZIO **PROPOSTO**

5.5 Del sangue scorre in un'arteria (considerabile come un tubo a sezione variabile) alla velocità di 6 m/s. Se la velocità del sangue diminuisce improvvisamente fino a 3 m/s allora la sezione:

A. Si dimezza
B. Raddoppia
C. Quadruplica
D. Diminuisce di 4 volte
E. Rimane invariata

5.5.4 Teorema di Bernoulli

Il teorema di Bernoulli è un'equazione che mette in **relazione** tra loro **velocità di scorrimento**, **pressione** e **densità** di un fluido ideale in moto in un tubo con sezioni e altezze variabili.

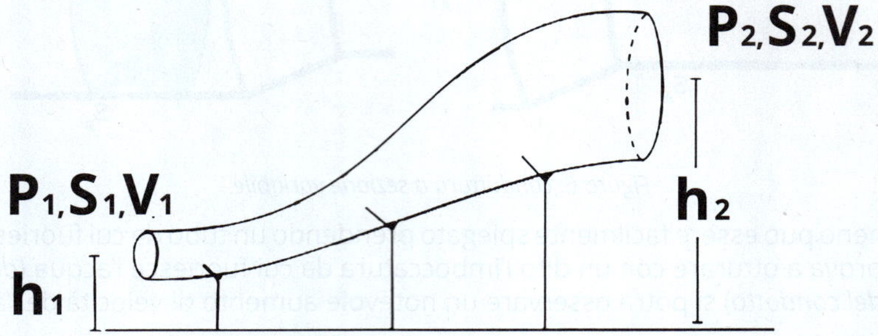

Figura 7: un tubo con sezioni distinte e con le relative pressioni e velocità del fluido

Dati due punti qualsiasi di un condotto, ognuno con una propria sezione, pressione e velocità di scorrimento, vale la seguente relazione:

$$p_1 + \frac{1}{2}\rho v_1^2 + \rho g h_1 = p_2 + \frac{1}{2}\rho v_2^2 + \rho g h_2$$

Dove:

- p è la pressione;
- ρ è la densità del fluido.

Detto in altre parole, qualunque sia il punto del condotto, la somma dei tre termini che compaiono nell'equazione è costante:

$$\rho + \frac{1}{2}\rho v^2 + \rho g h = costante$$

CORREZIONI COMMENTATE AGLI ESERCIZI PROPOSTI

5.3 Per risolvere questo esercizio è necessario trovare in primis la pressione esercitata sull'oblò e successivamente trovare la forza tramite la formula inversa della pressione

$$(P = \frac{F}{S} \rightarrow F = P \cdot S)$$

La pressione in questo caso la si può trovare tramite la legge di Stevino (non considerando P_0):

$$P = \rho \cdot g \cdot h = 10^3\ kg/m^3 \cdot 9{,}8\ m/s^2 \cdot 14\ m = 1{,}37 \cdot 10^5\ Pa$$

Dopo aver trovato la superficie dell'oblò ($d = 20\ cm \rightarrow r = 10\ cm = 10^{-1}\ m \rightarrow S = \pi r^2 = 3{,}14 \cdot 10^{-2}\ m^2$), è possibile ricavare la forza applicata:

$$F = P \cdot S = 1{,}37 \cdot 10^5\ Pa \cdot 3{,}14 \cdot 10^{-2}\ m^2 = 4{,}3 \cdot 10^3\ N = 4300\ N.$$

Risposta esatta D.

5.4 Se il peso del corpo fuori dall'acqua è 150 N e il suo peso nell'acqua è 90 N, la spinta di Archimede sarà data dalla differenza tra i due pesi $F_A = 150\ N - 90\ N = 60\ N$. A questo punto si può applicare la formula inversa della legge di Archimede sapendo che la densità dell'acqua è $\rho = 1000\ kg/m^3$ e che $g = 9{,}8\ m/s^2$; infatti:

$$V_{corpo} = \frac{F_A}{\rho_{liquido} \cdot g} = \frac{60\ N}{1000\ kg/m^3 \cdot 9{,}8\ m/s^2} = 0{,}006\ m^3 = 6 \cdot 10^{-3}\ m^3$$

Infine si può ricavare la sua densità come il rapporto fra la massa del corpo (ricavabile dal suo peso $FP = m \cdot g \rightarrow m = \frac{F_P}{g} = \frac{150}{9,8} = 15,3$ kg) sul volume:

$\rho_{corpo} = \frac{m}{V_{corpo}} = \frac{15,3\ kg}{6 \cdot 10^{-3}\ m^3} = 2551\ kg/m^3$.

Risposta corretta A.

5.5 Si tratta di un esercizio in cui bisogna applicare la legge di Leonardo $S_A \cdot v_A = S_B \cdot v_B$; inserendo i dati $S_A \cdot 6\ m/s = S_B \cdot 3\ m/s$, si può osservare la relazione che intercorre tra le due sezioni $S_B = 2S_A$. Al diminuire dalla velocità la sezione aumenta di conseguenza, secondo una relazione di proporzionalità inversa.

Risposta corretta B.

FISICA

TERMODINAMICA

Temperatura e calore
Trasmissione del calore
Capacità termica e calore specifico
Principi di termodinamica
Trasformazioni termodinamiche

6

6.1 TEMPERATURA E CALORE

Il **calore** è una forma di energia, nota con il nome di *energia termica*, che si trasferisce da un corpo a temperatura maggiore a un corpo a temperatura minore. Esso può essere espresso tramite due unità di misura:

- **joule** → è adottata dal Sistema Internazionale come unità di misura dell'energia;
- **caloria** → 1 caloria equivale alla quantità di calore necessaria a innalzare la temperatura di 1 g di acqua da 14,5° C a 15,5° C alla pressione di 1 atm.

1 cal = 4,186 J
1 kcal = 4186 J

La **temperatura** è una grandezza fisica scalare che indica lo stato termico di un sistema. Essa è legata al moto casuale delle molecole di un corpo, perciò può essere definita come indice dello stato di agitazione molecolare del sistema. La *differenza di temperatura tra due corpi* determina un **flusso di calore** (dal corpo più caldo al corpo più freddo) che continua fino a quando questi non raggiungono la medesima temperatura, stabilendo una condizione di **equilibrio termico.**
La temperatura può essere misurata tramite la **scala Celsius** (**°C**) o la **scala Kelvin** (**K**, unità di misura del SI), le quali sono messe in relazione dalla seguente uguaglianza:

$$\mathbf{T\ (K) = T\ (°C) + 273{,}15}$$

La temperatura di 0 K (-273,15° C) prende il nome di **zero assoluto** e indica il teorico punto in cui le molecole possiedono *energia termica uguale a zero*. Nessun sistema può avere una temperatura minore o uguale allo zero assoluto.

N.B. Esiste anche la **scala Fahrenheit**, attualmente in uso negli Stati Uniti, la cui conversione si basa sull'uguaglianza $T\ (°C) = \frac{5}{9} \cdot (T\ (°F) - 32)$.

ESERCIZIO **SVOLTO**

Se un corpo si trova alla temperatura di 13° C, qual è la sua temperatura in kelvin?

Svolgimento:
per poter convertire 13° C in K è sufficiente sommare 273,15 alla temperatura in gradi Celsius.

$$13°\ C = 13 + 273{,}15\ K = 286{,}15\ K$$

Soluzione: 286,15 K.

ESERCIZIO **PROPOSTO**

6.1 Due corpi si scambiano una quantità di calore pari a 200 kcal.
A quanti kJ corrispondono?

A. 8372 kJ
B. 837,2 kJ
C. 4186 kJ
D. 418,4 kJ
E. 100 kJ

6.2 TRASMISSIONE DEL CALORE

Esistono tre modalità diverse tramite le quali il calore si può propagare da un corpo a un altro:

- **conduzione**;
- **convezione**;
- **irraggiamento**.

6.2.1 Conduzione

La conduzione termica rappresenta la trasmissione di calore tra due corpi (allo stato solido, liquido o aeriforme) a diversa temperatura che vengono posti a **contatto diretto**.
Se si prova a riscaldare tramite un lanciafiamme una barra di metallo a una estremità, dopo un certo periodo di tempo si potrà notare come anche l'estremità opposta sia diventata incandescente. Questo si verifica poiché le particelle del metallo, quando vengono riscaldate, aumentano notevolmente la loro energia cinetica, aumentando gli urti nei confronti delle particelle contigue; in questo modo l'energia cinetica delle particelle si trasmette da un punto all'altro del materiale fino a raggiungere una condizione di omogeneità.
Esempio: mano sul ghiaccio, mano in acqua bollente.

6.2.2 Convezione

La convezione è un metodo di propagazione del calore che si manifesta nei **corpi fluidi** (liquidi e aeriformi). Quando un fluido subisce un aumento della sua temperatura grazie a una fonte di calore (es. *pentola piena d'acqua sul fuoco*), tende a espandersi *diminuendo la sua densità* e portandosi verso l'alto grazie alla spinta di Archimede; una volta raggiunta la superficie questa porzione di fluido tende a raffreddarsi *aumentando la propria densità* e scendendo verso il fondo. In questo modo si andranno a generare dei moti circolari che prendono il nome di **moti convettivi**.

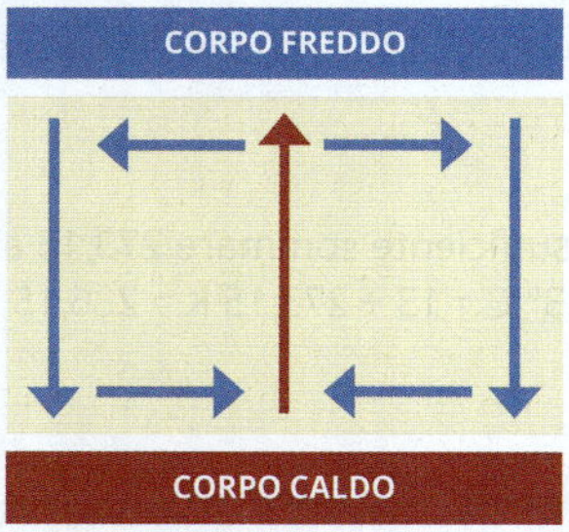

Figura 1: rappresentazione di un moto convettivo.

Esempio: la fiamma all'interno del pallone di una mongolfiera fa sì che l'aria al suo interno, diminuendo di densità, riceva una spinta verso l'alto e le consenta di volare.

6.2.3 Irraggiamento

L'irraggiamento si differenzia dalle precedenti modalità di propagazione del calore poiché si verifica in assenza di materia, quindi **nel vuoto**. L'energia scambiata attraverso irraggiamento si trasferisce grazie alle **onde elettromagnetiche** emesse da un corpo ad alta temperatura.

Ciò può avvenire in tutti gli stati della materia; solido, liquido o gassoso; però se ne osservano effetti consistenti solo a temperature molto elevate, poiché altrimenti si osserva un maggiore effetto della conduzione o della convezione.

Esempio: il calore proveniente dalle radiazioni solari si propaga per tutto lo spazio vuoto che si interpone fra il Sole e l'atmosfera terrestre.

ESERCIZIO **PROPOSTO**

6.2 Quale delle seguenti associazioni "esempio - tipo di trasmissione del calore prevalente" è errata?

A. Aria riscaldata da un termosifone - Convezione
B. Bacchetta di legno poggiata su un metallo incandescente - Conduzione
C. Abbraccio tra due persone - Conduzione
D. Phon che asciuga i capelli - Irraggiamento
E. Oggetto esposto al Sole - Irraggiamento

6.3 CAPACITÀ TERMICA E CALORE SPECIFICO

Per poter capire in modo pratico e non mnemonico i concetti di **capacità termica** (***C***) e **calore specifico** (***c***), questa sezione sarà incentrata sulla risoluzione del seguente quesito: *quanto calore serve per aumentare da 23° C a 25° C la temperatura di una pentola contenente 1 kg d'acqua e di una piscina contenente 1000 kg d'acqua?*

Per poter rispondere a questa domanda è necessario conoscere una grandezza che prende il nome di *capacità termica* **C**, la quale definisce "***l'energia necessaria per aumentare di 1 K la temperatura di un corpo***". Tale grandezza dipende dalla massa m della sostanza e dal tipo di materiale di cui essa è composta: nel caso in esame, si parla sempre di acqua, ma le due masse sono notevolmente diverse; ciò implica che per aumentare la temperatura dell'acqua nella piscina sarà necessaria una quantità di calore molto più alta rispetto a quella necessaria per aumentare la temperatura dell'acqua nella pentola.
Dunque, la quantità di calore necessaria per causare una variazione di temperatura in un determinato corpo può essere definita dalla seguente formula:

$$Q = C \cdot \Delta T$$

dove Q corrisponde al calore scambiato e ΔT alla differenza $T_{finale} - T_{iniziale}$ (se la temperatura finale è minore della temperatura iniziale, il calore scambiato Q sarà negativo poiché il corpo avrà ceduto calore).
La capacità termica può essere a sua volta espressa come il prodotto fra la massa del corpo e il suo **calore specifico c**, una grandezza diversa per ogni sostanza definita come "***il calore assorbito da 1 kg di sostanza per aumentare la sua temperatura di 1° C o 1 K***" (il calore specifico dell'acqua è pari a ***4186 J/kg · K***).

$$C = m \cdot c$$

N.B. Un aumento di 1° C equivale all'aumento di 1 K; è infatti equivalente parlare di un aumento da 10° C a 15° C o da 283,15 K a 288,15 K (il ΔT è sempre pari a 5° C o 5 K).

Esprimendo nella formula $Q = C \cdot \Delta T$ la capacità termica come il prodotto fra la massa e il calore specifico, si otterrà la **legge fondamentale della calorimetria**:

$$Q = m \cdot c \cdot \Delta t$$

MNEMOTECNICA TESTBUSTERS

Per ricordare la prima legge della calorimetria:

Questa **m**ateria **c**i **T**errorizza
→ **Q = m · c · ΔT**

Tornando al quesito iniziale, il calore necessario per aumentare la temperatura dell'acqua nella pentola potrà essere trovato applicando semplicemente la prima legge della calorimetria:

$$Q = c \cdot m \cdot \Delta t = 4186 \text{ J/kg} \cdot \text{K} \cdot 1 \text{ kg} \cdot 2 \text{ K} = 8372 \text{ J}$$

Allo stesso modo si troverà la quantità di calore necessaria per aumentare la temperatura dell'acqua nella piscina:

$$Q = c \cdot m \cdot \Delta t = 4186 \text{ J/kg} \cdot \text{K} \cdot 1000 \text{ kg} \cdot 2 \text{ K} = 8372000 \text{ J}$$

N.B. In generale i **metalli** hanno un calore specifico **basso**, dunque sarà necessaria una scarsa quantità di calore per causare un aumento di temperatura.

6.3.1 Temperatura di equilibrio

Quando due corpi a diversa temperatura vengono messi a contatto, si verifica il trasferimento di calore dal corpo più caldo al corpo più freddo; tale trasferimento continua fino a che la temperatura di entrambi i corpi si eguaglia raggiungendo una finale **temperatura di equilibrio**, la quale può essere espressa tramite la seguente formula:

$$T_{eq} = \frac{C_1 \cdot T_{iniziale1} + C_2 \cdot T_{iniziale2}}{C_1 + C_2}$$

dove C_1 e C_2 sono le capacità termiche dei due corpi.

ESERCIZIO **PROPOSTO**

6.3 Due oggetti di uguale massa in contatto termico costituiscono un sistema isolato. La temperatura iniziale dei due oggetti è rispettivamente di t° C e 0° C; supponendo che non avvengano cambiamenti di stato, qual è la temperatura di equilibrio se il calore specifico dell'oggetto più caldo è 9 volte quello dell'oggetto più freddo?

A. 0,9 t° C
B. t° C
C. 0,1 t° C
D. 0,5 t° C
E. 2 t° C

6.4 PRINCIPI DELLA TERMODINAMICA

La termodinamica si occupa dello studio degli scambi di energia fra un sistema e l'ambiente esterno con lo scopo di individuare in quali condizioni il sistema sia in equilibrio. Essa si basa su quattro principi che verrano trattati nelle seguenti sezioni.

6.4.1 Principio zero della termodinamica

Il principio zero della termodinamica afferma che, se il corpo A è in equilibrio termico con il corpo C e il corpo B è ugualemente in equilibrio termico con C, allora A e B sono in equilibrio termico tra loro.

6.4.2 Primo principio della termodinamica

Si immagini di avere un recipiente pieno di gas, con sopra un pistone bloccato che gli impedisce di espandersi verso qualunque direzione. Ad esso viene fornita una certa quantità di calore Q il quale, aumentando la velocità delle sue particelle, causerà un aumento della loro energia cinetica; la *somma delle energie cinetiche di tutte le particelle del gas* rappresenta una nuova grandezza che prende il nome di **energia interna ΔU**.
Il primo principio della termodinamica, anche detto **legge di conservazione dell'energia**, afferma che "*l'energia interna di un sistema termico isolato non si crea né si distrugge, ma si trasforma passando da una forma all'altra*". In altre parole, l'*energia interna U* di un sistema termodinamico isolato è costante.
Quando però si fornisce calore (energia) a un sistema isolato, questa forma di energia non viene persa ma si trasforma aumentando l'energia interna del sistema ΔU (aumentando la temperatura del gas e quindi l'energia cinetica delle sue particelle) oppure *espandendone il volume*, sviluppando dunque un lavoro L. Si può infine affermare che durante una **trasformazione** (cioè il cambiamento di pressione, temperatura e volume di un gas) la variazione di energia interna è uguale alla differenza tra il **calore assorbito/ceduto dal gas e il lavoro compiuto dal gas/sul gas**:

$$\Delta U = Q - L$$

In altre parole, il gas è in grado di cambiare la propria energia interna compiendo una trasformazione, solo se perde ($Q < 0$) o guadagna calore ($Q > 0$) oppure se si comprime ($L < 0$, lavoro fatto sul gas) o si espande ($L > 0$, lavoro compiuto dal gas).

Per poter capire appieno quest'ultima importante relazione si può fare un pratico esempio: se si prova a comprimere eccessivamente un palloncino ($L < 0$), la sua energia interna aumenterà ($\Delta U = Q - (-L) \rightarrow \Delta U = Q + L$) causando la rottura delle pareti del palloncino (*scoppia, insomma*).
Al contrario, se si ha un palloncino gonfiato al limite, quindi con un'elevata energia interna, e la si vuole diminuire, si può posizionare all'interno di un congelatore, nel quale il calore verrà ceduto dal gas all'ambiente ($Q < 0$) causando una diminuzione dell'energia interna del gas ($\Delta U = Q - L \rightarrow \Delta U = -Q - L$) e salvando il palloncino (per la felicità dei bimbi).

ESERCIZIO **SVOLTO**

A un sistema che sta compiendo un lavoro totale di 4184 J vengono fornite 500 cal. Determinare la variazione di energia interna del sistema.

Svolgimento:
prima di svolgere i calcoli bisogna convertire il calore in joule, impostando una proporzione:

$$1 \text{ cal} : 4{,}186 \text{ J} = 500 \text{ cal} : x \rightarrow x = 2.093 \text{ J}$$

In seguito, per trovare la variazione di energia interna, si applica il primo principio della termodinamica: in particolare il lavoro sarà positivo $L > 0$, poiché il gas sta compiendo un lavoro e anche il calore sarà positivo, poiché è assorbito dal sistema $Q > 0$.

$$\Delta U = Q - L = 2093 - 4184 = -2091 \text{ J}$$

Soluzione: -2091 J.

ESERCIZIO **PROPOSTO**

6.4.2 Si consideri un gas contenuto in un cilindro con un pistone. Esso riceve una quantità di calore pari a 8360 J e ha una variazione di energia interna di 3300 J. Sapendo che, a causa del lavoro compiuto dal sistema, il pistone si solleva di 2 m, qual è la forza sviluppata dal gas sul pistone?

A. 5060 J
B. 2530 J
C. 5060 N
D. 2530 N
E. Non si può rispondere

6.4.3 Secondo principio della termodinamica

Esistono diversi enunciati del secondo principio della termodinamica.
Enunciato di Clausius: *"è impossibile realizzare una trasformazione il cui unico risultato sia il trasferimento di calore da un corpo freddo a un corpo caldo senza l'apporto di lavoro esterno"*.
Esempio: il frigorifero trasferisce calore da un ambiente più freddo (il suo interno) a un ambiente più caldo (l'esterno), ma ciò è possibile solo attraverso l'apporto di energia esterna (energia elettrica a cui è attaccato il frigorifero).

Enunciato di Kelvin-Planck: *"è impossibile realizzare una trasformazione ciclica il cui risultato sia solo quello di convertire in lavoro meccanico il calore prelevato da un'unica sorgente"*.
Oppure: *"è impossibile realizzare una* ***macchina termica*** *il cui rendimento sia pari al 100%"*.
Una macchina termica è uno strumento meccanico formato da due sorgenti di calore, una ad alta temperatura (Q_2) e una a bassa temperatura (Q_1), in modo che la prima sia sempre in grado di cedere calore alla seconda per sviluppare un lavoro per scopi esterni. Essa viene valutata in base al suo **rendimento**, calcolato come il rapporto tra il lavoro prodotto in un ciclo e la quantità di calore fornita alla macchina:

$$\eta = \frac{L}{Q_2} = \frac{Q_2 - Q_1}{Q_2} = 1 - \frac{Q_1}{Q_2}$$

Come afferma il secondo principio della termodinamica, una macchina termica avrà sempre rendimento inferiore a 1, infatti parte del calore fornito deve essere necessariamente ceduto all'esterno. La frazione di calore che si trasforma in energia meccanica, e quindi può svolgere un lavoro, è chiamata **energia libera di Gibbs**.

N.B. Tutta il lavoro può trasformarsi in calore, ma l'opposto non si verifica in nessun caso!

Macchina di Carnot: è una macchina termodinamica che sfrutta il **Ciclo di Carnot**, un ciclo reversibile che opera su un gas ideale due trasformazioni isoterme (paragrafo 6.5.4) e due trasformazioni adiabatiche (paragrafo 6.5.4); una caratteristica di questo ciclo è che il suo **rendimento** dipende solo dalle temperature delle sorgenti tra cui opera.

$$\eta = \frac{L}{Q_2} = 1 - \frac{T_1}{T_2}$$

T_1 è la temperatura inferiore del ciclo, T_2 è quella superiore.

ESERCIZIO **SVOLTO**

In una trasformazione reversibile, una macchina termica assorbe 750 kcal da una sorgente di calore e ne cede 250 kcal a una seconda. Qual è il rendimento di questa macchina?

Svolgimento:
il testo fornisce sia Q_1 che Q_2, dunque è possibile trovare il rendimento della macchina termica tramite la sua formula:

$$\eta = 1 - \frac{Q_1}{Q_2} = 1 - \frac{250}{750} = 0,66$$

Soluzione: $\eta = 0,66$.

ESERCIZIO **PROPOSTO**

6.4.3 Sapendo che in una macchina termica la prima sorgente di calore cede 1500 J mentre la seconda riceve 250 J, calcolare il lavoro sviluppato dalla macchina in un ciclo.

A. 1250 J
B. 1250 N
C. 1750 J
D. 1750 N
E. Non si può rispondere

6.4.4 Terzo principio della termodinamica

Ci sono diverse formulazioni del terzo principio, il quale peraltro è più propriamente un teorema (**teorema di Nernst**) vista la possibilità di dimostrarlo a partire da altri principi (in particolare il secondo). In funzione del test è sufficiente essere a conoscenza della sua esistenza e del concetto di base che esprime: "*non è possibile raggiungere lo zero assoluto in un processo termodinamico che comprenda un numero finito di operazioni*".

6.5 TRASFORMAZIONI TERMODINAMICHE

In termodinamica, un sistema si dice in equilibrio termodinamico quando le sue variabili di stato (es. pressione, volume e temperatura) non variano nel tempo.

$$PV = nRT$$

Queste 3 variabili sono legate l'una all'altra dall'**equazione di stato dei gas ideali**: la P rappresenta la pressione in *pascal* (***Pa***) o in *atmosfere* (***atm***), V il volume in metri cubi (***m³***) oppure in litri (***L***), n il numero di moli del gas espresso in ***mol***, T la temperatura in ***K*** e infine ***R*** è la cosiddetta "**costante dei gas**" con valore **di 8, 31** $\frac{Pa \cdot m^3}{mol \cdot K}$ o **di 0, 082** $\frac{atm \cdot L}{mol \cdot K}$ (dipende dalle unità di misura di pressione e volume).
Essa è valida per i **gas ideali** o **perfetti**, i quali sono formati da molecole **puntiformi** che si muovono con **moto casuale** e le cui collisioni con le pareti del recipiente sono **urti elastici** (l'energia cinetica rimane costante).

N.B. In natura i **gas nobili** presentano un comportamento molto simile ai gas perfetti; i gas reali, invece, possono essere approssimati a gas ideali in condizioni di pressione bassa e temperatura alta.

6.5.1 Trasformazione isobara (P = K)

Se si prende un palloncino gonfio e lo si prova ad avvicinare a una fonte di calore, si può notare come questo tenderà ad aumentare il suo volume man mano che la temperatura del gas contenuto al suo interno aumenta. Viceversa, se si prova a posizionare un palloncino gonfio in congelatore, si potrà osservare che dopo un certo periodo di tempo il suo volume sarà fortemente diminuito a causa dell'abbassamento della temperatura. Durante queste trasformazioni, volume e temperatura variano mantenendo la pressione costante, realizzando in questo modo una **trasformazione isobara**.
Una trasformazione si definisce isobara quando si verifica a **pressione costante**; in altre parole, al termine della trasformazione la pressione finale P_f è uguale a quella iniziale P_i.

$$P_i = P_f$$

Ricavando la pressione dalla legge dei gas perfetti ($P = \frac{nRT}{V}$) e sostituendola alla precedente uguaglianza si ottiene:

$$\frac{nRT_i}{V_i} = \frac{nRT_f}{V_f}$$

Considerato che in una trasformazione il numero di moli di gas rimane costante, si possono semplificare sia R (costante dei gas perfetti) sia n dalla precedente equazione, andando a descrivere la **legge di Charles** o **prima legge di Gay-Lussac**:

$$\frac{T_i}{V_i} = \frac{T_f}{V_f}$$

Dunque, in una trasformazione isobara, *temperatura* e *volume* presentano un rapporto di proporzionalità diretta: se il volume raddoppia, raddoppierà anche la temperatura.

ESERCIZIO **SVOLTO**

Una massa di elio, contenuta all'interno di un palloncino, a 30 K occupa un volume pari a 30 L. Assumendo che la pressione resti costante, qual è la temperatura finale del gas se al termine della trasformazione il suo volume quadruplica?

Svolgimento:
il problema specifica che si tratta di una trasformazione isobara, nella quale la pressione iniziale sarà uguale alla pressione finale.

$$P_i = P_f \rightarrow \frac{nRT_i}{V_i} = \frac{nRT_f}{V_f} \rightarrow \frac{T_i}{V_i} = \frac{T_f}{V_f}$$

Il quesito chiede di trovare la temperatura finale del gas T_f sapendo la sua temperatura iniziale = T_i = 30 K, il suo volume iniziale V_i = 30 L e il suo volume finale V_f = 120 L (volume quadruplicato); per poter risolvere il quesito è sufficiente trovare, tramite le regole delle formule inverse, il volume finale e sostituire alle incognite i dati noti.

$$T_f = \frac{T_i \cdot V_f}{V_i} = \frac{30 \cdot 120}{30} = 120 \text{ K}$$

Soluzione: 120 K.

In una trasformazione isobara, l'energia interna equivale alla differenza fra il calore scambiato e il lavoro, secondo quanto affermato dalla prima legge della termodinamica ($\Delta U = Q - L$); in questa trasformazione il lavoro può essere espresso come il prodotto fra la pressione e la variazione di volume.

$$L = P \cdot \Delta V$$

ESERCIZIO **PROPOSTO**

6.5.1 Alla temperatura di 27° C il volume di un palloncino è 2,40 L.
Assumendo che la pressione resti costante, quale sarà il volume dello stesso palloncino alla temperatura di -23° C?

A. 2,88 L
B. 2,00 L
C. -2,04 L
D. 1,20 L
E. 1,02 L

FISICA

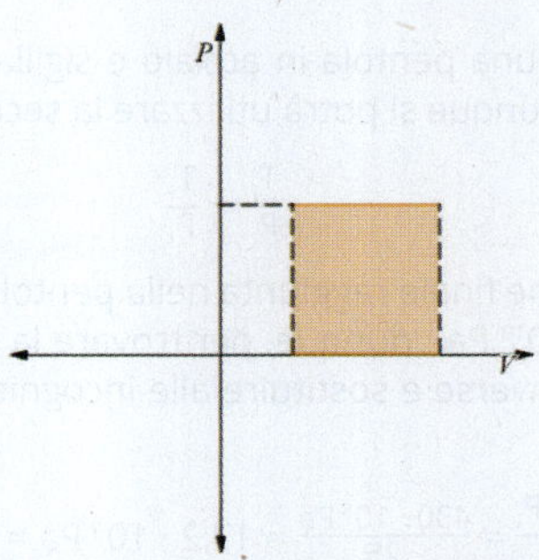

Figura 2: diagramma pressione-volume di una trasformazione isobara.

6.5.2 Trasformazione isocora (V = K)

Si inserisca un gas all'interno di un contenitore in acciaio (sigillato e inespansibile) e si colleghi a un barometro (strumento che permette di misurare la pressione); se si prova a porre il contenitore all'interno di un forno acceso, si può notare come la pressione del gas aumenti man mano che la temperatura al suo interno aumenta. Durante queste trasformazioni, pressione e temperatura variano mantenendo il volume costante, realizzando in questo modo una **trasformazione isocora**.
Una trasformazione si definisce isocora quando la trasformazione termodinamica si verifica a **volume costante**; in altre parole, al termine della trasformazione il volume finale V_f è uguale a quello iniziale V_i.

$$V_i = V_f$$

Ricavando il volume dalla legge dei gas perfetti ($V = \frac{nRT}{P}$) e sostituendolo alla precedente uguaglianza, si ottiene:

$$\frac{nRT_i}{P_i} = \frac{nRT_f}{P_f}$$

Considerato che in una trasformazione il numero di moli di gas rimane costante, si possono semplificare sia R sia n dalla precedente equazione, andando a descrivere la **seconda legge di Gay-Lussac**:

$$\frac{T_i}{P_i} = \frac{T_f}{P_f}$$

Dunque, in una trasformazione isocora, *temperatura* e *pressione* presentano un rapporto di proporzionalità diretta: se la pressione raddoppia, raddoppierà anche la temperatura.

ESERCIZIO **SVOLTO**

Daniel è un grande appassionato di termodinamica. Un giorno decide di riempire di argon una pentola in acciaio e di sigillarla con della gomma, in modo da impedire sia l'ingresso che l'uscita di gas dal suo interno; tuttavia, secondo i suoi calcoli, il sigillo in gomma può resistere solo a pressioni inferiori a $6 \cdot 10^6$ Pa. Decide allora di testarla inserendola nel forno a legna del suo amico Gianluca, dove la pentola raggiungerà una temperatura di 430 K; sapendo che la temperatura iniziale del gas era di 25 K e che il gas si trovava a pressione atmosferica, quale sarà il destino del sigillo all'interno del forno?

Svolgimento:
dal momento che si tratta di una pentola in acciaio e sigillata, la trasformazione sarà isocora, poiché il volume è costante; dunque si potrà utilizzare la seconda legge di Gay-Lussac.

$$\frac{T_i}{P_i} = \frac{T_f}{P_f}$$

Il quesito chiede se la pressione finale raggiunta nella pentola sarà inferiore alla pressione massima tollerata dal sigillo ($6 \cdot 10^{10}$ Pa); dunque, per trovare la pressione finale è sufficiente utilizzare le regole delle formule inverse e sostituire alle incognite i dati noti (T_i = 25 K, P_i = 1 atm = 105 Pa, T_f = 430 K).

$$P_f = \frac{T_f \cdot P_i}{T_i} = \frac{430 \cdot 10^5 \text{ Pa}}{25} = 17{,}2 \cdot 10^5 \text{ Pa} = 1{,}72 \cdot 10^6 \text{ Pa}$$

Soluzione: Daniel è stato un ottimo fisico, il sigillo resisterà alla pressione finale raggiunta.

In una trasformazione isocora, dal momento che il gas non può né espandersi né comprimersi, il lavoro è sempre nullo.

$$L = 0$$

Dunque, la prima legge della termodinamica per un'isocora equivale a:

$$\Delta U = Q$$

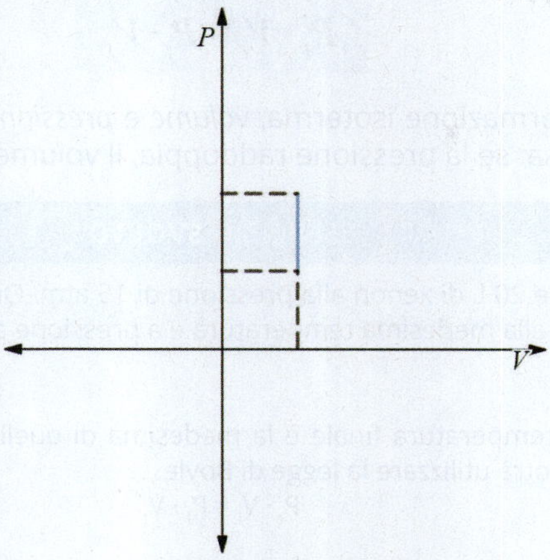

Figura 3: diagramma pressione-volume di una trasformazione isocora.

6.5.3 Trasformazione isoterma (T = K)

Ora ipotizziamo di poter comprimere, molto lentamente, un gas ideale chiuso da un pistone. Si possono misurare cambiamenti nella pressione e nel volume, ma non nella temperatura: Stiamo realizzando una **trasformazione isoterma**. In questo modo si realizzerà una **trasformazione isoterma**.

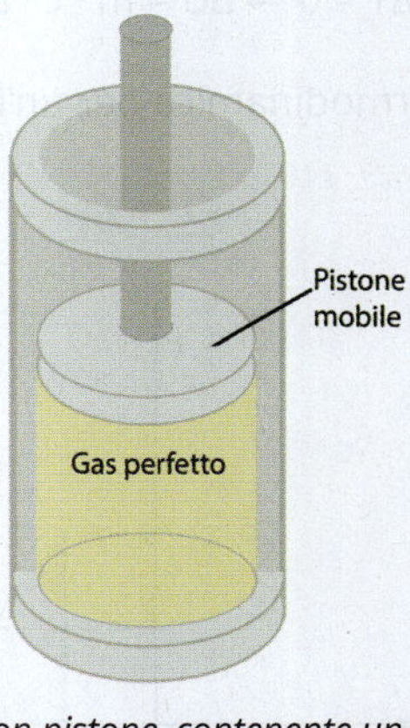

Figura 4: cilindro con pistone, contenente un gas perfetto.

Una trasformazione si definisce isoterma quando si verifica a **temperatura costante;** in altre parole, al termine della trasformazione la temperatura finale T_f è uguale a quella iniziale T_i.

$$T_i = T_f$$

Ricavando la temperatura dalla legge dei gas perfetti $\left(T = \frac{PV}{nR}\right)$ e sostituendola alla precedente uguaglianza, si ottiene:

$$\frac{P_i \cdot V_i}{nR} = \frac{P_f \cdot V_f}{nR}$$

Considerato che in una trasformazione il numero di moli di gas rimane costante, si possono rimuovere sia *R* sia *n* dalla precedente equazione, ottenendo la **legge di Boyle**:

$$P_i \cdot V_i = P_f \cdot V_f$$

Dunque, in una trasformazione isoterma, *volume* e *pressione* presentano un rapporto di proporzionalità inversa: se la pressione raddoppia, il volume si dimezza.

ESERCIZIO **SVOLTO**

Un palloncino contiene 20 L di xenon alla pressione di 15 atm. Quale volume occuperebbe una stessa quantità di gas alla medesima temperatura e a pressione atmosferica?

Svolgimento:
dal momento che la temperatura finale è la medesima di quella iniziale, la trasformazione è isoterma; dunque si potrà utilizzare la legge di Boyle.

$$P_i \cdot V_i = P_f \cdot V_f$$

Il quesito chiede quale sia il volume finale considerando il gas a pressione atmosferica (1 atm) e per trovarlo è sufficiente utilizzare le regole delle formule inverse e sostituire alle incognite i dati noti (P_i = 15 atm, P_f = 1 atm, V_i = 20 L).

$$V_f = \frac{P_i \cdot V_i}{P_f} = \frac{15 \text{ atm} \cdot 20 \text{ L}}{1 \text{ atm}} = 300 \text{ L}$$

Soluzione: 300 L.

In una trasformazione isoterma, dal momento che il gas non varia la propria temperatura, non varia nemmeno la sua energia interna:

$$\Delta T = 0 \rightarrow \Delta U = m \cdot c \cdot \Delta T = 0$$

Dunque, la prima legge della termodinamica per un'isoterma equivale a:

$$Q = L$$

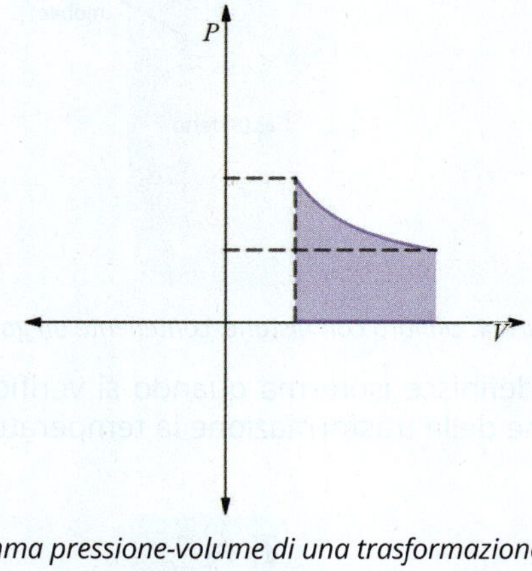

Figura 5: diagramma pressione-volume di una trasformazione isoterma.

6.5.4 Trasformazione adiabatica

Se si prova a utilizzare un deodorante spray, si può notare come questo sia particolarmente freddo: questo fenomeno è dovuto al fatto che il gas contenuto al suo interno, fuoriuscendo dalla bomboletta, si espande in modo talmente rapido da non riuscire a scambiare calore con l'esterno. Avviene in generale in contenitori cosiddetti "adiabatici" che impediscono al calore (energia termica) di entrare o uscire dal contenitore.

$$Q = 0$$

Questo tipo di trasformazioni prende il nome di **trasformazioni adiabatiche** e per esse, la prima legge della termodinamica equivale a:

$$\Delta U = -L$$

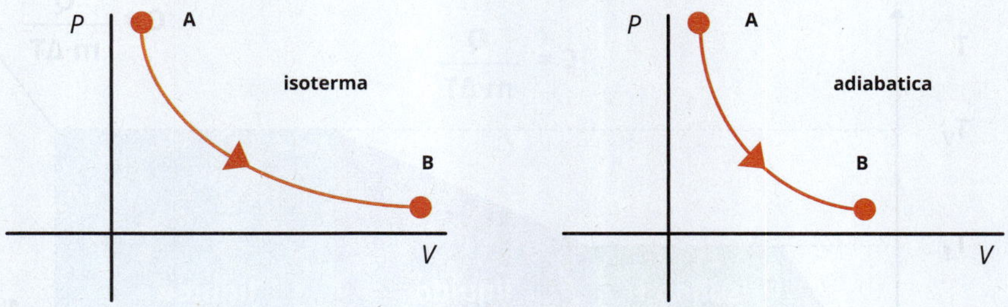

*Figura 6: confronto tra il diagramma pressione-volume di un'isoterma e di un'adiabatica. Si noti come il diagramma dell'adiabatica presenta una **pendenza maggiore** rispetto all'isoterma.*

6.6 PASSAGGI DI STATO

La materia può trovarsi in tre stati diversi: **solido**, **liquido** o **gassoso**. Quando la materia passa da uno stato all'altro si verifica un **passaggio di stato**.

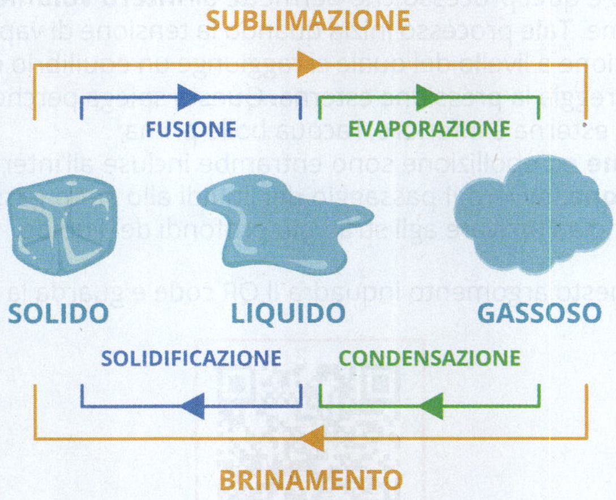

Figura 7: schema dei passaggi di stato.

FISICA

Si definisce **calore latente L** il calore che bisogna fornire o togliere a **1 kg** di sostanza per permettere il passaggio di stato. Questo calore è **specifico per ogni sostanza** e serve a cambiare la forza di legame tra le molecole che compongono la materia in questione, dunque serve unicamente al passaggio di stato e **non causa una variazione della temperatura**.

Ciascun cambiamento di fase avviene a una **temperatura** diversa e **specifica** per ogni sostanza. Per questo motivo, durante la somministrazione o sottrazione di calore ad una generica sostanza possiamo osservare due fasi, nelle quali il calore trasferito va calcolato in modo diverso:

- $Q_1 = mc\Delta T \rightarrow$ calore scambiato per portare la sostanza alla temperatura di fusione/solidificazione... ecc;
- $Q = mL_f \rightarrow$ calore scambiato durante il passaggio di fase.

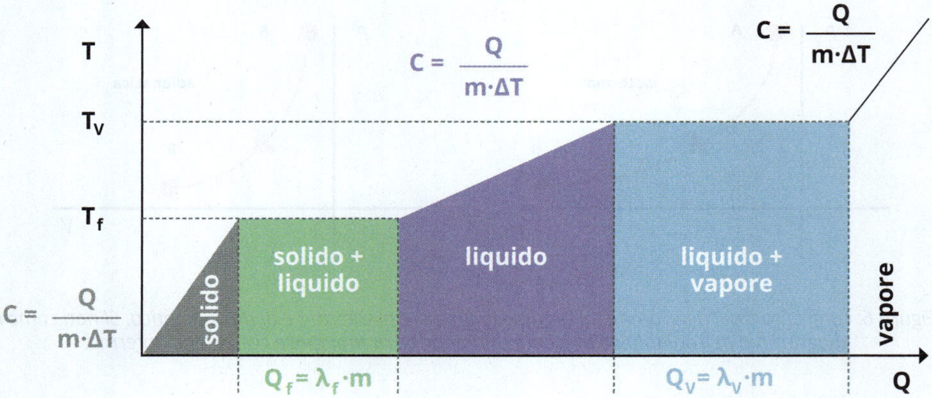

Figura 8: calore e temperatura nei passaggi di stato.

Come ultima cosa è necessario fare una **precisazione sull'evaporazione**:

- l'**evaporazione** è un passaggio di stato che riguarda esclusivamente la **superficie** dei liquidi;
- l'**ebollizione** è quel processo che permette all'**intero volume** di liquido di diventare aeriforme. Tale processo inizia quando la tensione di vapore, ovvero quel valore di pressione a livello del quale si raggiunge un equilibrio dinamico tra vapore e liquido, pareggia la pressione esterna. Questo spiega perché in montagna, dove la pressione esterna è inferiore, l'acqua bolle prima;
- **evaporazione** ed ebollizione sono entrambe incluse all'interno del fenomeno di **vaporizzazione**, ovvero il passaggio dei liquidi allo stato gassoso partendo dalla superficie fino ad arrivare agli strati più profondi del liquido.

Per approfondire questo argomento inquadra il QR code e guarda la videolezione:

CORREZIONI COMMENTATE AGLI ESERCIZI PROPOSTI

6.1 Dato che 1 kcal = 4186 J → 200 kcal · 4186 = 837200 J; per ottenere il risultato in kJ bisogna effettuare un'equivalenza moltiplicando per 10^{-3}, ottenendo così 837200 J = 837,200 kJ.
Risposta corretta B.

6.2 La trasmissione di calore tra due corpi che sono a contatto diretto è la conduzione ed è questo il caso della bacchetta di legno a contatto con il metallo e dell'abbraccio tra due persone (opzione B e C giuste). Nella trasmissione per irraggiamento il calore viene trasmesso attraverso onde elettromagnetiche, anche attraverso il vuoto, come accade per un oggetto esposto al Sole (opzione E giusta). Essendo l'aria scaldata dal termosifone un fluido, il metodo di propagazione del calore, in questo caso, è la convezione che appunto si manifesta nei corpi fluidi (opzione A corretta). Questo è il caso anche dell'aria riscaldata dal phon che a sua volta asciuga i capelli, dunque l'opzione D è quella errata (l'irraggiamento può essere presente ma non è certo il tipo di trasmissione del calore prevalente).
Risposta corretta D.

6.3 Questo quesito è stato selezionato dal test di Medicina 2019. Per poterlo risolvere è sufficiente applicare la formula della temperatura di equilibrio, con $T_{iniziale1} = t$ e $T_{iniziale2} = 0° C$.

$$T_{eq} = \frac{C_1 \cdot t + C_2 \cdot 0}{C_1 + C_2}$$

Dal momento che il problema afferma che il calore specifico di uno è 9 volte quello dell'altro corpo, è necessario scrivere la capacità termica come $C = c \cdot m$, con $c_1 = 9c_2$:

$$T_{eq} = \frac{m \cdot 9\,c_2 \cdot t + m \cdot c_2 \cdot 0}{m \cdot 9\,c_2 + m \cdot c_2}$$

A questo punto si possono effettuare una serie di semplificazioni:

1. la massa è identica per entrambi i corpi e si ripete in tutti i membri della frazione, dunque può essere semplificata;
2. c_2 si ripete in tutti i termini della frazione, dunque può essere semplificata;
3. il prodotto $m \cdot c_2 \cdot 0° C$ è uguale a 0, quindi può essere semplificato.

$$T_{eq} = \frac{9 \cdot t}{9 + 1}$$

Svolgendo i calcoli, si otterrà che la temperatura di equilibrio sarà pari a $T_{eq} = \frac{9}{10} t = 0{,}9\ t$.
Risposta corretta A.

6.4.2 Per prima cosa bisogna trovare il lavoro compiuto dal sistema usando la formula inversa di $\Delta U = Q - L$ ottenendo $L = Q - \Delta U = 8360\ J - 3300\ J = 5060\ J$. Ora non ci resta che ricavare la forza sviluppata dal gas sul pistone usando la formula inversa del lavoro: $F = \frac{L}{s} = \frac{5060\ J}{2\ m} = 2530\ N$.
Risposta corretta D.

6.4.3 Dalla formula del rendimento sappiamo che $\frac{L}{Q_2} = \frac{Q_2 - Q_1}{Q_2}$ quindi esplicitando il lavoro $L = Q_2 - Q_1 = 1500\ J - 250\ J = 1250\ J$.
Risposta corretta A.

6.5.1 Si tratta di una trasformazione isobara perché la pressione rimane costante $P_i = P_f$; si può dunque applicare la legge di Charles ($\frac{T_i}{V_i} = \frac{T_f}{V_f}$). Prima però bisogna trasformare le temperature (dato che la temperatura finale ha valore negativo) da gradi Celsius a kelvin:
$T_i = 27° C + 273{,}15 = 300{,}15\ K$; $T_f = -23° C + 273{,}15 = 250{,}15\ K$. Infine si trova il volume finale tramite le regole delle formule inverse:

$$V_f = \frac{V_i \cdot T_i}{T_i} = \frac{2{,}40\ L \cdot 250{,}15\ K}{300{,}15} = 2{,}00\ L$$

Risposta corretta B.

FISICA

ELETTROSTATICA ED ELETTROMAGNETISMO

7

7.1 CARICA E FORZA ELETTROSTATICA

7.1.1 Carica elettrica

Con il termine **carica elettrica** si intende una **proprietà della materia**. Tale proprietà determina la capacità di un corpo di generare una **forza attrattiva o repulsiva** nei confronti di un altro corpo, e deriva dalla **struttura atomica** della materia stessa, ovvero dalla **quantità di elettroni e protoni** presenti negli atomi.

Andando più nello specifico per quanto riguarda questo ultimo punto va detto che l'atomo è costituito da un nucleo, a sua volta costituito da protoni e da neutroni, e da degli elettroni, che si muovono nello spazio attorno al nucleo. Protoni, neutroni ed elettroni sono innanzitutto **particelle dotate di massa**.
Oltre che di una massa, però, protone ed elettrone sono dotati di un'altra fondamentale caratteristica, ovvero quella di possedere una **carica elettrica propria**:

- il **protone** ha carica elettrica **positiva**;
- l'**elettrone** ha carica elettrica **negativa**.

Nel momento in cui un **atomo** ha un **uguale numero di protoni ed elettroni**, esso sarà **elettricamente neutro**. Se invece vi è uno **sbilanciamento** tra il numero dei protoni e quello degli elettroni, allora l'atomo viene definito **ione** ed è **carico elettricamente**. Il principio appena spiegato sta alla base dell'**elettrizzazione dei corpi**: se un corpo, a sua volta costituito da atomi, acquista o cede elettroni, che sono particelle in grado di muoversi, esso diventa carico positivamente (se li cede) o negativamente (se li acquista).
A tale proposito, è bene ricordare che non tutti i corpi permettono agli elettroni di muoversi liberamente al proprio interno; da questo punto di vista i corpi possono essere divisi in:

- **conduttori**, che lasciano la carica elettrica libera di muoversi (es. metalli, acqua);
- **isolanti**, che sono impermeabili alla carica elettrica (es. gomma, porcellana);
- **semiconduttori**, che possiedono caratteristiche intermedie.

Per quantificare quanta carica elettrica è presente in un corpo si utilizza come **unità di misura** il **coulomb** (**C**). con **1 C = $6{,}24 \cdot 10^{18}$ *e***, dove e è il **valore della carica dell'elettrone**, che è stata determinata sperimentalmente ed è risultata pari a **$-1{,}602 \cdot 10^{-19}$ C**. La **carica del protone** è **uguale ma di segno opposto**.

Un ultimo concetto da sottolineare è il **principio di conservazione della carica elettrica**, il quale stabilisce che in un sistema elettricamente isolato, la carica elettrica totale si conserva: si può trasferire tra i corpi, ma non si crea né si distrugge.

7.1.2 Forza elettrostatica

Abbiamo visto nel capitolo dedicato alla dinamica (capitolo 3) che la massa è una grandezza in grado di modificare lo spazio a sé circostante, così che due corpi dotati di massa possano interagire l'uno sull'altro tramite una forza attrattiva, la forza gravitazionale.
In maniera simile, anche la **carica elettrica modifica** lo **spazio a sé circostante** e **permette** così **l'interazione di corpi a distanza**, senza bisogno di un contatto. In questo caso, i corpi interagiscono tramite la **forza di Coulomb**, o **forza elettrostatica**, la quale si ricava con la seguente formula, detta legge di Coulomb:

$$F = k_0 \cdot \frac{q_1 \cdot q_2}{r^2}$$

FISICA

Dove:

- K_0 è una costante di proporzionalità detta **"costante di Coulomb nel vuoto"**; tale nome implica che la legge di Coulomb appena scritta è valida nel momento in cui le due cariche interagiscono tra di loro nel vuoto. Il valore di questa costante è determinato sperimentalmente ed è pari a **$8{,}9 \cdot 10^9$** $(N \cdot m^2)/C^2$;
- **r** è la distanza tra le cariche;
- **q_1** e **q_2** sono i valori delle cariche che interagiscono tra loro.

Come tutte le forze, anche la forza di Coulomb si misura in **newton (N)**.

Mentre però la forza gravitazionale è una forza unicamente di tipo attrattivo, la **forza elettrica** può essere **sia di tipo attrattivo che** di tipo **repulsivo**. Infatti, accade che **cariche elettriche** dello **stesso segno** si **respingono**, mentre cariche elettriche di **segno opposto** si **attraggono**.

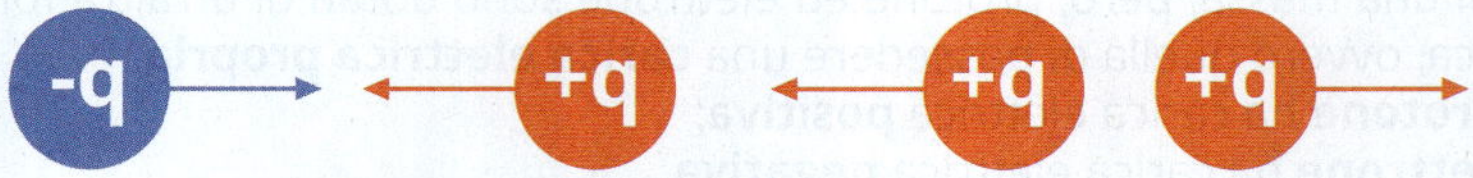

Figura 1: forza di Coulomb attrattiva e repulsiva.

N.B. Le cariche dell'elettrone e del protone hanno lo stesso valore ma segno opposto.

> ESERCIZIO **SVOLTO**
>
> Quanto vale la forza di Coulomb applicata da due cariche di valore rispettivamente -2 C e 8 C ad una distanza di 4 metri l'una dall'altra?
>
> **Svolgimento:**
> per risolvere questo esercizio basta applicare la formula della forza di Coulomb, dove $q_1 = -2$ C e $q_2 = 8$ C e $r = 4$m.
> Ne risulta:
>
> $$F = k \cdot \frac{q_1 \cdot q_2}{r^2} = 8{,}9 \cdot 10^9 \frac{-2 \cdot 8}{4^2} = -8{,}9 \cdot 10^9 \text{ N}$$
>
> **Soluzione:** $-8{,}9 \cdot 10^9$ newton.

7.1.3 Il campo elettrico

Il **campo elettrico** è un insieme di forze generato da una o più cariche situate nello spazio.

Presa ad esempio una carica Q, questa genererà un campo elettrico che si propaga in tutto lo spazio e che può essere osservato immettendo nello spazio una **carica di prova q_{prova}** e verificando la forza di Coulomb F presente tra le due cariche. Il campo elettrico sarà pari a tale forza ($F = k \cdot \frac{Q \cdot q}{r^2}$) divisa per la carica di prova immessa nello spazio.

$$E = \frac{F_{Coulomb}}{q_{prova}} = k\frac{Q}{r^2}$$

Si misura in N/C o V/m, dove Q è la carica generatrice del campo elettrico.

Se però il campo elettrico non si calcola nel vuoto ma all'interno di un **mezzo materiale**, bisogna inserire all'interno della formula una costante che prende il nome di **costante dielettrica relativa** ε_r. La formula diventa: $E = \frac{k}{\varepsilon_r} \cdot \frac{Q}{r^2}$.

È un campo di tipo **conservativo**, descritto cioè da forze conservative che vengono esercitate su ogni oggetto dotato di carica.

Il campo elettrico è rappresentato graficamente dalle **linee di forza**, linee che escono dalla carica positiva e entrano nella carica negativa (entrambe cariche generatrici di un campo elettrico) e che rappresentano la traiettoria che seguirebbe una carica positiva di prova posta in quel punto a causa delle forze del campo elettrico generato.

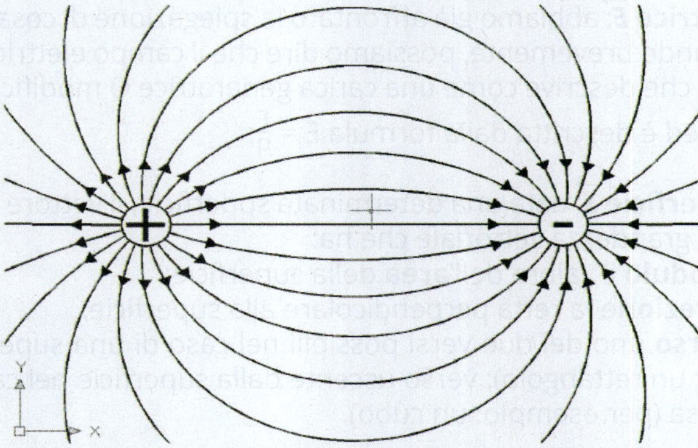

Figura 2: linee di forza di un campo elettrico generato da una carica positiva e una negativa.

ESERCIZIO **SVOLTO**

A una distanza di 10 cm da una carica Q si rileva un campo elettrico pari a 9 N/m. Calcolare il valore della carica generatrice.

Svolgimento:
per prima cosa si può approssimare k a $9 \cdot 10^9$ $(Nm^2)/C^2$ e si deve trasformare la distanza in metri: 10 cm = 10^{-1} m. Ora, sapendo che $E = kQ/r^2$, si può ricavare la formula inversa e trovare la carica generatrice:

$$Q = \frac{E \cdot r^2}{k} = \frac{9 \cdot (10^{-1})^2}{9 \cdot 10^9} = \frac{9 \cdot 10^{-2}}{9 \cdot 10^9} = 10^{-11}\ C$$

Soluzione: $Q = 10^{-11}$ C.

7.1.4 Il potenziale elettrico

Si definisce infine il **potenziale elettrico** come il rapporto tra il lavoro (L) che deve compiere una forza generata dal campo elettrico per spostare una carica di prova q da un punto A ad un punto B dello spazio, e la carica di prova stessa q:

$$\Delta V = \frac{L}{q}$$

Si misura in **volt** (V).

FISICA

7.2 FLUSSO DEL CAMPO ELETTRICO E TEOREMA DI GAUSS

7.2.1 Flusso del campo elettrico

Il flusso è una grandezza che permette di descrivere la quantità di materia che passa attraverso una superficie nell'unità di tempo. Declindando tale concetto nell'elettrodinamica, possiamo dunque affermare che il flusso elettrico è la **misura del campo elettrico attraverso una data superficie.**

Per calcolare il flusso del campo elettrico sono necessarie due nozioni:

- **campo elettrico $\vec{E}$**: abbiamo già affrontato la spiegazione di cosa sia tale grandezza; ricapitolando brevemente, possiamo dire che il campo elettrico è una grandezza vettoriale che descrive come una carica generatrice Q modifica lo spazio a essa circostante, ed è descritta dalla formula $E = \frac{F}{q}$;
- **vettore superficie $\vec{S}$**: data una determinata superficie, il vettore superficie $\vec{S}$ in un punto è una grandezza vettoriale che ha:
  - come **modulo** il valore dell'**area** della superficie;
  - come **direzione** la retta perpendicolare alla superficie;
  - come **verso** uno dei due versi possibili nel caso di una superficie aperta (per esempio: un rettangolo); verso uscente dalla superficie nel caso di una superficie chiusa (per esempio: un cubo).

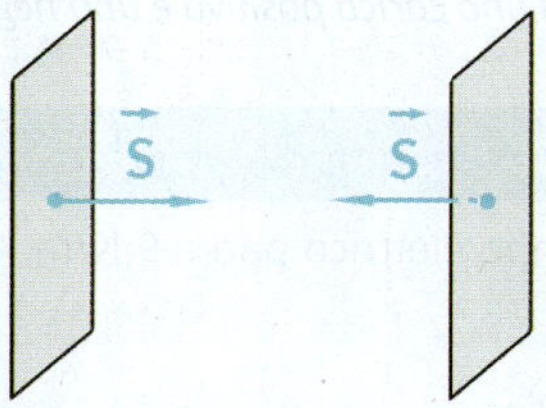

Figura 3: vettore superficie in un punto di una superficie piana rettangolare.

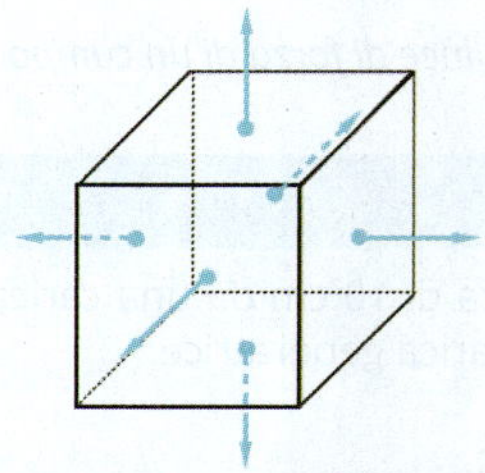

Figura 4 : vettore superficie - superficie chiusa.

Ci sono **due principali situazioni** in cui può essere calcolato il flusso del campo elettrico, le quali sono:

- il flusso del campo elettrico attraverso una superficie piana in cui il campo elettrico è uniforme;
- il flusso del campo elettrico attraverso una superficie piana, oppure attraverso una superficie piana o curva che sia ma nella quale il campo elettrico non è uniforme.

Iniziamo dal primo caso: data una **superficie piana** descritta dal vettore $\vec{S}$ e dato un **campo elettrico $\vec{E}$ uniforme**, il flusso del campo elettrico attraverso $\vec{S}$ è definito come prodotto scalare tra il vettore campo elettrico e il vettore superficie, ovvero dalla relazione:

$$\Phi(\vec{E}) = \vec{E} \cdot \vec{S} = |E| \cdot |S| cos(\alpha)$$

Alla luce di questa formula, possiamo fare alcune **considerazioni**:

- il flusso del campo elettrico è una grandezza **scalare**;
- l'**unità di misura** del flusso del campo elettrico è $(N \cdot m^2)/C$;

- siccome stiamo considerando una superficie piana, **il vettore superficie $\vec{S}$ non ha un verso prestabilito**, dunque il **flusso può essere sia positivo, che negativo o anche nullo** a seconda di quale sia il verso scelto per $\vec{S}$ e, conseguentemente, di quale sia il valore di cos(α).

Per quanto riguarda l'ultimo punto, possiamo analizzarlo più nel dettaglio:

- il flusso elettrico avrà **valore positivo** quando 0° ≤ α < 90°; all'interno di questo range, il suo valore sarà **massimo** quando α = 0°, in quanto cos 0° = 1;
- il flusso elettrico avrà **valore negativo** quando 90° < α ≤ 180°; all'interno di questo range, il suo valore sarà minimo quando α = 180°, in quanto cos(180°) = -1;
- il flusso elettrico avrà **valore nullo** quando α = 90°, in quanto cos(90°) = 0. In quest'ultimo caso, il campo elettrico è parallelo alla superficie, dunque le linee del campo elettrico non lo attraversano.

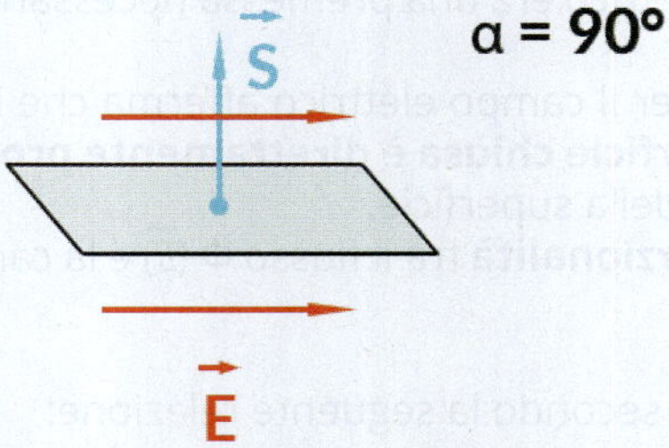

Figura 5: flusso nullo: campo elettrico uniforme parallelo a una superficie piana.

Se invece vogliamo calcolare il flusso del campo elettrico in una **superficie curva** o anche attraverso una superficie, piana o curva che sia, in cui il **campo elettrico non è uniforme**, dobbiamo **suddividere tale superficie in n parti** così piccole da soddifare le condizioni della precedente situazione: ciascuna di esse sarà approssimativamente piana e avrà lo stesso campo elettrico su tutti i suoi punti.

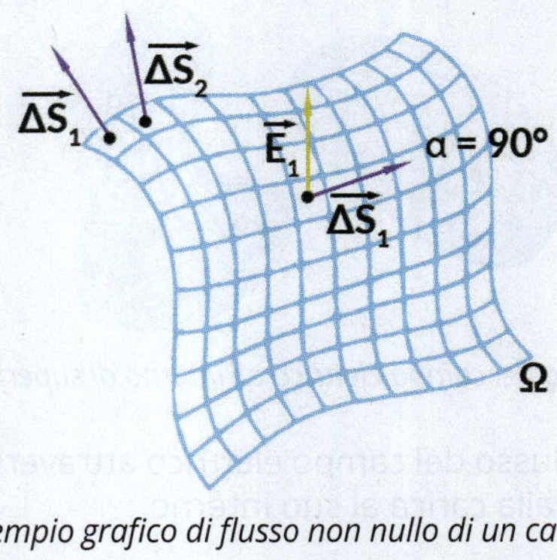

Figura 6: esempio grafico di flusso non nullo di un campo elettrico.

Il flusso in tale situazione è pari alla **sommatoria** di tutti i flussi delle n superfici:

$$\Phi(\vec{E}) = \sum_{i=1}^{n} \Delta\Phi_i(\vec{E}) = \sum_{i=1}^{n} \vec{E}_i \Delta\vec{S}_i$$

Il simbolo Δ ha lo scopo di sottolineare che ciascun flusso e la relativa superficie piana di riferimento sono infinitamente piccoli.
In ogni caso, questo tipo di calcolo appartiene a una fisica avanzata che con scarsa probabilità sarà oggetto di domande in sede del test.

ESERCIZIO **PROPOSTO**

7.2.1 Un campo elettrico di intensità E = 2000 N/C forma un angolo di 120° con un quadrato di lato 6 m. Qual è il valore del flusso del campo elettrico?

A. 72.000 $(N \cdot m^2)/C$
B. -36.000 $(N \cdot m)/C$
C. -18.000 $(N \cdot m)/C$
D. +36..000 $(N \cdot m^2)/C$
E. -36.000 $(N \cdot m^2)/C$

7.2.2 Teorema di Gauss

Il flusso del campo elettrico era una premessa necessaria per poter introdurre il terorema di Gauss.
Il teorema di Gauss per il campo elettrico afferma che il **flusso** $\Phi(\vec{E})$ del campo elettrico **attraverso una superficie chiusa è direttamente proporzionale** alla **carica totale Q_{tot}** contenuta all'interno della superficie.
La **costante di proporzionalità** tra il flusso $\Phi(\vec{E})$ e la carica Q_{tot} è l'**inverso** della **costante dielettrica assoluta.**

La formula si esprime secondo la seguente relazione:

$$\Phi(E) = \frac{Q_{tot}}{\varepsilon_0}$$

Da questa relazione si può dedurre che l'unità di misura della costante dielettrica nel vuoto è $C^2/(N \cdot m^2)$. Va aggiunto che, se non ci si trova nel vuoto, allora al posto della costante dielettrica nel vuoto bisogna utilizzare il valore della costante dielettrica nel mezzo ε_m.

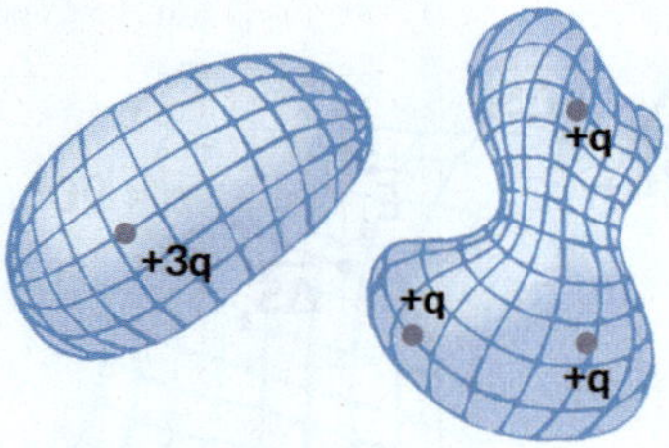

Figura 7: flusso del campo elettrico all'interno di superfici generiche

L'immagine mostra come il flusso del campo elettrico attraverso le due superfici è lo stesso, in quanto dipende solo dalla carica al suo interno.

7.2.3 Campo elettrico generato da una sfera conduttrice cava

Per capire quanto vale il campo elettrico, ci serviamo del teorema di Gauss.
Innanzitutto, andiamo a calcolare quanto vale il campo elettrico all'interno della sfera conduttrice cava, dopodiché procederemo con il calcolo per quanto riguarda la sua superficie e l'esterno.

Per quanto riguarda l'**interno**, il teorema di Gauss afferma che il flusso dipende solamente dalla carica interna alla superficie, come espresso nella formula $\Phi(\vec{E}) = \frac{Q_{int}}{\varepsilon_m}$.

La $Q_{int} = 0$, perché all'interno della sfera non è presente nessuna carica, di conseguenza $\Phi(E) = 0$. Sappiamo però anche che il flusso del campo elettrico è direttamente proporzionale sia alla superficie che al campo elettrico, come esplicato dalla formula: $\Phi(\vec{E}) = E \cdot S$. Essendo $S \neq 0$ (infatti una superficie non può essere nulla), e $\Phi(\vec{E}) = 0$, necessariamente $E = 0$.

Ora che abbiamo capito quanto vale il campo elettrico all'interno della sfera, non ci resta che calcolarne il suo valore sulla superficie e **all'esterno**.
Per convenzione:

- se la carica presente sulla superficie è **negativa** allora il vettore superficie e il campo elettrico sono paralleli e discordi, uno entrante e uno uscente.
  In questo caso la formula vale:
  $$\Phi(E) = E \cdot S = -E \cdot 4\pi R^2$$
- se la carica presente sulla superficie è **positiva** allora il vettore superficie e il campo elettrico sono paralleli e concordi, entrambi uscenti.
  In questo caso la formula vale:
  $$\Phi(E)\ E = E \cdot S = +E \cdot 4\pi R^2.$$

Ora è possibile **eguagliare** queste equazioni con quella del **teorema di Gauss**:
$$E \cdot 4\pi R^2 = \frac{|Q_{int}|}{\varepsilon_m}.$$

Viene inserito il valore assoluto in modo da essere valido sia nel caso la carica sia positiva che negativa.
Esplicitando il valore del campo elettrico, si ottiene $E = \frac{1}{4\pi r^2} \cdot \frac{|Q_{int}|}{\varepsilon_m}$.
Non ci resta che scambiare ε_m con r^2 ottenendo la formula finale: $E = \frac{1}{4\pi\varepsilon_m} \cdot \frac{|Q_{int}|}{r^2}$.
Questa formula ci sta dicendo che all'esterno della circonferenza è come se la carica fosse tutta concentrata nel centro della sfera.
Riassumendo, se il raggio è minore del raggio della sfera, ovvero ci troviamo all'interno, $E = 0$; viceversa se il raggio è maggiore o uguale al raggio della sfera, ci troviamo quindi sulla superficie o all'esterno della sfera, $E = \frac{1}{4\pi\varepsilon_m} \cdot \frac{|Q_{int}|}{r^2}$.

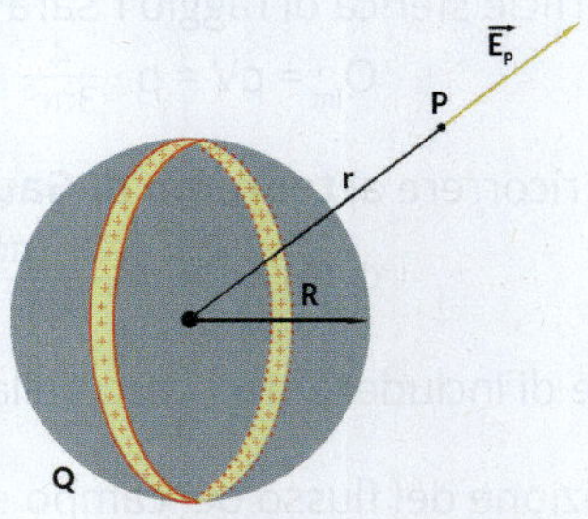

Figura 8: campo elettrico generato da una sfera

ESERCIZIO **PROPOSTO**

7.2.3 Data una sfera cava di raggio 1 m e carica $16 \cdot 10^{-5}$C, quanto vale il campo elettrico a una distanza di 2 m dalla sfera?

A. $2{,}6 \cdot 10^8$ N/C
B. $8{,}9 \cdot 10^{-12}$ N/C
C. $4 \cdot 10^5$ N/C
D. $9 \cdot 10^7$ N/C
E. $1{,}7 \cdot 10^5$ N/C

7.2.4 Campo elettrico generato da una sfera conduttrice piena

Consideriamo ora una carica Q distribuita **uniformemente su tutto il volume della sfera**, quindi anche al suo interno e non solo sulla superficie.

Il fatto che la premessa sia che la carica interna debba essere uniforme, implica che in qualunque punto della sfera la **densità volumica di carica** ρ sia sempre la stessa.

$$\rho = \frac{Q}{V} \text{ costante}$$

Una volta introdotta questa grandezza, come fatto precedentemente, procediamo con il calcolare il campo elettrico sia all'interno che all'esterno della sfera conduttrice piena.

All'interno di una sfera omogenea di carica, in un punto P a distanza r dal centro, con r < R, dove R è il raggio della sfera:

- **direzione** radiale dal centro della sfera;
- **verso** uscente se la carica è positiva, entrante se negativa;
- **modulo** calcolabile attraverso il seguente procedimento:

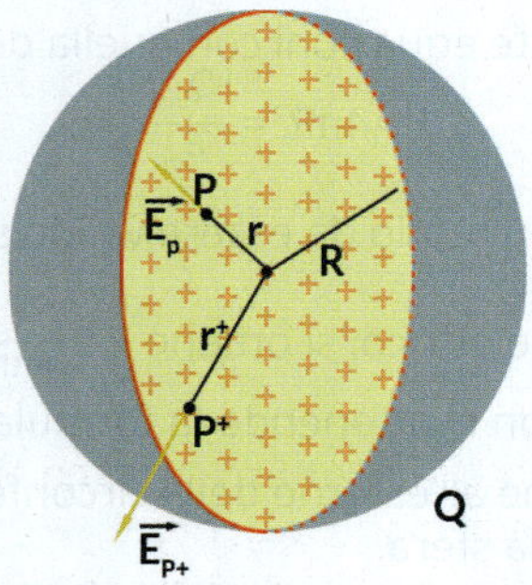

Figura 9: il campo elettrico all'interno di una sfera omogenea di carica è radiale e ha modulo direttamente proporzionale alla distanza dal centro.

La carica interna alla superficie sferica di raggio r sarà data dalla formula:

$$Q_{int} = \rho V = \rho \cdot \frac{4}{3\pi r^3}$$

A questo punto possiamo ricorrere al **teorema di Gauss**:

$$\Phi\,(E) = \frac{Q_{int}}{\varepsilon_m} = \frac{4|\rho|\pi r^3}{3\varepsilon_m}$$

Il valore assoluto permette di includere sia il caso della sfera positiva che negativa.

Sapendo, grazie alla definizione del flusso del campo elettrico, che Φ (*E*) è esprimibile anche come E · S ed essendo S pari a $4\pi 3r^2$, possiamo **eguagliare le due diciture** e isolare (*E*), che risulta così pari a:

$$E = \frac{4|\rho|r}{3m\varepsilon_m}$$

Dunque, all'interno di una sfera piena, il **campo elettrico è direttamente proporzionale alla distanza r dal centro**.

Siccome la densità volumica di carica è data dalla formula $\rho = = \frac{Q}{V}$ la formula appena spiegata è esprimibile anche come $E = \frac{|Q|r}{4\pi\varepsilon_0 R^3}$.

Possiamo **riassumere** le due formule ottenute in un **grafico** che rappresenti l'andamento del valore del modulo del campo elettrico in funzione di r.

- Con **r < R** il grafico rappresenta una retta che esprime la **diretta proporzionalità** tra le due grandezze: E aumenta linearmente all'aumentare di r, fino a raggiungere il suo **valore massimo** quando **r = R**;
- Con **r > R**, il valore di E diminuisce all'aumentare di r secondo una relazione di **proporzionalità quadratica inversa**.

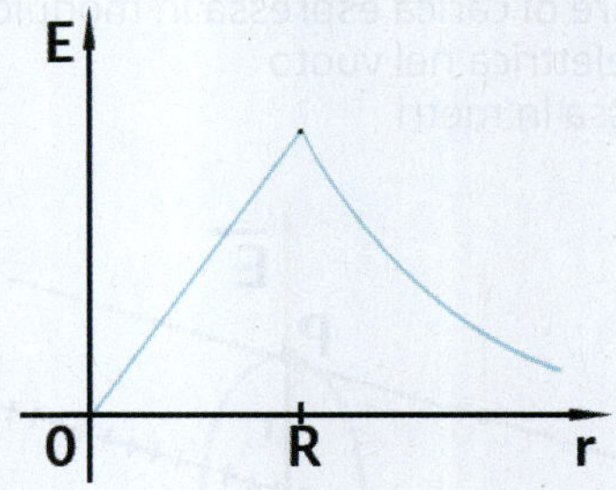

Figura 10: grafico di E(r) in funzione della distanza dal centro di una sfera piena carica.

7.2.5 Altre applicazioni del teorema di Gauss

Con un ragionamento simile a quelli appena esplicitati, il teorema di Gauss si rivela utile anche per il calcolo del campo elettrico generato da conduttori con una forma diversa da quella della sfera.

Il campo elettrico di un piano uniformemente carico ha le seguenti proprietà:
- **direzione** perpendicolare al piano di carica;
- **verso** uscente dal piano se questo ha carica positiva, entrante in caso contrario;
- **modulo** uguale in tutti i punti che appartengono al piano e dato dalla formula:

$$E = \frac{|\sigma|}{2\varepsilon}$$

- E è il modulo del campo elettrico
- |σ| è la densità superficiale di carica espressa in modulo
- 2ε è la costante dielettrica assoluta

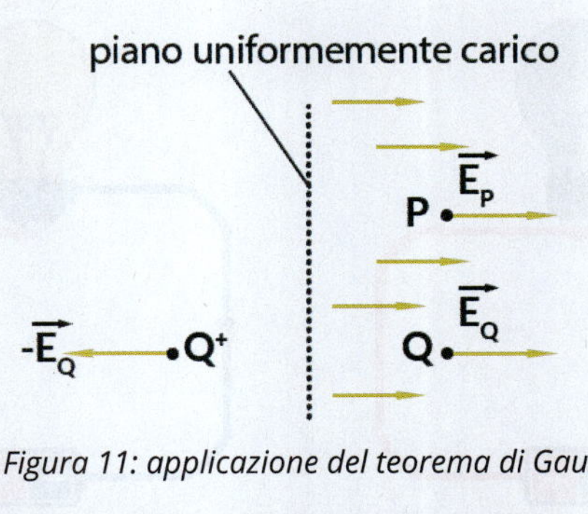

Figura 11: applicazione del teorema di Gauss

Il campo elettrico di un **filo infinito uniformemente carico**, in un punto p a distanza r dal filo, ha le seguenti proprietà:

- direzione perpendicolare al filo di carica;
- verso uscente dal filo per le cariche positive, ed entrante per quelle negative;
- modulo dato dalla formula:

$$E = \frac{|\lambda|}{2\pi\varepsilon_0 r}$$

- E è il modulo del campo elettrico
- $|\lambda|$ è la densità lineare di carica espressa in modulo
- $2\pi\varepsilon_0$ è la costante dielettrica nel vuoto
- r è la distanza espressa in metri

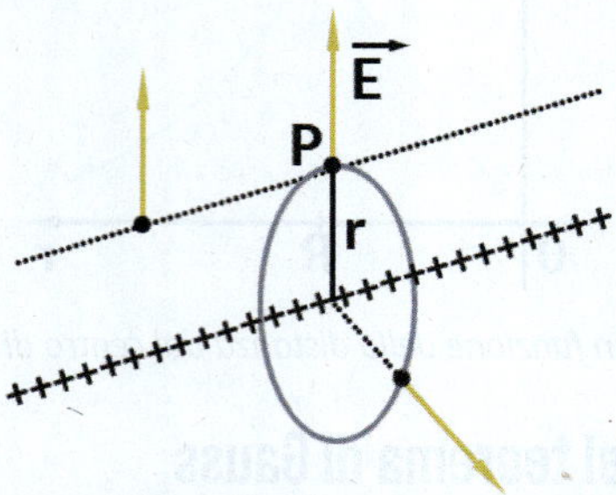

Figura 12: il campo elettrico di un filo uniforme di carica positiva è radiale rispetto al filo in verso uscente e ha modulo inversamente proporzionale alla distanza dal filo.

7.3 ELETTRODINAMICA

Un **circuito elettrico** è la connessione di più elementi elettrici su un percorso chiuso all'interno del quale fluisce una **corrente elettrica i**, cioè la quantità di carica **q** che attraversa una determinata parte di un circuito in un determinato intervallo di tempo.

$$i = \frac{q}{t}$$

Essa si misura in **ampere** (**A**): 1 ampere = 1 coulomb/1 secondo.
Se il percorso non è chiuso, a causa di un interruttore aperto, allora la corrente non fluisce nel circuito.

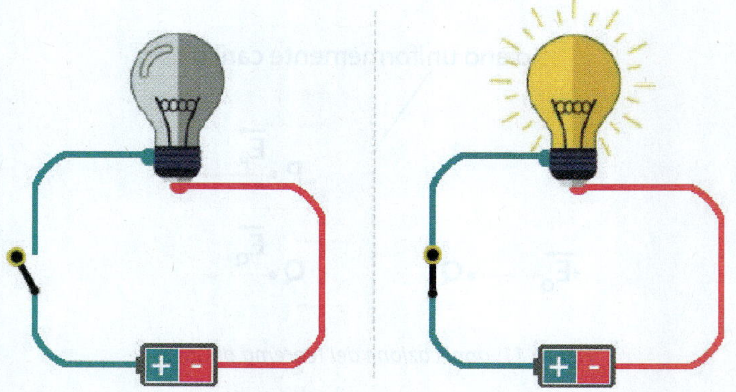

Figura 13: a sinistra un circuito aperto (es. lampadina spenta). Se il circuito viene chiuso dall'interruttore la corrente fluisce nel circuito (es. lampadina accesa).

La corrente è quindi caratterizzata da un flusso ordinato di cariche attraverso un materiale **conduttore** (nei materiali **isolanti** invece esse non saranno libere di muoversi). Il moto di queste cariche è permesso dalla **differenza di potenziale (d.d.p.)** presente ai capi del circuito, la quale porta le cariche negative verso punti a potenziale maggiore e quelle positive verso punti a potenziale minore; per quanto riguarda la corrente elettrica però, anche se a muoversi sono gli elettroni (quindi cariche negative), per convenzione si considera il moto di cariche positive.

Un circuito può essere composto da:

- **pila**, che, all'interno del circuito, avvia il flusso di corrente *i* che si muove dal polo positivo al polo negativo;
- **filo conduttore**, un semplice filo che trasferisce la corrente senza ostacoli;
- **interruttore**, un elemento che permette l'interruzione del flusso della corrente nel circuito;
- **resistore**, un elemento che si oppone al passaggio della corrente;
- **condensatore**, un elemento che si riempie di carica attraverso il flusso della corrente.

7.3.1 La pila

La pila, o **generatore di tensione**, è indispensabile per il funzionamento del circuito perché è lo strumento che permette la creazione e il mantenimento di una d.d.p. costante, la quale causa il passaggio di corrente con intensità costante; si parla infatti di **corrente continua**.
La d.d.p. che la pila è in grado di generare in situazioni ideali è chiamata **fem** (forza elettromotrice), anche se nella realtà, a causa di processi interni alla batteria, essa eroga una d.d.p. minore di quella indicata.

7.3.2 I resistori

All'interno di un circuito elettrico, un **resistore** (spesso chiamato resistenza) genera una resistenza R inversamente proporzionale alla *corrente elettrica* e direttamente proporzionale alla *differenza di potenziale*; tale relazione prende il nome di **prima legge di Ohm**.

$$V = iR$$

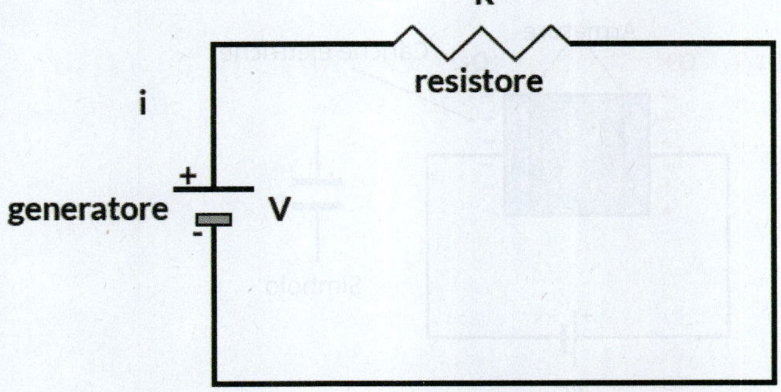

Figura 14: raffigurazione schematica di un circuito con resistore.

FISICA

Nonostante sia stato definito il filo conduttore come una parte di circuito in cui la corrente fluisce liberamente, in realtà anch'esso, sebbene in maniera trascurabile, si oppone al passaggio della corrente. Infatti, quando le cariche elettriche scorrono all'interno di un *materiale conduttore cilindrico* non lo fanno liberamente, ma trovano una certa resistenza al loro flusso, quantificabile con una grandezza che prende il nome di **resistenza elettrica R**. Essa è misurata in **ohm (Ω)** e dipende dalla **lunghezza l** del materiale conduttore, dalla sua **sezione S** e dalla sua **resistività ρ** (specifica per ogni materiale).

$$R = \rho \frac{l}{A}$$

Tale relazione prende il nome di **seconda legge di Ohm**.

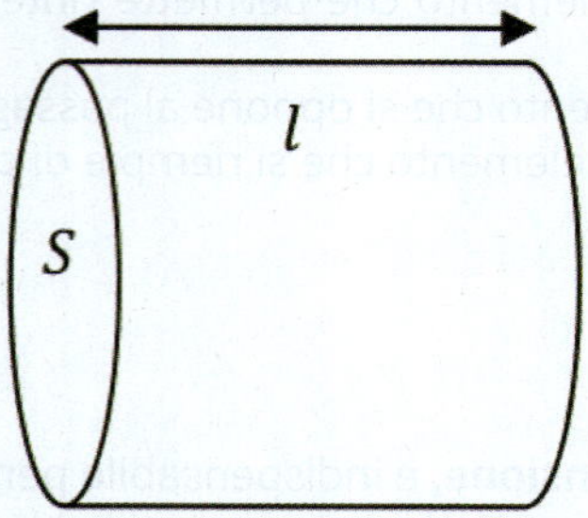

Figura 15: filo conduttore di sezione A e di lunghezza l.

7.3.3 I condensatori

Un altro elemento che possiamo ritrovare all'interno dei circuiti elettrici è il **condensatore**, un dispositivo in grado di **immagazzinare** la carica elettrica, caratteristica misurata in termini di **capacità**:

$$C = \frac{Q}{\Delta V}$$

La capacità è espressa in **farad (F)**.

Consideriamo in particolare il **condensatore piano**, formato da due lastre conduttrici piane e parallele tra di loro che prendono il nome di **armature**, su ciascuna delle quali si dispone una **quantità di carica Q** uguale ma di segno opposto. Essendoci questa carica si genera anche una **differenza di potenziale ΔV** ai capi del condensatore stesso.

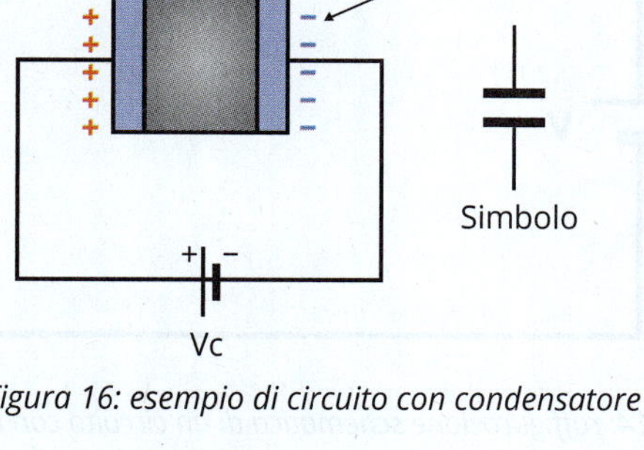

Figura 16: esempio di circuito con condensatore

7.3.4 Collegamenti in serie e parallelo

Molto spesso, i quesiti riguardanti questa parte della fisica sono incentrati sul calcolo di *resistenze* o *condensatori* **equivalenti**. Nei circuiti possono trovarsi infatti più componenti in contemporanea che possono essere posti in due diverse configurazioni: in **serie** e/o in **parallelo**.
Due o più componenti si dicono **in serie** quando sono attraversati dalla stessa corrente, cioè quando sono situati uno dopo l'altro, appunto, in serie.

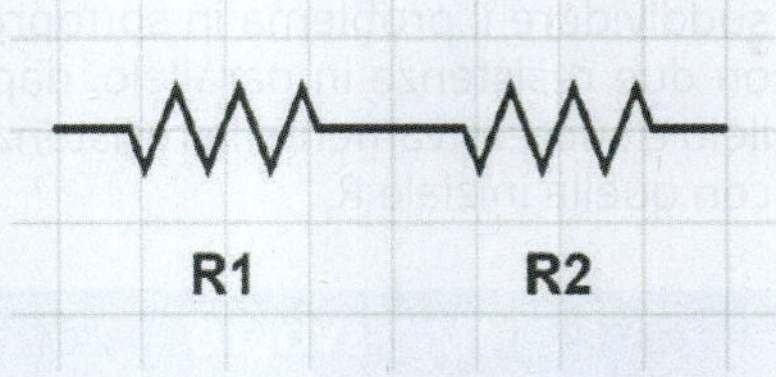

Figura 17: resistenze in serie.

Due o più componenti si dicono invece **in parallelo** quando ai capi di ognuna di esse è presente la stessa differenza di potenziale.

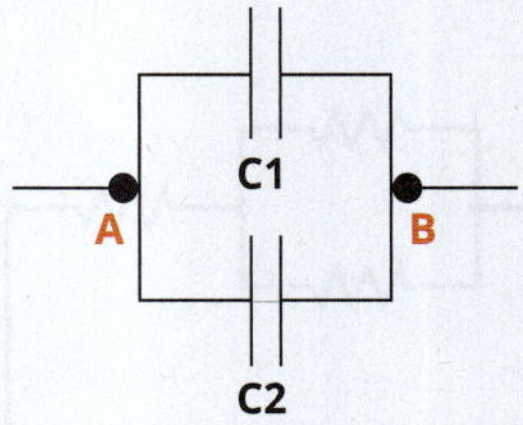

Figura 18: condensatori in parallelo.

Tali componenti possono essere raggruppati in un unico componente di **resistenza equivalente R_E** (nel caso di resistori) o di **capacità equivalente C_E** (nel caso di condensatori), il cui valore varia a seconda dei casi:

- **resistori in serie** → la resistenza equivalente è data dalla somma delle singole resistenze **($R_E = R_1 + R_2$)**;
- **resistori in parallelo** → il reciproco della resistenza equivalente ($\frac{1}{R_E}$) è dato dalla somma dei reciproci delle singole resistenze **($\frac{1}{R_E} = \frac{1}{R_1} + \frac{1}{R_2}$)**;
- **condensatori in serie** → il reciproco della capacità equivalente è dato dalla somma dei reciproci delle singole capacità **($\frac{1}{C_E} = \frac{1}{C_1} + \frac{1}{C_2}$)**;
- **condensatori in parallelo** → la capacità equivalente è data dalla somma delle singole capacità **($C_E = C_1 + C_2$)**.

	Serie	Parallelo
Resistenze	$R_E = R_1 + R_2$	$\frac{1}{R_E} = \frac{1}{R_1} + \frac{1}{R_2}$
Condensatori	$\frac{1}{C_E} = \frac{1}{C_1} + \frac{1}{C_2}$	$C_E = C_1 + C_2$

FISICA

MNEMOFRASE TESTBUSTERS

Somma delle resistenze in un circuito elettrico

Resistere Stasera Interamente
→ le resistenze in serie si sommano gli interi

N.B. Può capitare spesso di incontrare configurazioni di componenti sia in parallelo che in serie.
In questi casi, è necessario suddividere il problema in sottoproblemi: se ad esempio vi è una resistenza R_1 in serie con due resistenze in parallelo, dapprima va calcolata la resistenza equivalente del parallelo e successivamente la resistenza equivalente di quest'ultima appena trovata in serie con quella iniziale R_1.

ESERCIZIO **SVOLTO**

In un circuito avente una tensione di 12 V, sono collegate due resistenze in parallelo e a loro è collegata una resistenza in serie, del valore di 20 Ω ciascuna. Calcolare la corrente che fluisce nel circuito.

Svolgimento:

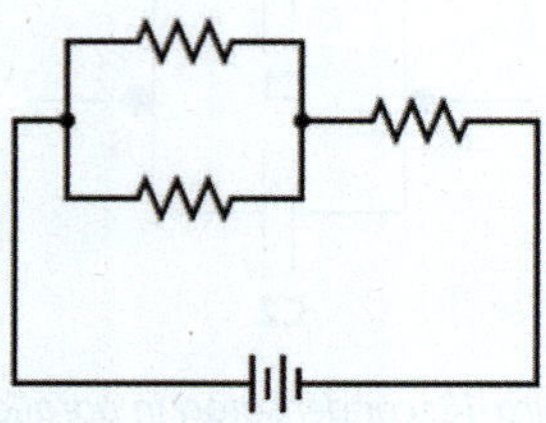

Il circuito in questione è costituito da un generatore che avvia il flusso di corrente nel circuito con una certa forza, sviluppando un voltaggio di 12 V. Per trovare l'intensità di corrente che fluisce nel circuito è necessario calcolare la resistenza **equivalente** che si oppone al passaggio delle cariche e infine utilizzare la **legge di Ohm**. Le prime due resistenze sono in parallelo, quindi il reciproco della resistenza equivalente è dato dalla somma dei reciproci delle singole resistenze:

$$\frac{1}{R_{eq}} = \frac{1}{R} + \frac{1}{R} \rightarrow \frac{1}{R_{eq}} = \frac{1}{20} + \frac{1}{20} \rightarrow R_{eq} = 10\ \Omega$$

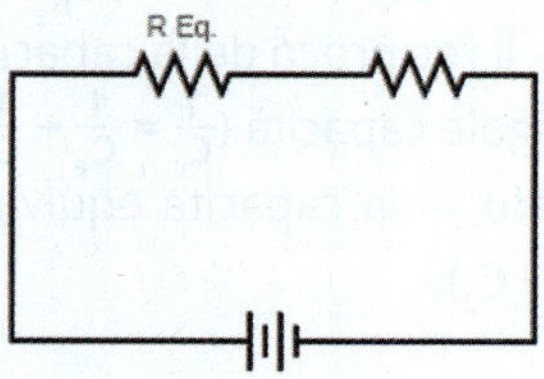

Ora, calcoliamo la resistenza equivalente a tutto il sistema, sommando la resistenza equivalente trovata con la rimanente resistenza in serie:

$$R_{eq\ tot} = R_{eq} + R \rightarrow R_{eq\ tot} = 10 + 20 = 30\ \Omega$$

Utilizzando la formula inversa della legge di Ohm $i = \frac{V}{R}$, si ottiene $i = \frac{12}{10} = 1{,}2$ A.

Soluzione: i = 1,2 A.

7.3.5 Effetto Joule

Quando una corrente passa attraverso una resistenza dissipa energia sotto forma di calore (es. lampadina); tale fenomeno prende il nome di **effetto Joule**, calcolato attraverso la **potenza P** (misurata in **watt W**) dissipata da un conduttore dotato di resistenza (come appunto il **resistore**):

$$P = iV = i^2R = \frac{V^2}{R}$$

dove le tre forme alternative sono state ricavate effettuando opportune sostituzioni a partire dalla legge di Ohm, V = iR.

MNEMOFRASE TESTBUSTERS

Per ricordare le formule della differenza di potenziale elettrico e della potenza elettrica:

VIRil **PIV**ello
→ ***V = iR   P = iV***

Figura 19: le sigarette elettroniche sono un pratico esempio di circuito elettrico che sfrutta l'effetto Joule. In questo caso la corrente generata da una pila passa attraverso un resistore, il quale, dissipando una certa quantità di calore, si riscalda vaporizzando il liquido che verrà successivamente inalato.

Ricorda: la potenza è sempre definita come lavoro compiuto nell'unità di tempo, che in questo caso corrisponde all'energia spesa nell'intervallo di tempo considerato.
In elettrodinamica, per indicare l'energia dissipata si utilizza spesso come unità di misura il **kilowattora (kWh)**, che è comunque un'unità di misura di calore ed energia in cui 1 kWh = 3,6 · 10^6 J.

ESERCIZIO **PROPOSTO**

7.3 Due condensatori C1 e C2 sono posti in serie e il condensatore C3 è posto in parallelo rispetto a C1 e C2. Quanto vale la capacità equivalente totale del circuito?

A. $C_{TOT} = \frac{C_3(C_1 + C_2)}{C_1 + C_2 + C_3}$

B. $C_{TOT} = \frac{C_1 C_2}{C_1 + C_2} + C_3$

C. $C_{TOT} = C_1 + C_2 + \frac{1}{C_3}$

D. $C_{TOT} = \frac{C_1 + C_2}{C_1 C_2} + C_3$

E. $C_{TOT} = \frac{C_1 + C_2 + C_3}{(C_1 + C_2)C_3}$

FISICA

7.4 MAGNETOSTATICA

7.4.1 I magneti

Si definisce **magnete** un determinato corpo che, grazie alla sua particolare struttura atomica, è in grado di **modificare lo spazio a sé circostante** generando un **campo magnetico**, tale da indurre altri corpi ad **allontanarsi** o **avvicinarsi** al magnete stesso. Già da questa prima definizione possiamo quindi capire che ci sono notevoli somiglianze tra i fenomeni magnetici e quelli **elettrici**, così come molte sono le **interazioni** tra questi due mondi. In questo capitolo ci occuperemo di definire cosa sono i magneti e quali sono le loro caratteristiche, anche in analogia con quelle della carica elettrica, per poi passare a vedere nel prossimo capitolo come elettricità e magnetismo siano tra loro interconnessi.

Come prima informazione abbiamo citato il fatto che i magneti generano una forza che può essere attrattiva o repulsiva verso un altro corpo. Andando più nel particolare, si può notare, anche nella vita di tutti i giorni, che a livello delle due **estremità** del magnete questa attrazione o repulsione si verifica in modo **più intenso**, e per questo motivo tali zone vengono nominate **poli** del magnete.
Se si prendono due magneti e si pongono le loro due estremità a contatto, si può notare che, se esse si attraggono, allora invertendo il verso di uno dei due magneti esse si respingeranno, e viceversa se le due estremità inizialmente si respingevano allora invertendo un magnete esse si attrarranno.
Conseguentemente a ciò, indagini fisiche che avevano questa constatazione come punto di partenza hanno permesso di stabilire che, in maniera simile a quanto accade con le cariche elettriche, poli magnetici dello **stesso tipo** si **respingono** e **poli magnetici** di **tipo opposto** si **attraggono**.

Finora abbiamo visto le analogie tra il magnete e la carica elettrica, ma andiamo ora a vedere ciò che è peculiare unicamente del magnete.
Innanzitutto, se nel caso dell'elettrostatica era possibile determinare la singola carica positiva o la singola carica negativa, cioè il protone o l'elettrone, come entità individuabili e separabili, nel caso del magnete **non è possibile isolare un singolo polo magnetico**, ovvero il polo positivo esiste sempre e solo accanto a quello negativo, infatti se si prova a spezzare in due un magnete si andranno a ricreare due magneti più piccoli, ciascuno dei quali con un polo positivo e un polo negativo.

Un'altra peculiarità è che, per quanto riguarda i fenomeni elettrici, **qualsiasi materiale può essere elettrizzato**, in quanto è sempre possibile indurre uno squilibrio nella distribuzione o nel numero di elettroni; **invece** se si avvicina un magnete a vari corpi si può vedere come non tutti risentono dell'effetto del magnete stesso. Infatti le interazioni magnetiche si verificano soltanto tra due magneti oppure tra un magnete e un corpo costituito di ferro o di altri metalli come il cobalto e il nichel; tali materiali vengono per questo detti materiali **ferromagnetici**. I materiali ferromagnetici si comportano così perché la presenza di un magnete li induce a diventare loro stessi un magnete. Di solito. quando si allontana la calamita e si interrompe l'azione del magnete il corpo non è più magnetizzato, dunque l'induzione ha creato un **magnete temporaneo**. Talvolta invece si osserva che la magnetizzazione indotta persiste anche dopo avere allontanato la calamita; in tal caso si dice che è stato realizzato un **magnete permanente**.
Il fatto che alcuni materiali sono magneti naturali, altri sono magneti inducibili, mentre altri ancora non sono nemmeno magneti inducibili, trova la sua ragione nella **struttura atomica** dei materiali stessi. Semplificando molto, possiamo dire che tutti gli atomi che compongono i corpi sono dotati di proprietà magnetiche, ma nei magneti naturali la

disposizione ordinata dei magneti atomici conferisce all'intero corpo proprietà magnetiche, nei magneti inducibili gli atomi sono disposti in maniera disordinata ma possono ridisporsi ordinatamente, nei materiali non magnetizzabili non può mai avvenire questa ridisposizione.

7.4.2 Il concetto di campo magnetico

Il campo magnetico **(B)**, così come abbiamo già visto nel campo elettrico, può essere rappresentato tramite **linee di forza**.
Esse saranno **uscenti dal polo nord ed entranti nel polo sud** e, dato che non è possibile isolare i poli magnetici, sono **sempre chiuse**; inoltre l'intensità del campo magnetico, la cui unità di misura è il **tesla (T)**, è direttamente proporzionale alla densità di linee di forza presenti in una determinata area.
Vediamo l'esempio di una barretta magnetica e della classica calamita a ferro di cavallo: nel primo caso la disposizione delle linee ricorda quella vista nel dipolo elettrico e sono più dense in prossimità dei poli; nel secondo caso invece si genera, all'interno dei due poli, un campo magnetico uniforme con linee di campo parallele tra loro e alla stessa distanza le une dalle altre.

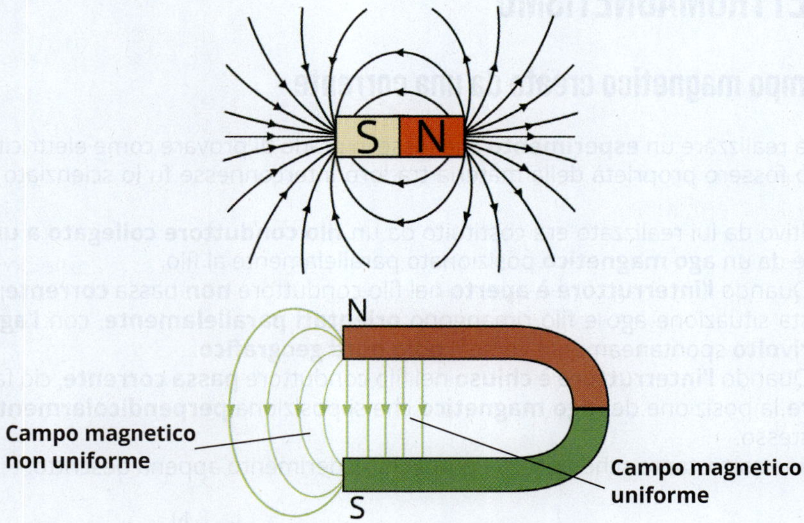

Figura 20: esempio di magnete

7.4.3 La terra come magnete e la bussola

Anche la Terra genera attorno a sé un **campo magnetico**, come se al suo interno ci fosse una barra di magnetite i cui estremi sono posti in prossimità dei poli geografici terrestri. Questa caratteristica è stata ampiamente sfruttata nel corso della storia attraverso uno strumento fondamentale per orientarsi: **la bussola**.
La bussola è infatti formata da un **ago magnetico** libero di muoversi e che spontaneamente si dispone con la punta verso il polo nord geografico terrestre. Dato che però sono i poli di tipo **opposto** ad attrarsi al polo nord geografico corrisponde in realtà il **polo sud magnetico** della Terra.

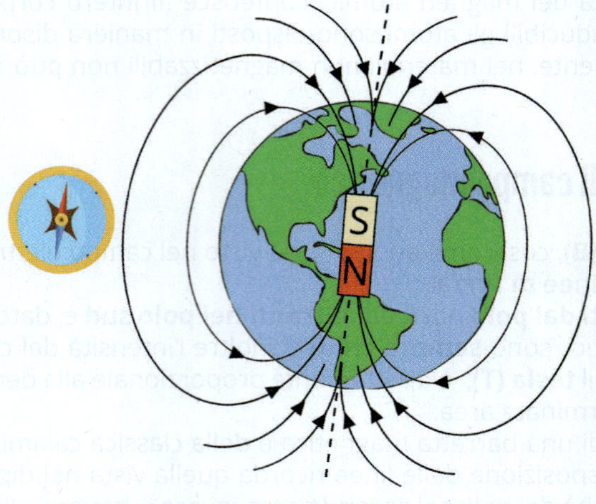

Firua 21: campo magnetico terrestre

7.5 ELETTROMAGNETISMO

7.5.1 Campo magnetico creato da una corrente

Il primo a realizzare un **esperimento** che fosse in grado di provare come elettricità e magnetismo fossero proprietà della materia tra loro interconnesse fu lo scienziato danese **Ørsted**.

Il dispositivo da lui realizzato era costituito da un **filo conduttore collegato a un interruttore** e da un **ago magnetico** posizionato parallelamente al filo.

- Quando **l'interruttore è aperto** nel filo conduttore **non** passa **corrente**; in questa situazione ago e filo rimangono **orientati parallelamente**, con **l'ago** che è **rivolto** spontaneamente verso il **polo nord geografico**.
- Quando **l'interruttore è chiuso** nel filo conduttore **passa corrente**, ciò fa **deviare** la posizione dell'**ago magnetico** che si posiziona **perpendicolarmente** al filo stesso.

L'immagine sottostante schematizza i punti dell'esperimento appena descritto.

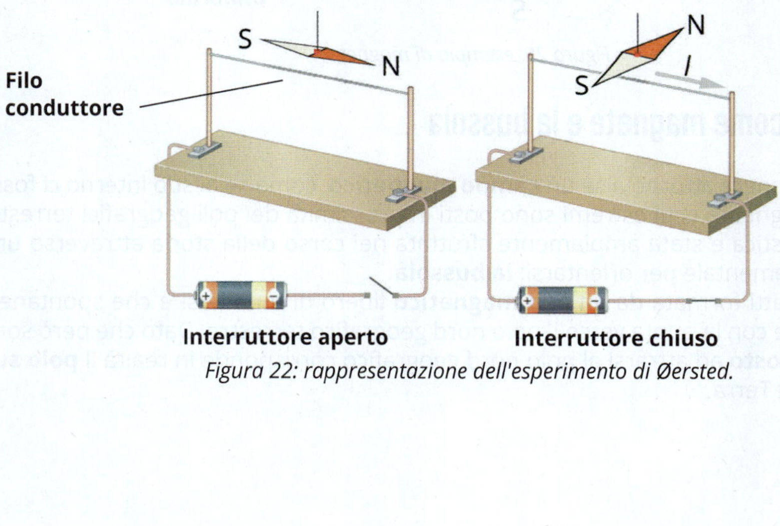

Figura 22: rappresentazione dell'esperimento di Øersted.

Siccome il movimento dell'ago poteva essere causato soltanto da un fenomeno magnetico, si è arrivati alla conclusione che **cariche elettriche in movimento generano un campo magnetico**, mentre cariche elettriche ferme no.

Aggiungiamo infine che il campo magnetico è una **grandezza vettoriale** e in quanto tale è caratterizzata da una direzione e da un verso, ricavabili dalla **regola della mano destra**

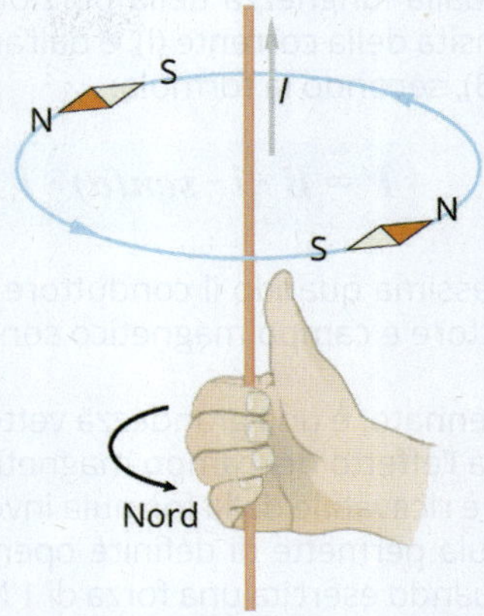

Figura 23: regola della mano destra per il campo magnetico

Come descritto dall'immagine:
- il pollice va orientato nel verso della corrente;
- le dita indicano il polo nord dell'ago; va notato come se cambia il verso della corrente l'ago ruota di 180°.

7.5.2 Forza esercitata da un magnete su un conduttore

Rispetto a quanto appena visto, ovvero che le cariche elettriche possono generare un campo magnetico, esiste anche il reciproco per quanto riguarda i magneti, che **sono in grado di esercitare una forza su una corrente all'interno di un conduttore**.
Tale proprietà dei magneti è stata anch'essa derivata sperimentalmente dallo scienziato inglese **Faraday**, che pose un **filo conduttore tra i poli opposti di due magneti**. Nel momento in cui si chiude il circuito, il campo magnetico esercita una forza sulle cariche in movimento provocando lo spostamento del filo conduttore verso l'alto o verso il basso, a seconda del verso della corrente, ma sempre perpendicolarmente alla direzione nord-sud creata dai due poli del campo magnetico.

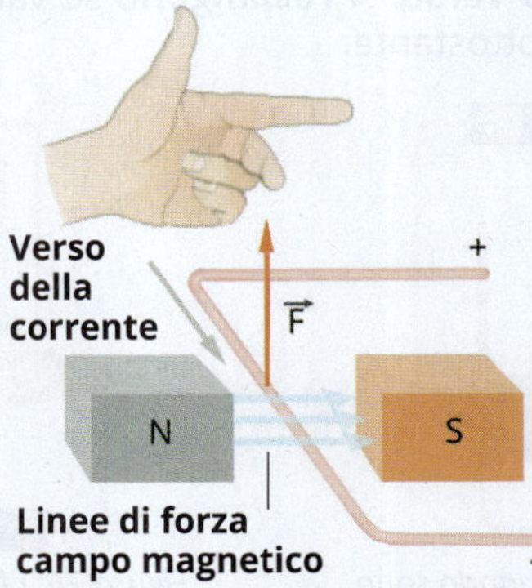

Figura 24: forza generato da un magnete su un conduttore

FISICA

Dunque, come si può vedere anche nell'immagine, il magnete in questo contesto genera una **forza** che ha:

- **direzione** perpendicolare con la direzione del campo magnetico;
- **verso** ricavabile con la regola della mano sinistra: con il dito indice che indica il verso del campo magnetico e il dito medio che indica il verso della corrente, allora il pollice indica il verso della forza;
- **modulo** che dipende dalla lunghezza della porzione di filo immerso nel campo magnetico (l), dall'intensità della corrente (i), e dall'angolo che il conduttore forma con il vettore campo (B), secondo la formula:

$$F = B \cdot i \cdot sen(\alpha) \cdot l$$

Ne consegue che la forza è massima quando il conduttore è perpendicolare alle linee di campo, è nulla quando conduttore e campo magnetico sono paralleli.

Il simbolo **B**, come appena accennato, è una grandezza vettoriale nominata **intensità del campo magnetico**, che misura l'effetto del campo magnetico nello spazio circostante. Si misura in tesla e il suo modulo è ricavabile dalla formula inversa della precedente, ovvero: $B = F/i \cdot sen\alpha \cdot l$. Questa formula permette di definire operativamente il tesla: un campo magnetico ha intensità di 1 T quando esercita una forza di 1 N su un filo lungo 1 m disposto perpendicolarmente alla direzione del campo e percorso dalla corrente elettrica di 1 A.

ESERCIZIO **PROPOSTO**

7.5.2 Un conduttore lungo 2 m è percorso da una corrente di intensità 2,0 A, si trova dentro un campo magnetico di intensità pari a $60 \cdot 10^{-7}$. Il conduttore forma un angolo di 30° con la direzione del campo B. Calcola la forza sul conduttore.

A. $1,2 \cdot 10^{-5}$ N
B. $6 \cdot 10^{-6}$ N
C. $120 \cdot 10^{-5}$ N
D. $0,2 \cdot 10^{-6}$ N
E. $3 \cdot 10^{-6}$ N

7.5.3 La scoperta di Ampere: interazioni tra correnti

Lo scienziato francese **André-Marie Ampère** nello stesso periodo in cui venivano eseguiti i precedenti esperimenti fece una scoperta in linea con quelle che stavano venendo fatte, ovvero verificò che **due fili posti vicini** percorsi da **corrente elettrica** si **attraggono** se le correnti vanno nello **stesso verso**, si **respingono** se vanno in **senso opposto**, come esemplificato dall'immagine sottostante.

Figura 25: i fili si attraggono quando sono percorsi da correnti elettriche con lo stesso verso.

Figura 26: i fili si respingono quando sono percorsi da correnti elettriche con verso opposto.

La **spiegazione** di questo fenomeno si fonda su elementi che abbiamo già avuto modo di vedere:

- il primo filo percorso da corrente elettrica genera un campo magnetico (vedi Ørsted;
- il secondo filo percorso da corrente è attratto dal campo magnetico (vedi Faraday);
- lo stesso vale per quanto riguarda l'effetto del secondo filo sul primo.

La **forza** esercitata dai due fili uno sull'altro è ricavabile dalla formula:

$$F = \frac{k \cdot i_1 \cdot i_2 \cdot l}{d}$$

Nella quale:

- *k* è una costante e vale $2 \cdot 10^{-7}$ N/A^2;
- i_1 e i_2 sono le due correnti;
- *l* è la lunghezza di ciascun filo coinvolta nell'interazione;
- *d* è la distanza a cui si trovano i due fili.

ESERCIZIO **PROPOSTO**

7.5.3 Due fili conduttori paralleli posti alla distanza di 3 dm sono percorsi da correnti uguali. Sui fili si esercita una forza pari a 4 N per metro.
Qual è il modulo di ciascuna corrente?

A. $0,6 \cdot 10^{-7}$ A
B. $0,3 \cdot 10^{-7}$ A
C. $6 \cdot 10^{6}$ A
D. $3 \cdot 10^{6}$ A
E. $2 \cdot 10^{10}$ A

7.5.4 La forza di Lorentz

Se una carica q si trova in moto con una **velocità v** all'interno di un **campo magnetico** di intensità **B** (misurata in **tesla**), questa risentirà di una forza $\mathbf{F_L}$ dovuta alla presenza del campo magnetico stesso e che prende il nome di forza di Lorentz, la quale si esprime tramite la seguente relazione:

$$\vec{F}_L = q \cdot (\vec{v}\, x\, \vec{B}) = q \cdot v \cdot B \cdot sin(\theta)$$

dove θ è l'angolo compreso tra il vettore velocità e le linee del campo magnetico; si noti che se la direzione della carica di prova q e le linee del campo magnetico sono *parallele*, l'angolo θ = 0 → sin (θ) = 0 e quindi la *forza di Lorentz* sarà **nulla**, se invece la direzione della carica di prova è *perpendicolare*, l'angolo θ = 90° → sin (θ) = 1 e quindi la forza di Lorentz è **massima**.

MNEMOFRASE TESTBUSTERS

Per ricordare la formula della forza di Lorentz:

Francesco **Q**uanto ti **V**oglio **B**ene
$\rightarrow F = q \cdot v \cdot B \cdot \sin(\alpha)$

ESERCIZIO **PROPOSTO**

7.5.4 Un cavo percorso da corrente in un campo magnetico può subire una forza dovuta al campo. Perché tale forza non sia nulla, quale condizione ulteriore deve essere soddisfatta?

A. Il campo magnetico non deve cambiare
B. Il cavo deve essere dritto
C. La corrente deve alternarsi
D. L'angolo tra il cavo e il campo magnetico non deve essere zero
E. L'angolo tra il cavo e il campo magnetico deve essere di 90°

CORREZIONI COMMENTATE AGLI ESERCIZI PROPOSTI

7.2.1 Per risolvere questo esercizio è sufficiente applicare la formula del flusso del campo elettrico, ovvero $\Phi = |ES|\cos(\alpha) = 2000 \cdot 36 - \frac{1}{2} = -36.000\ N \cdot m^2/C$. Bisognava porre attenzione nell'escludere l'opzione B, in quanto il valore numerico è corretto ma l'unità di misura no.
Risposta corretta E.

7.2.3 Nel caso di una sfera conduttrice cava il campo elettrico all'esterno è $E = \frac{1}{4\pi\varepsilon_0} \cdot \frac{|Q_{int}|}{r^2}$
$= \frac{1}{4 \cdot 3{,}14 \cdot 8{,}9 \cdot 10^{-12}} \cdot \frac{16 \cdot 10^{-5}}{4} = 0{,}04 \cdot 10^7 = 4 \cdot 10^5$.
Risposta corretta C.

7.3 La configurazione in esame è quella mostrata nella figura sottostante. Per procedere al calcolo della capacità equivalente, bisogna per prima calcolare la capacità equivalente dei condensatori in serie C_1 e C_2 e solo successivamente calcolare la capacità equivalente della capacità appena trovata in parallelo con C_3.

$C_{eq}(C_1, C_2) = \frac{1}{\frac{1}{C_1} + \frac{1}{C_2}} = \frac{C_1 \cdot C_2}{C_1 + C_2}$. Tale valore va sommato a C_3 (per la configurazione in parallelo) per

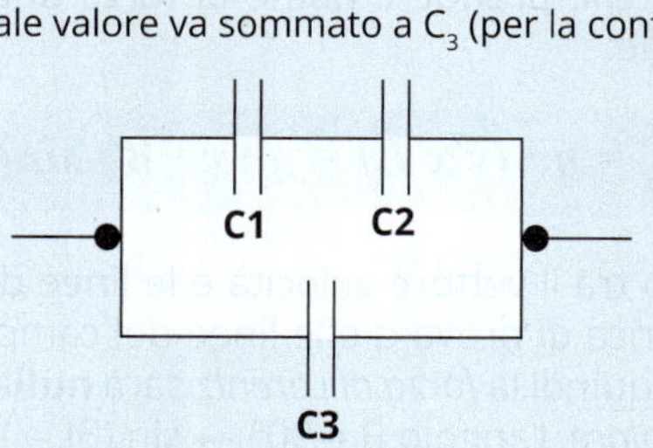

calcolare la capacità complessiva equivalente.
Risposta corretta B.

7.5.2 Per risolvere questo esercizio è necessario applicare la seguente formula: $F = B \cdot i \cdot \text{sen}\alpha \cdot l$
$\rightarrow F = 60 \cdot 10^{-7} \cdot 2 \cdot \frac{1}{2} \cdot 2 = 1{,}2 \cdot 10^{-5}\ N$.
Risposta corretta A.

7.5.3 Per risolvere questo esercizio bisogna sfruttare la formula di Ampere, ovvero $F = \frac{k \cdot i_1 \cdot i_2 \cdot l}{d}$. Bisogna inoltre considerare che ciò che ci viene fornita è la forza per unità di lunghezza, dunque $\frac{F}{l} = 4$ N/m. Per ottenere il valore delle due correnti bisogna esplicitare la formula inversa: $i_1 \cdot i_2 = \frac{F \cdot d}{k \cdot l} = \frac{4 \cdot 0{,}3}{2 \cdot 10^{-7}} = 0{,}6 \cdot 10^7$. Siccome le due correnti sono uguali, il valore di ciascuna corrente sarà uguale al valore del prodotto fratto due, dunque $0{,}3 \cdot 10^7 = 3 \cdot 10^6$.
Risposta corretta D.

7.5.4 Il campo magnetico influenza il movimento di una carica in base al prodotto vettoriale tra la direzione della carica (espressa attraverso il vettore velocità v, congruente alla direzione del cavo) e la direzione della linea del campo magnetico in quel punto (B). La forza che il campo magnetico imprime a una carica è quindi espressa tramite il prodotto $F_L = q \cdot v \cdot B \cdot \sin \theta$ dove θ è l'angolo tra il vettore velocità e le linee del campo magnetico. Se esso è uguale a 0, sin (α) = sin (0) = 0, anche la forza di Lorentz sarà pari a 0, quindi affinché il campo magnetico influenzi il movimento della carica attuando una forza su di esso, l'angolo tra il cavo e il campo magnetico non deve essere uguale a 0.
Risposta corretta D.

FISICA

OTTICA

I principi dell'ottica geometrica
Riflessione e rifrazione
Indice di rifrazione
Prismi
Specchi e lenti concave e convesse
Nozioni elementari sui sistemi di lenti
Spettro della radiazione elettromagnetica:
dalle onde radio ai raggi X

8

Vi siete mai chiesti, specchiandovi in un cucchiaio, perché la vostra immagine appare capovolta? E perché ci è possibile osservare l'arcobaleno? Questi fenomeni possono essere spiegati conoscendo le leggi dell'ottica, illustrate nel seguente capitolo e rapportate alla vita quotidiana per cercare di facilitarne la comprensione.

8.1 I PRINCIPI DELL'OTTICA GEOMETRICA

L'ottica geometrica è la branca della fisica che studia la propagazione della luce e i suoi effetti.
In questo campo la luce non viene considerata come un'onda elettromagnetica ma come un insieme di raggi che si propagano in **linea retta**, tale approssimazione è valida nel momento in cui la radiazione luminosa interagisce con oggetti di dimensioni molto maggiori rispetto alla sua lunghezza d'onda.

Possiamo renderci conto di ciò con un esempio che osserviamo facilmente nella vita di tutti i giorni: ponendo un ostacolo davanti una sorgente luminosa (come una torcia) vedremo comparire un'ombra posteriormente all'oggetto e, spostando la sorgente, anche l'ombra cambierà, proprio perché i raggi colpiranno l'oggetto in direzione diversa ma pur sempre rettilinea!

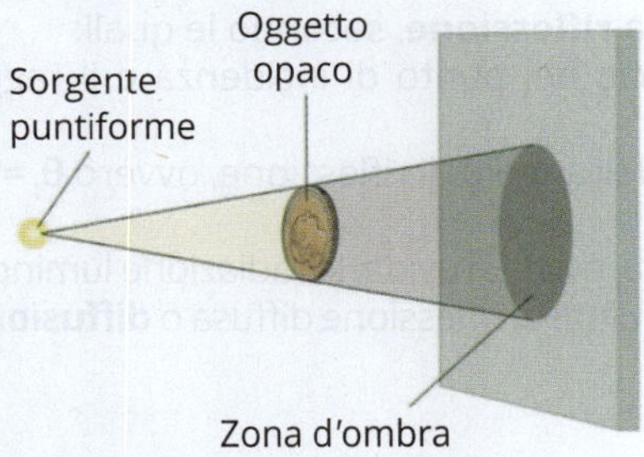

Figura 1: a) Sorgente di luce puntiforme.

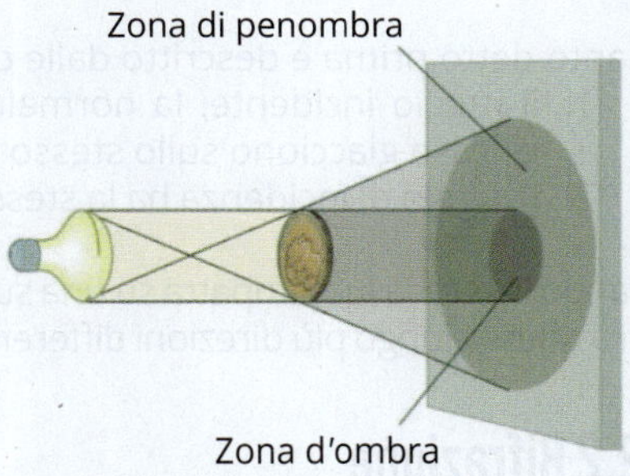

Figura 2: b) Sorgente di luce estesa.

Nei seguenti sottocapitoli andremo a considerare cosa avviene quando la luce incontra diversi mezzi e ostacoli nel suo percorso.

8.2 RIFLESSIONE E RIFRAZIONE

A seconda della superficie con cui la radiazione luminosa entra in contatto si avranno fenomeni differenti, parleremo quindi di:

- **riflessione** quando la luce incide su una superficie riflettente;
- **rifrazione** quando la luce attraversa due mezzi differenti, entrambi trasparenti alla radiazione.

Riflessione e rifrazione possono anche verificarsi contemporaneamente se il mezzo di ingresso è sia riflettente sia trasparente, come ad esempio un vetro.

8.2.1 Riflessione

Quando la luce impatta su un **mezzo riflettente**, come una lastra metallica o uno specchio, essa cambia la sua direzione.

Se la superficie è perfettamente liscia avremo un unico raggio uscente, chiamato **raggio riflesso**, caratterizzato dalla stessa inclinazione rispetto alla normale del **raggio incidente**, come mostrato nell'immagine.
(Ricorda: in fisica *normale* e *perpendicolare* sono sinonimi).

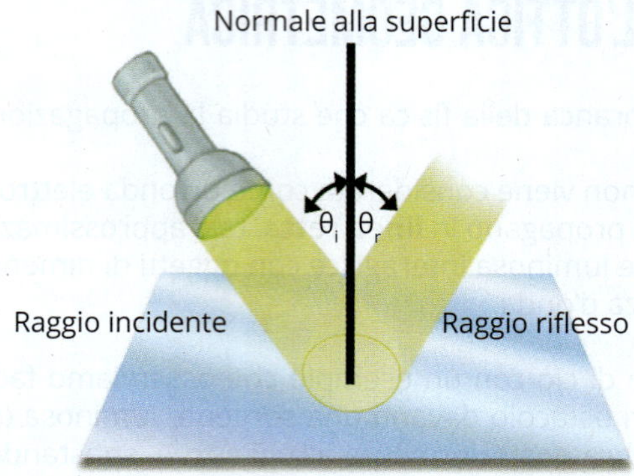

Figura 3: raggio di luce che incide su uno specchio piano.

Quanto detto prima è descritto dalle due **leggi della riflessione**, secondo le quali:

1. il raggio incidente, la normale alla superficie nel punto di incidenza e il raggio riflesso giacciono sullo stesso piano;
2. l'angolo di incidenza ha la stessa ampiezza dell'angolo di riflessione, ovvero $\boldsymbol{\theta_i = \theta_r}$.

Quando invece la luce impatta su una superficie scabra, ovvero ruvida, la radiazione luminosa verrà riflessa lungo più direzioni differenti; si parlerà quindi di riflessione diffusa o **diffusione**.

8.2.2 Rifrazione

La radiazione luminosa, nel passare da un materiale trasparente ad un altro, subisce una **deviazione** a causa della diversa velocità di propagazione nei due mezzi; questo fenomeno prende il nome di **rifrazione**.
È a causa di ciò che, ad esempio, risulta difficile raccogliere oggetti sott'acqua senza immergersi, proprio perché ci appaiono spostati rispetto alla loro posizione reale.

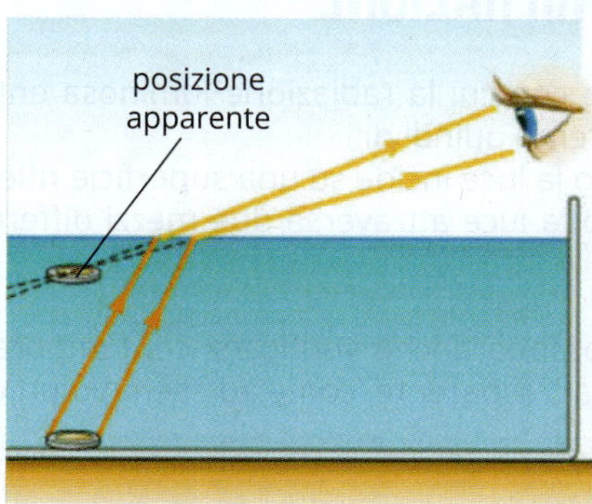

Figura 4: illustrazione grafica di occhio che guarda un canotto per indicare la rifrazione.

8.3 INDICE DI RIFRAZIONE

Per valutare come cambia l'inclinazione del raggio luminoso nel fenomeno della rifrazione dobbiamo prima introdurre il cosiddetto **indice di rifrazione (*n*)** che sarà pari a:

$$n = \frac{c}{v}$$

Dove **"c"** è la velocità della luce nel vuoto ($c = 3 \cdot 10^8$ m/s) e **"v"** è la velocità della luce del mezzo.

N.B. L'indice di rifrazione è sempre maggiore di 1 perché *v* non potrà mai essere maggiore di *c*.

Quello che abbiamo appena citato è detto indice di rifrazione **assoluto**, ma possiamo utilizzare anche l'indice di rifrazione **relativo**, il quale mette a confronto la velocità della radiazione luminosa nei due materiali considerati, quindi non più rispetto al vuoto:

$$n_{AB} = \frac{v_A}{v_B} \text{ oppure } n_{AB} = \frac{n_B}{n_A}$$

N.B.: si legge "n di B rispetto ad A".

Siamo ora in grado di calcolare la deviazione che subisce il raggio luminoso nel passare attraverso due mezzi differenti; il fenomeno è infatti descritto dalla **legge di Snell**, la quale mette in relazione l'angolo di incidenza della luce (θ_i) con quello di rifrazione (θ_r):

$$n_A \cdot sen(\theta_i) = n_B \cdot sen(\theta_r)$$

Oppure, utilizzando l'indice relativo:

$$n_{AB} = \frac{sen(\theta_i)}{sen(\theta_r)}$$

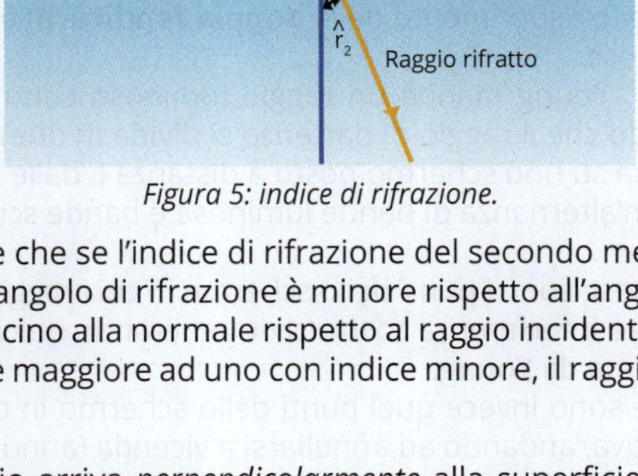

Figura 5: indice di rifrazione.

A parole possiamo dire che se l'indice di rifrazione del secondo mezzo è maggiore dell'indice del primo, allora l'angolo di rifrazione è minore rispetto all'angolo di incidenza, quindi il raggio rifratto è più vicino alla normale rispetto al raggio incidente; viceversa, se si passa da un mezzo con indice maggiore ad uno con indice minore, il raggio rifratto si allontanerà dalla normale.

Attenzione: se il raggio arriva *perpendicolarmente* alla superficie allora esso non viene deviato (sen90° = 1)!

ESERCIZIO **SVOLTO**

Un raggio luminoso giunge sulla superficie di separazione tra due sostanze trasparenti A e B con un angolo di incidenza θ tale che sen(θ) = 0,9.
Sapendo che n_{AB} = 1,8, determina l'ampiezza dell'angolo di rifrazione.

Svolgimento:
dalla legge di Snell sappiamo che $n_{AB} = \frac{sen(\theta_i)}{sen(\theta_r)}$; applicando la formula inversa, otteniamo che $sen(\theta_r) = \frac{sen(\theta_i)}{n_{AB}} = \frac{0,9}{1,8} = \frac{1}{2}$, quindi θ_r = 30°.

Soluzione: 30°.

8.3.1 Interferenza delle onde

Quando due onde, prodotte da sorgenti diverse o da una stessa sorgente, si trovano a occupare la **stessa posizione** nello spazio, ha luogo il fenomeno dell'**interferenza**.
Dato che le onde sono grandezze oscillanti, cioè la loro ampiezza varia tra un massimo positivo e un minimo negativo, la loro sovrapposizione può avere moltissimi **esiti diversi** a seconda della reciproca posizione tra esse.

- Se i profili delle due onde **coincidono**, si dice che si ha **interferenza costruttiva** e l'onda risultante ha ampiezza doppia rispetto alle due che hanno interferito.
- Se i profili delle due onde sono esattamente **opposti**, cioè ad ogni massimo della prima corrisponde un minimo della seconda, si dice che si ha **interferenza distruttiva** e non si ha un'onda risultante (le due iniziali si cancellano a vicenda).

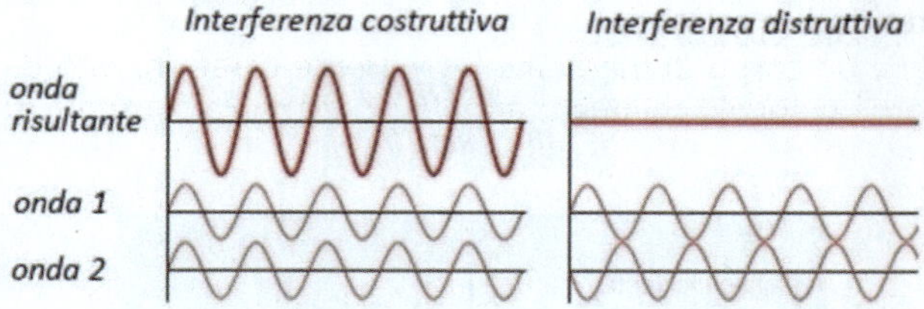

Figura 6: rappresentazione dell'interferenza costruttiva e distruttiva.

8.3.2 Esperimento di Young

L'esperimento di Young (o esperimento della **doppia fenditura**) è un tipico caso di interferenza tra onde luminose.
In questo esperimento, Young manda un raggio luminoso contro una parete con due fenditure sottili (in modo che il raggio di partenza si divida in due) e osserva il fenomeno di interferenza luminosa su uno schermo posto a distanza L dalle fenditure stesse, che si manifesta attraverso un'alternanza di bande luminose e bande scure.

- Le bande luminose sono i punti dello schermo in cui i raggi uscenti dalle fenditure riescono a creare interferenza costruttiva, generando quindi una luce più luminosa di quella inviata da Young.
- Le bande scure sono invece quei punti dello schermo in cui i raggi creano interferenza distruttiva, andando ad annullarsi a vicenda (annullare un'onda luminosa equivale a creare il buio).

La seguente immagine mostra l'esperimento di Young in prospettiva:

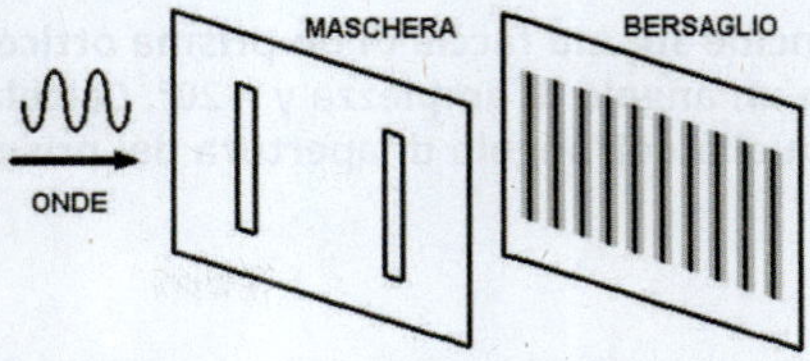

Figura 7: esperimento di Young.

La formula trovata da Young durante l'esperimento mette in relazione la distanza tra due bande luminose vicine (Δy) con la lunghezza d'onda della luce utilizzata (λ), la distanza fenditure-schermo (L) e la distanza tra le due fenditure (d):

$$\Delta y = \frac{\lambda \cdot L}{d}$$

In alternativa, è possibile calcolare a che angolo si forma la *m-esima* banda luminosa rispetto alla direzione della luce incidente:

$$sin\theta = \frac{m \cdot \lambda}{d}$$

N.B. Con *m-esima* banda luminosa si intende che m è il "numero della banda". Per esempio, la banda luminosa centrale (posta esattamente di fronte al raggio di luce) ha m = 0, mentre le bande subito a destra e sinistra hanno m = 1, e così via.

8.4 PRISMI

Il prisma, in ottica, è un corpo di materiale trasparente caratterizzato da due facce piane che formano tra loro un angolo chiamato **angolo di apertura** o **angolo di rifrangenza (α)**.

Andiamo a vedere cosa accade nel momento in cui inviamo un fascio di luce monocromatica obliquamente a un prisma di vetro sospeso in aria: per il fenomeno della **rifrazione** il raggio luminoso verrà deviato nel passare dall'aria al vetro e poi cambierà la sua direzione una seconda volta nell'uscire dal prisma, passando quindi dal vetro all'aria.
Avremo così un raggio uscente che sembra provenire da una direzione diversa da quella di partenza, in particolare sarà deviato rispetto a quest'ultima di un angolo **δ** chiamato proprio **angolo di deviazione**, ricavabile dalla seguente uguaglianza:

$$\delta = \beta + \gamma - \alpha$$

dove **β** e **γ** sono rispettivamente l'angolo di incidenza e l'angolo di uscita del raggio luminoso.

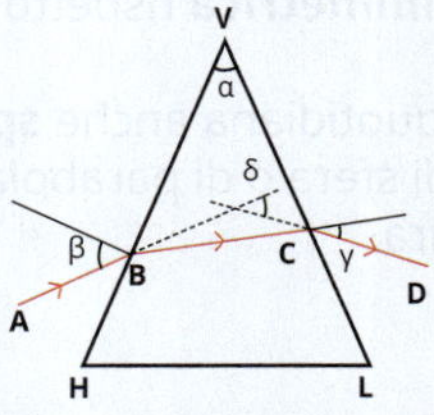

Figura 8: rifrazione nel prisma.

ESERCIZIO **PROPOSTO**

8.4 Un raggio luminoso incide su una faccia di un prisma ottico con un angolo di ampiezza β = 30° ed emerge con un angolo di ampiezza γ = 20°. Calcola l'ampiezza dell'angolo di deviazione del raggio e quella dell'angolo di apertura del prisma sapendo che esse sono uguali:

A. 25°
B. 35°
C. 45°
D. 60°
E. 90°

8.4.1 Dispersione della luce

Il prisma ottico è anche protagonista di un interessante fenomeno che si verifica nel momento in cui utilizziamo come raggio incidente non una luce monocromatica ma un fascio di luce bianca, come quella solare; quest'ultima infatti è formata da uno **spettro di colori** nei quali sarà scomposta proprio nel passaggio attraverso il prisma, formando così un arcobaleno.
Anche se finora non abbiamo considerato la natura ondulatoria della radiazione luminosa, è bene ricordare che la luce visibile è costituita da una serie di onde che viaggiano a velocità differenti dando vita ai diversi colori, ed è anche per questo che verranno rifratte secondo angoli diversi.
Avviene così il fenomeno della **dispersione**, che possiamo osservare nell'arcobaleno che si genera dopo un temporale o vicino una cascata, dove a fungere da prisma saranno le goccioline d'acqua sospese nell'aria.

8.5 SPECCHI E LENTI CONCAVE E CONVESSE

Ricordando le leggi della riflessione e della rifrazione possiamo ora comprendere appieno il funzionamento di strumenti come specchi e lenti.

8.5.1 Specchi

Lo specchio è una qualsiasi **superficie riflettente** che, in quanto tale, è in grado di produrre immagini degli oggetti posti di fronte a essa; per noi che guardiamo nello specchio l'oggetto sembrerà essere posizionato al di là della superficie riflettente ma, ovviamente, questa è solo un'impressione.
Lo specchio che tutti abbiamo in casa e che utilizziamo quotidianamente è uno **specchio piano**, perché formato solitamente da una lastra di vetro diritta e, posteriormente ad essa, una superficie metallica di argento o alluminio, entrambe perfettamente levigate; questo ci restituisce un'immagine **simmetrica** rispetto a quella reale.

Incontriamo però nella nostra vita quotidiana anche **specchi curvi**, in cui la superficie riflettente può essere una porzione di sfera o di parabola; questi verranno definiti **concavi** o **convessi** in base alla loro curvatura.

Per gli **specchi sferici** dobbiamo inoltre definire alcune grandezze:

- *asse ottico* = asse di simmetria dello specchio;
- *centro ottico (O)* = centro della sfera da cui deriva lo specchio;
- *raggio (r)* = distanza tra centro e specchio;
- *fuoco (F)* = punto sull'asse ottico in cui convergono tutti i raggi riflessi paralleli all'asse stesso;
- *distanza focale (f)* = distanza tra specchio e fuoco.

La particolarità degli specchi sferici è che il fuoco si trova nel punto medio del raggio dello specchio, quindi:

$$f = \frac{r}{2}$$

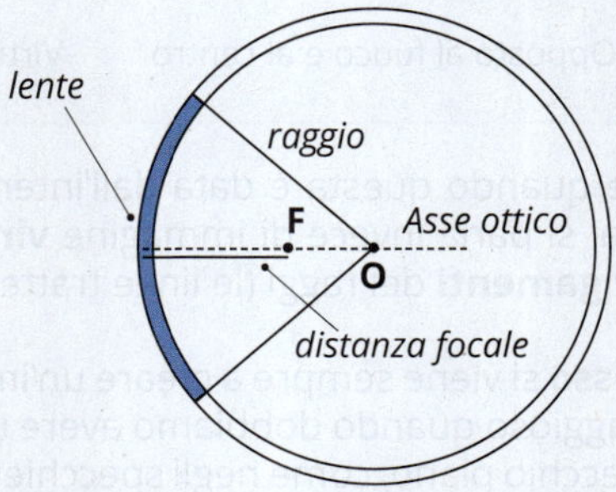

Figura 9: esempio di specchio sferico.

8.5.2 Costruzione immagine

Per costruire un'immagine riflessa da uno specchio curvo, concavo o convesso che sia, ci forniremo di due raggi per ciascun punto che vogliamo individuare:
prendiamo ad esempio la punta della freccia nell'immagine e da qui facciamo partire un raggio diretto verso lo specchio **parallelamente** all'asse ottico; questo verrà riflesso e passerà per il **fuoco**; il secondo raggio invece parte sempre dalla punta della freccia ma si dirige verso lo specchio passando attraverso il fuoco e verrà poi riflesso parallelamente all'asse ottico. Dall'intersezione di questi due raggi otteniamo la posizione della punta della freccia riflessa.

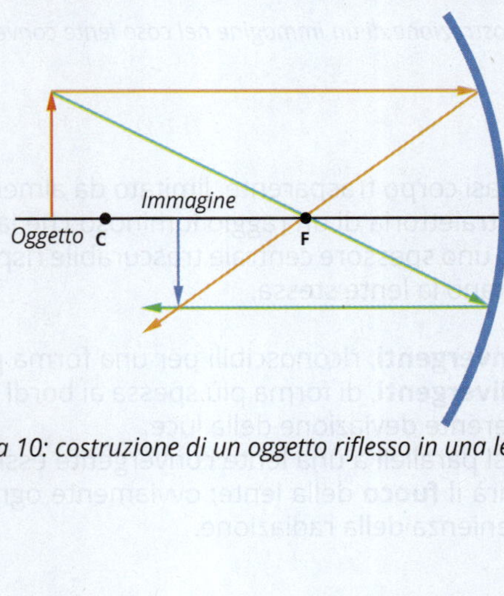

Figura 10: costruzione di un oggetto riflesso in una lente concava.

In base alla posizione dell'oggetto rispetto al fuoco e al centro dello specchio l'immagine avrà caratteristiche differenti, riassunte nella tabella sottostante:

Tipo di specchio	Posizione oggetto	Caratteristiche immagine
Concavo	Oltre il centro	Reale, capovolta, rimpicciolita
Concavo	Compreso tra il fuoco e il centro	Reale, capovolta, ingrandita
Concavo	Compreso tra lo specchio e il fuoco	Virtuale, dritta, ingrandita
Convesso	Opposto al fuoco e al centro	Virtuale, dritta, rimpicciolita

N.B. Si parla di immagine **reale** quando questa è data dall'intersezione diretta dei due raggi, come nell'immagine sopra; si parla invece di immagine **virtuale** quando questa è data dall'intersezione dei **prolungamenti** dei raggi (le linee tratteggiate).

Utilizzando uno specchio **convesso** si viene sempre a creare un'immagine rimpicciolita rispetto alla realtà; questo è vantaggioso quando dobbiamo avere una visione più ampia di quella che avremmo con uno specchio piano, come negli specchietti retrovisori delle auto.

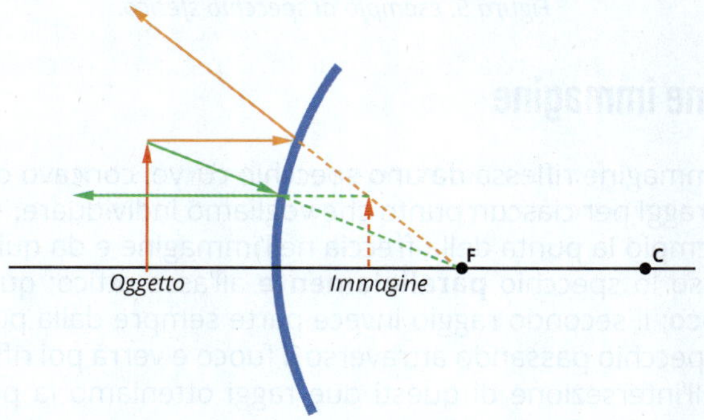

Figura 11: costruzione di un immagine nel caso lente convessa.

8.5.3 Lenti

Chiameremo lente un qualsiasi corpo trasparente, limitato da almeno una superficie curva, in grado di modificare la traiettoria di un raggio luminoso che la attraversi. Si parla di **lenti sottili** se queste hanno uno spessore centrale trascurabile rispetto ai raggi delle due superfici sferiche che delimitano la lente stessa.

Le lenti si distinguono in **convergenti**, riconoscibili per una forma più spessa al centro e più sottile ai bordi, oppure **divergenti**, di forma più spessa ai bordi e più sottile al centro; da ciò deriva anche una differente deviazione della luce.
Se inviamo dei raggi luminosi paralleli a una lente convergente essi verranno rifratti tutti su uno stesso punto, che sarà il **fuoco** della lente; ovviamente ogni lente ha due fuochi simmetrici in base alla provenienza della radiazione.

Inviando raggi paralleli su una lente **divergente** invece essi vengono rifratti in modo da **allontanarsi** gli uni dagli altri, prolungando però i raggi rifratti noteremo che anche questi si intersecheranno tutti in un punto, anch'esso fuoco della lente.

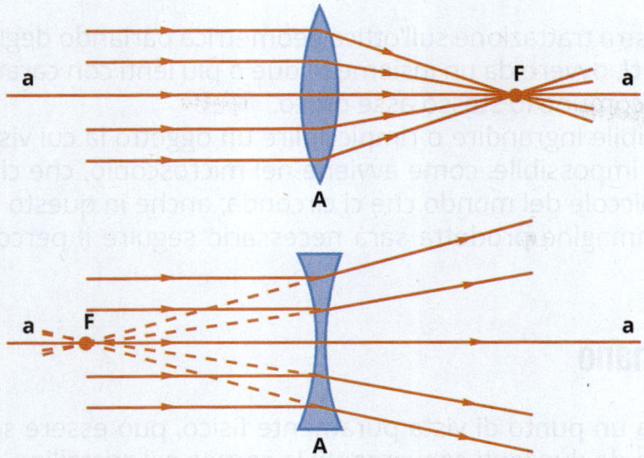

Figura 12: in alto, lente convergente, in basso lente divergente.

Per sapere dove si trova il fuoco delle nostre lenti possiamo ricorrere a una legge sperimentale, ovvero la **legge dei punti coniugati**:

$$\frac{1}{p} + \frac{1}{q} = \frac{1}{f}$$

Dove p è la distanza **dell'oggetto** dal centro della lente, q è la distanza **dell'immagine** dal centro della lente, f è la **distanza focale**; questa equazione può essere utilizzata anche per specchi curvi.

In realtà $1/f$ indica anche il **potere diottrico (D)** della lente e si misura in m^{-1}; nel caso delle lenti **convergenti** esso è **positivo** (lenti tipiche della correzione dell'ipermetropia) mentre per lenti **divergenti** è **negativo** (lenti tipiche della correzione della miopia).
Ad esempio, nell'occhio umano la potenza della cornea e del cristallino a riposo sono rispettivamente 36 D e 14 D, per cui globalmente si raggiunge una potenza di 50 D: questo implica che dei raggi di luce provenienti da una sorgente lontana siano focalizzati a una distanza di:

$$f = \frac{1}{D}$$

$$f = \frac{1}{50} = 0{,}02 \text{ m}$$

ESERCIZIO **PROPOSTO**

8.5.3 Un collezionista osserva con una lente convergente di lunghezza focale 5 cm un francobollo che si trova sotto di essa, a una distanza di 3 cm.
A quale distanza si forma l'immagine del francobollo?

A. 0,13 cm
B. 7,5 m
C. - 0,13 m^{-1}
D. 7,5 cm
E. 2 cm

FISICA

8.6 NOZIONI ELEMENTARI SUI SISTEMI DI LENTI E SUGLI APPARECCHI CHE NE FANNO USO

Concludiamo la nostra trattazione sull'ottica geometrica parlando degli strumenti costituiti da **sistemi di lenti**, ovvero da un insieme di due o più lenti con caratteristiche differenti che hanno però in comune lo stesso asse ottico.
Grazie a ciò è possibile ingrandire o rimpicciolire un oggetto la cui visione a occhio nudo sarebbe altrimenti impossibile, come avviene nel microscopio, che ci permette di osservare entità molto piccole del mondo che ci circonda; anche in questo caso per conoscere la posizione dell'immagine prodotta sarà necessario seguire il percorso di almeno due raggi di luce.

8.6.1 L'occhio umano

L'occhio umano, da un punto di vista puramente fisico, può essere schematizzato come un sistema formato da due lenti convergenti: la cornea e il cristallino.
Nella visione normale i raggi luminosi passano attraverso queste due lenti e si focalizzano sulla retina, grazie anche ai muscoli ciliari che modificano la curvatura del cristallino permettendo la messa a fuoco di oggetti a distanze diverse.
Ci sono però casi in cui, per difetti del bulbo oculare, la visione risulta alterata e deve essere corretta con apposite lenti. Nella **miopia** ad esempio si ha un eccesso nella convergenza, di conseguenza le immagini degli oggetti lontani si formeranno **davanti alla retina** e non risulteranno nitide; questo difetto viene compensato con lenti **divergenti**.
Se, al contrario, la convergenza è insufficiente, si parla di **ipermetropia**, caratterizzata da una difficoltà non nel vedere distintamente gli oggetti lontani, per la cui visione è richiesta una convergenza piccola, ma nel discernere gli oggetti vicini; in questo caso le immagini degli oggetti vicini si formeranno **oltre la retina** ed è possibile correggere il difetto con lenti **convergenti**.

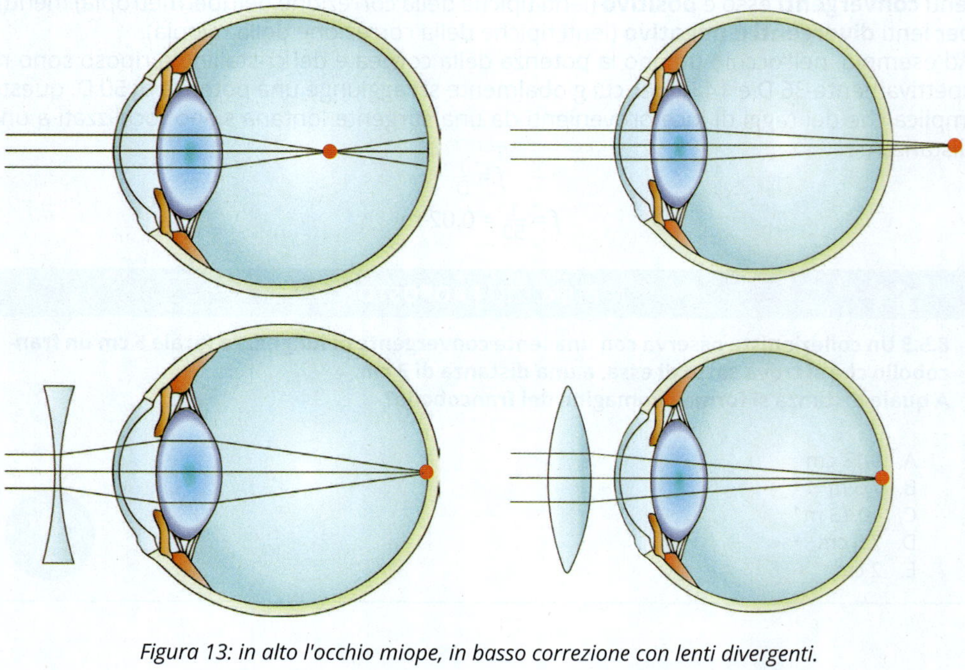

Figura 13: in alto l'occhio miope, in basso correzione con lenti divergenti.

8.6.2 Il cannocchiale

Il cannocchiale è uno strumento utilizzato per la visione di oggetti lontani. Esso è formato da un tubo ai cui estremi sono poste due lenti convergenti: la prima è detta **obiettivo** e darà un'immagine **reale**, **rimpicciolita** e **capovolta** di ciò che stiamo osservando, la seconda è detta invece oculare e di base funziona come una lente d'ingrandimento, permettendoci di osservare l'immagine creata dall'obiettivo dando vita a un'immagine **virtuale**, **ingrandita** e **diritta**.
Questo è ciò che succede in particolare nel cannocchiale astronomico, o **telescopio**, il cui scopo principale non è quello di ingrandire i corpi celesti ma quello di raccogliere il maggior numero possibile di raggi luminosi e di avere un angolo visuale maggiore; come abbiamo detto, però, l'immagine dell'oggetto da osservare risulta capovolta e, se questo non ha grande importanza nell'osservazione degli astri, è invece rilevante nell'osservazione di oggetti terrestri: è per questo che nel cannocchiale **terrestre** l'oculare è caratterizzato da una lente **divergente** che permette un capovolgimento ulteriore dell'immagine, cosicché alla fine essa risulti diritta.

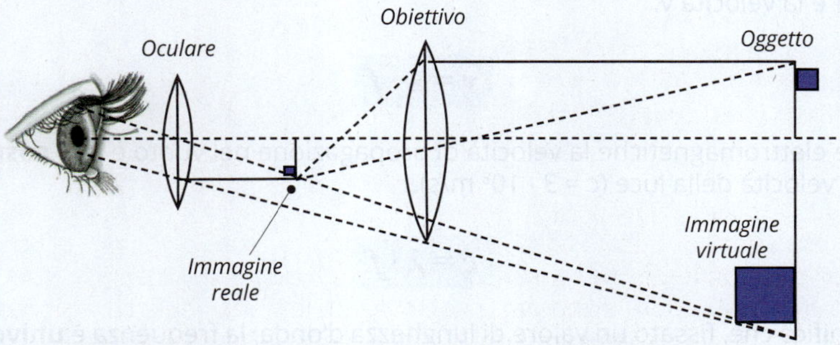

*Figura 14: formazione dell'immagine in un cannocchiale astronomico; ciò che noi osserviamo attraverso le lenti è l'**immagine virtuale**.*

8.6.3 Il microscopio ottico

Nel microscopio, utilizzato per vedere oggetti molto piccoli, ritroviamo la stessa organizzazione vista precedentemente, ovvero un sistema di due lenti convergenti dette **obiettivo** e **oculare**. Questa volta però l'oggetto da osservare è molto vicino all'obiettivo, portando alla formazione di un'immagine **reale**, **ingrandita** e **capovolta**, che sarà poi ulteriormente aumentata di dimensioni dall'oculare, che anche qui funge da lente d'ingrandimento con formazione di un'immagine **virtuale**, **ingrandita** e **diritta**, quindi ciò che noi alla fine osserviamo è in realtà un'immagine ingrandita e **capovolta** dell'oggetto di partenza.
Il potere risolutivo del microscopio ottico è però limitato, il che vuol dire che non possiamo ingrandire qualsiasi oggetto infinitamente piccolo, questo perché per entità minori della lunghezza d'onda della luce stessa, che è di circa 0,2 μm, non sarà possibile avere immagini nitide e sarà necessario l'utilizzo di strumenti differenti, come il microscopio elettronico.

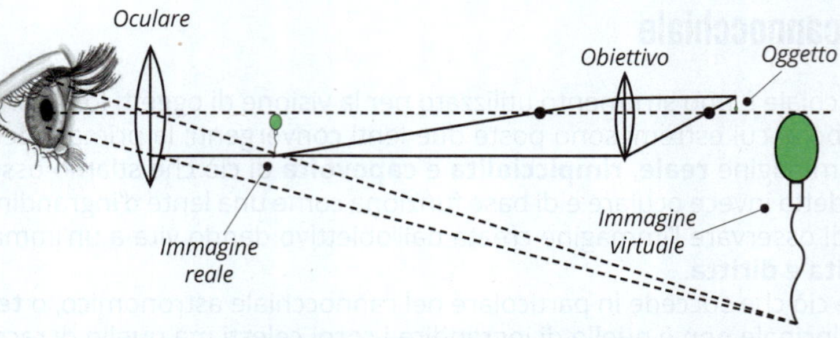

*Figura 15: formazione dell'immagine nel microscopio ottico semplice; ciò che noi osserviamo attraverso le lenti è l'**immagine virtuale**.*

8.7 LO SPETTRO DELLA RADIAZIONE ELETTROMAGNETICA

Tutti i tipi di onde obbediscono a una particolare relazione tra la lunghezza d'onda λ, la frequenza f e la velocità v:

$$v = \lambda \cdot f$$

Per le onde elettromagnetiche la velocità di propagazione nel vuoto è una **costante** ed è uguale alla velocità della luce ($c = 3 \cdot 10^8$ m/s).

$$c = \lambda \cdot f$$

Questo significa che, fissato un valore di lunghezza d'onda, la frequenza è **univocamente determinata** e viceversa, proprio perché il prodotto tra questi due valori deve essere sempre costante e uguale a c.
Da questo fatto, è possibile **classificare** tutta la radiazione elettromagnetica in varie categorie, ognuna con le proprie caratteristiche dipendenti dalla lunghezza d'onda o dalla frequenza associata (infatti le onde possono interagire solo con oggetti grandi circa come la lunghezza d'onda).
L'insieme di tutte le categorie in cui è divisa la radiazione elettromagnetica è detto **spettro della radiazione elettromagnetica**.

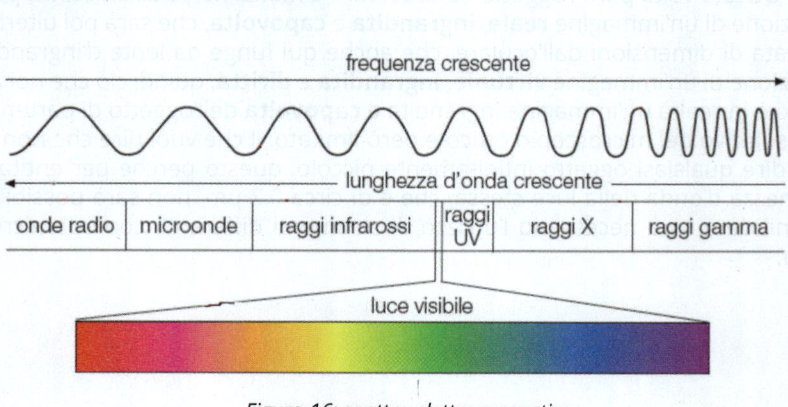

Figura 16: spettro elettromagnetico

LE ONDE RADIO

La prima suddivisione sono le onde radio, cioè tutte quelle onde elettromagnetiche con lunghezza d'onda maggiore di 10 cm.
Queste onde, grazie alla loro lunghezza d'onda che può arrivare a valere anche qualche chilometro, riescono ad oltrepassare ostacoli come colline o montagne e sono quindi fondamentali per le telecomunicazioni a lunga distanza (come per esempio le tv nazionali o, come suggerisce il nome, le radio).

LE MICROONDE

Le microonde sono una radiazione elettromagnetica con lunghezza d'onda compresa tra 1 mm e 10 cm.
Sono onde in grado di stimolare gli oggetti grandi qualche centimetro e sono quindi ottimali per riscaldare gli alimenti.
Un'applicazione tipica è il microonde, che potendo riscaldare l'acqua contenuta nei cibi, riesce a cuocere gli alimenti in pochi minuti.
Sono inoltre la causa del calore alle orecchie provocato da una chiamata telefonica di lunga durata.

GLI INFRAROSSI

Sono onde elettromagnetiche con lunghezza d'onda compresa tra 700 nm e 1 mm.
Un esempio famoso di infrarossi sono le onde emesse dai corpi "caldi", cioè con una temperatura superiore a 30 °C (il corpo umano rientra in questa categoria).
Come conseguenza di ciò, sono una radiazione utilizzata per la realizzazione di fotocamere termiche o per fare riprese video notturne.

LA LUCE VISIBILE

La luce visibile è l'insieme di tutte le onde elettromagnetiche con lunghezza d'onda compresa tra 400 nm e 700 nm ed è l'unico tipo di radiazione percepibile dall'occhio umano (ad ogni lunghezza d'onda presente in questo intervallo l'occhio umano associa un colore).
Le applicazioni pratiche sono innumerevoli ed è una radiazione di fondamentale importanza biologica.

Qui di seguito si può osservare un'ulteriore suddivisione della luce visibile nei suoi colori:

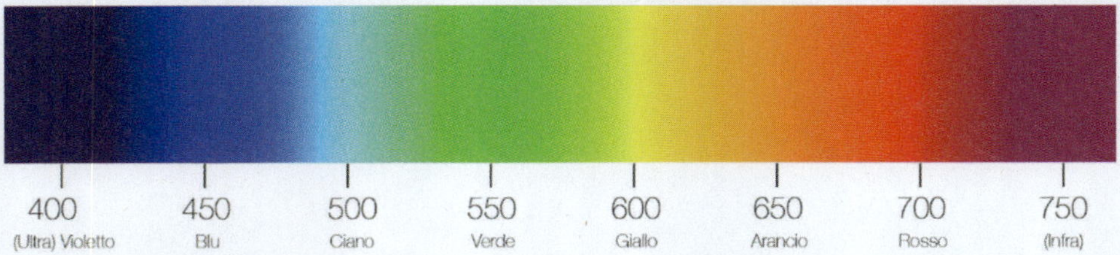

Figura 17: spettro di luce visibile

L'ULTRAVIOLETTO

I raggi ultravioletti, detti UV, sono una radiazione elettromagnetica con lunghezza d'onda compresa tra 100 nm e 400 nm.
La loro piccola lunghezza d'onda permette agli UV di interagire chimicamente e fisicamente con le cellule: sono infatti i responsabili dell'abbronzatura, delle scottature da esposizione solare e di alcune malattie della pelle.
Sono raggi provenienti dal Sole ma schermati dalla barriera di ozono atmosferica attraverso un equilibrio chimico con l'ossigeno, basato proprio sull'interazione UV-molecola per la rottura dei legami.

I RAGGI X

La radiazione X è quella parte dello spettro elettromagnetico con lunghezza d'onda compresa tra 1 pm e 100 nm.

Questi raggi sono principalmente usati in ambito medico per le radiografie, proprio perché la loro minuscola lunghezza d'onda gli permette di poter attraversare le parti molli del corpo umano.

Allo stesso modo, sono una radiazione pericolosa per l'organismo perché sono in grado di interagire direttamente con il nucleo cellulare, con il rischio di indurre una mutazione genetica (tipicamente di tipo tumorale).

I RAGGI GAMMA

La radiazione gamma racchiude tutte le onde elettromagnetiche con lunghezza d'onda inferiore ad 1 pm.

Sono raggi estremamente pericolosi a causa della loro forte invasività e pertanto non sono utilizzati in nessuna tecnologia comunemente nota, tuttavia esistono esami diagnostici come la PET che ne fanno uso.

Si formano nei processi stellari ad altissima energia oppure nei decadimenti radioattivi.

CORREZIONI COMMENTATE AGLI ESERCIZI PROPOSTI

8.4 Applichiamo la formula dell'angolo di deviazione sapendo che $\alpha = \delta$ e risolviamo l'equazione:

$\delta = 30° + 20° - \delta$

$\delta = 25°$.

Risposta corretta A.

8.5.3 Applichiamo la legge dei punti coniugati considerando che f = 5 cm e p = 3 cm:

$\frac{1}{5} = \frac{1}{3} + \frac{1}{q}$

$\frac{1}{q} = \frac{1}{5} - \frac{1}{3} = -\frac{2}{15}$

$q = -\frac{15}{2} = -7{,}5$ cm

Attenzione: il fatto che q sia negativo non vuole dire che l'immagine si formi a una distanza negativa dalla lente (cosa che sarebbe impossibile) ma indica che si tratta di un'immagine **virtuale**.

Risposta corretta D.

Si ringraziano tutti i membri Testbusters per aver contribuito alla creazione di questo libro.

Finito di stampare
nel mese di agosto 2023